DIREITO, SUSTENTABILIDADE E INOVAÇÃO

ESTUDOS EM HOMENAGEM AO PROFESSOR JUAREZ FREITAS

A Editora Fórum, consciente das questões sociais e ambientais, utiliza, na impressão deste material, papéis certificados FSC® (*Forest Stewardship Council*).

A certificação FSC é uma garantia de que a matéria-prima utilizada na fabricação do papel deste livro provém de florestas manejadas de maneira ambientalmente correta, socialmente justa e economicamente viável.

ALEXANDRE PASQUALINI
DANIELA ZAGO GONÇALVES DA CUNDA
RAFAEL RAMOS

Coordenadores

DIREITO, SUSTENTABILIDADE E INOVAÇÃO

ESTUDOS EM HOMENAGEM AO PROFESSOR JUAREZ FREITAS

Belo Horizonte

CONHECIMENTO JURÍDICO
2025

© 2025 Editora Fórum Ltda.

É proibida a reprodução total ou parcial desta obra, por qualquer meio eletrônico, inclusive por processos xerográficos, sem autorização expressa do Editor.

Conselho Editorial

Adilson Abreu Dallari
Alécia Paolucci Nogueira Bicalho
Alexandre Coutinho Pagliarini
André Ramos Tavares
Carlos Ayres Britto
Carlos Mário da Silva Velloso
Cármen Lúcia Antunes Rocha
Cesar Augusto Guimarães Pereira
Clovis Beznos
Cristiana Fortini
Dinorá Adelaide Musetti Grotti
Diogo de Figueiredo Moreira Neto (*in memoriam*)
Egon Bockmann Moreira
Emerson Gabardo
Fabrício Motta
Fernando Rossi
Flávio Henrique Unes Pereira

Floriano de Azevedo Marques Neto
Gustavo Justino de Oliveira
Inês Virgínia Prado Soares
Jorge Ulisses Jacoby Fernandes
Juarez Freitas
Luciano Ferraz
Lúcio Delfino
Marcia Carla Pereira Ribeiro
Márcio Cammarosano
Marcos Ehrhardt Jr.
Maria Sylvia Zanella Di Pietro
Ney José de Freitas
Oswaldo Othon de Pontes Saraiva Filho
Paulo Modesto
Romeu Felipe Bacellar Filho
Sérgio Guerra
Walber de Moura Agra

FÓRUM
CONHECIMENTO JURÍDICO

Luís Cláudio Rodrigues Ferreira
Presidente e Editor

Coordenação editorial: Leonardo Eustáquio Siqueira Araújo / Thaynara Faleiro Malta
Revisão: Bárbara Ferreira
Capa e projeto gráfico: Walter Santos
Diagramação: Derval Braga

Imagem da capa: Lisianne Gonçalves, *Flor da Lua*. Acrílica e óleo sobre tela, 40 x 40cm, 4cm de profundidade, 2023.

Rua Paulo Ribeiro Bastos, 211 – Jardim Atlântico – CEP 31710-430
Belo Horizonte – Minas Gerais – Tel.: (31) 99412.0131
www.editoraforum.com.br – editoraforum@editoraforum.com.br

Técnica. Empenho. Zelo. Estes foram alguns dos cuidados aplicados na edição desta obra. No entanto, podem ocorrer erros de impressão, digitação ou mesmo restar alguma dúvida conceitual. Caso se constate algo assim, solicitamos a gentileza de nos comunicar através do e-mail <editorial@editoraforum.com.br> para que possamos esclarecer, no que couber. A sua contribuição é muito importante para mantermos a excelência editorial. A Editora Fórum agradece a sua contribuição.

Dados Internacionais de Catalogação na Publicação (CIP) de acordo com ISBD

D598	Direito, sustentabilidade e inovação: estudos em homenagem ao professor Juarez Freitas / Alexandre Pasqualini, Daniela Zago Gonçalves da Cunda, Rafael Ramos (coord.). Belo Horizonte: Fórum, 2025
	758p.; 17cm x 24cm
	ISBN impresso 978-65- 5518-957-5
	ISBN digital 978-65- 5518-965-0
	1. Livro em homenagem a Juarez Freitas. 2. Suntentabilidade e Inovação. I. Pasqualini, Alexandre. II. Cunda, Daniela Zago Gonçalves da. III. Ramos, Rafael. IV. Título.
	CDD: 341.3
	CDU: 342.9

Ficha catalográfica elaborada por Lissandra Ruas Lima – CRB/6 – 2851

Informação bibliográfica deste livro, conforme a NBR 6023:2002 da Associação Brasileira de Normas Técnicas (ABNT):

PASQUALINI, Alexandre; CUNDA, Daniela Zago Gonçalves da; RAMOS, Rafael (coord.). *Direito, sustentabilidade e inovação*: estudos em homenagem ao professor Juarez Freitas. Belo Horizonte: Fórum, 2025. 758p. ISBN 978-65- 5518-957-5.

SUMÁRIO

EIS, AQUI, LEITOR, UM BOM HOMEM, UM HOMEM DE BOA-FÉ – UM HOMEM DE QUEM SEMPRE DEI FÉ
Alexandre Pasqualini 17

A ANÁLISE DE IMPACTO REGULATÓRIO COMO INSTRUMENTO DE REGULAÇÃO SUSTENTÁVEL: REFLEXÕES A PARTIR DAS CONTRIBUIÇÕES DE JUAREZ FREITAS
Adriana da Costa Ricardo Schier, Giulia de Rossi Andrade 21
1 Introdução 22
2 A regulação no ambiente do Estado sustentável: a contribuição de Juarez Freitas 23
3 A regulação sustentável e o instituto da Análise de Impacto Regulatório (AIR) 27
4 Considerações finais...32
   Referências 33

UMA LEI INJUSTA NÃO É LEI: LEITURAS DO CASO 'MAUERSCHÜTZEN' ('GUARDAS DO MURO' DE BERLIM)
Alfredo de J. Flores, Estéfano E. Risso 35
1 Introdução 35
2 O caso "Mauerschützen" 37
3 Como compreender uma regra suprapositiva 38
4 Circulação do caso "Mauerschützen" na Argentina 41
5 Circulação do caso "Mauerschützen" no Brasil 43
6 Conclusão 45
   Referências 46

A REGIONALIZAÇÃO DA PRESTAÇÃO DOS SERVIÇOS DE MANEJO DE RESÍDUOS SÓLIDOS SOB A PERSPECTIVA DO ESTADO SUSTENTÁVEL E DA ATUAÇÃO DOS TRIBUNAIS DE CONTAS
Angela Cassia Costaldello, Karin Kässmayer 49
1 A homenagem...49
2 Introdução 50
3 O Estado Sustentável no contexto da Lei nº 12.305/2010 (Política Nacional de Resíduos Sólidos — PNRS) 53
4 A prestação regionalizada e o Novo Marco do Saneamento Básico (NMSB)..............56
5 A regionalização dos serviços públicos setoriais sob a perspectiva de controle pelos Tribunais de Contas 61
6 Conclusão 62
   Referências 63

LIMITES E POSSIBILIDADES DA CONCERTAÇÃO NO PLANEJAMENTO URBANO PARA A SUSTENTABILIDADE AMBIENTAL NO MEIO URBANO

Annelise Monteiro Steigleder 67
1 Introdução 67
2 Ampliação da discricionariedade: o espaço da concertação urbanística 68
3 A administração consensual 69
4 A concertação no urbanismo 71
4.1 O espaço da concertação urbanística 71
4.2 Vantagens e riscos da concertação urbanística 74
5 O processo da concertação urbanística 75
6 Conclusão 81
 Referências 82

A RESPONSABILIDADE SUBJETIVA NA LEI DE IMPROBIDADE ADMINISTRATIVA

Ângelo Roberto Ilha da Silva..85
 Introdução 85
1 Aproximações sobre a edificação teórica do conceito de dolo 87
2 O dolo em face da "nova" LIA 93
 Considerações finais..100
 Referências 101

LABORATÓRIOS DE INOVAÇÃO NA LEI DO GOVERNO DIGITAL: REGULAMENTAÇÃO, EXPERIÊNCIAS BRASILEIRAS E PERSPECTIVAS CRÍTICAS

Caroline Muller Bitencourt, Mayumi Saraiva Tanikado Miguel 105
 Introdução 105
1 A evolução normativa da inovação no ordenamento jurídico brasileiro:
 os caminhos legislativos até a regulamentação dos laboratórios de inovação 107
2 Observando complexamente o conceito de laboratórios de inovação a partir das
 experiências existentes, com especial atenção ao desafio na Administração Pública 114
3 Elementos constitutivos dos laboratórios de inovação no Brasil e alguns
 apontamentos críticos com base nas experiências catalogadas 117
 Considerações finais..122
 Referências 124

NA PAUTA DA SUSTENTABILIDADE, UMA *SONATA* AO PATRIMÔNIO CULTURAL E ÀS CIDADES CRIATIVAS

Cinara de Araújo Vila, Daniela Zago G. da Cunda 127
 Exposição e apresentação dos temas 127
 Desenvolvimento e seus principais temas – patrimônio cultural e cidades criativas 129
 Recapitulação e *coda* 135
 Referências 136

PROMOÇÃO DA SUSTENTABILIDADE POR MEIO DAS CONTRATAÇÕES PÚBLICAS: A FUNÇÃO SOCIAL REFORÇADA PELA LEI Nº 14.133/2021
Cristiana Fortini, Mariana Bueno Resende..................139
1   Introdução 139
2   A função social das contratações públicas..................141
3   Sustentabilidade na Lei nº 14.133/2021: previsões relevantes e controvérsias..................149
4   Considerações finais..................153
    Referências..................154

DIVERSIDADE, PROTEÇÃO DE DADOS E REGULAÇÃO DIGITAL – A EXPERIÊNCIA ALEMÃ E SEUS POSSÍVEIS CONTRIBUTOS AO BRASIL
Daniel Piñeiro Rodriguez, Helen Lentz Ribeiro Bernasiuk..................157
    Introdução 157
1   Inteligência Artificial – panorama internacional e brasileiro..................158
2   A formação histórico-administrativa das autoridades de proteção de dados na Alemanha 161
3   O impacto da diversidade na estrutura do modelo regulatório alemão..................163
    Conclusões..................164
    Referências..................165

SUSTENTABILIDADE E DIREITO ADMINISTRATIVO DE VÁRIOS *TIMBRES E CORES*: LICITAÇÕES SUSTENTÁVEIS A PROMOVEREM A DIMENSÃO SOCIAL E ÉTICA E POLÍTICAS PÚBLICAS PARA UMA MAIOR EQUIDADE DE GÊNERO E INTRAGÊNERO
Daniela Zago G. da Cunda, Letícia Marques Padilha..................169
    Considerações iniciais e de homenagem 169
1   Direito Administrativo inclusivo para que efetivamente seja indutor da sustentabilidade multidimensional..................171
2   O escravagismo, o racismo e a violência contra as mulheres a ensejarem políticas públicas urgentes..................172
3   A importância do princípio da interseccionalidade na elaboração de políticas públicas verdadeiramente sustentáveis..................174
4   Boas práticas e previsões normativas em prol da sustentabilidade e da equidade de gênero e intragênero..................177
5   Fiscalização de políticas públicas inclusivas pelos Tribunais *para além* de Contas..................179
    Considerações finais 181
    Referências 182

A ANÁLISE ECONÔMICA DO DIREITO COMO INSTRUMENTO DE VALORAÇÃO DO MEIO AMBIENTE NO ORDENAMENTO JURÍDICO BRASILEIRO
Denise Schmitt Siqueira Garcia, Heloise Siqueira Garcia, Eduardo Luiz Soletti Pscheidt...185
    Introdução 185
1   Análise Econômica do Direito..................186
2   Direito Ambiental e Economia 189

3	A Análise Econômica do Direito como instrumento de valoração do meio ambiente no ordenamento jurídico brasileiro	191
4	Conclusão	193
	Referências	194

LICITAÇÕES E CONTRATAÇÕES PÚBLICAS E A PROMOÇÃO DO DESENVOLVIMENTO NACIONAL SUSTENTÁVEL
Edgar Guimarães 195

1	Introdução	195
2	Objetivos do processo licitatório	196
3	Desenvolvimento sustentável e suas vertentes	198
4	Licitações e contratações públicas e o desenvolvimento nacional sustentável	199
4.1	Especificação do objeto a ser contratado	200
4.2	Licitações para obras e serviços de engenharia	201
4.3	Margem de preferência para produtos nacionais	201
4.4	Benefícios para micro e pequenas empresas	202
4.5	Contratação de mulheres vítimas de violência doméstica e de egressos do sistema prisional	203
4.6	Contratação de associações ou cooperativas de pessoas de baixa renda, reconhecidas como catadores de materiais recicláveis	203
4.7	Contratação de associação de pessoas com deficiência e preenchimento de postos de trabalho com beneficiários reabilitados da Previdência Social ou pessoas portadoras de deficiência	204
5	Conclusões	204
	Referências	205

UMA NOVA ERA PARA A FUNÇÃO ADMINISTRATIVA
Edilson Pereira Nobre Júnior 207

1	Introdução	207
2	A base normativa da administração digital	208
3	Do procedimento administrativo eletrônico	210
4	Administração Pública e inteligência artificial	213
5	Os serviços públicos digitais	217
6	Palavras finais	219
	Referências	220

CUSTEIO DOS DIREITOS FUNDAMENTAIS SOB EROSÃO FISCAL
Élida Graziane Pinto 223

1	Introdução	223
2	Um microssistema constitucional de tutela do custeio dos direitos fundamentais	224
3	Iniquidade fiscal decorrente da tensão entre estabilidade macroeconômica e financiamento dos direitos fundamentais	228
4	Ajustes ausentes sobre a regressividade tributária e sobre a natureza opaca e ilimitada das despesas financeiras	230
5	Considerações finais	233
	Referências	236

A RESPONSABILIDADE CIVIL DO ESTADO NO DIREITO COMPARADO
Eugênio Facchini Neto 239

1 Introdução 239
2 A responsabilidade civil do Estado no Direito francês.................................241
3 A responsabilidade civil do estado, no Direito inglês 246
4 A responsabilidade civil do Estado, no Direito alemão...............................251
5 À guisa de considerações finais: uma análise comparada das diversas experiências jurídicas..256
Referências..259

SUSTENTABILIDADE CORPORATIVA SEM *GREENWASHING*: O NOVO PARADIGMA DO CAPITALISMO DE STAKEHOLDERS
Gabriel Wedy, Rafael Martins Costa Moreira 263

Introdução 263
1 Sustentabilidade corporativa: da comunidade internacional e dos ordenamentos domésticos para as empresas...265
2 ESG: o papel dos mercados e da regulação estatal......................................269
3 O novo paradigma da sustentabilidade empresarial...................................271
Conclusão 275
Referências..276

A SUSTENTABILIDADE DA PARTICIPAÇÃO DAS MICRO E PEQUENAS EMPRESAS NAS CONTRATAÇÕES PÚBLICAS
Gustavo Henrique de Faria, Heloísa Helena Antonacio Monteiro Godinho 279

1 Introdução 279
2 As contratações públicas e suas finalidades...282
3 Participação das MEs e EPPs nas compras públicas 283
3.1 Um olhar histórico (dimensão jurídico-política)..283
3.2 Participação das MEs e EPPs nas compras públicas 287
3.3 Da possibilidade de licitações exclusivas para MEs e EPPs para além da LC nº 123/2006..289
4 Controle externo nas contratações diferenciadas para ME e EPP.............291
5 Considerações finais..294
Referências..295

POR UM DIREITO A UM FUTURO SUSTENTÁVEL: O DIREITO FUNDAMENTAL AO CLIMA LIMPO, SAUDÁVEL E SEGURO E OS DEVERES ESTATAIS DE PROTEÇÃO CLIMÁTICA À LUZ DA CONSTITUIÇÃO FEDERAL DE 1988
Ingo Wolfgang Sarlet, Tiago Fensterseifer 299

1 Introdução 299
2 O clima como bem jurídico de *status* constitucional 303
3 O reconhecimento do direito fundamental ao clima limpo, saudável e seguro e o seu regime jurídico-constitucional..307
3.1 As perspectivas subjetiva e objetiva do direito fundamental ao clima limpo, saudável e seguro 311
3.2 Deveres estatais de proteção climática e vinculação dos órgãos públicos........314

4	Status supralegal dos tratados internacionais em matéria climática e o dever "*ex officio*" de controle de convencionalidade a cargo atribuído aos juízes e tribunais nacionais 322
	Conclusões articuladas 326
	Referências 328

EMENDA CONSTITUCIONAL Nº 132/2023: UMA "MUDANÇA SUSTENTÁVEL DE PARADIGMA" EM CURSO NO SISTEMA TRIBUTÁRIO NACIONAL
Júlio César Linck, Letícia Ayres Ramos 331

	Considerações iniciais 331
1	O desenvolvimento sustentável e os possíveis mecanismos de custeio e incentivos 332
2	Mudança sustentável em curso de paradigma no Sistema Tributário Nacional 338
3	Aspectos concretizadores da tributação sustentável 340
	Considerações finais 347
	Referências 347

SMART CITIES E RESÍDUOS SÓLIDOS URBANOS: REFLEXÕES SOBRE ECOPONTOS, E-CARROCEIROS E RE-CICLO EM FORTALEZA/CE
Ligia Maria Melo de Casimiro, Lucas Saraiva de Alencar Sousa 351

	Introdução 351
1	Em busca da solução: políticas públicas para os resíduos sólidos e a "smartização" das cidades 353
2	As variáveis brasileiras: desigualdades sociais, catadores e efetividade das leis 357
3	Ecopontos, e-carroceiro e re-ciclo: smartizadas e eficientes? 360
	Considerações finais 365
	Referências 366

IMPLEMENTAÇÃO DO PLANO DE LOGÍSTICA SUSTENTÁVEL NOS TRIBUNAIS DE CONTAS
Lilian de Almeida Veloso Nunes Martins 369

	Referências 382

O CONTEÚDO MULTIDIMENSIONAL DA SUSTENTABILIDADE E AS CONTRATAÇÕES PÚBLICAS BRASILEIRAS
Luciana Stocco Betiol, Teresa Villac 383

1	Introdução 383
2	O conteúdo multidimensional da sustentabilidade 385
3	O conteúdo multidimensional da sustentabilidade nas contratações públicas brasileiras 387
4	Delineamentos finais 396
	Referências 396

SUSTENTABILIDADE PROATIVA
Luiz Alberto Blanchet 399

1	Sustentabilidade e proatividade humana 399
2	O fator humano proativo — um elo entre o ser humano *preservador* e o *conservador* da natureza 404

3   Sustentabilidade proativa, Ciência, tecnologia e inovação 407
      Referências..411

SOLICITAÇÃO DE SOLUÇÃO CONSENSUAL (SSC): ALGUMAS CONSIDERAÇÕES SOBRE A IN Nº 91/2022 DO TCU

Marçal Justen Filho, Eduardo Nadvorny Nascimento..413
    Introdução 413
    A IN nº 91/2022 do TCU: procedimento de solução consensual de controvérsias 413
    O consensualismo na relação entre Estado e particulares......................................418
    O consensualismo como alternativa ao unilateralismo 419
    A questão dos limites quanto à autonomia em relação ao conteúdo das decisões 420
    A difusão do consensualismo inclusive no TCU 424
    A natureza peculiar da atuação do TCU prevista na IN nº 91/2022 426
    A eficácia vinculante da solução consensual homologada sob o rito da IN nº 91/2022...428
    A solução da IN nº 91/2022 em matéria de sancionamento administrativo
    por ilicitude 432
    Conclusão 435
    Referências 435

DECISÃO ALGORÍTMICA NO ÂMBITO DA PREVIDÊNCIA SOCIAL BRASILEIRA: O PROBLEMA DA INCORREÇÃO E DA FALTA DE TRANSPARÊNCIA DO CADASTRO NACIONAL DE INFORMAÇÕES SOCIAIS (CNIS)

Marcelo Boss Fábris, José Sérgio da Silva Cristóvam 437
1   Considerações iniciais..437
2   A correlação necessária entre a decisão algorítmica e base de dados 438
3   As decisões algorítmicas no âmbito da Previdência Social...................................440
4   Incorreção e falta de transparência do Cadastro Nacional de Informações Sociais
    (CNIS)...442
5   Considerações finais...447
    Referências...448

O PROCESSO DE ESCOLHA DE ÁRBITROS PELA ADMINISTRAÇÃO PÚBLICA

Márcia Uggeri, George Miguel Restle Maraschin 451
1   Introdução 451
2   Do sistema inerente ao processo arbitral 452
3   O processo de indicação de árbitros pela Administração Pública 454
4   A relação que se estabelece entre partes e árbitros...457
5   Da inaplicabilidade da Lei de Licitações e Contratações Públicas.......................459
6   Conclusão 462
    Referências...463

INFERÊNCIA E COGNIÇÃO DO ENUNCIADO NORMATIVO: UM DIÁLOGO ENTRE WILFRID SELLLARS E ROBERT BRANDOM

Marcus Paulo Rycembel Boeira..465
    Referências 472

SUSTENTABILIDADE DAS CIDADES INTELIGENTES: INOVAÇÃO, GOVERNANÇA E RISCOS NO USO DA INTELIGÊNCIA ARTIFICIAL NOS AMBIENTES URBANOS
Maria Cláudia da Silva Antunes de Souza, Aulus Eduardo Teixeira de Souza 473

    Introdução 473
1   A Inteligência Artificial como ferramenta para a sustentabilidade urbana 474
2   Inovação, governança e regulação de riscos em cidades sustentáveis 479
    Conclusão 483
    Referências 485

POLÍTICA FISCAL E SUSTENTABILIDADE: APONTAMENTOS DO PENSAMENTO JURÍDICO E ECONÔMICO SOBRE A EXTRAFISCALIDADE NA CONSTITUCIONALIZAÇÃO DE POLÍTICAS PÚBLICAS
Mártin Haeberlin, Flavio Vasconcellos Comim 487

1   Introdução 487
2   Extrafiscalidade na dogmática jurídica 488
2.1 As políticas públicas no Estado Constitucional 488
2.2 Fiscalidade, extrafiscalidade e políticas públicas 491
2.2.1 Atividade financeira do Estado 491
2.2.2 Fiscalidade e políticas públicas 492
2.2.3 Extrafiscalidade e políticas públicas 493
3   Pigou x Coase: aportes do pensamento econômico para a postura estatal 494
3.1 Arthur Pigou e a economia de bem-estar social 494
3.1.1 A economia de bem-estar social 494
3.1.2 A teoria econômica de Arthur Pigou 495
3.2 Ronald Coase e o problema do custo social: uma crítica à nova postura econômica 497
3.2.1 A análise do problema do custo social 497
3.2.2 A crítica de Ronald Coase endereçada a Arthur Pigou 498
4   Uma aproximação da dogmática jurídica e do pensamento econômico 499
4.1 Possíveis críticas à crítica de Coase e soluções alternativas 499
4.2 Questões intrínsecas aos modos de pensar o problema dos custos sociais 501
4.3 A questão da sindicabilidade das políticas públicas por instrumentos extrafiscais 502
5   Considerações finais 503
    Referências 504

A REGULAÇÃO ADMINISTRATIVA, A LEI DA LIBERDADE ECONÔMICA E O *LAW AND ECONOMICS* (À BRASILEIRA)
Maurício Zockun, Carolina Zancaner Zockun 507

    Introdução 507
I   Legalidade e regulação 507
II   Regulação e regulamentação 508
III Regulação administrativa e regulamentos delegados ou autorizados 509
IV Regulação administrativa e a norma penal em branco 510
V   Regulação administrativa e a Lei da Liberdade Econômica 512
VI Direito e economia: *Law and Economics* 515
VII Consequencialismo, Direito e Economia 516
    Referências 520

PROCESSO ADMINISTRATIVO: SUA RAZÃO DE SER, A CENTRALIDADE DAS LEIS NA DOGMÁTICA DO DIREITO ADMINISTRATIVO E OS MÉTODOS ALTERNATIVOS DE SOLUÇÃO DE CONTROVÉRSIAS
Pedro Adamy 521
    A razão da homenagem 521

DESBUROCRATIZAÇÃO E SIMPLIFICAÇÃO DA LEGISLAÇÃO URBANÍSTICA COMO ELEMENTO INDUTOR DE SUSTENTABILIDADE
Pedro Niebuhr, Raquel Iung Santos, Pedro Duarte 533
1   Introdução 533
2   O papel da legislação urbanística no desenvolvimento sustentável das cidades 535
3   O movimento pela simplificação de normas urbanísticas 536
4   O caso específico da legislação de controle edilício 538
5   Um possível quadro de atualização da legislação de controle edilício 539
6   Considerações finais 542
    Referências 543

BREVES REFLEXÕES SOBRE DESENVOLVIMENTO SUSTENTÁVEL DO ESTADO E COMBATE À CORRUPÇÃO
Phillip Gil França 545
    Introdução 545
1   Regulação e Estado Sustentável 550
2   Corrupção 553
3   Conclusão 555
    Referências 556

JURIDICIDADE DA AÇÃO ADMINISTRATIVA NOS ATOS DISCRICIONÁRIOS PRODUZIDOS SOB A INFLUÊNCIA DE INTELIGÊNCIA ARTIFICIAL EM SISTEMAS DE SUPORTE À DECISÃO DA ADMINISTRAÇÃO PÚBLICA
Rafael Da Cás Maffini, Isadora Formenton Vargas 559
1   Introdução 559
2   Os sistemas de suporte à decisão (ssd) na administração pública: entre passado, presente e futuro 562
3   Elementos da juridicidade da ação administrativa na produção de atos administrativos discricionários 566
4   A juridicidade da ação administrativa na produção de atos administrativos discricionários sob influência de inteligência artificial em Sistemas de Suporte à Decisão (IA-SSD) 569
5   Conclusão 573
    Referências 573

ACORDOS ADMINISTRATIVOS: A CONTRIBUIÇÃO DA LINDB
Rafael Ramos 577
1   Considerações iniciais 577
2   Breve histórico do anteprojeto e do projeto da Nova LINDB (Lei nº 13.655/18) 578
3   Reflexos da Lei nº 13.655/18 no Decreto-lei nº 4.657/1942 (LINDB) 579

4	Linhas gerais da alteração legislativa	580
5	Direito Administrativo e consensualidade	584
6	*Nudge*, Nova LINDB e acordos administrativos	586
	Referências	589

AS PRÁTICAS DE ESG E A GOVERNANÇA: O (RE)PENSAR ACERCA DA PROTEÇÃO DE DADOS NO PODER PÚBLICO

Regina Linden Ruaro, Bernardo Ferreira 593

1	Os pilares do ESG e a aplicação na Administração Pública	593
2	A governança de dados e o compartilhamento de dados pelo poder público	599
3	O (re)pensar acerca da proteção de dados no poder público	603
	Referências	604

OS TRIBUNAIS DE CONTAS E O FOMENTO À INOVAÇÃO E EFICIÊNCIA NA GESTÃO PÚBLICA: O CASO DO PROGRAMA CIENTISTA CHEFE NO ESTADO DO CEARÁ

**Rholden Botelho de Queiroz, Raimir Holanda Filho,
Francisco Alexandre Correia Arruda** 607

1	Introdução	607
2	Arcabouço legal e institucional de inovação no Estado do Ceará	608
3	Programa Cientista Chefe	612
4	Projetos de inovação	614
4.1	Combate e prevenção de riscos e fraudes no setor público	615
4.2	Inovação na infraestrutura viária do Ceará	617
4.2.1	Tecnologia para implementação de atividades de perícia em obras rodoviárias do Ceará visando controle de qualidade	617
4.2.2	Ferramentas de avaliação da qualidade de rodovias do estado do Ceará, com vistas à transparência no serviço público e à eficiência governamental	619
4.3	Monitor fiscal	622
5	Novos projetos de inovação	624
6	Considerações finais	624
	Referências	625

INOVAÇÃO E SUSTENTABILIDADE NA ADMINISTRAÇÃO PÚBLICA: O PAPEL DOS TRIBUNAIS DE CONTAS NA NOVA LEI DE LICITAÇÕES E CONTRATOS ADMINISTRATIVOS

Ricardo Schneider Rodrigues 627

1	Introdução	627
2	A inovação e o controle da Administração Pública pelos Tribunais de Contas	628
3	A sustentabilidade ambiental como parâmetro de fiscalização pelos Tribunais de Contas	631
4	Os Tribunais de Contas na nova lei de licitações: mecanismos para a indução da inovação sustentável	635
5	Considerações finais	640
	Referências	641

PRESCRIÇÃO NOS TRIBUNAIS DE CONTAS: ACERTOS, DESACERTOS E DESAFIOS
Rodrigo Valgas 643
    Prólogo: a justa homenagem 643
    Introdução ao tema 644
    A prescritibilidade das ações de ressarcimento ao erário 644
    A evolução da jurisprudência do STF pela prescritibilidade das ações
    de ressarcimento 645
    O regime de repercussão geral no Código de Processo Civil 647
    A prescrição nos Tribunais de Contas no controle concentrado
    de constitucionalidade 648
    Os Tribunais de Contas e a forçada mudança de rumo no trato da prescrição 650
    Alguns problemas a serem equacionados no trato da prescrição nos
    Tribunais de Contas 653
    Conclusões 659
    Referências 660

O DEVER DE FUNDAMENTAÇÃO DA DECISÃO JUDICIAL E INTELIGÊNCIA ARTIFICIAL: DESAFIOS AO PODER JUDICIÁRIO
Rogério Gesta Leal 663
I   Notas introdutórias 663
II   O que significa o dever de motivação e fundamentação das decisões judiciais? 664
III Impactos da IA na motivação e fundamentação da decisão judicial 667
IV Notas conclusivas 673
      Referências 675

AGROECOLOGIA E TRIBUNAIS DE CONTAS: O PAPEL INDUTOR DO CONTROLE EXTERNO NAS POLÍTICAS PÚBLICAS DOS SISTEMAS ALIMENTARES SUSTENTÁVEIS
Sabrina Nunes Iocken, Luciane Beiro de Souza Machado 679
1   Introdução 679
2   Agroecologia: contexto histórico e elementos conceituais 680
3   A Agenda 2030 da ONU e as diretrizes estratégicas da FAO para a transição
     agroecológica 684
4   A institucionalização da política agroecológica no Brasil 685
5   Políticas públicas direcionadas à agroecologia: lógica ou incoerência? ...688
6   O papel indutor do debate público no âmbito dos Tribunais de Contas ..691
7   Conclusão 694
     Referências 695

REGULAÇÃO E LIMITAÇÃO OBJETIVA EM ARBITRAGEM
Sérgio Guerra 699
1   Características das agências reguladoras 701
2   Vantagens da participação das agências reguladoras em arbitragens comerciais 702
3   Peculiaridades das funções regulatórias 703
4   Arbitrabilidade objetiva nos conflitos entre os agentes regulados e as agências
     reguladoras 705
     Conclusão 706
     Referências 707

SUSTENTABILIDADE, INTELIGÊNCIA ARTIFICIAL E SISTEMA DE JUSTIÇA: UM DEBATE URGENTE
Têmis Limberger, Demétrio Beck da Silva Giannakos 709
    Introdução 709
1   O panorama do Poder Judiciário brasileiro 710
2   A inteligência artificial: a busca por um conceito 713
3   Sustentabilidade no sentido multidimensional e algumas normativas sobre o tema 719
4   Conclusão 725
    Referências 726

PASSOS DECISIVOS DO DESENVOLVIMENTO SUSTENTÁVEL
Thomas Bellini Freitas 729
    Introdução 729
1   O nascimento do conceito de desenvolvimento sustentável 729
2   O Acordo de Paris como paradigma 732
3   A implementação dos tratados: sonho ou realidade? 733
4   Biodiversidade como elemento do desenvolvimento sustentável 735
5   Outros passos relevantes 737
6   Conclusão 739

DO URBANO-AMBIENTAL ÀS SOLUÇÕES BASEADAS NA NATUREZA (SBN) E INFRAESTRUTURA VERDE: OS "ACORDOS SEMÂNTICOS" NECESSÁRIOS PARA A COMPREENSÃO DOS CAMINHOS DO DIREITO NAS CIDADES SUSTENTÁVEIS
Vanêsca Buzelato Prestes 741
    Introdução 741
1   O conceito urbano-ambiental 742
2   Mudanças climáticas, efeitos nas cidades 746
3   Das medidas de adaptação às mudanças climáticas a serem adotadas nas cidades. A infraestrutura verde como evolução do conceito de monofuncionalidade dos equipamentos públicos e comunitários e da forma de planejar a cidade 747
    Conclusões 748

SOBRE OS AUTORES 751

EIS, AQUI, LEITOR, UM BOM HOMEM, UM HOMEM DE BOA-FÉ – UM HOMEM DE QUEM SEMPRE DEI FÉ

ALEXANDRE PASQUALINI

*

Os livros[1] e as ideias de Juarez Freitas estão aí – e cada um poderá ter a sua experiência pessoal com a leitura. Não quero dizer que "tudo foi dito" (La Bruyère), que tudo está lá e que basta ler. Não. Isso seria um grande erro e significaria o exato oposto do que pensa Juarez. O maior e mais importante atributo do conhecimento cultivado por Juarez é tornar-se generativo, propiciar avanços permanentes e transmitir aos que chegam depois um auxílio com o qual possam conhecer e, acima de tudo, melhorar o mundo e a si mesmos. Para o nosso homenageado, as ideias são como as pessoas – existem para que novas e melhores possam surgir, conservando sem deixar de inovar, inovando sem deixar de conservar. Juarez tem perfeita consciência de que ninguém raciocina em total exílio. Ninguém reflete em completa solidão. O conhecimento, quando bem-entendido, sempre une, sempre conecta, sempre desvela nossa perene inseparabilidade. Para Juarez, o conhecimento é um espaço cooperativo onde se pensa com a ajuda dos outros o que não se conseguiria pensar sozinho. Assim, em tempo algum seria tarde para revelar um novo ângulo, uma nova interpretação sobre uma obra com tantas contribuições relevantes em áreas, entre muitas outras, como teoria dos sistemas, hermenêutica, lacunas, antinomias, justiça, controle dos atos administrativos, direito fundamental à boa administração, sustentabilidade e inteligência artificial.

---

[1] Em breve apanhado, restrito apenas aos principais livros, vale lembrar A Interpretação Sistemática do Direito, O Controle dos Atos Administrativos, O Direito Fundamental à Boa Administração, Sustentabilidade: Direito ao Futuro, Estudos de Direito Administrativo e, em coautoria com Thomas Bellini Freitas, Direito e Inteligência Artificial.

O que eu quero dizer é que o universo do conhecimento não se restringe tão só ao saldo das ideias, que, quando se afastam da energia exemplar de suas motivações, acabam apenas legando nomes à história. Às vezes, a qualidade das ideias, que vem depois e, quase sempre, deixa-se conhecer na escrita, supõe a qualidade do homem, que vem antes e, não raro, sequer nas entrelinhas se deixa revelar. Por isso, embora, ao final da caminhada, o louvor à originalidade se torne a precípua fonte de prestígio do autor, não se deve esquecer que, em certas trajetórias, são as discretas, porém inabaláveis virtudes do homem que, no início, fertilizaram o solo e polinizaram a colheita.

Pois esse me parece ser o caso do nosso homenageado. O conhecimento nunca foi para Juarez somente uma façanha do intelecto. A sua razão jamais funciona a frio e as suas ideias, de nenhuma maneira, alvorecem sem idealismo. Juarez não ignora que, em seus momentos mais elevados, a humanidade é, ela mesma, um ideal.

*

Eu e Juarez nos tornamos amigos há mais de 40 anos. A amizade permitiu que assistíssemos as[2] nossas vidas sendo vividas – não narradas. Quis o destino que pudéssemos nos ajudar e acompanhar no dia a dia em que a vida é vivida e as escolhas são feitas – não teorizadas. Sem precisar ouvir ou falar, eu assisti a[3] prática na prática, a ação em ação, a vivência na vivência e, acima de tudo, pude enxergar o homem por traz do autor.

Eu poderia dizer muito sobre o homem por traz do autor, mas vou me cingir tão só a três atributos do homem que ajudarão o leitor a compreender melhor o autor: generosidade, rigor e compromisso com o melhor.

Juarez é generoso e, na acepção mais nobre da atitude, benevolente com o conhecimento. A procura do conhecimento parece só fazer sentido quando serve para ser compartilhado. Juarez vive para se comunicar e se comunica para viver. O conhecimento se torna quase um fardo, enquanto não for compartilhado, enquanto não se converte em ajuda. E nada dá ao meu amigo maior alegria do que repartir novidades, pesquisas, livros e avanços com o maior número possível de pessoas também compromissadas com a sua universal república do conhecimento. Será muito difícil encontrar alguém mais generoso com seus saberes e sabedoria. Qualquer encontro, breve embora, transforma-se em oportunidade para aprender, ensinar, ajudar. Todos os que se aproximam dele sempre aprendem e todos os que dele se despedem sempre sentem falta dessa acolhedora república, onde as ideias pertencem a todos, para serem usadas em benefício de todos.

Juarez é rigoroso em conhecer e fazer justiça às contribuições dos que o antecederam e, sobretudo, às várias tradições de pensamento. Juarez não observa o "princípio da caridade" (Wilson, Quine e Davidson) tão só no plano superficial da semântica, mas também nas camadas mais profundas, lá onde as ideias são vividas e dão frutos, mais ou menos evolucionários. Por experiência própria, Juarez sabe que é possível aprender com todos, quando há abertura de espírito. Sabe que é preciso pensar nos vivos, nos mortos, nos vindouros. Sabe que é necessário ouvir a voz dos feridos, dos diferentes, dos divergentes. Juarez tem plena consciência de que, em nenhum momento,

---

[2] Este "as" deve ser lido, ao mesmo tempo, com e sem crase. A correta leitura da frase comporta ambos os sentidos.
[3] Aqui também este "a" deve ser lido, ao mesmo tempo, com e sem crase.

houve um tempo sem tradições e que, em todas as épocas, há tesouros escondidos no passado. Em cada degrau da história, há lições a serem aprendidas pelo presente, e Juarez aprendeu, com o melhor das melhores tradições, que não se deve ter pressa ou em aprovar ou em desaprovar. Nem tudo pode, em bloco e muito instantaneamente, ser reduzido a um simples, resoluto e definitivo *'isto é bem'* ou *'isto é mal'*. A vida não é um jogo assim tão simplório, em particular no plano das obras do intelecto e do espírito. Por isso, cônscio de que a perfeição não cabe neste mundo, Juarez, com humildade, prudência e, por que não dizê-lo, com tolerância, mantém franco e permanente diálogo com as tradições.

Juarez é compromissado com o melhor – o melhor que pode ser feito com o atual conhecimento ao seu alcance. Quando se contempla a trajetória dos muitos que nos precederam, que, como sempre, trabalharam com instrumentos cognitivos incompletos e imperfeitos, uma parte do mérito devido a cada um deles não está só nas ideais que professaram. Com igual peso, o mérito também decorre das escolhas e resultados práticos realizados com esses instrumentos cognitivos incompletos e imperfeitos. Como eu, Juarez viu uns fazerem muito pouco com muito e outros fazerem muito com muito pouco. Pois em uma etapa em que nunca se soube tanto sobre tantas coisas e, uma vez mais, tantos teimam em acanhar o horizonte do possível, a busca por extrair o melhor do atual estado da arte é, sozinha, uma máxima que preenche e dá pleno sentido à vida, em todas as suas dimensões.

*

Montaigne fez uma polida advertência introdutória aos seus *Ensaios*, quase como se estivesse pondo a si mesmo nas mãos do leitor: *"c'est ici un livre de bonne foi, lecteur"* (*"eis, aqui, leitor, um livro de boa-fé"*). Uma vez que Montaigne confessa que ele mesmo era a *"matéria"* de seus ensaios (*"je suis moi-même la matière de mon livre..."*), bem que poderia ter dito: *eis, aqui, leitor, um homem de boa-fé*.

Ora, inspirado em Montaigne – um perene e lúcido veio de sabedoria para todos os que desejam fazer justiça aos amigos – digo eu, em relação ao nosso homenageado: *eis, aqui, leitor, um bom homem, um homem de boa-fé – um homem de quem sempre dei fé*.

Informação bibliográfica deste livro, conforme a NBR 6023:2018 da Associação Brasileira de Normas Técnicas (ABNT):

PASQUALINI, Alexandre. Eis, aqui, leitor, um bom homem, um homem de boa-fé – um homem de quem sempre dei fé. In: PASQUALINI, Alexandre; CUNDA, Daniela Zago Gonçalves da; RAMOS, Rafael (coord.). *Direito, sustentabilidade e inovação*: estudos em homenagem ao professor Juarez Freitas. Belo Horizonte: Fórum, 2025. p. 17-19. ISBN 978-65-5518-957-5.

A ANÁLISE DE IMPACTO REGULATÓRIO COMO INSTRUMENTO DE REGULAÇÃO SUSTENTÁVEL: REFLEXÕES A PARTIR DAS CONTRIBUIÇÕES DE JUAREZ FREITAS

ADRIANA DA COSTA RICARDO SCHIER
GIULIA DE ROSSI ANDRADE

É com imenso carinho e admiração que prestamos esta singela homenagem ao Prof. Juarez Freitas, uma verdadeira referência no Direito Público contemporâneo. E uma referência muito constante em nossa trajetória acadêmica.

A mim, Adriana, o Professor Juarez acolheu na academia e na vida. Jamais esquecerei que foram as suas palavras, em uma longínqua palestra ministrada no Congresso Brasileiro de Direito Administrativo, em 2004, que me trouxeram a inspiração para delinear a tese de doutorado sobre serviços públicos, temática que se tornou uma de minhas principais linhas de pesquisa. Desde então, sou privilegiada por contar com diálogos profícuos, com uma amizade fraterna com uma das pessoas que mais admiro. O Professor Juarez me levou a estudar desenvolvimento, sustentabilidade e certamente foi ele que, com suas análises sempre ponderadas, foi o responsável pelo direcionamento da minha pesquisa para a proposição de caminhos viáveis que permitam o enfrentamento dos problemas reais dessa sociedade ainda tão carente e despreocupada com o futuro dessa e das próximas gerações.

Por outro lado, eu, Giulia, considero-me uma pessoa extremamente privilegiada, pois cresci cercada pelos maiores expoentes do Direito Administrativo, entre eles o Professor Juarez Freitas. Desde a infância, ouvia meu pai mencioná-lo ao retornar de suas viagens a Porto Alegre. Já cursando a faculdade de Direito, em 2011, tive a honra de conhecê-lo pessoalmente. Naquela ocasião, fui presenteada com um livro do Professor, autografado por ele, que guardo com muito carinho na biblioteca da minha casa.

Com o passar dos anos, o Professor Juarez tornou-se uma das minhas mais importantes e indispensáveis referências. Nossa proximidade aumentou, tornei-me amiga de seu filho Thomas, por quem eu tenho muito carinho e admiração, e hoje tenho o privilégio de contar com sua orientação e apoio em todos os meus projetos, especialmente agora, no meu doutorado, cujo tema foi inspirado por uma profunda e significativa conversa que tivemos por telefone.

Somos todos inspirados pela sua trajetória, marcada pela vanguarda acadêmica, que abraça desde a Filosofia do Direito até os desafios atuais da inteligência artificial. Mais do que um jurista brilhante, o Professor Juarez é um humanista preocupado com o bem-estar coletivo e responsavelmente engajado na construção de um futuro sustentável. Sua inspiração vai além dos livros que escreve; ela se manifesta na esperança que ele incute em todos nós de um mundo melhor e mais justo.

Parabéns, Professor Juarez, por mais essa homenagem!

1 Introdução

A regulação no ambiente do Estado Sustentável é uma questão crucial para a administração pública contemporânea, especialmente no Brasil. A obra de Juarez Freitas destaca-se como uma contribuição valiosa para entender e implementar um modelo de Estado que harmonize eficiência, eficácia e garantias fundamentais. O autor propõe uma abordagem que transcende a dicotomia entre o Estado Regulador e o Estado Social, advogando por um "Estado Sustentável" que integre os princípios de sustentabilidade multidimensional em suas políticas e práticas regulatórias.

Nos anos 90, o Brasil vivenciou um intenso debate sobre a reforma do Estado, influenciado por modelos neoliberais que propunham a redução do papel estatal na economia e a privatização de serviços públicos. Nesse contexto, as agências reguladoras emergiram como instituições-chave para a nova modelagem estatal. Entretanto, as reformas também geraram críticas de defensores do Estado Social, que alertaram para os riscos de desmantelamento dos direitos fundamentais e do acesso a serviços públicos essenciais.

A proposta de Juarez Freitas busca reconciliar esses modelos aparentemente antagônicos através da adoção de uma racionalidade dialógica e preditiva, centrada no direito fundamental à boa administração. Sua obra, "Sustentabilidade: direito ao futuro", sugere que a regulação deve promover a universalização do bem-estar, integrando os aspectos sociais, econômicos e ambientais em suas decisões. Para ele, a regulação sustentável é aquela que corrige falhas de mercado e governamentais, promovendo um retorno social significativo e fomentando práticas sustentáveis em todos os setores.

Este artigo examinará, no primeiro tópico, a evolução histórica da regulação no Brasil, destacando o impacto das reformas administrativas dos anos 90 e a criação das agências reguladoras, sob a perspectiva da contribuição teórica de Juarez Freitas para a construção de um modelo de Estado Sustentável, com ênfase na integração dos princípios de sustentabilidade na Administração Pública. O segundo tópico abordará a Análise de Impacto Regulatório (AIR) como instrumento essencial para a implementação da regulação sustentável, avaliando sua aplicação prática e os desafios enfrentados no contexto brasileiro.

A metodologia empregada neste trabalho inclui uma revisão bibliográfica das principais obras de Juarez Freitas e análise documental das legislações pertinentes. Esta abordagem permitirá uma compreensão abrangente dos desafios e oportunidades para a regulação sustentável no Brasil, contribuindo para o avanço do debate acadêmico e a implementação de políticas públicas mais eficientes e justas.

2 A regulação no ambiente do Estado sustentável: a contribuição de Juarez Freitas

A presente contribuição neste livro que homenageia Juarez Freitas, um dos maiores expoentes do Direito Público da contemporaneidade, parte do reconhecimento do caráter vanguardista de sua obra e reporta-se, neste primeiro tópico, à primeira edição do consagrado livro "Sustentabilidade: Direito ao Futuro", de 2011.

Esta escolha se dá pela circunstância de que, em um momento em que os autores publicistas se encontravam em uma acirrada disputa pela narrativa que melhor identificaria o Estado brasileiro, Juarez Freitas oferece alternativas, indicando um suave e ponderado caminho do meio: a defesa de um Estado Sustentável como aquele que deve atender à demanda de proporcionar uma "robusta guinada de rota em direção à guarda eficaz do direito ao futuro" direcionado à "universalização do bem-estar".[1]

Com efeito, o debate contextualizado no final dos anos 90 girava em torno da reforma do papel do Estado brasileiro, repensado a partir da Reforma Administrativa implantada com a Emenda Constitucional nº 19/98 e com o conjunto de leis que a acompanharam. Defensores de uma profunda revisão propunham a transição para um "Estado Regulador", influenciados pelas escolas neoliberais. Pretendia-se, então, reduzir o tamanho do Estado e transferir ao mercado a responsabilidade pela exploração de atividades econômicas, incluindo a prestação de serviços públicos.[2]

Embora a reforma, na esfera nacional, não tenha dizimado o direito fundamental ao serviço público, é inegável que foram flexibilizados alguns de seus pressupostos, com autores dessa nova modelagem defendendo a privatização de todas as atividades e a aplicação do regime privado a tais atividades. O argumento principal era que o Estado era um prestador de serviços ineficiente e caro.[3] Por tais razões, deu-se início à onda de privatizações das estatais prestadoras de serviços públicos, remetendo-se à iniciativa privada o exercício de tais funções essenciais.[4]

---

[1] FREITAS, Juarez. *Sustentabilidade*: direito ao futuro. Belo Horizonte: Fórum, 2011, p. 296.

[2] Segundo os economistas da Escola de Chicago, essas estruturas foram rechaçadas pelos defensores do mercado porque foram tomadas como extremamente dispendiosas para a sociedade, já que eram financiadas apenas pela parcela contribuinte, mediante tributação. ORTIZ, Gaspar Ariño. *Princípios de derecho público económico*. Granada: Comares, 1999, p. 553.

[3] Paulo Roberto Ferreira Motta assevera como fatores que permitiram a disseminação da Reforma do Estado "uma menor esperança na capacidade de o poder público resolver os problemas econômicos e sociais mediante as receitas tradicionais"; e "as exigências da cidadania por uma maior qualidade nos serviços públicos". MOTTA, Paulo Roberto Ferreira. *Agências reguladoras*. Barueri: Manole, 2003, p. 4. Tais ideias eram embasadas na doutrina estrangeira que também professava a revisão do papel do Estado. Nesse sentido, ver, por todos, Ariño Ortiz, para quem o Estado, durante as décadas de ouro do capitalismo econômico, se agigantou e, com isso, tornou-se ineficiente. Assim, segundo ele, a qualidade dos serviços públicos prestados é mínima e o cidadão é *"hoy un ciudadano cautivo cuya vida y hacienda ha entregado a un monstruo que devora a sus hijos"*. ORTIZ, Gaspar Ariño. *Princípios de derecho público económico*. Granada: Comares, 1999, p. 550.

[4] No Brasil, Luiz Carlos Bresser-Pereira foi um dos autores que, a partir da década de 1990, diagnosticou o avanço da crise do modelo de Estado Social e propôs novos mecanismos de gestão administrativa. Para ele, as principais

Nesse momento, no Brasil, a expressão regulação passa a identificar "um certo tipo de ação estatal em face da iniciativa privada e em face da própria burocracia em regimes capitalistas (...) um termo que tem designado uma forma de atuação do Estado identificada com o período neoliberal de abertura e privatização".[5]

O cenário caracterizava-se pela retirada do poder público tanto do exercício de atividades econômicas estratégicas – em face da privatização das estatais – quanto da prestação de serviços públicos – tendo incremento os institutos da concessão e permissão.[6] Neste contexto, que permitiu a expansão da iniciativa privada em setores de interesse da coletividade, o argumento que legitimava a nova modelagem pretendida para o Estado brasileiro era de que o Estado asseguraria o interesse público mediante o exercício da atividade reguladora.[7]

Nesse panorama, inspirando-se na modelagem já há muito consolidada na Inglaterra e nos Estados Unidos, foram editadas diversas legislações criando as agências reguladoras. A primeira, como se sabe, foi a Lei nº 9.742, de 1997, que criou a ANATEL – Agência Nacional de Telecomunicações, implantando, com isso, um novo paradigma no Direito Administrativo brasileiro.

Contrapunham-se a tal visão, no entanto, autores vinculados a uma perspectiva voltada aos postulados do Estado Social e Democrático de Direito. Tomando-se por norte as lições de Celso Antônio Bandeira de Mello,[8] tais autores preocuparam-se em defender os institutos constitucionais do Direito Administrativo em uma dimensão que tivesse, por primeiro escopo, a redução do trágico quadro de exclusão social no Brasil. Esses, em linhas gerais, defendiam o protagonismo do Estado na realização de políticas públicas voltadas à efetivação dos direitos fundamentais, mormente através da prestação dos serviços públicos e da urgente e necessária intervenção estatal no mercado para impor as bases de uma economia solidária.[9]

---

causas da crise são o excesso de demandas sociais admitidas pelo poder público e a sua impossibilidade de atendê-las, a pesada carga tributária incidente sobre os empresários nacionais e o acúmulo de poder no Executivo. BRESSER-PEREIRA, Luiz Carlos. *Crise econômica e reforma do estado no Brasil*: para uma nova interpretação da América Latina. São Paulo: 34, 1996, p. 269.

[5] COUTINHO, Diogo R. *Direito e economia política na regulação de serviços públicos*. São Paulo: Saraiva, 2014, p. 38.

[6] SUNDFELD, Carlos Ari. *Direito administrativo econômico*. São Paulo: Malheiros, 2000, p. 23.

[7] O falso pressuposto era de que até o advento da Reforma dos 90, a intervenção direta na ordem econômica, no Brasil, adotava uma postura contrária ao mercado. Nesse sentido, a crítica de Floriano de Azevedo Marques Neto: "Os interesses do Estado-nação eram necessariamente contrários aos interesses privados pois a realização destes implicaria em interdição à consecução daqueles. Nesta perspectiva, a absorção de atividade econômica pelo Estado se justificava pela incompatibilidade (ou desconformidade) dos agentes privados atuarem no sentido da consagração do interesse público". MARQUES NETO, Floriano de Azevedo. *Agências reguladoras*. Instrumentos de fortalecimento do estado. ABAR: São Paulo, 2003, p. 9.

[8] Conferir o texto clássico de Celso Antônio Bandeira de Mello, de 1998, em que trata da democracia e de suas dificuldades contemporâneas: MELLO, Celso Antônio Bandeira de. A democracia e suas dificuldades contemporâneas. *Revista de Direito Administrativo*, Rio de Janeiro, n. 212, p. 57-70, abr./jun. 1998.

[9] Ver, de maneira exemplificativa, as obras de referência de ROCHA, Cármen Lúcia Antunes. *Princípios constitucionais dos servidores públicos*. São Paulo: Saraiva, 1999; BACELLAR FILHO, Romeu Felipe. *Princípios constitucionais do processo administrativo disciplinar*. São Paulo: Max Limonad, 1998; GABARDO, Emerson. *Eficiência e legitimidade do estado*. São Paulo: Manole, 2003; NOHARA, Irene Patrícia. *Reforma Administrativa e Burocracia*: Impacto da Eficiência na configuração do direito administrativo. Atlas: São Paulo: 2012; HACHEM, Daniel Wunder. Direito fundamental ao serviço público adequado e capacidade econômica do cidadão. Repensando a universalidade do acesso à luz da igualdade material. *A&C Revista de Direito Administrativo & Constitucional*, Belo Horizonte, a. 14, n. 55, p. 123-58, jan./mar. 2014. Tais obras, dentre tantas outras que não serão citadas dado o limite do presente texto, ilustram o movimento voltado à construção de um Estado Democrático de Direito desde a promulgação da Constituição Federal de 1988, admitindo também o Direito Administrativo como um

Para tais autores, a reestruturação trazida com a Reforma Administrativa dos 90 tinha por fundamento "a fuga do Estado, do direito administrativo ao direito privado, a transmutação do papel de titular do serviço público para simples regulador de um mercado no qual estes serviços essenciais são tratados como mercadorias ao talante da perseguição por maior lucratividade".[10]

É nesse ambiente que desponta a obra *Sustentabilidade e direito ao futuro*. Aqui, sistematizando muitas de suas lições já consagradas,[11] o Professor Juarez Freitas, com ideias inovadoras, consegue superar as visões conflitantes que predominavam no debate sobre a reforma do Estado. Desenvolveu, assim, uma teoria que indica um caminho possível para a modernização da Administração Pública, harmonizando a eficiência e a eficácia gerencial com a manutenção das garantias fundamentais do Estado Social e Democrático de Direito. Sua abordagem integra os princípios de uma administração moderna e reguladora, garantindo que a prestação de serviços públicos permaneça acessível e de qualidade, sem comprometer os direitos essenciais dos cidadãos.

Deste modo, sem abandonar os institutos clássicos do Direito Administrativo, propõe sua reinvenção a partir do paradigma da sustentabilidade multidimensional, ousando sugerir "a troca de pressuposições" e o descarte de institutos obsoletos (posição 6112). Estabelece, com isso, como premissa de atuação do poder público a adoção de uma racionalidade dialógica, virtuosa e preditiva. Mantém a defesa, então, do protagonismo do Estado na realização dos direitos fundamentais, mas reconhece o papel da sociedade na realização dos objetivos da República "sem prejuízo da indeclinável tarefa prestacional de assegurar o núcleo essencial dos serviços públicos".[12]

Admitindo a relevância da atividade reguladora do Estado, propõe que seja assentada sob a rocha do direito fundamental à boa administração, pautada pelos princípios da imparcialidade, da transparência, da prevenção e da precaução, da proporcionalidade, da motivação, voltada à atividade eficiente e eficaz do Estado e à probidade.[13] É este modelo que, segundo o autor, deverá funcionar como "sofisticado poder de polícia administrativa, na reinvenção do Direito Administrativo". Este que, para ele, "destina-se à universalização de bens essenciais e serviços de qualidade, conforme parâmetros de sustentabilidade".[14]

---

espaço de luta e como instrumento de emancipação. CLÈVE, Clèmerson Merlin. Direito constitucional e direito alternativo: por uma dogmática constitucional emancipatória. *In*: Evento comemorativo do sesquicentenário do Instituto dos Advogados Brasileiros. *Direito alternativo*. Seminário nacional sobre o uso alternativo do direito. Rio de Janeiro: COAD, 1994, p. 46-49. Destarte, construiu-se "um novo discurso jurídico, alternativo e emancipatório", o que "exigia uma releitura da epistemologia e do papel dos operadores jurídicos (...). Neste novo contexto, há espaço para a utopia, o sonho e a esperança, eis que a perplexidade frente a um mundo cada vez mais complexo desafia a capacidade criadora dos homens" (SCHIER, Paulo Ricardo. Novos desafios da filtragem constitucional no momento do neoconstitucionalismo. *A&C – Revista de Direito Administrativo e Constitucional*, Belo Horizonte, n. 20, p. 145-165, abr./jun. 2005, p. 149).

[10] PIRES, Luis Manuel Fonseca. *Estado social e democrático, serviço público e fraternidade*. Belo Horizonte: Fórum, 2011, p. 119.
[11] FREITAS, Juarez. *Estudos de direito administrativo*. São Paulo: Malheiros, 1995; FREITAS, Juarez. *O controle dos atos administrativos*. 3. ed. São Paulo: Malheiros, 2004; FREITAS, Juarez. *Discricionariedade administrativa e o direito fundamental à boa administração pública*. 2. ed. São Paulo: Malheiros, 2009.
[12] FREITAS, Juarez. *Sustentabilidade*: direito ao futuro. Belo Horizonte: Fórum, 2011, p. 257.
[13] FREITAS, Juarez. *Sustentabilidade*: direito ao futuro. Belo Horizonte: Fórum, 2011, p. 292.
[14] FREITAS, Juarez. *Sustentabilidade*: direito ao futuro. Belo Horizonte: Fórum, 2011, p. 293. Na edição de 2019 o autor fundamenta tais ideias na obra de Tony Judt, que assinala "uma democracia saudável, longe de ser ameaçada pelo Estado regulador, na verdade depende dele: em um mundo cada vez mais polarizado entre

Regulação, em tais contornos, é definida pelo autor como a "intervenção indireta do Estado-Administração, que visa a implementar, com autonomia, as políticas constitucionalizadas (prioridades cogentes), via correção das falhas de mercado e de governo". Reconhece, ainda, seu caráter promocional ou repressivo, "de ordem a intensificar a eficácia dos direitos fundamentais das gerações presentes e futuras".[15] Caracteriza-se como uma atividade típica de Estado, indelegável, e que perdura enquanto os governos passam.[16]

Ainda com base nas lições de Juarez Freitas, admite-se que o papel da regulação, no paradigma do Estado Sustentável, é corrigir e orientar, de maneira preventiva, tanto as falhas de mercado quanto as falhas governamentais. E é, portanto, através da regulação, que será assegurada a proteção dos usuários dos serviços públicos, dos consumidores das atividades reguladas, bem como dos agentes do mercado, estabelecendo-se normas de longo prazo.

Sempre partindo da premissa de que "a missão regulatória tem que estar alinhada ao retorno social",[17] o autor assevera que a regulação que importa atrai investimentos produtivos a longo prazo, fomenta a inovação que despolui, incentiva o predomínio das energias renováveis, exige contratações sustentáveis e cobra a responsabilidade pelo ciclo de vida dos produtos e serviços.[18]

Sistematizou, ainda, na referida obra, os moldes que deverão nortear a regulação sustentável: (i) a atividade regulatória deverá assegurar a participação da sociedade civil, especialmente mediante audiências públicas; (ii) deverá garantir o princípio da máxima transparência; (iii) deverá observar a lei de processo administrativo, assegurando a motivação qualificada das decisões e garantindo a interpretação da norma no sentido de melhor garantir o atendimento do fim público, que se identifica com os objetivos do desenvolvimento sustentável; (iv) deverá contar com dirigentes de reputação ilibada e preparo técnico; (v) demanda atuação de maneira sistêmica; (vi) impõe a adoção de maneira preventiva; (vi) assume as finalidades traçadas pela Constituição da República; (vii) respeita a reserva de administração e reserva de lei e, ainda, (viii) pode atuar para minimizar o excessivo poder do Executivo que, por vezes, desestabiliza e desestimula as relações éticas com o mercado, inclusive reformulando políticas públicas. Assevera, por fim, que a regulação deverá ser "norteada pela ponderação entre custos e benefícios, amparada pela avaliação acurada de riscos, tendo em mente os retornos proporcionais".[19]

Com base nas lições de Juarez Freitas, ressalte-se que a adoção dessa modelagem não poderá implicar a ideia de que o Estado esteja dispensado de suas outras responsabilidades definidas pela Constituição da República, que delineiam o Brasil como um Estado Social e Democrático de Direito[20] e voltado à realização do desenvolvimento,

---

indivíduos isolados e inseguros e forças globais descontroladas, a autoridade legítima do Estado democrático pode ser o melhor de instituição intermediária que conseguimos formular". JUDT, Tony. *Reflexões sobre um século esquecido*: 1901-2000. Trad. de Celso Nogueira. Rio de Janeiro: Objetiva, 2010.

[15] FREITAS, Juarez. *Sustentabilidade*: direito ao futuro. Belo Horizonte: Fórum, 2011, p. 293.
[16] FREITAS, Juarez. *Sustentabilidade*: direito ao futuro. 4. ed. Belo Horizonte: Fórum, 2019, p. 296.
[17] FREITAS, Juarez. *Sustentabilidade*: direito ao futuro. 4. ed. Belo Horizonte: Fórum, 2019, p. 296.
[18] FREITAS, Juarez. *Sustentabilidade*: direito ao futuro. 4. ed. Belo Horizonte: Fórum, 2019, p. 297.
[19] FREITAS, Juarez. *Sustentabilidade*: direito ao futuro. 4. ed. Belo Horizonte: Fórum, 2019, p. 301.
[20] ZOCKUN, Caroline Zancaner. *Da intervenção do estado no domínio social*. São Paulo: Malheiros, 2009, p. 161. No mesmo sentido: FREIRE, André Luiz. *O regime de direito público na prestação de serviços públicos por pessoas privadas*. São Paulo: Malheiros, 2014, p. 182.

em suas múltiplas dimensões. Daí a alternativa sustentável delineada pelo autor homenageado na presente obra: o modelo pressupõe a prestação de serviços públicos e a intervenção proporcional do Estado na esfera privada através do Parlamento, sendo que, em suas palavras, "a regulação não pode litigar com a reserva de lei, mas conviver com ela produtivamente".[21]

Esses os postulados que devem nortear a compreensão das agências reguladoras no cenário nacional, instituições criadas com o especial fim de exercer a atividade regulatória.

No Brasil, tais entidades ostentam a natureza de autarquias especiais, criadas na década dos anos 90, no cenário da reforma do aparelho estatal. Foram sendo instituídas de acordo com a formulação de políticas públicas em cada setor, com a competência de estabelecerem as diretrizes na execução dos serviços regulados, bem como para o exercício de seu controle.[22]

Importa, para o recorte do presente artigo, uma especial referência ao Marco Legal das Agências Reguladoras, assim denominada a Lei nº 13.848, editada em 25 de junho de 2019,[23] regulada pelo Decreto nº 10.411, editado em 30 de junho de 2020.[24]

Tal legislação, além da uniformização no tratamento dos temas, deu-se como uma especial deferência às orientações já delineadas por Juarez Freitas, estabelecendo-se, finalmente, o devido processo legal para a atividade regulatória, criando-se mecanismos que garantem a participação dos interessados, assim como instrumentos de densificação dos princípios da prevenção e da precaução.

Dentre tais instrumentos, desponta a Análise de Impacto Regulatório – também denominada AIR, objeto de investigação no presente artigo.

3 A regulação sustentável e o instituto da Análise de Impacto Regulatório (AIR)

Com base nas premissas desenvolvidas até aqui, fundadas no pensamento de Juarez Freitas, tem-se que a regulação sustentável deve equilibrar cuidadosamente os custos e benefícios das atividades reguladas, além de avaliar os riscos de forma precisa, para incentivar retornos proporcionais nos setores regulados e evitar efeitos colaterais desproporcionais, preservando o atendimento do interesse público.[25]

---

[21] FREITAS, Juarez. *Sustentabilidade*: direito ao futuro. 4. ed. Belo Horizonte: Fórum, 2019, p. 265.
[22] PACHECO, Regina Silvia. Regulação no Brasil: Desenho das Agências e Formas de Controle. *RAP*, Rio de Janeiro, 40(4):523-43, jul./ago. 2006.
[23] Lei nº 13.848, de 25 de junho de 2019. "Dispõe sobre a gestão, a organização, o processo decisório e o controle social das agências reguladoras, altera a Lei nº 9.427, de 26 de dezembro de 1996, a Lei nº 9.472, de 16 de julho de 1997, a Lei nº 9.478, de 6 de agosto de 1997, a Lei nº 9.782, de 26 de janeiro de 1999, a Lei nº 9.961, de 28 de janeiro de 2000, a Lei nº 9.984, de 17 de julho de 2000, a Lei nº 9.986, de 18 de julho de 2000, a Lei nº 10.233, de 5 de junho de 2001, a Medida Provisória nº 2.228-1, de 6 de setembro de 2001, a Lei nº 11.182, de 27 de setembro de 2005, e a Lei nº 10.180, de 6 de fevereiro de 2001." Em seu artigo 1º: "Art. 1º Esta Lei dispõe sobre a gestão, a organização, o processo decisório e o controle social das agências reguladoras, altera a Lei nº 9.427, de 26 de dezembro de 1996, a Lei nº 9.472, de 16 de julho de 1997, a Lei nº 9.478, de 6 de agosto de 1997, a Lei nº 9.782, de 26 de janeiro de 1999, a Lei nº 9.961, de 28 de janeiro de 2000, a Lei nº 9.984, de 17 de julho de 2000, a Lei nº 9.986, de 18 de julho de 2000, a Lei nº 10.233, de 5 de junho de 2001, a Medida Provisória nº 2.228-1, de 6 de setembro de 2001, a Lei nº 11.182, de 27 de setembro de 2005 e a Lei nº 10.180, de 6 de fevereiro de 2001".
[24] Sobre o Marco Legal das Agências Reguladoras ver a obra: SCHIER, Adriana; FORTINI, Cristiana; MELO, Lígia; VALLE, Vanice (org.). *Marco regulatório das agências reguladoras na visão delas*. Belo Horizonte: Fórum, 2021.
[25] FREITAS, Juarez. *Sustentabilidade*: direito ao futuro. Belo Horizonte: Fórum, 2011, p. 294.

Dentro desse panorama, a Análise de Impacto Regulatório (AIR) é um procedimento crucial inserido na prática regulatória, envolvendo uma avaliação sistemática dos efeitos das decisões propostas.[26] Essa abordagem utiliza avaliações detalhadas dos custos e benefícios das ações regulatórias, baseando-se em ampla gama de informações.

Desde logo, tem-se que a compreensão de tal instituto com base nas premissas até aqui lançadas deverá ter por desiderato avaliar os possíveis efeitos da atuação regulatória em prol das múltiplas dimensões do desenvolvimento. Portanto, deverão ser considerados os impactos sociais da medida – em especial o atendimento das demandas dos cidadãos atingidos pelas matérias reguladas. De igual medida, deverão ser ponderados os impactos ambientais das medidas propostas. E, também, as consequências econômicas, aspecto este que parece ser o mais ressaltado até aqui – mas que não poderá jamais se sobrepor aos demais.

Assim, uma das características fundamentais da AIR é a utilização de técnicas para quantificar e qualificar as alternativas viáveis, com o objetivo de fundamentar as decisões com evidências empíricas com a pretensão de aproximar-se do resultado ótimo.[27] Por isso, a AIR é vista como um instrumento que assegura uma análise técnica detalhada, promovendo segurança jurídica e proporcionalidade nas decisões regulatórias.

Nos Estados Unidos e em diversos países da OCDE, a AIR é amplamente adotada desde os anos 1970, recomendando-se sua implementação estratégica para garantir transparência, participação social e eficiência econômica na regulação.[28]

No contexto brasileiro, a Lei nº 13.848/2019 e a Lei nº 13.874/2019 passaram a exigir a realização de AIR sempre que houver proposta de edição ou alteração de atos normativos de interesse geral.

Antes da promulgação do Marco Legal, as agências reguladoras já tinham o hábito de realizar esses estudos. Com o artigo 6º do Marco Legal, tornou-se obrigatória a realização de AIR para a expedição de atos normativos, fundamentando-os com informações sobre seus potenciais efeitos.[29]

Posteriormente, o Decreto nº 10.411/2020 regulamentou a AIR, impondo às entidades da Administração Pública Federal a obrigação de conduzir este procedimento ao propor atos normativos de interesse geral. Esse decreto define a AIR como um processo prévio à edição de normas, fornecendo informações detalhadas sobre os prováveis

---

[26] VALENTE, Patricia Pessôa. *Análise de impacto regulatório*. Uma ferramenta à disposição do estado. Belo Horizonte: Fórum, 2013, p. 37.

[27] VALENTE, Patricia Pessôa. *Análise de impacto regulatório*. Uma ferramenta à disposição do estado. Belo Horizonte: Fórum, 2013, p. 29.

[28] No documento Brasil: fortalecendo a governança para o crescimento, a OCDE recomenda ao país a adoção de tal ferramenta orientando no sentido de que "é necessário que haja uma estratégia sistemática, com a estrutura da análise da regulação que assegure transparência, participação social e eficiência econômica, com responsabilidades explícitas em nível político e administrativo". Adverte, ainda, "a necessidade de preparar capacidades regulatórias dentro da administração de médio e longo prazo". Conferir em: https://portal.tcu.gov.br/biblioteca-digital/brasil-fortalecendo-a-governanca-para-o-crescimento.htm. Acesso em: 29 jun. 2024.

[29] "Art. 6º. A adoção e as propostas de alteração de atos normativos de interesse geral dos agentes econômicos, consumidores ou usuários dos serviços prestados serão, nos termos de regulamento, precedidas da realização de Análise de Impacto Regulatório (AIR), que conterá informações e dados sobre os possíveis efeitos do ato normativo." Já na Lei nº 13.874/2019, o art. 5º prevê: "As propostas de edição e de alteração de atos normativos de interesse geral de agentes econômicos ou de usuários dos serviços prestados, editadas por órgão ou entidade da administração pública federal, incluídas as autarquias e as fundações públicas, serão precedidas da realização de análise de impacto regulatório, que conterá informações e dados sobre os possíveis efeitos do ato normativo para verificar a razoabilidade do seu impacto econômico".

impactos, possibilitando a verificação da razoabilidade desses efeitos e subsidiando a tomada de decisão.[30]

A Análise de Impacto Regulatório (AIR) se apresenta como um elemento essencial para qualificar as medidas e atos normativos de regulação estatal, conforme discutido anteriormente. Seu principal objetivo é subsidiar as decisões regulatórias de modo a alcançar os melhores resultados possíveis, facilitando a mediação entre os variados interesses dos múltiplos envolvidos.

A doutrina vem tratando o tema, referindo-se especialmente à AIR com base no que delineia a OCDE, voltada, portanto, à preservação da segurança jurídica dos agentes econômicos, mas considerando, igualmente, os consumidores e cidadãos usuários de serviços públicos.[31] Com efeito, relembra Rafael Carvalho Rezende de Oliveira que a institucionalização da AIR "tem sido justificada pela necessidade de implementação da governança regulatória, com a diminuição das assimetrias informacionais e racionalização da atividade estatal".[32]

Todavia, como adverte Juarez Freitas, "o Estado-Administração brasileiro tem que reelaborar a sua agenda de prioridades, por meio de avaliação qualitativa e quantitativa (*"ex ante"* e sucessiva) do impacto das políticas públicas". Em assim sendo, a AIR não poderá jamais ser vista apenas como um instrumento de preservação de um ambiente benéfico aos interesses econômicos, mas deverá ter "o desiderato de que os benefícios sociais, ambientais e econômicos ultrapassem os custos diretos e indiretos, aí abrangidas as externalidades".[33] Essa é a leitura que se impõe de tal instituto em um ambiente de realização dos objetivos do Estado Sustentável.

Destarte, partindo-se de tal advertência, pode-se entender que a nova legislação estabelece a processualidade como requisito essencial para validar e legitimar a atuação dos entes regulatórios. Isso evita a distorção das competências estatais e minimiza o risco de afastamento do interesse público. Dessa forma, impõe-se ao ente regulador a expedição de seus atos em um ambiente de controle de resultados, previamente estabelecidos, averiguados e testados, com decisões tomadas a partir de um juízo embasado em evidências científicas e empíricas.

Nessa medida, os entes regulatórios devem, por meio da AIR, observar o dever de prevenção e precaução, agindo proativamente para evitar danos sociais, ambientais e econômicos resultantes de suas determinações. É imperativo que os reguladores não superestimem nem subestimem os riscos reais, com a proibição de retrocessos.[34]

Por certo, não se trata de exigir do agente regulador um juízo de adivinhação, mas, sim, um juízo preditivo, prevendo-se ou antecipando-se possíveis resultados da regulação, antes de sua implementação efetiva. Por isso, é no documento de Avaliação de Impacto que deverão ser analisados e avaliados os prováveis efeitos do ato regulatório

---

[30] Nos termos de seu artigo 2º, I, trata-se de um "procedimento, a partir da definição de problema regulatório, de avaliação prévia à edição dos atos normativos de que trata este Decreto, que conterá informações e dados sobre os seus prováveis efeitos, para verificar a razoabilidade do impacto e subsidiar a tomada de decisão".
[31] COUTINHO, Diogo R. *Direito e economia política na regulação de serviços públicos*. São Paulo: Saraiva, 2014, p. 146.
[32] OLIVEIRA, Rafael Carvalho Rezende. Análise de impacto regulatório e pragmatismo jurídico. *Revista Digital de Direito Administrativo*, v. 8, n. 2, 2021, p. 136-152, p. 142.
[33] FREITAS, Juarez. Políticas Públicas, Avaliação de Impactos e o Direito Fundamental à Boa Administração. *Sequência*, Florianópolis, n. 70, p. 115-133, jun. 2015, p. 116.
[34] FREITAS, Juarez. *Sustentabilidade*: direito ao futuro. Belo Horizonte: Fórum, 2011, p. 269.

sobre os diferentes grupos sociais afetados, sobre os setores econômicos e igualmente sobre o meio ambiente, sendo a solução ótima aquela que tenha o potencial de "propiciar o bem-estar multidimensional das gerações presentes sem impedir que as gerações futuras alcancem o próprio bem-estar".[35]

Com efeito, a adoção de tal instrumento permite ao gestor escolher entre as opções regulatórias com base em informações qualificadas, sendo o AIR uma ferramenta que viabiliza "a tomada de decisão criteriosa e informada, por meio de sua racionalização".[36] Trata-se de buscar-se um devido processo legal decisório "interessado nos fatos, em que seja possível, através da motivação, verificar se a decisão foi necessária, se foi a mais adequada, considerando as alternativas possíveis, em face de suas consequências concretas".[37]

O Decreto nº 10.411/2020 concretiza tais diretrizes ao estabelecer a obrigação dos entes reguladores de considerar os custos regulatórios, que incluem estimativas de custos diretos e indiretos suportados por agentes econômicos e cidadãos usuários de serviços públicos e atividades econômicas reguladas.

Mais uma vez percebe-se, no entanto, a necessidade de uma hermenêutica sistêmica e principiológica na aplicação das normas. Ainda que o referido decreto não tenha se limitado a tratar dos impactos econômicos, também não deixou expresso que deverão ser analisados todos os riscos que advêm da matéria regulada, em especial os efeitos na área social e ambiental. Todavia, entende-se que a interpretação conforme a Constituição impõe a adoção da perspectiva de sustentabilidade multidimensional na aplicação do referido decreto, mormente em deferência ao disposto no art. 3º da Constituição da República Federativa do Brasil de 1988.

Destarte, a adoção da AIR funciona como um mecanismo de autocontrole da discricionariedade das agências, conforme enfatizado anteriormente, buscando um processo decisório justo, fundamentado nos fatos. Isso permite verificar se a decisão foi necessária e adequada, considerando as alternativas disponíveis e suas consequências práticas.

Tal processo representa um aprimoramento ou aplicação concreta do controle da discricionariedade técnica.[38] Esse controle deve ser orientado pela análise das opções disponíveis no caso concreto, garantindo que o ente regulatório faça a melhor escolha. A escolha mais vantajosa e sustentável, nesse cenário, será aquela que corrige as imperfeições do mercado, assegurando que as atividades e serviços regulados sejam prestados de maneira adequada, em conformidade com o interesse público. Em suma, "a escolha de consideráveis efeitos sistêmicos tem que ser precedida do escrutínio de

---

[35] FREITAS, Juarez. *Sustentabilidade*: direito ao futuro. 4. ed. Belo Horizonte: Fórum, 2019, p. 119.
[36] OLIVEIRA, Rafael Carvalho Rezende. Análise de impacto regulatório e pragmatismo jurídico. *Revista Digital de Direito Administrativo*, v. 8, n. 2, 2021, p. 136-152, p. 143.
[37] SCHIER, Adriana da Costa Ricardo; LIMA, Maria Cristina. O processo decisório das agências reguladoras: elementos de instrução à decisão regulatória. In: SCHIER, Adriana; FORTINI, Cristiana; MELO, Lígia; VALLE, Vanice (org.). *Marco regulatório das agências reguladoras na visão delas*. Belo Horizonte: Fórum, 2021, p. 43-68, p. 58.
[38] ZANCANER, Weida. Convalidação dos atos administrativos. Enciclopédia jurídica da PUC-SP. In: CAMPILONGO, Celso Fernandes; GONZAGA, Alvaro de Azevedo; FREIRE, André Luiz (coord.). Tomo: *Direito Administrativo e Constitucional*. Vidal Serrano Nunes Jr., Maurício Zockun, Carolina Zancaner Zockun, André Luiz Freire (coord. de tomo). 1. ed. São Paulo: Pontifícia Universidade Católica de São Paulo, 2017. Disponível em: https://enciclopediajuridica.pucsp.br/verbete/8/edicao-1/convalidacao-dos-atos-administrativos. Acesso em: 29 jun. 2024.

impacts sociais, econômicos e ambientais, além da demonstração cabal de benefícios líquidos, contemplados custos e benefícios, diretos e indiretos".[39]

Nota-se, ainda, que o decreto impõe que sejam viabilizados, para elaboração da AIR, instrumentos de participação popular, notadamente através das audiências públicas, nos termos de seu art. 17.

Ademais, o Decreto nº 10.411/2020 também aborda a Avaliação de Resultado Regulatório (ARR). Esta etapa consiste na verificação dos efeitos decorrentes da implementação do ato normativo, avaliando o alcance dos objetivos originais pretendidos e outros impactos sobre o mercado e a sociedade. O art. 13 do decreto estabelece que os órgãos e entidades devem desenvolver estratégias para integrar a ARR à atividade de elaboração normativa, visando verificar os efeitos alcançados pelos atos normativos de interesse geral para agentes econômicos ou usuários de serviços.

Além disso, o decreto especifica casos em que a AIR poderá ser afastada, o que reflete, ainda, a resistência dos agentes públicos em motivarem adequadamente suas decisões e a falta de comprometimento com os princípios da prevenção e precaução. Nos termos da norma, a AIR estará dispensada nas seguintes situações: a) propostas de edição de decretos ou atos normativos que serão submetidos ao Congresso Nacional (art. 1º, §1º); b) atos de natureza administrativa, cujos efeitos não ultrapassem o âmbito interno do órgão ou entidade (art. 3º, §2º, I); c) atos de efeitos concretos (art. 3º, §2º, II); d) atos que disponham sobre execução orçamentária e financeira (art. 3º, §2º, III); e) regulamentos que disponham estritamente sobre política cambial e monetária (art. 3º, §2º, IV); f) regulamentos que disponham sobre segurança nacional (art. 3º, §2º, V); g) regulamentos que visem consolidar outras normas sobre matérias específicas, sem alteração de mérito (art. 3º, §2º, I). Já para os atos da administração tributária e aduaneira da União somente demandam a AIR aqueles que instituam ou modifiquem obrigações acessórias.

Entende-se, contudo, que tais dispositivos não poderão afastar a exigência de motivação qualificada, aplicando-se, de qualquer modo, o art. 20, parágrafo único, da Lei de Introdução às Normas do Direito Brasileiro (LINDB), de maneira a viabilizar o controle na aplicação dos princípios da boa regulação.

Afastando-se, ainda, do modelo ideal, o art. 4º do decreto autoriza a dispensa da AIR nos casos de urgência, atos normativos destinados a regular normas que não permitam diferentes alternativas regulatórias, atos normativos de baixo impacto, atos normativos que visem atualizar ou revogar normas consideradas obsoletas, atos normativos que preservem liquidez, solvência ou higidez dos mercados de seguro, financeiros, de capitais, de câmbio ou dos sistemas de pagamento. Também autoriza a dispensa quando o regulamento vise reduzir exigências, obrigações, restrições, requerimentos ou especificações com o objetivo de diminuir os custos regulatórios.

Tais previsões fragilizam os objetivos da Lei, afastando-se da necessária densificação dos princípios da precaução e da prevenção.

Por isso, sustenta-se a relevância do §1º, artigo 4º, do decreto, que exige que, nos casos de dispensa da AIR, seja elaborada nota técnica ou documento equivalente que "fundamente a proposta de edição ou de alteração do ato normativo." Com base em tal dispositivo, interpretado sistematicamente com o precitado art. 20, parágrafo

---

[39] FREITAS, Juarez. *Sustentabilidade*: direito ao futuro. 4. ed. Belo Horizonte: Fórum, 2019, p. 286.

único, da LINDB, sustenta-se que em tal documento deverá ser realizada a análise das consequências pelo ente regulatório de maneira a permitir o devido controle de adequação e razoabilidade.

Assim, a AIR é essencial para qualificar as medidas regulatórias, garantindo que sejam adotadas com embasamento técnico sólido e considerando os impactos econômicos, sociais e ambientais. Sua aplicação visa equilibrar os interesses diversos, promovendo uma regulação eficaz e alinhada com o interesse público, militando em favor da garantia de um mundo sustentável para as gerações atuais e futuras.

4 Considerações finais

Este artigo buscou destacar a importância da regulação no contexto do Estado Sustentável, tomando como base as contribuições do Professor Juarez Freitas, cuja obra inovadora e influente ofereceu uma perspectiva conciliadora e avançada para o Direito Administrativo contemporâneo. Através de uma análise detalhada, enfatizou-se como as ideias do autor sobre sustentabilidade multidimensional e a necessidade de uma administração pública dialógica, virtuosa e preditiva moldaram o debate sobre a regulação e o papel do Estado na promoção do bem-estar social e econômico.

A obra "Sustentabilidade: direito ao futuro" de Juarez Freitas é particularmente significativa, pois ela sintetiza muitas das lições consagradas do autor, ao propor uma teoria que harmoniza a eficiência gerencial com a manutenção das garantias fundamentais do Estado Social e Democrático de Direito. O autor sugere a adoção de uma regulação baseada em princípios como imparcialidade, transparência, prevenção e precaução, voltada à atividade eficiente e eficaz do Estado.

O marco regulatório brasileiro, particularmente com a edição da Lei nº 13.848/2019 e do Decreto nº 10.411/2020, reflete muitos dos postulados defendidos por Juarez Freitas. A implementação da Análise de Impacto Regulatório (AIR) como um instrumento obrigatório para a edição de normas regulatórias é uma medida que visa assegurar a racionalidade e a transparência nas decisões do Estado, considerando os impactos sociais, ambientais e econômicos das ações regulatórias.

A AIR emerge como um mecanismo essencial para a regulação sustentável, entendida como aquela que é transparente, dialógica, isonômica, proba e eficiente. Este procedimento permite que os reguladores avaliem sistematicamente os efeitos das decisões propostas, garantindo que os resultados da atividade regulatória estejam alinhados com a realização das políticas públicas voltadas aos objetivos estabelecidos na Constituição da República Federativa do Brasil de 1988.

O pensamento de Juarez Freitas, analisado e discutido ao longo deste artigo, destaca-se como uma base fundamental para o desenvolvimento de uma regulação que não apenas busca corrigir falhas de mercado e governamentais, mas que também promove o bem-estar das gerações presentes e futuras. As lições do Professor sobre a necessidade de uma regulação preventiva, participativa e voltada à sustentabilidade multidimensional continuam a influenciar e a orientar a evolução do Direito Administrativo e das práticas regulatórias no Brasil.

Assim, a importância das obras de Juarez Freitas é incontestável, pois elas forneceram a base teórica e prática para debates que emergiram anos depois e que continuam a moldar a agenda regulatória contemporânea. A adoção da AIR é um passo crucial na direção de uma regulação que seja capaz de compatibilizar eficiência administrativa com a proteção e promoção dos direitos fundamentais, assegurando um futuro sustentável para a sociedade brasileira.

Referências

BACELLAR FILHO, Romeu Felipe. *Princípios constitucionais do processo administrativo disciplinar*. São Paulo: Max Limonad, 1998.

BRESSER-PEREIRA, Luiz Carlos. *Crise econômica e reforma do estado no Brasil*: para uma nova interpretação da América Latina. São Paulo: 34, 1996.

CLÈVE, Clèmerson Merlin. Direito constitucional e direito alternativo: por uma dogmática constitucional emancipatória. *In*: Evento comemorativo do sesquicentenário do Instituto dos Advogados Brasileiros. *Direito alternativo*. Seminário nacional sobre o uso alternativo do direito. Rio de Janeiro: COAD, 1994.

COUTINHO, Diogo R. *Direito e economia política na regulação de serviços públicos*. São Paulo: Saraiva, 2014.

FREIRE, André Luiz. *O regime de direito público na prestação de serviços públicos por pessoas privadas*. São Paulo: Malheiros, 2014.

FREITAS, Juarez. *Discricionariedade administrativa e o direito fundamental à boa administração pública*. 2. ed. São Paulo: Malheiros, 2009.

FREITAS, Juarez. *Estudos de direito administrativo*. São Paulo: Malheiros, 1995.

FREITAS, Juarez. *O controle dos atos administrativos*. 3. ed. São Paulo: Malheiros, 2004.

FREITAS, Juarez. *Sustentabilidade*: direito ao futuro. 4. ed. Belo Horizonte: Fórum, 2019.

FREITAS, Juarez. *Sustentabilidade*: direito ao futuro. Belo Horizonte: Fórum, 2011.

GABARDO, Emerson. *Eficiência e legitimidade do estado*. São Paulo: Manole, 2003.

HACHEM, Daniel Wunder. Direito fundamental ao serviço público adequado e capacidade econômica do cidadão. Repensando a universalidade do acesso à luz da igualdade material. *A&C – Revista de Direito Administrativo & Constitucional*, Belo Horizonte, ano 14, n. 55, p. 123-58, jan./mar. 2014.

JUDT, Tony. *Reflexões sobre um século esquecido*: 1901-2000. Trad. de Celso Nogueira. Rio de Janeiro: Objetiva, 2010.

MARQUES NETO, Floriano de Azevedo. *Agências reguladoras*. Instrumentos de fortalecimento do estado. ABAR: São Paulo, 2003.

MELLO, Celso Antônio Bandeira de. A democracia e suas dificuldades contemporâneas. *Revista de Direito Administrativo*, Rio de Janeiro, n. 212, p. 57-70, abr./jun. 1998.

MOTTA, Paulo Roberto Ferreira. *Agências reguladoras*. Barueri: Manole, 2003.

NOHARA, Irene Patrícia. *Reforma Administrativa e Burocracia*: Impacto da Eficiência na configuração do direito administrativo. Atlas: São Paulo: 2012.

OLIVEIRA, Rafael Carvalho Rezende. Análise de impacto regulatório e pragmatismo jurídico. *Revista Digital de Direito Administrativo*. v. 8, n. 2, 2021, p. 136-152.

ORTIZ, Gaspar Ariño. *Principios de derecho público económico*. Granada: Comares, 1999.

PACHECO, Regina Silvia. Regulação no Brasil: Desenho das Agências e Formas de Controle. *RAP*, Rio de Janeiro, 40(4):523-43, jul./ago. 2006.

PIRES, Luis Manuel Fonseca. *Estado social e democrático, serviço público e fraternidade*. Belo Horizonte: Fórum, 2011.

ROCHA, Cármen Lúcia Antunes. *Princípios constitucionais dos servidores públicos*. São Paulo: Saraiva, 1999.

SCHIER, Adriana da Costa Ricardo; LIMA, Maria Cristina. O processo decisório das agências reguladoras: elementos de instrução à decisão regulatória. *In*: SCHIER, Adriana; FORTINI, Cristiana; MELO, Lígia; VALLE, Vanice (org.). *Marco regulatório das agências reguladoras na visão delas*. Belo Horizonte: Fórum, 2021, p. 43-68.

SCHIER, Paulo Ricardo. Novos desafios da filtragem constitucional no momento do neoconstitucionalismo. *A&C – Revista de Direito Administrativo e Constitucional*, Belo Horizonte, n. 20, p. 145-165, abr./jun. 2005.

SUNDFELD, Carlos Ari. *Direito administrativo econômico*. São Paulo: Malheiros, 2000.

VALENTE, Patricia Pessôa. *Análise de impacto regulatório*. Uma ferramenta à disposição do estado. Belo Horizonte: Fórum, 2013.

ZANCANER, Weida. Convalidação dos atos administrativos. Enciclopédia jurídica da PUC-SP. *In*: CAMPILONGO, Celso Fernandes; GONZAGA, Alvaro de Azevedo; FREIRE, André Luiz (coord.). Tomo: *Direito Administrativo e Constitucional*. Vidal Serrano Nunes Jr., Maurício Zockun, Carolina Zancaner Zockun, André Luiz Freire (coord. de tomo). 1. ed. São Paulo: Pontifícia Universidade Católica de São Paulo, 2017. Disponível em: https://enciclopediajuridica.pucsp.br/verbete/8/edicao-1/convalidacao-dos-atos-administrativos. Acesso em: 29 jun. 2024.

ZOCKUN, Caroline Zancaner. *Da intervenção do estado no domínio social*. São Paulo: Malheiros, 2009.

Informação bibliográfica deste livro, conforme a NBR 6023:2018 da Associação Brasileira de Normas Técnicas (ABNT):

SCHIER, Adriana da Costa Ricardo; ANDRADE, Giulia De Rossi. A análise de impacto regulatório como instrumento de regulação sustentável: reflexões a partir das contribuições de Juarez Freitas. *In*: PASQUALINI, Alexandre; CUNDA, Daniela Zago Gonçalves da; RAMOS, Rafael (coord.). *Direito, sustentabilidade e inovação*: estudos em homenagem ao professor Juarez Freitas. Belo Horizonte: Fórum, 2025. p. 21-34. ISBN 978-65-5518-957-5.

UMA LEI INJUSTA NÃO É LEI: LEITURAS DO CASO 'MAUERSCHÜTZEN' ('GUARDAS DO MURO' DE BERLIM)

ALFREDO DE J. FLORES

ESTÉFANO E. RISSO

1 Introdução

Uma das questões jusfilosóficas mais inquietantes, e propriamente pertencente ao discurso metajurídico, é a pergunta sobre *aquilo que efetivamente não é ou não pertence ao Direito*. Afinal, pode-se aceitar um "imenso contraste entre os valores do ordenamento jurídico positivo e o sentimento de justiça preponderante na sociedade"?[1]

De fato, os positivismos em seus mais diversos matizes acabam por ocasionar esse contraste, quando tomam como dogma filosófico a separação absoluta da Moral e do Direito, esquecendo-se que o ser humano é por natureza um ser moral. Isso o fazem porque acabam fossilizando o arcabouço legal e o tornando impermeável à dialética da vida e aos problemas que os novos tempos apresentam – como poderiam ser as questões relativas à Inteligência Artificial (I.A.) e a sustentabilidade administrativa nos dias atuais.

Mas mais do que isso, a separação do Direito e da Moral, combinada a certa dose de relativismo, pode ocasionar um problema ainda maior que a falta de sensibilidade aos problemas das gerações presente e futuras: a infiltração da imoralidade e do injusto, que perfazem realidades as quais o Direito havia sido criado para combater e evitar, dentro do próprio sistema.

Aproximando-se quase 80 anos dos julgamentos do tribunal de Nuremberg, que enfrentaram de frente os males do nazismo, manifestação da *banalidade do mal*,[2]

---

[1] FREITAS, Juarez. *A substancial inconstitucionalidade da lei injusta*. Petrópolis: Vozes, 1989. p. 13.
[2] ARENDT, Hannah. *Eichmann em Jerusalém*. São Paulo: Cia. das Letras, 1999.

de certo *mal existencial*,³ apresentamos este texto como uma reflexão a respeito das repercussões diretas e indiretas desses julgamentos de exceção ocorridos em 1946 em caso posterior, este ocorrido no final do regime comunista na Alemanha Oriental e que ficou reconhecido como o caso dos "guardas/sentinelas do Muro" ("Mauerschützen") de Berlim.

É necessário esclarecer que a mencionada relação será apresentada tendo-se em conta a diferença de perspectivas de leitura do caso na América Latina. Assim, ver-se-á que tanto abarcou debates que se enquadraram mais na linha do jusnaturalismo – sobre a existência de uma lei injusta, de uma maneira geral – como se apresentaram outros desde uma perspectiva mais hermenêutica, em que se realizou a conexão propriamente dita entre o caso dos guardas do Muro e o julgamento de Nuremberg, como sucedeu pela divulgação especial no Brasil e na Argentina através da leitura e exposição que o jusfilósofo alemão Robert Alexy produziu sobre a questão.

Ou seja, a proposta deste trabalho é apresentar a questão geral incluindo ademais uma análise a partir de uma visão histórica e sociológica da circulação de textos e ideias. Faremos isso apresentando o modo em que a mesma problemática filosófica foi discutida a partir de diferentes perspectivas, sendo que chegam a uma solução comum, embora não necessariamente tenham recebido mútua referência ou tenham compartilhado os mesmos pressupostos.

A repercussão da perspectiva jusnaturalista, por exemplo, foi muito mais forte na Argentina que no Brasil. Isso pode ter ocorrido possivelmente pela aderência direta a tal perspectiva da parte de autores argentinos, em virtude de seus circuitos de debate na Filosofia do Direito. Quanto ao cenário brasileiro, isso se deu de maneira mais difusa, em trabalhos de índole mais de dogmática jurídica ou ainda em teses doutorais ou trabalhos monográficos.

Quanto ao processo de análise objetiva dos julgamentos realizados nos tribunais alemães, percebe-se que isso só chegou à América Latina a partir da recepção de um autor como Alexy, em razão de suas estratégias discursivas. E como a circulação de autor de um país central no debate jusfilosófico do século XX, como a Alemanha, em outros países se dá de diferentes formas, percebe-se a recepção dos seus textos específicos sobre a temática aqui retratada sendo diferente da recepção daqueles que são os seus textos mais conhecidos, como aqueles sobre a argumentação jurídica e os direitos fundamentais. Com isso, esses esquemas argumentativos nem sempre foram compreendidos e assimilados em outros países, como o Brasil, no exato momento em que se reproduziam ou se discutiam os textos de Alexy sobre os "guardas/sentinelas do Muro" dentro de seu próprio contexto alemão.

Nessa discussão jusfilosófica no final do século XX, percebe-se que o "tópico" da fórmula de Radbruch voltou à cena nesses julgamentos⁴ – ou seja, trazendo a questão do que fazer quando a extrema injustiça se faz presente no direito positivo. No fundo, a questão que se coloca é a de se o Direito pode acomodar em seu bojo a própria injustiça, maior ou menor que ela seja.⁵

---

[3] ROSENFIELD, Denis. *Jerusalém, Atenas e Auschwitz*: pensar a existência do mal. Rio de Janeiro: Topbooks, 2021.

[4] FREITAS, Juarez. *A substancial inconstitucionalidade da lei injusta*. Petrópolis: Vozes, 1989. p. 91.

[5] Juarez Freitas, por exemplo, se opõe fortemente à possibilidade de o Direito aceitar um "mal menor": "(...) por mais que queiram impregnar a moralidade de uma equivocidade semântica ou por mais que desejem justificar a injustiça menor para evitar a maior. Não há, em essência, injustiça que se justifique, nem há injustiça maior ou

Através de um levantamento de fontes bibliográficas dos anos 1990 até 2020, buscar-se-á apresentar a forma de recepção dos textos e do debate no Brasil, seus limites, lacunas e apropriações, distinguindo do ocorrido em outros países, como a Argentina, e demonstrando a peculiaridade da produção de conhecimento filosófico-jurídico no Brasil e a forma dos usos do pensamento de Alexy no país nas últimas décadas, em particular sobre o mencionado caso dos "Mauerschützen".

2 O caso "Mauerschützen"

Antes de tudo, é preciso apresentar sumariamente alguns detalhes a mais do caso dos "guardas/sentinelas do Muro" de Berlim, que ocasionaram tal reflexão filosófica e existencial.

Com a construção do Muro de Berlim, a Alemanha ficou fisicamente dividida em duas partes: a República Democrática Alemã (RDA) e a República Federal Alemã (RFA). O objetivo dessa construção, em 1961, era impedir as constantes fugas que ocorriam da parte dos habitantes da RDA para a RFA, ocasionadas pela tentativa de escapar do regime autoritário soviético.

Após a queda do Muro em 1989, realizaram-se investigações quanto ao número de mortos na fronteira interna, chegando-se ao estarrecedor número de 125 mortes que foram confirmadas no ano de 2005. De fato, os sentinelas que vigiavam o Muro do lado da RDA recebiam ordens diretas de atirar indiscriminadamente contra os fugitivos, porque eram considerados como "traidores da pátria".

Um desses casos, que ganhou notoriedade com o nome de "Mauerschützen", aconteceu em 1º de dezembro de 1984, quando o jovem Michael-Horst Schmidt, de 20 anos, ao tentar pular o Muro de Berlim com o uso de uma escada durante a madrugada, foi avistado por dois soldados de mesma idade, que estavam em uma torre de guarda a 130 metros do local.

Após atravessar o primeiro muro e se dirigir ao segundo (o Muro de Berlim era composto, na verdade de dois muros, cerca de 29 metros de distância um do outro), ao ignorar os avisos para que parasse por parte dos guardas, foi alvejado pelos soldados, que dispararam 25 tiros um e 27 o outro.[6]

Atingido nas costas e nos joelhos, conseguiu atravessar para o outro lado do muro, onde permaneceu ferido por mais de duas horas, sem receber auxílio médico, já que, ao estar do outro lado a RDA se eximia de qualquer responsabilidade sobre ele. Quando os oficiais da RFA descobriram a sua presença, encaminharam-no ao hospital; contudo, não resistiu aos ferimentos e à hemorragia o jovem e acabou falecendo.

Em 5 de fevereiro de 1992, dentro do contexto da reunificação da Alemanha, esses dois soldados implicados foram julgados pelo Tribunal Territorial de Berlim, quando por fim foram condenados por homicídio em coautoria, sob a justificativa (de certo modo legalista) de que a Lei de Fronteiras da RDA, que autorizava o uso de armas de fogo para impedir o cometimento de crimes, não autorizaria, sob a perspectiva do

---

menor, pois a "intensidade" da mesma é sempre e em todos os casos subjetiva e variável". FREITAS, Juarez. *A substancial inconstitucionalidade da lei injusta*. Petrópolis: Vozes, 1989. p. 13.

[6] ALEXY, Robert. Mauerschützen: Acerca de la relación entre Derecho, Moral y punibilidad. *In*: VIGO, R. *La injusticia extrema no es derecho* (De Radbruch a Alexy). Buenos Aires: La Ley, 2004. p. 167-173.

princípio da proporcionalidade, o seu uso no caso específico de fuga, já que a pena para esse crime seria apenas a privação de liberdade.

Inconformados com a sentença, os dois soldados recorreram ao Tribunal Supremo Alemão ("Bundesgerichtshof"), que proferiu sua sentença em 3 de novembro de 1993, considerando improcedente o recurso.

A *ratio decidendi* da decisão, entretanto, considerou que o tribunal berlinense, ao considerar como válidas e aplicáveis as leis da RDA ao caso, aplicando posteriormente a elas o princípio da proporcionalidade para realizar a condenação, terminou escapando às considerações efetivamente relevantes que deveriam ter sido feitas sobre o caso, como a questão da injustiça patente em uma lei que criminalizava a "fuga", equiparando-a a uma traição à pátria.

Em verdade, o texto legislativo da Lei de Fronteiras não exigia uma postura em defesa da absoluta preservação da vida, mas apenas a sua preservação quando isso fosse considerado "possível", pois a interpretação vigente da Constituição da RDA, em seu ambiente autoritário, era a de que, apesar de a Constituição prever a inviolabilidade da personalidade e da liberdade dos cidadãos, haveria exceções para isso, dentre elas aquelas "previstas em lei" e aquelas concernentes às "razões de Estado", não havendo a previsão de uma "liberdade de saída".[7]

Não havendo em suas considerações, portanto, a possibilidade de julgar os soldados da RDA segundo a lei vigente na época, ou através da aplicação de princípios certamente não utilizados na RDA do período, os juízes perguntaram-se então sobre a possibilidade de julgá-los através de um direito suprapositivo ("überpositives Recht"), aplicando a "fórmula" exposta por Radbruch em um pequeno artigo publicado em 1946, que exprimia que "a injustiça extrema não é direito", utilizada na época dos julgamentos de Nuremberg em reação a injustiça presente no regime nazista.[8]

A conclusão do Tribunal Supremo Alemão foi de que a fórmula seria passível de ser aplicada, já que a injustiça não se encontraria somente em regimes como o nazista, mas também em outros regimes.[9]

Seguindo essa linha, o Tribunal acabou por considerar improcedente o recurso, já que o princípio de justiça levaria ao reconhecimento racional de que poderiam existir certos direitos fundamentais e que havia uma concreta injustiça do caso. Tal percepção se relaciona com a visão de que os soldados se sentiram justificados pela lei da época a atirar no fugitivo, ocasionando sua morte.

3 Como compreender uma regra suprapositiva

Em tempos de positivismos e de pós-positivismo, talvez seja difícil a compreensão de uma noção de direito que ultrapasse os limites estritamente legais. Mesmo o apelo à mediação de certos princípios, muitas vezes, acaba reduzido a sua anterior previsão no próprio corpo normativo, como no exemplo do tribunal de 1ª instância de Berlim.

---

[7] ALEXY, Robert. Mauerschützen: Acerca de la relación entre Derecho, Moral y punibilidad. *In*: VIGO, R. *La injusticia extrema no es derecho* (De Radbruch a Alexy). Buenos Aires: La Ley, 2004. p. 173-174.

[8] RADBRUCH, Gustav. Gesetzliches Unrecht und übergesetzliches Recht. *Süddeutsche Juristen-Zeitung*, v. 1, n. 5, p. 105-108, 1946.

[9] ALEXY, Robert. Mauerschützen: Acerca de la relación entre Derecho, Moral y punibilidad. *In*: VIGO, R. *La injusticia extrema no es derecho* (De Radbruch a Alexy). Buenos Aires: La Ley, 2004. p. 183-185.

Entretanto, como afirma Juarez Freitas:

> Com efeito, os próprios positivistas são forçados, a cada passo, a reconhecer que somente o apelo a valores últimos, que transcendam todas as leis positivas impostas ou justificadas por quem quer seja, salva, em derradeira instância, a liberdade de consciência e a austeridade, bem como a integridade de nossa vida moral. (...) Assim, é preciso que o julgamento do "jurídico", com todos os riscos que tal ideia implica, não mais se divorcie do problema ético da justiça, fazendo-se com que o Poder Judiciário, assumido como Poder, deixe de ser mero aplicador do direito positivo para ser o garantidor dos princípios da justiça, alojados e pressupostos no interior da arquitetura jurídica, sem os quais o Direito pode ser tudo, mas não terá sentido. (...) E nisto repousa a missão, por excelência, do juiz: sem decidir *contra legem*, deve decidir sempre a favor da justiça, pois o Direito, privado de moralidade e de justiça, só por abstração teria validade, vigência e eficácia.[10]

A noção de certos princípios válidos universalmente e que dirigem o próprio ordenamento jurídico, dando a ele eficácia lógico-ética interna, como se percebe, é muito atrativa. Mesmo os mais ferrenhos positivistas, se alçados à posição de serem juízes, acabam tendo que ceder, em algum ponto, a ela. Afinal, um Direito que aceitasse a possibilidade de possuir normas válidas em seu sistema que tenham um conteúdo material *injusto* seria uma ofensa direta a qualquer concepção e finalidade que se imagine possuir o Direito.

Não por acaso, o resgate dos princípios ocorrido desde Perelman nos indica que as fórmulas positivistas da primeira metade do século XX não poderiam servir de guia para o ensino, formação e atuação do jurista do período pós-guerra.

Aqui retoma certa força a concepção jusnaturalista (em especial tomista), para a qual o Direito por natureza provém de uma relação simbiótica, analógica, com a justiça, entendida aqui como a virtude moral na qual se dá a cada um aquilo que lhe é devido:

> O nome "direito" foi empregado originariamente para significar a própria coisa justa. Mais tarde, ele passou a derivadamente a denominar a arte com que se discerne o que é o justo; depois, o lugar onde se outorga o direito, como quando dizem "irei comparecer a juízo". Por fim, é também chamado de direito a sentença dada por aquele que possui o ministério de administrar a justiça, ainda que sua decisão seja iníqua. Santo Tomás descobre quatro aplicações analógicas do nome "direito": a obra justa, a arte de conhecer o justo o tribunal e a sentença do magistrado. Porém, essa numeração não é exaustiva, já que várias vezes aplicar o termo "direito" à norma que determina e prescreve o que é justo. (...) A vinculação analógica permite chamar de "direito" tanto a um certo modo de conduta humana quanto a própria regra dessa conduta.[11]

---

[10] FREITAS, Juarez. *A substancial inconstitucionalidade da lei injusta*. Petrópolis: Vozes, 1989. p. 15.

[11] "Así también este nombre 'derecho' se empleó originariamente para significar la misma cosa justa. Pero más tarde se derivó a denominar el arte con que se discierne qué es lo justo; después, a designar el lugar donde se otorga el derecho, como cuando se dice que alguien 'comparece a derecho'; finalmente, es llamada también derecho la sentencia dada por aquél a cuyo ministerio pertenece administrar justicia, aun cuando lo que resuelva sea inicuo. Santo Tomás descubre cuatro aplicaciones analógicas del nombre 'derecho': la obra justa, el arte de conocer lo justo, el tribunal y la sentencia del magistrado. Pero esta enumeración no es, en Santo Tomás, exhaustiva, ya que varias veces aplica el término 'derecho' a la norma que determina y prescribe lo que es justo. (...) La vinculación analógica que permite denominar 'derecho' tanto a un cierto modo de conducta humana como a la regla de esa conducta" [MASSINI, Carlos I. *Derecho y ley según Georges Kalinowski*. Mendoza: Idearium, 1987. p. 41-42]. Tradução nossa.

Enquanto o Direito for entendido, portanto, como um análogo direto da justiça, as próprias leis, enquanto conduzem a sociedade ao bem comum almejado politicamente, mesmo em sociedades plurais, podem ser chamadas de Direito. Como, então, uma lei que não conduz ao bem comum – mas antes tenta obrigar os súditos a agirem de um modo injusto – poderá ser Direito?

O Direito, entendido como objeto da justiça, não seria uma coisa, ou um objeto compreendido sem referência a um agente concreto e a seu comportamento em sociedade. Pelo contrário: é "uma ação pela qual o homem que a realiza entra em relação determinada com outro homem, e é essa ação que a iguala ou não a determinada medida, sendo por isso justa ou injusta".[12]

O mesmo já afirmava Santo Tomás, ao expor que as ações que são próprias do ser humano com respeito a outro ser humano possuem necessidade de retificação especial por uma virtude própria, que é a justiça, já que as outras virtudes fazem referência à relação do homem consigo mesmo e suas paixões.[13]

As relações em sociedade, entretanto, não ocorrem reguladas apenas a partir de uma lei interna, ainda que se reconheçam certas regras morais básicas, como o "dar a cada um o que lhe for devido" ou "não fazer ao outro aquilo que não deseja que lhe seja feito", expressas também nos países de cultura judaico-cristã na forma do decálogo, ou ainda na Regra de ouro, chave de leitura no debate de filosofia ética ocidental.

Tais relações necessitam de uma regra externa, capaz de solucionar os problemas e conflitos, regra que aos poucos na história suscitou em todas as civilizações a elaboração de um direito positivo, assim como de certo sistema judiciário, que fosse capaz de resolver os problemas entre os indivíduos e *administrar a justiça*.

É isso que se permite dizer que:

> Todas as normas jurídicas têm conteúdo moral podendo porém apresentar-se como imorais. O que não há é uma norma jurídica amoral; vale dizer, ou são morais, ou são imorais, mas sempre estarão inundadas de moralidade, como de ideologia sócio-política-cultural, não necessariamente dominante. (...). O próprio raciocínio jurídico deve ser visto como um raciocínio de valores, não um valor em si. Aliás, o maior erro do positivismo foi, justamente, o de erguer o método à hierarquia de fim. Entretanto, no seio do Direito Positivo está o germe de sua superação, isto é, a justiça concreta em todas as suas dimensões.[14]

Como o Direito é visto aqui como uma relação *de justiça* entre as pessoas, a conclusão é lógica: a injustiça pode assumir diversas formas, mas não será *Direito*. A lei injusta é, mesmo que se tente negar, um claro fruto da tirania.[15]

Por isso, a justiça não pode ser entendida como uma simples metáfora à qual as leis aludem, um ideal vazio e simplesmente formal que o Direito teoricamente sempre realizaria, mas sim com uma justiça real que deve ser concretizada, seja no Direito Positivo ou no Judiciário.[16]

---

[12] MASSINI, Carlos I. *Derecho y ley según Georges Kalinowski*. Mendoza: Idearium, 1987. p. 43-44. Tradução nossa.
[13] S.T., II-IIae, q.58, a.2.
[14] FREITAS, Juarez. *A substancial inconstitucionalidade da lei injusta*. Petrópolis: Vozes, 1989, p. 25-27.
[15] S.T., I-IIae, q. 96, a. 4.
[16] A Segunda Escolástica, já no século XVI, apontava essa problemática da necessidade de uma justiça real e não simplesmente metafórica no Direito. Veja-se: CRUZ CRUZ, Juan. *Fragilidad humana y Ley natural*: cuestiones disputadas en el Siglo de Oro. Pamplona: EUNSA, 2009.

Partindo dessa tradição interpretativa, uma regra suprapositiva de Direito não é nada mais do que um primeiro princípio da razão prática, que dirige razoavelmente a ação humana, uma medida última capaz de fundamentar a validade de qualquer norma que é pertencente a um sistema jurídico.[17] Nesse sentido, buscar-se-á mostrar parte do trajeto da recepção e circulação dessa tradição.

4 Circulação do caso "Mauerschützen" na Argentina

Uma das características de trabalhar a recepção e circulação de ideias, textos e autores é delimitar os espaços, pois, quando estamos em circuitos acadêmicos, facilita conhecer o meio de divulgação e produção do conhecimento jurídico nas redes em que se trabalha.

Esses circuitos determinam e são determinados por convicções comuns entre a elite intelectual jurídica de um país ou região, onde certas figuras se confirmam como autoridades centrais na construção de narrativas jurídicas, que às vezes são empregadas tanto em âmbitos acadêmicos quanto corporativos entre os juristas.

A circulação dessas narrativas se dá, primeiramente, a partir de conexões internas, como as que ocorreram entre os julgamentos nacionais na Alemanha tanto pelo Tribunal Supremo Federal ("Bundesgerichtshof") quanto pelo Tribunal Constitucional Federal ("Bundesverfassungsgericht"), quando comparados com julgamentos do Tribunal Militar Internacional de Nuremberg.

Como as decisões tratavam de casos supostamente relacionados a uma "injustiça extrema" permitida e autorizada pelo sistema jurídico, seja no caso dos guardas do Muro de Berlim, seja no caso dos nazistas, a construção da ligação entre eles se realizou de maneira quase que espontânea. Acontecimentos como a queda do Muro de Berlim e do regime soviético apenas aceleraram essa comparação entre fatos ocorridos nos dois regimes.

É aqui que enquadramos a figura de Robert Alexy – um autor que é amplamente reconhecido em eventos e recebedor de títulos de Doutor "honoris causa" no Brasil e na Argentina, com grande circulação e com uma forte presença de seus textos em traduções, com recepções locais de sua construção narrativa sobre a argumentação jurídica, desde o ponto de vista constitucional até o jusfilosófico.

O caso do julgamento dos "Mauerschützen", por exemplo, só ganhou relevância na discussão jusfilosófica devido à circulação na América Latina do seu artigo sobre o caso. Um julgamento que, a princípio, talvez só viesse a interessar aos juristas alemães terminou recebendo repercussão na América, pois percebeu-se que nele estavam contidos elementos muito inquietantes – do ponto de vista jurídico e moral –, em especial a questão do *status* da lei injusta perante o Direito.

Dentro da América Latina, é possível afirmar que foi na Argentina e no Brasil que se deu uma maior recepção. Algumas diferenças, entretanto, devem ser destacadas, sendo que a principal se encontra na publicação da tradução dos trabalhos do autor e até mesmo dos textos de decisões judiciais sobre o tema que foi prolatado tanto no Tribunal Constitucional Federal da Alemanha como no Tribunal Europeu de Direitos Humanos.[18]

---

[17] KALINOWSKI, Georges. Obligaciones, permisiones y normas. Reflexiones sobre el fundamento metafísico del derecho. *Idearium*, n. 8/9, Mendoza, Universidad de Mendoza, p. 77-91, 1982-83.

[18] Tribunal Constitucional Federal, Alemanha. Guardianes del Muro – "Mauerschützen": [BVerfGe 95, 96]. Traducción de Eduardo R. Sodero. In: VIGO, R. *La injusticia extrema no es derecho* (De Radbruch a Alexy). Buenos

O resgate da fórmula de Radbruch que Alexy propõe passa necessariamente por seus estudos sobre os guardas, conforme nos lembra Rodolfo Vigo, jusfilósofo argentino que justamente publica (em uma coletânea) em 2004 as traduções dos textos para a língua espanhola no livro "*La injusticia extrema no es derecho*".

No "Prólogo" da obra, Vigo aponta para a problemática da questão sobre as leis injustas, e o que o seu livro iria buscar fazer:

> Retomando muitas das questões que na mesma geografia nacional foram julgadas nos Tribunais de Nuremberg, aparecem argumentos e contra-argumentos que reavivam – explícita ou implicitamente – a velha polêmica entre positivismo e não-positivismo. Nessa disputa podem ser identificados dois autores que com suas teorias confrontam criticamente e de forma paradigmática as vicissitudes históricas vividas pelo povo alemão, mas que, acima desse contexto, se projetam com valor universal. Gustav Radbruch, da Universidade de Heidelberg, como testemunha e vítima da barbárie nazista, dissipa dúvidas sobre suas convicções acerca de limites intransponíveis para o direito positivo; e Robert Alexy, da Universidade de Kiel, atreve-se a impugnar o juspositivismo sustentando conexões conceituais e necessárias entre direito e moral, e adverte as autoridades sobre o 'risco' jurídico futuro ao aplicarem normas 'extremamente injustas'. (...) refletir em torno da decisão 'Mauerschützen' do Tribunal Constitucional Federal alemão, onde se confirmou a condenação penal de chefes político-militares que tinham dado ordens para matar os cidadãos da Alemanha Oriental que quisessem atravessar a fronteira para a Alemanha Ocidental (com seu ponto mais destacado e tristemente célebre no Muro de Berlim), e dos soldados que tinham cumprido tais ordens.[19]

Na mesma obra coletiva, três artigos traduzidos de Alexy foram apresentados após as decisões judiciais sobre o caso dos "Mauerschützen", servindo assim como critério de interpretação dessas decisões nesse contexto de recepção na América.

São estes os textos: (a) "Mauerschützen: sobre a relação entre Direito, Moral e punibilidade"; (b) "A decisão do Tribunal Constitucional Federal alemão sobre os homicídios cometidos pelos sentinelas do Muro de Berlim"; e (c) "Uma defesa da fórmula de Radbruch".[20]

Além dos textos do próprio compilador e de outros que colaboraram e trataram do tema, certamente se poderia buscar dentro do mercado editorial de língua espanhola e em teses de doutorado mais material sobre o impacto desses textos traduzidos, quando não até mesmo dos originais das decisões ou dos textos de Alexy dentro da Argentina.

Transpondo-se assim a barreira linguística, pode-se dizer que o citado caso teria sido pela primeira vez apresentado em sua íntegra aos falantes de língua espanhola. Deve-se recordar que há um impacto da obra no debate jusfilosófico na língua, em que o tema da recepção de Alexy nas últimas duas décadas também passaria pela existência

---

Aires: La Ley, 2004. p. 73-99; Tribunal Europeu de Direitos Humanos. Caso K.-H. W. v. Alemania: [Presentación n. 37201/97]. Traducción de Maximiliano Marzetti. Revisión de Eduardo R. Sodero. *In*: VIGO, R. *La injusticia extrema no es derecho* (De Radbruch a Alexy). Buenos Aires: La Ley, 2004. p. 135-166.

[19] VIGO, Rodolfo Luis. *La injusticia extrema no es derecho* (De Radbruch a Alexy). Buenos Aires: La Ley, 2004. p. IX-X.

[20] ALEXY, Robert. La decisión del Tribunal Constitucional Federal alemán sobre los homicidios cometidos por los centinelas del Muro de Berlín. *In*: VIGO, R. *La injusticia extrema no es derecho* (De Radbruch a Alexy). Buenos Aires: La Ley, 2004. p. 197-225; ALEXY, Robert. Mauerschützen: Acerca de la relación entre Derecho, Moral y punibilidad. *In*: VIGO, R. *La injusticia extrema no es derecho* (De Radbruch a Alexy). Buenos Aires: La Ley, 2004. p. 167-195; ALEXY, Robert. Una defensa de la fórmula de Radbruch. *In*: VIGO, R. *La injusticia extrema no es derecho* (De Radbruch a Alexy). Buenos Aires: La Ley, 2004. p. 227-251.

desta relevante publicação. É possível afirmar que, pelo menos a partir da matriz jusnaturalista de discussão sobre Direito, Moral e princípios, isso é patente, já que – tratando-se de autor não positivista – ditos textos demonstram parte do pensamento de Alexy que não estava presente em suas obras mais difundidas. Recordemos que o usual no debate da área seria o enquadramento deste autor como pós-positivista – e há inúmeros textos que avalizam a percepção generalizada. Contudo, a valência deste tipo de problemática, bem cara a quem se enfileira no jusnaturalismo no século XX, faz com que essas posturas não positivistas, em um primeiro momento de Radbruch, e em outro de Alexy, sirvam para uma reflexão quanto aos limites do discurso positivista.

Deste modo, partindo do que foi apresentado anteriormente, pode-se afirmar um aspecto especial da recepção argentina de Alexy: o debate jusfilosófico na Argentina se aprofundou até o ponto em que a discussão sobre o pensamento de um autor que é muito relevante no circuito internacional do final do século XX chegou a circular e repercutir entre os jusnaturalistas.

Rodolfo Vigo seria o maior exemplo disso, pois trava contato e busca um diálogo com Alexy. Com efeito, não se restringe a limites de produção e controle de discurso dos adeptos do pós-positivismo alexyano – porque não seria propriamente um discípulo desse autor alemão. Por outro lado, também não apresenta um jusnaturalismo fechado, blindado aos debates contemporâneos e os instrumentos de mediação e diálogo intelectual.

5 Circulação do caso "Mauerschützen" no Brasil

Por outro lado, a entrada de Alexy no Brasil ocorreu a partir de uma proposta que é mais dogmática que jusfilosófica. O pós-positivismo que domina o debate nacional nas últimas décadas se desenvolveu em autores de Direito Tributário (como Humberto Ávila) e Direito Constitucional (*e.g.* Lenio Streck, Luis Afonso Heck), que tentaram igualmente levar o debate para a Filosofia do Direito.

No entanto, parece que o resultado não pode ser comparado com aquele que se dá desde a estratégia adotada na Argentina. Devemos ter em conta nesse ponto as diferentes formas de organização da área da Filosofia do Direito em ambos os países. Na Argentina, a AAFD ("Asociación Argentina de Filosofia del Derecho") possui uma relação singular com as universidades e as corporações jurídicas, já em uma tradição arraigada. No caso brasileiro, até por causa das dimensões continentais, a ABRAFI tem uma forma diferente de estabelecimento e de definição de pautas de debate filosófico-jurídico.

Isso se percebe já no nosso tema: assim, no Brasil, a produção das teses doutorais e artigos sobre Alexy e o caso "Mauerschützen" indica que a Filosofia do Direito no país segue seu próprio caminho, possuindo um modo muito próprio de produção e circulação de conhecimento.

Em relação à repercussão direta do caso no Brasil, não identificamos traduções para o português dos três textos de Alexy que foram mencionados antes. Apesar disso, é possível asseverar que houve um uso desses textos de Alexy em diversos trabalhos, mas sempre a partir do original em alemão ou a partir de suas traduções para o espanhol (de fato, fazendo referência à compilação de Vigo em "La injusticia extrema no es derecho"). Ou seja, a publicação argentina causou impacto no Brasil. Por isso é que um caso só é primeiramente referido no ano de 2006, dois anos após a publicação da tradução argentina de Vigo.

Vejamos os usos: o primeiro trabalho é uma dissertação de mestrado de 2006, de Roberta Magalhães Gubert, sob a orientação do reconhecido constitucionalista gaúcho Lenio Streck, pela Universidade do Vale do Rio dos Sinos (Unisinos). A dissertação teve por título "Mauerschützen (o caso dos atiradores do muro) e a pretensão de correção do direito na teoria de Robert Alexy: aportes hermenêuticos ao debate acerca da relação entre direito e moral".[21]

O segundo trabalho é um artigo, publicado no volume 105, de 2010, da Revista da Faculdade de Direito da Universidade de São Paulo, justamente por um autor que é argentino, Andrés Falcone (e que atualmente é professor adjunto na UBA), com o título de "Algunas consideraciones acerca de la ley aplicable en la superación del pasado de la república democrática alemana", que se restringiu a analisar o impacto dos diferentes argumentos (como o de Alexy) na jurisdição do caso e na escolha da lei aplicável de acordo com alguns princípios do Direito Penal, como a seleção da lei mais benigna.[22]

Por sua vez, há um terceiro artigo de 2011, de Fabio Henrique Araujo Martins, que emprega a análise do caso Mauerschützen analogicamente para estudar uma decisão do Supremo Tribunal Federal do Brasil sobre a anistia concedida durante o período da ditadura militar brasileira. Seu título é "Uma análise da ADPF 153 desde a fórmula de Radbruch e da jurisprudência da corte interamericana de direitos humanos".[23]

Há também um quarto trabalho, uma dissertação, de Edna Torres Felício Câmara, da Universidade Federal do Paraná, defendida em 2013 com o título "Robert Alexy e o argumento de injustiça: teoria, aplicação e debate", que busca analisar se Alexy, em sua análise do caso Mauerschützen, foi fiel ao seu conceito de Direito e se as críticas levantadas no debate com Eugenio Bulygin foram satisfatoriamente respondidas.[24]

O quinto trabalho é um *paper*, "A injustiça extrema e o conceito de Direito" apresentado por Júlio Aguiar de Oliveira, professor da Universidade Federal de Ouro Preto, no "Special Workshop Alexy's Theory of Law", que ocorreu no 26º Congresso Mundial da IVR (a Associação Internacional de Filosofia e Sociologia do Direito), em Belo Horizonte, em 2013, publicado depois como capítulo de livro em 2014.[25]

O sexto é um artigo de 2016, de Alexandre Travessoni Gomes Trivisonno, da Universidade Federal de Minas Gerais e da Universidade Católica de Minas Gerais, com o título "O que significa 'a injustiça extrema não é direito'? Crítica e reconstrução

---

[21] GUBERT, Roberta Magalhães. *Mauerschützen (o caso dos atiradores do muro) e a pretensão de correção do direito na teoria de Robert Alexy*: aportes hermenêuticos ao debate acerca da relação entre direito e moral. 2006. Dissertação (Mestrado em Direito) – Universidade do Vale do Rio dos Sinos, São Leopoldo, 2006. 173f.

[22] FALCONE, Andrés. Algunas consideraciones acerca de la ley aplicable en la superación del pasado de la república democrática alemana. *Revista da Faculdade de Direito da Universidade de São Paulo*, São Paulo, v. 105, p. 155-176, 2010.

[23] MARTINS, Fabio Henrique Araujo. Uma análise da ADPF 153 desde a fórmula de Radbruch e da jurisprudência da corte interamericana de direitos humanos. *Revista Internacional de Direito e Cidadania*, João Pessoa, n. 9, p. 43-53, 2011.

[24] CÂMARA, Edna Torre Felício. *Robert Alexy e o argumento de injustiça*: teoria, aplicação e debate. 2013. Dissertação (Mestrado em Direito) – Universidade Federal do Paraná, Curitiba, 2013. 179f.

[25] OLIVEIRA, Júlio Aguiar de. A Injustiça Extrema e o Conceito de Direito. *In*: TRIVISONNO, Alexandre Travessoni Gomes; SALIBA, Aziz Tuffi; LOPES, Mônica Sette (org.). *Princípios Formais e outros aspectos da Teoria Discursiva do Direito*. 1. ed. v. 1. Rio de Janeiro: Forense Universitária, 2014. p. 139-171.

do argumento da injustiça no não positivismo inclusivo de Robert Alexy", em que se analisa a posição de Alexy no debate sobre o não positivismo inclusivo e exclusivo.[26]

Há ainda uma tese doutoral, defendida em 2016 na Católica de Minas Gerais, e publicada como livro em 2017, com o título "Injustiça extrema: uma investigação a partir do pensamento de Gustav Radbruch", de Cristian Kiefer da Silva, que, por sua vez, teve como orientador o já referido Alexandre Travessoni Gomes Trivisonno.[27]

Por fim, há um livro de setembro de 2020, com o título "As decisões contrárias às leis na teoria de Robert Alexy", de Mhardoqueu Geraldo Lima França, que dedica um capítulo à análise de casos estudados por Alexy (inclusive o Mauerschützen), sendo uma atualização de sua dissertação de 2015, também realizada sob a orientação de Alexandre Trivisonno.[28]

Desse material publicado no Brasil preliminarmente analisado (sendo um deles em espanhol), com exceção dos artigos de Júlio Oliveira e Alexandre Trivisonno, que fizeram referência aos textos de Alexy em inglês e alemão respectivamente, seis deles utilizaram as traduções para o espanhol publicadas por Vigo. Logo, desde 2006, com a já mencionada dissertação da Unisinos, percebe-se, portanto, que a publicação da versão em espanhol foi fundamental para a entrada do tema no Brasil.

6 Conclusão

A forma de recepção do caso ocorrida no mundo de fala hispânica é certamente distinta da ocorrida no Brasil, especialmente quando percebemos detalhes como a importância da tradução para a circulação do material de Alexy, que originou as referências jusfilosóficas ao debate sobre os guardas/sentinelas do Muro de Berlim no país desde os anos 2000.

Uma temática impactante na Alemanha dos anos 1990 (recordemos que o artigo de Alexy foi publicado em 1994, logo após o primeiro julgamento do Tribunal) teve muito pouca – para não dizer nula – repercussão no Brasil do mesmo período, adentrando aqui, e mesmo na Argentina, cerca de 10 anos ou mais após o debate "original".

Tais diferenças apontam para algo muito claro: a circulação internacional de um debate muitas vezes se dá de maneira até autônoma à original, às vezes impulsionada por motivos distintos. Mesmo em países vizinhos, o debate pode se desmembrar de maneiras diferentes.

Apesar dessas diferenças, o caso "Mauerschützen", entretanto, manteve o caráter atrativo, por uma mesma razão: não importando o tempo ou a localidade, a questão sobre se uma lei injusta é ainda Direito e a busca por um fundamento objetivo para as normas jurídicas continuam sendo uma questão central do debate jusfilosófico.

---

[26] TRIVISONNO, Alexandre Travessoni Gomes. O que significa 'a injustiça extrema não é direito'? Crítica e reconstrução do argumento da injustiça no não positivismo inclusivo de Robert Alexy. *Espaço Jurídico*, v. 16, p. 97-122, 2016.

[27] SILVA, Cristian Kiefer da. *Injustiça extrema*: uma investigação a partir do pensamento de Gustav Radbruch. 1. ed. Rio de Janeiro: Lumen Juris, 2017.

[28] FRANÇA, Mhardoqueu Geraldo Lima. *As decisões contrárias às leis na teoria de Robert Alexy*. 1. ed. Belo Horizonte: Dialética, 2020.

Afinal, os juízes desejam saber *como devem decidir* caso se deparem com uma situação semelhante a essa. E o juiz "só aplica a lei injusta se quiser".[29]

Referências

ALEXY, Robert. La decisión del Tribunal Constitucional Federal alemán sobre los homicidios cometidos por los centinelas del Muro de Berlín. *In*: VIGO, R. *La injusticia extrema no es derecho (De Radbruch a Alexy)*. Buenos Aires: La Ley, 2004. p. 197-225.

ALEXY, Robert. Mauerschützen: Acerca de la relación entre Derecho, Moral y punibilidad. *In*: VIGO, R. *La injusticia extrema no es derecho (De Radbruch a Alexy)*. Buenos Aires: La Ley, 2004. p. 167-195.

ALEXY, Robert. Una defensa de la fórmula de Radbruch. *In*: VIGO, R. *La injusticia extrema no es derecho (De Radbruch a Alexy)*. Buenos Aires: La Ley, 2004. p. 227-251.

ARENDT, Hannah. *Eichmann em Jerusalém*. São Paulo: Cia. das Letras, 1999.

CÂMARA, Edna Torre Felício. *Robert Alexy e o argumento de injustiça*: teoria, aplicação e debate. 2013. Dissertação (Mestrado em Direito) – Universidade Federal do Paraná, Curitiba, 2013. 179f.

CRUZ CRUZ, Juan. *Fragilidad humana y Ley natural*: cuestiones disputadas en el Siglo de Oro. Pamplona: EUNSA, 2009.

FRANÇA, Mhardoqueu Geraldo Lima. *As decisões contrárias às leis na teoria de Robert Alexy*. 1. ed. Belo Horizonte: Dialética, 2020.

FREITAS, Juarez. *A substancial inconstitucionalidade da lei injusta*. Petrópolis: Vozes, 1989.

GUBERT, Roberta Magalhães. *Mauerschützen (o caso dos atiradores do Muro) e a pretensão de correção do direito na teoria de Robert Alexy*: aportes hermenêuticos ao debate acerca da relação entre direito e moral. 2006. Dissertação (Mestrado em Direito) – Universidade do Vale do Rio dos Sinos (UNISINOS), São Leopoldo, 2006. 173f.

KALINOWSKI, Georges. Obligaciones, permisiones y normas. Reflexiones sobre el fundamento metafísico del derecho. *Idearium*, n. 8/9, Mendoza, Universidad de Mendoza, p. 77-91, 1982-83.

MARTINS, Fabio Henrique Araujo. Uma análise da ADPF 153 desde a fórmula de Radbruch e da jurisprudência da corte interamericana de direitos humanos. *Revista Internacional de Direito e Cidadania*, João Pessoa, n. 9, p. 43-53, 2011.

MASSINI, Carlos I. *Derecho y ley según Georges Kalinowski*. Mendoza: Idearium, 1987.

OLIVEIRA, Júlio Aguiar de. A injustiça extrema e o conceito de Direito. *In*: TRIVISONNO, Alexandre Travessoni Gomes; SALIBA, Aziz Tuffi; LOPES, Mônica Sette (org.). *Princípios formais e outros aspectos da Teoria Discursiva do Direito*. 1. ed. v. 1. Rio de Janeiro: Forense Universitária, 2014. p. 139-171.

RADBRUCH, Gustav. Gesetzliches Unrecht und übergesetzliches Recht. *Süddeutsche Juristen-Zeitung*, v. 1, n. 5, p. 105-108, 1946.

ROSENFIELD, Denis. *Jerusalém, Atenas e Auschwitz*: pensar a existência do mal. Rio de Janeiro: Topbooks, 2021.

SILVA, Cristian Kiefer da. *Injustiça extrema*: uma investigação a partir do pensamento de Gustav Radbruch. 1. ed. Rio de Janeiro: Lumen Juris, 2017.

Tribunal Constitucional Federal, Alemanha. *Guardianes del Muro – "Mauerschützen"*: [BVerfGe 95, 96]. Traducción de Eduardo R. Sodero. *In*: VIGO, R. *La injusticia extrema no es derecho (De Radbruch a Alexy)*. Buenos Aires: La Ley, 2004. p. 73-99.

Tribunal Europeu de Direitos Humanos. *Caso K.-H. W. v. Alemania*: [Presentación n. 37201/97]. Traducción de Maximiliano Marzetti. Revisión de Eduardo R. Sodero. *In*: VIGO, R. *La injusticia extrema no es derecho (De Radbruch a Alexy)*. Buenos Aires: La Ley, 2004. p. 135-166.

---

[29] FREITAS, Juarez. *A substancial inconstitucionalidade da lei injusta*. Petrópolis: Vozes, 1989. p. 89.

Tribunal Europeu de Direitos Humanos. *Caso Streletz, Kessler y Krenz v. Alemania*: [Presentaciones n. 34044/96, 35532/97 y 44801/98]. Traducción de Eduardo R. Sodero. *In*: VIGO, R. *La injusticia extrema no es derecho (De Radbruch a Alexy)*. Buenos Aires: La Ley, 2004. p. 101-133.

TRIVISONNO, Alexandre Travessoni Gomes. O que significa 'a injustiça extrema não é direito'? Crítica e reconstrução do argumento da injustiça no não positivismo inclusivo de Robert Alexy. *Espaço Jurídico*, v. 16, p. 97-122, 2016.

VIGO, Rodolfo Luis. *La injusticia extrema no es derecho (De Radbruch a Alexy)*. Buenos Aires: La Ley, 2004.

Informação bibliográfica deste livro, conforme a NBR 6023:2018 da Associação Brasileira de Normas Técnicas (ABNT):

FLORES, Alfredo de J.; RISSO, Estéfano E. Uma lei injusta não é lei: leituras do caso 'Mauerschützen' ('Guardas do Muro' de Berlim). *In*: PASQUALINI, Alexandre; CUNDA, Daniela Zago Gonçalves da; RAMOS, Rafael (coord.). *Direito, sustentabilidade e inovação*: estudos em homenagem ao professor Juarez Freitas. Belo Horizonte: Fórum, 2025. p. 35-47. ISBN 978-65-5518-957-5.

A REGIONALIZAÇÃO DA PRESTAÇÃO DOS SERVIÇOS DE MANEJO DE RESÍDUOS SÓLIDOS SOB A PERSPECTIVA DO ESTADO SUSTENTÁVEL E DA ATUAÇÃO DOS TRIBUNAIS DE CONTAS

ANGELA CASSIA COSTALDELLO

KARIN KÄSSMAYER

1 A homenagem

Algumas palavras — nunca suficientes, ressalte-se — precisam ser escritas sobre o Professor Doutor Juarez Freitas, a quem esta coletânea é dirigida para que receba nossas homenagens.

Poder-se-ia discorrer sobre o seu incomparável currículo, porém este é de conhecimento de todas e todos. De uma forma ou de outra, suas lições e seu conhecimento consubstanciado em palestras e na produção científica fizeram e fazem parte indelével em nossas vidas. De qualquer modo, há que se mencionar que o Professor Doutor Juarez Freitas é daquelas pessoas raras que passeiam placidamente e com profundidade por vários rincões do Direito: da Teoria Geral do Direito à Filosofia, ao Direito Administrativo, à sustentabilidade, à inteligência artificial e tudo o mais que o futuro apresentar como valor a ser explorado, refletido e construído.

A par do notável jurista, é preciso fazer referência à figura humana extraordinária que ensina, forma, informa, provoca, acolhe, e mostra que sempre vale a pena pensar "no outro".

Juarez Freitas é uma pessoa além do seu tempo, com visão de futuro do Direito e do mundo, e que traz algo precioso nestes tempos pouco venturosos: a esperança! A esperança no ser humano, no planeta, e que, por suas ideias e ideais, desperta nas gerações o pensar e o agir na preservação das espécies e o que lhes dá vida, e tem no ser humano o centro de tudo.

Muitas são as suas lições, contudo, a que segue retrata com fidelidade o pensador Juarez Freitas, gravada no livro "Direito e Inteligência Artificial – em defesa do humano", escrito em parceria com o filho Thomas Bellini Freitas,

> A defesa válida, lúcida e legítima do genuinamente humano, ao lidar com decisões algorítmicas, traduz-se como: (i) defesa da consciência humana, que pressupõe o espaço de existencialmente indelegável à Inteligência Artificial; ii) a defesa do senso evolucionário moral de justiça e de compaixão; iii) a defesa do senso de responsabilidade intra e intergeracional; iv), a defesa da capacidade de hierarquizar os valores, de ordem a marchar deliberadamente para a sustentabilidade multidimensional e v) a defesa da permanência, em grau diverso para cada circunstância, da supervisão humana.[1]

Em suma, é um humanista, no sentido mais profundo do termo, algo tão raro quanto sua contribuição em nossas vidas. E, por isso, essa homenagem.[2] [3]

2 Introdução

Somos consumidores. Produzimos, usamos, consumimos, descartamos. A natureza é nossa fonte, há muito, sabidamente, não inesgotável, de recursos naturais.[4] Explorada em cada etapa do processo produtivo, apresenta sua reação. Em outras palavras, a Ministra Relatora Cármen Lúcia, na ADPF nº 760, explana: "A natureza obriga. O homem dispõe; a terra se impõe. Desde sempre ouvi que Deus perdoa sempre; o ser humano perdoa às vezes. A natureza não perdoa, nunca".[5] A responsabilidade é solidária nas ações pela sua proteção, nas esferas local, regional e global, embora a poucos os comandos normativos tornem-se efetivamente aplicáveis.

A sustentabilidade como princípio constitucional, segundo Juarez Freitas,[6] é *vetor que tem o condão de pensar e gerir o destinado comum,* que exige o agir antecipatório preventivo e precaucional, passível de alcance *somente com base na mudança profunda da racionalidade* cultural, social e política *de pensar, produzir e consumir.* É no dever ético que

---

[1] FREITAS, Juarez; FREITAS, Thomas Bellini. *Direito e inteligência artificial*: em defesa do humano. Belo Horizonte: Fórum, 2020, p. 147.

[2] Por Angela Cassia Costaldello: Registro com carinho e viva memória a ocasião em que conheci o Prof. Dr. Juarez Freitas. Foi nos idos de 1995, em palestra na UNICURITIBA proferida por ele sobre responsabilidade extracontratual do Estado, promovida pelo Prof. Dr. Romeu Felipe Bacellar Filho, em que foi lançado seu livro "Interpretação Sistemática do Direito". Amigo de muitas e todas as horas, pai do Thomas e alma gêmea da Márcia. A pessoa que lhe diz "precisamos tecer uma rede de amigos" e dela nunca se afastou. E a quem chamo de "irmão", em verdadeira recíproca de afeto e amizade.

[3] Por Karin Kässmayer: Em 2011 Curitiba sediou o Congresso Brasileiro de Direito e Sustentabilidade, no Bourbon Convention Hotel. Naquela ocasião, conheci o Prof. Dr. Juarez Freitas, coordenador científico do evento. Lembro-me de um agradável café após uma tarde de debates sobre sustentabilidade. Com honestidade intelectual indelével, o Prof. Dr. Juarez Freitas tornou-se referencial para minhas pesquisas. Sinto-me honrada por fazer parte de seu círculo de eventos e debates, com grande crescimento pessoal.

[4] A respeito da sociedade do consumo e consumidores, vide BAUMAN, Zygmunt. *Vida para consumo*: A transformação das pessoas em mercadoria. Rio de Janeiro: Jorge Zahar Ed., 2008.

[5] SUPREMO TRIBUNAL FEDERAL. ADPF nº 760. Disponível em: https://www.stf.jus.br/arquivo/cms/noticiaNoticiaStf/anexo/VOTOADPF760.pdf. Acesso em: 20 jun. 2024.

[6] FREITAS, Juarez. *Sustentabilidade*: direito ao futuro. 3. ed. Belo Horizonte: Fórum, 2016, p. 15-17.

se situa o suporte sobre o qual é possível pensar, agir, legislar, tomar decisões, julgar e elaborar políticas públicas para que haja responsabilização, tomada de medidas e internalização das externalidades ambientais.

A conscientização para a tomada de medidas acautelatórias funestamente é tardia. As ações são empreendidas quando o presente já se encontra em atraso, quando se depara com o excesso, acompanhado do temor da chegada ao ponto de não retorno. As imagens das enchentes e da tragédia ocorrida no Rio Grande do Sul denunciam o quanto são negligenciados os instrumentos preventivos de planejamento urbanístico e os alertas de mudanças climáticas, enquanto as imagens de rios de plástico nos assustam ao nos defrontarmos com a dimensão incomensurável dos impactos ambientais.

Ao longo das últimas décadas, em vários setores e, em especial, os serviços públicos de saneamento, as omissões sempre estiveram diante de nossos olhos: comunidades inteiras sem acesso à água tratada; inexistência de redes de esgoto com poluição direta dos corpos hídricos e lençóis freáticos; ausência de planos de drenagem na grande maioria dos municípios brasileiros. O manejo dos resíduos sólidos não tem seguido melhor destino, com a triste imagem de lixões a céu aberto onde crianças, adultos e animais lutam por alguma sobra, na tentativa de sobrevivência.[7] Mundo afora, montanhas de resíduos têxteis cobrem o deserto do Atacama, toneladas de plásticos boiam nos oceanos, e notícias diárias da contaminação de microplástico tornam a espécie humana coprocessadora de nosso próprio consumo desenfreado.

Há 14 anos a Política Nacional de Resíduos Sólidos, instituída pela Lei nº 12.305, de 2 de agosto de 2010,[8] ofereceu perspectivas para a adoção de novos paradigmas para a gestão e o gerenciamento de resíduos sólidos para o país. Os obstáculos a serem vencidos, em mais de uma década de sua vigência, mostraram-se maiores do que sua efetividade. Em 2007, a Lei nº 11.445,[9] de 5 de janeiro, instituiu as diretrizes nacionais para o saneamento básico, e sua recente alteração, pela Lei nº 14.026, de 15 de julho de 2020,[10] conhecida como Novo Marco Legal de Saneamento (NMSB), renovou a promessa de ações e possibilidades de implantação efetiva da política pública.

---

[7] Sobre o tema dos lixões a céu aberto, vide o documentário brasileiro Ilha das Flores. E, 35 anos após a edição do documentário, reportagem que atesta a continuidade da catação no local. Disponível em: https://www1.folha.uol.com.br/cotidiano/2024/06/ilha-das-flores-cenario-de-curta-emblematico-de-jorge-furtado-segue-sob-lixo.shtml. Acesso em: 26 jun. 2024.

[8] BRASIL. Lei nº 12.305, de 2 de agosto de 2010. Institui a Política Nacional de Resíduos Sólidos; altera a Lei nº 9.605, de 12 de fevereiro de 1998; e dá outras providências. Diário Oficial da União, Brasília, DF, 3 ago. 2010. Disponível em: https://www.planalto.gov.br/ccivil_03/_ato2007-2010/2010/lei/l12305.htm. Acesso em: 30 jun. 2024.

[9] BRASIL. Lei nº 11.445, de 5 de janeiro de 2007. Estabelece diretrizes nacionais para o saneamento básico. Diário Oficial da União, Brasília, DF, 8 jan. 2007. Disponível em: https://www.planalto.gov.br/ccivil_03/_ato2007-2010/2007/lei/l11445.html. Acesso em: 30 jun. 2024.

[10] BRASIL. Lei nº 14.026, de 15 de julho de 2020. Atualiza o marco legal do saneamento básico e altera a Lei nº 9.984, de 17 de julho de 2000, para atribuir à Agência Nacional de Águas e Saneamento Básico (ANA) competência para editar normas de referência sobre o serviço de saneamento, a Lei nº 10.768, de 19 de novembro de 2003, para alterar o nome e as atribuições do cargo de Especialista em Recursos Hídricos, a Lei nº 11.107, de 6 de abril de 2005, para vedar a prestação por contrato de programa dos serviços públicos de que trata o art. 175 da Constituição Federal, a Lei nº 11.445, de 5 de janeiro de 2007, para aprimorar as condições estruturais do saneamento básico no País, a Lei nº 12.305, de 2 de agosto de 2010, para tratar dos prazos para a disposição final ambientalmente adequada dos rejeitos, a Lei nº 13.089, de 12 de janeiro de 2015 (Estatuto da Metrópole), para estender seu âmbito de aplicação às microrregiões, e a Lei nº 13.529, de 4 de dezembro de 2017, para autorizar a União a participar de fundo com a finalidade exclusiva de financiar serviços técnicos especializados. Diário Oficial da União, Brasília, DF, 16 jul. 2020. Disponível em: https://www.planalto.gov.br/ccivil_03/_Ato2019-2022/2020/Lei/L14026.htm. Acesso em: 30 jun. 2024.

Tema solidário a todos – indivíduos, empresas, coletividade, Administração Pública, espraiado em todas as esferas da Federação brasileira –, os resíduos e seu manejo permanecem como uma das pautas socioeconômico-ambientais mais importantes, urgentes e talvez menosprezadas.

O presente artigo se debruça sobre esse recorte temático — gestão e gerenciamento de resíduos sólidos —, objeto por si só complexo, multifário e que pode ser aprofundado por lentes multidisciplinares. O foco, tendo como premissas o Estado Sustentável e suas responsabilidades, centra-se na análise da Lei nº 14.026/2020 e volta-se à análise dos percalços a serem enfrentados pelos municípios, enquanto titulares do serviço de manejo de resíduos sólidos, para cumprir os comandos normativos da prestação regionalizada, em busca de ganhos de escala e viabilidade econômico-financeira da prestação do serviço.

Importa lembrar que, por serviços públicos, infraestruturas e instalações de saneamento básico, a Lei nº 11.445/2007, em seu art. 3º, I, alíneas "a" a "d", estabelece quatro categorias: *i)* abastecimento de água potável, *ii)* esgotamento sanitário, *iii)* limpeza urbana e manejo de resíduos sólidos e *iv)* drenagem e manejo das águas pluviais. Serviços essenciais e correlacionais entre si, possuem, todavia, aspectos peculiares. Para esse estudo, como salientado, o núcleo situa-se no manejo de resíduos sólidos, este constituído pelas atividades e pela disponibilização e manutenção de infraestruturas e instalações operacionais de coleta, transporte, transbordo, tratamento e destinação final ambientalmente adequada dos resíduos sólidos domiciliares e dos resíduos de limpeza urbana.

A partir do estímulo que a legislação aufere à regionalização e, diante da necessária junção de esforços e ação coordenada para garantir a efetiva prestação de serviços públicos, percorrer-se-ão as alterações da Lei nº 14.026/2020 na gestão de resíduos sólidos, bem como os modelos de arranjos institucionais regionais, sobretudo as adversidades na prestação desses serviços, para a consecução da universalização.

As competências e a discussão sobre o municipalismo vêm à tona ao se refletir sobre os objetivos e expectativas criadas pela Lei nº 12.305/2010. Alia-se a esse cenário o indispensável agir público nunca descolado das responsabilidades pelas decisões – que resultam nas possíveis medidas de regionalização do saneamento básico, estas são previstas a partir da Lei nº 11.445/2007, atualizada pela Lei nº 14.026/2020. Ao fim, direciona-se ao planejamento da regionalização pelos municípios e ao tratamento do tema pelos Tribunais de Contas.

Em que pese seja árdua a temática proposta, tem o condão de impulsionar o debate para antever soluções práticas para a realização da boa gestão pública,[11] do aprimoramento de instrumentos relacionados às políticas públicas que concretizem o direito ao meio ambiente ecologicamente equilibrado, dando efetividade à dignidade da pessoa humana em sua dimensão ambiental, além da garantia do direito a saúde e vida digna das presentes e futuras gerações. Sobretudo, trata-se de tema que denuncia as mazelas de uma sociedade desigual e injusta e cujos objetivos fundamentais da República (art. 3º, I a IV, da CF) se almeja conquistar.

---

[11] Sobre o tema, vide FREITAS, Juarez. *Direito fundamental à boa administração pública*. São Paulo: Malheiros, 2014.

3 O Estado Sustentável no contexto da Lei nº 12.305/2010 (Política Nacional de Resíduos Sólidos — PNRS)

O art. 225 da Constituição Federal tutela interesses intergeracionais do desenvolvimento sustentável. Segundo Juarez Freitas,

> a sustentabilidade surge como qualificação constitucional insuprimível do desenvolvimento, sob o influxo do art. 225, e (...) o desenvolvimento que importa é aquele que se constitui mutuamente com a sustentabilidade, condicionado por ela. Qualquer outro será inconstitucional.[12]

Elevado ao patamar de direito fundamental, a efetividade do direito ao meio ambiente ecologicamente equilibrado demanda o agir solidário entre agentes públicos e privados.[13] Exige-se, portanto, a implementação de políticas públicas adequadas à proteção ambiental e esforços conjuntos de modo que os Poderes instituídos (Legislativo, Executivo e Judiciário), além dos órgãos de fiscalização e controle, mediante a atuação convergente, se unam em prol de um sistema legislativo sustentável e eficazmente protetivo do meio ambiente ecologicamente equilibrado, essência de proteção constitucional.

O Estado Constitucional Ecológico, ou Estado Sustentável, molda o direito constitucional à ética da responsabilidade, tanto às presentes como às futuras gerações, à economia circular, à função socioambiental da propriedade e da cidade, à garantia da proteção, conservação e restauração dos bens ambientais, e a concepção de que o bem-estar social é assegurado pela dimensão ambiental da dignidade da pessoa humana.[14]

Entendido como um dos valores constitucionais supremos, Juarez Freitas[15] defende a multidimensionalidade do Estado Sustentável:

> (...) do entrelaçamento tópico-sistemático de dispositivos constitucionais, notadamente os arts. 3º, 170, VI, e 225, avulta o critério da sustentabilidade (valor desdobrado em princípio), que intenta o *desenvolvimento continuado e durável, socialmente redutor de iniquidades, voltado para presentes e futuras gerações, sem endossar o crescimento econômico irracional, aético, cruel e mefistofélico.*

Ao se tratar de princípio cogente, com eficácia direta e imediata, e não mera faculdade, ao Estado cumpre a sua observação na tomada de decisão pública, conforme ensina Juarez Freitas.[16] Sob essa premissa e valor, inquestionável a existência de um hiato entre o equilíbrio ambiental que se almeja constitucionalmente, atrelado ao bem-estar social, e a realidade da prestação de serviços de saneamento, no Brasil.

---

[12] FREITAS, Juarez. *Sustentabilidade*: Direito ao Futuro. *Op. cit.*, p. 51.
[13] Conforme KÄSSMAYER, Karin. *Cidade, riscos e conflitos socioambientais urbanos*: desafios à regulamentação jurídica na perspectiva da justiça socioambiental. Tese apresentada ao Programa de Doutorado em Meio Ambiente e Desenvolvimento. UFPR. Curitiba, 2009. 259 ff.
[14] Sobre o tema vide, ainda, CANOTILHO, Joaquim José Gomes. Estado constitucional e democracia sustentada. *In*: FERREIRA, Helini Sivini; LEITE, José Rubens Morato. *Estado de Direito Ambiental*: tendências, aspectos constitucionais e diagnósticos. Rio de Janeiro: Forense Universitária, 2004, p. 3-16.
[15] FREITAS, Juarez. *Sustentabilidade: Direito ao Futuro. Op. cit.*, p.118.
[16] FREITAS, Juarez. Eficácia direta e imediata do princípio constitucional da sustentabilidade. *Revista do Direito*, vol. 45, p. 89-103, 2015. Disponível em: https://online.unisc.br/seer/index.php/direito/article/view/5890. Acesso em: 25 maio 2024.

A má prestação, ou a não prestação, de um serviço público considerado direito fundamental, compondo o âmbito de proteção do mínimo existencial, conforme Néviton Guedes,[17] fere a dignidade ambiental, que se encontra incrustada na dignidade humana, sendo aquela nuclear do constitucionalismo contemporâneo, conforme ensina Cármen Lúcia Antunes Rocha.[18] Inconcebível a proteção ambiental e a dignidade humana sem que haja igualmente o direito à água potável, ao tratamento de esgoto e à coleta e destinação ambientalmente adequada dos resíduos. Neste recorte, a sustentabilidade demanda o agir do Poder Público na adequada prestação de serviços e correlata infraestrutura, que garantam a sadia qualidade de vida e a proteção ambiental dos recursos naturais, em especial água e solo, como uma política pública efetivamente sustentável.

Nesse panorama, um dos mais significativos avanços legislativos em prol do Estado Sustentável ocorreu no ano de 2010, com a publicação da Política Nacional de Resíduos Sólidos. A PNRS representou mais uma conquista para a consolidação do Estado de Direito voltado ao cumprimento dos princípios da cooperação e da garantia à qualidade ambiental e à proteção da vida sadia e digna.[19] Todavia, a gestão e o tratamento de resíduos sólidos revelavam a ineficiência do Estado diante de um dos mais graves impactos ambientais (o não tratamento dos resíduos gerados), além do descompasso da gestão urbana ao não inserir a variável ambiental como valor de caráter prioritário.

A Lei nº 12.305/2010 reformulou por completo a ordem normativa no tocante ao manejo de resíduos sólidos. Festejada quando de sua publicação, criou conceitos, instituiu princípios, entre os quais o do desenvolvimento sustentável, definiu instrumentos e estabeleceu obrigações aos entes federativos. Um dos aspectos inovadores foi a visão sistêmica do ciclo produtivo dos produtos, inclusive para a sistemática das compras públicas,[20] os acordos setoriais e a logística reversa, o aspecto essencial da inclusão social dos catadores de recicláveis, a proibições dos lixões a céu aberto e, enfatize-se, o estímulo ao consorciamento entre os entes da Federação.[21]

Passados 10 anos da vigência da PNRS, Besenn, Jacobi e Silva[22] retrataram os avanços e retrocessos dessa lei, em um ano emblemático pela pandemia de covid-19,

---

[17] GUEDES, Néviton. O saneamento básico como direito fundamental: um estudo analítico. *In*: FROTA, Leandro; PEIXINHO, Manoel (coord.). *Marco regulatório do Saneamento Básico*: estudos em homenagem ao Ministro Luiz Fux. Brasília: OAB Editora, 2021, p. 529-543.

[18] Voto ADPF nº 760, p. 34.

[19] Vide KÄSSMAYER, Karin. Breves considerações sobre a Lei 12.305 de 2010 e as responsabilidades dos municípios. *Revista Digital do Tribunal de Contas do Paraná*, Curitiba, n. 1, p. 12-27, jan./abr. 2012.

[20] Sobre o tema, VILLAC, Tereza. *Licitações Sustentáveis no Brasil*: um breve ensaio sobre ética ambiental e desenvolvimento. Belo Horizonte: Fórum, 2019.

[21] A respeito do processo legislativo de formulação da Lei nº 12.305/2010, bem como comentários gerais sobre seus dispositivos, vide GUIMARÃES DE ARAÚJO, Suely Mara Vaz; JURAS, Ilidia da Ascenção Garrido Martins. *Comentários à Lei dos Resíduos Sólidos*: Lei nº 12.305, de 2 de agosto de 2010 (e seu regulamento). São Paulo: Editora Pillares, 2011.

[22] "Se houve consenso nestes diálogos, foi o de que os resultados obtidos nestes 10 anos ficaram aquém do esperado diante das metas e dos princípios ambiciosos da PNRS e foram insuficientes para mudar uma realidade que ainda se configura como totalmente inadequada quanto à destinação adequada dos resíduos. Desde 2014, os lixões a céu aberto deveriam ter sido erradicados nos municípios de todo o país, de acordo com a Política Nacional de Resíduos Sólidos (PNRS) instituída pelo governo federal em 2010. Verifica-se que ainda se encontram no país mais de 3.000 lixões, assim como, nos últimos anos, a produção de resíduos sólidos cresceu três vezes mais rápido que o número de habitantes e, ainda, que dos 5.570 municípios brasileiros menos de 60% municípios possuem Planos de Gestão de Resíduos, sobre os quais não existem informações sobre a efetividade de sua implementação". *In*: BESEN, Gina Rizpah; JACOBI, Pedro Roberto; SILVA, Christian Luiz. *10 anos da Política de Resíduos Sólidos*: caminhos e agendas para um futuro sustentável. Universidade de São Paulo. Instituto de Energia e Ambiente, 2021, p. 12. DOI: Disponível em: www.livrosabertos.abcd.usp.br/portaldelivrosUSP/catalog/book/614. Acesso em: 16 abr. 2024.

que, inclusive, abriu novas discussões sobre a geração de resíduos, sobretudo pelo aumento do consumo e geração de resíduos descartáveis, como máscaras, luvas e embalagens não retornáveis.

A Lei nº 12.305/2010, em que pese trazer para o Poder Executivo Federal novas responsabilidades a uma agenda municipalista, imputou aos municípios obrigações na elaboração de uma agenda de planejamento para a gestão de resíduos sólidos e de execução imediata que incluía o fechamento dos lixões em 4 anos e a elaboração do Plano Municipal de Gestão Integrada de Resíduos Sólidos em 2 anos. Alterações subsequentes promoveram mudanças nos prazos originalmente estabelecidos, e ações cooperadas sempre modelaram a discussão sobre a importância da regionalização para a real efetividade dos comandos legislativos.

O "Panorama dos Resíduos Sólidos no Brasil" de 2023,[23] cujo ano-base é 2022, traz dados substanciais sobre a geração de resíduos no país. Com base na população censitária de 2022, o brasileiro gerou em média 1,04 kg de resíduos sólidos urbanos (RSU)/dia, o que corresponde a cerca de 77,1 milhões de toneladas de RSU/ano. Já em relação aos serviços de coleta de RSU, é estimado que 93% desses tenham sido devidamente coletados, e os 7% não coletados equivalem a mais de 5 milhões de toneladas com destinação final inadequada no país, ou seja, seu destino são corpos hídricos, áreas verdes, entre outros, com alto impacto negativo ao meio ambiente e à saúde pública.

Os déficits de implementação da política estão concentrados, no entanto, na coleta seletiva, realizada porta a porta, que atende menos de 15% da população, com disparidades entre as regiões. Quanto à disposição final dos RSU, ou seja, o destino final dos rejeitos em aterros sanitários, mais de 61% dos RSU coletados tiveram essa destinação, existindo no Brasil ainda 39% do total de resíduos com destinação irregular, nos mais de 3.000 lixões que existem no país. A reciclagem mostra ínfimos 3% dos resíduos, o que revela, segundo o documento da Abrema,[24] "um modelo de economia linear e ainda distante da universalização". Isento de dúvidas, a expansão da universalização, que implica materializar a sustentabilidade, exige o uso de duas ferramentas previstas em lei que merecem destaque

> A *regionalização dos serviços e a cobrança de taxa ou tarifa específica para seu custeio*. A regionalização dos serviços permite o uso de estruturas comuns por diversos municípios, possibilitando ganhos de escala. Essa redução de custos, além de diminuir os valores da taxa ou tarifa paga pela população, possibilita que o manejo de RSU seja implementado de forma completa em cidades de menor porte e de arrecadação mais baixa, aumentando a cobertura dos serviços em território nacional. Já a cobrança tem por objetivo assegurar a sustentabilidade econômico-financeira desses serviços, permitindo um ganho de qualidade nas atividades realizadas e a continuidade dos serviços prestados.[25]

Diante das polêmicas suscitadas pela PNRS, e por se tratar de um serviço público essencial para o direito à saúde, à qualidade de vida e ao meio ambiente, correlacionado

---

[23] Associação Brasileira de Resíduos e Meio Ambiente (ABREMA). Panorama dos Resíduos Sólidos no Brasil. 2023. Disponível em: https://www.abrema.org.br/panorama/. Acesso em: 6 maio 2024.
[24] *Idem*, p. 49.
[25] *Idem, ibidem*.

aos Objetivos do Desenvolvimento Sustentável (ODS) da Organização das Nações Unidas (ONU) – Agenda 2030,[26] em especial os ODS 6, 11 e 12,[27] o efetivo manejo de resíduos sólidos demanda o aprofundamento sobre a importância da regionalização para a devida prestação dos serviços.

4 A prestação regionalizada e o Novo Marco do Saneamento Básico (NMSB)

A atualização da Lei nº 11.445/2007, pelo Novo Marco do Saneamento Básico, enfatizou a necessidade de universalização ao acesso aos serviços públicos de saneamento básico e a efetiva prestação destes serviços, e alçou a regionalização da prestação dos serviços a princípio (art. 2º, VI) a fim de gerar ganhos de escala e garantir a universalização e a viabilidade dos serviços.[28]

O Novo Marco do Saneamento também trouxe inovações específicas para a gestão e gerenciamento dos resíduos sólidos; ao alterar a PNRS,[29] elenca as referidas mudanças, as quais resumidamente são: *i)* planos municipais de gestão integrada de resíduos sólidos deverão ser revistos, no máximo, a cada dez anos; *ii)* novos prazos para o encerramento dos lixões, de acordo com nova redação do art. 54 da Lei nº 12.305/2010, condicionados à elaboração do instrumento de planejamento e à população dos municípios; *iii)* adoção do instrumento de cobrança pela prestação do serviço público de manejo de resíduos sólidos, sob pena de configurar-se renúncia de receita; e *iv)* proibição de contratos de programa.

A legislação incentiva a regionalização da prestação de serviços de saneamento, sobretudo pela desigualdade e déficits regionais enfrentados no Brasil, visando a universalização e a geração de ganhos de escala, e os critérios de planejamento dos arranjos regionais para o pilar de resíduos sólidos não necessariamente serão aqueles adotados para os demais serviços de saneamento — sobretudo abastecimento de água e tratamento de esgoto, por demandarem soluções e infraestruturas bastante diferenciadas. Diretamente relacionada à regionalização, está a obrigatoriedade de cobrança pelos serviços objetivando o equilíbrio econômico-financeiro dos contratos, com prazos estipulados para seu cumprimento, sob pena de a não cobrança configurar-se renúncia de receita, conforme afirmado (arts. 29 e 35, §2º, da Lei nº 11.445/2007).

A regionalização também é prevista no Plano Nacional de Resíduos Sólidos, aprovado pelo Decreto nº 11.043/2022, que dispõe que "o ganho de escala, conjugado com a profissionalização da gestão e implantação da cobrança pela prestação do serviço de coleta e tratamento de RSU, pode contribuir para a autossuficiência econômica do sistema de gestão e gerenciamento". Todavia, a implementação da cobrança ainda é

---

[26] Agenda mundial adotada durante a Cúpula da Organização das Nações Unidas sobre Desenvolvimento Sustentável no ano de 2015. Disponível em: http://www.agenda2030.org.br/. Acesso em: 10 jun. 2024.
[27] ODS 6 – Água Potável e Saneamento; ODS 11 – Cidades e Comunidades Sustentáveis e ODS 12 – Consumo e Produção Sustentáveis.
[28] Vide, a respeito, MARRARA, Thiago. Regionalização do Saneamento Básico no Brasil. *Revista de Direito Ambiental*, v. 108, p. 275-290, out./dez. 2023.
[29] Conforme SION, Alexandre Oheb. Novas perspectivas na gestão dos resíduos sólidos urbanos no contexto do Novo Marco Legal do Saneamento Básico. *In*: FROTA, Leandro; PEIXINHO, Manoel (coord.). *Marco regulatório do Saneamento Básico*: estudos em homenagem ao Ministro Luiz Fu. Brasília: OAB Editora, 2021, p. 15-32.

deficitária, sendo que no ano de 2019 apenas 47% dos municípios possuíam alguma forma de pagamento pelos serviços.[30]

A cobrança foi disciplinada pela Norma de Referência nº 1/2021, aprovada pela Resolução nº 79, de 14 de junho de 2021, da Agência Nacional de Águas e Saneamento Básico — ANA,[31] com aplicação limitada apenas ao serviço de manejo de RSUs. A norma não abarca a cobrança pela prestação do serviço público de limpeza urbana, por se tratar de serviço indivisível. Em seu item 5.7 estabeleceu que, nos casos de prestação regionalizada, deve ser adotada a mesma estrutura de cobrança para todos os Municípios que compõem a prestação regionalizada, podendo resultar em valores unitários diferentes desde que justificados por particularidades da prestação dos serviços em cada Município.

No que diz respeito à regionalização, a Política Nacional de Resíduos Sólidos, desde 2010, já possuía dispositivos voltados ao seu estímulo. Como exemplo, o seu art. 8º, XIX, ao prever como instrumento da política *o incentivo à adoção de consórcios ou de outras formas de cooperação entre os entes federados, com vistas à elevação das escalas de aproveitamento e à redução dos custos envolvidos*, bem como o seu art. 17, ao prever como conteúdo mínimo dos planos estaduais de resíduos sólidos *medidas para incentivar e viabilizar a gestão consorciada ou compartilhada dos resíduos sólidos; diretrizes para o planejamento e demais atividades de gestão de resíduos sólidos de regiões metropolitanas, aglomerações urbanas e microrregiões; e normas e diretrizes para a disposição final de rejeitos e, quando couber, de resíduos, respeitadas as disposições estabelecidas em âmbito nacional* (incisos VII, IX e X, respectivamente). O §1º do art. 17 igualmente possibilita a criação, pelos Estados, de planos microrregionais, ou específicos para regiões metropolitanas e aglomerados urbanos, sendo incentivada pela legislação, que concede prioridade no acesso a recursos da União aos Municípios que aderirem à elaboração de tais planos ou soluções consorciadas, conforme art. 18, §1º.

O Decreto nº 11.599/2022, ao regulamentar a Lei nº 11.445/2007 e dispor sobre a prestação regionalizada, prevê que *a destinação ambientalmente adequada dos resíduos sólidos urbanos consistirá em critério orientador para a definição das estruturas de prestação regionalizada.*

A Lei nº 14.026/2020 aprimorou os formatos de prestação regionalizada. O inciso VI do seu art. 3º define prestação regionalizada como *a modalidade de prestação integrada de um ou mais componentes dos serviços públicos de saneamento básico em determinada região cujo território abranja mais de um Município*. Portanto, o arranjo regional dos serviços de saneamento, neste caso, de um de seus componentes — o manejo de resíduos sólidos — pode ser estruturado independentemente de arranjos existentes para outros componentes dos serviços públicos de saneamento e, em que pese a competência do Município para a prestação dos serviços, a regionalização traz benefícios à prestação dos serviços, em especial para os municípios de pequeno porte, tais como: *i)* simplifica a contratação por um único titular, em bloco, facilitando o processo licitatório e eventual concessão do serviço; *ii)* traz vantagens econômicas na contratação dos serviços;

---

[30] BRASIL. Ministério do Meio Ambiente. Secretaria de Qualidade Ambiental. Plano Nacional de Resíduos Sólidos – Planares. Coordenação de André Luiz Felisberto França *et al*. Brasília, DF: MMA, 2022. Disponível em: https://portal-api.sinir.gov.br/wp-content/uploads/2022/07/Planares-B.pdf. p. 49 e 54.

[31] Disponível em: https://arquivos.ana.gov.br/_viewpdf/web/?file=https://arquivos.ana.gov.br/resolucoes/2021/0079-2021_Ato_Normativo_20220117110324_ALTERACAO.pdf?11:19:13. Acesso em: 5 jun. 2024.

e iii) possibilita a realização de subsídio cruzado para garantir o atingimento das metas e obrigações legais a municípios menos favorecidos, de acordo com Pedro Alves Duarte.[32]

No tocante às modalidades de arranjos, a Lei nº 11.445/2007 passou a contemplar possibilidades de regionalização, que dependem de estruturação do território que englobe mais de um município, balizando-se por critérios de viabilidade econômico-financeira e ganhos de escala ou compartilhamento de infraestruturas necessárias à prestação dos serviços. O Decreto nº 11.599/2023, por sua vez, dispõe, em seu art. 6º, que a prestação regionalizada de serviços de saneamento é a modalidade de prestação integrada de um ou mais componentes dos serviços públicos de saneamento básico em determinada região cujo território compreenda mais de um Município, com uniformização da regulação e da fiscalização e com compatibilidade de planejamento entre os titulares, com vistas à geração de ganhos de escala e à garantia da universalização e da viabilidade técnica e econômico-financeira dos serviços.

Portanto, a regionalização se dará por meio da coordenação federativa (regionalização compulsória) e por cooperação federativa (regionalização facultativa). A estrutura regionalizada é condição, todavia, para a obtenção de recursos federais e financiamentos da União.

O atual art. 3º, VI, da Lei do Saneamento estabelece, portanto, as modalidades de regionalização: *Região metropolitana, aglomeração urbana ou microrregião; Unidades regionais de saneamento básico, Blocos de referência*, sem olvidar *a gestão associada por meio de consórcio público ou convênio de cooperação*, estabelecida no seu art. 3º, II. Passemos a sua descrição:

Instituída pelos Estados mediante lei complementar, de acordo com o §3º do art. 25 da CF, a *região metropolitana, aglomeração urbana ou microrregião*, são possibilidades que exigem dos municípios limítrofes adesão compulsória, observado o regramento do Estatuto da Metrópole, Lei nº 13.089/2015. Ainda, há que se considerar como prestação regionalizada a Região Integrada de Desenvolvimento (Ride), situada em mais de uma unidade federativa, instituída por lei complementar federal, com exigência da anuência dos Municípios que a integrem, conforme §5º, art. 3º, da Lei nº 11.445/2007, alterada pela Lei nº 14.026/2020.

As *unidades regionais de saneamento básico* serão instituídas pelos Estados mediante lei ordinária, constituídas por agrupamento de municípios não necessariamente limítrofes, para atender às exigências de saúde pública ou dar viabilidade econômico-financeira e técnica aos Municípios menos favorecidos. Utilizada, sobretudo, para os serviços de abastecimento de água e tratamento do esgoto. Evidencia-se a possibilidade de adesão voluntária dos municípios.

Os *blocos de referência*, instituídos pela União no §3º do art. 52 da Lei de Saneamento, configuram-se em agrupamentos de municípios não necessariamente limítrofes e formalmente criados por meio de gestão associada voluntária dos municípios. O Decreto nº 11.599/2023, ao dispor sobre a prestação regionalizada dos serviços públicos de saneamento básico, estatui, em seu art. 6º, §4º, que *a União estabelecerá, de forma subsidiária aos Estados, os blocos de referência a que se refere o inciso III do caput, para a prestação regionalizada*

---

[32] DUARTE, Pedro Alves. Potencialidades e desafios dos consórcios intermunicipais de resíduos sólidos. BOLETIM REGIONAL, URBANO E AMBIENTAL. Rio de Janeiro: Ipea, n. 29, jan./jun. 2023. p. 69-83. Disponível em: https://repositorio.ipea.gov.br/bitstream/11058/12176/1/BRUA_29_Artigo_6_potencialidades_e_desafios_dos_consorcios_intermunicipais.pdf. Acesso em: 5 abr. 2024.

dos serviços públicos de saneamento básico caso as unidades regionais de saneamento básico não sejam estabelecidas pelo Estado. Os blocos de referência serão estabelecidos por meio de resoluções do Comitê Interestadual de Saneamento Básico – CISB. Enquanto a União não editar essas resoluções, os convênios de cooperação e os consórcios intermunicipais de saneamento básico serão considerados estruturas de prestação regionalizada desde que o Estado não tenha aprovado nenhuma das leis referentes a regiões metropolitanas e unidades regionais de saneamento básico.

São pressupostos para instituição da governança interfederativa nessas estruturas mencionadas a implantação de processo permanente e compartilhado de planejamento e de tomada de decisão quanto ao desenvolvimento urbano e às políticas setoriais afetas às funções públicas de interesse comum; a adoção de meios compartilhados de organização administrativa das funções públicas de interesse comum; o estabelecimento de sistema integrado de alocação de recursos e de prestação de contas; a execução compartilhada das funções públicas de interesse comum, mediante rateio de custos previamente pactuado no âmbito da estrutura de governança interfederativa; e a exigência de uma estrutura básica, conforme determina o Estatuto da Metrópole.

Por *consórcios*, trata-se de um instrumento de cooperação, com possibilidade de adesão voluntária dos municípios por meio de gestão associada dos serviços, de acordo com o art. 241 da Constituição. A gestão associada consiste na associação voluntária de entes federados, por convênio de cooperação ou consórcio público, a quem o titular delega a organização, a regulação, a fiscalização e a prestação dos serviços de saneamento básico. A Lei nº 11.107/2005 dispõe sobre normas gerais de contratação de consórcios públicos, tendo sido regulamentada, no mesmo ano, pelo Decreto nº 6.017/2007, que, pelo seu art. 2º, inciso I, conceitua consórcio público como a pessoa jurídica formada exclusivamente por entes da Federação, na forma da Lei nº 11.107/2005, para estabelecer relações de cooperação federativa, inclusive a realização de objetivos de interesse comum, constituída como associação pública, com personalidade jurídica de direito público e natureza autárquica, ou como pessoa jurídica de direito privado sem fins econômicos. De acordo com Mariana Gmach Philippi, "em se tratando dos consórcios intermunicipais, a possibilidade de união de recursos administrativos, técnicos e financeiros dos entes consorciados pode contribuir para o incremento da qualidade e eficiência dos serviços prestados em matéria de resíduos sólidos".[33]

A Lei nº 11.107/2005 sofreu alteração com a Lei nº 14.026/2020, passando a vedar novos contratos de programa para a prestação de serviços públicos de saneamento básico (art. 13, §8º). O NMSB (8, §1º, I e II) também dispôs sobre a possibilidade de o exercício de titularidade dos serviços ocorrer por meio de gestão associada, inclusive mediante consórcios públicos; na mesma medida em que explicita a possibilidade de prestação direta aos seus associados dos serviços de abastecimento de água potável, esgotamento sanitário, limpeza urbana, manejo de resíduos sólidos, drenagem e manejo de águas pluviais, por meio de autarquia intermunicipal.

A PNRS já estimulava a formação de consórcios intermunicipais de resíduos, sendo essa modalidade de arranjo regional protagonista no país no tocante à prestação dos serviços de manejo de resíduos sólidos, também incentivada pelo NMSB. Os Estados

---

[33] PHILIPPI, Mariana Gmach. *Consórcios Públicos & Resíduos Sólidos*: captação de recursos para planos intermunicipais. Curitiba: Juruá, 2020, p. 77.

podem ser categorizados como indutores da formação de arranjos, por meio de políticas estaduais voltadas à regionalização, conforme art. 33, III, do Decreto nº 10.936/2022, que regulamenta a Lei nº 12.305/2010. No entanto, muitos arranjos definidos por estados em planos estaduais de resíduos sólidos não se reverteram em consórcios, seja pela baixa qualidade dos planos, reduzida participação municipal no processo de planejamento ou questões de natureza político-partidária, segundo Pedro Alves Duarte.[34]

Os benefícios dos consórcios públicos são vários e podem ser detectados mediante *i)* possibilidade de ampliar a rota tecnológica pelo compartilhamento de atividades que integram o serviço de manejo de RSU, como a coleta seletiva, triagem de recicláveis, compostagem, além da disposição final em aterros; *ii)* diminuição de custos operacionais, possibilitando a ampliação da oferta e maximização dos investimentos e otimização dos recursos humanos; *iii)* criação de espaços democráticos de discussão; *iv)* trocas de experiência e capacitação conjunta de gestores; e *v)* potencial de fortalecer o exercício das funções de planejamento, regulação e fiscalização, além da prestação dos serviços públicos.

O Tribunal de Contas da União, no Acórdão nº 1.840/2017, emitido no Processo 023.961/2016-3, cujo Relator foi o Ministro Bruno Dantas, procedeu à análise da importância dos consórcios destinados à prestação de assistência farmacêutica no país. Dentre suas considerações, os Ministros definem os consórcios públicos como "uma importante alternativa para o aumento de eficiência dos processos" e, em seguida, muito bem pontuam:

> Uma cooperação nesse sentido tem alto potencial para trazer consideráveis ganhos relacionados, principalmente, à maior especialização na consecução dessas etapas, o que poderá proporcionar maior eficiência, de forma equalizada, em relação a um determinado território (regional ou estadual), permitindo redução de custos aos participantes, bem como que os municípios de menor porte populacional possam usufruir do poder de compra e da infraestrutura administrativa desses consórcios. Nesse sentido, observe-se que 70% dos municípios brasileiros possuem até 20 mil habitantes, sendo estes, em regra, os mais desfavorecidos em termos de domínio técnico e de poder econômico.[35]

Do exposto, pode-se concluir que há uma conexão direta entre a regionalização da prestação de serviços e o alcance das metas de universalidade, além de o Marco Legal do Saneamento Básico e a Política Nacional de Resíduos Sólidos estarem, de forma direta e necessária, intimamente ligados. A terceira conclusão é o fato de, no âmbito do manejo dos resíduos sólidos, o consórcio intermunicipal ser a opção de arranjo de regionalização ainda preponderante, conforme dados do Sistema Nacional de Informações sobre o Saneamento (SNIS), que identificou em 2022 252 consórcios intermunicipais para manejo de resíduos sólidos, abrangendo 26,8% dos municípios brasileiros.[36]

---

[34] DUARTE, Pedro Alves. Idem.
[35] BRASIL. Tribunal de Contas da União. Acórdão nº 1.840/2017. Plenário. Ministro Bruno Dantas. Sessão de… Diário Oficial de Brasília, Brasília/DF, 2017. p. 12.
[36] BRASIL, Ministério das Cidades. Diagnóstico Temático: Manejo de Resíduos Sólidos Urbanos – visão geral ano de referência: 2022. 2023. Disponível em: https://www.capacidades.gov.br/capaciteca/diagnostico-tematico-manejo-de-residuos-solidos-urbanos-visao-geral-ano-de-referencia-2022/. Acesso em: 20 maio 2024.

5 A regionalização dos serviços públicos setoriais sob a perspectiva de controle pelos Tribunais de Contas

O gerenciamento dos resíduos sólidos, ou a sua inexistência, os processos de regionalização e de consorciamento, tal como determinam os diplomas legislativos vigentes, envolvem inapelavelmente a Administração Pública municipal e estadual, quer na gestão propriamente dita, mediante o uso dos mecanismos de controle interno para cumprir os princípios constitucionais voltados à gestão, quer na destinação de recursos públicos para tais finalidades. Em qualquer dessas amplas circunstâncias, a fiscalização por meio dos mecanismos do controle externo, pelos Tribunais de Contas, no âmbito de suas competências federal, estadual e municipal, desempenha tarefa que deve ser empreendida com rigor e seriedade. Os baldrames para essa afirmação são, obviamente, assentados na visão mais ampla de gestão pública, que envolve medidas impeditivas e mitigadoras de gastos com saúde pública, contaminação e impactos na qualidade do solo e da água, transmissão de doenças, e incontáveis malefícios.

Há muito as competências dos Tribunais de Contas não mais se restringem à formal verificação das contas. Ao contrário, ampliou-se para a análise da gestão dos entes federativos, objetivando dar-lhes a melhor conformação e orientação nas ações que redundam em benefícios para a sociedade, e a economicidade para o erário. Nesse vasto espectro de atribuições dos entes da Federação e das Cortes de Contas, o gerenciamento dos resíduos sólidos e as providências à regionalização e à formalização dos consórcios, cuja finalidade precípua é a universalização dos serviços, são primordiais e onde unem-se o dispêndio de recursos público e a prestação de serviços essenciais.

Dentre as incumbências constitucionais dos Tribunais de Contas, há a fiscalizatória sobre quaisquer políticas públicas, seja ela realizada na apreciação das prestações de contas, nos relatórios de gestão ou nas auditorias operacionais, os vetores constitucionais da legalidade, legitimidade e economicidade devem reger a atuação dos entes federativos no manuseio dos recursos públicos.

Ora, a PNRS é, inegavelmente, uma das políticas públicas que reclamam o controle institucional dos Tribunais de Contas.

Nesse sentido, apesar de tímidas as iniciativas em confronto com o tempo de vigência da Lei que instituiu o PNRS, o Tribunal de Contas da União[37][38] e alguns Tribunais de Contas estaduais[39][40] têm adotado medidas para a fiscalização na seara dos resíduos sólidos. O diagnóstico resultou na constatação da carência de dados sobre as providências que deveriam ter sido intentadas, tanto pelas Corte de Contas quanto pelos

---

[37] Notícia veiculada pela Confederação Nacional dos Municípios. Disponível em: https://cnm.org.br/comunicacao/noticias/politica-nacional-de-residuos-solidos-e-tratada-em-audiencia-do-tribunal-de-contas-da-uniao. Acesso em: 28 jun. 2024.

[38] Relatório de Fiscalização em Políticas e Programas de Governo – Auditoria Operacional na Política Nacional de Resíduos Sólidos. Disponível em: https://sites.tcu.gov.br/relatorio-de-politicas/08-auditoria-operacional-na-politica-nacional-de-residuossolidos.html#:~:text=O%20QUE%20O%20TCU%20ENCONTROU&text=Como%20forma%20de%20avaliar%20a,alterada%20pela%20Lei%2014.026%2F2020. Acesso em: 29 jun. 2024.

[39] No Tribunal de Contas do Espírito Santo, foi incluído no Plano de Fiscalização anual para o biênio 2023/2024, a política de resíduos sólidos. Disponível em: https://www.tce.rn.gov.br/Noticias/NoticiaDetalhada/4379#gsc.tab=0 . Acesso em: 28 jun. 2024.

[40] O Tribunal de Contas do Estado Paraná, por meio do Acordão nº 1060/12 - Tribunal Pleno, ao apreciar Relatório de Auditoria Operacional junto ao então Instituto Ambiental do Paraná, tratou do tema dos resíduos sólidos. Disponível em: https://www1.tce.pr.gov.br/multimidia/2012/6/pdf/00008306.pdf. Acesso em: 27 jun. 2024.

entes da Federação, e deficiências e omissões dos municípios, dos Estados da União, na promoção e concretização da política pública de resíduos sólidos. O planejamento mostrou-se deficitário ou inexistente e, consequentemente, na sua execução.

Adiciona-se a já intrincada tessitura que o tema carrega, a antevisão a que são convocados os Tribunais de Contas de adotarem metodologias de controle e orientação, aos municípios, entes centrais e a quem foram outorgados o planejamento e execução das políticas públicas de resíduos sólidos e de saneamento, de cumprirem a universalização dos serviços. As auditorias operacionais têm sido o instrumental eficaz para estimar a evolução e a efetividade das políticas públicas. Todavia, em face das novidades legislativas, a regionalização e a universalização dos serviços requerem aprimoramento do aparato de fiscalização e de orientação aos gestores públicos das esferas federativas.

A regionalização foi a escolha legislativa para instrumentalizar a prestação universalizada dos serviços de saneamento e de aplicação da PNSR, tendo em vista as discrepâncias de densidade populacional, renda, infraestrutura e recursos, humanos e financeiros. Nesse passo, há que ser estreitado o diálogo, demandado pela governança interfederativa frente às dessemelhanças legislativas locais, de interpretação e aplicabilidade dos arcabouços jurídico e técnico.

Na mesma proporção da complexidade e interdisciplinaridade que o conteúdo relacionado às políticas públicas de saneamento e resíduos sólidos, são ínsitas as intempéries a serem superadas pelos gestores municipais, pelos órgãos de controle interno e pelos Tribunais de Contas. Desde a intrincada missão de determinar, no ciclo da política pública, os critérios de diagnose, as matrizes de planejamento, a orientação das boas práticas de sustentabilidade setorial, a implementação, a execução, até a avaliação dos resultados.[41] Estes, por sua vez, requerem conhecimentos técnicos multidisciplinares para obter a real efetividade da política pública.

A fiscalização e verificação dos benefícios para o interesse público se densificam ao se prospectar tais tarefas nas atividades a serem empreendidas pelos consórcios que, no mais das vezes, agrupam municípios com características sociais, econômicas, financeiras e culturais díspares.

As escolhas e, ao final, a verificação dos resultados atingidos (ou não) e os impactos para a sociedade devem ser a diretriz que comandará as ações dos gestores públicos e a atuação dos Tribunais de Contas para que institucionalmente cumpram seus deveres constitucionais.

6 Conclusão

Impossível dissociar o tema dos resíduos sólidos da sustentabilidade. A economia circular pressupõe incorporar, em todas as etapas do processo produtivo, do consumo e do descarte, o valor da sustentabilidade. A mudança profunda da racionalidade exigida presume a incorporação do agir cooperado, em prol de seu alcance.

O papel do poder político, dos municípios em especial, no manejo dos resíduos sólidos, para além das obrigações estabelecidas em robustos marcos normativos que

---

[41] Referencial de Controle das Políticas Públicas instituído pelo Tribunal de Contas da União. Disponível em: https://portal.tcu.gov.br/data/files/EF/22/A4/9A/235EC710D79E7EB7F18818A8/1_Referencial_controle_politicas_publicas.pdf. Acesso em: 29 jun. 2024.

dispõem sobre os resíduos sólidos e o saneamento básico, centra-se no dever ético de elaborar políticas públicas sustentáveis, cada vez mais urgentes.

O desenvolvimento sustentável (e qualquer outro será inconstitucional) exige esforços conjuntos da agenda municipalista para a aplicabilidade dos mandamentos constitucionais. Eis a razão da escolha do tema da regionalização na prestação dos serviços setoriais de saneamento, ao viabilizar, com ganhos de escala, a proteção da dignidade humana, da proteção do meio ambiente e da saúde pública, com a efetividade da prestação de um serviço essencial e garantidor da proteção do mínimo existencial.

O Brasil está longe de alcançar as metas de universalização dos serviços de saneamento, e a real efetividade dos comandos legislativos demanda a correta planificação, cooperação, inclusão do valor da sustentabilidade na agenda política e legislativa e o uso das ferramentas previstas em lei.

Ao incentivar a regionalização da prestação de serviços de saneamento, nota-se a preferência, na gestão e gerenciamento de resíduos sólidos, da adoção de consórcios intermunicipais, como opção de arranjo regional, que pode ser estruturado independentemente de arranjos existentes para outros componentes dos serviços públicos de saneamento, com benefícios notáveis à prestação dos serviços.

Congruente com os princípios constitucionais que compõem o delineamento do tema, a atuação dos Tribunais de Contas é-lhe intrínseca, seja pelo dever de efetivar suas competências de controle e fiscalização dos recursos públicos, seja institucionalmente dando o retorno à sociedade dos benefícios das ações estatais, dos quais é destinatária.

A regionalização e a instituição de consórcios para prestação dos serviços de saneamento e de gerenciamento dos resíduos sólidos, ante a diversidade de características dos entes municipais, requerem, por parte das Cortes de Contas, a assunção de métodos que, em um primeiro momento, oriente-os e conduzam-nos ao planejamento das políticas públicas, aos meios de execução e, ao final do processo, na avaliação dos resultados, e parâmetros que se mostrem suficientes e hábeis para o efetivo e eficaz controle da gestão e da aplicação dos recursos públicos.

Referências

Associação Brasileira de Resíduos e Meio Ambiente (ABREMA). Panorama dos Resíduos Sólidos no Brasil, 2023. Disponível em: https://www.abrema.org.br/panorama/. Acesso em: 6 maio 2024.

BAUMAN, Zygmunt. *Vida para consumo*: A transformação das pessoas em mercadoria. Rio de Janeiro: Jorge Zahar Ed., 2008.

BESEN, Gina Rizpah; JACOBI, Pedro Roberto; SILVA, Christian Luiz. *10 anos da Política de Resíduos Sólidos*: caminhos e agendas para um futuro sustentável. Universidade de São Paulo. Instituto de Energia e Ambiente, 2021. DOI: Disponível em: www.livrosabertos.abcd.usp.br/portaldelivrosUSP/catalog/book/614. Acesso em: 16 abr. 2024.

BRASIL, Ministério das Cidades. Diagnóstico Temático: Manejo de Resíduos Sólidos Urbanos — visão geral ano de referência: 2022. 2023. Disponível em: https://www.capacidades.gov.br/capaciteca/diagnostico-tematico-manejo-de-residuos-solidos-urbanos-visao-geral-ano-de-referencia-2022/. Acesso em: 20 maio 2024.

BRASIL. Lei nº 11.445, de 5 de janeiro de 2007. Estabelece diretrizes nacionais para o saneamento básico. Diário Oficial da União, Brasília, DF, 8 jan. 2007. Disponível em: https://www.planalto.gov.br/ccivil_03/_ato2007-2010/2007/lei/l11445.html. Acesso em: 30 jun. 2024.

BRASIL. Lei nº 12.305, de 2 de agosto de 2010. Institui a Política Nacional de Resíduos Sólidos; altera a Lei nº 9.605, de 12 de fevereiro de 1998; e dá outras providências. Diário Oficial da União, Brasília, DF, 3 ago. 2010. Disponível em: https://www.planalto.gov.br/ccivil_03/_ato2007-2010/2010/lei/l12305.htm. Acesso em: 30 jun. 2024.

BRASIL. Lei nº 14.026, de 15 de julho de 2020. Atualiza o marco legal do saneamento básico e altera a Lei nº 9.984, de 17 de julho de 2000, para atribuir à Agência Nacional de Águas e Saneamento Básico (ANA) competência para editar normas de referência sobre o serviço de saneamento, a Lei nº 10.768, de 19 de novembro de 2003, para alterar o nome e as atribuições do cargo de Especialista em Recursos Hídricos, a Lei nº 11.107, de 6 de abril de 2005, para vedar a prestação por contrato de programa dos serviços públicos de que trata o art. 175 da Constituição Federal, a Lei nº 11.445, de 5 de janeiro de 2007, para aprimorar as condições estruturais do saneamento básico no País, a Lei nº 12.305, de 2 de agosto de 2010, para tratar dos prazos para a disposição final ambientalmente adequada dos rejeitos, a Lei nº 13.089, de 12 de janeiro de 2015 (Estatuto da Metrópole), para estender seu âmbito de aplicação às microrregiões, e a Lei nº 13.529, de 4 de dezembro de 2017, para autorizar a União a participar de fundo com a finalidade exclusiva de financiar serviços técnicos especializados. Diário Oficial da União, Brasília, DF, 16 jul. 2020. Disponível em: https://www.planalto.gov.br/ccivil_03/_Ato2019-2022/2020/Lei/L14026.htm. Acesso em: 30 jun. 2024.

BRASIL. Ministério do Meio Ambiente. Secretaria de Qualidade Ambiental. Plano Nacional de Resíduos Sólidos – Planares. Coordenação de André Luiz Felisberto França et al. Brasília, DF: MMA, 2022. Disponível em: https://portal-api.sinir.gov.br/wp-content/uploads/2022/07/Planares-B.pdf.

BRASIL. Tribunal de Contas da União. Acórdão nº 1.840/2017. Plenário. Ministro Bruno Dantas. Diário Oficial de Brasília, Brasília/DF, 2017.

CANOTILHO, Joaquim José Gomes. Estado constitucional e democracia sustentada. In: FERREIRA, Helini Sivini; LEITE, José Rubens Morato. *Estado de Direito Ambiental*: tendências, aspectos constitucionais e diagnósticos. Rio de Janeiro: Forense Universitária, 2004.

DUARTE, Pedro Alves. Potencialidades e desafios dos consórcios intermunicipais de resíduos sólidos. *Boletim Regional, Urbano e Ambiental*, Rio de Janeiro: Ipea, n. 29, p. 69-83, jan./jun. 2023. Disponível em: https://repositorio.ipea.gov.br/bitstream/11058/12176/1/BRUA_29_Artigo_6_potencialidades_e_desafios_dos_consorcios_intermunicipais.pdf. Acesso em: 5 abr. 2024.

FREITAS, Juarez. *Direito fundamental à boa administração pública*. São Paulo: Malheiros, 2014.

FREITAS, Juarez. Eficácia direta e imediata do princípio constitucional da sustentabilidade. *Revista do Direito*, vol. 45, p. 89-103, 2015. Disponível em: https://online.unisc.br/seer/index.php/direito/article/view/5890. Acesso em: 25 maio 2024.

FREITAS, Juarez. *Sustentabilidade:* direito ao futuro. 3. ed. Belo Horizonte: Fórum, 2016.

GUEDES, Néviton. O saneamento básico como direito fundamental: um estudo analítico. In: FROTA, Leandro; PEIXINHO, Manoel (coord.). *Marco regulatório do Saneamento Básico*: estudos em homenagem ao Ministro Luiz Fux. Brasília: OAB Editora, 2021, p. 529-543.

GUIMARÃES DE ARAÚJO, Suely Mara Vaz; JURAS, Ilidia da Ascenção Garrido Martins. *Comentários à Lei dos Resíduos Sólidos:* Lei nº 12.305, de 2 de agosto de 2010 (e seu regulamento). São Paulo: Pillares, 2011.

KÄSSMAYER, Karin. Breves considerações sobre a Lei 12.305 de 2010 e as responsabilidades dos municípios. *Revista Digital do Tribunal de Contas do Paraná*, Curitiba, n. 1, p. 12-27, jan./abr. 2012.

KÄSSMAYER, Karin. *Cidade, riscos e conflitos socioambientais urbanos*: desafios à regulamentação jurídica na perspectiva da justiça socioambiental. Tese apresentada ao Programa de Doutorado em Meio Ambiente e Desenvolvimento. UFPR. Curitiba, 2009. 259 ff.

MARRARA, Thiago. Regionalização do Saneamento Básico no Brasil. *Revista de Direito Ambiental*, v. 108, p. 275-290, out./dez. 2023.

PHILIPPI, Mariana Gmach. *Consórcios Públicos & Resíduos Sólidos*: captação de recursos para planos intermunicipais. Curitiba: Juruá, 2020.

VILLAC, Tereza. *Licitações Sustentáveis no Brasil*: um breve ensaio sobre ética ambiental e desenvolvimento. Belo Horizonte: Fórum, 2019.

SION, Alexandre Oheb. Novas perspectivas na gestão dos resíduos sólidos urbanos no contexto do Novo Marco Legal do Saneamento Básico. *In:* FROTA, Leandro; PEIXINHO, Manoel (coord.). *Marco regulatório do Saneamento Básico*: estudos em homenagem ao Ministro Luiz Fux. Brasília: OAB Editora, 2021, p. 15-32.

SUPREMO TRIBUNAL FEDERAL. ADPF 760. Disponível em: https://www.stf.jus.br/arquivo/cms/noticiaNoticiaStf/anexo/VOTOADPF760.pdf. Acesso em: 20 jun. 2024.

Informação bibliográfica deste livro, conforme a NBR 6023:2018 da Associação Brasileira de Normas Técnicas (ABNT):

COSTALDELLO, Angela Cassia; KÄSSMAYER, Karin. A regionalização da prestação dos serviços de manejo de resíduos sólidos sob a perspectiva do Estado Sustentável e da atuação dos Tribunais de Contas. In: PASQUALINI, Alexandre; CUNDA, Daniela Zago Gonçalves da; RAMOS, Rafael (coord.). *Direito, sustentabilidade e inovação*: estudos em homenagem ao professor Juarez Freitas. Belo Horizonte: Fórum, 2025. p. 49-65. ISBN 978-65-5518-957-5.

LIMITES E POSSIBILIDADES DA CONCERTAÇÃO NO PLANEJAMENTO URBANO PARA A SUSTENTABILIDADE AMBIENTAL NO MEIO URBANO

ANNELISE MONTEIRO STEIGLEDER

1 Introdução

O presente artigo trata da concertação urbanística para a viabilização de grandes projetos urbanos, tendência esta que vem sendo adotada, a partir da matriz teórica do planejamento urbano estratégico, em diversas cidades brasileiras, na esteira do que ocorre em outras cidades do mundo, interessadas na revitalização de seus centros históricos e na atração de investimentos para áreas que abrigavam atividades industriais, mas, com o tempo, tiveram seu zoneamento alterado e passaram a constituir áreas mistas, dotadas de boa infraestrutura, mas ainda carentes de uma ocupação urbana mais diversificada e qualificada.[1]

O recurso a formas consensuais de tratamento de conflitos define a nova Administração Pública e pauta não apenas o âmbito da responsabilização por ilícitos, mas também o modo pelo qual se relacionam os integrantes dos governos locais e os membros da sociedade civil, interessados na obtenção de prestações específicas do Poder Público, dentre as quais as aprovações de projetos urbanos. A definição de espaços de consenso, a serem construídos no âmbito da gestão urbanística, vem sendo incorporada pelo Plano Diretor para determinadas áreas da cidade, identificadas como

---

[1] Para um estudo aprofundado sobre o tema ver: STEIGLEDER, Annelise Monteiro. *Responsabilidade ex ante, concertação e o planejamento urbano*. Fundamentos das obrigações urbanísticas e ambientais no contexto da produção da cidade. Tese de Doutorado em Planejamento Urbano e Regional. Universidade Federal do Rio Grande do Sul. Faculdade de Arquitetura, 2021.

de maior interesse do Município ou do mercado, para fins de requalificação urbana ou mesmo para fins de inserção de habitações de interesse social, em um movimento que abandona, quanto a determinados aspectos urbanísticos, o modelo de comando e controle que pautou o planejamento urbano durante todo o século XX. Nestes espaços preestabelecidos no Plano Diretor, deixa-se gravada no território a oportunidade do consenso, permitindo-se ao Poder Público que se utilize do "termo de compromisso" para fixar obrigações urbanísticas e contrapartidas por outorga do direito de construir ou de alteração de uso, a serem executadas pelo empreendedor, em troca da aprovação do Projeto Urbano com o uso de tais benefícios.

Neste contexto, o estudo, que focará nos espaços de concertação legados à viabilização de grandes projetos urbanos de interesse do mercado, aborda a ampliação da discricionariedade administrativa introduzida no Plano Diretor e favorecida pela ruptura com o positivismo jurídico, e depois avança na identificação dos contornos da Administração Pública consensual, para explicar de que forma se operacionaliza a concertação no planejamento urbano.

Conclui com a explicitação de critérios jurídicos procedimentais, à luz da Lei de Introdução ao Direito Brasileiro (LINDB) e do regime de proteção dos direitos fundamentais, para a probidade da concertação urbanística e para que o resultado da avença concretize o direito à cidade sustentável.

2 Ampliação da discricionariedade: o espaço da concertação urbanística

O ambiente complexo da sociedade é o pano de fundo para justificar a mitigação do princípio da legalidade, reconhecendo-se a força normativa dos princípios e adotando-se uma nova dogmática de interpretação constitucional pós-positivista, que se vale da técnica da ponderação de valores jurídicos inseridos em princípios, conforme a exigência de justiça que cada caso concreto demanda. Argumenta-se que o caso concreto pode demandar uma construção jurídica ainda não prevista pelo legislador, para o que é necessário que a própria lei amplie os espaços decisórios discricionários[2] legados ao Poder Executivo e lhe atribua uma função regulatória, que se expressa através de regulamentos, decretos, instruções normativas, decisões de diretorias, etc.[3] Além disso, a lei pode ser redigida de tal forma a conter conceitos jurídicos indeterminados, normas finalísticas e normas técnicas, o que lhe confere um caráter incompleto. O objetivo desta normatização fluida é permitir a constante adaptação da norma à realidade fática por parte dos aplicadores do Direito, sob a premissa de que a realidade se apresenta em constante mutação.[4]

O Estado passa, então, como observa Otero, a produzir "normas elásticas", que permitam que "a lei respire a atmosfera social que a envolve, adaptando-se melhor

---

[2] KRELL, Andreas J. *Discricionariedade administrativa e proteção ambiental*. O controle dos conceitos jurídicos indeterminados e a competência dos órgãos ambientais. Um estudo comparativo. Porto Alegre: Livraria do Advogado, 2004, p. 17.

[3] JULIOS-CAMPUZANO, Alfonso de. *Constitucionalismo em tempos de globalização*. Porto Alegre: Livraria do Advogado, 2009, p. 44.

[4] TORRES, Silvia Faber. *A flexibilização do princípio da legalidade no Direito do Estado*. Rio de Janeiro: Renovar, 2012, p. 141.

à vida através da imperfeição resultante da mobilidade do seu conteúdo".[5] Trata-se, conforme o autor, de uma imperfeição ou incompletude intencional e voltada ao objetivo de "salvar as leis de uma vigência efêmera em matéria de bem-estar e de prevenção de riscos", mesmo que o resultado disto seja uma progressiva indeterminação do Direito.

A adoção de uma normatividade fluida, que amplie a discricionariedade administrativa para possibilitar a governança com a participação dos atores econômicos interessados na decisão, é uma característica das políticas propostas pelo planejamento estratégico e é apontada como um dos elementos-chave para a desburocratização administrativa.[6] Portanto, os Planos Diretores influenciados pelo planejamento estratégico se caracterizam pela flexibilidade normativa para permitir a instrumentalização jurídica da lógica da predominância do projeto urbano sobre o plano regulador e para viabilizar escolhas a respeito de utilizar ou não determinados instrumentos previstos no Estatuto da Cidade, como a Operação Urbana Consorciada, o Estudo de Impacto de Vizinhança, a Zona de Interesse Social, contrapartida por alteração de uso, etc.

No campo do Direito Urbanístico, a presença da discricionariedade no Plano Diretor favorece que se criem oportunidades de valorização imobiliária da terra por ações administrativas do Município. Portanto, quando o Plano Diretor remete para a avaliação do caso concreto a possibilidade de flexibilização de altura, com vistas à "compatibilização da paisagem urbana", esta ação estatal, potencialmente, aumenta o valor de troca do imóvel e deveria ser objeto de políticas de recuperação de mais-valias fundiárias urbanas. Da mesma forma, quando a legislação municipal se abstém de internalizar a exigência do Estudo de Impacto de Vizinhança, deliberadamente evita custos para os empreendedores privados, desconsiderando o fato de que o processo de licenciamento urbanístico e ambiental será prejudicado pela falta de embasamento técnico suficiente e adequado para permitir a futura gestão de riscos. Nesses casos, os riscos são socializados.

A fim de se evitar riscos de desvios e capturas no exercício da discricionariedade administrativa, deve-se ter presente os limites à interpretação determinados pelos critérios constitucionais alinhados com a tutela dos direitos fundamentais, em torno dos quais se define o conceito de interesse público. Embora possa haver uma margem de liberdade na definição entre duas ou mais alternativas idôneas para a consecução do interesse público, não há liberdade alguma em relação à concretização da finalidade pública que sempre deve ser perseguida pelo Estado-Administrador.

3 A administração consensual

A concertação administrativa é percebida como um mecanismo útil para a promoção de maior efetividade na atuação administrativa. Sua potencialidade para criar soluções inovadoras para o caso concreto, para disciplinar obrigações e direitos não regulados explicitamente pela legislação, colmatando lacunas deixadas pelas normas gerais, pelos conceitos indeterminados presentes na legislação ou preenchendo os

---

[5] OTERO, Paulo. *Legalidade e Administração Pública*. O sentido da vinculação administrativa à juridicidade. Coimbra: Livraria Almedina, 2003, p. 141.

[6] D'OLIVEIRA, Rafael Lima Daudt. *O princípio da integração ambiental e a simplificação do Estado*. Instituto Jurídico. Faculdade de Direito. Universidade de Coimbra, set. 2013, p. 47.

espaços legados às decisões discricionárias, é amplamente valorizada. Não ocorre a substituição do ato administrativo pelo contrato; o que se altera é a forma de construção do ato administrativo, que passa a ser fruto da conciliação de interesses públicos e privados. A concertação também é tratada como um meio de fortalecimento da legitimidade do ato administrativo pelo reconhecimento recíproco dos envolvidos quanto à sua aceitabilidade e adequação à situação concreta.

O Estado de Ponderação,[7] referido por Freitas como um "Estado das escolhas administrativas legítimas",[8] em que os impactos das decisões emanadas do Estado e das políticas públicas devem ser previamente avaliados e ponderados à luz de todo o sistema jurídico,[9] torna-se também um "Estado Mediador". São exemplos da consensualidade na Administração Pública não apenas os contratos administrativos, mas os acordos, o termo de compromisso de ajustamento,[10] a conciliação e a transação administrativas.

Os fundamentos da incorporação da consensualidade na Administração Pública são o princípio democrático,[11] o princípio da imparcialidade e o princípio da eficiência. A ampla participação democrática na formação da vontade estatal, como condição à legitimidade do poder político, também é destacada por Oliveira e Schwanka,[12] segundo os quais a Administração deve considerar todos os fatos ou interesses relevantes envolvidos no caso concreto (imparcialidade), por meio da ponderação destes interesses relevantes e dos direitos fundamentais correspondentes, no bojo de um processo administrativo (processualidade). Na mesma direção, Pereira Junior e Marçal afirmam que a democracia implica a "instauração de um contexto de diálogo, de respeito pela posição do outro e de garantia dos direitos fundamentais, sem exclusão".[13]

Quanto à eficiência, Bitencourt Neto aponta que os acordos administrativos se constituem no melhor meio de se obter uma atuação administrativa efetiva. Abreviam o tempo e criam um ambiente não adversarial, de propensão ao cumprimento espontâneo do que foi avençado, o que não ocorre quando os atos são resultado de uma imposição estatal. O autor esclarece que o princípio da eficiência "é pluridimensional, englobando, para além da economicidade (relação custo-benefício, otimização de meios), a eficácia (realização adequada de fins prefixados) e a celeridade".[14]

---

[7] BINENBOJM, Gustavo. *Uma teoria do Direito Administrativo*. Direitos fundamentais, democracia e constitucionalização. Rio de Janeiro: Renovar, 2006, p. 86.

[8] FREITAS, Juarez. *Discricionariedade administrativa e o direito à boa administração pública*. São Paulo: Malheiros, 2007, p. 7.

[9] FREITAS, Juarez. Políticas públicas, avaliação de impactos e o direito fundamental à boa administração. *In: Sequência*, Florianópolis, n. 70, p. 115-133, jun. 2015, p. 117.

[10] O termo de compromisso de ajustamento de conduta está previsto no art. 5º, §6º, da Lei nº 7.347/85, que trata da ação civil pública e permite aos órgãos públicos legitimados para o ajuizamento da ação firmarem termos de ajustamento de conduta com os infratores com vistas à adequação de suas condutas.

[11] O princípio democrático também é enfatizado como fundamento da atuação concertada do Estado por Nohara, que, ademais, pontua que os Estados contemporâneos, em contextos de crise econômica, necessitam da colaboração do segmento privado e da sociedade civil organizada, o que também enseja a instauração de um ambiente propício à concertação administrativa (NOHARA, Irene. Poder econômico e limites jurídicos à captura da concertação social. *In*: GOMES, Carla Amado; NEVES, Ana Fernanda; BITENCOURT NETO, Eurico (org.). *A prevenção da corrupção e outros desafios à boa governança da administração pública*. Faculdade de Direito. Universidade de Lisboa. Centro de Investigação de Direito Público, março de 2018, p. 45-71, p. 51).

[12] OLIVEIRA, Gustavo Justino; SCHWANKA, Cristiane. A administração consensual como a nova face da administração pública no Século XXI: Fundamentos dogmáticos, formas de expressão e instrumentos de ação. *In: Revista da Faculdade de Direito da Universidade de São Paulo*, v. 104, p. 303-322, jan./dez. 2009, p. 307.

[13] PEREIRA JUNIOR, Jessé Torres; MARÇAL, Thaís Bola. Orçamento público, ajuste fiscal e administração consensual. *In: Fórum de Contratação e Gestão Pública*, Belo Horizonte, ano 14, n. 163, p. 41-52, jul. 2015, p. 47.

[14] BITENCOURT NETO, *op. cit.*, p. 25.

No entanto, a governança em rede e a concertação não são imunes a riscos. Conforme Zia e Khan, as críticas ao novo modelo giram em torno da ausência de valores coletivos (probidade, impessoalidade, equidade e justiça), do personalismo, já que cada decisão tende a ser produzida de forma *ad hoc*, e da falta de democracia efetiva da governança em rede, blindada que é ao acesso de grupos que representam interesses minoritários, o que é contraditório, já que o princípio democrático é invocado para provocar a abertura da Administração e a ruptura com a burocracia.[15]

De fato, é preciso ter cautela na transposição destes conceitos para o Brasil sem uma mediação que considere o contexto histórico patrimonialista e clientelista que, infelizmente, caracteriza a formação da Administração Pública brasileira, em que o relacionamento público-privado é vulnerável ao tráfico de influências.[16] Tanto a rigidez burocrática como a flexibilidade desprovida de racionalidade podem ser portas abertas a práticas corruptivas, além do que não se pode ignorar a coincidência entre a adoção destes novos instrumentos concertados e a proposição de políticas neoliberais a partir dos anos 80 que vulnerabilizam o nível de proteção do meio ambiente e dos demais direitos sociais.

A partir desta referência teórica, tem-se que a intenção de mitigação da legalidade, a pretexto de melhor enfrentar a complexidade das demandas que se colocam diante do planejamento urbano, enseja decisões administrativas que, quando entram no jogo das inter-retro-ações da Sociedade em Rede, influenciada pelo neoliberalismo, podem produzir retrocessos sociais e intensificar a desigualdade. Ou seja, a intenção (de enfrentar a complexidade) dissocia-se da ação (discricionária/concertada), que pode acarretar resultados imprevisíveis e indesejados, quando em contato com um meio (o empreendedorismo urbano) despreocupado com as injustiças sociais e ambientais.

Daí que a gestão concertada por projetos, própria do planejamento estratégico, exige um fio condutor que considere a necessidade de precaução e de controle sobre o meio onde as ações ocorrerão. Acordos público-privados considerados salutares para alavancar o desenvolvimento econômico, movidos por demandas urgentes, podem produzir efeitos colaterais tardios e nocivos, insuscetíveis de serem previstos a longo prazo. Por isso, a convivência com normas fluidas e discricionárias no ordenamento jurídico e com a ampliação de módulos consensuais na Administração Pública pressupõe critérios normativos claros e preestabelecidos, que propiciem racionalidade para a tomada de decisões, e a instauração de um processo administrativo permeado pela transparência, pela sindicabilidade e pela oportunidade de participação pública precoce. Busca-se com estas medidas assegurar controle social para o meio no qual incidirão as ações estatais, produzidas a partir do contato com os interesses privados.

4 A concertação no urbanismo

4.1 O espaço da concertação urbanística

No urbanismo, a concertação administrativa surge no contexto da globalização e da busca por maior flexibilidade no planejamento urbano, do planejamento estratégico,

---

[15] ZIA, Yorid Ahsan; KHAN, M. Zeb. A comparative review of Traditional and New Public Administration and Critique of New Public Management. *The Dialogue*, vol. IX, n. 4, p. 428-442.
[16] FREITAS, Juarez. *Sustentabilidade*: direito ao futuro. Belo Horizonte: Fórum, 2019, p. 203.

do empreendedorismo urbano e da influência do aumento da competitividade entre cidades e das demandas do mercado, que buscavam reduzir o controle estatal, aumentar o valor de troca da terra e imprimir celeridade ao processo decisório.

A concertação tem por objeto a implantação de projetos urbanos, no que se refere aos aspectos não regulados explicitamente no Plano Diretor ou em outras legislações federais, estaduais ou municipais, ou não submetidos ao princípio da reserva legal, legados à discricionariedade administrativa, e é instrumentalizada por meio de um procedimento, por meio do qual são concretizadas negociações promovidas entre o empreendedor e as entidades públicas que, consoante a opção do ordenamento jurídico, podem se materializar em uma declaração comum de intenções, em ato administrativo ou em um contrato.[17]

O próprio Plano Diretor pode definir áreas estratégicas para desenvolvimento urbano, nas quais tem interesse em atrair investimentos imobiliários, e estabelecer parâmetros urbanísticos gerais de uso e de ocupação do solo, a serem especificados quando da aprovação do projeto urbano, por meio de planos específicos, ocasião em que os detalhes são objeto de concertação entre a Administração Pública e os empreendedores privados, a exemplo do que ocorreu no Plan 22@ Barcelona. Ou então, o Plano Diretor pode prever instrumentos urbanísticos flexíveis para intervenção pontual no território, como se dá com a outorga onerosa do direito de construir, com a outorga de alteração de uso, com a Ocupação Urbana Consorciada — OUC e, como ocorre em Porto Alegre, que conta com a figura dos Projetos Especiais de Impacto Urbano de 2º Grau, previstos em seu Plano Diretor.

Veja-se que a presença de conceitos jurídicos indeterminados, dotados de subjetividade ("visando à qualificação da paisagem urbana"), a previsão de áreas sem regime urbanístico específico, ou de instrumentos urbanísticos que admitem concertação no Plano Diretor, remetem para um espaço normativo pouco denso e aberto à interação entre a Administração Pública e os agentes privados, o que converte o Plano Diretor em um instrumento dotado de um conteúdo flexível e negociável.

Reisdorfer, em obra dedicada ao estudo da contratualização no Direito Urbanístico considera que as diretrizes da gestão democrática da cidade e de cooperação entre as esferas pública e privada no processo de urbanização (art. 2º, incisos II e III, do Estatuto da Cidade) fundamentam a concertação urbanística; e vislumbra a oportunidade de negociação no espaço decisório deixando propositalmente em aberto pelas normas urbanísticas, a fim de que a Administração Pública passe a gozar de maior autonomia na tomada de decisões.[18] O autor colaciona a OUC, a outorga onerosa do direito de construir e de alteração de uso, a transferência do potencial construtivo e a concessão urbanística como exemplos típicos de instrumentos concertados no Direito brasileiro.

Operando, então, no espaço flexível outorgado pelo Plano Diretor em seus conceitos indeterminados e cláusulas gerais, a concertação urbanística substitui ou complementa regimes regulatórios e instrumentos fundados em comando e controle

---

[17] CORREIA, Jorge André Alves. *Contratos urbanísticos*. Concertação, contratação e neocontratualismo no Direito do Urbanismo. Coimbra: Almedina, 2009, p. 38.
[18] REISDORFER, Guilherme F. Dias. *Direito urbanístico contratual*. Dos atos negociais aos contratos de gestão urbana. Rio de Janeiro: Lumen Juris, 2014, p. 43-54.

para a viabilização de projetos urbanos considerados estratégicos,[19] que demandam um zoneamento urbanístico mais flexível e orientado para o mercado.[20] Vem sendo utilizada em diversos contextos e tipologias de projetos, consoante explicita a obra organizada por Carmona e Arrese, que analisa 25 grandes projetos urbanos executados em 14 países com amparo em planos estratégicos.[21]

Embora a tipologia dos projetos possa variar, predominam os de grande porte, que demandam intensificação do aproveitamento urbanístico. Lungo observa que, nos Estados Unidos, prevalecem as grandes construções de infraestrutura urbana, embora Camacho identifique a pulverização da concertação urbanística em diversas cidades norte-americanas e para diversas tipologias projetuais, tudo a depender da importância outorgada ao zoneamento urbano local, cuja flexibilização é o objeto principal do contrato e norteia os valores cobrados como contrapartidas, a serem investidos em infraestrutura de interesse geral.[22]

Na Europa, os projetos têm um caráter mais amplo e são entendidos como uma atuação pública sobre um segmento da cidade, mas articulada a uma visão global desta,[23] ao passo que, na América Latina, a escassez de recursos públicos implica que a participação do Poder Público para a atração de investimentos se dê através de flexibilizações na legislação urbanística e da desregulamentação, com vistas à desoneração do empreendedor privado de custos de urbanização, de tal forma que o projeto urbano é tratado como "motor do desenvolvimento" para a cidade, enfatizando-se a perspectiva da gestão da cidade por projetos atomizados, com fraco controle social e debilitação do planejamento urbano de médio e longo prazos.[24]

Na América Latina, a concertação urbanística tem sido aplicada na Argentina, na Colômbia[25] e no Brasil. As obrigações mais comumente avençadas nos acordos relacionam-se à responsabilidade pela execução de infraestrutura, sob o fundamento da recuperação da valorização imobiliária, o que também é discutido no contexto europeu,[26] e a pretexto de mitigar impactos ambientais, sociais e urbanísticos resultantes de grandes projetos urbanos, consoante demonstram os estudos de Jajamovich, que

---

[19] A respeito ver: GIELEN, Demetrio Muñoz; LENFERINK, Sander The role of negotiated developer obligations in financing large public infrastructure after the economic crisis in the Netherlandes. In: *European Planning Studies*, 26:4, 768-791, 2018. DOI: 10.1080/09654313.2018.1425376.
[20] MURRAY, Martin J. *The Urbanism of exception*. The dynamics of global city in the twhty-first century. New York: Cambridge University Press, 2017, p. 59.
[21] CARMONA, Marisa; ARRESE, Alvaro. *Globalización y Grandes Proyectos Urbanos*. La respuesta de 25 ciudades. Buenos Ayres: Ediciones Infinito, 2014.
[22] CAMACHO, Alejandro. Mustering the missing voices: a collaborative model for fostering equality, community involvement and adaptive planning in land use decisions. Installment one. *Stanford Enviromental Law Journal*, vol. 24:3, 2005.
[23] LUNGO, Mario. Globalización, grandes proyectos y privatización de la gestión urbana. *Cadernos IPPUR*. Universidade Federal do Rio de Janeiro, vol. XVIII, n. 1 e 2, p. 11-29, jan./dez. 2004.
[24] *Idem*, p. 26.
[25] COPELO, Maria Mercedes Maldonado *et al*. *Planes parciales, gestión asociada y mecanismos de distribución equitativa de cargas y beneficios*. Lincoln Institute of Land Policy. Bogotá, 2006, p. 99.
[26] A respeito, ver GIELEN, Demetrio Muñoz; LENFERINK, Sander The role of negotiated developer obligations in financing large public infrastructure after the economic crisis in the Netherlandes. In: *European Planning Studies*, 26:4, 768-791, 2018. DOI: 10.1080/09654313.2018.1425376.

analisa a operação Puerto Madero, em Buenos Aires,[27] e de Cuenya *et al.*, que examinam o projeto urbano de Puerto Norte, em Rosário.[28]

4.2 Vantagens e riscos da concertação urbanística

As vantagens da concertação administrativa no campo do planejamento urbano são relacionadas à possibilidade de atentar para as peculiaridades dos imóveis, dotados de localizações particulares, com características ambientais, sociais, econômicas únicas, que precisam ser consideradas pelo Poder Público no planejamento e na concepção do projeto urbano. Argumenta-se que a legislação urbanística e o zoneamento tendem a ser rígidos para dar conta das complexidades[29] e para aproveitar as oportunidades que se colocam em termos de investimentos imobiliários e de sinergias com as ações planejadas pelo Poder Público, de tal forma a se promover um resultado "ótimo".[30]

Além disso, a possibilidade de negociação em torno de projetos urbanos, buscando-se uma solução *ad hoc*, permite, em tese, o envolvimento da comunidade no processo decisório, a fim de que esta possa expressar suas necessidades em termos de serviços públicos e de qualificação urbana e ambiental, que poderiam ser acordados com o empreendedor, no contexto do licenciamento da atividade.

Não obstante, os riscos de captura do ambiente de concertação urbanística por grupos econômicos e políticos interessados na viabilização de projetos urbanos não podem ser desprezados. O risco aumenta se for considerado que o processo de licenciamento urbano-ambiental, em que ocorre a concertação, propicia um olhar pontual sobre o projeto urbano, que pode estar descolado do planejamento urbano de longo prazo.[31]

Para Prestes, a adoção, no âmbito da Administração Pública, do modelo gerencial, que no campo do planejamento urbano se expressa através da concertação urbanística pode gerar espaços corruptivos, tanto no âmbito público como privado.[32] A autora argumenta que a falta de procedimentos transparentes e abertos à participação e ao controle social e de estrutura administrativa para a tramitação dos processos decisórios são fatores que agravam o risco de corrupção. Por esse motivo, afirma a necessidade do estabelecimento de controles voltados aos sistemas onde as decisões são produzidas, e não às pessoas, pois compreende que

---

[27] JAJAMOVICH, Guillermo. Do Parque Espanha ao Puerto Madero. Projetos urbanos e gestão entre Argentina e Espanha. *In*: CUENYA, Beatriz; NOVAIS, Pedro; VAINER, Carlos. *Grandes projetos urbanos*. Olhares críticos sobre a experiência argentina e brasileira. Porto Alegre: Masquatro Editora Ltda., 2013, p. 91-108.

[28] CUENYA, Beatriz *et al*. Mobilização de mais-valias num grande projeto rubano. A experiência do Puerto Norte, Rosário. *In*: CUENYA, Beatriz; NOVAIS, Pedro; VAINER, Carlos. *Grandes projetos urbanos*. Olhares críticos sobre a experiência argentina e brasileira. Porto Alegre: Masquatro Editora Ltda., 2013, p. 51-90.

[29] MEIRELES, Quintino Augusto Pinto de Carvalho. *Planeamento e Gestão Urbanística em Portugal*. Uma aproximação à interpretação da flexibilidade/determinismo do plano. Tesis Doctoral. Universidad de Valladolid. Escuela Técnica Superior de Arquitectura. Departamento de Análisis e Instrumentos de Intervención Arquitectónica y Urbana. Valladolid, 2014.

[30] RYAN, Erin. Zoning, taking and dealing: The problems and promise of bargaining in land use planning conflicts. *In*: *Harvard Negotiation Law Review*, vol. 7, p. 337-388, 2002.

[31] APPARECIDO JUNIOR, José Antonio. *Direito urbanístico aplicado*. Os caminhos da eficiência jurídica nos projetos urbanísticos. Curitiba: Juruá Editora, 2017, p. 284.

[32] PRESTES, Vanêsca Buzelato. *Corrupção urbanística*. Da ausência de diferenciação entre Direito e Política no Brasil. Belo Horizonte: Fórum, 2018, p. 269.

a falta de um sistema jurídico que separa o direito da política, que vede condutas que favoreçam a impessoalidade, que favoreçam a apresentação de dificuldades para 'vender facilidades', o excesso de discricionariedade administrativa, a falta do desenvolvimento de controles no processo urbanístico, a carência de publicidade das regras, a falta de publicidade dos instrumentos e das possibilidades existentes, o excesso de legislação e a precária informação da existência destas, bem como das concertações realizadas são uma constante.[33]

Diante destes fatores de preocupação, compreende-se que a concertação urbanística deve ser instrumentalizada por um processo administrativo radicalmente transparente e permeável à participação social, conforme passamos a explanar.

5 O processo da concertação urbanística

A concertação urbanística exige um processo composto por procedimentos adequados para a avaliação dos riscos e dos impactos negativos, em escalas espacial e temporal apropriadas, dotados de ampla participação pública e de transparência, como condições de sua legitimidade, no contexto do direito fundamental à boa administração pública.

O direito à boa administração pública é teorizado por Freitas como um direito que vincula racionalmente o gestor público e o obriga a ponderar as consequências sistêmicas de suas opções, pois deverá motivá-las coerentemente, sobretudo em seu custo-efetividade,[34] escrutinando os impactos sociais, econômicos e ambientais e demonstrando cabalmente os "benefícios líquidos, contemplados custos e benefícios, diretos e indiretos".[35] Esse direito converge com o direito à organização e ao procedimento, que cumpre a função de transpor os direitos proclamados nos textos legais para "o mundo da vida", instrumentalizando e garantindo uma proteção efetiva dos direitos materiais, determinando posições jurídicas subjetivas frente ao Estado e a particulares.

Para as finalidades deste estudo, há dois aspectos relevantes que merecem referência, atinentes ao processo administrativo no qual ocorrerá a concertação urbanística:

Uma questão atinente à *democracia no processo decisório*, suscitando questionamentos sobre quem deve decidir (quais setores são representativos da sociedade civil), por que meios deve ocorrer a participação democrática[36] e qual o grau de vinculação estatal às diversas manifestações e opiniões que resultarem dos debates e de outras formas de comunicação; e uma questão de *ordem técnico-científica*, relativa aos tipos e ao conteúdo de estudos e análises a serem produzidos para subsidiar o processo de tomada de decisão no planejamento urbano e no licenciamento ambiental e definir a tolerabilidade dos impactos negativos.

---

[33] *Idem*, p. 268.
[34] FREITAS, Juarez. Políticas públicas, avaliação de impactos e direito fundamental à boa administração. *Sequência*, Florianópolis, n. 70, p. 115-133, jun. 2015, p. 118.
[35] FREITAS, Juarez. *Sustentabilidade*: direito ao futuro. Belo Horizonte: Fórum, 2019, p. 232.
[36] Sobre a necessidade de a participação pública valer-se de instrumentos e aplicativos digitais, ver FREITAS, Juarez. Direito à cidade sustentável: Agenda positiva. *Interesse público*, Belo Horizonte, ano 22, n. 119, p. 15-25, jan./fev. 2020, p. 17.

Estes dois aspectos são relacionados, pois o aprofundamento da democracia, com a ampliação do acesso à informação e das discussões e o envolvimento de diversos grupos, titulares de interesses antagônicos, amplia o olhar sobre as diversas dimensões dos impactos e tende a apontar para novos assuntos de ordem técnica a serem perquiridos durante o processo de formação do convencimento. Portanto, há um entrelaçamento entre a técnica e a política no curso do procedimento decisório, que confere legitimidade à decisão final.[37]

A participação pública nos processos administrativos de tomada de decisão deve ser acessível, consistente e ter a possibilidade real de influenciar a decisão administrativa. A participação democrática alinha-se com a dimensão subjetiva do direito fundamental ao ambiente ecologicamente equilibrado (art. 225, *caput*, CF/88) e do direito à cidade sustentável. Na CF/88, o princípio democrático é expresso em seu preâmbulo e, no âmbito do Estatuto da Cidade, o art. 2º, inciso II, afirma o princípio da gestão democrática por meio da participação da população e de associações representativas de vários segmentos da comunidade na formulação, execução e acompanhamento de planos, programas e projetos de desenvolvimento urbano. Esta diretriz acolhe as demandas por reconhecimento e participação igualitária que proporcionam a diversidade urbana. Na mesma direção é o inciso XIII, do art. 2º, do Estatuto, que prevê "a audiência do Poder Público municipal e da população interessada nos processos de implantação de empreendimentos ou atividades com efeitos potencialmente negativos sobre o meio ambiente natural ou construído, o conforto ou a segurança da população".

Quanto aos aspectos técnico-científicos, a Constituição Federal de 1988 exige a avaliação de impacto ambiental para as atividades suscetíveis de causarem significativos impactos (art. 225, §1º, IV) e afirma o dever de controlar atividades que "comportem risco para a vida, a qualidade de vida e o meio ambiente" (inciso V). Trata-se de normas dotadas de eficácia imediata, que vinculam o Estado ao dever de definir competências e de criar estruturas administrativas que possam tramitar os processos de licenciamento urbano-ambiental. Na esfera federal, esta temática é objeto da Lei Complementar nº 140/2011 e da Lei Federal nº 6.938/81 (Lei da Política Nacional do Meio Ambiente), que devem ser interpretadas em conjunto com o Estatuto da Cidade, cujo art. 37 prevê a realização do Estudo de Impacto de Vizinhança – EIV.

A importância do procedimento decisório para valoração de impactos no meio ambiente urbano, com a ênfase nos aspectos técnicos, foi expressamente enfrentada pelo Tribunal de Justiça do Estado do Rio de Janeiro, em precedente que afirmou o dever do Município de Niterói, cidade litorânea, portanto, mais vulnerável às oscilações climáticas, de controlar atividades que pudessem causar danos ao meio ambiente urbano e julgou descabida a restrição do EIV apenas para grandes projetos urbanos, o que resultaria no esvaziamento deste instrumento jurídico. Neste mesmo caso, a Corte correlacionou o princípio da proibição da proteção deficiente com as mudanças climáticas por meio do reconhecimento de um princípio da "adaptação climática", que precisa ser considerado nos processos decisórios estatais, por que visa "reduzir a

---

[37] Nesse sentido, é o posicionamento do Superior Tribunal de Justiça, que suspendeu licenciamento ambiental, a fim de garantir a realização de audiências públicas com a participação da população local (AgRg na SLS 1.552/BA, Rel. Ministro Ari Pargendler, Corte Especial, julgado em 16 maio 2012).

vulnerabilidade dos sistemas naturais e humanos, aí incluindo o ambiente urbano das grandes cidades, frente aos efeitos atuais e esperados da mudança do clima".[38]

As mesmas considerações procedimentais atinentes à avaliação de impactos aplicam-se ao processo de definição das contrapartidas que serão objeto da concertação urbanística, que demanda critérios e instrumentos específicos para sua prévia valoração. A falta de critérios tecnicamente embasados enseja judicialização, como demonstra o caso envolvendo o Projeto de Lei Complementar nº 2.019/2020, conhecido como Projeto de Lei da "Mais Valia" ou da "Lei dos puxadinhos", do Município de Rio de Janeiro, em que o Ministério Público Estadual ingressou com uma ação civil pública preventiva contra o Município e a Câmara Municipal de Vereadores para obstar o trâmite de um projeto de lei que possibilitava a regularização de edificações irregulares, a dispensa de vagas de estacionamento e alterações de uso em troca do pagamento de uma contrapartida. O fundamento da ação foi a impossibilidade de se promover a regularização massiva de edificações sem estudos e diagnósticos técnicos e sem a efetiva participação popular e submissão ao Conselho Municipal de Política Urbana.[39] O caso chegou ao Supremo Tribunal Federal, que manteve a decisão do Tribunal de Justiça do Rio de Janeiro que suspendia a eficácia da referida lei, sob o reconhecimento de que haveria significativo risco para a ordem urbanística e para o meio ambiente.[40]

Estes dois casos ilustram a necessidade de o processo administrativo para tomada de decisão ser tecnicamente instruído, transparente e acessível à participação popular. A falta destes elementos macula a decisão resultante de ilegalidade por vício de motivação. Trata-se de um vício formal e material, pois refere-se aos motivos determinantes da decisão que deferir o pedido de licenciamento ambiental, em cujo bojo será firmada a concertação urbanística.

Quanto à forma por meio do qual se materializa a concertação, observa-se o uso do Termo de Compromisso, firmado entre o Município e o empreendedor como o instrumento que prevê as obrigações urbanísticas e ambientais, assim como contrapartidas a serem adimplidas para o licenciamento do projeto urbano. Trata-se de um título executivo extrajudicial, previsto no art. 5º, §6º, da Lei Federal nº 7.347/85, e no art. 38, §2º, da Lei Federal nº 13.465/2017, nos casos da regularização de interesse específico – Reurb-E, e no art. 26 da Lei de Introdução ao Direito Brasileiro (LINDB), com a alteração efetuada pela Lei Federal nº 13.655/2018, que prevê o instrumento do termo de compromisso para eliminar irregularidade, incerteza jurídica ou situação contenciosa na aplicação do Direito Público, inclusive no caso de expedição de licença.[41]

---

[38] Tribunal de Justiça do Estado do Rio de Janeiro, Apelação Cível nº 00061555720138190002, 17ª Câmara Cível, Rel. Des. Elton Leme, j. em 10 maio 2019.

[39] Poder Judiciário do Estado do Rio de Janeiro. Processo: 0139148-23.2020.8.19.0001, Juiz de Direito Dr. André Pinto, decisão liminar datada de 15 jul.2020. Esta decisão foi mantida pelo Tribunal de Justiça do Estado do Rio de Janeiro.

[40] Supremo Tribunal Federal, Medida Cautelar na Suspensão de Liminar 1411-Rio de Janeiro, Rel. Min. Rosa Weber, j. 25 jan. 2021.

[41] A respeito do termo de compromisso a que se refere o art. 26 da LINDB, ver ALMEIDA, Luiz Antônio Freitas de. O termo de compromisso do art. 26 da LINDB, o licenciamento ambiental e a proteção do direito ao ambiente. In: *Revista de Direito Público*, 17, n. 95, 128-152, set./out. 2020. O autor esclarece que a lei permitiu acabar com a incerteza jurídica da via consensual na esfera administrativa, em que pese esta prática já fosse muito disseminada. Adverte que o termo de ajustamento de conduta a que se refere o art. 5º, §6º, da Lei nº 7.347/85 também devem seguir os comandos da LINDB.

O termo de compromisso tem sido utilizado no licenciamento de projetos urbanos de grande porte, que demandem alteração de regime urbanístico, como um reforço contratual para garantir o pagamento de contrapartidas, como ocorre em Fortaleza, que possui o instrumento da outorga de alteração de uso,[42] e para assegurar o cumprimento de medidas mitigadoras e compensatórias de impactos negativos e de contrapartidas, como ocorre em Belo Horizonte, que conta com a Operação Urbana Simplificada,[43] e em Porto Alegre, que adota a figura dos projetos especiais de impacto urbano de 2º grau.

O termo de compromisso tem a natureza jurídica de acordo em sentido estrito, e não de transação, pois não pode envolver concessões recíprocas, dada a indisponibilidade dos bens jurídicos que podem ser afetados pela concertação.[44] Diferencia-se do termo de compromisso de ajustamento de conduta e do termo de compromisso ambiental[45] pelo motivo de que não se dedica à regularização de atividade ilícita e lesiva ao meio ambiente, mas sim a disciplinar as condições de exercício lícito de uma atividade econômica em uma área privada, a fim de que esta se compatibilize com a infraestrutura urbana e com a necessidade de proteção do meio ambiente e da qualidade de vida dos habitantes da cidade, aspectos esses fundamentais para o cumprimento das funções sociais da propriedade e da cidade.

Em virtude do meio discricionário em que opera a concertação, frequentemente a Administração Pública também assume obrigações necessárias à viabilização do projeto, tais como a desapropriação de áreas privadas para implantação, prolongamento ou alargamento de vias públicas, tocando a execução das obras para o empreendedor privado. O acordo também pode prever prioridade na tramitação administrativa, ou concessão de algum benefício urbanístico, como o solo criado, mediante prestação de contrapartida. Trata-se da expressa incorporação da concertação administrativa no processo de tomada de decisões pelo Poder Público.

Como a concertação urbanística opera em um espaço legado à discricionariedade da Administração Pública, esta possui um elevado ônus argumentativo no sentido de explicitar a motivação e a proporcionalidade das obrigações pactuadas e a adequação das escolhas efetuadas, sobretudo no que diz respeito ao preenchimento do significado dos conceitos jurídicos indeterminados e das normas de conteúdo técnico. Os aspectos procedimentais, que exigem publicidade e participação social para o processo de tomada de decisão, também devem ser respeitados.

Além da previsão constitucional (art. 37, CF/88), a respeito do dever de motivação dos atos administrativos, o art. 20 da LINDB expressamente contempla o dever de consideração das consequências práticas das decisões administrativas e judiciais, o que remete para a tomada de decisões com amparo em evidências científicas.

Vitorelli, ao tratar do art. 20 da LINDB, propõe uma metodologia para avaliação das consequências práticas das decisões que abarque micro e macroconsequências, a sua distribuição temporal (curto, médio e longo prazos), a maximização do bem-estar à luz das alternativas, a avaliação a respeito de se o ato é desejado pelo grupo social por

---

[42] Regido pela Lei Municipal nº 10.431/2015.
[43] Regulado no art. 66 do Plano Diretor de Belo Horizonte (Lei Municipal nº 11.181/2019).
[44] AKAOUI, Fernando Reverendo Vidal. *Compromisso de ajustamento de conduta ambiental*. São Paulo: Revista dos Tribunais, 2003, p. 70.
[45] Previsto no art. 79-A da Lei nº 9.605/98 para regularização administrativa de atividades que sofreram ação fiscalizadora.

ele afetado (representatividade), a distribuição social das consequências, com especial atenção aos grupos vulneráveis, e a economicidade, que contempla a avaliação das consequências econômicas da adoção ou não adoção da decisão administrativa "em face das alternativas disponíveis e dos direitos materiais do grupo social afetado pelo ato, bem como do orçamento disponível para aplicação".[46]

Agrega-se a esse rol a necessidade de considerar as consequências espaciais da decisão administrativa na seara ambiental e urbanística, pois os impactos negativos podem ostentar efeitos cumulativos e sinérgicos projetados para além do lote ou da gleba do empreendimento licenciado, atingindo, por exemplo, toda uma bacia hidrográfica, a depender do tipo de impacto sob avaliação, ou uma área já muito sobrecarregada pela concentração de polos geradores de tráfego.

A concertação urbanística deve ser generalizável para casos semelhantes, sob pena de ensejar injustificáveis particularismos que violam o princípio da impessoalidade e agravam o efeito desigualitário do planejamento urbano e da gestão. Mesmo que as circunstâncias de cada projeto urbano possam ostentar diferenças, em termos de infraestruturas e condições ambientais e tecnológicas envolvidas, os critérios gerais que norteiam a definição dos estudos necessários, das contrapartidas, dos encargos e das obrigações de natureza preventiva, mitigadora e compensatória precisam ser generalizáveis.

No que diz respeito ao conteúdo do termo de compromisso, é preciso distinguir os *fatos geradores* das obrigações de fazer ou pagar quantia certa, pois haverá casos em que a obrigação decorre de contrapartidas por flexibilização da legislação urbanística, que precisam ser quantificadas conforme metodologias próprias, previamente estabelecidas em lei municipal e normalmente associadas à verificação do preço da terra; e casos que desencadeiam obrigações de natureza preventiva, mitigadora e compensatória de impactos negativos, devendo-se, neste aspecto, atentar para as vedações previstas no art. 3º, inciso XI, da Lei da Liberdade Econômica.[47]

O acordo, com base no princípio da autonomia da vontade, também poderá contemplar obrigações voluntárias do empreendedor privado, que tenham por objetivo incrementar os padrões de sustentabilidade para além do que consta na legislação ambiental.

Quanto às obrigações assumidas pela Administração Pública, cumpre observar que a autonomia da vontade estatal é condicionada à concretização do interesse público

---

[46] VITORELLI, Edilson. A Lei de Introdução às Normas do Direito Brasileiro e a ampliação dos parâmetros de controle dos atos administrativos discricionários: o direito na era do consequencialismo. *Revista de Direito Administrativo*. Rio de Janeiro, v. 279, n. 2, p. 79-112, maio/ago. 2020, p. 93.

[47] Art. 3º, Lei nº 13.874/19: São direitos de toda pessoa, natural ou jurídica, essenciais para o desenvolvimento e o crescimento econômicos do País, observado o disposto no parágrafo único do art. 170 da Constituição Federal: (inciso XI - não ser exigida medida ou prestação compensatória ou mitigatória abusiva, em sede de estudos de impacto ou outras liberações de atividade econômica no direito urbanístico, entendida como aquela que:
a) (VETADO);
b) requeira medida que já era planejada para execução antes da solicitação pelo particular, sem que a atividade econômica altere a demanda para execução da referida medida;
c) utilize-se do particular para realizar execuções que compensem impactos que existiriam independentemente do empreendimento ou da atividade econômica solicitada;
d) requeira a execução ou prestação de qualquer tipo para áreas ou situação além daquelas diretamente impactadas pela atividade econômica; ou
e) mostre-se sem razoabilidade ou desproporcional, inclusive utilizada como meio de coação ou intimidação;

primário, e o percurso decisório, com a explicitação dos motivos determinantes das decisões administrativa, deve ser transparente. O termo de compromisso não se presta para o "autolicenciamento", de tal forma que os proponentes negociem e interfiram de maneira tão ativa que acabem tomando as rédeas das decisões técnicas.

Entende-se que o termo de compromisso para a responsabilização *ex ante* do empreendedor deve estar previsto e regulado pela legislação municipal para a finalidade de especificar a tipologia dos projetos que poderão ser objeto da concertação e as obrigações a serem pactuadas, assim como para explicitar a necessidade de atrelamento ao licenciamento ambiental e urbanístico, no qual os estudos técnicos que instrumentalizarão a concertação sejam inseridos e, posteriormente, publicizados, a fim de que haja oportunidade de participação substantiva da coletividade. O art. 10, §4º, do Decreto Federal nº 9.830/2019 fornece parâmetros para esse regramento no âmbito municipal, ao exigir a instauração de um processo administrativo que subsidie a decisão estatal de celebrar o termo de compromisso, de iniciativa da Procuradoria-Geral do Município.

Destaca-se aqui a relevância do parecer jurídico sobre a viabilidade do compromisso, pois essa exigência significa a necessidade de a Administração Pública formar sua decisão com amparo nas normas e nos princípios jurídicos presentes no sistema jurídico como um todo, considerando não apenas o direito positivo, mas também a jurisprudência vigente. Trata-se, portanto, de um controle prévio de juridicidade do compromisso.

Ainda no que se refere aos procedimentos, é necessário apontar para a necessidade de uma estrutura institucional no âmbito do Município que se responsabilize pelo monitoramento das obrigações assumidas no termo de compromisso e subsequente cobrança, em caso de atrasos no adimplemento. É preciso dar publicidade ao conteúdo do Termo no endereço eletrônico da Prefeitura, assim como aos documentos, às atas de audiências públicas e aos estudos que subsidiaram o processo decisório. Um exemplo positivo, neste sentido, é o site da Prefeitura de Belo Horizonte, que divulga os documentos que subsidiaram a tomada de decisão pela aprovação das Operações Urbanas Simplificadas.[48]

Por ser um título executivo extrajudicial, também há rigores formais necessários à validade e à eficácia do termo de compromisso, estipulados no art. 10, §2º, do Decreto Federal nº 9.830/2019, quais sejam: a) especificação das obrigações das partes; b) o prazo e o modo para seu cumprimento; c) a forma de fiscalização quanto a sua observância; d) os fundamentos de fato e de direito; e) a sua eficácia de título executivo extrajudicial; e f) as sanções aplicáveis em caso de descumprimento. Ainda, estabelece o mesmo art. 10 que o compromisso firmado somente produzirá efeitos a partir de sua publicação (§3º).

É preciso observar a representatividade das partes envolvidas na assunção de obrigações, a procuração dos advogados, o cuidado relativamente à prévia autorização de lei, caso o Município assuma alguma obrigação patrimonial. Além disso, as obrigações devem ser líquidas e certas, com clareza a respeito da forma através da qual o descumprimento destas obrigações será aferido (por quem e de que forma), e jamais poderão conceder a desoneração permanente de dever ou o condicionamento de direito

---

[48] As informações sobre os vários projetos urbanos caracterizados como Operações Urbanas Simplificadas e as respectivas etapas de aprovação, acompanhadas dos pareceres técnicos, constam em: https://prefeitura.pbh.gov.br/politica-urbana/planejamento-urbano/operacoes-urbanas/simplificadas, acesso em: 30 jun. 2024.

reconhecido por orientação geral. O padrão de adimplemento esperado também deve ser explicitado na concertação, com a expressa menção aos projetos arquitetônicos e de engenharia que devem ser apresentados e seus respectivos memoriais descritivos, que permitirão monitorar, posteriormente, o cumprimento das obrigações.

Uma decisão importante a cargo da Administração Pública é especificar as obrigações de natureza mitigadora e compensatória de impactos negativos nas licenças ambientais, conforme a etapa em que tiverem de ser cumpridas (Licença Prévia, de Instalação e de Operação), e não apenas no termo de compromisso. O objetivo é permitir que, em caso de descumprimento da licença, a autoridade administrativa possa se valer da possibilidade de responsabilização administrativa do infrator, sem prejuízo da execução judicial do termo de compromisso. Uma solução pode ser a alusão, no termo de compromisso, às licenças que deverão ser alcançadas e a inserção de anexos ao termo, onde constem os padrões a serem respeitados. Por vezes, estes projetos dependem de prévia aprovação por outros órgãos públicos, o que também deverá ser previsto no termo, com prazos compatíveis, todos acompanhados de cominações proporcionais que assegurem o cumprimento.

Ainda, é recomendável que os termos de compromisso, por que regulam relações jurídicas de longo prazo, disciplinando projetos urbanos que podem ser implantados no decorrer de muitos anos, contemplem a previsão de garantias reais, como é o caso da hipoteca e do penhor, ou fidejussórias,[49] que assegurem o cumprimento das obrigações de fazer, muitas das quais são imprescindíveis para conferir habitabilidade ao bairro (abertura de vias, implantação de infraestrutura de drenagem e coleta de esgotos, de parques, praças e outras áreas de fruição coletiva, etc.). O risco a ser evitado é a falência do empreendedor, sem que os passivos ambientais e urbanísticos do empreendimento, que repercutem na qualidade ambiental da cidade, sejam resolvidos.

A previsão de garantias para prestações continuadas e de longo prazo, dentre as quais se incluiu o seguro, encontra previsão legal no art. 9º, inciso XIII, da Lei nº 6.938/81 (Lei da Política Nacional do Meio Ambiente) e no art. 56 da Lei nº 8.666/93 (Lei de Licitações), que expressamente contempla o seguro-garantia (inciso II). São normas que propiciam critérios para conferir maior segurança jurídica para a concertação urbanística, sobretudo porque o empreendedor, ao executar infraestruturas de interesse geral na cidade, como macrobem de interesse difuso, executa uma função pública, que lhe foi contratualmente repassada pelo Município.

6 Conclusão

Em síntese, a concertação urbanística é uma realidade no Direito Urbanístico brasileiro e internacional que precisa ser devidamente regulada pelos Municípios, no exercício de sua competência para o ordenamento do solo urbano, por meio do planejamento e da gestão urbanísticas, com a consciência a respeito de suas vantagens e desvantagens. De um lado cria um ambiente não adversarial, propício ao cumprimento

---

[49] As garantias fidejussórias também são denominadas garantias pessoais, porque o adimplemento da dívida se dá quando, por aval, fiança ou caução, a satisfação do débito é garantida por uma terceira pessoa que não o devedor (art. 818, Código Civil). Este terceiro pode ser uma instituição financeira, que pode prestar uma fiança bancária para garantir o cumprimento das obrigações do devedor.

espontâneo e que cria incentivos ao mercado, com o potencial de induzi-lo a propor soluções inovadoras e sustentáveis, já que o empreendedor terá participado da construção do acordo. Também tende a ser mais ágil pela postura colaborativa que se instaura ao longo do processo de licenciamento. A flexibilidade das avenças permite sua constante readaptação às circunstâncias imprevisíveis que podem se apresentar, o que é muito importante, já que a implantação de grandes projetos urbanos tende a se prolongar no tempo. Por fim, o termo de compromisso complementa a licença e é um título executivo extrajudicial.

No entanto, há desvantagens que não podem ser desprezadas e precisam ser controladas por meio de um procedimento cuidadoso, transparente, participativo e por meio de cláusulas contratuais, instruídas por critérios técnicos, que busquem gerar equidade na justa distribuição de ônus e benefícios e segurança de futuro adimplemento dos encargos urbanísticos e das medidas mitigadoras e compensatórias de impactos negativos.

Identifica-se como principal desvantagem o risco de captura do regulador pelos interessados na aprovação do projeto, com influência no processo de sopesamento entre os bens jurídicos que podem se apresentar em conflito no caso concreto. Em razão deste *trade-off*, poderá ocorrer a aceitação de riscos desproporcionais para bens jurídicos fundamentais, tais como a destruição de vegetação de relevância ecológica, a destruição do patrimônio cultural, a implantação de projetos que determinem a remoção de famílias ou gerem sobrecarga de infraestruturas públicas, sem a adoção de medidas mitigadoras e compensatórias adequadas. Este risco aumenta quanto maior for a opacidade do processo decisório e os obstáculos criados à participação social substantiva, que demandaria a oportunização de uma escuta ativa da comunidade em uma etapa precoce do desenvolvimento do projeto urbano.

Referências

AKAOUI, Fernando Reverendo Vidal. *Compromisso de ajustamento de conduta ambiental*. São Paulo: Revista dos Tribunais, 2003.

ALMEIDA, Luiz Antônio Freitas de. O termo de compromisso do art. 26 da LINDB, o licenciamento ambiental e a proteção do direito ao ambiente. *In: Revista de Direito Público*, 17, n. 95, 128-152, set./out. 2020.

APPARECIDO JUNIOR, José Antonio. *Direito urbanístico aplicado*. Os caminhos da eficiência jurídica nos projetos urbanísticos. Curitiba: Juruá, 2017.

BRASIL. Poder Judiciário do Estado do Rio de Janeiro. Processo: 0139148-23.2020.8.19.0001, Juiz de Direito Dr. André Pinto, decisão liminar datada de 15 jul. 2020.

BRASIL, Superior Tribunal de Justiça. AgRg na SLS 1.552/BA, Rel. Ministro Ari Pargendler, Corte Especial, julgado em 16 maio 2012.

BRASIL. Tribunal de Justiça do Estado do Rio de Janeiro, Apelação Cível nº 00061555720138190002, 17ª Câmara Cível, Rel. Des. Elton Leme, j. em 10 maio 2019.

BRASIL. Supremo Tribunal Federal, Medida Cautelar na Suspensão de Liminar 1411-Rio de Janeiro, Rel. Min. Rosa Weber, j. 25 jan. 2021.

BINENBOJM, Gustavo. *Uma teoria do Direito Administrativo*. Direitos fundamentais, democracia e constitucionalização. Rio de Janeiro: Renovar, 2006.

CAMACHO, Alejandro. Mustering the missing voices: a collaborative model for fostering equality, community involvement and adaptive planning in land use decisions. Installment one. *Stanford Enviromental Law Journal*, vol. 24:3, 2005.

CARMONA, Marisa; ARRESE, Alvaro. *Globalización y Grandes Proyectos Urbanos*. La respuesta de 25 ciudades. Buenos Ayres: Ediciones Infinito, 2014.

COPELO, Maria Mercedes Maldonado et al. *Planes parciales, gestión asociada y mecanismos de distribución equitativa de cargas y beneficios*. Lincoln Institute of Land Policy. Bogotá, 2006.

CORREIA, Jorge André Alves. *Contratos urbanísticos*. Concertação, contratação e neocontratualismo no Direito do Urbanismo. Coimbra: Almedina, 2009.

CUENYA, Beatriz et al. Mobilização de mais-valias num grande projeto urbano. A experiência do Puerto Norte, Rosário. *In*: CUENYA, Beatriz; NOVAIS, Pedro; VAINER, Carlos. *Grandes projetos urbanos*. Olhares críticos sobre a experiência argentina e brasileira. Porto Alegre: Masquatro Editora Ltda., 2013.

D'OLIVEIRA, Rafael Lima Daudt. *O princípio da integração ambiental e a simplificação do Estado*. Instituto Jurídico. Faculdade de Direito. Universidade de Coimbra, set. 2013.

FREITAS, Juarez. *Discricionariedade administrativa e o direito à boa administração pública*. São Paulo: Malheiros, 2007.

FREITAS, Juarez. Políticas públicas, avaliação de impactos e o direito fundamental à boa administração. *In*: *Sequência*, Florianópolis, n. 70, p. 115-133, jun. 2015.

FREITAS, Juarez. *Sustentabilidade*: direito ao futuro. Belo Horizonte: Fórum, 2019.

FREITAS, Juarez. Direito à cidade sustentável: Agenda positiva. *Interesse público*, Belo Horizonte, ano 22, n. 119, p. 15-25, jan./fev. 2020.

JULIOS-CAMPUZANO, Alfonso de. *Constitucionalismo em tempos de globalização*. Porto Alegre: Livraria do Advogado, 2009.

GIELEN, Demetrio Muñoz; LENFERINK, Sander. The role of negotiated developer obligations in financing large public infrastructure after the economic crisis in the Netherlandes. *In*: *European Planning Studies*, 26:4, 768-791, 2018. DOI: 10.1080/09654313.2018.1425376.

JAJAMOVICH, Guillermo. Do Parque Espanha ao Puerto Madero. Projetos urbanos e gestão entre Argentina e Espanha. *In*: CUENYA, Beatriz; NOVAIS, Pedro; VAINER, Carlos. *Grandes projetos urbanos*. Olhares críticos sobre a experiência argentina e brasileira. Porto Alegre: Masquatro Editora Ltda., 2013.

KRELL, Andreas J. *Discricionariedade administrativa e proteção ambiental*. O controle dos conceitos jurídicos indeterminados e a competência dos órgãos ambientais. Um estudo comparativo. Porto Alegre: Livraria do Advogado, 2004.

LUNGO, Mario. Globalización, grandes proyectos y privatización de la gestión urbana. *Cadernos IPPUR*. Universidade Federal do Rio de Janeiro, vol. XVIII, n. 1 e 2, jan./dez. 2004.

MEIRELES, Quintino Augusto Pinto de Carvalho. *Planeamento e Gestão Urbanística em Portugal*. Uma aproximação à interpretação da flexibilidade/determinismo do plano. Tesis Doctoral. Universidad de Valladolid. Escuela Técnica Superior de Arquitectura. Departamento de Análisis e Instrumentos de Intervención Arquitectónica y Urbana. Valladolid, 2014.

MURRAY, Martin J. *The Urbanism of exception*. The dynamics of global city in the twhty-first century. New York: Cambridge University Press, 2017.

NOHARA, Irene. Poder econômico e limites jurídicos à captura da concertação social. *In*: GOMES, Carla Amado; NEVES, Ana Fernanda; BITENCOURT NETO, Eurico (org.). *A prevenção da corrupção e outros desafios à boa governança da administração pública*. Faculdade de Direito. Universidade de Lisboa. Centro de Investigação de Direito Público, março de 2018, p. 45-71.

OLIVEIRA, Fernanda Paula. *A discricionariedade de planeamento urbanístico municipal na dogmática geral da discricionariedade administrativa*. Coimbra: Almedina, 2011.

OLIVEIRA, Gustavo Justino; SCHWANKA, Cristiane. A administração consensual como a nova face da administração pública no Século XXI: Fundamentos dogmáticos, formas de expressão e instrumentos de ação. *In*: *Revista da Faculdade de Direito da Universidade de São Paulo*, v. 104, p. 303-322, jan./dez. 2009.

OTERO, Paulo. *Legalidade e Administração Pública*. O sentido da vinculação administrativa à juridicidade. Coimbra: Livraria Almedina, 2003.

PEREIRA JUNIOR, Jessé Torres; MARÇAL, Thaís Bola. Orçamento público, ajuste fiscal e administração consensual. *In*: *Fórum de Contratação e Gestão Pública*, Belo Horizonte, ano 14, n. 163, p. 41-52, jul. 2015.

PRESTES, Vanêsca Buzelato. *Corrupção urbanística*. Da ausência de diferenciação entre Direito e Política no Brasil, Belo Horizonte: Fórum, 2018.

REISDORFER, Guilherme F. Dias. *Direito urbanístico contratual*. Dos atos negociais aos contratos de gestão urbana. Rio de Janeiro: Lumen Juris, 2014.

RYAN, Erin. Zoning, taking and dealing: The problems and promise of bargaining in land use planning conflicts. *In*: *Harvard Negotiation Law Review*, vol. 7, p. 337-388, 2002.

STEIGLEDER, Annelise Monteiro. *Responsabilidade ex ante, concertação e o planejamento urbano*. Fundamentos das obrigações urbanísticas e ambientais no contexto da produção da cidade. Tese de Doutorado em Planejamento Urbano e Regional. Universidade Federal do Rio Grande do Sul. Faculdade de Arquitetura, 2021.

TORRES, Silvia Faber. *A flexibilização do princípio da legalidade no Direito do Estado*. Rio de Janeiro: Renovar, 2012.

VITORELLI, Edilson. A Lei de Introdução às Normas do Direito Brasileiro e a ampliação dos parâmetros de controle dos atos administrativos discricionários: o direito na era do consequencialismo. *Revista de Direito Administrativo*, Rio de Janeiro, v. 279, n. 2, p. 79-112, maio/ago. 2020.

ZIA, Yorid Ahsan; KHAN, M. Zeb. A comparative review of Traditional and New Public Administration and Critique of New Public Management. *The Dialogue*, vol. IX, n. 4, pp.428-442.

Informação bibliográfica deste livro, conforme a NBR 6023:2018 da Associação Brasileira de Normas Técnicas (ABNT):

STEIGLEDER, Annelise Monteiro. Limites e possibilidades da concertação no planejamento urbano para a sustentabilidade ambiental no meio urbano. *In*: PASQUALINI, Alexandre; CUNDA, Daniela Zago Gonçalves da; RAMOS, Rafael (coord.). *Direito, sustentabilidade e inovação*: estudos em homenagem ao professor Juarez Freitas. Belo Horizonte: Fórum, 2025. p. 67-84. ISBN 978-65-5518-957-5.

A RESPONSABILIDADE SUBJETIVA NA LEI DE IMPROBIDADE ADMINISTRATIVA

ÂNGELO ROBERTO ILHA DA SILVA

Introdução

O professor Juarez Freitas é um jurista de muitos méritos, de muitos méritos e de muitas realizações! Seu magistério foi trilhado com brilhantismo, entre nós e alhures. Foi professor titular na PUCRS e na UFRGS, instituições nas quais tivemos a grata satisfação de ter sido seu colega. Nesta última, onde seguimos lecionando na oportunidade em que escrevemos estas linhas, tivemos o prazer de ter sua companhia até o momento em que nosso insigne homenageado veio a aposentar-se, em 2020. Além das duas faculdades brasileiras nas quais lecionou — as quais são mencionadas a título exemplificativo, e não exaustivo —, foi *Visiting Scholar* na prestigiada *Oxford University* e, mais recentemente, professor visitante na *Universidad de Sevilla*, ambas instituições centenárias. Seus textos, suas palestras, suas comendas e homenagens recebidas são incontáveis, de modo que, a julgar por sua vasta obra, impossível elencar em um breve texto.

Mas nos apraz, igualmente, lembrar o ser humano Juarez Freitas, as conversas acompanhadas de um bom café, na PUC, na UFRGS, na Padre Chagas ou em Gramado, sempre um momento auspicioso. A par de nossa amizade e dos assuntos mais variados que confabulamos de forma alheia a inquietações nessas oportunidades, elas sempre se mostram ricas em aprendizado. O sorriso generoso, a fala sempre amigável e construtiva são notas distintivas de nosso homenageado. Nossos laços também se perfazem na pessoa de seu querido filho Thomas, nosso talentoso, dedicado e prestativo aluno, do qual tivemos a honra de ser orientador no mestrado em Direito da UFRGS e, presentemente, temos novamente a alegria de ser seu orientador no doutorado, o qual se encontra em plena consecução.

É, de fato, uma grande alegria participar deste *liber amicorum* em homenagem ao lídimo catedrático Juarez Freitas, que tanto honra o Direito brasileiro. Inspirados em nosso homenageado, escolhemos como título deste escrito *A responsabilidade subjetiva na Lei de Improbidade Administrativa*, em que envidamos estabelecer uma confluência entre Direito Administrativo, interpretação sistemática e sustentabilidade, temas que diretamente tocam ao magistério de nosso homenageado, ao que se somam as aquisições advindas do Direito Penal, matéria esta à qual tenho me dedicado desde meus primeiros passos na vida acadêmica. Em modo de concisão, podemos afirmar que o enlace se faz pelo fato de a Lei de Improbidade Administrativa estar — a um tempo — albergada pelo Direito Administrativo e a mediar a sustentabilidade, aos que se adscreve a interpretação sistemática propiciada por Juarez Freitas, com os aportes do Direito Penal.

A sustentabilidade insere-se no horizonte compreensivo das atribuições estatais e, como tal, reivindica recursos. Em conformação com o que vem de ser dito, a probidade administrativa assume tarefa inarredável a propósito de opor óbice à malversação do dinheiro público. Com o advento da Lei nº 14.230/2021 procedeu-se a uma significativa modificação na lei que dispõe sobre as sanções aplicáveis em virtude da prática de atos de improbidade administrativa, a Lei nº 8.429/1992, notadamente no conceito de dolo, no escopo de instituir uma nova conformação da responsabilidade subjetiva relativamente às condutas tipificadas na referida Lei de Regência,

O conceito de dolo está diretamente relacionado com o conceito analítico de crime. A despeito de aquele conceito já estar presente na Roma Antiga, o seu desenvolvimento no âmbito doutrinário se deu, de fato, *notadamente* a partir da concepção clássica do fato punível, vindo a ganhar contornos mais elaborados com o advento do finalismo, de Hans Welzel. Isso porque é no referido contexto que se estabelece o conceito dogmático de crime tal como hoje o conhecemos, com as indeclináveis implicações nos domínios do dolo.

O dolo é definido juridicamente, ou seja, o conceito de dolo é um conceito jurídico, podendo-se, sem relutância, afirmar que se trata de um conceito (de matriz) jurídico-penal. Não é incomum uma área do Direito utilizar formulações de outra. Isso revela-se não raro uma necessidade. Vale lembrar que conceitos como coisa alheia, patrimônio e outros são utilizados no Direito Penal em crimes como furto, roubo, mas suas definições encontram-se nas demarcações do Direito Civil.

Neste texto, examinaremos como edificou-se o conceito de dolo tendo em conta as concepções causais (no modelo clássico e no modelo neoclássico) e a concepção finalista de crime. Isso visto que as concepções causais aportaram significativa contribuição embrionária à edificação do conceito de crime, com reflexo no conceito de dolo, ao passo que a finalista propiciou um verdadeiro avanço em relação às anteriores com reformulações que viriam, a partir da década de 1930, a se firmar na jurisprudência alemã, com a consequente recepção no vigente Código Penal alemão, o que veio a ocorrer também entre nós, notadamente a partir da década de 1980, com a Reforma Penal de 1984.

O presente capítulo, do ponto de vista conceitual, consoante deixamos antever, tem em linha de conta a opção feita pelo legislador penal, a partir da Reforma do Código Penal de 1984 e do significativo arcabouço doutrinário que se desenvolveu no Brasil, especialmente após a referida Reforma. O conceito de dolo é uma aquisição da doutrina penal forjada, se partirmos da concepção causal-naturalista, há mais de 100 anos, sendo que, no Brasil, é possível afirmar-se, sem relutância, que se apresenta sob as bases do finalismo. Não que o conceito jurídico-penal referido não seja passível de alguma dúvida ou controvérsia, mas a noção trazida pela Lei nº 14.230, de 2021, que procedeu a alterações na Lei de Improbidade Administrativa (Lei nº 8.429, de 1992), doravante "nova" LIA — ou, alternativa e simplesmente LIA —, não possui a menor consistência/coerência dogmática. Faremos nossa abordagem, portanto, elegendo como marco teórico a concepção de Hans Welzel e o Código Penal vigente, envidando ofertar alguma contribuição para uma adequada leitura da "nova" LIA, tendo em vista as alterações procedidas pela Lei nº 14.230, de 2021.

Em termos metodológicos, envidaremos demonstrar a inconsistência do conceito de dolo consagrado na nova LIA mediante o cotejo com a doutrina do dolo majoritariamente esposada entre nós, bem como com dispositivos legais da própria LIA. A abordagem se revela da maior relevância acadêmico-científica, na medida em procede a um exame em modo de uma intersecção da Ciência Penal com o Direito Administrativo Sancionador, evidenciando-se a contribuição que a primeira pode (e deve) propiciar a este. Na primeira parte, verificar-se-á como a doutrina do dolo coloca-se no Direito brasileiro, ao passo que, na segunda, ter-se-á em conta o dolo — a partir das bases lançadas na primeira parte — em face das diversas disposições com este correlacionadas previstas na LIA, em uma interpretação sistemática, interpretação essa que se traduz em mais um legado, dentre tantos outros, de Juarez Freitas.

1 Aproximações sobre a edificação teórica do conceito de dolo

O conceito de dolo está indissociavelmente correlacionado com o desenvolvimento da teoria do crime, notadamente desde a concepção clássica à concepção finalista do fato punível. A despeito de hoje encontrar-se um significativo acordo relativamente a sua definição, a caracterização do dolo continua a ser objeto de indagações. E isso sem considerar as novas inquietações relacionadas (e inerentes) à Inteligência Artificial (IA), matéria que se encontra na ordem do dia. Tanto que, tendo em conta a variada ordem de *novidades* que a IA suscita, Juarez Freitas e Thomas Bellini Freitas[1] enfatizam que, sem dúvida, "os elementos de conduta, tipicidade, ilicitude e culpabilidade terão que ser reexaminados com novas lentes". E é certo que, consoante passaremos a tratar, especialmente a conduta e a culpabilidade, ao longo do tempo, têm propiciado ressonância e vicissitudes na noção de dolo. Mas a menção ora feita se faz apenas a título ilustrativo, pois considerações relativas à IA refogem ao objeto deste trabalho.

Não há relutância em afirmar que o conceito analítico de crime, tal qual se vê hoje erigido, tem seu momento embrionário com a concepção clássica de crime. Isso porque até em torno do último quartel do século XIX, a noção de crime radicava em torno de três noções: a ação, a ilicitude e a categoria denominada *imputatio*. E é exatamente a partir dessas três categorias que viria, em sequência, o conceito de crime a ser estabelecido como a ação típica, ilícita e culpável. Nesse caminho, a antiga *imputatio* é substituída pela culpabilidade e, ulteriormente, seria acrescentada a tipicidade também — e a um tempo — como predicado da ação e, por conseguinte, como componente do crime. Como

---

[1] FREITAS, Juarez; FREITAS, Thomas Bellini. *Direito e Inteligência Artificial em Defesa do Humano*. Belo Horizonte: Fórum, 2020, p. 138-139.

é consabido, verificou-se nesses referidos elementos do crime significativas alterações, sendo que, no decorrer evolutivo, tanto a localização sistemática como também a conceituação de dolo foram, por sua vez, também modificadas.

De modo sintético e para o que interessa ao escopo deste capítulo, tais são os seguintes passos que a doutrina, ao longo de algumas décadas, viria a perfazer, quais sejam: *a*) adoção, inicialmente, de concepções "neutras", avaloradas, em um esforço (que pretendia ser) "verdadeiramente" científico, que se revelaria inconsistente, até uma ulterior assunção de aspectos valorativos indeclináveis; *b*) edificação da doutrina do tipo e da tipicidade que viria a ensejar uma riqueza de implicações, especialmente aos reclamos da legalidade e, no que pertine ao nosso estudo, por mérito de Hans Welzel, a formulação do injusto pessoal, com o deslocamento do dolo da culpabilidade para o injusto (com indeléveis repercussões, como, *v. g.*, na doutrina do erro jurídico-penal); *c*) substituição da doutrina da *imputatio* pela categoria da culpabilidade (que precipitou, *v. g.*, as primeiras construções da doutrina do erro em uma concepção causal-naturalista).

Rigorosamente falando, como suprarreferido, até a concepção causal-naturalista de crime, os componentes deste consistiam na ação, na ilicitude a na *imputatio*. Isso está muito claro nos autores de maior destaque, ao menos até o ano de 1872. A afirmação do conceito de crime como ação típica, ilícita e culpável deve-se à concepção causal-naturalista do fato punível. Não obstante, observaram-se notáveis vicissitudes em torno do conteúdo de cada um dentre esses elementos desde as primeiras formulações causais, passando pelo período neokantista até a afirmação finalista, na década de 1930. Passemos ao exame da evolução doutrinária do delito e da consequente repercussão no conceito de dolo.

Dois dentre os principais penalistas da concepção causal-naturalista de crime foram Franz von List e Ernst Beling. Para Liszt,[2] a "Acção é pois o facto que repousa sobre a vontade humana, a mudança do mundo exterior referível à, vontade do homem". A seu turno, Beling[3] predicava que a "*ação*, em contraposição com o *acaso*, é a atividade da vida baseada na vontade, um fazer deliberado (a palavra *fazer* é usada aqui em um sentido mais amplo = comportamento, conduta)". Não obstante o fato de Beling não fazer referência à alteração no mundo exterior, como se pode observar no conceito suprarreproduzido, mantinha-se empenhado com a proposição naturalista, "a qual, a propósito, dividia-se entre autores que davam maior destaque à conduta típica e outros ao resultado sendo que Beling incluía-se justamente entre os primeiros".[4] E precisamente por esse motivo que Beling, no escopo de afastar qualquer consideração axiológica, enfatizava, em seu *Die Lehre vom Verbrechen*, que o seu conceito de ação é — deve(ria) ser — um conceito *incolor* (*farblos*).[5]

No entanto, a conceituação que viria a prevalecer, de fato, seria a de Von Liszt, ou seja, a ação como o movimento corporal causador de um resultado no mundo exterior. Isso porque o elemento físico/empírico haveria de conferir ares "científicos"

---

[2] LISZT, Franz von. *Tratado de Direito Penal Allemão*. Trad. de José Hygino Duarte Pereira. Rio de Janeiro: F. Briguet & C., 1899, t. I, p. 193.

[3] BELING, Ernst. *Grundzüge des Strafrechts*. 3. ed. Tübingen: J. C. B. Mohr (Paul Siebeck), 1905, p. 28: "*Handlung* im Gegensatz zum *Zufall* ist vom Willen getragene Lebensbetätigung gewolltes Tun (das Wort *Tun* hier im weiteren Sinne genomenn = Verhalten, Benehmen)".

[4] SILVA, Ângelo Roberto Ilha da. *Teoria Geral do Crime*. 3. ed. Belo Horizonte/São Paulo: D'Plácido, 2024, p. 94.

[5] BELING, Ernst. *Die Lehre vom Verbrechen*. Tübingen: J. C. B. Mohr (Paul Siebeck), 1906, p. 11.

nos domínios conceituais jurídico-penais. Essa concepção recebeu a adesão de autores de renome de diversos países, tais como, dentre outros, Luiz Jiménez de Asúa,[6] na Espanha, Giuseppe Maggiore,[7] na Itália, e Aníbal Bruno,[8] entre nós.

A concepção causal de ação teve em Gustav Radbruch[9] um eloquente defensor. Em sua monografia intitulada *Der Handlungsbegriff in seiner Bedeutung für das Strafrechtssystem*, publicada em 1904, com a qual obteve a assunção à cátedra em Heidelberg, o penalista revelou-se um dos arautos do modelo de ação causal clássico, mas essa sua posição original viria no futuro a ser modificada.

No plano da tipicidade, a perspectiva era de um tipo legal de crime neutro e meramente descritivo, destituído de quaisquer considerações valorativas, sendo a tipicidade estritamente formal. Importa lembrar que a teoria do tipo, no que diz respeito a sua categorização nos domínios da teoria do crime, tal qual é hoje entendida, promovendo a tipicidade a um componente do conceito analítico de crime, ao lado da ilicitude e da culpabilidade como predicados da ação remonta à famosa publicação de Beling *Die Lehre vom Verbrechen*, em 1906.

Entendida como relação de contrariedade entre o fato e a norma, a ilicitude atendia aos reclamos da concepção causal-naturalista. Dessa forma, estremava-se de considerações valorativas, sendo concebida como uma ilicitude tão somente formal.

A culpabilidade, por mérito de Karl Binding,[10] é erigida a componente do crime, em lugar da antiga *imputatio*, de Samuel Pufendorf.[11] Historicamente, vale lembrar que Binding é um autor que se notabiliza por ideias próprias e precursoras em muitos pontos, com repercussões até os dias atuais.[12] Harro Otto[13] leciona que Binding desenvolve sua teoria da culpabilidade sobre o fundamento segundo a qual esta seria entendida como o abuso do livre-arbítrio.[14]

É, no entanto, com a contribuição de Franz von Liszt[15] que a culpabilidade, em moldes da concepção clássica de crime, afirma-se, naquele momento evolutivo

---

[6] JIMÉNEZ DE ASÚA, Luiz. *Tratado de Derecho Penal*. 2. ed. Buenos Aires: Losada, 1958, t. III, p. 332, para quem são três os elementos do "acto": "*a)* Manifestación de voluntad; *b)* Resultado; y *c)* Nexo causal entre aquélla y éste". De notar-se que Jiménez de Asúa preferia a designação "acto" à "acción".

[7] MAGGIORE, Giuseppe. *Diritto Penale*: Parte Generale. 5. ed. Bologna: Nicola Zanichelli Editore, 1951, v. 1, t. 1º, p. 232: "Azione è una *condotta volontaria consistente in un fare o in un non fare, che produce un mutamento nel mondo esteriore*".

[8] BRUNO, Anibal. *Direito Penal*: Parte Geral. 3. ed. Rio de Janeiro: Forense, 1967, t. I, p. 296: "A ação pode definir-se como um comportamento humano voluntário que produz uma modificação no mundo exterior".

[9] RADBRUCH, Gustav. *Der Handlungsbegriff in seiner Bedeutung für das Strafrechtssystem*. Berlin: J. Guttentag, 1904.

[10] BINDING, Karl. *Die Normen und ihre Übertretung, eine Untersuchung über die rechtmässige Handlung und die Arten des Delikts*. Leipzig: Wilhelm Engelmann, 1872, v. I, p. VII-VIII. Sobre o ponto: ACHENBACH, Hans. *Historische und dogmatische Grundlagen der Strafrechtssystematischen Schuldlehre*. Berlin: J. Schweitzer, 1974, p. 27.

[11] PUFENDORF, Samuel. *Le Droit de la Nature et des Gens, ou Systeme General des Principes les plus Importans de la Morale, de la Jurisprudence, et de la Politique*. Traduit de Latin par Jean Barbeyrac. 5. ed. Amsterdam: Chez la Veuve de Pierre de Coup, 1734, t. I, p. 76

[12] SILVA, Ângelo Roberto Ilha da; COSTA, Pedro Jorge. Os 150 Anos do *Die Normen und ihre Übertretung* e a Contribuição de Karl Binding para o Direito Penal. *Revista de Estudos Criminais*, nº 84, ano XXII, p. 210-229, jan./mar. 2022.

[13] OTTO, Harro. *Grundkurs Strafrecht*: Allgemeine Strafrechtslehre. 7. ed. Berlin: De Gruyter, 2004, p. 205.

[14] O que se pode conferir, de fato, na obra de Binding: BINDING, Karl. *Die Normen und ihre Übertretung, eine Untersuchung über die rechtmässige Handlung und die Arten des Delikts*. Leipzig: Wilhelm Engelmann, 1872, v. I, p. 102 e ss.

[15] LISZT, Franz von. *Tratado de Direito Penal Allemão*. Trad. de José Hygino Duarte Pereira. Rio de Janeiro: F. Briguet & C., 1899, t. I, p. 249 e ss.

da doutrina do fato punível, como o vínculo psicológico entre o agente e o fato — diferentemente de Binding, sem ingressar em considerações sobre a liberdade de agir. Nesse quadro compreensivo, o conceito psicológico de culpabilidade de Liszt recebe a adesão de Beling.[16] Tratava-se, portanto, de uma culpabilidade que buscava ser estritamente naturalística, isenta de valoração, ou seja, sem sindicar reclamos valorativos ou teleológicos.

As insuficiências do sistema causal-naturalista clássico eram notórias, de modo que viria a ceder lugar ao sistema neoclássico, o qual, na observação de Hans-Heinrich Jescheck,[17] permanecia *imanente* ao sistema que lhe precedeu, porquanto, de igual forma, dividia o crime em parte objetiva (tipo e ilicitude) e subjetiva (culpabilidade), salvo exceções pontuais. Porém, este último trazia à teoria do crime a indeclinável feição axiológica de que carecia o sistema Liszt/Beling.

Na observação de Arthur Kaufmann, a dissociação dos fatos da compreensão valorativa foi precisamente a causa que veio a fazer com que o sistema causal em sua feição clássica viesse a soçobrar. Nas palavras do autor,[18] "Fatos históricos destituídos de valor e valores cindidos do ser constituem figuras puramente imaginárias, não reais — do contrário estaríamos *submersos* ou ao ser ou ao valor".

Em vista dessas razões, prorrompe o sistema neokantista, o qual viria a prevalecer do início do século XX até a década de 1930. Em relação ao sistema anterior, observa-se certa modificação, especialmente a partir de Reinhard Frank. Passemos a proceder a uma breve aproximação do então novel sistema.

Na concepção neoclássica, o conceito de ação é nitidamente claudicante. Alguns autores neokantistas fundamentalmente adotam o conceito causal de Von Liszt, como é o caso de Max Ernst Mayer[19] e Edmund Mezger.[20] Outros valem-se de conceitos genéricos que sequer podem ser considerados como uma definição.[21] Um terceiro setor doutrinário refuta a relevância do conceito de ação, pondo em relevo, em detrimento desta, a edificação conceitual da tipicidade, sendo Gustav Radbruch,[22] que modificou sua antiga posição em relação à sua publicação de 1904, nome representativo.

É interessante notar que as dificuldades em edificar um conceito de ação no modelo causal clássico remanescem no modelo neoclássico e o que se evidencia, ao fim e ao cabo, é a ausência de uma coesão entre os autores neokantistas, ainda que mínima.

---

[16] BELING, Ernst. *Die Lehre vom Verbrechen*. Tübingen: J. C. B. Mohr (Paul Siebeck), 1906, p. 6.

[17] JESCHECK, Hans-Heinrich; WEIGEND, Thomas. *Lehrbuch des Strafrechts:* Allgemeiner Teil. 5. ed. Berlin: Duncker & Humblot, 1996, p. 202.

[18] KAUFMANN, Arthur. *Analogie und "Natur der Sache": Zugleich ein Beitrag zur Lehre vom Typus*. Karlsruhe: C. F. Müller, 1965, p. 37: "Wertfreie Lebenssachverhalte und vom Sein losgelöste Werte sind reine Gedankengebilde, aber keine Realitäten – wir würden sonst entweder im Sein oder im Wert *ertrinken*".

[19] MAYER, Max Ernst. *Der Allgemeine Teil des deutschen Strafrechts. Lehrbuch*. 2. ed. Heidelberg: Carl Winters Universitätsbuchhandlung, 1923, p. 101: "Demgemäß ist die Handlung zu definieren als eine motivierte Willensbetätigung mitsamt ihrem Erfolg" ("Por conseguinte, cabe definir a ação como uma atuação voluntária com inclusão do resultado").

[20] MEZGER, Edmund. *Strafrecht. Ein Lehrbuch*. 3. ed. Berlin: Duncker & Humblot, 1949, p. 95: "Im Handlungsbegriff eingeschlossen ist der Begriff des Erfolgs".

[21] Conferir em: TAVARES, Juarez. *Teorias do Delito (variações e Tendências)*. São Paulo: Revista dos Tribunais, 1980, p. 41-42.

[22] RADBRUCH, Gustav. Zur Systematik der Verbrechenslehre. In: *Festgabe für Reinhard von Frank zum 70. Geburtstag. 16. August 1930*. Tübingen: Scientia Verlag AAlen, 1930, v. I, p. 161-162.

Tanto que Hans Welzel[23] inicia seu famoso artigo *Studien zum System des Strafrechts* com a seguinte afirmação: "Não temos mais uma doutrina da ação".

Foi mérito de Beling proceder à assunção da tipicidade a predicado da ação, como elemento autônomo, ao lado da ilicitude e da culpabilidade, mas a tipicidade em Beling está adstrita àquelas (superadas) compreensões cientificistas refratárias a juízos de valor. Portanto, a tipicidade está confinada aos domínios da neutralidade e, com isso, exaure-se no formal, ou seja, a tipicidade é tão somente formal. Sobre essa compreensão, vale também aqui a crítica de Arthur Kaufmann antes mencionada. No plano da tipicidade, há um enriquecimento significativo com o advento do neokantismo, o qual passa a admitir elementos subjetivos em certos tipos penais, assim como elementos normativos, embora não como regra. Esses elementos constituíam elementos especiais (e excepcionais) do tipo, sendo que o dolo remanescia na culpabilidade. O tipo passa a ter um sentido de significado, significado valorativo.

A doutrina brasileira situada entre a edição do Código Penal de 1940 e a Reforma Penal de 1984 esposava, em grandes linhas, essa compreensão. Ilustrativamente, traz-se a lição de Anibal Bruno:[24] "O tipo é por definição a fórmula descritiva das circunstâncias objetivas do crime. Os seus elementos são essencialmente descritivos e objetivos. (...). Vemos, então, em certas construções de tipo, elementos normativos, que implicam uma consideração do ilícito, e, ao lado de elementos puramente objetivos, elementos subjetivos, que pertencem também à culpabilidade".

De acordo com o que fica dito, o tipo legal de crime, como regra, não alberga elementos subjetivos, a não ser excepcionalmente. Além disso, o dolo, enquanto elemento subjetivo geral, remanesce, para a concepção neokantista, na culpabilidade. Tal culpabilidade é psicológico-normativa — ou, também dita, simplesmente, normativa. Psicológica, porque nela encontra-se o elemento psicológico dolo, e normativa, porque compreensiva de elementos normativos, os quais ensejam reconduzi-la a um juízo de valoração/censura. Isso, de fato, considerando o período em que prevaleceu o neokantismo no Brasil, está bem estabelecido, consoante se observa em autores como Nelson Hungria,[25] Anibal Bruno,[26] José Frederico Marques,[27] E. Magalhães Noronha,[28] Odin Americano,[29] José Salgado Martins,[30] dentre outros. Impende, no entanto, observar que Paulo José da Costa Jr.,[31] mesmo após a Reforma Penal de 1984, manteve a adesão à concepção neokantista.

À compreensão do dolo não se coloca em relevo a ilicitude, porquanto, especialmente no que se refere à localização sistemática do dolo, importa ter em conta a conduta típica e a culpabilidade. Isso porque, com o finalismo, passa-se a se fazer referência à

---

[23] WELZEL, Hans. Studien zum System des Strafrechts. *Zeitschrift für die gesamte Strafrechtswissenschaft*, n. 58, p. 491-566, 1939, p. 491: "Wir haben Keine Handlungslehre mehr".
[24] BRUNO, Anibal. *Direito Penal*: Parte Geral. 3. ed. Rio de Janeiro: Forense, 1967, t. I, p. 343.
[25] HUNGRIA, Nelson; FRAGOSO, Heleno Cláudio. *Comentários ao Código Penal*. 5. ed. Rio de Janeiro: Forense, 1978, v. I, t. II, p. 112 e ss.
[26] BRUNO, Anibal. *Direito Penal*: Parte Geral. 3. ed. Rio de Janeiro: Forense, 1967, t. II, p. 27 e ss.
[27] MARQUES, José Frederico. *Tratado de Direito Penal*. 2. ed. São Paulo: Saraiva, 1965, v. 2, p. 155-156.
[28] NORONHA, E. Magalhães. *Do Crime Culposo*. São Paulo: Saraiva, 1957, p. 129 e ss.
[29] AMERICANO, Odin. Da Culpabilidade Normativa. In: *Estudos de Direito e Processo Penal em Homenagem a Nelson Hungria*. Rio de Janeiro: Forense, 1962, p. 328 e ss.
[30] MARTINS, José Salgado. *Direito Penal*: Introdução e Parte Geral. São Paulo: Saraiva, 1974, p. 203 e ss.
[31] COSTA JÚNIOR, Paulo José da. *Comentários ao Código Penal*. 4. ed. São Paulo: Saraiva, 1996, p. 69 e ss.

conduta dolosa, assim como a tipicidade dolosa (que vem a se contrapor ao erro de tipo) e à culpabilidade como puro juízo de reprovação. Esta culpabilidade agora resta destituída do dolo, pois a conduta dolosa passa a ser considerada o objeto de reprovação.

Importa lembrar que é em seu *Studien zum System des Strafrechts* que Welzel passa, de modo mais nítido, a estabelecer a sua concepção finalista, delimitando as características do crime, com ênfase no injusto pessoal, o qual, a propósito, viria a repercutir na caracterização da autoria como domínio final do fato. A compreensão de Welzel está posta de modo mais ampliado em seu livro *Das Deutsche Strafrecht*,[32] cuja última edição remonta ao ano de 1969. Para não nos delongarmos, ao propósito deste texto cumpre referir que, em Welzel, o dolo passa a ter seu *locus* categorial na conduta típica e consolida-se a relação injusto (objeto de reprovação) e culpabilidade (juízo de reprovação), situando-se este elemento subjetivo, portanto, não mais na culpabilidade e sim no injusto. O dolo é, assim, um "dolo de tipo"[33] (*Tatbestandsvorsatz*). Em síntese, de acordo com expressiva doutrina tanto na Alemanha[34] como também em outros países, como é o caso, *v. g.*, da Espanha[35] e de Portugal,[36] o dolo passa a ser entendido como consciência e vontade orientadas à realização do tipo objetivo.

Essa breve síntese exposta permite compreender a opção feita pelo legislador brasileiro, precisamente nos moldes finalistas. O Código Penal brasileiro põe em evidência que o dolo compreende o elemento cognitivo, sem o qual não há dolo (art. 20), bem como o elemento volitivo (art. 18, inc. I).[37] E essa compreensão é corroborada ao considerarmos que a tentativa se caracteriza quando, iniciada a execução, o crime não se consuma por circunstâncias alheias à *vontade* do agente (art. 14, inc. II), a evidenciar o elemento volitivo do dolo, porquanto, como bem leciona Miguel Reale Júnior,[38] o elemento subjetivo da tentativa ou seu "aspecto subjetivo da conduta" é "a intenção de consumação", a qual também está presente, evidentemente, no crime consumado.

---

[32] WELZEL, Hans. *Das Deutsche Strafrecht*. 11. ed. Berlin: Walter de Gruyter & Co., 1969.

[33] WELZEL, Hans. *Das Deutsche Strafrecht*. 11. ed. Berlin: Walter de Gruyter & Co., 1969, p. 64.

[34] WELZEL, Hans. *Das Deutsche Strafrecht*. 11. ed. Berlin: Walter de Gruyter & Co., 1969, p. 64-65; MAURACH, Reinhart. *Strafrecht: Allgemeiner Teil*. 7. ed. fortgeführt von Heinz Zipf. Heidelberg: C. F. Müller Juristischer Verlag, 1987, v. 1, p. 291;

[35] CÓRDOBA RODA, Juan. *Una Nueva Concepción del Delito*: La Doctrina Finalista. Barcelona: Ariel, 1963, p. 78: "Y si a *finalidade* pertenece a la acción, como quiera que los tipos configuran acciones, el *dolo* deberá pertenecer al tipo"; MUÑOZ CONDE, Francisco. *Teoría General del Delito*. 2. ed. Valencia: Tirant lo Blanch, 1991, p. 60: "El ámbito subjetivo del tipo de injusto de los delitos dolosos está constituido por el dolo. (..). Aqui se entende simplemente como *conciencia y voluntad de realizar el tipo objetivo de un delito*"; CEREZO MIR, José. *Curso de Derecho Penal*: Parte General. 6. ed. Madrid: Tecnos, 1998, v. II, p. 123: "El dolo, es decir, la conciencia y voluntad de la realización de los elementos objetivos del tipo, es también un elemento subjetivo de lo injusto de los delitos dolosos en nuestro Código".

[36] FIGUEIREDO DIAS, Jorge de. *Direito Penal*: Parte Geral. 3. ed. Coimbra: Gestlegal, 2019, t. I, p. 407: "A doutrina hoje dominante conceitualiza-o, na sua formulação mais geral, como *conhecimento e vontade de realização do tipo objetivo de ilícito*" (grifo no original); FARIA COSTA, José de. *Direito Penal*, p. 403: "o dolo nada mais é do que o conhecer e o querer a realização do facto descrito no tipo legal de crime"; TAIPA DE CARVALHO, Américo. *Direito Penal*: Parte Geral, p. 327: "Foi a *teoria finalista* que, como vimos, subjetivou, poder-se-á dizer definitivamente, o tipo de ilícito. A partir dela, a *concepção pessoal do ilícito penal*, com sua tónica no 'desvalor de ação', jamais deixou de se afirmar. Assim, quanto aos crimes dolosos (enquanto representação e vontade de realização do facto típico) e, quanto aos crimes negligentes, a negligência (enquanto violação do dever objetivo de cuidado) passarão também a ser assumidos como componentes essenciais do tipo de ilícito (...)".

[37] SILVA, Ângelo Roberto Ilha da. *Teoria Geral do Crime*. 3. ed. Belo Horizonte/São Paulo: D'Plácido, 2024, p. 176. Ver, ainda: SILVA, Ângelo Roberto Ilha da. *Instituições de Direito Penal*: Parte Geral. 5. ed. Belo Horizonte/São Paulo: D'Plácido, 2024, p. 306.

[38] REALE JÚNIOR, Miguel. *Fundamentos de Direito Penal*. 5. ed. Rio de Janeiro: Forense, 2020, p. 223

E esse dolo[39] não mais se situa na culpabilidade (concepção neoclássica) e muito menos pode ser considerado uma "forma" ou "espécie" de culpabilidade (concepção clássica). No âmbito da culpabilidade estão a imputabilidade (arts. 26, 27 e 28), a consciência da ilicitude (art. 21) e a exigibilidade de comportamento conforme o Direito (art. 22). Por fim, dolo e consciência da ilicitude não se imiscuem. Esta foi, portanto, a opção legislativa brasileira, a qual, a nosso ver, é aplicável ao Direito Administrativo Sancionador.

2 O dolo em face da "nova" LIA

Antes de darmos atenção ao problema de como o conceito de dolo se coloca na LIA, é importante procedermos a uma breve aproximação da referida lei. Isso visto que a lei de regência da (im)probidade se viu significativamente modificada em muitos pontos, colocando em realce a disciplina do dolo. Ainda, temos em devida conta que a sustentabilidade se fundamenta na probidade administrativa. Isso porque, como leciona Juarez Freitas, a sustentabilidade deve ser entendida como "o princípio constitucional que determina, com eficácia direta e imediata, a responsabilidade do Estado e da sociedade pela concretização solidária do desenvolvimento material e imaterial, socialmente inclusivo, durável e equânime, ambientalmente limpo, inovador, ético e eficiente, no intuito de assegurar, preferencialmente de modo preventivo e precavido, no presente e no futuro, o direito ao bem-estar". Daí a importância de um voltar de olhos para a LIA, porquanto está subjacente à sustentabilidade. A esses pontos de contato com o professor Juarez Freitas, ou seja, o Direito Administrativo e a sustentabilidade, somam-se ainda as notáveis lições ofertadas em seu livro *A Interpretação Sistemática do Direito*,[40] as quais se fazem fundamentais à abordagem aqui feita.

A Constituição Federal, em seu art. 37, §4º, assim estatui: "§4º Os atos de improbidade administrativa importarão a suspensão dos direitos políticos, a perda da função pública, a indisponibilidade dos bens e o ressarcimento ao erário, na forma e gradação previstas em lei, sem prejuízo da ação penal cabível". No escopo de regulamentar a previsão constitucional foi sancionada a Lei nº 8.429, de 2 de junho de 1992, a qual dispunha sobre as sanções aplicáveis aos agentes públicos nos casos de enriquecimento ilícito no exercício de mandato, cargo, emprego ou função na administração pública direta, indireta ou fundacional e dava outras providências.

---

[39] Ainda sobre dolo e suas diversas concepções e controvérsias, vide, na doutrina brasileira, exemplificativamente: COSTA, Pedro Jorge. *Dolo Penal e sua Prova*. São Paulo: Atlas, 2015; COSTA, Pedro Jorge. Tendências Contemporâneas do Dolo Eventual. In: SILVA, Ângelo Roberto Ilha da (org.). *Comportamento Humano, Direito Penal e Neurociências* Belo Horizonte/São Paulo: D'Plácido, 2023; VIANA, Eduardo. *Dolo como Compromisso Cognitivo*. São Paulo: Marcial Pons, 2017; LUCCHESI, Guilherme Brenner. *Punindo a Culpa como Dolo: O Uso da Cegueira Deliberada no Brasil*. São Paulo: Marcial Pons, 2018; MARTELETO FILHO, Wagner. *Dolo e Risco no Direito Penal*. Fundamentos e Limites para a Normatização. São Paulo: Marcial Pons, 2020; GOMES, Enéias Xavier. *Dolo sem Vontade Psicológica*: Perspectivas de Aplicação no Brasil. Belo Horizonte: D'Plácido, 2017; PORCIÚNCULA, José Carlos. *Lo <<Objetivo>> y lo <<Subjetivo>> en el Tipo Penal: Hacia la <<Exteriorizacion de lo Interno>>*. Barcelona: Atelier, 2014; WUNDERLICH, Alexandre. O Dolo Eventual nos Homicídios de Trânsito como uma Tentativa Frustada: A Reafirmação de uma Posição. In: BUSATO, Paulo César; SÁ, Priscila Placha; SCANDELARI, Gustavo Britta (coord.). *Perspectivas das Ciências Criminais*: Coletânea em Homenagem aos 55 Anos de Atuação Profissional do Prof. Dr. René Ariel Dotti. Rio de Janeiro: GZ, 2016; WUNDERLICH, Alexandre; RUIVO, Marcelo Almeida. Culpa Consciente e Dolo Eventual (Parecer Caso "Boate Kiss": Santa Maria/RS). *Revista Brasileira de Ciências Criminais*, São Paulo, ano 27, n. 161, p. 365-390, nov. 2019.

[40] FREITAS, Juarez. *A Interpretação Sistemática do Direito*. 5. ed. São Paulo: Malheiros, 2010.

No que interessa precípua e particularmente ao objeto da análise ora empreendida, importa destacar que a lei de regência da improbidade, em sua versão original, previa condutas dolosas e culposas. O art. 5º da LIA, em sua redação original, assim dispunha: "Art. 10. Constitui ato de improbidade administrativa que causa lesão ao erário qualquer ação ou omissão, *dolosa* ou *culposa*, que enseje perda patrimonial, desvio, apropriação, malbaratamento ou dilapidação dos bens ou haveres das entidades referidas no art. 1º desta lei, e notadamente" (g. n.). A versão original veio a ser significativamente alterada pela Lei nº 14.230, de 25 de outubro 2021,[41] mormente no tocante ao dolo, veemente proclamado e ratificado por esta lei, em um nítido esforço de rechaçar de vez a hipótese culposa.

O termo improbidade remonta ao latim *improbitate*, que remete à desonestidade.[42] Sobre a *vexata quaestio*, impende lembrar o seguinte e candente trecho do discurso de Ulysses Guimarães,[43] por ocasião da promulgação da Constituição Federal, em 5 de outubro de 1988: "A moral é o cerne da Pátria. A corrupção é o cupim da República. República suja pela corrupção impune tomba nas mãos de demagogos, que, a pretexto de salvá-la, a tiranizam".

O fenômeno da corrupção é, com efeito, um problema grave e não está confinado em fronteiras territoriais, tampouco restringe-se a dado momento histórico. De acordo com o que fica dito, vale lembrar a notável obra de John T. Noonan, Jr.,[44] intitulada *Bribes*, na qual, como evidencia o próprio título, procede ao estudo sobre *subornos* em uma multiplicidade de culturas e épocas, do antigo Egito aos Estados Unidos da América dos tempos atuais.

Entre nós, em seu livro *Os Donos do Poder*, Raymundo Faoro[45] refere a ilustre figura do padre Antônio Vieira a evidenciar a perpetração da corrupção desde os primórdios também em nosso País, textualmente: "O padre Antônio Vieira volve sua lança oratória contra dois abusos do sistema, com crítica à rapinagem burocrática e à drenagem de recursos para a metrópole: *Perde-se o Brasil, Senhor (digamo-lo em uma palavra), porque alguns ministros de Sua Majestade não vêm cá buscar o nosso bem, vêm cá buscar nossos bens.* [...]".[46]

E é exatamente no escopo de enfrentamento da malversação da coisa pública que a Constituição Federal, secundada pela LIA (com as alterações antes mencionadas), coloca-se como instrumento normativo em vista da necessária coibição. Com a edição da Lei nº 14.230, de 25 de outubro 2021, que procedeu a modificações no texto original da LIA, as principais inovações se deram nos seguintes pontos: *a)* legitimidade ativa exclusiva do Ministério Público, *b)* disciplina do acordo de não persecução cível (ANPC), *c)* taxatividade dos atos que atentam contra princípios, *d)* novo regime prescricional,

---

[41] Importa esclarecer que o Ministro do STF, Alexandre de Moraes, em sede de medida liminar, em decisão de 27 de dezembro de 2022, nos autos da ADI nº 7.236, suspendeu parte das alterações relativas aos seguintes dispositivos: art. 1º, §8º, art. 12, §§1º e 10, art. 17-B, §3º, art. 21, §4º, e art. 23-C.

[42] FIGUEIREDO, Marcelo. *Probidade Administrativa*. 4. ed. São Paulo: Malheiros, 2000, p. 23.

[43] Disponível em: https://www.camara.leg.br/radio/programas/277285-integra-do-discurso-presidente-da-assembleia-nacional-constituinte-dr-ulysses-guimaraes-10-23/. Acesso em: 20 maio 2024.

[44] NOONAN JR., John T. *Bribes*. New York/London: Macmillan, 1984. Leia-se, ainda, sobre a corrupção desde a Antiguidade até os tempos atuais, em modo mais resumido: LIVIANU, Roberto. *Corrupção e Direito Penal*: um diagnóstico da corrupção no Brasil. Coimbra: Coimbra Editora, 2007, p. 29 e ss.

[45] FAORO, Raymundo. *Os Donos do Poder*: Formação do Patronato Político Brasileiro. 3. ed. Rio de Janeiro: Globo, 2001, p. 199.

[46] Destacamos o excerto que corresponde às palavras do Padre Antônio Vieira em itálico.

e) redução do alcance da indisponibilidade de bens, f) parcelamento da dívida, g) prazo para encerramento do inquérito civil, h) supressão da hipótese culposa. Esta última inovação referida foi um (quiçá "o") grande móvel da reforma legal.[47]

O que se extrai da inovação legislativa é que o substancial escopo foi fulminar qualquer possibilidade de responsabilização penal a título de culpa. O dolo ou alguma variante que a ele remeta (condutas dolosas, ato doloso, dolosamente, etc.) são mencionados mais de dez vezes na novel lei de regência, por vezes com definições e consequências frontalmente contrárias à doutrina do dolo, bem como, não raro, em contradição ao próprio conceito de dolo da própria LIA.

Passamos a proceder à análise, considerando os limites do objeto deste escrito.

As aquisições doutrinárias nos domínios do dolo empreendidas pela dogmática penal — as quais foram objeto da primeira parte deste texto — não devem ser desprezadas. Elas nos fornecem embasamento teórico e um fio condutor à compreensão das disposições relativas ao elemento subjetivo. O Direito não deve desatender a uma coerência lógica, a qual, como nos mostra Juarez Freitas[48] com conhecimento da matéria, está ancorada em uma interpretação sistemática do Direito.

Na linha das considerações expostas, também se nos afigura claro o fato de que as diversas áreas se relacionam em modo de mútua colaboração, porquanto, como predica Juarez Freitas,[49] "interpretar uma norma é interpretar o sistema inteiro". Liborio Ciffo Bonaccorso,[50] tendo em conta o Direito italiano, escreve, v. g., sobre as relações entre o juízo penal e o juízo cível, examinando a suspensão do juízo penal em virtude das questões prejudiciais cíveis, a influência da prática delitiva no juízo cível, a eficácia da sentença cível no processo penal, bem como a influência da sentença penal no juízo cível.

Essas construções propiciam o bom funcionamento do sistema jurídico. Entre nós, há diversas previsões legais que consagram verdadeira intersecção entre áreas diversas do Direito. Exemplo tem-se, dentre tantos outros, no fato de o inc. I do Código Penal estabelecer que constitui efeito da condenação tornar certa a obrigação de indenizar o dano causado pelo crime.

Não há relutância em se afirmar que a LIA se coloca no âmbito do Direito Público, designadamente, nos domínios do Direito Administrativo Sancionador. Dado seu caráter punitivo, Fábio Medina Osório[51] assevera: "Daí a pertinência da sanção administrativa no universo do Direito Punitivo, por suas conexões e paralelos com a teoria da sanção penal, que lhe serve de referência. Esse Direito Punitivo, quando incidente no campo do Direito Administrativo, transforma-se em Direito Administrativo Sancionador". O autor prossegue afirmando que: "o Direito Administrativo Sancionador estará sempre subordinado à Constituição e às regras e princípios do Direito Penal".[52] Afora essa

---

[47] Sobre a evolução normativa da improbidade administrativa, ver: CERQUEIRA, Marcelo Malheiros. Das Disposições Gerais. In: BALLAN JUNIOR, Octahydes; CERQUEIRA, Marcelo Malheiros; PAULINO, Galtiênio da Cruz; SCHOUCAIR, João Paulo Santos (org.). Comentários à Lei de Improbidade Administrativa: Interpretação Constitucional em Consonância com a Eficácia Jurídica e Social. Salvador: Juspodivm, 2022, p. 40 e ss.

[48] FREITAS, Juarez. A Interpretação Sistemática do Direito. 5. ed. São Paulo: Malheiros, 2010, p. 65 e ss.

[49] FREITAS, Juarez. A Interpretação Sistemática do Direito. 5. ed. São Paulo: Malheiros, 2010, p. 76.

[50] BONACCORSO, Liborio Ciffo. Dei Rapporti tra il Giudizio Penale e il Giudizio Civile. Napoli: Editrice Dott. Eugenio Jovene, 1958.

[51] OSÓRIO, Fábio Medina. Direito Administrativo Sancionador. 8. ed. São Paulo: Revista dos Tribunais, 2022, p. 93.

[52] OSÓRIO, Fábio Medina. Direito Administrativo Sancionador. 8. ed. São Paulo: Revista dos Tribunais, 2022, p. 106.

consideração, a própria LIA assim preceitua: "Aplicam-se ao sistema da improbidade disciplinado nesta Lei os princípios constitucionais do direito administrativo sancionador" (art. 1º, §4º).

A nova LIA refere-se ao dolo e a outras expressões que a ele se reportam de forma recorrente, as quais serão objeto de comentário ao longo deste breve estudo. Iniciemos pelo dispositivo inaugural. Eis a dicção do art. 1º da Lei nº 8.429/92, com a redação dada pela Lei nº 14.230, de 25.10.2021:

> Art. 1º O sistema de responsabilização por atos de improbidade administrativa tutelará a probidade na organização do Estado e no exercício de suas funções, como forma de assegurar a integridade do patrimônio público e social, nos termos desta Lei.
> Parágrafo único. (Revogado).
> §1º Consideram-se atos de improbidade administrativa as condutas dolosas tipificadas nos arts. 9º, 10 e 11 desta Lei, ressalvados tipos previstos em leis especiais.
> §2º Considera-se dolo a vontade livre e consciente de alcançar o resultado ilícito tipificado nos arts. 9º, 10 e 11 desta Lei, não bastando a voluntariedade do agente.
> §3º O mero exercício da função ou desempenho de competências públicas, sem comprovação de ato doloso com fim ilícito, afasta a responsabilidade por ato de improbidade administrativa.
> §4º Aplicam-se ao sistema da improbidade disciplinado nesta Lei os princípios constitucionais do direito administrativo sancionador.
> §5º Os atos de improbidade violam a probidade na organização do Estado e no exercício de suas funções e a integridade do patrimônio público e social dos Poderes Executivo, Legislativo e Judiciário, bem como da administração direta e indireta, no âmbito da União, dos Estados, dos Municípios e do Distrito Federal.
> §6º Estão sujeitos às sanções desta Lei os atos de improbidade praticados contra o patrimônio de entidade privada que receba subvenção, benefício ou incentivo, fiscal ou creditício, de entes públicos ou governamentais, previstos no §5º deste artigo.
> §7º Independentemente de integrar a administração indireta, estão sujeitos às sanções desta Lei os atos de improbidade praticados contra o patrimônio de entidade privada para cuja criação ou custeio o erário haja concorrido ou concorra no seu patrimônio ou receita atual, limitado o ressarcimento de prejuízos, nesse caso, à repercussão do ilícito sobre a contribuição dos cofres públicos.
> §8º Não configura improbidade a ação ou omissão decorrente de divergência interpretativa da lei, baseada em jurisprudência, ainda que não pacificada, mesmo que não venha a ser posteriormente prevalecente nas decisões dos órgãos de controle ou dos tribunais do Poder Judiciário.

Desde seu primeiro dispositivo legal, a nova LIA laborou no escopo de afastar qualquer hipótese de ato de improbidade culposo. Isso resta muito claro, porquanto enfatiza a reivindicação do dolo quando remete (§1º) às disposições que tipificam atos de improbidade, ao "definir" o dolo; e (§2º) ao afastar a responsabilidade por ato de improbidade administrativa sem a comprovação do dolo "com o fim ilícito" em determinadas hipóteses (§3º).

Não há maiores problemas de ordem técnica relativamente ao §1º do art. 1º. Isso porque aqui se está diante de uma proclamação da exclusividade dolosa, ainda que a supressão da hipótese culposa possa ser objeto de controvérsia. Problemas *maiores* radicam em torno do conceito de dolo.

A partir do §2º, os problemas dogmáticos se avolumam. O referido §2º vai de encontro ao que se entende por dolo atualmente. Consoante vimos, o esquema causal-naturalista bipartia o crime em parte objetiva e parte subjetiva, em que a primeira era compreensiva do tipo e da ilicitude, enquanto esta última consistia na culpabilidade. Iniciando sob uma compreensão psicológica na concepção clássica veio a culpabilidade a ser aprimorada com a introdução de elementos normativos, passando, a ser um juízo de reprovação, mas nela permanecendo o elemento psicológico, qual seja, o dolo.

Porém, com as contribuições de Graf Zu Dohna[53] e Welzel,[54] abandona-se antigo esquema causal que dividia o crime nos moldes referidos para dar lugar ao conceito de fato punível que viria a divisar o injusto (conduta típica e ilícita) como objeto de reprovação e a culpabilidade como puro juízo de reprovação. Deveras, consoante desenvolveu Welzel em suas diversas publicações, o dolo (ou a conduta dolosa) passa a ser o objeto de reprovação e distingue-se, em termos categoriais da culpabilidade, que é o juízo de reprovação.

No modelo anterior, o dolo era, inicialmente, uma forma de culpabilidade. Posteriormente, já na fase neokantista, como se observa, *v. g.*, em Frank, era um elemento da culpabilidade. Nesse contexto até se poderia cogitar em imiscuir dolo e vontade livre. E foi exatamente o que veio a ser feito pela doutrina italiana. Isso tanto se observa em antigos autores[55] como também em penalistas atuais[56] da península. A título exemplificativo, Giuseppe Maggiore[57] formula sua doutrina precisamente em consonância com esse quadro compreensivo, preconizando que a vontade que constitui o dolo deve ser livre e, ao indagar o que é o dolo, sintetiza, "in una parola, *deliberazione*", de modo que dolo e vontade livre estão amalgamados.

É interessante notar, no entanto, que essas construções resultam, de certo modo, e a bem da verdade, de formulações incipientes que já se encontravam anteriormente em Francesco Carrara.[58] Isso porque, não obstante o fato de em seu tempo a culpabilidade ainda não ter sido erigida à posição de componente do crime, tal como hoje se observa, para o penalista, a "forza morale" do crime assentava-se nitidamente no livre-arbítrio.

Nelson Hungria, que tanto influenciou nossa doutrina e nossa jurisprudência, laborou precisamente sob a influência da compreensão que vimos de explicitar. Sobre o ponto, eis a lição de Hungria:[59] "O agente deve ter querido livremente a ação ou omissão e o resultado (dolo), ou, pelo menos, a ação ou omissão (culpa *stricto sensu*)". Consoante se pode observar, o saudoso penalista introduz, na consideração do dolo, o fato de o agente "ter querido livremente" e isso o conduz, sob influência da doutrina

---

[53] DOHNA, Alexander Graf Zu. *Der Aufbau der Verbrechenslehre*. 3. ed. Bonn: Röhrscheid, 1947, p. 11 e ss.
[54] WELZEL, Hans. *Das Deutsche Strafrecht*. 11. ed. Berlin: Walter de Gruyter & Co., 1969.
[55] MAGGIORE, Giuseppe. *Diritto Penale*: Parte Generale. 5. ed. Bologna: Nicola Zanichelli Editore, 1951, v. 1, t. 1º, p. 431 e ss.
[56] MANTOVANI. Ferrando. *Diritto Penale*: Parte Generale. 11. ed. Milano: CEDAM, 2020, p. 316 e ss.; MARINUCCI, Giorgio; DOLCINI, Emilio; GATTA, Gian Luigi. *Manuale di Diritto Penale: Parte Generale*. 10. ed. Milano: Giuffrè, 2021, p. 371 e ss.
[57] MAGGIORE, Giuseppe. *Diritto Penale*: Parte Generale. 5. ed. Bologna: Nicola Zanichelli Editore, 1951, v. 1, t. 1º, p. 436-437.
[58] CARRARA, Francesco. *Programma del Corso di Diritto Criminale*. 11. ed. Firenze: Fratelli Cammelli, 1924, v. I, p. 61 e ss.
[59] HUNGRIA, Nelson; FRAGOSO, Heleno Cláudio. *Comentários ao Código Penal*. 5. ed. Rio de Janeiro: Forense, 1978, v. I, t. II, p. 25.

italiana — que, a propósito, exerceu notável influência na concepção de CP brasileiro de 1940, assim como na doutrina e na jurisprudência que se seguiram —, à seguinte definição deste grande penalista: *"Dolo* é a vontade livre e consciente dirigida ao resultado antijurídico ou, pelo menos, aceitando o risco de produzi-lo".[60] Porém, desde a perspectiva do estágio atual doutrinário e também do Direito Penal brasileiro vigente pós 1984, essa noção não mais se sustenta.

O finalismo deslocou o dolo da culpabilidade para a ação típica, estabeleceu a compreensão de injusto e divisou os tipos em objetivo e subjetivo. Isso é reconhecido até mesmo por autores não adeptos ao finalismo[61] e traz consequências diretas no plano da conduta, pois desde o início a conduta é dolosa ou culposa. O dolo e a culpa estão na conduta típica e não mais na culpabilidade, e isso está presente na própria LIA, que utiliza expressões tais como "ação ou omissão dolosa" (arts. 10 e 11) e, de modo enfaticamente manifesto, na expressão "dolo na conduta do agente", consoante o §2º do art. 21.

Ora, se o dolo está na conduta, e está, não há inserir a expressão "vontade livre" no conceito de dolo, pois a "vontade livre" é matéria, adstrita, em termos conceituais — e sistemáticos —, à culpabilidade. Dessa forma, dolo não é vontade livre e consciente, e sim consciência e vontade (ao menos no marco teórico aqui posto) que se dirige à realização do tipo objetivo. De acordo o Código Penal (art. 22), consoante sobejada doutrina,[62] a coação moral irresistível desnatura exatamente a vontade livre e, por via de consequência, afasta a culpabilidade, e não o dolo, é bom repetir.

A definição do art. 1º, §2º, da Lei de Improbidade revela-se, portanto, flagrantemente inadequada. Isso porque constitui uma formulação notavelmente ultrapassada, ou seja, aquela que define o dolo como "vontade livre e consciente", porquanto no finalismo corroborado legislativamente, entre nós, a "vontade livre" torna-se um corpo estranho no conceito de dolo. Trata-se de categorias diversas, uma (a culpabilidade) é juízo de outra (o dolo), e não elemento. Assim, conceitualmente, não se imiscuem.

E não há aqui redarguir com o argumento de que o Direito Penal e o Direito Administrativo Sancionador são instâncias diversas, porquanto a própria doutrina labora com embasamento da dogmática penal para fundamentar o Direito Administrativo Sancionador.[63] E não é só, pois a própria lei de regência da improbidade administrativa fornece elementos para tanto.

Só por essas razões o conceito de dolo da lei revela-se equivocado, mas há mais. Isso porque, ao colocar "o resultado ilícito" no conceito, mais uma vez não foi feliz.

---

[60] HUNGRIA, Nelson; FRAGOSO, Heleno Cláudio. *Comentários ao Código Penal*. 5. ed. Rio de Janeiro: Forense, 1978, v. I, t. II, p. 114.

[61] Assim: BOCKELMANN, Paul. *Strafrecht: Allgemeiner Teil*. 3. ed. München: C. H. Beck, 1979, p. 48.

[62] TOLEDO, Francisco de Assis. *Princípios Básicos de Direito Penal*. 5. ed. São Paulo: Saraiva, 1994, p. 338-339; FRAGOSO, Heleno Cláudio. *Lições de Direito Penal: Parte Geral*. 12. ed. revista e atualizada por Fernando Fragoso. Rio de Janeiro: Forense, 1990, p. 158-160; REALE JÚNIOR, Miguel. *Fundamentos de Direito Penal*. 5. ed. Rio de Janeiro, Forense, 2020, p. 150 e ss.; TAVARES, Juarez. *Fundamentos de Teoria do Delito*. Florianópolis: Tirant lo Blanch, 2018, p. 495-496; NAHUM, Marco Antonio R. *Inexigibilidade de Conduta Diversa: Causa Supralegal Excludente de Culpabilidade*. São Paulo: Revista dos Tribunais, 2001; COSTA, Djalma Martins da. *Inexigibilidade de Conduta Diversa*. Rio de Janeiro: Forense Universitária, 1999; AZUMA, Felipe Cazuo. *Inexigibilidade de Conduta Conforme a Norma*. Curitiba: Juruá, 2007; AMORIM, Maria Carolina de Melo. *Inexigibilidade de Conduta Diversa*. Belo Horizonte: Del Rey, 2014; SÁ, Simone de. *Causas Supralegais de Inexigibilidade de Conduta Diversa*. Belo Horizonte: D'Plácido, 2022.

[63] OSÓRIO, Fábio Medina. *Direito Administrativo Sancionador*. 8. ed. São Paulo: Revista dos Tribunais, 2022.

Do mesmo modo que o faz o Direito Penal, também a LIA vale-se de uma técnica de tipificação das condutas ímprobas, ou seja, de esquemas, de modelos descritivos que, só por si, implicam indício de ilicitude,[64] a ser eventualmente infirmado por alguma justificante. Isso porque, consoante se observa na doutrina de Welzel,[65] o tipo constitui a *matéria de proibição* (*Verbotsmaterie*), o modelo de conduta, de conduta proibida, e, sendo assim, enuncia "a descrição legal da conduta proibida".[66] Sendo a conduta proibida, por evidente, não será (não pode ser), ao mesmo tempo, lícita, mas tão somente ilícita. Em termos rigorosamente técnicos, eventual apreciação da consciência da ilicitude seria matéria a ser apreciada no âmbito da culpabilidade. Como acertadamente predica Reinhart Maurach:[67] "A ilicitude do fato resta fora do dolo". De igual modo, Wessels,[68] para quem: "De acordo com a 'teoria da culpabilidade', consagrada pelo §17, a consciência da ilicitude (consciência do injusto) não é parte integrante do dolo, mas um elemento da *culpabilidade*" (grifo no original).

Ademais, incrível, mas verdade, é o fato de que a própria LIA confirma — contraditoriamente ao "conceito" ofertado no art. 1º, §2º — o que vem de ser afirmado. Esta constatação exsurge da simples leitura de determinados dispositivos da Lei consoante se verifica ao estabelecer o que constitui ato de improbidade administrativa, "mediante ato doloso" (art. 9º), assim como ao referir-se à "ação ou omissão dolosa" (art. 10), ao "ato doloso" (art. 10, §2º), ou, ainda, ao "dolo na conduta do agente" (art. 21, §2º). A simples leitura dessas disposições evidencia que a própria LIA, portanto, reconhece que o dolo reside na conduta típica, e não na culpabilidade, como fora ao tempo das concepções causais. Isso porque não há como, em nosso sistema, desconsiderar que o dolo é objeto de reprovação, assim como a culpabilidade constitui juízo de reprovação da conduta típica dolosa.

Por derradeiro, ainda uma palavra sobre o concurso de pessoas. A teor do art. 3º, "As disposições desta Lei são aplicáveis, no que couber, àquele que, mesmo não sendo agente público, induza ou concorra dolosamente para a prática do ato de improbidade". Com o advento da Reforma Penal de 1984, rechaçou-se, de vez, a responsabilidade objetiva, e esta compreensão deve estar presente também no âmbito da improbidade. Mesmo porque a própria LIA determina a observância dos princípios constitucionais do direito administrativo sancionador (art. 1º, §4º). Com isso queremos dizer que o *extraneus* somente responderá em concurso com o *intraneus* se concorrer dolosamente para a prática do ato de improbidade, ou seja, o *extraneus* deve saber que concorre com o *intraneus* para o cometimento do ato de improbidade, pois, se assim não for, age sem dolo. Solução diversa conduziria à superada responsabilidade objetiva.

A previsão do art. 3º da LIA está em plena consonância com o art. 30 do Código Penal, mas, para que se concretize o ato de improbidade pelo *extraneus* em concorrência

---

[64] MAYER, Max Ernst. *Der Allgemeine Teil des deutschen Strafrechts. Lehrbuch.* 2. ed. Heidelberg: Carl Winters Universitätsbuchhandlung, 1923, p. 10.
[65] WELZEL, Hans. *Das Deutsche Strafrecht.* 11. ed. Berlin: Walter de Gruyter & Co., 1969, p. 49.
[66] TAVARES, Juarez. *Teoria do Injusto Penal.* 4. ed. São Paulo: Tirant lo Blanch, 2019, p. 155.
[67] MAURACH, Reinhart. *Strafrecht: Allgemeiner Teil.* 7. ed. fortgeführt von Heinz Zipf. Heidelberg: C. F. Müller Juristischer Verlag, 1987, v. 1, p. 305: "Außerhalb des Vorsatzes bleibt die *Rechtswidrigkeit* der Tat".
[68] WESSELS, Joahannes; BEULKE, Werner; SATZGER, Helmut. *Strafrecht:* Allgemeiner Teil. 53. ed. Heidelberg: C. F. Müller, 2023, v. I, p. 111: "Nach der durch §17 anerkannten 'Schuldtheorie' ist das Bewusstsein der Rechtswidrigkeit (Unrechtsbewusstsein) nicht Bestandteil des Vorsatzes, sondern ein Element der *Schuld*".

com o *intraneus*, e a consequente responsabilização, deve o primeiro ter ciência da condição de agente público do agente/autor, porquanto, assim não sendo incidirá a hipótese do erro de tipo, de acordo com os moldes do art. 20 do CP. Isso porque, nas palavras de Luiz Luisi,[69] referindo-se à Reforma Penal de 1984, "o que a nova legislação consagra é que no concurso de pessoas a cada um é atribuída a prática do tipo para o qual quis contribuir". Ou seja, tendo em conta o problema objeto deste trabalho, o agente *extraneus* deve saber que pratica um ato de improbidade e, para isso, por evidente, deve saber que está em um contexto de perpetração de ato de improbidade em que o autor é (só pode ser) um agente público, ao qual o *extraneus* se une pelo *pactum sceleris*.[70]

Tanto é assim que, analisando a comunicabilidade das circunstâncias e referindo o exemplo do crime de peculato, Miguel Reale Júnior[71] esclarece: "Se o concorrente desconhece a condição de funcionário público do coautor, incorre em erro de tipo, e não responderá pelo crime capitulado em face desta qualidade especial, que torna o concorrente um sujeito ativo próprio". Novamente aqui invocando Luisi,[72] o saudoso juspenalista, ao comentar o art. 29, §2º, preconizava que "se fazia necessária em um Código que tem como um dos seus mais importantes compromissos doutrinários, o banimento da chamada responsabilidade objetiva do nosso direito penal". O mesmo se dá com respeito à LIA, pois a responsabilidade objetiva está relegada ao passado e não deve ter mais lugar na atual quadra histórica do Direito Penal.

Considerações finais

Após a análise empreendida no desenvolvimento deste estudo, resulta claro que as alterações levadas a efeito pela Lei nº 14.230/2021 na LIA tinham como principal escopo a afirmação do dolo como elemento subjetivo dos atos de improbidade, com o veemente rechaço da hipótese culposa. No entanto, em termos técnicos, a formulação do conceito de dolo expresso no art. 1º, §2º, constitui, em realidade, verdadeira deformação dogmática imiscuindo compreensões epistemológicas incompatíveis no que tange ao conceito do referido elemento subjetivo. O intento de eliminar a hipótese culposa poderia ter sido realizado de modo mais técnico e adequado, visto que, em diversos momentos, a própria LIA resta por negar o conceito por ela ofertado. Isso porque a LIA, ao fim e ao cabo, continua referindo-se ao dolo como um dolo típico ou de conduta típica, e não aquele do §2º do art. 1º, o que é emblemático e bem demonstra o dolo tal como posto tecnicamente no Código Penal. Numa palavra: o conceito de dolo tão arduamente edificado é um patrimônio irrecusável.

---

[69] LUISI, Luiz. *O Tipo Penal, a Teoria Finalista e a Nova Legislação Penal*. Porto Alegre: Sergio Antonio Fabris Editor, 1987, p. 119.

[70] No sentido da compreensão exposta: MESTIERI, João. *Manual de Direito: Parte Geral*. Rio de Janeiro: Forense, 1999, v. I, p. 204: "A comunicabilidade das circunstâncias, como é intuitivo, sejam de que natureza forem, pressupõe que o dado em causa haja entrado na esfera de conhecimento do agente, pois é esta uma do direito penal da culpa". LOPES, Jair Leonardo. *Curso de Direito Penal: Parte Geral*. 4. ed. São Paulo: Revista dos Tribunais, 2005, p. 178: "Porém, a comunicabilidade dessas circunstâncias e das condições de caráter pessoal somente pode ser admitida quando o partícipe tenha concorrido para o crime com o conhecimento prévio das circunstâncias de sua prática e da condição de caráter pessoal do autor".

[71] REALE JÚNIOR, Miguel. *Fundamentos de Direito Penal*. 5. ed. Rio de Janeiro, Forense, 2020, p. 256.

[72] LUISI, Luiz. *O Tipo Penal, a Teoria Finalista e a Nova Legislação Penal*. Porto Alegre: Sergio Antonio Fabris Editor, 1987, p. 121.

Referências

ACHENBACH, Hans. *Historische und dogmatische Grundlagen der Strafrechtssystematischen Schuldlehre*. Berlin: J. Schweitzer, 1974.

AMERICANO, Odin. Da Culpabilidade Normativa. In: *Estudos de Direito e Processo Penal em Homenagem a Nelson Hungria*. Rio de Janeiro: Forense, 1962.

AMORIM, Maria Carolina de Melo. *Inexigibilidade de Conduta Diversa*. Belo Horizonte: Del Rey, 2014.

AZUMA, Felipe Cazuo. *Inexigibilidade de Conduta Conforme a Norma*. Curitiba: Juruá, 2007.

BELING, Ernst. *Die Lehre vom Verbrechen*. Tübingen: J. C. B. Mohr (Paul Siebeck), 1906.

BELING, Ernst. *Grundzüge des Strafrechts*. 3. ed. Tübingen: J. C. B. Mohr (Paul Siebeck), 1905.

BINDING, Karl. *Die Normen und ihre Übertretung, eine Untersuchung über die rechtmässige Handlung und die Arten des Delikts*. Leipzig: Wilhelm Engelmann, 1872, v. I.

BOCKELMANN, Paul. *Strafrecht: Allgemeiner Teil*. 3. ed. München: C. H. Beck, 1979.

BONACCORSO, Liborio Ciffo. *Dei Rapporti tra il Giudizio Penale e il Giudizio Civile*. Napoli: Editrice Dott. Eugenio Jovene, 1958.

BRUNO, Anibal. *Direito Penal*: Parte Geral. 3. ed. Rio de Janeiro: Forense, 1967, t. I e II.

CARRARA, Francesco. *Programma del Corso di Diritto Criminale*. 11. ed. Firenze: Fratelli Cammelli, 1924, v. I.

CEREZO MIR, José. *Curso de Derecho Penal: Parte General*. 6. ed. Madrid: Tecnos, 1998, v. II.

CERQUEIRA, Marcelo Malheiros. Das Disposições Gerais. In: BALLAN JUNIOR, Octahydes; CERQUEIRA, Marcelo Malheiros; PAULINO, Galtiênio da Cruz; SCHOUCAIR, João Paulo Santos (org.). *Comentários à Lei de Improbidade Administrativa*: Interpretação Constitucional em Consonância com a Eficácia Jurídica e Social. Salvador: Juspodivm, 2022.

CÓRDOBA RODA, Juan. *Una Nueva Concepción del Delito*: la doctrina finalista. Barcelona: Ariel, 1963.

COSTA, Djalma Martins da. *Inexigibilidade de Conduta Diversa*. Rio de Janeiro: Forense Universitária, 1999.

COSTA JÚNIOR, Paulo José da. *Comentários ao Código Penal*. 4. ed. São Paulo: Saraiva, 1996.

COSTA, Pedro Jorge. Tendências Contemporâneas do Dolo Eventual. In: SILVA, Ângelo Roberto Ilha da (org.). *Comportamento Humano, Direito Penal e Neurociências*. Belo Horizonte/São Paulo: D'Plácido, 2023.

COSTA, Pedro Jorge. *Dolo Penal e sua Prova*. São Paulo: Atlas, 2015.

DOHNA, Alexander Graf zu. *Der Aufbau der Verbrechenslehre*. 3. ed. Bonn: Röhrscheid, 1947.

FAORO, Raymundo. *Os Donos do Poder*: Formação do Patronato Político Brasileiro. 3. ed. Rio de Janeiro: Globo, 2001.

FARIA COSTA, José de. *Direito Penal*. Lisboa: Imprensa Nacional, 2017.

FIGUEIREDO DIAS, Jorge de. *Direito Penal: Parte Geral*. 3. ed. Coimbra: Gestlegal, 2019, t. I.

FIGUEIREDO, Marcelo. *Probidade Administrativa*. 4. ed. São Paulo: Malheiros, 2000.

FRAGOSO, Heleno Cláudio. *Lições de Direito Penal: Parte Geral*. 12. ed. rev. e atual. por Fernando Fragoso. Rio de Janeiro: Forense, 1990.

FREITAS, Juarez. *Interpretação Sistemática do Direito*. 5. ed. São Paulo: Malheiros, 2010.

FREITAS, Juarez. *Sustentabilidade*: direito ao futuro. 4. ed. Belo Horizonte: Fórum, 2019.

FREITAS, Juarez; FREITAS, Thomas Bellini. *Direito e Inteligência Artificial em Defesa do Humano*. Belo Horizonte: Fórum, 2020.

GOMES, Enéias Xavier. *Dolo sem Vontade Psicológica: Perspectivas de Aplicação no Brasil*. Belo Horizonte: D'Plácido, 2017.

HUNGRIA, Nelson; FRAGOSO, Heleno Cláudio. *Comentários ao Código Penal*. 5. ed. Rio de Janeiro: Forense, 1978, v. I, t. II.

JESCHECK, Hans-Heinrich; WEIGEND, Thomas. *Lehrbuch des Strafrechts*: Allgemeiner Teil. 5. ed. Berlin: Duncker & Humblot, 1996.

JIMÉNEZ DE ASÚA, Luiz. *Tratado de Derecho Penal*. 2. ed. Buenos Aires: Losada, 1958, t. III.

KAUFMANN, Arthur. *Analogie und "Natur der Sache"*: Zugleich ein Beitrag zur Lehre vom Typus. Karlsruhe: C. F. Müller, 1965.

LISZT, Franz von. *Tratado de Direito Penal Allemão*. Trad. de José Hygino Duarte Pereira. Rio de Janeiro: F. Briguet & C., 1899, t. I.

LIVIANU, Roberto. *Corrupção e Direito Penal*: um diagnóstico da corrupção no Brasil. Coimbra: Coimbra Editora, 2007.

LOPES, Jair Leonardo. *Curso de Direito Penal: Parte Geral*. 4. ed. São Paulo: Revista dos Tribunais, 2005.

LUCCHESI, Guilherme Brenner. *Punindo a Culpa como Dolo: o uso da cegueira deliberada no Brasil*. São Paulo: Marcial Pons, 2018.

LUISI, Luiz. *O Tipo Penal, a Teoria Finalista e a Nova Legislação Penal*. Porto Alegre: Sérgio Antônio Fabris Editor, 1987.

MAGGIORE, Giuseppe. *Diritto Penale*: Parte Generale. 5. ed. Bologna: Nicola Zanichelli Editore, 1951, v. 1, t. 1º.

MANTOVANI, Ferrando. *Diritto Penale*: Parte Generale. 11. ed. Milano: CEDAM, 2020.

MARINUCCI, Giorgio; DOLCINI, Emilio; GATTA, Gian Luigi. *Manuale di Diritto Penale*: Parte Generale. 10. ed. Milano: Giuffrè, 2021.

MARQUES, José Frederico. *Tratado de Direito Penal*. 2. ed. São Paulo: Saraiva, 1965, v. 2º.

MARTELETO FILHO, Wagner. *Dolo e Risco no Direito Penal*. Fundamentos e Limites para a Normatização. São Paulo: Marcial Pons, 2020.

MARTINS, José Salgado. *Direito Penal*: Introdução e Parte Geral. São Paulo: Saraiva, 1974.

MAURACH, Reinhart. *Strafrecht: Allgemeiner Teil*. 7. ed. fortgeführt von Heinz Zipf. Heidelberg: C. F. Müller Juristischer Verlag, 1987, v. 1.

MAYER, Max Ernst. *Der Allgemeine Teil des deutschen Strafrechts*. Lehrbuch. 2. ed. Heidelberg: Carl Winters Universitätsbuchhandlung, 1923.

MESTIERI, João. *Manual de Direito*: Parte Geral. Rio de Janeiro: Forense, 1999, v. I.

MEZGER, Edmund. *Strafrecht*. Ein Lehrbuch. 3. ed. Berlin: Duncker & Humblot, 1949.

MUÑOZ CONDE, Francisco. *Teoría General del Delito*. 2. ed. Valencia: Tirant lo Blanch, 1991.

NAHUM, Marco Antonio R. *Inexigibilidade de Conduta Diversa: Causa Supralegal Excludente de Culpabilidade*. São Paulo: Revista dos Tribunais, 2001.

NOONAN JR., John T. *Bribes*. New York/London: Macmillan, 1984.

NORONHA, E. Magalhães. *Do Crime Culposo*. São Paulo: Saraiva, 1957.

OSÓRIO, Fábio Medina. *Direito Administrativo Sancionador*. 8. ed. São Paulo: Revista dos Tribunais, 2022.

OTTO, Harro. *Grundkurs Strafrecht*: Allgemeine Strafrechtslehre. 7. ed. Berlin: De Gruyter, 2004.

PORCIÚNCULA, José Carlos. *Lo <<Objetivo>> y lo <<Subjetivo>> en el Tipo Penal*: Hacia la <<Exteriorizacion de lo Interno>>. Barcelona: Atelier, 2014.

PUFENDORF, Samuel. *Le Droit de la Nature et des Gens, ou Systeme General des Principes les plus Importans de la Morale, de la Jurisprudence, et de la Politique*. Traduit de Latin par Jean Barbeyrac. 5. ed. Amsterdam: Chez la Veuve de Pierre de Coup, 1734, t. I.

RADBRUCH, Gustav. *Der Handlungsbegriff in seiner Bedeutung für das Strafrechtssystem*. Berlin: J. Guttentag, 1904.

RADBRUCH, Gustav. Zur Systematik der Verbrechenslehre. *In*: Festgabe für Reinhard von Frank zum 70. Geburstag. 16. August 1930. Tübingen: Scientia Verlag AAlen, 1930, v. I.

REALE JÚNIOR, Miguel. *Fundamentos de Direito Penal*. 5. ed. Rio de Janeiro, Forense, 2020.

SÁ, Simone de. *Causas Supralegais de Inexigibilidade de Conduta Diversa*. Belo Horizonte: D'Plácido, 2022.

SILVA, Ângelo Roberto Ilha da. *Instituições de Direito Penal*: Parte Geral. 5. ed. Belo Horizonte/São Paulo: D'Plácido, 2024.

SILVA, Ângelo Roberto Ilha da. *Teoria Geral do Crime*. 3. ed. Belo Horizonte/São Paulo: D'Plácido, 2024.

SILVA, Ângelo Roberto Ilha da; COSTA, Pedro Jorge. Os 150 Anos do Die Normen und ihre Übertretung e a Contribuição de Karl Binding para o Direito Penal. *Revista de Estudos Criminais*, n. 84, ano XXII, p. 210-229, jan./mar. 2022.

TAIPA DE CARVALHO, Américo. *Direito Penal*: Parte Geral. 3. ed. Porto: Universidade Católica Editora, 2016 (2ª reimpressão 2019).

TAVARES, Juarez. *Fundamentos de Teoria do Delito*. Florianópolis: Tirant lo Blanch, 2018.

TAVARES, Juarez. *Teoria do Injusto Penal*. 4. ed. São Paulo: Tirant lo Blanch, 2019.

TAVARES, Juarez. *Teorias do Delito* (variações e Tendências). São Paulo: Revista dos Tribunais, 1980.

TOLEDO, Francisco de Assis. *Princípios Básicos de Direito Penal*. 5. ed. São Paulo: Saraiva, 1994.

VIANA, Eduardo. *Dolo como Compromisso Cognitivo*. São Paulo: Marcial Pons, 2017.

WELZEL, Hans. *Das Deutsche Strafrecht*. 11. ed. Berlin: Walter de Gruyter & Co., 1969.

WELZEL, Hans. Studien zum System des Strafrechts. *Zeitschrift für die gesamte Strafrechtswissenschaft*, n. 58, p. 491-566, 1939.

WESSELS, Joahannes; BEULKE, Werner; SATZGER, Helmut. *Strafrecht: Allgemeiner Teil*. 53. ed. Heidelberg: C. F. Müller, 2023, v. I.

WUNDERLICH, Alexandre. O Dolo Eventual nos Homicídios de Trânsito como uma Tentativa Frustada: A Reafirmação de uma Posição. *In*: BUSATO, Paulo César; SÁ, Priscila Placha; SCANDELARI, Gustavo Britta (coord.). *Perspectivas das Ciências Criminais: Coletânea em Homenagem aos 55 Anos de Atuação Profissional do Prof. Dr. René Ariel Dotti*. Rio de Janeiro: GZ, 2016.

WUNDERLICH, Alexandre; RUIVO, Marcelo Almeida. Culpa Consciente e Dolo Eventual (Parecer Caso "Boate Kiss": Santa Maria/RS). *Revista Brasileira de Ciências Criminais*, São Paulo, ano 27, n. 161, p. 365-390, nov. 2019.

Informação bibliográfica deste livro, conforme a NBR 6023:2018 da Associação Brasileira de Normas Técnicas (ABNT):

SILVA, Ângelo Roberto Ilha da. A responsabilidade subjetiva na Lei de Improbidade Administrativa. *In*: PASQUALINI, Alexandre; CUNDA, Daniela Zago Gonçalves da; RAMOS, Rafael (coord.). *Direito, sustentabilidade e inovação*: estudos em homenagem ao professor Juarez Freitas. Belo Horizonte: Fórum, 2025. p. 85-103. ISBN 978-65-5518-957-5.

LABORATÓRIOS DE INOVAÇÃO NA LEI DO GOVERNO DIGITAL: REGULAMENTAÇÃO, EXPERIÊNCIAS BRASILEIRAS E PERSPECTIVAS CRÍTICAS

CAROLINE MULLER BITENCOURT
MAYUMI SARAIVA TANIKADO MIGUEL

Introdução

O mito da Torre de Babel é uma metáfora interessante para refletirmos sobre os desafios da comunicação, especialmente dentro de estruturas complexas como a Administração Pública. O mito é uma ficção em que se especula a disseminação de diferentes idiomas pelo mundo. Nesse mito, uma civilização babilônica teria planejado construir uma torre que alcançasse os céus com o objetivo de se aproximar das divindades e reunir a população em um só local. Deus teria percebido esta atitude como uma ofensa e, para castigá-los, confundiu-lhes as línguas. A civilização não conseguiu concluir a construção da torre por não mais conseguir se comunicar, separando a comunidade existente em grupos que se espalharam pelo planeta terra. Essa história pode ser vista como um espelho da realidade contemporânea, onde a falta de comunicação e a incongruência de conceitos podem levar à fragmentação e ao fracasso de boas iniciativas dentro da gestão pública.

Na Administração Pública, a comunicação fragmentada entre diferentes setores pode ser comparada às diferentes línguas faladas após a intervenção divina na Torre de Babel. Cada setor pode ter seu próprio "idioma" técnico, sistemas, projetos e prioridades, o que dificulta a cooperação e a compreensão mútua, resultando em objetivos mal alinhados e esforços duplicados. Sem um entendimento comum sobre o conceito, as características e a conformação de uma experiência como um laboratório de inovação, dificilmente será possível construir uma ação e coordenação racional que consiga através de arranjos institucionais complexos trazer as transformações almejadas para a gestão pública.

Esse é um ponto crucial que esse trabalho quer demonstrar: não basta a previsão normativa ou mesmo a sua existência fática para que a Administração Pública alinhe seus projetos, construa boas parcerias, faça as transformações e modernizações que almeja em relação aos laboratórios de inovação. É preciso construir uma comunicação clara e precisa sobre o que consistem, quais são seus objetivos, quais elementos os constituem e como podem ser implementados no cotidiano da Administração Pública. É essa clareza, transparência e planejamento que se espera da gestão pública também quando se trata do tema da inovação no Brasil. E tal tarefa é especialmente importante e desafiadora quando se trata de laboratórios de inovação, onde a colaboração interdisciplinar é essencial e definidora desses projetos.

O que se pretende dizer e demonstrar é que a inovação na Administração Pública encontra como um grande espaço e lócus de realização os laboratórios de inovação, trazidos pela Lei do Governo Digital, como espaços que buscam soluções criativas e eficientes para problemas públicos, mas sua eficácia depende da comunicação clara e do alinhamento de objetivos entre diferentes setores, afinal, não se quer assim como a Torre de Babel um projeto audacioso, mas inacabado. Na Administração Pública, essa falta de coesão pode significar a perda de fundos públicos e oportunidades de melhoria que poderiam beneficiar a população. Políticas públicas mal implementadas devido à falta de comunicação podem levar à fragmentação social e econômica. Para se evitar isso, é crucial criar uma linguagem comum, comunicar-se corretamente sobre os conceitos, estabelecer planos e metas que dialoguem entre si e entre diferentes setores, investir em capacitação e estabelecer estruturas de coordenação eficazes.

Os laboratórios de inovação, estabelecidos pela Lei nº 14.129/2021, representam uma iniciativa fundamental para a modernização da Administração Pública brasileira. Financiados majoritariamente por recursos públicos e apoiados por parcerias estratégicas, esses laboratórios são ferramentas essenciais para promover a cultura de inovação, desenvolver soluções para os desafios administrativos e melhorar a eficiência dos serviços públicos. Enfrentando desafios como resistência à mudança e necessidade de capacitação, os laboratórios de inovação têm o potencial de transformar a Administração Pública, alinhando-a com as demandas e oportunidades da sociedade contemporânea.

Por conseguinte, o contexto atual de rápida evolução tecnológica, a inovação tornou-se um fator crucial para a competitividade e sustentabilidade das organizações. Nesse cenário, os laboratórios de inovação desempenham um papel fundamental ao servirem como ambientes propícios para a experimentação e o desenvolvimento de novas ideias. Para maximizar o impacto dessas iniciativas, é essencial que haja uma prévia definição do conceito de laboratórios de inovação. Esta unicidade conceitual não apenas facilitará a identificação de áreas de expertise e recursos disponíveis, mas também promoverá a sinergia entre diferentes iniciativas, evitando duplicidades e potencializando o compartilhamento de conhecimentos e práticas bem-sucedidas. Compreender quais são os conjuntos de características que permitem classificar tais experiências como laboratórios de inovação ajuda os pesquisadores a mapear, diagnosticar e analisar projetos em que Administração Pública tem colocado dinheiro e expertise. Portanto, a criação de um panorama abrangente dos laboratórios de inovação pode contribuir significativamente para a formação de uma rede integrada de inovação, impulsionando o avanço tecnológico e o desenvolvimento socioeconômico.

Esse trabalho buscará abordar esse panorama, por isso, parte da evolução normativa da inovação no Brasil até chegar à Lei do Governo Digital, que previu categoricamente essas estruturas: os laboratórios de inovação. Em um segundo momento busca-se analisar quais experiências têm sido catalogadas como laboratórios de inovação, para, ao final, analisar quais as características/elementos devem estar abrangidos para que tais experiências possam ser denominadas como laboratórios de inovação e fazer uma análise crítica de como essa temática tem tido um tratamento pouco articulado, racional e transparente pela Administração Pública brasileira, correndo o risco de se tonar uma Torre de Babel na Administração Pública.

1 A evolução normativa da inovação no ordenamento jurídico brasileiro: os caminhos legislativos até a regulamentação dos laboratórios de inovação

Inicialmente, para que seja possível compreender o caminho a ser seguido pela Administração Pública brasileira em matéria de inovação,[1] é necessário investigar de maneira cronológica a evolução legislativa da temática da inovação no Direito brasileiro, para posteriormente compreender como os laboratórios de inovação previstos na Lei do Governo Digital são o resultado de uma proposta de interação entre Administração Pública e sociedade na construção de soluções para os problemas e desafios da Administração Pública. Na tabela a seguir, é possível compreender um panorama do ordenamento jurídico brasileiro na temática da inovação:

---

[1] Adianta-se que esse trabalho considera alinha-se com o conceito de inovação da professora Irene Nohara. Segundo ela, a inovação é essencial para a dinâmica da economia e do capitalismo contemporâneo, sendo necessária tanto para produtos quanto para serviços, incluindo aqueles oferecidos pela Administração Pública. Esta necessidade está profundamente relacionada com a urgência e rapidez exigidas no cenário atual, o que torna inviável desenvolver soluções estratégicas para os desafios das Administrações Públicas sem adotá-la. Portanto, a gestão pública deve apresentar respostas inovadoras às novas circunstâncias, já que soluções antigas dificilmente resolverão problemas contemporâneos. Os conceitos relacionados à inovação são amplos e complexos, permitindo múltiplas interpretações. Nesse sentido, a inovação abrange tanto a criação de novos produtos quanto o desenvolvimento de novas formas de prestação de serviços, otimizando tempo e custos nos processos. A inovação está fortemente ligada à informação e ao conhecimento, considerados atualmente os recursos mais valiosos e comercializados globalmente. NOHARA, Irene Patrícia. Desafios de inovação na administração pública contemporânea: "destruição criadora" ou "inovação destruidora" do direito administrativo? *Fórum Administrativo – FA*, Belo Horizonte, ano 17, n. 194, p. 65-71, abr. 2017. Disponível em: https://direitoadm.com.br/desafios-de-inovacao-na-administracao-publica-contemporanea-destruicao-criadora-ou-inovacao-destruidora-do-direito-administrativo/. Acesso em: 29 jul. 2023.

TABELA DE EVOLUÇÃO NORMATIVA DA INOVAÇÃO NO BRASIL

Lei/Emenda/Decreto	Data	Pretensão
Lei nº 10.973	02/12/2004	Dispõe sobre incentivos à inovação e à pesquisa científica e tecnológica no ambiente produtivo e dá outras providências.
Decreto nº 9.283	07/02/2018	Estabelecer medidas de incentivo à inovação e à pesquisa científica e tecnológica no ambiente produtivo, com vistas à capacitação tecnológica, ao alcance da autonomia tecnológica e ao desenvolvimento do sistema produtivo nacional e regional.
Emenda Constitucional nº 85	26/02/2015	Altera e adiciona dispositivos na Constituição Federal para atualizar o tratamento das atividades de ciência, tecnologia e inovação.
Lei nº 13.243	11/01/2016	Dispõe sobre estímulos ao desenvolvimento científico, à pesquisa, à capacitação científica e tecnológica e à inovação
Decreto nº 10.534	28/10/2020	Institui a Política Nacional de Inovação e dispõe sobre a sua governança.
Decreto nº 10.332	28/04/2020	Institui a estratégia do Governo Digital
Lei nº 14.129	29/03/2021	Dispõe sobre princípios, regras e instrumentos para o Governo Digital e para o aumento da eficiência pública.

Fonte autoral

A Lei nº 10.973,[2] de 2 de dezembro de 2004, representa o marco legal de inovação no Brasil, demonstrando a partir da interpretação do legislador a necessidade de a Administração Pública acompanhar o novo ritmo procedimental que passou a ser reconfigurado e exigido com o advento das novas tecnologias de informação. A Lei nº 10.973 dispõe sobre incentivos à inovação, pesquisa científica e tecnológica, estabelecendo princípios com o objetivo de alcance da autonomia tecnológica e do desenvolvimento do sistema produtivo brasileiro, consagrando um arcabouço jurídico-institucional voltado ao fortalecimento da estrutura de pesquisa e produção de conhecimento por meio de ambientes cooperativos.[3] A inovação é abordada na lei como instrumento necessário ao desenvolvimento econômico e social, inclusive no que diz respeito a questões sociais, como e redução das desigualdades regionais.[4] Aborda como princípios a descentralização das atividades de ciência, tecnologia e inovação em cada esfera de

---

[2] BRASIL. Lei Federal nº 10.973, de 2 de dezembro de 2004. Diário Oficial da União, Poder Executivo, Brasília, DF, 3 dez. 2004.

[3] RAUEN, Cristiane Vianna. O Novo Marco Legal da Inovação no Brasil: O que muda na relação ICT-empresa? *Radar*, n. 43, fev. 2016. Disponível em: https://repositorio.ipea.gov.br/bitstream/11058/6051/1/Radar_n43_novo.pdf.

[4] Art. 1º Esta Lei estabelece medidas de incentivo à inovação e à pesquisa científica e tecnológica no ambiente produtivo, com vistas à capacitação tecnológica, ao alcance da autonomia tecnológica e ao desenvolvimento do sistema produtivo nacional e regional do País, nos termos dos arts. 23, 24, 167, 200, 213, 218, 219 e 219-A da Constituição Federal. (Redação pela Lei nº 13.243, de 2016).
III - redução das desigualdades regionais; (Incluído pela Lei nº 13.243, de 2016)
IV - descentralização das atividades de ciência, tecnologia e inovação em cada esfera de governo, com desconcentração em cada ente federado; (Incluído pela Lei nº 13.243, de 2016)

governo, a cooperação e interação entre os entes públicos, setores públicos, privados e entre empresas, estímulo à atividade de inovação e a promoção, fortalecimento e incentivo à atividade das Instituições Científica, Tecnológica e de Inovação (ICTs). A referida lei compreende a inovação como uma ferramenta social a ser utilizada na concretização dos princípios traçados pela República Federativa do Brasil, enumerados no art. 3º da Constituição. A lei propõe a redução das desigualdades regionais a partir da cooperação entre instituições públicas e privadas, oferecendo a oportunidade de descentralização tecnológica e autonomia dos entes federados.

O Marco Legal de Ciência, Tecnologia e Inovação (MLCTI) envolve um conjunto de reformas legais (Emenda Constitucional nº 85, Lei nº 13.243/2016 e Decreto nº 9.283/2018) que tem por objetivo o estabelecimento de diretrizes para o desenvolvimento científico e tecnológico no Brasil, movimento este iniciado pela Lei nº 10.973. Segundo site do Ministério da Ciência, Tecnologia e Inovação do Governo Federal Brasileiro[5] sobre o Marco Legal de Ciência, Tecnologia e Inovação, a Lei nº 10.973 foi promulgada com o intuito de superar restrições legais que dificultavam as contribuições de instituições públicas na pesquisa científica e tecnológica para os esforços nacionais em inovação. Dentre as medidas para minimizar essas restrições, a lei trouxe o conceito de "Instituição de Pesquisa Científica e Tecnológica" (ICT) como uma definição abrangente de todos os possíveis formatos institucionais de entidades que pudessem contribuir com o fomento à tecnologia, independentemente de sua natureza legal.

A redação dada pela EC nº 85/2015 ao art. 218,[6] da Constituição Federal responsabiliza o Estado para com a promoção e incentivo do "desenvolvimento científico, pesquisa, capacitação científica e tecnológica e inovação". O novo dispositivo constitucional atualiza o tratamento das atividades de ciência, tecnologia e inovação, propondo a priorização da pesquisa científica básica e tecnológica. O Estado assume posição de responsabilidade constitucional frente ao estímulo à inovação em instituições públicas e privadas, inclusive quanto à manutenção de ambientes para o desenvolvimento de tecnologias. A redação dada ao art. 219-A, pela referida EC, sugere a cooperação entre órgãos e entidades públicos com entidades privadas, com o objetivo de compartilhamento de recursos humanos especializados e capacidade instalada quando da execução de projetos de inovação.[7] Observa-se que o termo cooperação, trazido como princípio na Lei nº 10.973, surge novamente, fomentando a possibilidade e necessidade delineada pela legislação referente ao compartilhamento de recursos humanos especializados e capacidade instalada para desenvolvimento da inovação.

Frente ao compromisso constitucional assumido pelo Estado com a EC nº 85/2015, para a redução das dificuldades enfrentadas na contribuição de instituições no desenvolvimento de pesquisa científica e tecnológica nos esforços nacionais em inovação, foram necessárias correções no conceito de ICT dado pela Lei nº 10.973. Assim, a Lei

---

[5] BRASIL, Ministério da Ciência e Tecnologia. *Sobre o Marco Legal de Ciência, Tecnologia e Inovação*. Disponível em: https://mlcti.mcti.gov.br/sobre/.
[6] Art. 218. O Estado promoverá e incentivará o desenvolvimento científico, a pesquisa, a capacitação científica e tecnológica e a inovação.
[7] Art. 219-A. A União, os Estados, o Distrito Federal e os Municípios poderão firmar instrumentos de cooperação com órgãos e entidades públicos e com entidades privadas, inclusive para o compartilhamento de recursos humanos especializados e capacidade instalada, para a execução de projetos de pesquisa, de desenvolvimento científico e tecnológico e de inovação, mediante contrapartida financeira ou não financeira assumida pelo ente beneficiário, na forma da lei.

nº 13.243, de 2016, acrescentou as instituições privadas e sem fins lucrativos, que possuam como missão institucional objetivos sociais ou estatuários evolvendo pesquisa cientifica, tecnológica a desenvolvimento de novos produtos ou processos no conceito de ICT. Veja a comparação:

QUADRO COMPARATIVO

Lei	Conceito de ICT proposto pela lei
Lei nº 10.973, de 2004	Instituição Científica e Tecnológica – ICT: órgão ou entidade da Administração Pública que tenha por missão institucional, dentre outras, executar atividades de pesquisa básica ou aplicada de caráter científico ou tecnológico;
Lei nº 13.243, de 2016	Instituição Científica, Tecnológica e de Inovação (ICT): órgão ou entidade da Administração Pública direta ou indireta ou pessoa jurídica de direito privado sem fins lucrativos legalmente constituída sob as leis brasileiras, com sede e foro no País, que inclua em sua missão institucional ou em seu objetivo social ou estatutário a pesquisa básica ou aplicada de caráter científico ou tecnológico ou o desenvolvimento de novos produtos, serviços ou processos; (Redação pela Lei nº 13.243, de 2016) (Vide Decreto nº 9.841, de 2019)

Fonte autoral.

A readequação do conceito de ICT inserido pela Lei nº 13.243, bem como os objetivos de inserção de tecnologia na Administração Pública, segundo Valle e Gallo,[8] permite identificar uma nova racionalidade jurídica para a regulação das inovações tecnológicas capazes de manter hígidas as garantias do interesse público e ao mesmo tempo reorganizar relações jurídico-administrativas com o objetivo de viabilizar o progresso e a concretização de direitos sociais por meio da inovação, uma vez que o advento das novas tecnologias exigem do Estado interações na relação deste para com a sociedade, instituições públicas e privadas. A readequação da Lei nº 10.973 pela Lei nº 13.243, de 2016, demonstra a necessidade regulatória observada por Juarez Freitas, na qual a função de regular ou capacidade regulatória tem por objetivo defender em longo prazo princípios e objetivos sem comprometer o futuro.[9]

Essa necessidade regulatória permite compreender a intenção de delimitar um legislativo para inovação, conforme redação trazida pelo art. 2º, inciso IV,[10] da Lei nº 13.243, de 2016, em que tem-se como inovação a novidade ou aperfeiçoamento no ambiente produtivo e social que resulte em novos produtos, serviços e processos ou melhorias em efetivo ganho de qualidade ou desempenho dos processos já existentes. O termo

---

[8] VALLE, Vivian Cristina Lima López; GALLO, William Ivan. Inteligência artificial e capacidades regulatórias do Estado no ambiente da administração pública digital. A&C – Revista de Direito Administrativo & Constitucional, Belo Horizonte, ano 20, n. 82, p. 67-86, out./dez. 2020. DOI: http://dx.doi.org/10.21056/aec.v20i82.1396. Disponível em: http://www.revistaaec.com/index.php/revistaaec/article/view/1396.

[9] FREITAS, Juarez. Sustentabilidade: direito ao futuro. 1. ed. 1. reimp. Belo Horizonte: Fórum, 2011. p. 254.

[10] Art. 2º Para os efeitos desta Lei, considera-se: IV - inovação: introdução de novidade ou aperfeiçoamento no ambiente produtivo e social que resulte em novos produtos, serviços ou processos ou que compreenda a agregação de novas funcionalidades ou características a produto, serviço ou processo já existente que possa resultar em melhorias e em efetivo ganho de qualidade ou desempenho; (Redação pela Lei nº 13.243, de 2016).

cooperação aparece reiteradamente na lei, evidenciando a necessidade de que os entes federativos estimulem a construção de alianças estratégicas para o desenvolvimento de projetos e efetiva aplicação dos produtos inovadores na Administração Pública.

Com o conceito de inovação previamente determinado e o compromisso com a inovação estabelecido constitucionalmente, foi instituída, por meio do Decreto nº 10.534, de 28 de outubro de 2020, a Política Nacional de Inovação no âmbito da Administração Pública federal, com o propósito de orientar, coordenar e articular estratégias, programas e ações de estímulo à inovação no setor produtivo.[11] Essa política visa aumentar a produtividade e a competitividade das empresas e demais instituições que geram inovação no país, além de estabelecer mecanismos de cooperação entre os estados, o Distrito Federal e os municípios para alinhar as iniciativas de fomento à inovação. Em seu art. 1º,[12] o Decreto nº 10.534 aponta como objetivos da Política Nacional de Inovação a integração entre os órgãos públicos, coordenação de ações e estratégias para fomento da inovação, com consequente aumento da produtividade e competitividade entre as instituições e empresas geradoras de inovação no Brasil, bem como o estabelecimento de mecanismos de cooperação entre entes da Administração Pública, promovendo o alinhamento de iniciativas.

No art. 3º a lei discorre sobre o estabelecimento de princípios, eixos e objetivos a longo prazo, com foco nas ações do Governo Federal que tenham por objetivo o incentivo à inovação, ressaltando para a necessidade de alinhar iniciativas em todos os níveis federativos com o objetivo de estruturar uma governança interministerial que acompanhe a ação governamental no fomento à inovação, inclusive quanto à orientação e monitoramento das iniciativas desenvolvidas e aplicadas à Administração Pública.[13]

No art. 4º, a cooperação entre órgãos e entidades públicas é reiterada no mesmo sentido ao já trazido na Lei nº 10.973 e na EC nº 85/2015, com destaque em especial para

---

[11] Interessante é pensar nessa regulamentação como compromisso de implementação de uma política pública de inovação, e nesse sentido, ao tratar do tema como uma política pública, é sempre importante referir que se trata de um conjunto de decisões coordenadas, em forma de rede, que visa a determinados objetivos (geralmente direitos fundamentais) conscientemente estabelecidos de mudança da sociedade e atingíveis via um planejamento que envolve instrumentos administrativos, modelos de decisão e de organização, e com isso demandando, além do Direito, recursos de tempo, poder e dinheiro. O Direito possibilita a coordenação de ações que visam a atingir objetivos comuns via políticas públicas. Esta coordenação se dá através da ligação de decisão em decisão, a qual vai aos poucos formando uma rede. O Direito permite esta ligação de decisão em decisão, dada sua peculiar forma, composta tanto de normas expressas de forma condicional (se, então) como normas que estabelecem fins. BITENCOURT, Caroline M.; RECK, Janriê. *O Brasil em Crise e a resposta das políticas públicas*. Ithala: Curitiba, 2021.

[12] Art. 1º Fica instituída a Política Nacional de Inovação, no âmbito da administração pública federal, com a finalidade de: I - orientar, coordenar e articular as estratégias, os programas e as ações de fomento à inovação no setor produtivo, para estimular o aumento da produtividade e da competitividade das empresas e demais instituições que gerem inovação no País, nos termos do disposto na Lei nº 10.973, de 2 de dezembro de 2004; e II - estabelecer mecanismos de cooperação entre os Estados, o Distrito Federal e os Municípios para promover o alinhamento das iniciativas e das políticas federais de fomento à inovação com as iniciativas e as políticas formuladas e implementadas pelos outros entes federativos.

[13] Art. 3º A Política Nacional de Inovação consiste: I - no estabelecimento dos princípios, dos eixos, dos objetivos e das diretrizes de longo prazo que nortearão as estratégias, os programas e as ações do Governo federal que visam ao incentivo à inovação, à pesquisa e ao desenvolvimento no setor produtivo, para promover o aumento da produtividade e da competitividade da economia brasileira; II - na instituição do referencial para identificar, priorizar e alinhar as iniciativas e as políticas de fomento à inovação do Governo federal e para orientar a formulação de medidas novas de fomento e de apoio à inovação; III - na estruturação de governança interministerial para articular, orientar, priorizar e acompanhar a ação governamental no fomento e no apoio à inovação; e IV - no estabelecimento de diretrizes para monitorar e avaliar as políticas, os programas e as ações de fomento e de apoio do Governo federal à inovação.

a influência no estabelecimento da cooperação para o abrandamento de desigualdades regionais e aproximação da Administração Pública para com a sustentabilidade ambiental na formulação e implementação das políticas públicas de inovação, conforme disposto no inciso IV do referido artigo.[14] Os eixos de implementação da Política Nacional de Inovação envolvem a ampliação da qualificação profissional, o alinhamento entre programas de fomento e investimentos privados, estímulo da base de conhecimento tecnológico, proteção do conhecimento adquirido pela inovação, disseminação da cultura de inovação empreendedora e estímulo ao desenvolvimento de mercados para produtos e serviços inovadores.[15]

Cabe ressaltar a indispensável relação de interdependência entre o conceito de cooperação trazido nos documentos legais que compõem o MLCTI na esfera federal para com a consolidação da Política Nacional de Inovação, haja vista a urgência do fim do burocratismo avesso à inovação sugerido por Juarez Freitas na proposta de um novo ciclo das relações de administração, em que não mais se admitem gargalos ou abuso da Administração Pública em redundantes processos administrativos e judiciais, urgindo quanto ao investimento em controle sinérgico, não adversarial, integrado e dialógico.[16]

Por fim, em 29 de março de 2021, é instituída a Lei do Governo Digital — LGD (Lei nº 14.129), que dispõe sobre os princípios, regras e instrumentos para o Governo Digital, com fulcro no aumento da eficiência pública, e traz importantes dispositivos que demonstram, segundo Bitencourt e Tavares, a preocupação em atrelar o incentivo ao desenvolvimento de inovações tecnológicas, à criação de espaços para o exercício da cidadania, estimulando a transformação digital com foco na eficiência da Administração Pública. Destacam-se três objetivos traçados pela LGD, tais como: a abertura e

---

[14] Art. 4º Os princípios da Política Nacional de Inovação são: I - integração, cooperação e intercomunicação entre os órgãos e entidades públicas da União, dos Estados, do Distrito Federal e dos Municípios para: a) garantir o estabelecimento de prioridades coerentes e similares; e b) fornecer resposta transparente, eficiente, eficaz e efetiva à sociedade, com base na análise dos interesses e das expectativas daqueles abrangidos pela política; II - transversalidade na implementação dos programas e das ações de fomento à inovação entre os órgãos e as entidades públicas da União, dos Estados, do Distrito Federal e dos Municípios; III - confiança nas equipes dos órgãos e das entidades públicas da União, dos Estados, do Distrito Federal e dos Municípios que tratam do tema de inovação, para que tenham autonomia para implementar os programas e as ações de fomento à inovação em suas respectivas áreas de atuação; IV - observância das desigualdades regionais e da sustentabilidade ambiental na formulação e na implementação de políticas de inovação; e V - apoio ao gestor público com vistas a evitar a sua responsabilização em situações em que há risco tecnológico envolvido.

[15] Art. 5º Os eixos para a implementação da Política Nacional de Inovação são: I - a ampliação da qualificação profissional por meio da formação tecnológica de recursos humanos de empresas, de ICT e de entidades privadas sem fins lucrativos, a fim de estimular a busca de novas estratégias e alternativas de soluções tecnológicas; II - o alinhamento entre os programas e as ações de fomento à inovação promovidas pelos órgãos e pelas entidades públicas da União, dos Estados, do Distrito Federal e dos Municípios e o estímulo a investimentos privados, de acordo com as prioridades definidas pela Câmara de Inovação; III - o estímulo da base de conhecimento tecnológico para a inovação que gere soluções tecnológicas; IV - a proteção do conhecimento adquirido pela inovação, de modo a proporcionar ao titular da criação intelectual: a) os meios de defesa do direito de propriedade contra a apropriação indevida do conhecimento por parte de terceiros; e b) o direito de uso ou de exploração de sua criação; V - a disseminação da cultura de inovação empreendedora, correspondente a um conjunto de práticas baseadas em valores e em princípios que visem à inovação a fim de gerar mudanças de paradigmas na economia; e VI - o estímulo ao desenvolvimento de mercados para produtos e serviços inovadores brasileiros, que se constituam como ambientes em que os entes federativos, as empresas, as ICT, as entidades privadas sem fins lucrativos, as agências de fomento, as organizações da sociedade civil e os consumidores se articulem, com vistas a incentivar o desenvolvimento tecnológico, o aumento da competitividade e a interação.

[16] FREITAS, Juarez. Direito à Inovação Sustentável no Contexto Pós-Pandemia de 2020. *In*: Maria Cláudia da Silva Antunes de Souza (org.). *Governança e Sustentabilidade*: desafios e perspectivas. 1. ed. Rio de Janeiro: Lumen Juris, 2020, p. 69-80.

interoperabilidade de dados; a criação de espaços colaborativos de inovação como, por exemplo, os laboratórios de inovação; o reforço à utilização de tecnologia para as atividades de governança, gestão de riscos, controle e auditoria no setor governamental.[17]

Ao passo que desenha metodologias e traça a reformulação dos sistemas públicos, a lei também sugestiona instrumentos que devem ser utilizados para a concretização dos objetivos legislativos. Nesse sentido, a lei inova ao trazer os laboratórios de inovação como um desses instrumentos e os define como instituições abertas à participação e à colaboração da sociedade para o desenvolvimento de inovação para a gestão pública.[18] Percebe-se como justificativa à presença dos laboratórios de inovação na Lei do Governo Digital a partir de dois aspectos. O primeiro aspecto a ser destacado, em que pese os documentos legais que compõem o MLCTI[19] na esfera federal anteriores à LGD tenham trazido o conceito de inovação como instrumento para o aprimoramento e desenvolvimento da Administração Pública digital, não houve anteriormente a normatização de instrumento gerador dessas tecnologias a nível federal. Assim, para que a inovação exista, são necessárias instituições que reforcem a política de interação e diálogo, essencial à construção de um ecossistema público voltado à inovação. O segundo ponto é que os laboratórios de inovação permitem a construção desses espaços ⊚ no sentido lato – para o desenvolvimento da inovação e, sendo um dos objetivos da LGD impulsionar a inovação no setor público, faz sentido que esta apresente a possibilidade de um instrumento adequado à inovação.

A colaboração institucional surge como uma das diretrizes dos laboratórios no art. 45 da LGD,[20] seguida pela promoção e experimentação de tecnologias abertas e livres, desenvolvimento de *softwares* para a Administração Pública com foco na sociedade e no cidadão, incentivo à inovação e difusão de conhecimento.

Percebe-se que a ideia de compartilhamento de informações e a proposição de colaboração entre os entes vinculados à inovação na Administração Pública, seja no desenvolvimento de tecnologia ou na sua implantação, são enfrentadas também na Lei do Governo Digital, assim como em todas as normas supramencionadas. Em que pese a congruência de conceitos seja algo compreensível, uma vez que a intencionalidade do legislador é a composição de um ecossistema legislativo em que todas as normas eventualmente se complementem e formem um arcabouço legal coerente, a especial atenção quanto à ideia de colaboração institucional é imprescindível, para que seja possível uma real aproximação e realização das metas e objetivos traçados

---

[17] A Lei do Governo Digital e os Laboratórios de Inovação: Inteligência Artificial, ciência de dados e big open data como ferramentas de apoio à auditoria social e controle social; disponível em: https://bd.tjmg.jus.br/server/api/core/bitstreams/e5518286-c1f1-45ad-b370-a4ceade9a57b/content.

[18] Art. 4º Para os fins desta Lei, considera-se: VIII - laboratório de inovação: espaço aberto à participação e à colaboração da sociedade para o desenvolvimento de ideias, de ferramentas e de métodos inovadores para a gestão pública, a prestação de serviços públicos e a participação do cidadão para o exercício do controle sobre a administração pública.

[19] Sigla para "Marco Legal de Ciência, Tecnologia e Inovação".

[20] Art. 45. Os laboratórios de inovação terão como diretrizes: I - colaboração interinstitucional e com a sociedade; II - promoção e experimentação de tecnologias abertas e livres; III - uso de práticas de desenvolvimento e prototipação de softwares e de métodos ágeis para formulação e implementação de políticas públicas; IV - foco na sociedade e no cidadão; V - fomento à participação social e à transparência pública; VI - incentivo à inovação; VII - apoio ao empreendedorismo inovador e fomento a ecossistema de inovação tecnológica direcionado ao setor público; VIII - apoio a políticas públicas orientadas por dados e com base em evidências, a fim de subsidiar a tomada de decisão e de melhorar a gestão pública; IX - estímulo à participação de servidores, de estagiários e de colaboradores em suas atividades; X - difusão de conhecimento no âmbito da administração pública.

normativamente.²¹ O desenvolvimento da inovação necessita desse compartilhamento ente os agentes inovadores, uma vez que, diante da possibilidade de não colaboração, a falha na implementação da inovação pode ser originária justamente desta "ausência de coordenação", que abrange possível defeito entre a comunicação dos interessados sobre a existência de outros agentes com os mesmos objetivos e prioridades desalinhadas entre potenciais colaboradores, o que pode resultar em prejuízos de alto custo para a Administração Pública. Essa problemática será devidamente enfrentada mais adiante, quando será abordado um mapeamento das experiências existentes em matéria de laboratórios de inovação e o desafio da Administração Pública.

Em síntese, a evolução normativa da inovação no ordenamento jurídico brasileiro teve seu princípio com a Lei nº 10.973, de 2 de dezembro de 2004, que dispôs sobre incentivos à inovação e à pesquisa científica e tecnológica, trazendo para o arcabouço normativo, a partir da perspectiva do legislador, a necessidade da Administração Pública adaptar-se ao modelo de produção reorganizado a partir do advento das novas tecnologias, passando a ter como necessidade soluções cada vez mais céleres para as problemáticas da Administração Pública. A análise cronológica das normas que sucederam a Lei nº 10.973 permite compreender que o Estado passou a perceber, inevitavelmente, a tecnologia como ferramenta de alcance do desejável resultado eficiente, seja na prestação de serviços públicos ou para o monitoramento de resultados e aperfeiçoamento das atividades da Administração Pública. Assim, quase uma década depois da Lei nº 10.973, com a incorporação de pioneiros aperfeiçoamentos legislativos, como por exemplo a Emenda Constitucional nº 85 ou o Decreto nº 10.534, a Lei do Governo Digital busca avançar no incremento de rapidez, acuidade e transparência associadas ao uso de ferramentas digitais, dando um passo a mais na pretensão de estruturar uma estratégia mais abrangente na gestão e prestação de serviços públicos, fixando não só diretrizes e conceitos, mas indicando instrumentos úteis a potencializar e acelerar as vias ofertadas pela tecnologia, em especial os laboratórios de inovação.²²

2 Observando complexamente o conceito de laboratórios de inovação a partir das experiências existentes, com especial atenção ao desafio na Administração Pública

Mais de 20 anos se passaram desde a elaboração legislativa que regulamentou o tema da inovação na redação dada pela Lei nº 13.243/2004 e quatro anos desde a definição dos laboratórios de inovação para o ordenamento jurídico pela Lei do Governo Digital, as informações acerca da institucionalização e do funcionamento dos Ilabs no setor público são escassas e/ou desorganizadas, sem qualquer sistematização que permita acesso a essas informações de modo facilitado e abrangente.

---

[21] TAVARES, André Afonso; BITENCOURT, Caroline Müller. A lei do governo digital e os laboratórios de inovação: inteligência artificial, ciência de dados e big open data como ferramentas de apoio à auditoria social e controle social. *In*: MOTTA, Fabrício; VALLE, Vanice Regina Lírio do (coord.). *Governo digital e a busca por inovação na Administração Pública*: a Lei nº 14.129, de 29 de março de 2021. Belo Horizonte: Fórum, 2022. p. 143-169.

[22] VALLE, Vanice Regina Lírio do; MOTTA, Fabrício. Governo Digital: mapeando possíveis bloqueios institucionais à sua implantação. *In*: MOTTA, Fabrício; VALLE, Vanice Regina Lírio do (coord.). *Governo digital e a busca por inovação na Administração Pública*: a Lei nº 14.129, de 29 de março de 2021. Belo Horizonte: Fórum, 2022. p. 43-62. ISBN 978-65-5518-287-3.

Partindo do pressuposto de que a inovação traz como diretriz o compartilhamento de ideias e utilização de código aberto para que as ferramentas produzidas possam ser compartilhadas com o intuito de que não haja duplicidade de recursos investidos em um mesmo propósito, a informação de localização dos laboratórios de inovação e consequentemente suas criações desenvolvidas para a Administração Pública deveriam ser de fácil acesso e localização.

Em pesquisa abrangente feita com os critérios "laboratórios de inovação no Brasil", "mapa de laboratórios de inovação", "localização dos laboratórios de inovação da Administração Pública", "quantos laboratórios de inovação existem no Brasil" no Google, de 24 de junho de 2024, destacam-se três mapeamentos encontrados, os quais merecem um maior aprofundamento nesta pesquisa.

No primeiro, no site do Governo Federal,[23] na aba de Pesquisas, Publicações e Redes de Inovação,[24] em publicação datada de 12 de maio de 2021, há um *hiperlink* nomeado como "Conheça o Mapa de laboratórios de inovação em Governo, gerido pelo Gnova/Enap". Clicando nesse *link*, o cursor é direcionado a um mapa colaborativo de inovação.[25] O site tem como descrição ser um protótipo cocriado pelo Laboratório de Inovação GNova,[26] juntamente com colaboradores que preenchem um formulário com o intuito de localizar outros laboratórios pelo país. As informações são validadas pelo Gnova antes da publicação no Mapa Colaborativo. Na data de 24 de junho de 2024, estão mapeadas 48 iniciativas que se autodenominam "laboratórios de inovação". Ressalta-se que o conceito utilizado pelo Gnova Lab para a caracterização e posterior validação das iniciativas como laboratórios de inovação não é disponibilizado na aba principal do site. São desconhecidos pelas autoras os critérios utilizados. As informações básicas de cada Ilab cadastrado no Mapa Colaborativo são disponibilizadas para aqueles que clicarem no ícone "abrir apresentação de slides", localizado no lado direito do site.[27]

O segundo estudo selecionado de acordo com os parâmetros de pesquisa supramencionados é disponibilizado pelo BrazilLAB[28] como um "Estudo Digital Estratégico – laboratórios de inovação".[29] No site há informações sobre como os laboratórios de inovação podem impulsionar a digitalização do governo, o que são os laboratórios de inovação e, em especial, quem são, onde estão e o que fazem os laboratórios de inovação

---

[23] Disponível em: https://www.gov.br/pt-br.
[24] Disponível em: https://www.gov.br/servidor/pt-br/assuntos/laboragov/Pesquisas-Parcerias-e-Redes-de-inovacao.
[25] Disponível em: https://padlet.com/gnova1/mapa-colaborativo-de-laborat-rios-de-inova-o-mge5apq4ygt60e2a.
[26] O GNova, laboratório de inovação pioneiro do governo federal brasileiro, fruto de uma parceria com o governo da Dinamarca, se propõe a desenvolver soluções inovadoras em projetos com instituições do governo federal para que o serviço público possa responder com mais eficiência às demandas dos cidadãos. As parcerias que o GNova desenvolve com órgãos da Administração Pública Federal são moduladas de acordo com o desafio a ser enfrentado. Todos os projetos geram capacidade inovadora nas equipes dos órgãos parceiros, que participam e aprendem ao longo do processo. Disponível em: https://gnova.enap.gov.br/index.php/pt/.
[27] Disponível em: https://padlet.com/gnova1/mapa-colaborativo-de-laborat-rios-de-inova-o-mge5apq4ygt60e2a/slideshow.
[28] O BrazilLAB foi fundado em 2016, sendo a primeira aceleradora e o primeiro *hub* de inovação GovTech criado no Brasil e na América Latina. Ele conecta empreendedores com líderes públicos e acelera soluções desenvolvidas por *startups*, com foco na melhoria dos serviços públicos. Sua missão é estimular uma cultura de inovação no setor público, de fora para dentro, por meio do apoio a empreendedores de alto impacto que estão engajados na busca de soluções para problemas públicos complexos, com o uso de tecnologia. Disponível em: https://brazillab.org.br/institucional#quem-somos.
[29] BRASIL, BRASILAB. Como os laboratórios de inovação podem impulsionar adigitalização do governo? Disponível em: https://laboratoriosdeinovacao.brazillab.org.br.

no Brasil. O site apresenta como base a publicação "Inovação e Políticas Públicas: superando o mito da ideia",[30] onde são apresentados os resultados de uma pesquisa realizada pelo Instituto de Pesquisa Econômica Aplicada (IPEA) e pelo InovaGov,[31] onde foram contabilizadas 37 organizações, mas apenas 11 dessas experiências foram caracterizadas como laboratórios de inovação que atuam no setor público. Quanto ao conceito para caracterização das experiências como laboratórios de inovação, Cavalcante, Goellner e Magalhães[32] dispuseram, no artigo "Perfis e características das equipes e dos laboratórios de inovação no Brasil", um panorama geral obtido através da aplicação de um *survey*, questionário estruturado com perguntas abertas e fechadas de distintas dimensões sobre as principais características de 37 iniciativas classificadas como laboratórios de inovação e que foram objeto de análise. Para esse estudo, foram utilizadas como conceito para laboratórios/equipes de inovação as organizações/unidades/equipes, formalizadas ou não, voltadas ao emprego de técnicas de inovação para melhoria e processos, serviços organizacionais e políticas públicas, conceito este alinhado ao empregado pela Fundação Britânica de Inovação para Ciência, Tecnologia e Artes, que se baseia em métodos experimentais no tratamento de questões sociais e políticas.[33]

O terceiro estudo a ser apontado é um mapeamento dos laboratórios de inovação, projeto desenvolvido pelo Programa Cátedras Brasil da Escola Nacional de Administração Pública (ENAP)[34] e disponibilizado no site "laboratórios de inovação no Setor Público", de iniciativa da Universidade Federal do Rio Grande do Norte (UFRN). A pesquisa apresentada no site é denominada "laboratórios de inovação no Setor Público: mapeamento e diagnóstico de experiências nacionais", publicada em 2020, de autoria de Hironobu Sano, e apontou um total de 63 iniciativas que adotavam a denominação de laboratórios de inovação. Destas, constatou-se a caracterização de apenas 43 como "Laboratórios de Inovação no Setor Público (LISP)". Como critério para mapeamento, Sano utilizou um cadastro prévio realizado pelas iniciativas na proposta de pesquisa ao Edital Cátedras Brasil, complementado por pesquisas na Internet e levantamento realizado pelo ENAP. Não são informados por Sano os critérios específicos utilizados para enquadramento das iniciativas como laboratórios de inovação, sendo ressaltado apenas que o foco dos Ilabs deveria ser direcionado ao "processo de inovação aberta e cocriação, e que seja baseado na experimentação, com a adoção de metodologias ativas para a resolução de problemas".[35]

---

[30] CAVALCANTE, Pedro Luiz Costa; GOELLNER, Isabella de Araújo; MAGALHÃES, Amanda Gomes. Perfis e características das equipes e dos laboratórios de inovação no Brasil. *In*: CAVALCANTE, Pedro (org.). *Inovação e políticas públicas*: superando o mito da ideia. Brasília: Instituto de Pesquisa Econômica Aplicada (IPEA), 2019. Disponível em: https://repositorio.ipea.gov.br/handle/11058/9330.

[31] BRASIL, ENAP, Rede Inovação em Governo – Rede Inovagov, disponível em: file:///C:/Users/ADMIN/Downloads/Inova%C3%A7%C3%A3o%20e%20pol%C3%ADticas%20p%C3%BAblicas_superando%20o%20mito%20da%20ideia.pdf.

[32] CAVALCANTE, Pedro Luiz Costa; GOELLNER, Isabella de Araújo; MAGALHÃES, Amanda Gomes. Perfis e características das equipes e dos laboratórios de inovação no Brasil. *In*: CAVALCANTE, Pedro (org.). *Inovação e políticas públicas*: superando o mito da ideia. Brasília: Instituto de Pesquisa Econômica Aplicada (IPEA), 2019, Disponível em: https://repositorio.ipea.gov.br/handle/11058/9330.

[33] CAVALCANTE, Pedro Luiz Costa; GOELLNER, Isabella de Araújo; MAGALHÃES, Amanda Gomes. Perfis e características das equipes e dos laboratórios de inovação no Brasil. *In*: CAVALCANTE, Pedro (org.). *Inovação e políticas públicas*: superando o mito da ideia. Brasília: Instituto de Pesquisa Econômica Aplicada (IPEA), 2019; página 318. Disponível em: https://repositorio.ipea.gov.br/handle/11058/9330.

[34] Disponível em: https://lisp.ufrn.br.

[35] SANO, Hironobu. *Laboratórios de inovação no setor público*: mapeamento e diagnóstico de experiências nacionais. Brasília: ENAP, 2020. Disponível em: http://repositorio.enap.gov.br/handle/1/5112. Acesso em: 29 set. 2023.

Ainda no site da UFRN é informado que na atualização mais recente realizada no mapeamento, em junho de 2024: foram identificados 209 laboratórios de inovação no setor público brasileiro; que os LISP estão nos três poderes, na administração direta e indireta, bem como nas universidades públicas. Na aba superior "LISP Brasil", é possível selecionar "Poder executivo Federal, Poder Legislativo, Poder Executivo Municipal, Poder Executivo Estadual, Universidades, Ministério Público ou Poder Judiciário", e ao clicar em um dos itens será direcionado a uma lista com o nome do laboratório, vínculo institucional, nível de atuação, Estado de localização e o ano de criação.[36] Inexistem maiores informações ou *link* de direcionamento para cada um dos laboratórios de inovação. A aba inicial possui um botão sinalizado como "quero ajudar", direciona a um formulário utilizado no mapeamento dos laboratórios com a colaboração autônoma de eventuais interessados.[37]

Os demais sites encontrados na pesquisa com os critérios "laboratórios de inovação no Brasil", "Mapa laboratórios de inovação", "localização dos laboratórios de inovação Administração Pública", "quantos laboratórios de inovação existem no Brasil" não possuem qualquer informação sobre o mapeamento de laboratórios de inovação, em especial os ligados ao setor público.

3 Elementos constitutivos dos laboratórios de inovação no Brasil e alguns apontamentos críticos com base nas experiências catalogadas

Os laboratórios têm como objetivo principal fomentar a inovação no setor público por meio da experimentação, cocriação e desenvolvimento de soluções inovadoras para a melhoria dos serviços públicos. Suas metas incluem a promoção da cultura de inovação, o desenvolvimento de soluções para desafios da Administração Pública, a melhoria da eficiência dos serviços públicos e a facilitação da colaboração entre diferentes setores do governo e a sociedade civil.

A possibilidade de construir um parâmetro de simetria entre informações e estruturas com o objetivo de proporcionar igualdade e horizontalidade entre os desenvolvedores de inovação e as tecnologias criadas manifesta-se como um degrau a ser superado frente aos objetivos legislativos. É possível compreender que a aproximação de um conceito abrangente sobre os laboratórios de inovação, que una as disposições legais a experiências práticas, resultará em uma oportunidade facilitadora ao gestor público de identificar essas instituições e as novas tecnologias por elas geradas com o objetivo de que a ideia de ecossistema de inovação ou Sistema Nacional de Inovação passe a ser uma possibilidade iminente.

Nesse sentido, defendem-se, a partir do panorama legislativo e das experiências coletadas, classificadas pela doutrina como laboratórios de inovação, alguns núcleos conceituais:

---

[36] Disponível em: https://lisp.ufrn.br/panorama/#.
[37] Aparece a seguinte descrição: Laboratórios de Inovação no Setor Público do Brasil. Este projeto tem por objetivo mapear os laboratórios de inovação (LISP) no setor público brasileiro. Caso conheça algum LISP que não está na listagem ou queira corrigir/acrescentar informações, por favor, preencha o formulário. Contamos com sua participação neste processo de cocriação! Muito obrigado por sua participação neste mapeamento! Disponível em: https://lisp.ufrn.br.

Esquema dos elementos constitutivos que caracterizam os laboratórios de inovação

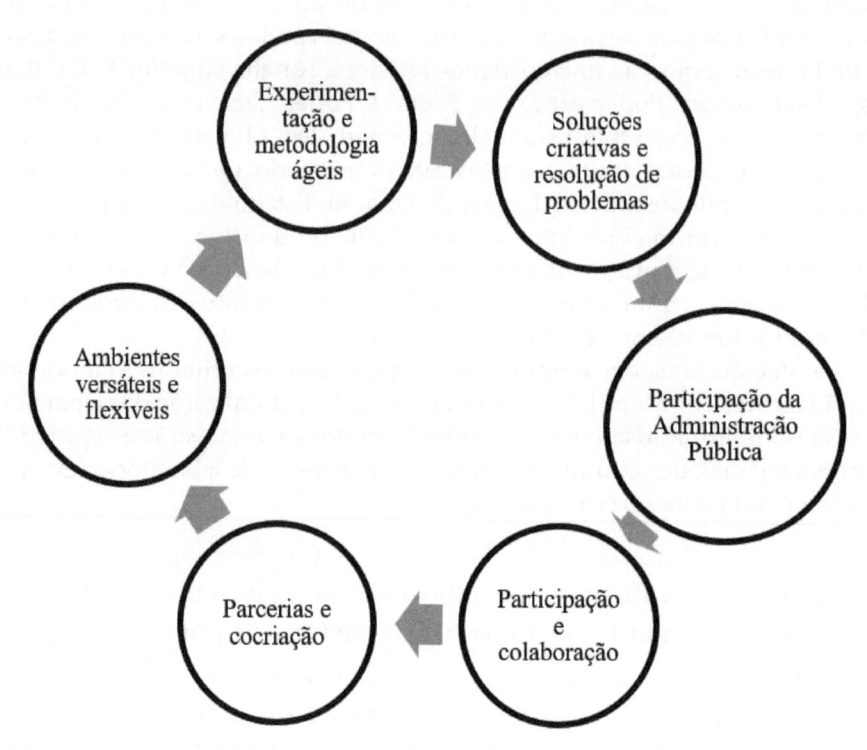

- Experimentação e metodologia ágeis
- Soluções criativas e resolução de problemas
- Participação da Administração Pública
- Participação e colaboração
- Parcerias e cocriação
- Ambientes versáteis e flexíveis

Fonte autoral.

No estudo de Sano,[38] para definição de laboratórios de inovação deve-se estar diante de um perfil colaborativo, buscando traduzir nas soluções desenvolvidas para as questões públicas a união entre sociedade civil e setor empresarial. Como principal objetivo, assinala a participação dos laboratórios no desenvolvimento de inovação para a própria organização pública, demonstrando preocupação em processos internos. No mapeamento realizado pelo Instituto de Pesquisa Econômica Aplicada (IPEA) e InovaGov, publicado no artigo Perfis e Características das Equipes e dos laboratórios de inovação no Brasil,[39] expõem que os objetivos dos laboratórios de inovação estão além da busca por efetividade nos processos e serviços, mas também na satisfação do usuário, otimização de recursos, eficiência no sentido de atingir os resultados planejados, bem como economicidade. Ressalta que a maioria das unidades observadas no estudo possuía como principal foco a gestão em rede, disseminação de práticas, eficiência e eficácia de processos.

Percebe-se, portanto, que a inovação desenvolvida pelos laboratórios não está necessariamente envolvida com o desenvolvimento de tecnologia propriamente dita,

---

[38] SANO, Hironobu. *Laboratórios de inovação no Setor Público*: mapeamento e diagnóstico de experiências nacionais. p. 15.
[39] CAVALCANTE, Pedro Luiz Costa; GOELLNER, Isabella de Araújo; MAGALHÃES, Amanda Gomes. Perfis e características das equipes e dos laboratórios de inovação no Brasil. *In*: CAVALCANTE, Pedro (org.). *Inovação e políticas públicas*: superando o mito da ideia. Brasília: Instituto de Pesquisa Econômica Aplicada (IPEA), 2019.

o que faz com que o processo inovador executado pelos Ilabs não seja necessariamente na promoção de digitalização dos serviços públicos, e sim como parte do esforço para melhoria da gestão, eficiência e eficácia dos procedimentos e processos já executados ou da organização pública de modo geral, o que faz com que os laboratórios de inovação sejam compreendidos para além de objetivos ligados estritamente a temas digitais.[40]

Sobre as principais metodologias utilizadas, os estudos de Cavalcante, Goellner e Magalhães apontam para a diversidade de métodos escolhidos pelas equipes nos projetos de inovação, com especial destaque para o uso do *design thinking*, seguido de métodos ágeis e *benchmarking*. Sano aponta que os laboratórios de inovação buscam pela adoção de metodologias ágeis que priorizem e incentivem a cocriação, coprodução e *codesign*, a partir da adoção do *design thinking* ou *design science research*.

Sano destaca a perspectiva colaborativa dos laboratórios na busca por uma maior aproximação, interação e participação da sociedade para além de moldes já verificados na Administração Pública, justamente pela perspectiva de que a inovação deve seguir uma perspectiva de "código aberto", superando limitações por meio de uma abordagem mais interativa entre os colaboradores.[41]

Cavalcante, Goellner e Magalhães apontam que a participação de desenvolvimento de inovação em rede é um fator conhecido como indutor de processos de inovação, uma vez que os laboratórios analisados informaram desenvolver seus projetos de forma colaborativa e compartilhada, seja participando de reder, por meio de parcerias internas e com outras empresas e/ou organizações, inclusive com instituições acadêmicas.[42]

Os laboratórios de inovação atuam como espaços de parceria entre o governo e outras organizações para experimentar novas formas de resolver problemas antigos ou desenvolver novas propostas para problemas preexistentes. A flexibilidade e a versatilidade dos ambientes dos laboratórios de inovação são um fator imprescindível, facilitando a criatividade colaborativa e o aprendizado contínuo, tendo em vista a inexigibilidade de questões burocráticas, como a quantidade de integrantes ou espaço físico para colaboração.

Compreender o que qualifica uma experiência concreta como um laboratório de inovação é fundamental para promover transparência, soluções compartilhadas e aprimoramento colaborativo na Administração Pública. A clareza sobre este conceito, especialmente conforme estabelecido pela Lei do Governo Digital, permite que diferentes entes, setores e gestores públicos trabalhem de maneira coordenada e eficiente, maximizando os benefícios da inovação para a sociedade. Esses laboratórios podem ser estruturados de diversas maneiras, dependendo das necessidades específicas de cada órgão ou entidade pública, contudo, em geral envolvem a participação de servidores públicos, especialistas, pesquisadores e representantes da sociedade civil, que trabalham juntos em ambientes colaborativos e experimentais, ou seja, costumam se valer de todo o *know-how* da Administração Pública.

---

[40] Laboratórios de Inovação e a Promoção de um Governo Digital. Carina de Castro Quirino e Marcella Brandão Flores da Cunha. Disponível em: https://www.academia.edu/83575220/Laboratórios_de_Inovação_e_a_promoção_de_um_governo_digital.

[41] SANO, Hironobu. *Laboratórios de inovação no Setor Público*: mapeamento e diagnóstico de experiências nacionais.

[42] CAVALCANTE, Pedro Luiz Costa; GOELLNER, Isabella de Araújo; MAGALHÃES, Amanda Gomes. Perfis e características das equipes e dos laboratórios de inovação no Brasil. In: CAVALCANTE, Pedro (org.). *Inovação e políticas públicas*: superando o mito da ideia. Brasília: Instituto de Pesquisa Econômica Aplicada (IPEA), 2019; p. 327.

Contudo, após a análise de algumas experiências e investigação do tratamento normativo e doutrinário dos laboratórios de inovação, é possível traçar alguns apontamentos críticos do tratamento despendido aos laboratórios de inovação no Brasil.

O espalhamento das instituições denominadas como laboratórios de inovação, aliado ao fato de que não há coordenação efetiva entre os diversos atores governamentais envolvidos na implementação das políticas de inovação, resulta no aumento das fragmentações, sobreposições e duplicações entre os projetos financiados, reduzindo a eficiência dos recursos aplicados, conforme apontado pela lista de alto risco da administração federal de 2022, feita pelo Tribunal de Contas da União (TCU).[43]

O relatório de efetividade das políticas públicas de inovação do TCU aponta "falhas em todo ciclo das políticas públicas de Ciência, Tecnologia e Inovação (CT&I) que podem comprometer a transformação dos avanços científicos em ganhos de produtividade e competitividade para o país". O relatório ressalta a falta de diagnóstico preliminar para os problemas que seriam enfrentados pelo Estado quando a instituição da Política Nacional de Inovação resultar em desperdício de potencialidades que o Brasil possui. Ainda, o TCU aponta que "não há coordenação efetiva entre os diversos atores governamentais e paraestatais envolvidos na implementação das políticas. Desta forma, aumentam-se fragmentações, sobreposições e duplicações entre projetos financiados, o que reduz a eficiência dos recursos públicos aplicados",[44] fato este corroborado com as pesquisas trazidas anteriormente, em que diferentes órgãos independentes investem na tentativa de mapeamento dos laboratórios de inovação existentes e localizam informações distintas, com base em parâmetros disformes.

TABELA SOBRE O MAPA DE INICIATIVAS DE LABORATÓRIOS

Pesquisa	Mapa Colaborativo (Gnova Lab)	Estudo Digital Estratégico – laboratórios de inovação – (IPEA e InovaGOV)	Laboratórios de inovação no Setor Público: mapeamento e diagnóstico de experiências nacionais (2020)	Laboratórios de inovação no Setor Público (Atualizado / 2024)
Nº de laboratórios de inovação no Setor Público mapeados.	48 iniciativas	11 iniciativas	43 iniciativas	209 Iniciativas

Fonte autoral.

---

[43] Lista de Alto Risco da Administração Pública Federal, Tribunal de Contas da União; Disponível em: https://sites.tcu.gov.br/listadealtorisco/.

[44] Efetividade das políticas públicas de inovação; Lista de Alto Risco da Administração Pública Federal, Tribunal de Contas da União; Disponível em: https://sites.tcu.gov.br/listadealtorisco/efetividade_das_politicas_publicas_de_inovacao.html.

Não há como falar em inovação sem correlacionar com a necessidade de unidade e compartilhamento. No ordenamento jurídico, muito se fala em "colaboração", princípio-base das leis que regem a atuação e o desenvolvimento de inovação no país, o que faz pensar que, em que pese exista um número considerável de Ilabs no país, estas instituições estão dispersas, trabalhando de maneira autônoma, focadas em problemáticas regionais.

Entretanto, é preciso lembrar que problemas costumam ser comuns entre entes federativos, o que desafia a Administração Pública a pensar em problemas que não fiquem restritos ao seu próprio ente. Sem o mapeamento dos laboratórios de inovação e intercomunicação entre entidades para o compartilhamento dessas tecnologias, cria-se um precedente para a duplicação de projetos já financiados. A preocupação está no retrabalho feito pelas instituições que criam projetos de tecnologias já existentes em outras entidades, razão pela qual o compartilhamento de tecnologias de código aberto propõe exatamente o contrário do que tem sido observado, uma vez que trata da disponibilidade dessas ferramentas para que governanças distintas possam utilizá-las, aprimorá-las e adaptá-las a suas realidades.

A "falha de coordenação" que abrange a falta de ciência dos interessados sobre a possibilidade de existência de outros agentes com o mesmo objetivo é uma grande barreira a ser enfrentada pela Administração Pública. Não há alinhamento de prioridades entre os colaboradores para o desenvolvimento de inovação, o que possivelmente tem como consequência um retrabalho dessas instituições e duplicidade de investimentos. As poucas colaborações existentes entre os laboratórios de inovação são feitas, em sua maioria, de forma autônoma e orgânica, com investimento de empenho, motivadas pela necessidade, quando em verdade deveria ser algo de fácil acesso e de exponencial disponibilidade aos interessados.[45]

O principal desafio da Administração Pública está na complexidade de construir o que a Bucci e Diogo Coutinho denominaram de Sistema Nacional de Inovação, nutrindo a oportunidade de construir uma unidade institucional cujas atividades passem a ser coordenadas, haja vista que o sucesso da implementação de iniciativas inovadoras está significativamente condicionado à capacidade de organizar e reunir em rede os laboratórios de inovação existentes, com o fim de sistematizar suas atividades em um sentido político a ser desejado.[46] A construção desse ecossistema de inovação possivelmente viabilizará novas perspectivas sobre processos complexos, permitindo uma análise integrada do ponto de vista dessas diversas instituições existentes, influenciando de maneira significativa a compreensão das transformações que a inovação propõe e os impactos oriundos de atividades governamentais.

Por certo, observa-se a tentativa de diferentes pesquisadores em proceder ao mapeamento dessas instituições e estudo aprofundado de suas atividades, no entanto, em que pese haja congruência entre muitas das informações obtidas, os estudos normalmente são feitos com definições e conceitos elegíveis pelos próprios pesquisadores

---

[45] Laboratórios de Inovação e a Promoção de um Governo Digital. Carina de Castro Quirino e Marcella Brandão Flores da Cunha. Disponível em: https://www.academia.edu/83575220/Laboratórios_de_Inovação_e_a_promoção_de_um_governo_digital.

[46] BUCCI, Maria Paula Dallari; COUTINHO, Diogo R. Arranjos jurídico-institucionais da política de inovação tecnológica: uma análise baseada na abordagem de direito e políticas públicas, p. 313 -340. In: *Inovação no Brasil*: avanços e desafios jurídicos e institucionais. São Paulo: Blucher, 2017.

ante a dificuldade de unificar e especificar o conceito de inovação e dos laboratórios de inovação. Nesse contexto, não há como indicar a inovação como única ferramenta ou elixir de cura para todas as problemáticas do setor público, entretanto, uma vez traçado o plano legislativo quanto à Política Pública de Inovação e a construção de um Governo Digital, a inovação assume um papel importantíssimo e inegável frente à proposição de respostas mais eficientes e céleres para a Administração Pública.[47]

Os laboratórios de inovação no setor público são geralmente formados com recursos públicos, provenientes de diversas fontes dentro da Administração Pública, destacando-se como possíveis fontes os orçamentos dos próprios órgãos e entidades da Administração Pública direta e indireta que podem destinar parte de seus recursos para a criação e manutenção de laboratórios de inovação. Além disso, existem fundos governamentais específicos que podem ser utilizados para financiar iniciativas de inovação e transformação digital no setor público, dentre os quais entidades de fomento a pesquisa no Brasil têm se destacado. Claro que, além dos recursos públicos, os laboratórios de inovação podem contar com parcerias com o setor privado, organizações não governamentais e instituições acadêmicas, que podem contribuir com recursos financeiros, expertise, tecnologia e outras formas de apoio.

Contudo, é sabido que, quando há a utilização de recursos públicos, seja através de valores monetários ou mesmo mão de obra ou utilização de espaços públicos, deve-se garantir a transparência, a eficiência e a responsabilidade na aplicação desses recursos. Isso inclui a prestação de contas, auditorias e a avaliação de resultados para assegurar que os objetivos de inovação e melhoria dos serviços públicos estejam sendo alcançados. Destaca-se que tais recursos são aplicados em diversas áreas e maneiras, como infraestrutura (aluguel ou manutenção de espaços físicos, compra de equipamentos e tecnologia), capacitação (treinamento e desenvolvimento de servidores públicos) e financiamento de projetos específicos desenvolvidos dentro dos laboratórios. Defende-se aqui, que em todos esses níveis devem tais parcerias ser orientadas pelo regime jurídico aplicável à Administração Pública, guiadas pelos princípios orientadores, como transparência, eficiência, moralidade, legalidade e impessoalidade. Portanto, organizar, informar, catalogar e orientar tais experiências por parte da Administração Pública trará a possibilidade de uma maior racionalidade, compartilhamento, transparência e eficiência nas experiências desenvolvidas no Brasil, otimizando os esforços na implementação de soluções inovadoras a velhos e novos problemas públicos.

Considerações finais

O exame aprofundado do conceito de laboratórios de inovação (Ilabs) na Administração Pública brasileira revela um cenário de avanços e desafios significativos. Embora as Leis nº 13.243 e do Governo Digital tenham estabelecido um marco jurídico para a inovação, a institucionalização e o funcionamento dos laboratórios de inovação ainda carecem de uma sistematização adequada, que permita um acesso mais fácil e abrangente às suas informações e criações. A pesquisa realizada demonstra uma lacuna

---

[47] CRISTÓVAM, José Sérgio da Silva; SOUZA, Thanderson Pereira. Direito administrativo da inovação e experimentalismo: o agir ousado entre riscos, controles e colaboratividade. *Sequência*, Florianópolis, vol. 43, n. 91, 2022. Disponível em: https://openaccess.blucher.com.br/article-details/12-20820.

crítica na documentação e transparência dos Ilabs no setor público. Apesar da existência de iniciativas como o mapa colaborativo de inovação gerido pelo Gnova/Enap, o estudo estratégico do BrasilLAB e o mapeamento da UFRN/ENAP, as informações permanecem fragmentadas e desorganizadas. Cada um desses estudos oferece um panorama parcial, utilizando critérios diversos e, muitas vezes, não especificados, para a caracterização e validação dos Ilabs.

Os laboratórios de inovação são espaços dedicados à experimentação, onde ideias inovadoras podem ser desenvolvidas, testadas e refinadas antes de serem implementadas em larga escala. Para que uma experiência seja reconhecida como um verdadeiro laboratório de inovação, ela deve seguir algumas características essenciais. Primeiramente, deve promover um ambiente experimental, onde falhas são vistas como oportunidades de aprendizado. Isso requer a utilização de metodologias ágeis e colaborativas, como *design thinking e lean startup*, que permitem ajustes rápidos e interativos no desenvolvimento de soluções. A colaboração intersetorial é outro elemento crucial. Laboratórios de inovação devem funcionar como pontos de convergência, onde diferentes departamentos governamentais, setores privados, academia e sociedade civil possam colaborar. Essa interação permite que diversas perspectivas sejam consideradas, resultando em soluções mais robustas e abrangentes. A transparência é aumentada quando essas interações são facilitadas por plataformas de comunicação integradas, que permitem o compartilhamento aberto de informações e processos.

Ter clareza sobre o que qualifica uma experiência como um laboratório de inovação, conforme estabelecido pela Lei do Governo Digital, é essencial por várias razões. Primeiramente, isso garante que todos os envolvidos tenham uma compreensão comum e consistente do propósito e funcionamento desses laboratórios. Essa compreensão comum é a base para a criação de políticas e diretrizes que incentivem a inovação de forma estruturada e alinhada com os objetivos estratégicos da Administração Pública. Investidores, sejam eles do setor público ou privado, tendem a apoiar iniciativas que são bem definidas e apresentam um claro potencial de retorno. Quando os laboratórios de inovação têm objetivos, metodologias e processos claramente articulados, é mais fácil demonstrar seu valor e impacto potencial, atraindo assim os recursos necessários para sua operação e expansão.

A ausência de um conceito claro e unificado para os laboratórios de inovação na Administração Pública brasileira ameaça a eficácia das políticas públicas de inovação e o avanço da transformação digital, como ilustrado pelo mito da Torre de Babel. Sem uma definição precisa, corremos o risco de replicar a fragmentação e a falta de comunicação que condenaram a torre babilônica ao fracasso. Se cada entidade interpretar e implementar a inovação de forma isolada, haverá desperdício de recursos e esforços em projetos duplicados e descoordenados. Para que o objetivo legislativo expresso na Lei do Governo Digital seja efetivamente alcançado, é imprescindível que se estabeleça um conceito abrangente e unificado dos laboratórios de inovação. Esta definição não apenas facilitaria a identificação e coordenação dessas instituições, mas também promoveria a cooperação e o compartilhamento de tecnologias e práticas bem-sucedidas. Assim, evitaremos a dispersão e a incoerência que comprometem a eficiência dos esforços inovadores e caminharemos para a construção de um ecossistema robusto e colaborativo, capaz de transformar verdadeiramente a gestão pública e responder aos desafios contemporâneos com eficácia e criatividade.

Referências

BITENCOURT, Caroline M.; RECK, Janriê. *O Brasil em Crise e a resposta das políticas públicas.* Ithala: Curitiba, 2021.

BRASIL ENAP, Rede Inovação em Governo — Rede Inovagov, disponível em: file:///C:/Users/ADMIN/Downloads/Inova%C3%A7%C3%A3o%20e%20pol%C3%ADticas%20p%C3%BAblicas_superando%20o%20mito%20da%20ideia.pdf.

BRASIL, BRASILAB. *Como os laboratórios de inovação podem impulsionar a digitalização do governo?* Disponível em: https://laboratoriosdeinovacao.brazillab.org.br.

BRASIL, Ministério da Ciência e Tecnologia. *Sobre o Marco Legal de Ciência, Tecnologia e Inovação.* Disponível em: https://mlcti.mcti.gov.br/sobre.

BRASIL. *Lei nº 14.129, de 29 de março de 2021.* Dispõe sobre princípios, regras e instrumentos para o Governo Digital e para o aumento da eficiência pública e altera a Lei nº 7.116, de 29 de agosto de 1983, a Lei nº 12.527, de 18 de novembro de 2011 (Lei de Acesso à Informação), a Lei nº 12.682, de 9 de julho de 2012, e a Lei nº 13.460, de 26 de junho de 2017. Disponível em: https://www.planalto.gov.br/ccivil_03/_ato2019-2022/2021/lei/l14129.htm#art55.

BRASIL. *Lei Federal nº 10.973, de 2 de dezembro de 2004.* Diário Oficial da União, Poder Executivo, Brasília, DF, 3 dez. 2004.

BRASIL. Ministério da Gestão e da Inovação em Serviços Públicos. *Conheça as diretrizes da Estratégia de Governo Digital – 2020 a 2023.* [Brasília]: Ministério da Gestão e da Inovação em Serviços Públicos. Disponível em: https://www.gov.br/governodigital/pt-br/EGD2020.

BRASIL. Ministério da Gestão e da Inovação em Serviços Públicos. *Estratégia Brasileira de Inteligência Artificial.* [Brasília]: Ministério da Gestão e da Inovação em Serviços Públicos, [2023?]. Disponível em: https://www.gov.br/governodigital/pt-br/estrategias-e-politicas-digitais/estrategia-brasileira-de-inteligencia-artificial.

BRASIL. Ministério da Gestão e da Inovação em Serviços Públicos. *Estratégia Brasileira para a Transformação Digital.* [Brasília]: Ministério da Gestão e da Inovação em Serviços Públicos, [2023?]. Disponível em: https://www.gov.br/governodigital/pt-br/estrategias-e-politicas-digitais/estrategia-brasileira-para-a-transformacao-digital-e-digital.

BRASIL. Presidência da República. *Decreto nº 10.322, de 28 de abril de 2020.* Institui a Estratégia de Governo Digital para o período de 2020 a 2022, no âmbito dos órgãos e das entidades da Administração Pública federal direta, autárquica e fundacional e dá outras providências. Disponível em: https://www.in.gov.br/en/web/dou/-/decreto-n-10.332-de-28-deabril-.

BUCCI, Maria Paula Dallari; COUTINHO, Diogo R. Arranjos jurídico-institucionais da política de inovação tecnológica: uma análise baseada na abordagem de direito e políticas públicas. *In: Inovação no Brasil*: avanços e desafios jurídicos e institucionais. São Paulo: Blucher, 2017. p. 313-340.

CAVALCANTE, Pedro Luiz Costa; GOELLNER, Isabella de Araújo; MAGALHÃES, Amanda Gomes. Perfis e características das equipes e dos laboratórios de inovação no Brasil. *In*: CAVALCANTE, Pedro (org.). *Inovação e políticas públicas: superando o mito da ideia.* Brasília: Instituto de Pesquisa Econômica Aplicada (IPEA), 2019. Disponível em: https://repositorio.ipea.gov.br/handle/11058/9330ccivil_03/_ato2019-2022/2021/decreto/D10748.htm.

CRISTÓVAM, José Sérgio da Silva; SOUZA, Thanderson Pereira. Direito administrativo da inovação e experimentalismo: o agir ousado entre riscos, controles e colaboratividade. *Sequência*, Florianópolis, vol. 43, n. 91, 2022. Disponível em: https://openaccess.blucher.com.br/article-details/12-20820.

FREITAS, Juarez. Direito à Inovação Sustentável no Contexto Pós-Pandemia de 2020. *In*: SOUZA, Maria Cláudia da Silva Antunes de (org.). *Governança e sustentabilidade*: desafios e perspectivas. 1. ed. Rio de Janeiro: Lumen, 2021.

FREITAS, Juarez. *Sustentabilidade*: direito ao futuro. 1. ed. 1. reimp. Belo Horizonte: Fórum, 2011.

NOHARA, Irene Patrícia. Desafios de inovação na Administração Pública contemporânea: "destruição criadora" ou "inovação destruidora" do direito administrativo? *Fórum Administrativo – FA*, Belo Horizonte, ano 17, n. 194, p. 65-71, abr. 2017. Disponível em: https://direitoadm.com.br/desafios-de-inovacao-na-administracao-publica-contemporanea-destruicao-criadora-ou-inovacao-destruidora-do-direito-administrativo.

RAUEN, Cristiane Vianna. O Novo Marco Legal da Inovação no Brasil: O que muda na relação ICT-empresa? *Radar*, n. 43, fev. 2016. Disponível em: https://repositorio.ipea.gov.br/bitstream/11058/6051/1/Radar_n43_novo.pdf.

SANO, Hironobu. *Laboratórios de inovação no setor público:* mapeamento e diagnóstico de experiências nacionais. Brasília: ENAP, 2020. Disponível em: http://repositorio.enap.gov.br/handle/1/5112.

TAVARES, André Afonso; BITENCOURT, Caroline Müller. A lei do governo digital e os laboratórios de inovação: inteligência artificial, ciência de dados e big open data como ferramentas de apoio à auditoria social e controle social. *In*: MOTTA, Fabrício; VALLE, Vanice Regina Lírio do (coord.). *Governo digital e a busca por inovação na Administração Pública*: a Lei nº 14.129, de 29 de março de 2021. Belo Horizonte: Fórum, 2022.

VALLE, Vanice Regina Lírio do; MOTTA, Fabrício. Governo Digital: mapeando possíveis bloqueios institucionais à sua implantação. *In*: MOTTA, Fabrício; VALLE, Vanice Regina Lírio do (coord.). *Governo digital e a busca por inovação na Administração Pública*: a Lei nº 14.129, de 29 de março de 2021. Belo Horizonte: Fórum, 2022. p. 43-62. ISBN 978-65-5518-287-3.

VALLE, Vivian Cristina Lima López; GALLO, William Ivan. Inteligência artificial e capacidades regulatórias do Estado no ambiente da Administração Pública digital. *A&C — Revista de Direito Administrativo & Constitucional*, Belo Horizonte, ano 20, n. 82, p. 67-86, out./dez. 2020. DOI: http://dx.doi.org/10.21056/aec.v20i82.1396. Disponível em: http://www.revistaaec.com/index.php/revistaaec/article/view/1396.

Informação bibliográfica deste livro, conforme a NBR 6023:2018 da Associação Brasileira de Normas Técnicas (ABNT):

BITENCOURT, Caroline Muller; MIGUEL, Mayumi Saraiva Tanikado. Laboratórios de inovação na Lei do Governo Digital: regulamentação, experiências brasileiras e perspectivas críticas. *In*: PASQUALINI, Alexandre; CUNDA, Daniela Zago Gonçalves da; RAMOS, Rafael (coord.). *Direito, sustentabilidade e inovação*: estudos em homenagem ao professor Juarez Freitas. Belo Horizonte: Fórum, 2025. p. 105-125. ISBN 978-65-5518-957-5.

NA PAUTA DA SUSTENTABILIDADE, UMA *SONATA* AO PATRIMÔNIO CULTURAL E ÀS CIDADES CRIATIVAS

CINARA DE ARAÚJO VILA
DANIELA ZAGO G. DA CUNDA

Exposição e apresentação dos temas

Escolher o estudo a ser desenvolvido, dentre as várias inspirações propiciadas pelas obras e ensinamentos do Professor Juarez Freitas, e apresentá-lo para a presente coletânea de estudos em sua homenagem talvez seja equivalente à complexidade de um musicista ao elaborar seu repertório de recital para um teatro ou casa de ópera de destaque onde estariam presentes os principais críticos de arte, assim como seus melhores amigos e familiares. O critério de escolha foi o de desenvolver tema que tivesse relação com o Direito, com a cultura, com a sustentabilidade e a inovação, uma vez que o ilustre homenageado, além de jurista vanguardista, com reconhecimento nacional e internacional sobre as temáticas que intitulam o presente livro, é um apreciador qualificado de música clássica, assim como incentivador da cultura e de todas as artes.

A sustentabilidade, assim como uma *pauta musical*, que contém cinco linhas e quatro espaços, para além das clássicas três dimensões ambiental, social e econômica, é multidimensional e engloba as dimensões cultural e tecnológica.

No presente estudo, em *forma de sonata*, pretende-se abordar a sustentabilidade em sua concepção mais ampla, que perpassa por um conceito elástico de ambiente, de forma a abarcar o ambiente urbano e cultural, assim como a noção de cidades sustentáveis e criativas (com seus respectivos elementos: cultura, inovação e conexão).

Falar em sustentabilidade e equidade intergeracional é dar voz às futuras gerações, é providenciar a *tessitura* do ontem, do hoje e do amanhã, contexto em que o patrimônio cultural tem de fazer parte dessa *composição*, quer seja como coadjuvante, no desempenho de um papel de *harmonia*, quer seja como propriamente uma *melodia*, destacando-se sua essencialidade.

Trata-se de um dever constitucional, nos termos dos artigos 215 e seguintes da Constituição da República Federativa do Brasil, a garantia do pleno exercício dos direitos culturais e acesso às fontes da cultura nacional por todos. Da mesma forma, as cidades sustentáveis e criativas contêm respaldo constitucional. Considerações nesse sentido serão desenvolvidas no texto/sonata.

A forma *Sonata "clássica"* constitui-se de *exposição*, com apresentação dos temas, *desenvolvimento*, explorando-se suas possibilidades, *recapitulação* e *coda*, que no presente texto retomarão as principais abordagens acrescidas de perspectivas de as boas práticas serem ampliadas, várias delas averiguadas em levantamento realizado junto à Rede de Cidades Criativas da UNESCO.

Na *exposição,* será apresentado o tema mediante ajustes conceituais sobre a sustentabilidade e suas dimensões interligadas à *melodia* em estudo. No *desenvolvimento,* o patrimônio cultural será a *tônica,* mediante considerações sobre sua estatura constitucional com abordagens sobre a possibilidade de as cidades tornarem-se criativas (tendo em mente os seus três eixos mestres: inovação, conexões e cultura) e ao mesmo tempo cidades sustentáveis e inclusivas (em consonância com os Objetivos de Desenvolvimento Sustentável da Agenda da ONU para 2030). Na *recapitulação* e *coda,* em ritmo de retomada, serão apresentados exemplos positivos de cidades criativas que levam o patrimônio cultural a sério e considerações no sentido de estimular um maior e constante fomento à cultura em suas diversas formas, com vernizes de direito/dever fundamental, assim como de direito humano.

Nesses *compassos iniciais*, é importante que se registre que se entende por *sustentabilidade o dever constitucional e fundamental que objetiva tutelar direitos fundamentais (com destaque ao ambiente ecologicamente equilibrado e aos direitos fundamentais sociais, nos quais estão incluídos o direito/dever fundamental ao patrimônio cultural e às cidades criativas e sustentáveis), também princípio instrumento a dar-lhes efetividade, ou seja, princípio que vincula o Estado (e suas instituições) e a sociedade, mediante responsabilidade partilhada, e redesenha as funções estatais, que deverão ser planejadas não apenas para atender demandas de curto prazo, mas também providenciar a tutela das futuras gerações.*[1] Pretende-se com o referido conceito abordar as duas noções de sustentabilidade: o sentido amplo (englobando as dimensões: ambiental, social, ética, fiscal, econômica e jurídico-política)[2] e o sentido mais específico (denominado por Bosselmann como *sustentabilidade forte*),[3] que, em regra, dá primazia à dimensão ecológica (interligada ao dever fundamental de tutela ao ambiente natural ecologicamente equilibrado).[4]

---

[1] Nos termos desenvolvido no seguinte estudo: CUNDA, Daniela Zago Gonçalves da. *Controle de sustentabilidade pelos Tribunais de Contas.* 2016. Tese (Doutorado em Direito) – Faculdade de Direito, Pontifícia Universidade Católica do Rio Grande do Sul, Rio Grande do Sul, 2016.

[2] Nos termos propostos por Juarez Freitas (*Sustentabilidade:* direito ao futuro. 3. ed. Belo Horizonte: Fórum, 2016) e Ignacy Sachs (*Caminhos para o Desenvolvimento Sustentável.* 3 edição. Rio de Janeiro: Garamond, 2008).

[3] BOSSELMANN, Klaus. *O princípio da sustentabilidade*, p. 47 e 27, 28, 36, 42.

[4] Quanto à natureza de direito e também dever, vide: MEDEIROS, Fernanda Fontoura. *Meio Ambiente*. Direito e dever fundamental. Porto Alegre: Livraria do Advogado, 2004.

Em outros estudos antecedentes,[5] dedicou-se a desenvolver a *sustentabilidade forte*, ou seja, mediante a abordagem dos objetivos de desenvolvimento sustentável da Agenda da ONU para 2030 mais diretamente interligados à *dimensão ecológica* da sustentabilidade (relacionadas, pois, à concepção de meio ambiente no sentido estrito). No presente ensaio, a *sustentabilidade multidimensional*,[6] tão brilhantemente desenvolvida pelo homenageado Professor Juarez Freitas no Brasil, merecerá destaque, com ênfase às dimensões interligadas à *melodia* em estudo, assim como serão tecidas considerações sobre a dimensão *ambiental* (em um sentido mais elástico aos referentes às questões ecológicas).

A *exposição* da *forma sonata "clássica"*, na música, apresenta "temas em regiões tonais contrastantes e o segundo grupo de temas costuma terminar fora da tônica".[7] No presente estudo, não há contrastes, mas sim perfeita sintonia entre patrimônio cultural, cidades criativas e sustentabilidade multidimensional, como será demonstrado a seguir.

Desenvolvimento e seus principais temas – patrimônio cultural e cidades criativas

Na música, em formato de Sonata, em seu segundo momento, apresenta-se *trecho modulatório, explorando possibilidades dos temas*, por vezes apresentando novas abordagens.[8] De tal forma, pretende-se desenvolver este ensaio/sonata.

Na visualização do *patrimônio cultural como um dever constitucional*, constata-se a robustez dos direitos culturais como pilar constitucional e sua reverberação global. Sob a luz da Constituição Federal de 1988, reverenciada como Constituição Cidadã e também como Constituição Cultural, depreende-se uma evolução significativa na proteção jurídica do patrimônio cultural brasileiro. Este movimento desdobra-se em notas que ressoam as modernas normas que reforçam doutrinas tanto nacionais quanto internacionais, tecendo uma melodia rica em história e compromisso.

Desde o advento da Declaração Universal dos Direitos Humanos em 1948, especialmente em seu artigo 27, os direitos culturais foram firmemente estabelecidos no panorama internacional como essenciais à dignidade e ao desenvolvimento da personalidade humana. Este movimento lento ressalta a importância da participação e do gozo dos benefícios culturais, melodias que começaram a tocar no palco global e foram reforçadas pelo Pacto Internacional dos Direitos Econômicos, Sociais e Culturais de 1966, coordenado pela UNESCO. O artigo 15 desse Pacto amplia o direito de participar

---

[5] Nos já referido estudo: CUNDA, Daniela Zago Gonçalves da. *Controle de sustentabilidade pelos Tribunais de Contas*. 2016. Tese (Doutorado em Direito) – Faculdade de Direito, Pontifícia Universidade Católica do Rio Grande do Sul, Rio Grande do Sul, 2016. Dentre outros disponíveis em: https://lattes.cnpq.br/7698719164060864, com destaque: CUNDA, Daniela Zago Gonçalves da. Controle de sustentabilidade pelos Tribunais de Contas e a necessária ênfase à dimensão ambiental. *In*: MIRANDA, Jorge; GOMES, Carla Amado; PENTINAT, Susana Borràs (coord.). *Diálogo Ambiental, Constitucional e Internacional*. Volume 10, E-Book Internacional (ISBN: 978-989-8722-42-3). Lisboa: Faculdade de Direito da Universidade de Lisboa (CJP e CIDP), abril de 2020, p. 293-341.

[6] Nos termos constantes na seguinte obra: FREITAS, Juarez. *Sustentabilidade*: direito ao futuro. 3. ed. Belo Horizonte: Fórum, 2016.

[7] SALLES, Paulo de Tarso. Formas de Sonata nos Séculos XVIII e XIX. *Análise Musical II* – CMU 0367, ECA/USP 2009. Disponível em: https://edisciplinas.usp.br/pluginfile.php/226226/mod_resource/content/1/Formas%20de%20Sonata%20nos%20s%C3%A9culos%20XVIII%20e%20XIX%20%28SALLES%202009%29.pdf. Acesso em: 9 maio 2024.

[8] Nesse sentido: ROSEN, Charles. *Sonata forms*. New York: Norton, 1988.

da vida cultural, enfatizando a proteção dos interesses morais e materiais relacionados à produção científica, literária ou artística.

Avançando-se no tempo, até a Convenção para a Proteção do Patrimônio Mundial, Cultural e Natural de 1972 e a Declaração Universal sobre a Diversidade Cultural de 2001, cada uma adicionou *acordes* ao crescente reconhecimento e obrigações dos Estados na proteção do patrimônio cultural. Estes acordos internacionais são como variações temáticas que reforçam a melodia cultural desenvolvida pela Constituição de 1988.

A Constituição Brasileira de 1988, com seus artigos 215 e 216, *eleva* o patrimônio cultural *uma oitava*, estabelecendo explicitamente a proteção do patrimônio cultural como um *dever do Estado* e um *direito fundamental* de todos os brasileiros. Este movimento aborda como essas disposições constitucionais proporcionam a salvaguarda das múltiplas formas de expressão cultural, desde modos de criar, fazer e viver, até as criações científicas, artísticas e tecnológicas, e os espaços destinados às manifestações artístico-culturais.

Com arranjos mais sofisticados, as Emendas Constitucionais nº 48, de 2005, e nº 71, de 2012, são introduzidas, estabelecendo respectivamente o *Plano Nacional de Cultura e o Sistema Nacional de Cultura*. Estes desenvolvimentos harmonizam as políticas públicas e a gestão cultural, destacando a participação democrática na preservação cultural.

Assim, a palavra patrimônio, que tem suas raízes latinas em "pater", que significa pai, é celebrada nesta seção da Sonata como um legado do passado ao futuro, um bem tanto material quanto imaterial que é essencial para a continuidade e a identidade cultural. Através dos séculos, desde a Revolução Francesa até as recentes reformas legislativas, o conceito de patrimônio cultural tem sido reinterpretado e reforçado, garantindo sua *vibração em cada nota*, cada lei e cada prática cultural.

Ao final deste movimento, volta-se ao significado semântico de patrimônio como um legado para o futuro, entendendo-se que a proteção e promoção do patrimônio cultural ao assumir status de *dever constitucional* reverberam a melodia essencial da sociedade e sua conexão com o "Direito ao Futuro",[9] com a sustentabilidade e solidariedade intergeracional. Esta análise da evolução jurídica e do impacto cultural, entrelaçada com a história e o compromisso internacional, ressalta a necessidade de que o patrimônio cultural permaneça vibrante e inalienável do tecido brasileiro e global, assumindo, pois, também *status* de *direito humano*.

Providenciadas as considerações sobre o patrimônio cultural, sua estatura constitucional e conexão com a sustentabilidade, passa-se às abordagens sobre a importância de as cidades tornarem-se criativas (com detalhamento de seus três eixos: inovação, conexões e cultura) e também sustentáveis e inclusivas (e sua conexão com os ODS da Agenda da ONU 2030).

Dentro das cidades, onde as notas da criatividade e inovação deverão ecoar pelas ruas e avenidas, encontra-se o berço das transformações que cultivam o desenvolvimento urbano. Nestes espaços urbanos, a cultura, a tradição e a identidade ressoam juntas de forma a reverenciar o patrimônio cultural e a promover o desenvolvimento sustentável local. As cidades tornam-se palcos onde *a tradição e a inovação se entrelaçam em harmonias complexas*, recapitulando e compondo novas melodias que redefinem a paisagem urbana.

---

[9] Mais uma vez, com inspirações nos ensinamentos do homenageado do presente estudo: FREITAS, Juarez. *Sustentabilidade:* direito ao futuro. 3. ed. Belo Horizonte: Fórum, 2016.

O conceito de cidades criativas, popularizado por Charles Landry, ressalta a capacidade de as cidades serem incubadoras de ideias criativas e soluções inovadoras para enfrentar os desafios urbanos cada vez mais crescentes em tempos de emergências climáticas. Tais cidades são vistas como organismos vivos onde a cidadania é fomentada e a cultura urbana é continuamente reimaginada.[10]

À medida que a cidade se transforma de um cenário pós-industrial para um epicentro de atividade criativa, observa-se o renascimento da vida artística, cultural e social. Esta regeneração urbana torna-se um coro potente que celebra tanto o legado do passado quanto as aspirações do presente. Em lugares onde o novo e o antigo se encontram, mediante um verdadeiro diálogo intergeracional, onde o espaço urbano harmoniza-se, criam-se ambientes onde a criatividade floresce e expande-se, inclusive, através do turismo cultural, que celebra os costumes, tradições e valores históricos locais.

Historicamente, o termo "cidade criativa" emergiu na década de 1980 como uma estratégia para superar as crises decorrentes da desindustrialização. Eventos e publicações significativos, como as conferências em Glasgow e Melbourne e as obras de Landry, foram fundamentais para moldar e expandir a visão das cidades como epicentros de criatividade e inovação.

Essas cidades, orquestradas por políticas culturais e educacionais inovadoras, tornam-se ateliês urbanos onde a criatividade é incessantemente cultivada. A imaginação e a invenção são incentivadas, transformando ideias em inovações que redefinem o tecido urbano. A criatividade nas cidades é uma dança entre múltiplas disciplinas, onde cada passo é uma expressão da identidade e resiliência urbanas.

Nesse contexto, as cidades criativas podem ser vistas como verdadeiras *sonatas urbanas*, onde cada elemento — da governança à economia criativa, da identidade cultural à inovação tecnológica — contribui para uma harmonia coletiva que promove uma vida urbana vibrante e sustentável. A cidade criativa, portanto, não é apenas um conceito, mas uma prática viva de transformação e crescimento sustentável, onde cada cidadão poderá desempenhar um papel de destaque na criação de uma comunidade resiliente e adaptável.

Assim, as cidades criativas emergem como uma orquestra diversificada, tocando uma peça que integra o antigo e o novo em um diálogo constante. São lugares onde o passado é preservado enquanto novas ideias são exploradas, onde a cultura é tanto um legado quanto uma ponte para o futuro, e onde a sustentabilidade se torna a batuta que rege a sinfonia da vida urbana.

A seguir, serão apresentados alguns *cases* positivos de cidades criativas que levam o patrimônio cultural a sério e considerações no sentido de estimular um maior e constante fomento à cultura em suas diversas formas, como uma possibilidade de exercício da cidadania e democracia, concretizando, pois, o *direito/dever fundamental às cidades criativas e à tutela do patrimônio cultural*.

No levantamento realizado, observou-se a interação harmoniosa entre a cultura e a inovação nas cidades que integram a Rede de Cidades Criativas da UNESCO, estabelecida em 2004, completando no presente ano duas décadas. Esta rede, um conjunto orquestrado de centros urbanos, celebra a criatividade como um eixo central

---

[10] Nesse sentido, vide: LANDRY, Charles. *Glascow:* the creative city and its cultural economy. Glasgow Development Agency, 1990; LANDRY, Charles. *As origens e futuro da cidade criativa*. São Paulo: SESI, 2013.

para o desenvolvimento urbano sustentável, unindo-se para fortalecer a produção de bens culturais e promover os direitos culturais globalmente.

Integrar a Rede de Cidades Criativas da UNESCO permite que essas cidades participem de uma sinfonia global, onde a troca de conhecimentos e experiências transcende fronteiras, estimulando a economia local enquanto promove a identidade cultural única de cada cidade. Sob a batuta da UNESCO, essas cidades criam composições que respeitam suas singularidades, identidades e memórias, organizando-se para explorar o potencial turístico e cultural de maneira sustentável e inovadora.

As cidades criativas são celebrações de ação, memória e identidade, elementos essenciais para o desenvolvimento econômico regional. Cada cidade, com sua própria história e vocação, desempenha sua parte na *orquestra maior de desenvolvimento urbano sustentável*, explorando suas riquezas culturais e criativas para atração turística, inovação e empreendedorismo.

Atualmente a Rede de Cidades Criativas da UNESCO conta com centenas de cidades em mais de 100 países, representando *sete áreas criativas*: Artesanato e Arte Folclórica, Design, Cinema, Gastronomia, Literatura, Mídia e Música. Considerando-se as emergências climáticas, as cidades recém-nomeadas comprometeram-se a cooperar para fortalecer sua resiliência diante de ameaças crescentes como as mudanças climáticas, o aumento da desigualdade e a rápida urbanização, tendo em vista a projeção de que 68% da população mundial passará a viver em áreas urbanas até 2050.[11] Fazer parte dessa rede significa estar inserido numa plataforma internacional de intercâmbio de experiências, nos termos dos propósitos dos Objetivos de Desenvolvimento Sustentável nº 9, 16 e 17 da Agenda da ONU para 2030, ou seja, compartilhamentos ligados ao desenvolvimento urbano sustentável. Ademais, as cidades culturais e criativas tornaram-se essenciais para o crescimento econômico inclusivo, com possibilidades de reduzir as desigualdades e colaborar para o desenvolvimento sustentável.[12]

No Brasil, 13 cidades contam com o *selo de Cidades Criativas da Unesco*: i) Belém, Belo Horizonte, Florianópolis e Paraty – criativas no quesito *gastronomia*; ii) Brasília, Curitiba e Fortaleza – contêm o selo de criatividade em *design*; iii) Recife e Salvador – *música*; iv) Campina Grande – *artes midiáticas*; v) João Pessoa – *artesanato e arte popular*; vi) Santos – *cinema*[13] e, mais recentemente, vii) o Rio de Janeiro foi designado pela Diretora-Geral da Unesco, Audrey Azoulay, representando *a área criativa da literatura*.[14]

Do *desenvolvimento musical*, em analogia ao formato de uma *sonata*, ao desenvolvimento sustentável, o paradigma das cidades criativas é enriquecido pelo seu alinhamento com os Objetivos de Desenvolvimento Sustentável (ODS) da Agenda 2030 da ONU conforme, de forma sintética, entoado a seguir.[15]

---

[11] Disponível em: https://www.unesco.org/pt/articles/55-novas-cidades-passam-fazer-parte-da-rede-de-cidades-criativas-da-unesco-no-dia-mundial-das. Acesso em: 15 jul. 2024.

[12] Disponível em: https://www.unesco.org/pt/node/108127. Acesso em: 15 jul. 2024.

[13] Disponível em: https://www.gov.br/turismo/pt-br/centrais-de-conteudo-/publicacoes/copy_of_Cidades Criativas.pdf. Acesso em: 15 jul. 2024.

[14] Disponível em: https://prefeitura.rio/cultura/rio-e-a-mais-nova-cidade-criativa-da-unesco/ Acesso em: 15 jul. 2024. A chancela confere lugar de destaque à cidade no cenário internacional ao reconhecer as suas históricas tradições literárias. Tal reconhecimento, equiparado ao registro de patrimônio mundial, atrairá investimentos, iniciativas empresariais e turismo, garantindo uma maior visibilidade internacional ao Rio após o endosso da Organização das Nações Unidas.

[15] Disponível em: https://www.unesco.org/sites/default/files/medias/fichiers/2023/03/16_pages_villes_creatives_uk_bd%5B1%5D.pdf. Acesso em: 15 jul. 2024.

A Rede de Cidades Criativas da UNESCO está interligada aos vários Objetivos de Desenvolvimento Sustentável da Agenda da ONU para 2030, sobretudo ao ODS 11, que objetiva tornar as cidades e os assentamentos humanos inclusivos, seguros, resilientes e sustentáveis; para tal, é importante que todas *as vozes da cidade sejam escutadas e ecoem nas tomadas de decisões*. Ademais, pelo simples fato da atuação em rede junto à UNESCO, sem maiores esforços, depreende-se a conexão com os ODS 16 e 17, assim como se pressupõe a necessidade dos instrumentais de inovação e empreendedorismo insculpidos no ODS 9, todos da Agenda da ONU para 2030.

Nos vários cenários mundiais, as cidades criativas oferecem caminhos estratégicos para o desenvolvimento de forma mais inclusiva, com zelo especial a uma maior equidade de gênero e racial (portanto, a incluir a equidade intragênero), étnica (albergando e sendo representativa das diversas culturas), de maneira a promover o ODS 10 da Agenda da ONU, assim como o ODS 18 (*igualdade étnico racial*).[16] Os novos ecossistemas, para além de ambientais, mas também econômicos, deverão também estar centrados no conhecimento e na inovação, mediante integração com as economias locais, circulares e inclusivas (em sintonia com o ODS 8 da Agenda da ONU).

As cidades criativas também deverão levar em consideração a transformação do mercado de trabalho, a automação, bem como toda a transformação trazida pela Inteligência Artificial (ODS 9). Ao mesmo tempo em que se mira o novo, o futuro, há que se ter espaço para a reconciliação, enfrentando-se os problemas de segregação social e espacial, ou seja, com a devida atenção aos ODS 5, 10, 16 e 17. Nesse cenário, sem dúvidas, a cultura tem o condão de dar voz às comunidades vulneráveis e uma maior interação intergeracional. Ao serem analisadas as cidades criativas que compõem a Rede da UNESCO, percebe-se o compromisso partilhado que coloca as pessoas no centro do desenvolvimento, assim como também diretrizes centradas na tutela no meio ambiente onde estão inseridos os seres humanos.

A necessária preocupação com a habitação digna, nas cidades criativas, está interligada a vários Objetivos de Desenvolvimento Sustentável, com destaque para os ODS 11, 10, 6 e 3, todos da Agenda da ONU para 2030, trata-se, ainda, de questão de saúde de qualidade, que também pressupõe saneamento básico e monitoramento das questões hídricas.

As cidades do *amanhã* deverão ter o necessário zelo com seus registros históricos e culturais do *ontem*, adicionalmente diligentes e atentas às mudanças climáticas do *hoje*, que requerem não somente ações resilientes, mas também de prevenção, com políticas públicas articuladas e em rede, atentas às emergências climáticas, ou seja, nos termos do objetivo constante no ODS 13 da Agenda da ONU. Trata-se de um Objetivo de Desenvolvimento Sustentável que tem demonstrado ser *conditio sine qua non* aos

---

[16] Sobre o ODS 18 proposto recentemente para igualdade étnico-racial, em dezembro de 2023 foi instituída a Comissão Nacional dos ODS (Decreto nº 11.704/2023), com formação paritária – 84 membros, sendo metade representantes de governo e metade, da sociedade civil. Com a reinstalação da CNODS, foi criada a Câmara Temática para o ODS 18 (Resolução nº 2/2023), para dar continuidade às discussões sobre o ODS 18 e apresentar um Plano de Trabalho referente a um ODS para igualdade étnico-racial. Vide: https://www.gov.br/igualdaderacial/pt-br/assuntos/ods18. Acesso em: 30 jun. 2024. Uma das metas em desenvolvimento é de "assegurar moradias adequadas, seguras e sustentáveis aos povos indígenas e afrodescendentes, incluindo comunidades tradicionais, favelas e comunidades urbanas, com garantia de equipamentos e serviços públicos de qualidade, com especial atenção à população em situação de rua". Disponível em: https://www.gov.br/igualdaderacial/pt-br/assuntos/ods18/metas-prelimminares. Acesso em: 30 jun. 2024.

demais, uma vez que sem segurança climática todos os demais ODS da Agenda da ONU restam comprometidos e, por consequência, os êxitos pretendidos na implementação das cidades criativas postergados. Atualmente, nada mais moderno que o resgate das cidades com *soluções baseadas na natureza*, como, por exemplo, cidade-esponja, com cobertura vegetal que sequestra carbono, sistemas de drenagem urbana sustentáveis, utilização sustentável dos recursos naturais. Várias das modalidades das cidades criativas poderão trazer respostas nesse sentido, sobretudo as que visam a promover o *design*.

As cidades criativas deverão monitorar a *sobrecarga da Terra* e a utilização predatória dos recursos naturais, portanto, atuando com as devidas cautelas quanto ao consumo e à produção, que deverão ser sustentáveis (ODS 12 da Agenda da ONU), mais uma vez interligado ao ODS 13 e à necessidade de desenvolvimento de caminhos sustentáveis, de baixo carbono e com medidas para a redução de gases de efeito estufa. Cidades criativas e sustentáveis necessariamente serão as que estimulam a transição ecológica, com pensamento imaginativo que se apropria das questões relacionadas com as alterações climáticas em ritmo vertiginoso e ensejam soluções urgentes. A cultura, nesse ponto, exigirá mudanças comportamentais, *contornando-se vieses*,[17] e os padrões de consumo e de turismo deverão adaptar-se às emergências climáticas. Tendo em mente que o sistema climático é único, as cidades, os gestores e as instituições deverão atuar em rede e de forma eficaz e eficiente (ODS 16 e 17 da Agenda da ONU).

Por sua vez, as tomadas de decisões nas cidades criativas (em um sentido mais amplo e representativo) deverão envolver os munícipes no exercício direto de sua cidadania, para além do voto, cenário em que as novas tecnologias poderão impulsionar uma maior participação no planejamento, execução e monitoramento das políticas públicas. Novos caminhos poderão ser trilhados para o desenvolvimento de soluções nos desafios das cidades, inclusive, com alternativas mais personalizadas e com atenção às especificidades locais, não obstante a constante troca de informações e experiências em perspectiva global. Não custa ser lembrado que, na concretização do ODS 9 da Agenda da ONU, os excluídos digitais não poderão ser deixados para trás.

Mesmo que os centros urbanos sejam o principal enfoque das cidades criativas, a vida na água (ODS 14) e a vida terrestre (ODS 15), com especial atenção para os animais, deverão ser sindicabilizadas. A erradicação da pobreza (ODS 1), a fome zero (ODS 2), ainda mais agravadas em tempos de emergências climáticas (ODS 13), poderão encontrar soluções nos vários quesitos objetivados nas cidades criativas, como a *gastronomia criativa e inclusiva*.

Uma das metas do ODS 9 está em conexão com os propósitos pleiteados no ODS 7 (eficiência energética), que poderá suavizar o aquecimento global.

Da conexão das áreas criativas com os ODS da Agenda da ONU para 2030, depreende-se a forte sinergia com a *educação com qualidade e inclusiva* (ODS 4), sobretudo no que concerne ao *artesanato, arte popular, cinema, literatura, artes multimedia e música*. Já o *design* tem inegável conexão com a possibilidade de uma maior eficiência energética (ODS 7). A *gastronomia* demonstra, por si só, as fortes perspectivas dialógicas com os ODS 1, 2 e 3 da Agenda da ONU para 2030.

---

[17] Utilizando-se os referenciais teóricos constantes na seguinte obra do professor homenageado: FREITAS, Juarez. *Sustentabilidade*: direito ao futuro. 4. ed. Belo Horizonte: Fórum, 2019.

Esses objetivos formam a base sobre a qual as cidades podem construir estratégias de desenvolvimento que não apenas respeitem o patrimônio cultural, mas também promovam uma vida urbana sustentável e inclusiva.

A sucinta abordagem, com propósitos de concretização junto à sociedade, além das boas práticas antes referidas, ao listar as cidades criativas brasileiras, também sistematiza passos recomendáveis para aderir à Rede de Cidades Criativas da UNESCO: *i)* apresentar candidatura que demonstre claramente a sua vontade, compromisso e capacidade para contribuir eficazmente para a missão e os objetivos da Rede; *ii)* elucidar conexão com as áreas criativas (artesanato e arte popular, *design*, cinema, gastronomia, literatura, artes *multimedia* e música); *iii)* providenciar foco temático para as cidades membros desenvolverem os seus ativos culturais e criativos e facilitar a troca de conhecimentos e experiências com outras cidades membros; *iv)* demonstrar parceria para a implementação local da Agenda 2030 da ONU para o Desenvolvimento Sustentável; *v)* demonstrar compromisso com políticas públicas de Estado, mediante processo participativo e abordagem voltada para o futuro; *vi)* apresentar os seus ativos e potencial cultural e criativo de forma clara e documentada; *vii)* apresentar plano de ação realista de quatro anos, incluindo projetos, iniciativas ou políticas específicas a serem implementadas na eventualidade de designação.[18]

Recapitulação e *coda*

Em ritmo de retomada, ou *ritornello*, mediante uma espécie de *grupo de temas de encerramento*, pretendendo-se que tenham significativa difusão, mesmo que não equiparáveis às grandes dimensões das *sonatas* de Beethoven, Mozart ou Haydn[19] ou da grandiosidade da obra do professor homenageado, retomam-se as principais ideias (à moda Juarez Freitas, quem em suas conferências e textos sói enumerar suas mensagens centrais): *i)* o patrimônio cultural no Brasil tem estatura constitucional e de *direito fundamental*, assim como também *status* de *direito humano*, uma vez observados os documentos internacionais que tratam do tema; *ii)* o patrimônio cultural é um legado para o futuro, que reverbera a melodia essencial da sociedade e sua conexão com o "Direito ao Futuro",[20] devendo estar atento à *sustentabilidade multidimensional* e solidariedade intergeracional; *iii)* as cidades para tornarem-se criativas (além dos clássicos três eixos mestres: inovação, conexões e cultura) deverão também ser inclusivas e sustentáveis; *iv)* as cidades criativas, portanto, deverão estar atentas à concretização dos Objetivos de Desenvolvimento Sustentável da Agenda da ONU para 2030, aos demais documentos internacionais que tutelam a sustentabilidade, e sobretudo cumprirem o *dever constitucional de sustentabilidade*, previsto na Constituição Federal, desde o Preâmbulo, assim como nos arts. 3º; 5º, 170, inc. IV; 225, todos da Carta Constitucional, além dos demais normativos infraconstitucionais (com destaque para a Lei Federal nº 14.583, de 16 de maio de 2023, que torna obrigatória, por parte dos órgãos públicos,

---

[18] A próxima convocatória de candidaturas da UCCN está prevista para ser lançada em 2025: https://www.unesco.org/en/creative-cities/call-applications?hub=80094. Acesso em: 15 jul. 2024.

[19] ROSEN, Charles. *The classical style:* Haydn, Mozart, Beethoven. New York e London: Norton, 1997.

[20] Mais uma vez, com inspirações nos ensinamentos do homenageado do presente estudo: FREITAS, Juarez. *Sustentabilidade:* direito ao futuro. 3. ed. Belo Horizonte: Fórum, 2016.

a difusão dos direitos fundamentais e dos direitos humanos); *v) a*s cidades criativas têm potencial de *regeneração urbana*, como verdadeiros *coros de várias vozes*, que celebra tanto o legado do passado quanto as aspirações do presente e do futuro, mediante um verdadeiro *diálogo intergeracional; vi)* foram apresentados *cases* positivos de cidades criativas, que levam o patrimônio cultural a sério, e considerações no sentido de estimular um maior e constante fomento à cultura em suas diversas formas, como uma possibilidade de exercício da cidadania e democracia, concretizando, pois, o *direito/ dever fundamental às cidades criativas e à tutela do patrimônio cultural*, cidades que integram a Rede de Cidades Criativas da UNESCO, que concretiza compromisso partilhado e que coloca as pessoas no centro do desenvolvimento; *vii)* no viés prático e indutor da ampliação das boas práticas, foram indicadas recomendações de ações aos municípios que planejam aderir à Rede de Cidades Criativas da UNESCO e também serem cidades sustentáveis e inovadoras em um sentido mais amplo, em sintonia com as múltiplas dimensões da sustentabilidade (social, ética, ambiental, econômica, jurídico-política, todas entrelaçadas).[21]

Em toada de *coda*, conclui-se afirmando que a cidade é o espaço de encontro e convivência entre o *espírito do tempo* (*zeitgeist*) onde percebem-se os aspectos social cultural e econômico, que caracterizam uma determinada época, e o *espírito do lugar* (*genius locci*), conjunto de singularidades que faz com que as cidades transpirem essências, ritmos e ambientes distintos. Portanto, nada mais natural que seja o ponto de partida para ser traçada uma rota entre a *cidade que temos* e a *cidade que almejamos ter*, utilizando-se o poder da criatividade, da indústria criativa e da economia criativa, do empreendedorismo criativo e do turismo criativo e cultural.[22]

Na *sonata às cidades criativas*, cada cidadão deverá ser instrumento de transformação, tocando a parte que lhe cabe na *grande sinfonia do desenvolvimento humano*, sob a batuta de professores que tanto inspiram, como o *Maestro* Professor Juarez Freitas.

Referências

AHMED, Flávio; COUTINHO, Ronaldo. *Patrimônio Cultural e a sua Tutela Jurídica*. Rio de Janeiro: Lumen Juris, 2009.

BOSSELMANN, Klaus. *The principle of sustainability*. Transforming Law and governance. Ashgate, 2008.

BOSSELMANN, Klaus. *O princípio da sustentabilidade*: Transformando direito e governança. Tradução: Phillip Gil França. São Paulo: Revista dos Tribunais, 2015.

CANOTILHO, J. J. Gomes. Sustentabilidade – um romance de cultura e de ciência para reforçar a sustentabilidade democrática. *Boletim da Faculdade de Direito – Universidade de Coimbra*, n. 88, v. 53, tomo I, p. 1-11, 2012.

CIDADES CRIATIVAS (recurso eletrônico): vocação e desenvolvimento/organização de Mary Sandra Guerra Ashton – Novo Hamburgo: Feevale, 2018. Dados eletrônicos.

---

[21] Sobre *sustentabilidade multidimensional*, como do conhecimento de todos e nos termos da célebre obra do professor homenageado: FREITAS, Juarez. *Sustentabilidade*: direito ao futuro. 4. ed. Belo Horizonte: Fórum, 2019.

[22] Nesse sentido, vide: https://sebrae.com.br/Sebrae/Portal%20Sebrae/Arquivos/ebook_sebrae_o_que_e_cidade_criativa.pdf. Acesso em: 15 jul. 2024.

CIDADES CRIATIVAS: perspectivas / Ana Carla Fonseca Reis, Peter Kageyama, (org.). São Paulo: Garimpo de Soluções, 2011. Vários autores. ISBN 978-85-63303-03-5 1. Cidades - Administração 2. Cidades criativas 3. Cultura 4. Cultura - Aspectos econômicos 5. Desenvolvimento sustentável 6. Espaços públicos urbanos 7. Planejamento urbano 8. Políticas públicas I. Reis, Ana Carla Fonseca. II. Kageyama, Peter.

CUNDA, Daniela Zago Gonçalves da. *Controle de sustentabilidade pelos Tribunais de Contas*. 2016. Tese (Doutorado em Direito) – Faculdade de Direito, Pontifícia Universidade Católica do Rio Grande do Sul, Rio Grande do Sul, 2016.

CUNDA, Daniela Zago Gonçalves da. Controle de sustentabilidade pelos Tribunais de Contas e a necessária ênfase à dimensão ambiental. *In*: MIRANDA, Jorge; GOMES, Carla Amado; PENTINAT, Susana Borràs (coord.). *Diálogo Ambiental, Constitucional e Internacional*. Volume 10, E-Book Internacional (ISBN: 978-989-8722-42-3). Lisboa: Faculdade de Direito da Universidade de Lisboa (CJP e CIDP), abril de 2020, p. 293-341.

CUNDA, Daniela Zago Gonçalves da. *O dever fundamental à saúde e o dever fundamental à educação na lupa dos Tribunais (para além) de Contas*. E-book, Porto Alegre: Editora Simplíssimo Livros, 2013.

DESENVOLVIMENTO ECONÔMICO URBANO. VIA REVISTA – Cidades Criativas. Disponível em: https://via.ufsc.br/download-revista/. Acesso em: 26 jan. 2024.

DEPINÉ, Ágatha. Classe criativa. *In*: FLORIDA, Richard. *A ascensão da classe criativa*. Porto Alegre: L&PM, 2011.

FLORIDA, Richard. The Creative Class and Economic Development. *Economic Development Quarterly*, v. 28, p. 196-205, 2014.

FREITAS, Juarez. *Sustentabilidade:* direito ao futuro. 4. ed. Belo Horizonte: Fórum, 2019.

FREITAS, Juarez. *A Interpretação Sistemática do Direito*. 5. ed. São Paulo: Malheiros, 2010.

FREITAS, Juarez. *O controle dos atos administrativos e os princípios fundamentais*. 4. ed. São Paulo: Malheiros, 2009.

FREITAS, Juarez. *Discricionariedade Administrativa e o Direito Fundamental à Boa Administração Pública*. 2. ed. São Paulo: Malheiros, 2009.

GOMES, Carla Amado. *Introdução do Direito do Ambiente*. 2. ed. AAFDL, 2014.

GOMES, Carla Amado. *Sustentabilidade ambiental: missão impossível?* Publicações da FDUL/ICJP, maio 2014. Disponível em: http://www.icjp.pt/sites/default/files/papers/palmas-sustentabilidade.pdf. Acesso: 12 jan. 2024.

GRODACH, Carl. Cultural Economy Planning in Creative Cities: Discourse and Practice. *International Journal of Urban and Regional Research*, v. 37, p. 1747-1765, 2013.

KAHL, Wolfgang. *Nachhaltigkeit als Verbundbergriff*. Tübingen: Mohr Siebeck, 2008.

LANDRY, Charles. *Glascow*: the creative city and its cultural economy. Glasgow Development Agency, 1990.

LANDRY, Charles. *As origens e o futuro da cidade criativa*. São Paulo: SESI, 2013.

LONDRES, C. (org.). Patrimônio Imaterial. *Revista Tempo Brasileiro, Patrimônio Imaterial*, Rio de Janeiro, n. 147, out./dez. 2001.

MIRANDA, A. L. C. Sociedade da informação: globalização, identidade cultural e conteúdos. *Ciência da Informação*, v. 29, n. 2, p.78-88, 2000.

MACHESAN, Ana Maria Moreira. *A tutela do patrimônio cultural sob o enfoque do Direito Ambiental*. Porto Alegre: Livraria do Advogado, 2007.

MEDEIROS, Fernanda Fontoura. *Meio Ambiente. Direito e dever fundamental*. Porto Alegre: Livraria do Advogado, 2004.

NABAIS, José Casalta. A face oculta dos direitos fundamentais: os deveres e os custos dos direitos. *Revista da AGU*, Brasília, n. especial, p. 73-92, jun. 2002.

NABAIS, José Casalta; TAVARES DA SILVA, Suzana. *Sustentabilidade Fiscal em Tempos de Crise*. Coimbra: Almedina, 2011.

PIRES, Maria Coeli Simões. *Da Proteção ao Patrimônio Cultural*: o tombamento como principal instituto/Maria Coeli Simões Pires. Belo Horizonte. Del Rey, 1994.

REAL FERRER, Gabriel. La solidariedad en derecho administrativo. *Revista de Administración Pública (RAP)*, n. 161, mayo/ago. 2003. Disponível em: https://dialnet.unirioja.es/descarga/.../721284.pdf. Acesso em: 26 jan. 2024.

REALE, Miguel. *Lições preliminares de direito*. São Paulo: Saraiva, 2003.

ROSEN, Charles. *Sonata forms*. New York: Norton, 1988.

ROSEN, Charles. *The classical style*: Haydn, Mozart, Beethoven. New York e London: Norton, 1997.

SACHS, Ignacy. *Caminhos para o Desenvolvimento Sustentável*. 3. ed. Rio de Janeiro: Garamond, 2008.

SACHS, Ignacy. *Estratégias de Transição para do século XXI* – desenvolvimento e Meio Ambiente. São Paulo: Studio Nobel – Fundação para o desenvolvimento administrativo, 1993.

SARLET, Ingo Wolfgang. *A Eficácia dos Direitos Fundamentais*. 10. ed. Porto Alegre: Livraria do Advogado, 2009.

SARLET, Ingo Wolfgang; FENSTERSEIFER, Tiago. *Direito Constitucional Ambiental*. São Paulo: Revista dos Tribunais, 2011.

SARLET, Ingo Wolfgang; FENSTERSEIFER, Tiago. *Princípios do Direito Ambiental*. São Paulo: Saraiva, 2014.

SARLET, Ingo Wolfgang; FENSTERSEIFER, Tiago. *Direito ambiental:* introdução, fundamentos e teoria geral. São Paulo: Saraiva, 2014.

SILVA, Ildete Regina Vale da; BRANDÃO, Paulo de Tarso. *Constituição e fraternidade:* o valor normativo do preâmbulo da Constituição. Curitiba: Juruá, 2015.

WEISS, Edith Brown. Our rights and obligations to future generations for the environment. *In:* what obligations does our generation owe to the next? An approach to global environmental responsibility. *AJIL*, v. 94, p. 198 e ss., 1990.

WEISS, Edith Brown. *In fairness to future generations: International Law, common patrimony and intergenerational equity*, 1989. Tokyo, Japan: The United Nations University e New York: Transnational Publishers.

WITTMAN, Tatiana. Idanha-a-Nova: a música como elemento de coesão social. VIA REVISTA – Cidades Criativas. Disponível em: https://via.ufsc.br/download-revista/. Acesso em: 26 jan. 2024.

Informação bibliográfica deste livro, conforme a NBR 6023:2018 da Associação Brasileira de Normas Técnicas (ABNT):

VILA, Cinara de Araújo; CUNDA, Daniela Zago G. da. Na pauta da sustentabilidade, uma sonata ao patrimônio cultural e às cidades criativas *In*: PASQUALINI, Alexandre; CUNDA, Daniela Zago Gonçalves da; RAMOS, Rafael (coord.). *Direito, sustentabilidade e inovação*: estudos em homenagem ao professor Juarez Freitas. Belo Horizonte: Fórum, 2025. p. 127-138. ISBN 978-65-5518-957-5.

PROMOÇÃO DA SUSTENTABILIDADE POR MEIO DAS CONTRATAÇÕES PÚBLICAS: A FUNÇÃO SOCIAL REFORÇADA PELA LEI Nº 14.133/2021

CRISTIANA FORTINI
MARIANA BUENO RESENDE

1 Introdução

A utilização das contratações públicas para alcançar objetivos que vão além da busca imediata de satisfação das necessidades da Administração Pública é prática recorrente em diversos países. Nos Estados Unidos, "a utilização explícita de compras públicas para alcançar objetivos sociais mais amplos é uma prática quase tão antiga quanto a própria função de compras",[1] uma vez que a legislação sobre o tema, intimamente ligada à atividade militar, preocupou-se, desde os primórdios, com a segurança nacional, o que justificava a previsão de preferência por fornecedores domésticos.[2]

Em diversos países, a realização de objetivos socioeconômicos por meio das contratações públicas pautou-se na proteção da indústria nacional, promoção de pequenas empresas e cumprimento de certos padrões trabalhistas, seguindo para políticas ambientais, incentivo à inovação e igualdade racial e de gênero, ações afirmativas

---

[1] LOPEZ, Fernando Mendoza; HERSCH, Joni. Socioeconomic Policies in Public Procurement: What Should We Be Asking of Public Procurement Systems? *University of Memphis Law Review*, vol. 52, n. 1, p. 155-198, fall 2021.
[2] Com os recentes avanços tecnológicos, Christopher Yukins ensina que, na prática, a preferência às empresas americanas também pode ocorrer mediante requisitos de cibersegurança impostos aos sistemas de tecnologia da informação adquiridos pelo governo federal. (YUKINS, Christopher R. The U.S. Federal Procurement System: an introduction. *GWU Law School Public Law Research*, Paper n. 2017-75, November 1, 2017. Disponível em: https://scholarship.law.gwu.edu/faculty_publications/1313/. Acesso em: 4 jul. 2024.)

consideradas relevantes em contratos estatais nos Estados Unidos, Canadá, México, África do Sul, Malásia e Austrália.[3]

No Brasil, no entanto, o sistema de compras públicas se orientou inicialmente pela instituição de procedimentos que buscassem garantir a isonomia entre os interessados e a celebração de contratos com menor preço, atrelando-se a vantajosidade à proposta economicamente mais atrativa.

Nesse cenário, o Professor Juarez de Freitas há muito tempo tem alertado que o "princípio constitucional da sustentabilidade" impõe um novo ciclo da governança pública no qual se observem, entre outras diretrizes, o primado da qualidade intertemporal das escolhas públicas e a verificação da "repercussão psicossocial das decisões públicas".[4]

É por isso que, no âmbito das contratações públicas, se faz necessário incorporar, "ao escrutínio das propostas, incontornáveis critérios paramétricos de sustentabilidade para ponderar, de maneira motivada, custos e benefícios sociais, ambientais e econômicos", considerando-se "os custos indiretos, ora seriamente negligenciados, no intuito de projetar adequadamente os dispêndios futuros".[5] Frisa-se que o conceito de sustentabilidade defendido pelo Professor é multidimensional e abarca o desenvolvimento social, econômico, ambiental, ético e jurídico-político, no intuito de assegurar as condições favoráveis para o bem-estar das gerações futuras e presentes".[6]

Nos últimos anos, observou-se a crescente utilização dos processos de contratação pública como mecanismos indutores de comportamento no mercado e na sociedade. O fato de que são expendidos elevados montantes nas contratações públicas, configurando parcela relevante do mercado, faz com que o Estado possua potencial de influenciar e determinar comportamentos desejáveis com seu poder de compra.

Não por outra razão, percebeu-se a possibilidade de que as contratações sejam utilizadas como forma de fomentar atividades para alcançar finalidades públicas que não aquelas tradicionalmente associadas às licitações, podendo a Administração Pública atuar como "interventora no mercado por meio de práticas diferenciadas de consumo, estimulando e criando políticas que fortaleçam um modelo menos pautado no acúmulo desproporsitado e que seja mais racional".[7]

Os mecanismos de implementação de políticas públicas nas contratações governamentais são diversos; dentre eles, destacam-se: a decisão sobre comprar ou não, a decisão sobre o que comprar (com a definição das especificações do objeto), as condições de execução contratual, exclusão de contratados que não estejam de acordo com

---

[3] LOPEZ, Fernando Mendoza; HERSCH, Joni. Socioeconomic Policies in Public Procurement: What Should We Be Asking of Public Procurement Systems? *University of Memphis Law Review*, vol. 52, no. 1, Fall 2021, p. 155-198.

[4] FREITAS, Juarez. *Sustentabilidade*. 4. ed. Belo Horizonte: Fórum, 2019. Disponível em: https://www.forumconhecimento.com.br/livro/L1311. Acesso em: 7 jul. 2024.

[5] FREITAS, Juarez. *Sustentabilidade*. 4. ed. Belo Horizonte: Fórum, 2019. Disponível em: https://www.forumconhecimento.com.br/livro/L1311. Acesso em: 7 jul. 2024.

[6] FREITAS, Juarez. *Sustentabilidade*. 4. ed. Belo Horizonte: Fórum, 2019. Disponível em: https://www.forumconhecimento.com.br/livro/L1311. Acesso em: 7 jul. 2024.

[7] GUIMARÃES, Edgar; FRANCO, Caroline da Rocha. Licitação e políticas públicas: instrumentos para a concretização do desenvolvimento nacional sustentável. In: BACELLAR FILHO, Romeu Felipe; HACHEM, Daniel Wunder (coord.). *Direito Público no Mercosul*: Intervenção Estatal, Direitos Fundamentais e Sustentabilidade – Anais do Vi Congresso da Associação de Direito Público do Mercosul – Homenagem Ao Professor Jorge Luis Salomoni. Belo Horizonte: Fórum, 2013. p. 364.

as políticas públicas,[8] preferências para contratar, critérios de adjudicação e medidas para melhorar o acesso a contratos governamentais.[9]

A Lei nº 14.133/2021, que institui novo regramento para licitações e contratos administrativos, seguiu, em diversos dispositivos, a tendência de agregar função social às contratações públicas, impondo uma avalição mais estratégia e complexa que considere, desde o planejamento, todo o ciclo de vida da contratação (art. 11, I).

Na nova legislação, o "desenvolvimento nacional sustentável" é previsto como princípio e também como objetivo das licitações públicas (art. 11, IV) e permeia todo o texto legal: o estudo técnico preliminar deverá conter a "descrição de possíveis impactos ambientais e respectivas medidas mitigadoras, incluídos requisitos de baixo consumo de energia e de outros recursos, bem como logística reversa para desfazimento e reciclagem de bens e refugos, quando aplicável" (art. 18, §1º, XII; permite-se a exigência de que o contratado destine um percentual mínimo da mão de obra responsável pela execução do objeto da contratação à mulher vítima de violência doméstica e ao oriundo ou egresso do sistema prisional (25, §9º) e o desenvolvimento de ações de equidade entre homens e mulheres no ambiente de trabalho são consideradas como critério de desempate (art. 60, III), entre diversos outros dispositivos).

Contudo, há críticas sobre a utilização das contratações públicas para a realização de políticas públicas relevantes, além de dificuldades práticas na sua implantação. Diante disso, este estudo procurou demonstrar a relevância da função social das contratações públicas, perpassando pela construção doutrinária sobre o tema, pela pesquisa dos ordenamentos jurídicos europeu e norte-americano, bem como da evolução da legislação brasileira, e analisando as alterações promovidas pela Lei nº 14.133/2021.

2 A função social das contratações públicas

Vários autores já se debruçaram sobre o tema e diversas nomenclaturas foram utilizadas para se referir à utilização das licitações e contratações públicas com a finalidade de realizar objetivos mediatos, que vão além da necessidade direta de execução do serviço, obra ou entrega do objeto.

Assim, já se referiu à função social das licitações públicas,[10] função regulatória,[11] função extraeconômica,[12] função horizontal[13] ou ainda a existência de políticas colaterais[14] ou secundárias nas contratações públicas.

---

[8] No Brasil, por exemplo, a Lei nº 8.666/93 determinava, no art. 27, inciso V, que são habilitados para participar das licitações os interessados que cumpram a exigência de proibição de trabalho noturno, perigoso ou insalubre a menores de dezoito e de qualquer trabalho a menores de dezesseis anos, salvo na condição de aprendiz, a partir de quatorze anos. O que significa dizer que as licitantes que não seguem referida política pública devem ser excluídas do processo de compras.
[9] ARROWSMITH, Sue. Horizontal Policies in Public Procurement: a taxonomy. *Journal of Public Procurement*, vol. 10, issue 2, 149-186, summer 2010. Disponível em: https://www.nottingham.ac.uk/pprg/documentsarchive/fulltextarticles/suetaxonomyofhorizontalpolicies.pdf. Acesso em: 4 jul. 2024. p. 152.
[10] FERREIRA, Daniel. *A licitação pública no Brasil e sua finalidade legal*: a promoção do desenvolvimento nacional sustentável. Belo Horizonte: Fórum, 2012.
[11] FERRAZ, Luciano de Araújo. Função regulatória da licitação. *Revista de Direito Administrativo e Constitucional – A&C*, ano 23, n. 37, p. 133-142, jul./set. 2009. Disponível em: https://www.forumconhecimento.com.br/periodico/123/75/531. Acesso em: 5 jul. 2024.
[12] ARAGÃO, Alexandre Santos de. *Curso de direito administrativo*. Rio de Janeiro: Forense, 2012.
[13] ARROWSMITH, Sue. *Horizontal Policies in Public Procurement: a taxonomy*. Disponível em: https://www.nottingham.ac.uk/pprg/documentsarchive/fulltextarticles/suetaxonomyofhorizontalpolicies.pdf. Acesso em: 4 jul. 2024 e FABRE, Flavia Moraes Barros Michele. *Função horizontal da licitação e da contratação administrativa*. 2014. Disponível em: https://www.teses.usp.br/teses/disponiveis/2/2134/tde-01122015123928/publico/TESE_COMPLETA_FLAVIA_MORAES_2014.pdf. Acesso em: 5 jul. 2024.

Para o presente trabalhou, optou-se pela denominação "função social", tendo em vista que configura expressão mais ampla, apta a compreender todas as situações nas quais as contratações públicas sejam utilizadas para outras finalidades de interesse da coletividade. Isso porque nem todas as ações possíveis no âmbito das contratações configuram regulação em sentido estrito, uma vez que constituem verdadeiras políticas de fomento.[15]

Ademais, a expressão "políticas secundárias" confere a ideia equivocada de que referidas finalidades seriam menos importantes do que a finalidade considerada primária.

A relevância da função social das licitações públicas é questionada do ponto de vista econômico, pois se considera que, muitas vezes, resulta em contratações mais caras, que vão de encontro ao objetivo tradicional das licitações e, ainda, contrariam a política de menor intervenção do Estado no mercado e de ampla competitividade.

Contudo, quando bem implementadas, mencionadas contratações acarretam aquisições mais vantajosas em sentido amplo, com a atuação do Estado na garantia da igualdade material e no incentivo a comportamentos benéficos aos interesses da coletividade, tais como proteção ao meio ambiente, incentivo aos pequenos negócios, igualdade de gênero, desenvolvimento tecnológico, entre outros.[16]

Sobre o papel do Estado como fomentador de comportamentos, Diogo de Figueiredo Moreira Neto leciona que "o fomento público, conduzido com liberdade de opção, tem elevado alcance *pedagógico* e *integrador, podendo ser considerado,* para um *futuro ainda longínquo, a atividade mais importante* e *mais nobre do Estado*".[17]

Além disso, o critério da vantajosidade apenas analisado sob o prisma do menor preço não reflete os custos reais para a administração, na medida em que não contabiliza o ciclo de vida do produto e seus impactos na sociedade. Nesse aspecto, importa citar como exemplos os custos envolvidos na aquisição de pneus, tendo em vista que o acúmulo de pneus inservíveis ocasiona problemas ambientais e sanitários que acarretam ônus ao poder público e à economia em médio e longo prazo gerada por produtos com eficiência energética. Benefícios econômicos a longo prazo podem advir de bens,

---

[14] CIBINIC JR., John; NASH JR., Ralph; YUKINS, Chistopher R. *Formation of government contracts*, p. 1571. 4. ed. Washington: The George Washington University, 2011.

[15] Sobre a distinção das funções regulatória e de fomento, Floriano de Azevedo Marques Neto ensina que "a principal diferença entre essas duas funções estatais reside na consensualidade versus coercitividade: as medidas regulatórias incidem de forma coercitiva para todos os atores do setor regulado, enquanto o fomento incidirá apenas sobre aqueles que por ele optem. (...) o fomento é um instrumento de intervenção estatal na economia e, sob esse viés, permite a regulação do mercado. Em outras palavras: por meio do fomento, também se regula o mercado induzindo-o na realização (ou não realização) de determinados atos que poderão ensejar a satisfação de interesses públicos. A regulação do mercado, em seu sentido mais geral, trata-se, no entanto, de uma característica presente em qualquer forma de intervenção estatal, sendo que tal regulação, por si só, não caracteriza a função estatal regulatória" (MARQUES NETO, Floriano de Azevedo. Noções gerais sobre o fomento estatal. *In*: KLEIN, Aline Lícia; MARQUES NETO, Floriano de Azevedo. *Tratado de Direito Administrativo*: funções administrativas do Estado. Vol. 4. Coordenação: Maria Sylvia Zanella Di Pietro. São Paulo: Revista dos Tribunais, 2014. p. 424-425).

[16] O Tribunal de Contas da União constatou que "o mercado está procurando se adequar às exigências relativas à demonstração de sustentabilidade dos produtos ofertados, medida que se amolda às orientações contidas na Lei 8.666/93 e no Decreto 10.024/2019, relativas à promoção do desenvolvimento sustentável no país" (BRASIL. Tribunal de Contas da União. *Acórdão nº 243/2020*. Plenário. Relator Raimundo Carreiro. Sessão de 12.02.2020).

[17] MOREIRA NETO, Diogo de Figueiredo. Administração pública consensual. *In*: *Mutações do direito administrativo*. Rio de Janeiro: Renovar, 2007. p. 45.

serviços e obras afinados com a proteção ao meio ambiente. O aumento de empregos, e logo, a redução da dependência do Estado, quando se incentiva a presença de micro e pequenas empresas no cenário da contratação pública, também é aspecto importante.

É por isso que Juarez Freitas, ao tratar da redefinição do conceito de proposta mais vantajosa diante do princípio da sustentabilidade, afirma que o sistema de custos deve ser reformulado para a inclusão dos custos indiretos, de modo que não sejam ignorados os custos ambientais, sociais e econômicos da escolha administrativa.[18] No mesmo sentido, Daniel Ferreira sustenta ser incompatível com o ordenamento jurídico a escolha com base apenas em critérios de vantajosidade puramente econômica para a administração.[19]

Nessa perspectiva, a Diretiva nº 2014/24 do Parlamento Europeu e o Conselho da União Europeia, destacando o papel fundamental das contratações públicas na estratégia Europa 2020 para um desenvolvimento inteligente, sustentável e inclusivo, prevê a necessidade de que as regras de contratação pública sejam revistas e modernizadas para que se alcance eficiência do gasto público, em particular facilitando a participação das pequenas e médias empresas na contratação pública, e de permitir que os adquirentes utilizem melhor os contratos públicos para apoiar objetivos sociais comuns. A diretiva também faz alusão à tutela do meio ambiente, à promoção da inovação e do trabalho, atribuindo caráter político às contratações públicas.[20]

Para a temática da função social das contratações públicas, sobretudo em razão da vinculação tradicional à contratação vantajosa apenas pelo menor preço, uma das mais importantes previsões da Diretiva nº 2014/24 é o deslocamento da análise econômico-financeira mais imediata para um olhar em que se considerem os custos ligados ao ciclo de vida de um produto, às externalidades ambientais, além de aspectos sociais e qualitativos.[21]

O cuidado com as micro e pequenas empresas também permeia a Diretiva nº 2014/24. Identifica-se uma série de considerandos que a elas fazem alusão, destacando seu importante papel na construção de postos de trabalho[22] e a necessidade de que os países atuem no sentido de franquear a sua participação nos certames.[23]

---

[18] FREITAS, Juarez. Princípio da sustentabilidade: licitações e a redefinição da proposta mais vantajosa. *Revista de Direito da Unisc*, Santa Cruz do Sul, n. 38, p. 78, jul./dez. 2012. Disponível em: https://online.unisc.br/seer/index.php/direito/article/view/3234. Acesso em: 3 jul. 2024.

[19] FERREIRA, Daniel. *A licitação pública no Brasil e sua finalidade legal*: a promoção do desenvolvimento nacional sustentável. Belo Horizonte: Fórum, 2012.

[20] Ver considerandos 2, 59 e 78.

[21] Nesse sentido, o considerando 89 sugere que a expressão "proposta economicamente mais vantajosa" seja entendida como "melhor relação qualidade/preço" de forma a não restarem dúvidas que outros fatores além do financeiro devem ser considerados.

[22] Ver considerando 124.

[23] A diretiva reforça a incorreção advinda do excesso de requisitos de habilitação de ordem financeira ou técnica, que podem afugentar a presença das citadas empresas (Considerando 83). Evidentemente que o excesso se revela no caso concreto, quando desproporcional ao que se precisa assegurar. Atribui-se aos estados-membros o dever de auxiliar os operadores econômicos, disponibilizando informações e orientações sobre as regras europeias relativas ao cenário das contratações públicas, momento em que novamente se faz alusão às empresas de menor estatura (art. 83, 4 "a"). A proteção às pequenas empresas pode ser vista quando, mesmo percebendo a necessidade de diminuição do custo em si do procedimento licitatório e a economia de escala, com a previsão da concentração de procedimentos licitatórios em determinados órgãos, a diretiva ressalvou a necessidade de que a concentração do poder de compra não deixe de preservar as oportunidades de acesso ao mercado para as PME (Considerando 59). De fato, a atribuição da função de licitar a determinado órgão (ou a um conjunto deles) não inibe a fragmentação da demanda em lotes, de modo a favorecer a concorrência e a facilitar a inserção das

Também nos Estados Unidos, pelo menos desde a década de 1930, as contratações públicas são utilizadas com finalidade social ou política, uma vez que, após a crise econômica e os altos índices de desemprego no país ocasionados pela Grande Depressão, editou-se o *Buy American Act* (1933), que determina que bens e serviços para uso público sejam preferencialmente fabricados no país. O *Buy American Act* exige que as agências federais adquiram materiais e produtos domésticos.

Além disso, embora nos Estados Unidos a livre concorrência seja considerada fundamental à economia e segurança da nação, a seção 2 (a) do *Small Business Act* prevê que referidos objetivos não serão realizados a menos que a capacidade real e potencial das pequenas empresas seja incentivada e desenvolvida. Entende-se que, para preservar a livre concorrência e fortalecer a economia do país, é necessário que uma proporção das contratações públicas seja destinada às pequenas empresas.

Nesse contexto, ensina Irene Nohara que a legislação norte-americana é uma das que mais protegem as pequenas empresas, não apenas considerando os incentivos advindos das contratações públicas, "mas em inúmeros outros aspectos, como o fomento à exportação, o incentivo à competitividade contra as importações e às ações afirmativas para negócios conduzidos por pessoas em desvantagem econômica e social".[24]

Ressalta-se que, no início do governo do Presidente Joe Biden, foram emitidas cinco ordens executivas[25] por meio das quais se exigiu o uso do sistema público de compras para alcançar objetivos de políticas socioeconômicas, promovendo sustentabilidade ambiental e privilegiando o uso de fornecedores domésticos. A Ordem Executiva 13985, de 20 de janeiro de 2021, anunciou a intenção da administração de abordar os "custos humanos insuportáveis do racismo sistêmico" e convocou o Governo Federal a avaliar maneiras de promover a equidade entre seus beneficiários. A ordem segue uma tradição de longa data de usar aquisições como políticas de ações afirmativas, com o intuito de tentar conferir vantagens a minorias que historicamente enfrentaram discriminação e, portanto, tiveram acesso limitado às oportunidades econômicas.[26]

No Brasil, a inclusão do desenvolvimento nacional sustentável como um dos vetores das contratações públicas, com a edição da Lei nº 12.349/2010, que alterou o art. 3º da Lei nº 8.666/93, deu relevo à necessidade de interpretação dos dispositivos constitucionais e legais de modo sistemático, não deixando dúvidas de que a licitação deve ser utilizada para a promoção de valores relevantes para a sociedade.[27][28]

---

empresas de menor porte. Diante disso, previu-se a necessidade de divisão dos contratos de grande dimensão em lotes, de forma a facilitar a participação das PME no mercado dos contratos públicos e exigindo que seja justificada a decisão pela não divisão, no caso de se entender que a divisão é suscetível de restringir a concorrência ou de tornar a execução do contrato excessivamente onerosa ou tecnicamente difícil, ou que a necessidade de coordenar os diferentes adjudicatários dos lotes poderá comprometer seriamente a correta execução do contrato (Considerando 78).

[24] NOHARA, Irene Patrícia. Poder de compra governamental como fator de indução do desenvolvimento: faceta extracontratual das licitações. *Revista Fórum de Direito Financeiro e Econômico – RFDFE*, ano 8, n. 6, set./fev. 2014. Disponível em: https://www.forumconhecimento.com.br/periodico/143/265/2699. Acesso em: 5 jul. 2024.

[25] Exec. Order No. 13,985, 86 Fed. Reg. 7,009 (Jan. 20, 2021); Exec. Order No. 14,001, 86 Fed. Reg. 7,219 (Jan. 21, 2021); Exec. Order No. 14,005, 86 Fed. Reg. 7,475 (Jan. 25, 2021); Exec. Order No. 14,008, 86 Fed. Reg. 7,619 (Jan. 27, 2021); Exec. Order No. 14,017, 86 Fed. Reg. 11,849 (Feb. 24, 2021).

[26] LOPEZ, Fernando Mendoza; HERSCH, Joni. Socioeconomic Policies in Public Procurement: What Should We Be Asking of Public Procurement Systems? *University of Memphis Law Review*, vol. 52, n. 1, p. 155-198, fall 2021.

Porém, a legislação mais marcante sobre o tema é a Lei Complementar nº 123/06, que revela a política pública inclusiva dos operadores desprovidos de maior expressão econômica.[29]

O legislador, partindo do que preveem o art. 170, XII e IX, e o art. 179, ambos da Constituição da República, compreende que o menor dispêndio financeiro não é a única ambição a ser perseguida.[30] Contratos com ME e EPPs tendem a ser mais caros, porque são empresas dotadas de menor capacidade de negociação e redução de margem de lucro, mas ainda assim são desejados porque oferecem vantagem indireta à coletividade.

A edição da LC nº 123/2006 gerou cismas na doutrina dividindo-a entre aqueles que vislumbravam, por um lado, inconstitucionalidade no tratamento favorecido pela citada lei dispensado às micro e pequenas empresas ou ao menos inadequação na política pública que o diploma legal instituía e os que, por outro lado, consideravam constitucional, razoável e/ou necessária a distinção advinda das regras. [31] [32]

---

[27] Embora a temática da função social das contratações públicas tenha se consolidado com a introdução do desenvolvimento nacional sustentável como propósito da licitação, no art. 3º da Lei nº 8.666/93, a leitura constitucionalizada da licitação, conforme defende Luciano Ferraz, já admitia a percepção de que "esta não é fim em si mesmo, mas instrumento de alcance e garantia do interesse público" (FERRAZ, Luciano de Araújo. Função regulatória da licitação. *Revista de Direito Administrativo e Constitucional – A&C*, ano 23, n. 37, p. 133-142, jul./set. 2009. Disponível em: https://www.forumconhecimento.com.br/periodico/123/75/531. Acesso em: 5 jul. 2024.) No mesmo sentido, Carlos Pinto Coelho Motta propugna pela largueza conceitual da licitação, que não deveria se resumir a uma simples opção pela "proposta mais barata", e complementa que: "esta seria uma definição pobre, mesmo considerando os princípios da eficiência e da economicidade balizadores do instituto. A consciência do momento em que vivemos pleiteia uma nova concepção da licitação, a ser doravante entendida como um procedimento que resguarde o mercado interno – integrante do patrimônio nacional – e que incentive o desenvolvimento cultural e socioeconômico do País, nos precisos termos do art. 219 da Constituição Federal. É um conceito que incorpora a variável de 'fomento', decisiva para o tempo econômico atual" (MOTTA, Carlos Pinto Coelho. Temas polêmicos de licitações e contratos. *Fórum de Contratação e Gestão Pública – FCGP*, ano 18, n. 92, ago. 2009. Disponível em: https://www.forumconhecimento.com.br/periodico/138/21371/50105. Acesso em: 4 jul. 2024).

[28] Nesse sentido, o Tribunal de Contas da União recomendou ao Senai do Estado do Sergipe que avalie a adoção de ações para fortalecer a gestão de recursos renováveis, consoante determinam os parâmetros de sustentabilidade ambiental, de forma a dotar mecanismos como: "1.7.1.1. inclusão de critérios de sustentabilidade ambiental em seus editais de licitações que levem em consideração os processos de extração ou fabricação, utilização e descarte dos produtos e matérias primas; 1.7.1.2. priorização na aquisição de produtos que sejam produzidos com menor consumo de matéria-prima e maior quantidade de conteúdo reciclável; 1.7.1.3. priorização na aquisição de produtos feitos por fonte não poluidora bem como por materiais que não prejudicam a natureza; 1.7.1.4. avaliação, nos Termos de Referência ou no Projeto Básico, acerca da existência de certificação ambiental por parte das empresas participantes e produtoras, a fim de incluir esse requisito no processo de contratação (Lei 10.520/2002, art. 1º, parágrafo único, *in fine*); 1.7.1.5. concessão de preferência à aquisição de bens/produtos passíveis de reutilização, reciclagem ou reabastecimento (refil e/ou recarga); 1.7.1.6. consideração dos aspectos de logística reversa quando aplicáveis ao objeto contratado (Decreto 7.404/2010, art. 5º c/c art. 13) ; 1.7.1.7. elaboração de plano de gestão de logística sustentável de que trata o art. 16 do Decreto 7.746/2012; 1.7.1.8. separação dos resíduos recicláveis descartados, bem como sua destinação, como referido no Decreto 5.940/2006." (BRASIL. Tribunal de Contas da União. *Acórdão 6035/2020*. Primeira Câmera. Relator Augusto Sherman. Sessão de 26.05.2020).

[29] Ressalta-se que "o tratamento favorecido às ME e EPPs no curso dos procedimentos licitatórios antecede à LC 123/06. O artigo 23 § 1º da Lei 8.666/93 sinaliza a preocupação com aumento de competitividade via divisão das obras, serviços e compras em quantas parcelas se revelassem técnica e economicamente viáveis, medida que favorece a participação de micro e pequenas empresas. Mas sem dúvida a LC 123/06 é a consolidação da política pública a este respeito e as alterações nela promovidas apenas densificaram a escolha legal pelo tratamento favorecido" (FORTINI, Cristiana; BRAGAGNOLI, Renila Lacerda. *O tratamento favorecido para micro e pequenas empresas na Lei 14.133/21*. Disponível em: https://www.conjur.com.br/2021-ago-19/interesse-publico-tratamento-favorecido-micro-pequenas-empresas. Acesso em: 4 jul. 2024).

[30] FORTINI, Cristiana. *Licitações Diferenciadas*. Comentários ao Sistema Legal Brasileiro de Licitações e Contratos Administrativos. Editora NDJ, p. 743-761.

De fato, além da finalidade constitucional e social de desenvolvimento e fortalecimento da economia com a criação de empregos e melhoria da qualidade de vida de parcela relevante da população,[33] a atuação do Estado nessa área acaba por possibilitar, também, o aumento da competividade com a criação de um mercado descentralizado de prestação de bens e serviços.

A mudança nela realizada pela Lei Complementar nº 147/2014, a avançar no tratamento favorecido para ordenar a realização de licitações exclusivas ou com lotes reservados a micro e pequenas empresas, acentuou o debate.

Em suma, a Lei Complementar nº 123/06 prevê, além do empate ficto – naquelas situações nas quais as propostas apresentadas pela ME/EPP porte sejam iguais ou até 10% superiores à proposta mais bem classificada, possibilitando à ME/EPP ofertar preço inferior à melhor proposta – e da possibilidade de apresentação posterior da comprovação de regularidade fiscal e trabalhista, as seguintes medidas de incentivo às microempresas e empresas de pequeno porte no tocante às aquisições públicas: processo licitatório destinado exclusivamente à participação de microempresas e empresas de pequeno porte nos itens de contratação cujo valor seja de até R$80.000,00 (oitenta mil reais); possibilidade de exigência de subcontratação de microempresa ou empresa de pequeno porte; e, ainda, obrigatoriedade de reserva, em certames para aquisição de bens de natureza divisível, de cota de até 25% (vinte e cinco por cento) do objeto.

O art. 49 da Lei Complementar nº 123/06 dispõe que o tratamento diferenciado não será aplicado nos casos em que não houver no mínimo três fornecedores enquadrados como microempresas ou empresas de pequeno porte capazes de executar o contrato ou se não for vantajoso ou representar prejuízo à execução contratual.

Dados do Painel de Compras do Governo Federal mostraram que, dos 24.059 contratos celebrados pelo governo federal em 2020, 11.367 tiveram participação de ME/EPP, o que espelha, em termos financeiros, a soma de R$4.455.354.126,84.[34]

Observa-se, portanto, que referida legislação constitui "um bom exemplo do uso adequado e racional das compras públicas como instrumento de modificação do mercado".[35] No mesmo sentido, pertinentes as considerações do Ministro Weder de Oliveira no voto condutor do Acórdão nº 892/2020:

> A partir dessa observação, dois aspectos relevantes devem ser destacados: o primeiro é que a política de incentivo à participação de ME/EPP em certames licitatórios tem o objetivo de dinamizar setores reconhecidamente responsável pelo sustento de milhões

---

[31] Um dos mais combativos críticos da LC nº 123 desde seu nascedouro, professor Ivan Barbosa Rigolin, apresentou suas colocações no artigo Micro e pequenas empresas em licitação – a LC nº 123, de 14.12.06 – Comentários aos arts. 42 a 49. In: FCGP, n. 61, ano 6, p. 33-41, 2007.

[32] Já escrevemos sobre a LC nº 123 em outra oportunidade. FORTINI, Cristiana. Micro e pequenas empresas: as regras de habilitação, empate e desempate na Lei Complementar nº 123 e no Decreto nº 6.204/2007. *Fórum de Contratação e Gestão Pública – FCGP*, Belo Horizonte, ano 7, n. 79, p. 32, jul. 2008.

[33] FABRE, Flavia Moraes Barros Michele. *Função horizontal da licitação e da contratação administrativa*. 2014. Disponível em: https://www.teses.usp.br/teses/disponiveis/2/2134/tde-01122015123928/publico/TESE_COMPLETA_FLAVIA_MORAES_2014.pdf. Acesso em: 5 jul. 2024. p. 61.

[34] Portal de Compras do Governo Federal. Disponível em: http://painedecompras.economia.gov.br/contratos. Acesso em: 2 jul. 2024.

[35] REIS, Luciano Elias. A função social da licitação e do contrato administrativo a partir da necessária regulação estatal. In: REIS, Luciano Elias. *Compras Públicas Inovadoras*: o desenvolvimento científico, tecnológico e inovativo como perspectiva do desenvolvimento nacional sustentável – de acordo com a Nova Lei de Licitações e o Marco Regulatório das *Startups*. Belo Horizonte: Fórum, 2021. p. 27-28

de famílias por meio da geração de grande número de postos de trabalho, bem como por evitar que haja grande concentração de mercado; o segundo é que, naturalmente, toda política de incentivo tem um custo financeiro (que é de difícil estimativa conclusiva no presente caso) e que deve, tanto quanto possível, ser explicitado para balizar a tomada de decisão dos formuladores dessas políticas.

Conforme estudo desenvolvido pelo Sebrae em 2018, a importância das ME/EPP para a economia era traduzida, à época, pelos seguintes números: representam cerca de 98,5% do total de empresas privadas; respondem por 27% do PIB; e são responsáveis por 54% do total de empregos formais existentes no país, empregando, portanto, mais trabalhadores com carteira assinada que as médias e grandes empresas.

O tratamento diferenciado é um mandamento constitucional inscrito no art. 179 da Constituição Federal. A Lei Complementar 123/2006, em seu art. 47, *caput*, estabelece que o objetivo do tratamento diferenciado das ME/EPP é "a promoção do desenvolvimento econômico e social no âmbito municipal e regional, a ampliação da eficiência das políticas públicas e o incentivo à inovação tecnológica".

Portanto, trata-se de uma política pública das mais importantes, com a finalidade de, sem deixar de buscar propostas vantajosas para o Estado, auxiliar os micros e pequenos empreendedores a acessar o relevante mercado das compras governamentais.[36]

No entanto, a utilização das contratações públicas para a realização de políticas públicas é frequentemente questionada sob o fundamento de que as aquisições estatais devem centrar-se na busca de eficiência e de contratos mais vantajosos do ponto de vista econômico e deixar que o Estado realize ações afirmativas por meio de outros mecanismos de atuação. Ademais, o fato de que os resultados da política social não são facilmente detectados em valores objetivos[37] agrava as críticas ao modelo.

Nesse sentido, Rafael Veras, ao tratar dos projetos de infraestrutura, destaca que:

> [...] a função regulatória da licitação traz um custo adicional para os projetos de infraestrutura, que não vem sendo considerado. Primeiro, porque tais previsões podem, ao reduzir o número de participantes de leilões, ter um viés de redução do *Value for Money*, que exsurgiria da livre interação concorrencial entre os agentes de mercado. Segundo, porque os custos dos procedimentos para a adoção desses objetivos secundários podem repercutir nos preços praticados pelos licitantes e, na ponta, na tarifa paga pelos usuários dos serviços que serão concedidos. E, terceiro porque, na execução desses ajustes, os custos do monitoramento de tais objetivos secundários podem aumentar, significativamente, os custos para o Poder Concedente.[38]

Contudo, embora a reserva de mercado possa aumentar diretamente os preços de uma contratação, há benefícios indiretos advindos da competição, com a possibilidade de redução de custos a longo prazo. Ademais, estudos evidenciam benefícios significativos no aspecto social: nos Estados Unidos, as ações afirmativas nas contratações públicas contribuíram para aumentar a taxa de emprego na população negra.[39]

---

[36] BRASIL. Tribunal de Contas da União. *Acórdão nº 892/2020*. Plenário. Relator Ministro Weder de Oliveira. Sessão de 8.4.2020.

[37] AMY, Ludlow. Social procurement: policy and practice. *European Labour Law Journal*, 7(3), 479-497, 2016. Disponível em: https://journals.sagepub.com/doi/10.1177/201395251600700310. Acesso em: 4 jul. 2024.

[38] VERAS, Rafael. A Função regulatória das licitações em projetos de infraestrutura: quanto custa? *Revista Eletrônica de Direito do Estado*, n. 386, 2018. Disponível em: http://www.direitodoestado.com.br/colunistas/Rafael-Veras/a-funcao-regulatoria-das-licitacoes-em-projetosde-infraestrutura-quanto-custa. Acesso em: 5 jul. 2024.

Fernando Mendoza Lopes e Joni Hersch, ao tratar da conciliação entre os objetivos socioeconômicos nos processos e a eficiência das aquisições estatais, sustentam que, caso haja delimitação correta da margem de preferência, é possível aumentar a representação das minorias sem aumentos significativos de custo, além de reduzir os custos de aquisição.[40]

Os autores acrescentam que as exigências de desempenho contratual também se mostraram eficazes: após o Governo Federal dos EUA estabelecer cláusulas contratuais que proibiam práticas discriminatórias pelo contratado, propondo metas em relação à composição de sua força de trabalho, constatou-se o aumento da participação de mulheres e de homens negros nas empresas no período de 1973 a 2003.

Embora a mensuração dos benefícios não seja tarefa simples, os autores ressaltam que o aumento da participação das minorias se mostrou sustentável ao longo do tempo, uma vez que possibilitou e incentivou a busca de educação e aprimoramento das habilidades profissionais. Portanto, defende-se a relevância da utilização de políticas socioeconômicas em compras públicas, sem descurar, contudo, da necessária avaliação de impactos e motivação.

Nesse sentido, de modo geral, a Nova Lei de Licitações e Contratos – Lei nº 14.133/2021 implementou avanços relevantes, dispondo em diversos dispositivos acerca da utilização das contratações públicas como instrumento de políticas públicas.

A título exemplificativo, mencionam-se as seguintes previsões: a) consideração do ciclo de vida do objeto na seleção da proposta mais vantajosa (art. 18, VIII); b) possibilidade de margem de preferência para produtos manufaturados e serviços nacionais que atendam a normas técnicas brasileiras (art. 26); c) determinação de que as licitações de obras e serviços de engenharia observem as normas relativas a: disposição final ambientalmente adequada dos resíduos sólidos; utilização de produtos, de equipamentos e de serviços que, comprovadamente, favoreçam a redução do consumo de energia e de recursos naturais; proteção do patrimônio histórico, cultural, arqueológico e imaterial, inclusive por meio da avaliação do impacto direto ou indireto causado pelas obras contratadas; acessibilidade para pessoas com deficiência ou com mobilidade reduzida, entre outras (art. 45); d) definição de hipóteses de dispensa de licitação para contratação de coleta de resíduos sólidos urbanos recicláveis ou reutilizáveis realizada por associações ou cooperativas formadas exclusivamente de pessoas físicas de baixa renda (art. 75, VI, "j"), para contratação de associação de pessoas com deficiência (art. 75, XIV) e para contratação de instituição dedicada à recuperação social da pessoa presa, desde que o contratado tenha inquestionável reputação ética e profissional e não tenha fins lucrativos (art. 75, XV); e) procedimento de manifestação de interesse restrito a *startups* (art. 81, §4º); e f) possibilidade de estipulação de remuneração variável vinculada ao desempenho do contratado, baseando-se em critérios de sustentabilidade ambiental e prazo de entrega conforme definição do edital (art. 144).

No entanto, além das dificuldades operacionais na aplicação dessas previsões, observa-se que, no tocante ao incentivo aos pequenos empreendedores, a nova legislação

---

[39] LOPEZ, Fernando Mendoza; HERSCH, Joni. Socioeconomic Policies in Public Procurement: What Should We Be Asking of Public Procurement Systems? *University of Memphis Law Review*, vol. 52, n. 1, p. 155-198, fall 2021.

[40] LOPEZ, Fernando Mendoza; HERSCH, Joni. Socioeconomic Policies in Public Procurement: What Should We Be Asking of Public Procurement Systems? *University of Memphis Law Review*, vol. 52, n. 1, p. 155-198, fall 2021.

estabeleceu limites à incidência do tratamento favorecido previsto na Lei Complementar nº 123/2006 e trouxe previsões contrárias aos entendimentos que estavam se consolidando no âmbito do Tribunal de Contas da União, como se verá a seguir.

3 Sustentabilidade na Lei nº 14.133/2021: previsões relevantes e controvérsias

Entre as previsões de sustentabilidade social previstas na Nova Lei de Licitações e Contratos tem se destacado a possibilidade de que o edital exija percentual mínimo de mão de obra responsável pela constituído por mulheres vítimas de violência doméstica (art. 25, §9º, I) e o desenvolvimento pelo licitante de ações de equidade entre homens e mulheres no ambiente de trabalho como critério de desempate (art. 60, III), regulamentados, em âmbito federal, pelo Decreto nº 11.430/23.

A regulamentação, que objetiva trazer segurança jurídica na aplicação dos dispositivos, previu que os editais de licitação e os avisos de contratação direta para a contratação de serviços contínuos com regime de dedicação exclusiva de mão de obra deverão prever o emprego de mão de obra constituída por mulheres vítimas de violência doméstica, em percentual mínimo de 8% das vagas (art. 3º).

Referidas vagas incluem mulheres trans, travestis e outras possibilidades do gênero feminino, nos termos do disposto no art. 5º da Lei nº 11.340, de 2006, e serão destinadas prioritariamente a mulheres pretas e pardas, observada a proporção de pessoas pretas e pardas na unidade da federação onde ocorrer a prestação do serviço, de acordo com o último censo demográfico do Instituto Brasileiro de Geografia e Estatística (IBGE).

A previsão do decreto federal é "respaldada pelos indicadores sociais que demonstram a posição de vulnerabilidade exacerbada entre mulheres pretas e pardas", tendo em vista que, "apenas no ano de 2023, foram registrados 1.437 feminicídios, nos quais 61,1% eram de mulheres negras", e os indicadores econômicos revelam que a população negra se encontra em situação desfavorecida.[41]

Sobre o tema, relevantes os apontamentos de Madeline Rocha Furtado no sentido de que os dispositivos carecem de procedimentos objetivos, mostrando-se "insuficientes para alavancar o programa de incentivos". A autora complementa que o disposto no art. 3º, §4º, do Decreto Federal nº 11.430/23, que possibilita o descumprimento da regra no caso de indisponibilidade dessa mão de obra, "deixa uma grande margem de discricionariedade na busca da efetiva implementação".[42]

Outro ponto que merece destaque na Nova Lei de Licitações e Contratos Administrativos é a alteração parcial do regramento acerca do tratamento favorecido às ME e EPP nas licitações públicas, acarretando, em certa medida, um passo atrás no caminho que vinha se consolidando no sentido de incentivo às atividades desses empreendedores.

---

[41] MELO, Anastácia; BONFIM, Daiesse Quênia Jaala Santos. *Mulheres, vulnerabilidades e poder regulatório das contratações públicas*. 2024. Disponível em: https://www.conjur.com.br/2024-mar-12/mulheres-vulnerabilidades-e-o-poder-regulatorio-das-contratacoes-publicas/. Acesso: 7 jul. 2024.

[42] FURTADO, Madeline Rocha. *ESG – Sustentabilidade ambiental, social, governança e a Lei de Licitações e contratos*: onde estamos? Zênite Fácil, categoria Doutrina, 20 set. 2023. Disponível em: https://zenite.blog.br/wp-content/uploads/2023/09/esg-sustentabilidade-na-14133-madelinerochafurtado.pdf. Acesso em: 4 jul. 2024.

Consoante se infere do art. 4º da Lei nº 14.133/21, o legislador reforçou a aplicação das disposições constantes dos artigos 42 a 49 da Lei Complementar nº 123/06, que consagram modalidades distintas de tratamento favorecido para as micro e pequenas empresas.

A Lei nº 14.133/21, como fruto de tensões e posicionamentos diversos, parece buscar uma posição que, embora não vire as costas ao passado, entende conveniente delimitar o alcance dos benefícios.[43]

Ao reforçar a aplicação dos artigos 42 a 49 da Lei Complementar nº 123/2006, a Lei nº 14.1333/2021 trouxe restrições que impactam significativamente na sistemática até então adotada para incentivo às atividades dos pequenos empreendedores por meio das contratações públicas.

Inicialmente, necessário destacar que o legislador decidiu que as benesses da LC nº 123/06 são aplicáveis em seu conjunto ou estarão totalmente afastadas de forma absoluta. Trata-se de um verdadeiro tudo ou nada.

A primeira regra é a vedação à incidência do tratamento favorecido às ME e EPPs nos casos em que o valor estimado do item seja superior à receita bruta máxima admitida para fins de enquadramento como empresa de pequeno porte, ou seja, superior a R$ 4.800.000,00 (quatro milhões e oitocentos mil reais).[44] Importa considerar que item é um conjunto de bens licitados de forma conjunta ou um único objeto cuja licitação foi fracionada em lotes, sendo cada lote o correspondente a um item.

Para as contratações de obras e serviços de engenharia, o limite incide sobre o valor estimado da contratação.

O Tribunal de Contas da União entendia que os valores dos contratos futuros não eram relevantes para determinar ou não a incidência do tratamento favorecido, bastando que, à época da licitação, as empresas de fato pudessem se apresentar, dada a receita bruta anual, como micro e pequenas empresas.[45] Contudo, a lógica defendida pelo TCU, dada a ausência de regra legal contrária, não mais subsistirá. Os valores estimados dos contratos serão sim parâmetro para o gozo dos benefícios.

Ao tutelar as novas previsões legislativas, Joel de Menezes Niebuhr ensina que a "premissa é a de beneficiar as empresas de menor porte, para que elas tenham acesso aos mercados, o que deve ser proporcional aos valores que servem de limite para caracterizá-las".[46]

Contudo, concordamos com o entendimento contrário traçado por Priscilla Mendes Vieira no sentido de que não haveria razão para excluir pequenos empreendedores de licitações de maior vulto quando o que se objetiva é incentivar o crescimento dessas empresas.[47]

---

[43] OLIVEIRA, Rafael Sérgio Lima de. Comentários ao art. 4º. In: FORTINI, Cristiana; OLIVEIRA, Rafael Sérgio Lima de; CAMARÃO, Tatiana. *Comentários à Lei de Licitações e Contratos Administrativos*. Belo Horizonte: Fórum, 2022, p. 67.

[44] "Como o sarrafo é alto e a análise se faz item a item, a mudança pode (vejam que não se afirma nada) não ser tão impactante, em especial considerando contratações realizadas por entes subnacionais. Mas não se pode perder de vista que a agregação de demandas nas centrais de compras, cuja instituição é obrigatória à luz do artigo 181, sem prejuízo do que também prevê o artigo 19, inciso I, possa desmistificar essa crença." (FORTINI, Cristiana; BRAGAGNOLI, Renila Lacerda. *O tratamento favorecido para micro e pequenas empresas na Lei 14.133/21*. Disponível em: https://www.conjur.com.br/2021-ago-19/interesse-publico-tratamento-favorecido-micro-pequenas-empresas. Acesso em: 4 jul. 2024).

[45] BRASIL. Tribunal de Contas da União. *Acórdão nº 1819/18*. Plenário. Rel. Min. Walton Alencar Rodrigues. Sessão de: 08.08.2018.

[46] NIEBUHR, Joel de Menezes. *Licitação Pública e Contrato Administrativo*. 5. ed. Belo Horizonte: Fórum, 2022. p. 351

A segunda previsão é a exclusão do tratamento favorecido às empresas que já tenham, no ano-calendário de realização da licitação, contratos celebrados com a Administração Pública cujos valores somados extrapolem o montante de R$4.800.000,00.[48] Vejamos o que dispõe o art. 4º, §2º:

> §2º A obtenção de benefícios a que se refere o caput deste artigo fica limitada às microempresas e às empresas de pequeno porte que, no ano-calendário de realização da licitação, ainda não tenham celebrado contratos com a Administração Pública cujos valores somados extrapolem a receita bruta máxima admitida para fins de enquadramento como empresa de pequeno porte, devendo o órgão ou entidade exigir do licitante declaração de observância desse limite na licitação.

O legislador parece entender que não mais se justificaria qualquer proteção porque elas já estariam em patamar a desaconselhar o impulso estatal.

Ocorre que a regra provocará ou já está provocando várias discussões.

Celebrar contratos não é sinônimo de receber a contraprestação devida. A MEPPs pode não ter recebido nada, seja porque a entidade pública está inadimplente, seja porque houve suspensão da execução e nada então foi realizado pela contratada, seja por outra razão.

Se assim o é, a empresa não está em posição "confortável" pelo simples fato de ter celebrado contratos cujos valores somam R$4.800.000,00. Isso a nosso ver seria suficiente para enxergar problema no dispositivo. Além disso, contratos são anulados e revogados.

Marçal Justen filho tem defendido que para a verificação do regime preferencial é necessário que a receita oriunda dos contratos seja efetivamente recebida pela empresa, ou seja, "são irrelevantes as hipóteses que o sujeito participou de contratação, mas não auferiu a receita prevista".[49] Contudo, a nova legislação parece adotar como referência os valores de contratos firmados, o que difere do conceito de faturamento adotado pela LC nº 123/2006.[50]

O autor afirma, ainda, que há de se contabilizar contratos celebrados com entidades estranhas à Administração Pública para fins de incidência da régua legal.[51] Com as necessárias escusas, discordamos porque não há na lei referência a contratos privados e não entendemos possível estender a letra da lei. Quisesse o legislador assim, embora a opção viesse a gerar dificuldades práticas em termos de checagem de informação, assim teria redigido.[52]

---

[47] VIEIRA, Priscilla. Desenquadramento Ficto da Microempresa e Empresa de Pequeno Porte na nova lei de licitações. Disponível em: https://www.linkedin.com/posts/priscillalicitacao_empresas-microempresas-empresasde-pequenoporte-activity-6931983443442495488-hmxP?utm_source=linkedin_share&utm_medium=android_app. Acesso em: 4 jul. 2024.

[48] STROPPA, Christianne de Carvalho. Capítulo I - Do âmbito de aplicação desta lei - Artigos 1º a 4º. In: DAL POZZO, Augusto Neves; ZOCKUN, Maurício; CAMMAROSANO, Márcio. *Lei de Licitações e Contratos Administrativos Comentada*: Lei 14.133/21. São Paulo: Thomson Reuters Brasil, 2021.

[49] JUSTEN FILHO, Marçal. *Comentários à Lei de Licitações e Contratações Administrativas*: Lei 14.133/2021. São Paulo: Thomson Reuters Brasil, 2021. p. 92.

[50] TORRES, Ronny Charles Lopes de. *Leis de Licitações Públicas Comentadas*. 12. ed. Salvador: Juspodivm, 2021. p. 71.

[51] JUSTEN FILHO, Marçal. *Comentários à Lei de Licitações e Contratações Administrativas*: Lei 14.133/2021. São Paulo: Thomson Reuters Brasil, 2021. p. 90/91.

[52] Claro que a empresa se responsabiliza pelas declarações falsas emitidas. Mas difícil seria inclusive concluir pela falsidade porque os contratos privados não são acessíveis. Inexiste, como se sabe, um equivalente ao PNCP a resumir informações desta índole.

Também divergimos do entendimento do estimado Professor[53] quando argumenta que há que se realizar uma operação matemática diante de determinadas situações, com vistas a identificar qual o limite ainda disponível. Assim, se os contratos já celebrados com a Administração Pública, no ano-calendário, totalizam R$4.000.000,00, a participação com tratamento favorecido apenas se daria para contratos cujo valor estimado fosse de até R$800.000,00.

Não entendemos assim. Novamente o legislador até poderia ter assim estabelecido, mas não o fez. Portanto, se não atingido o teto, elas poderão participar de novas licitações em condição privilegiada qualquer que seja o valor estimado, desde que abaixo dos limites constantes dos incisos I e II do art. 4º.

Nota-se que a definição acerca do enquadramento como microempresa é extremamente relevante para trazer segurança jurídica aos servidores e licitantes, na medida em que a lei prevê a exigência de declaração de observância desse limite na licitação e o TCU tem entendido que a mera participação de licitante como microempresa ou empresa de pequeno porte, amparada por declaração com conteúdo falso de enquadramento nas condições da LC nº 123/2006, configura fraude à licitação e enseja a aplicação da penalidade.[54]

Deve ser destacada a previsão do art. 155 VIII combinado com o art. 156, §5º, da Lei nº 14.133/21, cuja leitura conjunta revela que o uso de declarações de conteúdo irreal pode ensejar a sanção de inidoneidade, independentemente de a empresa ter logrado êxito com a manobra.

E não é só. O art. 337-F da mesma lei criminaliza frustrar ou fraudar, com o intuito de obter para si ou para outrem vantagem decorrente da adjudicação do objeto da licitação, o caráter competitivo do processo licitatório. A isso se adiciona o disposto no art. 5º; IV, da Lei nº 12.846/13 que cataloga como corrupção frustrar ou fraudar, mediante ajuste, combinação ou qualquer outro expediente, o caráter competitivo de procedimento licitatório público.

Sobre referida declaração, Ronny Charles Lopes de Torres alerta que "a disposição acaba transferindo para os responsáveis pela licitação um dever de fiscalização relacionada à matéria que foge à sua competência",[55] considerando que seria ingenuidade imaginar que a exigência de declaração resolverá a questão. Haverá, sim, necessidade de diligenciar em alguns casos.

O parágrafo segundo do art. 4º traz outra alteração no âmbito das contratações públicas acerca do regramento até então promovido pela LC nº 123/2006 do enquadramento de microempresa e empresa de pequeno porte.

Isso porque o art. 3º, §9º, da LC nº 123/2006 estabelece que a empresa perde o direito ao tratamento jurídico diferenciado quando, no ano-calendário, exceder o limite de receita bruta anual de R$4.800.000,00. Assim, no mês subsequente à ocorrência do excesso a empresa fica excluída do tratamento favorecido.

---

[53] JUSTEN FILHO, Marçal. *Comentários à Lei de Licitações e Contratações Administrativas:* Lei 14.133/2021. São Paulo: Thomson Reuters Brasil, 2021. p. 91.

[54] Nesse sentido: Acórdão nº 61/2019, Plenário, Relator Ministro Bruno Dantas; Acórdão nº 2846/2010, Plenário, Relator Ministro Walton Alencar Rodrigues; Acórdão nº 2.549/2019, Plenário, Relator Ministro-Substituto Weder de Oliveira.

[55] TORRES, Ronny Charles Lopes de. *Leis de Licitações Públicas Comentadas.* 12. ed. Salvador: Juspodivm, 2021. p. 71

O §9º-A do mencionado artigo ressalva que, caso o excesso verificado em relação à receita bruta não seja superior a 20% ao limite fixado, ou seja, quando não ultrapassar R$ 5.760.000,00, a exclusão ocorrerá no ano-calendário seguinte.

Sobre o tema, o TCU já entendeu que, para fim de enquadramento como microempresa ou empresa de pequeno porte de acordo com os parâmetros de receita bruta definidos pelo art. 3º da LC 123/2006, considera-se o período de apuração das receitas auferidas pela empresa como sendo de janeiro a dezembro do ano-calendário anterior à licitação, e não os 12 meses anteriores ao certame.[56]

Na perspectiva da nova legislação, há uma alteração dos efeitos temporais de incidência do desenquadramento, na medida em que a limitação alcança as contratações firmadas com a Administração Pública no ano-calendário de realização da licitação e não incide, como permitido na LC nº 123/2006, a partir do ano-calendário subsequente.

Ainda no que se refere às previsões do art. 4º da Lei nº 14.133/2021, constata-se que restou consolidado o entendimento de se considerar o valor anual para fins de enquadramento no tratamento favorecido quando os contratos tiverem vigência superior a um ano (art. 4º, §3º).[57]

Por fim, sobre o tratamento favorecido às ME e EPPs, a Lei nº 14.133 previu que, no caso de participação de consórcios compostos, em sua totalidade, de microempresas e pequenas empresas, não se aplica o acréscimo de 10 a 30% sobre o valor exigido de licitante individual para habilitação econômico-financeira (art. 15, §2º). Também possibilitou a alteração da ordem cronológica de pagamento, mediante prévia justificativa da autoridade competente e posterior comunicação ao órgão de controle interno da Administração e ao tribunal de contas competente, para pagamento a microempresa, empresa de pequeno porte, agricultor familiar, produtor rural pessoa física, microempreendedor individual e sociedade cooperativa, desde que demonstrado o risco de descontinuidade do cumprimento do objeto do contrato (art. 141, §2º, II).

4 Considerações finais

A análise das previsões dos ordenamentos jurídicos europeu, norte-americano e brasileiro demonstra a tendência de se revisitar o conceito de proposta mais vantajosa da licitação, tradicionalmente calcada no critério econômico restrito, para uma visão mais complexa e dinâmica das contratações públicas, avaliadas sob a perspectiva de seus impactos sociais e ambientais.

Obviamente que a análise econômica não deve ser desconsiderada. A função social das contratações públicas não orienta a realização de contratações extremamente onerosas e desarrazoadas, mas, sim, uma verificação de proporcionalidade sobre a escolha da melhor forma de se satisfazerem as necessidades públicas, mediante parâmetros que

---

[56] BRASIL. Tribunal de Contas da União. *Acórdão nº 250/2021*. Plenário. Relator Ministro Weder de Oliveira. Sessão de 10.2.2021.

[57] Nesse sentido: "No caso de serviços de natureza continuada, o limite de contratação no valor de R$ 80.000,00, de que trata o art. 48, inciso I, da LC 123/2006, refere-se a um exercício financeiro, razão pela qual, à luz da Lei 8.666/1993, considerando que esse tipo de contrato pode ser prorrogado por até sessenta meses, o valor total da contratação pode alcançar R$ 400.000,00 ao final desse período, desde que observado o limite por exercício financeiro (R$ 80.000,00)." (BRASIL. Tribunal de Contas da União. *Acórdão nº 1.932/2016*. Plenário. Relator Ministro Vital do Rego. Sessão de 27/7/2026).

levem em consideração também os custos de vida do produto, impactos no mercado, no meio ambiente e incentivo às minorias.

Dessa forma, conforme salientado pelo Professor Juarez Freitas, as contratações públicas devem observar uma "precificação calçada em estimativas razoáveis de custos diretos e indiretos, sociais, ambientais e econômicos, na ciência de que o melhor preço será aquele que implicar menores ônus e maiores benefícios multidimensionais".[58]

Importante ressaltar, ainda, as dificuldades práticas que envolvem a operacionalização das novas previsões, que impõe a capacitação e expertise dos agentes públicos responsáveis e a busca de segurança jurídica por meio da regulamentação dos dispositivos da Nova Lei de Licitações e Contratos sobre o tema.

Referências

AMY, Ludlow. Social procurement: policy and practice. *European Labour Law Journal*, 7(3), 479-497, 2016. Disponível em: https://journals.sagepub.com/doi/10.1177/201395251600700310. Acesso em: 4 jul. 2024.

ARAGÃO, Alexandre Santos de. *Curso de direito administrativo*. Rio de Janeiro: Forense, 2012.

ARROWSMITH, Sue. Horizontal Policies in Public Procurement: a taxonomy. *Journal of Public Procurement*, vol. 10, issue 2, 149-186, summer 2010. Disponível em: https://www.nottingham.ac.uk/pprg/documentsarchive/fulltextarticles/suetaxonomyofhorizontalpolicies.pdf. Acesso em: 4 jul. 2024.

BRASIL. Tribunal de Contas da União. *Acórdão nº 243/2020*. Plenário. Relator Raimundo Carreiro. Sessão de 12.02.2020.

BRASIL. Tribunal de Contas da União. *Acórdão nº 250/2021*. Plenário. Relator Ministro Weder de Oliveira. Sessão de 10.2.2021.

BRASIL. Tribunal de Contas da União. *Acórdão nº 892/2020*. Plenário. Relator Ministro Weder de Oliveira. Sessão de 8.4.2020.

Brasil. Tribunal de Contas da União. *Acórdão nº 1.819/18*. Plenário. Rel. Min. Walton Alencar Rodrigues. Sessão de: 08.08.2018.

Brasil. Tribunal de Contas da União. *Acórdão nº 1.932/2016*. Plenário. Relator Ministro Vital do Rego. Sessão de 27.7.2026.

BRASIL. Tribunal de Contas da União. *Acórdão nº 6.035/2020*. Primeira Câmera. Relator Augusto Sherman. Sessão de 26.05.2020.

CIBINIC JR, John; NASH JR., Ralph; YUKINS, Chistopher R. *Formation of government contracts*. 4. ed. Washington: The George Washington University, 2011.

FABRE, Flavia Moraes Barros Michele. *Função horizontal da licitação e da contratação administrativa*. 2014. Disponível em: https://www.teses.usp.br/teses/disponiveis/2/2134/tde-01122015123928/publico/TESE_COMPLETA_FLAVIA_MORAES_2014.pdf. Acesso em: 5 jul. 2024.

FERRAZ, Luciano de Araújo. Função regulatória da licitação. *Revista de Direito Administrativo e Constitucional – A&C*, ano 23, n. 37, p. 133-142, jul./set. 2009. Disponível em: https://www.forumconhecimento.com.br/periodico/123/75/531. Acesso em: 5 jul. 2024.

FERREIRA, Daniel. *A licitação pública no Brasil e sua finalidade legal*: a promoção do desenvolvimento nacional sustentável. Belo Horizonte: Fórum, 2012.

FORTINI, Cristiana; BRAGAGNOLI, Renila Lacerda. *O tratamento favorecido para micro e pequenas empresas na Lei 14.133/21*. Disponível em: https://www.conjur.com.br/2021-ago-19/interesse-publico-tratamento-favorecido-micro-pequenas-empresas. Acesso em: 4 jul. 2024

---

[58] FREITAS, Juarez. *Sustentabilidade*. 4. ed. Belo Horizonte: Fórum, 2019. Disponível em: https://www.forumconhecimento.com.br/livro/L1311. Acesso em: 7 jul. 2024.

FORTINI, Cristiana. *Licitações Diferenciadas*. Comentários ao Sistema Legal Brasileiro de Licitações e Contratos Administrativos. Editora NDJ.

FORTINI, Cristiana. Micro e pequenas empresas: as regras de habilitação, empate e desempate na Lei Complementar nº 123 e no Decreto nº 6.204/2007. *Fórum de Contratação e Gestão Pública – FCGP*, Belo Horizonte, ano 7, n. 79, jul. 2008.

FREITAS, Juarez. *Sustentabilidade*. 4 ed. Belo Horizonte: Fórum, 2019. Disponível em: https://www.forumconhecimento.com.br/livro/L1311. Acesso em: 7 jul. 2024.

FREITAS, Juarez. Princípio da sustentabilidade: licitações e a redefinição da proposta mais vantajosa. *Revista de Direito da Unisc*, Santa Cruz do Sul, n. 38, p. 78, jul./dez. 2012. Disponível em: https://online.unisc.br/seer/index.php/direito/article/view/3234. Acesso em: 3 jul. 2024.

FURTADO, Madeline Rocha. *ESG – Sustentabilidade ambiental, social, governança e a Lei de Licitações e contratos: onde estamos?* Zênite Fácil, categoria Doutrina, 20 set. 2023. Disponível em: https://zenite.blog.br/wp-content/uploads/2023/09/esg-sustentabilidade-na-14133-madelinerochafurtado.pdf. Acesso em: 4 de jul. de 2024.

GUIMARÃES, Edgar; FRANCO, Caroline da Rocha. Licitação e políticas públicas: instrumentos para a concretização do desenvolvimento nacional sustentável. In: BACELLAR FILHO, Romeu Felipe; HACHEM, Daniel Wunder (coord.). *Direito Público no Mercosul*: Intervenção Estatal, Direitos Fundamentais e Sustentabilidade – Anais do VI Congresso da Associação de Direito Público do Mercosul – Homenagem ao Professor Jorge Luis Salomoni. Belo Horizonte: Fórum, 2013.

JUSTEN FILHO, Marçal. *Comentários à Lei de Licitações e Contratações Administrativas*: Lei 14.133/2021. São Paulo: Thomson Reuters Brasil, 2021.

LOPEZ, Fernando Mendoza; Hersch, Joni. Socioeconomic Policies in Public Procurement: What Should We Be Asking of Public Procurement Systems? *University of Memphis Law Review*, vol. 52, n. 1, p. 155-198, fall 2021.

MARQUES NETO, Floriano de Azevedo. Noções gerais sobre o fomento estatal. In: KLEIN, Aline Lícia; MARQUES NETO, Floriano de Azevedo. *Tratado de Direito Administrativo: funções administrativas do Estado*. Vol. 4. Coordenação: Maria Sylvia Zanella Di Pietro. São Paulo: Revista dos Tribunais, 2014.

MELO, Anastácia; BONFIM, Daiesse Quênia Jaala Santos. *Mulheres, vulnerabilidades e poder regulatório das contratações públicas*. 2024. Disponível em: https://www.conjur.com.br/2024-mar-12/mulheres-vulnerabilidades-e-o-poder-regulatorio-das-contratacoes-publicas/. Acesso: 7 jul. 2024.

MOREIRA NETO, Diogo de Figueiredo. Administração pública consensual. In: *Mutações do direito administrativo*. Rio de Janeiro: Renovar, 2007.

MOTTA, Carlos Pinto Coelho. Temas polêmicos de licitações e contratos. *Fórum de Contratação e Gestão Pública – FCGP*, ano 18, n. 92, ago. 2009. Disponível em: https://www.forumconhecimento.com.br/periodico/138/21371/50105. Acesso em: 4 jul. 2024.

NIEBUHR, Joel de Menezes. *Licitação Pública e Contrato Administrativo*. 5. ed. Belo Horizonte: Fórum, 2022.

NOHARA, Irene Patrícia. Poder de compra governamental como fator de indução do desenvolvimento: faceta extracontratual das licitações. *Revista Fórum de Direito Financeiro e Econômico – RFDFE*, ano 8, n. 6, set./fev. 2014. Disponível em: https://www.forumconhecimento.com.br/periodico/143/265/2699. Acesso em: 5 jul. 2024.

OLIVEIRA, Rafael Sérgio Lima de. Comentários ao art. 4º. In: FORTINI, Cristiana; OLIVEIRA, Rafael Sérgio Lima de; CAMARÃO, Tatiana. *Comentários à Lei de Licitações e Contratos Administrativos*. Belo Horizonte: Fórum, 2022.

REIS, Luciano Elias. A função social da licitação e do contrato administrativo a partir da necessária regulação estatal. In: REIS, Luciano Elias. *Compras públicas inovadoras*: o desenvolvimento científico, tecnológico e inovativo como perspectiva do desenvolvimento nacional sustentável — de acordo com a Nova Lei de Licitações e O Marco Regulatório das *Startups*. Belo Horizonte: Fórum, 2021.

STROPPA, Christianne de Carvalho. Capítulo I - Do âmbito de aplicação desta lei - Artigos 1º a 4º. In: DAL POZZO, Augusto Neves; ZOCKUN, Maurício; CAMMAROSANO, Márcio. *Lei de Licitações e Contratos Administrativos Comentada*: Lei 14.133/21. São Paulo: Thomson Reuters Brasil, 2021.

TORRES, Ronny Charles Lopes de. *Leis de Licitações Públicas Comentadas*. 12. ed. Salvador: Juspodivm, 2021.

VERAS, Rafael. A Função regulatória das licitações em projetos de infraestrutura: quanto custa? *Revista Eletrônica de Direito do Estado*, n. 386, 2018. Disponível em: http://www. direitodoestado.com.br/colunistas/Rafael-Veras/a-funcao-regulatoria-das-licitacoes-em-projetosde-infraestrutura-quanto-custa. Acesso em: 5 jul. 2024.

VIEIRA, Priscilla. Desenquadramento *Ficto da microempresa e empresa de pequeno porte na Nova Lei de Licitações*. Disponível em: https://www.linkedin.com/posts/priscillalicitacao_empresas-microempresas-empresasdepequenoporte-activity-6931983443442495488-hmxP?utm_source=linkedin_share&utm_medium=android_app. Acesso em: 4 jul. 2024.

YUKINS, Christopher R. The U.S. Federal Procurement System: An Introduction. *GWU Law School Public Law Research*, Paper n. 2017-75, November 1, 2017. Disponível em: https://scholarship.law.gwu.edu/faculty_publications/1313/. Acesso em: 4 jul. 2024.

Informação bibliográfica deste livro, conforme a NBR 6023:2018 da Associação Brasileira de Normas Técnicas (ABNT):

FORTINI, Cristiana; RESENDE, Mariana Bueno. Promoção da sustentabilidade por meio das contratações públicas: a função social reforçada pela Lei nº 14.133/2021. In: PASQUALINI, Alexandre; CUNDA, Daniela Zago Gonçalves da; RAMOS, Rafael (coord.). *Direito, sustentabilidade e inovação*: estudos em homenagem ao professor Juarez Freitas. Belo Horizonte: Fórum, 2025. p. 139-156. ISBN 978-65-5518-957-5.

DIVERSIDADE, PROTEÇÃO DE DADOS E REGULAÇÃO DIGITAL – A EXPERIÊNCIA ALEMÃ E SEUS POSSÍVEIS CONTRIBUTOS AO BRASIL

DANIEL PIÑEIRO RODRIGUEZ
HELEN LENTZ RIBEIRO BERNASIUK

Introdução

Não é fácil manter um olhar contemporâneo sobre o seu próprio tempo. O encaixe perfeito aos valores e pensamentos partilhados por determinada comunidade de fato auxilia pesquisadores a responderem questionamentos específicos e já bem circundados por seus pares; por outro lado, também impede a visualização das *estruturas normativas* que se erguem, silenciosamente, logo acima da mirada. Para Giorgio Agamben (AGAMBEN, 2009, p. 62), somente é contemporâneo aquele capaz de ver o escuro onde todos enxergam a luz. Em meio às sombras de sua época, o legado do professor Danilo Doneda mantém-se inegavelmente contemporâneo – e caso bem compreendido, poderá iluminar os próximos passos da Regulação Digital no Brasil.

A seminal obra *Da privacidade à proteção de dados pessoais* (DONEDA, 2006) introduziu na doutrina brasileira uma profunda discussão – e até então inédita – sobre as transformações da privacidade e a necessária mudança estrutural do debate jurídico em torno do tema. A antiga lógica pendular imposta pela origem do direito à privacidade – circunscrita pela perspectiva individual – não responderia mais à virada tecnológica já percebida na Europa, notadamente na Alemanha. Ao Brasil, portanto, era preciso acompanhar o surgimento de um corpo principiológico relativamente uniforme, atrelado ao direito à autodeterminação informativa e à proteção de dados pessoais (RODRIGUEZ, 2021, p. 179). A aguçada capacidade analítica de Doneda levou-o a liderar o debate jurídico-político que resultaria na Lei Geral de Proteção de Dados Pessoais (Lei nº 13.709/2018) e, posteriormente, na criação da Autoridade Nacional de Proteção de Dados (ANPD). Em diversos ensaios e produções acadêmicas, Danilo Doneda voltou a defender a importância de estruturar ANPD como autarquia em regime especial, de modo a garantir sua independência e assim atender à expectativa internacional que voltava os olhos para a nascente entidade brasileira (DONEDA, 2021).

Poucos anos depois, novos desenvolvimentos tecnológicos, com especial destaque ao avanço da Inteligência Artificial, desafiam a responsividade das estruturas regulatórias decorrentes do direito fundamental à proteção de dados pessoais. A fácil produção e disseminação de *deepfakes* passam a interferir decisivamente no resultado eleitoral de corridas presidenciais havidas nas mais sólidas democracias constitucionais. Pesquisadores de diferentes áreas temem a ascensão de uma nova era pós-democrática, em que a democracia é degenerada para servir justamente à violação de direitos fundamentais: a Era do Estado da Irrazão (*The Rule of Unreason*) (FORST, 2023, p, 287).

É naturalmente cedo demais para imaginar a superação dos elementos normativos que o direito fundamental à proteção de dados pessoais logrou emprestar ao Direito; entretanto, é igualmente tarde demais para desviar o olhar do desafio que, na visão de Indra Spiecker *et al.* (DÖHMANN; WESTLAND; CAMPOS, 2022, p. 8), coloca em xeque o futuro dos Estados Constitucionais: *como preservar os valores democráticos no espaço digital quando sua arquitetura tecnológica não está ancorada ao Estado-nação?*

O presente trabalho não poderia ambicionar responder a tão complexo questionamento. Nas próximas páginas, no entanto, é possível iluminar suas margens. Com esse objetivo, o presente artigo analisará, em um primeiro momento, como o tema da discriminação algorítmica tomou o centro das principais produções legislativas no plano internacional, com especial atenção ao *Digital Service Act* (DSA), ao *IA Act* (IAA) e suas influências sobre as propostas legislativas de um marco normativo brasileiro (PL nº 2.338/23). Na sequência, por sua importância e precedência histórica, será analisado como se desenvolveu a diversificada estrutura regulatório-administrativa alemã no campo da proteção de dados pessoais. Por fim, da conjugação desses dois polos pretende-se apresentar não uma resposta, mas um novo questionamento: qual papel pode desempenhar a diversidade na regulação digital no Brasil, em especial a entidades como a ANPD? Se bem-sucedido, tal empreendimento poderá inspirar o olhar contemporâneo de outros pesquisadores que intentem compreender as estruturas normativas, muitas vezes injustas, que recobrem nosso tempo.

1 Inteligência Artificial – panorama internacional e brasileiro

A sociedade contemporânea foi profundamente impactada pelos avanços na utilização de Inteligência Artificial (IA), tecnologia já apontada como uma das mais relevantes do século XXI (COMISSÃO EUROPEIA, 2018) e utilizada em diversas searas (Comissão Europeia, 2018). Para o pesquisador da Universidade de Frankfurt Christoph Burchard (BURCHARD, 2021, p. 553), trata-se de fenômeno mais amplo: a emergência do que designa uma "Sociedade de Predição Algorítmica" (*Prädiktionsgesellschaft*). Nela, as principais decisões políticas, econômicas e também jurídicas são tomadas não mais a partir da livre e plural argumentação entre pares e suas reflexões, senão pela decisiva influência de um "futuro provável". O poder do argumento de ideias é substituído pelo mapeamento de dados, que prediz, com autoridade técnica (e não mais política), os rumos decisionais de coletividades inteiras. Cabe aos pesquisadores do Direito interrogar, no entanto, *como* são desenhados esses mapas – e em quais *cores*.

O Parlamento Europeu (*Artificial Intelligence Act*) entende como IA "uma família de tecnologias em rápida evolução, capaz de oferecer um vasto conjunto de benefícios econômicos e sociais a todo o leque de indústrias e atividades sociais" (UNIÃO EUROPEIA, 2022, p. 23). A proposta da União Europeia tem como fundamento uma regulação escalonada de riscos (*risk-based regulatory approach*), definindo-os como – risco mínimo, risco limitado, alto risco e risco inaceitável. Assim, quanto maiores forem os riscos aos direitos fundamentais, maiores serão as restrições e exigências. Trata-se de resposta à proliferação de práticas já incorporadas na Administração Pública, tais como o policiamento preditivo (*predictive policing*), avaliação de riscos de reincidência e, inclusive, predição de decisões judiciais (BURCHARD, 2021, p. 555).

Os riscos do uso indiscriminado de IA são igualmente sentidos no setor privado. Em outubro de 2023, uma ação judicial movida por 42 estados dos EUA busca a condenação da gigante tecnológica META pelos danos físicos e psicológicos que a distorção algorítmica teria causado em crianças e adolescentes que utilizam seus produtos e serviços. Em trâmite no Tribunal da Califórnia, o consórcio de Estados sustenta que a *BigTech* projetou seus produtos para serem mais viciantes a jovens usuários, com escolhas de *design* voltadas a fornecer prolongadas e repetidas doses de dopamina (ROBERTSON, 2023). Com a aprovação do *AI Act*, a utilização de IA para essa finalidade torna-se expressamente proibida, já que utiliza "componentes subliminares que não são detetáveis pelos seres humanos ou exploram vulnerabilidades de crianças e adultos associadas à sua idade e às suas incapacidades físicas ou mentais" (UNIÃO EUROPEIA, 2022, p. 23).

Paralelamente, em 2022, também foram aprovados na Europa o *Digital Service Act (DSA)* e *Digital Market Act (DMA)*, ambos buscando mitigar os "efeitos colaterais indesejados" e decorrentes da nova economia de compartilhamento. Como ensina Martin Eifert *et al.* (EIFERT; METZGER; SCHWITZER, 2023, p. 73), dentre tais efeitos estão não somente o já conhecido desequilíbrio informacional, mas também a transformação do poder de mercado em poder político e, especialmente, a *redução da diversidade*. A preocupação com os "riscos sistêmicos" que as plataformas digitais podem trazer à sociedade é um dos pontos centrais destacados pelo DSA, que menciona, em seu "Considerando 69" o fato de que "as técnicas manipuladoras podem ter um impacto negativo em grupos inteiros e amplificar os danos sociais, por exemplo contribuindo para campanhas de desinformação ou discriminando determinados grupos" (UNIÃO EUROPEIA, 2022).

Para fiscalizar a implementação da normativa, o DSA exigiu dos estados-membros que indicassem entidades nacionais responsáveis por exercer o papel de "Coordenadoras dos Serviços Digitais" (*Digital Services Coordinator – DSC*). Assim como dispôs o *General Data Protection Regulation (GDPR)* sobre as autoridades de proteção de dados pessoais, os países-membros deverão dotá-las de "poderes e meios suficientes para assegurar uma investigação e execução eficazes" (UNIÃO EUROPEIA, 2022). Até o momento, grande parte dos países indicou autoridades reguladoras de telecomunicação e mídia já estruturadas.

Assim, ao lado das Autoridades de Proteção de Dados Pessoais nacionais e diversas outras autoridades europeias, os Coordenadores de Serviços Digitais deverão atuar de maneira cooperativa e articulada, formando um complexo arcabouço de governança digital na Europa. A mais recente entidade criada e que passará a integrar esse quadro é o Escritório de Inteligência Artificial (*Artificial Inteligence Office – AI Office*), previsto pelo *IA Act*. Trata-se de órgão vinculado à Comissão Europeia e encarregado das principais atividades de fiscalização quanto ao uso dos chamados "modelos de IA de uso geral" (*General Purpuse AI – GPAI*), bem como colaborar com as entidades nacionais dos Estado-membros.

Todas essas iniciativas naturalmente tocam as margens do Brasil. No âmbito brasileiro, a Estratégia Brasileira de Inteligência Artificial (EBIA) iniciou um esforço regulatório para traçar um plano de desenvolvimento de estratégias acerca de IA e tem como objetivo a utilização desses sistemas de forma ética, tal como institui a Portaria nº 4.617, de 6 de abril de 2021, alterada pela Portaria nº 4.979, de 13 de julho de 2021 (BRASIL, 2021). Tal normatização é importante na medida em que o Poder Judiciário Brasileiro, em 2022, já possuía mais de 111 projetos sobre Inteligência Artificial (FACCHINI NETO; BERNASIUK, 2023). Por essa razão, o Conselho Nacional de Justiça editou a Resolução nº 332 determinando a necessidade de padrões éticos para utilização dos sistemas, exigindo que as decisões judiciais apoiadas em ferramentas de IA preservem "a igualdade, a não discriminação, a pluralidade e a solidariedade, auxiliando no julgamento justo, com criação de condições que visem eliminar ou minimizar a opressão, a marginalização do ser humano e os erros de julgamento decorrentes de preconceitos" (BRASIL, 2020).

No Brasil, havia três Projetos de Lei (PL) sobre IA, a saber: PL nº 5.051, de 2019; PL nº 21, de 2020; PL nº 872, de 2021 (BRASIL, 2019, 2020, 2021). Após amplo debate no Senado Federal, referidos projetos foram substituídos no Congresso Nacional, pelo PL nº 2.338, de 2023 (BRASL, 2023). Na sua versão atual, o referido projeto define como uso de IA todo "sistema computacional, com graus diferentes de autonomia, desenhado para inferir como atingir um dado conjunto de objetivos", e que utilize "aprendizagem de máquina e/ou lógica e representação do conhecimento, por meio de dados de entrada provenientes de máquinas ou humanos, com o objetivo de produzir previsões, recomendações ou decisões que possam influenciar o ambiente virtual ou real" (BRASIL, 2023).

A proposta legislativa brasileira, na seção que trata das medidas de governança para sistemas de IA de alto risco, dispõe especificamente a necessidade de uma composição de equipe inclusiva, "responsável pela concepção e desenvolvimento do sistema, orientada pela busca da diversidade" (BRASIL, 2023). Tal preocupação é amplamente apoiada em evidências científicas. Pessoas negras são frequentes vítimas de vises discriminatórios oriundos de falhas no reconhecimento (SILVA, 2020), como se observa em estudo que verificou que rostos de afro-americanos e asiáticos são identificados de forma errônea de 10 a 100 vezes mais do que os demais (SINGER; METZ, 2019). No mesmo sentido, estudo encomendado pelo Parlamento Europeu e publicado em abril de 2023 aponta que mulheres e pessoas LGBTQIA+, ao lado de pessoas negras, são desproporcionalmente atingidas por ferramentas de IA, o que resulta na marginalização digital desses usuários (BOTERO ARCILA; GRIFFIN, 2023).

Inúmeras outras propostas legislativas buscam mitigar os efeitos sociais negativos ocasionados pelos vieses algorítmicos. O PL nº 5. 231, de 2020, por exemplo, pretende vedar condutas discriminatórias perpetradas por agentes de segurança públicos ou privados, mencionando algumas das formas de discriminações inadmissíveis, tais como:

raça, cor, etnia, religião, procedência nacional, gênero ou orientação sexual (BRASIL, 2020). Ainda, destaca-se que um dos fundamentos para a restrição do reconhecimento facial, constante no PL nº 5240, de 2021, é o viés racista concebido no desenvolvimento e uso de tais tecnologias, diante da ausência de acurácia "de sistemas de reconhecimento facial na avaliação de rostos de pessoas não brancas [...]", pois IAs "não são neutras e refletem o racismo preexistente na sociedade" (RIO DE JANEIRO, 2023).

Muito embora salutares, tais esforços legislativos demandam a existência de estruturas administrativas capazes de regular o dinâmico setor de tecnologias, o que deverá ocorrer de maneira articulada entre as autoridades já existentes e outras porventura criadas ou designadas. O PL nº 2.338/2023 prevê que caberá à "autoridade competente" zelar, implementar e fiscalizar o cumprimento da lei (art. 33), deixando registrado apenas que será "órgão ou entidade da Administração Pública Federal" (art. 4º, inciso V). A Autoridade Nacional de Proteção de Dados emitiu a Nota Técnica nº 16/2023/CGTP/ANPD, apresentando "Sugestões de incidência legislativa em projetos de lei sobre a regulação da Inteligência Artificial no Brasil, com foco no PL nº 2338/2023", sublinhando o necessário alinhamento às diretrizes já estabelecidas da Lei Geral de Proteção de dados. Ainda, em razão da convergência de temas correlatos, a ANPD apresenta os fundamentos pelos quais considera promissora uma estratégia regulatória que adote um "modelo de centralização da governança da IA em torno da ANPD", uma vez que tal medida "não só aproveitaria sua experiência existente, mas também garantiria uma abordagem unificada e integrada à governança da IA e à proteção de dados no País" (BRASIL, 2024).

Independentemente do cenário de governança de IA a ser desenhado no Brasil, a própria experiência da ANPD demonstra a importância da articulação interinstitucional com outras entidades. Como ensinam Virgílio Almeida, Laura Schertel Mendes e Danilo Doneda (ALMEIDA; MENDES; DONEDA, 2023, p.70-74), a crescente diversidade de entidades exige a construção de espaços de diálogo institucional férteis à produção de consenso no campo da regulação digital; é deles que defluirão agendas, fluxos de trabalho e atuações alinhadas tanto no aspecto consultivo quanto normativo. Em vista disso, e pelo histórico essencialmente diversidicado de sua criação, parece salutar compreender o desenvolvimento formativo das Autoridades de Proteção de Dados na Alemanha, que lograram concentrar, já em 2020, 29% dos profissionais especialistas em investigação tecnológica de toda a Europa (RYAN, 2020) – mão de obra fundamental para que o Estado conduza trabalhos de fiscalização compatíveis com o poder econômico das *Big Techs* –, tornando-se referência global no campo regulatório informacional.

2 A formação histórico-administrativa das autoridades de proteção de dados na Alemanha

O cenário legislativo alemão sobre proteção de dados pessoais nasce com uma "bipartição original" entre público e privado, fruto da divisão de competências legislativas estabelecida em sua Lei Fundamental (*Grundgesetz*). Tendo a Federação competência para legislar sobre Direito Civil e Econômico, a Alemanha promulgou, em 1977, sua Lei de Proteção de Dados Pessoais (*Bundesdatenschutzgesetez – BDSG*), aplicável tanto ao Poder Público como também à área econômica e às entidades privadas (GUNDERMANN, 2021). Aos *Länder* (estados federados), por sua vez, é constitucionalmente reservada competência residual, como a possível regulação de seus próprios procedimentos administrativos internos. Ancorando-se nessa última competência, viu-se espaço legislativo aos Estados para que elaborassem normativos próprios sobre proteção de dados, aplicáveis ao setor público (GUNDERMANN, 2021).

Dentro dessa moldura normativa bipartida, os diferentes *Länder* sentiram a necessidade de criar, ao longo dos anos, suas próprias autoridades de proteção de dados (*Data Protection Authorities — DPAs*), para que fiscalizassem a aplicação das regras de proteção de dados. Ocorre que, sem nenhuma alteração no sistema normativo alemão, à autoridade federal de proteção de dados pessoais, de abrangência nacional, restaria reduzida área de supervisão – basicamente no tocante à cooperação internacional com outras DPAs. Gradualmente, como ensina Lukas Gundermann, a autoridade central conseguiu angariar para si outras responsabilidades; no entanto, a maior parte das tarefas relativas à supervisão ainda cabe às DPAs dos 16 estados federais (GUNDERMANN, 2021, p. 420).

Tal cenário explica, portanto, por que Hesse foi o primeiro ente federado a indicar, em 1971, um Comissário de Proteção de Dados (*Datenschutzbeauftragter*), providência que passou a ser replicada pelos demais *Länder*. Nesse momento embrionário de estruturação das DPAs, aos comissários regionais competia tão somente atuar no setor público, já que a figura era percebida como um instrumento de controle interno da Administração, inclusive sem poderes sancionatórios (GUNDERMANN, 2021). Gradualmente, diante dos reflexos trazidos por uma sociedade cada vez mais complexa e calcada na circulação de informações, restou evidente que os problemas do setor privado causavam grande impacto, dando sinais de que a ausência de fiscalização traria distorções indesejadas no convívio em sociedade. No entanto, a compreensão ainda restritiva de que às entidades regionais caberia apenas a atuação como instrumento de controle interno da Administração Pública resultou em uma dispersão das novas responsabilidades regulatórias para outras entidades administrativas, e cada *Land* adotou linhas regulatórias diversas para lidar com tal incremento de funções (GUNDERMANN, 2021).

A par das discussões relacionadas à independência das *DPAs*[1] e as inúmeras transformações havidas no arcabouço regulatório alemão, tal pluralidade de entidades impôs um desafio: coordenar atuações muito distintas para que, de alguma forma, estivessem minimamente alinhadas e em consonância com as Diretivas do Conselho Europeu e, mais recentemente, com as disposições do *General Data Protection Regulation* (GDPR). Para realizar essa análise, mostra-se valioso o estudo sociológico realizador por Lena Ulbricht e Magnus Römer (2019), que consolidou um dos mais completos mapeamentos do modelo regulatório alemão no campo de proteção de dados pessoais.

---

[1] Trata-se do Processo C-518/07, precedente histórico julgado pelo Tribunal de Justiça da União Europeia (TJUE) em 2010, que determinou alterações estruturais no arcabouço regulatório alemão. Em sua decisão, o TJUE considerou que a submissão das autoridades regionais de proteção de dados pessoais ao poder de tutela do Estado violava a exigência de "total independência" exigida pela Diretiva 95/46/CE, à época vigente (UNIÃO EUROPEIA, 2014).

3 O impacto da diversidade na estrutura do modelo regulatório alemão

As atribuições das 18 Autoridades de Proteção de Dados estão fixadas em diversos regulamentos, que estabelecem tanto requisitos uniformes quanto distintos. Ante a ausência de um mapeamento formal que consolidasse as práticas regulatórias de cada entidade, Lena Ulbricht e Magnus Römer (2019) adotaram uma metodologia guiada por entrevistas com membros das autoridades, a partir de uma abordagem indutiva, distinguindo suas práticas internas (como a identificação de suas autoimagens institucionais e formas de desenvolvimento de *know-how*, por exemplo) das práticas externas (como a divulgação de guias e a difusão de conhecimentos para a população).

O ponto de maior divergência identificado entre as entidades está na sua autoimagem enquanto autoridades que devem ou se posicionar de modo mais sancionador ou, ao contrário, de modo mais preventivo. A pesquisa revelou que os estados do norte — em especial Schleswig-Holstein, Berlim e Hamburgo — se caracterizaram como mais sancionadores, ao passo que os estados do sul se consideraram como mais preventivos – especialmente Baviera e Baden-Württemberg (ULBRICHT; RÖMER, 2019, p. 471).

No tocante ao uso concreto dos instrumentos regulatórios que estão à disposição das autoridades, os pesquisadores identificaram uma diversidade substancial. Enquanto a DPA Schleswig-Holstein inicia procedimentos administrativos e inclusive ajuíza ações judiciais para forçar a adequação de infratores, a DPA da Baviera, "por uma questão de princípios", prefere evitar judicializações (ULBRICHT; RÖMER, 2019, p. 472). A autoridade de Berlim, por sua vez, é uma das poucas que conta com um departamento próprio especializado na aplicação de multas administrativas, dispondo de um substancial número de processos sancionadores em comparação com as demais. À guisa de exemplo, enquanto a DPA de Rhineland-Palatinate, após a decisão do TJUE no caso *Safe Harbour* (RODRIGUEZ, 2021, p. 120),[2] preferiu enviar questionários às empresas envolvidas – objetivando com isso sensibilizá-las quanto ao novo cenário jurídico posto –, a DPA de Hamburgo, nessa mesma oportunidade, optou por aplicar multas àquelas que não implementaram com rapidez suficiente as mudanças de fluxos necessárias e que insistiram em transferir indevidamente dados pessoais para países terceiros considerados inseguros (ULBRICHT; RÖMER, 2019, p. 472). Tais situações deixam clara a diversidade de estratégias utilizadas pelas entidades reguladoras alemãs.

No que se refere ao desenvolvimento de *know-how* próprio, a mesma diversificação se faz presente nas autoridades regionais. Algumas DPAs, como a de Mecklenburg-Vorpommern, se destacam como centros de especialização em tecnologia da informação, ao passo que outras, como a DPA Schleswig-Holstein, acumulam vasta experiência no desenvolvimento de soluções atreladas à *privacy by design*. De igual forma, a DPA de Niedersachsen apresenta substancial experiência regulatória no setor privado, enquanto a Baviera apresenta uma autoridade exclusivamente voltada à regulação do setor público (ULBRICHT; RÖMER, 2019, p. 473).

---

[2] O *Safe harbour* constituiu um acordo que, em tese, permitiria às empresas estadunidenses, ao aderirem aos sete princípios básicos nele talhados, transferir dados para países membros da União Europeia. Cf. DONEDA, Danilo. *Da privacidade à proteção de dados pessoais*: fundamentos da Lei Geral de Proteção de Dados. 2. ed. São Paulo: Thomson Reuters Brasil, 2020. p. 254-256. Entretanto, a fragilidade desse modelo regulatório viria a ocasionar sua invalidade pelo TJUE em outubro 2015, dando razão aos argumentos trazidos por Maximilian Scherms (Caso C362/14) (RODRIGUEZ, 2021, p. 120).

Todas essas diferentes experiências e áreas distintas de focalização são compartilhadas em um evento anual realizado desde 1978, a Datenschutzkonferenz (DSK), no qual se fazem presentes membros de todas as autoridades alemãs. Desde 2017, a DSK publica orientações interpretativas sobre o GDPR, apresentando visões uniformes sobre seus principais pontos e que já foram acordados entre DPAs (DATENSCHUTZKONFERENZ, 2022). Embora tenha sido iniciada de maneira informal, hoje a DSK conta com um estatuto que rege os seus métodos de trabalho, buscando sempre posicionar-se a partir de deliberações unânimes. Somente questões consideradas predominantemente técnicas podem ser adotadas com dois terços dos votantes, mas, ainda assim, a busca por decisões unânimes segue sendo privilegiada (ULBRICHT; RÖMER, 2019, p. 470).

Em uma análise histórica das estruturas administrativas alemãs, torna-se impossível ignorar como o surgimento de diferentes culturas regionais de proteção de dados pessoais constitui um fenômeno atrelado ao próprio conceito alemão de *Kultur*, que precisou, por motivos históricos de formação da Alemanha, englobar em seu núcleo a noção de *diversidade*. A soma de regiões e povos tão culturalmente diversos constituiu o verdadeiro desafio à sedimentação de uma "unidade" alemã. Como destaca o historiador Norbert Elias (ELIAS, 2011, p. 25), diferentemente do conceito francês e inglês de "civilização" — que serviu à lógica colonizadora expansionista, impositiva de códigos de condutas sobre outros povos e promotora do apagamento de divergências regionais –, o seu paralelo alemão *Kultur* precisou justamente *enfatizar a diferença identitária* de grupamentos muito distintos, com um claro objetivo de construir uma consciência política e social calcada na diversidade (ELIAS, 2011, p. 26). Naturalmente, tal conceito de *Kultur* precisou ser reinventado em diversas fases históricas, principalmente em virtude da guerra travada contra a Alemanha justamente em nome da "civilização", forçando os alemães, uma vez mais, a redefinirem sua autoimagem a partir do cenário criado pelo Tratado de Versalhes (ELIAS, 2011, p. 27). Ainda assim, a valorização da diversidade marca o epicentro do conceito da *Kultur* alemão.

Como bem destaca Lukas Grundermann (2021), foi graças às diferentes abordagens regulatórias regionais que a Alemanha pôde, desde os anos 70, montar uma verdadeira "plataforma de testes" (*testbeds*) regulatórios, para, posteriormente e respeitando as diversas responsabilidades regionais, aglutinar entendimentos e orientações comuns, na busca pela unidade de seus posicionamentos.

Conclusões

A diversidade que deu *estrutura às estruturas regulatórias alemãs* no campo da proteção de dados pessoais pode ser inspiradora aos desafios que se avizinham no campo digital, à medida que avança o surgimento de um arcabouço de governança composto por múltiplos *stakeholders,* públicos e privados. Mais do que pretender reverter o processo histórico que estabeleceu os contornos do arcabouço normativo e administrativo em matéria de proteção de dados no Brasil, objetiva-se aqui interrogar em que medida a singular experiência germânica poderia ser benéfica ao ordenamento jurídico brasileiro, em especial considerando a atual crise de paradigmas (CALLEJÓN, 2018) que afeta o Estado-nação e que, por consequência, contamina o Direito Administrativo desde o fim do século XX. Não sem razão, cresce o designado *Direito Administrativo*

Global (DAG), oriundo de fontes *não estatais* e que contorna as fronteiras de todos os continentes (VENTURINI, 2020).[3]

Assim, *imaginar diversidade* a entidades administrativas como a ANPD não só pode torná-las alinhadas ao que prevê o PL nº 2.338/23 no tocante à necessidade de equipes inclusivas, mas também lhes conferir "coerência interna" (VERMULE; SUNSTEIN, 2021, p. 23) para exigirem "a busca da diversidade" e não discriminação dos atores regulados no setor público e privado (BRASIL, 2023). Tal diversificação não necessariamente demanda uma *cisão* nas atribuições entre entes federados, senão a maior participação de estruturas locais, *responsivas* não somente aos atores econômicos, mas *às múltiplas sociedades* existentes no país e aos plurais *sujeitos constitucionais* (CORBO, 2023, p 58).

É certo que a centralidade ocupada pela ANPD no tocante à interpretação das normas de proteção de dados pessoais a aproxima de papel semelhante quanto ao marco regulatório da IA no Brasil, a fim de que proteja os cidadãos num ambiente responsável de desenvolvimento tecnológico. Entretanto, nessa tarefa, a valorização da diversidade brasileira, tal como ocorreu na experiência regulatória alemã, pode ancorar a construção de um modelo regulatório de IA não somente afinado à tendência internacional e guiado por *escolhas de qualidade intertemporal* (FREITAS, 2019, p. 237) – aptas a perdurar para além das políticas governamentais de ocasião –, mas *contemporâneo* à estranha curva histórica que ameaça, em todo globo, alguns dos mais caros valores políticos e sociais protegidos por democracias constitucionais.

Referências

AGAMBEN, Giorgio. *O que é o contemporâneo?* E outros ensaios. Chapecó: Argos, 2009.

ALMEIDA, Virgílio; MENDES, Laura Schertel; DONEDA, Danilo. On the Development of AI Governance Frameworks. *IEEE Internet Computing*, vol. 27, n. 1, p. 70-74, 1 Jan./Feb. AI Office são diversas. Disponível em: https://ieeexplore.ieee.org/document/10044302. Acesso em: 21 fev. 2024.

BOTERO ARCILA, Beatriz; GRIFFIN, Rachel. *Social media platforms and challenges for democracy, rule of law*. In: COMISSÃO DO MERCADO INTERNO E DA PROTEÇÃO DOS CONSUMIDORES. Inteligência artificial: implicações para os direitos humanos e a democracia. 2023. p. 281-283. Disponível em: https://www.europarl.europa.eu/RegData/etudes/STUD/2023/743400/IPOL_STU(2023)743400_EN.pdf. Acesso em: 28 fev. 2024.

BRASIL. *Projeto de Lei nº 5.051/2019*. Estabelece os princípios para o uso da Inteligência Artificial no Brasil. Disponível em: https://www25.senado.leg.br/web/atividade/materias/-/materia/138790. Acesso em: 5 abr. 2023.

BRASIL. *Projeto de Lei nº 21/2020*. Estabelece fundamentos, princípios e diretrizes para o desenvolvimento e a aplicação da inteligência artificial no Brasil; e dá outras providências. Brasília: Senado Federal, 2020. Disponível em: https://www.camara.leg.br/propostas-legislativas/2236340. Acesso em: 5 abr. 2023.

BRASIL. *Projeto de Lei nº 5.231, de 2020*. Veda a conduta de agente público ou profissional de segurança privada fundada em preconceito de qualquer natureza, notadamente de raça, origem étnica, gênero, orientação sexual ou culto, altera o Decreto-Lei nº 2.848, de 7 de dezembro de 1940 – Código Penal, a Lei nº 7.716, de 5 de janeiro de 1989 – Lei de Crimes Raciais, e a Lei nº 13.869, de 5 de setembro de 2019 – Lei de Abuso de Autoridade, e dá outras providências. Brasília, DF: Senado Federal, [2020]. Disponível em: https://www.camara.leg.br/proposicoesWeb/prop_mostrarintegra?codteor=1954858. Acesso em: 15 ago. 2022.

---

[3] A expressão Direito Administrativo Global (DAG) diz respeito à tendência normativa de fonte *não estatal*, que, no entanto, tem objeto tipicamente público, atento à "dimensão material das situações jurídico-administrativas do que com a 'carga genética' da norma" (VENTURINI, 2020, p. 189).

BRASIL. Conselho Nacional de Justiça. *Resolução nº 332, de 21 de agosto de 2020*. Dispõe sobre a ética, transparência e a governança na produção e no uso da Inteligência Artificial no Poder Judiciário e dá outras providências. Disponível em: https://www.cnj.jus.br/wp-content/uploads/2020/08/Resolu%C3%A7%C3%A3o-332-IA-Programa%C3%A7%C3%A3o_v4-.pdf. Acesso em: 5 fev. 2024.

BRASIL. *Resolução CD/ANPD nº 1, de outubro de 2021*. Aprova o Regulamento do Processo de Fiscalização e do Processo Administrativo Sancionador no âmbito da Autoridade Nacional de Proteção de Dados. Brasília: Autoridade Nacional de Proteção de Dados, 2021. Disponível em: https://www.in.gov.br/en/web/dou/-/resolucao-cd/anpd-n-1-de-28-de-outubro-de-2021-355817513. Acesso em: 2 dez. 2022.

BRASIL. *Portaria ANPD nº 35, de 4 de novembro de 2022*. Brasília: Autoridade Nacional de Proteção de Dados, 2022. Disponível em: https://www.in.gov.br/en/web/dou/-/portaria-anpd-n-35-de-4-de-novembro-de-2022-442057885. Acesso em: 2 dez. 2022.

BRASIL. *Autoridade Nacional de Proteção de Dados Coordenação-Geral de Tecnologia e Pesquisa Nota Técnica nº 16/2023/CGTP/ANPD*. Assunto: Sugestões de incidência legislativa em projetos de lei sobre a regulação da Inteligência Artificial no Brasil, com foco no PL nº 2338/2023 Disponível em: https://www.gov.br/anpd/pt-br/assuntos/noticias/Nota_Tecnica_16ANPDIA.pdf. Acesso em: 23 fev. 2024.

BRASIL. *Relatório Final*: Comissão de Juristas instituída pelo Ato do Presidente do Senado nº 4, de 2022, destinada a subsidiar a elaboração de minuta de substitutivo para instruir a apreciação dos Projetos de Lei nºs 5.051, de 2019, 21, de 2020, e 872, de 2021, que têm como objetivo estabelecer princípios, regras, diretrizes e fundamentos para regular o desenvolvimento e a aplicação da inteligência artificial no Brasil. Brasília: Senado Federal, 2023. Disponível em: https://www.stj.jus.br/sites/portalp/SiteAssets/documentos/noticias/Relato%CC%81rio%20final%20CJSUBIA.pdf. Acesso em: 2 fev. 2024.

BRASIL. *Estratégia Brasileira de Inteligência Artificial – EBIA*. Brasília: Ministério da Ciência, Tecnologia e Inovações, 2023. Disponível em: https://www.gov.br/mcti/pt-br/acompanhe-o-mcti/transformacaodigital/inteligencia-artificial. Acesso em: 5 fev. 2023.

BRASIL. *Projeto de Lei nº 2.338, de 2023*. Dispõe sobre o uso da Inteligência Artificial. Brasília: Senado Federal, 2023. Disponível em: https://legis.senado.leg.br/sdleg-getter/documento?dm=9347622&ts=1683629462652&disposition=inline&_gl=1*cmo644*_ga*MTQ3NTM0NjAzNS4xNjQ1NTc1MDc1*_ga_CW3ZH25XMK*MTY4MzY3MjcyMS4zLjAuMTY4MzY3MjcyMy4wLjAuMA. Acesso em: 18 fev. 2024.

BRASIL. *Ação Direta de Inconstitucionalidade*, out. 2019. Brasília: Supremo Tribunal Federal, 2019. Disponível em: https://jurisprudencia.stf.jus.br/pages/search?base=acordaos&sinonimo=true&plural=true&page=1&pageSize=10&queryString=ADI%205792&sort=_score&sortBy=desc. Acesso em: 2 dez. 2022.

BURCHARD, Christoph. Von der "Strafrechts"ordnung der "Prädiktionsgesellschaft zur Strafrechts"ordnung" des liberalen Techtsstaats. in: R. Forst / K. Günther (Hg.): *Normative Ordnungen*, Berlin, 2021, S. 553-579.

CALLEJÓN, Francisco. Las dos grandes crises del Constitucionalismo frente a la globalización en el siglo XXI. *Revista de derecho constitucional europeo*, [S.l.], n. 30, 2018.

COMISSÃO EUROPEIA. Grupo Europeu de Ética na Ciência e Novas Tecnologias. *Declaração de Inteligência Artificial, Robótica e Sistemas 'Autônomos'*. Bruxelas, 9 mar. 2018. Disponível em: http://ec.europa.eu/research/ege/pdf/ege_ai_statement_2018.pdf. Acesso em: 21 fev. 2024.

CONSELHO DA EUROPA. Diretiva 95/46/CE. *Conselho da Europa*, Luxemburgo, 24 out. 1995. Disponível em: https://eur-lex.europa. eu/legal-content/PT/TXT/?uri=celex:31995L0046. Acesso em: 2 dez. 2022.

CORBO, Wallace. O movimento negro e a luta pela Constituição de 1988: da Assembleia Nacional Constituinte à jurisdição constitucional. *Revista Direito Público (RDP)*, vol. 20, n. 108, p. 39-62, p. 58. Disponível em: Acesso em: 23 maio 2024.

DATENSCHUTZKONFERENZ. *Kurzpapiere*. Disponível em: https://www.datenschutzkonferenz-online.de/kurzpapiere.html. Acesso em: 30 nov. 2022.

DÖHMANN, Spiecker; WESTLAND, Michael; CAMPOS, Ricardo (org.). *Demokratie und Öffentlichkeit im 21. Jahrhundert – zur Macht des Digitalen*. Baden-Baden: Nomos, 2022.

DONEDA, Danilo. *Da privacidade à proteção dos dados pessoais*. Rio de Janeiro: Renovar, 2006.

DONEDA, Danilo. O papel da ANPD na implementação da LGPD. *In*: ESCOLA DA ADVOCACIA-GERAL DA UNIÃO (AGU). *Lei Geral de Proteção de Dados*. Evento on-line. Congresso da Escola da AGU, 1. Edição on-line, 25 nov. 2021. Disponível em: https://www.youtube.com/watch?v=qEYsAqeY4l0&t=2119s. Acesso em: 28 fev. 2024.

ELIAS, Norbert. *O processo civilizador*: uma história dos costumes. Rio de Janeiro: Zahar, 2011. 1. v.

FACCHINI NETO, Eugênio; BERNASIUK, Helen Lentz Ribeiro. Inteligência Artificial no judiciário: navegando entre cila e caríbdis. *RJLB*, [S.l.], v. 9, n. 4, 2023. Disponível em: https://www.cidp.pt/revistas/rjlb/2023/4/2023_04_0585_0627.pdf. Acesso em: 20 fev. 2024.

FORST, Rainer. The rule of unreason. Analyzing (anti-)democratic regression. *Constellations*. 2023, p. 217. Disponível em: https://doi.org/10.1111/1467-8675.12671. Acesso em: 14 dez. 2023.

FREITAS, Juarez. *Sustentabilidade*: direito ao futuro. Belo Horizonte: Fórum, 2019.

GUNDERMANN, Lukas. So many Data, so little time – Data Protection Authorities in Germany: status quo and challenges. *In*: DE LIMA, Cintia Rosa Pereira (org.). *ANPD e LGPD*: desafios e perspectivas. São Paulo: Almedina, 2021. p. 419-432.

MENDES, Laura Schertel. *Privacidade, proteção de dados e defesa do consumidor*: linhas gerais de um novo direito fundamental. São Paulo: Saraiva, 2014.

OLHAR DIGITAL. Mulher é detida no Rio de Janeiro por erro na Câmara de reconhecimento facial. *Olhar Digital*, São Paulo, 10 jul. 2019. Disponível em: https://olhardigital.com.br/2019/07/10/seguranca/mulher-e-detida-no-rio-por-erro-em-camera-de-reconhecimento-facial/. Acesso em: 18 fev. 2024.

PARLAMENTO EUROPEU. *Proposal for a regulation of the European parliament and of the council laying down harmonised rules on artificial intelligence (artificial intelligence act) and amending certain union legislative acts*. Bruxelas: União Europeia, 2022. Disponível em: https://eur-lex.europa.eu/legal-content/EN/TXT/?uri=celex%3A52021PC0206. Acesso em: 20 fev. 2024.

RIO DE JANEIRO. *Projeto de Lei nº 2.019/2023*. Dispõe sobre a restrição do uso de tecnologias de reconhecimento facial pelo poder público no Estado do Rio de Janeiro. Rio de Janeiro, RJ: Assembleia Legislativa. Disponível em: http://www3.alerj.rj.gov.br/lotus_notes/default.asp?id=144&url=L3NjcHJvMTkyMy5uc-2YvMThjMWRkNjhmOTZiZTNlNzgzMjU2NmVjMDAxOGQ4MzMvYTdkYTU1NGFiZWUzMTBhYTAzMjU4N2E1MDA1YmNmMDE%2FT3BlbkRvY3VtZW50&s=09#:~:text=No%20campo%20legislativo%2C%20podemos%20citar,em%20espa%C3%A7os%20p%C3%BAblicos%20da%20cidade. Acesso em: 18 fev. 2024.

ROBERTSON, Adi. Court blocks California's online child safety law / The California Age-Appropriate Design Code Act probably violates the First Amendment. *The Verge*, 18 set. 2023. Disponível em: https://www.theverge.com/2023/9/18/23879489/california-age-appropriate-design-code-act-blocked-unconstitutional-first-amendment-injunction. Acesso em: 28 fev. 2024.

RODRIGUEZ, Daniel Piñeiro. *O direito fundamental à proteção de dados*: vigilância, privacidade e regulação. Rio de Janeiro: Lumen Juris, 2021.

RYAN, Johnny. *Europe's governments are failing the GDPR*: Brave's 2020 report on the enforcement capacity of data protection authorities, 2020. Disponível em: https://brave.com/wp-content/uploads/2020/04/Brave-2020-DPA-Report.pdf. Acesso em: 15 jul. 2024.

SENADO FEDERAL. Debates apontam para o fim do reconhecimento facial na segurança pública. *Agência Senado*, Brasília, 18 maio 2022. Disponível em: https://www12.senado.leg.br/noticias/materias/2022/05/18/debates-apontam-para-fim-do-reconhecimento-facial-na-seguranca-publica. Acesso em: 25 set. 2022.

SILVA, Tarcízio da. Visão Computacional e Racismo Algorítmico: Branquitude e Opacidade no Aprendizado de Máquina. *Revista da ABPN*, [S.l.], v. 12, n. 31, p. 428-448, fev. 2020.

SINGER, Natasha; METZ, Cade. Many Facia- Recognition Systems Are Biased, Says U.S. Study: Algorithms falsely identified African-American and Asian faces 10 to 100 times more than Caucasian faces, researchers for the National Institute of Standards and Technology found. *The New York Times*, 19 dez. 2019. Disponível em: https://www.nytimes.com/2019/12/19/technology/facial-recognition-bias.html. Acesso em: 17 ago. 2022.

SUNSTEIN, Cass; VERMEULE, Adrian. *Lei e Leviatã*: resgatando o Estado Administrativo. São Paulo: Contracorrente, 2021.

ULBRICHT, Lena; RÖMER, Magnus. Vielfalt und Einheitlichkeit in der deutschen Datenschutzaufsicht. *Zeitschrift für vergleichende Politikwissenschaft*, [S.l.], v. 13, p. 461-489, 2019. Disponível em: https://link.springer.com/article/10.1007/s12286-019-00441-5. Acesso em: 2 dez. 2022.

UNIÃO EUROPEIA. Tribunal de Justiça. *Acórdão no Processo C-518/07*. Julgado em: Luxemburgo, 8 abr. 2014. Disponível em: https://eur-lex.europa.eu/legal-content/PT/TXT/HTML/?uri=CELEX:62007CJ0518&qid=1638123585718&from=PT. Acesso em: 28 nov. 2021.

VENTURINI, Otavio. *Teoria do Direito Administrativo global e Standards*: desafios à estatalidade do direito. São Paulo: Almedina, 2020.

Informação bibliográfica deste livro, conforme a NBR 6023:2018 da Associação Brasileira de Normas Técnicas (ABNT):

RODRIGUEZ, Daniel Piñeiro; BERNASIUK, Helen Lentz Ribeiro. Diversidade, proteção de dados e regulação digital – a experiência alemã e seus possíveis contributos ao Brasil. *In*: PASQUALINI, Alexandre; CUNDA, Daniela Zago Gonçalves da; RAMOS, Rafael (coord.). *Direito, sustentabilidade e inovação*: estudos em homenagem ao professor Juarez Freitas. Belo Horizonte: Fórum, 2025. p. 157-168. ISBN 978-65-5518-957-5.

SUSTENTABILIDADE E DIREITO ADMINISTRATIVO DE VÁRIOS *TIMBRES E CORES*: LICITAÇÕES SUSTENTÁVEIS A PROMOVEREM A DIMENSÃO SOCIAL E ÉTICA E POLÍTICAS PÚBLICAS PARA UMA MAIOR EQUIDADE DE GÊNERO E INTRAGÊNERO

DANIELA ZAGO G. DA CUNDA

LETÍCIA MARQUES PADILHA

Considerações iniciais e de homenagem

Na Música, nas diversas composições, os vários timbres ecoam, desde os mais graves — *baixo, barítono* e *tenor* —, aos mais agudos — *contralto, mezzo-soprano* e *soprano*.[1] E na Administração Pública, nos atos e contratos administrativos, os timbres costumeiramente femininos têm o mesmo espaço dos timbres mais graves? E os gritos, infelizmente não somente *cantos*, das vítimas de violência doméstica, sobretudo das vítimas mulheres negras e pardas, têm sido escutados? Pode-se falar em sustentabilidade sem metas e objetivos inclusivos, sem o devido destaque às dimensões social e ética? Quais previsões normativas da Nova Lei de Licitações e respectivos decretos poderiam auxiliar na melhor *audição* dos preocupantes índices de violência doméstica? As previsões legais e constitucionais, mesmo que vinculativas, por si só se concretizam ou há necessidade de um novo atuar e controle administrativo?

---

[1] Não obstante, quanto às musicistas, perquire-se também uma maior equidade, como abordado no seguinte estudo: CUNDA, Daniela Zago G. da; ROSARIO, A. C. T. *Sub-representação feminina na música*. PER MUSI (UFMG), v. 42, p. 1-20, 2022. Disponível em: https://periodicos.ufmg.br/index.php/permusi/article/view/36925. Acesso em: 15 jul. 2024.

A presente coletânea, além de compartilhar pesquisas e estudos, reúne testemunhos das contribuições intelectuais e impactos positivos dos ensinamentos do Professor Juarez Freitas nos diversos setores da sociedade.

Em 2009, em grupo de estudos e pesquisas, na PUCRS, coordenado pelo professor homenageado, oportunidade de debates de questões acadêmicas e profissionais, foi objeto de análise, por ocasião de pesquisa desenvolvida para subsidiar questionamento constante em processo que na época tramitava no Tribunal de Contas do Estado do Rio Grande do Sul, a indagação se o gestor poderia realizar licitação pública sustentável. Antes mesmo da inserção do princípio da sustentabilidade no art. 3º da Lei de Licitações anterior – Lei nº 8.666/1993 —, mediante "interpretação sistemática" proposta pelo autor homenageado,[2] com amparo constitucional, sobretudo no art. 225 da Constituição da República Federativa do Brasil, a conclusão não poderia ser outra: *os administradores não somente podem fazer contratações sustentáveis, mas têm o dever de realizá-las, escolhendo bens e serviços que levem em consideração as dimensões social e ambiental, além da dimensão econômica da sustentabilidade.*

Após a célebre obra *Sustentabilidade: direito ao futuro*,[3] a sustentabilidade foi melhor sistematizada no Brasil, suas múltiplas dimensões foram detalhadas e muitas inspirações propiciaram aos diversos pesquisadores e lidadores do Direito, como as reflexões a seguir e os demais capítulos do presente compêndio estarão a comprovar.

Dos vários testemunhos do impacto positivo dos ensinamentos do Professor Juarez Freitas, a pesquisa ora proposta demonstra as especificidades que as licitações e contratações sustentáveis, nos dias atuais, abarcaram, servindo, inclusive, como suporte para implementações de políticas públicas para uma maior equidade de gênero e intragênero.

Com amparo em pesquisas antecedentes,[4] reitera-se a preocupante *violência doméstica*, sobretudo no que tange às vítimas mulheres e negras. Várias políticas públicas são necessárias, trata-se de temática interligada à segurança pública e, inclusive, ao racismo estrutural. Na presente abordagem, será destacada a recente previsão trazida na Nova Lei de Licitações, que possibilita aos gestores, na contratação dos melhores serviços para a Administração Pública, também contribuir para uma maior equidade de gênero, mediante a inserção das mulheres vítimas de violência de gênero (com ênfase às mulheres negras) no mercado de trabalho. A Nova Lei de Licitações – Lei nº 14.133/2021 —, no §9º do art. 25, complementada pelo Decreto nº 11.430, de 8 de março de 2023, determina percentuais para contratações de vítimas de violência doméstica, especificando, adicionalmente, o zelo especial quanto às mulheres negras. Trata-se de um passo normativo importante, possibilitando mais essa perspectiva de a Lei de Licitações concretizar políticas públicas e diretrizes de sustentabilidade, questões a serem monitoradas, inclusive, pelos tribunais de contas.

---

[2] FREITAS, Juarez. *A Interpretação Sistemática do Direito*. 5. ed. São Paulo: Malheiros, 2010.
[3] FREITAS, Juarez. *Sustentabilidade*: direito ao futuro. 4. ed. Belo Horizonte: Fórum, 2019.
[4] CUNDA, Daniela Zago Gonçalves da; RAMOS, Letícia Ayres; BLIACHERIENE, Ana Carla. Contratações públicas como instrumento de concretização do dever de sustentabilidade e dos ODS 05 e 12 da Agenda da ONU para 2030: a contratação de vítimas de violência de gênero como uma boa prática a ser ampliada In: *Controle Externo e as mutações do Direito Público*: Licitações e Contratos – Estudos de ministros e conselheiros substitutos dos tribunais de contas. 1. ed. Belo Horizonte: Fórum, 2023, v. 1, p. 91-119.

A presente pesquisa, desenvolvida de forma mais ampla pelas autoras em outros estudos, compila abordagens com suporte teórico e com viés prático, com recortes necessários, percorrendo o seguinte *iter* investigativo: Direito Administrativo inclusivo para que efetivamente seja indutor da sustentabilidade multidimensional; demonstração da necessidade de políticas públicas urgentes para uma maior equidade de gênero e intragênero, com um zelo especial quanto ao bem-estar das meninas e mulheres negras, a teoria da interseccionalidade aplicável nesse contexto, seguindo-se com considerações quanto às possibilidades de inserção das mulheres vítimas de violência doméstica no mercado de trabalho, mediante contratações públicas sustentáveis, demonstrando-se a importância da transparência dos dados atinentes às contratações públicas sustentáveis, de forma a ampliar a sustentabilidade multidimensional, dentre outras boas práticas e perspectivas de atuações dos tribunais de contas.

1 Direito Administrativo inclusivo para que efetivamente seja indutor da sustentabilidade multidimensional

O Professor Juarez Freitas, ao conceituar sustentabilidade, elucida tratar-se de "princípio constitucional que determina, com eficácia direta e imediata, a responsabilidade do Estado e da sociedade pela concretização solidária do desenvolvimento material e imaterial, socialmente inclusivo, durável e equânime, ambientalmente limpo, inovador, ético e eficiente, no intuito de assegurar, preferencialmente de modo preventivo e precavido, no presente e no futuro, o direito ao bem-estar".[5]

Por se tratar de um princípio constitucional, ou também um dever constitucional, a sustentabilidade vincula todos e, de forma inquestionável, determina um atuar dos administradores públicos de forma mais amigável ao meio ambiente, mais inclusivo, em todos os seus atos e contratos administrativos. Ademais, a legislação infraconstitucional tem se encarregado de detalhar as múltiplas dimensões da sustentabilidade. No recorte proposto no presente ensaio, que concede ênfase à dimensão social da sustentabilidade, na Nova Lei de Licitações e Contratos merece destaque a possibilidade de que o edital exija percentual mínimo de mão de obra constituído por mulheres vítimas de violência doméstica (art. 25, §9º, I), assim como o desenvolvimento pelo licitante de ações de equidade entre homens e mulheres no ambiente de trabalho como critério de desempate (art. 60, III). As referidas previsões constantes na Lei de Licitações também foram as primeiras a receberem regulamentação, em âmbito federal, pelo Decreto nº 11.430/23, determinando-se que os editais de licitação e os avisos de contratação direta para a *contratação de serviços contínuos, com regime de dedicação exclusiva de mão de obra, deverão prever o emprego de mão de obra constituída por mulheres vítimas de violência doméstica, em percentual mínimo de oito por cento das vagas* (art. 3º). As diretrizes de inclusão vão além, as referidas vagas deverão incluir mulheres trans, travestis e outras possibilidades do gênero feminino, nos termos do disposto no art. 5º da Lei nº 11.340, de 2006, e serão *destinadas prioritariamente a mulheres pretas e pardas*.[6] Normativos em sintonia, como será abordado a seguir, com o princípio da interseccionalidade.

---

[5] FREITAS, Juarez. *Sustentabilidade*: direito ao futuro. 4. ed. Belo Horizonte: Fórum, 2019, p. 45.

[6] Observada a proporção de pessoas pretas e pardas na unidade da federação onde ocorrer a prestação do serviço, de acordo com o último censo demográfico do Instituto Brasileiro de Geografia e Estatística – IBGE, tendo-se em mente os indicadores sociais que demonstram a posição de vulnerabilidade entre mulheres pretas e pardas.

O Direito Administrativo do século XXI, além das vestes de constitucionalização adquirida, também há de considerar que deverá estar a serviço de um Estado Democrático, (t)ec(n)ológico e de Direito,[7] atento às presentes e futuras gerações, assim como saldando suas dívidas com as gerações antecessoras (*v.g.* escravagismo). Ao serem propostos comandos normativos e ao serem elaboradas as políticas públicas, uma maior equidade deverá estar em pauta, incluindo-se, portanto, um maior equilíbrio de possibilidades a todos os gêneros, raças e demais ações afirmativas, na busca de uma maior igualdade substancial e não meramente formal.

Nos tópicos a seguir, serão abordadas relevantes previsões normativas, algumas boas práticas já adotadas e perspectivas de ampliação de políticas públicas alinhadas ao Direito Administrativo de vários *timbres e cores*.

2 O escravagismo, o racismo e a violência contra as mulheres a ensejarem políticas públicas urgentes

O sistema escravagista definia o povo negro como propriedade, as mulheres negras eram vistas, não como menos do que os homens, como unidades de trabalho lucrativas, para os proprietários de escravos elas poderiam ser desprovidas de gênero. A mulher negra antes de tudo era uma trabalhadora em tempo integral para o seu proprietário, e somente, ocasionalmente esposa, mãe e dona de casa.[8] A maioria das meninas e mulheres assim como os meninos e homens trabalhavam pesado na lavoura. No que se referia ao trabalho, força e produtividade, sob a ameaça do açoite, eram mais relevantes do que questões relativas ao sexo. A opressão vivida pelas mulheres era idêntica à dos homens. Todavia, as mulheres sofriam de maneira diferente, visto que eram vítimas de abuso sexual e outros maus-tratos bárbaros, que só poderiam ser infligidos a elas. Os senhores em relação às escravas agiam de acordo com sua conveniência, quando lucrativo explorá-las como se fossem homens, eram vistas como desprovidas de gênero. Por outro lado, quando podiam ser exploradas, punidas e reprimidas de modo cabível somente às mulheres, eram reduzidas exclusivamente à sua condição de fêmeas.[9] Dessa forma, as mulheres negras eram vistas pela sociedade branca no período do escravagismo mundial. A perspectiva a partir da qual a sociedade enxergava a mulher negra reflete a forma, ainda nos dias atuais, como são vistos os corpos dessas mulheres, vítimas diariamente de todo tipo de violência, a incluir a violência doméstica.

A inserção no mercado de trabalho das mulheres negras vítimas de violência doméstica é um assunto de extrema relevância na sociedade. Elas são as maiores vítimas de crimes no Brasil, em especial homicídios e feminicídios. As vítimas dessas agressões têm dois aspectos em comum: gênero e raça. A raça[10] é determinante para as histórias

---

[7] CUNDA, Daniela Zago Gonçalves da. Controle de Sustentabilidade (T)Ec(n)ológico pelos Tribunais de Contas do Brasil e da Espanha e um breve diálogo com Cervantes. *In*: SÁNCHEZ BRAVO, Álvaro; DA CAMINO, Geraldo (org.). *Intellegentiae Artificiales, Imperium et Civitatem*. 1. ed. Madrid: Alma Mater, 2023, v. 1, p. 121-140.
[8] Nos termos do seguinte estudo: DAVIS, Angela. *Mulheres, raça e classe*. São Paulo: Boitempo, 2016, p. 17.
[9] DAVIS, Angela. *Mulheres, raça e classe*. São Paulo: Boitempo, 2016, p. 19.
[10] Sobre o tema: ROMIO, J. A. F. A vitimização de mulheres por agressão física, segundo raça/cor no Brasil. *In*: MARCONDES, M. M.; PINHEIRO, L.; QUEIROZ, C.; QUERINO, A. C.; VALVERDE, D. (org.). *Dossiê Mulheres Negras*: retrato das condições de vida das mulheres negras no Brasil. Brasília: Ipea, 2013, p. 133-158. Para Annibal Quijano "A ideia de raça, em seu sentido moderno, não tem história conhecida antes da América. Talvez se tenha originado como referência às diferenças fenotípicas entre conquistadores e conquistados, mas o que

dessas mulheres que sofrem violência. A violência doméstica entre mulheres negras não pode ser abordada como uma questão só de gênero, só de raça ou só de classe, mas de todas elas juntas.

Pesquisas demonstram que os estereótipos construídos ao longo de séculos têm influência na construção das identidades e vulnerabilizam a mulher negra ao autorizar violações contra elas.[11] Existem quatro estereótipos racistas que se destacam: 1) o da mãe preta, que é a matriarca ou subserviente; 2) o da negra de sexualidade exacerbada que provoca a atenção masculina; 3) o da mulher dependente da assistência social; e 4) o da negra raivosa, produtora da violência.[12] Essas ideias vão, inclusive, na contramão de mitos que normalmente foram construídos em torno da imagem da mulher branca, como o da fragilidade feminina, da exigência de castidade, da divisão sexual do trabalho, em que o homem é o provedor e a mulher é a cuidadora.

Ao estudar as condições de vida das mulheres negras no Brasil, a raça traz características próprias na vivência da violência doméstica. Numa categoria de mulher universal associada à mulher branca, surgiram tópicos em torno da violência doméstica dentro da conjugalidade, como brigas de casal, ciúmes e separação. Mas no caso das mulheres negras há variação de cenários. Elas não são agredidas só em seu lar, mas também na rua e na casa de terceiros. Isso demonstra uma grande quantidade de violações vindas de companheiros e ex-companheiros, mas também de outros atores, como vizinhos, indivíduos das relações de trabalho e um grande número de desconhecidos.[13]

No ano de 2023, foram registrados 1.437 feminicídios, nos quais 61,1% eram de mulheres negras, assim como os indicadores econômicos revelam que a população negra se encontra em situação desfavorecida.[14] Diante do preocupante cenário relatado, várias ações urgentes são necessárias, além das políticas públicas específicas envolvendo as várias áreas transversais, como a segurança pública e a educação (seguindo os parâmetros constitucionais e legais, como as metas constantes no Plano Nacional de

---

importa é que desde muito cedo foi construída como referência a supostas estruturas biológicas diferenciais entre esses grupos" (QUIJANO, 2005, p.117) A categoria raça é central no conceito de matriz colonial de poder ou colonialidade (OLIVEIRA, 2021, p. 67). Para Neusa Santos Souza (2021, p. 48-49), raça é entendida como critério social para distribuição de posição na estrutura de classes. Está fundamentada em qualidades biológicas, em especial a cor da pele. No Brasil, a raça restou definida em termo de atributos compartilhados por um específico grupo social, tendo em comum uma mesma graduação social, um mesmo contingente de prestígio e uma mesma bagagem de valores culturais. Em sociedades de classes multirraciais e racistas como no Estado brasileiro, a raça exerce funções simbólicas. A condição racial possibilita a distribuição dos indivíduos em diferentes posições na estrutura de classe, conforme pertençam ou estejam mais próximos dos padrões raciais da classe/raça dominante.

[11] Não podemos olvidar o longo período escravocrata no Brasil, quase 400 anos de aviltamento do corpo negro. E quando da abolição formal do escravagismo em 1888 a população negra não foi contemplada com políticas públicas. Os homens negros eram taxados de bêbados, vagabundos, porque não tinha ofício, e as mulheres negras tinham o trabalho doméstico como forma de sustento. E esse longo período de escravização da população negra tem seus reflexos nos dias de hoje. Visto que a população negra se encontra na base da pirâmide, com os mais baixos salários, sendo a população que mais sofre todos os tipos de violências.

[12] ROMIO, J. A. F. A vitimização de mulheres por agressão física, segundo raça/cor no Brasil. In: MARCONDES, M. M.; PINHEIRO, L.; QUEIROZ, C.; QUERINO, A. C.; VALVERDE, D. (org.). *Dossiê Mulheres Negras*: retrato das condições de vida das mulheres negras no Brasil. Brasília: Ipea, 2013, p. 13.

[13] ROMIO, J. A. F. A vitimização de mulheres por agressão física, segundo raça/cor no Brasil. In: MARCONDES, M. M.; PINHEIRO, L.; QUEIROZ, C.; QUERINO, A. C.; VALVERDE, D. (org.). *Dossiê Mulheres Negras*: retrato das condições de vida das mulheres negras no Brasil. Brasília: Ipea, 2013, p. 149-151.

[14] MELO, Anastácia; BONFIM, Daiesse Quênia Jaala Santos. *Mulheres, vulnerabilidades e poder regulatório das contratações públicas*. 2024. Disponível em: https://www.conjur.com.br/2024-mar-12/mulheres-vulnerabilidades-e-o-poder-regulatorio-das-contratacoes-publicas/. Acesso: 12 mar. 2024.

Educação). As ações articuladas, entre as três esferas de governo, com vestes de ações de Estado, deverão também providenciar contratações públicas inclusivas. Desde já, ressalta-se que as novas propostas legislativas não deverão ser visualizadas como mero *figurino de assistencialismo* (um dos estereótipos racistas antes mencionados), mas sim como uma possibilidade de trabalho conjunto dos setores público e privado, que, ao mesmo tempo que seleciona serviços mais vantajosos à Administração Pública, viabilizará a independência financeira feminina, com potencial libertador das vítimas de violência. Na mesma lógica, deverá ser dada primazia (como critério de desempate) às empresas que tiverem instituído políticas para uma maior equidade de gênero (nos termos da NLL – portanto uma ação vinculativa) e abolicionistas do racismo estrutural (acréscimo propiciado mediante uma interpretação sistemática). Trata-se de critérios a serem sopesados em paralelo (ou sobrepostos), como demonstrado no tópico a seguir.

3 A importância do princípio da interseccionalidade na elaboração de políticas públicas verdadeiramente sustentáveis

A análise dos alarmantes índices de feminicídio e violência doméstica entre mulheres negras se torna mais relevante quando abordada como uma questão que não é só de gênero, só de raça ou só de classe, mas do conjunto delas, é o que se denomina de princípio da interseccionalidade. O conceito de interseccionalidade surgiu a partir de círculos sociológicos no final dos anos 1960 e início dos anos 1970 em conjunto com o movimento feminista multirracial. Ele veio como parte de uma crítica do feminismo radical, que tinha se desenvolvido na década de 1960, conhecido como a teoria feminista revisionista. Esta teoria feminista revisionista desafiou a noção de que o gênero foi o principal fator determinante no destino de uma mulher.[15]

A interseccionalidade ou teoria interseccional é o estudo da sobreposição ou intersecção de identidades sociais e sistemas relacionados de opressão, dominação ou discriminação. A teoria sugere e procura examinar como diferentes categorias biológicas, sociais e culturais, tais como gênero, raça, classe, capacidade, orientação sexual, religião, casta, idade e outros eixos de identidade, interagem em níveis múltiplos e muitas vezes simultâneos.

Este quadro pode ser usado para entender como a injustiça e a desigualdade social sistêmica ocorrem em uma base multidimensional. A interseccionalidade sustenta que as conceituações clássicas de opressão dentro da sociedade, tais como o racismo, o sexismo, o classismo, capacitismo, xenofobia, homofobia e a transfobia e intolerâncias baseadas em crenças, não agem independentemente uns dos outros, mas que essas formas de opressão se inter-relacionam, criando um sistema de opressão que reflete o cruzamento de múltiplas formas de discriminação.[16]

---

[15] DAVIS, Angela. *Mulheres, raça e classe*. São Paulo: Boitempo, 2016, p. 179-180.
[16] Nesse sentido: AKOTIRENE, Carla. *Interseccionalidade*. São Paulo: Sueli Carneiro. Pólen, 2019, p. 58-59. E também: CRENSHAW, Kimberle. *Demarginalizing the Intersection of Race and Sex: A Black Feminist Critique of Antidiscrimination Doctrine, Feminist Theory and Antiracist Politics*. The University of Chicago Legal Forum, 1989, p. 141 e 143. Já para Joice Berth "o entendimento do pensamento de Kimberlé Crenshaw, Audre Lorde, Sueli Carneiro e outras, diz que não se pode hierarquizar as opressões, considerando algumas mais urgentes que as outras, e sim olhar a partir de uma perspectiva interseccional, identificando como elas se inter-relacionam e em que elas se somam, potencializando seus efeitos sobre um grupo de indivíduos" (BERTH, 2019, p. 102-103).

O movimento liderado por mulheres negras contestou a ideia de que as mulheres eram uma categoria homogênea compartilhando as mesmas experiências de vida. Este argumento foi a constatação de que as mulheres brancas da classe média não serviam como uma representação única do movimento feminista como um todo.[17] Reconhecendo que as formas de opressão vividas por mulheres brancas de classe média eram diferentes das que eram experimentadas pelas negras, as mulheres pobres, ou com deficiência, as feministas procuraram compreender as maneiras em que gênero, raça e classe combinados determinam o destino do feminino. A introdução da teoria da interseccionalidade foi vital para a sociologia, alegando que, antes de seu desenvolvimento, havia pouca pesquisa que especificamente se dirigia às experiências de pessoas que são submetidas a múltiplas formas de subordinação dentro da sociedade.

O lugar que nos situamos determinará nossa interpretação sobre o duplo fenômeno do racismo[18] e do sexismo.[19] Essa dupla articulação produz efeitos violentos sobre a mulher negra.[20] Os estereótipos ligados às mulheres negras influenciam também no atendimento ou não atendimento que elas recebem dos serviços de segurança, de saúde, da Justiça, ao serem vítimas de violência doméstica, assim como as perspectivas no mercado de trabalho. O racismo institucional[21] impacta na chance de uma mulher negra fazer valer seus direitos.

Em termos de previsão legislativa, merece destaque a Lei Maria da Penha — Lei nº 11.340/2006,[22] que prevê mecanismos de denúncia, prevenção e de assistência à mulher em situação de violência doméstica e familiar, contudo, quando se trata de mulheres negras, sua efetividade não se demonstra nos níveis desejáveis.

Se em todos os indicadores sociais se evidenciam as desvantagens sociais experimentadas por mulheres negras, demonstrando as clivagens sociais impostas pelo racismo e a discriminação racial,[23] e se há prevalência de mulheres negras nos dados de

---

[17] Nesse sentido: DAVIS, Angela. *Mulheres, raça e classe*. São Paulo: Boitempo, 2016, p. 72-73.
[18] De acordo com os ensinamentos de Silvio Almeida, "o racismo é uma forma sistemática de discriminação que tem a raça como fundamento, e que se manifesta por meio de práticas conscientes ou inconscientes que culminam em desvantagens ou privilégios para indivíduos, a depender do grupo racial ao qual pertença" (ALMEIDA, Silvio. *O que é racismo estrutural?* Belo Horizonte: Letramento, 2018, p. 25).
[19] Atitude de discriminação fundamentada no sexo.
[20] GONZALEZ, Lélia. *Por um feminismo afro-latino-americano*: ensaios, intervenções e diálogos. 1. ed. Rio de Janeiro: Zahar, 2020, p. 76.
[21] ALMEIDA, Lúcio (org.). *Racismo Institucional*: O papel das instituições no combate ao racismo. 1. ed. Porto Alegre: Ed. dos Autores, 2022.
[22] Cria mecanismos para coibir a violência doméstica e familiar contra a mulher, nos termos do §8º do art. 226 da Constituição Federal, da Convenção sobre a Eliminação de Todas as Formas de Discriminação contra as Mulheres e da Convenção Interamericana para Prevenir, Punir e Erradicar a Violência contra a Mulher; dispõe sobre a criação dos Juizados de Violência Doméstica e Familiar contra a Mulher; altera o Código de Processo Penal, o Código Penal e a Lei de Execução Penal; e dá outras providências.
[23] No livro *Tornar-se negro* da escritora Neusa Santos Souza, ela faz uma análise da personagem Luísa levando em consideração os ditames sociais delineados para as mulheres negras: "Na identificação com a avó, surge Luísa um núcleo de desvalorização contundente: acredita que, enquanto mulher negra, lhe cabe o lugar de terceira – o terceiro termo a ser excluído. Considera que, como a sua avó, a mulher negra é mulher sem companheiro: 'Fiquei achando que estava cumprindo o papel da mulher negra: a amante. Os homens ficavam com as mulheres brancas'. O ideal do ego de Luísa caracteriza-se por uma identidade com o difícil, o nobre, o melhor, o branco. Criança ainda, aprendeu a depreciar, rejeitar e deformar o próprio corpo para configurá-lo à imagem e semelhança do branco. Este, sim, era o belo, invejável, digno de consideração e apreço" (SOUZA, Neusa Santos. *Tornar-se negro*. 1. ed. Rio de Janeiro: Zahar, 2021, p. 94).

violência doméstica, como a abordagem do impacto do racismo pode se manter ausente ou periférica no tema da violência doméstica?[24]

Apesar da previsão de políticas públicas[25] voltadas para o enfrentamento à violência doméstica, os índices demonstram seu reduzido alcance para atuar na proteção e direito à vida das mulheres negras.[26] Dessa forma, confirma-se a necessidade de que a violência contra as mulheres negras seja compreendida a partir de suas especificidades,[27] afirmando que elas estão desproporcionalmente expostas a outros fatores geradores de violência, como desigualdades socioeconômicas, conflitos familiares, racismo, intolerância religiosa, conflitos conjugais, entre outros. Nesses termos, a raça e sexo são categorias que justificam discriminações e subalternidades, construídas historicamente e que produzem desigualdades, utilizadas como justificativas para as assimetrias sociais, que explicitam que mulheres negras estão em situação de maior vulnerabilidade em todos os âmbitos sociais.[28]

No Brasil, é inegável a importância e relevância da Lei Maria da Penha, Lei nº 11.340/2006, visto ter reconhecido e institucionalizado a violência doméstica e familiar contra as mulheres. Também mereceu destaque a previsão do crime de feminicídio incorporado ao Código Penal inicialmente como uma qualificadora do crime de homicídio em 2015. Assim, a definição dada pela Lei nº 13.104/2015[29] considerou o feminicídio um tipo específico de homicídio doloso, cuja motivação está relacionada aos contextos de violência doméstica ou ao desprezo pelo sexo feminino. Mais recentemente, a Lei nº 14.994, de 9 de outubro de 2024,[30] alterou os normativos antes mencionados e demais leis aplicáveis ao tema, tornando o feminicídio crime autônomo, agravando a sua pena e a de outros crimes praticados contra a mulher por razões da condição do sexo feminino,

---

[24] CARNEIRO, Suelaine. *Mulheres Negras e Violência Doméstica*: decodificando os números. 1. ed. São Paulo: Geledés Instituto da Mulher Negra, 2017, p. 22. Disponível em: chrome-extension://efaidnbmnnnibpcajpcglclefindmkaj/ https://www.geledes.org.br/wp-content/uploads/2017/03/e-BOOK-MULHERES-NEGRAS-e-VIOL%C3%8ANCIA-DOM%C3%89STICA-decodifancando-os-n%C3%BAmeros-isbn.pdf. Acesso em: 22 abr. 2024.

[25] Fábio Gonçalves em consulta realizada no Atlas do Desenvolvimento Humano no Brasil que traz posição consolidada em 2010, numa visão sobre a desigualdade social e racial no Brasil como balizamento às políticas e ações afirmativas no país refere que através de seus dados é possível apresentar o panorama das relações comparadas sobre desenvolvimento entre negros e não negros no Brasil. E é perceptível a existência de maiores prestações de serviços públicos, alguns essenciais à vida com dignidade e à condição cidadã. A desigualdade em algumas esferas é mais expressiva, enquanto em outras menos. Mas em praticamente todos os aspectos da vida cotidiana e ao acesso aos serviços que majoram as capacidades e igualdade na sociedade se percebem as desvantagens as quais está sujeita a população negra (GONÇALVES, 2021b, p. 72-76).

[26] CARNEIRO, Suelaine. *Mulheres Negras e Violência Doméstica*: decodificando os números. 1. ed. São Paulo: Geledés Instituto da Mulher Negra, 2017, p. 16.

[27] Importante ressaltar a diferença entre os conceitos de sororidade e dororidade. A sororidade vem da ideia de irmandade, tem a ver também com empatia, união entre mulheres, solidariedade, representa qualquer apoio que uma mulher pode dar a outra, conhecida ou não. Já a dororidade é a união e a empatia entre as mulheres negras geradas pelas suas dores comuns (PACHÁ, Andréa; PIEDADE, Vilma. *Sobre feminismos*. 1. ed. Rio de Janeiro: Agir, 2021, p. 69).

[28] Nesse sentido: CARNEIRO, Sueli. *Enegrecer o feminismo*: a situação da mulher negra na América Latina a partir de uma perspectiva de gênero. *In*: Ashoka Empreendimentos Sociais; Takano Cidadania. *Racismos contemporâneos*. Rio de Janeiro: Takano, 2003. Coleção Valores e Atitudes. Disponível em: chrome-extension:// efaidnbmnnnibpcajpcglclefindmkaj/https://www.patriciamagno.com.br/wp-content/uploads/2021/04/CARNEIRO-2013-Enegrecer-o-feminismo.pdf. Acesso em: 23 abr. 2024.

[29] Altera o art. 121 do Decreto-Lei nº 2.848, de 7 de dezembro de 1940 — Código Penal, para prever o feminicídio como circunstância qualificadora do crime de homicídio, e o art. 1º da Lei nº 8.072, de 25 de julho de 1990, para incluir o feminicídio no rol dos crimes hediondos.

[30] Disponível em: https://legislacao.presidencia.gov.br/atos/?tipo=LEI&numero=14994&ano=2024&ato=ed3UTUE 9ENZpWT9e5. Acesso em: 10 out. 2024.

bem como para estabelecer outras medidas destinadas a prevenir e coibir a violência praticada contra a mulher.

E o Direito Administrativo, quais previsões têm para salvaguardar tais iniquidades? As leis que criminalizam a violência doméstica e o feminicídio existem, mas quando se trata de aplicabilidade às mulheres negras periféricas vitimizadas, as leis têm efetividade? Essas mulheres são albergadas pelo Direito Administrativo?

Diante dos índices de violência catalogados em dados oficiais, depreende-se a necessidade de políticas públicas setoriais e multiníveis, de forma a concretizar as previsões normativas, que também ensejam aprimoramentos (temas desenvolvidos em outros estudos específicos). A seguir, considerações sobre os dispositivos interligados ao tema constantes na nova Lei de Licitações e respectivo regulamento.

4 Boas práticas e previsões normativas em prol da sustentabilidade e da equidade de gênero e intragênero

Previsões normativas que dão guarida às políticas públicas a serem implementadas para uma maior equidade de gênero e intragênero já constam estampadas no preâmbulo da Constituição de República Federativa do Brasil ao abordar o bem-estar, igualdade e justiça; no art. 3º, ao elencar os objetivos fundamentais da República Federativa do Brasil, no inc. III, consigna-se o propósito de "erradicar a pobreza e a marginalização e reduzir as desigualdades sociais e regionais", no inc. IV, o objetivo de "promover o bem de todos, sem preconceitos de origem, raça, sexo, cor, idade e quaisquer outras formas de discriminação". No art. 5º estabelece-se como direito fundamental que "todos são iguais perante a lei, sem distinção de qualquer natureza, garantindo-se a inviolabilidade do direito (...) à igualdade". No inciso I do mesmo artigo determina-se que "homens e mulheres são iguais em direitos e obrigações, nos termos desta Constituição".

Além do respaldo constitucional referido, a nova Lei de Licitações traz duas principais perspectivas de políticas públicas para uma maior equidade de gêneros: no §9º do art. 25 da Lei nº 14.133/21 e no inc. III do art. 60 da Lei nº 14.133/21. Estabelece-se que "o edital da licitação deverá prever percentual mínimo da mão de obra que seja constituído por mulheres vítimas de violência doméstica". Complementarmente, determina-se como um dos critérios de julgamento estabelecidos pelo art. 60 que as empresas "promovam ações de equidade de gênero e programas de integridade terão primazia". Tais dispositivos normativos da nova Lei de Licitações já encontram-se detalhados no Decreto nº 11.430/2023,[31] em vigor desde 30 de março de 2023, também replicado em normativos regionais,[32] não obstante ainda pouco cumprido e fiscalizado.

---

[31] Estabeleceu-se o percentual aplicável. Art. 3º Os editais de licitação e os avisos de contratação direta para a contratação de serviços contínuos com regime de dedicação exclusiva de mão de obra, nos termos do disposto no inciso XVI do *caput* do art. 6º da Lei nº 14.133, de 2021, preverão o emprego de mão de obra constituída por *mulheres vítimas de violência doméstica, em percentual mínimo de oito por cento das vagas*. §1º O disposto no caput aplica-se a contratos com quantitativos mínimos de vinte e cinco colaboradores. §2º O percentual mínimo de mão de obra estabelecido no caput deverá ser mantido durante toda a execução contratual.
§3º As vagas de que trata o *caput*: I - incluem mulheres trans, travestis e outras possibilidades do gênero feminino, nos termos do disposto no art. 5º da Lei nº 11.340, de 2006; e II - *serão destinadas prioritariamente a mulheres pretas e pardas, observada a proporção de pessoas pretas e pardas na unidade da federação onde ocorrer a prestação do serviço, de acordo com o último censo demográfico do Instituto Brasileiro de Geografia e Estatística — IBGE*. §4º A indisponibilidade de mão de obra com a qualificação necessária para atendimento do objeto contratual não caracteriza descumprimento do disposto no *caput*.

Quanto à perspectiva da *dimensão jurídico-política da* sustentabilidade,[33] as previsões normativas deverão ser concretizadas mediante políticas públicas e também sopesadas em todas as contratações de serviços, nos termos constitucionais e da Lei de Licitações. As margens de discricionariedade concedida aos administradores deverão ser recebidas com parcimônia e estar em consonância com a Constituição Federal. Sobre o tema, relevantes as considerações de Madeline Rocha Furtado no sentido de que os dispositivos estão desprovidos de procedimentos objetivos, mostrando-se "insuficientes para alavancar o programa de incentivos". A autora complementa que o disposto no art. 3º, §4º, do Decreto Federal nº 11.430/23, que possibilita o descumprimento da regra no caso de indisponibilidade dessa mão de obra, "deixa uma grande margem de discricionariedade na busca da efetiva implementação".[34] Nessa seara, será bastante relevante o controle externo a ser realizado, sempre com respeito ao princípio da deferência, é claro.

Sob as perspectivas dos objetivos de desenvolvimento sustentável da Agenda da ONU para 2030, os temas em estudo têm conexão com a lógica de o *ODS 12* (licitações e contratações sustentáveis) também estar *a serviço do ODS 5* (maior equidade de gêneros), do *ODS 10* (redução das desigualdades), todos da Agenda da ONU/2030, em breve, possivelmente, acrescidos do *ODS 18 (igualdade étnico-racial)*.[35]

Especificamente quanto à perspectiva da presente análise – o ODS 12 a serviço do ODS 5 da Agenda da ONU/2030 –, que possivelmente serviu de inspiração ao legislador pátrio, cumpre ser mencionada a prática inaugurada pelo setor administrativo do Senado Federal, desde o Ato da Comissão Diretora nº 4, de 2016, que instaurou o

---

Também um dos critérios de desempate nos processos licitatórios encontra-se detalhado no art. 5º (nos termos do disposto no inciso III do *caput* do art. 60 da Lei nº 14.133/2021): "§1º (...) ações de equidade, respeitada a seguinte ordem: I — medidas de inserção, de participação e de ascensão profissional igualitária entre mulheres e homens, incluída a proporção de mulheres em cargos de direção do licitante; II — ações de promoção da igualdade de oportunidades e de tratamento entre mulheres e homens (...); III — igualdade de remuneração e paridade salarial entre mulheres e homens; IV — *práticas de prevenção e de enfrentamento do assédio moral e sexual*; V — *programas destinados à equidade de gênero e de raça*; e VI — ações em saúde e segurança do trabalho que considerem as diferenças entre os gêneros."

Tendo-se o devido cuidado quanto à proteção dos dados das vitimas de violência de gênero no art. 6º do Decreto nº 11.430: "A administração e a empresa contratada, nos termos do disposto na Lei nº 13.709, de 14 de agosto de 2018, assegurarão o sigilo da condição de vítima de violência (...)." Assim como no art. 7º: "É vedado o tratamento discriminatório à mulher vítima de violência doméstica integrante da mão de obra alocada na prestação de serviços contínuos com regime de dedicação exclusiva de mão de obra de que trata este Decreto.

[32] Como por exemplo, a Lei nº 15.988, de 07 de agosto de 2023, do Estado do Rio Grande do Sul, que consolida a legislação relativa às mulheres vítimas de violência RS. Informação, diagnóstico, definição de objetivos, metas e instrumentos de execução e avaliação que consubstanciam, organizam e integram o planejamento e as ações das Políticas Públicas Estaduais de Atendimento Integrado, Imediato, de Urgência e de Emergência, às Mulheres em Situação de Violência Física, Sexual e Psíquica.

[33] FREITAS, Juarez. *Sustentabilidade*: direito ao futuro. 4. ed. Belo Horizonte: Fórum, 2019, capítulo 2, p. 64 e ss.

[34] FURTADO, Madeline Rocha. *ESG – Sustentabilidade ambiental, social, governança e a Lei de Licitações e contratos*: onde estamos? Zênite Fácil, categoria Doutrina, 20 set. 2023. Disponível em: https://zenite.blog.br/wp-content/uploads/2023/09/esg-sustentabilidade-na-14133-madelinerochafurtado.pdf. Acesso em: 20 set. 2023.

[35] Sobre o ODS 18 proposto recentemente para igualdade étnico-racial, em dezembro de 2023 foi instituída a Comissão Nacional dos ODS (Decreto nº 11.704/2023), com formação paritária – 84 membros, sendo metade composta por representantes de governo e metade, da sociedade civil. Com a reinstalação da CNODS, foi criada a Câmara Temática para o ODS 18 (Resolução nº 2/2023), a fim de dar continuidade às discussões sobre o ODS 18 e apresentar um Plano de Trabalho referente a um ODS para igualdade étnico-racial. Vide: https://www.gov.br/igualdaderacial/pt-br/assuntos/ods18. Acesso em: 30 jun. 2024. Uma das metas em desenvolvimento é de "assegurar moradias adequadas, seguras e sustentáveis aos povos indígenas e afrodescendentes, incluindo comunidades tradicionais, favelas e comunidades urbanas, com garantia de equipamentos e serviços públicos de qualidade, com especial atenção à população em situação de rua". Disponível em: https://www.gov.br/igualdaderacial/pt-br/assuntos/ods18/metas-preliminares. Acesso em: 30 jun. 2024.

"Programa de Assistência a Mulheres em Situação de Vulnerabilidade Econômica em Decorrência de Violência Doméstica e Familiar", mediante a reserva de 2% das vagas para mulheres atendidas nas condições do programa, cumpridos requisitos básicos e mantido o sigilo da identidade das trabalhadoras assim contratadas. Também aderiram ao Programa instituições como o BNDES, a Fiocruz e a Câmara dos Deputados, o Banco do Brasil e a Prefeitura do Município de Guarulhos,[36] rol que tende a ser ampliado e merece toda a atenção dos demais gestores.[37] Somada à noção de *dever legal e constitucional*, tese sustentada ao longo das presentes reflexões, é importante que todos os gestores e servidores públicos responsáveis pelas contratações públicas tenham em mente que a contratação de um percentual de mão de obra de vítimas de violência de gênero, além dos vários direitos fundamentais a serem tutelados, poderá inclusive ter o condão de salvar vidas, propiciar uma maior equidade de gênero e também equidade intragênero, esta em sintonia com o princípio da interseccionalidade (ponto a ser aprimorado).

No tópico a seguir serão desenvolvidas as possibilidades de atuações dos tribunais de contas na averiguação de políticas públicas para uma maior equidade de gênero e intragênero, neste estudo com ênfase nas contratações públicas de serviços.

5 Fiscalização de políticas públicas inclusivas pelos Tribunais *para além* de Contas

Os tribunais de contas, por intermédio de suas associações da rede de controle externo, têm recebido recomendações para atuações atentas ao cumprimento de deveres constitucionais e legais que visam a tutelar uma maior equidade de gênero e intragênero. Paralelamente, deverão ser ampliadas suas atuações no âmbito interno, nas conexões consensuais e pedagógicas com os demais atores institucionais, bem como mediante interações em rede (*v.g.* auditorias coordenadas e/ou temáticas, nacionais e também internacionais).

A Associação dos Membros dos Tribunais de Contas do Brasil (ATRICON) expediu notas recomendatórias, tanto para uma maior equidade de gênero como para uma maior equidade racial, que deverão ser desenvolvidas em conexão para que o princípio da interseccionalidade seja concretizado com maior amplitude.

A *Nota Recomendatória Atricon nº 04/2022*, considerando as medidas propostas pelo Grupo de Trabalho para promoção da igualdade de gênero, fomenta a adoção de instrumentos de ampliação da participação feminina, notadamente em cargos de liderança no âmbito do controle externo, mediante alinhamento aos 17 Objetivos de Desenvolvimento Sustentável (ODS) estabelecidos pela Organização das Nações Unidas (ONU) na Agenda 2030, notadamente a melhoria da condição feminina, tanto por meio do emprego pleno e igualdade de remunerações às mulheres (ODS 8) quanto pela garantia da participação delas em papéis de liderança (ODS 5). Adicionalmente,

---

[36] Sobre o tema: CUNDA, Daniela Zago Gonçalves da; RAMOS, L. A.; BLIACHERIENE, Ana Carla. Contratações públicas como instrumento de concretização do dever de sustentabilidade e dos ODS 05 e 12 da Agenda da ONU para 2030: a contratação de vítimas de violência de gênero como uma boa prática a ser ampliada. In: *Controle Externo e as mutações do Direito Público: Licitações e Contratos* – Estudos de ministros e conselheiros substitutos dos tribunais de contas. 1. ed. Belo Horizonte: Fórum, 2023, v.1, p. 91-119.

[37] Conforme informações obtidas junto às referidas instituições e sintetizadas no seguinte site: https://www.wald.com.br/licitacao-tem-genero-as-regras-da-nova-lei/. Acesso em: 14 maio 2022.

recomenda-se a atenção para o combate às desigualdades sociais no Brasil, mediante maior igualdade material entre homens e mulheres, o que pressupõe maior presença das mulheres na esfera pública, igualdade de oportunidades e superação dos preconceitos e discriminações ainda existentes, mediante a utilização de ações de capacitação, iniciativas e regulações voltadas à promoção da igualdade de gênero nos órgãos de controle e a necessidade de fiscalização dessas políticas. Constam como ações a serem tomadas a promoção de campanhas de sensibilização e ações preventivas sobre assédios moral e sexual no âmbito dos tribunais de contas e dos entes da Administração Pública; incentivos às iniciativas que viabilizem a flexibilização na jornada de trabalho com compensação para mulheres que são mães; estímulo à publicação de artigos e informações sobre a temática; condições de proporcionalidade para a participação de mulheres nos eventos realizados no âmbito do controle externo; e atuação preventiva e pedagógica em relação a todas as formas de discriminação relacionadas a gênero (e raça, acrescenta-se).

Outras notas recomendatórias que poderão servir de suporte às diretrizes anteriores diretamente interligadas ao tema em estudo:

- *Nota Recomendatória Atricon nº 01/2024* relativamente à difusão dos direitos fundamentais e dos direitos humanos, considerando a Lei Federal nº 14.583, de 16 de maio de 2023, que torna obrigatória, por parte dos órgãos públicos, a difusão dos direitos fundamentais e dos direitos humanos, especialmente os concernentes à *proteção de mulheres*, crianças e adolescentes e idosos. Nos considerandos também constam a Convenção sobre a Eliminação de Todas as Formas de Discriminação contra a Mulher e a Convenção Interamericana para Prevenir, Punir e *Erradicar a Violência contra a Mulher*, ressaltando-se a importância de normas afirmativas, bem como da conscientização da sociedade acerca da existência de normas protetivas de direitos humanos e fundamentais.[38]
- *Nota Recomendatória Atricon nº 05/2023* Recomendação aos Tribunais de Contas brasileiros para que adotem mecanismos de participação da sociedade no âmbito da sua atuação;[39]

Merecem destaque também as seguintes Portarias da ATRICON:

- Portaria nº 19, de 23 de julho de 2024, que designa Grupo de Trabalho Permanente com o objetivo de sugerir e fomentar a adoção de medidas para a promoção da *igualdade de gênero* no âmbito do Sistema Tribunais de Contas do Brasil e subsidiar ações de controle das políticas públicas nessa área.[40]

---

[38] Objetivamente, recomenda-se aos Tribunais de Contas brasileiros que: 1) promovam, com a utilização ações de orientação e de comunicação que difundam, o conhecimento dos direitos fundamentais e dos direitos humanos, especialmente os concernentes a mulheres, crianças, adolescentes e idosos; 2) façam constar, em campo destacado nos seus portais e em outros espaços de comunicação (interna e social), dispositivos constitucionais e legais e outros textos que consagrem os direitos fundamentais e os direitos humanos referidos na presente nota; 3) divulguem programas, obras, serviços e campanhas; 4) desenvolvam formações continuadas de servidores públicos, conteúdos referentes aos direitos fundamentais e aos direitos humanos, com ênfase na proteção das mulheres, das crianças, dos adolescentes, das pessoas idosas e de grupos socialmente vulneráveis; 5) orientem os gestores dos entes jurisdicionados no sentido de adotarem, nas respectivas esferas, as medidas indicadas nesta nota recomendatória. Disponível em: https://atricon.org.br/wp-content/uploads/2024/02/Nota-Recomendatoria-Atricon-no-01-2024-Direitos-Fundamentais-e-Direitos-Humanos.pdf. Acesso em: 24 abr. 2024.

[39] Disponível em: https://atricon.org.br/wp-content/uploads/2023/10/Nota-Recomendatoria-no-05-2023-Participacao-Cidada.pdf. Acesso em: 24 abr. 2024.

[40] Disponível em: https://atricon.org.br/wp-content/uploads/2024/07/Portaria-no-19-2024-Grupo-de-Trabalho-Permanente-para-a-Promocao-da-Igualdade-de-Genero.docx-1.pdf. Acesso em: 24 abr. 2024.

- Portaria nº 07, de 6 de fevereiro de 2024, que designa Grupo de Trabalho com o objetivo de analisar e desenvolver propostas voltadas à ampliação do número de Tribunais de Contas que adotam o *sistema de cotas em seus concursos públicos*.[41]

Depreende-se que nas leituras das notas recomendatórias ao sistema de controle externo, assim como a atuação dos grupos de trabalho mencionados, em conjunto com os demais interligados a uma maior equidade de gênero e intragênero, poderão ser albergadas as medidas necessárias para o mais amplo cumprimento das diretrizes legais e constitucionais em estudo, ensejando-se aprimoramentos quanto à necessária interseccionalidade, ou seja, um olhar conjunto para uma maior equidade de gênero e raças, com atenção especial às mulheres negras e pardas.

Encontra-se em processo de aprovação junto ao Instituto Brasileiro de Direito Administrativo enunciado relacionado à Nova Lei de Licitações, que endossa a tese sustentada no presente estudo: *Os tribunais de contas, mediante indução e fiscalização, poderão atuar para que as licitações e contratações contribuam para a equidade de gêneros, conforme a leitura conjunta do inc. III do art. 60 e inc. I do §9º do art. 25 da Lei de Licitações.*[42] Trata-se de inegável possibilidade de concretização da dimensão social da sustentabilidade, um dos princípios e objetivos dos certames licitatórios (art. 5º e inc. IV do art. 11 da Lei nº 14.133/2021), sempre com o necessário zelo não somente quanto a uma maior equidade de gênero, mas também intragênero, nos termos delineados no princípio da interseccionalidade antes tratado.

Primordial também a divulgação dos dados, mediante publicização, com as devidas cautelas da LGPD (art. 6º do referido decreto e também da Lei nº 13.709/21) e transparência para fins de controle social (*v.g.* a criação de aba específica pelo Sistema Licitacon do TCE/RS atendendo recomendação da Comissão Permanente de Sustentabilidade do TCE/RS), site onde constam compiladas todas as licitações e contratações realizadas pelos jurisdicionados do TCE/RS sendo passíveis de averiguação as contratações de vítimas de violência de gênero.[43]

Tecidas algumas possibilidades de atuações, boas práticas já em andamento, com considerações de aprimoramentos, passa-se às considerações finais, retomando-se os questionamentos propostos na apresentação.

Considerações finais

Na Administração Pública, os timbres costumeiramente femininos ainda não têm o mesmo lugar de fala dos timbres mais graves, havendo necessidade de atuações institucionais a fomentar políticas públicas nesse sentido.

Há respaldo normativo e constitucional para tutelar e minimizar as vítimas de violência doméstica, sobretudo as vítimas mulheres negras. No entanto, há, ainda, muitas ações a serem tomadas para contornar os altos índices de violência de gênero e raça.

---

[41] Disponível em: https://atricon.org.br/wp-content/uploads/2024/04/Portaria-no-07-2024-GT-Cotas-Raciais-em-Concurso-Publicos-1.pdf. Acesso em: 24 abr. 2024.

[42] Proposta de enunciados nº 277, que consta no conjunto das propostas aprovadas pelos GTs junto ao Instituto Brasileiro de Direito Administrativo, apresentadas na Jornada de Vitória ocorrida em 07 de novembro de 2024, no Tribunal de Contas do Espírito Santo.

[43] Sobre o Licitacon Cidadão, vide https://portal.tce.rs.gov.br/aplicprod/f?p=50500:1. Acesso em: 15 jul. 2024.

Nos tempos modernos, o Direito Administrativo tem de estar permeável ao *dever constitucional de sustentabilidade*, com metas e objetivos inclusivos com o devido destaque às dimensões social e ética[44] tão bem desenvolvidas na célebre obra do Professor Juarez Freitas, homenageado do presente estudo por suas relevantes pesquisas.

As licitações e contratações públicas, fiscalizadas pelos tribunais de contas, poderão contribuir para a concretização do *dever constitucional de sustentabilidade*, com ênfase na dimensão social, e do Objetivo de Desenvolvimento Sustentável nº 5, interligado ao ODS nº 12, da Agenda 2030 da ONU. A NLL traz duas perspectivas de políticas públicas para uma maior *equidade de gênero*: o §9º do art. 25 da Lei nº 14.133/21 e o inc. III do art. 60 da Lei nº 14.133/21. *Determina-se que o edital da licitação deverá prever percentual mínimo da mão de obra para que seja constituído por mulheres vítimas de violência doméstica*. Também quanto aos critérios de julgamento, dar-se-á *primazia às empresas que promovam ações de equidade de gênero* e programas de integridade, conjuntamente detalhado nos arts. 3º e 5º do Decreto nº 11.430/2023 em vigor desde 30 de março de 2023, devendo, portanto, ser cumprido pelos administradores e monitorado pelos tribunais de contas, com atenção especial ao princípio da interseccionalidade e monitoramento da equidade intragênero.

No transcorrer do estudo, foram apresentadas boas práticas, que inclusive inspiraram o legislador ao inserir os dispositivos em comento na nova Lei de Licitações, assim como também boas práticas recomendadas pela Atricon. Ademais, contextualizando a atuação das Cortes de Contas, destacou-se que o Tribunal de Contas do Estado do Rio Grande do Sul monitora, mediante sistema disponível para o controle social, informações obrigatoriamente fornecidas pelos gestores públicos, ou seja, as licitações e contratações públicas realizadas por seus jurisdicionados. Mais recentemente, por indicação de sua Comissão Permanente de Sustentabilidade, foi criada aba específica, em breve disponível na Internet, para que as contratações de vítimas de violência sejam catalogadas.

Além da questão de equidade de gênero, a questão racial e suas interseccionalidades, como o racismo estrutural, o colorismo, a violência e a representatividade necessitam estar em pauta no Direito Administrativo (em teoria) e na atuação diária dos Administradores Públicos (na prática), incluindo as licitações e contratações públicas (sempre que possível), todos, em conexão, aprimorando as temáticas interligadas aos *avessos da pele* e gênero.

Referências

ALMEIDA, Silvio. *O que é racismo estrutural?* Belo Horizonte: Letramento, 2018.

AKOTIRENE, Carla. *Interseccionalidade*. São Paulo: Sueli Carneiro. Pólen, 2019.

BERTH, Joice. *Empoderamento*. São Paulo: Sueli Carneiro. Pólen, 2019.

BRASIL. *Lei nº 11.340, de 7 de agosto de 2006*. Cria mecanismos para coibir a violência doméstica e familiar contra a mulher, nos termos do § 8º do art. 226 da Constituição Federal, da Convenção sobre a Eliminação de Todas as Formas de Discriminação contra as Mulheres e da Convenção Interamericana para Prevenir, Punir e Erradicar a Violência contra a Mulher; dispõe sobre a criação dos Juizados de Violência Doméstica e Familiar contra a Mulher; altera o Código de Processo Penal, o Código Penal e a Lei de Execução Penal; e dá outras providências. Disponível em: http://www.planalto.gov.br/ccivil_03/_ato2004-2006/2006/lei/l11340.htm. Acesso em: 22 abr. 2024.

---

[44] Sobre o tema, vide também: VILLAC, Teresa. *Sustentabilidade e contratações públicas no Brasil*: Direito, Ética Ambiental e Desenvolvimento. Tese de Doutorado, Instituto de Energia e Ambiente, Universidade de São Paulo, São Paulo. 2017.

BRASIL. *Lei nº 13.104, de 9 de março de 2015*. Altera o art. 121 do Decreto-Lei nº 2.848, de 7 de dezembro de 1940 — Código Penal, para prever o feminicídio como circunstância qualificadora do crime de homicídio, e o art. 1º da Lei nº 8.072, de 25 de julho de 1990, para incluir o feminicídio no rol dos crimes hediondos. Disponível em: https://www.planalto.gov.br/ccivil_03/_ato2015-2018/2015/lei/l13104.htm. Acesso em: 22 abr. 2024.

CARNEIRO, Suelaine. *Mulheres Negras e Violência Doméstica*: decodificando os números. 1 ed. São Paulo: Geledés Instituto da Mulher Negra, 2017. Disponível em: chrome-extension://efaidnbmnnnibpcajpcglclefindmkaj/https://www.geledes.org.br/wp-content/uploads/2017/03/e-BOOK-MULHERES-NEGRAS-e-VIOL%C3%8ANCIA-DOM%C3%89STICA-decodifancando-os-n%C3%BAmeros-isbn.pdf. Acesso em: 22 abr. 2024.

CARNEIRO, Sueli. *Enegrecer o feminismo*: a situação da mulher negra na América Latina a partir de uma perspectiva de gênero. *In*: Ashoka Empreendimentos Sociais; Takano Cidadania. *Racismos contemporâneos*. Rio de Janeiro: Takano, 2003. Coleção Valores e Atitudes. Disponível em: chrome-extension://efaidnbmnnnibpcajpcglclefindmkaj/https://www.patriciamagno.com.br/wp-content/uploads/2021/04/CARNEIRO-2013-Enegrecer-o-feminismo.pdf. Acesso em: 23 abr. 2024.

CRENSHAW, Kimberle. *Demarginalizing the Intersection of Race and Sex: A Black Feminist Critique of Antidiscrimination Doctrine, Feminist Theory and Antiracist Politics.* The University of Chicago Legal Forum, 1989, p. 139-167.

CUNDA, Daniela Zago G. da; ROSARIO, A. C. T. *Sub-representação feminina na música*. PER MUSI (UFMG), v. 42, p. 1-20, 2022. Disponível no seguinte site: https://periodicos.ufmg.br/index.php/permusi/article/view/36925. Acesso em: 15 jul. 2024.

CUNDA, Daniela Zago Gonçalves da. Controle de Sustentabilidade (T)Ec(n)ológico pelos Tribunais de Contas do Brasil e da Espanha e um breve diálogo com Cervantes. *In*: SÁNCHEZ BRAVO, Álvaro; DA CAMINO, Geraldo (org.). *Intellegentiae Artificiales, Imperium et Civitatem*. 1. ed. Madrid: Alma Mater, 2023, v. 1, p. 121-140.

CUNDA, Daniela Zago Gonçalves da; RAMOS, Letícia Ayres; BLIACHERIENE, Ana Carla. Contratações públicas como instrumento de concretização do dever de sustentabilidade e dos ODS 05 e 12 da Agenda da ONU para 2030: a contratação de vítimas de violência de gênero como uma boa prática a ser ampliada. *In*: *Controle Externo e as mutações do Direito Público*: Licitações e Contratos – Estudos de ministros e conselheiros substitutos dos tribunais de contas. 1. ed. Belo Horizonte: Fórum, 2023, v. 1, p. 91-119.

DAVIS, Angela. *Mulheres, raça e classe*. São Paulo: Boitempo, 2016.

FREITAS, Juarez. *A Interpretação Sistemática do Direito*. 5. ed. São Paulo: Malheiros, 2010.

FREITAS, Juarez. *Sustentabilidade*: direito ao futuro. 4. ed. Belo Horizonte: Fórum, 2019.

FINCATO, Denise. *A pesquisa jurídica sem mistérios*: do projeto de pesquisa à banca. 2. ed. rev. e ampl. Porto Alegre: Sapiens, 2014.

FURTADO, Madeline Rocha. *ESG – Sustentabilidade ambiental, social, governança e a Lei de Licitações e contratos: onde estamos?* Zênite Fácil, categoria Doutrina, 20 set. 2023. Disponível em: https://zenite.blog.br/wp-content/uploads/2023/09/esg-sustentabilidade-na-14133-madelinerochafurtado.pdf. Acesso em: 20 set. 2023.

GONÇALVES, Fábio dos Santos. *A política da morte*: questão racial e segurança pública no Brasil recente. Andradina: Meraki, 2021a.

GONÇALVES, Fábio dos Santos. *Iguais por direito?* Desigualdade, reparação social e sub-representatividade negra no Brasil recente. Andradina: Meraki, 2021b.

GONZALEZ, Lélia. *Por um feminismo afro-latino-americano*: ensaios, intervenções e diálogos. 1 ed. Rio de Janeiro: Zahar, 2020.

LUZ, Renata Tuti Losso; BERNARDES, Marcia Nina. *O acesso à Justiça por mulheres brancas e não brancas*: uma análise acerca do despreparo do judiciário brasileiro no combate à violência doméstica e silenciamento das vozes negras. XXVII Seminário de iniciação científica e tecnológica da PUC-RIO. Rio de Janeiro, 2019. Disponível em: chrome-extension://efaidnbmnnnibpcajpcglclefindmkaj/https://www.puc-rio.br/ensinopesq/ccpg/pibic/relatorio_resumo2019/download/relatorios/CCS/DIR/DIR-Renata%20Tuti%20Losso%20Luz.pdf. Acesso em: 27 abr. 2024.

MELO, Anastácia; BONFIM, Daiesse Quênia Jaala Santos. *Mulheres, vulnerabilidades e poder regulatório das contratações públicas*. 2024. Disponível em: https://www.conjur.com.br/2024-mar-12/mulheres-vulnerabilidades-e-o-poder-regulatorio-das-contratacoes-publicas/. Acesso em: 12 mar. 2024.

MEZZAROBA, Orides; MONTEIRO, Cláudia Servilha. *Manual de metodologia da pesquisa no direito*. 6. ed. São Paulo: Saraiva, 2014.

NASCIMENTO, Abdias. *O genocídio do negro brasileiro*: processo de um racismo mascarado. 3. ed. São Paulo: Perspectivas, 2016.

OLIVEIRA. Denis da. *Racismo estrutural*: uma perspectiva histórico-crítica. 1. ed. São Paulo: Editora Dandara, 2021.

PACHÁ, Andréa; PIEDADE, Vilma. *Sobre feminismos*. 1. ed. Rio de Janeiro: Agir, 2021.

PASSOS, Kennya Regyna Mesquita; SAUAIA, Artenira da Silva e Silva. A violência simbólica no Poder Judiciário: desafios à efetividade da Lei Maria da Penha. *Revista da Faculdade de Direito da UFRGS*, Porto Alegre, n. 35, p. 137-154, dez. 2016. Disponível em: https://seer.ufrgs.br/index.php/revfacdir/article/view/67560/39971. Acesso em: 27 abr. 2024.

QUIJANO, A. *A colonialidade do saber*: eurocentrismo e ciências sociais. Perspectivas latino-americanas. Buenos Aires: Clacso, 2005.

RIBEIRO, Djamila. *Quem tem medo do feminismo negro?* 1. ed. São Paulo: Companhia das Letras, 2018.

ROMIO, J. A. F. A vitimização de mulheres por agressão física, segundo raça/cor no Brasil. In: MARCONDES, M. M.; PINHEIRO, L.; QUEIROZ, C.; QUERINO, A. C.; VALVERDE, D. (org.). *Dossiê Mulheres Negras*: retrato das condições de vida das mulheres negras no Brasil. Brasília: Ipea, 2013, p. 133-158.

SOUZA, Neusa Santos. *Tornar-se negro*. 1. ed. Rio de Janeiro: Zahar, 2021.

TENÓRIO, Jeferson. *O Avesso da Pele*. São Paulo: Companhia das Letras, 2020.

VILLAC, Teresa. *Sustentabilidade e contratações públicas no Brasil*: Direito, Ética Ambiental e Desenvolvimento. Tese de Doutorado, Instituto de Energia e Ambiente, Universidade de São Paulo, São Paulo. 2017.

Informação bibliográfica deste livro, conforme a NBR 6023:2018 da Associação Brasileira de Normas Técnicas (ABNT):

CUNDA, Daniela Zago G. da; PADILHA, Letícia Marques. Sustentabilidade e Direito Administrativo de vários timbres e cores: licitações sustentáveis a promoverem a dimensão social e ética e políticas públicas para uma maior equidade de gênero e intragênero. *In*: PASQUALINI, Alexandre; CUNDA, Daniela Zago Gonçalves da; RAMOS, Rafael (coord.). *Direito, sustentabilidade e inovação*: estudos em homenagem ao professor Juarez Freitas. Belo Horizonte: Fórum, 2025. p. 169-184. ISBN 978-65-5518-957-5.

A ANÁLISE ECONÔMICA DO DIREITO COMO INSTRUMENTO DE VALORAÇÃO DO MEIO AMBIENTE NO ORDENAMENTO JURÍDICO BRASILEIRO[1]

DENISE SCHMITT SIQUEIRA GARCIA
HELOISE SIQUEIRA GARCIA
EDUARDO LUIZ SOLETTI PSCHEIDT

Introdução

A relação do ser humano com o meio ambiente durante milhares de anos foi pautada pelo uso descontrolado dos recursos naturais, situação que passou a ser repensada em todo o mundo a partir da década de 1970, com as comissões das Nações Unidas para a discussão do meio ambiente, em especial, dentro da discussão abordada na obra *Os Limites do Crescimento*, publicada pelo Clube de Roma e a Conferência de Estocolmo de 1972.

A partir desta racionalização da importância do meio ambiente e da conscientização da escassez dos recursos naturais, urgiu a discussão acerca da valoração do meio ambiente, uma vez que o sistema capitalista tem em sua estrutura precípua a quantificação monetária em objetos e serviços que pode vir a ter algum valor para o indivíduo ou a sociedade.

---

[1] O presente trabalho foi realizado com o apoio da Coordenação de Aperfeiçoamento de Pessoal de Nível Superior - Brasil (CAPES) - Código de Financiamento 001, por meio do Programa de Excelência Acadêmica (Proex) e está vinculado à linha e projeto de pesquisa Direito Ambiental, Transnacionalidade e Sustentabilidade do PPCJ/Univali.

Não há como negar, a partir disso, a relação estreita entre a Economia e o Direito Ambiental, pois a interferência de um no outro é inclusive prevista na Constituição Federal de 1988, porém não se pode ignorar também o dilema entre o crescimento econômico e a preservação do meio ambiente, que por vezes ainda divide as discussões entre extremistas ideológicos.

Evitando extremos e buscando a superação de preconceitos que possam levar a discussão a um naufrágio intelectual, o presente artigo realiza o esforço científico de buscar na Análise Econômica do Direito bases para auxiliar na valoração do meio ambiente, posto que tanto o crescimento econômico quanto a preservação dos recursos naturais são essenciais para o desenvolvimento, e a aliança destes encontrará o desenvolvimento sustentável.

Assim o artigo foi construído com o objetivo geral de analisar a viabilidade da utilização da Análise Econômica do Direito como instrumento de valoração do meio ambiente no ordenamento jurídico brasileiro, e nos objetivos específicos a conceituação da Análise Econômica do Direito, a identificação da relação entre o meio ambiente e a economia e o estabelecimento de bases para a valoração do meio ambiente no ordenamento jurídico brasileiro.

Formulou-se para tanto o problema de pesquisa: "é viável a utilização da Análise Econômica do Direito como um instrumento de valoração do meio ambiente dentro do ordenamento jurídico brasileiro?", tomando como hipótese que a Análise Econômica do Direito fornece bases importantes para a valoração econômica do meio ambiente, como a maximização da eficiência do uso dos recursos em busca de um desenvolvimento que seja efetivamente sustentável.

Quanto à metodologia empregada, registra-se que, na fase de investigação, foi utilizado o método indutivo; na fase de tratamento de dados, o método cartesiano; e o relatório dos resultados expresso na presente pesquisa é composto na base lógica indutiva, utilizando-se para isso as técnicas do referente, da categoria, do conceito operacional e da pesquisa bibliográfica.

1 Análise Econômica do Direito

A Economia sempre teve influência na sociedade e na história, ainda em épocas rudimentares, todavia, é certo que o desenvolvimento da sociedade para os níveis industriais e o início do desenvolvimento da ciência econômica como um ramo autônomo do conhecimento trouxeram as influências para um nível que transcende as relações comerciais básicas para a inter-relação com outras ciências, o que não poderia ser diferente com a ciência jurídica, que vem tendo novos olhares de enfoque de estudo com a Análise Econômica do Direito (AED).

Deve-se compreender inicialmente que a Economia vem do termo grego *oikonomos*, o que pode ser traduzido para "aquele que administra o lar", e quando transpassada para a sociedade trabalha com a forma como se devem ser tomadas as decisões do grupo social, sobretudo considerando que esta gestão de recursos é essencial, na medida em que são escassos.[2]

---

[2] MANKIW, N. Gregory. *Introdução à economia*. 3. ed. São Paulo: Cengage Learning, 2016. p. 4.

No desenvolver do capitalismo, juntamente com a formação de um sistema estruturado em economia de mercado de livre concorrência, o estudo da ciência econômica trouxe ao Direito um instrumento metodológico capaz de delimitar e orientar as políticas econômicas, elucidando a realidade social e auxiliando o Estado a tomar decisões baseadas no *justo social* para a conservação das políticas públicas.[3]

O Estado passa a atuar na economia como um planejador central, alocando recursos e tomando decisões *tradeoffs*[4] para a administração da população, como, por exemplo, em determinadas situações a redução da taxa de desemprego é obtida por meio do aumento da taxa de inflação, resultando em um *tradeoff* entre inflação e desemprego.[5]

Afirma-se ainda que o fator econômico constitui uma força geradora de novas formas jurídicas, havendo inclusive um processo de interação dialética entre o econômico e o jurídico, porém não se pode confundir a relação da análise dos aspectos econômicos com uma "economização do Direito", como já quis transformar o pensamento fundacional do *law and economics*.

Com esta razão, é claro que critérios político-econômicos podem interferir de modo decisivo em questões de aparência meramente jurídica, onde nascem os estudos da Análise Econômica do Direito como um constante esforço na melhoria da organização e planejamento da economia, instrumentalizando a ordem econômica e o mercado, não com a conversão de instituições jurídicas em instituições econômicas, mas tão somente dando inter-relação entre o pensamento jurídico e o econômico.

Não se pode exigir que o mercado tenha uma visão estritamente social, pois a sua visão é preponderantemente de vantagem individual própria (lucro). Sem este *anima* não há mercado. Porém, não é a soma das vontades individuais que forma a vontade coletiva. São necessários instrumentos que resguardem e promovam uma atitude social.

Para Gonçalves e Stelzer, a partir desta atuação conjunta, o Direito passou de um controlador social para um legítimo estimulador e indicador da atividade econômica, por meio de normas e objetivos desenvolvimentistas nacionais, superando os modelos jurídicos clássicos e resultando em um aperfeiçoamento das novas realidades e demandas da sociedade moderna, sobretudo após a Primeira Guerra Mundial.[6]

A linha de raciocínio *law and economics* nasceu e foi inicialmente difundida nos Estados Unidos da América, tendo como objetivo o estudo interdisciplinar do Direito, combinando a ciência jurídica com a ciência econômica, sendo considerado um sucessor natural do racionalismo jurídico e da corrente de pensamento da ética utilitarista de Jeremy Bentham, na medida em que Posner também reconhece que indivíduos são maximizadores racionais de utilidade e emprega a riqueza – no sentido de valor econômico – como uma medida de utilidade para a maximização do "custo-benefício" do direito.[7]

---

[3] GONÇALVES, Everton das Neves; STELZER, Joana. Eficiência e Direito: pecado ou virtude; uma incursão pela análise econômica do direito. *Revista Jurídica*, Curitiba, v. 28, n. 1, p. 77-122, jun. 2012. p. 83-84. Disponível em: http://revista.unicuritiba.edu.br/index.php/RevJur/article/view/412/317. Acesso em: 9 jan. 2023.

[4] Na Economia, *tradeoffs* são decisões de escolha conflitante, ou seja, quando uma ação econômica que visa a redução de determinado problema acarreta inevitavelmente o surgimento de outros problemas.

[5] MANKIW, N. Gregory. *Introdução à economia*. 3. ed. São Paulo: Cengage Learning, 2016. p. 4.

[6] GONÇALVES, Everton das Neves; STELZER, Joana. Eficiência e Direito: pecado ou virtude; uma incursão pela análise econômica do direito. *Revista Jurídica*, Curitiba, v. 28, n. 1, p. 77-122, jun. 2012. p. 84. Disponível em: http://revista.unicuritiba.edu.br/index.php/RevJur/article/view/412/317. Acesso em: 9 jan. 2023.

[7] GRECHENIG, Kristoffel; GELTER, Martin. *A divergência transatlântica no pensamento jurídico*: o direito e economia norte-americano vs o doutrinalismo alemão, p. 356-357. In: *Direito e Economia*: textos escolhidos. SALAMA, Bruno Meyer (org.). São Paulo: Saraiva, 2010.

Convenciona-se ainda dividir a Análise Econômica do Direito em duas dimensões, a primeira sendo uma dimensão positiva, que se ocupa das repercussões do Direito sobre o mundo real dos fatos e as implicações econômicas, e a dimensão normativa, que se ocupa de estudar se, e como, noções de justiça se comunicam com os conceitos de eficiência econômica, maximização da riqueza e do bem-estar[8] (nota-se aqui a grande influência utilitarista).

O principal argumento utilizado para a necessidade de aplicação das teorias econômicas ao Direito, sobretudo no que tange ao Direito Ambiental, é a escassez, vez que se vive em um mundo com recursos escassos e a Economia tem em sua função precípua o tratamento desta escassez para a maximização da eficiência destes recursos.

Agora, a grande discussão acerca da aplicabilidade da Análise Econômica do Direito é a reflexão acerca da eficiência, ou a ausência de desperdício, em face ao efetivo alcance do conceito de justo no Direito, porém, ao contrário do que pode parecer à cognição sumária, nem sempre a maximização da riqueza está efetivamente relacionada com o alcance da justiça, pois o Direito enquanto ciência normativa nem sempre deve integrar cálculos de custo-benefício.[9]

Sendo a ignorância aos conceitos dogmáticos de "justiça" de onde provêm as maiores críticas à Análise Econômica do Direito, Posner defende que o conceito se aproxima do equivalente ao grau da equidade econômica e, assim, introduziria a ideia de eficiência ao senso de justiça,[10] porém, deve-se ter em mente que este pensamento coloca apenas a compreensão de que a maximização de riqueza representa um valor, ao lado de outros, que formam a concepção geral de justiça.

Um grande exemplo do problema relacionado ao custo-benefício do Direito é a relação entre a eficiência e a igualdade:

> Eficiência significa que a sociedade está obtendo o máximo que pode de seus recursos escassos. Igualdade significa que os benefícios advindos desses recursos estão sendo distribuídos de maneira uniforme entre os membros da sociedade. Em outras palavras, a eficiência se refere ao tamanho do bolo econômico e a igualdade, à maneira como o bolo é dividido em partes iguais.[11]

Juarez Freitas, seguindo a mesma linha de raciocínio, quando trata da dimensão econômica da sustentabilidade, e, portanto, ainda que indiretamente, da relação entre economia e meio ambiente, defende o argumento de que ela evoca uma ponderação necessária entre eficiência e equidade, ou seja, um sopesamento fundamentado das externalidades (custos diretos e indiretos) e dos benefícios de todos os empreendimentos, sejam eles públicos ou privados.[12]

Aqui surgem os dilemas acerca da relação da Análise Econômica com o Direito, na medida em que iniciam-se as discussões acerca do alcance da justiça a partir do Direito e como a Economia interfere nestas escolhas, onde o próprio Posner, já em seu pragmatismo, reconheceu algumas falhas da Economia para uma análise estrita

---

[8] SALAMA, Bruno Meyerhof. *O que é "Direito e Economia"?* Porto Alegre: Livraria do Advogado, 2008, p. 4.
[9] SALAMA, Bruno Meyerhof. *O que é "Direito e Economia"?* Porto Alegre: Livraria do Advogado, 2008, p. 10.
[10] POSNER, Richard. *Economic Analysis of Law.* 3. ed. Boston: Little, Brown and Company, 1986, p. 25.
[11] MANKIW, N. Gregory. *Introdução à economia.* 3. ed. São Paulo: Cengage Learning, 2016. p. 5.
[12] FREITAS, Juarez. *Sustentabilidade*: direito ao futuro. 2. ed. Belo Horizonte: Fórum, 2012. p. 65.

do Direito, já que entende que "em algum momento mesmo o indivíduo fortemente comprometido com a análise econômica do direito terá de tomar uma posição em questões de filosofia política e moral"[13], como quanto a repulsa ao trabalho escravo, à tortura e as discriminações levarão obrigatoriamente o estudioso da Análise Econômica do Direito a encontrar bases outras que não a eficiência para pautar sua defesa à justiça.

Nota-se assim que a evolução da teoria em sua forma fundacional ao pragmatismo trouxe coerência à Análise Econômica do Direito, para que se tenha um vislumbre de sua efetiva aplicação, pois com o pragmatismo postula-se que o Juiz de Direito, ao interpretar a lei, deve considerar as consequências das mais diversas aplicações que o texto permite, defendendo os valores democráticos, a Constituição, a separação dos poderes e, também, a sua análise econômica, porém entende-se que a interpretação do Direito é uma arte e não uma ciência.[14]

Por esta razão, a Análise Econômica do Direito exige do operador do Direito o domínio de categorias essenciais ao exercício da cognição e que podem conter diversidade semântica para as áreas do conhecimento, conceitos como as já abordadas eficiência e igualdade podem ter sentido diverso para a ciência que as analisa e, quando o Direito trabalha com utilidade social, alocação de recursos, formas de fomento e distribuição de recursos, é necessário que o Direito Econômico e a Análise Econômica estejam em singularidade para a realização dos decisórios.

2 Direito Ambiental e Economia

A Constituição Federal de 1988 inovou o ordenamento jurídico brasileiro ao tratar da existência de um novo tipo de bem, que não possui características do bem público e menos ainda de um bem privado, estruturando assim a composição para a tutela dos valores ambientais com características próprias, que transcendem as ideias dos direitos ortodoxos, tornando o meio ambiente então um direito difuso.[15]

Para a compreensão da estruturação do conceito de meio ambiente na Constituição de 1988, Fiorillo considera quatro concepções fundamentais:

> a) de que todos têm direito ao meio ambiente ecologicamente equilibrado; de que ao meio ambiente ecologicamente equilibrado diz respeito à existência de um bem de uso comum do povo e essencial à sadia qualidade de vida, criando em nosso ordenamento o *bem ambiental*; c) de que a Carta Maior determina tanto ao Poder Público como à coletividade o dever de defender o bem ambiental, assim como o dever de preservá-lo; d) de que a defesa e a preservação do bem ambiental estão vinculadas não só às presentes como também às futuras gerações.[16]

Para realizar a normatização dos usos do meio ambiente quando relacionados à economia, há de se considerar dois elementos principais de sua realidade: é necessário considerar o meio ambiente enquanto um elemento essencial ao sistema econômico, sendo utilizada a extração de recursos naturais para a produção de bens de consumo que

---

[13] POSNER, Richard A. *Overcoming Law*, Cambridge, Mass: Harvard University Press, 1995, p. 23.
[14] SALAMA, Bruno Meyerhof. *O que é "Direito e Economia"?* Porto Alegre: Livraria do Advogado, 2008, p. 13.
[15] FIORILLO, Celso Antônio Pacheco. *Curso de Direito Ambiental Brasileiro*. 16. ed. São Paulo: Saraiva Jur, 2015. p. 47.
[16] FIORILLO, Celso Antônio Pacheco. *Curso de Direito Ambiental Brasileiro*. 16. ed. São Paulo: Saraiva Jur, 2015. p. 49.

movem o mercado, porém precisa-se considerar a escassez destes recursos e determinar artificialmente um valor para a conservação destes recursos naturais.[17]

Em se tratando do Direito Ambiental como um ramo autônomo do Direito, e realizando uma atenta observação de suas fontes, sobretudo de sua base principiológica, encontram-se fundamentos econômicos ligados à própria lógica do Direito Ambiental brasileiro. Ainda que a Constituição traga um capítulo exclusivo para tratar do meio ambiente – o artigo 225 –, não se pode negar o quanto este ramo influi na ordem econômica brasileira.[18]

Este argumento é comprovado a partir da leitura da Constituição, que diz que a ordem econômica deve observar "a defesa do meio ambiente, inclusive mediante tratamento diferenciado conforme o impacto ambiental dos produtos e serviços e de seus processos de elaboração", no artigo 170, inciso VII.[19] O que a Constituição visa a partir disso então é o alcance do desenvolvimento sustentável por meio da ordem econômica.

Não poderia ser diferente, na medida em que a própria raiz etimológica das expressões Economia e Ecologia nascem da mesma palavra grega *oikos*, que deve ser entendida como a administração e governo da casa, portanto, a Economia estuda a administração da sociedade enquanto *locus* de transações de bens e serviços, enquanto a Ecologia trata da administração do planeta enquanto local de vida humana.

Pelo ponto de vista da Economia, ela está pautada na lei do mercado, que estabelece os preços entre oferta e procura, onde a qualidade de vida está – supostamente – intimamente ligada ao crescimento econômico, porém esta economia é dependente dos recursos naturais extraídos do meio ambiente, para passarem por transformação em insumos e produtos para o consumo.[20]

Neste sentido, o Direito Ambiental e a Economia acabam por se tornar indissociáveis, vez que a extração de recursos ambientais é imprescindível para o desenvolvimento econômico, e a proteção destes recursos apenas pode ser feita por meio de regulamentação de seu uso e a instrumentalização de incentivos e sanções para a melhor utilização sustentável dos recursos.

É por esta razão que no princípio constitucional da ordem econômica inclui também a defesa do meio ambiente, sendo um princípio constitucional impositivo, assumindo uma feição de diretriz (norma-objetivo) por meio da qual se justifica a sua reivindicação para a realização de políticas públicas, na busca da garantia do desenvolvimento.[21]

Vale ressaltar ainda que o desenvolvimento econômico não é um empecilho ao desenvolvimento sustentável e vice-versa, por mais complexa que possa ser a relação que envolve a escolha por fontes renováveis e eficientes de energia em detrimento de fontes não renováveis, há vislumbres de que o desenvolvimento sustentável com a escolha de novos modos de mercado, como a economia verde, possibilita a manutenção do meio ambiente sem renunciar ao desenvolvimentismo ofertado pelo capitalismo.

---

[17] DERANI, Cristiane. *Direito Ambiental Econômico*. 3. ed. São Paulo: Saraiva. 2008, p. 89.
[18] BRASIL. *Constituição da República Federativa do Brasil de 1988*. Brasília, DF: Presidência da República, [2023]. Disponível em: http://www.planalto.gov.br/ccivil_03/constituicao/constituicao.htm, acesso em: 12 jan. 2023.
[19] BRASIL. *Constituição da República Federativa do Brasil de 1988*. Brasília, DF: Presidência da República, [2023]. Disponível em http://www.planalto.gov.br/ccivil_03/constituicao/constituicao.htm, acesso em: 12 jan. 2023.
[20] SIRVINSKAS, L. P. *Manual de direito ambiental*. 20. ed. São Paulo: Saraiva, 2022. E-book. p. 227-230.
[21] GRAU, Eros Roberto. *A Ordem Econômica na Constituição de 1988*. 12. ed. São Paulo: Malheiros, 2008. p. 251.

Acima de tudo, deve-se considerar que o desenvolvimento não pode ser analisado apenas como crescimento econômico, mas sim sob o ponto de vista cultural, histórico, natural e social,[22] considerando o desenvolvimento sobretudo com a elevação do nível cultural-intelectual comunitário e um processo, ativo, de mudança social, construindo uma sociedade livre, justa, solidária e ecológica, tomando o crescimento econômico como apenas uma parcela do desenvolvimento.[23]

3 A Análise Econômica do Direito como instrumento de valoração do meio ambiente no ordenamento jurídico brasileiro

Estando postos os conceitos gerais acerca da Análise Econômica do Direito e da relação estabelecida entre o Direito Ambiental com a própria construção econômica, colocando-se em evidência para a doutrina a relação da essencialidade dos recursos naturais tanto para a conservação do ecossistema quanto para a construção do crescimento econômico.

Parece bastante claro que o maior empecilho para a distribuição dos recursos naturais se põe na medida da escassez destes recursos e na abordagem de responsabilidade socioambiental de sua extração para a garantia do desenvolvimento sustentável, que assegure os interesses da atual geração sem deixar o bem-estar das futuras gerações em xeque.

Com esta razão, os princípios ligados aos direitos humanos, que também têm em sua base a característica de um direito difuso, e a dignidade da pessoa humana têm importância ímpar para qualquer formação de pensamento que tenha como objetivo a construção de um teorema para a valoração econômica do meio ambiente.

Tendo isto como base, ainda que a extração de recursos naturais pareça essencial para o crescimento econômico, há de se considerar que existem bens que estão acima de qualquer valoração econômica e não apenas devem, mas precisam, ser preservados para a simples manutenção da vida humana.

Esta defesa está intimamente ligada aos conceitos de preço e dignidade de Immanuel Kant:

> No reino dos fins tudo tem um preço ou uma dignidade. Uma coisa que tem um preço pode ser substituída por qualquer outra coisa equivalente; pelo contrário, o que está acima de todo preço e, por conseguinte, o que não admite equivalente, é o que tem uma dignidade.[24]

Pensando nesta distinção entre preço e dignidade firmada por Kant, quando se trata de um bem escasso e não volátil, como é o caso dos recursos ambientais, é necessária a atribuição de uma precificação baseada em fatores diversos da lógica da oferta e procura oferecida comumente pelo mercado em mercadorias de produção.[25]

Existindo este teto limitador à construção da precificação dos recursos naturais e estando posta na existência de um valor moral intrínseco que tem o poder de comprometer

---

[22] GRAU, Eros Roberto. *A Ordem Econômica na Constituição de 1988*. 12. ed. São Paulo: Malheiros, 2008. p. 132.
[23] GRAU, Eros Roberto. *A Ordem Econômica na Constituição de 1988*. 12. ed. São Paulo: Malheiros, 2008. p. 216.
[24] KANT, Immanuel. *Fundamentação da metafísica dos costumes*. São Paulo: L&PM, 2015. p. 39.
[25] SANDEL, Michael J. *O que o dinheiro não compra:* os limites morais do mercado. 15 ed. Rio de Janeiro: Civilização Brasileira, 2021. p. 89.

a dignidade da pessoa humana em caso de corrompimento, é imprescindível reconhecer a importância da valoração econômica ambiental para a formulação de políticas públicas que orientem a preservação do meio ambiente e alinhem o crescimento econômico às bases do desenvolvimento sustentável.

Para tanto, tem-se que a valoração econômica ambiental é uma análise de *tradeoffs*, ou seja, é realizado o exercício de medir o quanto determinado recurso tem capacidade de contribuir para a satisfação das necessidades humanas, gerando bem-estar, levando em conta ainda para a valoração econômica dos recursos naturais e seus serviços ecossistêmicos a adição de seu valor de não uso, com o seu valor de uso, sendo colocada a preservação ambiental (o não uso do bem) como um componente essencial da equação.[26]

Sendo assim, a valoração ambiental econômica passa por uma análise de custo-benefício onde as políticas e projetos envolvendo recursos naturais adotam um componente intergeracional, refletindo sobre as necessidades que a presente geração tem para o seu desenvolvimento, sem que estes usos possam prejudicar os interesses das gerações futuras de suprir suas próprias necessidades.

Ainda que não haja um consenso acerca dos critérios a serem utilizados para a valoração econômica, é certo que a definição do valor econômico de um recurso ambiental deve buscar identificar os atributos e serviços prestados pelo recurso ambiental para dar direcionamento às políticas que visam conciliar a manutenção do meio ambiente com o desenvolvimento sustentável, que possui em si o balanceamento intergeracional.[27]

Estando a base da valoração econômica do meio ambiente posta a partir de uma relação dos *trade-offs* ambientais e das características do desenvolvimento sustentável trazidas pelo nosso futuro comum, sendo a possibilidade da utilização da Análise Econômica do Direito um instrumento de valoração do meio ambiente e uma possibilidade na medida em que a base ética da Análise Econômica do Direito tem estreita relação com a ética utilitarista, visando a eficiência dos recursos naturais.

Assim encontra-se a sustentabilidade como um equilíbrio entre o ambiente, o social, o econômico e a ética, utilizando os critérios da maximização da eficiência dos recursos ambientais sem deixar de lado a máxima de que a sua preservação é essencial para que os indivíduos futuros tenham as mesmas oportunidades de garantia de desenvolver-se, igualmente pautados na busca por eficiência dos recursos e na preservação ambiental.

Negar a importância do crescimento econômico para a sociedade moderna é negar uma das bases da própria sociedade, sendo essencial ir além e pautar este crescimento econômico com base em preceitos éticos,[28] como o princípio da responsabilidade sustentável.

Assim, coloca-se a Análise Econômica do Direito para trabalhar na busca da maximização dos resultados do desenvolvimento sustentável em singularidade com

---

[26] LIMA, Joyce Lázaro. A valoração econômica ambiental do Brasil. *Diálogos*: Economia e sociedade, Porto Alegre, v. 2, n. 1, p. 147-163, jun. 2018. p. 155 Disponível em: http://periodicos.saolucas.edu.br/index.php/dialogos/article/view/24/18. Acesso em: 27 jan. 2023.

[27] LIMA, Joyce Lázaro. A valoração econômica ambiental do Brasil. *Diálogos*: Economia e sociedade, Porto Alegre, v. 2, n. 1, p. 147-163, jun. 2018. p. 158 Disponível em: http://periodicos.saolucas.edu.br/index.php/dialogos/article/view/24/18. Acesso em: 27 jan. 2023.

[28] GARCIA, Denise S. S. Sustentabilidade e ética: um debate urgente e necessário. *Revista Direitos Culturais*, Santo Ângelo, v. 15, n. 35, p. 51-75, abr. 2020. p. 68. Disponível em: https://core.ac.uk/download/pdf/322640337.pdf, acesso em: 27 jan. 2023.

outros instrumentos essenciais desta equação, como é o caso da ética sustentável, da dignidade da pessoa humana e a construção de uma sociedade democrática e justa.

4 Conclusão

O presente estudo teve como objetivo geral analisar a viabilidade da utilização da Análise Econômica do Direito como instrumento de valoração do meio ambiente no ordenamento jurídico brasileiro, tendo em vista a importância da valoração do meio ambiente para a construção de uma valorização dos recursos ambientais escassos e o alcance do desenvolvimento sustentável.

Visando cumprir com este objetivo geral, desenvolveu-se o trabalho com o método da lógica indutiva, iniciando a sua exposição com os argumentos acerca da Análise Econômica do Direito, identificando-o como um ramo do Direito que estuda a relação da ciência econômica com a ciência jurídica e sobretudo a evolução desta corrente de pensamento desde a teoria fundacional até o pragmatismo, que terminou por amoldar pensamentos intragáveis aos juristas para uma lógica capaz de dialogar tanto com a dimensão normativa quanto com a dimensão positiva do Direito.

Avançando para o segundo capítulo, desenvolveram-se as linhas gerais da relação entre o Direito Ambiental e a Economia com o intento de superar posições retrógradas que negam a relação prática entre as áreas do conhecimento para comprovar inclusive a partir da Constituição Federal de 1988 a inter-relação da Economia com o Direito Ambiental, já a ordem econômica deve observar, por regra do ordenamento brasileiro, a defesa do meio ambiente, inclusive mediante tratamento diferenciado conforme o impacto ambiental dos produtos e serviços e de seus processos de elaboração (artigo 170, inc. VI).

Não distante disso, faz-se uma proposição de que o crescimento econômico não precisa necessariamente estar distante do desenvolvimento sustentável, sobretudo considerando o desenvolvimento como a elevação do nível cultural-intelectual comunitário e um processo, ativo, de mudança social, construindo uma sociedade livre, justa, solidária e ecológica, tomando o crescimento econômico apenas uma parcela do desenvolvimento.

Entra-se no terceiro e último capítulo da discussão para encontrar o ponto comum entre a Análise Econômica do Direito e o Direito Ambiental, investigando se a primeira pode ser um instrumento válido e útil de valoração do meio ambiente dentro do ordenamento jurídico brasileiro.

Conclui-se que, sim, a Análise Econômica do Direito é um instrumento válido para a valoração do meio ambiente, já que em suas bases encontram-se preceitos éticos do utilitarismo, que ligam a escassez dos recursos com a maximização dos resultados alcançados em prol do bem-estar da sociedade, utilizando estes recursos finitos de modo a não prejudicar os interesses das futuras gerações, construindo assim o desenvolvimento sustentável descrito no nosso futuro comum.

Por fim, ressalta-se que a valoração do meio ambiente com base unicamente na Análise Econômica do Direito não é viável, pois é necessário que haja uma interpretação uníssona da Análise Econômica do Direito com outros instrumentos essenciais à própria interpretação jurídica, como a ética sustentável, a dignidade da pessoa humana e a construção de uma sociedade democrática e justa.

Referências

BRASIL. Constituição da República Federativa do Brasil de 1988. Brasília, DF: Presidência da República, [2023]. Disponível em http://www.planalto.gov.br/ccivil_03/constituicao/constituicao.htm, acesso em: 12 jan. 2023.

DERANI, Cristiane. *Direito Ambiental Econômico*. 3. ed. São Paulo: Saraiva, 2008.

FIORILLO, Celso Antônio Pacheco. *Curso de Direito Ambiental Brasileiro*. 16. ed. São Paulo: Saraiva Jur, 2015.

FREITAS, Juarez. *Sustentabilidade*: direito ao futuro. 2. ed. Belo Horizonte: Fórum, 2012.

GARCIA, Denise S. S. Sustentabilidade e ética: um debate urgente e necessário. *Revista Direitos Culturais*, Santo Ângelo, v. 15, n. 35, p. 51-75, abr. 2020. Disponível em: https://core.ac.uk/download/pdf/322640337.pdf, acesso em: 27 jan. 2023.

GONÇALVES, Everton das Neves; STELZER, Joana. Eficiência e Direito: pecado ou virtude; uma incursão pela análise econômica do direito. *Revista Jurídica*, Curitiba, v. 28, n. 1, p. 77-122, jun. 2012. Disponível em: http://revista.unicuritiba.edu.br/index.php/RevJur/article/view/412/317. Acesso em: 9 jan. 2023.

GRAU, Eros Roberto. *A Ordem Econômica na Constituição de 1988*. 12. ed. São Paulo: Malheiros, 2008.

GRECHENIG, Kristoffel; GELTER, Martin. A divergência transatlântica no pensamento jurídico: o direito e economia norte-americano vs. o doutrinalismo alemão. *In:* SALAMA, Bruno Meyer (org.). *Direito e Economia*: textos escolhidos. São Paulo: Saraiva, 2010. p. 356-357.

KANT, Immanuel. *Fundamentação da metafísica dos costumes*. São Paulo: L&PM, 2015.

LIMA, Joyce Lázaro. A valoração econômica ambiental do Brasil. *Diálogos*: Economia e sociedade, Porto Alegre, v. 2, n. 1, p. 147-163, jun. 2018. Disponível em: http://periodicos.saolucas.edu.br/index.php/dialogos/article/view/24/18. Acesso em: 27 jan. 2023.

MANKIW, N. Gregory. *Introdução à economia*. 3. ed. São Paulo: Cengage Learning, 2016.

POSNER, Richard A. *Overcoming Law*. Cambridge, Mass: Harvard University Press, 1995.

SALAMA, bruno Meyerhof. *O que é "Direito e Economia"?* Porto Alegre: Livraria do Advogado, 2008.

SIRVINSKAS, L. P. *Manual de direito ambiental*. 20. ed. São Paulo: Saraiva, 2022. E-book.

Informação bibliográfica deste livro, conforme a NBR 6023:2018 da Associação Brasileira de Normas Técnicas (ABNT):

GARCIA, Denise Schmitt Siqueira; GARCIA, Heloise Siqueira; SCHEIDT, Eduardo Luiz Soletti. A Análise Econômica do Direito como instrumento de valoração do meio ambiente no ordenamento jurídico brasileiro. *In*: PASQUALINI, Alexandre; CUNDA, Daniela Zago Gonçalves da; RAMOS, Rafael (coord.). *Direito, sustentabilidade e inovação*: estudos em homenagem ao professor Juarez Freitas. Belo Horizonte: Fórum, 2025. p. 185-194. ISBN 978-65-5518-957-5.

LICITAÇÕES E CONTRATAÇÕES PÚBLICAS E A PROMOÇÃO DO DESENVOLVIMENTO NACIONAL SUSTENTÁVEL

EDGAR GUIMARÃES

1 Introdução

Em 1º de abril de 2021 foi publicada a Lei nº 14.133/2021, que, além de revogar a vetusta Lei nº 8.666/93, a Lei nº 10.520/2002 (Lei do Pregão), dispositivos da Lei nº 12.462/2011 (Lei do RDC), altera as Leis nºs 13.105/2015, (Código de Processo Civil), 8.987/1995 (Lei das Concessões), 11.079/2004 (Lei das PPPs) e o Decreto-Lei nº 2.848/1940 (Código Penal).

A Lei nº 14.133/2021 incorpora grande parte dos dispositivos da legislação revogada, bem como de diversas instruções normativas expedidas pelo governo federal.

Conforme se observa do artigo 5º da Lei nº 14.133/2021, o legislador introduziu ao rol de princípios jurídicos clássicos das licitações (legalidade, impessoalidade, moralidade, igualdade, publicidade, probidade administrativa, vinculação ao instrumento convocatório e julgamento objetivo) 14 novos princípios, dentre os quais, o do desenvolvimento nacional sustentável.

Primeiramente, cabe assinalar que, no nosso modo de pensar, princípios jurídicos são postulados de ordem genérica que dão unidade e coerência a um sistema normativo. Trata-se de mandamentos de hierarquia superior à das meras normas e regras.[1] Caracterizam-se como um alicerce, como sustentáculo de todo o ordenamento jurídico vigente.

---

[1] SUNDFELD, Carlos Ari. *Licitação e Contrato Administrativo*. São Paulo: Malheiros, 1994, p. 19.

Desse modo, entendemos que os princípios funcionam como um vetor direcional do trabalho hermenêutico, não sendo possível admitir nenhuma ação administrativa quando em conflito com qualquer dos princípios norteadores da Administração Pública.

Nos termos de nossa manifestação em obra publicada anteriormente,[2] a Lei nº 14.133/2021 apresenta um verdadeiro "festival principiológico". A ampliação do rol de princípios norteadores das licitações e das contratações vai na contramão do atual movimento observado no Direito Público de se evitar a instituição de comandos legais de baixa densidade normativa, que se utilizam de fórmulas abertas e flexíveis, por contribuírem para a ampliação da imprevisibilidade e da insegurança jurídica na gestão pública.

É passível de severas críticas a invocação excessiva e demasiadamente rasa de princípios jurídicos pelas autoridades públicas como único fundamento de suas decisões. Atos nas esferas administrativa, controladora ou judicial muitas vezes são praticados tendo como fundamento único um ou mais princípios jurídicos, sem a explicitação, de forma aprofundada, sobre o raciocínio lógico que levou a autoridade a extrair daquela norma-princípio o comando normativo aplicado no caso concreto.

A utilização recorrente de princípios como fundamentos retóricos contribui para um cenário de instabilidade da realidade jurídico-administrativa brasileira, na medida em que conferem ao agente público uma carga elevada de discricionariedade, possibilitando empregá-los para justificar decisões que, muitas vezes, não encontram amparo no ordenamento pátrio, ou mesmo para fundamentar atos distintos em situações fáticas idênticas.

Inobstante nossa oposição quanto ao "festival principiológico" encontrado na Lei nº 14.133/2021, fato é que o legislador houve por bem elevar o *desenvolvimento nacional sustentável* à categoria de princípio jurídico das licitações e contratações públicas com grande carga valorativa, de caráter vinculante e cogente.

2 Objetivos do processo licitatório

Além de elevá-lo à categoria de princípio jurídico, a Lei nº 14.133/2021 estabelece objetivos a serem alcançados por meio das licitações, impondo à Administração Pública uma pauta de condutas obrigatórias por ocasião da preparação, processamento das competições licitatórias e execuções dos contratos delas decorrentes, dentre as quais, o incentivo ao desenvolvimento nacional sustentável.

Os objetivos a serem atingidos se encontram positivados no artigo 11, assim encontrado:

> Art. 11. O processo licitatório tem por objetivos:
> I - assegurar a seleção da proposta apta a gerar o resultado de contratação mais vantajoso para a Administração Pública, inclusive no que se refere ao ciclo de vida do objeto;
> II - assegurar tratamento isonômico entre os licitantes, bem como a justa competição;
> III - evitar contratações com sobrepreço ou com preços manifestamente inexequíveis e superfaturamento na execução dos contratos;

---

[2] GUIMARÃES, Edgar. Fase preparatória do processo licitatório. *In:* GUIMARÃES, Edgar *et al. Manual de licitações e contratos administrativos:* Lei 14.133, de 1º de abril de 2021. 3. ed. Rio de Janeiro: Forense, 2023, p. 83.

IV - incentivar a inovação e o desenvolvimento nacional sustentável.
(destacamos)

A propósito dos comentários aos objetivos do processo licitatório, faço coro às palavras de Thiago Marrara, assim expressadas:

> Ao que tudo indica, os objetivos despontam como resultados, consequência ideais que o emprego do processo de contratação deverá acarretar. Objetivos são os alvos da contratação pública.[3]

Mais adiante arremata o mencionado autor:

> Como alvos, os objetivos não configuram deveres de ação, mas sim parâmetros que revelam se uma ação pública na licitação, é lícita quanto à sua finalidade e à sua adequação.
> (...)
> Seguindo-se esse raciocínio, a definição de certo objeto contratual poderá parecer lícita, mas o art. 11 estará violado se o contrato administrativo, em vez de promover o desenvolvimento nacional sustentável, ocasionar a degradação ambiental, por exemplo.[4]

Propõe-se neste ensaio que o *desenvolvimento nacional sustentável* não se resume à garantia de crescimento econômico puro e simples. Entendemos que tal princípio-objetivo contempla outras variáveis qualificadas pelas diversas dimensões inerentes à sustentabilidade. Com isso as licitações públicas se tornaram mais amplas e complexas, extrapolando a ideia de decisão e processo administrativo visando tão somente a satisfação de certas necessidades voltadas à aquisição de bens, contratação de serviços ou obras essenciais para o atendimento das atividades desenvolvidas pela Administração Pública.

Evidenciamos que as disposições da Lei nº 14.133/2021 fazem com que o processo licitatório seja também um instrumento de políticas públicas visando à promoção do *desenvolvimento nacional sustentável* nas suas diferentes acepções, como fim a ser alcançado por meio das contratações públicas.

Constatamos um incremento na concepção de licitação. Em um passado longínquo o elemento essencial de um processo licitatório era a satisfação dos interesses da Administração Pública como compradora, garantindo aos licitantes a igualdade na disputa e a contratação simplesmente pelo menor preço. A licitação não contemplava propriamente uma função social e ambiental.

Entretanto, com o avanço teórico relativo à matéria e as atuais disposições legais, não cabe mais colocar a questão nestes termos. Como se constata pela Lei nº 14.133/2021, a figura jurídica da licitação ganha novos contornos, compatíveis com a Constituição Federal e, sobretudo, com os hodiernos interesses públicos primários.[5]

---

[3] MARRARA, Thiago. Objetivos e princípios da contratação pública na Lei nº 14.133/2021. In: GUIMARÃES, Edgar et al. *Manual de licitações e contratos administrativos*: Lei 14.133, de 1º de abril de 2021. 3. ed. Rio de Janeiro: Forense, 2023, p. 12.

[4] Ob. cit. p. 12.

[5] Cabe assinalar a distinção feita por Celso Antônio Bandeira de Mello, segundo a qual "os interesses públicos ou interesses primários – que são os interesses da coletividade como um todo- são distintos dos interesses secundários, que o Estado (pelo só fato de ser sujeito de direitos) poderia ter como qualquer outra pessoa, isto

Ademais, a Administração Pública, especialmente em razão do seu grande poder de compra, acaba intervindo no mercado por meio de práticas diferenciadas de consumo, estimulando e fortalecendo um modelo menos pautado no acúmulo despropositado e mais racional. Não só o contrato atende a este objetivo, mas o processo prévio de escolha do contratante, como, por exemplo, especificações do bem ou serviço a ser contratado, as exigências de habilitação, obrigações impostas ao contratado, dentre outras questões.

Nas palavras de Roberto Dromi: *"La importancia de la licitación es tal que no solo regla el comienzo del contrato; su normativa se proyecta durante todo el desarrollo de la vinculación contractual, pues las bases de la licitación, el pliego de condiciones y la documentación licitatoria presentada en la oferta por el contratista rigen a lo largo de la ejecución contractual"*.[6]

Portanto, cabe anotarmos a importância da licitação e da contratação pública e o seu escopo de permitir o melhor negócio para a Administração em consonância com o interesse público, notadamente a partir de condições isonômicas e competitivas, da garantia de uma atuação administrativa proba, moral, eficiente e legal, visando a promoção do desenvolvimento nacional sustentável em suas diferentes vertentes.

3 Desenvolvimento sustentável e suas vertentes

Cabe, inicialmente, estabelecer o conceito de sustentabilidade. Para tanto, nos valemos dos precisos ensinamentos de Juarez Freitas,[7] encontrados em obra notável sobre o tema, na qual propugna ser a sustentabilidade "princípio constitucional que determina, com eficácia direta e imediata, a responsabilidade do Estado e da sociedade pela concretização solidária do desenvolvimento material e imaterial, socialmente inclusivo, durável e equânime, ambientalmente limpo, inovador, ético e eficiente, no intuito de assegurar, preferencialmente de modo preventivo e precavido, no presente e no futuro, o direito ao bem-estar".

Ainda, ressalta o mencionado autor que, "como se percebe, assim formulado, o desenvolvimento sustentável não é uma contradição em termos, tampouco se confunde com o delírio do crescimento econômico como fim em si". A partir destas considerações, Juarez Freitas qualifica o desenvolvimento, considerando outros aspectos para além do puramente econômico.

No nosso modo de pensar, a sustentabilidade pode ser interpretada à luz de muitas acepções. O desenvolvimento nacional sustentável inserido na Lei nº 14.133/2021 como princípio jurídico, que é preceito almejado como escopo de qualquer ação governamental, é muito amplo, sendo ele aberto, complexo e inclusivo.

De uma interpretação sistemática da Constituição Federal de 1988, é perceptível a dimensão do princípio do desenvolvimento nacional sustentável em diversos dos seus comandos.

é, independentemente de sua qualidade de servidor de interesses de terceiros: os da coletividade". O autor ressalta que "os interesses secundários não são atendíveis senão quando coincidem com interesses primários, únicos que podem ser perseguidos por quem axiomaticamente os encarna e representa. Percebe-se, pois que a Administração não pode proceder com a mesma desenvoltura e liberdade com que agem os particulares, ocupados na defesa das próprias conveniências, sob pena de trair sua missão própria e sua própria razão de existir" (BANDEIRA DE MELLO, Celso Antônio. *Curso de Direito Administrativo*. 28. ed. São Paulo: Malheiros, 2011, p. 72-73).

[6] DROMI, Roberto. *Licitación pública*. Buenos Aires: Ediciones Ciudad Argentina,1995, p.44.

[7] FREITAS, Juarez. *Sustentabilidade*: direito ao futuro. Belo Horizonte: Fórum, 2011, p. 147.

Nesta linha de pensar, registramos os apontamentos de Bruno Gressler Wontroba e Letícia Alle Antonietto,[8] no sentido de que os artigos 1º e 3º estabelecem os fundamentos e objetivos da República, tais como, dignidade da pessoa humana, os valores sociais do trabalho e da livre-iniciativa, a promoção do bem comum sem discriminação; o artigo 170 prescreve que a ordem econômica nacional deve assegurar uma existência digna, alicerçada na defesa do meio ambiente, na redução das desigualdades e no tratamento favorecido a empresas brasileiras de pequeno porte; e, ainda, o artigo 225 consagra o direito fundamental ao meio ambiente equilibrado e o dever de todos de preservá-lo para as presentes e futuras gerações.

Da análise dos dispositivos constitucionais antes mencionados, temos a nítida presença do princípio do desenvolvimento nacional sustentável, determinando que todas as ações do Estado devem objetivar o melhor aproveitamento de recursos, agregando benefícios à população e ao meio ambiente, inter-relacionando as vertentes econômicas, sociais e ambientais.

A sustentabilidade sob a ótica econômica tem como foco principal o desenvolvimento da economia de forma equilibrada, tendo em conta os recursos finitos do planeta. Além disso, objetiva propiciar uma vida digna às pessoas, com o menor impacto ambiental possível. Para Juarez Freitas,[9] tal dimensão deve levar em conta a ponderação entre eficiência e equidade, um sopesamento fundamentado das externalidades (custos diretos e indiretos) e dos benefícios de todos os empreendimentos, sejam eles públicos ou privados.

A sustentabilidade social está intimamente relacionada à pessoa humana, à garantia dos direitos fundamentais previstos na Constituição Federal, tais como qualidade de vida em sociedade, redução do nível de pobreza, da miséria e da fome, acesso à educação, à saúde, à moradia, ao trabalho e salário que garanta uma sobrevivência digna.

Por sua vez, sob a ótica ambiental a sustentabilidade diz respeito à qualidade e equilíbrio dos recursos ambientais, à proteção do meio ambiente, tendo como finalidade precípua garantir a sobrevivência do planeta com a sua preservação, considerando não apenas uma melhor qualidade de vida no presente, mas, sobretudo, garantindo que esta qualidade seja mantida e potencializada cada vez mais para as gerações futuras.

Dessa forma, todas as ações públicas ou privadas devem estar pautadas nesta trilogia clássica da sustentabilidade — econômica, social e ambiental —, resultando, assim, de forma direta ou indireta, em benefícios a toda a sociedade e ao planeta.

4 Licitações e contratações públicas e o desenvolvimento nacional sustentável

De início, importa destacar que a Administração Pública é uma grande consumidora de bens e serviços da iniciativa privada, tornando as compras públicas um mercado relevante e de grandes proporções.

---

[8] WONTROBA, Bruno Gressler; ANTONIETTO, Letícia Alle. Contratações sustentáveis (sustentabilidade ambiental e social). *In:* NIEBUHR, Karlin Olbertz; POMBO, Rodrigo Goulart de Freitas (org.). *Novas questões em licitações e contratos* (Lei 14.133/2021). 1. ed. Rio de Janeiro: Lumen Juris, 2023, p. 374.

[9] Ob. cit. p. 65.

Estudos realizados estimam que as contratações públicas representam, aproximadamente, 12% do Produto Interno Bruto brasileiro, o que corresponde a R$ 1 trilhão no ano de 2023, cifra muito significativa, que torna o mercado de compras públicas um setor extremamente ativo e pujante.[10]

Neste cenário, a Administração Pública se apresenta como verdadeira protagonista, não apenas como modelo a ser seguido, mas, também, induzindo e fomentando o mercado privado às práticas e comportamentos voltados ao atendimento das necessidades primárias dos cidadãos, levando-se em conta o desenvolvimento sustentável nos seus aspectos econômicos, sociais e ambientais.

O legislador de 2021 se ocupou de prever, ora de forma expressa, ora implicitamente em diversos dispositivos da Lei nº 14.133/2021, os meios para dar concretude e materialidade ao princípio jurídico do desenvolvimento nacional sustentável, bem como atender aos objetivos do processo licitatório. Nos termos do preciso apontamento de Guilherme Carvalho[11] "as políticas públicas de sustentabilidade espraiam-se no corpo normativo sob as mais variadas formas, sendo que algumas delas são de factíveis concretizações, ao revés de outras, cujo retrato de aplicabilidade, sendo intrincado, é de improvável concretização".

A observância deste princípio jurídico deve se dar em todas as etapas do processo de licitação, dispensa ou inexigibilidade, portanto, desde a fase de planejamento da contratação até a execução do contrato celebrado.[12]

Sem a pretensão de indicar de maneira exaustiva todas as disposições da Lei nº 14.133/2021 que tratam das questões relacionadas à sustentabilidade das contratações públicas, passaremos, adiante, à análise de algumas delas.

4.1 Especificação do objeto a ser contratado

Na fase preparatória de qualquer contratação deve ocorrer a definição do objeto a ser licitado com todas as suas especificidades, contendo elementos suficientes para a perfeita e adequada caracterização do bem ou serviço, sendo absolutamente indispensável a elaboração de propostas boas e firmes, se constituindo em postulado de igualdade entre aqueles que participam da competição.

Tal providência administrativa, em larga medida, é fruto do exercício de um poder vinculado. É dizer, o objeto deve ser especificado na exata medida para o atendimento de certa necessidade pública, com a observância das disposições legais que tratam desta questão. Neste contexto, cabe salientar o disposto no artigo 20 da Lei nº 14.133/2021, assim encontrado:

---

[10] Ministério da Economia, disponível em: https://www.gov.br/economia/pt-br/assuntos/noticias/2022/janeiro/economia-assina-acordo-em-contratacoes-publicas-com-agencia-americana-de-comercio-e-desenvolvimento. Acesso em: 30 maio 2024.

[11] CARVALHO, Guilherme. *Licitação e desenvolvimento nacional sustentável: algumas particularidades*. Disponível em: https://www.conjur.com.br/2022-mai-13/licitacoes-contratos-licitacao-desenvolvimento-nacional-sustentavel-algumas-particularidades.

[12] Neste sentido, CARVALHO, Guilherme. *Licitação e desenvolvimento nacional sustentável: algumas particularidades*. Disponível em: https://www.conjur.com.br/2022-mai-13/licitacoes-contratos-licitacao-desenvolvimento-nacional-sustentavel-algumas-particularidades/.

Os itens de consumo adquiridos para suprir demandas da estrutura da Administração Pública, deverão ser de qualidade comum, não sendo superior à necessária para cumprir as finalidades às quais se destinam, vedada a aquisição de artigos de luxo.

De uma interpretação sistemática da Lei nº 14.133/2021, subtraímos prescrições que dizem respeito à sustentabilidade, como, por exemplo, a descrição de possíveis impactos ambientais e suas respectivas medidas mitigadoras, incluídos requisitos de baixo consumo de energia e de outros recursos, bem como a logística reversa para o desfazimento e reciclagem de bens e refugos, elementos que deverão estar contidos no Estudo Técnico Preliminar, instrumento elaborado na fase preparatória da contratação e que deverá evidenciar o problema a ser resolvido e a sua melhor solução.

Por sua vez, o Termo de Referência, que, de igual forma, é providência administrativa subsequente ao Estudo Técnico Preliminar, deverá especificar o objeto, observados os requisitos de qualidade, rendimento, compatibilidade, durabilidade e segurança.

4.2 Licitações para obras e serviços de engenharia

Para licitações que contemplem por objetos obras e serviços de engenharia, o edital deverá prever, dentre outras, as seguintes normas:

> Art. 45. (...)
> I - disposição final ambientalmente adequada dos resíduos sólidos gerados pelas obras contratadas;
> II - mitigação por condicionantes e compensação ambiental, que serão definidas no procedimento de licenciamento ambiental;
> III - utilização de produtos, de equipamentos e de serviços que, comprovadamente, favoreçam a redução do consumo de energia e de recursos naturais;
> IV - avaliação de impacto de vizinhança, na forma da legislação urbanística;
> V - proteção do patrimônio histórico, cultural, arqueológico e imaterial, inclusive por meio da avaliação do impacto direto ou indireto causado pelas obras contratadas;
> VI - acessibilidade para pessoas com deficiência ou com mobilidade reduzida.

As disposições legais que deverão ser observadas em licitações desta natureza, nitidamente, dizem respeito ao desenvolvimento sustentável sob a ótima ambiental, econômica e social.

4.3 Margem de preferência para produtos nacionais

Adotando prescrições da legislação anterior, a Lei nº 14.133/2021 estabelece que no processo de licitação poderá ser estabelecida margem de preferência para bens manufaturados e serviços nacionais que atendam a normas técnicas brasileiras e para bens reciclados, recicláveis ou biodegradáveis.

A referida margem de preferência poderá variar de 10% a 20% a depender do objeto a ser contrato. A rigor, pela disposição expressa da lei, a norma necessita ser regulamentada por ato a ser editado pelo Poder Executivo Federal.

Em um passado não muito distante, vários decretos federais foram baixados para atender as disposições constantes da legislação que antecedeu a Lei nº 14.133/2021.

Portanto, a aplicação destas margens de preferências não se trata de nenhuma novidade para a Administração Pública brasileira.

A propósito da sua efetiva aplicação, dois aspectos precisam ser objeto de destaque. O primeiro deles, talvez o de mais simples e de fácil compreensão e conclusão, diz respeito ao âmbito de incidência dos atos regulamentares baixados pelo Chefe do Poder Executivo Federal.

A nosso ver, não remanescem dúvidas no sentido de que tais regulamentos são de observância obrigatória por parte de todos os órgãos e entidades que se subordinam direta e hierarquicamente às determinações do Presidente da República, não sendo obrigatórias as suas reproduções integrais no âmbito das demais pessoas políticas que integram a federação.

Quanto ao segundo aspecto, é forçoso reconhecer que a aplicação destas margens de preferência irá resultar na contratação de bem ou serviço mais onerosa para a Administração Pública, ou seja, com um maior dispêndio de recursos públicos, que, em muitas órbitas da federação, são escassos.

Neste contexto, faz-se necessária uma ponderação de valores, devendo, em cada caso, serem sopesados os princípios jurídicos da razoabilidade, proporcionalidade, economicidade e desenvolvimento nacional sustentável, dentre outros.

A proteção e o fomento ao mercado nacional somente poderão ser concretizados por meio da aplicação das margens de preferência caso a ponderação dos princípios jurídicos incidentes sobre esta questão indique tal solução.

4.4 Benefícios para micro e pequenas empresas

A Lei Complementar nº 123/2006 dispõe acerca do tratamento diferenciado e favorecido para microempresa, empresa de pequeno porte, sociedade empresária, sociedade simples e empresa individual de responsabilidade limitada, incluindo como detentores dos mesmos direitos o produtor rural pessoa física e o agricultor familiar.[13]

Nos termos da LC nº 123/2006, o tratamento diferenciado e favorecido a ser dispensado para as pessoas indicadas na legislação resume-se em três grandes categorias, quais sejam: (i) habilitação fiscal e trabalhista diferida (arts. 42 e 43), (ii) empate ficto (arts. 44 e 45) e (iii) licitações e contratações diferenciadas: licitações exclusivas às pequenas empresas; licitações com reserva de cota às pequenas empresas; licitação com subcontratação de pequena empresa (arts. 47 a 49).

Tais benefícios têm matriz constitucional, notadamente, na Ordem Econômica e Financeira, e nos Princípios Gerais da Atividade Econômica, que estabelecem comandos no seguinte sentido:

> Art. 170. A ordem econômica, fundada na valorização do trabalho humano e na livre iniciativa, tem por fim assegurar a todos existência digna, conforme os ditames da justiça social, observados os seguintes princípios: (...)
> IX - tratamento favorecido para as empresas de pequeno porte constituídas sob as leis brasileiras e que tenham sua sede e administração no País.

---

[13] Para fins meramente didáticos, utilizaremos apenas a expressão "pequena empresa", para se referir a todas as pessoas que gozam do tratamento jurídico diferenciado nas licitações e contratações conferido pela Lei Complementar nº 123/2026.

A Lei nº 14.133/2021, atendendo aos comandos constitucionais, contém norma expressa no sentido de que se aplicam às licitações e contratos as disposições dos artigos 42 a 49 da Lei Complementar nº 123/2006, possibilitando, desta forma, que pequenas empresas obtenham uma parcela mais significativa das contratações públicas, propiciando um fomento econômico desta categoria de empresas, bem como a geração de empregos.

4.5 Contratação de mulheres vítimas de violência doméstica e de egressos do sistema prisional

Conforme disposição expressa da Lei nº 14.133/2021, o edital poderá, na forma disposta em regulamento, exigir que percentual mínimo da mão de obra responsável pela execução do objeto da contratação seja constituído por mulheres vítimas de violência doméstica e oriundos ou egressos do sistema prisional.

Por se tratar de norma de eficácia contida, carecedora de ato regulamentar para que produza efeitos no mundo jurídico e possa ser efetivamente aplicada, foi editado o Decreto Federal nº 11.430/2023. Todavia, cabe anotar que o referido decreto regulamentou tão somente a questão relativa à contratação de mulheres vítimas de violência doméstica, silenciando quanto aos egressos do sistema prisional.

Pelas disposições regulamentares, tanto os editais de licitação quanto os avisos de contratação direta para a contratação de serviços contínuos com regime de dedicação exclusiva de mão de obra deverão prever o emprego de mão de obra constituída por mulheres vítimas de violência doméstica, em percentual mínimo de 8% das vagas, se aplicando a contratos com quantitativos mínimos de 25 colaboradores.

A disposição legal e regulamentar em questão não diz respeito a requisito de habilitação, mas a uma obrigação contratual imposta ao contratado que deverá ser cumprida até a extinção da relação jurídica. Exigências desta natureza estão intimamente ligadas à dignidade da pessoa humana, pois, em última análise, possibilitam a recomposição da dignidade da mulher, vítima de violência doméstica e sua (re)inserção no mercado de trabalho.

4.6 Contratação de associações ou cooperativas de pessoas de baixa renda, reconhecidas como catadores de materiais recicláveis

A Administração Pública está autorizada a dispensar a licitação para contratar a coleta, processamento e comercialização de resíduos sólidos urbanos recicláveis ou reutilizáveis.

A disposição da lei para o afastamento da competição reside no fato de que a contratação a ser realizada não se norteia exclusivamente pelo critério da vantagem econômica. Trata-se, assim, de permissivo legal que tem o condão de potencializar ações de fomento envolvendo práticas de preservação do meio ambiente, desenvolvimento social e econômico das associações ou cooperativas contratadas, o que efetiva o princípio do desenvolvimento sustentável.

4.7 Contratação de associação de pessoas com deficiência e preenchimento de postos de trabalho com beneficiários reabilitados da Previdência Social ou pessoas portadoras de deficiência

A Lei nº 14.133/2021 permite à Administração Pública dispensar a licitação para celebrar contrato de prestação de serviço com associação de pessoas com deficiência, devendo nesse caso os serviços contratados serem prestados exclusivamente por pessoas com deficiência.

Além da possibilidade de celebrar uma contratação sem a instauração prévia de uma competição, a lei, se valendo do mesmo fundamento, determina que na fase de habilitação das licitações será exigida dos licitantes uma declaração de que cumprem as exigências de reserva de cargos para pessoa com deficiência e para reabilitado da Previdência Social.

É forçoso concluir que as disposições legais têm a finalidade de permitir à Administração se valer da celebração de seus contratos para, além de satisfazer uma necessidade imediata — a prestação de um serviço —, alcançar objetivos mediatos, como, por exemplo, ações voltadas à habilitação e reabilitação de pessoas portadoras de deficiência e a promoção da sua integração à vida comunitária, nos termos do artigo 203, inciso IV, da Constituição Federal.

Nesse sentido, não se deve perder de vista que, de acordo com o inciso II, do artigo 23 da Constituição Federal, é competência comum da União, dos Estados, do Distrito Federal e dos Municípios zelar pela saúde e assistência pública e dar proteção e garantia às pessoas portadoras de deficiência.

5 Conclusões

O processo licitatório, em que pese ter como finalidade maior a seleção de propostas aptas a contratar com a Administração Pública, é forçoso reconhecer que se trata de importante meio de concretização de políticas públicas que visam à promoção do desenvolvimento nacional sustentável.

Isto porque o desenvolvimento nacional sustentável é um dos princípios jurídicos a serem observados na aplicação da Lei nº 14.133/2021 e, ainda, devendo as licitações incentivar a sua concretização.

As contratações públicas, em regra, necessitam ser antecedidas de licitação, sendo que o processo licitatório deve visar à satisfação do interesse público, não se resumindo simplesmente a aquisições vantajosas à vontade econômica e organizacional da máquina estatal.

Ademais, por meio das contratações públicas, licitadas ou não, a Administração Pública busca satisfazer certa necessidade com a prática de um conjunto de atos previstos em lei, voltados, dentre outros aspectos, às questões econômicas, sociais e ambientais, trilogia representativa do desenvolvimento nacional sustentável.

Neste cenário, o Administrador não estará somente buscando satisfazer a necessidade imediata, mas, também contribuindo para a promoção de uma finalidade maior, o desenvolvimento sustentável do País.

O instrumental normativo sobre o tema vem ganhando maior forma e complexidade de conteúdo, cabendo ao Administrador Público compreender a conjuntura contemporânea e eleger a sustentabilidade como objetivo de políticas públicas, acompanhando as atualizações legislativas neste sentido.

Com a positivação do desenvolvimento nacional sustentável como princípio jurídico e, ainda, como um dos objetivos a serem perseguidos por meio das licitações, as contratações públicas se inserem em um quadro mais amplo, contemplando reflexos econômicos, sociais e ambientais relevantes.

Referências

BANDEIRA DE MELLO, Celso Antônio. *Curso de Direito Administrativo*. 28. ed. São Paulo: Malheiros, 2011.

BIDERMAN, Rachel; MACEDO, Laura Silvia; MONZONI Mario; MAZON, Rubens (organizadores). *Guia de compras públicas sustentáveis:* uso do poder de compra do governo para a promoção do desenvolvimento sustentável. Rio de Janeiro: editora FGV, 2006.

CARVALHO, Guilherme. *Licitação e desenvolvimento nacional sustentável: algumas particularidades*. Disponível em: https://www.conjur.com.br/2022-mai-13/licitacoes-contratos-licitacao-desenvolvimento-nacional-sustentavel-algumas-particularidades/.

DROMI, Roberto. *Licitación pública*. Buenos Aires: Ediciones Ciudad Argentina, 1995.

FREITAS, Juarez. *Sustentabilidade:* direito ao futuro. Belo Horizonte: Fórum, 2011.

GUIMARÃES, Edgar *et al. Manual de licitações e contratos administrativos*: Lei 14.133, de 1º de abril de 2021. 3. ed. Rio de Janeiro: Forense, 2023.

MARRARA, Thiago. Objetivos e princípios da contratação pública na Lei nº 14.133/2021. In: GUIMARÃES, Edgar *et al. Manual de licitações e contratos administrativos:* Lei 14.133, de 1º de abril de 2021. 3. ed. Rio de Janeiro: Forense, 2023, p. 12.

SACHS, Ignacy. *Desenvolvimento includente, sustentável e sustentado*. Rio de Janeiro: Garamond, 2006.

SUNDFELD, Carlos Ari. *Licitação e Contrato Administrativo*. São Paulo: Malheiros, 1994.

WONTROBA, Bruno Gressler; ANTONIETTO, Letícia Alle. Contratações sustentáveis (sustentabilidade ambiental e social). *In:* NIEBUHR, Karlin Olbertz; POMBO, Rodrigo Goulart de Freitas (org.). *Novas questões em licitações e contratos* (Lei 14.133/2021). 1. ed. Rio de Janeiro: Lumen Juris, 2023.

Informação bibliográfica deste livro, conforme a NBR 6023:2018 da Associação Brasileira de Normas Técnicas (ABNT):

GUIMARÃES, Edgar. Licitações e contratações públicas e a promoção do desenvolvimento nacional sustentável. *In:* PASQUALINI, Alexandre; CUNDA, Daniela Zago Gonçalves da; RAMOS, Rafael (coord.). *Direito, sustentabilidade e inovação:* estudos em homenagem ao professor Juarez Freitas. Belo Horizonte: Fórum, 2025. p. 195-205. ISBN 978-65-5518-957-5.

UMA NOVA ERA PARA A FUNÇÃO ADMINISTRATIVA[1]

EDILSON PEREIRA NOBRE JÚNIOR

> *"A Administração desde sempre tem se servido das possibilidades e dos meios técnicos de seu tempo. Sem embargo, os ganhos da moderna tecnologia da informação e da comunicação lhe abrem novas, e até agora, inesperadas perspectivas."*
>
> Maurer[2]

1 Introdução

A humanidade, como mostra a passagem dos séculos, está em contínua e inevitável construção, bem como as suas instituições. Daí que as mudanças por que passa – e vem sempre passando – a sociedade têm um reflexo imediato sobre a face do Estado. A mudança desta, por sua vez, está umbilicalmente ligada à Administração Pública. Assim, as mudanças no perfil estatal, como uma decorrência de novas tendências assumidas pelo corpo social, repercutem – ou, ou menos, são de forçosa repercussão – na função administrativa.

---

[1] O presente escrito se destina a um capítulo de livro idealizado para homenagear o Professor Juarez Freitas, cujo trabalho, nestas plagas e no estrangeiro, representa contributo perene ao aperfeiçoamento do Direito Administrativo, razão pela qual este professor se encontra sobremaneira honrado pelo convite que lhe foi formulado pela Professora Daniela Zago Gonçalves da Cunda e pelo Professor Rafael Ramos, aos quais agradeço imensamente.

[2] "La Administración se ha servido desde siempre de las posibilidades y los medios técnicos de su tiempo. Sin embargo, los logros de la moderna tecnología de la información y de la comunicación le abren nuevas y hasta la fecha insospechadas perspectivas" (*Derecho administrativo* – parte general. Madri: Marcial Pons, 2011, P. 459. Versão para o espanhol coordenada por Gabriel Doménech Pascual).

Não foi à toa que, respondendo a uma antiga provocação dos administrativistas, Canotilho[3] acentuou que "qualquer reforma da administração exige reforma do Estado e qualquer reforma do Estado é indissociável da reforma da administração".

Desde as últimas décadas, constitui fenômeno avassalador um contínuo e sem igual desenvolvimento científico, o qual tem alterado sensivelmente o comportamento das pessoas e o modo pelo qual as diversas tarefas na sociedade vêm sendo exercidas.

Incumbindo à função administrativa a execução das atividades de interesse público, as quais devem transcorrer de maneira satisfatória, em virtude da injunção constitucional de eficiência (art. 37, *caput*, CRFB), aquela não poderia ficar indiferente ao emprego dos resultados da evolução tecnológica no exercício das suas competências.

Daí que se tem um inelutável impacto entre a *nouvelle vague* e os vínculos jurídicos envolvendo a atividade da Administração Pública. Adotando-se classificação elaborada por Thiago Marrara,[4] é possível se afirmar que há três grupos de relações jurídicas básicas no Direito Administrativo, quais sejam, as que se desenrolam entre o Estado como administração pública e os administrados, as que envolvem as entidades integrantes da Administração Pública e as que se estabelecem entre os diversos órgãos administrativos. Todas elas, sem exceção, são influenciadas pelas novas tecnologias.

Eis, portanto, o objetivo de nossa abordagem, qual seja, o enfoque do reflexo produzido pelo caudal tecnológico sobre o funcionamento da Administração Pública brasileira, o qual será exposto de forma sumariada, a principiar pela disciplina legislativa do tema.

2 A base normativa da administração digital

Numa vista do bloco de legalidade já existente sobre a matéria, uma primeira observação é a de que a Constituição de 1988 (CRFB) contém inúmeros preceitos a respeito da disciplina da tecnologia e da inovação, os quais se reportam à distribuição de competências, legislativas e administrativas, entre os entes políticos federativos (art. 23, VI, e art. 24, IX), à imunidade quanto ao imposto de transmissão por morte (art. 155, §1º, VII), às finalidades do Fundo de Desenvolvimento Regional (art. 159 – A, III), sobre um específico e facilitado tratamento orçamentário-financeiro (art. 167, §5º), aos objetivos do Sistema Único de Saúde (art. 200, V), à previsão de fomento às universidades, instituições de educação profissional e tecnológica (art. 213, §2º), e, finalmente, a uma especial atenção ao delineamento de capítulo dedicado à ciência, à tecnologia e à inovação (Título VIII, Capítulo IV, arts. 218 a 219 – B).

No plano legislativo, sem sombra de dúvida, porventura o mais importante diploma seja a Lei nº 14.129/2021 (LGD), cujo escopo é demasiado perceptível a partir de seu art. 1º, *caput*, ao se reportar que "dispõe sobre princípios, regras e instrumentos para o aumento da eficiência da administração pública, especialmente por meio da desburocratização, da inovação, da transformação digital e da participação do cidadão".

---

[3] O Direito Constitucional passa; o Direito Administrativo passa também. *Boletim da Faculdade de Direito de Coimbra* (Svdia Ivridica – 61). Estudos em homenagem ao Prof. Doutor Rogério Soares. Coimbra: Coimbra Editora, p. 708.

[4] Direito administrativo e novas tecnologias, *Revista de Direito Administrativo*, v. 256, p. 231-233, jan./abr. 2011.

Delimitando o campo de abrangência da LGD, o seu art. 2º dispõe que sua incidência repercute quanto: a) aos órgãos da administração pública direta federal, abrangendo os Poderes Executivo, Judiciário e Legislativo, incluído o Tribunal de Contas da União, e o Ministério Público da União; b) às entidades da administração pública indireta federal, incluídas as empresas públicas e sociedades de economia mista, suas subsidiárias e controladas, que prestem serviço público, autarquias e fundações públicas; c) às administrações diretas e indiretas dos demais entes federados, nos termos dos incisos I e II do *caput* deste artigo.

No que concerne à projeção dos seus dispositivos aos Estados, Distrito Federal e Municípios, o §2º do art. 2º, do diploma legal, porventura para evitar polêmicas diante de eventuais afirmações de ofensa à autonomia dos entes federados, condicionou a incidência das regras àquelas alusivas à referência em lei estadual, distrital ou municipal.

De logo, poder-se-ia acentuar que o referido diploma, assinalado por uma forte presença de normas substancialmente gerais, deveria ter a sua aplicação, no que concerne a estas, não somente restrita ao plano da União, sendo impositiva igualmente para os Estados, o Distrito Federal e os Municípios, em face da competência legislativa consignada pelo art. 24, IX, da CRFB, conclusão que veio a ser reforçada com a promulgação da Emenda Constitucional nº 85/2015, a qual trouxe a lume o art. 219 – B, que, ao dispor sobre o Sistema Nacional de Ciência, Tecnologia e Inovação (SNCTI), aludiu à competência legislativa concorrente da União com os Estados, Distrito Federal e Municípios.

Contudo, faz-se preciso traçar uma distinção, capaz de elucidar a questão do alcance da LGD. Analisando-se o art. 24, IX, da CRFB, vê-se que se cuida da disciplina da "educação, cultura, ensino, desporto, ciência, tecnologia, pesquisa, desenvolvimento e inovação", bem assim o art. 219 – B, §2º, ao versar sobre a delineação do SNCTI. Ou seja, tais comandos magnos não dispõem sobre o funcionamento e a organização da Administração Pública. Sobre estes assuntos há, então, e não poderia ser diferente por injunção federativa, que preponderar a autonomia político-administrativa, assegurada pelo art. 18, *caput*, da CRFB.

Desse modo, a incorporação no formato das Administrações Públicas dos diversos entes políticos da atuação mediante o emprego de recursos da tecnologia é da alçada da respectiva entidade federativa, seguindo daí uma competência legislativa específica daquela.[5]

No que concerne à LGD, é de se destacar o art. 3º, incisos I a XXVI, ao enunciar as diretrizes que devem ser observadas no âmbito de uma administração digitalizada. Trata-se – importante frisar – não de novos princípios, que inovariam o rol daqueles que alicerçam o regime jurídico-administrativo, mas de diretrizes que atualizam e preenchem o conteúdo de ditos princípios.[6]

Daí que podemos identificar a consagração, pela LGD, dos seguintes princípios: a) eficiência (art. 3º, I, VIII, X, XI, XII e XIII); b) igualdade no acesso dos administrados (art. 3º, II, III, VII, XVI); c) transparência (art. 3º, IV, XIV, XXV); d) controle da Administração

---

[5] Esse ponto de vista é afirmado e desenvolvido por Fernando Menezes de Almeida (Competências federativas em matéria de inovação. *In*: ZOCKUN, Maurício; GABARDO, Emerson (coord.). *Direito administrativo e inovação: crises e soluções*. Curitiba: Editora Íthala, 2022, p. 272).

[6] É de se recordar Nelson Saldanha (Hermenêutica e princípios. Disponível em: https://juridicamente.info) quando registrou a inegável mutabilidade histórica que afeta os princípios, os quais não podem ser entendidos como entidades imunes ao tempo e ao espaço.

Pública (art. 3º, V, VI, XIV); e) tutela dos dados pessoais (art. 3º, IX, XVII e XXIII); f) boa-fé (art. 3º, XV); g) igualdade positiva (art. 3º, XIX e XXIV); e h) desenvolvimento tecnológico (art. 3º, XX, XXI, XXII, XXIII e XXVI).[7]

Ao ordenamento da administração digital – diz o parágrafo único do art. 1º da LGD – também deverão ser considerados outros diplomas legais, quais sejam as Leis nºs 12.527/2011 (Lei de Acesso à Informação), 13.460/2017, 13.709/2018 (LGPD), 5.172/66 (CTN) e a Lei Complementar nº 105/2001. A enumeração, sem sombra de dúvidas, não é taxativa, pelo que outros diplomas haverão de ser considerados se for o caso.[8]

3 Do procedimento administrativo eletrônico

É indiscutível que, atualmente, o procedimento administrativo vem assumindo uma importância decisiva no plano das relações jurídico-administrativas. É que as manifestações da Administração Pública, em sua grande maioria, são produzidas a partir do desenvolvimento procedimental.

Não à toa que Sérvulo Correa[9] acentua que o procedimento, nos tempos que correm, representa o eixo fulcral do Direito Administrativo, à medida que interage com praticamente todos os elementos estruturais deste, sendo a forma do exercício da própria função administrativa, para cuja dinâmica se apresenta com múltiplos papéis.[10]

Daí que, por imperativo lógico, e visando a uma atuação mais eficiente da Administração Pública, as leis de procedimento passaram a contemplar a disciplina da atuação da função administrativa mediante a utilização

---

[7] É de se notar que o art. 3º da LGD optou pelo emprego da técnica legislativa de enunciar diretrizes e objetivos, evadindo-se do método casuístico, de modo que, grosso modo, não são eficazes para respaldar a exigibilidade imediata de uma determinada posição jurídica. Isso, todavia, não significa que tais normas sejam vazias de eficácia. Esta, por sua vez, dar-se-á principalmente como informadora das posturas da Administração Pública, seja nas decisões individuais ou na emissão de comandos normativos secundários (regulamentos), bem assim orientando a interpretação da lei, tal como se tem quanto aos princípios que são indispensáveis ao cotidiano administrativo. Assim, atos administrativos que contrariem o conteúdo essencial de tais diretrizes ou objetivos serão inválidos. Um regulamento não poderá ser expedido quando, no particular, for de encontro ao que prescreve o art. 3º da Lei nº 14.129/2021. Igualmente, ao proceder à interpretação de regra legal diante de uma situação concreta, impende ao administrador, se vislumbrar mais de uma opção, preferir aquela que mais se aproxime das diretrizes e objetivos indicados por aquele. Há, assim, uma considerável e importantíssima eficácia indireta.

[8] É de se mencionar ainda o pioneirismo da Lei nº 10.973/2004, que versa sobre o incentivo à pesquisa e à inovação científica e tecnológica no ambiente produtivo, bem como a Lei nº 11.419/2004, que instituiu o processo judicial eletrônico, e, recentemente, a Lei Complementar nº 182/2021, relativa ao marco legal das *startups* e do empreendedorismo inovador. Digno de realce que a Lei nº 14.133/2021, disciplinando as licitações e contratos administrativos, dedicou uma especial atenção ao tema.

[9] Os grandes traços do Direito Administrativo no século XXI. Revista A&C – Revista de Direito Administrativo e Constitucional, ano 16, n. 63, p. 55 e 57, jan./mar. 2016.

[10] O autor (Os grandes traços do direito administrativo no século XXI, *Revista A&C – Revista de Direito Administrativo e Constitucional*, ano 16, n. 63, p. 57, jan./mar.2016) atribui ao procedimento as seguintes funcionalidades: a) assegurar, de maneira preordenada, racional e sequenciada, a recolha e o processamento de informações pela Administração, habilitando-a a tomar e a executar decisões administrativas; b) servir de elemento de conexão para a colaboração e a coparticipação de várias entidades públicas, órgãos ou serviços na preparação de decisões complexas; c) constituir um instrumento de participação democrática, *accountability* e de legitimação das decisões; d) representar matriz ideal para a realização das operações de ponderação no exercício da discricionariedade administrativa.

de meios eletrônicos, constituindo exemplos os sistemas lusitano,[11] espanhol,[12] germânico[13] e colombiano,[14] dentre outros.

É sabido que a Lei nº 9.784/99 (LPAF), ao traçar as regras gerais para o procedimento administrativo no âmbito da Administração Pública Federal, não se ocupou especificamente do tratamento acerca do emprego dos meios eletrônicos. A opção pela comissão que elaborou o projeto de lei do "modelo de uma lei sóbria", ao qual se referiu Caio Tácito em exposição de motivos encaminhada ao Ministro da Justiça,[15] porventura fez com que se dispensasse aos aspectos formais da movimentação da função administrativa o art. 22, dispondo sobre a liberdade de forma, salvo imposição legal, e a adoção do meio escrito e do vernáculo para os atos processuais.[16]

Por essa razão, é possível se afirmar, na prática, que essa lacuna é colmatada pelos arts. 5º a 13 da LGD. De pronto, vê do art. 5º, *caput*, a opção preferencial pelo emprego de soluções digitais para a gestão das suas atividades finalísticas e administrativas. Acrescenta o parágrafo único permissão para que os entes[17] públicos que emitem atestados, certidões, diplomas ou outros documentos comprobatórios com validade legal possam fazê-lo em meio digital, assinado eletronicamente.

É de ver, que, complementando o art. 22, §1º, da Lei nº 9.784/99, o art. 6º da LGD dispõe, em caso da adoção dos procedimentos administrativos eletrônicos, que os atos processuais, em regra, deverão ser praticados por essa forma. Admitir-se-á, excepcionalmente, a adoção das regras tradicionais se o usuário assim solicitar, nas situações

---

[11] É de se observar que o Decreto-lei nº 04/2015, ao tratar do regime comum do procedimento administrativo, dispõe sobre a utilização preferencial da modalidade eletrônica (artigo 61º), do balcão único eletrônico (artigo 62º) e da realização de comunicações por meios eletrônicos (artigo 63º). Nessa área, o Direito português se singulariza pela promulgação da Lei nº 27/2021, que institui a Carta de Direito Humanos na Era Digital, na qual se visualiza: a) balizas e limites para o uso da inteligência artificial (IA) e robôs (artigo 9º); b) a enumeração de direitos digitais perante a Administração Pública (artigo 19º).

[12] Ver a *Ley* 39/2015, que disciplina o procedimento administrativo comum das Administrações Públicas, contempla o regramento: a) da identificação e da assinatura dos interessados no procedimento administrativo (artigos 9 a 11); b) da assistência aos interessados no uso dos meios eletrônicos (artigo 12); c) do Registro Geral Eletrônico, contendo o assento de todos os documentos apresentados ou recebidos pelos órgãos administrativos (artigo 16); d) da validade e eficácia das cópias eletrônicas realizadas pela Administração Pública (artigo 27.3). De ver ainda a *Ley* 40/2015, a dispor sobre o Regime Jurídico do Setor Público, em cujo Capítulo V (artigos 38 a 46 bis) regula, com notada minudência, o funcionamento eletrônico do setor público.

[13] A Lei de Procedimento Administrativo da Alemanha (*Verwaltungsverfahrensgesetz*), de 25 de maio de 1976, dispõe sobre a: a) comunicação mediante meios eletrônicos (§3a.); b) emissão automatizada de atos administrativos (§35a.). Esta última disposição foi introduzida pelo §20 da Lei de Modernização do Processo Tributário, de 2 de julho de 2016.

[14] A *Ley* 1437/2011 que, na República da Colômbia, constitui-se em Código do Procedimento Administrativo e do Contencioso Administrativo, ocupa-se no Capítulo IV do Título III (Procedimento Administrativo Geral) da sua Parte Primeira (Procedimento Administrativo) do regramento da utilização dos meios eletrônicos, fazendo-o pelos seus artigos 53 a 64. Esse raciocínio é complementado por Jaime Orlando Santofimio Gamboa (*Procedimientos administrativos y tecnologia*. Bogotá: Universidad Externado de Colombia, 2011, p. 172), para quem, mesmo sem direcionar a sua abordagem para a IA, salienta que a governança eletrônica engloba uma dinâmica nova da ciência política, do Direito Constitucional e do Direito Administrativo.

[15] *Revista de Direito Administrativo*, vol. 205, p. 350, jul./set. 1996.

[16] À guisa de informação, o anteprojeto para a reforma da Lei nº 9.784/99, originário de comissão constituída no Senado Federal, sob a presidência da Ministra Regina Helena Costa, transformado no Projeto de Lei nº 2.481/2022, propõe a inclusão do Capítulo X – A (Do Processo Administrativo Eletrônico), contendo os arts. 47 – A a 47 – E, prevendo, dentre outros aspectos, o caráter preferencial da tramitação pela via eletrônica.

[17] Creio que o legislador pretendeu dizer "órgãos", unidade de atuação, e não "entes", os quais possuem personalidade política ou administrativa e que, com certeza, expedem, por seus órgãos, a documentação a que faz referência a lei.

onde houver inviabilidade do emprego do meio eletrônico, ou da sua indisponibilidade, ou ainda se houver risco de dano relevante à celeridade procedimental. Em assim ocorrendo, haverá a necessidade da digitalização posterior do documento-base.

É reconhecida a validade dos documentos e atos processuais mediante o uso de assinatura eletrônica,[18] contanto que respeitados os parâmetros de autenticidade, de integridade e de segurança adequados para os níveis de risco em relação à criticidade da decisão, da informação ou do serviço específico, nos termos previstos em lei.

Nas hipóteses enumeradas pelos incisos I a VII do §1º do art. 7º da LGD, é admissível o uso de assinatura avançada, a qual permite que o administrado assine documento a partir de sua conta no gov.br, nos termos disciplinados por regulamento. A matéria já se achava regulamentada pelo Decreto nº 10.543/2020, anterior à própria LGD, sendo a norma legal habilitante a Lei nº 14.063/2020.

É de se destacar que a Lei nº 14.063/2020, responsável pela disciplina das assinaturas em interações com entes públicos, em atos de pessoas jurídicas e em questões de saúde, contempla classificação tripartite (art. 4º), a saber: a) assinatura eletrônica simples, a qual permite identificar o seu signatário, ou a anexação ou associação de dados em formato eletrônico do signatário; b) assinatura eletrônica avançada, qual seja a que utiliza certificados não emitidos pela ICP-Brasil ou outro meio de comprovação da autoria e da integridade de documentos em forma eletrônica, desde que admitido pelas partes como válido ou aceito pela pessoa a quem for oposto o documento; c) assinatura eletrônica qualificada, que consiste na utilização do certificado digital, nos termos do §1º do art. 10 da Medida Provisória nº 2.200-2/2001. O §2º do art. 4º do mencionado diploma legal prevê deverem ser asseguradas formas de revogação ou de cancelamento definitivo do meio empregado para tais modalidades de assinatura, especialmente em casos de vazamento de dados ou em que a sua segurança reste comprometida.

Os atos realizados no curso do procedimento consideram-se realizados no dia e na hora do recebimento pelo sistema informatizado de gestão de procedimento administrativo eletrônico do órgão ou entidade, ao qual incumbirá o fornecimento de recibo eletrônico de protocolo que os identifique. Serão considerados tempestivos os atos efetivados até às 23 horas e 59 minutos do último dia do prazo, salvo disposição em contrário, no horário de Brasília. Regulamentação deverá dispor sobre os casos e as condições de prorrogação de prazo ocorrendo indisponibilidade do sistema informático.

O acesso à íntegra do processo, para fins de vista pelo interessado, poderá ocorrer mediante a disponibilização de sistema informatizado ou por acesso à cópia de documento, este preferencialmente em meio eletrônico. Os documentos natodigitais, assinados nos termos do art. 7º da LGD, serão considerados originais para todos os fins de direito.

A preocupação com a integridade documental[19] está presente quando o art. 12 da LGD dispõe que o "formato e o armazenamento dos documentos digitais deverão garantir o acesso e a preservação das informações", sendo complementado pelo seu

---

[18] Antes da LGD, a possibilidade de documentos eletrônicos, inclusive particulares, foi disciplinada pela Medida Provisória nº 2.200/2001, cujo art. 10 versa sobre o procedimento de certificação disciplinada pela ICP – Brasil.

[19] Ver Marcus Vinícius Filgueiras Júnior (Ato administrativo eletrônico e teleadministração. Perspectivas de investigação, *Revista de Direito Administrativo*, vol. 237, p. 254, jul./set. 2004), quando afirma: "Falar em documento eletrônico no âmbito do Direito Administrativo implica em apresentar garantia de que documento não poderá ser alterado ou apagado, sob pena de torná-lo mais efêmero do que a própria palavra falada".

art. 13, ao se reportar à guarda dos documentos e autos dos procedimentos digitais. Em ambos os casos, é de observância a legislação arquivística nacional.

É de ver que a LGD normatiza procedimento eletrônico para a emissão de ato ou decisão administrativa, no qual há a renúncia ao meio papel, mas o seu conteúdo é estabelecido pelo modo tradicional. Omitiu-se o legislador sobre a previsão do ato administrativo automático, elaborado com o uso de programas informáticos,[20] sobre o qual abordaremos no tópico que segue.

4 Administração Pública e inteligência artificial

A revolução tecnológica que vivenciamos desde as últimas décadas insiste em não cessar. Uma de suas novidades é a do emprego da inteligência artificial (IA),que vem se expandindo de modo a alcançar a Administração Pública.

No que concerne à função administrativa, Julián Torrijos[21] explicita que a implantação da IA observou ciclo evolutivo em três fases, a saber: a) automatização *robótica* de processos, donde se mostrou imprescindível a digitalização e a implantação de sistemas automatizados de apoio à tomada de decisões; b) automatização *cognitiva*, implicando a aplicação real de IA em sentido estrito, com a estruturação de informações no sistema e o desenho dos algoritmos; c) IA em sua máxima expressão, resultando na inserção da informática efetiva, com a análise preditiva e a utilização de máquinas com capacidade de aprendizagem (*machine learning*).

Mediante o emprego da IA permite-se que a Administração venha a proferir decisões sem a necessidade da intervenção do pessoal que se encontra a seu serviço. A esse respeito, no ordenamento espanhol, a *Ley* 40/2015 (artigo 41.1)[22] contemplou, no seu artigo 41, o instituto que denominou de atuação administrativa automatizada, consistente nas deliberações e autuações realizadas em sua integralidade por meios eletrônicos no âmbito de um procedimento administrativo.

Com efeito, a IA se manifesta mediante a utilização de algoritmos e dados, os quais, consoante Ponce Solé,[23] numa comparação com a gastronomia, são, respectivamente, as receitas e os ingredientes.

Discorrendo especificamente sobre o algoritmo, diz que este representa um conjunto de instruções para solucionar um problema, sofrendo transformações complexas com o passar do tempo. Daí que passaram de estáticos, no sentido de que os

---

[20] Relevantíssima, a distinção entre o ato administrativo eletrônico e o automático é delineada por Maurer (*Derecho administrativo* – parte general. Madri: Marcial Pons, 2011, p. 466).

[21] Las garantías jurídicas de la inteligencia artificial en la actividad administrativa desde la perspectiva de la buena administración. *Revista Catalana de Dret Públic*, n. 58, p. 85, 2019.

[22] Artigo 41 Atuação administrativa automatizada. 1. Compreende-se por atuação administrativa automatizada, qualquer ato ou atuação realizada inteiramente através de meios eletrônicos por uma Administração Pública no curso de um procedimento administrativo e na qual não tenha havido a intervenção, de forma direta, de um servidor público" (Artículo 41. Actuación administrativa automatizada. 1. Se entiende por actuación administrativa automatizada, cualquier acto o actuación realizada íntegramente a través de medios electrónicos por una Administración Pública en el marco de un procedimiento administrativo y en la que no haya intervenido de forma directa un empleado público. Disponível em: https://www.boe.es/buscar/act.php?id=BOE-A-2015-10566. Acesso em: 28 jan. 2024).

[23] Inteligencia artificial, derecho administrativo y reserva de humanidad: algoritmos y procedimiento administrativo debido tecnológico. Disponível em: https://laadministracionaldia.inap.es/noticia.asp?id=1510413. Acesso em: 28 jan. 2024.

programadores desenhavam os critérios para a tomada de decisões, a dinâmicos, onde se têm os algoritmos de aprendizagem automática (*machine learning*), os quais possuem a aptidão para, a partir dos dados e da experiência, aprenderem como decidir por si, gerando as suas próprias instruções, que não mais se confundem com as iniciais do programador. Isso sem contar a aprendizagem profunda (*deep learning*), a qual supõe um funcionamento que pretende igualar-se a redes neurais complexas, extraindo, assim, padrões das massas de dados, e os resultados que alcançam não estão relacionados de forma linear, mas complexa, de maneira a não se mostrar fácil determinar-se a causalidade entre os dados e a decisão adotada.

Por isso, adverte o autor que, nesse meio ambiente de aprendizado automático, vê-se que os seres humanos já não conseguem controlar qual a decisão a ser tomada, bem assim porque foi tomada de forma errônea, perdendo o procedimento a sua transparência desde o início, fazendo com que se fale de uma caixa preta (*black box*) quanto ao procedimento de tais deliberações.

E não só. Conforme expõe Juarez Freitas,[24] por mais que se postule a intencionalidade ou que se receie a desobediência da máquina, é inegável que a IA se acha condicionada à programação moldada pela inteligência/vontade humana. Assim, se por um lado pode-se apontar a vantagem de controle das distopias e dos vieses desde o seu nascedouro, não se pode deixar de perceber que aquela tende a refletir, salvo regulação prudencial, os estereótipos, os desvios cognitivos e os preconceitos dos projetistas e controladores.[25]

Preocupações dessa ordem evidenciam que a introdução da IA nos procedimentos de atuação da Administração Pública não pode prescindir de condicionamentos pelos diversos ordenamentos, a fim de que se amoldem ao arquétipo exigidos pelo Direito Administrativo democrático, exigindo uma reconfiguração das garantias jurídicas[26] ou um seguro redimensionamento dos princípios e regras do regime jurídico-administrativo.[27]

---

[24] Direito administrativo e inteligência artificial, *Interesse Público*, ano 21, n. 114, p. 17, mar./abr. 2019.

[25] Conforme Vítor Fraga e Ednaldo Silva (O ato administrativo na Administração Pública digital: releituras e desafios. *In*: NOBRE JÚNIOR, Edilson Pereira; COCENTINO, Nathália Nóbrega (org.). *Direito administrativo e Administração Pública digital*. São Paulo: Dialética, 2023, p. 165-166), há a possibilidade de se identificar quatro tipos de erros no emprego dos algoritmos para automatizar decisões, sendo eles o erro estatístico, o erro por generalização, o erro pela utilização de informações sensíveis e o erro limitador do exercício de direitos. Nas duas primeiras modalidades, está-se – frisam – diante de problemas puramente matemáticos, de sorte que no erro estatístico o que há é um problema no desenho do algoritmo ou no seu *input*, enquanto no equívoco por generalização há um engano de probabilidade, uma vez que não se confirmar a correlação estatística identificada. Diversamente, nos erros limitadores do exercício de direito ou que resultem da utilização de informações sensíveis se constata que os dados fornecidos estão corretos, havendo, como resultante da operação algorítmica, uma opção indesejada diante do sistema jurídico, ainda que correta. Por isso, afirmam: "Os erros por uso de dados sensíveis e limitador de direitos, assim, são, essencialmente, violações do princípio da igualdade: gera-se uma diferença de tratamento cujos efeitos não se restringem a um 'tratamento desigual de desiguais', pois reforça a desigualdade, ao criar obstáculos para que os desiguais alcancem patamares semelhantes aos demais" (O ato administrativo na Administração Pública digital: releituras e desafios. *In*: NOBRE JÚNIOR, Edilson Pereira; COCENTINO, Nathália Nóbrega (org.). *Direito administrativo e Administração Pública digital*. São Paulo: Dialética, 2023, p. 166).

[26] Eis a afirmação de Torrijos: "Contudo, o ajuste das garantias jurídicas se converte numa necessidade imprescindível, de maneira que possam ser estabelecidas condições sob as quais sua utilização resulte aceitável com as oportunas compensações que, em definitivo, haverão que se conceber limites adequados ao exercício das competências administrativas, agora reforçadas pela especial incidência da tecnologia nos direitos e liberdades" (Ahora bien, el ajuste de las garantías jurídicas se convierte en una necesidad inexcusable, de manera que puedan establecerse las condiciones bajo las cuales su utilización resulte aceptable con los oportunos contrapesos que, en definitiva, han de concebirse como límites adecuados al ejercicio de las potestades administrativas, ahora reforzadas por la especial incidencia de la tecnología en los derechos y libertades. Las garantías jurídicas de la inteligencia artificial en la actividad administrativa desde la perspectiva de la buena administración. *Revista Catalana de Dret Públic*, n. 58, p. 84, 2019).

[27] Consultar Juarez Freitas (Direito administrativo e inteligência artificial, *Interesse Público*, ano 21, n. 114, p. 24-25, março/abril de 2019), ao discorrer que, para o enfrentamento dos novos desafios digitais, o Direito Administrativo

A temática acerca dos condicionamentos jurídicos da IA, com enorme repercussão ética, é um tema extremamente rico e complexo. No entanto, em face das limitações deste texto, optou-se por uma abordagem aligeirada.

Entre nós, inicialmente é preciso acentuar que a instituição de modelos de IA nos procedimentos administrativos depende da sua disciplina por lei formal ou por regulamento cuja edição esteja habilitada por aquela. Está diante, se não da definição da própria competência, pelo menos do modo do seu exercício. Portanto, a prévia habilitação faz-se indispensável.

A questão, noutros sistemas jurídicos, encontra opiniões diversas, tal como expôs Pedro Gonçalves[28] para o Direito português. Escrevendo aos instantes finais da centúria passada, chamou a atenção do autor para a questão da legitimação democrática da decisão administrativa informática.

Concluiu pela desnecessidade da edição de regra ou lei especial para tanto, sendo bastante que a decisão administrativa não se mostre em contrariedade com a lei e que não esteja livre dos limites que, duma forma geral, condicionam o exercício das competências decisórias.

Escrevendo em face do modelo espanhol, Torrijos[29] sustenta que a implantação da IA no funcionamento da Administração Pública pode ser realizada mediante ato administrativo, resultante de um procedimento administrativo adequado para dita finalidade.

Ao insistir na exigência de uma prévia autorização em lei, ainda que de colorido genérico, pondero que as garantias que se impõem para o controle da IA vão além das limitações gerais que conformam as competências administrativas. Ademais, observe-se que o modelo hispânico, para permitir o entendimento doutrinário mencionado, possui o art. 41 da *Ley 40/2015*, delineando um permissivo genérico para as Administrações Públicas do Estado espanhol.

No que diz respeito ao Direito brasileiro, a exigência de uma autorização em lei da respectiva entidade política não quer submeter a questão à reserva do legislador, o que somente cabe fazer à CRFB. Decorre, não da reserva, mas da ideia de precedência da lei, inseparável da juridicidade no Estado de Direito, de maneira a permitir que, devidamente habilitada, a competência regulamentar da Administração minudencie a forma de inserção da IA.

Uma baliza que não deve passar despercebida é a da não adequação do emprego da IA no que concerne a atos que ensejem a manifestação de uma competência discricionária, cuja solução não se encontra pré-moldada, mas influenciada pelas contingências do caso concreto.[30] O legislador já se encontra ocupando sobre o assunto.[31]

---

precisa ser submetido a uma releitura, com a revisão de categorias tradicionais, dentre as quais o poder de polícia, da responsabilidade civil e do dever de motivação.

[28] O acto administrativo informático, *Scientia Ivridica – Revista de Direito Comparado Português e Brasileiro*, Tomo XLVI, p. 76-77, jan./jun. 1997.

[29] Las garantías jurídicas de la inteligencia artificial en la actividad administrativa desde la perspectiva de la buena administración. *Revista Catalana de Dret Públic*, n. 58, p. 87, 2019.

[30] Nesse sentido, Elisa Pérez (De las actuaciones administrativas automatizadas a la inteligencia artificial. Un breve apunte sobre su implementación y regulación en la Administración Pública española. *In*: CAMINO, Geraldo Costa da (coord.). *Intellegentiae artificialis, imperium et civitatem*. Madri: Editorial Alma Mater, 2022, p. 100) e Pedro Gonçalves (O acto administrativo informático, *Scientia Ivridica – Revista de Direito Comparado Português e Brasileiro*, Tomo XLVI, p. 80, janeiro/junho de 1997). No entanto, é de se mencionar a opinião, parcialmente

Por sua vez, a transparência e a motivação[32] são relevantes direitos dos administrados para um eventual contrapeso diante da IA. Mark Coeckelbergh,[33] especialmente quanto aos sistemas de IA que usam aprendizado de máquina (*machine learning*), alude à exigência de transparência e explicabilidade,[34] o que vai além de somente revelar ou não o código de *software*, dizendo respeito principalmente a explicar as decisões para as pessoas. Isso porque revelar um código não se mostra eficaz à medida que depende da habilidade e da formação educacional dos destinatários, pois, se estes carecem de um conhecimento técnico relevante, um tipo de explicação distinta se mostra indispensável.[35] Visa-se a um sistema auditável.

Assiste-se, paulatinamente, a uma tendência legislativa com vistas ao estabelecimento de princípios específicos (*rectius*, diretrizes) para o emprego da IA na função administrativa,[36] da qual não escapou o Anteprojeto para a reforma da Lei nº 9.784/99.[37]

---

diversa, de Vítor Fraga e Ednaldo Silva (O ato administrativo na Administração Pública digital: releituras e desafios. *In*: NOBRE JÚNIOR, Edilson Pereira; COCENTINO, Nathália Nóbrega (org.). *Direito administrativo e Administração Pública digital*. São Paulo: Dialética, 2023, p. 163-164), os quais raciocinam que a automatização no exercício de competências discricionárias não poderá ser totalmente inadmitida, contanto que haja, à guisa de cautela, a revisão da decisão sugerida pelo algoritmo por agente público detentor da competência para a produção do ato final.

[31] É o que se vê da Lei de Procedimento Administrativo da Alemanha (*Verwaltungsverfahrensgesetz*): "§35a. *Emissão integralmente automatizada de um ato administrativo* Um ato administrativo pode ser praticado integralmente através de meios automatizados, quando a lei o preveja e não se verifiquem valorações próprias do exercício da função administrativa, nem tal implique o exercício da margem de livre decisão administrativa" (CORREIA, Jorge Alves; ISENBERG, Andreas. *Lei Alemã do Procedimento Administrativo*. Coimbra: Almedina, 2016, p. 55-56).

[32] Eliza Pérez e Valero Torrijos associam a imprescindibilidade da motivação no uso da IA à boa administração, consagrada pelo artigo 41º da Carta dos Direitos Fundamentais da União Europeia (disponível em: www.europarl.europa.eu).

[33] *Ética na inteligência artificial*. São Paulo/Rio de Janeiro: Ubu Editora/Editora PUC Rio, 2023, p. 109-110 e 114.

[34] Ao que parece concorrendo com o princípio da motivação, a explicabilidade vem usufruindo, no que concerne ao plano digital, de preferência do legislador, conforme se pode ver do artigo 9º, nº 1, da Carta Portuguesa de Direito Humanos na Era Digital.

[35] Coeckelberg (*op. cit.*, p. 151) afirma ser excelente a ideia da incorporação da ética no projeto de novas tecnologias, desde a sua concepção (*ethics by design*), a qual pode ajudar a criar IA de tal modo a que conduza a mais responsabilização e transparência. Sugere, portanto, que a ética desde a concepção "poderia incluir o requisito de que a rastreabilidade seja garantida em todas as fases, contribuindo então para a auditabilidade da IA" (*op. cit.*, p. 151).

[36] Ver a Carta Portuguesa de Direitos Humanos na Era Digital: "Artigo 9º *Uso da inteligência artificial e de robôs* 1 - A utilização da inteligência artificial deve ser orientada pelo respeito dos direitos fundamentais, garantindo um justo equilíbrio entre os princípios da explicabilidade, da segurança, da transparência e da responsabilidade, que atenda às circunstâncias de cada caso concreto e estabeleça processos destinados a evitar quaisquer preconceitos e formas de discriminação" (disponível em: www.diariodarepública.pt).

[37] Eis a proposição: "Art. 47-E. A utilização de modelos de inteligência artificial no âmbito do processo administrativo eletrônico deve ser transparente, previsível, auditável, previamente informada aos interessados e permitir a revisão de seus dados e resultados. Parágrafo único. Os modelos de inteligência artificial devem utilizar preferencialmente códigos abertos, facilitar a sua integração com os sistemas utilizados em outros órgãos e entes públicos e possibilitar o seu desenvolvimento em ambiente colaborativo" (disponível em: legis.senado.leg.br). O Substitutivo apresentado ao Projeto de Lei nº 2.481/202 propõe o tratamento da matéria de modo mais preciso e objetivo, a saber: "Art. 47-E. A utilização de modelos de inteligência artificial no âmbito do processo administrativo eletrônico deve ser transparente, previsível e auditável, garantindo-se: I – informação prévia sobre uso de sistemas dotados de inteligência artificial; II – explicação, quando solicitada, sobre os critérios utilizados pelo sistema para tomada de decisão; III – proteção de dados pessoais, nos termos da legislação de regência, especialmente a Lei nº 13.709, de 14 de agosto de 2018 (Lei Geral de Proteção de Dados Pessoais); IV– revisão de dados e resultados; e V – correção de vieses discriminatórios. Parágrafo único. Os modelos de inteligência artificial devem utilizar preferencialmente códigos abertos, facilitar a sua integração com os sistemas utilizados em outros órgãos e entes públicos e possibilitar o seu desenvolvimento em ambiente colaborativo" (disponível em: https://www25.senado.leg.br).

Numa adição aos aspectos expostos, é indispensável que se assegure ao administrado o direito à fiscalização e controle, mediante o questionamento das decisões informáticas que afetarem seus interesses.[38]

Um ponto de vanguarda no Direito brasileiro é que, mesmo antes da promulgação da LGD, consta do art. 20 da Lei nº 13.709/2018 a previsão de um mecanismo de controle. Embora se refira às decisões automatizadas que tomarem por base dados pessoais, o preceito assegura ao titular dos dados o direito à revisão daquelas que afetem os seus interesses ou direitos, inseridas as que se destinem à definição de seu perfil pessoal, profissional, de consumo e de crédito ou os aspectos de sua personalidade.

Para Juarez Freitas,[39] com tal previsão legal, tem-se a amplitude da transparência decisória na direção da abertura da caixa-preta (*black box*) algorítmica, de sorte que o seu desatendimento arbitrário é suficiente para a inversão do ônus da prova em favor do afetado, à luz da presunção de boa-fé do usuário.

5 Os serviços públicos digitais

O serviço público, cujos titulares são as pessoas políticas, e que consistem em utilidades materiais suscetíveis de fruição singular pelos administrados, voltadas à satisfação das necessidades coletivas, sob a regência do Direito Administrativo, não escapou à disciplina da LGD. E nem poderia, uma vez a própria definição da sua prestação adequada reclamar, nos termos do art. 4º da Lei nº 13.460/2017, o atendimento ao à diretriz da atualidade.

A Lei nº 13.460/2017[40] não parou por aí. Ao enunciar o direito do usuário à prestação adequada dos serviços — e aqui há que se ver a possibilidade de titularidade de uma posição jurídica subjetiva —, dispõe no art. 5º, *caput*, inciso XIII, sobre a obrigatoriedade de "aplicação de soluções tecnológicas que visem a simplificar processos e procedimentos de atendimento ao usuário e a propiciar melhores condições para o compartilhamento das informações".

Por isso, atuando de forma conjugada e complementar, a LGD, no seu art. 14, dispõe que, dando-se a prestação digital de serviços públicos, esta "deverá ocorrer por

---

[38] Nesse sentido, ver o artigo 41.2 da Ley 40/2015: (...) 2. Em caso de atuação administrativa automatizada deverá estabelecer-se previamente o órgão ou órgãos competentes, segundo as situações, para a definição das especificações, programação, manutenção, supervisão e controle de qualidade e, no seu caso, auditoria do sistema de informação e de seu código fonte. Da mesma forma, se indicará o órgão que deve ser considerado responsável para efeitos de impugnação (2. En caso de actuación administrativa automatizada deberá establecerse previamente el órgano u órganos competentes, según los casos, para la definición de las especificaciones, programación, mantenimiento, supervisión y control de calidad y, en su caso, auditoría del sistema de información y de su código fuente. Asimismo, se indicará el órgano que debe ser considerado responsable a efectos de impugnación. Disponível em: https://www.boe.es/buscar/act.php?id=BOE-A-2015-10566. Acesso em: 28 jan. 2024). Semelhante se tem no artigo 9º, nº 2º, da Carta Portuguesa de Direitos Humanos na Era Digital: "2 - As decisões com impacto significativo na esfera dos destinatários que sejam tomadas mediante o uso de algoritmos devem ser comunicadas aos interessados, sendo suscetíveis de recurso e auditáveis, nos termos previstos na lei" (disponível em: www.diariodarepublica.pt).

[39] Direito administrativo e inteligência artificial, *Interesse Público*, ano 21, n. 114, p. 27, mar./abr. 2019.

[40] O caráter nacional da Lei nº 13.460/2017 resulta do art. 37, §3º, da CRFB, o que não é suficiente para impedir uma legislação supletiva dos Estados, Distrito Federal e Municípios, havendo, nesse ponto, o art. 1º, §2º, I, daquele diploma legal, previsto a integração, na disciplina legislativa do serviço público, das leis que disponham sobre o correspondente serviço, caso esteja sob regulação administrativa, cuja competência é do ente político designado constitucionalmente. Assim, para os serviços de sua titularidade, Estados, Distrito Federal e Municípios poderão legislar, com vistas ao atendimento do seu interesse público específico.

meio de tecnologias de amplo acesso pela população, inclusive pela de baixa renda ou residente em áreas rurais e isoladas, sem prejuízo do direito do cidadão a atendimento presencial". O preceito, no seu parágrafo único, afirma que o acesso à prestação digital será efetuado, preferencialmente, por meio do autosserviço, ou seja, por meio digital próprio, sem mediação humana (art. 4º, II, LGD).

Isso não desobriga o prestador do serviço à observância da diretriz constante no art. 3º, XVI, da LGD, no sentido de se impor a permanência do atendimento presencial, de acordo com as características, a relevância e o público-alvo. Nesse caso, excepcionalmente, é possível se visualizar mais do que uma eficácia informadora ou interpretativa, podendo-se cogitar de direito subjetivo em favor do administrado.

O reflexo da inovação tecnológica no que concerne à prestação dos serviços públicos foi destacado no que se refere aos componentes do Governo Digital. O primeiro deles é a Base Nacional de Serviços Públicos, já prevista na Lei nº 13.460/2017 (art. 7º, §6º), a qual enfeixará as informações necessárias sobre a oferta de serviços públicos em cada ente federado. Tal, diz o parágrafo único do art. 19 da LGD, poderá suceder em formato aberto, interoperável e em padrão comum, ratificando a diretriz consignada pelo art. 3º, XIV, do mesmo diploma.

Em seguida, vêm as Cartas de Serviço aos Usuários, disciplinadas pelo art. 7º da Lei nº 13.460/2017, destinadas a informar o usuário sobre os serviços prestados pelo órgão ou entidade, as formas de acesso a esses serviços e seus compromissos e padrões de qualidade de atendimento ao público. A sua divulgação bem como as atualizações periódicas dar-se-ão mediante a publicação em sítio eletrônico do órgão ou entidade na internet. Estão sujeitas, igualmente, a serem disponibilizadas, pelos entes federados, na Base Nacional de Serviços Públicos (art. 19, parágrafo único, LGD).

À derradeira, têm-se as plataformas de Governo Digital, que constituem instrumentos indispensáveis para a prestação dos serviços públicos por meio eletrônico, cabendo-lhes, dentre outras, as funcionalidades de: a) ferramenta digital de solicitação de atendimento e de acompanhamento da entrega dos serviços públicos; e b) painel de monitoramento do desempenho dos serviços públicos.

Possuindo um nítido papel no controle da função administrativa, conforme se vê dos arts. 21 a 23 da LDG, as plataformas de Governo Digital devem dispor de mecanismos de transparência e, ao mesmo tempo, de fiscalização do tratamento de dados pessoais, capazes de permitir aos administrados o exercício dos direitos resultantes da LGPD.

Para tanto, devem: a) disponibilizar, entre outras, as fontes dos dados pessoais, a finalidade específica do seu tratamento pelo respectivo órgão ou ente e a indicação daqueles com os quais é realizado o seu uso compartilhado, incluído o histórico de acesso ou uso compartilhado, ressalvadas as hipóteses do inciso III do *caput* do art. 4º da LGPDP; b) permitir que o cidadão efetue requisições ao órgão ou à entidade controladora dos seus dados, especialmente aquelas previstas no art. 18 da LGPDP.

Não olvidar que a LGD consagrou direitos em benefício do usuário dos serviços públicos digitais, além dos já estatuídos pela Lei nº 13.460/2017. São eles: a) gratuidade no acesso às Plataformas de Governo Digital; b) atendimento nos termos da respectiva Carta de Serviços ao Usuário; c) padronização de procedimentos referentes à utilização de formulários, de guias e de outros documentos congêneres, incluídos os de formato digital; d) recebimento de protocolo, físico ou digital, das solicitações apresentadas;

e) indicação de canal preferencial de comunicação com o prestador público para o recebimento de notificações, de mensagens, de avisos e de outras comunicações relativas à prestação de serviços públicos e a assuntos de interesse público.

A LGD, reforçando o conteúdo da diretriz do seu art. 3º, XV, estabeleceu, no seu art. 26, uma presunção, de natureza relativa, no sentido da autenticidade dos documentos que venham a apresentar os usuários, desde que o envio seja firmado eletronicamente.

6 Palavras finais

Os limites ínsitos à abordagem não permitiram que fossem explorados à saciedade os desdobramentos da revolução digital sobre a multiplicidade dos institutos do Direito Administrativo e as relações jurídicas que deles emanam. Por isso, não se foi além, seja quanto à variedade e, especialmente, quanto ao conteúdo da abordagem.

É sabido que a automação da função administrativa traz muitas vantagens, mas não é imune a malefícios ou inconvenientes,[41] sendo salientar que, em muitos deles, poder-se-á decorrer a violação de direitos subjetivos.

Uma certeza se impõe. Consiste na inevitabilidade da potenciação e expansividade de uma administração automatizada. É preciso, pois, que ao aplicador da lei administrativa (autoridade), bem como aos administrados, imponham-se desafios.

Um deles é que os procedimentos e a prestação dos serviços digitais se desenrolem com o intransigível respeito aos direitos fundamentais dos administrados, pois, do contrário, destruir-se-á o próprio Estado de Direito.

Outro aspecto, condicionante do êxito das transformações, é a formação de uma cultura, mediante a qual haja a assimilação do comportamento digital pela população, a qual deve aderir duma forma inclusiva.

Interessantes, portanto, as asserções de Corvalán[42] (2017, p. 29-20) quando, numa mescla de introdução e de remates, ressalta que o Governo e, especialmente, a Administração Pública hão que enfrentar reptos que podem ser resumidos a dois pontos, quais sejam: a) a reconfiguração do exercício do poder estatal, de modo interno (estruturas, sistemas, procedimentos etc.) e externo, no que toca ao seu relacionamento com a cidadania; b) assegurar que as novas tecnologias otimizem a efetividade dos direitos, permitindo um desenvolvimento sustentável e inclusivo, capaz de reduzir os espaços desiguais dentro da sociedade.

De transcrição compulsória a seguinte passagem do autor: "Em essência, tem que se transformar radicalmente tudo o que rodeia o poder público e sua vinculação com as pessoas. Por exemplo, além de garantir o acesso às tecnologias da informação e comunicação, tem que se tornar efetivo o direito fundamental a relacionar-se digitalmente com a Administração Pública, do mesmo modo que se deve criar um entorno de preparação tecnológica que, ao mesmo tempo em que se revela determinante promover

---

[41] Uma enumeração explicativa dos aspectos favoráveis e contrários à automatização administrativa consta de Gonçalves (O acto administrativo informático, *Scientia Ivridica – Revista de Direito Comparado Português e Brasileiro*, Tomo XLVI, p. 49-51, jan./jun. 1997) e Thiago Marrara (Direito administrativo e novas tecnologias, *Revista de Direito Administrativo*, v. 256, p. 248-249, jan./abr. 2011).

[42] Administración Pública digital e inteligente: transformaciones en la era digital de la inteligencia artificial, *Revista Direito Econômico e Socioambiental*, v. 8, n. 2, p. 29-30, maio/ago. 2017.

o desenvolvimento de uma tecnologia social e uma tecnologia inclusiva. É importante entender que não são iguais os fatores que determinam que as pessoas e comunidades se adaptem a determinadas tecnologias e é, por isso, que as inovações tecnológicas são as que se têm que adaptar aos contextos sociais".[43]

Referências

ALMEIDA, Fernando Menezes de. Competências federativas em matéria de inovação. *In*: ZOCKUN, Maurício; GABARDO, Emerson (coord.). *Direito administrativo e inovação*: crises e soluções. Curitiba: Editora Íthala, 2022.

CANOTILHO, J.J. Gomes. O direito constitucional passa; o direito administrativo passa também. *Boletim da Faculdade de Direito de Coimbra (Svdia Ivridica – 61). Estudos em homenagem ao Prof. Doutor Rogério Soares*. Coimbra: Coimbra Editora.

COECKELBERG, Mark. *Ética na inteligência artificial*. São Paulo/Rio de Janeiro: Ubu Editora/Editora PUC Rio, 2023.

CORREIA, Jorge Alves; ISENBERG, Andreas. *Lei Alemã do Procedimento Administrativo*. Coimbra: Almedina, 2016.

CORREA, José Manuel Sérvulo. Os grandes traços do direito administrativo no século XXI. *Revista A&C – Revista de Direito Administrativo e Constitucional*, ano 16, n. 63, jan./mar. 2016.

CORVALÁN, Juan Gustavo. Administración Pública digital e inteligente: transformaciones en la era digital de la inteligencia artificial. *Revista Direito Econômico e Socioambiental*, v. 8, n. 2, maio/ago.2017.

FILGUEIRAS JÚNIOR, Marcus Vinícius. Ato administrativo eletrônico e teleadministração. Perspectivas de investigação. *Revista de Direito Administrativo*, vol. 237, p. 254, jul./set. 2004.

FRAGA, Vítor Galvão; FERREIRA JÚNIOR, Ednaldo Silva. O ato administrativo na Administração Pública digital: releituras e desafios. *In*: NOBRE JÚNIOR, Edilson Pereira; COCENTINO, Nathália Nóbrega (org.). *Direito administrativo e Administração Pública digital*. São Paulo: Dialética, 2023.

FREITAS, Juarez. Direito administrativo e inteligência artificial. *Interesse Público*, ano 21, n. 114, mar./abr.2019.

GAMBOA, Jaime Orlando Santofimio. *Procedimientos administrativos y tecnología*. Bogotá: Universidad Externado de Colombia, 2011.

GONÇALVES, Pedro. O acto administrativo informático. *Scientia Ivridica – Revista de Direito Comparado Português e Brasileiro*, Tomo XLVI, jan./jun. 1997.

MARRARA, Thiago. Direito administrativo e novas tecnologias. *Revista de Direito Administrativo*, v. 256, jan./abr. 2011.

MAURER, Harmut. *Derecho administrativo – parte general*. Madri: Marcial Pons, 2011. Versão para o espanhol coordenada por Gabriel Doménech Pascual.

PÉREZ, Elisa Rocío Prados. De las actuaciones administrativas automatizadas a la inteligencia artificial. Un breve apunte sobre su implementación y regulación en la Administración Pública española. *In*: CAMINO, Geraldo Costa da (coord.). *Intellegentiae artificialis, imperium et civitatem*. Madri: Editorial Alma Mater, 2022.

SALDANHA, Nelson. *Hermenêutica e princípios*. Disponível em: https://juridicamente.info.

---

[43] "En esencia, hay que transformar de raíz todo lo que rodea al poder público y su vinculación con las personas. Por ejemplo, además de garantizar el acceso a las tecnologías de la información y comunicación, hay que hacer efectivo el derecho fundamental a relacionarse digitalmente con la Administración Pública, del mismo modo que se debe crear un entorno de preparación tecnológica, a la vez que resulta determinante promover el desarrollo de una tecnología social y de una tecnología inclusiva. Es importante entender que no son iguales los factores que determinan que las personas y las comunidades se adapten a determinadas tecnologías, y es por ello que las innovaciones tecnológicas son las que se tienen que adaptar a los contextos sociales" (Administración Pública digital e inteligente: transformaciones en la era digital de la inteligencia artificial. *Revista Direito Econômico e Socioambiental*, v. 8, n. 2, p. 30, maio/ago. 2017).

SOLÉ, Juli Ponce. Inteligencia artificial, derecho administrativo y reserva de humanidad: algoritmos y procedimiento administrativo debido tecnológico. Disponível em: https://laadministracionaldia.inap.es/noticia.asp?id=1510413.

TÁCITO, Caio. Nota Prévia, *Revista de Direito Administrativo*, vol. 205, jul./set. 1996.

TORRIJOS, Julián Valeros. Las garantías jurídicas de la inteligencia artificial en la actividad administrativa desde la perspectiva de la buena administración. *Revista Catalana de Dret Públic*, n. 58, 2019.

Informação bibliográfica deste livro, conforme a NBR 6023:2018 da Associação Brasileira de Normas Técnicas (ABNT):

NOBRE JÚNIOR, Edilson Pereira. Uma nova era para a função administrativa. *In*: PASQUALINI, Alexandre; CUNDA, Daniela Zago Gonçalves da; RAMOS, Rafael (coord.). *Direito, sustentabilidade e inovação*: estudos em homenagem ao professor Juarez Freitas. Belo Horizonte: Fórum, 2025. p. 207-221. ISBN 978-65-5518-957-5.

CUSTEIO DOS DIREITOS FUNDAMENTAIS SOB EROSÃO FISCAL

ÉLIDA GRAZIANE PINTO

1 Introdução

Ao longo da vigência da Constituição Federal (CF), a relação de instrumentalidade entre receitas governamentais e custeio dos direitos fundamentais tem sido mitigada, por meio da institucionalidade fiscal que lhe dá sustentação cotidiana no ciclo orçamentário de todos os entes políticos da federação brasileira. A pretexto de instituir e manter regras fiscais que delimitam o tamanho do Estado brasileiro, tem sido erodido o piso da proteção social desenhado em 5 de outubro de 1988.

A despeito de não haver redução formal no rol de direitos sociais inscritos no art. 6º da Constituição, seus instrumentos de defesa na seara orçamentário-financeira têm sido submetidos a contínuo processo de esvaziamento ao longo da sua vigência. Erosão é analogia aplicável, pois se configura como movimento paulatino de redução das bases de algo, em agravamento cumulativo que tende a colocar em risco a própria sustentação de todo o solo sobre o qual incide.

Mediante ajustes fiscais subsequentes, redesenhos normativos sucessivos incidiram sobre dois pilares (a saber, vinculação orçamentária e organização federativa solidária) que deveriam garantir — em reforço recíproco — a dimensão objetiva dos direitos à saúde e à educação e do arranjo sistêmico da seguridade social.

Desde 1988, a tese primordialmente adotada pelos influxos de reforma fiscal da Constituição seria a de que as finanças públicas tenderiam a um suposto desequilíbrio intertemporal por força do comportamento das despesas primárias. Tal redesenho das regras que fixam o custeio da ação governamental se revelou enviesado, na medida em que deixou de avaliar concomitantemente o fluxo das despesas financeiras e a trajetória regressiva das receitas tributárias. Em contraste, vale lembrar que a maioria das renúncias fiscais tem sido concedida por prazo indeterminado e sem monitoramento adequado do impacto nas metas fiscais e das contrapartidas prometidas no ato da sua instituição.

Assim, desenrolaram-se dezenas de emendas constitucionais que tiveram — direta ou indiretamente — escopo de reduzir o microssistema de tutela do custeio dos direitos fundamentais instalado na Constituição Federal. A justificação de tais iniciativas sustentava que seriam mutuamente excludentes as políticas de estabilização monetária, câmbio flutuante e resultado primário teoricamente capazes de estabilizar a trajetória da dívida pública (que perfazem o assim chamado tripé macroeconômico), de um lado, e a garantia de direitos sociais no Estado de Bem-Estar almejado constitucionalmente para o país, de outro.

Para explorar as contradições desse movimento e suscitar a iniquidade fiscal das rotas de ajuste primordialmente incidentes sobre as despesas primárias, o presente texto foi dividido em quatro capítulos, além desta introdução.

No segundo capítulo, é apresentado o arranjo normativo sistêmico que fixa regimes de prioridade fiscal à seguridade social e aos direitos à saúde e à educação, o qual tem sido submetido a rodadas cada vez mais contracionistas de ajuste fiscal desde 1988.

No capítulo seguinte, é trazida à tona a aparente tensão entre estabilidade macroeconômica e garantias de custeio dos direitos fundamentais, a partir da série de reformas fiscais diretamente incidentes no Ato das Disposições Constitucionais Transitórias – ADCT.

No quarto tópico, será explorada a ausência de quaisquer ajustes sobre o caráter regressivo na gestão das receitas, bem como sobre a repercussão ilimitada e opaca das despesas financeiras na dívida pública.

Em sede de considerações finais, propõe-se a necessidade de conferir leitura constitucionalmente integrada às noções de equilíbrio das contas públicas e sustentabilidade da dívida pública, a fim de resgatar a prioridade alocativa dos direitos fundamentais no ciclo orçamentário brasileiro.

2 Um microssistema constitucional de tutela do custeio dos direitos fundamentais

Há no ordenamento brasileiro um conjunto de regras e princípios que impõem sistemicamente regime de prioridade fiscal em favor de determinados direitos fundamentais no orçamento público.

Assim como a integração de leis e normas esparsas permitiu ao Direito Processual assentar a existência do microssistema de tutela jurisdicional coletiva, a pluralidade de normas inscritas na Constituição de 1988, em tratados internacionais de que o país é signatário e em leis infraconstitucionais, opera como um conjunto integrado de tutela do financiamento suficiente e progressivo dos direitos fundamentais.

Diferentemente do que usualmente se concebe, não são regras isoladas na CF a fixar piso de custeio em favor dos direitos à saúde (artigo 198) e à educação (artigo 212), ou ainda acerca do orçamento da seguridade social (artigo 165, §5º, III). A bem da verdade, há uma série de dispositivos que se reforçam reciprocamente em prol da primazia fiscal dos direitos fundamentais nucleares ao postulado da dignidade da pessoa humana.

A integração sistêmica que aqui se busca suscitar opera como verdadeiro eixo semântico e finalístico dos orçamentos públicos no país, vez que ela é capaz, por exemplo, de justificar a instituição de espécies tributárias destacadas em sua destinação e em seu regime jurídico peculiar, bem como é forte o bastante para situar, na exceção à regra geral de não afetação de impostos, o conteúdo mínimo das despesas incomprimíveis e inadiáveis de quaisquer leis orçamentárias anuais.

Doutrinária e jurisprudencialmente ninguém questiona o fato de que o regime acerca da tutela dos direitos individuais homogêneos, coletivos e difusos inscrito no Código de Defesa do Consumidor ultrapassa seu âmbito de incidência. Isso porque os seus artigos 81 a 104 não dizem respeito tão somente à proteção do consumidor, mas dialogam reflexivamente e reforçam o arcabouço normativo da Constituição de 1988 e da Lei de Ação Civil Pública para todo e qualquer direito transindividual, ao que se somam as demais leis que tratam do mandado de segurança, da ação popular etc.

A interpretação conjugada entre as diversas normas constitucionais e legais consolidou um regime jurídico hígido que é tão mais forte, quanto mais integrado na defesa preventiva e, se necessário, na tutela jurisdicional coletiva, por exemplo, do meio ambiente, da moralidade administrativa, do consumidor, da criança e adolescente, do idoso, da saúde e da educação, entre outros.

Para além das nuances do direito material específico envolvido na concreta busca por sua efetividade, subsiste um conjunto harmônico e reforçado de garantias processuais, na medida em que, de tal microssistema da tutela jurisdicional coletiva, emergiram normas integradoras que se aplicam à proteção e à exigibilidade de quaisquer direitos transindividuais.

Numa imagem muito singela, é como se o escudo processual de defesa não fosse apenas do tamanho do regime isolado de cada direito individual homogêneo, coletivo ou difuso. A tutela jurisdicional coletiva é maior, muito maior que os direitos por ela amparados, porque ela defende o ordenamento inteiro e é capaz de produzir decisões com efeitos *erga omnes*. A estrutura de defesa (verdadeiro escudo de contenção do arbítrio) é erigida aqui de modo a formar todo um exército de instrumentos e armas processuais, que são postos em movimento coordenadamente para refutar a mitigação ou a aniquilação dos direitos transindividuais.

Há no ordenamento brasileiro um idêntico fluxo estruturante que também se aplica à tutela do financiamento constitucionalmente adequado dos direitos fundamentais. A sociedade e, em especial, os cidadãos, na qualidade de detentores de direitos subjetivos públicos à saúde, à educação e a todas as prerrogativas materiais nucleares à preservação da vida digna, são amparados por um microssistema de tutela do custeio suficiente e progressivo dos direitos fundamentais.

Se assim não fosse, aliás, nem mesmo razão de ser haveria para a instituição das contribuições sociais como tributo autônomo, tampouco para a pretensão de o Estado cobrar taxas referidas à cobrança de serviços públicos capazes de gerar comodidades e bem-estar para o cidadão. É indisponível a correlação de proporcionalidade entre o fluxo da receita tributária e as despesas que visam assegurar o custeio dos direitos fundamentais, como um verdadeiro pacto fundante que fixa a equação sobre quais meios de que o Estado dispõe para atingir os fins almejados pela sociedade.

Diante de tais premissas, o aludido microssistema deveria ser aplicado integradamente, sob pena não conseguir atuar como uma verdadeira estrutura de contenção do retrocesso e de proteção da estabilidade jurídica e da progressividade fiscal do financiamento dos direitos fundamentais. Sua fragmentação hermenêutica é que permite a erosão fiscal da priorização constitucional conferida ao custeio dos nucleares direitos sociais.

Falta aos operadores do Direito promover sua forte integração para que seja alcançada a finalidade da máxima e progressiva eficácia dos direitos fundamentais, de que trata o artigo 5º, parágrafos 1º e 2º, da Constituição.

Mas de quais normas está-se a tratar quando se fala em um "microssistema de tutela do custeio dos direitos fundamentais"? A seguir se propõe a leitura conjugada dos dispositivos que contemplam, entre outras balizas, deveres de aplicação mínima em saúde e educação, vinculações de receita, regime de competências federativas, responsabilidades e sanções em prol da prioridade alocativa dos direitos sociais no orçamento público dos entes políticos. O microssistema que se está a suscitar é composto nuclearmente pelas seguintes normas:

1) hipóteses de intervenção inscritas nos artigos 34, VII, alínea "e", e 35, III, da CR/1988, o que lhes atribui a natureza de *princípios sensíveis*, cuja sanção pelo descumprimento dos deveres de gasto mínimo em saúde e educação enseja vedação de reforma (aprovação de emendas constitucionais) durante o período em que durar a intervenção (artigo 60, parágrafo 1º, da CR/1988);

2) condicionamento das transferências de recursos provenientes das receitas de que tratam o inciso II do *caput* do artigo 158, as alíneas "a" e "b" do inciso I e o inciso II do *caput* do artigo 159 (Fundo de Participação dos Municípios – FPM e Fundo de Participação dos Estados – FPE), na forma do artigo 160, parágrafo único, inciso II, da Constituição, em caso de descumprimento do dever de aplicação mínima de recursos em ações e serviços públicos de saúde;

3) vedação de transferências voluntárias na forma do artigo 25, IV, alínea "b", da Lei de Responsabilidade Fiscal em caso de déficit de aplicação quanto aos pisos de custeio em saúde e educação;

4) hipótese de rejeição das contas, segundo os artigos 49, IX, e 71, I da Constituição;

5) existência de uma sistemática orçamentária apartada na forma do artigo 165, parágrafo 5º, III, para resguardar o orçamento da seguridade social e assegurar a universalidade da cobertura e do atendimento, bem como a irredutibilidade dos benefícios referidos aos direitos à saúde, à previdência e à assistência social ali inseridos, nos moldes do artigo 194, parágrafo único, incisos I e IV, da Constituição;

6) espécie tributária das contribuições sociais (artigos 149 e 195 da CR/88), cuja existência no ordenamento brasileiro somente se justifica em face da sua destinação à seguridade social;

7) exceção explícita ao princípio da não afetação do produto da arrecadação de impostos de que trata o artigo 167, IV, da Constituição;

8) organização da política pública em nível constitucional, a exemplo do Sistema Único de Saúde – SUS (artigo 200), do Fundeb (artigo 211 da CR/1988 e artigo 60 do ADCT) e do Plano Nacional de Educação – PNE (orientado pelo artigo 214, mas cujo conteúdo substantivo tem assento nos princípios do artigo 206 e nos deveres do artigo 208);

9) garantia de continuidade de transferências voluntárias, ainda que o ente político incorra em outras hipóteses normativas de lesão à Lei de Responsabilidade Fiscal – LRF (parágrafo 3º do artigo 25 da LC nº 101/2000);
10) impossibilidade de contingenciamento de despesas obrigatórias assim formalmente reconhecidas constitucional e legalmente, na forma do parágrafo 2º do artigo 9º da LRF;
11) impossibilidade de tredestinação a outros fins, na forma do artigo 8º, parágrafo único da LRF;
12) responsabilidade pessoal do gestor em caso de déficit de aplicação, desvio, fluxo irregular ou falta de condicionamento dos repasses, dentre outras formas de mitigar ou fraudar os recursos destinados à saúde e à educação, segundo dispõem o artigo 208, parágrafo 2º, da Constituição, o artigo 60, XI, do ADCT, o artigo 46 da Lei Complementar nº 141/2012, o artigo 69, parágrafo 6º, da Lei de Diretrizes e Bases da Educação Nacional (Lei nº 9.394/1996), o artigo 1º, incisos III, IV e XXIII, do Decreto-Lei nº 201/1967, artigo 7º, item 9, e artigo 10, itens 4 e 12, da Lei nº 1.079/1950 e o artigo 13 da Lei nº 8.429/1992;
13) dever de implementação progressiva dos direitos no nível máximo de recursos disponíveis conforme o Pacto Internacional sobre Direitos Econômicos, Sociais e Culturais (promulgado pelo Decreto nº 591/1992), que, em seu artigo 2º, item 1, assim determinou:

> Cada um dos Estados Partes no presente Pacto compromete-se a agir, quer com o seu próprio esforço, quer com a assistência e cooperação internacionais, especialmente nos planos econômico e técnico, no máximo dos seus recursos disponíveis, de modo a assegurar progressivamente o pleno exercício dos direitos reconhecidos no presente Pacto por todos os meios apropriados, incluindo em particular por meio de medidas legislativas.

E, por fim, mas não menos importante;
14) obrigação de adotar medidas até o máximo da disponibilidade orçamentária em prol dos direitos sociais, econômicos e culturais, inscrita no artigo 1º do Protocolo Adicional à Convenção Americana sobre Direitos Humanos em matéria de Direitos Econômicos, Sociais e Culturais, também conhecido como Protocolo de São Salvador (promulgado pelo Decreto nº 3.321/1999), cujo inteiro teor é o seguinte:

> os Estados Partes neste Protocolo Adicional à Convenção Americana sobre Direitos Humanos comprometem-se a adotar as medidas necessárias, tanto de ordem interna como por meio da cooperação entre os Estados, especialmente econômica e técnica, até o máximo dos recursos disponíveis e levando em conta seu grau de desenvolvimento, a fim de conseguir, progressivamente e de acordo com a legislação interna, a plena efetividade dos direitos reconhecidos neste Protocolo.

Todos esses preceitos são instrumentos de contenção do considerável risco de retrocesso no estágio de proteção alcançado pelos direitos fundamentais. Mas, como já dito, não se pode tomá-los em consideração isoladamente, pois sua leitura precisa ser feita de forma integrada e integradora.

O microssistema de tutela do custeio constitucionalmente adequado dos direitos fundamentais exige que os governos de todos os níveis da federação busquem realizar um ajuste fiscal conforme o texto permanente da Constituição e não contra ela ou a despeito dela.

O ministro Celso de Mello, do STF, quando da relatoria da ADPF nº 45/DF, asseverou que o arbítrio estatal não pode se opor à efetivação dos direitos sociais, donde foi firmada, paradigmaticamente, a necessidade de o Judiciário intervir em prol da "preservação, em favor dos indivíduos, da integridade e da intangibilidade do núcleo consubstanciador do 'mínimo existencial'".

Em face do risco de esvaziamento do orçamento da seguridade social e de revisão do dever de progressividade na oferta dos direitos fundamentais à saúde e à educação, urge indagar acerca do controle judicial do ciclo orçamentário para tensionar, se necessário, o seu papel instrumental em face do dever de garantir a efetividade dos direitos sociais.

3 Iniquidade fiscal decorrente da tensão entre estabilidade macroeconômica e financiamento dos direitos fundamentais

Como se fossem antípodas em disputa no orçamento geral da União, a tensão entre estabilidade econômica e efetividade dos direitos sociais se situava sobre frágil equilíbrio jurídico-institucional, com repercussão direta ou indireta para o processo de endividamento.

Dada a existência mal equacionada de inúmeros conflitos distributivos incidentes sobre as contas públicas, os pisos de custeio da saúde e educação (arts. 198 e 212 da CF/1988), bem como o orçamento da seguridade social (art. 165, §5º, III, e art. 195, §2º, ambos da CF), operavam, tanto no campo simbólico quanto no pragmático, como uma espécie de contrapeso fiscal à necessidade de custo alegadamente ilimitado para as políticas monetária, creditícia e cambial.

Desvincular receitas, reduzir o escopo dos regimes de gasto mínimo e restringir o alcance interpretativo de transferências intergovernamentais equalizadoras das distorções federativas tornou-se estratégia, assumida implicitamente pela União desde o início da década de 1990, de estabilização macroeconômica, sobretudo, monetária.

Interessante notar a trajetória da desvinculação de receitas no Ato das Disposições Constitucionais Transitórias, cuja maior repercussão é a redução do saldo de contribuições sociais destinadas ao Orçamento da Seguridade Social. A instituição da desvinculação de receitas se deu por meio da Emenda Constitucional de Revisão nº 1, de 1º de março de 1994, a pretexto de ser medida alegadamente transitória e excepcional, mas, desde então, foi sucessivamente prorrogada por meio de nove emendas[1] ao ADCT para estender a sua vigência até 31.12.2032.

Por outro lado, cabe rememorar o esvaziamento da responsabilidade de equalização fiscal da União em face dos demais entes federados nas políticas públicas de

---

[1] A saber, Emendas Constitucionais n. 10, de 4 de março de 1996; nº 17, de 22 de novembro de 1997; nº 27, 21 de março de 2000; nº 42, de 19 de dezembro de 2003; nº 56, de 20 de dezembro de 2007; nº 68, de 21 de dezembro de 2011; nº 93, de 8 de setembro de 2016; nº 126, de 21 de dezembro de 2022; bem como nº 132, de 20 de dezembro de 2023.

educação e saúde, cujo arranjo orgânico constitucionalmente pressupõe o rateio federativo de recursos na forma tanto do Fundo de Desenvolvimento da Educação Básica e de Valorização dos Profissionais da Educação (Fundeb) quanto do Sistema Único de Saúde (SUS).

A omissão federal quanto ao dever de complementação equitativa na educação básica obrigatória afronta o artigo 211, §§1º e 7º, da Constituição e as estratégias 7.21, 20.6 e 20.7 do Plano Nacional de Educação (Lei Federal nº 13.005/2014) que se referem ao conceito do custo aluno qualidade inicial e custo aluno qualidade (CAQi e CAQ). Tal omissão já foi diagnosticada, embora não totalmente sanada, pelas instâncias de controle, como se depreende do parcelamento da quitação dos precatórios do extinto Fundef por meio do art. 4º da Emenda nº 114, de 16 de dezembro de 2021.

Na saúde, a falta de consolidação das pactuações federativas celebradas na Comissão Intergestores Tripartite para aprovação do Conselho Nacional de Saúde e publicação pelo Ministério da Saúde restringe nuclearmente o alcance do artigo 198, §3º, II, da Constituição, tal como consignado pelo Acórdão TCU 2.888/2015.

Some-se a isso o fato de que o piso federal em ações e serviços públicos de saúde — fixado inicialmente pelo artigo 55 do ADCT em 30% do orçamento da seguridade social — foi redesenhado de forma reducionista pelas Emendas nº 29, de 13 de setembro de 2000; nº 86, de 17 de março de 2015; e nº 95, de 15 de dezembro de 2016, o que fez com que a participação proporcional da União no custeio do SUS tenha retraído consideravelmente no volume global de recursos públicos vertidos pelos três níveis da federação.

Eis o contexto em que é preciso reconhecer, como dois lados da mesma moeda, a regressividade proporcional de custeio dos direitos fundamentais por parte da União, de um lado, e a fragilização da equitativa descentralização de responsabilidades e repasses federativos que amparam políticas públicas definidas estruturalmente no texto constitucional, de outro.

Desde 1988, tem sido erodido o constitucionalismo dirigente assumido na CF, a pretexto de consolidação fiscal cada vez mais exigente da redução do tamanho do Estado. Eis o processo de inversão de prioridades alocativas definidas constitucionalmente, quiçá esteja-se diante de toda uma "constituição dirigente invertida" (BERCOVICI; MASSONETTO, 2006).

Tal trajetória foi criticamente acentuada desde a promulgação da Emenda nº 95, de 15 de dezembro de 2016, e reiterada no âmbito da Lei Complementar nº 200, de 30 de agosto de 2023. É, por sinal, paradigmático constatar que ambas as estratégias de ajuste foram concebidas para serem aplicadas apenas ao governo federal, o que tende a agravar a retração federal no custeio dos direitos fundamentais, cuja consecução ordinária é responsabilidade de todos os níveis da federação.

A EC nº 95/2016 estabeleceu um vintenário "Novo Regime Fiscal" (2016/2036), que fixou o teto de despesas primárias que garantia apenas correção monetária aos pisos em saúde e educação (art. 110 do ADCT), despregando tais vinculações do comportamento da arrecadação federal.

Por sua vez, a LC nº 200/2023 atendeu ao pleito da Emenda nº 126/2022 de revogação do teto, ao dispor sobre o "regime fiscal sustentável" (vulgarmente conhecido como "Novo Arcabouço Fiscal" — NAF). A manutenção do NAF tende a implicar — mais cedo ou mais tarde — a revisão reducionista dos pisos constitucionais, dada a sua incompatibilidade matemática com o limite máximo de crescimento da despesa primária previsto na LC nº 200/2023 de 70% da margem de expansão da receita primária.

Desde a desvinculação de receitas até o "regime fiscal sustentável", as rodadas de ajuste fiscal visaram primordialmente desacelerar o ritmo de expansão das despesas que amparam o custeio dos direitos fundamentais, negando-lhes a prioridade constitucional ao refutar a progressividade garantida pela relação de proporcionalidade com a arrecadação estatal.

Alega-se, recorrentemente, que o Estado de Bem-Estar Social desenhado na Constituição não cabe no PIB e, por conseguinte, no orçamento público. Ocorre, contudo, que quem questiona o peso das despesas referidas ao custeio dos direitos fundamentais, opaca e maliciosamente, tem se valido da majoração exaustiva das hipóteses de receitas a eles vinculadas para realocar o produto da sua arrecadação, de forma tergiversadora, em outras finalidades.

Em todos os instrumentos normativos de ajuste fiscal alegadamente buscou-se juridicamente obrigar o Estado à formação de saldos positivos para o pagamento, direta ou indiretamente, das despesas financeiras, mitigando as vinculações de receitas, os deveres de gasto mínimo e até mesmo adiando a exigibilidade das despesas primárias obrigatórias, a exemplo do que sucedeu com o parcelamento dos precatórios federais nas Emendas nºs 113 e 114/2021.

DRU, LRF, Teto e NAF impuseram mecanismos de contenção linear do custeio dos direitos fundamentais no âmbito da União, independentemente dos deveres constitucionais e responsabilidades federativas. A bem da verdade, tamanho redesenho fiscal falseia a incompetência governamental em planejar o atendimento das demandas sociais intertemporalmente, de modo a permitir o controle anual da execução das receitas e despesas à luz do que fora planejado. Daí decorre o caráter insuficiente da avaliação das metas fiscais, inclusive para fins de concessão de renúncias de receitas, geração de novas despesas, entre as quais, em especial, despesas com pessoal ativo e inativo, bem como incentivos creditícios ao mercado.

Não é admissível frustrar e adiar as obrigações impostas ao poder público para manter receitas desvinculadas e regimes fiscais que, por concepção, discriminam despesas primárias em face das despesas financeiras, sem qualquer limite ou baliza para essas e sem qualquer proporcionalidade equitativa entre aquelas e o fluxo das receitas.

O mais dramático é que a promessa de limites lineares que trafegariam soluções fáceis para problemas antigos e complexos tem comprometido estruturalmente o custeio constitucionalmente adequado dos direitos sociais, notadamente a seguridade social (em seu tripé previdência, assistência social e saúde) e a educação.

O que esteve e ainda está em disputa nas estratégias de ajuste fiscal empreendidas no Brasil ao longo da vigência da CF/1988 é a interpretação sobre o alcance das normas que tanto distribuem responsabilidades federativas em arranjos orgânicos para a consecução de políticas públicas; quanto fixam vinculações de receita, deveres de gasto mínimo em saúde e educação e um orçamento especializado na seguridade social.

4 Ajustes ausentes sobre a regressividade tributária e sobre a natureza opaca e ilimitada das despesas financeiras

Enquanto isso, nenhum avanço efetivo houve no regramento dos limites para a dívida mobiliária e consolidada da União (em omissão inconstitucional quanto aos artigos 48, XIV e 52, VI, da CF); na relação temerária entre Tesouro e Banco Central (cujos custos e riscos fiscais das políticas cambial e monetária são mal equalizados no ciclo orçamentário); tampouco na contenção das renúncias fiscais, a despeito do artigo 14 da Lei de Responsabilidade Fiscal e do artigo 113 do ADCT, acrescido pela Emenda nº 95.

A bem da verdade, essa tensão não é privativa da realidade brasileira, tampouco corresponde a um fenômeno recente. O questionamento do arcabouço protetivo do Estado de Bem-Estar Social (tal como fora construído por inúmeras nações democráticas em todo o mundo) tem ocorrido, desde a década de 1970, a partir da agenda de austeridade fiscal que busca lhe reduzir escopo em prol da primazia de custeio das despesas financeiras (STREECK, 2013).

Caso houvesse equidade no debate brasileiro sobre ajuste intertemporal nas contas públicas para torná-lo consonante com o ordenamento constitucional vigente e enquanto não forem fixados os limites de endividamento federal a que se referem o artigo 48, XIV, e artigo 52, VI, da Constituição Federal, deveriam ser vedadas:

    a) a criação ou expansão de programas e linhas de financiamento;
    b) a remissão, renegociação ou refinanciamento de dívidas que impliquem ampliação das despesas com subsídios e subvenções e;
    c) a concessão ou a ampliação de incentivo ou benefício de natureza tributária.

Se, por um lado, a regressividade tributária trata-se de "agenda negligenciada" (GOBETTI; ORAIR, 2016); por outro, o regime jurídico das despesas financeiras considera como se essas fossem "despesas ausentes" (MAGALHÃES; COSTA, 2018).

Embora seja inegável a necessidade de aprimoramento da qualidade do gasto primário para sua maior aderência ao respectivo planejamento setorial das políticas públicas, em termos de metas físicas e financeiras, bem como seja imperativa a busca por controle de produtividade mínima dos servidores públicos na despesa de pessoal, não se pode ignorar a necessidade de ampliar o foco do debate sobre as regras fiscais do país.

A raiz do impasse fiscal brasileiro reside na falta de coordenação entre as políticas fiscal, monetária e cambial, com severa fragilidade institucional e normativa para a gestão da dívida pública.

Sem se ampliar o enfoque do ajuste fiscal para que ele passe a compreender também os impasses na gestão das receitas e das despesas financeiras, somente se empreenderá — de forma ainda mais veloz e evidente — a erosão orçamentário-financeira dos direitos sociais, em desconstrução do eixo de identidade da Constituição de 1988.

O equilíbrio nas contas públicas exige que se vá além da seletiva abordagem de ajuste adstrito às despesas primárias. É preciso igualmente que se enfrente a iniquidade e a ineficiência na gestão das receitas e que se balize minimamente a repercussão opaca e ilimitada para a dívida pública das despesas financeiras, as quais revelam, entre outras dimensões, o impacto fiscal das decisões do Banco Central do Brasil (BCB) no âmbito das políticas monetária, creditícia e cambial.

Ora, para falar de equilíbrio das contas públicas em um sentido, de fato, equitativo, que permita voltar a resgatar os investimentos, fomentar o crescimento econômico, mitigar a desigualdade, bem como buscar o próprio desenvolvimento sustentável no sentido mais amplo, o país precisa resgatar a percepção sistêmica das finanças públicas.

Responsabilidades fiscal e social conjugam-se quando efetivamente são reguladas e bem geridas as receitas governamentais, todas as despesas estatais (primárias e financeiras) e a dívida pública. Não se pode falar em regime jurídico das finanças públicas apenas seletivamente contendo as despesas primárias e ignorando as iniquidades dos demais eixos.

Eis a razão pela qual são oportunas e necessárias as reflexões sobre eventuais distorções na atuação do BCB. Cabe aqui exemplificar as lacunas normativas ainda persistentes, mesmo após a edição da LC nº 179/2021, diante do risco de captura na relação entre autarquia reguladora e mercado regulado, bem como em face do potencial conflito de interesses no processo administrativo de identificação de expectativas inflacionárias.

Ora, haveria maior impessoalidade e equidistância do BCB em relação ao mercado financeiro se houvesse regras mais robustas de quarentena prévia e posterior dos dirigentes com mandato fixo na autarquia, para reduzir a tendência de "porta-giratória" bem como se fosse adotado o regime de consulta pública, nos moldes da Lei nº 9.784/1999, para a elaboração do Boletim Focus, algo que, aliás, outras agências reguladoras adotam diante de mercados regulados analogamente fortes (vide Anvisa, que limita e coordena a atuação das indústrias farmacêutica, de alimentos ultraprocessados, de cigarros eletrônicos etc.).

É preciso pautar a necessidade de maior motivação para o descumprimento persistente da meta de inflação mesmo com o manejo prolongado de altas taxas básicas de juros, para o manejo — desproporcionalmente alto em termos internacionais — das operações compromissadas e outras sensíveis dimensões da atuação do Banco Central.

Dada a sua significativa repercussão para a dívida pública, a política monetária precisa dialogar com a política fiscal, sob pena de se instalar uma polarização implícita entre estabilidade da moeda e custeio dos direitos fundamentais, que tende a comprometer, em regra, apenas esses últimos.

É igualmente relevante pontuar que a mensuração da sustentabilidade da trajetória da dívida pública está intimamente relacionada ao padrão de crescimento do produto interno bruto (PIB), até porque o parâmetro de monitoramento adotado pelo Brasil é a relação entre a dívida bruta do governo geral (DBGG) e o PIB, ou seja, numerador e denominador importam.

Para que o país volte a promover investimentos e consiga destravar a capacidade de implementar progressivamente os direitos fundamentais à luz da Constituição de 1988, é preciso que se faça a revisão das regras fiscais brasileiras a partir desse prisma ampliado entre receitas, despesas e dívida públicas.

De um lado, urge aprimorar a gestão das receitas, buscando torná-las mais progressivas e eficientes; revendo, por exemplo, as renúncias fiscais; enfrentando o estoque volumoso da dívida ativa, que não se arrecada como deveria etc. Há uma inegável disparidade na regressiva matriz tributária brasileira, onde se sobrecarrega a taxação incidente sobre a produção e o consumo ao invés de efetivamente tributar o patrimônio e a renda.

Por outro lado, é preciso acompanhar, no mínimo pelo prisma dos princípios da motivação, transparência e proporcionalidade, o impacto causado pelas despesas financeiras sobre a dívida pública. A percepção assimétrica de riscos fiscais tem imposto rotas seletivas de ajuste apenas incidentes sobre despesas primárias, sendo iníquo tal arranjo normativo de regras fiscais, na medida em que, por vezes, promove uma inversão das prioridades constitucionais no ciclo orçamentário nos diversos entes da federação.

Se só há o diagnóstico de risco fiscal no custeio intertemporal dos direitos fundamentais, esquece-se de aprimorar as outras dimensões que também impactam a dívida pública.

Vale lembrar que, diante da pluralidade de objetivos fixada na Lei Complementar nº 179, de 24 de fevereiro de 2021, que atribuiu autonomia operacional ao BCB, ele deveria motivar porque apenas considera, de forma explícita em seus modelos, a estabilidade de preços. Muito embora seja claro que a principal finalidade do BCB é a gestão da estabilidade da moeda, sua atuação não pode ignorar que há objetivos complementares em seu regime legal de autonomia. Também devem ser suavizados os ciclos econômicos, deve ser mantida a estabilidade do sistema financeiro e deve-se, tanto quanto possível, buscar ampliar o nível de emprego na economia.

Precisamente nessa interface entre Economia e Direito, importa resgatar o fato de que a Constituição prevê que haja "regime fiscal sustentável", tanto quanto "trajetória sustentável da dívida pública". Cabe conjugar ambos os desafios constitucionais, entre outras hipóteses, mediante o diálogo coordenado entre as políticas monetária e fiscal, ao que se somam as políticas cambial e creditícia. Somente assim seria possível conceber a gestão da dívida pública de uma forma menos maniqueísta.

Há anos tem-se vilanizado o Estado, como se fosse ontológica e aprioristicamente mau gastador. Diz-se que não sabe compreender o seu papel e que o mercado seria sempre o melhor espaço de alocação racional e eficiente, quando, na verdade, o país precisa aprimorar a qualidade da execução das finanças públicas, mediante elaboração e contínuo monitoramento de um consistente planejamento do ciclo orçamentário que mobilize as expectativas do mercado, que permita a racionalidade alocativa do Estado e que projete o médio prazo.

Falta ao país, em última instância, projetar o horizonte de futuro da sociedade de forma mais clara e mais racional, sem tanta captura de curto prazo, a exemplo do que aconteceu com o abuso das emendas parlamentares no âmbito do chamado "orçamento secreto".

Somente haveria racionalidade alocativa se a sociedade brasileira sistematizar e introduzir a noção de ordenação legítima de prioridades, a partir do fortalecimento do planejamento. Todo o debate de qualidade do gasto público e de atuação legítima do Estado brasileiro passa pela integração do planejamento com o orçamento. Apenas a partir daí, seria possível tentar consolidar, em estrita consonância com a Constituição de 1988, essa visão sistêmica das finanças públicas, sem que restem vilanizadas ou amesquinhadas, de forma preconceituosa e apriorística, as despesas primárias ou mesmo toda a própria política fiscal.

Ampliar esse debate estrutural é esforço que necessariamente pressupõe o enfrentamento das iniquidades na gestão da receita e do caráter ilimitado e opaco da repercussão para a dívida pública da atuação das políticas cambial, creditícia e monetária a cargo do Banco Central.

5 Considerações finais

Enquanto são mantidas relativamente intocadas e opacas a regressiva matriz tributária brasileira e a repercussão ilimitada das despesas financeiras sobre a dívida bruta do governo geral — DBGG, para fins de gestão das políticas cambial, creditícia e monetária pelo Banco Central; as despesas primárias que promovem a consecução dos direitos fundamentais foram eleitas como variável preferencial (quiçá única) de ajuste e, por conseguinte, de adiamento.

Para que fosse cumprido o catálogo de direitos inscrito constitucionalmente, deveria ser expandida a capacidade arrecadatória estatal, o que poderia ser alcançado a partir do fomento ao crescimento econômico, da progressividade tributária e da reorientação das incidências, e não necessariamente por meio de maior contribuição global. Em igual medida, deveria ser gerida a dívida pública de modo a distribuir custos e riscos da ação governamental, mediante uma equitativa coordenação entre as políticas macroeconômicas. No limite, todas as opções de gestão das políticas fiscal, cambial, creditícia e monetária desaguam na dívida pública, daí por que é nela que devem ser processados legitimamente os parâmetros de sustentabilidade intertemporal das contas públicas em face das demandas socialmente democráticas.

O contrato social assumido há 35 anos requeria a ampliação da presença do Estado e a redistribuição da riqueza para mitigar a crônica desigualdade do país e equalizar os riscos da vida em sociedade. Em suma, a prioridade da Constituição era resguardar a efetividade de direitos sociais, mediante serviços públicos, que seriam prestados a partir de arranjos federativos cooperativos e garantias de custeio proporcional ao nível da arrecadação estatal.

Aliás, distribuir custos e riscos presentes e futuros de forma legítima, em diálogo com o mercado e a sociedade, é o maior desafio para as finanças públicas. Sem isso, resta frustrada a possibilidade de planejar coletivamente e pactuar o futuro comum. Quando estão ausentes a ordenação legítima de prioridades e a distribuição equitativa de riscos, o ciclo orçamentário passa a ser operado de forma extremamente suscetível a capturas de curto prazo que visam tão somente maximizar a utilidade dos agentes públicos e privados que promovem, direta ou indiretamente, a ação estatal.

Sem clara e forte pactuação de futuro comum periodicamente monitorada, o orçamento público corre o risco de ser executado como uma verdadeira caça às rendas ou concurso de credores, tal como o "direito das insolvências" a que se refere Streeck (2013, p. 137). Em cada ato de arrecadação (ou sua inibição, tal como sucede com as renúncias fiscais), de assunção de despesa e de gestão da dívida pública, interpõem-se intermediários que pretendem lançar a sua agenda individual como se fora de interesse coletivo.

Precisamente por isso, o devido processo legislativo orçamentário estabelece filtros de identificação e ordenação das demandas ao longo das leis de plano plurianual, diretrizes orçamentárias e orçamento anual, respectivamente, PPA, LDO e LOA. Assim como há diversos mecanismos normativos de monitoramento da execução orçamentária conforme o planejamento setorial das políticas públicas.

Todavia, aludido arranjo institucional não foi plenamente implementado no Brasil, por força de limites no próprio desenho das instituições e das políticas públicas em relação à sua capacidade de enfrentamento efetivo da desigualdade. Some-se a isso a considerável resistência dos diversos grupos de pressão que se beneficiam do trato fragmentado, casuístico e voluntarioso dos recursos públicos.

A bem da verdade, o pacto constitucional civilizatório brasileiro não conseguiu enfrentar estruturalmente a desigualdade associada à concentração no topo (SOUZA, 2018), tendo apenas a normalizado e contido discretamente sua trajetória acentuada de crescimento, tal como registrada durante a ditadura militar. Isso ocorre por força dos vários arranjos institucionais que perenizam opacos instrumentos de fuga à tributação e seletivos benefícios fiscais e creditícios, tanto quanto garantem, por conseguinte, relativamente alta e segura remuneração da liquidez subtributada no bojo do serviço da dívida.

Desde 1988, influxos civilizatórios de médio e longo prazo concorrem diuturnamente com pretensões de curto prazo econômico e político-eleitoral, sem que esteja assegurado sequer o cumprimento nuclear das obrigações de fazer definidas legal e constitucionalmente.

Obviamente não é neutra, tampouco natural a frustração da capacidade constitucional de se pactuar o futuro comum em torno de políticas públicas a serem executadas, conforme a deliberação democrática periódica que deveria ordenar legitimamente prioridades no ciclo orçamentário.

Recorrentemente há quem se mobilize contra a implementação plena do pacto social de 1988, porque, desde a década de 1990, tem sido forte a demanda por redução do tamanho do Estado, para que concomitantemente fosse minorada a carga tributária e restasse majorado o espaço de exploração lucrativa da oferta de serviços de interesse social pelo mercado (saúde, educação e previdência complementar, por exemplo). Em igual medida, a crítica às vinculações orçamentárias que amparam os direitos fundamentais, por construírem suposto engessamento, aproveita aos que querem manejar o orçamento de forma discricionária, quiçá arbitrária, para tentar direcioná-lo à maximização da sua utilidade de curto prazo eleitoral.

A despeito de tantos e tamanhos conflitos distributivos, o advento da Constituição de 1988 pautou a necessidade de a sociedade mitigar a tendência de captura do ciclo orçamentário, enquanto se avolumava a demanda pela expansão legítima dos gastos públicos em prol das máximas cobertura e eficácia dos direitos fundamentais. Em síntese, o que se almejava eram mais e melhores gastos públicos, mediante equalização das receitas governamentais conforme a capacidade contributiva dos agentes econômicos e gestão equilibrada da dívida pública.

Entre o arranjo constitucional e a realidade econômica, contudo, foi paulatinamente instalado, desde o início da década de 1990, um conflito hermenêutico, segundo o qual, diante do temor de descontroles fiscal e inflacionário, arriscado seria cumprir a Constituição. Daí se explica a sua erosão fiscal ao longo de várias rodadas de ajuste contracionista.

Muito embora o novo pacto social, alcunhado de "Constituição Cidadã", tenha servido para simbólica e supostamente superar o trauma político da ditadura militar, pouco tempo após a sua promulgação, passou a ser acusado de ser a principal fonte de instabilidade macroeconômica do país.

Em paralelo, a agenda de controle acerca da adequada aplicação dos recursos públicos potencializou a pressão pela redução do tamanho do Estado, como se os fenômenos da corrupção e da ineficiência fossem exclusiva e ontologicamente atrelados à seara governamental.

É seletiva, contudo, a pretensão de alcançar sustentabilidade da dívida pública apenas por meio do controle das despesas primárias. A iniquidade dessa rota se revela especialmente diante do contraste com a falta de transparência e de suficiente motivação na trajetória intertemporal das despesas financeiras; assim como em face da matriz tributária regressiva, onde subsistem, entre outras falhas, renúncias fiscais concedidas por prazo indeterminado e sem adequado monitoramento das contrapartidas prometidas quando de sua concessão, ao arrepio do art. 14 da LRF.

Há intensa repercussão sobre a dívida pública na condução das políticas cambial, creditícia e monetária a cargo do Banco Central, porém pouco é debatido o severo déficit de transparência em tal seara.

Todavia, a própria noção de equidade fiscal encontra-se interditada e, em função de uma narrativa enviesada e opaca de contenção apenas das despesas primárias, foram contrapostos — de forma intransponível — Constituição e orçamento, já que aquela alegadamente não caberia nos limites desse. É como se o país tivesse sido levado a crer que seria impossível cumprir plenamente a Constituição de 1988, a pretexto de restrição fiscal, contenção da inflação e da corrupção, bem como alegada correlação ontológica entre eficiência alocativa e escassez.

Em vez de pautar o conteúdo qualitativamente necessário da ação estatal, foram inseridos no ordenamento pátrio parâmetros formais de redução do tamanho do Estado. Escolheu-se limitar fiscalmente o cumprimento da própria CF/1988, sem que sequer fossem aprimorados os mecanismos de planejamento acerca dos rumos da ação governamental e do financiamento desta. Donde foram reordenadas as prioridades alocativas e redistribuídos os custos e riscos decorrentes da ação estatal ao longo de inúmeros redesenhos normativos nas finanças públicas brasileiras.

Ao restar consideravelmente esvaziada a própria possibilidade de construção de alternativas democráticas em dois pilares do ciclo orçamentário (composição de receitas mais progressivas e controle das despesas financeiras), erode-se fiscalmente a Constituição para conter a priorização do custeio dos direitos fundamentais. Todavia, são ajustadas explicitamente — ou adiadas como forma de ajuste implícito — única e tão somente as despesas primárias que garantem a consecução desses direitos, para que, talvez, em momento posterior indefinido, possam vir a ser cumpridas as promessas de equalização da regressividade tributária e das distorções nas despesas financeiras.

Persiste, porém, a falta de clareza sobre o planejamento de médio prazo e sobre o tamanho constitucionalmente necessário do Estado brasileiro. Enfim, a erosão revela a face estrutural do impasse, enquanto as roupagens contingentes de ajuste fiscal são apresentadas para negar cumprimento tempestivo e suficiente aos ditames constitucionais.

Aludida corrosão do microssistema de tutela do custeio dos direitos fundamentais em que se assenta o pacto civilizatório de 1988 invisibiliza e naturaliza a desigualdade por dentro do ciclo orçamentário.

Referências

BERCOVICI, G.; MASSONETTO, L. F. A Constituição dirigente invertida: a blindagem da Constituição financeira e a agonia da Constituição econômica. *Boletim de Ciências Econômicas*, Coimbra, 49: 57-77, 2006.

GOBETTI, S.W.; ORAIR, R.O. *Progressividade tributária*: a agenda negligenciada. Brasília: IPEA, 2016 (Texto para Discussão nº 2190). Disponível em: http://www.ipea.gov.br/portal/images/stories/PDFs/TDs/td_2190.pdf. Acesso em: 20 dez. 2023.

MAGALHÃES, L.C.G.; COSTA, C.R. *Arranjos institucionais, custo da dívida pública e equilíbrio fiscal*: a despesa "ausente" e os limites do ajuste estrutural. Brasília: IPEA, 2018 (Texto para Discussão nº 2403). Disponível em: http://www.ipea.gov.br/portal/images/stories/PDFs/TDs/td_2403jjj.pdf. Acesso em: 14 jan. 2024.

SOUZA, Pedro H. G. Ferreira de. *Uma história da desigualdade:* a concentração de renda entre os ricos no Brasil, 1926-2013. São Paulo: Hucitec: Anpocs, 2018.

STREECK, W. *Tempo Comprado*: a crise adiada do capitalismo democrático. Coimbra: Actual, 2013.

Informação bibliográfica deste livro, conforme a NBR 6023:2018 da Associação Brasileira de Normas Técnicas (ABNT):

PINTO, Élida Graziane. Custeio dos direitos fundamentais sob erosão fiscal. *In*: PASQUALINI, Alexandre; CUNDA, Daniela Zago Gonçalves da; RAMOS, Rafael (coord.). *Direito, sustentabilidade e inovação*: estudos em homenagem ao professor Juarez Freitas. Belo Horizonte: Fórum, 2025. p. 223-237. ISBN 978-65-5518-957-5.

A RESPONSABILIDADE CIVIL DO ESTADO NO DIREITO COMPARADO

EUGÊNIO FACCHINI NETO

1 Introdução

Conheci o Prof. Juarez Freitas há mais de 30 anos, quando eu ainda era juiz em Passo Fundo e ele lá esteve para proferir memorável palestra. Desde então minha admiração por ele e seu trabalho foi crescente. Inicialmente pela leitura de suas muitas obras, envolvendo as mais diversas áreas do conhecimento, destacando-se aquelas relativas à Hermenêutica, Direito Administrativo e Direito Ambiental. Depois, no início dos anos 2000, fui honrado pelo convite por ele feito, na condição de coordenador do PPGD da PUCRS, para integrar o corpo docente daquela instituição de ensino. E então, por muitos anos, pude testemunhar mais de perto sua verdadeira genialidade do ponto de vista científico, sua capacidade gerencial, sua afabilidade no trato das pessoas, sua habilidade para agregar e manter um excelente ambiente de trabalho, como ocorreu ao longo de toda a sua gestão sobre nosso PPGD. Em alguns momentos especiais ao longo desses anos, pudemos estreitar mais nossos laços de amizade e esses sentimentos de gratidão e admiração definitivamente se consolidaram. Por isso, sinto-me privilegiado e honrado de poder participar desta coletânea em justa homenagem a esse grande jurista pátrio.

Para tanto, escolhi um tema que dialoga com nossos interesses acadêmicos – o Direito Administrativo do homenageado e a responsabilidade civil desse humilde professor. Como o professor Juarez já havia organizado uma notável coletânea sobre a "Responsabilidade civil do Estado" (editada pela Malheiros, em 2006) – para a qual também contribuiu com magnífico estudo sobre a "Responsabilidade Civil do Estado e o Princípio da Proporcionalidade: Vedação de Excesso e de Inoperância" —, resolvi enveredar por um viés não muito explorado em nosso país: a responsabilidade civil do Estado em perspectiva comparada.

O tema da responsabilidade civil de entes públicos mescla considerações de várias ordens. Do Direito Privado vem a noção básica de responsabilidade civil, ou seja, a ideia de que quem causa danos a outrem, preenchidos certos pressupostos, deve repará-los. Navega-se, aqui, no mar da justiça comutativa. Envolve, também, noções de Direito Administrativo, mais sensível a critérios de justiça distributiva, como é o caso do princípio da igualdade perante ônus e encargos públicos e dos fundos compensatórios, de utilização crescente no Direito Comparado. E não se pode esquecer tampouco de *insights* provenientes de outras áreas do pensamento, como a Análise Econômica do Direito.[1]

Durante muito tempo era impensável falar-se em responsabilidade do Estado por danos sofridos por seus súditos, em razão de alguma atividade pública. Entendia-se que, da mesma forma que um senhor feudal não poderia ser demandado em sua corte baronal, o rei (que absorvia a noção de Estado) tampouco poderia ser acionado na sua corte régia.

Especialmente após a Segunda Guerra todos os países abandonaram a ideia de imunidade estatal ou ampliaram ainda mais o âmbito de responsabilidade dos entes públicos. Isso ocorreu, em alguns casos, por força de alterações legislativas, em outros por força da evolução jurisprudencial. Da análise das experiências europeias, percebe-se que ainda que tenham surgidos casos de responsabilidade objetiva do Estado, tendencialmente crescentes, a *culpa* ainda permanece como o fundamento mais difusamente invocado para tal responsabilização.[2]

A era moderna da responsabilidade estatal francesa e inglesa inicia em momentos distintos e supreendentemente por meios diversos: na França, país de *civil law,* por meio de uma decisão judicial (*Arrêt Blanco*), proferida pelo *Tribunal des Conflits* em 1873, e na Inglaterra, país de *common law,* por meio de uma lei, o *Crown Proceedings Act 1947.*

No espaço jurídico alemão, a antiga Prússia já previa, em seu A.L.R. de 1794, casos de responsabilidade estatal. Após a unificação alemã, o BGB disciplinou apenas a responsabilidade pessoal dos funcionários públicos por danos por eles causados, situação que foi modificada com a constituição alemã de 1949, prevendo a responsabilidade estatal.

Diante da limitação de espaço deste artigo, analisar-se-ão apenas três experiências jurídicas: a francesa, a inglesa e a alemã. A escolha desses três modelos deve-se à importância que eles representam para o Direito Comparado, pois são considerados *sistemas-tronco*,[3] dos quais muitos outros sistemas jurídicos derivaram. Ao final, procurar-se-á extrair algumas conclusões comparatistas.

---

[1] De grande interesse são as considerações trazidas por Guido Calabresi (*The Costs of Accidents – A Legal and Economic Analysis.* New Haven: Yale University Press, 1970), ao afirmar que a principal função da responsabilidade civil é procurar reduzir o valor dos custos dos acidentes (p. 26), o que englobaria (a) os custos para as vítimas, incluindo danos materiais e extrapatrimoniais; (b) os custos das medidas de prevenção para evitar danos, adotadas tanto pelas potenciais vítimas quanto pelos potenciais ofensores; (c) os custos administrativos do sistema voltado à apuração e liquidação das responsabilidades. Pondera, porém, que muitas vezes não é possível reduzir a amplitude de danos sem reduzir igualmente algumas atividades que a sociedade valoriza, e que o objetivo de garantir compensação a toda e qualquer vítima de danos necessariamente envolve aumento dos custos administrativos e organizacionais – repassados à sociedade.

[2] ANTOINE, Aurélien. Rapport de Synthèse. In: ANTOINE, Aurélien; OLSON, Terry (dir.). *La responsabilité de la puissance publique en droit comparé.* Coleção Droit Comparé et Européen, vol. 25. Paris: Société de Législation Comparée, 2016, p. 17.

[3] ZWEIGERT, Konrad; KÖTZ, Hein. *Introduzione al Diritto Comparato.* Vol. I. Principi fondamentali (trad. do original alemão *Einführung in die Rechtsvergleichung. Band 1: Grundlagen,* por Barbara Pozzo). Milano: Giuffrè, 1992, p. 45/46.

2 A responsabilidade civil do Estado no Direito francês

A responsabilidade civil extracontratual em geral, no Direito francês, repousa substancialmente em apenas cinco dispositivos legais (inicialmente, arts. 1382 a 1386, que por ocasião da reforma legislativa de 2016 foram remanejados para os artigos 1240 a 1244 do Código Civil), que sofreram poucas alterações desde a promulgação do *Code Civil*, em 1804.[4] De lá para cá, outras leis especiais foram sendo editadas para disciplinar aspectos da responsabilidade civil em áreas específicas. Diante da limitada base normativa sobre a responsabilidade civil, esta se desenvolveu substancialmente por obra da jurisprudência, que interpretou os arts. 1382 e 1384 de forma francamente favorável às reivindicações das vítimas, transformando a responsabilidade civil por ato ilícito em instrumento de proteção das vítimas de dano, embora os valores indenizatórios costumem ser módicos.[5]

A característica básica da responsabilidade civil subjetiva francesa é que a noção de culpa (*faute*) implica também a de ilicitude ou ilegalidade, e vice-versa, não se fazendo uma distinção entre ambas as noções, como ocorre nos demais sistemas jurídicos.

Todavia, diante dos maiores riscos que a vida na sociedade industrial passou a acarretar, a responsabilidade subjetiva tornou-se insuficiente para fazer frente aos danos que passaram a se tornar frequentes.[6] Por obra da jurisprudência,[7] desde a última década do século XIX passou-se a interpretar ampliativamente o art. 1384 do Código Civil, dando origem a uma larga responsabilidade pelo fato das coisas que uma pessoa tem sob sua guarda (*responsabilité du fait des choses que l'on a sous sa garde*), desvinculada da ideia da culpa. Referido dispositivo legal foi aplicado a todos os tipos de acidentes causados por máquinas e outros artefatos. Outras leis especiais foram promulgadas nos séculos XX e XXI, disciplinando aspectos específicos de responsabilidades pelo fato de algumas coisas especialmente perigosas.[8] O art. 1384 (hoje remanejado para o art. 1242/CC), porém, continua a reger hipóteses genéricas de responsabilidade pelo fato da coisa, independentemente de se tratar de coisas móveis ou imóveis, intrinsecamente perigosas ou não, controladas ou não por uma ação humana, tendo apresentado ou não algum defeito por ocasião do seu funcionamento.[9]

---

[4] Essa simplicidade dos cinco artigos "*élegants, amis de la mémoire*", em redação facilmente acessível ao sentido comum, porém, é aparente, pois não se pode realmente extrair conclusões sobre seu significado sem consultar a jurisprudência existente, que desempenhou um papel de legislador suplente: REMY, Philippe. Réflexions préliminaires sur le chapitre Des délits. In: TERRÉ, François (dir.). *Pour une reforme du droit de la responssabilité civile*. Paris: Dalloz, 2011, p. 36.

[5] VINEY, Geneviève. Responsabilidade civil por ato ilícito. In: BERMANN, Geroge A.; PICARD, Etienne (org.). *Introdução ao direito francês*. Trad. Teresa Dias Carneiro. 1. ed. bras. Rio de Janeiro: Forense, 2011, p. 279/280.

[6] Sobre essa mudança, v. FACCHINI NETO, Eugênio. Da Responsabilidade Civil no novo Código. In: SARLET, Ingo Wolfgang (org.). *O novo Código Civil e a Constituição*. Porto Alegre: Livraria do Advogado, 2006, p. 177.

[7] Emblemático, a esse respeito, foi o acórdão proferido pela Corte de Cassação em 18.06.1896, conhecido como *Arrêt Teffaine*, que pela primeira vez aplicou extensivamente o art. 1384 do CC a situação não prevista na norma, dando-lhe uma feição objetiva. Após esse julgamento, a jurisprudência oscilou por algum tempo, até que em 13.02.1930, outro julgamento da *Cour de Cassation*, no caso *Jand'heur*, confirmou a existência de um princípio geral de responsabilidade pelo fato da coisa. Frise-se que um ano antes do *arrêt Teffaine*, a justiça administrativa francesa já havia aceitado uma responsabilidade civil objetiva a cargo do Estado, também no âmbito de acidente de trabalho (envolvendo atividade pública). Trata-se do caso *Cames*, julgado pelo *Conseil d'Etat* em 21.06.1895.

[8] Dentre tais casos podem ser destacadas as hipóteses de responsabilidade civil de companhias aéreas (Lei de 31.03.1924 e arts. L.141-2 a L.141-4 do Código de Aviação Civil), de armadores (Lei de 03.01.1967), responsabilidade pelas colisões no mar (Lei de 07.07.1967), ou em rios (art. Lei de 05.07.1934), responsabilidade por poluição por hidrocarbonetos (Lei de 26.05.1977).

[9] VINEY, Geneviève. Responsabilidade civil por ato ilícito, *cit.*, p. 292/293.

Nas últimas décadas, a novidade no Direito francês diz respeito à notável expansão dos chamados *fundos de garantia ou indenização* (*fonds de garantie ou d'indemnisation*), que de certa forma 'socializam' a responsabilidade civil e procuram conferir proteção às vítimas de certos "riscos sociais", como os decorrentes de ataques terroristas (Lei de 03.09.1986), vítimas de delinquência anônima (Lei de 06.07.1990 e arts. 706-3 e 706-15, do Código de Processo Penal), transfusões de sangue contaminado (art. 47 da Lei 91-1406, de 31.12.1991 e arts. L.3.122-1 e seg., do Código de Saúde Pública), contaminação por amianto (art. 53 da Lei 2.000-1257, de 23.12.2000), riscos terapêuticos (art. 998 da Lei 2002-303, de 04.03.2002), riscos de catástrofes tecnológicas (Lei 2003-699, de 30.07.2003). Na maioria desses casos, o legislador previu a possibilidade de uma ação regressiva do órgão responsável pela indenização contra o responsável direto pelos danos.[10] [11]

A responsabilidade civil dos entes públicos, na França, não segue a mesma lógica da responsabilidade civil de pessoas físicas ou jurídicas de Direito Privado. Esse princípio básico foi assentado em 1873, por ocasião do célebre caso *Blanco*. O caso envolvia uma ação de responsabilidade civil por lesões corporais sofridas pela menina *Agnès Blanco*, atingida e ferida que fora por um vagonete de propriedade de uma indústria de tabaco, na cidade de Bordeaux. Como se tratava de uma empresa pública, a demanda fora ajuizada pelo pai de *Agnès* contra o representante do órgão público, fundando-se nos artigos 1382, 1383 e 1384 do Código Civil. A ação fora proposta na justiça ordinária, mas esta entendeu que, diante da presença de um ente público no polo passivo, a competência seria da justiça administrativa. Em razão dessa disputa sobre a competência, o caso foi resolvido pelo *Tribunal des Conflits,* que em 08.02.1873 firmou a competência da justiça administrativa[12] com base nos seguintes *considerandos:*

> Considerando que a responsabilidade que pode recair sobre o Estado, pelos danos causados aos particulares pelos atos das pessoas que emprega no serviço público, não pode ser regida pelos princípios previstos no Código Civil para as relações interpessoais;
> Que esta responsabilidade não é nem geral, nem absoluta; que possui regras especiais que variam de acordo com as necessidades do serviço e a necessidade de conciliar os interesses do Estado com os direitos dos particulares; (trad. livre).[13]

Assim, em princípio, afirmou-se que a responsabilidade de entes públicos reger-se-ia por princípios diversos daqueles que disciplinam a reparação de danos causados por um particular a outro, devendo tais responsabilidades serem apreciadas por

---

[10] VINEY, Geneviève. Responsabilidade civil por ato ilícito, *cit.* p. 280/281 e 289.

[11] Para a evolução da responsabilidade civil em geral, na França, permita-se remeter o leitor interessado para FACCHINI NETO, Eugênio. Desenvolvimento, tendências e reforma da responsabilidade civil na França: ruptura ou continuidade na busca de sempre ampliar a tutela da pessoa. *Civilistica.com* — Revista Eletrônica de Direito Civil, v. 10, p. 1-35, 2021.

[12] Posteriormente essa divisão de competências foi relativizada, pois mesmo algumas demandas direcionadas a entes públicos são julgadas pela jurisdição comum, como é o caso de danos causados por veículos de propriedade pública, ou por professores de escolas públicas, ou envolvendo serviços públicos organizados empresarialmente, com finalidade eminentemente econômica, dentre outros casos objeto de legislação específica – Leis de 05 de abril de 1937 e de 31 de dezembro de 1957. Sobre isso, v. BELL, John. Administrative Law. *In:* BELL, John; BOYRON, Sophie; WHITTAKER, Simon. *Principles of French Law.* Oxford: Oxford University Press, 1998, p. 188, n. r. 64, e FAIRGRIEVE, Duncan. *State Liability in Tort.* A Comparative Law Study. Oxford: Oxford University Press, 2004, p. 5.

[13] *Tribunal de Conflit,* n. 00012, Disponível em: https://www.conseil-etat.fr/fr/arianeweb/TC/decision/1873-02-08/00012. Acesso em: 16 maio 2024.

jurisdições diversas – administrativa ou comum, dependendo da natureza das partes envolvidas e dos princípios aplicáveis.

Ao longo do tempo, porém, essa tomada de posição foi flexibilizada e submetida a várias exceções. Nas décadas seguintes ao julgamento do caso *Blanco*, a jurisprudência foi restritiva, temendo uma explosão de demandas. Passou, então, a distinguir entre atos de governo, *actes d'autorité* (atividades essencialmente públicas, como a de polícia), que não acarretariam responsabilidade civil, mesmo que causassem danos, e atos de gestão, *actes de gestion*, que poderiam originar tal responsabilização. Essa postura restritiva foi abandonada a partir do julgamento do *arrêt Tomaso Grecco*,[14] pelo Conselho de Estado, em 1905.[15] Somente o exercício da atividade jurisdicional conservou por mais tempo um regime de imunidade, que se encerrou, para a justiça comum, por força das leis de 17.07.1970 e 05.07.1972 e, para a justiça administrativa, por força da decisão do Conselho de Estado (*arrêt Darmont*, j. em 29.12.1978).[16]

No caso de responsabilidade por culpa (*faute*), há mais de um século a jurisprudência francesa estabeleceu uma distinção entre a culpa pessoal (*faute personnelle*) do agente público e a *faute de service*. Nesta última, não há necessidade de se apontar para uma falha específica de algum agente público. Basta a demonstração de que o serviço público falhou ao desempenhar suas atividades, descumprindo um pressuposto dever de boa administração, independentemente de qualquer 'culpa' de algum específico servidor. A noção de *faute de service* foi inicialmente aventada em 1873, por ocasião do julgamento do caso *Pelletier*, pelo Tribunal de Conflitos, sendo definitivamente fixada em 1908, por ocasião do julgamento do caso *Feutry*, pelo mesmo tribunal, envolvendo um alienado mental que havia escapado de um manicômio e ateado fogo no depósito de feno de um fazendeiro das proximidades. Entendeu-se que o ente público que supervisionava o manicômio era responsável pela reparação dos danos, em razão de uma *faute de service* evidenciada pela própria fuga do recluso.

Para a identificação de uma *faute personnelle* (culpa pessoal), distinta da *faute de service*, vários fatores são levados em consideração. Alguns são claramente indicativos de uma culpa pessoal, como indícios de suborno, uma conduta motivada por vingança particular, a elevada gravidade da culpa do agente ou uma conduta sob influência de álcool ou drogas.

---

[14] O *arrêt Tomaso Grecco* envolveu o ferimento do Sr. Grecco, dentro de sua casa, atingido por um tiro disparado por um policial, tentando controlar uma multidão. O Sr. Grecco movera uma ação indenizatória contra o Estado, acolhida pelo Conselho de Estado, abandonando o princípio da irresponsabilidade do Estado por danos causados pelos serviços policiais, que prevalecia até então: https://www.conseil-etat.fr/decisions-de-justice/jurisprudence/les-grandes-decisions-depuis-1873/conseil-d-etat-10-fevrier-1905-tomaso-grecco. Acesso em: 12 jun. 2024.

[15] FAIRGRIEVE, Duncan. *State Liability in Tort, cit.*, p. 13.

[16] Em 2002 o Conselho de Estado proferiu uma importante decisão, ao julgar o caso *Magiera* (Req 239575). O sr. Magiera moveu uma ação indenizatória contra o Estado francês, invocando a violação do art. 6º, nº 1, da Convenção Europeia para a Proteção dos Direitos Humanos e das Liberdades Fundamentais, que consagra o direito à duração razoável do processo. A Corte considerou que a demanda do sr. Magiera não apresentava nenhuma dificuldade particular que justificasse os 7 anos e seis meses de tramitação junto ao *Tribunal Administratif de Versailles* (órgão de primeira instância da justiça administrativa francesa), razão pela qual manteve-se a condenação do Estado francês ao pagamento de 30.000 francos pelo "funcionamento defeituoso do serviço público da justiça". Acórdão disponível em: https://www.legifrance.gouv.fr/ceta/id/CETATEXT000008099419/. Acesso em: 15 jun. 2024.

Desde o caso *Lemonnier* (julgado pelo *Conseil d'État*, em 1918[17]), admitiu-se a coexistência das duas responsabilidades (princípio do *cumul*): uma, a do agente público que por culpa pessoal (*faute personnelle*) causou o dano, a ser apreciada na justiça comum, e a outra recaindo sobre o ente público, por *faute de service*, a ser direcionada à justiça administrativa. Não se trata de obter uma dupla indenização integral, pelo mesmo fato, mas sim de eventualmente garantir-se uma suplementação do ente público, caso a quantia paga pessoalmente pelo agente responsável não cubra a integralidade do dano. Normalmente a demanda é dirigida apenas ao ente público.

Consigne-se que a administração dispõe da possibilidade legal de emitir uma ordem de restituição (*ordre de reversement*), cujo efeito é obrigar o funcionário público a indenizar a vítima pelo dano por ele causado, facultando-se ao funcionário, porém, a possibilidade de acionar a jurisdição administrativa caso discorde da ordem.[18]

Embora a ideia básica do *arrêt Blanco* fosse no sentido de estabelecer condições mais rigorosas para a responsabilização de entes públicos, ao longo do tempo a responsabilidade pública acabou tornando-se mais "generosa" do que a privada, sendo atualmente mais fácil obter-se uma indenização de um ente público do que de uma pessoa privada, como resultado da combinação de uma espécie de "consumerização administrativa" e da ideia de socialização de riscos.[19]

Na tradição jurídica francesa, a diferenciação entre uma responsabilidade privada diversa da pública repousa em princípios que remontam à Declaração de Direitos do Homem e do Cidadão, de 1789, cujo artigo 4º estatui que "A liberdade consiste em poder fazer tudo aquilo que não prejudique outrem". Deduziu-se, daí, o princípio segundo, o exercício da liberdade implicava responsabilidade pelos danos causados. Por sua vez, do seu art. 13[20] foi extraído o fecundo princípio da "igualdade perante ônus e encargos públicos" (*egalité devant les charges publiques*). Da conjugação desses princípios, passou-se a sustentar que uma autoridade pública responderia não só pelos danos derivados de um agir culposo de um agente seu, mas também pelo excessivo ônus ou prejuízos impostos a um (ou alguns) cidadão/ãos, em razão de uma atividade executada no interesse de todos.[21]

Um caso clássico de aplicação dessa noção de isonomia foi julgado pelo *Conselho de Estado* em 1923. Trata-se do caso *Couitéas*.[22] O caso originou-se de uma ocupação coletiva

---

[17] O caso envolvia um fato ocorrido na cidade de Roquecourbe, por ocasião de um tradicional festival de verão. Como parte das atrações programadas, o prefeito determinou a instalação de um estande de tiro junto às margens do rio que cruza a cidade. Os participantes atirariam sobre alvos flutuantes colocados no centro do rio. Acontece que um dos disparos atingiu Madame Lemonnier, que caminhava pelo passeio existente na margem oposta. O casal Lemonnier ajuizou uma ação reparatória contra a pessoa do prefeito, junto à justiça comum, com base na sua *faute personnelle*, por não ter organizado aquela atração de forma segura para outros munícipes. Tiveram êxito na demanda. Na sequência ajuizaram nova demanda contra a municipalidade, por *faute de service*. A demanda foi acolhida pelo Conseil d'État, que entendeu ser possível tal cumulação, cabendo a responsabilização complementar do ente público pela culpa do seu agente, até o montante do dano sofrido pela vítima, garantindo-se o direito regressivo contra o agente público pelas quantias que viesse a desembolsar - Disponível em: https://www.conseil-etat.fr/decisions-de-justice/jurisprudence/les-grandes-decisions-depuis-1873/conseil-d-etat-26-juillet-1918-epoux-lemonnier. Acesso em: 16 maio 2024.

[18] BERMANN, George A.; PICARD, Etienne. Direito Administrativo, *cit.*, p. 106.

[19] MARKESINIS, Basil S.; AUBY, Jean-Bernard; COESTER-WALTJEN, Dagmar; DEAKIN, Simon F. *Tortius Liability of Statutory Bodies*: A Comparative and Economic Analysis of Five English Cases. Portland/Oregon: Hart Publishing, 1998, p. 15/16.

[20] "Artigo 13º- Para a manutenção da força pública e para as despesas de administração é indispensável uma contribuição comum, que deve ser repartida entre os cidadãos de acordo com as suas possibilidades."

[21] BELL, John. Administrative Law, *cit.*, p. 189.

[22] Sobre esse caso, v. FAIRGRIEVE, Duncan. *State Liability in Tort*, *cit.*, p. 146.

de uma propriedade pertencente a um cidadão. Ele ingressou na justiça e obteve uma ordem de imediata reintegração na posse. Todavia, as autoridades públicas encarregadas do cumprimento da decisão judicial resolveram não cumprir o mandado, mediante uso da força, em razão do tumulto social que isso acarretaria (esclareça-se que há muito se entende, na França, que a administração pode deixar de cumprir mandados judiciais, se entender que seu cumprimento pode acarretar tumulto social ou perturbação da paz pública[23]). Assim, o proprietário lesado então ajuizou uma ação de reparação de danos pelos prejuízos sofridos, perante a justiça administrativa, tendo logrado êxito.[24]

Ao lado da responsabilidade por culpa dos seus agentes, que é a regra, e do princípio da igualdade de todos perante ônus e encargos sociais, outros fundamentos para a responsabilização de entes públicos também passaram a ser invocados, tal como a noção de risco e a noção de solidariedade nacional.[25] Esta última encontra fundamento expresso na alínea 12 do Preâmbulo da Constituição Francesa de 1946 (ainda em vigor, por força de expressa remissão pela vigente Constituição francesa de 1958), que afirma: "*La nation proclame la solidarité et l'égalité de tous les Français devant les charges qui résultent des calamités nationales*". É essa noção de solidariedade, por exemplo, que explica, na França, a responsabilidade estatal por danos causados a cidadãos, em razão de um tumulto popular, por atos de terrorismo, pela chamada violência anônima ou pela contaminação de HIV por meio de transfusão de sangue.[26]

Essa mesma noção de solidariedade também foi responsável pela adoção legislativa de um novo sistema de responsabilidade médico-hospitalar, pela Lei 2002-303, de 04.03.2002 (*Loi relative aux droits de malades et à la qualité du système de soins*). Essa legislação criou um fundo compensatório, baseado expressamente no princípio da solidariedade nacional, que providencia indenizações administrativas para vítimas de acidentes médicos, incidentes iatrogênicos, infecção hospitalar.

Caso interessante de responsabilidade objetiva do Estado, na França, foi criado pela Lei 70/643, de 17.07.1970, que alterou o código de processo penal e previu direito

---

[23] BERMANN, George A.; PICARD, Etienne. Direito Administrativo, *cit.*, p. 109.

[24] Outra precoce aplicação do princípio da igualdade de todos perante ônus e encargos sociais ocorreu por ocasião do julgamento do caso *La Fleurette*, pelo Conselho de Estado, em 1938. Reconheceu-se, nesse acórdão a responsabilidade objetiva do Estado por danos causados pela legislação. A lei em questão fora publicada em 1934, buscando a proteção da indústria leiteira. Seu art. 1º proibia expressamente a fabricação e venda de produtos contendo o nome ou aparência de "creme" (crème), que não fosse "proveniente exclusivamente de leite...". Tal proibição atingiu em cheio a *Société La Fleurette*, que produzia o produto denominado "*Gradine*", um creme não elaborado exclusivamente de laticínios. Dentre os fundamentos do Conselho de Estado para acolher a pretensão indenizatória dessa indústria contra o Estado francês constou que tal proibição legal, feita no intuito confessado de apoiar a indústria leiteira, não derivava do fato de que produtos como o "*Gradine*" fossem perniciosos para a saúde e que "este fardo, criado no interesse geral, deve ser suportado pela comunidade". Sobre esse importante caso, v. France. Conseil d'Etat *Société anonyme des produits laitiers 'La Fleurette'*. Disponível em: https://www.legifrance.gouv.fr/ceta/id/CETATEXT000007637158/ . Uma boa análise desse caso, em vernáculo, foi feita por MOTA, Maurício. O surgimento da responsabilidade civil do estado legislador no Direito francês no caso La Fleurette. *Emporiododireito.com.br*, 08.03.2017. Disponível em: https://emporiododireito.com.br/leitura/o-surgimento-da-responsabilidade-civil-do-estado-legislador-no-direito-frances-no-caso-la-fleurette-por-mauricio-mota.

[25] A *solidarité nationale* representa um mecanismo de socialização dos riscos, revelador de uma mutação do direito da responsabilidade civil estatal, havendo até quem sustente que ela refugiria ao âmbito estrito da responsabilidade civil – DELVOLVÉ, Pierre. La responsabilité extracontractuelle du fait d'administrer, vue de l'etranger. In: RENDERS, D. (dir.). *La responsabilités des pouvoirs publics*. XXIIe. Journées d'études juridiques Jean Dabin. Bruxelles: Ed. Bruylant, 2016, p. 103.

[26] BERMANN, George A.; PICARD, Etienne. Direito Administrativo, *cit.*, p. 107.

à indenização de pessoas que tivessem sido presas em razão de uma investigação ou processo criminal e que depois não tivessem sido condenadas. Atualmente a legislação prevê um valor fixo como indenização.[27]

Em uma visão de síntese, pode-se dizer que o sistema francês da responsabilidade civil estatal evoluiu cada vez mais no sentido pró-vítima, especialmente pelo advento de mecanismos de responsabilidade civil objetiva, inclusive na área médico-hospitalar, e pela redução do número de imunidades.[28]

Passa-se, agora, a examinar a situação no Direito inglês.

3 A responsabilidade civil do estado, no Direito inglês

Remonta a uma clássica obra de Albert Venn Dicey (*Introduction to the Study of the Law of the Constitution*), publicada originariamente em 1885, a afirmação de que igual tratamento deveria ser aplicado a autoridades públicas e a pessoas privadas quanto à sua responsabilidade por danos culposamente causados a outrem. Isso comporia a tradição inglesa da *rule of law*, segundo a qual todos se submetem igualmente ao império da (mesma) lei, seja um cidadão, seja um agente público.[29] Todavia, posteriormente a jurisprudência acabou por fazer uma distinção entre a responsabilidade de sujeitos privados e a de entes públicos, sob o argumento de que pessoas privadas (físicas ou jurídicas) agem em seu próprio interesse. Se ao assim agir, causam danos culposamente, entende-se natural que sejam responsáveis pela sua reparação. Todavia, entes públicos agem no interesse da sociedade e não no interesse próprio, o que deve acarretar uma diferente abordagem quanto aos danos eventualmente causados durante tal atividade,[30] reduzindo-se o âmbito de sua responsabilidade.

Historicamente as cortes judiciais foram relutantes a aplicar aos órgãos públicos o instituto da *vicarious liability*, responsabilidade pelo ato de outrem na esfera privada. Uma evolução ocorreu em meados do século XIX, quando se passou a admitir a responsabilidade de entes públicos descentralizados, por danos causados por seus agentes.[31] Todavia, algumas restrições a essa responsabilidade foram erigidas pela *Public Authorities Protection Act 1893*, visando desestimular demandas indenizatórias, tais como exíguos prazos prescricionais (seis meses ou um ano) e custas elevadas. Tais restrições somente foram revogadas pela *Law Reform Act 1954*. A então (*Judicial Committee of the*) *House of Lords* (atualmente *Supreme Court of the United Kingdom*) criou obstáculos adicionais à possibilidade de responsabilização de entes públicos, como o chamado *fresh damage test*, introduzido no julgamento do caso *East Suffolk Rivers Catchment Board v. Kent* (1941), segundo o qual autoridades públicas só teriam um *duty of care* para tentar evitar causar danos adicionais a um cidadão, em razão de uma ação anterior, mas não teriam responsabilidade por danos derivados de pura omissão.[32]

---

[27] Sobre essa legislação, v. MARKESINIS, Basil S.; AUBY, Jean-Bernard; COESTER-WALTJEN, Dagmar; DEAKIN, Simon F. *Tortius Liability of Statutory Bodies*, cit., p. 32.
[28] FAIRGRIEVE, Duncan. *State Liability in Tort*, cit., p. 265.
[29] DICEY, Albert V. *An Introduction to the Study of the Law of the Constitution*. 10. ed. London: Palgrave Macmillan Ed., 1959, p. 193, 202-203.
[30] CANE, Peter. *An Introduction to Administrative Law*. 3. ed. Oxford: Clarendon Press, 1996, p. 233-234.
[31] Como decidido nos casos *Itchin Bridge Company v. The Southampton Board of Health* (1858), e *Mersey Docks & Harbour Board v. Biggs* (1866), julgados pela House of Lords.
[32] FAIRGRIEVE, Duncan. *State Liability in Tort*, cit., p. 10/12.

Já em relação à administração central (*Crown*), o Estado inglês tradicionalmente não respondia pelos danos sofridos por seus súditos, em razão de alguma atividade danosa praticada por algum agente público, em razão do princípio segundo o qual "*the King can do no wrong*". Essa *Sovereign immunity* só foi rompida em 1947, com a promulgação do *Crown Proceedings Act*. Até essa data, quem eventualmente respondia pelos danos eram os próprios agentes públicos.[33] Formalmente, essa legitimidade do agente público para responder pessoalmente pelos danos por ele cometidos no exercício de uma função pública ainda persiste no Direito inglês, independentemente da atual responsabilidade vicária (responsabilidade pelo ato de outrem) complementar do ente público. Esclareça-se, porém, que usualmente os entes públicos ressarcem os seus agentes dos encargos financeiros que a estes tenham sido impostos em razão de uma ação direta de responsabilização.[34]

A partir da vigência dessa lei (1947), ações indenizatórias podem ser ajuizadas contra o órgão público diretamente responsável pelo ato danoso (um ministério ou agência governamental [*Secretary* ou *Department*], por exemplo). Na ausência de um claro responsável, a demanda é proposta contra o *Attorney-General* (*Crown Proceedings Act, section 2*). A ideia central atual é a de uma *vicarious liability*, responsabilidade indireta pelos atos danosos dos agentes públicos.

Registre-se, porém, alguns passos anteriormente dados nessa direção, como a prática segundo a qual a administração admitia pagar indenização a uma vítima de danos causados por um agente público, nas mesmas circunstâncias em que o Direito Privado admitiria a responsabilidade do empregador pelos atos danosos do seu empregado, ou então que a Administração central (*Crown*) voluntariamente admitisse submeter-se a uma arbitragem, e até que a fazenda pública pudesse pagar, *ex gratia*, uma indenização ao lesado, quando razões de justiça assim o recomendassem.

No Direito inglês não existe uma cláusula geral de responsabilidade civil, privada ou estatal, pois esta se revela por meio de hipóteses fragmentadas, os chamados *torts*, todos potencialmente invocáveis perante um ente público, embora há muito tempo tenha vindo a prevalecer e a se expandir o *tort of negligence*. Registre-se, também, a existência de um único *tort* voltado especificamente a condutas administrativas – trata-se do *tort of misfeasance in public office* (aproximável do nosso crime de prevaricação), nascido no séc. XVII.[35] Esse *tort* havia perdido sua relevância no séculos seguintes, mas acabou ganhando atualidade em casos recentes envolvendo lides relativas a falhas regulatórias, como em dois acórdãos proferidos pela *House of Lords*, admitindo pretensões reparatórias movidas por correntistas lesados contra o *Bank of England*, por ter falhado no seu dever fiscalizatório perante o *Bank of Credit and Commerce International*, com base nesse *tort*.[36]

Assim, atualmente, no Direito inglês há três possíveis tipos potenciais de responsabilidade: a responsabilidade pessoal do agente, a responsabilidade vicária do

---

[33] TESAURO, Paolo; RECCHIA, Giorgio. Origini ed evoluzione del modello dei 'torts'. *In*: MACIOCE, Francesco (org.). *La responsabilità civile nei sistemi di Common Law*. I: Profili generali. Padova: Ed. Cedam, 1989, p. 158/159.

[34] FAIRGRIEVE, Duncan. *State Liability in Tort, cit.*, p. 23, 25 e 26

[35] ANTOINE, Aurélien. Rapport de Synthèse, *cit.*, p. 25 e 28.

[36] Trata-se dos casos *Three Rivers District Council v. Bank of England* (2000) e *Three Rivers District Council v. Bank of England* (2001), analisados por FAIRGRIEVE, Duncan. Questionnaire sur l'évaluation du prejudice: Droit Anglais. *In*: ANTOINE, Aurélien; OLSON, Terry (dir.). *La responsabilité de la puissance publique en droit comparé*. Coleção Droit Comparé et Européen, vol. 25. Paris: Société de Législation Comparée, 2016, p. 387 e 388/389.

ente público pelo dano causado por seu agente e a responsabilidade direta do próprio ente público.[37]

Como regra, a responsabilidade civil no Direito inglês é subjetiva (*tort of negligence*), quer no âmbito do Direito Privado, quer na esfera administrativa, exigindo-se a presença de três elementos: (1) *duty of care* – um dever de cuidado do agente em relação ao lesado;[38] (2) *breach of the duty of care* – a violação desse dever de cuidado; (3) *foreseeability* – a previsibilidade de que a violação do referido dever de cuidado causaria um dano ao lesado.[39]

Especialmente no caso da responsabilidade dos entes públicos é a complexa noção de *duty of care* que é manejada para controlar e limitar a responsabilidade.[40] Nos anos 70 e início dos anos 80 do século XX, a responsabilidade civil dos entes públicos atingiu seu ponto máximo de extensão, ampliando-se o âmbito de aplicação do *tort of negligence*. O primeiro grande caso que marcou aquela tendência foi *Dorset Yacht Co Ltd v. Home Office*, julgado pela *House of Lords* em 1970. O caso envolvia uma ação de reparação de danos causados por jovens que haviam fugido de uma prisão juvenil, em razão de descuido dos guardas. Durante sua fuga, os fugitivos danificaram o iate do autor da demanda. A *House of Lords* entendeu que os agentes penitenciários deviam um *duty of care* ao dono do iate, tendo o dever de evitar a fuga dos detentos e os consequentes danos por eles causados.[41] Essa *ratio* foi estendida inicialmente pela *Court of Appeal* no caso *Dutton v. Bognor Regis Urban District Council*[42] (1972), e pela própria *House of Lords* no caso *Anns v. Merton LBC (London Borough Council)*[43] (1977). Esse último caso

---

[37] SURMA, Ralph. A comparative Study of the English and German Judicial Approach to the Liability of Public Bodies in Negligence. *Oxford University Comparative Law Forum*. 2000. Disponível em: https://ouclf.law.ox.ac.uk/a-comparative-study-of-the-english-and-german-judicial-approach-to-the-liability-of-public-bodies-in-negligence/. Acesso em: 1 jun. 2024.

[38] A identificação da violação de um *duty of care* passa pela comparação do comportamento concretamente adotado com a conduta esperada de um *reasonable man*, com o que se fixa qual o *standard of care* exigível — ZENO-ZENCOVICH, Vincenzo. La responsabilità civile. *In*: ALPA, Guido; BONELL, Michael Joachim; CORAPI, Diego; MOCCIA, Luigi; ZENO-ZENCOVICH, Vincenzo. *Diritto privato comparato*. Istituti e problemi. Bari: Ed. Laterza, 1999, p. 251.

[39] ROGERS, William V. H. *Winfield & Jolowicz on Tort*. 15. ed. London: Sweet & Maxwell, 1998, p. 90.

[40] Trata-se de noção peculiar ao sistema britânico. Enquanto nos sistemas continentais europeus a preocupação do jurista é identificar a presença de uma situação juridicamente protegida do lesado, que tenha sido lesada pelo ofensor, no direito inglês a preocupação do jurista é identificar a presença de um dever de cuidado (*duty of care*) por parte do agente causador do dano e por ele violado – sobre esse aspecto, v. ZENO-ZENCOVICH, Vincenzo. La responsabilità civile, *cit.*, p. 251.

[41] Sobre esse caso, v. SERIO, Mario. I fondamenti del diritto dei 'torts'. *In*: MACIOCE, Francesco (org.). *La responsabilità civile nei sistemi di Common Law*. I: Profili generali. Padova: Ed. Cedam, 1989, p. 75/76.

[42] Tratava-se de uma ação de reparação de danos em razão de rachaduras surgidas em uma casa edificada sobre um depósito de lixo, que não oferecia base sólida para uma edificação. A ação fora movida contra a construtora e contra o órgão municipal local que havia concedido o "habite-se" da casa. A Corte de Apelações entendeu que era justo e razoável que o órgão municipal fosse responsável perante o dono da casa, diante de agir negligente de seu inspetor, ao certificar como boa uma construção erigida em terreno inadequado. Esclareça-se, porém, que esse entendimento foi posteriormente rejeitado pela *House of Lords*, ao julgar o caso *Murphy v Brentwood DC*, em 1991.

[43] A *House of Lords* aproveitou o caso *Anns* para fixar um critério em dois estágios para decidir quando haveria responsabilidade de entes públicos por danos sofridos por particulares em razão de falhas de terceiros. O caso se originou da atuação de um órgão municipal que aprovara planos de construção para uma série de casas geminadas, os quais indicavam que as fundações tinham a profundidade requerida pela autoridade municipal. Exigia-se que a construtora avisasse o órgão municipal quando do início e da conclusão das fundações, para que pudessem ser inspecionadas. O aviso foi dado, mas o órgão municipal não realizou a inspeção. Alguns anos depois as edificações apresentaram diversos problemas estruturais, constatando-se que as fundações não tinham a profundidade exigida pelas normas municipais. A ação foi movida contra o ente municipal, por ter falhado (*negligence*) em seu dever de fiscalização. Segundo o *two-stage-test* ou *Anns test*, primeiramente deveria ser assentado haver um relacionamento próximo entre autor e demandado. Existindo isso, o segundo estágio deveria

teve o efeito de expandir enormemente a responsabilidade civil por *negligence*. Esse efeito, porém, gerou preocupações com a potencial incontrolabilidade de tal expansão, razão pela qual, 13 anos mais tarde, ao julgar o caso *Murphy v. Brentwood DC* (1990), a *House of Lords* expressamente revogou o caso *Anns*, entendendo que a evolução da responsabilidade civil, em casos do gênero, deveria se dar de forma gradual, caso a caso, e não por meio de parâmetros genéricos e de difícil controlabilidade futura. Essa nova orientação implicou a reversão da tendência de expansão da responsabilidade civil.

A partir do julgamento do caso *Caparo Industries Plc v. Dickman*[44] (1990) pela *House of Lords*, adotou-se um teste em três estágios para a identificação de um *duty of care*: em princípio, não há responsabilidade, salvo se houver razoável previsibilidade de que a conduta do demandado causaria danos ao autor; que haja suficiente "proximidade" entre as partes e que seja *"fair, just and reasonable"* reconhecer um *duty of care*. Esclareça-se que a noção de proximidade não se refere apenas a uma proximidade física ou geográfica, embora a noção permaneça pouco precisa. Já as noções de *"fair, just and reasonable"*, que devem estar simultaneamente presentes, normalmente são invocadas para se negar a responsabilidade, especialmente em casos em que se entenda ser mais adequado que outro potencial responsável ou o próprio lesado suporte o dano.

Assim, apesar dessas tentativas de se indicar critérios orientativos para a aferição de eventual responsabilidade civil, fato é que persiste uma certa indefinição e os casos são frequentemente julgados com base em argumentos de *policy*, especialmente quando o demandado é um ente público.[45] Dentre esses argumentos, um é particularmente recorrente, qual seja o *floodgate argument*, indicando o temor de que o acolhimento de certas demandas serviria para abrir as "comportas" e permitir uma "inundação" de demandas semelhantes, com grave impacto financeiro para os cofres públicos. Todavia, como aponta a doutrina mais crítica, tal temor não é baseado em qualquer dado empírico, estatísticas ou conclusões a partir do Direito Comparado. A realidade de países que mais liberalmente acolhem demandas indenizatórias contra entes públicos demonstra que esse temor é infundado e não corresponde à realidade.[46]

Além do *tort of misfeasance in public office*, que exige a presença de uma culpa grave, existe também um específico *tort of breach of statutory duty* (responsabilidade civil por violação de um dever legal), invocável em casos restritos em que o dever de agir do ente público tenha sido legalmente previsto para proteger uma classe limitada de pessoas.[47] Esse *tort* não exige a presença de uma culpa e é de aplicação restrita.[48]

---

considerar se haveria alguma razão que desaconselhasse a imposição de responsabilidade. No caso concreto, respondeu-se positivamente a ambos os questionamentos e se responsabilizou o ente municipal. Também esse precedente foi posteriormente revogado no caso *Murphy v Brentwood DC* (1991).

[44] O caso *Caparo* envolvia uma ação de ressarcimento de prejuízos sofridos pelo autor, por ter comprado a maioria das ações da empresa Fidelity, confiando no relatório de auditoria contratado por esta empresa, registrando um lucro anual de 1,3 milhão de libras. Mais tarde verificou-se que ela apresentava prejuízo de mais de 400 mil libras. As ações compradas pela empresa Caparo perderam metade de seu valor. Caparo acionou Dickman, a empresa de auditoria que havia aprovado o balanço, tendo tido êxito junto à *Court of Appeal*. Todavia, a *House of Lords*, num posicionamento bastante restritivo, entendeu que a empresa de auditoria não tinha nenhum dever de cuidado (*duty of care*) em relação aos acionistas existentes ou potenciais, pois seu único dever era para com a empresa que a contratara.

[45] SURMA, Ralph. A comparative Study of the English and German Judicial Approach, *cit.*

[46] Em viés crítico, por todos v. MARKESINIS, Basil S.; AUBY, Jean-Bernard; COESTER-WALTJEN, Dagmar; DEAKIN, Simon F. *Tortius Liability of Statutory Bodies*, *cit.*, p. 110/113 e 115.

[47] MARKESINIS, Basil S.; DEAKIN, Simon F. *Tort Law*. 4. ed. Oxford: Oxford University Press, 1999, p. 358.

[48] FAIRGRIEVE, Duncan. Questionnaire sur l'évaluation du prejudice: Droit Anglais, *cit.*, p. 388.

O Direito inglês, salvo estritas exceções, não admite a responsabilidade por omissão, em razão do entendimento de que ninguém tem o dever de assistir ou cuidar (*duty of care*) de outras pessoas,[49] motivo pelo qual ninguém estaria obrigado a impedir que outra pessoa sofra um dano. Essa orientação vale não só para relações privadas mas também é invocável em relação à responsabilidade de entes públicos.[50] Uma das exceções é quando a vítima está sob a proteção do ente público ou quando o estado de perigo foi causado pelo próprio órgão público.

Ao contrário da França, a Inglaterra não aceita a responsabilidade por ato administrativo lícito, mesmo que tenha causado danos anormais e especiais, pois não devem ser indenizados danos causados a particulares se a conduta foi adotada no interesse público.[51]

É de ser pontuado, porém, que essa tradicional postura restritiva da justiça inglesa parece estar sendo flexibilizada, influenciada pela jurisprudência da Corte Europeia de Direitos Humanos,[52][53] bem como pelo Direito Comunitário. Registra-se, assim, uma certa mudança de mentalidade do juiz inglês, que aparentemente está passando a reconhecer uma maior importância ao direito das vítimas. Cita-se, nesse sentido a decisão da *Supreme Court of the United Kingdom*, ao julgar o caso *Smith v. Ministry of Defence* (2013), no qual se admitiu um litígio envolvendo alegação da baixa qualidade do equipamento militar usado pelas forças armadas britânicas no Iraque, que teria causado danos a soldados britânicos. Trata-se de acórdão emblemático, por envolver área anteriormente coberta por absoluta imunidade (atividade de guerra).[54]

---

[49] ROGERS, William V. H. *Winfield & Jolowicz on Tort*. 15. ed. London: Sweet & Maxwell, 1998, p. 117. Assim, ninguém será responsabilizado por não se jogar em uma piscina para tentar salvar alguém que está se afogando. Todavia, se alguém abre uma piscina ao público, tem o dever de providenciar em um guarda-vidas para proteger os usuários, segundo ZENO-ZENCOVICH, Vincenzo. La responsabilità civile, *cit.*, p. 251/252.

[50] Tal como decidido no caso *Stovin v. Wise*, julgado pela *House of Lords*, em 1996. Eis os fatos: o órgão municipal competente tinha conhecimento de que um barranco obstruía a visão de motoristas em um cruzamento onde já tinham ocorrido acidentes anteriores, e havia concordado em realizar os trabalhos necessários para sua remoção. No entanto, não o fez. Outro acidente acabou ocorrendo, tendo a vítima ficado gravemente ferido. Ajuizou, então, uma ação indenizatória não só contra o condutor do outro veículo, mas também contra o ente municipal. A *House of Lords* desacolheu a demanda.

[51] SURMA, Ralph. A comparative Study of the English and German Judicial Approach, *cit.*

[52] De fato, desde o caso *Hill v. Chief Constable of West Yorkshire*, julgado em 1989, pela *House of Lords*, ficara assentado haver imunidade de órgãos policiais frente a ações indenizatórias relacionadas a falhas na prevenção de crimes. Com base nesse precedente, em 1993 a *Court of Appeal* britânica julgou o caso *Osman v. Ferguson* (4 All ER 344), rejeitando sumariamente a ação indenizatória movida pela sra. Osman e seu filho contra a polícia londrina. Expunham que em 1988 o marido e pai dos autores fora morto a tiros por Paul Paged-Lewis. No tiroteio, também ficou seriamente ferido o filho da vítima, ex-aluno do assassino. Afirmava-se que a polícia tinha ignorado vários alertas feitos pela família, evidenciando que Paget-Lewis representava uma séria ameaça à segurança da família. A polícia, porém, não tomou nenhuma providência, contribuindo, assim, para o trágico desfecho. Contra tal julgamento, a família Osman levou o caso para a C.E.D.H., onde foi julgado em 1998 (caso *Osman v. United Kingdon*). A C.E.D.H. afirmou que a decisão britânica violara o art. 6º (I), da Convenção Europeia dos Direitos Humanos, que afirma que todos têm direito a um julgamento justo e público. Em seu primeiro julgamento após essa decisão, a *House of Lords*, ao julgar o caso *Barrett v. Enfield LBC* (1999), desconstituiu uma decisão da *Court of Appeal*, em situação assemelhada, para permitir que a parte autora pudesse ter o mérito do seu caso analisado. A Alemanha adota outra orientação, afirmando a responsabilidade estatal por omissão da polícia em evitar crimes graves, sempre que isso realmente fosse possível. SURMA, Ralph. A comparative Study of the English and German Judicial Approach, *cit.*

[53] De fato, a C.E.D.H. aborda o tema da responsabilidade civil em caso de violação de direitos humanos de forma muito mais próxima do sistema de *civil law* do que do da *common law*, revelando uma abordagem mais protetiva dos direitos dos cidadãos (*rights-based approach*) do que a tradicional forma inglesa de abordagem da questão, mais vinculada à ênfase sobre deveres (*duty of care*) do ofensor – FAIRGRIEVE, Duncan. State Liability in Tort, *cit.*, p. 272.

[54] Análise desse caso encontra-se em FAIRGRIEVE, Duncan; LICHÈRE, François. La responsabilité administrative en droit anglais, *cit.*, p. 82/83.

O tipo de interesse protegido também é relevante na aferição da maior ou menor tutela pela responsabilidade civil inglesa. Aceita-se mais facilmente a proteção de danos à pessoa (especialmente danos à integridade psicofísica) ou à propriedade, relativamente aos chamados *pure economic losses*, que costumam ser indenizados apenas quando se trata de danos consequenciais.[55]

Garante-se imunidade à atividade jurisdicional, não respondendo os juízes por provimentos judiciais, como forma de garantir a sua independência.[56]

Costuma-se apontar como causas eximentes, totais ou parciais, da responsabilidade civil, no Direito inglês, (1) a ocorrência de força maior, (2) o fato de terceiro, (3) o fato da vítima – sua concorrência causal para o evento (*contributory negligence*), (4) o exercício regular de um direito; (5) consentimento da vítima (*volenti non fit iniuria*), (6) presença de uma vantagem para a comunidade (*common benefit*), mesmo diante da criação de uma fonte de perigo. Essas eximentes foram surgindo ao longo da evolução jurisprudencial da responsabilidade civil inglesa, e todas elas comportam nuances e exceções, consoante o tipo de *tort* envolvido.[57]

Para encerrar esse tópico, refira-se a constante preocupação dos juristas ingleses com os custos do acesso à justiça naquele país. Isso explica, em parte, o incentivo ao uso dos meios alternativos de resolução de conflitos, onde por vezes a parte consegue obter o pagamento de indenizações não previstas formalmente, mas baseadas na equidade (*ex gratia payments*).[58]

Passa-se, agora, a analisar o Direito alemão.

4 A responsabilidade civil do Estado, no Direito alemão

A responsabilidade civil em geral, no Direito alemão, é disciplinada no seu Código Civil (BGB), em cerca de 30 "artigos" sucessivos (chamados parágrafos). Sua principal norma está estampada no §823, que estabelece duas principais cláusulas gerais: "(1) Qualquer pessoa que, intencionalmente ou por negligência, viole ilegalmente a vida, o corpo, a saúde, a liberdade, a propriedade ou outros direitos de outra pessoa é obrigada a compensar a outra pessoa pelos danos resultantes; (2) A mesma obrigação se aplica a qualquer pessoa que viole uma lei destinada a proteger outra pessoa. Se, de acordo com previsão legal, sua violação for possível mesmo sem culpa, a obrigação de pagar uma indenização só surge se tiver agido culposamente". A terceira cláusula geral relevante é a do § 826, que estabelece que "qualquer pessoa que intencionalmente cause dano a outrem, violando os bons costumes, é obrigada a indenizar o outro pelo dano".[59] Essas são as três importantes cláusulas gerais previstas no BGB, secundadas

---

[55] Sobre danos puramente econômicos e especialmente sobre os chamados danos consequenciais, remete-se a FACCHINI NETO, Eugênio. Expandindo as fronteiras da responsabilidade civil: danos puramente econômicos. *Revista de Direito Civil Contemporâneo*, v. 27, p. 113-160, 2021.
[56] SURMA, Ralph. *A comparative Study of the English and German Judicial Approach, cit.*
[57] SERIO, Mario. *I fondamenti del diritto dei 'torts', cit.*, p. 60.
[58] HARLOW, Carol; RAWLINGS, Richard. *Law and Administration.* 2. ed. London: Butterwords, 1997, cap. 18.
[59] A previsão de responsabilidade por atos dolosos envolve a consciente quebra de contratos e comportamentos típicos de concorrência desleal, boicotes, criação de monopólios, etc. FOSTER, Nigel; SULE, Satish. *German Legal System and Laws.* 3. ed. Oxford: Oxford University Press, 2003, p. 435. Uma ótima análise desse dispositivo e suas implicações jurídicas encontra-se em MARKESINIS, Basil S. *The German Law of Obligations.* Vol. II – The Law of Torts: A Comparative Introduction. 3. ed. Oxford: Clarendon Press, 1997, p. 894-898.

de inúmeras regras pontuais disciplinando aspectos particulares da responsabilidade civil. Em resumo, pode-se dizer que o sistema alemão exige a violação de um direito subjetivo, por meio de uma conduta ilícita (*widerrechtlich*) e culposa.[60]

Dessas, a mais relevante é a do §823, 1, que representa a cláusula geral da responsabilidade subjetiva, exigindo a presença de três elementos: (a) uma conduta que tenha violado um dos interesses expressamente indicados no referido dispositivo legal ("a vida, o corpo, a saúde, a liberdade, a propriedade ou outros direitos[61]") e causado um dano; (b) que a conduta tenha sido antijurídica e sem alguma causa eximente; (c) que se trate de conduta dolosa ou culposa.[62] A noção de culpa é dada, porém, no §276, 1, do BGB, que prevê que "É negligente quem não toma os cuidados exigidos nas relações sociais" (trânsito).[63] A expressão "negligência", no Direito alemão (e também no inglês), equivale à nossa noção de "culpa em sentido estrito". Tal noção é restritiva e subjetiva, não se confundindo com a ilicitude, pois supõe também a imputabilidade, exigindo um elemento moral.[64] A noção de culpa adotada no Direito alemão corresponde ao que costuma se chamar de "culpa objetiva" (no sentido de se opor a uma culpa "psicológica", subjetiva), aferida mediante a comparação da concreta conduta danosa em exame com o comportamento *standard* que se esperaria de outra pessoa, integrante do mesmo grupo a que pertence a pessoa supostamente responsável, caso estivesse nas mesmas condições externas e objetivas que aquela. O rigor com que se analisa essa culpa faz com que se aproxime tal noção, na prática, a uma responsabilidade objetiva.[65]

A norma prevista no §823(2) aproxima-se da noção inglesa de *tort of breach of statutory duty*, pois ambas as noções exigem uma natureza protetiva da norma violada voltada a uma classe limitada de pessoas, não bastando uma ser voltada à proteção de um interesse geral. Essa orientação vale não só para condutas privadas, mas também condutas de agentes públicos. Exige-se, assim, que o lesado esteja incluído na classe específica de pessoas que a norma busca proteger e que o interesse lesado igualmente seja um que esteja incluído no âmbito de proteção da norma.[66]

Admite-se a responsabilidade por omissão, mas quase sempre invocável quando se trate de descumprimento de um dever legal de agir,[67] decorrente de *Verkehrssicherungspflichten* – "obrigações de segurança no trânsito"[68] (a expressão

---

[60] ZENO-ZENCOVICH, Vincenzo. La responsabilità civile, *cit.*, p. 247.

[61] A expressão "e outros direitos" foi interpretada pela jurisprudência alemã como se referindo a outros direitos da mesma natureza que os expressamente citados, ou seja, absolutos, oponíveis *erga omnes*, como a propriedade intelectual. Após o julgamento do caso *Soraya*, pelo Tribunal Constitucional federal alemão (1973), a expressão passou a abranger também os direitos de personalidade, ampliando a tutela aquiliana dos direitos extrapatrimoniais das pessoas. VAN GERVEN, Walter; LEVER, Jeremy; LAROUCHE, Pierre. *Cases, Materials and Texts on National, Supranational and International TORT LAW*. Portland/Oregon: Hart Publishing, 2000, esp. p. 142 e ss.

[62] FOSTER, Nigel; SULE, Satish. *German Legal System and Laws*. 3. ed. Oxford: Oxford University Press, 2003, p. 433.

[63] Sobre a noção de culpa e como ela é aplicada, v. YOUNGS, Raymond. *English, French & German Comparative Law*. 2. ed. London: Routledge-Cavendish, 2007, p. 367 e ss.

[64] GROSSHOLZ, Caroline. L'évaluation du préjudice en droit allemand de la responsabilité de la puissance publique. *In*: ANTOINE, Aurélien; OLSON, Terry (dir.). *La responsabilité de la puissance publique en droit comparé*. Coleção Droit Comparé et Européen, vol. 25. Paris: Société de Législation Comparée, 2016, p. 403.

[65] MARKESINIS, Basil S.; AUBY, Jean-Bernard; COESTER-WALTJEN, Dagmar; DEAKIN, Simon F. *Tortius Liability of Statutory Bodies*, *cit.*, p. 22.

[66] SURMA, Ralph. A comparative Study of the English and German Judicial Approach, *cit.*

[67] FOSTER, Nigel; SULE, Satish. *German Legal System and Laws*. 3. ed. Oxford: Oxford University Press, 2003, p. 433.

[68] Sobre essa importante figura e sua relevância na responsabilidade civil alemã, v. VAN GERVEN, Walter; LEVER, Jeremy; LAROUCHE, Pierre; VON BAR, Christian; VINEY, Geneviève. *Cases, Materials and Texts on National, Supranational and International TORT LAW – Scope of Protection*. Portland/Oregon: Hart Publishing, 1999, p. 62 e seg.

"trânsito" – "*Verkehr*" –, aqui, é utilizada no amplo sentido de relacionamentos intersubjetivos, relações sociais, tráfego social, e não no sentido de circulação de veículos). O alcance e significado desses deveres ou obrigações foi fixado paulatinamente pela jurisprudência, vindo a significar que qualquer pessoa que crie ou controle uma fonte potencial de perigo deve tomar as precauções necessárias para proteger outras pessoas dos riscos daí derivados. Essa é a noção que mais se aproxima da noção de *duty of care* da *common law*.

Os casos de responsabilidade civil objetiva no Direito alemão envolvem hipóteses de responsabilidade pelo fato do animal ser de responsabilidade do proprietário de veículo por danos por ele causados (código de trânsito – *Straßenverkehrsgesetz* – StVG, de 1909, 2003 e 2023), casos previstos na lei de responsabilidade civil objetiva (*Haftpflichtgesetz*, de 1871, alterada em1978), abrangendo acidentes ferroviários e de mineração e depois ampliada para a transmissão de energia elétrica, gás, tubulação de fluídos e gases, acidentes aéreos (*Luftverkehrsgesetz*, de 1922, com última alteração em 2023) e nucleares (*Atomgesetz*, de 1959), poluição de águas (*Wasserhaushaltsgesetz*, de 1957), produtos farmacêuticos (*Arzneimittelgesetz*, de 1976), poluição ambiental (*Umwelthaftungsgesetz*, de 1990), responsabilidade pelo fato do produto (*Produkthaftungsgesetz*, de 1989). Admitem-se, ainda, algumas situações de indenização de danos causados por atos lícitos, desde que representem a violação de direitos patrimoniais previstos no art. 14 da Lei Fundamental.[69]

Quanto à responsabilidade civil administrativa, ela encontra suas raízes nos §§74 e 75 da introdução do antigo A.L.R. prussiano, de 1794, que previam uma indenização a súditos que tivessem direitos lesados em nome do bem comum.[70] Tais normas foram depois substituídas pelo BGB (Código Civil alemão), mas ainda fundamentam alguns casos de responsabilidade civil pública, conforme previsão do §40 da lei de organização da justiça administrativa.[71]

Assente-se, inicialmente, que, apesar da amplitude das cláusulas gerais da responsabilidade civil antes referidas, elas não se aplicam da mesma maneira aos entes públicos como nas relações privadas. Para aqueles há normas legais específicas, representadas pelo §839 do BGB e pelo art. 34 da Constituição Federal alemã (Grundgesetz, de 1949), além de outros casos de responsabilidade estatal antes referidos. Esses dispositivos legais, porém, embora representem a moldura legal básica existente sobre a temática, por si sós não permitem compreender como se dá a responsabilidade civil do Estado, na Alemanha, sendo imprescindível a consulta à evolução jurisprudencial.

O §839 do BGB assim dispõe, em tradução livre:

§ 839 Responsabilidade por violação de dever oficial
(1) Se um funcionário público violar intencionalmente ou por negligência o seu dever oficial para com um terceiro, ele deve indenizar o terceiro pelos danos resultantes. Se a imputação for apenas de um agir negligente, uma demanda contra ele só poderá ser apresentada se a parte lesada não puder obter indenização de outra forma.

---

[69] ANTOINE, Aurélien. Rapport de Synthèse, *cit.*, p. 27.
[70] JACQUEMET-GAUCHÉ, Anne. Allemage. In: ANTOINE, Aurélien; OLSON, Terry (dir.). *La responsabilité de la puissance publique en droit comparé*. Coleção Droit Comparé et Européen, vol. 25. Paris: Société de Législation Comparée, 2016, p. 42.
[71] GROSSHOLZ, Caroline. L'évaluation du préjudice en droit allemand, *cit.*, p. 401.

(2) Se um funcionário público violar o seu dever oficial ao proferir uma decisão sobre uma questão jurídica, ele só será responsável pelos danos resultantes se a violação do dever constituir uma infração penal. Esta disposição não se aplica à recusa ilegal ou ao atraso no exercício da função.

(3) A obrigação de pagar uma indenização não surge se a parte lesada, intencionalmente ou por negligência, não tiver usado os recursos legais disponíveis para evitar o dano.

Examinado esse dispositivo isoladamente, percebe-se que ele prevê a responsabilidade pessoal do agente público que causou o dano, estando excluída a responsabilidade do ente público. Além disso, à luz do §839(1), a possibilidade de se responsabilizar diretamente o agente público somente se dará se ele tiver agido dolosamente, pois em caso de mero agir culposo, sua responsabilização só ocorrerá se a parte não conseguir, por outra forma, obter a reparação do dano sofrido, como, por exemplo, a possibilidade de agir contra um devedor solidário.[72]

Todavia, o art. 34 da Constituição federal alemã (*Grundgesetz*) transfere essa responsabilidade do agente para o ente público ao qual ele está subordinado, nos seguintes termos (em tradução livre):

> Art. 34. Se alguém, no exercício de cargo público que lhe foi confiado, violar o seu dever funcional para com terceiro, a responsabilidade cabe, em princípio, ao Estado ou ao ente público ao qual está subordinado. Em caso de dolo ou culpa grave, caberá ação regressiva. Será competente a jurisdição ordinária para as ações indenizatórias ou para a ação regressiva.

Da conjugação desses dispositivos, a jurisprudência passou a entender que a responsabilidade indireta do ente público é a forma padrão de responsabilização, em razão de danos causados por seus agentes.

Há casos, porém, de responsabilidade direta do ente público, como aquele previsto no §836 do BGB, prevendo a responsabilidade do possuidor ou proprietário de um imóvel pelos danos causados por sua ruína, total ou parcial, por uma presunção relativa de negligência na manutenção do prédio.[73]

Quanto ao disposto no §839(3), do BGB, o entendimento jurisprudencial hegemônico é no sentido de nele identificar o caráter subsidiário (ou secundário) da ação reparatória perante o juízo civil, pois ela só será viável se tiver fracassada a demanda visando a anulação do ato administrativo.[74] A proteção primária é fornecida pela justiça administrativa, a quem o cidadão, diante de uma conduta administrativa danosa, pode se voltar para obter uma pronúncia de nulidade do ato administrativo danoso (*Anfechtungsklage*), ou para compelir a administração a editar um ato administrativo (*Verpflichtungsklage*), ou para exigir da administração que pratique um determinado ato material (*Leistungsklage*) (como uma ordem para que a administração pública reconstrua imediatamente um muro que fora danificado em razão de obras públicas,

---

[72] Sobre essas hipóteses de exclusão legal de responsabilidade, v. MARKESINIS, Basil S.; AUBY, Jean-Bernard; COESTER-WALTJEN, Dagmar; DEAKIN, Simon F. *Tortius Liability of Statutory Bodies*, *cit*,, p. 21.

[73] GROSSHOLZ, Caroline. L'évaluation du préjudice en droit allemand, *cit.*, p. 401.

[74] ANTOINE, Aurélien. Rapport de Synthèse, *cit.*, p. 24, e SURMA, Ralph. A comparative Study of the English and German Judicial Approach *cit.*

para exemplificar com um caso judicial). Somente se essas medidas forem insuficientes ou ineficazes para reparar o dano, é que o cidadão lesado poderá buscar a proteção secundária, perante a justiça ordinária, pleiteando a reparação dos danos. Isso explica o menor volume de casos de responsabilidade civil estatal na Alemanha, especialmente quando comparada com a situação francesa.[75]

Segundo o §839/BGB, apenas atos danosos de funcionários públicos *stricto sensu* é que desencadeariam a responsabilidade estatal. Todavia, o art. 34 da Constituição alemã ampliou o alcance da norma, de forma a estar atualmente abrangido qualquer ato de pessoa privada, física ou jurídica, que esteja exercendo uma atividade regida por normas de Direito Público. Portanto, decisiva é a natureza da atividade exercida, não a qualidade do agente.[76]

O regime principal da responsabilidade estatal alemã é fundado na culpa e só este garante a reparação integral do dano sofrido pela vítima. Os demais regimes de responsabilização possibilitam apenas uma indenização parcial dos danos,[77] por vezes chamada de *indenização apropriada (angemessene Entschädigung)* ou *compensação equitativa (biliger Ausgleich)*.[78] É o caso de responsabilização da administração pública por ato lícito, em hipótese que se assemelha à da responsabilização por danos especiais e anormais do Direito francês, mas admitida apenas de forma excepcional, como na hipótese de danos derivados de vacinação obrigatória, de pesquisas biomédicas,[79] danos derivados de balas perdidas por ocasião de uma operação policial, ou de recolhimento a prisão, em razão de investigação ou processo criminal, posteriormente inexitosos. Neste último caso, trata-se de uma criação jurisprudencial (BGH, em 16.10.1997). Outros casos de responsabilidade estatal objetiva envolvem aqueles criados pela lei de 24.11.2011 (*GVG*), que prevê uma responsabilidade estatal por violação da garantia da duração razoável de processo judicial, bem como a responsabilidade do Estado alemão por violação do Direito europeu.[80]

A ação regressiva do ente público que tiver indenizado o dano, em face do agente público causador do dano, só ocorrerá se tiver ficado evidenciado seu agir doloso ou gravemente culposo.[81]

No caso de conduta omissiva, só haverá responsabilidade se ficar evidenciado não só a existência de um dever de agir, como também que o dano quase que certamente não teria ocorrido se o ato omitido tivesse sido praticado.[82]

A reparação dos danos extrapatrimoniais é uma exceção, pois só cabe nos casos previstos na lei – ou excepcionalmente por interpretação jurisprudencial. Trata-se de uma opção do legislador, consagrada expressamente no §253 do BGB. A exceção mais

---

[75] Nesse sentido, JACQUEMET-GAUCHÉ, Anne. Allemage, *cit.*, p. 39/40 e 44.
[76] SURMA, Ralph. A comparative Study of the English and German Judicial Approach, *cit.*
[77] As razões para tal diferenciação são dadas por BELL, John. *Governmental Liability*: Some Comparative Reflections. InDret – Revista para el análisis del Derecho, Barcelona, 2006, p. 16. Disponível em: https://indret.com/wp-content/uploads/2007/05/322_en.pdf. Acesso em: 25 jun. 2024.
[78] GROSSHOLZ, Caroline. L'évaluation du préjudice en droit allemand, *cit.*, p. 415.
[79] JACQUEMET-GAUCHÉ, Anne. Allemage, *cit.*, p. 43, e FOSTER, Nigel; SULE, Satish. *German Legal System and Laws*. 3. ed. Oxford: Oxford University Press, 2003, p. 42 e 43.
[80] GROSSHOLZ, Caroline. L'évaluation du préjudice en droit allemand, *cit.* p. 402 e 403.
[81] JACQUEMET-GAUCHÉ, Anne. Allemage, *cit.*, p. 43, e FOSTER, Nigel; SULE, Satish. *German Legal System and Laws*. 3. ed. Oxford: Oxford University Press, 2003, p. 43.
[82] SURMA, Ralph. A comparative Study of the English and German Judicial Approach, *cit.*

importante é aquela prevista na sua segunda alínea, admitindo a compensação de danos não patrimoniais de vítimas diretas (afastada, assim, a possibilidade de se indenizar vítimas indiretas, em ricochete), em razão de lesão à integridade física, à saúde, à liberdade e à autodeterminação sexual. Não se pode olvidar, também, a importante criação jurisprudencial prevendo a possibilidade de se indenizar danos morais resultantes de uma grave violação ao *direito geral da personalidade*, a partir de uma interpretação constitucional.[83]

Uma hipótese criada mais recentemente pelo legislador diz respeito à presunção de dano moral em caso de violação da garantia da duração razoável do processo, consagrada no art. 6º da Convenção Europeia dos Direitos Humanos. Em razão da violação de tal garantia, a Alemanha foi várias vezes condenada pela Corte Europeia dos Direitos Humanos a indenizar partes de um processo.[84] Como resposta, foi promulgada uma lei em 24.11.2011, consagrando a responsabilidade do Estado pela duração excessiva de um procedimento judicial. Referida legislação exige que, antes que a parte possa mover uma ação de indenização por violação do direito à razoável duração do processo, deva ela previamente manifestar no processo a sua inconformidade. Caso não surta efeito, então sim poderá pleitear uma indenização por ação própria. Trata-se de uma ação de responsabilidade objetiva. Garante-se uma indenização equitativa, não integral, presumindo-se o dano. A legislação prevê o valor de 1.200 euros por ano de atraso desarrazoado, sujeito a variações.[85]

Tal como na Inglaterra, também na Alemanha os juízes dispõem de uma imunidade frente a demandas de responsabilidade civil por sua atuação jurisdicional, com a única exceção de condutas que configurem crimes. É a única classe de agentes públicos que dispõe de tal imunidade.

Foram criados alguns poucos fundos indenizatórios, cuja ativação dispensa a demonstração de alguma falha da administração. Sua cobertura, porém, é limitada a poucos casos, como acidentes de trânsito em que o motorista responsável seja desconhecido, insolvente ou não esteja segurado, ou em caso de vítimas da talidomida ou ainda em caso de clientes de um banco insolvente.[86]

É chegada a hora de extrairmos algumas conclusões comparatistas.

5 À guisa de considerações finais: uma análise comparada das diversas experiências jurídicas

A comparação entre os sistemas francês e inglês da responsabilidade civil de entes públicos, em uma primeira abordagem teórica, revela aspectos interessantes.

---

[83] GROSSHOLZ, Caroline. L'évaluation du préjudice en droit allemand, *cit.*, p. 418/420.

[84] Como no caso *Rumpf v. Germany*, CEDH, n. 46344/06, 02/09/2010.

[85] A lei relativa à organização judiciária (*Gerichtsverfassungsgesetz - GVG*), com a redação dada pela Lei de 2011, em seu §198, n. (1), especifica que o caráter razoável ou não da duração do processo é determinado pelas circunstâncias do caso, notadamente em função da sua complexidade e importância, bem como do comportamento processual das partes e de terceiros. O §200, primeira parte, implicitamente adota o fundamento da solidariedade nacional como base para tal indenização, ao dispor que "O país é responsável pelos danos que surgirem devido a atrasos nos seus tribunais" (trad. livre) – Disponível em: https://www.gesetze-im-internet.de/gvg/BJNR005130950.html. Acesso em: 16 jun. 2024.

[86] GROSSHOLZ, Caroline. L'évaluation du préjudice en droit allemand *cit.*, p. 402/403.

Paradoxalmente, na França, um país de *civil law*, a transição do regime antigo (de imunidade estatal: *Le Roi ne peut mal faire*) foi feita pela jurisprudência (caso *Blanco*, de 1873), ao passo que na Inglaterra, um país de *common law*, tal transição foi obra do legislador (*Crown Proceedings Act 1947*).

Na França, o *Tribunal des Conflits*, ao apreciar o célebre caso *Blanco*, havia afirmado que a responsabilidade do poder público não poderia ser "nem geral, nem absoluta", levando-se em consideração as "conveniências do serviço e a necessidade de conciliar os direitos do Estado com os direitos privados". Após algum tempo, porém, a jurisprudência evoluiu no sentido de ampliar a responsabilidade estatal. Já na Inglaterra, partiu-se da célebre proclamação do jurista Albert V. Dicey, sobre o princípio da igualdade de todos, inclusive entes públicos, perante a mesma lei, mas depois a jurisprudência passou a adotar orientações mais protetivas dos entes públicos,[87] embora meio século atrás a Inglaterra tenha experimentado menos de três lustros de maior liberalização.

Comparando-se as experiências inglesa e alemã na área da responsabilidade civil do Estado, percebe-se que em ambos os países essa temática desenvolveu-se por meio da casuística jurisprudencial. Nos anos 70 e início dos anos 80, tanto a justiça alemã quanto a inglesa estavam expandindo a responsabilidade civil dos entes públicos. Todavia, o posterior desenvolvimento, a partir do final daquele período, foi diverso: enquanto a justiça inglesa passou a restringir o âmbito da responsabilidade dos entes públicos, com base substancialmente em argumentos de *policy* (sob o principal argumento de que agentes públicos agem não no interesse pessoal, mas sim no interesse público), manipulando argumentos técnicos (v.g., *duty of care*), os tribunais germânicos mantiveram a tendência de ampliação de tal responsabilidade, melhor protegendo os cidadãos. Há pouco mais de duas décadas, porém, a jurisprudência inglesa vem dando sinais de uma maior liberalização, influenciada especialmente pela jurisprudência da C.E.D.H.

Nos três países, a responsabilidade estatal permanece substancialmente sendo subjetiva, considerando-se exceções os casos de responsabilidade objetiva. Todavia, a noção francesa de culpa (*faute*) é muito mais ampla do que aquela acolhida no Direito inglês e alemão, os quais não equiparam a ilicitude à culpa, ou seja, um ato ilegal da administração não é automaticamente tido como culposo.

Na França, a noção de culpa (*faute*), oriunda do Direito Privado, ganhou nuances ao ser aplicada à esfera das atividades públicas, com a identificação de uma *faute de service* diversa da *faute personnelle*, além da criação de hipóteses legais ou jurisprudenciais de responsabilidade por culpa presumida e outras de responsabilidade objetiva. É o sistema que maior proteção fornece aos cidadãos. Já o sistema inglês de responsabilidade civil de entes públicos repousa na mesma culpa que orienta as condutas dos particulares, sendo raras as aplicações da responsabilidade objetiva (*strict liability*). Na Alemanha, tal ampliação deveu-se substancialmente à legislação.

Ao contrário do sistema francês, o sistema inglês da responsabilidade civil estatal não repousa em alguma cláusula geral de amplo respiro, mas sim em vários tipos específicos de danos (*torts*), cada um deles exigindo alguns pressupostos específicos e admitindo tipos peculiares de defesa.

Também é de se referir que, embora seja mais rara a responsabilização pessoal do agente público na França, comparativamente com a Inglaterra, na prática, a situação

---

[87] FAIRGRIEVE, Duncan; LICHÈRE, François. La responsabilité administrative en droit anglais, *cit.*, p. 74.

se assemelha bastante, pois somente excepcionalmente o ente público francês exerce uma ação regressiva contra o funcionário em razão de uma sua *faute personnelle*, como também é raro que o agente público inglês, ao fim e ao cabo, efetivamente venha a desembolsar qualquer quantia para reparar danos por ele causados.[88]

Há razões filosóficas que explicam a persistente diferença entre o sistema francês e o inglês. O francês é sensível aos princípios da socialização dos riscos, da igualdade de todos perante ônus e encargos sociais, da solidariedade e da equidade. Já o sistema inglês adota uma filosofia tradicionalmente mais individualista e mais propensa a valorizar o interesse público, olhando com desfavor pretensões indenizatórias contra entes públicos.[89] Porém, se há diferenças que se sobressaem, em um plano mais genérico e principiológico, estas são bem menos perceptíveis quando se examinam as aplicações práticas e os resultados finais.[90] Em ambos os países, os resultados levam em conta a ideia de previsibilidade dos danos e a complexidade das atividades causadoras de danos. Em ambos os países, atualmente, o cidadão normalmente acaba recebendo uma indenização pelos danos causados pela administração pública, embora na França isso seja visto como um direito do cidadão, ao passo que na Inglaterra são razões de equidade (*ex gratia*) que conduzem a esse resultado.

Enquanto a França já há algum tempo consolidou uma tendência no sentido de criação de fundos indenizatórios, fundados no princípio de solidariedade nacional, a Inglaterra mais recentemente vem também criando tais fundos, embora menos abrangentes que os franceses, estendendo-os para a proteção de vítimas de sangue contaminado (por aids ou por hepatite C), de álea terapêutica e de danos derivados de vacinações obrigatórias. A Alemanha também criou alguns fundos indenizatórios. A cobertura desses fundos, porém, é bem menos extensa do que a francesa.[91]

Nos países analisados revela-se a influência dos direitos fundamentais sobre a responsabilidade civil. Na Inglaterra, isso se deveu muito ao advento do *Human Rights Act*, de 1998, ao passo que na França isso ocorreu pela hermenêutica jurisprudencial, lembrando-se que o *Conseil Constitutionnel* implicitamente elevou o art. 1382 do Código Civil (atual art. 1240), que consagra a cláusula geral da culpa na responsabilidade civil ao *status* de princípio constitucional (decisão de 09.11.1999, envolvendo a *Loi rélative au Pacte Civil de Solidarité*). Também considerou inconstitucional uma lei que havia reduzido a possibilidade de se obter reparação de danos causados pela administração pública (decisão de 13.12.1985, *Amendement Tour Eiffel*).[92] Na Alemanha, foi a jurisprudência que incluiu os direitos de personalidade no âmbito dos interesses protegidos pela responsabilidade civil.

Também é percebida a influência dos sistemas supranacionais sobre os países europeus. A interpretação dada pelos tribunais supranacionais encarregados da aplicação das convenções acabou por expandir a responsabilidade estatal em certos países, e também por influenciar a jurisprudência de todos os demais. Isso acarretou a evolução de um modelo de responsabilidade administrativa 'constitucionalizada'. No caso

---

[88] FAIRGRIEVE, Duncan. *State Liability in Tort, cit.*, p. 26/27.
[89] FAIRGRIEVE, Duncan. *State Liability in Tort, cit.*, p. 265/266, 282 e 283
[90] FAIRGRIEVE, Duncan; LICHÈRE, François. La responsabilité administrative en droit anglais, *cit.*, p. 71/72 e 75/76.
[91] JACQUEMET-GAUCHÉ, Anne. Allemage, *cit.*, p. 45.
[92] FAIRGRIEVE, Duncan. *State Liability in Tort, cit.*, p. 261/264.

europeu, embora a Carta de Roma não contenha nenhum dispositivo expresso sobre a responsabilidade do Estado por danos causados aos cidadãos, a Corte Europeia de D.H., no caso *Loizidou v. Turquie* (Req. nº 15318/89, de 23/03/1995), afirmou que "o princípio da responsabilidade é consubstancial à adesão do Estado-Membro à ordem pública europeia dos direitos humanos".[93] A jurisprudência da C.E.D.H. também contribuiu para restringir zonas de irresponsabilidade estatal existentes em alguns países. Também o Tribunal de Justiça da União Europeia contribuiu para expandir a responsabilidade estatal, como a responsabilidade pela função legislativa e jurisdicional,[94] bem como por danos sofridos por um cidadão nacional, pelo fato do seu país não ter transposto para o Direito nacional uma diretiva emanada pela União Europeia, como assentado no famoso caso *Francovich v. Italy* (1991).[95]

Por outro lado, enquanto os casos envolvendo essa temática são processados e julgados pela justiça administrativa francesa, na Inglaterra e na Alemanha eles são julgados pela justiça comum.

Referências

ANTOINE, Aurélien. Rapport de Synthèse. *In:* ANTOINE, Aurélien; OLSON, Terry (dir.). *La responsabilité de la puissance publique en droit comparé*. Coleção Droit Comparé et Européen, vol. 25. Paris: Société de Législation Comparée, 2016.

BELL, John. Administrative Law. *In:* BELL, John; BOYRON, Sophie; WHITTAKER, Simon. *Principles of French Law*. Oxford: Oxford University Press, 1998.

BELL, John. Governmental Liability: Some Comparative Reflections. *InDret* – Revista para el análisis del Derecho, Barcelona, 2006. Disponível em: https://indret.com/wp-content/uploads/2007/05/322_en.pdf. Acesso em: 25 jun. 2024.

BERMANN, George A.; PICARD, Etienne. Direito Administrativo. *In:* BERMANN, Geroge A.; PICARD, Etienne (org.). *Introdução ao direito francês*. Trad. Teresa Dias Carneiro. 1. ed. bras. Rio de Janeiro: Forense, 2011.

CALABRESI, Guido. *The Costs of Accidents* – A Legal and Economic Analysis. New Haven: Yale University Press, 1970.

CANE, Peter. *An Introduction to Administrative Law*. 3. ed. Oxford: Clarendon Press, 1996.

DELVOLVÉ, Pierre. La responsabilité extracontractuelle du fait d'administrer, vue de l'etranger. *In:* RENDERS, D. (dir.). *La responsabilités des pouvoirs publics*. XXIIe. Journées d'études juridiques Jean Dabin. Bruxelles: Ed. Bruylant, 2016.

DICEY, Albert V. *An Introduction to the Study of the Law of the Constitution*. 10. ed. London: Palgrave Macmillan Ed., 1959.

FACCHINI NETO, Eugênio. Da Responsabilidade Civil no novo Código. *In:* SARLET, Ingo Wolfgang (org.). *O novo Código Civil e a Constituição*. Porto Alegre: Livraria do Advogado, 2006.

---

[93] Para uma boa síntese do impacto dos direitos humanos ou fundamentais sobre a responsabilidade civil dos países europeus, remeta-se ao capítulo "F. Violations of Human Rights", de OLIPHANT, Ken. The liability of public authorities in comparative perspective. *In:* OLIPHANT, Ken (ed.). *The liability of public authorities in comparative perspective*. Cambridge: Intersentia, 2016, p. 847-887, esp. p. 870-871, bem como a obra comparatista de VON BAR, Christian. *The Common European Law of Torts*. Volume One. Oxford: Clarendon Press, 1998, p. 571-590.

[94] ANTOINE, Aurélien. Rapport de Synthèse, *cit.*, p. 29.

[95] Sobre os efeitos do caso Francovich, v. GRANGER, Marie-Pierre F. National applications of Francovich and the construction of a European administrative jus commune. *European Law Review* (2007) 32:2, p. 157-192. Disponível em: https://www.academia.edu/10767069/Francovich_and_the_construction_of_a_European_administrative_jus_commune_by_national_courts_ Acesso em: 15 jun. 2024.

FACCHINI NETO, Eugênio. Expandindo as fronteiras da responsabilidade civil: danos puramente econômicos. *Revista de Direito Civil Contemporâneo*, v. 27, p. 113-160, 2021.

FACCHINI NETO, Eugênio. Desenvolvimento, tendências e reforma da responsabilidade civil na França: ruptura ou continuidade na busca de sempre ampliar a tutela da pessoa. *Civilistica.com* — Revista Eletrônica de Direito Civil, v. 10, p. 1-35, 2021.

FAIRGRIEVE, Duncan. *State Liability in Tort*. A Comparative Law Study. Oxford: Oxford University Press, 2004.

FAIRGRIEVE, Duncan; LICHÈRE, François. La responsabilité administrative en droit anglais. *In*: ANTOINE, Aurélien; GRANGER, Marie-Pierre F. National applications of Francovich and the construction of a European administrative jus commune. *European Law Review*, 32:2, p. 157-192, 2007. Disponível em: https://www.academia.edu/10767069/Francovich_and_the_construction_of_a_European_administrative_jus_commune_by_national_courts. Acesso em: 15 jun. 2024.

FAIRGRIEVE, Duncan. Questionnaire sur l'évaluation du prejudice: Droit Anglais. *In:* ANTOINE, Aurélien; OLSON, Terry (dir.). *La responsabilité de la puissance publique en droit comparé*. Coleção Droit Comparé et Européen, vol. 25. Paris: Société de Législation Comparée, 2016.

FOSTER, Nigel; SULE, Satish. *German Legal System and Laws*. 3. ed. Oxford: Oxford University Press, 2003.

FREITAS, Juarez (org.). *Responsabilidade Civil do Estado*. São Paulo: Malheiros, 2006.

GROSSHOLZ, Caroline. L'évaluation du préjudice en droit allemand de la responsabilité de la puissance publique. *In*: ANTOINE, Aurélien; OLSON, Terry (dir.). *La responsabilité de la puissance publique en droit comparé*. Coleção Droit Comparé et Européen, vol. 25. Paris: Société de Législation Comparée, 2016.

HARLOW, Carol; RAWLINGS, Richard. *Law and Administration*. 2. ed. London: Butterwords, 1997.

HARLOW, Carol. *State Liability*. Tort Law and Beyond. Oxford: Oxford University Press, 2004.

JACQUEMET-GAUCHÉ, Anne. Allemage. *In:* ANTOINE, Aurélien; OLSON, Terry (dir.). *La responsabilité de la puissance publique en droit comparé*. Coleção Droit Comparé et Européen, vol. 25. Paris: Société de Législation Comparée, 2016.

MARKESINIS, Basil S. *The German Law of Obligations*. Vol. II – The Law of Torts: A Comparative Introduction. 3. ed. Oxford: Clarendon Press, 1997.

MARKESINIS, Basil S.; AUBY, Jean-Bernard; COESTER-WALTJEN, Dagmar; DEAKIN, Simon F. *Tortius Liability of Statutory Bodies:* A Comparative and Economic Analysis of Five English Cases. Portland/Oregon: Hart Publishing, 1998.

MARKESINIS, Basil S.; DEAKIN, Simon F. *Tort Law*. 4. ed. Oxford: Oxford University Press, 1999.

OLIPHANT, Ken. The liability of public authorities in comparative perspective. *In:* OLIPHANT, Ken (ed.). The liability of public authorities in comparative perspective. Cambridge: Intersentia, 2016, p. 847-887.

OLSON, Terry (dir.). *La responsabilité de la puissance publique en droit comparé*. Coleção Droit Comparé et Européen, vol. 25. Paris: Société de Législation Comparée, 2016.

REMY, Philippe. Réflexions préliminaires sur le chapitre *Des délits*. *In:* TERRÉ, François (dir.). *Pour une reforme du droit de la responssabilité civile*. Paris: Dalloz, 2011.

ROGERS, William V. H. *Winfield & Jolowicz on Tort*. 15. ed. London: Sweet & Maxwell, 1998.

SERIO, Mario. I fondamenti del diritto dei 'torts'. *In:* MACIOCE, Francesco (org.). *La responsabilità civile nei sistemi di Common Law*. I: Profili generali. Padova: Ed. Cedam, 1989.

SURMA, Ralph. A comparative Study of the English and German Judicial Approach to the Liability of Public Bodies in Negligence. *Oxford University Comparative Law Forum*. 2000. Disponível em: https://ouclf.law.ox.ac.uk/a-comparative-study-of-the-english-and-german-judicial-approach-to-the-liability-of-public-bodies-in-negligence/. Acesso em: 1 jun. 2024.

TESAURO, Paolo; RECCHIA, Giorgio. Origini ed evoluzione del modello dei 'torts'. *In:* MACIOCE, Francesco (org.). *La responsabilità civile nei sistemi di Common Law*. I: Profili generali. Padova: Ed. Cedam, 1989.

VINEY, Geneviève. Responsabilidade civil por ato ilícito. *In:* BERMANN, George A.; PICARD, Etienne (org.). *Introdução ao direito francês*. Trad. Teresa Dias Carneiro. 1. ed. Rio de Janeiro: Forense, 2011.

VAN DAM, Cees. *European Tort Law*. Oxford: Oxford University Press, 2007.

VAN GERVEN, Walter; LEVER, Jeremy; LAROUCHE, Pierre; VON BAR, Christian; VINEY, Geneviève. *Cases, Materials and Text on National, Supranational and International TORT LAW* – Scope of Protection. Portland/Oregon: Hart Publishing, 1999.

VAN GERVEN, Walter; LEVER, Jeremy; LAROUCHE, Pierre. *Cases, Materials and Text on National, Supranational and International TORT LAW*. Portland/Oregon: Hart Publishing, 2000.

VON BAR, Christian. *The Common European Law of Torts*. Vol. I. Oxford: Clarendon Press, 1998.

YOUNGS, Raymond. *English, French & German Comparative Law*. 2. ed. London: Routledge-Cavendish, 2007.

ZENO-ZENCOVICH, Vincenzo. La responsabilità civile. *In:* ALPA, Guido; BONELL, Michael Joachim; CORAPI, Diego; MOCCIA, Luigi; ZENO-ZENCOVICH, Vincenzo. *Diritto privato comparato*. Istituti e problemi. Bari: Ed. Laterza, 1999.

ZWEIGERT, Konrad; KÖTZ, Hein. *Introduzione al Diritto Comparato*. Vol. I. Principi fondamentali (trad. do original alemão *Einführung in die Rechtsvergleichung. Band 1: Grundlagen*, por Barbara Pozzo). Milano: Giuffrè, 1992.

Informação bibliográfica deste livro, conforme a NBR 6023:2018 da Associação Brasileira de Normas Técnicas (ABNT):

FACCHINI NETO, Eugênio. A responsabilidade civil do Estado no Direito Comparado. *In*: PASQUALINI, Alexandre; CUNDA, Daniela Zago Gonçalves da; RAMOS, Rafael (coord.). *Direito, sustentabilidade e inovação*: estudos em homenagem ao professor Juarez Freitas. Belo Horizonte: Fórum, 2025. p. 239-261. ISBN 978-65-5518-957-5.

SUSTENTABILIDADE CORPORATIVA SEM *GREENWASHING*: O NOVO PARADIGMA DO CAPITALISMO DE STAKEHOLDERS

GABRIEL WEDY
RAFAEL MARTINS COSTA MOREIRA

Introdução

O paradigma da sustentabilidade corporativa consolida-se gradualmente. Contudo, muitas das maiores empresas brasileiras ainda pecam na transparência e sinceridade sobre a publicidade de suas práticas sustentáveis e de governança, mesmo atuando em setores de elevados riscos ambientais e climáticos. Foi o que concluiu recente estudo divulgado pela Associação Soluções Inclusivas Sustentáveis (SIS) sobre o fortalecimento da agenda ESG (*Environmental, Social and Governance* ou, em português, ASG, ou Ambiental, Social e Governança) em temas cruciais nas normas da Comissão de Valores Mobiliários (CVM).[1]

O ESG coincide com o movimento tendente a exigir das empresas a consideração de práticas sustentáveis, relacionadas com a proteção ambiental, a justiça social e o incremento da governança. O conceito se disseminou em 2004, em uma publicação

---

[1] ISIS – SOLUÇÕES INCLUSIVAS SUSTENTÁVEIS. *Recomendações para fortalecimento da consideração de questões climáticas e socioambientais na regulação bancária brasileira*, jan. 2023. Disponível em: https://sis.org.br/wp-content/uploads/2023/03/Recomendacoes-para-regulacao-bancaria-na-agenda-climatica-e-ASG-2.pdf. Acesso em: 22 fev. 2024; *Idem*. ISIS apresenta estudo com recomendações para integração de fatores ASG na regulação de mercado de capitais brasileira, 22 set. 2023. Disponível em: https://sis.org.br/2023/09/22/sis-apresenta-estudo-com-recomendacoes-para-integracao-de-fatores-asg-na-regulacao-de-mercado-de-capitais-brasileira/. Acesso em: 22 fev. 2024; UM SÓ PLANETA. *Divulgação de informações sobre ações e critérios ESG das empresas na bolsa é inconsistente e pouco transparente, avalia estudo*, 25 set. 2024.

do Pacto Global da ONU em parceria com o Banco Mundial, denominada *"Who Cares Wins"*. Naquela ocasião, o então Secretário-Geral da ONU Kofi Annan instou as principais instituições financeiras do mundo a considerarem fatores sociais, ambientais e de governança em sua alocação de capital, o que ele acreditava que beneficiaria não apenas a sociedade e o meio ambiente, mas também as próprias companhias.[2]

A agenda ESG contaminou o mundo dos negócios, ao ponto de grandes empresas e fundos, como a Black Rock, a maior gestora de ativos do planeta, fazerem da sustentabilidade o novo padrão de investimento. Grandes empresas e investidores, pois, já questionam a ideia da primazia dos acionistas (*shareholder primacy*) e dos lucros de curto prazo, em favor de um capitalismo responsável, inclusivo e sustentável.[3]

Concomitantemente ao crescimento da pauta sustentável entre os agentes econômicos, o *marketing* verde surge como uma oportunidade econômica significativa. Contudo, essa prática, para muitas empresas, é promovida por meio de informações genéricas ou incompletas, meias-verdades, reformulação da narrativa ou mesmo por afirmações inverídicas. Esse é o desvio do *marketing* verde, o *greenwashing*, que ocorre quando uma empresa utiliza publicidade enganosa para se apresentar ou se promover como mais amigável ao meio ambiente do que realmente é.

O discurso volúvel da sustentabilidade foi ainda revelado nas promessas vazias de "carbono zero" (*net-zero*) no contexto da Convenção Quadro das Nações Unidas sobre a Mudança do Clima. No âmbito da COP27,[4] realizada em 2022, no Egito, o Secretário-Geral da ONU destacou que "devemos ter tolerância zero para o *greenwashing* da neutralidade climática". Em relatório que emergiu dessa Conferência, recomendações foram detalhadas para combater o *greenwashing* nas promessas de redução das emissões de gases de efeito estufa. Os países e grandes empresas não podem seguir alegando cumprimento de metas de zero emissão e, ao mesmo tempo, continuar a construir ou investir em novos suprimentos de combustíveis fósseis ou em qualquer tipo de atividade ambientalmente destrutiva. Da mesma forma, não é legítimo participar ou fazer com que seus parceiros participem de atividades de *lobby* contra as medidas de combate às mudanças climáticas ou apenas relatar uma parte dos ativos de seus negócios e ocultar o restante.[5]

Desse quadro se destacam três realidades que se entrelaçam: a) muitas empresas despertaram para incorporar aspectos de proteção ambiental, justiça social e de governança nas suas práticas corporativas; b) a preocupação com a sustentabilidade e a publicidade verde, porém, nem sempre se revela genuína, sincera e transparente; c) países, organizações não governamentais e organismos internacionais perceberam a importância de regular a prática do apelo ambiental e do *greenwashing*.

---

[2] BARRA, Deise Cristine; JALUUL, Flavia Sallum. A relevância de ESG nas empresas e a conexão com compliance. *In*: TRENNENPOHL, Natascha; TRENNENPOHL, Terence (coord.). *ESG e Compliance*: interfaces, desafios e oportunidades. São Paulo: Saraiva, 2023. p. 142.

[3] A propósito, vide: EDGECLIFFE-JOHNSON, Andrew. Beyond the bottom line: should business put purpose before profit? *Financial Times*, 4 jan. 2019. Disponível em: https://www.ft.com/content/a84647f8-0d0b-11e9-a3aa-118c761d2745. Acesso em: 23 out. 2020.

[4] A COP27 refere-se à 27ª Conferência das Partes no âmbito da Convenção Quadro das Nações Unidas sobre Mudança do Clima, realizada de 6 de novembro a 18 de novembro de 2022, em Sharm El Sheikh, Egito.

[5] UNITED NATIONS. UN News. COP27: '*Zero tolerance for greenwashing*', *Guterres says as new report cracks down on empty net-zero pledges*, 8 nov. 2022. Disponível em: https://news.un.org/en/story/2022/11/1130317. Acesso em: 16 fev. 2024.

1 Sustentabilidade corporativa: da comunidade internacional e dos ordenamentos domésticos para as empresas

A preocupação em garantir o desenvolvimento sustentável, a justiça ambiental e intergeracional e resguardar as bases da vida planetária entrou definitivamente na agenda dos países e organizações internacionais, contagiou os debates sobre o futuro da humanidade e penetrou no universo do Direito e do mundo corporativo.

A partir da Revolução Industrial, quando, como diria Hobsbawm, em algum momento da década de 1780, e pela primeira vez na história, os grilhões foram removidos do poder produtivo das sociedades humanas, a humanidade adquiriu a capacidade de multiplicar bens e serviços de forma constante, rápida e quase ilimitada,[6] aprofundando, concomitantemente, o poder de intervenção na natureza e no equilíbrio dos ecossistemas. Esse crescimento paralelo da produtividade e da destruição dos recursos naturais foi ainda mais dramático no período que se seguiu às duas Grandes Guerras, denominado como a "Grande Aceleração" (*the Great Acceleration*), isto é, a industrialização pós-Segunda Guerra Mundial, o desenvolvimento científico, a corrida armamentista nuclear, a explosão populacional e o rápido crescimento econômico.

A segunda metade do século XX é considerada como a era do despertar da humanidade para o perigo que sua sobrevivência[7] sofre em razão da própria atividade humana, da emergência da sociedade de risco[8] e do período que alguns geólogos cunharam de "Antropoceno", ou seja, a transformação física da terra por ação do próprio ser humano.[9] Conquanto haja resistência em aceitar o termo como nova era geológica, segue sendo, ao menos informalmente, uma importante descrição das atuais interações homem-ambiente.[10]

O engajamento social e transnacional que emergiu nos anos 1960 e 1970 conduziu à Declaração de Estocolmo de 1972, a qual representou um "grande marco normativo da proteção ecológica no cenário jurídico internacional",[11] sendo considerada como "um documento com a mesma relevância para o Direito Internacional e para a Diplomacia

---

[6] HOBSBAWM, Eric. *The Age of Revolution*: 1789-1848. London: Phoenix Press, 2010. p. 48.

[7] Como escreveu com propriedade Juarez Freitas, ao que tudo indica, "nos próximos milhões de anos, o planeta não será extinto. *A humanidade é que corre real perigo*" (In: *Sustentabilidade:* direito ao futuro. 4. ed. Belo Horizonte: Fórum, 2019. p. 25).

[8] BECK, Ulrich. *La sociedad del riesgo:* hacia una nueva modernidad. Barcelona: Paidós, 1998.

[9] Como advertiram Crutzen e Stoermer, em razão dos diversos impactos das atividades humanas sobre a Terra e a atmosfera, em escala global, especialmente nos últimos dois séculos, que irão perdurar por um longo período, seria apropriado enfatizar o papel central do ser humano na geologia e na ecologia pelo uso do termo "Antropoceno" para a atual era geológica (CRUTZEN, Paul J.; STOERMER, Eugene F. The "Anthropocene". *Global Change Newsletter*, n. 41, p. 17-18, mai. 2000. Disponível em: http://www.igbp.net/download/18.31 6f1832132347017758000140 1/1376383088452/NL41.pdf. Acesso em: 13 nov. 2017).

[10] A União Internacional de Ciências Geológicas (*International Union of Geological Sciences* — IUGS) anunciou que os geólogos rejeitaram a ideia do Antropoceno como nova era geológica, que anunciaria o fim do Holoceno. O conceito de Antropoceno, porém, continua a ser amplamente utilizado não apenas por cientistas ambientais e climáticos, mas também por cientistas sociais, políticos e economistas, bem como pelo público em geral, como uma descrição de valor inestimável nas interações homem-ambiente (THE GUARDIAN. *Geologists reject declaration of Anthropocene epoch*, 22 mar. 2024. Disponível em: https://www.theguardian.com/science/2024/mar/22/geologists-reject-declaration-of-anthropocene-epoch. Acesso em: 16 abr. 2024; IUGS. International Union of Geological Sciences. *The Anthropocene*. IUGS-ICS Statement, 20 mar. 2024. Disponível em: https://www.iugs.org/_files/ugd/f1fc07_23c6f9e723bc47b9b5fdcd300f806f25.pdf?index=true. Acesso em: 16 abr. 2024).

[11] FENSTERSEIFER, Tiago, SARLET, Ingo Wolfgang. *Curso de Direito Ambiental*. 2. ed. Rio de Janeiro: Forense, 2021. p. 322.

dos Estados que teve a Declaração Universal dos Direitos do Homem".[12] A partir de então, o Direito Ambiental Internacional progrediu substancialmente, sobretudo com a emergência de novos problemas nos anos 1980, que não eram percebidos anteriormente, como a deterioração da camada de ozônio e a poluição global.

A preocupação com o futuro e com a justiça intertemporal e intergeracional, ínsita às crises ambientais e climáticas, foi enfrentada sob o denominador comum da sustentabilidade. O desenvolvimento sustentável é, na expressão de Eli da Veiga, "um dos mais generosos ideais da humanidade". Com isso, impôs-se "a necessidade de que fosse condicionado a uma boa dose de prudência o progresso inerente ao desenvolvimento. E era isso que exprimia desde suas remotas origens a noção de sustentabilidade". Esse ideal firmou-se pouco a pouco no Direito Internacional e nos ordenamentos domésticos, passando por um "processo de legitimação" até a adoção da "Agenda 2030 – Transformando Nosso Mundo", e seus 17 Objetivos do Desenvolvimento Sustentável.[13]

A definição mais legítima, conhecida e aceita de desenvolvimento sustentável[14] é aquela formulada pelo Relatório Brundtland, de 1987, concebido como *aquele que atende às gerações presentes sem comprometer a possibilidade de as futuras atenderem às suas próprias necessidades*. A descrição de Brundtland, em que pese sua importância, recebeu críticas por ser considerada excessivamente antropocêntrica.[15] Para muitos, apesar de representar "progresso histórico, exige aperfeiçoamento, pois a sustentabilidade não se resume ao suprimento das necessidades meramente materiais, artificiais, fabricadas ou hiperinflacionadas pelo consumismo em cascata",[16] mas também inclui valores imateriais, como a liberdade, segurança, educação, justiça ou o meio ambiente saudável.[17]

O conceito foi posteriormente estendido por Robert Solow, que introduziu a ideia de sustentabilidade como a exigência de que se mantenha, para as futuras gerações, o mesmo ou melhor *padrão de vida* que desfrutamos na atualidade.[18] Amartya Sen, contudo, ainda considera insuficiente esta concepção, porquanto "a importância da vida humana não reside apenas em nosso padrão de vida e satisfação das necessidades, mas também na liberdade que desfrutamos". O economista indiano reformula as propostas de Brundtland e Solow para incluir no conceito de sustentabilidade "a preservação e, quando possível, a expansão das liberdades e capacidades substantivas das pessoas de hoje 'sem comprometer a capacidade das gerações futuras' de ter liberdade semelhante ou maior".[19]

A definição do conteúdo do desenvolvimento sustentável também se ampliou, passou a ser multidimensional, para abranger ao menos três perspectivas – ambiental, social e econômica. O modelo de três pilares foi acolhido no Direito Internacional,

---

[12] SOARES, Guido Fernando Silva. *Direito internacional do meio ambiente*. 2. ed. São Paulo: Atlas, 2003. p. 55.
[13] VEIGA, José Eli da. *Para entender o desenvolvimento sustentável*. São Paulo: Editora 34, 2015. p. 4-5.
[14] *Idem*, p. 6.
[15] BOSSELMANN, Klaus. *Princípio da Sustentabilidade*: transformando direito e governança. Trad. Phillip Gil França. São Paulo: Revista dos Tribunais, 2015. p. 50.
[16] FREITAS, Juarez. *Sustentabilidade*: direito ao futuro. 4. ed. Belo Horizonte: Fórum, 2019. p. 51.
[17] BOSSELMANN, *op. cit.*, p. 52-3.
[18] SEN, Amartya. *A Ideia de Justiça*. Trad. Denise Bottmann e Ricardo Doninelli Mendes. São Paulo: Companhia das Letras, 2012. p. 284-5.
[19] *Idem*, p. 286.

como a Carta da Terra, a Declaração do Rio de 1992, de Joanesburgo de 2002 e do Rio de 2012 ("Rio+20"). No documento final da Rio+20 (*"The future we want"*) foram reafirmados os princípios da Rio/92 e renovado o compromisso em favor de um futuro sustentável do ponto de vista econômico, social e ambiental para nosso planeta e para as gerações presentes e futuras. O reconhecimento de que a sustentabilidade não poderia ser alcançada sem atenção a outros aspectos, não somente ambientais, mas também sociais, econômicos e, inclusive, institucionais, ficou evidenciado com a formulação, em 2015, dos "Objetivos do Desenvolvimento Sustentável", por meio do documento "Transformando Nosso Mundo: A Agenda 2030 para o Desenvolvimento Sustentável".

Doutrinadores de relevo acrescentam outras dimensões ao modelo de três pilares (ambiental, social e econômico). Juarez Freitas, por exemplo, inclui também as dimensões ética e jurídico-política, como aspectos entrelaçados da multidimensionalidade do bem-estar e da sustentabilidade.[20] Wedy, por sua vez, incorpora o aspecto da "boa governança", que "aprofunda os critérios democráticos de tomada de decisão, evita a corrupção e facilita a obtenção de resultados positivos com menos gastos de recursos em ações e planos estatais".[21] Pode-se ainda trabalhar, para além dos três primeiros, com o aspecto político ou institucional,[22] como revela o ODS 16 da Agenda 2030, cujo objetivo se traduz em "promover sociedades pacíficas e inclusivas para o desenvolvimento sustentável, proporcionar o acesso à justiça para todos e construir instituições eficazes, responsáveis e inclusivas a todos os níveis".

Independentemente da abordagem eleita, duas conclusões podem ser extraídas do aperfeiçoamento gradual do conceito de sustentabilidade, reforçadas com as metas abrangentes da Agenda 2030. *Primeira conclusão* é a necessidade de se buscar a multidimensionalidade do bem-estar, que não mais se coaduna com um enfoque restrito à exploração econômica e às necessidades materiais, ou mesmo indiferente às preocupações sociais e institucionais. Bem-estar que não deve mais ser medido pelo atrasado (mas ainda utilizado) PIB como indicador econômico preponderante, porque baseado exclusivamente no crescimento material, desprezando a depreciação dos recursos naturais e humanos.[23] Ferramentas alternativas, assim, passam a ser formuladas, como o Índice de Desenvolvimento Humano (IDH), que, apesar de sua simplicidade, já representou um progresso significativo.[24] De notar, outrossim, a formulação de

---

[20] FREITAS, Juarez. *Sustentabilidade*: direito ao futuro. 4. ed. Belo Horizonte: Fórum, 2019. p. 61-85.

[21] WEDY, Gabriel. *Desenvolvimento Sustentável na Era das Mudanças Climáticas*: um direito fundamental. São Paulo: Saraiva, 2018.

[22] A respeito do ODS 16 da Agenda 2030, Eli da Veiga assevera que se trata "de uma ambição essencialmente política, que também poderia ser classificada de 'institucional', mas que escapa ao esquema das três dimensões ou 'pilares'" (VEIGA, José Eli da. *Para entender o desenvolvimento sustentável*. São Paulo: Editora 34, 2015. p. 115). Sobre a dimensão institucional utilizada pelo indicador de sustentabilidade "*Dashboard of Sustainability*", vide: BELLEN, Hans Michael van. *Indicadores de sustentabilidade*: uma análise comparativa. Rio de Janeiro: FGV, 2007, p. 191.

[23] "As mazelas do PIB têm sido severamente criticadas, principalmente por ele só abranger atividades mercantis e ignorar a depreciação de recursos naturais e humanos. O que justamente provocou o atual processo de busca por alterações e extensões, com o objetivo de transformá-lo em indicador de prosperidade sustentável, mediante correções de cálculo frequentemente chamadas de 'PIB verde'" (VEIGA, José Eli da. *Sustentabilidade:* a legitimação de um novo valor. 2. ed. São Paulo: SENAC, 2010. p. 19).

[24] "Afortunadamente, surgem alternativos indicadores mais confiáveis que o PIB, ao passo que outros são redesenhados. Certo: *a seu tempo, o Índice de Desenvolvimento Humano (que mede renda, longevidade e educação) representou um considerável progresso, apesar de simples e limitado em sua métrica sintética*" (FREITAS, Juarez. *Sustentabilidade*: direito ao futuro. 4. ed. Belo Horizonte: Fórum, 2019. p. 46-47).

indicador ainda mais avançado, constante do relatório *"Report by the Commission on the Measurement of Economic Performance and Social Progress"*, elaborado pela Comissão "Stiglitz-Sen-Fitoussi",[25] no qual a sustentabilidade é incluída como um dos fatores a serem computados na avaliação do desenvolvimento.[26] *Segunda conclusão*, tais dimensões devem ser consideradas como integradas ou entrelaçadas, que "se constituem mutuamente, na dialética da sustentabilidade".[27] Assim como o ser humano não pode ser compreendido de forma isolada em relação à natureza, os aspectos ambiental, social e econômico apresentam uma inter-relação mútua e inafastável, isto é, não podem ser tomados individualmente, desprezando uns aos outros.

Como resultado do reconhecimento constitucional, a sustentabilidade como "valor supremo" e "diretriz vinculante" consolidou-se em diversos ordenamentos nacionais,[28] sobretudo no Brasil. Em sendo vinculante, não ostentam os poderes públicos, os particulares e as empresas a liberdade de serem "insustentáveis", sem olvidar a indeterminação que não raro caracteriza essa expressão.

No mesmo contexto se desenvolveu a *sustentabilidade corporativa*, que, parcialmente identificada com os pilares da proteção ambiental, justiça social e governança, manifestou-se na expressão ESG, cuja aparição ocorreu em 2004, na publicação do Pacto Global da ONU em parceria com o Banco Mundial, denominada *"Who Cares Wins"*, mencionada anteriormente. Certo, sustentabilidade e ESG não se confundem,[29] mas aspectos essenciais desta são integrados pelo desenvolvimento sustentável, razão pela qual é adequado afirmar que a sustentabilidade da empresa não pode ser alcançada sem aderência à pauta ESG.

Embora não prevista expressamente na Lei Fundamental de 1988, a sustentabilidade é princípio decorrente da Constituição,[30] podendo-se falar, como afirma Wedy, de

---

[25] STIGLITZ, Joseph E.; SEN, Amartya; FITOUSSI, Jean-Paul. Report by the Commission on the Measurement of Economic Performance and Social Progress. *Comission on the Measurement of Economic Performance and Social Progress*, Paris, Sept. 14th 2009. Disponível em: http://www.insee.fr/fr/publications-et-services/dossiers_web/stiglitz/doc-commission/RAPPORT_anglais.pdf. Acesso em: 17 set. 2015.

[26] FREITAS, *op. cit.*, p. 75.

[27] *Idem*, p. 82.

[28] Juarez Freitas pontua que o "desenvolvimento sustentável, e não qualquer desenvolvimento, é valor supremo". Acrescenta ainda que a sustentabilidade é "diretriz vinculante" (*idem*, p. 121-146). Acerca da sustentabilidade como princípio vinculante, sobretudo à Administração Pública, a justificar inclusive um "controle judicial de sustentabilidade da Administração Pública", vide: MOREIRA, Rafael Martins Costa. *Direito Administrativo e Sustentabilidade*: o novo controle judicial da Administração Pública. Belo Horizonte: Fórum, 2017.

[29] De acordo com Barra e Jaluul, o ESG é mais amplo e abrangente que a sustentabilidade, "pois concerne às relações existentes internas das empresas (colaboradores) e externas (*stakeholders*), bem como a busca de medidas que visem ao desenvolvimento humano, promovendo diversas ações nos aspectos de diversidade, minorias, combate à corrupção, entre outros" (BARRA, Deise Cristina; JALUUL, Flavia Sallum. A relevância de ESG nas empresas e a conexão com compliance. *In*: TRENNEPOHL, Natascha; TRENNEPOHL, Terence. *ESG e Compliance*: Interfaces, desafios e oportunidades: São Paulo: Saraiva Jur, 2023. p. 141). No entanto, considerado o amplo escopo conferido ao desenvolvimento sustentável pela Agenda 2030, bem assim a inserção do aspecto da governança no conceito de sustentabilidade, pode-se dizer que não existe sustentabilidade empresarial sem atenção aos fatores ESG e vice-versa.

[30] Consoante afirma Juarez Freitas: "Da Constituição, interpretada de maneira consentânea com as demandas da economia digital e das mudanças climáticas, emerge o desenvolvimento, moldado pela sustentabilidade (não o contrário), como um dos centros gravitacionais da República, incompatível com o acrítico progresso material, que às vezes, por sua disparatada injustiça ambiental e social, ostenta tudo, menos densidade ética mínima" (FREITAS, *op. cit.*, p. 121-122). O STF, a propósito, decidiu que o "princípio do desenvolvimento sustentável, além de impregnado de caráter eminentemente constitucional, encontra suporte legitimador em compromissos internacionais assumidos pelo Estado brasileiro e representa fator de obtenção do justo equilíbrio entre as exigências da economia e as da ecologia, subordinada, no entanto, a invocação desse postulado, quando ocorrente

um "direito fundamental à sustentabilidade".[31] Com efeito, ao pronunciar a dignidade humana como valor fundamental de toda ordem constitucional (Constituição Federal, art. 1º), reconhecer *locus* privilegiado aos direitos fundamentais (arts. 5º a 7º) e instituir uma ordem social e econômica baseada não apenas no capitalismo liberal ou no crescimento quantitativo da economia, como também na justiça social e ambiental (arts. 3º, 170, 192, 205, 218, 219, 225, entre outros), de modo a reclamar um desenvolvimento socioeconômico e ambiental qualitativo, impregnado de valores que superam o utilitarismo materialista e a concepção de bem-estar como mera acumulação de capital, o Constituinte originário desvela com clareza que o desenvolvimento que importa, na dicção de Juarez Freitas, *"é aquele que se constitui mutuamente com a sustentabilidade, condicionado por ela*. Qualquer outro será inconstitucional".[32]

Da Carta da República ainda se pode extrair que agir com sustentabilidade é obrigação não apenas do poder público, mas também da coletividade (art. 225), a incluir, certamente, os agentes econômicos, investidores e consumidores (art. 170). Portanto, as práticas de ESG representam, para além de um despertar voluntário do mundo corporativo, um dever constitucional fundamental de incorporar propósitos diversos da busca obsessiva pelo lucro, vinculados à proteção ambiental, à justiça social e a políticas de governança. Dito de outro modo, somente será constitucional o "capitalismo de *stakeholders*"[33] que cria valor de longo prazo e considera as necessidades de todos os afetados, direta ou indiretamente, pelas ações da empresa, como os trabalhadores, os consumidores e o meio ambiente.

2 ESG: o papel dos mercados e da regulação estatal

Atualmente, é insofismável que muitas empresas envidam enormes esforços para se aproximar do modelo de ESG. Fazem-no por razões diversas, seja por puro altruísmo, pela necessidade de se sintonizar com uma nova cultura do mercado em que atuam, para reagir às demandas e pressões de consumidores e investidores, seja ainda por resposta às medidas de incentivo ou comando-e-controle do Estado.

Não se objeta que em um mundo capitalista, cada vez mais industrializado, tecnológico e globalizado, a proteção ao meio ambiente equilibrado somente pode ser alcançada de forma realista e satisfatória mediante participação, compulsória ou

---

situação de conflito entre valores constitucionais relevantes, a uma condição inafastável, cuja observância não comprometa nem esvazie o conteúdo essencial de um dos mais significativos direitos fundamentais: o direito à preservação do meio ambiente, que traduz bem de uso comum da generalidade das pessoas, a ser resguardado em favor das presentes e futuras gerações" (Pleno, ADI nº 3.540 MC, Rel. Min. Celso de Mello, j. 01.09.2005, DJ 03.02.2006).

[31] Já Wedy admite a existência de um "direito fundamental ao desenvolvimento sustentável", ao afirmar que o "princípio da dignidade humana está umbilicalmente ligado ao direito fundamental ao desenvolvimento sustentável e ao seu pilar de inclusão social. Seja como um mecanismo de interpretação, seja para emprestar eficácia e densificar o direito fundamental ao desenvolvimento sustentável nas suas dimensões ambiental, econômica, de governança e inclusão social" (WEDY, Gabriel. *Desenvolvimento Sustentável na Era das Mudanças Climáticas*: um direito fundamental. São Paulo: Saraiva, 2018).

[32] FREITAS, Juarez. *Sustentabilidade*: direito ao futuro. 4. ed. Belo Horizonte: Fórum, 2019. p. 53.

[33] O conceito de *stakeholder* foi desenvolvido por R. Edward Freeman como sendo qualquer grupo ou indivíduo que pode afetar ou é afetado pela realização do objetivo de uma empresa. Os *stakeholders* incluem funcionários, clientes, fornecedores, acionistas, bancos, ambientalistas, governo e outros grupos que podem ajudar ou prejudicar a empresa (FREEMAN, R. Edward. *Strategic Management*: a stakeholder approach. London: Pitman Publishing, 1984).

voluntária, do mundo corporativo. As empresas representam peça-chave na condução e na conformação da ordem econômica e social. Se uma empresa gera mais danos do que benefícios à sociedade, ou existe apenas para angariar lucros aos seus sócios em detrimento de interesses coletivos, pode-se questionar inclusive se essa mesma empresa teria efetivamente razão legítima para existir.

Entretanto, convém recordar que, como diria Comparato, a empresa capitalista "não é, em última análise, uma unidade de produção de bens, ou de prestação de serviços, mas sim uma organização produtora de lucros". Ainda que se cometa ao administrador o dever de exercer suas atribuições conforme "as exigências do bem público e da função social da empresa" (Lei nº 6.404/76, art. 154), a companhia não pode se desviar de seu objeto social (art. 2º, §2º; art. 117, §1º, "a"), renunciar à sua finalidade lucrativa (art. 2º), nem praticar atos gratuitos não razoáveis, ainda que em benefício da comunidade em que atua (art. 154, §4º).[34]

De conseguinte, não se pode pensar em sustentabilidade empresarial desacompanhada de regulação estatal, malgrado as medidas regulatórias possam ser adaptadas à realidade de cada mercado e cada sistema jurídico, como uma "caixa de ferramentas", com diferentes funções, adequadas ao Estado multifacetado contemporâneo.[35] Juarez Freitas, com lucidez, afirma que "o mercado, por si só, não consegue lidar com as aspirações imateriais de confiança mútua e consecução efetiva dos objetivos do desenvolvimento sustentável. Via de consequência, solicita vigilante regulação interdisciplinar e isenta, o mais possível, de pressões espúrias da plutocracia".[36]

A incapacidade do mercado de alcançar, por si só, um modelo sustentável apropriado é percepção antiga, amplamente estudada no Direito Regulatório. Exemplo mais emblemático é o *greenwashing*, que nasceu e se desenvolveu no "ponto cego" das falhas de mercado.[37] Primeiro, porque as campanhas de "lavagem verde" estão alinhadas a interesses individuais e, por isso, suscitam a dificuldade de serem promovidas ações coletivas para atingir fins coletivos. A conduta também encontra espaço em uma realidade de assimetria de informações, bem como produz diversas externalidades negativas, tanto relacionadas a impactos socioambientais como vinculadas à erosão da confiança dos consumidores. Nesse panorama, é evidente que a correção dessa prática não pode ser deixada exclusivamente à "mão invisível" do mercado. Ao contrário, requer a atuação do poder público, por meio da regulação, embora possa e deva contar com a colaboração dos atores privados, sobretudo por meio da autorregulação.

Por certo que não se pode fechar os olhos para a "crise de efetividade"[38] do Direito Sancionador Ambiental, a reclamar o emprego de métodos criativos, flexíveis e voluntários de regulação e controle. Não mais limitados ao exclusivismo ou monopólio

---

[34] COMPARATO, Fábio Konder. Estado, empresa e função social. *Revista dos Tribunais* v. 732, p. 38-46, out. 1996.
[35] RIBEIRO, Leonardo Ribeiro. O direito administrativo como caixa de ferramentas e suas estratégias. *Revista de Direito Administrativo*, v. 272, p. 209-249, maio/ago. 2016.
[36] FREITAS, Juarez. *Sustentabilidade*: direito ao futuro. 4. ed. Belo Horizonte: Fórum, 2019. p. 127-128.
[37] A respeito das falhas de mercado como justificativa para a regulação administrativa, vide: BREYER, Stephen *et al*. *Administrative Law and Regulatory Policy*: problems, text, and cases. 7. ed. New York: Wolters Kluwer Law & Business, 2011. p. 4-8.
[38] CULLINAM, Cormac. The rule of Nature's law. VOIGT, Christina (ed.). *Rule of law for nature*: New dimensions and ideas in environmental law. New York: Cambridge University Press, 2013, p. 94-108; VAZ, Paulo Afonso Brum. Direito administrativo ambiental: aspectos de uma crise de efetividade. *Interesse Público — IP*, Belo Horizonte, ano 11, n. 56, jul./ago. 2009.

do Estado e às medidas de "comando-e-controle", as quais, embora ainda mantenham sua importância e necessidade para evitar e reprimir infrações à legislação ambiental, têm paulatinamente cedido espaço a estratégias colaborativas, instrumentos de indução e sanções premiais. Nas palavras de Juarez Freitas, tende o atual Direito Administrativo a "transitar da preponderância monológica rumo a padrões dialógicos, abertos e voltados à afirmação da dignidade". Há, pois, um senso comum no sentido de que a repressão estatal é insuficiente para fazer valer o Direito de forma geral, e o Direito Ambiental em particular.

O que se deve buscar é um saudável diálogo entre a regulação estatal e a colaboração dos particulares e das empresas, compatível com os paradigmas da nova governança pública (*New Public Governance*) e do novo serviço público (*New Public Service*), que formatam uma atuação pública mais aberta à contribuição dos cidadãos, sem o exclusivismo estatal de outrora, destinada a incentivar a sociedade a se articular e atender a seus interesses comuns, em vez de exercer um controle unilateral, de "cima para baixo".[39]

Portanto, seja por meio da intervenção do poder público, seja por iniciativa dos próprios agentes econômicos, é preciso consolidar no universo empresarial um novo paradigma de sustentabilidade corporativa e uma nova cultura organizacional em que não basta "parecer sustentável", mas sim "ser sustentável" efetivamente.

3 O novo paradigma da sustentabilidade empresarial

É preciso superar o paradigma da insustentabilidade, do capitalismo do *shareholder*,[40] do utilitarismo vulgar e antropocêntrico, da corrida pela maximização dos interesses individuais e dos jogos de soma zero. Como já se destacou em outro estudo, as grandes decisões que impactam o desenvolvimento global continuam largamente influenciadas pela filosofia utilitarista dos séculos XVIII e XIX, pelo antropocentrismo kantiano, pela teoria econômica tradicional e pela ficção do *homo economicus*.[41]

---

[39] ROBINSON, Mark. From Old Public Administration to the New Public Service: Implications for Public Sector Reform in Developing Countries. *UNITED NATIONS DEVELOPMENT PROGRAMME*, 2015. Disponível em: http://www.undp.org/content/dam/undp/library/capacity-development/English/Singapore%20Centre/PS-Reform_Paper.pdf. Acesso em: 12 jan. 2016. Para um estudo mais profundado sobre os atuais paradigmas da "Nova Governança Pública" (*New Public Governance*), do "Novo Serviço Público" (*New Public Service*) e da abordagem completa de governo (*"whole-of-government" approaches*), vide: CHRISTENSEN, T.; LAEGREID, P. Complexity and Hybrid Public Administration — Theoretical and Empirical Challenges. *Public Organization Review*, v. 11, n. 4, p. 407-23, 2011; DENHARDT, Robert B.; DENHARDT, Janet Vinzant. The New Public Service: Serving Rather than Steering. *Public Administration Review*, v. 60, n. 6, p. 553, 2000; KOPPEL, Jonathan G.S. Administration without Borders. *Public Administration Review. Special Issue on the Future of Public Administration in 2020*, v. 70, S1, S46-S55, dez. 2010.

[40] Como explica Stiglitz, a ideia de que as empresas existem apenas para maximizar valor atual para os acionistas e que todas as outras metas são secundárias reverteu décadas de teoria de gestão que priorizava a longevidade da empresa e via as empresas como um avanço mais amplo dos interesses sociais. Isso significa que as estratégias de curto prazo para aumentar os lucros teriam precedência em relação a estratégias mais visionárias, como investimentos de longo prazo, inclusive em inovação, atendimento aos consumidores e investimento nos funcionários — tudo o que aumenta os valores corporativos de longo prazo. Essa "revolução dos acionistas" (*shareholder revolution*) significou mudanças significativas para a economia. A nova ênfase na maximização do valor para o acionista foi um passo fundamental em direção à visão de curto prazo em Wall Street e nas salas de reuniões das empresas, e teve efeitos profundos no desempenho corporativo e na produtividade econômica (STIGLITZ, Joseph E. *Rewriting the rules of the American Economy*: An agenda for growth and shared prosperity. New York: W. W. Norton & Company, 2016. p. 50).

[41] MOREIRA, Rafael Martins Costa. *Acordos ambientais e os limites do inegociável*. Londrina: Thoth, 2021. p. 163-164.

Outro paradigma é possível, que respeita os limites de resiliência do planeta,[42] evita posturas negacionistas da ciência, leva a sério a injustiça ambiental e climática, assume uma visão de longo prazo e intergeracional e reconhece valor intrínseco à natureza e à vida não humana. Uma abordagem que não se deixa seduzir por extremismos ideológicos e polarização de grupo,[43] que enxerga o ser humano em sua essência, o *homo sapiens*, com suas idiossincrasias e heurísticas e que pode buscar, sempre que possível, soluções colaborativas e sustentáveis.

Importa reconhecer, como adverte Juarez Freitas, "que existe verdadeiro conflito valorativo que não pode ser minimizado. Um confronto autêntico de paradigmas (acolhido o acordo semântico de paradigma como padrão dominante de comportamento social)". Ademais, ainda que "alguns tentem, em vão, encontrar soluções de compromisso superficial, o correto é escolher aquele *standard* que permite o desenvolvimento multidimensional, em lugar do que conduz ao colapso, ao antropocentrismo exacerbado, à propagação de falhas de mercado e à omissão regulatória ruinosa".[44]

A consolidação do paradigma da sustentabilidade empresarial, que compreende o capitalismo de *stakeholders*, reclama que resistências, internas e externas, sejam vencidas. Em nosso ordenamento jurídico, esse paradigma é constitucionalmente mandatório, já que não só ao Estado, mas também à coletividade se atribuem deveres de proteção e implementação das normas ambientais, por força do art. 225 do nosso Estatuto Fundamental. Não se trata de mero voluntarismo altruísta. As empresas devem reconfigurar o modo como se relacionam com os *stakeholders*, isto é, aqueles afetados pelas externalidades da atividade econômica: trabalhadores, consumidores, investidores, sociedade e meio ambiente.

Todavia, ainda permanecem sem resposta definitiva indagações importantes: como será promovida essa transição do paradigma da insaciabilidade para o da sustentabilidade empresarial? Qual o papel dos atores privados, do mercado e da regulação estatal para atingir essa finalidade? A educação para a sustentabilidade, exigida inclusive pela Constituição,[45] tem vigor suficiente para impulsionar esse movimento? Será a imposição das circunstâncias, como crises climáticas e desastres ambientais, acompanhada de significativos danos materiais e imateriais, a única força motriz para as mudanças necessárias? A ciência e suas descobertas, cada vez mais robustas, são capazes de despertar a humanidade sobre o risco que ela mesma corre em razão do desenvolvimento insustentável?

Evidentemente, uma transição dessa magnitude não será realizada mediante soluções simplistas, nem por meio de esforços isolados. O mundo corporativo tem de perceber a necessidade de se adequar a esse novo paradigma e incorporá-lo a uma nova cultura organizacional. A viabilidade desse novo modo de ser empresarial passa necessariamente pela integração entre ESG e *compliance,* transparência na comunicação

---

[42] A respeito dos limites de resiliência do planeta e os perigos sua superação, vide: STOCKHOLM RESILIENCE CENTER. Disponível em: https://www.stockholmresilience.org/. Acesso em: 19 mar. 2024.

[43] Interessante abordagem acerca da polarização de grupo e da adoção de posturas extremas, com fundamento em exemplos históricos e na ciência comportamental, vide: SUNSTEIN, Cass. *Going to Extremes*: how like minds unite and divide. New York: Oxford University Press. 2009.

[44] FREITAS, Juarez. *Sustentabilidade*: direito ao futuro. 4. ed. Belo Horizonte: Fórum, 2019. p. 87.

[45] Pela letra do art. 225, §1º, inc. VI, da CF, é dever do poder público "promover a educação ambiental em todos os níveis de ensino e a conscientização pública para a preservação do meio ambiente". A Política Nacional de Educação Ambiental é disciplinada pela Lei nº 9.795/99.

com *stakeholders* e visão de longo prazo dos gestores e líderes, assumida a perspectiva de ir além da mera conformidade com a lei. Uma nova cultura que deve ser perenizada nos códigos de *compliance* escritos.

Não obstante, repise-se, o mercado não é capaz de alcançar, por si só, um modelo sustentável apropriado ou, como diria Juarez Freitas, de "lidar com as aspirações imateriais de confiança mútua e consecução efetiva dos objetivos do desenvolvimento sustentável".[46] A disseminação de práticas de *greenwashing* bem demonstra essa afirmação. Os agentes econômicos respondem a incentivos por parte dos consumidores e investidores, e todos são influenciados pelo modelo de regulação estatal empregado. O mercado não funciona no vácuo, nem surgiu de uma abstração, mas é produto de escolhas institucionais e é conformado pelo modelo de Estado vigente. E em nosso modelo constitucional, o Estado tem o dever de ajustar a intensidade de sua intervenção com proporcionalidade, para compatibilizar o florescimento da livre-iniciativa e da livre concorrência com a concomitante valorização do trabalho humano, promoção da dignidade da pessoa humana e da justiça social e proteção do meio ambiente (CF, art. 170).

O formato institucional, portanto, tem de incorporar a ideia de que decisões estatais, mesmo que omissivas, sempre produzem incentivos. Para se concretizar a sustentabilidade multidimensional, a regulação tem de ser criteriosamente ajustada.

Seja qual for a abordagem eleita, afigura-se indispensável o estabelecimento de critérios claros, métricas para *compliance* em ESG e um sistema adequado de incentivos. Exemplo disso, mais uma vez, é a regulação do *greenwashing*. Para se garantir um nível satisfatório de segurança jurídica aos fornecedores, consumidores, investidores e reguladores, e diferenciar o apelo ambiental fraudulento de práticas publicitárias legítimas, é crucial a elaboração, preferencialmente por lei, de uma lista de categorias de condutas vedadas para guiar a tomada de decisão a respeito da legitimidade de determinada prática publicitária. Isso sem a pretensão de suprimir as inelimináveis zonas obscuras de indeterminação, as quais serão iluminadas pelos princípios da boa-fé objetiva e da confiança, concedendo-se aos fornecedores a possibilidade de celebrar termos de compromisso para regularização de suas ações em situações de incerteza objetiva, como permite o novo art. 26 da LINDB (Lei de Introdução às Normas do Direito Brasileiro).[47]

Especificamente com relação ao *greenwashing*, diversas foram as iniciativas para definir e categorizar tal prática. O Brasil ainda carece de critérios legais[48] para divisar o *marketing* verde lícito do apelo ambiental ilegítimo, em que pese o Código de Defesa do

---

[46] FREITAS, Juarez. *Sustentabilidade*: direito ao futuro. 4. ed. Belo Horizonte: Fórum, 2019. p. 127-128.

[47] A Lei nº 13.655/18, ao introduzir inovações no campo da interpretação do direito público, acrescentou o art. 26 à LINDB, segundo o qual, para "eliminar irregularidade, incerteza jurídica ou situação contenciosa na aplicação do direito público, inclusive no caso de expedição de licença, a autoridade administrativa poderá, após oitiva do órgão jurídico e, quando for o caso, após realização de consulta pública, e presentes razões de relevante interesse geral, celebrar compromisso com os interessados, observada a legislação aplicável, o qual só produzirá efeitos a partir de sua publicação oficial".

[48] Questiona-se também a necessidade de uma lei específica para disciplinar o *greenwashing* no Brasil. O tema foi levado ao STF em 2013 por meio do Mandado de Injunção nº 4.766, pelo qual o impetrante apontou suposta omissão da regulamentação legislativa da proteção contra a propaganda comercial ambiental enganosa, que deveria ser tutelada por uma "certificação da propaganda ambiental", com base em lei federal. Contudo, foi negado seguimento ao mandado de injunção monocraticamente, por decisão de lavra do Min. Gilmar Mendes, ao fundamento de que já haveria norma federal que viabiliza o exercício dos direitos de proteção à propaganda comercial, seja ela ambiental ou de qualquer outra natureza, consubstanciada na Lei nº 8.078/90. Portanto, não existiria omissão legislativa a ser sanada.

Consumidor contemple regras genéricas e instrumentos para combater a publicidade enganosa, inclusive aquela que busca transmitir aparência de sustentabilidade.[49] O Código de Autorregulação Publicitária, por exemplo, apresenta critérios para os "apelos de sustentabilidade".[50] De notar ainda a existência de inúmeros "guias" formulados por instituições não governamentais para orientar o *marketing* verde e identificar o *greenwashing*, como o guia da organização não governamental WWF (*WWF Guide to Greenwashing*)[51] ou o Guia contra *Greenwashing* (*Guide Against Greenwashing*) idealizado pelas organizações Skift — Climate Business Leaders, Zero, Future in our hands e WWF Norway.[52]

A própria taxonomia sustentável brasileira, ainda em vias de elaboração, destinada a mobilizar e reorientar os investimentos públicos e privados para atividades econômicas com impactos ambientais, climáticos e sociais positivos, pode ser útil à identificação do compromisso de empresas com a sustentabilidade.[53]

De qualquer sorte, tem sido amplamente utilizada a ideia dos "sete pecados capitais" do *greenwashing*, divulgados pela consultoria canadense Terra Choice Environmental Marketing.[54] Realizada em 2007, como resultado de um esforço para descrever, compreender e quantificar o crescimento do *greenwashing*, a iniciativa partiu de um estudo sobre as alegações ambientais feitas em diversos produtos. Com base nessa análise, foram identificados então "sete pecados" ou sete categorias de *greenwashing*, quais sejam: a) o pecado do "custo ambiental camuflado" (*hidden trade-off*), ao atrair a atenção para um conjunto restrito de atributos, desprezando outras questões ambientais importantes ou o ciclo de vida completo do produto; b) o pecado da falta de prova (*sin of no proof*); c) o pecado da incerteza (*sin of vagueness*), quando se utiliza de afirmação imprecisa ou genérica, de modo que seu significado real provavelmente não será compreendido pelo consumidor; d) o culto aos rótulos falsos (*worshiping false labels*); e) o pecado da irrelevância (*sin of irrelevance*), utilizado quando uma alegação ambiental até pode ser verdadeira, mas que não tem importância ou não é útil para orientar a decisão do consumidor; f) o pecado do "menos pior" (*sin of lesser of two evils*), praticado por meio de alegação que pode até ser verdadeira dentro da categoria do produto, mas

---

[49] A proteção do consumidor contra a publicidade enganosa, a vinculação do fornecedor à informação ou publicidade suficientemente precisa, a exigência de informações corretas, claras, precisas e ostensivas sobre os produtos e serviços, entre outras determinações, encontram-se disciplinadas pelo CDC, nos arts. 6º, IV, 30, 31 e 36 a 38.

[50] O Código Brasileiro de Autorregulamentação Publicitária, além de impor que a publicidade reflita preocupações ambientais (art. 36) e reconhecer expressamente a "crescente utilização de informações e indicativos ambientais na publicidade institucional e de produtos e serviços", determina que sejam atendidos os princípios da veracidade, exatidão, pertinência e relevância no marketing verde (art. 36, par. único). Ademais, o seu "Anexo U" especifica diretrizes para os "apelos de sustentabilidade".

[51] WWF. *WWF Guide to Greenwashing*. Disponível em: https://www.wwf.org.uk/learn/guide-to-greenwashing. Acesso em: 5 dez. 2023.

[52] GUIDE AGAINST GREENWASHING. Disponível em: https://gronnvasking.no/en/about. Acesso em: 5 dez. 2023.

[53] Sobre a Taxonomia Sustentável Brasileira, vide: ANBIMA. *Taxonomia sustentável brasileira acelera, com pressa para chegar em 2024*. Disponível em: https://www.anbima.com.br/es_es/institucional/publicacoes/taxonomia-sustentavel-brasileira-acelera-com-pressa-para-chegar-em-2024.htm. Acesso em: 5 dez. 2023; BRASIL. *Taxonomia Sustentável Brasileira*: plano de ação para consulta pública, set. 2023. Disponível em: https://www.gov.br/fazenda/pt-br/orgaos/spe/taxonomia-sustentavel-brasileira/taxonomia-sustentavel-brasileira.pdf. Acesso em: 5 dez. 2023.

[54] Adquirida em 2010 pela UL Solutions.

desvia a atenção do consumidor dos maiores impactos ambientais da categoria como um todo; g) por último, o mais evidente, é o pecado da falsidade (*sin of fibbing*).[55]

Para além das medidas de regulação estatal ou de pressão da sociedade civil, é usual que sejam questionados os custos com a adoção de uma pauta ESG, os possíveis entraves burocráticos e, inclusive, a intangibilidade dos resultados.[56] Contudo, no cenário contemporâneo, fica cada vez mais evidente que a implementação da agenda ESG na cultura organizacional e na *compliance* empresarial resulta não apenas em benefícios coletivos, mas também em valor para as próprias companhias. Ao promover, com sinceridade e sem *greenwashing*, as pautas ambiental, social e de governança, os agentes econômicos poderão antecipar novos mercados e fidelizar clientes de produtos e serviços sustentáveis, alcançar maior produtividade com redução dos custos operacionais, garantir financiamentos mais atrativos, proteger a sua reputação e prevenir responsabilidades,[57] sobretudo quando se disseminam casos de litigância climática em que se pede a responsabilização de empresas e gestores por emissões de gases de efeito estufa e por práticas de maquiagem ambiental ilícita.[58]

Conclusão

A mensagem que se pretende transmitir neste breve estudo é: a urgência das crises ambientais e climáticas, o clamor crescente por igualdade social e o desenvolvimento global de mecanismos de governança não deixam mais espaço para empresas e empresários cegos às demandas pelo atendimento de critérios ESG. A imposição das circunstâncias e a vigente ordem constitucional fazem do capitalismo socioambiental e de *stakeholders* o novo paradigma que deve ser observado e estimulado.

Obstáculos existem para se ingressar em um modelo de sustentabilidade multidimensional, inclusive empresarial. É esperado que agentes econômicos questionem os custos com a adoção de uma pauta ESG, os possíveis entraves burocráticos, a intangibilidade dos resultados e a ausência de benefícios no curto prazo. Contudo, na atualidade, fica cada vez mais evidente que a implementação da agenda ESG na cultura organizacional e na *compliance* empresarial resulta não apenas em benefícios coletivos, mas também em valor para as próprias companhias.

---

[55] Para melhor compreender a ideia dos sete pecados capitais do *greenwashing*, vide: UL SOLUTIONS. *Sins of Greenwashing*. Disponível em: https://www.ul.com/insights/sins-greenwashing. Acesso em: 12 dez. 2023.

[56] Lima, ao enfrentar esse dilema comum entre empresários, adverte que, com "o mercado cada vez mais atento e exigente, as organizações serão cada vez mais cobradas por melhores produtos e serviços, levando em consideração as questões socioambientais, demonstrando maturidade na transparência e gerando valor compartilhado para seus *stakeholders*, passando a confiança necessária, gerando credibilidade relacional. Caso contrário, estarão fadadas ao insucesso, arriscando até mesmo quanto à descontinuidade de seus negócios" (LIMA, Onara Oliveira de. A evolução da agenda ESG. *In*: TRENNEPOHL, Natascha; TRENNEPOHL, Terence. *ESG e Compliance*: Interfaces, desafios e oportunidades: São Paulo: Saraiva Jur, 2023. p. 127).

[57] A respeito das vantagens na adoção de uma pauta ESG sincera, vide: BARRA, Deise Cristina; JALUUL, Flavia Sallum. A relevância de ESG nas empresas e a conexão com compliance. *In*: TRENNEPOHL, Natascha; TRENNEPOHL, Terence. *ESG e Compliance*: Interfaces, desafios e oportunidades: São Paulo: Saraiva Jur, 2023. p. 149-150, 159.

[58] No que concerne ao estado da litigância climática, inclusive contra empresas e pela prática de *greenwashing*, pode-se consultar o Relatório Global de Litigância Climática publicado pelo Programa das Nações Unidas para o Meio Ambiente e pelo Sabin Center for Climate Change Law em 2020: UNITED NATIONS ENVIRONMENT PROGRAMME — UNEP. *Global Climate Litigation Report*: 2020 Status Review. Disponível em: https://wedocs.unep.org/bitstream/handle/20.500.11822/34818/GCLR.pdf?sequence=1&isAllowed=y. Acesso em: 15 mar. 2021.

O mercado, por si só, não dá conta das aspirações imateriais e das ações coletivas, necessárias para que se atinjam benefícios coletivos. Entretanto, em um mundo capitalista, a proteção ao meio ambiente equilibrado somente pode ser alcançada de forma realista e satisfatória mediante participação, compulsória ou voluntária, do mundo corporativo. As empresas representam peça-chave na condução e na conformação da ordem econômica e social. De conseguinte, por um lado, não se pode pensar em sustentabilidade empresarial desacompanhada de regulação estatal. Por outro, é inegável que o Direito Sancionador sofre de "crise de efetividade", a reclamar o emprego de métodos criativos, flexíveis e voluntários de regulação e controle. O que se deve buscar é um saudável diálogo entre a regulação estatal e a colaboração dos particulares e das empresas, compatível com os paradigmas da nova governança pública (*New Public Governance*) e do novo serviço público (*New Public Service*), que formatam uma atuação pública mais aberta à contribuição dos cidadãos, sem o exclusivismo estatal de outrora, destinada a incentivar a sociedade a se articular e atender a seus interesses comuns, em vez de exercer um controle unilateral, de "cima para baixo".

Seja qual for a abordagem eleita, afigura-se indispensável o estabelecimento de critérios claros, métricas para *compliance* em ESG e um sistema adequado de incentivos. Um ESG sem *greenwashing*, apoiado por uma regulação que garanta um nível satisfatório de segurança jurídica aos fornecedores, consumidores, investidores e reguladores e diferencie o apelo ambiental fraudulento de práticas publicitárias legítimas.

Outro paradigma é possível e necessário, orientado pelo esforço em respeitar os limites de resiliência do planeta, evitar posturas negacionistas da ciência e levar a sério a injustiça ambiental e climática. Nesta nova perspectiva, a tomada de decisão tem de assumir uma visão de longo prazo e intergeracional e reconhecer o valor intrínseco à natureza e à vida não humana. Uma abordagem que não se deixa seduzir por extremismos ideológicos e polarização de grupo, que enxerga o ser humano em sua essência, com suas peculiaridades e heurísticas e que pode buscar, sempre que possível, soluções colaborativas e sustentáveis. Não há mais espaço para se encantar com a ficção do *homo economicus,* racional e utilitarista, e que, como em toda ficção, não corresponde à realidade.

Referências

ANBIMA. *Taxonomia sustentável brasileira acelera, com pressa para chegar em 2024.* Disponível em: https://www.anbima.com.br/es_es/institucional/publicacoes/taxonomia-sustentavel-brasileira-acelera-com-pressa-para-chegar-em-2024.htm. Acesso em: 5 dez. 2023.

BARRA, Deise Cristine; JALUUL, Flavia Sallum. A relevância de ESG nas empresas e a conexão com compliance. *In:* TRENNENPOHL, Natascha; TRENNENPOHL, Terence (coord.). *ESG e Compliance*: interfaces, desafios e oportunidades. São Paulo: Saraiva, 2023.

BECK, Ulrich. *La Sociedad del Riesgo*: hacia una nueva modernidad. Barcelona: Paidós, 1998.

BELLEN, Hans Michael van. *Indicadores de sustentabilidade*: uma análise comparativa. Rio de Janeiro: FGV, 2007.

BOSSELMANN, Klaus. *Princípio da Sustentabilidade*: transformando direito e governança. Trad. Phillip Gil França. São Paulo: Revista dos Tribunais, 2015.

BRASIL. *Taxonomia Sustentável Brasileira*: plano de ação para consulta pública, set. 2023. Disponível em: https://www.gov.br/fazenda/pt-br/orgaos/spe/taxonomia-sustentavel-brasileira/taxonomia-sustentavel-brasileira.pdf. Acesso em: 5 dez. 2023.

BREYER, Stephen et al. *Administrative Law and Regulatory Policy*: problems, text, and cases. 7. ed. New York: Wolters Kluwer Law & Business, 2011.

CHRISTENSEN, T.; LAEGREID, P. Complexity and Hybrid Public Administration — Theoretical and Empirical Challenges. *Public Organization Review*, v. 11, n. 4, p. 407-23, 2011.

COMPARATO, Fábio Konder. Estado, empresa e função social. *Revista dos Tribunais* v. 732, p. 38-46, out. 1996.

CRUTZEN, Paul J.; STOERMER, Eugene F. The "Anthropocene". *Global Change Newsletter*, n. 41, p. 17-18, maio 2000. Disponível em: http://www.igbp.net/download/18.316f18321323470177580001401/1376383088452/NL41.pdf. Acesso em: 13 nov. 2017.

CULLINAM, Cormac. The rule of Nature's law. VOIGT, Christina (ed.). *Rule of law for nature*: New dimensions and ideas in environmental law. New York: Cambridge University Press, 2013, p. 94-108.

DENHARDT, Robert B.; DENHARDT, Janet Vinzant. The New Public Service: Serving Rather than Steering. *Public Administration Review*, v. 60, n. 6, p. 553, 2000.

EDGECLIFFE-JOHNSON, Andrew. Beyond the bottom line: should business put purpose before profit? *Financial Times*, 4 jan. 2019. Disponível em: https://www.ft.com/content/a84647f8-0d0b-11e9-a3aa-118c761d2745. Acesso em: 23 out. 2020.

FENSTERSEIFER, Tiago, SARLET, Ingo Wolfgang. *Curso de Direito Ambiental*. 2. ed. Rio de Janeiro: Forense, 2021.

FREEMAN, R. Edward. *Strategic Management*: a stakeholder approach. London: Pitman Publishing, 1984.

FREITAS, Juarez. *Sustentabilidade*: direito ao futuro. 4. ed. Belo Horizonte: Forum, 2019.

GUIDE AGAINST GREENWASHING. Disponível em: https://gronnvasking.no/en/about. Acesso em: 5 dez. 2023.

HOBSBAWM, Eric. *The Age of Revolution*: 1789-1848. London: Phoenix Press, 2010.

ISIS – SOLUÇÕES INCLUSIVAS SUSTENTÁVEIS. *ISIS apresenta estudo com recomendações para integração de fatores ASG na regulação de mercado de capitais brasileira*, 22 set. 2023. Disponível em: https://sis.org.br/2023/09/22/sis-apresenta-estudo-com-recomendacoes-para-integracao-de-fatores-asg-na-regulacao-de-mercado-de-capitais-brasileira/. Acesso em: 22 fev. 2024.

ISIS – SOLUÇÕES INCLUSIVAS SUSTENTÁVEIS. *Recomendações para fortalecimento da consideração de questões climáticas e socioambientais na regulação bancária brasileira*, jan. 2023. Disponível em: https://sis.org.br/wp-content/uploads/2023/03/Recomendacoes-para-regulacao-bancaria-na-agenda-climatica-e-ASG-2.pdf. Acesso em: 22 fev. 2024.

IUGS. International Union of Geological Sciences. *The Anthropocene*: IUGS-ICS Statement, 20 mar. 2024. Disponível em: https://www.iugs.org/_files/ugd/f1fc07_23c6f9e723bc47b9b5fdcd300f806f25.pdf?index=true. Acesso em: 16 abr. 2024.

KOPPEL, Jonathan G.S. Administration without Borders. Public Administration Review. *Special Issue on the Future of Public Administration in 2020*, v. 70, S1, S46-S55, dez. 2010.

LIMA, Onara Oliveira de. A evolução da agenda ESG. *In*: TRENNEPOHL, Natascha; TRENNEPOHL, Terence. *ESG e Compliance*: Interfaces, desafios e oportunidades: São Paulo: Saraiva Jur, 2023.

MOREIRA, Rafael Martins Costa. *Acordos ambientais e os limites do inegociável*. Londrina: Thoth, 2021.

MOREIRA, Rafael Martins Costa. *Direito Administrativo e Sustentabilidade*: o novo controle judicial da Administração Pública. Belo Horizonte: Fórum, 2017.

RIBEIRO, Leonardo Ribeiro. O direito administrativo como caixa de ferramentas e suas estratégias. *Revista de Direito Administrativo*, v. 272, p. 209-249, maio/ago. 2016.

ROBINSON, Mark. From Old Public Administration to the New Public Service: Implications for Public Sector Reform in Developing Countries. *UNITED NATIONS DEVELOPMENT PROGRAMME*, 2015. Disponível em: http://www.undp.org/content/dam/undp/library/capacity-development/English/Singapore%20Centre/PS-Reform_Paper.pdf. Acesso em: 12 jan. 2016.

SEN, Amartya. *A Ideia de Justiça*. Trad. Denise Bottmann e Ricardo Doninelli Mendes. São Paulo: Companhia das Letras, 2012.

SOARES, Guido Fernando Silva. *Direito internacional do meio ambiente*. 2. ed. São Paulo: Atlas, 2003.

STIGLITZ, Joseph E. *Rewriting the rules of the American Economy*: An agenda for growth and shared prosperity. New York: W. W. Norton & Company, 2016.

STIGLITZ, Joseph E.; SEN, Amartya; FITOUSSI, Jean-Paul. Report by the Commission on the Measurement of Economic Performance and Social Progress. *Comission on the Measurement of Economic Performance and Social Progress*, Paris, Sept. 14th 2009. Disponível em: http://www.insee.fr/fr/publications-et-services/dossiers_web/stiglitz/doc-commission/RAPPORT_anglais.pdf. Acesso em: 17 set. 2015.

STOCKHOLM RESILIENCE CENTER. Disponível em: https://www.stockholmresilience.org/. Acesso em: 19 mar. 2024.

SUNSTEIN, Cass. *Going to Extremes*: how like minds unite and divide. New York: Oxford University Press. 2009.

THE GUARDIAN. *Geologists reject declaration of Anthropocene epoch*, 22 mar. 2024. Disponível em: https://www.theguardian.com/science/2024/mar/22/geologists-reject-declaration-of-anthropocene-epoch. Acesso em: 16 abr. 2024.

UL SOLUTIONS. *Sins of Greenwashing*. Disponível em: https://www.ul.com/insights/sins-greenwashing. Acesso em: 12 dez. 2023.

UM SÓ PLANETA. *Divulgação de informações sobre ações e critérios ESG das empresas na bolsa é inconsistente e pouco transparente, avalia estudo*, 25 set. 2024.

UNITED NATIONS. UN News. COP27: *'Zero tolerance for greenwashing', Guterres says as new report cracks down on empty net-zero pledges*, 8 nov. 2022. Disponível em: https://news.un.org/en/story/2022/11/1130317. Acesso em: 16 fev. 2024.

UNITED NATIONS ENVIRONMENT PROGRAMME – UNEP. *Global Climate Litigation Report*: 2020 Status Review. Disponível em: https://wedocs.unep.org/bitstream/handle/20.500.11822/34818/GCLR.pdf?sequence=1&isAllowed=y. Acesso em: 15 mar. 2021.

VAZ, Paulo Afonso Brum. Direito administrativo ambiental: aspectos de uma crise de efetividade. *Interesse Público – IP*, Belo Horizonte, ano 11, n. 56, jul./ago. 2009.

VEIGA, José Eli da. *Para entender o desenvolvimento sustentável*. São Paulo: Editora 34, 2015.

VEIGA, José Eli da. *Sustentabilidade*: a legitimação de um novo valor. 2. ed. São Paulo: SENAC, 2010.

WEDY, Gabriel. *Desenvolvimento Sustentável na Era das Mudanças Climáticas*: um direito fundamental. São Paulo: Saraiva, 2018.

WWF. *WWF Guide to Greenwashing*. Disponível em: https://www.wwf.org.uk/learn/guide-to-greenwashing. Acesso em: 5 dez. 2023.

Informação bibliográfica deste livro, conforme a NBR 6023:2018 da Associação Brasileira de Normas Técnicas (ABNT):

WEDY, Gabriel; MOREIRA, Rafael Martins Costa. Sustentabilidade corporativa sem *greenwashing*: o novo paradigma do capitalismo de *stakeholders*. *In*: PASQUALINI, Alexandre; CUNDA, Daniela Zago Gonçalves da; RAMOS, Rafael (coord.). *Direito, sustentabilidade e inovação*: estudos em homenagem ao professor Juarez Freitas. Belo Horizonte: Fórum, 2025. p. 263-278. ISBN 978-65-5518-957-5.

A SUSTENTABILIDADE DA PARTICIPAÇÃO DAS MICRO E PEQUENAS EMPRESAS NAS CONTRATAÇÕES PÚBLICAS

GUSTAVO HENRIQUE DE FARIA

HELOÍSA HELENA ANTONACIO MONTEIRO GODINHO

1 Introdução

O ideal de prosperidade, consubstanciado em uma vida afortunada, digna e plena de realização pessoal para todos os seres humanos, figura dentre os pilares fundamentais do pacto mundial pelas pessoas e pelo planeta, e por isso integra a Agenda 2030 das Nações Unidas.[1]

Dentre os 17 Objetivos de Desenvolvimento Sustentável fixados para o alcance desse ideal, figuram o ODS 8,[2] cuja meta 8.3 destina-se à promoção de políticas orientadas para o desenvolvimento que apoiem o empreendedorismo e o incentivo à formalização e o crescimento das micro e pequenas empresas; e o ODS 9,[3] cuja meta 9.3 prevê a desburocratização do acesso das micro e pequenas empresas aos serviços financeiros e a garantia de crédito, para propiciar sua integração em cadeias de valor e mercados.

Nesse aspecto, revela-se fundamental a adoção de políticas públicas de fomento ao empreendedorismo, que, além de garantir a sustentabilidade econômica dos países, funciona como um importante mecanismo de realização pessoal (dignidade), geração de renda, emprego e inovação (DOLABELA, 2017).[4]

---

[1] ONU BR – NAÇÕES UNIDAS NO BRASIL. A Agenda 2030. 2015. Disponível em: https://brasil.un.org/sites/default/files/2020-09/agenda2030-pt-br.pdf. Acesso em: 8 jun. 2024.
[2] Promover o crescimento econômico sustentado, inclusivo e sustentável, emprego pleno e produtivo e trabalho decente para todas e todos.
[3] Construir infraestrutura resiliente, promover a industrialização inclusiva e sustentável e fomentar a inovação.
[4] DOLABELA, Fernando. *Pedagogia empreendedora*: o ensino de empreendedorismo na educação básica voltado para o desenvolvimento social sustentável. 2. ed. São Paulo: Cultura, 2017.

Uma das políticas de governo mais eficazes para o fomento do empreendedorismo é a adoção de incentivos à participação das micro e pequenas empresas nas aquisições públicas, que viabilizam boa parte da movimentação econômica dos produtos e serviços produzidos por esses empreendimentos.

De fato, as contratações públicas desempenham um relevante papel na economia dos países, agindo como motor de crescimento e desenvolvimento. No Brasil, o Ministério da Economia[5] estima que as compras governamentais movimentam cerca de 12% do Produto Interno Bruto (PIB) por ano, evidenciando sua importância econômica e oportunidade de impactar positivamente a dinâmica do mercado.

As aquisições pelo setor público também ganharam destaque na Agenda 2030 da ONU. Destaca-se o ODS 12 "Consumo e Produção Responsáveis", que consiste em assegurar padrões de produção e de consumo sustentáveis. Especificamente, a meta 12.7 incentiva a prática de contratações governamentais baseadas em critérios de sustentabilidade, alinhadas às políticas e às prioridades nacionais.[6] Trata-se, portanto, de um incentivo ao desenvolvimento sustentável nacional por meio de compras públicas, englobando simultaneamente os aspectos ambientais, sociais, econômicos, éticos e jurídico-políticos, conforme importante releitura da sustentabilidade promovida por Juarez Freitas (2019).[7]

Neste sentido, a atuação do poder público pode e deve impulsionar a demanda por produtos e serviços ambientalmente responsáveis,[8] tanto na alocação direta dos recursos governamentais para projetos e serviços em nichos de mercados mais sustentáveis quanto estimulando a concorrência e a inovação no setor privado. O resultado pretendido com a sustentabilidade nas compras públicas é o de incluir na seleção de produtos, serviços e obras não apenas critérios de preço e qualidade, que atendam direta e imediatamente a Administração Pública, mas também fatores ambientais, sociais, éticos e de inovação,[9] que realizem interesses públicos vinculados ao bem-estar de forma mais ampla e mediata.

Especial atenção deve ser dada à participação das Microempresas (MEs) e a Empresas de Pequeno Porte (EPPs) nas contratações públicas. Conforme dados do Sistema de Compras do Governo Federal,[10] este grupo de fornecedores foi responsável por cerca de R$ 45 bilhões em contratações na esfera federal em 2023, representando 26% do valor total homologado em compras, e o Sebrae[11] indica que as MEs e EPPs responderam por oito em cada dez empregos criados na economia em 2023.

Diante disso, o poder público tem sido provocado a criar políticas específicas para estimular a presença destas empresas nas licitações, com o intuito de aumentar a sua

---

[5] Ministério da Economia: Economia assina acordo em contratações públicas com agência americana de comércio e desenvolvimento. Disponível em: https://www.gov.br/economia. Acesso em: 21 mar. 2024.

[6] Objetivo de Desenvolvimento Sustentável 12: Consumo e produção responsáveis; 12.7 Promover práticas de compras públicas sustentáveis, de acordo com as políticas e prioridades nacionais.

[7] FREITAS, Juarez. *Sustentabilidade*: direito ao futuro. 4. ed. Belo Horizonte: Fórum, 2019.

[8] DA COSTA, Bruno Barzellay Ferreira; DA MOTTA, Ana Lúcia Torres Seroa. O papel da administração pública no fomento ao consumo e produção sustentáveis. *Revista Tecnologia e Sociedade*, v. 16, n. 40, p. 1-19, 2020.

[9] NORA, Gabriela Almeida Marcon. Contratações públicas sustentáveis e inovação: contribuições teóricas. *Brazilian Journal of Business*, v. 2, n. 2, p. 1198-1214, 2020.

[10] Ministério da Economia: Portal de Compras do Governo Federal. Disponível em: https://www.gov.br/compras/pt-br. Acesso em: 21 mar. 2024.

[11] Agência Sebrae de Notícias. Motores da economia: micro e pequenas empresas geraram 8 em cada 10 empregos em 2023. Disponível em: https://agenciasebrae.com.br/. Acesso em: 21 mar. 2024.

participação nos contratos de compras governamentais, impulsionar o empreendedorismo e o desenvolvimento empresarial,[12] bem como propiciar uma melhor distribuição de renda, de oportunidades e de recursos.

A Nova Lei de Licitações e Contratos — Lei nº 14.133/2021[13] — coloca o desenvolvimento nacional sustentável como um objetivo (art. 5º) e como um princípio (art. 11, inciso IV) das compras pela Administração Pública, devendo ser interpretado em todas as suas múltiplas dimensões.

Se por um lado as compras públicas sustentáveis são um instrumento legal para o alcance das metas ambientais, sociais, econômicas, éticas e jurídico-políticas, contribuindo para um futuro mais sustentável e resiliente,[14] com a participação das MEs e EPPs, observa-se na literatura que este mecanismo enfrenta desafios para uma efetiva concretização.[15]

O presente estudo tem como objetivo analisar a sustentabilidade da participação das Micro e Pequenas Empresas (MPEs) nas contratações governamentais, haja vista a exigência de a Administração Pública levar em consideração as múltiplas dimensões da sustentabilidade nas licitações. Justifica-se o debate aqui proposto para fomentar a efetivação de políticas com potencial de transformar a realidade social e promover o bem-estar coletivo, por meio de iniciativas governamentais alinhadas à Agenda 2030 da ONU.

Nos capítulos seguintes são apresentados alguns aspectos que envolvem as contratações públicas e suas finalidades, um breve histórico legal do tratamento diferenciado às micro e pequenas empresas nas compras governamentais, bem como uma discussão sobre a possibilidade de licitações exclusivas para microempresas e empresas de pequeno porte para além das prescrições da legislação geral nacional sobre o tema. Por fim, discute-se a atuação do controle externo no acompanhamento destes processos licitatórios e as perspectivas para a efetivação de políticas de sustentabilidade.

No aspecto metodológico e para alcançar o objetivo proposto, este artigo realiza uma abordagem de natureza qualitativa, compreendendo pesquisas bibliográficas e documental para consolidar o referencial teórico, de forma a trazer ao debate a relevância da sustentabilidade das contratações pela Administração Pública de fornecedores enquadrados como ME e EPP.

Além disso, adota-se a análise de conteúdo de algumas decisões no âmbito dos tribunais de contas brasileiros, com vistas a elucidar a atuação do controle externo e seu papel indutor de políticas públicas. Esta técnica mostra-se adequada para o tratamento de dados que visam identificar o que está sendo dito a respeito de determinado tema.[16]

Como resultado, espera-se oferecer aos diversos atores institucionais elementos para subsidiar o processo de tomada de decisão para uma atuação governamental

---

[12] DE ARAÚJO, Ignácio Tavares. Análise comparada sobre medidas de favorecimento de micro e pequenas empresas (MPEs) em compras públicas com avaliação de eficácia e identificação de melhores práticas. Texto para Discussão, 2018.

[13] Lei nº 14.133, de 1º de abril de 2021, conhecida como a Nova Lei de Licitações e Contratos (NLLC), que estabelece normas gerais sobre licitação e contratação pública.

[14] Tribunal de Contas da União. Compras Públicas Sustentáveis: O que são? Disponível em: https://sites.tcu.gov.br/compras-publicas-sustentaveis/o-que-sao-compras-publicas-sustentaveis.html. Acesso em: 21 mar. 2024.

[15] PAES, Caroline Ornelas *et al*. Práticas, benefícios e obstáculos nas compras públicas sustentáveis: uma revisão sistemática de literatura. *Revista de Gestão Social e Ambiental*, v. 13, n. 2, p. 21-39, 2019.

[16] MENDES, Rosana Maria; MISKULIN, Rosana Giaretta Guerra. A análise de conteúdo como uma metodologia. *Cadernos de Pesquisa*, v. 47, n. 165, p. 1044-1066, 2017.

comprometida com o desenvolvimento nacional nos moldes delineados na Agenda 2030, na Constituição Federal e na Lei nº 14.133/2021, a partir da adoção de critérios sustentáveis voltados à participação de microempresas e empresas de pequeno porte nas compras públicas.

2 As contratações públicas e suas finalidades

O processo licitatório genericamente delineado na Constituição Federal[17] como um processo previsto em lei, revestido pelo caráter isonômico de ampla concorrência entre os interessados, que visa à seleção da proposta mais vantajosa sob o ponto de vista do interesse público. Quanto ao aspecto legal, diversas normas foram editadas no Brasil a partir da promulgação da Constituição de 1988, destacando-se as Leis Federais nºs 8.666/1993, 10.520/2002, 12.462/2011 e a recente Lei nº 14.133/2021, marco geral atual em matéria de licitações e contratos.

Portanto, em sua origem as contratações possuem uma finalidade imediata (atividade-meio), qual seja, a satisfação de uma necessidade pública por meio da obtenção de bens e serviços (insumos) necessários ao cumprimento das funções e atribuições estatais.[18] Esta escolha deve recair sobre a proposta mais vantajosa, que geralmente refere-se a uma relação entre custo e benefício, representada pelo melhor resultado com o menor custo possível[19] (economicidade).

Além da referida função imediata, as contratações públicas possuem funções mediatas ou derivadas capazes de impactar o desenvolvimento econômico, ambiental e social (atividade-fim). Ou seja, por meio das compras o Estado pratica outras ações governamentais, voltadas à realização de objetivos socialmente relevantes (políticas públicas),[20] como fomentar e viabilizar a participação de micro e pequenas empresas e contribuir para a redução de desigualdades regionais e sociais.

Como bem expõe Heloísa Godinho (2021), "as aquisições públicas não se mostram apenas como atividades financeira, relativa à realização de despesa, e administrativa, de suprimento de bens e serviços para órgãos e entidades estatais, de caráter meramente logístico e executório". As compras públicas também se apresentam "como uma ação estratégica da Administração Pública em prol do atingimento de múltiplos objetivos coletivos".[21]

Todavia, há de se destacar que, se por um lado a finalidade mediata tem potencial de colaborar na efetivação de políticas públicas, por outro ela traz novos desafios para o sistema de contratações públicas. Isso porque ambas as finalidades partem de valores jurídicos em certa medida conflitantes: na imediata o enfoque está na isonomia, na competição, na vantajosidade da Administração Pública e na economicidade; na mediata, prevalece a igualdade material, a primazia dos valores constitucionais distributivos e o interesse público na sua concretização. Como resultado, têm-se tensões e divergências de interpretação no âmbito das contratações.

---

[17] Constituição da República Federativa do Brasil de 1988. Art. 37, inciso XXI.
[18] ZAGO, Marina Fontão. *Poder de compra estatal como instrumento de políticas públicas*. Brasília, Enap: 2018.
[19] MOREIRA, Egon Bockmann; GUIMARÃES, Fernando Vernalha. *Licitação pública*: a lei geral de licitações — LGL e o regime diferenciado de contratação — RDC. 2. ed. São Paulo: Malheiros, 2015.
[20] BUCCI, Maria Paula Dallari. *Fundamentos para uma teoria jurídica das políticas públicas*. São Paulo: Saraiva, 2013.
[21] GODINHO, Heloísa Helena A. M. *Controle Externo das Licitações e a Lei nº 14.133/2021*. Temas Controversos da Nova Lei de Licitações e Contratos. São Paulo: Juspodivm, 2021.

E é exatamente neste âmbito de discussão que se insere o debate sobre a sustentabilidade da participação das microempresas e empresas de pequeno porte nos processos licitatórios, apresentado no capítulo seguinte. Enquanto a previsão legal de um tratamento diferenciado às MEs e EPPs alinha-se às diretrizes do desenvolvimento sustentável, em contrapartida, acarreta um aumento da complexidade do procedimento de contratação, pois exige múltiplas camadas de regulamentação, bem como apresenta situações que desafiam os conceitos tradicionais de segurança jurídica, legalidade e vantajosidade nas licitações.

3 Participação das MES E EPPS nas compras públicas

3.1 Um olhar histórico (dimensão jurídico-política)

Com o intuito de materializar políticas públicas, os países têm se valido dos procedimentos licitatórios com tratamento diferenciado para incentivar a participação de micro e pequenas empresas e de outros aspectos de sustentabilidade, como as Diretivas 2014/24/EU e 2014/25/UE no âmbito da União Europeia.[22] No contexto brasileiro, os artigos 170 e 179 da Constituição Federal de 1988 preveem tratamento jurídico favorecido e diferenciado às microempresas e às empresas de pequeno porte por meio da simplificação, redução ou eliminação de obrigações.

O fracionamento de limites previsto no revogado §1º do art. 23 da Lei nº 8.666/93 também era entendido como um incentivo à participação de micro e pequenas empresas nas licitações, já que esta medida buscava melhorar o aproveitamento dos recursos disponíveis no mercado e ampliar a competitividade.

O art. 24 da Lei nº 9.841/99[23] estabeleceu que a política de compras governamentais daria prioridade à microempresa e à empresa de pequeno porte, individualmente ou de forma associada, em processo especial e simplificado. E de forma mais abrangente, a Lei Complementar nº 123/2006, conhecida como Estatuto Nacional da Microempresa e da Empresa de Pequeno Porte, contribuiu para a construção de um ambiente mais sustentável para o desenvolvimento e crescimento dos pequenos negócios.

As MEs e EPPs passaram a competir de forma igualitária (ou menos desigual) com as grandes corporações e, assim, alcançar a equidade material nas contratações públicas, não havendo afronta aos princípios da igualdade e isonomia pela existência de previsão normativa superior para este fim, ao contrário, reafirmando-os. O que se nota é que o legislador optou por promover o incentivo às micro e pequenas empresas por intermédio da execução das despesas públicas. A justificativa de se instituir prerrogativas especiais nas contratações estava em aumentar a competitividade nos certames, gerar economia e eficiência nas contratações e, simultaneamente, promover uma relevante política pública de fomento ao empreendedorismo, geração de emprego e renda.

---

[22] IGLESIAS, Miguel Ángel González. Ley 9/2017, de 8 de noviembre, de Contratos del Sector Público, por la que se transponen al ordenamiento jurídico español las Directivas del Parlamento Europeo y del Consejo 2014/23/UE y 2014/24/UE, de 26 de febrero de 2014 [BOE nº 272, de 9-XI-2017]. *AIS: Ars Iuris Salmanticensis*, v. 6, n. 1, p. 176-180, 2018.

[23] Lei nº 9.841, de 5 de outubro de 1999, que estabelece normas de microempresa e de empresa de pequeno porte, dispõe sobre o tratamento jurídico diferenciado, simplificado e favorecido previsto nos artigos 170 e 179 da Constituição Federal.

E para fins de implementar a distinção entre as empresas que se beneficiarão do privilégio constitucionalmente previsto, a LC nº 123/2006 utiliza como fator objetivo a receita anual bruta auferida durante o exercício financeiro: microempresa, renda igual ou inferior a R$ 360.000,00; e empresa de pequeno porte, receita superior R$ 360.000,00 e igual ou inferior a R$ 4.800.000,00.[24]

Da análise da Lei Complementar nº 123/2006, regulamentada pelo Decreto nº 8.538/15, sistematizam-se no Quadro 1 as condições favorecidas às micro e pequenas empresas para contratações com a Administração Pública, por intermédio de licitações públicas.

QUADRO 1 – CONDIÇÕES FAVORECIDAS DISPOSTAS
NA LEI COMPLEMENTAR Nº 123/2006

(continua)

Dispositivo	Tratamento diferenciado
Art. 42	A comprovação de regularidade fiscal e trabalhista das microempresas e das empresas de pequeno porte somente será exigida para efeito de assinatura do contrato.
Art. 43, §1º	Caso haja alguma restrição fiscal e trabalhista, será assegurado às micro e pequenas empresas, o prazo de 5 dias úteis, prorrogáveis por igual período, para a regularização da documentação exigida.
Art. 44, §§1º e 2º	Assegura-se, como critério de desempate, preferência de contratação para as microempresas e empresas de pequeno porte. Neste sentido, foram estabelecidas também condições de empates "fictos", quando as propostas apresentadas pelas MEs e EPPs sejam iguais ou até 10% superiores à proposta mais bem classificada, ou de até 5% na modalidade de pregão. Neste caso, podem exercer a faculdade de cobrir a oferta da outra empresa, não enquadrada na lei.
Art. 46	Possibilidade de emissão de cédula de crédito microempresarial por MEs e EPPs titulares de direitos creditórios decorrentes de empenhos liquidados e não pagos.
Art. 47	Aplicação da legislação federal enquanto não sobrevier legislação local mais favorável à microempresa e empresa de pequeno porte, objetivando a promoção do desenvolvimento econômico e social no âmbito municipal e regional, a ampliação da eficiência das políticas públicas e o incentivo à inovação tecnológica.
Art. 48, I	Processo licitatório destinado exclusivamente à participação de microempresas e empresas de pequeno porte nos itens de contratação cujo valor seja de até R$ 80.000,00.
Art. 48, II, §2º	Exigir dos licitantes a subcontratação de microempresa ou empresa de pequeno porte, quando tratar-se da aquisição de obras e serviços, com a possibilidade de que os empenhos e pagamentos da administração pública sejam destinados diretamente às MEs e EPPs subcontratadas.

---

[24] Lei Complementar nº 123, de 14 de dezembro de 2006, que institui o Estatuto Nacional da Microempresa e da Empresa de Pequeno Porte e dá outras providências.

(conclusão)

Dispositivo	Tratamento diferenciado
Art. 48, III	Estabelecimento em certames para aquisição de bens de natureza divisível, cota de até 25% do objeto para a contratação de microempresas e empresas de pequeno porte.
Art. 48, §3º	Estabelecimento de prioridade de contratação para as microempresas e empresas de pequeno porte sediadas local ou regionalmente, até o limite de 10% do melhor preço válido.

Fonte: elaborado pelos autores, com base na LC nº 123/2006.

A LC nº 123/2006, no art. 49, também apresentou limitações ou inaplicabilidade do tratamento diferenciado em favor das pequenas empresas para não se distanciar da função imediata das compras públicas em alcançar os melhores resultados na aquisição de insumos, como visto no capítulo anterior.

Dentre as barreiras, menciona-se a necessidade de existência de pelo menos três fornecedores competitivos enquadrados como ME ou EPP sediados local ou regionalmente e capazes de cumprir as exigências estabelecidas nas licitações (art. 49, II), de modo a possibilitar uma efetiva e concreta competição entre pequenas empresas.[25] Além disso, o tratamento diferenciado é retirado quando não for vantajoso para a Administração Pública ou representar prejuízo ao conjunto ou complexo do objeto a ser contratado (art. 49, III) ou nas hipóteses de contratação direta.

A Lei nº 14.133/21 revogou a Lei nº 8.666/93, a partir de 30 de dezembro de 2023, e disciplinou as atuais normas gerais de licitação e contratação para a Administração Pública. Não houve revogação da LC nº 123/06, mas estabeleceu-se um limite para o tratamento favorecido às MEs e EPPs. O *caput* do artigo 4º adota expressamente as disposições constantes dos artigos 42 a 49 da LC nº 123/06, mas seus parágrafos ajustam a influência desta lei complementar, como apresentado no Quadro 2.

QUADRO 2 – ALTERAÇÕES PROMOVIDAS PELA LEI Nº 14.133/21
NO TRATAMENTO DIFERENCIADO ÀS MES E EPPS

(continua)

Dispositivo	Alterações
Art. 4º	Adoção expressa das disposições constantes dos artigos 42 a 49 da Lei Complementar nº 123, de 14 de dezembro de 2006.
Art. 4º, §1º, I e II.	Não incidência da LC nº 123/06 quando o bem, serviços e obras de engenharia tiverem valor estimado superior à receita bruta máxima admitida para fins de enquadramento como empresa de pequeno porte, ou seja, R$ 4.800.000,00.
Art. 4º, §2º	Condiciona o tratamento diferenciado às MEs e EPPs que, no ano-calendário de realização da licitação, ainda não tenham celebrado contratos com a Administração Pública cujos valores somados ultrapassem R$ 4.800.000,00.

---

[25] JUSTEN FILHO, Marçal. *Comentários à lei de licitações e contratos administrativos*. São Paulo: Dialética, 2010.

(conclusão)

Dispositivo	Alterações
Art. 15, §2º	Quando a participação na licitação ocorrer na forma de consórcios compostos, em sua totalidade, de ME e EPP, não se aplica o acréscimo de 10% a 30% sobre o valor exigido de licitante individual para a habilitação econômico-financeira.
Art. 141, §1º, II	Possibilidade de alterar a ordem cronológica em favor das MEs e EPPs, desde que demonstrado o risco de descontinuidade do cumprimento do objeto do contrato e comunicação ao tribunal de contas competente.

Fonte: elaborado pelos autores, com base na Lei nº 14.133/21.

Depreende-se que o estabelecimento de um teto de contratação para aquisição de bens e serviços gerais (art. 4º, §1º, I) cujos itens não superem R$ 4,8 milhões é um limitador para a participação das micro e pequenas empresas porque o artigo 19, inciso I, e artigo 181 da NLLC determinam que os entes federativos instituam centrais de aquisição, com o objetivo de realizar compras em grande escala, atendendo a diversos órgãos e entidades sob sua competência.

Ou seja, a agregação de demandas pode fazer com que o objeto ultrapasse o teto e assim a LC nº 123/06 seja afastada. No caso da licitação para obras e serviços de engenharia (art. 4º, §1º, II) a compreensão sobre o efeito limitador ao tratamento diferenciado às MEs e EPPs é ainda mais clara, haja vista se tratar de processos que invariavelmente alcançam cifras maiores.

Quanto à imposição de observância do limite de R$ 4,8 milhões, já no ano-calendário de realização da licitação (art. 4º, §2º), restaram impactados os §§9º e 9ºA do art. 3º da LC nº 123/06, os quais previam a exclusão do tratamento jurídico diferenciado apenas no mês subsequente ou ainda ano-calendário subsequente à ocorrência do excesso.

É possível observar também que a Lei nº 14.133/21 retira entraves às micro e pequenas empresas quando formam entre si consórcios em processo de licitação (art. 15, §2º) e preocupa-se com a sustentabilidade financeira destes fornecedores ao incluí-los no rol taxativo (art. 141, §1º, II) das situações em que a ordem cronológica de pagamento pode ser alterada.

Neste cenário, o que se observa é que a NLLC moderniza o tratamento diferenciado dado às microempresas e empresas de pequeno porte em consonância com as diretrizes constitucionais, ratificando regras mais favorecidas para que estas empresas possam participar dos processos de compras públicas. Todavia, de um modo mais equilibrado, busca o desenvolvimento nacional sustentável sem comprometer o interesse público quanto à escolha mais vantajosa.

Outro importante ponto a ser destacado é que com a vigência da NLLC exigem-se importantes mecanismos de governança nas licitações públicas, como adoção de um plano de contratações anual, estudos técnicos preliminares, gestão de riscos, entre outros.

Segundo o Sebrae,[26] as implicações destes requisitos para a sustentabilidade na participação das micro e pequenas empresas são a necessidade de planejamento com

---

[26] Serviço Brasileiro de Apoio às Micro e Pequenas Empresas (SEBRAE). Impactos da Nova Lei de Licitações para a Administração Pública e para os pequenos negócios. Disponível em: https://sebrae.com.br/Sebrae/Portal%20Sebrae/UFs/AL/Anexos/Ebook%20Novalei%20(2)%20(1).pdf. Acesso em: 25 mar. 2024.

maior antecedência para o fornecimento de bens e serviços aos entes governamentais, bem como o conhecimento do calendário e programação de aquisições para a organização de documentos e cotações necessárias. Apesar dos desafios inerentes, estes impactos sinalizam um ambiente promissor e de maior celeridade e competitividade dos processos licitatórios.

3.2 Participação das MEs e EPPs nas compras públicas

Dados constantes no *Data* Sebrae[27] indicam que em maio de 2020 o Brasil contava com cerca de 7,4 milhões de Microempresas e Empresas de Pequeno Porte. Segundo o Portal de Compras do Governo Federal, até 25 de março de 2024 cerca de 382 mil fornecedores credenciados se enquadravam como ME e EPP (58% do total habilitado) e no gráfico 1 é demonstrado o aumento sistemático no credenciamento de novas empresas nos últimos 6 anos, o que pode denotar resultados satisfatórios na concretização da política pública.

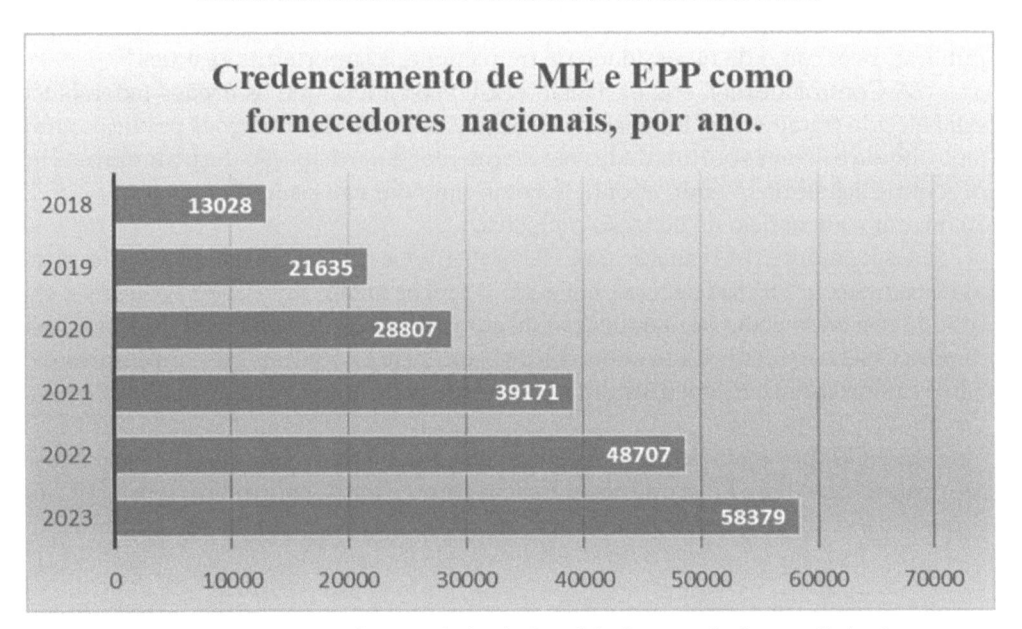

GRÁFICO 1 – NÚMERO DE ME E EPP CREDENCIADAS
COMO FORNECEDORES NACIONAIS ENTRE 2018 E 2023

Credenciamento de ME e EPP como fornecedores nacionais, por ano.

Ano	Quantidade
2018	13028
2019	21635
2020	28807
2021	39171
2022	48707
2023	58379

Fonte: elaborado pelos autores, com base em dados do Portal de Compras do Governo Federal.

Análise realizada pelo Instituto de Pesquisa Econômica Aplicada – IPEA em 2022[28] mostra que o valor das compras homologadas do Poder Executivo federal de Micro e Pequenas Empresas cresceu 633% entre 2000 e 2020, enquanto das demais empresas a expansão foi na ordem de 110% no mesmo período. Portanto, este aumento

---

[27] Serviço Brasileiro de Apoio às Micro e Pequenas Empresas (SEBRAE). Total de empresas em maio de 2020. Disponível em: https://datasebrae.com.br/totaldeempresas-11-05-2020/. Acesso em: 24 mar. 2024.
[28] RAUEN, André Tortato (org.). *Compras públicas para inovação no Brasil*: novas possibilidades legais, 2022.

mais expressivo no universo das aquisições indica os benefícios da implementação de um tratamento diferenciado às MEs e EPPs nos procedimentos de compras públicas.

Algumas pesquisas empíricas[29] indicam a prevalência na participação dos pequenos negócios nas licitações de alguns órgãos, em um sinal de que as MEs e EPPs têm conseguido competir e vencer as médias e grandes empresas. A inferência direta seria de que a política de fomento está alcançando os objetivos propostos em alguns casos.

Outros estudos[30] reconhecem um aumento significativo do número de MPEs contratadas com a Administração Pública, contudo afirmam ser incipiente o volume das empresas locais, com participação abaixo de 1% do total de compras em algumas organizações investigadas. Os obstáculos a esta efetiva participação estariam nas lacunas existentes na legislação e dificuldades na aplicabilidade dos benefícios, o que torna a utilização da licitação um instrumento de política pública complexo.

Ponto comum nos resultados das investigações científicas[31] é que as mudanças institucionais promovidas pela nova regulamentação contribuíram significativamente para o aumento na participação de microempresas e empresas de pequeno porte nos processos de licitações, embora não se altere a probabilidade de êxito destas empresas nos certames, colocando em perspectiva a eficácia da legislação. Ademais, a insuficiente participação das MEs e EPPs nos processos de compras governamentais decorre do grau de conhecimento dos micros e pequenos empresários sobre os processos de compras públicas, bem como da necessidade de treinamento e suporte aos gestores.[32]

A Controladoria-Geral da União (CGU) considera que os órgãos federais têm estabelecido tratamento diferenciado às MEs e EPPs nas contratações públicas, entretanto, ainda existem oportunidades para aumentar a participação destas empresas nos processos licitatórios, sendo apontado como uma das causas limitantes o valor de R$ 80 mil para o benefício de licitação exclusiva.

Os Relatórios de Avaliação da CGU nº 906016[33] e nº1111265[34] também indicam que as licitações com ME/EPPs levam, em geral, a preços menos favoráveis ao Erário e com cota de reserva mesmo para aquisição de equipamentos de alto custo unitário. Além disso, a CGU tem identificado situações de ocorrência de contratação com empresas de baixo capital social e recém instituídas, cenário este de maior risco de inadimplemento das obrigações futuras.

A CGU, por meio de auditorias internas, também revelou que em alguns casos são contratadas MEs e EPPs que não possuem empregados, sendo meras representações comerciais, e de ocorrência sistemática de extrapolação do limite de faturamento e

---

[29] BARBOSA, Felipe José Ansaloni. Micro e pequenas empresas e licitações: estudo de caso da aplicação da Lei Complementar n. 123/2006 nos pregões realizados pelo Centro de Preparação de Oficiais da Reserva de Belo Horizonte. *Revista do Tribunal de Contas do Estado de Minas Gerais*, v. 36, n. 2, 2019.

[30] CHAVES, Fernanda Rodrigues Drumond; BERTASSI, André Luís; SILVA, Gustavo Melo. Compras Públicas e Desenvolvimento Local: micro e pequenas empresas locais nas licitações de uma universidade pública mineira. *Revista de Empreendedorismo e Gestão de Pequenas Empresas*, v. 8, n. 1, p. 77-101, 2019.

[31] CABRAL, Sandro; REIS, Paulo Ricardo da Costa; SAMPAIO, Adilson da Hora. Determinantes da participação e sucesso das micro e pequenas empresas em compras públicas: uma análise empírica. *Revista de Administração*, São Paulo, v. 50, p. 477-491, 2015.

[32] PICCHIAI, Djair; CUNHA, Francisco Sérgio. Participação das micro e pequenas empresas do Vale do Ribeira nos processos de compras públicas. *Administração de Empresas em Revista*, v. 4, n. 22, p. 214-245, 2020.

[33] Controladoria-Geral da União. Relatório de Avaliação nº 906016: Exercício 2021. Brasília. Disponível em: https://eaud.cgu.gov.br/relatorios/download/1191439. Acesso em: 25 mar. 2024.

[34] Controladoria-Geral da União. Relatório de Avaliação nº 1111265: Exercícios 2020 e 2021. Brasília. Disponível em: https://eaud.cgu.gov.br/relatorios/download. Acesso em: 25 mar. 2024.

permanência nos certames e contratações. A Controladoria concluiu nestes Relatórios supracitados que é razoável a possibilidade de que MEs e EPPs estejam sendo abertas apenas para possibilitar a utilização desse benefício reservado a pequenas empresas.

3.3 Da possibilidade de licitações exclusivas para MEs e EPPs para além da LC nº 123/2006

Como verificado anteriormente, o artigo 48 da LC nº 123/06 prevê o tratamento diferenciado e simplificado para as microempresas e empresas de pequeno, conforme exigência do art. 47:

> Art. 48. Para o cumprimento do disposto no art. 47 desta Lei Complementar, a administração pública:
> I - *deverá* realizar processo licitatório destinado exclusivamente à participação de microempresas e empresas de pequeno porte nos itens de contratação cujo valor seja de até R$ 80.000,00 (oitenta mil reais);
> II - *poderá*, em relação aos processos licitatórios destinados à aquisição de obras e serviços, *exigir* dos licitantes a *subcontratação* de microempresa ou empresa de pequeno porte;
> III - *deverá* estabelecer, em certames para aquisição de bens de natureza divisível, *cota de até 25%* (vinte e cinco por cento) do objeto para a contratação de microempresas e empresas de pequeno porte.
> (...)
> §3º Os benefícios referidos no caput deste artigo *poderão*, justificadamente, *estabelecer a prioridade* de contratação para as microempresas e empresas de pequeno porte *sediadas local ou regionalmente*, até o limite de 10% (dez por cento) do melhor preço válido. (grifo nosso)

A interpretação direta do art. 48 é a de que a realização de licitações exclusivas ocorre tanto na forma de "possibilidades" quanto na forma de "obrigatoriedades".

Em outras palavras, a Administração Pública encontra-se vinculada a realizar processo licitatório destinado exclusivamente à participação de MEs e EPPs nos itens de contratação cujo valor seja de até R$ 80.000,00 (inciso I) e estabelecer em certames para aquisição de bens de natureza divisível cota de até 25% do objeto para a contratação destas empresas (inciso III).

E quando da análise das propostas, poderá o gestor justificadamente exigir a subcontratação de MEs e EPPs (inciso II) e estabelecer a prioridade de contratação para as MEs e EPPs sediadas local ou regionalmente, até o limite de 10% do melhor preço válido (§3º).

Portanto, do conteúdo jurídico-político delineado pela LC nº 123/2006, resta claro que a licitação exclusiva para MEs e EPPs e demais benefícios previstos coadunam-se com as dimensões da sustentabilidade relacionadas ao desenvolvimento social e econômico, bem como fomentam as políticas públicas voltadas à realização e dignidade pessoais (direitos fundamentais), ligadas ao empreendedorismo e à geração de emprego e renda, concretizando o ideal de prosperidade e a sustentabilidade das compras públicas, previstos no ODS 8 (meta 8.3), no ODS 9 (meta 9.3) e no ODS 12 (meta 12.7).

Tais estímulos encorajam as pessoas a optarem pelo empreendedorismo e a criar negócios, incrementando a produtividade, a competitividade, a ampliação do mercado interno e a adoção de mecanismos para gerar inovação.

Juarez Freitas (2019) brilhantemente lembra que "o que interessa é a sustentabilidade nortear o desenvolvimento, não o contrário". E continua, mostrando que

> De fato, se a nossa Carta está, desde os primórdios, em consonância com os princípios da Carta das Nações Unidas e com Objetivos do Desenvolvimento Sustentável, cumpre, na vida prática, relê-la para exigir, por exemplo, que os gastos, as renúncias fiscais e os investimentos públicos salvaguardem a efetividade do desenvolvimento duradouro, sopesando custos e benefícios, diretos e indiretos (externalidades), sociais, econômicos e ambientais.[35]

Sopesar os custos e benefícios das licitações, no tocante à participação das microempresas e empresas de pequeno porte, é levar em consideração que as escolhas públicas devem se comprometer, no âmbito jurídico-institucional, com uma visão de vantajosidade relacionada à aptidão de gerar o maior benefício econômico e social possível (inclusão e desenvolvimento local, por exemplo), com menor impacto negativo nos gastos (preço e condições).

Vale dizer, a participação das MEs e EPPs nas compras públicas funciona como política concreta de sustentabilidade social e econômica, obrigatória na agenda dos poderes e órgãos de todas as esferas da federação, devendo ser ressignificados alguns paradigmas sedimentados pela Administração Pública, como "a absoluta superioridade da vantagem econômica nos contratos administrativos sobre outros aspectos relevantes, o apego demasiado ao princípio da legalidade no sentido estrito nos processos licitatórios e a busca da eficácia imediatista" (TOURINHO, 2014).[36]

Não bastasse, a visão de satisfação do interesse público deve estar atrelada às funções imediata e mediata da licitação, já tratadas neste artigo, como exorta Rita Tourinho (2014), sendo necessária a divisão entre interesse público (no caso, a política de sustentabilidade social e econômica), interesse do agente público (a complexidade do processo licitatório ocasionada pela participação das MEs e EPPs) e interesse do aparato estatal (aquisição economicamente vantajosa – preço), para análise do caso concreto, avaliando os respectivos pesos e impactos.

Para Juarez Freitas (2009), o interesse público subordina as ações administrativas ao primado dos direitos fundamentais em todas as suas dimensões.[37]

Nesse sentido, a competitividade e a economicidade não são enquadradas como requisitos principais da contratação, e sim a equidade inclusiva, diminuição da desigualdade por meio de uma maior distribuição de recursos estatais ao mercado, incremento à manutenção de trabalho digno, dentre outros valores ligados aos direitos fundamentais, mencionados neste trabalho.

As questões que se colocam polêmicas estão relacionadas a: a) se as licitações exclusivas do art. 48, I, podem superar o limite de valor estabelecido; b) se as licitações exclusivas podem apresentar restrição geográfica, isto é, serem restritas às empresas sediadas no município, na região metropolitana ou microrregiões; c) se a cota para participação exclusiva de microempresas e empresas de pequeno porte prevista no inciso III do art. 48 da LC nº 123/06 está limitada a 80 mil (inciso I do art. 48).

---

[35] FREITAS, Juarez. *Sustentabilidade*: direito ao futuro. 4. ed. Belo Horizonte: Fórum, 2019.
[36] TOURINHO, Rita. Ações Afirmativas nas Licitações Públicas: o alcance da Sustentabilidade Social. *Revista do Ministério Público do Rio de Janeiro*, MPRJ, n. 51, jan./mar. 2014. Disponível em: https://www.mprj.mp.br/documents/20184/2554325/Rita_Tourinho.pdf Acesso em: 23 jul. 2024.
[37] FREITAS, Juarez. *O Controle dos Atos Administrativos e os Princípios Fundamentais*. São Paulo: Malheiros, 2009.

No tocante à superação do limite de 80 mil reais para licitações exclusivas, não obstante a lacuna legislativa acerca da indispensabilidade de atualização do valor, nos mesmos moldes dos limites da dispensa de licitação (art. 75, incisos I e II, da Lei nº 14.133/2021), caso o ente federativo edite sua legislação regulamentadora, nos termos do parágrafo único do art. 47 da LC nº 123/2006, parece-nos viável estabelecer tratamento mais favorável, a partir de estudos específicos sobre a realidade local ou regional, que farão parte da exposição de motivos do processo legislativo.

Isso vale também para a possibilidade de restrição geográfica, fora da preferência prevista no §3º do art. 48 da LC nº 123/2006. Havendo lei regulamentadora, mediante tratamento de hipóteses individualizadas, a medida coaduna-se com a Constituição Federal e com a lei de caráter nacional. Sem a edição de lei, excepcionalmente, tem-se admitido sua utilização, em casos específicos, devidamente fundamentados, como se verá nas decisões de tribunais de contas comentadas neste artigo.

Quanto à aplicação conjunta ou interpretação cumulativa dos incisos I e III do art. 48 da LC nº123/2006, o Tribunal de Contas da União – TCU, no Acórdão nº 1819/2018 – Plenário, decidiu que a aplicação da cota reservada não está limitada ao valor previsto no dispositivo.[38] Outros tribunais de contas também decidiram em igual sentido.

Por fim, a licitação exclusiva para MEs e EPPs, nos moldes previstos no art. 48, inciso I, da LC nº 123/2006, e demais tratamentos favorecidos previstos são imperativos e sua inobservância resulta em irregularidade passível de sanção, se não houver justificativas próprias, baseadas em fatos ou estudos específicos para o caso concreto, relacionadas ao afastamento previsto no art. 49 da mesma lei complementar.

Por estes fundamentos, pode-se inferir que a sustentabilidade da participação das micro e pequenas empresas nas contratações públicas, além do tratamento diferenciado, exige a adoção de políticas públicas para a realização de licitações exclusivas para MEs e EPPs, seja por aplicação direta da legislação de caráter nacional, seja por meio de regulamentação própria, objetivando a promoção do desenvolvimento econômico e social no âmbito municipal e regional, a ampliação da eficiência das políticas públicas e o incentivo à inovação tecnológica.

4 Controle externo nas contratações diferenciadas para ME e EPP

A efetiva sustentabilidade da participação das MEs e EPPs nas contratações públicas depende de uma atuação sistêmica dos atores institucionais públicos envolvidos. Em suas prerrogativas e finalidades, os Tribunais de Contas devem ser partícipes da construção social e, assim, as licitações públicas e os respectivos critérios de avaliação das propostas se submetem aos controles (interno, social e externo), em perspectivas de sustentabilidade.[39]

Portanto, o controle das licitações e contratações públicas deve incorporar elementos de observância de benefícios diretos e indiretos do certame ao contrato

---

[38] Tribunal de Contas da União. Acórdão nº 1.819/2018 - Plenário. Relator: Min. Walton Alencar Rodrigues. Disponível em: https://pesquisa.apps.tcu.gov.br/ Acesso em: 24 jul. 2024.

[39] CUNDA, Daniela Zago Gonçalves da; VILLAC, Teresa. Contratações públicas sustentáveis e a atuação da advocacia pública e dos tribunais de contas: um "apelo à última geração". *In: Políticas Públicas e os ODS da Agenda 2030*. Belo Horizonte, Fórum: 2021.

administrativo, sem que a melhor proposta esteja restrita ao menor custo imediato, ponderando-se pelos parâmetros da sustentabilidade financeira, social, econômica, ambiental, ética e jurídico-política.

Neste sentido, foram realizadas pesquisas em decisões das Cortes de Contas no Brasil que versem sobre a sustentabilidade da participação das micro e pequenas empresas nas contratações públicas.

O Tribunal de Contas do Estado de Goiás – TCE/GO, no Acórdão nº 645/2023,[40] atuou com vistas a garantir a efetiva participação das MEs e EPPs em relação à cota de até 25% do objeto para aquisição de bens de natureza divisível, prevista no art. 48, III, da Lei Complementar nº 123/06.

O Tribunal de Contas do Estado Paraná – TCE/PR, reafirmando o Prejulgado 27,[41] consolidou o entendimento quanto à possibilidade de licitação exclusiva e restrição geográfica às ME e às EPP, em virtude da peculiaridade do objeto a ser licitado ou para implementação dos objetivos propostos no art. 47 da LC nº 123/2006, desde que previsto expressamente em lei local ou no instrumento convocatório, devidamente justificado em um plano de ação ou estudo, que detalhe e fundamente a reserva de mercado, sendo vedada sua previsão genérica (Processos nº 561.726/2023 – Acórdão nº 293/2024 e nº 686057/2023 – Acórdão nº 1900/24, ambos do Tribunal Pleno).[42] Também estabeleceu, no Acórdão nº 477/21 – Tribunal Pleno,[43] que, caso o órgão ofereça percentual inferior aos 25%, deve estar analiticamente fundamentado nas hipóteses previstas do artigo 49 da LC nº 123/06, sob pena de se esvaziar o fomento que ambiciona o espírito da norma.

Em suas atividades de controle, o Tribunal de Contas do Estado de Minas Gerais – TCE/MG considera que a adoção de licitação exclusivamente às microempresas e às empresas de pequeno porte não configura ilegalidade e restrição à ampla participação, mas tão somente a execução de política pública para a promoção do desenvolvimento econômico local e regional e geração de emprego e renda, conforme decisões contidas nos Processos nºs 944602/2015, 1048068/2018, 1084435/2020, 1126980/2023.[44]

O Tribunal de Contas do Estado de Mato Grosso do Sul – TCE/MS autoriza, como exceção, a licitação exclusiva para ME e EPP locais ou regionais, nas contratações de até 80 mil reais, com a participação obrigatória de pelo menos três empresas sediadas no local ou na região, quando a adequada localização geográfica do fornecedor de bens e serviços é, conforme o caso, indispensável para a execução do objeto do contrato, sendo inviável permitir a participação de outras microempresas e empresas de pequeno porte situadas fora do local ou região (Processo de Consulta TC/10059/2021, Parecer-C - PAC00 - 12/2022 - Tribunal Pleno). Outrossim, considera irregular a inobservância da

---

[40] Tribunal de Contas do Estado de Goiás. Acórdão nº 645/2023. Relatora: Cons. Carla Cíntia Santillo. Julgamento do Processo 202100047002325. Sessão 02.03.2023. Disponível em: http://www.tce.go.gov.br/ConsultaProcesso?proc=346590. Acesso em: 26 mar. 2024.

[41] Tribunal de Contas do Estado do Paraná. Prejulgado nº 27/2019. Disponível em https://www1.tce.pr.gov.br/multimidia/2020/5/pdf/00344760.pdf.

[42] Tribunal de Contas do Estado do Paraná. Processos nº 561.726/2023 – Acórdão nº 293/2024 e 686.057/2023 – Acórdão nº 1900/24, ambos do Tribunal Pleno. Disponível em: https://www1.tce.pr.gov.br/conteudo/jurisprudencia/317373/area/242 Acesso em: 23 jul. 2024.

[43] Tribunal de Contas do Estado do Paraná. Acórdão nº 477/21 – Tribunal Pleno. Relator: Conselheiro Artagão de Mattos Leão. Julgamento do Processo 114494/20. Sessão 04.03.2021. Disponível em: https://www1.tce.pr.gov.br/multimidia/2021/3/pdf/00355147.pdf. Acesso em: 26 mar. 2024.

[44] Tribunal de Contas do Estado de Minas Gerais. Processos nºs 944602/2015, 1047824/2018, 1048068/2018, 1084435/2020 e 1126980/2023. Disponível em: https://www.tce.mg.gov.br/Processo/. Acesso em: 23 jul. 2024.

exclusividade da licitação para ME e EPP nas disputas de itens cujo valor não ultrapasse 80 mil reais, tendo em vista a garantia da ordem econômica e isonomia em face dos grandes grupos empresariais (Processo TC/12319/2018 - Acórdão - AC01 - 154/2023, Primeira Câmara).[45]

O Tribunal de Contas do Estado do Espírito Santo – TCE/ES, considerando a relevância do tratamento diferenciado às micro e pequenas empresas, inclusive a impossibilidade de limitação ou redução, pela legislação estadual, dos benefícios concedidos pela LC nº 23/2006, anulou parte de licitação que não observou as prescrições da lei complementar de caráter nacional (Acórdão TC-1294/2017 – Primeira Câmara). Em outros processos (Acórdão nº 00576/2024-5 – Plenário), o TCE/ES entendeu que o intuito da LC nº 123/2006 é impulsionar a atuação das pequenas empresas no mercado, considerando irregular a inobservância das prescrições do art. 48, III, pois nos casos de aquisição de bens de natureza divisível deverá ser estabelecida automaticamente a cota de até 25% do objeto para a contratação de microempresas e empresas de pequeno porte. Demais disso, deve ser fundamentada e justificada em prévio estudo a limitação ao tratamento diferenciado, com a utilização, pela Administração Pública, da exceção prevista no art. 49, III, da LC nº 123/2006.[46]

O Tribunal de Contas do Distrito Federal – TC/DF, no Acórdão nº 3.845/2020,[47] atuou para que não ocorressem entraves à obrigatoriedade da aplicação do direito de preferência conferido às microempresas e empresas de pequeno porte, nos termos dos artigos 44 e 45 da Lei Complementar nº 123/2006.

No que tange à sustentabilidade financeira, o TCU realizou trabalho, consubstanciado no Acórdão nº 892/2020,[48] e examinou dados relativos aos contratos realizados por órgãos e entidades da Administração Pública Federal nos anos de 2017 a 2019. Após ajustes metodológicos, restou constatada a ocorrência tanto do desconto (diferença entre o preço estimado em cada contratação e o preço efetivamente contratado) quanto do impacto financeiro (valores contratados a maior) nas contratações públicas por meio de microempresas e empresas de pequeno porte.

O Controle Externo realizado pelo TCU também foi importante para a identificação de inconsistência da classificação dos fornecedores quanto ao porte, o que poderia acarretar a utilização de tratamento diferenciado por uma empresa indevidamente. Nos termos do Acórdão nº 460/2023 – Plenário,[49] destacou-se a necessidade de que o sistema de compras realize a verificação em tempo real do porte da empresa junto a Receita

---

[45] Tribunal de Contas do Estado de Mato Grosso do Sul. Processo de Consulta nº TC/10059/2021, Parecer-C - PAC00 - 12/2022 - Tribunal Pleno; e Processo TC/12319/2018 - Acórdão - AC01 - 154/2023, Primeira Câmara. Disponível em: https://www.tce.ms.gov.br/home Acesso em: 23 jul. 2024.

[46] Tribunal de Contas do Estado do Espírito Santo. Processo nº 1928/2017 (Acórdão 1294/2017 - Primeira Câmara) e processos nº 03071/2023-1 e 03075/2023-1 (Acórdão 0576/2024-5 - Plenário). Disponível em: https://www.tcees.tc.br/jurisprudencia/ Acesso em: 23 jul. 2024.

[47] Tribunal de Contas do Distrito Federal. Acórdão nº 3845/2020. Relator: Cons. Antonio Renato A. Rainha. Julgamento do Processo 11825/2019-e. Sessão Ordinária Nº 5225, de 09/09/2020. Disponível em: https://www2.tc.df.gov.br/4-consultas/consultas/. Acesso em: 26 mar. 2024.

[48] Tribunal de Contas da União. Acórdão nº 892/2020 - Plenário. Relator: Min.Weder de Oliveira. Julgamento do Processo TC-036.346/2019-5. Sessão 08.04.2020, Ata 11/2020 - Plenário. Disponível em: https://pesquisa.apps.tcu.gov.br/redireciona/acordao-completo/ACORDAO-COMPLETO-2404827. Acesso em: 25 mar. 2024.

[49] Tribunal de Contas da União. Acórdão nº 460/2023 - Plenário. Relator: Min.Weder de Oliveira. Julgamento do Processo TC-036.346/2019-5. Sessão 15.03.2023, Ata 10/2023 - Plenário. Disponível em: https://pesquisa.apps.tcu.gov.br/redireciona/acordao-completo/ACORDAO-COMPLETO-2567202. Acesso em: 25 mar. 2024.

Federal, impedindo que uma empresa fora da condição de MPE apresente proposta nessa condição e desvirtue os objetivos da LC nº 123/2006.

Portanto, dada a significativa relevância do controle exercido pelos Tribunais de Contas sobre as políticas públicas e melhorias na gestão da Administração Pública, atenção permanente deve ser despendida pelas Cortes às compras públicas que tenham como fornecedores MEs e EPPs, de modo a promover a sustentabilidade destas aquisições em todas as dimensões.

5 Considerações finais

Este artigo se propôs a discutir a relevância das contratações públicas como ferramenta transversal para a implementação de políticas públicas, focando na sustentabilidade da participação de microempresas e empresas de pequeno porte em compras governamentais. Isso porque as contratações públicas, além de atenderem às necessidades imediatas de funcionamento do aparato estatal, também são relevantes para o planejamento e a promoção do desenvolvimento sustentável.

Destaca-se a estratégia de integrar critérios de sustentabilidade e a priorização das MEs e EPPs, conforme estabelecido pela Nova Lei de Licitações e Contratos (Lei nº 14.133/2021), como esforços alinhados aos objetivos da Agenda 2030 da ONU.

A pesquisa ao investigar o uso de contratações públicas para a realização de políticas sociais, enfatizando a necessidade de avaliar critérios além do preço, demonstrou um aumento na participação das pequenas empresas no mercado de compras públicas nos últimos anos. Como apresentado na literatura, este fato reflete na dinamização da economia nacional, estimulando o ambiente de oferta e procura, bem como a ampliação das condições de competitividade.[50]

Ressalta-se o desenvolvimento e aperfeiçoamento do marco regulatório para promover eficiência e justiça econômica, oferecendo um ambiente inclusivo para MEs e EPPs. Ao mesmo tempo, desafia os *stakeholders* a se adaptarem em processos licitatórios mais complexos e com necessária atenção ao planejamento das aquisições.

Embora as licitações exclusivas para MEs e EPPs sejam importantes para o fomento à participação no mercado de contratações públicas, é necessária cautela em sua aplicação para evitar exclusão ou desigualdades. Além das hipóteses em que o processo licitatório deve ser feito exclusivamente para microempresas e empresas de pequeno porte, a legislação brasileira ainda faculta ao gestor, mediante razoável justificativa, o incremento na participação destes fornecedores nas compras governamentais.

Em outra via, quando o gestor opta por afastar a aplicação da LC nº 123/06, precisa ancorar-se em fundadas razões, isto é, deve a Administração explicitar os respectivos motivos determinantes inerentes ao objeto contratado, se entender pela inaplicabilidade das prerrogativas aplicadas às micro e pequenas empresas, quando da insuficiência de fornecedores competitivos e dos benefícios para o interesse público.

Nesta seara, foi pontuada que a participação ativa dos Tribunais de Contas pode assegurar que as contratações públicas reflitam os novos paradigmas de sustentabilidade

---

[50] SILVA, Erivam Paulo da. *O uso do poder de compra do estado como instrumento de política pública*: a lei complementar nº 123/2006, sua implementação. 2008. Tese de Doutorado.

e inclusão, garantindo a eficácia das políticas voltadas para MEs e EPPs e o cumprimento dos critérios de sustentabilidade, em um ambiente de negócios mais justo e equitativo.

Desta feita, este artigo cumpre o objetivo de discutir as inquietações que envolvem o tratamento diferenciado nas contratações públicas em sua função mediata, os impactos, regramento jurídico e o potencial de impactar o comportamento do mercado, atendendo ao interesse público.

Conclui-se que a sustentabilidade na participação das microempresas e empresas de pequeno porte nas compras públicas emerge não apenas como uma estratégia que fortalece o desenvolvimento econômico, mas, considerando a urgência global de práticas sustentáveis, que este crescimento seja também mais inclusivo, com estímulo à inovação e à competitividade, e que contribua para o bem-estar da sociedade.

E para a efetiva concretização das oportunidades de participação e sucesso das MEs e EPPs nas licitações públicas, manifesta-se o importante papel que os agentes de controle e de avaliação das políticas públicas exercem para identificar e corrigir os desvios, assegurando que os recursos públicos sejam utilizados de maneira eficiente e que as contratações públicas ocorram em um ambiente competitivo e justo, comprometidas com os princípios e dimensões da sustentabilidade.

Referências

AGÊNCIA SEBRAE DE NOTÍCIAS. *Motores da economia*: micro e pequenas empresas geraram 8 em cada 10 empregos em 2023. Disponível em: https://agenciasebrae.com.br/. Acesso em: 21 mar. 2024.

BARBOSA, Felipe José Ansaloni. Micro e pequenas empresas e licitações: estudo de caso da aplicação da Lei Complementar n. 123/2006 nos pregões realizados pelo Centro de Preparação de Oficiais da Reserva de Belo Horizonte. *Revista do Tribunal de Contas do Estado de Minas Gerais*, v. 36, n. 2, 2019.

BRASIL. *Constituição (1988)*. Constituição da República Federativa do Brasil. Art. 37, XXI. Brasília, DF: Senado Federal: Centro Gráfico, 1988.

BRASIL. *Lei nº 9.841, de 5 de outubro de 1999*. Estabelece normas de microempresa e de empresa de pequeno porte, dispõe sobre o tratamento jurídico diferenciado, simplificado e favorecido previsto nos artigos 170 e 179 da Constituição Federal. Diário Oficial da União: seção 1, Brasília, DF, 6 out. 1999. Disponível em: http://www.planalto.gov.br/ccivil_03/leis/L9841.htm. Acesso em: 24 de mar. 2024.

BRASIL. *Lei Complementar nº 123, de 14 de dezembro de 2006*. Institui o Estatuto Nacional da Microempresa e da Empresa de Pequeno Porte e dá outras providências. Diário Oficial da União: seção 1, Brasília, DF, 15 dez. 2006. Disponível em: http://www.planalto.gov.br/ccivil_03/leis/LCP/Lcp123.htm. Acesso em: 24 de mar. 2024.

BRASIL. *Lei nº 14.133, de 1º de abril de 2021*. Estabelece normas gerais sobre licitação e contratação pública. Diário Oficial da União: seção 1, Brasília, DF, ano CLVIII, n. 62, p. 1-42, 1 abr. 2021. Disponível em: https://www.planalto.gov.br/ccivil_03/_ato2019-2022/2021/lei/l14133.htm. Acesso em: 21 mar. 2024.

BRASIL. *Ministério da Economia*. Economia assina acordo em contratações públicas com agência americana de comércio e desenvolvimento. Janeiro de 2022. Disponível em: https://www.gov.br/economia/pt-br/assuntos/noticias/2022/janeiro/economia-assina-acordo-em-contratacoes-publicas-com-agencia-americana-de-comercio-e-desenvolvimento. Acesso em: 21 mar. 2024.

BRASIL. *Ministério da Economia*. Portal de Compras do Governo Federal. Disponível em: https://www.gov.br/compras/pt-br. Acesso em: 21 mar. 2024.

BUCCI, Maria Paula Dallari. *Fundamentos para uma teoria jurídica das políticas públicas*. São Paulo: Saraiva, 2013.

CABRAL, Sandro; REIS, Paulo Ricardo da Costa; SAMPAIO, Adilson da Hora. Determinantes da participação e sucesso das micro e pequenas empresas em compras públicas: uma análise empírica. *Revista de Administração*, São Paulo, v. 50, p. 477-491, 2015.

CHAVES, Fernanda Rodrigues Drumond; BERTASSI, André Luís; SILVA, Gustavo Melo. Compras Públicas e Desenvolvimento Local: micro e pequenas empresas locais nas licitações de uma universidade pública mineira. *Revista de Empreendedorismo e Gestão de Pequenas Empresas*, v. 8, n. 1, p. 77-101, 2019.

CONTROLADORIA-GERAL DA UNIÃO (CGU). *Relatório de Avaliação nº 906016*: Exercício 2021. Brasília. Disponível em: https://eaud.cgu.gov.br/relatorios/download/1191439. Acesso em: 25 mar. 2024.

CONTROLADORIA-GERAL DA UNIÃO (CGU). *Relatório de Avaliação nº 1111265*: Exercícios 2020 e 2021. Brasília. Disponível em: https://eaud.cgu.gov.br/relatorios/download. Acesso em: 25 mar. 2024.

CUNDA, Daniela Zago Gonçalves da; VILLAC, Teresa. Contratações públicas sustentáveis e a atuação da advocacia pública e dos tribunais de contas: um "apelo à última geração". In: *Políticas Públicas e os ODS da Agenda 2030*. Belo Horizonte, Fórum: 2021.

DA COSTA, Bruno Barzellay Ferreira; DA MOTTA, Ana Lúcia Torres Seroa. O papel da administração pública no fomento ao consumo e produção sustentáveis. *Revista Tecnologia e Sociedade*, v. 16, n. 40, p. 1-19, 2020.

DE ARAÚJO, Ignácio Tavares. Análise comparada sobre medidas de favorecimento de micro e pequenas empresas (MPEs) em compras públicas com avaliação de eficácia e identificação de melhores práticas. *Texto para Discussão*, 2018.

DOLABELA, Fernando. *Pedagogia empreendedora*: o ensino de empreendedorismo na educação básica voltado para o desenvolvimento social sustentável. 2. ed. São Paulo: Cultura, 2017.

FREITAS, Juarez. *Sustentabilidade*: direito ao futuro. 4. ed. Belo Horizonte: Fórum, 2019.

FREITAS, Juarez. *O Controle dos Atos Administrativos e os Princípios Fundamentais*. São Paulo: Malheiros, 2009.

GODINHO, Heloísa Helena A. M. Controle Externo das Licitações e a Lei nº 14.133/2021. In: *Temas Controversos da Nova Lei de Licitações e Contratos*. São Paulo: Juspodivm, 2021.

IGLESIAS, Miguel Ángel González. Ley 9/2017, de 8 de noviembre, de Contratos del Sector Público, por la que se transponen al ordenamiento jurídico español las Directivas del Parlamento Europeo y del Consejo 2014/23/UE y 2014/24/UE, de 26 de febrero de 2014 [BOE n. 272, de 9-XI-2017]. AIS: *Ars Iuris Salmanticensis*, v. 6, n. 1, p. 176-180, 2018.

JUSTEN FILHO, Marçal. *Comentários à lei de licitações e contratos administrativos*. São Paulo: Dialética, 2010.

MENDES, Rosana Maria; MISKULIN, Rosana Giaretta Guerra. A análise de conteúdo como uma metodologia. *Cadernos de Pesquisa*, v. 47, n. 165, p. 1044-1066, 2017.

MOREIRA, Egon Bockmann; GUIMARÃES, Fernando Vernalha. *Licitação pública*: a lei geral de licitações – LGL e o regime diferenciado de contratação – RDC. 2. ed. São Paulo: Malheiros, 2015.

NAÇÕES UNIDAS NO BRASIL. *Objetivo de Desenvolvimento Sustentável 12*: Consumo e produção responsáveis. Disponível em: https://brasil.un.org/pt-br/sdgs/12. Acesso em: 21 mar. 2024.

NAÇÕES UNIDAS NO BRASIL (ONU BR). *A Agenda 2030*. 2015. Disponível em: https://brasil.un.org/sites/default/files/2020-09/agenda2030-pt-br.pdf Acesso em: 8 jun. 2024.

NORA, Gabriela Almeida Marcon. Contratações públicas sustentáveis e inovação: contribuições teóricas. *Brazilian Journal of Business*, v. 2, n. 2, p. 1198-1214, 2020.

PAES, Caroline Ornelas *et al.* Práticas, benefícios e obstáculos nas compras públicas sustentáveis: uma revisão sistemática de literatura. *Revista de Gestão Social e Ambiental*, v. 13, n. 2, p. 21-39, 2019.

PICCHIAI, Djair; CUNHA, Francisco Sérgio. Participação das micro e pequenas empresas do Vale do Ribeira nos processos de compras públicas. *Administração de Empresas em Revista*, v. 4, n. 22, p. 214-245, 2020.

RAUEN, André Tortato (org.). *Compras públicas para inovação no Brasil*: novas possibilidades legais. 2022.

Serviço Brasileiro de Apoio às Micro e Pequenas Empresas (SEBRAE). *Impactos da Nova Lei de Licitações para a Administração Pública e para os pequenos negócios*. Disponível em: https://sebrae.com.br/Sebrae/Portal%20Sebrae/UFs/AL/Anexos/Ebook%20Novalei%20(2)%20(1).pdf. Acesso em: 25 mar. 2024.

Serviço Brasileiro de Apoio às Micro e Pequenas Empresas (SEBRAE). *Total de empresas em maio de 2020*. Disponível em: https://datasebrae.com.br/totaldeempresas-11-05-2020/. Acesso em: 24 mar. 2024.

SILVA, Erivam Paulo da. O uso do poder de compra do estado como instrumento de política pública: a lei complementar nº 123/2006, sua implementação. 2008. Tese de Doutorado.

TOURINHO, Rita. Ações Afirmativas nas Licitações Públicas: o alcance da Sustentabilidade Social. *Revista do Ministério Público do Rio de Janeiro*, MPRJ, n. 51, jan./mar. 2014. Disponível em https://www.mprj.mp.br/documents/20184/2554325/Rita_Tourinho.pdf . Acesso em: 23 jul. 2024.

TRIBUNAL DE CONTAS DA UNIÃO. *Compras Públicas Sustentáveis: O que são?* Disponível em: https://sites.tcu.gov.br/compras-publicas-sustentaveis/o-que-sao-compras-publicas-sustentaveis.html. Acesso em: 21 mar. 2024.

TRIBUNAL DE CONTAS DA UNIÃO. *Acórdão nº 1819/2018* – Plenário. Relator: Min. Walton Alencar Rodrigues. Disponível em: https://pesquisa.apps.tcu.gov.br/ Acesso em: 24 jul. 2024.

TRIBUNAL DE CONTAS DA UNIÃO. *Acórdão nº 892/2020* - Plenário. Relator: Min. Weder de Oliveira. Julgamento do Processo TC-036.346/2019-5. Sessão 08/04/2020, Ata 11/2020 - Plenário. Disponível em: https://pesquisa.apps.tcu.gov.br/redireciona/acordao-completo/ACORDAO-COMPLETO-2404827. Acesso em: 25 mar. 2024.

TRIBUNAL DE CONTAS DA UNIÃO. *Acórdão nº 460/2023* - Plenário. Relator: Min.Weder de Oliveira. Julgamento do Processo TC-036.346/2019-5. Sessão 15/03/2023, Ata 10/2023 - Plenário. Disponível em: https://pesquisa.apps.tcu.gov.br/redireciona/acordao-completo/ACORDAO-COMPLETO-2567202. Acesso em: 25 mar. 2024.

TRIBUNAL DE CONTAS DO DISTRITO FEDERAL. *Acórdão nº 3845/2020*. Relator: Cons. Antonio Renato A. Rainha. Julgamento do Processo 11825/2019-e. Sessão Ordinária nº 5225, de 09/09/2020. Disponível em: https://www2.tc.df.gov.br/4-consultas/consultas/. Acesso em: 26 mar. 2024.

TRIBUNAL DE CONTAS DO ESTADO DO ESPÍRITO SANTO. *Processo nº 1928/2017 (Acórdão 1294/2017 - Primeira Câmara) e Processos nº 03071/2023-1 e 03075/2023-1 (Acórdão 0576/2024-5 - Plenário).* Disponível em: https://www.tcees.tc.br/jurisprudencia/ Acesso em: 23 jul. 2024.

TRIBUNAL DE CONTAS DO ESTADO DE GOIÁS. *Acórdão nº 645/2023*. Relatora: Cons. Carla Cintia Santillo. Julgamento do Processo 202100047002325. Sessão 02/03/2023. Disponível em: http://www.tce.go.gov.br/ConsultaProcesso?proc=346590. Acesso em: 26 mar. 2024.

TRIBUNAL DE CONTAS DO ESTADO DE MATO GROSSO DO SUL. *Processo de Consulta nº TC/10059/2021, Parecer-C - PAC00 - 12/2022 - Tribunal Pleno; e Processo TC/12319/2018 - Acórdão - AC01 - 154/2023, Primeira Câmara*. Disponível em: https://www.tce.ms.gov.br/home. Acesso em: 23 jul. 2024.

TRIBUNAL DE CONTAS DO ESTADO DE MINAS GERAIS. *Processos nº 944602/2015, 1047824/2018, 1048068/2018, 1084435/2020 e 1126980/2023.* Disponível em: https://www.tce.mg.gov.br/Processo/. Acesso em: 23 jul. 2024.

TRIBUNAL DE CONTAS DO ESTADO DO PARANÁ. *Acórdão nº 477/21 - Tribunal Pleno*. Relator: Conselheiro Artagão de Mattos Leão. Julgamento do Processo 114494/20. Sessão 04/03/2021. Disponível em: https://www1.tce.pr.gov.br/multimidia/2021/3/pdf/00355147.pdf. Acesso em: 26 mar. 2024.

TRIBUNAL DE CONTAS DO ESTADO DO PARANÁ. *Prejulgado nº 27/2019*. Disponível em https://www1.tce.pr.gov.br/multimidia/2020/5/pdf/00344760.pdf.

TRIBUNAL DE CONTAS DO ESTADO DO PARANÁ. *Processos nº 561.726/2023 – Acórdão nº 293/2024 e 686.057/2023 – Acórdão nº 1900/24 – Tribunal Pleno.* Disponível em: https://www1.tce.pr.gov.br/conteudo/jurisprudencia/317373/area/242. Acesso em: 23 jul. 2024.

ZAGO, Marina Fontão. *Poder de compra estatal como instrumento de políticas públicas.* Brasília: Enap, 2018.

Informação bibliográfica deste livro, conforme a NBR 6023:2018 da Associação Brasileira de Normas Técnicas (ABNT):

FARIA, Gustavo Henrique de; GODINHO, Heloísa Helena Antonacio Monteiro. A sustentabilidade da participação das micro e pequenas empresas nas contratações públicas. *In*: PASQUALINI, Alexandre; CUNDA, Daniela Zago Gonçalves da; RAMOS, Rafael (coord.). *Direito, sustentabilidade e inovação*: estudos em homenagem ao professor Juarez Freitas. Belo Horizonte: Fórum, 2025. p. 279-297. ISBN 978-65-5518-957-5.

POR UM DIREITO A UM FUTURO SUSTENTÁVEL: O DIREITO FUNDAMENTAL AO CLIMA LIMPO, SAUDÁVEL E SEGURO E OS DEVERES ESTATAIS DE PROTEÇÃO CLIMÁTICA À LUZ DA CONSTITUIÇÃO FEDERAL DE 1988[1]

INGO WOLFGANG SARLET

TIAGO FENSTERSEIFER

1 Introdução

> "A sustentabilidade é valor supremo (...) que se desdobra no princípio constitucional que determina, com eficácia direta e imediata, a responsabilidade do Estado e da sociedade pela concretização solidária do desenvolvimento material e imaterial, socialmente inclusivo, durável e equânime, ambientalmente limpo, inovador, ético e eficiente, no intuito de assegurar, preferencialmente de modo preventivo e precavido, no presente e no futuro, o direito ao bem-estar."
>
> Juarez Freitas[2]

---

[1] O presente texto representa versão atualizada e revisada de artigo publicado previamente pelos coautores na *Revista de Direito Ambiental* (SARLET, Ingo W.; FENSTRSEIFER, Tiago. Direitos fundamentais e deveres de proteção climática na Constituição Brasileira de 1988. *Revista de Direito Ambiental (RDA)*, vol. 108, p. 77-108, out./dez. 2022), bem como de passagens dos capítulos que ambos subscrevem conjuntamente na obra *Curso de Direito Climático* (1. ed. São Paulo: Revista dos Tribunais/Thomson Reuters, 2023), editada em coautoria com Gabriel Wedy.

[2] FREITAS, Juarez. *Sustentabilidade*: direito ao futuro. 4.ed. Belo Horizonte: Fórum, 2019, p. 133-134.

> *"O ar com certo padrão de pureza é, pois, indispensável à vida humana. Há um limite de tolerância à contaminação atmosférica, além do qual as concentrações de poluentes podem afetar a saúde, a segurança e o bem-estar da população e causar dano à flora e à fauna, ao meio ambiente em geral."*
>
> José Afonso da Silva[3]

> *"A questão climática é a questão de nosso tempo. É a pergunta interrogante que nos lança o destino e as respostas que nós pudermos formular decidirão qual futuro terá a humanidade — ou se haverá algum futuro. Não há outra pauta, não há outro problema, não há outra questão. A emergência climática é a antessala de todas as outras."*
>
> Ministro Luiz Edson Fachin, ADPF 708/DF — Caso Fundo Clima[4]

> *"(...) atualmente, as mudanças climáticas representam um fenômeno incontestável: suas consequências estão por toda parte e a ninguém poupam. Atingem diretamente e arruínam milhões de pessoas, sobretudo as mais pobres; ameaçam centenas de milhões de outras tantas; incitam o espírito de investigação de pesquisadores; desafiam a antevisão de políticos e legisladores; e, cada vez mais, se fazem presentes no cotidiano dos Tribunais. Ou seja, já não pairam incerteza sobre a realidade, causas antrópicas e efeitos avassaladores das mudanças climáticas na comunidade da vida planetária e no cotidiano da humanidade. Embora ainda exista muito a descobrir e estudar, nem mesmo quem acredita em Papai Noel consegue negar os dados acumulados nas últimas décadas. Diante de tamanho consenso científico, os juízes precisam ficar vigilantes para não serem usados como caixa de ressonância de ideias irracionais — negacionistas dos fatos e do saber –, posições que, frequentemente, não passam de biombo para ocultar poderosos e insustentáveis interesses econômicos esposados por adversários dos valores capitais do Estado de Direito Ambiental."*
>
> Ministro Antonio Herman Benjamin[5]

> *"(...) é forçoso concluir pela existência de um estado de coisas ainda inconstitucional na proteção e preservação da Floresta Amazônica, em trânsito para a constitucionalidade, acoplando-se a essa declaração medidas remediais que permitam superar esse cenário e efetivar os direitos e os deveres fundamentais ambientais, ecológicos e climáticos."*
>
> Ministro Luiz Fux[6]

---

[3] SILVA, José Afonso da. *Direito constitucional ambiental*. 4.ed. São Paulo: Malheiros, 2002, p. 109.
[4] Passagem do voto-vogal do Ministro Luiz Edson Fachin no julgamento da ADPF nº 708/DF pelo STF: Tribunal Pleno, Rel. Min. Barroso, j. 01.07.2022
[5] STJ, AgInt no Ag em REsp 2.188.380/SE, 2ª T., Rel. Min. Herman Benjamin, j. 06.03.2023.
[6] Passagem do voto do Min. Luiz Fux na ADPF 760/DF (Caso PPCDAM): STF, ADPF 760/DF, Tribunal Pleno, Rel. Min. Cármen Lúcia, Red. Acórd. Min. André Mendonça, j. 14.03.2024.

A atual crise climática decorrente do aquecimento global e das mudanças climáticas representa um grande desafio, não só, mas aqui em especial, para a teoria e a práxis do Direito Constitucional e dos direitos fundamentais, inclusive a ponto de se falar de um novo (sub)ramo disciplinar, o assim designado Direito Constitucional Climático. A gravidade da questão climática e de suas consequências, como notório, é de tal magnitude que alguns países têm decretado um "estado de emergência climática", como, por exemplo, se deu na União Europeia, por meio do Parlamento Europeu, em 2019.[7] O reconhecimento (no Brasil também há pleito nesse sentido, inclusive em demandas submetidas ao Supremo Tribunal Federal — STF) de um estado de emergência climática tem encontrado amplo respaldo por parte da comunidade científica, conforme dão conta, por exemplo, os relatórios do Painel Intergovernamental sobre Mudança do Clima da ONU (IPCC), designadamente, o 6º Relatório (AR6) divulgado entre 2021 (Grupo 1) e 2022 (Grupos 2 e 3), constatando, entre outros pontos dignos de nota, a maior intensidade e frequência dos eventos climáticos extremos já em curso.

Esse cenário real de danos já causados e de graves riscos à vida humana e ao meio ambiente biótico e abiótico, assim como à dignidade humana e aos direitos humanos e fundamentais, tem suscitado importante discussão doutrinária[8] em torno do reconhecimento de um direito fundamental ao clima limpo, saudável e seguro, como derivado do regime constitucional de proteção ecológica e, em particular, do direito fundamental ao meio ambiente ecologicamente equilibrado, tal como preconizado no art. 225 da CF/1988.[9]

O pleito em questão, aliás, também tem ganhado cada vez maior expressão em nível internacional, posto que também nesse contexto já se materializam apelos pelo reconhecimento de um direito humano a um clima limpo, saudável e seguro, conforme se verá com um pouco mais de detalhamento logo adiante. Nessa perspectiva, o atual Estado de Direito Ecológico (*Ecological Rule of Law*[10]) — também um Estado Democrático e Social, tomando-se aqui como paradigma a ordem constitucional brasileira[11] — passa a incorporar necessariamente ainda uma *dimensão climática* de proteção e promoção, inclusive em vista da salvaguarda dos direitos fundamentais numa perspectiva transgeracional e intertemporal, contemplando os interesses e direitos das futuras gerações tal como expressamente consagrado no *caput* do art. 225 da CF/1988.

---

[7] A Lei de Bases do Clima (Lei nº 98/2021) da República Portuguesa reconheceu expressamente a "situação de emergência climática" (art. 2º).

[8] Na doutrina brasileira, v., entre outros, SARLET, Ingo W.; FENSTERSEIFER, Tiago. *Direito constitucional ecológico*. 7. ed. São Paulo: Revista dos Tribunais/Thomson Reuters, 2021.

[9] Tramitam no Congresso Nacional duas propostas de emenda constitucional *(PEC nº 233/2019 e PEC nº 37/2021)* que têm por escopo integrar a agenda climática expressamente no texto da CF/1988. No caso da PEC nº 37/2021, a sua redação atual prevê a seguinte incorporação de conteúdo ao texto constitucional: "Art. 5º Todos são iguais perante a lei, sem distinção de qualquer natureza, garantindo-se aos brasileiros e aos estrangeiros residentes no País a inviolabilidade do direito à vida, à liberdade, à igualdade, à segurança, à propriedade, ao meio ambiente ecologicamente equilibrado e à segurança climática, nos termos seguintes (...)"; "Art. 170 (...) X — Manutenção da segurança climática, com garantia de ações de mitigação e adaptação às mudanças climáticas."; e "Art. 225 (...) §1º(...) VIII — adotar ações de mitigação às mudanças climáticas, e adaptação aos seus efeitos adversos".

[10] Na doutrina, v. VOIGT, Christina (ed.). *Rule of law for nature*: new dimensions and ideas in environmental law. Cambridge: Cambridge University Press, 2013.

[11] Aqui se considera o programa normativo constitucional e as recentes tendências na seara doutrinária e jurisprudencial, posto que a deficitária eficácia social da proteção ambiental, inclusive no concernente ao clima, não pode ser simplesmente negligenciada. A título de exemplo, v. STJ, AgIntAgREsp 1.926.267/ES, 2ª Turma, Rel. Min. Herman Benjamin, j. 08.08.2022.

Nesse contexto ainda preliminar, calha salientar que, no concernente à dimensão objetiva dos direitos fundamentais, para além dos deveres estatais de proteção ecológica já expressamente consagrados no art. 225 da CF/1988, o entendimento esboçado tem também conduzido ao reconhecimento de deveres estatais de proteção climática, como, aliás, resultou expressamente consagrado em recente decisão do STF no julgamento da Arguição de Descumprimento de Preceito Fundamental — ADPF nº 708/DF (Caso Fundo Clima), inclusive — outra novidade a ser destacada — no sentido de se ter reforçado a vinculação e o compromisso do Estado brasileiro para com os tratados internacionais ambientais e climáticos — como, por exemplo, a Convenção-Quadro sobre Mudanças Climáticas (1992) e o Acordo de Paris (2015). No voto do Ministro Luís Roberto Barroso, relator da ação, os tratados internacionais em matéria ambiental foram reconhecidos expressamente como "espécie" do "gênero" tratados internacionais de direitos humanos e, portanto, tiveram seu *status* normativo supralegal chancelado pela Corte.[12]

Outro aspecto a ser adiantado é que, a despeito do enfoque prevalentemente constitucional — voltado ao Direito Constitucional positivo brasileiro —, a temática versada se insere num contexto necessariamente marcado por um intenso diálogo entre ordens jurídicas (com crescente relevância daquilo que se tem chamado de um diálogo jurisprudencial e entre Tribunais), ademais da perspectiva multinível, que caracteriza a interação entre o Direito Internacional (em nível universal e regional) e o Direito interno dos Estados. Quiçá, como sugerido por Vasco Pereira da Silva no campo do Direito Constitucional, é possível falar de um Direito Climático "sem fronteiras".[13]

Cuida-se, portanto, de uma abordagem constitucional de múltiplos níveis, o que, no tocante ao problema da proteção e da promoção de um meio ambiente equilibrado e saudável e, em particular, de condições climáticas íntegras, saudáveis e seguras, assume especial relevância, dado o fato de que tal problema apresenta dimensão global e, independentemente do nível de participação individual de cada Estado (menor ou maior) em termos de emissões de gases de efeito estufa, cada um deve contribuir para a superação da crise climática planetária.

Ressalta-se, nesse sentido, que o Estado concebido pela CF/1988, tal como facilmente se percebe mediante simples leitura do art. 4º, que dispõe sobre os princípios que regem as relações internacionais brasileiras, é — ou pelo menos foi assim concebido pelo Constituinte — um Estado constitucional aberto e cooperativo,[14] o que assume particular relevo quando se trata dos compromissos internacionais assumidos pelo Estado brasileiro no que diz respeito à salvaguarda de um sistema climático limpo, saudável e seguro, para o que, por exemplo, o combate ao desmatamento e a proteção da Floresta Amazônica são *conditio sine qua non*.

À vista do exposto, o propósito do presente artigo daqui para frente é, com ênfase na ordem constitucional brasileira — mas sempre com o olhar voltado para além das fronteiras nacionais —, (1) apresentar em que medida o clima (ou sistema climático) é alçado à condição de bem jurídico de estatura constitucional, para, na sequência (2) explorar o tema de sua jusfundamentalidade, inclusive no que diz respeito ao

---

[12] STF, ADPF nº 708, Tribunal Pleno, Rel. Min. Barroso, j. 01.07.2022.
[13] SILVA, Vasco Pereira da. *Direito constitucional e administrativo sem fronteiras*. Coimbra: Almedina, 2019, p. 31-32.
[14] Sobre o Estado cooperativo v., em especial, HÄBERLE, Peter. *Estado constitucional cooperativo*. Rio de Janeiro: Renovar, 2008.

reconhecimento de um direito fundamental ao clima limpo, saudável e seguro, com destaque para a assim chamada dimensão objetiva dos direitos fundamentais e os deveres estatais de proteção climática (ex. mitigação, adaptação e reparação de danos), seguindo-se (3) algumas notas sobre o papel da jurisdição constitucional brasileira na sua efetivação à luz da análise de alguns casos concretos (ex. ADPF nº 708), incluindo o papel e o *status* normativo supralegal dos tratados internacionais em matéria climática e correlato o poder-dever do controle de convencionalidade atribuído aos juízes e Tribunais brasileiros. Por derradeiro (4), seguem algumas conclusões.

Antes de avançar, contudo, é preciso parar para agradecer e homenagear um dos ícones do pensamento jurídico brasileiro contemporâneo, designadamente, o Professor Juarez Freitas, cuja obra abarca domínios que vão desde a Teoria do Direito e a Hermenêutica Jurídica, passando pelo Direito Administrativo, pelos domínios complexos das relações entre Direito e Tecnologia (destaque aqui para as Neurociências e a Inteligência Artificial) até o Direito Constitucional e o Direito Ambiental. É, portanto, uma grande honra colaborar com obra coletiva que lhe rende justa e merecida homenagem e prestigia um grande intelectual e professor, que contribuiu (e segue agregando) para a formação de inúmeros juristas e profissionais da área do Direito ao longo das últimas décadas. A sua magistral *A Interpretação Sistemática do Direito*[15] é apenas um exemplo do seu pensamento criativo e refinado, situando-se, ademais, entre as obras mais importantes da literatura jurídica nacional.

Sem prejuízo de seus outros notáveis contributos em termos de produção intelectual, calha destacar, no campo ambiental, objeto deste humilde aporte para a presente coletânea, que seus estudos iluminaram os caminhos para a compreensão do conceito e do princípio (e dever) da sustentabilidade, mediante obra referencial e que já se tornou um clássico na matéria, mais precisamente, o livro *Sustentabilidade: direito ao futuro*,[16] que mereceu, nada mais, nada menos, que a disputada e celebrada Medalha Pontes de Miranda da Academia Brasileira de Letras Jurídicas.

Nessa senda, a opção de ofertar texto sobre o Direito Climático na perspectiva constitucional nos pareceu uma forma adequada de fazer coro com os demais colegas que integram a obra e demonstrar a estima e admiração que nutrimos pelo ilustre homenageado.

Iniciemos, portanto, com a nossa jornada, seguindo o roteiro definido.

2 O clima como bem jurídico de *status* constitucional

> "O clima é um bem comum, um bem de todos e para todos. A nível global, é um sistema complexo, que tem a ver com muitas condições essenciais para a vida humana. Há um consenso científico muito consistente, indicando que estamos perante um preocupante aquecimento do sistema climático".
>
> Papa Francisco, Encíclica Laudato Si de 2015

---

[15] FREITAS, Juarez. *Interpretação sistemática do direito*. 5. ed. São Paulo: Malheiros, 2010.
[16] FREITAS, Juarez. *Sustentabilidade*: direito ao futuro. 4. ed. Belo Horizonte: Fórum, 2019.

Antes de adentrar a esfera da discussão em torno da existência de um direito fundamental a um clima limpo, saudável e seguro, há que sublinhar o fato de que, a exemplo do que se tem gradualmente e com cada vez maior intensidade sustentado no Brasil, o clima — ou sistema climático — deve ser reconhecido como um bem jurídico de *status* constitucional, dotado de especial proteção jurídica pela CF/1988. O bem jurídico clima refere-se, em primeira linha, à "atmosfera global ou planetária",[17] muito embora — independentemente da ausência de fronteiras territoriais — tenha também uma dimensão regional, nacional e local, não apenas consideradas as peculiaridades de natureza fática, mas também no que diz respeito ao Direito, porquanto segue existindo e sendo absolutamente relevante a regulação jurídica em todas essas esferas.

A Corte Internacional de Justiça, na *Opinião Consultiva sobre a Legalidade da Ameaça ou Uso de Armas Nucleares (1996)*, reconheceu, em documento histórico, que a proteção do meio ambiente integra o *corpus* do Direito Internacional, por meio da obrigação geral dos Estados de garantir que as atividades dentro de sua jurisdição e controle respeitem o meio ambiente de outros Estados ou de áreas fora do controle nacional. Igualmente, a Corte reconheceu que "o meio ambiente não é uma abstração, mas representa o espaço de vida, a qualidade de vida e a própria saúde dos seres humanos, incluindo as gerações por nascer".[18] Assim como o meio ambiente não se trata de uma "abstração", também o clima ou sistema climático é algo concreto e está diretamente relacionado à salvaguarda dos interesses e direitos mais básicos do ser humano (gerações presentes e futuras), como a vida, a saúde, a integridade física e psíquica, entre outros.

A atribuição da condição de bem jurídico constitucional (mas também convencional e infraconstitucional) encontra forte amparo já no próprio regime de proteção ecológica estabelecido pelo art. 225 da CF/1988, em particular, no tocante ao dever de proteção e salvaguarda dos "processos ecológicos essenciais", tal como expressamente consignado no inciso I, visto que o sistema climático é indiscutivelmente um "processo ecológico essencial" e mesmo nuclear da proteção e promoção de um meio ambiente ecologicamente saudável e equilibrado.

Soma-se a isso a inclusão, por meio da Emenda Constitucional nº 123/2022, de um novo inciso VIII no §1º do art. 225 da CF/1988, que justamente contempla textualmente os deveres estatais de proteção climática do Estado brasileiro, no sentido de promover a descarbonização da economia e a neutralização climática, relativamente às emissões de gases do efeito estufa decorrentes da queima de combustíveis fósseis, ao "manter regime fiscal favorecido para os biocombustíveis destinados ao consumo final, na forma de lei complementar, a fim de assegurar-lhes tributação inferior à incidente sobre os combustíveis fósseis, capaz de garantir diferencial competitivo em relação a estes (...)".

Além disso, é possível cerrar fileiras com o entendimento de que — em certo sentido — o sistema climático assume a condição de um bem jurídico constitucional autônomo, da mesma forma como se deu com o meio ambiente ecologicamente equilibrado (art. 225 da CF/1988).

---

[17] Trata-se, portanto, de algo distinto do assim chamado "espaço sideral" (*outer space*), que, aliás, também é objeto de tratados internacionais e regulamentação jurídica específica. A título de exemplo, v. Tratado do Espaço Sideral (*Outer Space Treaty*) de 1967, Convenção sobre Responsabilidade Espacial de 1972 e Tratado da Lua (*Moon Treaty*) de 1979.

[18] CORTE INTERNACIONAL DE JUSTIÇA. *Opinião Consultiva sobre a Legalidade da Ameaça ou Uso de Armas Nucleares (1996)*, p. 241-242, par. 29. Disponível em: https://www.icj-cij.org/public/files/case-related/95/095-19960708-ADV-01-00-EN.pdf.

Importa sublinhar, todavia, que, quando aqui se fala em autonomia, se está a tratar de uma necessária (embora parcial) especialização, a despeito da onipresença e transversalidade da questão climática. Note-se que o mesmo — pelo menos no Brasil — ocorreu com a proteção ambiental em termos gerais, posto que, se no passado, até a década de 1970, a proteção jurídica da natureza e dos recursos naturais se dava em função de outros bens jurídicos (saúde, propriedade, interesses econômicos etc.), a Lei da Política Nacional do Meio Ambiente (Lei nº 6.938/81) rompeu com esse entendimento, consagrando o meio ambiente como bem jurídico autônomo no plano infraconstitucional, entendimento que acabou também sendo adotado em 1988 pela CF/1988.

Igual situação ocorre com o sistema climático hoje, nas três dimensões: convencional, constitucional e infraconstitucional. Ao diferenciar, em termos conceituais e jurídicos, "clima" de "meio ambiente", com o seu reconhecimento como bem jurídico dotado de autonomia (relativa) e especialização jurídica própria, tem-se como consequência a afirmação de um *status* jurídico qualificado e uma maior visibilidade da questão climática e de sua proteção na esfera do Direito.

O bem jurídico climático equipara-se, em certos aspectos, à categoria dos bens comuns globais, como, por exemplo, os mares e oceanos (em particular, o alto-mar), a Antártida, aquíferos (por exemplo, no contexto sul-americano, o Aquífero Guarani) entre outros.[19] A Floresta Amazônica, como a maior floresta tropical do mundo e dada a sua abrangência transfronteiriça, abarcando o território de nove países da América do Sul,[20] mas, sobretudo, pela sua importância fundamental para a integridade do sistema ecológico e climático em escala planetária, poderia também ser considerada um bem comum global, não obstante a discussão em torno da soberania dos países envolvidos, como é o caso do Brasil, que detém aproximadamente 60% do seu território.

A integridade do sistema climático identifica-se, nesse sentido, como "interesse comum da humanidade", expressão, aliás, referida expressamente no Acordo de Paris (2015), ao prever, no seu Preâmbulo, que, "reconhecendo que as alterações climáticas são uma preocupação comum da humanidade (*common concern of humankind*), as Partes devem, ao tomar medidas para fazer face às alterações climáticas, respeitar, promover e considerar as suas respectivas obrigações em matéria de direitos humanos (...)".

No Direito estrangeiro, destaca-se a previsão da Lei de Bases do Clima (Lei nº 98/2021) da República Portuguesa, ao prever no artigo 3º, "b", como objetivo da política climática, "garantir justiça climática, assegurando a proteção das comunidades mais vulneráveis à crise climática, o respeito pelos direitos humanos, a igualdade e os direitos coletivos sobre os *bens comuns*".[21]

---

[19] A referência à expressão "sistema climático global" consta de decisão recente do Superior Tribunal de Justiça: STJ, MS 28.123/DF, 1ª Seção, Rel. Min. Gurgel de Faria, j. 23.03.2022.

[20] BRASIL, Peru, Bolívia, Equador, Colômbia, Venezuela, Guiana Francesa, Guiana Inglesa e Suriname.

[21] O Código Civil e Comercial da Argentina (2015) também estabeleceu importante avanço na compreensão do regime jurídico dos bem comuns, ao prever, no seu art. 14, "b", os denominados "direitos de incidência coletiva", bem como o instituto do "abuso de direito ecológico": "la ley no ampara el ejercicio abusivo de los derechos individuales cuando pueda afectar al ambiente y a los derechos de incidencia colectiva en general" A mesma discussão pode ser aproveitada para a compreensão do bem jurídico climático, inclusive mediante a caracterização do "abuso de direito climático". Na doutrina, v. SOZZO, Gonzalo. *Derecho privado ambiental*: el giro ecológico del derecho privado. Buenos Aires: Rubinzal-Culzoni Editores, 2019, p. 532-533.

Na legislação infraconstitucional brasileira, a Lei nº 6.938/81 reforça tal compreensão, ao abarcar expressamente a "atmosfera" no conceito de recursos ambientais consagrado no inciso V do art. 3º.[22] O conceito de "meio ambiente" estabelecido no inciso I do mesmo dispositivo legal também se afina com tal entendimento, sobretudo por ditar uma compreensão funcional, holística ou sistêmica para o bem jurídico ecológico, ou seja, como "o conjunto de condições, leis, influências e interações de ordem física, química e biológica, que permite, abriga e rege a vida em todas as suas formas".

O sistema climático, nesse sentido, é um dos melhores exemplos para ilustrar o conjunto de relações interdependentes e complexas que se estabelecem na natureza em escala planetária. O conceito de meio ambiente — e compreensão idêntica vale para o clima — não se configura como algo estático, mas sim dinâmico. Para além dos elementos da natureza compreendidos isoladamente, é justamente nas relações e processos ecológicos que está o que há de mais importante a ser protegido juridicamente, salvaguardando a integridade e funcionalidade[23] dos — e os serviços ecológicos prestados pelos — bens jurídicos ecológicos (ex. sistema climático planetário).

O recorte de um bem jurídico climático dotado de autonomia é verificado igualmente na consagração expressa da proteção da integridade do sistema climático, tanto no Código Florestal (Lei nº 12.651/2012), art. 1º-A, parágrafo único, quanto na Lei da Política Nacional sobre Mudança do Clima (Lei nº 12.187/2009), precisamente nos arts. 3º, I, e 4º, I. Outro referencial normativo importante está na Lei da Política Nacional de Pagamento por Serviços Ambientais (Lei nº 14.119/2021),[24] notadamente na caracterização de "serviços climáticos". Ao designar os serviços ecossistêmicos de regulação (art. 2º, II, "c"), o diploma estabelece como aqueles "que concorrem para a manutenção da estabilidade dos processos ecossistêmicos, tais como o sequestro de carbono, a purificação do ar, a moderação de eventos climáticos extremos, a manutenção do equilíbrio do ciclo hidrológico, a minimização de enchentes e secas e o controle dos processos críticos de erosão e de deslizamento de encostas".

Assim, à vista do exposto e em especial na perspectiva da ordem jurídica brasileira, a salvaguarda do sistema climático está diretamente associada aos serviços ecológicos e climáticos prestados por ele. A poluição atmosférica, o aquecimento global e as mudanças climáticas, por outro lado, representam a antítese dos serviços climáticos, representando graves riscos existenciais à vida, à dignidade e aos direitos fundamentais, inclusive na sua dimensão protetiva intertemporal (em face das gerações jovens, crianças e adolescentes, e das gerações futuras).

---

[22] "Art. 3º (...) V - recursos ambientais: a atmosfera, as águas interiores, superficiais e subterrâneas, os estuários, o mar territorial, o solo, o subsolo, os elementos da biosfera, a fauna e a flora."

[23] A Lei nº 14.119/2021, ao conceituar "ecossistema", enfatiza justamente a concepção de "unidade funcional", caracterizada por meio da interação dos elementos bióticos e abióticos: "Art. 2º (...) I - ecossistema: complexo dinâmico de comunidades vegetais, animais e de microrganismos e o seu meio inorgânico que interagem como uma unidade funcional".

[24] Antes da Lei nº 14.119/2021, também o Código Florestal de 2012 (Lei nº 12.651/2012) consagrou expressamente os "serviços ecológicos climáticos" no seu art. 41.

3 O reconhecimento do direito fundamental ao clima limpo, saudável e seguro e o seu regime jurídico-constitucional

> *"Reconhecendo que as mudanças climáticas são uma preocupação comum da humanidade, as Partes devem, ao tomar medidas para enfrentar as mudanças climáticas, respeitar, promover e considerar suas respectivas obrigações em relação aos direitos humanos, o direito à saúde, os direitos dos povos indígenas, comunidades locais, migrantes, crianças, pessoas com deficiência e pessoas em situações de vulnerabilidade e o direito ao desenvolvimento, assim como a igualdade de gênero, o empoderamento das mulheres e a equidade intergeracional."*
>
> Preâmbulo do Acordo de Paris de 2015

A passagem transcrita do Preâmbulo do Acordo de Paris (2015) é ilustrativa para reconhecer a relação entre mudanças climáticas e direitos fundamentais (e direitos humanos, pela ótica internacional), notadamente pela interdependência e indivisibilidade que caracteriza, cada vez mais, o regime jurídico dos direitos fundamentais.[25] A crise climática representa um dos maiores desafios em termos civilizatórios, tanto em escala global quanto nacional (regional e local), para a proteção e promoção dos direitos fundamentais. Não por outra razão, os sistemas internacionais (global e regionais) de proteção dos direitos humanos têm se encarregado cada vez mais de abordar a atual crise climática e a violação a direitos humanos dela decorrente, como, por exemplo, na questão dos refugiados e deslocados climáticos, fenômeno, aliás, que se verifica tanto no contexto internacional quanto nacional como consequência de episódios climáticos extremos cada vez mais frequentes e intensos (ex. secas, inundações, deslizamentos de terras, incêndios florestais etc.). A vida e a dignidade humanas — e todo o espectro de direitos fundamentais (arts. 5º, 6º e 225 da CF/1988) — dependem da salubridade, segurança e integridade do sistema climático para a sua salvaguarda adequada em termos constitucionais.

Para além de uma dimensão ecológica, já consagrada em termos doutrinários[26] e jurisprudenciais,[27] o princípio da dignidade humana também passa a contemplar uma dimensão climática, como medida inescapável para o seu resguardo diante

---

[25] Sustentando um regime jurídico unificado (ainda que não completamente homogêneo) dos direitos fundamentais v., em especial, ALEXY, Robert. *Teoria dos direitos fundamentais*. São Paulo: Malheiros, 2008, p. 443, inclusive com a caracterização do direito ao meio ambiente completo como um "direito fundamental completo ou como um todo" (*Grunrecht als Ganzes*), SARLET, Ingo W., *A eficácia dos direitos fundamentais*: uma teoria geral dos direitos fundamentais na perspectiva constitucional. 12. ed. Porto Alegre: Livraria do Advogado, 2015, e, com particular destaque, NOVAIS, Jorge Reis. *Direitos fundamentais*: trunfos contra a maioria. Coimbra: Coimbra Editora, 2006.

[26] SARLET; FENSTERSEIFER, *Direito constitucional ecológico...*, p. 118-125.

[27] A Ministra Cármen Lúcia, no seu voto-relator lançado na ADPF nº 760 (Caso PPCDAm), em 06.04.2022, durante o julgamento (ainda não concluído) da denominada "pauta verde" pelo STF — que inclui também as ADO nº 54, ADPFs nºs 735 e 651 e ADIs nºs 6.148 e 6.808 — reconheceu expressamente o "princípio da dignidade ambiental", ao consignar que: "como é função do Estado brasileiro guardar e resguardar a Floresta Amazônica, os direitos dos povos indígenas e de todos os brasileiros e gentes do tempo presente e do futuro, titulares do direito à dignidade ambiental que é inerente à existência digna". Disponível em: https://portal.stf.jus.br/noticias/verNoticiaDetalhe.asp?idConteudo=484966&tip=UN.

da crise ecológica contemporânea vivenciada no Antropoceno. Igualmente, a crise climática impõe ao regime jurídico constitucional o reconhecimento de uma dimensão intertemporal de proteção da vida e dignidade humana, uma vez que o maior risco existencial colocado pelas mudanças climáticas se encontra no futuro, muito embora também já produza seus efeitos nefastos no presente. É sobretudo a vida, a dignidade e os direitos fundamentais das gerações mais jovens — por exemplo, crianças e adolescentes, tão bem simbolizados pelos estudantes do Movimento *Fridays for Future*, como a estudante sueca Greta Thunberg — e das gerações futuras que se encontram (mais) ameaçados pelas mudanças climáticas, por exemplo, se ultrapassarmos o aumento de 1,5ºC na temperatura global (a contar do período pré-industrial), conforme apontam os relatórios do IPCC.

Mais recentemente, para ilustrar a importância desse debate sobre a justiça climática entre diferentes gerações humanas em âmbito constitucional, merece registro o Caso Neubauer e Outros v. Alemanha julgado pelo Tribunal Constitucional Federal da Alemanha (BVerfG) no primeiro semestre do ano de 2021. As reclamações constitucionais que provocaram a decisão da Corte foram ajuizadas por um grupo de nove pessoas, na sua maioria jovens — entre os quais a ativista alemã Luisa Neubauer do movimento estudantil *Frydays for Future* —, os quais foram apoiados por diversas entidades ambientalistas. Entre os autores, há inclusive alguns residentes em outros países, como Nepal e Bangladesh, este último um dos países mais vulneráveis ao aumento do nível do mar derivado das mudanças climáticas. Entre diversos argumentos suscitados na petição dos autores, destacam-se as supostas violações ao direito fundamental a um futuro em conformidade com a dignidade humana (*menschenwürdige Zukunft*) e ao direito fundamental ao mínimo existencial ecológico (*ökologisches Existenzminimum*).

Na ocasião, o Tribunal reconheceu a violação dos deveres estatais de proteção ambiental e climática no âmbito da Lei Federal sobre Proteção Climática (*Klimaschutzgesetz — KSG*) de 2019, a qual, segundo a Corte, teria distribuído de modo desproporcional — entre as gerações presentes e as gerações mais jovens e futuras — o ônus derivado das restrições a direitos fundamentais — em especial do direito à liberdade — decorrentes da regulamentação das emissões de gases do efeito estufa, ao prever metas de redução tão somente até o ano de 2030. Ao fazer isso, o legislador alemão teria se omitido em relação ao período subsequente, ou seja, relativamente às metas de redução até 2050, ano em que o diploma climático objetiva atingir a neutralidade climática. Na fundamentação da decisão, o Tribunal reconheceu que o direito fundamental à liberdade possui uma dimensão inter ou transgeracional, a qual deve ser protegida pelo Estado e se expressa por meio de garantias intertemporais de liberdade (*intertemporale Freiheitssicherung*).

Ao reconhecer a inconstitucionalidade de dispositivos da legislação climática alemã, o Tribunal consignou que o legislador violou seu dever, decorrente do princípio da proporcionalidade, de assegurar que a redução das emissões de CO_2 ao ponto da neutralidade climática — que é constitucionalmente necessária nos termos do art. 20a da Lei Fundamental alemã — "seja distribuída ao longo do tempo de uma forma prospectiva que respeite os direitos fundamentais (...)". Ainda de acordo com o Tribunal, "(...) respeitar a liberdade futura exige que a transição para a neutralidade climática seja iniciada em tempo hábil. Em todas as áreas da vida — produção, serviços, infraestrutura, administração, cultura, consumo, basicamente todas as atividades que atualmente ainda são relevantes para o CO_2 — os desenvolvimentos precisam ser iniciados para garantir que, no futuro, ainda se possa fazer uso significativo da liberdade protegida pelos direitos fundamentais".

Tanto o art. 20a da Lei Fundamental de Bonn (1949) quanto o art. 225 da CF/1988 consagraram expressamente a proteção e salvaguarda dos interesses e direitos das futuras gerações, reforçando, assim, o regime jurídico de proteção ecológica e a caracterização de deveres estatais climáticos. É o direito ao futuro[28] — e, em particular, o exercício dos direitos fundamentais no futuro — que está em jogo, como resultou consignado na decisão referida do Tribunal Constitucional Federal alemão. Pode-se até mesmo suscitar certa sub-representação político-democrática dos interesses e direitos das gerações mais jovens no Estado Constitucional contemporâneo, dado que não elegem diretamente os líderes políticos encarregados de tomar as decisões voltadas à proteção climática no presente. Igual situação de sub-representação política de interesses também se aplica às futuras gerações que ainda estão por nascer, mormente protegidas expressamente pelo *caput* do art. 225 da CF/1988.

A Assembleia Geral da ONU, por meio da recente Resolução A/76/L.75 (2022), ao reconhecer de modo histórico o direito humano ao meio ambiente limpo, saudável e sustentável (*"the human right to a clean, healthy and sustainable environment"*), consignou justamente a ameaça que a crise ecológica — e climática, em particular — representa para o gozo futuro dos direitos humanos pelas gerações vindouras, ao assinalar que: "reconhecendo ainda que a degradação ambiental, as mudanças climáticas, a perda da biodiversidade, a desertificação e o desenvolvimento insustentável constituem algumas das mais urgentes e sérias ameaças à possibilidade de as gerações presentes e futuras usufruírem efetivamente de todos os direitos humanos".

De tal sorte, o reconhecimento de um direito fundamental ao clima limpo, saudável e seguro caracteriza-se como corolário lógico dos últimos desenvolvimentos — doutrinários, legislativos e jurisprudenciais — verificados na matéria, tanto no campo do Direito Constitucional — e da Teoria dos Direitos Fundamentais[29] — quanto do Direito Internacional dos Direitos Humanos. Ainda que o direito ao ar limpo possa ser presumido como conteúdo abrangido pelo direito ao meio ambiente limpo, a gravidade da crise climática em particular — e, por óbvio, todo o desenvolvimento e especialização verificado nas últimas décadas no campo do Direito Climático ou Direito das Mudanças Climáticas — reforça a necessidade de assegurar maior autonomia e visibilidade jurídica ao direito (humano e fundamental) a viver em um clima limpo, saudável e seguro.

A caracterização de um "direito humano ao ar limpo" e as obrigações estatais climáticas correlatas foram expressamente abordadas no "Informe sobre a Questão das Obrigações de Direitos Humanos Relacionadas com o Gozo de um Meio Ambiente Seguro, Limpo, Saudável e Sustentável" (A/HRC/40/55), elaborado pelo Relator Especial sobre Direitos Humanos e Meio Ambiente do Alto Comissariado de Direitos Humanos da ONU, David R. Boyd, divulgado no início de 2019.[30] Segundo aponta o documento,

---

[28] V., aqui por todos, FREITAS, Juarez. *Sustentabilidade*: o direito ao futuro. Belo Horizonte: Fórum, 2011.

[29] O entendimento em questão é por nós sustentado nas últimas edições das obras que seguem: SARLET; FENSTERSEIFER, *Direito constitucional ecológico...*, p. 74-77; e SARLET, Ingo W.; FENSTERSEIFER, Tiago. *Curso de direito ambiental*. 3. ed. Rio de Janeiro: GEN/Forense, 2022, p. 318-320.

[30] Os demais informes e documentos elaborados pela Relatoria Especial sobre Direitos Humanos e Meio Ambiente do Alto Comissariado de Direitos Humanos da ONU encontram-se disponíveis em: https://www.ohchr.org/en/Issues/environment/SRenvironment/Pages/SRenvironmentIndex.asp.

"a má qualidade do ar tem implicações para uma ampla gama de direitos humanos, incluindo os direitos à vida, à saúde, à água, à alimentação, à moradia e a um padrão de vida adequado. A poluição do ar também viola claramente o direito a um meio ambiente saudável e sustentável. Embora a Assembleia Geral tenha adotado numerosas resoluções sobre o direito à água limpa, ela nunca adotou uma resolução sobre o direito ao ar limpo. Claramente, se há um direito humano à água limpa, deve haver um direito humano ao ar limpo. Ambos são essenciais para a vida, saúde, dignidade e bem-estar".[31]

A Resolução A/HRC/48/L.23/Rev.1 do Conselho de Direitos Humanos da ONU, adotada pouco antes da COP 26 de Glasgow em 2021, em entendimento idêntico ao adotado para Assembleia Geral da ONU antes referido, reconheceu o direito ao meio ambiente seguro, limpo, saudável e sustentável como um direito humano autônomo. O texto da Resolução estabeleceu a seguinte previsão: "1. Reconhece o direito a um meio ambiente seguro, limpo, saudável e sustentável como um direito humano importante para o disfrute dos direitos humanos (...)". Na mesma ocasião, por meio da Resolução A/HRC/48/L.27, o Conselho de Direitos Humanos estabeleceu a criação de uma Relatoria Especial sobre Direitos Humanos e Mudanças Climáticas, reforçando, igualmente, a natureza de direito humano inerente ao direito a desfrutar de um clima limpo, saudável e seguro.

No Sistema Regional Interamericano de Proteção dos Direitos Humanos,[32] a Opinião Consultiva 23/2017 sobre "Meio Ambiente e Direitos Humanos" da Corte Interamericana de Direitos Humanos (Corte IDH) igualmente assinalou a vinculação entre a proteção dos direitos humanos e as mudanças climáticas: *"Esta Corte ha reconocido la existencia de una relación innegable entre la protección del medio ambiente y la realización de otros derechos humanos, en tanto la degradación ambiental y los efectos adversos del cambio climático afectan el goce efectivo de los pueblos indígenas con la protección del medio ambiente"*. (par. 47) *"(...) Por su parte, la Comisión Interamericana ha resaltado que varios derechos de rango fundamental requieren, como una precondición necesaria para su ejercicio, una calidad medioambiental mínima, y se ven afectados en forma profunda por la degradación de los recursos naturales. En el mismo sentido, la Asamblea General de la OEA ha reconocido la estrecha relación entre la protección al medio ambiente y los derechos humanos (supra párr. 22) y destacado que el cambio climático produce efectos adversos en el disfrute de los derechos humanos (par. 49)"*.

No Direito estrangeiro, destaca-se a consagração expressa do "direito ao equilíbrio climático" na Lei de Bases do Clima (Lei nº 98/2021) da República Portuguesa. Ainda que não consagrado expressamente no plano constitucional, a adoção pelo legislador infraconstitucional português da fórmula de "direito" e "dever" para o regime jurídico de proteção climática significa importante avanço na disciplina do Direito Climático. A previsão do art. 5º estabelece o contorno normativo e âmbito de proteção do direito ao equilíbrio climático, o qual se caracteriza por meio de uma dimensão material, ou

---

[31] RELATOR ESPECIAL SOBRE DIREITOS HUMANOS E MEIO AMBIENTE DO ALTO COMISSARIADO DE DIREITOS HUMANOS DA ONU. *Informe sobre a Questão das Obrigações de Direitos Humanos Relacionadas com o Gozo de um Meio Ambiente Seguro, Limpo, Saudável e Sustentável (A/HRC/40/55)*, 2019, par. 44, p. 9. Disponível em: https://documents-dds-ny.un.org/doc/UNDOC/GEN/G19/002/57/PDF/G1900257.pdf? OpenElement.

[32] A Assembleia Geral da Organização dos Estados Americanos (OEA) adotou, na sua quarta sessão plenária, realizada em 3 de junho de 2008, a Resolução "Direitos Humanos e Mudança Climática nas Américas" (AG/RES. 2429 XXXVIIIO/08).

seja, como direito de defesa contra os impactos negativos das alterações climáticas provenientes de ações ou omissões de entidades públicas e privadas, bem como no poder de exigir de tais entidades o cumprimento de deveres e obrigações a que se encontram vinculadas em matéria climática, inclusive sob a forma de direito à prestação. Igualmente, o diploma climático português consagrou uma dimensão procedimental inerente ao direito ao equilíbrio climático, por meio do reconhecimento, no seu art. 6º (com a complementação dos arts. 8º e 9º), dos direitos climáticos de participação: acesso à informação, participação pública na tomada de decisão e acesso à justiça em matéria climática. Por fim, a legislação climática portuguesa reconhece, no seu art. 7º, os deveres (dos particulares) em matéria climática e a concepção de cidadania climática, de modo a reforçar um regime (jurídico e político) de feição democrático-participativa para a salvaguarda da integridade do sistema climático.

O desenvolvimento progressivo de um regime jurídico, tanto no campo constitucional quanto internacional, em torno da proteção climática é indiscutível. Os exemplos citados dão conta disso. Mas, a nosso ver, o aspecto mais inovador verificado recentemente diz respeito ao entrelaçamento entre a proteção climática e a proteção dos direitos humanos (e dos direitos fundamentais, pela ótica constitucional). Igualmente como se verifica no contexto internacional — Global ONU e Regional Interamericano –, o regime constitucional de proteção ecológica no Brasil tem avançado significativamente no reconhecimento de uma dimensão climática, com franco desenvolvimento doutrinário, legislativo e jurisprudencial acerca, por exemplo, da caracterização de um direito fundamental ao clima limpo, saudável e seguro e dos correlatos deveres estatais de proteção climática.

3.1 As perspectivas subjetiva e objetiva do direito fundamental ao clima limpo, saudável e seguro

Os direitos fundamentais, conforme a lição clássica de Konrad Hesse, apresentam um caráter duplo, ou seja, atuam simultaneamente como "direitos subjetivos" e como "elementos fundamentais da ordem objetiva da coletividade".[33] As dimensões individual e coletivo-comunitária estabelecem uma tensão dialética permanente no âmbito político-jurídico, especialmente quando está em jogo o exercício de direitos fundamentais. A tutela da pessoa e a afirmação dos seus direitos fundamentais projetam-se no quadro armado pelo contexto social, de modo a interagirem com a esfera pública e comunitária. A mesma tensão aparece no horizonte normativo traçado entre as perspectivas (ou dimensões) subjetiva e objetiva dos direitos fundamentais, tendo em conta que tais direitos tomam simultaneamente a forma de um direito subjetivo particularizável conferido ao indivíduo e de um valor de toda a comunidade.

Acerca dessa "dupla função", Pérez-Luño assinala que "*los derechos fundamentales, lo mismo las libertades que los derechos sociales, poseen junto a su dimensión institucional, en la que aparecen como un conjunto de valores objetivos de la comunidad constitucionalmente sancionados, una significación subjetiva, en cuanto son las garantías básicas de las situaciones*

---

[33] HESSE, Konrad. *Elementos de direito constitucional da República Federal da Alemanha*. Tradução da 20. ed. alemã. Porto Alegre: Fabris, 1998, p. 228-244.

jurídicas individuales y del pleno desarrollo de la persona".[34] Canotilho, por sua vez, caracteriza a perspectiva subjetiva "quando se refere ao significado ou relevância da norma consagradora de um direito fundamental para o indivíduo, para os seus interesses, para a sua situação de vida, para a sua liberdade".[35] Com relação à perspectiva objetiva da norma definidora de direito fundamental, o constitucionalista português leciona que tal sentido se dá "quando se tem em vista o seu significado para toda a coletividade, para o interesse público, para a vida comunitária".[36]

O direito fundamental ao meio ambiente, conforme dispõe de forma expressa o *caput* do art. 225 da CF/1988, além de representar um valor de toda a comunidade estatal (perspectiva objetiva), também tem a sua dimensão subjetiva consagrada, já que "todos têm direito ao meio ambiente ecologicamente equilibrado, bem de uso comum do povo e essencial à sadia qualidade de vida". Nesse sentido, é importante destacar a influência marcante da Constituição portuguesa (1976) na fórmula constitucional dispensada à proteção ecológica pela CF/1988.[37] Observando tal orientação constitucional, a Carta de 1988 conferiu tratamento de "direito subjetivo" à proteção ecológica, para além, é claro, do seu reconhecimento como tarefa ou objetivo estatal, como se terá oportunidade de ver na sequência.

Igual entendimento pode ser empregado no caso do regime jurídico-constitucional de proteção climática, de modo a reconhecer tanto a caracterização de um direito subjetivo de titularidade — individual e coletiva ou difusa — de todos a disfrutar de um clima limpo, saudável e seguro, quanto de deveres estatais de proteção climática, de modo a vincular todos os atores estatais à sua consecução. A título de exemplo, a faceta subjetiva do direito fundamental ao clima revela-se, na prática, por meio do fenômeno recente (em especial, no Brasil) da litigância climática,[38] inclusive com o crescente acionamento do Poder Judiciário diante da omissão ou atuação insuficiente dos entes públicos.

A perspectiva subjetiva do direito fundamental ao clima, assim como se verifica no caso do direito fundamental ao meio ambiente, assegura ao seu titular (indivíduo e sociedade) a possibilidade de reivindicar judicialmente a sua proteção na hipótese de violação ao seu âmbito de proteção, tanto da hipótese de ações quanto de omissões perpetradas por agentes públicos e privados. No caso brasileiro, há amplo leque de instrumentos processuais aptos a promover a tutela climática em tais situações, como, por exemplo, a ação civil pública (Lei nº 7.347/85), a ação popular (Lei nº 4.717/65 e art. 5º, LXXIII, da CF/1988[39]), as ações constitucionais, o *amicus curiae*, entre outros, inclusive

---

[34] PÉREZ-LUÑO, Antonio Enrique. *Los derechos fundamentales*. 8. ed. Madrid: Tecnos: 2005. p. 210
[35] CANOTILHO, José Joaquim Gomes. *Direito constitucional e teoria da Constituição*. 5. ed. Coimbra: Almedina, 2002, p. 1242.
[36] *Idem, ibidem*.
[37] Não se desconhece aqui a controvérsia em torno da possibilidade do reconhecimento de um direito subjetivo à proteção do meio ambiente, discussão que também se verifica em Portugal. Nesse sentido, questionando o regime de direito subjetivo, v., em especial, GOMES, Carla Amado. *Risco e modificação do acto autorizativo concretizador de deveres de protecção do ambiente*. Coimbra: Coimbra Editora, 2007, p. 146 e ss.
[38] Na doutrina, v. FABBRI, Amália Botter; SETZER, Joana; CUNHA, Kamyla. *Litigância climática*: novas fronteiras para o direito ambiental no Brasil. São Paulo: RT, 2019; e WEDY, Gabriel. *Litígios climáticos*: de acordo com o direito brasileiro, norte-americano e alemão. São Paulo: Juspodivm, 2019.
[39] "Art. 5º (...) LXXIII - qualquer cidadão é parte legítima para propor ação popular que vise a anular ato lesivo ao patrimônio público ou de entidade de que o Estado participe, à moralidade administrativa, ao meio ambiente e ao patrimônio histórico e cultural, ficando o autor, salvo comprovada má-fé, isento de custas judiciais e do ônus

possibilitando ao cidadão e às organizações não governamentais de proteção climática o ajuizamento direto de ações climáticas (como no caso da ação civil pública e da ação popular).

No espectro da perspectiva objetiva, por outro lado, destacam-se, para além dos deveres de proteção climática, conforme será abordado no tópico subsequente, também as perspectivas organizacional e procedimental do direito fundamental ao clima. De acordo com Ferreira Mendes, a doutrina tem utilizado o conceito de direito à organização e ao procedimento (*Recht auf Organization und auf Verfahren*) para designar todos aqueles direitos fundamentais que dependem, para a sua realização, tanto de providências estatais, visando à criação e conformação de órgãos, setores ou repartições (direito à organização), como de outras, normalmente de índole normativa, destinadas a ordenar a fruição de determinados direitos ou garantias, como é o caso das garantias processual-constitucionais (direitos de acesso à justiça, direitos de proteção judiciária, direitos de defesa).[40] O direito à organização e o direito ao procedimento delineiam técnicas a serem levadas a cabo pelo Estado para a efetivação dos direitos fundamentais. Tais perspectivas apresentam uma função instrumental para a realização dos direitos fundamentais, mas não de menor importância, uma vez que é por meio de tais mecanismos organizacionais e procedimentais que os direitos fundamentais transcendem do texto para a vida.

É importante ressaltar o fortalecimento do regime jurídico dos denominados "direitos ambientais de participação" (acesso à informação, participação pública na tomada de decisão e acesso à justiça), como se pode observar, na esteira do Princípio 10 da Declaração do Rio (1992), por meio do Acordo Regional de Escazú para América Latina e Caribe sobre Acesso à Informação, Participação Pública na Tomada de Decisão e Acesso à Justiça em Matéria Ambiental (2018). Os direitos climáticos de participação — como inscritos no art. 7, item 5, e no art. 12 do Acordo de Paris (2015) — reforçam a defesa e promoção do direito fundamental ao clima, na medida em que estabelecem um regime jurídico mais robusto e de maior autonomia ao titular (indivíduo e sociedade), em termos organizacionais e procedimentais, para a sua salvaguarda e reivindicação — extrajudicial e judicial — de proteção perante o Sistema de Justiça na hipótese de violação, tanto por ação ou omissão do Estado quanto de particulares.

O Ministério Público e a Defensoria Pública, como instituições públicas autônomas que integram o Sistema de Justiça e possuem atribuição para a tutela ecológica e climática (no caso da Defensoria Pública, notadamente nos casos em que os efeitos negativos das mudanças climáticas impactarem indivíduos e grupos vulneráveis), igualmente devem atuar no sentido da defesa e da promoção do direito fundamental ao clima limpo, saudável e seguro. Isso, por exemplo, tem refletido diretamente no fenômeno da litigância climática em todas as esferas judiciais no Brasil.

No Brasil, a litigância climática tomou assento definitivo no STF no ano de 2020, com o ajuizamento de (pelo menos) três ações que pautaram a proteção do regime climático de forma direta, sendo que duas delas foram objeto de audiências públicas de grande repercussão realizadas pela Corte. Além das ADPF nº 708 (Caso Fundo Clima)

---

da sucumbência."
[40] MENDES, Gilmar Ferreira. *Direitos fundamentais e controle de constitucionalidade*. 3. ed. São Paulo: Saraiva, 2004, p. 8.

e ADO nº 59 (Caso Fundo Amazônia), que tiveram audiências realizadas, respectivamente, nos meses de setembro e outubro de 2020, destaca-se também a última e mais abrangente das ações ajuizadas (ADPF 760 — Caso do Plano de Ação para Prevenção e Controle do Desmatamento na Amazônia Legal — PPCDAm), em que diversos partidos políticos, conjuntamente com a atuação a título de *amicus curiae* de entidades ambientalistas, apontam "graves e irreparáveis" lesões a preceitos fundamentais, decorrentes de atos comissivos e omissivos da União e dos órgãos públicos federais que impedem a execução de medidas voltadas à redução significativa da fiscalização e do controle do desmatamento na Amazônia, com suas consequências nefastas ao regime climático.

3.2 Deveres estatais de proteção climática e vinculação dos órgãos públicos

> *"Dever constitucional, supralegal e legal da União e dos representantes eleitos, de proteger o meio ambiente e de combater as mudanças climáticas. A questão, portanto, tem natureza jurídica vinculante, não se tratando de livre escolha política. Determinação de que se abstenham de omissões na operacionalização do Fundo Clima e na destinação dos seus recursos. Inteligência dos arts. 225 e 5º, §2º, da Constituição Federal."*
>
> Ministro Luís Roberto Barroso[41]

Os deveres de proteção ecológica do Estado estão alicerçados no compromisso político e jurídico-constitucional, assumido pelos entes estatais e pela sociedade por meio do pacto constitucional firmado em 1988. O Estado brasileiro tem, portanto, o dever tutelar de garantir nada menos do que uma vida digna, saudável e segura aos indivíduos e à sociedade como um todo, o que passa pela tarefa de promover a realização dos seus direitos fundamentais, retirando possíveis óbices colocados à sua efetivação. De acordo com tal premissa, a implantação das liberdades e garantias fundamentais (direito à vida, livre desenvolvimento da personalidade etc.) pressupõe uma ação positiva (e não apenas negativa) dos poderes públicos, no sentido de remover os "obstáculos" de ordem econômica, social e cultural — e, mais recentemente, também ecológicos e climáticos — que impeçam o pleno desenvolvimento da pessoa humana.[42] Uma vez alçada ao *status* constitucional de direito fundamental, além de tarefa e dever do Estado e da sociedade, a proteção ecológica e climática passa a ser identificada como elemento indispensável à salvaguarda do bem-estar, qualquer "óbice" que interfira na concretização e exercício do direito em questão deve ser afastado pelo Estado, seja tal conduta ou omissão obra de particulares, seja ela oriunda do próprio poder público.

Na configuração do Estado de Direito contemporâneo, a questão da segurança ambiental (e climática) toma um papel central, assumindo os entes estatais a função de resguardar os cidadãos contra novas formas de violação da sua dignidade e dos

---

[41] Passagem do voto-relator do Min. Barroso na ADPF nº 708 (Caso Fundo Clima): STF, ADPF nº 708, Tribunal Pleno, Rel. Min. Barroso, j. 01.07.2022.
[42] LUÑO, Antonio E. Perez. *Los derechos fundamentales*. 8. ed. Madrid: Editorial Tecnos, 2005, p. 214.

seus direitos fundamentais por força do impacto ambiental e climático produzido pela *sociedade de risco* (Ulrich Beck)[43] contemporânea e, mais recentemente, inclusive na sua escalada cada vez maior em nível planetário como uma "sociedade de risco global ou mundial" (*Weltrisikogeselschaft*),[44] dado o transbordamento das fronteiras nacionais da degradação ecológica, como bem exemplificam a poluição dos oceanos e o aquecimento global. Há, nesse sentido, evidente incapacidade do Estado (Democrático) de Direito, na sua configuração atual, de enfrentar os riscos ambientais e climáticos gerados, de modo especial pelo fato de que a esfera pública tem sido incapaz de se articular adequadamente contra a escalada de riscos e incertezas com que é confrontada, ao mesmo tempo em que o projeto do Estado Providência esgotou as suas energias utópicas.[45]

O Estado de Direito contemporâneo, a fim de promover a tutela da dignidade humana em face dos novos riscos ambientais e da insegurança gerados pela *sociedade tecnológica* contemporânea, deve ser capaz de conjugar os valores fundamentais que emergem das relações sociais e, por intermédio das suas instituições democráticas, garantir aos cidadãos a segurança necessária à manutenção e proteção da vida com qualidade ambiental, vislumbrando, inclusive, as consequências futuras resultantes da adoção de determinadas tecnologias e intervenção na natureza (ex. queima de combustíveis fósseis e emissão de gases do efeito estufa). A concepção de um modelo de Estado de Direito da Prevenção e Precaução dos Riscos (*Der Rechtstaat der Risikovorsorge*[46]) alinha-se com o reconhecimento de um direito do cidadão de exigir dos entes públicos a sua proteção contra tais riscos decorrentes do desenvolvimento e, sobretudo, da manipulação feita pelo ser humano da técnica.

A dimensão objetiva dos direitos fundamentais, como visto anteriormente, eleva a proteção ecológica ao plano de um novo valor jurídico do Estado de Direito e da comunidade político-estatal consolidado pela CF/1988 (art. 225). À luz da experiência constitucional portuguesa, que em muito se assemelha à brasileira, Pereira da Silva acentua que a dimensão objetiva do direito fundamental ao meio ambiente implica, de imediato, que os princípios e valores ambientais sejam tomados como bens jurídicos fundamentais, projetando-se na atuação quotidiana de aplicação e de concretização do direito, para além de imporem objetivos e finalidades que não podem ser afastados pelos poderes públicos, como tarefa ou objetivo estatal.[47]

De modo a atender aos seus deveres de proteção e de acordo com as lições de Alexy, para além da sua função de proteção perante terceiros, incumbe ao Estado, por exemplo, tutelar os direitos fundamentais por meio de normas de Direito Penal, normas de responsabilidade civil, normas de processo civil, além de atos administrativos e ações fáticas.[48] Incumbe-se ao Estado, portanto, a cogente adoção de políticas públicas

---

[43] Sobre a sociedade de risco, v. a teorização paradigmática de BECK, Ulrich. *La sociedad del riesgo*: hacia una nueva modernidad. Barcelona: Paidós, 2001.
[44] BECK, Ulrich. *Weltrisikogeselschaft*. Frankfurt am Main: Suhrkamp, 2008.
[45] GOLDBLAT, David. *Teoria social e ambiente*. Lisboa: Instituto Piaget, 1996, p. 237.
[46] MARQUES, Antonio Silveira. *Der Rechtstaat der Risikovorsorge*. (Schriften zum Öffentlichen Recht, Vol. 1381). Berlin: Duncker & Humblot, 2018, especialmente p. 114-120.
[47] SILVA, Vasco Pereira da. *Verde cor de direito*: lições de direito do ambiente. Coimbra: Almedina, 2002, p. 6364.
[48] ALEXY, *Teoria dos direitos fundamentais...*, p. 450. No tocante à legislação ambiental brasileira, vale registrar que ela é apontada por vários especialistas nacionais e estrangeiros como uma das mais avançadas do mundo, em que pese a sua efetividade deixar - e muito - a desejar, observando-se, nesse cenário, um déficit estrutural, organizacional e procedimental no que diz respeito aos órgãos incumbidos da proteção ambiental e aos meios

para a tutela e promoção de direitos fundamentais. Como expressão dos deveres de proteção do Estado, além da elaboração de legislação versando sobre a tutela ambiental, pode-se citar a adoção de medidas de controle e fiscalização de ações poluidoras (ou seja, o exercício do poder de polícia ambiental),[49] a criação de unidades de conservação, a criação e estruturação de órgãos públicos especializados destinados à tutela ecológica e até mesmo campanhas públicas de educação e conscientização ambiental, além de outras medidas com o propósito de assegurar a efetividade do direito fundamental em questão.

O Estado, por imposição constitucional decorrente dos seus deveres de proteção ecológica e climática, assume a função de uma governança ecológica, colocandose na posição de gestor ou administrador (*Stewardship*[50]) dos recursos naturais e, mais do que isso, do equilíbrio e integridade da natureza na sua totalidade. Ao lado do direito ao meio ambiente, como afirma Canotilho, situase um "direito à proteção do meio ambiente", o qual toma forma por meio dos deveres atribuídos aos entes estatais de: a) combater os perigos (concretos) incidentes sobre o ambiente, a fim de garantir e proteger outros direitos fundamentais imbricados com o ambiente (direito à vida, à integridade física, à saúde etc.); b) proteger os cidadãos (particulares) de agressões ao ambiente e qualidade de vida perpetradas por outros cidadãos (particulares).[51]

Ferreira Mendes pontua o dever de proteção do Estado de evitar riscos (*Risikopflicht*), autorizando os entes estatais a atuarem em defesa do cidadão mediante a adoção de medidas de proteção ou de prevenção, especialmente em relação ao desenvolvimento técnico ou tecnológico,[52] o que, vale ressaltar, é de fundamental importância na tutela ambiental e climática, já que algumas das maiores ameaças ecológicas provêm do uso de determinadas técnicas com elevado poder destrutivo ou de contaminação do meio ambiente em escala tanto local, regional e nacional quanto global (como no caso da energia nuclear, do aquecimento global e da contaminação química).

Por força dos princípios da prevenção e da precaução, o Estado deve atuar para se antecipar à ocorrência do dano ambiental propriamente, tanto diante do perigo, em face de causas em relação às quais já há domínio e conhecimento científico atestando o seu prejuízo ecológico, quanto em face do risco de ocorrência em temas ainda controversos em termos científicos. Cançado Trindade aponta para a obrigação estatal de evitar perigos e riscos ambientais sérios à vida, inclusive com a adoção de "sistemas

---

disponíveis para bem exercerem suas atribuições.

[49] A respeito do tema, a Lei nº 9.605/1998 (Lei dos Crimes e Infrações Administrativas Ambientais), no seu art. 70, §1º, estabelece que "são autoridades competentes para lavrar auto de infração ambiental e instaurar processo administrativo os funcionários de órgãos ambientais integrantes do Sistema Nacional de Meio Ambiente — SISNAMA, designados para as atividades de fiscalização (...)", bem como, no § 3º do mesmo dispositivo, que "A autoridade ambiental que tiver conhecimento de infração ambiental é obrigada a promover a sua apuração imediata, mediante processo administrativo próprio, sob pena de corresponsabilidade".

[50] A expressão *Stewardship*, como sinônimo de gestão, governança ou administração, tem sido utilizada no âmbito científico – mais precisamente, por autores no âmbito das ciências naturais – para ilustrar a necessidade de uma governança em escala planetária para conter as mudanças (por exemplo, no regime climático e na perda da biodiversidade) resultantes da intervenção humana no Sistema do Planeta Terra. STEFFEN, Will *et al.* The Anthropocene: from Global Change to Planetary Stewardship. *In: Ambio (Royal Swedish Academy of Sciences)*, vol. 40, n. 7, p. 739-761, nov. 2011.

[51] CANOTILHO, José Joaquim Gomes. O direito ao ambiente como direito subjetivo. *In*: CANOTILHO, José Joaquim Gomes. *Estudos sobre direitos fundamentais*. Coimbra: Coimbra Editora, 2004, p. 188.

[52] MENDES, Gilmar Ferreira. *Direitos fundamentais e controle de constitucionalidade*. 3. ed. São Paulo: Saraiva, 2004, p. 12.

de monitoramento e alerta imediato" para detectar tais situações de forma antecipada e "sistemas de ação urgente" para lidar com tais ameaças.⁵³ Esse entendimento é adequado, por exemplo, à tutela ecológica atrelada ao combate à crise climática, pois tais "sistemas estatais de prevenção do dano ambiental" permitiriam uma atuação mais efetiva em casos de eventos climáticos extremos (enchentes, desabamentos de terra etc.), de modo a prever os desastres naturais, e, mesmo em caráter preventivo (ou, pelo menos, buscando minimizar os impactos), tutelar de forma mais efetiva os direitos fundamentais das pessoas expostas a tais situações, com especial proteção de grupos sociais vulneráveis.⁵⁴

O dever constitucional do Estado-Legislador de adotar medidas legislativas e do EstadoAdministrador de executar tais medidas de forma adequada e suficiente à efetivação da tutela ecológica e do direito fundamental em questão tem por escopo resguardar também os interesses das futuras gerações, ou seja, a atuação estatal deve levar em conta as consequências e efeitos de longo prazo das decisões tomadas. E, quando tal não ocorrer, por omissão ou atuação insuficiente, o EstadoJuiz poderá ser acionado para coibir ou corrigir eventuais violações aos parâmetros constitucionalmente exigidos em termos de proteção e promoção da qualidade e da segurança ambiental e climática.

Outro aspecto importante atrelado aos deveres de proteção ambiental do Estado diz respeito à limitação da discricionariedade dos atores estatais deles decorrente. A consagração constitucional da proteção ambiental como objetivo ou tarefa estatal, de acordo com o entendimento de Garcia, traduz a imposição de deveres de proteção ao Estado que lhe retiram a sua "capacidade de decidir sobre a oportunidade do agir", obrigandoo também a uma adequação permanente das medidas às situações que carecem de proteção, bem como a uma especial responsabilidade de coerência na autorregulação social.⁵⁵

No caso do Poder Executivo, há uma clara limitação ao seu poderdever⁵⁶ de discricionariedade, de modo a restringir a sua margem de liberdade na escolha das medidas protetivas do ambiente, sempre no intuito de garantir a maior eficácia possível e efetividade ao direito fundamental em questão. Na mesma linha, Benjamin identifica a redução da discricionariedade da Administração Pública como benefício da "constitucionalização" da tutela ambiental, pois as normas constitucionais impõem e, portanto, vinculam a atuação administrativa no sentido de um permanente dever de levar em conta o meio ambiente e, direta e positivamente, protegê-lo, bem como exigir o seu respeito pelos demais membros da comunidade estatal.⁵⁷

---

⁵³ TRINDADE, Antônio Augusto Cançado. *Direitos humanos e meio ambiente*: paralelo dos sistemas de proteção internacional. Porto Alegre: Fabris, 1993, p. 75.

⁵⁴ No ordenamento jurídico brasileiro, destaca-se a Lei da Política Nacional de Proteção e Defesa Civil (Lei nº 12.608, de 10 de abril de 2012). O tema da defesa civil tem ganhado cada vez mais relevância sob a ótica da proteção ambiental, especialmente em razão das mudanças climáticas e, em especial, dos episódios climáticos extremos delas decorrentes e da configuração dos chamados "necessitados" e "refugiados ou deslocados" ambientais e climáticos.

⁵⁵ GARCIA, Maria da Glória F. P. D. *O lugar do direito na proteção do ambiente*. Coimbra: Almedina, 2007, p. 481.

⁵⁶ A concepção de *dever discricionário* como "eixo metodológico" do Direito Público é desenvolvida por Bandeira de Mello: "é o dever que comanda toda a lógica do Direito Público. Assim, o dever assinalado pela lei, a finalidade nela estampada, propõese, para qualquer agente público, como um imã, como uma força atrativa inexorável do ponto de vista jurídico". BANDEIRA DE MELLO, Celso Antônio. *Discricionariedade e controle jurisdicional*. 2. ed. São Paulo: Malheiros, 2007, p. 15.

⁵⁷ BENJAMIN, Antonio Herman. Constitucionalização do ambiente e ecologização da Constituição brasileira.

Na análise do tratamento constitucional conferido aos deveres de proteção ambiental do Estado pela CF/1988, cumpre registrar que os inúmeros incisos do §1º do art. 225 trazem, de forma expressa, uma série de medidas protetivas a serem patrocinadas pelos entes públicos, consubstanciando projeções normativas de um dever geral de proteção ambiental do Estado.[58]

O Estado, nesse contexto, está "obrigado" (poder-dever) a normatizar condutas e atividades lesivas ao meio ambiente com a tipificação de crimes ou de infrações administrativas ambientais (e climáticas), bem como por meio da regulamentação da responsabilidade civil do poluidor — entre os quais, o poluidor atmosférico, emissor de gases do efeito estufa, desmatador florestal, madeireiro ilegal etc. — pelos danos causados ao meio ambiente e ao sistema climático.[59] Como exemplo de medida tomada pelo Estado brasileiro no sentido de concretizar o seu dever de proteção ambiental, destacase a edição da Lei dos Crimes e Infrações Administrativas Ambientais (Lei nº 9.605/98), a qual tratou de prever sanções penais e administrativas derivadas de condutas e atividades lesivas ao meio ambiente, inclusive com a caracterização da responsabilidade penal da pessoa jurídica (art. 3º), de modo a regulamentar dispositivo constitucional (art. 225, §3º). Tal medida legislativa, acompanhada de todo o conjunto de leis ambientais brasileiras, que não cabe aqui relacionar, dão cumprimento e transpõem para o plano infraconstitucional os deveres de proteção ecológica e climática atribuídos ao Estado pela CF/1988, devendo, portanto, guardar correspondência com o regime protetivo ditado pela norma constitucional.

A Lei nº 9.605/98 contemplou tipos penais climáticos. A título de exemplo, o tipo penal do crime de poluição, previsto no art. 54 do diploma, contempla expressamente a conduta de "causar poluição atmosférica" (§2º, II), e de, no mesmo contexto, "deixar de adotar, quando assim o exigir a autoridade competente, medidas de precaução em caso de risco de dano ambiental grave ou irreversível" (§3º). Outro tipo penal relevante para a proteção climática diz respeito à previsão do art. 50-A, na Seção dos Crimes contra a Flora, consistente em "desmatar, explorar economicamente ou degradar floresta, plantada ou nativa, em terras de domínio público ou devolutas, sem autorização do órgão competente", o qual terá a sua pena aumentada se do fato resulta "a modificação do regime climático" (art. 53, I).

No caso das infrações administrativas climáticas, de modo complementar à Lei nº 9.605/98, destaca-se o Decreto nº 6.514/2008, ao dispor sobre as infrações e sanções administrativas ao meio ambiente e estabelecer o processo administrativo federal para sua apuração. Ao reproduzir os tipos penais climáticos referidos anteriormente, como no caso do crime de poluição atmosférica, o Decreto nº 6.514/2008, tipifica como

---

In: CANOTILHO, José Joaquim Gomes; MORATO LEITE, José Rubens (org.). *Direito constitucional ambiental brasileiro*. São Paulo: Saraiva, 2007, p. 75.

[58] Édis Milaré também destaca a ideia em torno de um "dever estatal geral de defesa e preservação do meio ambiente", o qual seria fragmentado nos deveres específicos elencados no art. 225, §1º, da CF/1988. MILARÉ, Edis. *Direito do ambiente*. 4. ed. São Paulo: Revista dos Tribunais, 2005, p. 189 e ss.

[59] Sobre a caracterização da responsabilidade civil – inclusive de natureza objetiva, ou seja, independentemente da caracterização de culpa – do poluidor ambiental na legislação ambiental brasileira, remetese o leitor ao art. 14, §1º, da Lei nº 6.938/1981. No âmbito da literatura brasileira, v., por todos, MORATO LEITE, José Rubens; AYALA, Patryck de Araújo. *Dano ambiental*: do individual ao coletivo extrapatrimonial (teoria e prática). 3. ed. São Paulo: Revista dos Tribunais, 2010; e STEIGLEDER, Annelise Monteiro. *Responsabilidade civil ambiental*: as dimensões do dano ambiental no direito brasileiro. 2. ed. Porto Alegre: Livraria do Advogado, 2012.

infração administrativa as mesmas condutas nos art. 61 e 62. Outro tipo administrativo importante para a proteção climática diz respeito à conduta descrita no art. 65 do diploma, consistente em "deixar, o fabricante de veículos ou motores, de cumprir os requisitos de garantia ao atendimento dos limites vigentes de emissão de poluentes atmosféricos e de ruído, durante os prazos e quilometragens previstos na legislação". Por fim, destaca-se a previsão do artigo 140 do diploma, ao prever que "são considerados serviços de preservação, melhoria e recuperação da qualidade do meio ambiente, as ações, as atividades e as obras incluídas em projetos com, no mínimo, um dos seguintes objetivos: (...) IV - mitigação ou adaptação às mudanças do clima (redação dada pelo Decreto nº 9.179/2017)".

O rol dos deveres de proteção ambiental do Estado traçado pelo §1º e demais dispositivos do art. 225, cabe frisar, é apenas exemplificativo,[60] estando aberto a outros deveres necessários a uma tutela abrangente e integral do ambiente, especialmente em razão do surgimento permanente de novos riscos e ameaças à natureza provocadas pelo avanço da técnica e intervenção humana no meio natural, como é o caso hoje, por exemplo, do aquecimento global, impondo ao Estado novos deveres de proteção climáticos (*Klimaschutzpflichten*[61]).

Como conteúdo dos deveres de proteção climática resultantes do regime constitucional de tutela ecológica estabelecido pelo art. 20a da Lei Fundamental alemã, Thomas Groß, destaca, além da vedação de proteção insuficiente (*Untermaßverbot*), como objetivo estatal (*Staatsziel*) correlato, a "vedação ou proibição de piora ou deterioração" (*Verschlechterungsverbot*) das condições climáticas, inclusive em vista de um dever de adoção de medidas, por parte dos Poderes Executivo e Judiciário, que contemplem a resolução de conflitos lastreados por uma espécie de "princípio" (o autor não chega a utilizar tal nomenclatura) *"in dubio pro natura et clima"* e, portanto, com práticas resolutivas "amigas do clima" (*klimafreundliche Lösungen*). Tal entendimento também conduz ao reconhecimento de deveres estatais específicos de proteção do sistema climático, derivados diretamente da previsão do inciso I no §1º do art. 225 da CF/1988, que dispõe sobre a proteção dos "processos ecológicos essenciais".

O Brasil, nesse contexto, é um dos cinco maiores países emissores globais de gases do efeito estufa justamente em razão do desmatamento florestal e da liberação de gases do efeito estufa derivada diretamente de tal prática, notadamente na região amazônica. Igual entendimento se pode extrair da competência legislativa concorrente em matéria ambiental, que se expressa como "dever de legislar em matéria ambiental e climática", conforme previsão do art. 24, VI, nos seguintes temas: "florestas, caça, pesca, fauna, conservação da natureza, defesa do solo e dos recursos naturais, proteção do meio ambiente e controle da poluição". Por repetir as matérias, como o controle da poluição (atmosférica) e a proteção das florestas, os mesmos argumentos lançados

---

[60] Também no sentido de conferir ao dispositivo do art. 225, §1º, natureza meramente exemplificativa, e não *numerus clausus*, v. BARROSO, Luís Roberto. Proteção do meio ambiente na Constituição brasileira. *Revista Trimestral de Direito Público*, São Paulo, n. 2, p. 68, 1993.

[61] GROß, Thomas. Welche Klimaschutzpflichten ergeben sich aus Art. 20a GG. In: ZUR, Heft 78, 2009, p. 367 (p. 364-368). Ainda sobre o tema dos deveres estatais de proteção climática, v. a Declaração de Oslo sobre os Princípios de Oslo sobre as Obrigações relativas às Mudanças Climáticas Globais de 2015 (*Oslo Principles on Global Climate Change Obligations*). Disponível em: https://law.yale.edu/system/files/area/center/schell/oslo_principles.pdf.

anteriormente também se aplicam no campo da competência legislativa (e dever de legislar) em matéria climática.

Mais recentemente, o novo inciso VIII inserido no §1º do art. 225 da CF/1988 pela Emenda Constitucional nº 123/2022 encarregou-se de contemplar os deveres de proteção climática do Estado, promovendo a descarbonização da matriz energética e economia e neutralização climática, relativamente às emissões de gases do efeito estufa decorrente da queima de combustíveis fosseis, ao "manter regime fiscal favorecido para os biocombustíveis destinados ao consumo final, na forma de lei complementar, a fim de assegurar-lhes tributação inferior à incidente sobre os combustíveis fósseis, capaz de garantir diferencial competitivo em relação a estes (...)". A medida em questão expressa os deveres estatais de mitigação, no sentido da redução da emissão de gases do efeito estufa derivada da queima de combustíveis fósseis, inclusive estimulando mudanças e inovações tecnológicas na matriz energética brasileira rumo ao uso progressivo de energia limpas e à neutralidade climática. Há, por certo, a conjunção de esforços públicos e privados na consecução dos objetivos constitucionais voltados à proteção climática.

No âmbito dos deveres estatais de proteção climática, para além das tradicionais medidas necessárias à mitigação da emissão de gases do efeito estufa e à adaptação às mudanças climáticas, igualmente deve ser reservado especial destaque, inclusive pelas instituições do Sistema de Justiça (Poder Judiciário, Ministério Público, Defensoria Pública etc.), para a reparação de danos sofridos pelas vítimas climáticas (ex. danos decorrentes de episódios climáticos extremos), notadamente em relação a indivíduos e grupos sociais vulneráveis. A salvaguarda jurídica de indivíduos e grupos sociais vulneráveis em face de riscos climáticos abrange a proteção da garantia constitucional do mínimo existencial que, para além das suas vertentes social e ambiental, igualmente passa a incorporar uma dimensão climática (*mínimo existencial climático*), de modo a proteger tais pessoas, por exemplo, em situações decorrentes de episódios climáticos extremos (ex. enchentes, chuvas torrenciais, deslizamentos de terras, secas extremas etc.) que ameacem as suas vidas, dignidade e direitos fundamentais.

A falta ou manifesta insuficiência de tais medidas de proteção por parte do Estado — nas esferas municipal, estadual, distrital e federal —, no sentido de assegurar a eficácia e efetividade do direito fundamental ao clima limpo, saudável e seguro, resulta em prática inconstitucional passível, portanto, de controle judicial, tanto sob a via abstrata ou concentrada quanto concreta ou difusa. Em outras palavras, "as autoridades estatais não somente estão obrigadas a manter o *status quo*, senão também a melhorá-lo sempre que seja possível", estando, portanto, o Poder Legislativo, o Poder Executivo e o Poder Judiciário, além dos demais entes estatais, ainda que não de forma absoluta, vinculados ao que se poderia designar como uma proibição de "recuo" ou de "dar passos para trás" (*Rückschrittsverbot*) em matéria ambiental.[62] Há, pelo prisma constitucional, verdadeira imposição normativa no sentido de que, a partir de conjunção de esforços dos diferentes atores estatais, estabeleça-se o (dever de) aprimoramento e melhoria progressiva do regime jurídico de proteção ecológica e climática, reforçado, ainda, pelo princípio da proibição de retrocesso ecológico e climático.

A insuficiência manifesta de proteção estatal – por exemplo, ausência ou insufi-

---

[62] SCHMIDT, Reiner; KAHL, Wolfgang; GÄRDITZ, Klaus Ferdinand. *Umweltrecht*. 10. ed. Munique: C. H. Beck, 2017, p. 61.

ciência da legislação em dada matéria, conforme já se pronunciou o STF[63] — caracteriza violação ao dever ou imperativo de tutela imputado ao Estado pela Constituição, e, consequentemente, a inconstitucionalidade da medida, tenha ela natureza omissiva ou comissiva. Isso, por certo, torna possível o controle judicial de tal déficit de agir do ente estatal, por força, inclusive da própria vinculação do Poder Judiciário (no sentido de um poderdever) aos deveres de proteção, de modo que se lhe impõe o dever de rechaço da legislação e dos atos administrativos inconstitucionais, ou, a depender das circunstâncias, o dever de correção de tais atos mediante uma interpretação conforme a Constituição e de acordo com as exigências dos deveres de proteção e da proporcionalidade.[64]

O Plenário do STF, nesse sentido, reconheceu a inconstitucionalidade de legislação estadual que teria conferido proteção deficitária às áreas de proteção permanente (APPs) em comparação ao regramento nacional estabelecido pelo Código Florestal (Lei nº 12.651/2012), extrapolando o ente federativo estadual, ao assim agir, os limites da sua competência suplementar decorrentes da competência concorrente estabelecida no art. 24, *caput*, VI, §2º, da CF/1988. O STF, na referida decisão, reconheceu expressamente a violação à proporcionalidade (e à razoabilidade) na atuação do legislador estadual ao expor bens jurídicos de máxima importância (no caso, a proteção ecológica), violando, em outras palavras, o princípio da proibição de proteção insuficiente ou deficiente.[65]

Ainda sobre o entendimento do STF sobre a articulação entre o dever estatal de proteção ecológica, o princípio da proporcionalidade e a vedação de proteção insuficiente ou deficiente, registra-se passagem do voto do Ministro Celso de Mello no julgamento da ADI nº 4.901/DF, que versava sobre a constitucionalidade do Código Florestal de 2012: "Com efeito, emerge do próprio art. 225 de nossa Lei Fundamental o dever constitucional de proteção ao meio ambiente, que incide não apenas sobre a própria coletividade, mas, notadamente, sobre o Poder Público, a quem se impõe o gravíssimo encargo de impedir, de um lado, a degradação ambiental e, de outro, de não transgredir o postulado que veda a proteção deficiente ou insuficiente, sob pena de intervenção do Poder Judiciário, para fazer prevalecer o mandamento constitucional que assegura a incolumidade do meio ambiente e para neutralizar todas as ações ou omissões governamentais de que possa resultar a fragilização desse bem de uso comum do povo".

Essencial, portanto, que o Estado, seja no exercício de suas funções legislativas, seja na realização de suas atividades administrativas, respeite o princípio da proporcionalidade, em cuja estrutura normativa compreendese, além da proibição do excesso, o postulado que veda, em sua outra dimensão, a insuficiência da proteção estatal".[66] A vinculação do Poder Judiciário aos direitos fundamentais,[67] e, portanto, aos deveres de proteção, guarda importância singular não só para a análise da categoria da proibição de proteção insuficiente, mas também para garantia da proibição de retrocesso, posto que, também no que diz respeito a atos do poder público que tenham por escopo a supressão

---

[63] V. STF, RE 778.889/PE, Tribunal Pleno, rel. Min. Barroso, j. 10.03.2016.
[64] SARLET, *A eficácia dos direitos fundamentais*..., p. 389 e ss.
[65] STF, ADI nº 4.988/TO, Tribunal Pleno, rel. Min. Alexandre de Moraes, j. 19.9.2018, Informativo nº 918, de 17 a 21 de setembro de 2018.
[66] STF, ADI 4.901/DF, Tribunal Pleno, Rel. Min. Luiz Fux, j. 28.02.2018.
[67] Sobre o papel do Poder Judiciário na implementação da legislação ambiental e climática, v. STJ, REsp 650.728/SC, 2.ª T., rel. Min. Herman Benjamin, j. 23.10.2007.

ou redução dos níveis de proteção ecológica e climática (cujo controle igualmente implica consideração dos critérios da proporcionalidade na sua dupla perspectiva), caberá aos órgãos jurisdicionais a tarefa de identificar a ocorrência de prática inconstitucional e, quando for o caso, afastá-la ou corrigi-la, como o fez o STF na decisão referida anteriormente no âmbito da ADI nº 4.988/TO.

4 Status supralegal dos tratados internacionais em matéria climática e o dever *"ex officio"* de controle de convencionalidade a cargo atribuído aos juízes e tribunais nacionais

> *"(...) tratados sobre direito ambiental constituem espécie do gênero tratados de direitos humanos e desfrutam, por essa razão, de status supranacional."*
> Ministro Luís Roberto Barroso[68]

> *"Os juízes nacionais devem agir como juízes interamericanos e estabelecer o diálogo entre o direito interno e o direito internacional dos direitos humanos (...)."*
> Ministro Reynaldo Soares da Fonseca[69]

A recepção, no âmbito doméstico, da legislação internacional em matéria ambiental — e, em particular, climática — é outro tema relevante pelo prisma das fontes do Direito Ambiental e Climático e à luz de um sistema normativo multinível, conforme referido anteriormente. A Lei da Política Nacional sobre Mudança do Clima (Lei nº 12.187/2009), por sua vez, reconhece como diretriz "os compromissos assumidos pelo Brasil na Convenção-Quadro das Nações Unidas sobre Mudança do Clima, no Protocolo de Quioto e nos demais documentos sobre mudança do clima dos quais vier a ser signatário" (art. 5º, I), podendo-se, por razões óbvias, incluir também o Acordo de Paris (2015) na referida relação de diplomas climáticos internacionais.

A incorporação ao direito interno de normas internacionais, com destaque aqui para os tratados internacionais como ato típico de Direito Internacional Público que estabelece direitos e obrigações recíprocas entre os Estados-Partes, não é um privilégio reservado aos tratados em matéria de direitos humanos, já que todo e qualquer tratado internacional, uma vez celebrado pelo Poder Executivo e referendado pelo Congresso Nacional (que vem utilizando o instrumento formal do Decreto Legislativo para tanto), passa a viger como norma jurídica vinculante e com força de lei ordinária na esfera jurídica interna brasileira, quando não for o caso de um tratado de direitos humanos, pois a estes foi assegurada uma hierarquia mais qualificada.[70]

---

[68] Passagem do voto-relator do Min. Barroso na ADPF nº 708 (Caso Fundo Clima): STF, ADPF nº 708, Tribunal Pleno, Rel. Min. Barroso, j. 01.07.2022.
[69] STJ, AgRg no Recurso em HC 136.961/RJ, 5ª T., Rel. Min. Reynaldo Soares da Fonseca, j. 15.06.2021.
[70] V., por todos, MAZZUOLI, Valério de Oliveira. *Curso de direito internacional público*. São Paulo: Revista dos

Por força do disposto no art. 5º, §§2º e 3º, da CF/1988, os tratados internacionais em matéria de direitos humanos (o que se evidencia também no caso da proteção ambiental, a teor do que sinaliza o art. 11 do Protocolo de San Salvador Adicional à Convenção Americana de Direitos Humanos em Matéria de Direitos Econômicos, Sociais e Culturais de 1988[71]) passaram a fruir de um *status* jurídico-constitucional privilegiado, agregando-se ao conjunto dos direitos e garantias fundamentais estabelecidos pelo Constituinte de 1988, no âmbito do que se convencionou designar de cláusula de abertura em matéria de direitos fundamentais. Na compreensão dos autores, cuidando-se de tratados de direitos humanos, os tratados internacionais em matéria ambiental e climática, por veicular a proteção de direitos humanos, deveriam ter reconhecido o seu *status* constitucional.

Desde logo, importa frisar que existe divergência inclusive a respeito do procedimento de incorporação dos tratados internacionais sobre direitos humanos. Especialmente desde a inserção, mediante a EC nº 45/2004 (Reforma do Judiciário), do citado §3º do art. 5º da CF/1988, a matéria voltou a ser objeto de atenção pela doutrina e jurisprudência, pois tal dispositivo prevê que os tratados aprovados pelo Congresso Nacional mediante o procedimento ali regulado (maioria de três quintos, nas duas casas do Congresso e em dois turnos de votação) passam a ter valor equivalente ao das emendas constitucionais, ainda que não venham a alterar o texto da Constituição. Isso, contudo, não significa que os tratados aprovados antes da vigência do §3º do art. 5º da CF/1988 não possam ter reconhecida sua hierarquia constitucional já por força do próprio §2º do mesmo artigo, como, aliás, vinha sustentando importante doutrina,[72] mas é certo que, mediante o novo procedimento, os tratados assim aprovados terão sempre hierarquia normativa constitucional.

Todavia, independentemente do posicionamento dos autores favorável à hierarquia constitucional de todos os tratados de direitos humanos,[73] inclusive dos tratados internacionais ambientais e climáticos, o STF, desde o julgamento do RE 466.343/SP, ocorrido em 3 de dezembro de 2008, muito embora alguns ministros tenham adotado posição em prol da hierarquia constitucional, acabou chancelando a tese da "supralegalidade" dos tratados internacionais de direitos humanos, ressalvados os tratados aprovados pelo rito previsto no §3º do art. 5º da CF/1988. Assim, o STF entende que os tratados internacionais em matéria de direitos humanos aprovados anteriormente ou — pelo menos é o que sinaliza a orientação adotada — os que vierem a ser aprovados por maioria simples em um turno de votação ocupam posição normativo-hierárquica superior à legislação infraconstitucional de maneira geral, cedendo apenas em face da Constituição.

Dito de outro modo, tais tratados situam-se apenas abaixo da Constituição, de tal sorte que segue cabendo o controle de sua constitucionalidade. Tal entendimento,

---

Tribunais, 2013. p. 353 e ss.
[71] "Art. 11.1. Toda pessoa tem direito a viver em um meio ambiente sadio e a contar com os serviços públicos básicos. Art. 11.2. Os Estados-Partes promoverão a proteção e melhoramento do meio ambiente." O Protocolo de San Salvador entrou em vigor no plano internacional em novembro de 1999, quando foi depositado 11º instrumento de ratificação (art. 21). O Brasil ratificou o Protocolo de San Salvador no ano de 1999, tendo este sido promulgado internamente pelo Decreto nº 3.321/99.
[72] PIOVESAN, Flávia. *Direitos humanos e o direito constitucional internacional*. 8. ed. São Paulo: Saraiva, 2007, p. 71 e ss.
[73] SARLET, Ingo Wolfgang. *A eficácia dos direitos fundamentais*..., p. 127 e ss.

convém lembrar, resultou cristalizado na hipótese da prisão civil do depositário infiel, que foi considerada incompatível com a Convenção Interamericana de Direitos Humanos (ou Pacto de San José da Costa Rica), que estabelece apenas a possibilidade de prisão civil do devedor de alimentos,[74] de tal sorte que a tendência vai no sentido de ampliação dos casos levados ao STF no sentido de ver reconhecida a prevalência dos tratados sobre a legislação interna, no âmbito do que se convencionou chamar de controle de convencionalidade, que será objeto de atenção logo a seguir.

Com base nesse raciocínio, é lógico o entendimento de que também os tratados internacionais em matéria ambiental e climática, tanto no tocante ao seu conteúdo material quanto procedimental, passariam a ter ao menos (salvo se aprovados pelo rito do art. 5º, §3º, da CF/1988) natureza hierárquico-normativa "supralegal", prevalecendo em face da legislação infraconstitucional.[75] E esse foi o entendimento adotado pelo STF no julgamento da ADPF nº 708/DF (Caso Fundo Clima), ocorrido em 2022. De acordo com o Ministro Barroso, inclusive pela perspectiva da interdependência dos direitos humanos, os "tratados sobre direito ambiental constituem espécie do gênero tratados de direitos humanos e desfrutam, por essa razão, de status supranacional".[76]

O STF, conforme referido anteriormente, já possuía precedente nesse sentido desde 2017. A Ministra Rosa Weber, no julgamento da ADI nº 4.066, em decisão sobre a constitucionalidade de legislação que proibiu o uso de amianto, atribuiu o *status* de supralegalidade à Convenção da Basileia sobre o Controle de Movimentos Transfronteiriços de Resíduos Perigosos e seu Depósito (1989), equiparando-a aos tratados internacionais de direitos humanos. Do ponto de vista da hierarquia normativa, o reconhecimento do *"status* supralegal" dos tratados internacionais em matéria ambiental e climática ratificados pelo Brasil, como, por exemplo, a Convenção-Quadro sobre Mudança Climática (1992), a Convenção-Quadro sobre Biodiversidade (1992) e o Acordo de Paris (2015), situa tais tratados internacionais acima de toda a legislação infraconstitucional brasileira — como, por exemplo, o Código Civil. Apenas a norma constitucional estaria hierarquicamente acima deles.

Outro aspecto importante a ser considerado é que o bloco normativo de convencionalidade a ser utilizado como parâmetro para o controle de convencionalidade não se restringe apenas aos tratados internacionais de direitos humanos em si, mas também inclui a jurisprudência — tanto consultiva quanto contenciosa — dos Tribunais Internacionais de Direitos Humanos. A título de exemplo, a Opinião Consultiva 23/2017 sobre "Meio Ambiente e Direitos Humanos" da Corte IDH deve necessariamente integrar o bloco normativo de convencionalidade ambiental no âmbito do Sistema Interamericano de Direitos Humanos, servindo, assim, de parâmetro normativo para o controle de convencionalidade da legislação ambiental interna dos Estados-Membros da Convenção Americana sobre Direitos Humanos (CADH).

O controle de convencionalidade, é importante consignar, só valeria para aquele conteúdo mais protetivo existente no âmbito do marco normativo internacional ambiental e climático. Do contrário, se a legislação internacional fosse mais permissiva,

---

[74] Destacam-se, ainda, outros julgamentos do STF confirmando o mesmo entendimento HC 94.523, HC 87.585 e HC 92.566.
[75] Na doutrina brasileira, sustentando o mesmo entendimento, v. CAPPELLI, Sílvia; MARCHESAN, Ana Maria Moreira; STEIGLEDER, Annelise Monteiro. *Direito ambiental*. 7. ed. Porto Alegre: Verbo Jurídico, 2013. p. 40.
[76] STF, ADPF nº 708, Tribunal Pleno, Rel. Min. Barroso, j. 01.07.2022.

prevaleceria a legislação infraconstitucional, considerando a incidência do princípio *pro homine*,[77] ou seja, dito de modo mais preciso, fazendo prevalecer a norma mais favorável à proteção da pessoa (no tocante aos seus direitos humanos e fundamentais e dignidade). No âmbito do Direito Ambiental, o princípio *pro homine* assume uma nomenclatura própria e adaptada à matéria, ou seja, como princípio *pro natura* ou princípio *in dubio pro natura*. No campo do Direito Climático, pode-se inclusive cogitar a ideia em torno de um princípio *in dubio pro clima*. É importante ressaltar, nesse sentido, a natureza progressiva que deve caracterizar o diálogo de fontes normativas, no sentido de assegurar um marco jurídico cada vez mais avançado e aprimorado para a proteção dos direitos e bens fundamentais do sistema jurídico. O contrário, ou seja, a utilização do diálogo de fontes para flexibilizar ou fragilizar o marco normativo de proteção dos direitos fundamentais e humanos implicaria subversão das suas premissas básicas e de sua razão de ser.

Um dos aspectos mais importantes do controle de convencionalidade diz respeito ao dever *ex officio* de Juízes e Tribunais internos de atentarem para o conteúdo dos diplomas internacionais sobre direitos humanos, entre os quais o direito ao meio ambiente. Como dito pelo Ministro Reynaldo Soares da Fonseca, no julgamento do AgRg no Recurso em HC 136.961/RJ pelo STJ, "os juízes nacionais devem agir como juízes interamericanos e estabelecer o diálogo entre o direito interno e o direito internacional dos direitos humanos, até mesmo para diminuir violações e abreviar as demandas internacionais".[78]

A Corte IDH, na Opinião Consultiva 23/2017, assinalou que, na linha da jurisprudência consolidada pelo Tribunal e nos termos do Direito Internacional, quando um Estado é parte de um tratado internacional, como a Convenção Americana de Direitos Humanos, esse tratado vincula todos os seus órgãos, incluindo os Poderes Legislativo e Judiciário, de modo que a violação da normativa internacional por um desses órgãos implica a responsabilidade internacional do Estado-Parte. Por essa razão, a Corte IDH manifestou seu entendimento no sentido da necessidade de que os vários órgãos do Estado efetuem o correspondente controle da convencionalidade, também com base no exercício da sua competência consultiva, aplicando, portanto, as normas estabelecidas na Opinião Consultiva 23/2017 como parâmetro para tal controle.[79]

Com efeito, em homenagem ao necessário Diálogo das Fontes Normativas[80] e também Diálogo de Cortes,[81] cabe aos aplicadores do Direito, com destaque especial para Juízes e Tribunais, interpretar a legislação nacional infraconstitucional não apenas pelo prisma do regime constitucional de proteção dos direitos fundamentais, mas também em vista do regime internacional global e regional de proteção dos direitos humanos, com o propósito de assegurar efetividade ao direito humano a viver em um meio ambiente sadio, equilibrado e seguro e igualmente ao direito humano a viver em

---

[77] V. MAZZUOLI, Valério de Oliveira. *Curso de direito internacional público*..., p. 869.
[78] STJ, AgRg no Recurso em HC 136.961/RJ, 5ª T., Rel. Min. Reynaldo Soares da Fonseca, j. 15.06.2021.
[79] CORTE INTERAMERICANA DE DIREITOS HUMANOS. Opinião Consultiva 23/2017..., p. 15-16.
[80] MARQUES, Claudia Lima (coord.). *Diálogo das fontes*: do conflito à coordenação de normas do direito brasileiro. São Paulo: Revista dos Tribunais/Thomson Reuters, 2012.
[81] RAMOS, André de Carvalho. O diálogo das cortes: o Supremo Tribunal Federal e a Corte Interamericana de Direitos Humanos. In: AMARAL JUNIOR, Alberto do; JUBILUT, Liliana Lyra (org.). *O STF e o direito internacional dos direitos humanos*. São Paulo: Quartier Latin, 2009. v. 1, p. 805-850.

um clima limpo, saudável e seguro.

O entendimento adotado pelo STF, por ocasião da decisão referida no tópico anterior, no sentido de reconhecer o *status* supralegal dos tratados internacionais sobre direitos humanos, implica a possibilidade do controle de "convencionalidade" da legislação infraconstitucional.[82] Conforme assinala Mazzuoli, o controle de convencionalidade das leis "nada mais é que o processo de compatibilização vertical (sobretudo material) das normas domésticas com os comandos encontrados nas convenções internacionais de direitos humanos. À medida que os tratados de direitos humanos ou são materialmente constitucionais (art. 5º, §2º) ou material e formalmente constitucionais (art. 5º, §3º), é lícito entender que o clássico 'controle de constitucionalidade' deve agora dividir espaço com esse novo tipo de controle (de 'convencionalidade') da produção e aplicação da normatividade interna".[83]

Na medida em que os tratados internacionais em matéria ambiental e climática, por serem "espécie" do "gênero" e deterem a mesma natureza dos tratados internacionais de direitos humanos, possuem *status* supralegal, na linha do entendimento do STF referido no tópico anterior e consagrado expressamente na ADI nº 4.066/DF e na ADPF nº 708/DF, o seu conteúdo prevalece em face da legislação infraconstitucional. No entanto, cumpre reiterar, a prevalência ocorre apenas no tocante ao conteúdo que estabelecer um padrão normativo mais protetivo e rígido. Do contrário, prevalece a legislação infraconstitucional nacional, haja vista os princípios que norteiam o Direito Internacional dos Direitos Humanos, bem como o critério hermenêutico de prevalência da norma mais protetiva, aplicando-se aqui o conhecido postulado do *in dubio pro natura* e do *in dubio pro clima*.[84]

Por fim, importa enfatizar, um dos aspectos mais importantes do controle de convencionalidade diz respeito ao dever *ex officio* de juízes e tribunais nacionais ou internos atentarem para o conteúdo dos diplomas internacionais sobre direitos humanos e, consequentemente, também os que versam sobre matéria ambiental e climática. Com efeito, em homenagem ao necessário diálogo das fontes normativas, cabe aos aplicadores do Direito interpretar a legislação nacional infraconstitucional não apenas pelo prisma do regime constitucional de proteção dos direitos fundamentais, mas também em vista do regime internacional de proteção dos direitos humanos, entre eles o direito humano a viver em um meio ambiente sadio, equilibrado e seguro.[85] Que tal missão exige também (e sempre) uma interpretação sistemática é premissa que mais uma vez nos conecta com a obra do nosso estimado homenageado, Professor Juarez Freitas.

Conclusões articuladas

---

[82] Sobre o tema, v. por todos MARINONI, Luiz Guilherme; MAZZUOLI, Valério de Oliveira (coord.). *Controle de convencionalidade*: um panorama latino-americano. Brasília: Gazeta Jurídica, 2013, com destaque para as contribuições dos organizadores, dos Ministros Luís Roberto Barroso e Gilmar Mendes, de Flávia Piovesan e do primeiro autor (Sarlet).

[83] MAZZUOLI, Valério de Oliveira. *Curso de direito internacional público...*, p. 404.

[84] STJ, REsp 1.198.727/MG, 2ª Turma, Rel. Min. Herman Benjamin, j. 14.08.2012.

[85] O tema do controle de convencionalidade (e o dever dos juízes e tribunais internos de exercê-lo) resultou consignado, de forma pioneira e paradigmática, em decisão da Corte IDH, por ocasião do julgamento do *Caso Almonacid Arellano e outros vs. Chile*, em 26.09.2006.

1. A atual crise e estado de emergência climática decorrente do aquecimento global e das mudanças climáticas, conforme apontado no mais recente relatório (AR6) do IPCC, representa um desafio sem precedentes em termos civilizatórios, bem como para a teoria e a práxis do Direito Constitucional e dos direitos fundamentais, inclusive a ponto de se falar de um novo (sub)ramo disciplinar, o assim designado Direito Constitucional Climático.

2. O reconhecimento do clima — sistema climático, atmosfera terrestre etc. — como bem jurídico constitucional distinto do meio ambiente encontra forte amparo no próprio regime de proteção ecológica estabelecido pelo art. 225 da CF/1988, em particular, no tocante ao dever de proteção e salvaguarda dos "processos ecológicos essenciais" (inciso I), bem como em razão da especialização da matéria em termos legislativos, doutrinários e jurisprudencial. Assim como o meio ambiente não se trata de uma "abstração", também o clima é algo concreto e está diretamente relacionado à salvaguarda dos interesses e direitos mais básicos do ser humano (das gerações presentes e futuras), como a dignidade, a vida, a saúde, a liberdade, a integridade física e psíquica, entre outros.

3. O reconhecimento de um direito fundamental ao clima limpo, saudável e seguro no conteúdo da norma constitucional inscrita no art. 225 da CF/1988 caracteriza-se como corolário lógico dos últimos desenvolvimentos — legislativos, doutrinários e jurisprudenciais — verificados na matéria, tanto no campo do Direito Constitucional — e da Teoria dos Direitos Fundamentais — quanto do Direito Internacional dos Direitos Humanos. A gravidade da situação climática planetária — e, por óbvio, todo o desenvolvimento e especialização verificado nas últimas décadas no campo do Direito Climático ou Direito das Mudanças Climáticas — reforça a necessidade de assegurar maior autonomia e visibilidade jurídica ao direito (humano e fundamental) a viver em um clima limpo, saudável e seguro.

4. O regime jurídico-constitucional estabelecido na CF/1988 (art. 225) permite reconhecer a caracterização não apenas de deveres de proteção ecológica do Estado, mas igualmente de deveres estatais específicos de proteção climática, como inclusive reconhecido recentemente de forma expressa pelo STF (ADPF nº 708/DF). Os deveres de proteção climáticos vinculam o Estado (Legislador, Executivo e Judiciário), de modo a limitar a sua discricionariedade, inclusive autorizando o controle judicial na hipótese de o Estado, por sua ação ou omissão, incidir na violação ao princípio da proporcionalidade, como, por exemplo, decorrente da proteção climática insuficiente ou deficiente (à luz do princípio da proibição de proteção insuficiente). No âmbito dos deveres estatais de proteção climática, incumbe ao Estado em geral — nos diferentes planos federativos — a adoção de medidas positivas e negativas necessárias à mitigação da emissão de gases do efeito estufa, à adaptação às mudanças climáticas e à reparação de danos sofridos pelas vítimas climáticas (ex. danos decorrentes de episódios climáticos extremos).

5. Os tratados internacionais climáticos (ex. Convenção-Quadro sobre Mudanças Climáticas e Acordo de Paris) devem ser reconhecidos como espécie do gênero tratados internacionais de direitos humanos, sendo, portanto, dotados de hierarquia e *status* supralegal no âmbito do Direito Nacional, conforme entendimento jurisprudencial do STF (ADPF nº 708/DF). Ademais, o reconhecimento do *status* de supralegalidade autoriza o controle de convencionalidade, inclusive como dever *ex officio* de juízes e tribunais nacionais, de toda a legislação infraconstitucional, tomando-se como parâmetro normativo a legislação internacional climática.

Referências

ALEXY, Robert. *Teoria dos direitos fundamentais*. Trad. Virgílio Afonso da Silva. São Paulo: Malheiros, 2008.

BECK, Ulrich. *La sociedad del riesgo*: hacia una nueva modernidad. Trad. Jorge Navarro, Daniel Jiménez e Maria Rosa Borras. Barcelona: Paidós, 2001.

BECK, Ulrich. *Weltrisikogeselschaft*. Frankfurt am Main: Suhrkamp, 2008.

BANDEIRA DE MELLO, Celso Antônio. *Discricionariedade e controle jurisdicional*. 2. ed. São Paulo: Malheiros, 2007.

BARROSO, Luís Roberto. Proteção do meio ambiente na Constituição brasileira. *Revista Trimestral de Direito Público*, São Paulo, n. 2, 1993, p. 5879.

BENJAMIN, Antonio Herman. Constitucionalização do ambiente e ecologização da Constituição brasileira. In: CANOTILHO, José Joaquim Gomes; MORATO LEITE, José Rubens (org.). *Direito constitucional ambiental brasileiro*. São Paulo: Saraiva, 2007, p. 57130.

CANOTILHO, José Joaquim Gomes. *Direito constitucional e teoria da Constituição*. 5. ed. Coimbra: Almedina, 2002.

CANOTILHO, José Joaquim Gomes. O direito ao ambiente como direito subjetivo. In: CANOTILHO, José Joaquim Gomes. *Estudos sobre direitos fundamentais*. Coimbra: Coimbra Editora, 2004, p. 177189.

CAPPELLI, Sílvia; MARCHESAN, Ana Maria Moreira; STEIGLEDER, Annelise Monteiro. *Direito ambiental*. 7. ed. Porto Alegre: Verbo Jurídico, 2013.

FABBRI, Amália Botter; SETZER, Joana; CUNHA, Kamyla. *Litigância climática*: novas fronteiras para o direito ambiental no Brasil. São Paulo: RT, 2019.

FREITAS, Juarez. *Sustentabilidade*: o direito ao futuro. Belo Horizonte: Fórum, 2011.

GARCIA, Maria da Glória F. P. D. *O lugar do direito na proteção do ambiente*. Coimbra: Almedina, 2007.

GOLDBLAT, David. *Teoria social e ambiente*. Trad. Ana Maria André. Lisboa: Instituto Piaget, 1996.

GOMES, Carla Amado. *Risco e modificação do acto autorizativo concretizador de deveres de protecção do ambiente*. Coimbra: Coimbra Editora, 2007.

GROß, Thomas. Welche Klimaschutzpflichten ergeben sich aus Art. 20a GG. In: *ZUR*, Heft 78, 2009, p. 364-368.

HÄBERLE, Peter. *Estado constitucional cooperativo*. Rio de Janeiro: Renovar, 2008.

HESSE, Konrad. *Elementos de direito constitucional da República Federal da Alemanha*. Tradução da 20. ed. alemã. Trad. Luís Afonso Heck. Porto Alegre: Fabris, 1998.

LUÑO, Antonio Enrique Pérez. *Los derechos fundamentales*. 8. ed. Madrid: Tecnos: 2005.

MARINONI, Luiz Guilherme; MAZZUOLI, Valério de Oliveira (coord.). *Controle de convencionalidade*: um panorama latino-americano. Brasília: Gazeta Jurídica, 2013.

MARQUES, Antonio Silveira. *Der Rechtstaat der Risikovorsorge*. (Schriften zum Öffentlichen Recht, Vol. 1381). Berlin: Duncker & Humblot, 2018.

MARQUES, Claudia Lima (coord.). *Diálogo das fontes*: do conflito à coordenação de normas do direito brasileiro. São Paulo: Revista dos Tribunais/Thomson Reuters, 2012.

MAZZUOLI, Valério de Oliveira. *Curso de direito internacional público*. São Paulo: Revista dos Tribunais, 2013.

MENDES, Gilmar Ferreira. *Direitos fundamentais e controle de constitucionalidade*. 3. ed. São Paulo: Saraiva, 2004.

MILARÉ, Edis. *Direito do ambiente*. 4. ed. São Paulo: Revista dos Tribunais, 2005.

MORATO LEITE, José Rubens; AYALA, Patryck de Araújo. *Dano ambiental: do individual ao coletivo extrapatrimonial (teoria e prática)*. 3. ed. São Paulo: Revista dos Tribunais, 2010.

NOVAIS, Jorge Reis. *Direitos fundamentais*: trunfos contra a maioria. Coimbra: Coimbra Editora, 2006.

PIOVESAN, Flávia. *Direitos humanos e o direito constitucional internacional*. 8. ed. São Paulo: Saraiva, 2007.

RAMOS, André de Carvalho. O diálogo das cortes: o Supremo Tribunal Federal e a Corte Interamericana de Direitos Humanos. *In*: AMARAL JUNIOR, Alberto do; JUBILUT, Liliana Lyra (org.). *O STF e o direito internacional dos direitos humanos*. São Paulo: Quartier Latin, 2009. v. 1, p. 805-850.

SARLET, Ingo W. *A eficácia dos direitos fundamentais*: uma teoria geral dos direitos fundamentais na perspectiva constitucional. 12. ed. Porto Alegre: Livraria do Advogado, 2015.

SARLET, Ingo W.; FENSTERSEIFER, Tiago. *Direito constitucional ecológico*. 7. ed. São Paulo: Revista dos Tribunais/Thomson Reuters, 2021.

SARLET, Ingo W.; FENSTERSEIFER, Tiago. *Curso de direito ambiental*. 4. ed. Rio de Janeiro: GEN/Forense, 2023.

SARLET, Ingo W.; WEDY, Gabriel; FENSTERSEIFER, Tiago. *Curso de direito climático*. 1. ed. São Paulo: Revista dos Tribunais/Thomson Reuters, 2023.

SCHMIDT, Reiner; KAHL, Wolfgang; GÄRDITZ, Klaus Ferdinand. *Umweltrecht*. 10. ed. Munique: C.H.Beck, 2017.

SILVA, Vasco Pereira da. *Direito constitucional e administrativo sem fronteiras*. Coimbra: Almedina: 2019.

SILVA, Vasco Pereira da. *Verde cor de direito*: lições de direito do ambiente. Coimbra: Almedina, 2002.

SOZZO, Gonzalo. *Derecho privado ambiental*: el giro ecológico del derecho privado. Buenos Aires: Rubinzal-Culzoni Editores, 2019.

STEIGLEDER, Annelise Monteiro. *Responsabilidade civil ambiental: as dimensões do dano ambiental no direito brasileiro*. 2. ed. Porto Alegre: Livraria do Advogado, 2012.

STEFFEN, Will *et al*. The Anthropocene: from Global Change to Planetary Stewardship. *Ambio (Royal Swedish Academy of Sciences)*, vol. 40, n. 7, p. 739-761, nov. 2011.

TRINDADE, Antônio Augusto Cançado. *Direitos humanos e meio ambiente*: paralelo dos sistemas de proteção internacional. Porto Alegre: Fabris, 1993.

VOIGT, Christina (ed.). *Rule of law for nature*: new dimensions and ideas in environmental law. Cambridge: Cambridge University Press, 2013.

WEDY, Gabriel. *Desenvolvimento sustentável na era das mudanças climáticas*: um direito fundamental. São Paulo: Saraiva, 2018 (Série IDP).

WEDY, Gabriel. *Litígios climáticos*: de acordo com o direito brasileiro, norte-americano e alemão. Salvador: Juspodivm, 2019.

Informação bibliográfica deste livro, conforme a NBR 6023:2018 da Associação Brasileira de Normas Técnicas (ABNT):

SARLET, Ingo Wolfgang; FENSTERSEIFER, Tiago. Por um direito a um futuro sustentável: o direito fundamental ao clima limpo, saudável e seguro e os deveres estatais de proteção climática à luz da Constituição Federal de 1988. *In*: PASQUALINI, Alexandre; CUNDA, Daniela Zago Gonçalves da; RAMOS, Rafael (coord.). *Direito, sustentabilidade e inovação*: estudos em homenagem ao professor Juarez Freitas. Belo Horizonte: Fórum, 2025. p. 299-329. ISBN 978-65-5518-957-5.

EMENDA CONSTITUCIONAL Nº 132/2023: UMA "MUDANÇA SUSTENTÁVEL DE PARADIGMA" EM CURSO NO SISTEMA TRIBUTÁRIO NACIONAL

JÚLIO CÉSAR LINCK

LETÍCIA AYRES RAMOS

"A intervenção tributária sustentável (corretiva e preventiva) é aquela incidente sobre atividades econômicas lícitas, que alcança obter, com tempestividade, a arrecadação suficiente e o equilíbrio dinâmico ecológico, bem como o resguardo dos direitos fundamentais das gerações presentes e futuras, em suas integradas dimensões sociais, econômicas e ambientais".

Juarez Freitas

Considerações iniciais

No Dia Mundial do Meio Ambiente de 2024, o Ministério Público do Estado do Rio Grande do Sul lançou uma campanha publicitária que remete à música "Roda Viva", de Chico Buarque. Utilizando imagens da recente catástrofe ambiental[1] do Estado, demonstrou que tudo é meio ambiente, destacando o mês "maio de 2024: quando percebemos da pior forma os efeitos de não priorizar o meio ambiente". Literalmente,

---

[1] Ver o Decreto nº 57.646, de 31 de maio de 2024, que decreta calamidade pública e nomina municípios em situação de calamidade e em situação de emergência. Disponível em: https://www.diariooficial.rs.gov.br/materia?id=1002017. Acesso em: 10 jul. 2024.

as águas de maio no Rio Grande do Sul levaram o "destino para lá",[2] reforçando a importância de tratar a vida na terra em harmonia com o meio ambiente e não o contrário. Nesse momento, é digno de aplausos o pioneirismo do Professor Juarez Freitas ao lançar uma obra com o título: "Sustentabilidade: direito ao futuro". Não há alternativa, as atuais gerações precisam com urgência levar o "direito ao futuro a sério". Assim como a campanha referida, o Professor Juarez "desacomoda" seus ouvintes, seus leitores, seus orientandos, convidando-os a refletir sobre os mais diversos temas. Tem sido assim ao longo dos anos e a cada palestra, a cada artigo, a cada livro, a cada conversa, várias sementes são plantadas e colhidas. E a semente foi plantada com os ensinamentos adquiridos com o artigo[3] "O tributo e o desenvolvimento sustentável". Com esse referencial teórico, o presente artigo pretende explorar o tema tributação sob a perspectiva de uma mudança sustentável de paradigma trazida pela EC nº 132/2023.

A reforma tributária introduziu novos princípios no Sistema Tributário Nacional, os quais remetem à mudança de paradigma de uma visão mais protetora do indivíduo-contribuinte para uma perspectiva mais sustentável entre os sujeitos da relação jurídico-tributária.

Com essa perspectiva, o trabalho abordará os seguintes temas: o desenvolvimento sustentável e os possíveis mecanismos de custeio e incentivos, mudança axiológica em curso do Sistema Tributário Nacional, aspectos concretizadores da tributação sustentável e considerações finais.

O estudo utilizará metodologia analítico-descritiva das alterações constitucionais trazidas pela EC nº 132/2023 e revisão da bibliografia de trabalhos acadêmicos sobre a temática. Em virtude de a regulamentação da reforma estar em andamento pelo Congresso Nacional, opta-se por fazer algumas considerações pontuais sobre questões específicas. Por fim, agrega-se à discussão da reforma tributária o olhar sustentável do Professor Juarez Freitas.

1 O desenvolvimento sustentável e os possíveis mecanismos de custeio e incentivos

A recente catástrofe climática[4] enfrentada no Rio Grande do Sul, além de impactar pelos números dos danos sociais, ambientais e econômicos, também demonstrou que urge uma nova forma de trabalhar com o meio ambiente. No dia 30/04/2024, as chuvas afetavam 77 municípios e o número de pessoas em abrigos eram 198. No dia 17/05, 461 municípios estavam afetados, tínhamos 78.165 pessoas em abrigos e os desalojados eram 540.188.[5] O Município de Porto Alegre, capital do Estado, teve 160.210 habitantes e 45.970 empresas afetados, 31 unidades de saúde danificadas, 160 escolas afetadas, 198 equipamentos públicos entre praças, parques e vias públicas danificadas, estações de tratamento de água foram total ou parcialmente danificadas com impacto severo

---

[2] "A gente quer ter voz ativa/ No nosso destino mandar/ Mas eis que chega a roda-viva/ E carrega o destino pra lá" (Roda Viva, Chico Buarque).

[3] FREITAS, J. O tributo e o desenvolvimento sustentável. *Novos Estudos Jurídicos*, Itajaí, v. 21, n. 3, p. 825-845, 2016. Disponível em: https://periodicos.univali.br/index.php/nej/article/view/9682. Acesso em: 25 jun. 2024.

[4] Ver nota de rodapé nº 3.

[5] Dados informados pela Defesa Civil do RS. Disponível em: https://www.defesacivil.rs.gov.br/defesa-civil-atualiza-balanco-das-enchentes-no-rs-10-6-9h-6671eb9e34066-6679e4a1759fd. Acesso em: 26 jun. 2024.

no abastecimento de Porto Alegre nas primeiras semanas do evento, entre outros.[6] Em termos de resíduos gerados em Porto Alegre, dados do dia 26/06 registram a retirada de 83.305 toneladas por uma força-tarefa.[7] O panorama das informações da catástrofe demonstra claramente a importância da incorporação da sustentabilidade como bússola de atuação de entes privados e públicos e de que as advertências do Professor Juarez sempre foram oportunas.[8]

O título da ordem econômica e financeira da Constituição Federal reconhece a valorização do trabalho e da livre-iniciativa, conforme os ditames da justiça social, e assegura como princípios a livre concorrência e a defesa do meio ambiente. Além disso, há os artigos 3º e 225, que conferem ainda mais consistência ao conhecido desenvolvimento sustentável.[9] O princípio[10] da sustentabilidade[11] é extraível no nosso ordenamento pela leitura do preâmbulo e dos artigos 3º, 170, VI, e 225 da Constituição Federal e essa é a visão do Professor Juarez Freitas: [12] [13] [14]

---

[6] Conforme: https://prefeitura.poa.br/inundacoes. Acesso em: 36 jun. 2024.

[7] Disponível em: https://prefeitura.poa.br/dmlu/noticias/forca-tarefa-de-limpeza-pos-enchente-chega-18-locais-nesta-quarta.

[8] FREITAS, Juarez. *Sustentabilidade*: direito ao futuro. 2. ed. Belo Horizonte: Fórum, 2012.

[9] Os termos sustentabilidade e desenvolvimento sustentável têm sido usados nos mais diversos ramos do conhecimento, conforme: FEIL, Alexandre André; SCHREIBER, Dusan. Sustentabilidade e desenvolvimento sustentável: desvendando as sobreposições e alcances de seus significados. *Cad. EBAPE.BR.*, Rio de Janeiro, v. 14, n. 3, artigo 7, jul./set. 2017.

[10] "Os princípios em geral (não apenas os princípios fundamentais) são espécie de gênero normas jurídicas, distinguindo-se, de acordo com entendimento consagrado no seio da doutrina constitucional e mesmo (e antes disso) na teoria geral do Direito, de outras espécies normativas, em especial as regras. Assim, independentemente da existência de outras possibilidades de enquadramento dos princípios quanto à sua condição normativa, é possível, numa primeira aproximação, afirmar que princípios correspondem a normas dotadas de um significativo grau de abstração, vagueza e indeterminação." O autor conclui que "os princípios são normas que exigem a realização de algo da melhor forma possível, de acordo com as possibilidades fáticas e jurídicas, não prescrevendo ou exigindo determinado comportamento, mas sim impondo a otimização de um direito ou bem jurídico". Conforme: SARLET, Ingo Wolgang; MARINONI, Luiz Guilherme; MITIDIERO, Daniel. *Curso de Direito Constitucional*. 4. ed. São Paulo: Saraiva, 2015, 252-253.

[11] Neste artigo será utilizado o termo desenvolvimento sustentável entendendo-se que o ordenamento jurídico tem como um dos objetivos o desenvolvimento da nação de forma que acarrete o bem-estar da população como um todo.

[12] FREITAS, Juarez. *Sustentabilidade*: direito ao futuro. 2. ed. Belo Horizonte: Fórum, 2012, p. 41.

[13] Há também outra perspectiva possível da sustentabilidade, que já foi enfrentada em uma publicação anterior, como o dever constitucional e fundamental que objetiva tutelar direitos fundamentais, também princípio instrumento a dar-lhes efetividade, ou seja, princípio que vincula o Estado (e suas instituições) e a sociedade, mediante responsabilidade partilhada, e redesenha as funções estatais, que deverão ser planejadas não apenas para atender demandas de curto prazo, mas também providenciar a tutela das futuras gerações. Conforme: RAMOS, L. A.; CUNDA, D. Z. G.; BLIACHERIENE, A. C. Contratações públicas como instrumento de concretização do dever de sustenta-bilidade e dos ODS 05 e 12 da Agenda da ONU para 2030: a contratação de víti-mas de violência de gênero como uma boa prática a ser ampliada. In: CUNDA, Daniela Zago Gonçalves da; LIMA, L.H.; GODINHO, Heloísa Helena (org.). *Controle Externo e as mutações do Direito Público*: licitações e contratos. Estudos de ministros e conselheiros substitutos dos tribunais de contas. 1. ed. Belo Horizonte: Fórum, 2023, v. I, p. 93-94; CUNDA, Daniela Zago Gonçalves da. Controle de sustentabilidade pelos Tribunais de Contas. 2016. Tese (Doutorado em Direito) – Faculdade de Direito, Pontifícia Universidade Católica do Rio Grande do Sul, Rio Grande do Sul, 2016; CUNDA, Daniela Zago Gonçalves da. Controle de sustentabilidade pelos Tribunais de Contas e a necessária ênfase à dimensão ambiental. In: MIRANDA, Jorge; GOMES, Carla Amado; PENTINAT, Susana Borrás (coord.). *Diálogo Ambiental, Constitucional e Internacional*. Volume 10, e-book internacional (ISBN: 978-989-8722-42-3). Lisboa: Faculdade de Direito da Universidade de Lisboa (CJP e CIDP), abril de 2020, p. 293-341.

[14] Mas, não é apenas isso. O desenvolvimento sustentável também é direito, uma vez que, do ponto de vista subjetivo, o titular pode fazer valer judicialmente os poderes, as liberdades, ou mesmo os direitos às ações para concretizar o conteúdo que a norma lhe confere. Do ponto de vista objetivo, possui três características: caráter

trata-se de princípio constitucional que determina, com eficácia direta e imediata, a responsabilidade do Estado e da sociedade pela concretização solidária do desenvolvimento material e imaterial, socialmente inclusivo, durável e equânime, ambientalmente limpo, inovador, ético e eficiente, no intuito de assegurar, preferencialmente de modo preventivo e precavido, no presente e no futuro, o direito ao bem-estar.

Considerando essa diretriz, o desenvolvimento da atividade econômica de um país *não precisa ser contraditório com a sustentabilidade*.[15] Sendo assim, *o desenvolvimento pode-deve ser sustentável, contínuo e duradouro*,[16] e estar em harmonia com a multidimensionalidade, que lhe é intrínseca, como ensina Juarez Freitas:

> A sustentabilidade é multidimensional (ou seja, é jurídico-política, ética, social, econômica e ambiental), o que pressupõe, antes de tudo, uma reviravolta hermenêutica habilitada a produzir o descarte de pré-compreensões espúrias e unidimensionais, com a libertação de tudo o que impede o cumprimento alastrado da sustentabilidade como princípio constitucional, na cena concreta. Afinal, para crises sistêmicas, impõem-se soluções sistêmicas, estruturais e interdisciplinares, cooperativas e globais, com o engajamento de todos, não apenas dos governos.[17]

O Brasil tem um ordenamento jurídico robusto para a defesa do meio ambiente, o qual, sem dúvida, tem como um importante marco a entrada em vigor da Política Nacional do Meio Ambiente[18] e, com a Constituição de 1988, ficou bem conhecida a expressão "Estado de Direito Ambiental e Ecológico".[19] Considerando as diretrizes constitucionais, o Estado intervém no domínio econômico para assegurar a concretização dos princípios delimitados no art. 170 da Constituição de 1988. Isso porque o desenvolvimento das atividades econômicas, além de atender as necessidades da sociedade, também produz efeitos adversos ao meio ambiente, as chamadas externalidades negativas,[20] que precisam ser enfrentadas. Nesse ponto, não significa, por exemplo, gravar a atividade por ser mais poluidora, mas também estabelecer um tratamento diferenciado para aqueles que buscam práticas para minorar os impactos produzidos pela atividade exercida.[21]

---

de normas de competência negativa, atua como critério de interpretação das normas constitucionais e, por fim, implica deveres de proteção do Estado. Conforme: WEDY, Gabriel. *Desenvolvimento Sustentável na Era das Mudanças Climáticas: um direito fundamental*. São Paulo: Saraiva, (Kindle); SARLET, Ingo Wolgang; MARINONI, Luiz Guilherme; MITIDIERO, Daniel. *Curso de Direito Constitucional*. 4. ed. São Paulo: Saraiva, 2015, p. 340-343.

[15] FREITAS, Juarez. *Sustentabilidade*: direito ao futuro. 2. ed. Belo Horizonte: Fórum, 2012, p. 42.
[16] *Ibidem*.
[17] *Idem*, p. 50-51.
[18] Lei nº 6.938/1981. Disponível em: https://www.planalto.gov.br/ccivil_03/leis/l6938.htm. Acesso em: 10 jul. 2024.
[19] ARAUJO, Joana Franklin de. *Tributação sustentável: a experiência estrangeira e a política fiscal brasileira*. 2014. Dissertação (Mestrado em Direito Econômico e Financeiro) — Faculdade de Direito, Universidade de São Paulo, São Paulo, 2014. Acesso em: 22 jun. 2024, p. 21.
[20] NASCIMENTO, Jonatas Albino do; LAZARI, Rafael de. Tributação verde no Brasil: a necessidade da implantação e discussão do seu impacto orçamentário por ocasião da reforma tributária. *Revista de Direito Ambiental*, São Paulo, vol. 102, ano 26, p. 149-162, abr./jun. 2021. Disponível em: https://www-revistadostribunais-com-br.sbproxy.fgv.br/maf/app/resultList/document?&src=rl&srguid=i0a89c0de00000190adcf58835c55f07c&docguid=I4a6b3170b8c111eb9b31f9ea5ae63b2c&hitguid=I4a6b3170b8c111eb9b31f9ea5ae63b2c&spos=1&epos=1&td=2&context=13&crumb-action=append&crumb-label=Documento&isDocFG=false&isFromMultiSumm=&startChunk=1&endChunk=1. Acesso em: 13 jul. 2024, p. 150.
[21] Nesse sentido, ver: CANAZARO, Fábio. *Essencialidade tributária*: igualdade, capacidade contributiva e extrafiscalidade na tributação sobre o consumo. Porto Alegre: Livraria do Advogado Editora, 2015, p. 49.

A abordagem trazida pelo art. 170 necessita de políticas públicas que incentivem uma transição de um modelo de tributação cinza para sustentável.[22] Assim, conforme Denise Lucena, é preciso que o sistema incentive as empresas e organizações para buscar sistemas mais inovadores e ambientalmente corretos. Nessa linha, o Direito Tributário tem um papel importante nessa mudança, uma vez que pode lançar mão, não apenas de tributos, mas também de benefícios fiscais como instrumentos.[23]

A tributação ambiental, como mecanismo para atuar nas externalidades negativas, mas não apenas nelas, tem recebido um espaço considerável nas discussões nacionais e internacionais entre os países, como, por exemplo, a Conferência da ONU realizada no Rio de Janeiro em 1992[24] e em publicações da OCDE,[25] por exemplo. Nesse ponto, convém ressaltar a dupla função que a tributação ambiental possui:

> (...) o emprego de instrumentos tributários para gerar os recursos necessários à prestação de serviços públicos de natureza ambiental (aspecto fiscal ou arrecadatório), bem como para orientar o comportamento dos contribuintes à proteção do meio ambiente (aspecto extrafiscal ou regulatório).[26]

Estudo de 2014 sobre a tributação ambiental arrolou que podem ser utilizados instrumentos de comando e controle[27] e instrumentos econômicos[28] como modos de intervenção.[29] O presente estudo analisará um dos instrumentos possíveis, que é a tributação. No Brasil, a análise tanto da tributação como da questão ambiental é matéria marcadamente disposta na Constituição. Desse modo, concorda-se com Heleno Tôrres quando afirma que é necessária a compatibilidade com situações aparentemente em conflito, quais sejam, a proteção de direitos difusos ou coletivos inerentes ao meio

---

[22] FREITAS, J. O tributo e o desenvolvimento sustentável. *Novos Estudos Jurídicos*, Itajaí, v. 21, n. 3. p. 825-845, 2016. Disponível em: https://periodicos.univali.br/index.php/nej/article/view/9682. Acesso em: 25 jun. 2024.

[23] CAVALCANTE, Denise Lucena. O papel da tributação em prol do ODS 13: ações contra as mudanças climáticas. In: WARPECHOWSKI, Ana Cristina Moraes; GODINHO, Heloísa Antonacio Monteiro; IOCKEN, Sabrina Nunes (coord.). *Políticas públicas e os ODS da Agenda 2030*. Belo Horizonte: Fórum, 2021, p. 403. A autora adverte que a cautela deve ser empregada ao se analisar a criação de tributos adicionais ou estabelecer benefícios fiscais. Nos benefícios com mais prudência ainda, sendo que avaliações periódicas devem atestar a efetividade dos incentivos e retirar se os benefícios líquidos não operarem em prol da sustentabilidade. Aliás, essa é a essência do modelo de tributação sustentável de Juarez Freitas.

[24] COSTA, Regina Helena. Apontamentos sobre a tributação ambiental no Brasil. In: TÔRRES, Heleno Taveira (org.). *Direito Tributário Ambiental*. 1. ed. São Paulo: Malheiros, 2005, p. 312-332, p. 315-318.

[25] CAVALCANTE, *op. cit*, p. 404.

[26] COSTA, *op. cit.*, p. 313.

[27] Instrumentos de comando e controle são: "aqueles que impõem restrições à atividade econômica e ao direito de propriedade, ou seja, são determinações de cunho administrativo, geralmente decorrentes do poder de polícia conferido ao Estado, cujo descumprimento acarreta a imposição de sanções. Em geral, são normas jurídicas de estrutura tradicional, em que há a descrição de um comportamento tipificado como jurídico e a previsão de uma sanção pelo comportamento desconforme. As normas, regras, procedimentos e padrões que integram os instrumentos de comando e controle buscam assegurar o cumprimento dos objetivos da política em questão". Conforme as seguintes autoras: ARAUJO, Joana Franklin de. *Tributação sustentável*: a experiência estrangeira e a política fiscal brasileira. 2014. Dissertação (Mestrado em Direito Econômico e Financeiro) — Faculdade de Direito, Universidade de São Paulo, São Paulo, 2014. Acesso em: 22 jun. 2024, p. 24; COSTA, *op. cit.*, p. 322.

[28] ARAÚJO, *op. cit.*, p. 27-28.

[29] Nesse sentido Tipke: "A luta pela segurança das bases vitais naturais levanta também a questão por uma instrumentalização do Direito Tributário para a proteção do meio ambiente". Dentre um dos instrumentos, o autor cita o direito de regulamentação, que são os típicos comando-controle. Conforme: TIPKE, Klaus. *Direito Tributário*. Porto Alegre: Sérgio Antônio Fabris Ed., 2008, p. 436.

ambiente com os direitos de liberdade e propriedade e as garantias da tributação.[30] Isso porque, além da dimensão ambiental, é de suma importância a dimensão fiscal[31] da sustentabilidade, aqui no sentido de que se faz necessária a verificação de como será seu custeio, pois, uma vez que é direito, possui um custo, na linha do entendimento de José Casalta Nabais:

> Pois bem, centrando-nos nos custos financeiros dos direitos, a primeira verificação, que devemos desde já assinalar a tal respeito, é esta: os direitos, todos os direitos, porque não são dádiva divina nem frutos da natureza, porque não são autorrealizáveis nem podem ser realisticamente protegidos num estado falido ou incapacitado, implicam a cooperação social e a responsabilidade individual. Daí decorre que a melhor abordagem para os direitos seja vê-los como liberdades privadas com custos públicos.[32]

E o autor segue o raciocínio de que, ao afirmar que todos os direitos têm *custos comunitários, ou seja, custos financeiros públicos*,[33] o Estado precisa lançar mão dos tributos como uma das principais receitas de financiamento.[34]

Assim, partindo-se da premissa de que o desenvolvimento de uma nação pode-deve ser sustentável e considerando que todos os direitos têm custo, é necessário analisar como será repartido por todos.[35] Importante que se saliente que a tributação não tem como fim apenas o custeio dos direitos, mas também é instrumento de intervenção na economia capaz de induzir determinadas condutas, em especial, as sustentáveis do ponto de vista social, econômico e ambiental, eis aqui o fundamento da extrafiscalidade. Veja-se que o sistema tributário tem como uma das funções primordiais a arrecadação de recursos necessários para a concretização das políticas públicas relativas aos direitos e garantias constitucionais. Mas não se restringe a esse aspecto, como bem adverte Caliendo *et al.*, que dizem:

> O fenômeno tributário, essencialmente, se centra em sua funcionalidade arrecadatória. Por meio da tributação, o poder público intervém no patrimônio, na renda e no consumo das pessoas com o objetivo de gerar receita, ao que se refere como fiscalidade. Entretanto, visando à promoção efetiva de direitos fundamentais, percebe-se uma segunda funcionalidade, qual seja: a extrafiscalidade. Sobre a distinção existente entre tais funções, Oliveira

---

[30] TÔRRES, Heleno Taveira. Da relação entre competências constitucionais tributária e ambiental – os limites dos chamados "tributos ambientais". In: TÔRRES, Heleno Taveira (org.). *Direito Tributário Ambiental*. 1. ed. São Paulo: Malheiros, 2005, p. 96-156, p. 98.

[31] CUNDA, Daniela Zago Gonçalves da. *Controle de sustentabilidade pelos Tribunais de Contas*. 2016. Tese (Doutorado em Direito) – Faculdade de Direito, Pontifícia Universidade Católica do Rio Grande do Sul, Rio Grande do Sul, 2016, p. 138.

[32] NABAIS, José Casalta. Reflexões sobre quem paga a conta do Estado Social. *Revista Tributária e de Finanças Públicas*, São Paulo, vol. 88, ano 16, p. 269-307, set./out. 2009, p. 270.

[33] *Ibidem*.

[34] As receitas do Estado dividem-se em próprias e de terceiros. Na categoria receitas próprias temos receitas originárias e derivadas. Os tributos são espécie de receita derivada. Conforme: FURTADO JR., Caldas. *Direito financeiro*. 4. ed. rev e ampl. e atual. 1 reimpressão. Belo Horizonte: Fórum, 2014, p. 298.

[35] O pacto federativo no Brasil pressupõe que sejam assegurados meios para garantir a autonomia dos entes. Utilizam-se duas técnicas: a) reparte a competência para instituir tributos entre a União, Estados, Distrito Federal e Municípios; b) assegura a participação de Estados, Distrito Federal e Municípios na receita tributária arrecadada pela União e garante o recebimento pelos Municípios de parte da receita tributária arrecadada pelos Estados. Conforme: FURTADO JR., Caldas. *Direito financeiro*. 4. ed. rev e ampl. e atual. 1 reimpressão. Belo Horizonte: Fórum, 2014, p. 359.

assevera: "Diversamente da imposição tradicional (tributação fiscal), que visa exclusivamente à arrecadação de recursos financeiros (fiscais) para prover o custeio dos serviços públicos, a denominada tributação extrafiscal é aquela orientada para fins outros que não a captação de dinheiro para o erário, tais como a redistribuição da renda e da terra, a defesa da economia nacional, a orientação dos investimentos para setores produtivos ou mais adequados ao interesse público, a promoção do desenvolvimento regional ou setorial, etc. Como instrumento de atuação estatal, o ordenamento tributário pode e deve, através da extrafiscalidade, influir no comportamento dos entes econômicos de sorte a incentivar iniciativas positivas, e desestimular aquelas menos afinadas com políticas públicas de promoção do bem comum (políticas públicas evidentemente legitimadas pela Constituição)".[36]

Ou seja, a tributação possibilita uma função que potencializa o desenvolvimento sustentável:

O fenômeno da extrafiscalidade vem ao encontro dessa tentativa de compatibilização do desenvolvimento econômico com a proteção ambiental. E mais, apresenta-se como instrumento de política fiscal (tributária) conformadora do projeto jurídico-constitucional socioambiental brasileiro, já que pode servir para o fortalecimento de direitos fundamentais socioambientais e para a promoção da justiça socioambiental no país.[37]

Pode-se dizer que o Brasil tem um sistema que combina modalidades, pois convivem mecanismos de comando-controle, como é o caso das taxas de licenciamento ambiental ou de fiscalização, com tributos ambientais, como é o caso de tarifas diferenciadas de IPI para automóveis a depender da eficiência energética, conforme a recente Lei nº 14.902/2024, que trata do Programa Mobilidade Mover do Governo Federal.[38] Em termos internacionais, a OCDE (Organização para a Cooperação e Desenvolvimento Econômico) vem publicando relatórios que tratam sobre a temática de tributação relacionada ao meio ambiente.[39] Alguns dos instrumentos avaliados pela OCDE podem ser percebidos na reforma tributária, como, por exemplo, redução de alíquotas para produtos mais ecológicos, tributação diferenciada sobre combustíveis e sobre veículos automotivos, não incidência de tributos em determinadas situações, entre outras.[40]

---

[36] CALIENDO, Paulo; RAMMÊ, Rogério; MUNIZ, Veyzon. Tributação e sustentabilidade ambiental: a extrafiscalidade como instrumento de proteção do meio ambiente. *Revista de Direito Ambiental*, vol. 76, p. 474, out./dez. 2014.

[37] CALIENDO, Paulo; RAMMÊ, Rogério; MUNIZ, Veyzon. Tributação e sustentabilidade ambiental: a extrafiscalidade como instrumento de proteção do meio ambiente. *Revista de Direito Ambiental*, vol. 76, p. 474, out./dez. 2014.

[38] A recente lei traz importantes inovações quanto à sustentabilidade da indústria automotiva. A comercialização de veículos novos do país deverá ter requisitos obrigatórios: eficiência energética, reciclabilidade veicular, rotulagem veicular e desempenho estrutural e tecnologias assistivas à direção. Além disso, a partir de 2027 serão estabelecidos requisitos relativos à pegada de carbono, no ciclo do berço ao túmulo. Quanto à tributação, o Poder Executivo definirá alíquotas do IPI de acordo com os atributos mencionados. A título de exemplo, os veículos que atendam requisitos específicos, as alíquotas terão diferenciação com no mínimo 2 pontos percentuais em relação ao requisito eficiência energética, considerado como parâmetro o ciclo do tanque à roda (ciclo do tanque à roda: análise de ciclo de vida que considera as emissões de gases de efeito estufa associadas à operação de veículos leves e pesados dentro de um ciclo de uso padronizado).

[39] ARAUJO, Joana Franklin de. *Tributação sustentável*: a experiência estrangeira e a política fiscal brasileira. 2014. Dissertação (Mestrado em Direito Econômico e Financeiro) — Faculdade de Direito, Universidade de São Paulo, São Paulo, 2014. Acesso em: 22 jun. 2024, p. 45.

[40] *Idem*, p. 45-100.

Há, inclusive, estudo específico sobre o desempenho ambiental no Brasil em 2015, em que foram dadas sugestões para uma reforma tributária voltada ao meio ambiente,[41] sendo que algumas delas estão presentes na reforma. O fato é que diversos instrumentos podem ser utilizados para fins de "esverdear" a tributação.[42] A escolha dos instrumentos dependerá da realidade econômica, ambiental, social e jurídica do país[43] e, no Brasil, em especial, serão os institutos eleitos inseridos na Constituição, uma vez que, em nosso ordenamento, a moldura tributária é fortemente nela definida.

A análise das opções eleitas pelo constituinte derivado será objeto dos próximos capítulos.

2 Mudança sustentável em curso de paradigma no Sistema Tributário Nacional

O presente capítulo pretende verificar a veracidade do título e a sua aderência à tributação sustentável proposta por Juarez Freitas. Embora já disposto neste estudo que o princípio da sustentabilidade tem assento constitucional e que essa diretriz deve irradiar para toda a Constituição, a reforma traz com clareza uma nova diretriz: o capítulo inaugural sobre o Sistema Tributário Nacional elenca como princípio formador a defesa do meio ambiente. Ao lado da simplicidade, transparência, da justiça tributária e da cooperação, inclui-se a defesa do meio ambiente como norte na concretização das competências tributárias trazidas pela reforma. Sem dúvida, um reforço significativo quanto à defesa do meio ambiente em todo Sistema. Como já referiu o professor Juarez, *a dimensão socioambiental não é ancilar, coadjuvante ou secundária*,[44] mas sim deve ser uma das protagonistas na ordem jurídica.

Tal fato reflete um novo patamar evolutivo da relação entre os sujeitos da relação tributária. Esses novos princípios visam, além da justiça fiscal, a proteção do meio ambiente, trazendo a evolução de um sistema de autoridade do Estado tributante para um modelo bem mais democrático e participativo.

Para tanto temos que rememorar nossa história tributária. O Código Tributário Nacional, Lei nº 5.172, de 25.10.66, foi escrito e estabelecido em pleno período de exceção

---

[41] OCDE – Organização para a Cooperação e Desenvolvimento Econômico. Avaliações de desempenho ambiental: BRASIL 2015. Brasil: OCDE, 2016. Disponível em: https://www.oecd-ilibrary.org/environment/ocde-avaliacoes-de-desempenho-ambiental-brasil-2015_9789264268159-pt. Acesso em: 30 jun. 2024. Em 2021, houve a emissão de um relatório sobre "Avaliação do Progresso do Brasil na implementação das Recomendações da Avaliação de desempenho ambiental e na promoção de seu alinhamento com o acervo básico da OCDE sobre meio ambiente". Disponível em: https://www.conectas.org/publicacao/relatorio-da-ocde-avaliacao-de-desempenho-ambiental-do-brasil/. Acesso em: 30 jun. 2024.

[42] PERALTA C. E. Tributação ambiental no Brasil. Reflexões para esverdear o sistema tributário brasileiro. *Revista de Finanças Públicas, Tributação e Desenvolvimento*, 3(3), 2015. Disponível em: https://www.e-publicacoes.uerj.br/rfptd/article/view/15589.

[43] *Ibidem.* O autor referencia que há consenso na doutrina no sentido de que uma verdadeira reforma fiscal verde deve incluir impostos sobre energia, uma vez que possui um grande impacto na arrecadação que permitiria reduzir contribuições sociais. Uma tributação diferenciada sobre energia no Brasil teria que enfrentar tese do Supremo que não permite que tributação sobre operações de energia sejam em patamar superior a de outras operações. Conforme tese nº 745, do STF: "Adotada pelo legislador estadual a técnica da seletividade em relação ao Imposto sobre Circulação de Mercadorias e Serviços (ICMS), discrepam do figurino constitucional alíquotas sobre as operações de energia elétrica e serviços de telecomunicação em patamar superior ao das operações em geral, considerada a essencialidade dos bens e serviços".

[44] FREITAS, J. O tributo e o desenvolvimento sustentável. *Novos Estudos Jurídicos*, Itajaí, v. 21, n. 3, p. 825-845, 2016. Disponível em: https://periodicos.univali.br/index.php/nej/article/view/9682. Acesso em: 25 jun. 2024, p. 835.

e, dessa forma, mesmo tendo sido inovador para a época, traz em seu conteúdo, uma ideia formal baseada na autoridade do poder público em face dos contribuintes.

A Constituição Federal de 1988 fez retornar o Estado Democrático de Direito ao nosso país tornando necessária uma evolução em nosso sistema tributário.

Com o propósito de atingir os objetivos fundamentais trazidos no art. 3º, da Constituição, inaugura-se uma nova relação de cooperação entre o Estado/sociedade e os meios de produção, onde é reconhecida a função social da empresa que não possui apenas o objetivo do lucro.

Para tanto deve a empresa promover a igualdade, criar empregos, respeitar e proteger o meio ambiente, agir de forma ética, dentre outros, com o objetivo de atender, além do lucro, os interesses coletivos e difusos.

Nesse diapasão, não tem como a relação entre Estado arrecadador e contribuinte ser a mesma. A tributação amplia sua função deixando de ser quase que totalmente arrecadatória para também estimular condutas sustentáveis, neste ponto, torna-se um dos alicerces deste novo pacto democrático.

Surge com mais força o direito fundamental de pagar tributos, pois os recursos são necessários à manutenção da máquina estatal e implementação de políticas públicas, de caráter fiscal, mas também passa a ser um meio de mudar o padrão de determinadas condutas, ao utilizar a ferramenta da extrafiscalidade.

Os princípios tributários da legalidade, da capacidade contributiva, da isonomia, da anterioridade, do não confisco e da irretroatividade da lei tributária, que, sejamos justos, foram uma forma de garantir os direitos fundamentais dos contribuintes, devem se somar hoje aos princípios, da transparência, da simplicidade, da cooperação, da justiça tributária, da atenuação dos efeitos regressivos e da defesa do meio ambiente.

Quanto à sustentabilidade, que é o tema deste artigo, precisamos entender que, com o princípio da proteção ao meio ambiente, a tributação ganha destaque com a extrafiscalidade por ser esta uma ferramenta capaz de promover este objetivo. Assim, pode-se afirmar que a extrafiscalidade incentiva a defesa do meio ambiente e desestimula as ações que lhe causem danos.

E, como apontado por Roque Carrazza,[45] os benefícios da extrafiscalidade mostram-se superiores ao fato de arrecadar os recursos para depois aplicá-los em fiscalização, conforme o trecho a seguir:

> Por outro lado, ao utilizar o mecanismo da extrafiscalidade para estimular comportamentos (comissivos ou omissivos) dos contribuintes, o Estado quase sempre obtém vantagens maiores do que se previamente arrecadasse os tributos para, depois, aplica-los aos gastos públicos. Realmente, com a supressão das instâncias burocráticas encarregadas de controlar a destinação do dinheiro obtido mediante o exercício da tributação, a despesa pública tende a diminuir, sem prejuízo do atendimento das exigências de estabilidade e progresso sociais.

O princípio da proteção ao meio ambiente, visando sua concretização na prática, deve-se utilizar de medidas como a tributação específica de atividades ou produtos prejudiciais ao meio ambiente e, ao mesmo tempo, criar incentivos fiscais às práticas

---

[45] CARRAZZA, Roque Antonio. *Curso de direito constitucional tributário*. 27. ed. São Paulo: Malheiros, 2011, 754.

ambientalmente sustentáveis, com a desoneração fiscal de produtos ecológicos, bem como com a cobrança de taxas e pela extração de recursos naturais, ou por impactos causados ao meio ambiente.

Assim, a extensa agenda do ordenamento jurídico brasileiro necessitará intervir nas atividades econômicas de modo que se alcance a "intervenção tributária sustentável" nos dizeres do Professor Juarez, que inaugura o presente artigo:

> Pois bem, a intervenção tributária sustentável (corretiva e preventiva) é aquela incidente sobre atividades econômicas lícitas, que alcança obter, com tempestividade, a arrecadação suficiente e o equilíbrio dinâmico ecológico, bem como o resguardo dos direitos fundamentais das gerações presentes e futuras, em suas integradas dimensões sociais, econômicas e ambientais.[46] (...)
>
> O princípio da sustentabilidade opera como diretriz superior do Estado Constitucional, que incide nas relações jurídicas em geral, em consórcio com os princípios de justiça fiscal. Determina, assim, uma concatenada agenda descarbonizadora para lidar com mudanças climáticas, entendidas como "global commons problem," já pela via da intervenção indireta (regulação administrativa propriamente), já pela atividade prestacional (v.g., contratações sustentáveis), já pelo fomento (v.g., incentivos creditícios que incorporam a ponderação de riscos socioambientais) e, não menos importante, por intermédio de política tributária submetida à avaliação dos impactos, inclusive das renúncias fiscais.[47]

Com essa alteração de ordem principiológica incluída pela Reforma Tributária, acredita-se que o Brasil está dando um passo importante à mudança de paradigma da tributação do país. Reconhece-se, de uma vez por todas, o protagonismo da proteção do meio ambiente a orientar a arrecadação de tributos e modificar comportamentos lesivos à vida na terra. Alguns dos instrumentos incluídos nas competências tributárias serão abordados no capítulo a seguir.

3 Aspectos concretizadores da tributação sustentável

Com relação aos instrumentos trazidos pela reforma quanto à temática ambiental, identificaram-se em um estudo os eixos eleitos pelo constituinte reformador:

> Em realidade, o novo marco constitucional que passa a regular a tributação ambiental no direito brasileiro veio prever inúmeros instrumentos tributários e mecanismos financeiros específicos, os quais a) detalham tributos ambientais específicos, b) regimes e incentivos que estimulam a proteção ao meio ambiente, bem como c) estabelecem regras de distribuição de receitas públicas com base em ações de sustentabilidade e em políticas ecologicamente orientadas.[48]

---

[46] FREITAS, J. O tributo e o desenvolvimento sustentável. *Novos Estudos Jurídicos*, Itajaí, v. 21, n. 3, p. 825-845, 2016. Disponível em: https://periodicos.univali.br/index.php/nej/article/view/9682. Acesso em: 25 jun. 2024, p. 828.

[47] *Idem*, p. 829.

[48] FERREIRA NETO, Arthur Maria. A reforma tributária e o novo marco da tributação ambiental. *Revista de Direito Ambiental*, São Paulo, vol. 113, ano 29, p. 127-143, jan./mar. 2024. Disponível em: https://www-revistadostribunais-com-br.sbproxy.fgv.br/maf/app/resultList/document?&src=rl&srguid=i0ad82d9b00000190415beb6e73a88bf5&docguid=I8954cda0dd8111ee9793d650e1371174&hitguid=I8954cda0dd8111ee9793d650e1371174&spos=1&epos=1&td=1&context=96&crumb-action=append&crumb-label=Documento&isDocFG=false&isFromMultiSumm=&startChunk=1&endChunk=1. Acesso em: 22 jun. 2024, p. 130-131.

Com relação ao primeiro eixo, tivemos: a) atribuição de competência à União para instituir o imposto seletivo, conforme art. 153, VIII, da CF; b) atribuição aos Estados para instituir o IPVA em função do impacto ambiental, conforme art. 155, III, §6º, II; c) atribuição para os municípios de alargar a hipótese material da contribuição prevista no art. 149-A, da CF e d) manutenção do IPI-ZFM.

Veja-se que é possível visualizar que a reforma está bastante aderente ao princípio da sustentabilidade quando prevê mecanismos adicionais ao que havia anteriormente à reforma. Por exemplo, é o caso do novo imposto seletivo, que substituirá em parte o caráter extrafiscal do imposto sobre produtos industrializados.[49] [50] O fato de termos um tributo cujo fundamento é a prejudicialidade à saúde e ao meio ambiente[51] já fortalece a proposta de Juarez Freitas para uma tributação global sustentável:

> Sem prejuízo de tributos ambientais, preconiza-se uma tributação global sustentável, antecedida de avaliações integradas, quanto aos impactos diretos e indiretos. Reitere-se: não se admite que o tributo ambiental seja reduzido à espécie coadjuvante. É pouco pensar nesses termos. Afinal, para os males sistêmicos, as soluções sistêmicas.[52]

Ao mesmo tempo, a tarefa de eleger os produtos que serão tributados pelo novo imposto é matéria que deveria ser eleita do ponto de vista de uma análise de custo-benefício séria, de modo a ensejar a conscientização da população quanto à função do tributo.

Segundo a proposta de regulamentação do governo para o imposto seletivo,[53] há a previsão de incidência sobre veículos, embarcações e aeronaves, produtos fumígenos, bebidas alcoólicas, bebidas açucaradas e bens minerais extraídos. No que tange aos carros, utilizando técnicas de redução ou aumento de alíquotas, a incidência do tributo levará em conta potência do veículo, eficiência energética, reciclabilidade de materiais, pegada de carbono, entre outros aspectos. Assim, um carro com maior eficiência energética poderá sofrer uma menor tributação e, assim, induzir o aumento da frota[54] de veículos com menor consumo de combustível e, consequentemente, menor emissão de gases poluentes. Inclusive, há a previsão de alíquota zero para veículos que atendam a critérios de sustentabilidade ambiental, com indicação das circunstâncias para um carro considerado sustentável. Quanto às bebidas açucaradas, a proposta prevê a taxação diferenciada, sendo que já foi constatado o alto consumo pela população brasileira.[55]

---

[49] MACHADO Segundo, Hugo de Brito. *Reforma tributária comentada e comparada*: emenda constitucional 132, de 20 de dezembro de 2023. 1. ed. São Paulo: Atlas, 2024, p. 43.
[50] Conforme o teor do art. 155, §6º, V, da CF, o imposto seletivo poderá ter o fato gerador e base de cálculo de outros tributos. É o caso, por exemplo, que poderá ocorrer com o IPVA.
[51] O imposto seletivo tem inspiração nos estudos de Arthur Pigou, que entendia por taxar as externalidades negativas. Ver: FREITAS, J. O tributo e o desenvolvimento sustentável. *Novos Estudos Jurídicos*, Itajaí, v. 21, n. 3, p. 825-845, 2016. Disponível em: https://periodicos.univali.br/index.php/nej/article/view/9682. Acesso em: 25 jun. 2024, p. 828.
[52] FREITAS, J. O tributo e o desenvolvimento sustentável. *Novos Estudos Jurídicos*, Itajaí, v. 21, n. 3, p. 825-845, 2016. Disponível em: https://periodicos.univali.br/index.php/nej/article/view/9682. Acesso em: 25 jun. 2024, p. 841.
[53] Conforme o teor do PLP nº 68/2024: https://www.camara.leg.br/proposicoesWeb/fichadetramitacao?idProposicao=2430143&fichaAmigavel=nao. Acesso em: 25 jun. 2024.
[54] Trabalho da OCDE constatou que a tributação sobre carros influencia na composição da frota dos países. OCDE. Taxation, Innovation and the environment, Paris, 2010. Disponível em: https://www.oecd-ilibrary.org/environment/taxation-innovation-and-the-environment_9789264087637-en. Acesso em: 13 jul. 2024.
[55] MENEZES, Diana Queiroz; ALVES JUNIOR, Joaby Santos; BRAGA, Vanyelle Oliveira Silva. Imposto seletivo – Reforma Tributária e a sua implicação na saúde e meio ambiente. In: FERREIRA JUNIOR, Adive Cardoso (org.).

Ora, se o consumo dessas bebidas é alto e se há impactos à saúde comprovados pelo excesso, nada mais oportuno que tributar de forma mais elevada esses produtos.

> Força, nessa linha, mensurar, com intuito preditivo e probabilístico, as consequências para a saúde pública que determinada tributação possa acarretar.
> (...)
> Com efeito, o sistema tributário é chamado a responder, a contento, à avaliação multidimensional de sustentabilidade dos impactos ("Sustainability Impact Assessment"), de ordem a aferir, no diálogo sinérgico com as demais políticas públicas, a sua efetividade teleológica.[56]

Com relação às bebidas alcoólicas, dados do INCA[57] indicam que o gasto estimado com tratamento de cânceres associados ao consumo de álcool serão da ordem de 4 bilhões de reais até 2040, um aumento de 139% do gasto em 2018 (1,7 bilhão). Ou seja, numa análise inicial percebe-se a importância de desencorajar o consumo do produto.

No que diz respeito ao IPVA, o constituinte outorgou competência para os Estados de instituir alíquotas diferenciadas conforme o impacto ambiental, assim um veículo com alto impacto poderá sofrer a incidência do IPVA majorado e do imposto seletivo,[58] a depender de seu enquadramento nos requisitos sobre sustentabilidade ambiental. Ainda, o constituinte inclui, além dos veículos terrestres, os aquáticos e aéreos, estabelecendo expressamente a possibilidade que foi restringida pelo STF.[59] No ponto, percebe-se que a previsão da lei estadual do RS de isenção de IPVA para veículos de mais de 20 anos[60] não mais se sustentará diante da reforma, uma vez que carros mais antigos possuem tecnologia mais atrasada, logo, potencial de causar mais impacto ambiental. Aliás, vai ao encontro do que entende o professor Juarez Freitas:

> Tudo recomenda, pois, endereçar providências (interpretativas, legislativas, regulatórias e de controle) à adaptação do sistema tributário às pautas da sustentabilidade, mediante uma reorientação axiológica de vulto. Não faz sentido, v.g., admitir a tributação menor de veículos altamente tóxicos e inseguros, apenas por serem antigos e baratos.[61]

Quanto ao previsto para a competência municipal (art. 149-A), foi ampliada a competência para instituir tributação com o objetivo de preservação de logradouros públicos, situação que tem o potencial de aprimorar a adaptação das cidades às

---

Direito tributário em foco: estudos sobre a reforma tributária. (PEC 45/19). 1. ed. Campo Grande: Editora Inovar, 2023, p. 64 [livro eletrônico].

[56] FREITAS, J. O TRIBUTO E O DESENVOLVIMENTO SUSTENTÁVEL. *Novos Estudos Jurídicos*, Itajaí, v. 21, n. 3, p. 825-845, 2016. Disponível em: https://periodicos.univali.br/index.php/nej/article/view/9682. Acesso em: 25 jun. 2024, p. 828.

[57] Conforme PLP nº 68/2024, exposição de motivos.

[58] Conforme o que se depreende da leitura do art. 153, §6º, V, da Constituição Federal.

[59] Neste sentido, as decisões proferidas no RE 255.111-2/SP, DJe de 13.12.2002, e RE 134.509-8/AM, DJ de 13.9.2002.

[60] Previsão do regulamento gaúcho do ICMS, conforme se pode consultar em: https://atendimento.receita.rs.gov.br/ipva-isencoes-faq#:~:text=Quantos%20anos%20de%20Fabrica%C3%A7%C3%A3o%20para,4%2C%20%C2%A7%20Item%20IV.

[61] FREITAS, J. O tributo e o desenvolvimento sustentável. *Novos Estudos Jurídicos*, Itajaí, v. 21, n. 3, p. 825-845, 2016. Disponível em: https://periodicos.univali.br/index.php/nej/article/view/9682. Acesso em: 25 jun. 2024, p. 836.

mudanças climáticas[62] conforme recente Programa Cidades Verdes Resilientes[63] do Governo Federal.[64]

Por fim, a reforma trouxe a manutenção de regime diferenciado do IPI-Zona Franca, que pretende funcionar com um mecanismo indireto de preservação ao meio ambiente, mais especificamente da Zona Franca de Manaus.[65] Veja-se que procede a crítica do autor sobre a manutenção do IPI-ZF, pois segue na contramão da simplificação, agora princípio específico, do sistema tributário nacional, tal como preconizado no art. 145 da Constituição.

Em conclusão, percebe-se uma alteração substancial com relação à moldura das competências tributárias para instituição dos tributos com o componente ambiental em destaque. Um exemplo dessa alteração é a definição de que o IPVA leve em conta critérios de impacto ambiental para o estabelecimento das alíquotas. Outra mudança substancial é a ampliação do fato gerador da contribuição definida no art. 149-A. Mudanças que, em boa hora, são incluídas no texto constitucional e têm o potencial de "esverdear" o sistema tributário nacional.

Quanto ao segundo eixo, tem-se: a) incentivos regionais com critérios de sustentabilidade ambiental, definidos no art. 43, §4º, da CF; b) criação de imunidade de ITCMD nas doações para entidades sem fins lucrativos com objetivos ambientais, previsto no artigo 155, §1º, VII; c) regime fiscal favorecido, além do já existente para biocombustíveis, foi incluído o hidrogênio de baixa emissão de carbono, do artigo 225, §1º, VIII, d) Cesta Básica Nacional de Alimentos e tributação zero; e, por fim, e) possibilidade de criação de regimes diferenciados para atividades sujeitas ao IBS[66] e ao CBS[67] que englobem reabilitação urbana de zonas históricas e de áreas críticas de recuperação e reconversão urbanística, conforme art. 9º, §3º, IV, da EC nº 132/2023. Esse eixo procura trabalhar com um sistema de incentivos para impulsionar o desenvolvimento de novas tecnologias, o consumo de determinados alimentos e regimes diferenciados para certas atividades.

---

[62] O programa "Construindo Cidades Resilientes 2030, do Governo Federal, disponível em: https://www.gov.br/mdr/pt-br/assuntos/protecao-e-defesa-civil/cidades-resilientes.

[63] Instituído pelo Decreto nº 12.041/2024. Disponível em: https://legislacao.presidencia.gov.br/atos/?tipo=DEC&numero=12041&ano=2024&data=05/06/2024&ato=e1bkXR61ENZpWT565. Acesso em: 25 jun. 2024.

[64] Está prevista, como objetivo específico do programa Cidades Verdes, a potencialização dos serviços ecossistêmicos nas cidades, que podem ser realizada por melhorias das áreas verdes da cidade. Situação que vai ao encontro do novo tributo previsto no art. 149-A da Constituição.

[65] "Por fim, cabe mencionar uma nova situação prevista pela EC 132/2023 (LGL\2023\14045), que não vem propriamente permitir a criação de um novo tributo ambiental, mas reflete apenas a manutenção de um imposto federal, o Imposto sobre Produtos Industrializados – IPI, o que, aparentemente, pretende funcionar como um mecanismo reflexo e indireto de preservação ao meio ambiente, mais especificamente na região econômica da Zona Franca de Manaus – ZFM. Isso se deu pela introdução do artigo 126 no ADCT (LGL\1988\31), o qual estabelece que: 'a partir de 2027 [...] o imposto previsto no art. 153, IV, da Constituição Federal (IPI) [...] terá suas alíquotas reduzidas a zero, exceto em relação aos produtos que tenham industrialização incentivada na Zona Franca de Manaus, conforme critérios estabelecidos em lei complementar.'
Tal disposição causou certo espanto nos operadores do direito tributário que aguardavam a aprovação da Reforma Tributária, na medida em que o IPI sempre foi um dos impostos que estaria na lista daqueles a serem extintos com a implementação do novo Sistema Tributário, uma vez que esse antigo tributo teria seu lugar ocupado pelo aqui já analisado Imposto Seletivo". Conforme: FERREIRA NETO, op. cit., p. 133.

[66] Imposto de bens e serviços que substituirá o ICMS e o ISS de competência dos Estados e Municípios. Disponível em: https://www.gov.br/fazenda/pt-br/acesso-a-informacao/acoes-e-programas/reforma-tributaria/regulamentacao-da-reforma-tributaria/lei-geral-do-ibs-da-cbs-e-do-imposto-seletivo/apresentacoes. Acesso em: 13 jul. 2024.

[67] Contribuição sobre bens e serviços que sustituirá PIS, COFINS, IOF seguros e IPI. Disponível em: https://www.gov.br/fazenda/pt-br/acesso-a-informacao/acoes-e-programas/reforma-tributaria/regulamentacao-da-reforma-tributaria/lei-geral-do-ibs-da-cbs-e-do-imposto-seletivo/apresentacoes. Acesso em: 13 jul. 2024.

Embora fora do capítulo do Sistema Tributário Nacional, o constituinte incluiu na seção das regiões o critério de sustentabilidade ambiental e de redução das emissões de carbono, sempre que possível, para a concessão de incentivos fiscais. Um tanto quanto questionável a expressão "sempre que possível", que pode parecer ao legislador completa liberdade para a opção, quando, numa leitura sistemática da Constituição, deve ser lido como um "deve". Nesse sentido, adverte Hugo de Brito Segundo:

> Vale dizer, apenas limitações fáticas, e restrições decorrentes da necessidade de se respeitarem outras normas do sistema, podem fazer com que o mandamento não seja integralmente atendido. Não havendo tais restrições, não depende da vontade do legislador fazê-lo ou não, tendo-se, como dito, uma determinação.[68]

Assim, incentivos fiscais estabelecidos para regiões específicas com critérios de sustentabilidade podem contribuir para a diminuição das desigualdades regionais.[69] Nesse caso, o constituinte faz uso da técnica do fomento para impulsionar o desenvolvimento de regiões, fazendo com que haja priorização do aumento da sustentabilidade ambiental e da redução das emissões de carbono.

A previsão de nova imunidade em relação ao ITCMD a entidades com finalidade de relevância pública e social também vai ao encontro de incentivar a promoção dos mais diversos fins, que poderá ser ambiental a depender da finalidade para a qual foi criada.

Por sua vez, o art. 225 traz importante inovação, que é o regime fiscal diferenciado para a produção do hidrogênio de baixa emissão de carbono (além do já existente para biocombustíveis). Esse direcionamento estratégico dos recursos busca alinhar o desenvolvimento regional com a preservação ambiental, além de induzir que o Brasil se torne um grande produtor desse insumo,[70] se posicionando como protagonista no cenário de transição energética "mais limpa".[71] A título de complementação, o hidrogênio de baixo carbono tem potencial de reduzir de 15% a 20% do total de emissões de gás de efeito estufa (GEE),[72] sendo que atualmente, há demanda mundial para o consumo, sendo a União Europeia um exemplo. Nesse mercado, uma das questões cruciais é o custo e, para isso, necessário que se programe uma agenda favorável ao desenvolvimento desse mercado.[73] Nesse sentido, a reforma tributária estabeleceu um regime fiscal favorecido para essa indústria na medida em que a tributação sobre esse ramo seja inferior ao estabelecido para os combustíveis fósseis. Veja-se que a proposta está alinhada ao proposto pelo Professor Juarez:

---

[68] MACHADO Segundo, Hugo de Brito. *Reforma tributária comentada e comparada*: emenda constitucional 132, de 20 de dezembro de 2023. 1. ed. São Paulo: Atlas, 2024, p. 9.

[69] Vide nota de rodapé nº 78.

[70] FGV Energia. Hidrogênio de baixo carbono: a importância dos avanços em questões estruturantes. *Cadernos*, ano 9, n. 20, p. 6-7, nov. 2023. Disponível em: https://fgvenergia.fgv.br/publicacao/caderno-fgv-energia-hidrogenio-de-baixo-carbono-importancia-dos-avancos-em-questoes. Acesso em: 29 jun. 2024.

[71] Situação que vai ao encontro da defesa do Professor Juarez Freitas da descarbonização da economia. Conforme: FREITAS, J. O tributo e o desenvolvimento sustentável. *Novos Estudos Jurídicos*, Itajaí, v. 21, n. 3, p. 825-845, 2016. Disponível em: https://periodicos.univali.br/index.php/nej/article/view/9682. Acesso em: 25 jun. 2024.

[72] FGV Energia. Hidrogênio de baixo carbono: a importância dos avanços em questões estruturantes. *Cadernos*, ano 9, n. 20, p. 9, nov. 2023. Disponível em: https://fgvenergia.fgv.br/publicacao/caderno-fgv-energia-hidrogenio-de-baixo-carbono-importancia-dos-avancos-em-questoes. Acesso em: 29 jun. 2024.

[73] FGV Energia. Hidrogênio de baixo carbono: a importância dos avanços em questões estruturan-tes. *Cadernos*, ano 9, n. 20, p. 6-7, nov. 2023. Disponível em: https://fgvenergia.fgv.br/publicacao/caderno-fgv-energia-hidrogenio-de-baixo-carbono-importancia-dos-avancos-em-questoes. Acesso em: 29 jun. 2024.

Cumpre, nessa perspectiva, elevar o compromisso (por ora, débil) de incrementar a transição para o sistema tributário sustentável, no qual se reúnem as forças interventivas para, por exemplo, inibir emissões tóxicas e, simultaneamente, coibir as modalidades de tributação que as favoreçam.

Ou seja, o Brasil procura investir na área de biocombustíveis e do hidrogênio verde, situação que vai ao encontro de acordos internacionais dos quais faz parte, como é o caso do Acordo de Paris.[74]

Uma medida que possui potencial de modificar condutas é o regime diferenciado atinente aos produtos arrolados na cesta básica nacional prevista no art. 8º da EC nº 132/2023, que prevê alíquota zero para o IBS e CBS.[75] Conforme a exposição de motivos ao projeto que regulamenta a reforma,[76] a cesta contará com itens destinados à alimentação humana com fim de garantir a alimentação saudável com inclusão de alimentos minimamente processados. Outro aspecto considerado é a inclusão de alimentos mais consumidos pela população de baixa renda, assim buscando equilibrar a necessidade de alimentação saudável com o máximo possível de justiça social.[77] Trata-se de medida capaz de alterar o consumo de determinados alimentos mais prejudiciais à saúde, como os ricos em açúcares e os ultraprocessados, mas sempre com o necessário olhar aos produtos consumidos pela população de baixa renda.

A título de conclusão, a escolha de produtos para a composição da cesta nacional de alimentos deve ser avaliada sob o prisma da proporcionalidade, uma vez que haverá a colisão de princípios a serem tutelados. Essa análise irá necessitar de outros campos do conhecimento a fim de orientar as escolhas a serem feitas pelo legislador, situação que fica evidenciada pela especificidade de produtos que podem ser prejudiciais à saúde. Ao mesmo tempo, na realidade brasileira, faz-se necessário ponderar a inclusão de produtos que a população de baixa renda tem acesso.

Um importante mecanismo é o regime diferenciado para atividades sujeitas ao IBS e ao CBS que englobem reabilitação urbana de zonas históricas e de áreas críticas de recuperação e reconversão urbanística prevista na proposta de regulamentação do governo. Com a indicação de redução de 60% das alíquotas do IBS e CBS, incentiva-se, em tempos de fenômenos climáticos intensos, a adaptação das cidades.[78]

Quanto ao terceiro eixo, que são mecanismos financeiros e não propriamente tributários, há: a) distribuição de receitas em função de indicadores de preservação ambiental; b) Fundo Nacional de Desenvolvimento Regional e Sustentabilidade Ambiental; c) Fundo de Sustentabilidade e Diversificação Econômica do Estado do Amazonas; e d) Fundo de Desenvolvimento Sustentável dos Estados da Amazônia Ocidental e do Amapá.

---

[74] O Decreto nº 9.073/2017 promulgou o Acordo de Paris sob a Convenção-Quadro das Nações Unidas sobre Mudança do Clima. Disponível em: https://www.planalto.gov.br/ccivil_03/_ato2015-2018/2017/decreto/d9073.htm. Acesso em: 30 jun. 2024.

[75] A EC nº 132/2023 criou o imposto sobre bens e serviços para substituir o ICMS e ISS e a contribuição sobre bens e serviços para substituir o PIS, Cofins e IPI.

[76] PLP nº 68/2024, p. 329-331.

[77] Ibidem.

[78] O programa "Construindo Cidades Resilientes 2030, do Governo Federal. Disponível em: https://www.gov.br/mdr/pt-br/assuntos/protecao-e-defesa-civil/cidades-resilientes. Acesso em: 29 jun. 2024.

O art. 158 §2º, inciso III, introduz uma nova abordagem na distribuição de parcelas de receita para os Municípios, reservando 5% com base em indicadores de preservação ambiental,[79] conforme definido por lei estadual. Importante salientar que fica a cargo do legislador estadual definir critérios e índices que irão orientar a distribuição das parcelas de recursos financeiros.

A concretização da repartição de receita será desafiadora, principalmente, no que se refere à especificação dos critérios e índices que avaliarão e mensurarão o desempenho de cada ente federativo municipal. Aquelas iniciativas que tenham contribuído efetivamente para um desenvolvimento mais equitativo, sustentável e ambientalmente consciente, fundamentarão a diferença de repartição das receitas, aspecto que induzirá a busca por práticas sustentáveis pelos entes nacionais.

Por sua vez, quanto à criação dos fundos, é medida salutar, pois há desigualdades regionais importantes no Brasil[80] a serem mitigadas. Portanto, resta evidente que apenas alterar os tributos do Sistema Tributário Nacional não é suficiente, é preciso estabelecer incentivos para fins de diminuir as diferenças.[81] Para contextualizar, o percentual de pessoas em situação de pobreza está na ordem de 31,6% da população e de extrema pobreza é de 5,9%. Dentro desses números, 54,6% dos extremamente pobres e 43,5% dos pobres do Brasil estão na região Nordeste, que responde por 27,0% da população total. Esses indicadores dão uma ideia do tamanho do desafio brasileiro para fins de dar concretude aos objetivos elencados no art. 3º da CF/88.[82]

Por fim, salienta-se prática salutar prevista no art. 451, da proposta de regulamentação da instituição do IBS, CBS e imposto seletivo, que é a avaliação quinquenal da eficiência, eficácia e efetividade da reforma enquanto políticas sociais, ambientais e de desenvolvimento econômico. Mecanismo que vai ao encontro do defendido pelo Professor Juarez Freitas de que os benefícios da política tributária e fiscal sejam aferidos por métricas seguras e com a utilização da avaliação de sustentabilidade dos impactos.[83] Sem dúvida, medida de extrema importância para fins de correção de rumos na política tributária e financeira.

---

[79] Há previsão de distribuição de receitas do ICMS em alguns Estados para os municípios, o chamado ICMS-ecológico, conforme previsão da LC nº 63/90 e da Lei Gaúcha nº 11.038/97. Percebe-se uma mudança quanto ao fato de a previsão estar diretamente na Constituição Federal.

[80] Conforme matéria produzida pelo IBGE: https://agenciadenoticias.ibge.gov.br/agencia-detalhe-de-midia.html?view=mediaibge&catid=2103&id=6837. Acesso em: 1 jun. 2024.

[81] Art. 159-A. Fica instituído o Fundo Nacional de Desenvolvimento Regional, com o objetivo de reduzir as desigualdades regionais e sociais, nos termos do art. 3º, III, mediante a entrega de recursos da União aos Estados e ao Distrito Federal para: (Incluído pela Emenda Constitucional nº 132, de 2023)
I - realização de estudos, projetos e obras de infraestrutura; (Incluído pela Emenda Constitucional nº 132, de 2023)
II - fomento a atividades produtivas com elevado potencial de geração de emprego e renda, incluindo a concessão de subvenções econômicas e financeiras; e (Incluído pela Emenda Constitucional nº 132, de 2023)
III - promoção de ações com vistas ao desenvolvimento científico e tecnológico e à inovação. (Incluído pela Emenda Constitucional nº 132, de 2023).

[82] Art. 3º Constituem objetivos fundamentais da República Federativa do Brasil:
I - construir uma sociedade livre, justa e solidária;
II - garantir o desenvolvimento nacional;
III - erradicar a pobreza e a marginalização e reduzir as desigualdades sociais e regionais;
IV - promover o bem de todos, sem preconceitos de origem, raça, sexo, cor, idade e quaisquer outras formas de discriminação.

[83] FREITAS, J. O tributo e o desenvolvimento sustentável. *Novos Estudos Jurídicos*, Itajaí, v. 21, n. 3, p. 825-845, 2016, p. 829-830. Disponível em: https://periodicos.univali.br/index.php/nej/article/view/9682. Acesso em: 25 jun. 2024.

Considerações finais

Embora a leitura sistemática da Constituição Federal possibilite a aplicação do princípio da sustentabilidade em todos os ramos do Direito por ela regulado, o fato é que a Reforma Constitucional nº 132/2023 inaugura uma virada axiológica no Sistema Tributário Nacional. A concretização dos princípios é perceptível nos diversos institutos que foram inseridos tanto do ponto de vista financeiro como também tributário.

Seguem, a título de conclusão, algumas reflexões após a avaliação do texto da reforma constitucional:

1) A sustentabilidade é dever, direito e princípio que deve informar o ordenamento jurídico na perspectiva da multidimensionalidade proposta por Juarez Freitas.
2) Com esse objetivo pode-se intervir na economia com mecanismos do tipo comando-controle (regulatório), fomento (incentivos) e de política tributária e financeira.
3) Para além dos princípios já existentes no Sistema Tributário Nacional, foram incluídas a simplicidade, transparência, justiça tributária, cooperação e defesa do meio ambiente, ou seja, há uma virada no padrão valorativo do Sistema Tributário Nacional.
4) Além da faceta prestacional do Estado, custeada pela caráter fiscal dos tributos, a extrafiscalidade, indutora de comportamentos sustentáveis, passa a ser protagonista e não mera coadjuvante no cenário nacional.
5) Houve a inserção de tributos marcadamente ambientais, como são é o caso do imposto seletivo, IPVA, em função do impacto ambiental e ampliação de competência do artigo 149-A.
6) Há um reforço significativo no sistema de incentivos como se pode constatar, por exemplo, no estabelecido no art. 43, §4º, da CF, no regime fiscal favorecido para o desenvolvimento da indústria do hidrogênio de baixo carbono, na tributação zero para cesta básica nacional de alimentos e nos regimes diferenciados para atividades sujeitas ao IBS e CBS que englobem a reabilitação urbana de zonas históricas e de áreas críticas de recuperação e reconversão urbanística.

As opções eleitas pelo reformador constituinte indicam uma virada axiológica na relação Estado-contribuinte. O desenvolvimento sustentável, embora já extraível do nosso sistema constitucional, ganha um reforço significativo ao prever no Sistema Tributário Nacional uma série de princípios, em especial, a defesa do meio ambiente.

Pagar tributos, sem dúvida, é uma das áreas mais sensíveis na vida das pessoas, a Emenda Constitucional nº 132/2023 parece indicar que os legisladores estão buscando o "direito ao futuro a sério".

Referências

ARAUJO, Joana Franklin de. *Tributação sustentável*: a experiência estrangeira e a política fiscal brasileira. 2014. Dissertação (Mestrado em Direito Econômico e Financeiro). Faculdade de Direito, Universidade de São Paulo, São Paulo, 2014. Acesso em: 22 jun. 2024.

CALIENDO, Paulo; RAMMÊ, Rogério; MUNIZ, Veyzon. Tributação e sustentabilidade ambiental: a extrafiscalidade como instrumento de proteção do meio ambiente. *Revista de Direito Ambiental*, São Paulo, vol. 76, ano 19, p. 471-489, out./dez. 2014.

CANAZARO, Fábio. *Essencialidade tributária*: igualdade, capacidade contributiva e extrafiscalidade na tributação sobre o consumo. Porto Alegre: Livraria do Advogado Editora, 2015.

CARRAZZA, Roque Antonio. *Curso de direito constitucional tributário*. 27. ed. São Paulo: Malheiros, 2011.

CAVALCANTE, Denise Lucena. O papel da tributação em prol do ODS 13: ações contra as mudanças climáticas. *In*: WARPECHOWSKI, Ana Cristina Moraes; GODINHO, Heloísa Antonacio Monteiro; IOCKEN, Sabrina Nunes (coord.). *Políticas públicas e os ODS da Agenda 2030*. Belo Horizonte: Fórum, 2021. P.401-411.

COSTA, Regina Helena. Apontamentos sobre a tributação ambiental no Brasil. *In*: TÔRRES, Heleno Taveira (org.). *Direito Tributário Ambiental*. 1. ed. São Paulo: Malheiros, 2005, p. 312-332.

CUNDA, Daniela Zago Gonçalves da. *Controle de sustentabilidade pelos Tribunais de Contas*. 2016. Tese (Doutorado em Direito) – Faculdade de Direito, Pontifícia Universidade Católica do Rio Grande do Sul, Rio Grande do Sul, 2016.

CUNDA, Daniela Zago Gonçalves da. Controle de sustentabilidade pelos Tribunais de Contas e a necessária ênfase à dimensão ambiental. *In*: MIRANDA, Jorge; GOMES, Carla Amado; PENTINAT, Susana Borràs (coord.). *Diálogo Ambiental, Constitucional e Internacional*. Volume 10, e-book internacional (ISBN: 978-989-8722-42-3). Lisboa: Faculdade de Direito da Universidade de Lisboa (CJP e CIDP), abril de 2020, p. 293-341.

FEIL, Alexandre André; SCHREIBER, Dusan. Sustentabilidade e desenvolvimento sustentável: desvendando as sobreposições e alcances de seus significados. *Cad. EBAPE.BR*, Rio de Janeiro, v. 14, n. 3, jul./set. 2017.

FERREIRA NETO, Arthur Maria. A reforma tributária e o novo marco da tributação ambiental. *Revista de Direito Ambiental*, São Paulo, vol. 113, ano 29, p. 127-143, jan./mar. 2024.

FGV Energia. Hidrogênio de baixo carbono: a importância dos avanços em questões estruturantes. *Cadernos*, ano 9, n. 20, nov. 2023. Disponível em: https://fgvenergia.fgv.br/publicacao/caderno-fgv-energia-hidrogenio-de-baixo-carbono-importancia-dos-avancos-em-questoes. Acesso em: 29 jun. 2024.

FREITAS, Juarez. *Sustentabilidade*: direito ao futuro. 2. ed. Belo Horizonte: Fórum, 2012.

FREITAS, J. O tributo e o desenvolvimento sustentável. *Novos Estudos Jurídicos*, Itajaí, v. 21, n. 3, p. 825-845, 2016. Disponível em: https://periodicos.univali.br/index.php/nej/article/view/9682. Acesso em: 25 jun. 2024.

FURTADO JR., Caldas. *Direito financeiro*. 4. ed. rev. e ampl. e atual. 1ª reimpressão. Belo Horizonte: Fórum, 2014.

GRAU NETO, Werner. *A política nacional sobre mudança do clima e sua implementação para os setores de energia e florestas*: mecanismos tributários. 2012. Tese (Doutorado em Direito Econômico e Financeiro) — Faculdade de Direito, Universidade de São Paulo, São Paulo, 2012. DOI: 10.11606/T.2.2012.tde-29102012-134257. Acesso em: 22 jun. 2024.

LOBATO, Anderson Orestes Cavalcante; ALMEIDA, Gilson César Borges de. Tributação ambiental: uma contribuição ao desenvolvimento sustentável. *In*: TÔRRES, Heleno Taveira (org.). *Direito Tributário Ambiental*. 1. ed. São Paulo: Malheiros, 2005, p. 624-640.

MACHADO Segundo, Hugo de Brito. *Reforma tributária comentada e comparada*: emenda constitucional 132, de 20 de dezembro de 2023. 1. ed. São Paulo: Atlas, 2024.

MENEZES, Diana Queiroz; ALVES JUNIOR, Joaby Santos; BRAGA, Vanyelle Oliveira Silva. Imposto seletivo – Reforma Tributária e a sua implicação na saúde e meio ambiente. *In*: FERREIRA JUNIOR, Adive Cardoso (org.). *Direito tributário em foco*: estudos sobre a reforma tributária (PEC 45/19) [livro eletrônico]. 1. ed. Campo Grande: Editora Inovar, 2023, p. 61-75.

NABAIS, José Casalta. Reflexões sobre quem paga a conta do Estado Social. *Revista Tributária e de Finanças Públicas*, São Paulo, vol. 88, ano 16, p. 269-307, 2009.

NASCIMENTO, Jonatas Albino do; LAZARI, Rafael de. Tributação verde no Brasil: a necessidade da implantação e discussão do seu impacto orçamentário por ocasião da reforma tributária. *Revista de Direito Ambiental*, São Paulo, vol. 102, ano 26, p. 149-162, abr./jun. 2021. Disponível em: https://www-revistadostribunais-com-br.sbproxy.fgv.br/maf/app/resultList/document?&src=rl&srguid=i0a89c0de00000190adcf58835c55f07c&docguid=I4a6b3170b8c111eb9b31f9ea5ae63b2c&hitguid=I4a6b3170b8c111eb9b31f9ea5ae63b2c&spos=1&epos=1&td=2&context=13&crumb-action=append&crumb-label=Documento&isDocFG=false&isFromMultiSumm=&startChunk=1&endChunk=1. Acesso em: 13 jul. 2024.

OCDE – ORGANIZAÇÃO PARA A COOPERAÇÃO E DESENVOLVIMENTO ECONÔMICO. Avaliações de desempenho ambiental: Brasil 2015. Brasil: OCDE, 2016. Disponível em: https://www.oecd-ilibrary.org/environment/ocde-avaliacoes-de-desempenho-ambiental-brasil-2015_9789264268159-pt. Acesso em: 30 jun. 2024.

PERALTA, C. E. Tributação ambiental no Brasil. Reflexões para esverdear o sistema tributário brasileiro. *Revista de Finanças Públicas, Tributação e Desenvolvimento*, 3(3), 2015. Disponível em: https://www.e-publicacoes.uerj.br/rfptd/article/view/15589. Acesso em: 30 jun. 2024.

RAMOS, L. A.; CUNDA, D. Z. G.; BLIACHERIENE, A. C. Contratações públicas como instrumento de concretização do dever de sustentabilidade e dos ODS 05 e 12 da Agenda da ONU para 2030: a contratação de vítimas de violência de gênero como uma boa prática a ser ampliada. *In:* CUNDA, Daniela Zago Gonçalves da; LIMA, L. H.; GODINHO, Heloísa Helena. (org.). *Controle Externo e as mutações do Direito Público*: licitações e contratos. Estudos de ministros e conselheiros substitutos dos tribunais de contas. 1. ed. Belo Horizonte: Fórum, 2023, v. I, p. 91-119.

SARLET, Ingo Wolgang; MARINONI, Luiz Guilherme; MITIDIERO, Daniel. *Curso de Direito Constitucional*. 4. ed. São Paulo: Saraiva, 2015.

TIPKE, Klaus. *Direito Tributário*. Porto Alegre: Sérgio Antônio Fabris Ed., 2008.

TÔRRES, Heleno Taveira. Da relação entre competências constitucionais tributária e ambiental – os limites dos chamados "tributos ambientais". *In:* TÔRRES, Heleno Taveira (org.). *Direito Tributário Ambiental*. 1. ed. São Paulo: Malheiros, 2005, p. 96-156.

WEDY, Gabriel. *Desenvolvimento Sustentável na Era das Mudanças Climáticas*: um direito fundamental. São Paulo: Saraiva (Kindle).

Informação bibliográfica deste livro, conforme a NBR 6023:2018 da Associação Brasileira de Normas Técnicas (ABNT):

LINCK, Júlio César; RAMOS, Letícia Ayres. Emenda Constitucional nº 132/2023: uma "mudança sustentável de paradigma" em curso no Sistema Tributário Nacional. *In*: PASQUALINI, Alexandre; CUNDA, Daniela Zago Gonçalves da; RAMOS, Rafael (coord.). *Direito, sustentabilidade e inovação*: estudos em homenagem ao professor Juarez Freitas. Belo Horizonte: Fórum, 2025. p. 331-349. ISBN 978-65-5518-957-5.

SMART CITIES E RESÍDUOS SÓLIDOS URBANOS: REFLEXÕES SOBRE ECOPONTOS, E-CARROCEIROS E RE-CICLO EM FORTALEZA/CE

LIGIA MARIA MELO DE CASIMIRO

LUCAS SARAIVA DE ALENCAR SOUSA

Introdução

Por certo, as mudanças climáticas são um dos maiores desafios deste século. Sendo consequência de um processo histórico da ação humana sobre a natureza de forma insustentável, almejando produzir riqueza e se desenvolver a todo custo. Desde a revolução industrial, o ideal pregado é o de que o progresso seria quanto maior e mais intenso fosse o crescimento.[1] E os recursos naturais abundantes eram entendidos como bens livres, por se encontrarem facilmente no meio ambiente e, assim, não teriam valor de troca. Era a lógica.

No entendimento de Passet, a história econômica é na verdade uma redução contínua do freio que limita o reino do "ter".[2] Isto é, não somente no sentido de acúmulo de propriedade, mas também no consumo desenfreado por bens, na perseguição de ter sempre o melhor produto. Explica Marcel Bursztyn que o "ter" se refere à produção material de bens necessários à subsistência da humanidade, mas que constitui somente um aspecto da biosfera, no entanto o "ter" assumiu uma importância na sociedade que prevalece sobre os demais aspectos, inclusive a própria vida, o ser.[3]

---

[1] BURSZTYN, Marcel. Armadilhas do progresso: contradições entre economia e ecologia. *Revista Sociedade e Estado*, v. 10, n. 1, p. 3, jan./jun. 1995. Disponível em: https://repositorio.unb.br/handle/10482/9588. Acesso em: 14 jun. 2024.

[2] PASSET, René. *L'économique et le vivant*. 2. ed. Paris: Economica, 1996, p. 4.

[3] BURSZTYN, Marcel. Armadilhas do progresso: contradições entre economia e ecologia. *Revista Sociedade e Estado*, v. 10, n. 1, p. 100, jan./jun. 1995. Disponível em: https://repositorio.unb.br/handle/10482/9588. Acesso em: 14 jun. 2024.

Ou seja, por muito tempo a sociedade se entendeu como um elemento à parte da biosfera em vez de compreender que faz parte de um equilíbrio dentro do todo, do ecossistema e que as suas ações também ecoam nesse sistema. O meio ambiente é um sistema como tantos outros que existem no mundo, tanto os naturais como os artificiais compartilham da mesma fragilidade, que é a ruptura em cadeia iniciada por um único problema que se espalha como uma infecção virulenta, como a crise do sistema bancário de 2008, que teve início com a falência do banco Lehman Brothers.[4]

Não faz muito tempo que essa mudança de concepção vem sendo difundida no plano internacional pela ONU e tentando ser implementada pelos países. Somente em 1987 que o desenvolvimento sustentável ganha destaque por meio do relatório "Our common future". O documento difunde uma nova forma de se desenvolver, permitindo que se satisfaçam as necessidades das presentes gerações ao mesmo tempo em que não impeça as futuras gerações de também as suprirem.[5] Dois conceitos importantes para melhor compreender a profundidade do desenvolvimento sustentável consistem no sentido de necessidade e de limitações.

A necessidade a que se refere o termo é no sentido de necessidades básicas, como alimentação, moradia adequada, saúde, água, entre outros, afastando-se da ideia de consumismo. Dessa forma, a sustentabilidade desse desenvolvimento não é somente ambiental, mas também econômica e social, as três esferas em harmonia. Em paralelo, as limitações fazem referência à capacidade tecnológica de inovação para a solução de problemas que são atuais, mas que no futuro podem ser solucionados em virtude do conhecimento científico. Portanto, impõe-se um novo freio ao capitalismo ao mesmo tempo em que não deixa de lado a noção do desenvolvimento contínuo.

Ocorre que essa mudança precisa ser urgente. Segundo o IPCC, as mudanças climáticas já causaram danos substanciais e irreversíveis no meio ambiente, como a extinção de espécies, perda de biodiversidade, problemas hidrológicos, entre outros.[6] E continuarão a causar caso os Estados permaneçam pressionando os recursos naturais de forma insustentável, podendo causar a ruptura do ecossistema. Contudo, apesar dos problemas serem globais, eles são sentidos de forma local nas cidades. Na região da América Latina e Caribe, 500 milhões de pessoas vivem nas cidades, atingindo cerca de 80% de urbanização.[7] São vários os desafios decorrentes dessa concentração, como mobilidade, segurança, saúde, bem-estar, saneamento e moradia adequada, pressionando o meio ambiente com a mesma intensidade de concentração.

Afinal, é importante deixar clara uma consideração essencial: as necessidades humanas são consumidoras da natureza. Quanto maior for a população, maior a pressão para a utilização dos recursos naturais, bem como quanto maior o desenvolvimento de uma sociedade, maior será o consumo *per capita*, mesmo que sejam produzidos por outras sociedades.[8] Portanto, é exatamente neste nível de governo que a pesquisa se

---

[4] SACHS, Jeffrey D. *The age of sustainable development*. New York: Columbia University Press, 2015, p. 7-8.
[5] ONU. *Our common future*. 1987, p. 41. Disponível em: https://sustainabledevelopment.un.org/content/documents/5987our-common-future.pdf. Acesso em: 14 jun. 2024.
[6] IPCC. *AR6 Synthesis report*: climate change 2024. 2024, p. 9. Disponível em: https://www.ipcc.ch/report/sixth-assessment-report-cycle/. Acesso em: 14 jun. 2024.
[7] UNEP. *Organic waste management in Latin America*: challenges and advantages of the main treatment options and trends. 2017, p. 3. Disponível em: https://abrelpe.org.br/publicacoes/. Acesso em: 14 jun. 2024.
[8] BURSZTYN, Marcel. Armadilhas do progresso: contradições entre economia e ecologia. *Revista Sociedade e Estado*, v. 10, n. 1, p. 3, jan./jun. 1995. Disponível em: https://repositorio.unb.br/handle/10482/9588. Acesso em: 14 jun. 2024.

insere. Especificamente, as inovações tecnológicas da cidade de Fortaleza, no Ceará, para tentar mitigar o problema dos resíduos sólidos originado pelo grande consumo da cidade.

A questão do lixo remonta a um problema de consumo dos cidadãos, de produção de produtos não recicláveis das indústrias e controle da geração, da coleta e do impulsionamento da transição verde pelo poder público. Diante disso, os Municípios podem ser os protagonistas na elaboração e na aplicação de soluções, tendo em vista que são responsáveis pelo gerenciamento dos resíduos sólidos na sua jurisdição, bem como devem se qualificar para o exercício da regulação ambiental de forma inclusiva.[9] No caso de Fortaleza, algumas ideias inovadoras foram aplicadas em conjunto com a tecnologia, como os ecopontos, e-carroceiro e re-ciclo.

Mas seriam as *smart cities* um modelo de cidade para a solução para os resíduos sólidos? E ainda, os ecopontos, e-carroceiro e re-ciclo são eficientes? Ao longo do trabalho, pretende-se tecer considerações sobre os programas mencionados, bem como apresentar os seus resultados a fim de responder a esses questionamentos. Não obstante, é necessário estabelecer previamente a discussão de alguns conceitos e estudos que abordem as *smart cities* no Brasil, aprofundando essa forma de gestão da cidade e a utilização da tecnologia de informação. Posteriormente, também são consideradas as variáveis históricas da urbanização no Brasil, como as desigualdades sociais e a existência das associações de reciclagem e dos carroceiros.

Sob essa ótica, as inovações aplicadas pela prefeitura da capital cearense serão consideradas para que se verifique a eficiência das *smart cities* como modelo de cidade e dos programas desenvolvidos para auxiliar o manejo dos resíduos sólidos. Para tanto, o método utilizado foi o de revisão bibliográfica em que se explorou o máximo de documentos sobre os temas propostos, não se limitando à língua nacional. Especificamente quanto aos programas dos ecopontos, e-carroceiro e re-ciclo, por serem uma iniciativa de Fortaleza, a maioria das pesquisas referenciadas é de universidades locais, principalmente, trabalhos de conclusão de curso, dissertações e teses. Por fim, as considerações foram elaboradas de forma multidisciplinar, incluindo outras ciências que se debruçaram sobre o assunto.

1 Em busca da solução: políticas públicas para os resíduos sólidos e a "smartização" das cidades

A Lei nº 12.305/2010, que institui a Política Nacional de Resíduos Sólidos (PNRS), trouxe ao Brasil uma série de inovações para a gestão dos resíduos sólidos, mas demorou mais de 20 anos para que fosse aprovada.[10] Com isso, o documento reúne o conjunto de princípios, objetivos, instrumentos, diretrizes, metas e ações adotadas pelo governo federal de forma isolada ou em conjunto com os demais Entes Federados, visando a uma gestão integrada e ao gerenciamento ambientalmente adequado dos resíduos sólidos.[11]

---

[9] FREITAS, J.; MOREIRA, R. M. C. Regulação Ambiental: Controle de Sustentabilidade. *Revista Jurídica (FURB)*, 24(53), e8457, 2020. Disponível em https://ojsrevista.furb.br/ojs/index.php/juridica/article/view/8457. Acesso em: 14 maio 2024.

[10] BRASIL. Ibama. *Política Nacional dos Resíduos Sólidos*. Disponível em: https://www.gov.br/ibama/pt-br/assuntos/emissoes-e-residuos/residuos/politica-nacional-de-residuos-solidos-pnrs. Acesso em: 17 jun. 2024.

[11] Art. 4º A Política Nacional de Resíduos Sólidos reúne o conjunto de princípios, objetivos, instrumentos, diretrizes, metas e ações adotados pelo Governo Federal, isoladamente ou em regime de cooperação com Estados,

Dentre os seus objetivos, destacam-se para este estudo: (1) a lógica da não geração, redução, reutilização, reciclagem e tratamento dos resíduos sólidos, bem como a disposição final ambientalmente adequada; (2) a integração dos catadores de materiais reutilizáveis e recicláveis nas ações que envolvam a responsabilidade compartilhada pelo ciclo de vida do produto; (3) o estímulo à implementação da avaliação do ciclo de vida do produto; e (4) o estímulo à rotulagem ambiental e ao consumo sustentável.

Para tanto, são instrumentos: (1) os planos de resíduos sólidos; (2) os inventários e o sistema declaratório anual de resíduos sólidos; (3) o incentivo à criação e ao desenvolvimento de cooperativas e associações de catadores; e (4) a cooperação técnica e financeira entre os setores público e privado para o desenvolvimento de novos métodos, processos e tecnologias de gestão, reciclagem, reutilização, tratamento de resíduos e disposição final ambientalmente adequada.

A PNRS determina que os governos federal, estadual e municipal devem elaborar os seus planos anuais para os resíduos de forma concorrente e integrada. Assim como na Alemanha, cada esfera do governo brasileiro tem responsabilidade em relação aos resíduos sólidos urbanos. Contudo, enquanto que a Alemanha cria políticas para conseguir aproveitar quase a totalidade do seu lixo, o Brasil ainda tem muito a avançar com os serviços mais básicos, como a cobertura da coleta de lixo e os lixões.[12]

A política tinha estabelecido como prazo legal para a disposição final ambientalmente adequada o ano de 2014, mas segundo os relatórios mais recentes essa realidade ainda se encontra bem distante. Não obstante, em 2022, foram retomadas as discussões sobre a gestão dos resíduos sólidos, sendo implementados o Decreto nº 10.936/2022, que trouxe nova regulamentação para a PNRS, e o Decreto nº 11.043/2022, que instituiu o Plano Nacional de Resíduos Sólidos (Planares).

Apesar de ambos os instrumentos reforçarem os princípios, diretrizes e estratégias já observados pelo antigo plano nacional, o Planares se destaca devido à sua objetividade e clareza, delineando uma transição brasileira. Ele não se confunde com o PNRS, visto que é um plano de ação atualizado para a sua implementação, tentando operacionalizar as disposições legais, princípios, objetivos e diretrizes já previstas.[13] O plano estabelece um diagnóstico brasileiro e com base nessas premissas propõe metas, projetos, programas e ações para a implementação da PNRS dentro do horizonte de 20 anos.[14] Além do prazo de vigência indeterminado, o Planares deve ser atualizado a cada 4 anos e estar referenciado na elaboração do Plano Plurianual da União (PPA), requerendo a orientação dos investimentos para esse setor.

Já no Ceará, na inércia do governo federal, editou-se a Lei nº 13.103/2001, nove anos antes da PNRS, lançando a Política Estadual de Resíduos Sólidos (PERS). Por isso, devido à diferença temporal, foi necessária a sua revisão para estar de acordo com o

---

Distrito Federal, Municípios ou particulares, com vistas à gestão integrada e ao gerenciamento ambientalmente adequado dos resíduos sólidos.

[12] IBIAPINA, Iveltyma Roosemalen Passos; OLIVEIRA, Talita Eduardo; SILVA; Aurio Lucio Leocadio da. As políticas públicas e os resíduos sólidos urbanos na Alemanha e no Brasil. *IPEA*: Planejamento e Políticas Públicas, n. 60, p.61, 2021. Disponível em: https://doi.org/10.38116/ppp60art2. Acesso em: 18 jun. 2024.

[13] BRASIL. *Decreto nº 11.043, de 13 de abril de 2022*. Disponível em: http://www.planalto.gov.br/ccivil_03/_ato2019-2022/2022/decreto/D11043.htm. Acesso em: 18 jun. 2024.

[14] BRASIL. *Decreto nº 11.043, de 13 de abril de 2022*. Disponível em: http://www.planalto.gov.br/ccivil_03/_ato2019-2022/2022/decreto/D11043.htm. Acesso em: 18 jun. 2024.

plano nacional, sendo formado o Grupo de Trabalho Intersetorial de Resíduos Sólidos.[15] Um dos produtos foi a proposta de Regionalização para a Gestão Integrada de Resíduos Sólidos no Ceará que dividiu o estado em 14 regiões, levando em consideração critérios geoambientais socioeconômicos, culturais, e de rede de fluxos dos municípios cearenses, bem como consórcios já formados.[16]

Os objetivos anunciados foram: desativar e recuperar as áreas degradadas pelos lixões; implantar a coleta seletiva em todas as regiões; implantar a logística reversa; implantar a compostagem dos resíduos orgânicos; incluir os catadores de materiais recicláveis na responsabilidade compartilhada pelo ciclo de vida dos produtos e capacitação continuada para a gestão dos resíduos sólidos.[17] Para tanto, foram estabelecidas diversas metas, bem como publicados cadernos temáticos e cenários hipotéticos para acompanhamento do plano de ação. Culminou, assim, a publicação da Lei Estadual nº 16.032/2016, prevendo ações para alcance das metas em um período de 20 anos.

Uma dessas metas é o fechamento dos lixões por meio da redução do volume de resíduos a ser disposto nos aterros e, consequentemente, a redução da área do aterro, do custo de instalação e manutenção, bem como a extensão da duração de vida útil.[18] Em resumo, somente os rejeitos seriam destinados para o aterro sanitário, uma vez que os recicláveis e os orgânicos seriam reciclados ou reutilizados. No Plano Estadual, finalizado em 2016, as estimativas eram divididas em 3 prazos: em curto prazo (4 anos), com a meta de 20% (36 municípios), em médio prazo (12 anos), para 40% dos municípios (72 municípios), e em longo prazo (20 anos), totalizando 100% do Estado.[19]

Com isso, em 2017, o Plano de Coletas Seletivas Múltiplas (PCSM) foi desenvolvido na tentativa de implantar uma Central Municipal de Resíduos na sede de cada município para lidar com os resíduos orgânicos, de construção civil, volumosos, e um número de ecopontos de acordo com a necessidade de cada um,[20] resultando na decisão de alterar os critérios de repasse de 2% do ICMS aos municípios cearenses.[21] O Decreto Estadual nº 32.483/2017 tenta garantir recursos financeiros para a implementação das instalações previstas nesse plano, aderindo ao artigo 18-A do decreto.[22] Dessa maneira, a partir de

---

[15] CEARÁ. Secretaria das Cidades. *Plano Estadual de Resíduos Sólidos*. Disponível em: https://www.cidades.ce.gov.br/politica-estadual-de-residuos-solidos/. Acesso em: 19 jun. 2024.

[16] CEARÁ. Secretaria do Meio Ambiente e Mudança do Clima (SEMA). *Planos Regionais de Gestão Integrada de Resíduos Sólidos*. 2018. Disponível em: https://www.sema.ce.gov.br/planos-regionais-de-gestao-integrada-de-residuos-solidos/. Acesso em: 21 jun. 2024.

[17] CEARÁ. Secretaria do Meio Ambiente e Mudança do Clima (SEMA). *Plano Estadual de Resíduos Sólidos*. Disponível em: https://www.sema.ce.gov.br/plano-estadual-de-residuos-solidos-2/. Acesso em: 19 jun. 2024.

[18] CEARÁ. Secretaria do Meio Ambiente e Mudança do Clima (SEMA). *Plano de Coletas Seletivas Múltiplas*. Disponível em: https://www.sema.ce.gov.br/plano-de-coletas-seletivas-multiplas/. Acesso em: 20 jun. 2024.

[19] CEARÁ. Secretaria do Meio Ambiente e Mudança do Clima (SEMA). *Plano de Coletas Seletivas Múltiplas*. Disponível em: https://www.sema.ce.gov.br/plano-de-coletas-seletivas-multiplas/. Acesso em: 20 jun. 2024.

[20] CEARÁ. Secretaria do Meio Ambiente e Mudança do Clima (SEMA). *Plano das Coletas Seletivas*: bacia metropolitana. 2017, p. 18. Disponível em: https://www.sema.ce.gov.br/plano-de-coletas-seletivas-multiplas/. Acesso em: 20 jun. 2024.

[21] CEARÁ. Secretaria do Meio Ambiente e Mudança do Clima (SEMA). *Plano de Coletas Seletivas Múltiplas*. Disponível em: https://www.sema.ce.gov.br/plano-de-coletas-seletivas-multiplas/. Acesso em: 20 jun. 2024.

[22] Art. 18-A. A partir de 2018, também serão considerados para efeito de Avaliação do IQM os Municípios que aderirem a gestão de resíduos regionalizada, na seguinte gradação: I – o IQM é igual a 1 se o município "i" a) No primeiro ano, minimamente: 1. apresentar a Lei de constituição do Consórcio Público para Gestão Integrada de Resíduos Sólidos incluindo a Legislação uniforme pertinente, bem como a ata de formação da primeira diretoria;

2018, os municípios terão duas opções de participação, a primeira, do art. 18, que exige os requisitos que já vinham sendo solicitados, e a segunda, do art. 18-A, caso optem pela nova sistemática gradual para a gestão integrada dos resíduos sólidos por meio do atendimento dos 4 requisitos previstos, sendo recebidos pelo Fundo Municipal de Meio Ambiente.

Outro ponto importante é que os municípios podem optar pelo Plano Regional de Gestão Integrada de Resíduos Sólidos (PGIRS) ao invés de elaborarem o próprio plano municipal, devendo nessa possibilidade apenas conter os requisitos mínimos.[23] Todas as regiões do Ceará (Cariri, Centro-sul, Litoral leste, Litoral norte, Litoral oeste, Maciço de Baturité, Médio Jaguaribe, RMF-A, RMF-B, Sertão central e Sertão norte) contaram com planos regionais, mas convém lembrar que todo plano exige implementação e efetividade.

Por sua vez, a cidade de Fortaleza está incluída no plano regional da RMF-A. Este havia previsto que os resíduos sólidos gerados dentro dessa região (tratamento e destinação final) iriam para dois tipos de unidades:[24] as Centrais Municipais de Resíduos (CMR) e os ecopontos. Quanto à metodologia adotada, toda sede municipal receberia uma CMR na área urbana com a integração dos munícipes à rota tecnológica estabelecida, contudo, em 2018, Fortaleza e Eusébio observaram adaptações que já vinham sendo planejadas em seus territórios.

Os representantes de Fortaleza informaram que já possuíam o seu próprio modelo tecnológico em operação através dos ecopontos e dos ecopolos gerenciados pela empresa Ecofor em parceria com a prefeitura. Em paralelo, as representantes de Eusébio ressaltaram que, apesar da adesão do Plano de Coleta Seletivas Múltiplas, iriam manter a própria rota dos resíduos recicláveis por meio da coleta porta a porta e da associação de catadores da cidade. Além disso, a capital cearense desenvolveu um plano próprio denominado de Fortaleza 2040, com o objetivo de construir uma cidade de oportunidades, conectada, acessível e justa, cuja forma urbana permita o acesso dos seus cidadãos aos bens, serviços públicos, transporte, espaços da cidade, emprego e renda, estabelecendo 27 grandes metas e indicadores gerais que permitem ver a sua evolução.[25]

---

2. apresentar a Lei de criação de Fundo Específico de Meio Ambiente, o qual recepcionará o recurso definido no inciso IV do parágrafo único do art. 1º deste Decreto; 3. apresentar o Plano Regionalizado de Coletas Seletivas Múltiplas de todos os resíduos sólidos urbanos, notadamente: resíduos domiciliares orgânicos e secos, resíduos da construção civil, resíduos verdes e resíduos volumosos aprovado pelo Consórcio Público; 4. apresentar de documento que comprove a afetação do uso da área da central municipal de resíduos. b) nos demais anos: 1. cumprir, no máximo 5 (cinco) anos, o cronograma de implementação das iniciativas e implantação das instalações físicas definidas pelo Plano Regionalizado de Coletas Seletivas Múltiplas, com priorização das ações voltadas aos resíduos orgânicos. II - IQM é igual a 0 se o município não cumprir os requisitos dispostos no inciso anterior. Parágrafo único - O formulário de coleta de dados específico deste artigo, será disponibilizado pela SEMA aos municípios até 31 de janeiro do ano de referência. CEARÁ. *Decreto nº 32.451, de 13 de dezembro de 2017*. Disponível em: http://imagens.seplag.ce.gov.br/PDF/20171229/do20171229p01.pdf. Acesso em: 21 jun. 2024.

[23] CEARÁ. Secretaria do Meio Ambiente e Mudança do Clima (SEMA). *Planos Regionais de Gestão Integrada de Resíduos Sólidos*. 2018. Disponível em: https://www.sema.ce.gov.br/planos-regionais-de-gestao-integrada-de-residuos-solidos/. Acesso em: 21 jun. 2024.

[24] CEARÁ. Secretaria do Meio Ambiente e Mudança do Clima (SEMA). *Plano Regional de Gestão Integrada de Resíduos Sólidos*: região metropolitana de Fortaleza A. 2018, p. 45. Disponível em: https://www.sema.ce.gov.br/planos-regionais-de-gestao-integrada-de-residuos-solidos/planos-regionais-de-gestao-integrada-de-residuos-solidos-de-11-regioes-do-ceara/. Acesso em: 21 jun. 2024

[25] FORTALEZA. Fortaleza 2040. *Plano Fortaleza 2040*: volume 1. 2016, p. 5-17. Disponível em: https://fortaleza2040.fortaleza.ce.gov.br/site/fortaleza-2040/publicacoes-do-projeto. Acesso em: 23 jun. 2024.

Dessa forma, as cidades podem trazer a sua própria solução, inclusive com as suas próprias estratégias e tecnologias. Ou seja, caso tenham recursos, as cidades podem investir em planos de ação que envolvam soluções tecnológicas, caracterizando as *smart cities*.[26] Na análise de Teresa Mendes, o termo se destacou nos Estados Unidos no contexto empresarial de duas grandes corporações, como IBM e Cisco, que visavam a digitalização das cidades para auxiliar na correção dos seus problemas por meio da utilização das tecnologias de informação, normalmente, associadas à sustentabilidade.[27] Apesar de não haver uma resposta unânime, a autora entende que as *smart cities* seriam aquelas capazes de promover um crescimento inclusivo e sustentável por meio do uso intensivo de recursos tecnológicos, maximizando a eficiência na alocação de recursos e a melhoria na qualidade de vida da população.[28]

Já para Lígia de Casimiro, ao longo do tempo a compreensão das *smart cities* passou a incorporar mais características, como infraestrutura de rede para melhorar a eficiência econômica e política, permitindo o desenvolvimento social, urbano e cultural, desenvolvimento urbano conduzido por negócios, inclusão social de cidadãos no acesso aos serviços públicos e sustentabilidade social e ambiental como elementos estratégicos.[29] Portanto, essa forma de planejar a cidade pode ser implementada pelos municípios que tenham recursos ou que consigam captá-los para implementar as suas soluções. No caso de Fortaleza, para o problema dos resíduos sólidos urbanos foram identificadas três soluções tecnológicas propostas: ecopontos, e-carroceiro e re-ciclo. Mas seriam elas efetivas para resolver a questão do lixo, levando em conta a realidade brasileira?

2 As variáveis brasileiras: desigualdades sociais, catadores e efetividade das leis

Quando respostas para determinadas questões tiverem uma base estrangeira, é necessário adequar o pensamento à realidade social, econômica e ambiental brasileira. No âmbito do uso da tecnologia em cidades, pode ocorrer a exclusão de parte da população que não tem acesso aos aparelhos necessários ou conexão à internet. Um exemplo disso é o que ocorreu em Boston (EUA), onde a prefeitura desenvolveu um aplicativo para as pessoas identificarem buracos na rua, contudo, em análises posteriores, verificou-se que os benefícios ocorreram somente nos bairros mais ricos da cidade, enquanto que a periferia não conseguiu utilizar o aplicativo.[30] Desse modo, a tecnologia,

---

[26] Apesar de existir a tradução para cidades inteligentes, optou-se pela não tradução na tentativa de preservar a delimitação do sentido original.

[27] MENDES, Teresa Cristina M. Smart cities: solução para as cidades ou aprofundamento das desigualdades sociais. *Observatório das Metrópoles*, p. 7, 2020. Disponível em: https://www.observatoriodasmetropoles.net.br/smart-cities-solucao-para-as-cidades-ou-aprofundamento-das-desigualdades-sociais-texto-para-discussao/. Acesso em: 22 jun. 2024.

[28] MENDES, Teresa Cristina M. Smart cities: solução para as cidades ou aprofundamento das desigualdades sociais. *Observatório das Metrópoles*, p. 8, 2020. Disponível em: https://www.observatoriodasmetropoles.net.br/smart-cities-solucao-para-as-cidades-ou-aprofundamento-das-desigualdades-sociais-texto-para-discussao/. Acesso em: 22 jun. 2024.

[29] CASIMIRO, Lígia Maria Silva de; CARVALHO, Harley. Para cidades justas, em rede e inteligentes: uma agenda pública pelo direito à cidade sustentável. *International Journal of Digital Law*, ano 2, n. 1, p. 205, 2021. Disponível em: https://doi.org/10.47975/IJDL/1casimiro. Acesso em: 23 jun. 20244.

[30] MENDES, Teresa Cristina M. Smart cities: solução para as cidades ou aprofundamento das desigualdades sociais. *Observatório das Metrópoles*, p. 4, 2020. Disponível em: https://www.observatoriodasmetropoles.net.br/smart-cities-solucao-para-as-cidades-ou-aprofundamento-das-desigualdades-sociais-texto-para-discussao/. Acesso em: 22 jun. 2024.

que pretendia tornar mais ágil o atendimento, na verdade, concentrou ainda mais os serviços públicos.

Diante disso, no contexto brasileiro, os planejamentos das cidades não podem deixar de fora as variáveis que permeiam a realidade urbana. A primeira são as desigualdades sociais derivadas da formação histórica e estrutural do Brasil, tendo em vista as raízes escravizadoras e de concentração da terra. Sobre o assunto, Juremir Machado afirma que a riqueza do Brasil foi construída pelo trabalho escravo, bem como foi meio para a acumulação primitiva das classes dominantes.[31] O autor entende que a escravidão ainda reverbera nos tempos de hoje, deixando profundas marcas sobre a nossa cultura:

> O que se vê percorrendo os subterrâneos do passado brasileiro? O que se encontra nos desvãos da história da escravatura no Brasil? Nada mais do que as raízes daquilo que o país continua a ser. Se hoje a Justiça ainda é acusada de privilegiar os brancos ricos, ontem ela servia abertamente aos interesses dos brancos proprietários de escravos. Se atualmente a polícia é suspeita de discriminar os negros, ontem ela era o capitão do mato caçando escravos fugitivos e cumprindo o papel de garantir pela força a ordem da escravidão, a permanência em cativeiro, sob sequestro permanente, de seres humanos traficados da África ou de alguma outra província do Brasil. Se hoje a mídia é vista como reprodutora da ideologia conservadora, que legitima a desigualdade social, ontem a imprensa era veículo de disseminação de teorias racistas e de ideologias de dominação. O parlamento foi, durante muito tempo, a caixa de ressonância sem estática dos interesses das elites escravistas em que liberais e conservadores distinguiam-se quase tanto quanto gêmeos univitelinos.[32]

À luz desse entendimento, desde a libertação dos escravos, em 1888, não foi considerado um plano de como essas pessoas teriam acesso ao mínimo existencial, como moradia, educação, saúde, entre outros, tendo em vista que não era o interesse da classe dominante. Acesso é a palavra-chave quando o assunto é desigualdade social, principalmente, relacionado aos serviços públicos. As grandes cidades brasileiras cresceram e se expandiram seguindo a lógica da prevalência dos interesses privados sobre o coletivo.[33] Mesmo que o instrumento de função social da propriedade estivesse previsto, formalmente, nas Constituições de 1934, 1946 e 1969, a prática jurídica e a sua interpretação permaneceram favorecendo a propriedade como um direito absoluto.[34]

Levando em conta que o desenvolvimento brasileiro é desigual desde a raiz, as *smart cities*, necessariamente, dentro desse contexto precisam dialogar o uso intensivo de soluções tecnológicas com uma reflexão sobre a desigualdade socioeconômica, a segregação socioespacial e as condições de acesso às novas tecnologias.[35] Fortaleza

---

[31] SILVA, Juremir Machado da. *Raízes do conservadorismo brasileiro*: a abolição na imprensa e no imaginário social. 2. ed. Rio de Janeiro: Civilização Brasileira, 2017, p. 11.

[32] SILVA, Juremir Machado da. *Raízes do conservadorismo brasileiro*: a abolição na imprensa e no imaginário social. 2. ed. Rio de Janeiro: Civilização Brasileira, 2017, p. 417.

[33] TRINDADE, Thiago Aparecido. Direitos e cidadania: reflexões sobre o Direito à cidade. *Revista Lua Nova*, n. 87, p. 146, 2012. Disponível em: https://www.redalyc.org/articulo.oa?id=67325208007. Acesso em: 22 jun. 2024.

[34] TRINDADE, Thiago Aparecido. Direitos e cidadania: reflexões sobre o Direito à cidade. *Revista Lua Nova*, n. 87, p. 146, 2012. Disponível em: https://www.redalyc.org/articulo.oa?id=67325208007. Acesso em: 24 jun. 2024.

[35] CASIMIRO, Lígia Maria Silva de; CARVALHO, Harley. Para cidades justas, em rede e inteligentes: uma agenda pública pelo direito à cidade sustentável. *International Journal of Digital Law*, ano 2, n. 1, p. 205, 2021. Disponível em: https://doi.org/10.47975/IJDL/1casimiro. Acesso em: 23 jun. 2024.

refletiu a perspectiva brasileira, em 1887, contava apenas com 27 mil habitantes, mas, em 1957, atingiu 270 mil e, em 2010, alcançou 2,4 milhões. No entanto, o crescimento da população não foi acompanhado pela organização urbana, e a base das decisões para a ampliação urbanística sempre se orientou pelas forças econômicas dominantes, expandindo, praticamente, por ocupação de áreas ambientalmente sensíveis.[36]

Outro fenômeno brasileiro e a segunda variável são os catadores que desafiam os limites dos direitos humanos como categoria de trabalho. Para se entender a complexidade da situação dos catadores, é preciso, primeiramente, tirar o véu da invisibilidade que a sociedade impõe, pois, mesmo que olhe para eles diariamente, não são mais capazes de enxergá-los. Ao olhar estrangeiro, como se pode explicar os indivíduos que andam debaixo do sol quente, carregando o ferro da carroça nos ombros enquanto equilibra uma montanha de lixo, que disputou para pegar contra as pestes da cidade? A grande contradição é que são um dos maiores contribuidores para a reciclagem nas cidades brasileiras ao mesmo tempo em que são marginalizados por políticas sustentáveis e pela sociedade. Magera explica que:

> O catador de lixo atende a vontade do capital, ao mesmo tempo em que realiza um serviço "ecologicamente" para a sociedade, mas este serviço tem um preço alto, pois é realizado em condições subumanas, num ambiente em que a concorrência pelos produtos é disputada com ratos, animais peçonhentos e urubus, sem se contar com o perigo da aquisição de uma doença. Sendo assim, os catadores, ao mesmo tempo em que são os "agentes da modernidade", tornam-se também a escória da sociedade.[37]

Não obstante, a PNRS prevê a integração dos catadores de materiais reutilizáveis e recicláveis nas ações que envolvam a responsabilidade compartilhada pelo ciclo de vida do produto, mas até que ponto deve se incentivar essa profissão? Profissão esta que, quanto maior o peso que carrega nas costas, maior será a sua renda. Em que a renda é produto da miséria. Esse é um questionamento que deve ser considerado nos planejamentos urbanos, buscando um meio de dar dignidade aos catadores e cooperativas que operam na cidade e não pregar o discurso da valorização do catador como agente ambiental, enquanto que na realidade deixa de lado o sofrimento, a exploração e a precariedade do seu labor.[38]

Por fim, percebe-se que a luta dos catadores teve pouquíssimos avanços mesmo com a aprovação da PNRS e outras conquistas legislativas, nada foi suficiente para garantir a esses trabalhadores condições de labor e vida dignas.[39] A terceira variável brasileira reflete um fenômeno quase folclórico de que, por mais que o Brasil tenha inúmeros instrumentos legislativos, eles não se concretizam na realidade e se tornam

---

[36] FORTALEZA. Fortaleza 2040. *Plano Fortaleza 2040*: volume 1. 2016, p. 6. Disponível em: https://fortaleza2040.fortaleza.ce.gov.br/site/fortaleza-2040/publicacoes-do-projeto. Acesso em: 23 jun. 2024.

[37] MAGERA, Márcio. *Os empresários do lixo*: um paradoxo da modernidade. São Paulo: Editora Átomo, 2003, p. 184.

[38] ANDRADE, José Creginaldo de; GONÇALVES, Rodrigo Santaella. Uma reflexão sobre o labor dos catadores(as) de resíduos sólidos recicláveis na cidade de Fortaleza: a luta pela sobrevivência. *Revista Técnica de Políticas Públicas*, v. 5, n. 11, p. 57, 2024. Disponível em: https://doi.org/10.47455/2675-0090.2024.5.11.10753. Acesso em: 23 jun. 2024.

[39] MATIAS, Mariana López; CAVALCANTE, Deric Guimarães. Marginalização e violações de direitos dos catadores de resíduos sólidos nas ruas de Fortaleza/CE: uma análise dos aspectos sociojurídicos à luz da constituição federal de 1988. *Revista Brasileira de Sociologia do Direito*, v. 7, n. 3, p. 45, 2020. Disponível em: https://doi.org/10.21910/rbsd.v7i3.377. Acesso em: 24 jun. 2024.

ineficientes, especialmente na seara dos direitos sociais. Assim como a Inglaterra pressionou o Brasil para a libertação dos escravos da Lei Feijó (1831) até a Lei Áurea (1888).[40] Assim como a função social da propriedade não foi praticada mesmo com previsão nas Constituições de 1934, 1946 e 1969. Assim como os catadores não receberam dignidade laboral com a aprovação da PNRS, Planares, PERS, PGIRS, PCSM e Fortaleza 2040.

Ou seja, por mais que os direitos sociais requeiram uma obrigação positiva do Estado, tal exigência não se encerra com a função legislativa, sendo inerente o seu acompanhamento no mundo prático, levando em conta a variável da eficiência brasileira. Como afirma Trindade, a legislação avançada é necessária, mas não é suficiente para resolver os problemas estruturais brasileiros, assim, a luta pelos direitos permanece.[41] Portanto, a "smartização" das cidades brasileiras para solução dos resíduos sólidos que não considerarem as variáveis em seu planejamento corre risco de apenas financeirizar parte da cidade e maquiá-la, vendendo a imagem de cidade justa e tecnológica.[42]

3 Ecopontos, e-carroceiro e re-ciclo: smartizadas e eficientes?

Os ecopontos foram introduzidos em Fortaleza pela Prefeitura em 2015 e são espaços destinados para o descarte de pequenas quantidades de entulho, restos de poda, móveis e estofados velhos, óleo de cozinha, papelão, vidros e metais.[43] Ou seja, são pontos de entrega voluntária de materiais recicláveis. Os equipamentos contam com caçambas para coleta e estrutura administrativa de trabalho para as equipes de limpeza urbana, fiscalização e monitoramento. Segundo o Canal Urbanismo e Meio Ambiente, nos Ecopontos funciona o Programa Recicla Fortaleza, que gera desconto na conta de energia pela entrega dos resíduos e acesso ao programa E-carroceiro, que visa beneficiar a população pelo descarte correto de entulhos, restos de poda e móveis velhos, gerando crédito para ser utilizado nos estabelecimentos comerciais cadastrados de cada região.[44]

A estimativa da Prefeitura é que, entre dezembro de 2015 e maio de 2020, foram coletadas 140 mil toneladas de materiais e que, de abril de 2016 a dezembro de 2019, o Recicla Fortaleza recebeu mais de 27 mil cadastrados no sistema, gerando em torno de R$ 720 mil em benefícios nas contas de energia.[45] Isto é, o programa anda junto com os ecopontos na medida em que consegue oferecer benefícios pela entrega dos recicláveis por meio da redução na conta de luz emitida pela Enel. Quanto ao funcionamento, requer-se que o cidadão leve os resíduos recicláveis já separados, limpos e secos para pesagem nessas estações. O cadastro é feito levando a conta de energia e recebendo o

---

[40] SILVA, Juremir Machado da. *Raízes do conservadorismo brasileiro*: a abolição na imprensa e no imaginário social. 2. ed. Rio de Janeiro: Civilização Brasileira, 2017, p. 223-256.
[41] TRINDADE, Thiago Aparecido. Direitos e cidadania: reflexões sobre o Direito à cidade. *Revista Lua Nova*, n. 87, p. 160, 2012. Disponível em: https://www.redalyc.org/articulo.oa?id=67325208007. Acesso em: 24 jun. 2024.
[42] ARANTES, Otília; VAINER, Carlos; MARICATO, Ermínia. *A cidade do pensamento único*: desmanchando consensos. Rio de Janeiro: Vozes, 2000, p. 81.
[43] FORTALEZA. Urbanismo e Meio Ambiente. *Ecopontos*. Disponível em: https://catalogodeservicos.fortaleza.ce.gov.br/categoria/urbanismo-meio-ambiente/servico/324. Acesso em: 25 jun. 2024.
[44] FORTALEZA. Urbanismo e Meio Ambiente. *Ecopontos*. Disponível em: https://catalogodeservicos.fortaleza.ce.gov.br/categoria/urbanismo-meio-ambiente/servico/324. Acesso em: 25 jun. 2024.
[45] FORTALEZA. Fortaleza 2040. *Relatório do Plano Fortaleza 2040*: 2017-2020. Fortaleza: IPLANFOR, 2020, p. 86.. Disponível em: https://fortaleza2040.fortaleza.ce.gov.br/site/fortaleza-2040/publicacoes-do-projeto. Acesso em: 26 jun. 2024.

cartão Recicla Fortaleza, existe uma tabela de valores para os materiais, servindo de base de cálculo para a geração dos créditos.[46]

Na plataforma do programa são informados os materiais passíveis de gerar créditos na conta de energia: vidro, metal (exceto cobre), papel, plástico, óleo de cozinha e embalagens tetrapark.[47] E são recebidos apesar de não gerarem créditos: entulhos de obras de pequeno porte, cerâmicas e porcelanas, móveis, estofados, madeiras, restos de podas de plantas, pilhas, celulares, aparelhos eletroeletrônicos, papel sujo ou plastificado, embalagens de ovos, caixas de sabão em pó, embalagens aluminizadas e pneus. Atualmente, existem 90 ecopontos distribuídos em todas as regionais e 4 miniecopontos, que são um conjunto de lixeiras subterrâneas, ilhas ecológicas para recicláveis e contêineres para resíduos da construção civil, poda e volumosos, mas ao que parece não geram créditos, sendo apenas pontos menores de entrega voluntária.[48]

Ocorre que os ecopontos não contam com uma plataforma on-line que seja atualizada de forma recorrente e apresente o seu planejamento, metas e objetivos, permitindo o acompanhamento. Dessa forma, as informações são dispersas e as estimativas fragmentadas, o que dificulta a análise da sua efetividade. Por exemplo, o Canal Urbanismo e Meio Ambiente em que apresenta o serviço ecoponto aponta a existência de 90 ecopontos, enquanto que na página do Recicla Fortaleza são identificados apenas 48 desses. Além disso, as informações são incompletas, como quais são os valores de mercado aplicados nessas estações, e informações sobre os miniecopontos não estão disponíveis em nenhuma das páginas.

Sob esse prisma, surgem questionamentos relevantes que necessitam de resposta, como: qual o valor de mercado praticado pelos ecopontos? Ou ainda: para onde vai todo o lixo coletado? Quem os utiliza? Ao que parece o Programa Recicla Fortaleza atua em parceria com entidades privadas para incentivar os índices de reciclagem e descarte de materiais perigosos, mas não, necessariamente, envolve os catadores, reconhecendo somente uma possibilidade de sua participação.[49] Desse modo, um dos questionamentos centrais é o que acontece com o lixo depois que ele é coletado, isto é, qual o seu ciclo de funcionamento. No caso das associações e catadores de rua, por exemplo, eles podem negociar diretamente com as indústrias de reciclagem ou com atravessadores.

No entanto, um dos problemas é a margem de lucro dos atravessadores, principalmente, em relação aos catadores de rua, uma vez que são impedidos de entrar

---

[46] FORTALEZA. Urbanismo e Meio Ambiente. *Recicla Fortaleza*. Disponível em: https://catalogodeservicos.fortaleza.ce.gov.br/categoria/urbanismo-meio-ambiente/servico/122. Acesso em: 26 jun. 2024.

[47] Os materiais que vão gerar crédito na conta de energia são vidro, metal, papel, plástico e outros, observando-se também: vidro (embalagens de vidro, café solúvel e maionese, e garrafas de cerveja, refrigerantes e aguardente); metal com exceção do cobre (ferros em geral, parafusos, latas de cerveja e refrigerantes, aço inox, antimônio, baterias de carro e moto, chumbo e bronze); papel (papelão, jornais, livros, cadernos, papel branco e papel misto); plástico (garrafas de refrigerantes (PET), filme, PVC, mangueira, sacolas, embalagens de água sanitária, margarina e detergente). FORTALEZA. Urbanismo e Meio Ambiente. *Recicla Fortaleza*. Disponível em: https://catalogodeservicos.fortaleza.ce.gov.br/categoria/urbanismo-meio-ambiente/servico/122. Acesso em: 26 jun. 2024.

[48] Fortaleza possui quatro miniecopontos, localizados na Praça Luiza Távora, na Praça das Flores, no Centro Dragão do Mar e no Campo do América, contando ainda com a previsão de instalação de mais 350. FORTALEZA. *Programa Mais Fortaleza projeta alcançar taxa de reciclagem de 50%*. 2022. Disponível em: https://www.fortaleza.ce.gov.br/noticias/programa-mais-fortaleza-projeta-alcancar-taxa-de-reciclagem-de-50. Acesso em: 26 jun. 2024.

[49] FORTALEZA. Fortaleza 2040. *Plano de Desenvolvimento Econômico e Social*: anexo III. 2015, p. 31-32. Disponível em: https://fortaleza2040.fortaleza.ce.gov.br/site/fortaleza-2040/publicacoes-do-projeto. Acesso em: 26 jun. 2024.

no mercado formal, permitindo a compra barata e revendendo mais caro.⁵⁰ Em outras palavras, subsistência transformada em lucro. Já nos ecopontos o ciclo se inicia com a entrega voluntária dos resíduos recicláveis, a geração de benefícios e a disposição desses materiais pela entidade gestora. E depois, para onde vai a mercadoria? Como as plataformas não apresentam um plano de funcionamento com metas e objetivos, não é possível responder, inteiramente, a essa pergunta. Ainda assim, algumas considerações podem ser feitas para a sua delimitação.

As plataformas não divulgam a destinação dos recicláveis após a sua coleta nos ecopontos, e muito provavelmente os catadores não estão envolvidos, tendo em vista que participam somente de algumas instalações, como se vê no Re-ciclo, ou os materiais voltam para a indústria ou são vendidos novamente para a reciclagem. Nem os catadores, tampouco as associações, estão descritos nos relatórios encontrados sobre os ecopontos como beneficiários desse lixo ou mesmo participando dessa cadeia produtiva. Então, nesse sentido, a iniciativa seria na verdade uma concorrência de peso, tendo em vista que o maquinário do poder público está atuando diretamente nesse ramo. Na tabela a seguir, detalham-se dados referentes à quantidade e categoria dos resíduos coletados:

TABELA 3 – MATERIAIS COLETADOS POR ANO NOS ECOPONTOS

MATERIAL (Toneladas)	2016	2017	2018	2019	2020	2021
Entulho	3.156,0	11.266,49	28.967,85	59.513,77	138.994,49	104.759,07
Volumosos	753,3	2.978,74	9.406,5	18.047,96	24.967,01	25.165,88
Papel/Papelão	377,0	794,93	913,76	772,52	621,11	479,1
Plástico	148,2	236,22	243,08	207,74	157,4	106,94
Metal	122,5	174,28	154,05	168,62	148,29	79,68
Vidro	199,8	316,2	247,97	290,59	228,73	236,14
OGR	9,0	18,97	22,69	19,52	17,12	14,9
Total geral	4.765,8	15.787,84	39.955,9	79.017,71	165.134,14	130.841,70

Fonte: ACFOR (2021).

Percebe-se que a maior parte dos materiais recebidos são entulho e volumosos desde a criação dos ecopontos. Apesar disso, as instalações têm mostrado eficiência na captação de lixo que poderia ter ido para o ASMOC, ao mesmo tempo em que demonstra o peso de sua concorrência para com os catadores. Como esses dados foram obtidos por meio de ofício à Autarquia de Regulação, Fiscalização e Controle dos Serviços Públicos de Saneamento Ambiental (ACFOR) em 2021, também foi solicitada a tabela de preços praticados, pois se o material foi recebido, um crédito foi gerado, conforme os valores:

---

[50] GOMES, Ana Virgínia Moreira; DIAS, Eduardo Rocha; MATIAS, Mariana López. *População em situação de rua e catadores de resíduos*: (in)visibilidades e cidadania nas ruas de Fortaleza. Rio de Janeiro: Lumen Juris, 2019, p. 100.

TABELA 4 – PREÇO DOS MATERIAIS NOS ECOPONTOS EM 2021

	Material	Preço (kg)
Metal	Aço inox 304, aço inox 430, bateria	R$ 2,00
	Alumínio panela	R$ 4,50
	Alumínio fundido	R$ 1,75
	Antimônio	R$ 3,50
	Chumbo	R$ 0,70
	Bronze	R$ 3,00
	Lata de alumínio	R$ 2,50
	Lata de aço	R$ 1,75
	Latão	R$ 1,50
	Ferro fundido	R$ 0,40
	Ferro batido	R$ 0,50
Plástico	Plástico filme	R$ 0,50
	Garrafa PET	R$ 0,75
	PVC, Forro PVC	R$ 0,65
Vidro	Cerveja (600 ml), coquinho, litro branco, garrafão vinho, litro preto, long neck	R$ 0,02
	Pote	R$ 0,01
Papel	Papelão, papel branco	R$ 0,20
	Papel misto, jornal	R$ 0,13
Outros	Tetrapark	R$ 0,02
	Óleo de cozinha	R$ 0,35
Entulho	Entulho	R$ 0,02
Volumoso	Volumoso	R$ 0,04

Fonte: ACFOR (2021).

Desse modo, fica em evidência a contradição das informações disponíveis sobre os ecopontos no próprio site, pois tanto entulho quanto volumosos são recebidos e possuem valor. Por sua vez, a empresa gestora é a Ecofor, do grupo Marquise. Em paralelo, em recente visita do Ministério Público do Estado do Ceará (MPCE) na

Associação de Catadores do Jangurussu (ASCAJAN), foi verificado que o galpão cedido pela Prefeitura se encontra sem acesso a água e energia, possuindo diversas goteiras, além da precariedade do local de espaço de trabalho.[51]

De acordo com o relato da visita, a ASCAJAN encontra-se sem acesso a água e energia, o galpão utilizado possui diversas goteiras no telhado, parte do muro externo desabou, o entorno da estrutura está tomado pelo mato, e o refeitório está sem condições de uso, devido à ocorrência de furtos frequentes no local. A questão da insegurança foi outro aspecto destacado pelos associados. Apesar de todos os problemas elencados, os trabalhadores continuam utilizando o espaço, mesmo que precarizado, para a realização da coleta seletiva e triagem dos materiais recicláveis.

Portanto, o planejamento do ecoponto não está levando em conta nenhuma das variáveis elencadas para adaptação das *smart cities* no contexto brasileiro, pois desconsidera as desigualdades sociais, os catadores e as legislações pertinentes que determinam a participação dos catadores no processo da reciclagem. Além disso, não se utilizam das tecnologias para permitir o acesso e acompanhamento dos cidadãos aos seus resultados, metas e objetivos. O programa é eficiente e tecnológico, mas demonstra graves falhas à medida que não dispõe de um plano identificável, indicadores de seus resultados, plataforma atualizada com acesso aos dados, além de funcionar como uma concorrência por materiais recicláveis com os catadores, pois não responde perguntas fundamentais, como para onde o material reciclável está sendo destinado depois de gerado o benefício e por que os catadores e associações estão fora dos planos da maioria dos ecopontos.

Afinal, pesar políticas públicas e ações interventivas para a cidade aderindo a população garante maior eficiência e legitimidade na atuação do poder público no atendimento das demandas sociais.[52] Por sua vez, o E-carroceiro compartilha da mesma dificuldade de acesso às informações por não possuir um planejamento claro com objetivos, metas e indicadores para permitir o seu acompanhamento. Conforme a Lei ordinária nº 10.975/2019, que institui os Programas E-carroceiro e E-catador, almeja melhorar as condições sanitárias dos carroceiros e catadores, propiciando o acesso a equipamentos para facilitar o transporte de material na cidade de Fortaleza e tentar contribuir para a melhoria da sua qualidade de vida.[53] Na justificativa, o documento faz uma pequena diferença entre catador e carroceiro, sendo o primeiro aqueles que coletam resíduos recicláveis e o segundo os que coletam entulho, volumosos e podas.

Enquanto ainda projeto de lei, a proposta era de fornecer condições mais dignas por meio da cessão de triciclos mecânicos e elétricos, bem como equipamentos de proteção individual (EPIs).[54] O programa E-carroceiro foi lançado em 2017, pretendendo

---

[51] MINISTÉRIO PÚBLICO DO CEARÁ (MPCE). *MPCE constata condições precárias na Associação dos Catadores do Jangurussu e cobra solução da Prefeitura de Fortaleza*. 2024. Disponível em: http://www.mpce.mp.br/2024/04/mpce-constata-condicoes-precarias-na-associacao-dos-catadores-do-jangurussu-e-cobra-solucao-da-prefeitura-de-fortaleza/. Acesso em: 27 jun. 2024.

[52] CASIMIRO, Lígia Maria Silva de. A participação social no planejamento das políticas públicas urbanas. *Revista Eurolatinoamericana de Derecho Administrativo*, v. 4, n. 1, p. 10, 2017. Disponível em: https://doi.org/10.14409/rr.v4i1.7741. Acesso em: 27 jun. 2024.

[53] FORTALEZA. *Lei Ordinária nº 10.975, de 20 de dezembro de 2019*. Disponível em: https://sapl.fortaleza.ce.leg.br/norma/12884. Acesso em: 27 jun. 2024.

[54] FORTALEZA. *Projeto de Lei Ordinária nº 406 de 2019*. Disponível em: https://sapl.fortaleza.ce.leg.br/materia/53285. Acesso em: 27 jun. 2024.

funcionar da seguinte forma: o carroceiro leva o entulho a um dos ecopontos e, após a pesagem do material, é gerado um crédito por meio do aplicativo do Banco Palmas.[55] Em 2018, estimou-se que 160 carroceiros foram cadastrados e somaram 8 mil toneladas de resíduos, sendo 7.718 de entulho e 1.174 de podas e volumosos.[56] A iniciativa parece promissora, uma vez que tenta melhorar as condições de vida dos principais protagonistas da reciclagem, ao mesmo tempo em que distribui a renda. Contudo, na prática carece de dados e estudos para sustentar a sua efetividade, principalmente, quanto à melhoria e cessão dos instrumentos de trabalho, como a entrega de triciclos e EPIs.

Por fim, o programa Re-ciclo é o mais promissor entre as três soluções tecnológicas, tentando integrar a gestão de resíduos sólidos com as associações de catadores, poder público e empresas privadas. A Re-ciclo é uma plataforma de coleta de recicláveis realizada em parceria com a Prefeitura de Fortaleza, a empresa SOLOS e Ifood, com o objetivo de conectar os catadores com os recicláveis.[57] O fluxo de descarte se inicia com o cadastro no aplicativo e agendamento para a coleta de recicláveis. Posteriormente, a coleta é realizada pelo sistema porta a porta por meio de triciclos elétricos. Segundo o projeto, todo o material é enviado aos ecopontos vinculados ao Re-ciclo e depois é direcionado para as associações catadoras parceiras, a Moura Brasil, Raio de Sol e Acores, que darão a destinação final dos recicláveis para as indústrias de reciclagem.

Quanto aos resultados, a partir de setembro de 2022, avalia-se que foram coletadas 261,6 toneladas de resíduos, gerando R$ 342.760,00 mil para as associações parceiras, e a iniciativa soma 779 usuários que aderiram à coleta seletiva. Por ainda ser um programa piloto, não atua em todos os bairros, abrangendo o Centro, Praia de Iracema, Meireles, Aldeota, Varjota, Mucuripe e Guararapes.[58] Ao contrário das outras soluções, esta conta com uma plataforma unificada que contém todos os dados, desde os resultados até o fluxo de descarte, possibilitando uma maior transparência. Malgrado os resultados, o programa também carece de pesquisas na prática para considerar a sua eficiência, mas, em um primeiro momento, consegue ser uma solução tecnológica eficiente.

Considerações finais

Diante de todo o exposto, o artigo estabeleceu um panorama brasileiro no tocante aos resíduos sólidos, partindo do contexto brasileiro até a situação de Fortaleza no Ceará. Com isso, percebeu-se que a cidade reflete o país, ambos ainda têm um longo caminho para avançar rumo ao cumprimento dos objetivos e das metas da PNRS. Apesar de

---

[55] CEARÁ. Secretaria do Meio Ambiente e Mudança do Clima (SEMA). *Plano Regional de Gestão Integrada de Resíduos Sólidos*: região metropolitana de Fortaleza A. 2018, p. 45. Disponível em: https://www.sema.ce.gov.br/planos-regionais-de-gestao-integrada-de-residuos-solidos/planos-regionais-de-gestao-integrada-de-residuos-solidos-de-11-regioes-do-ceara/. Acesso em: 28 jun. 2024.

[56] CEARÁ. Secretaria do Meio Ambiente e Mudança do Clima (SEMA). *Plano Regional de Gestão Integrada de Resíduos Sólidos*: região metropolitana de Fortaleza A. 2018, p. 45. Disponível em: https://www.sema.ce.gov.br/planos-regionais-de-gestao-integrada-de-residuos-solidos/planos-regionais-de-gestao-integrada-de-residuos-solidos-de-11-regioes-do-ceara/. Acesso em: 28 jun. 2024.

[57] RE-CICLO. *Re-ciclo*: recicle grátis e sem sair de casa. Disponível em: https://www.reciclofortaleza.com.br/. Acesso em: 28 jun. 2024.

[58] RE-CICLO. *Re-ciclo*: recicle grátis e sem sair de casa. Disponível em: https://www.reciclofortaleza.com.br/. Acesso em: 28 jun. 2024.

iniciativas estarem vigentes há mais de 10 anos, os resultados ainda são insatisfatórios e desencorajadores, considerando que carecem de efetivação das políticas mínimas de dignidade, como a cobertura da coleta de lixo, possibilitando a discussão aprofundada da necessidade de aumento do índice de reciclagem, uma vez que pularia etapas.

No entanto, com a smartização e financeirização das cidades, o poder público local conta com mais recursos e pode elaborar soluções tecnológicas para o problema brasileiro em nível local. Tomando a cidade de Fortaleza como exemplo, discutiu-se sobre três programas aplicados no município: ecopontos, E-carroceiro e Re-ciclo. Primeiramente, os ecopontos são o maior dentre esses, conseguindo capturar grandes quantidades de resíduos sólidos recicláveis da capital cearense, no entanto apresenta também problemas fundamentais, como a transparência dos seus dados e planejamento. Afinal, não responde à pergunta para onde são destinados os materiais reciclados coletados.

Dessa forma, desconsideram as variáveis brasileiras, tornando a sua solução tecnológica instrumento de gentrificação, uma vez que não insere os catadores e associações na comercialização desses produtos, ampliando as desigualdades sociais e tornando a legislação ineficiente no mundo prático. Já o E-carroceiro demonstra uma preocupação com os carroceiros e catadores, almejando a melhoria das suas condições de trabalho por meio da cessão de triciclos elétricos e EPIs. Mas assim como os ecopontos, a credibilidade é obscurecida pela fragmentação das informações e inexistência de planejamento com objetivos, metas e indicadores. Ambos os programas impossibilitam a participação social e democrática, tendo em vista a obscuridade de seus dados.

Por sua vez, o Re-ciclo, em um primeiro momento consegue dialogar com o poder público, empresas privadas, catadores e cidadãos, objetivando implementar a coleta seletiva pelo sistema porta a porta e destinar os materiais coletados às associações parceiras. No quesito transparência, já se destaca, pois apresenta uma plataforma unificada com os seus resultados e fluxo de descarte. Apesar disso, também carece de mais estudos práticos. No entanto, sendo ainda um projeto piloto, conseguiu dialogar com todos os setores diferentes dos ecopontos e E-carroceiro, sendo a solução mais efetiva e podendo se tornar um dos protagonistas para o aumento do índice de reciclagem de Fortaleza.

Referências

ABRELPE. *Panorama dos resíduos sólidos no Brasil 2022*. 2022. Disponível em: https://abrelpe.org.br/panorama/. Acesso em: 15 jun. 2024.

ANDRADE, José Creginaldo de; GONÇALVES, Rodrigo Santaella. Uma reflexão sobre o labor dos catadores(as) de resíduos sólidos recicláveis na cidade de Fortaleza: a luta pela sobrevivência. *Revista Técnica de Políticas Públicas*, v. 5, n. 11, p. 50-65, 2024. Disponível em: https://doi.org/10.47455/2675-0090.2024.5.11.10753. Acesso em: 23 jun. 2024.

ARANTES, Otília; VAINER, Carlos; MARICATO, Ermínia. *A cidade do pensamento único*: desmanchando consensos. Rio de Janeiro: Vozes, 2000.

BRASIL. Ibama. *Política Nacional dos Resíduos Sólidos*. Disponível em: https://www.gov.br/ibama/pt-br/assuntos/emissoes-e-residuos/residuos/politica-nacional-de-residuos-solidos-pnrs. Acesso em: 17 jun. 2024.

BRASIL. *Decreto nº 11.043, de 13 de abril de 2022*. Disponível em: http://www.planalto.gov.br/ccivil_03/_ato2019-2022/2022/decreto/D11043.htm. Acesso em: 18 jun. 2024.

BURSZTYN, Marcel. Armadilhas do progresso: contradições entre economia e ecologia. *Revista Sociedade e Estado*, v. 10, n. 1, p. 97-124, jan./jun. 1995. Disponível em: https://repositorio.unb.br/handle/10482/9588. Acesso em: 14 jun. 2024.

CASIMIRO, Lígia Maria Silva de. A participação social no planejamento das políticas públicas urbanas. *Revista Eurolatinoamericana de Derecho Administrativo*, v. 4, n. 1, p. 7-21, 2017. Disponível em: https://doi.org/10.14409/rr.v4i1.7741. Acesso em: 27 jun. 2024.

CASIMIRO, Lígia Maria Silva de; CARVALHO, Harley. Para cidades justas, em rede e inteligentes: uma agenda pública pelo direito à cidade sustentável. *International Journal of Digital Law*, ano 2, n. 1, p. 199-215, 2021. Disponível em: https://doi.org/10.47975/IJDL/1casimiro. Acesso em: 23 jun. 2024.

CEARÁ. *Decreto nº 32.451, de 13 de dezembro de 2017*. Disponível em: http://imagens.seplag.ce.gov.br/PDF/20171229/do20171229p01.pdf. Acesso em: 21 jun. 2024.

CEARÁ. Secretaria das Cidades. *Plano Estadual de Resíduos Sólidos*. Disponível em: https://www.cidades.ce.gov.br/politica-estadual-de-residuos-solidos/. Acesso em: 19 jun. 2024.

CEARÁ. Secretaria do Meio Ambiente e Mudança do Clima (SEMA). *Plano de Coletas Seletivas Múltiplas*. Disponível em: https://www.sema.ce.gov.br/plano-de-coletas-seletivas-multiplas/. Acesso em: 20 jun. 2024.

CEARÁ. Secretaria do Meio Ambiente e Mudança do Clima (SEMA). *Plano Estadual de Resíduos Sólidos*. Disponível em: https://www.sema.ce.gov.br/plano-estadual-de-residuos-solidos-2/. Acesso em: 19 jun. 2024.

CEARÁ. Secretaria do Meio Ambiente e Mudança do Clima (SEMA). *Plano das Coletas Seletivas*: bacia metropolitana. 2017. Disponível em: https://www.sema.ce.gov.br/plano-de-coletas-seletivas-multiplas/. Acesso em: 20 jun. 2024.

CEARÁ. Secretaria do Meio Ambiente e Mudança do Clima (SEMA). *Plano Regional de Gestão Integrada de Resíduos Sólidos*: região metropolitana de Fortaleza A. 2018. Disponível em: https://www.sema.ce.gov.br/planos-regionais-de-gestao-integrada-de-residuos-solidos/planos-regionais-de-gestao-integrada-de-residuos-solidos-de-11-regioes-do-ceara/. Acesso em: 28 jun. 2024.

CEARÁ. Secretaria do Meio Ambiente e Mudança do Clima (SEMA). *Planos Regionais de Gestão Integrada de Resíduos Sólidos*. 2018. Disponível em: https://www.sema.ce.gov.br/planos-regionais-de-gestao-integrada-de-residuos-solidos/. Acesso em: 21 jun. 2024.

FORTALEZA. Fortaleza 2040. *Plano de Desenvolvimento Econômico e Social*: anexo III. 2015. Disponível em: https://fortaleza2040.fortaleza.ce.gov.br/site/fortaleza-2040/publicacoes-do-projeto. Acesso em: 26 jun. 2024.

FORTALEZA. Fortaleza 2040. *Plano Fortaleza 2040*: volume 1. 2016. Disponível em: https://fortaleza2040.fortaleza.ce.gov.br/site/fortaleza-2040/publicacoes-do-projeto. Acesso em: 23 jun. 2024.

FORTALEZA. Fortaleza 2040. *Relatório do Plano Fortaleza 2040*: 2017-2020. Fortaleza: IPLANFOR, 2020. Disponível em: https://fortaleza2040.fortaleza.ce.gov.br/site/fortaleza-2040/publicacoes-do-projeto. 2020. Acesso em: 26 jun. 2024.

FORTALEZA. *Lei Ordinária nº 10.975, de 20 de dezembro de 2019*. Disponível em: https://sapl.fortaleza.ce.leg.br/norma/12884. Acesso em: 27 jun. 2024.

FORTALEZA. *Projeto de Lei Ordinária nº 406 de 2019*. Disponível em: https://sapl.fortaleza.ce.leg.br/materia/53285. Acesso em: 27 jun. 2024.

FORTALEZA. *Programa Mais Fortaleza projeta alcançar taxa de reciclagem de 50%*. 2022. Disponível em: https://www.fortaleza.ce.gov.br/noticias/programa-mais-fortaleza-projeta-alcancar-taxa-de-reciclagem-de-50. Acesso em: 26 jun. 2024.

FORTALEZA. Urbanismo e Meio Ambiente. *Ecopontos*. Disponível em: https://catalogodeservicos.fortaleza.ce.gov.br/categoria/urbanismo-meio-ambiente/servico/324. Acesso em: 25 jun. 2024.

FORTALEZA. Urbanismo e Meio Ambiente. *Recicla Fortaleza*. Disponível em: https://catalogodeservicos.fortaleza.ce.gov.br/categoria/urbanismo-meio-ambiente/servico/122. Acesso em: 26 jun. 2024.

FREITAS, J.; MOREIRA, R. M. C. Regulação Ambiental: Controle de Sustentabilidade. *Revista Jurídica (FURB)*, 24(53), e8457, 2020. Disponível em https://ojsrevista.furb.br/ojs/index.php/juridica/article/view/8457. Acesso em: 14 maio 2024.

GOMES, Ana Virgínia Moreira; DIAS, Eduardo Rocha; MATIAS, Mariana López. *População em situação de rua e catadores de resíduos*: (in)visibilidades e cidadania nas ruas de Fortaleza. Rio de Janeiro: Lumen Juris, 2019, p. 100.

IBIAPINA, Iveltyma Roosemalen Passos; OLIVEIRA, Talita Eduardo; SILVA; Aurio Lucio Leocadio da. As políticas públicas e os resíduos sólidos urbanos na Alemanha e no Brasil. *IPEA*: Planejamento e Políticas Públicas, n. 60, p. 43-68, 2021. Disponível em: https://doi.org/10.38116/ppp60art2. Acesso em: 18 jun. 2024.

IPCC. *AR6 Synthesis report*: climate change 2024. 2024. Disponível em: https://www.ipcc.ch/report/sixth-assessment-report-cycle/. Acesso em: 14 jun. 2024.

MAGERA, Márcio. *Os empresários do lixo*: um paradoxo da modernidade. São Paulo: Átomo, 2003.

MATIAS, Mariana López; CAVALCANTE, Deric Guimarães. Marginalização e violações de direitos dos catadores de resíduos sólidos nas ruas de Fortaleza/CE: uma análise dos aspectos sociojurídicos à luz da constituição federal de 1988. *Revista Brasileira de Sociologia do Direito*, v. 7, n. 3, p. 31-48, 2020. Disponível em: https://doi.org/10.21910/rbsd.v7i3.377. Acesso em: 24 jun. 2024.

MENDES, Teresa Cristina M. *Smart cities*: solução para as cidades ou aprofundamento das desigualdades sociais. *Observatório das Metrópoles*, p. 1-21, 2020. Disponível em: https://www.observatoriodasmetropoles.net.br/smart-cities-solucao-para-as-cidades-ou-aprofundamento-das-desigualdades-sociais-texto-para-discussao/. Acesso em: 22 jun. 2024.

MINISTÉRIO PÚBLICO DO CEARÁ (MPCE). *MPCE constata condições precárias na Associação dos Catadores do Jangurussu e cobra solução da Prefeitura de Fortaleza*. 2024. Disponível em: http://www.mpce.mp.br/2024/04/mpce-constata-condicoes-precarias-na-associacao-dos-catadores-do-jangurussu-e-cobra-solucao-da-prefeitura-de-fortaleza/. Acesso em: 27 jun. 2024.

ONU. *Our common future*. 1987. Disponível em: https://sustainabledevelopment.un.org/content/documents/5987our-common-future.pdf. Acesso em: 14 jun. 2024.

PASSET, René. *L'économique et le vivant*. 2. ed. Paris: Economica, 1996.

RE-CICLO. *Re-ciclo*: recicle grátis e sem sair de casa. Disponível em: https://www.reciclofortaleza.com.br/. Acesso em: 28 jun. 2024.

SACHS, Jeffrey D. *The age of sustainable development*. New York: Columbia University Press, 2015.

SILVA, Juremir Machado da. *Raízes do conservadorismo brasileiro*: a abolição na imprensa e no imaginário social. 2. ed. Rio de Janeiro: Civilização Brasileira, 2017.

TRINDADE, Thiago Aparecido. Direitos e cidadania: reflexões sobre o Direito à cidade. *Revista Lua Nova*, n. 87, p. 139-165, 2012. Disponível em: https://www.redalyc.org/articulo.oa?id=67325208007. Acesso em: 24 jun. 2024.

UNEP. *Organic waste management in Latin America*: challenges and advantages of the main treatment options and trends. 2017. Disponível em: https://abrelpe.org.br/publicacoes/. Acesso em: 14 jun. 2023.

Informação bibliográfica deste livro, conforme a NBR 6023:2018 da Associação Brasileira de Normas Técnicas (ABNT):

CASIMIRO, Ligia Maria Melo de; SOUSA, Lucas Saraiva de Alencar. *Smart cities* e resíduos sólidos urbanos: reflexões sobre ecopontos, e-carroceiros e re-ciclo em Fortaleza/CE. *In*: PASQUALINI, Alexandre; CUNDA, Daniela Zago Gonçalves da; RAMOS, Rafael (coord.). *Direito, sustentabilidade e inovação*: estudos em homenagem ao professor Juarez Freitas. Belo Horizonte: Fórum, 2025. p. 351-368. ISBN 978-65-5518-957-5.

IMPLEMENTAÇÃO DO PLANO DE LOGÍSTICA SUSTENTÁVEL NOS TRIBUNAIS DE CONTAS

LILIAN DE ALMEIDA VELOSO NUNES MARTINS

"No final das contas, não são os anos de sua vida que conta. É a vida em seus anos."

Abraham Lincoln

São algumas as premissas que marcam a história do Professor Juarez Freitas em relação, dentre outros temas, à sustentabilidade como direito ao presente e ao futuro. No contexto mundial, há poucas palavras mais usadas hoje do que o substantivo sustentabilidade e o adjetivo sustentável.

Na área do Direito, o amplo e relevante tema da sustentabilidade, somado ao da inovação, foi objeto de estudo do Professor Juarez, que vem dedicando boa parte da sua energia e da sua capacidade jurídica para efetivar o princípio da eficiência na Administração Pública, ao longo de sua história de vida profissional. Seu conhecimento, sua eloquência e ênfase dos argumentos devidamente embasados fluem com naturalidade e precisão.

Na verdade, a história de uma pessoa, sua vivência pessoal e profissional, seus artigos e ponderações se perdem em versões, enfoques e pontos de vista porque a história é maior do que os indivíduos, inclusive aqueles que a fazem. Percebo assim, no homenageado desta obra, a imagem de um homem atento aos desafios e às demandas da contemporaneidade e com visão ampla de futuro.

Em um recorte bem particular, tenho o privilégio de ter um pedacinho de história profissional com o Professor Juarez Freitas, em uma etapa da vida com o que ouso adiante testemunhar. Era 5 de outubro de 2016 e eu estava na condição de presidente do Comitê de Meio Ambiente do Instituto Rui Barbosa/IRB, no VI Congresso Internacional de Direito e Sustentabilidade, em Belo Horizonte – MG. Era o dia do aniversário de 28 anos da nossa Constituição Federal de 1988.[1] O evento, que teve como tema o "Estado Brasileiro e a Agenda 2030", foi presidido pelo Cons. Sebastião Helvécio do TCE/MG, então presidente do IRB. A palestra de abertura foi realizada pelo nosso homenageado, que discorreu sobre a incorporação definitiva do princípio constitucional da sustentabilidade no universo jurídico brasileiro.

    Desenvolvendo o tema, afirmou que a Constituição da República Federativa do Brasil – CRFB em vigor, promulgada em 5 de outubro de 1988, inovou ao afirmar expressamente o direito ao meio ambiente ecologicamente equilibrado. Já no preâmbulo, a Carta Magna menciona, dentre outros direitos fundamentas, o bem-estar e o desenvolvimento como "valores supremos" da República brasileira, sendo que no art. 3º, incisos II e IV, da CRFB, o desenvolvimento e o bem-estar surgem como objetivos fundamentais. Na sua fala, o professor explica que a sustentabilidade remete à realização em bloco dos objetivos fundamentais da República, chamando atenção que, a partir da leitura de outros dispositivos constitucionais, pode-se concluir que o desenvolvimento sustentável como valor supremo, sem dúvida, não se refere a qualquer forma de desenvolvimento.

    Ao longo da sua palestra, sustentou que o *caput* do art. 225 da CRFB é norma central para a compreensão inicial do tema. Defendeu que o desenvolvimento deve estar obrigatoriamente conjugado à sustentabilidade multidimensional, que contempla as dimensões ambiental, social e econômica para o desenvolvimento constitucionalmente exigido. Expõe ainda que o conceito desse desenvolvimento incorpora também o sentido da sustentabilidade, por força de outros dispositivos da Constituição Federal.

    Continuando a sua exposição, demonstrou que o art. 170 da Carta Magna, em seus incisos VI e IX, estabelece como princípio da ordem econômica a defesa do meio ambiente, ou seja, nele se consagra expressamente essa defesa. Na ordem econômica ambiental, no art. 174, parágrafo primeiro, está o planejamento do desenvolvimento equilibrado. O art. 192, *caput*, dispõe que o sistema financeiro nacional é estruturado de forma a promover o "desenvolvimento equilibrado" do País e a servir aos interesses da coletividade. Ainda, tem-se o art. 205, vinculado ao pleno desenvolvimento da pessoa, o art. 218, referente ao desenvolvimento científico e tecnológico, com o dever implícito de observar os ecológicos limites, e o art. 219, em que está previsto o incentivo ao desenvolvimento cultural e socioeconômico, o bem-estar e a autonomia tecnológica.

    O Professor Juarez alegou que, em uma interpretação sistemática, há o reforço de que a Lei Maior, ao mencionar o desenvolvimento e o bem-estar como valores supremos e o meio ambiente ecologicamente equilibrado como essencial à qualidade de vida e direito de todos, alude, naturalmente, a um desenvolvimento sustentável, incorporando a sustentabilidade como princípio.

    Fica consolidado então que a sustentabilidade é diretriz vinculante assentada na CRFB, art. 5º, §2º, tendo a agenda da sustentabilidade prefeita sintonia com os Objetivos de Desenvolvimento Sustentável — ODS da Agenda 2030. A afirmação exemplificada de que também respaldados constitucionalmente estão os Objetivos de Desenvolvimento

---

[1] BRASIL. Constituição da República Federativa do Brasil. Brasília: Congresso Nacional, 1988.

Sustentável — ODS, previstos na Agenda 2030, sedimentou mais facilmente a nossa compreensão.

A partir das reflexões do Prof. Juarez Freitas e considerando que a base do Direito Ambiental se encontra na CRFB, é possível se afirmar que há realmente um Direito Constitucional Ambiental, pois afloram os artigos antes mencionados mais ligados sistematicamente à sustentabilidade propriamente dita, acerca do meio ambiente.

Ao final da fala, se dirige ao Presidente do IRB, Cons. Sebastião Helvécio, e a mim, como membro da Diretoria do Instituto e Presidente do Comitê de Meio Ambiente, para lançar um desafio: propor a realização de um Manual para Elaboração e Implementação dos Planos de Logística Sustentável para os Tribunais de Contas. O Manual orientador seria um incentivo e serviria como diretriz para uma das ferramentas da sustentabilidade e da governança. Meus olhos acenderam e, a partir desse ponto, minha relação com o Professor Juarez não seria baseada só na empatia inicial, mas em cultivo, que seria irremediavelmente consolidado.

A importância de um maior envolvimento dos Tribunais de Contas (TC) em um trabalho mais sistemático realmente enseja a elaboração e implementação efetiva de um Plano de Logística Sustentável (PLS). Com o aval da Diretoria e do Comitê de Meio Ambiente do IRB, me senti provocada a propor um Manual de Orientação. O conhecimento sempre nos instrumentaliza a resolver problemas, seja do presente ou do futuro. O importante é dedicar-se a dominá-lo, conforme fiz, já que em algum momento ele terá sua devida relevância.

A interpretação da Constituição, cada vez mais, requer novo referencial na busca da finalidade das normas, adequando-as aos critérios atuais. Não bastam ser letra da lei ou da Constituição, as políticas precisam ser escrutinadas de maneira sustentável conforme princípios e objetivos da Carta Magna.

Diante de todas essas normas constitucionais relacionadas, pode-se afirmar que como na CRFB de 1988 houve o nascimento do direito fundamental ao meio ambiente ecologicamente equilibrado, sendo claramente intuitivo que, para isso, o desenvolvimento tem que ser sustentável. Ademais, o jurista e economista Celso Furtado[2] assegura que o modelo tradicional de desenvolvimento medido apenas pelo Produto Interno Bruto (PIB) já foi ultrapassado, significando que não é todo crescimento econômico que significa desenvolvimento.

Mas não é só legislação. Importa dizer que, quando se trata de logística sustentável, o começo não é necessariamente a obrigatoriedade da ação, mas o benefício que as ações causam, favorecendo um começo pelo fim. Esse contexto representa mais possibilidade de agir e de transformar algo.

Ter a consciência da importância da defesa do meio ambiente, não como acepção mono, mas integrada a uma proposta de multidimensionalidade, assim como constatar a fundamentação e o enquadramento inequívoco de todos os ODS da Agenda 2030 na CRFB, conforme o quadro a seguir, foi um divisor para a minha percepção da sustentabilidade.

---

[2] Celso Furtado (1920-2004), um dos grandes intelectuais brasileiros do século XX, influenciou o pensamento socioeconômico brasileiro e latino-americano.

QUADRO 1 – OBJETIVOS DE DESENVOLVIMENTO SUSTENTÁVEL (ODS) E A RELAÇÃO COM A CRFB/1988

(continua)

ODS	DESCRIÇÃO	ARTIGOS DA CRFB
01	**ERRADICAÇÃO DA POBREZA** Acabar com a pobreza em todas as suas formas, em todos os lugares.	Art. 3º, III e IV
02	**FOME ZERO E AGRICULTURA SUSTENTÁVEL** Acabar com a fome, alcançar a segurança alimentar e melhoria da nutrição e promover a agricultura sustentável.	Art. 186
03	**SAÚDE E BEM-ESTAR** Assegurar uma vida saudável e promover o bem-estar para todos e todas, em todas as idades.	Art. 3º, IV Art. 6º Art. 196 Art. 230
04	**EDUCAÇÃO DE QUALIDADE** Assegurar a educação inclusiva e equitativa e de qualidade, e promover oportunidades de aprendizagem ao longo da vida para todos e todas.	Art. 6º Art. 205 Art. 206, VI Art. 208
05	**IGUALDADE DE GÊNERO** Alcançar a igualdade de gênero e empoderar todas as mulheres e meninas.	Art. 5º, I Art. 7º, XXX Art. 226
06	**ÁGUA POTÁVEL E SANEAMENTO** Assegurar a disponibilidade e a gestão sustentável da água e saneamento para todos.	Art. 20 c/c Art. 26 Art. 23, IX
07	**ENERGIA LIMPA E ACESSÍVEL** Assegurar o acesso confiável, sustentável, moderno e a preço acessível à energia para todos.	Art. 21, XII, "b" Art. 170, VI Art. 225
08	**TRABALHO DECENTE E CRESCIMENTO ECONÔMICO** Promover o crescimento econômico sustentado, inclusivo e sustentável, emprego pleno e produtivo e trabalho decente para todos e todas.	Art. 6º Art. 243
09	**INDÚSTRIA, INOVAÇÃO E INFRAESTRUTURA** Construir infraestruturas resilientes, promover a industrialização inclusiva e sustentável e fomentar a inovação.	Art. 218 Art. 219-A
10	**REDUÇÃO DAS DESIGUALDADES** Reduzir a desigualdade dentro dos países e entre eles.	Art. 3º, III, IV Art. 4º, V Art. 170, VII

(conclusão)

ODS	DESCRIÇÃO	ARTIGOS DA CRFB
11	**CIDADES E COMUNIDADES SUSTENTÁVEIS** Tornar as cidades e os assentamentos humanos inclusivos, seguros, resilientes e sustentáveis.	Art. 182 Art. 183
12	**CONSUMO E PRODUÇÃO RESPONSÁVEIS** Assegurar padrões de produção e consumo sustentáveis.	Art. 170, VI Art. 174
13	**AÇÃO CONTRA A MUDANÇA GLOBAL DO CLIMA** Tomar medidas urgentes para combater a mudança do clima e seus impactos.	Art. 225
14	**VIDA NA ÁGUA** Conservar e promover o uso sustentável dos oceanos, dos mares e dos recursos marinhos para o desenvolvimento sustentável.	Art. 20 c/c Art. 26
15	**VIDA TERRESTRE** Proteger, recuperar e promover o uso sustentável dos ecossistemas terrestres, gerir de forma sustentável as florestas, combater a desertificação, deter e reverter à degradação da terra e deter a perda de biodiversidade.	Art. 225
16	**PAZ, JUSTIÇA E INSTITUIÇÕES EFICAZES** Promover sociedades pacíficas e inclusivas para o desenvolvimento sustentável, proporcionar o acesso à justiça para todos e construir instituições eficazes, responsáveis e inclusivas em todos os níveis.	Art. 5º, XXXV
17	**PARCERIAS E MEIOS DE IMPLEMENTAÇÃO** Fortalecer os meios de implementação e revitalizar a parceria global para o desenvolvimento sustentável.	Art. 4º, IX Art. 225, *caput* e § 1º

    A Constituição trata ainda das competências legislativas (arts. 22, IV, XII e XXVI, 24, VI, VII e VIII, e 30, I e II), das competências administrativas (art. 23, III, IV, VI, VII e XI), do meio ambiente artificial (art. 182), do meio ambiente cultural (arts. 215 e 216) e do meio ambiente natural (art. 225).

    Após rotina de estudos e pesquisas, verifica-se que a fundamentação jurídica essencial à elaboração de um PLS também está contida em diplomas normativos que compõem o sistema nacional do meio ambiente e compromissos internacionais firmados. A importância de se buscar práticas sustentáveis e de proteção ao meio ambiente no âmbito da Administração Pública também está reforçada em vários normativos, além das Constituições Federal e Estadual. São leis, decretos, manuais e outros dispositivos infralegais.

    A visão sobre a Agenda 2030, por não ser, a princípio, um documento vinculativo juridicamente, se limitaria a um poder moral de coerção, um compromisso de boa-fé (*soft law*), pois as obrigações apresentadas são de forma genérica. Na verdade, parece fato de que as normas só teriam eficácia se fossem transpostas para o Direito interno de cada país. Assim, no Brasil, não se pode mais falar de ausência de regras para fortalecer o valor e o princípio constitucional da sustentabilidade.

Sustentabilidade é uma área que só tem cooperação com pouca competição. O comportamento humano está inserido nos ODS, percorrendo todos eles, em especial nos objetivos do ODS 16, em que se busca paz, justiça e instituições eficazes, e, do ODS 17, em que se recorre a parcerias e meios de implementação. O ambiente é um importante modelador de comportamento ou vice-versa. Um ambiente mais íntegro e mais probo, que perpassa sempre pelo comportamento. Por conseguinte, não se deve perder de vista que as instituições fortes, com metas e transparência nas informações, são essenciais para a implementação dos ODS de forma eficiente e eficaz.

Enfim, não cabem mais dúvidas quanto à relação causa/efeito entre o comportamento dos Tribunais de Contas como fiscal e indutor do desenvolvimento sustentável, através do controle da efetividade das políticas públicas.

Abro espaço para dizer que, como guardiã da sustentabilidade, faço parte de um ecossistema de pessoas que querem ver um mundo melhor. Como parlamentar que fui, dentre outras atividades, sou autora da Lei Estadual nº 5.813,[3] de 03.12.2008 (Piauí, 2008), que criou o Imposto sobre Circulação de Mercadorias e Serviços (ICMS) Ecológico no Estado do Piauí, que beneficia os municípios, destaque na proteção ao meio ambiente e recursos naturais. Não vejo isso como revolução, mas como propósito.

A sustentabilidade requer certa "cidadania ecológica", conforme Mark Smith.[4] Adiar decisões, posicionamentos sobre o tema, a partir de então, passaram a não fazer parte da minha agenda. Com enfrentamento ainda tímido e a ausência de normatização em algumas Cortes de Contas, a proposta poderia ser uma boa indicação para alavancar posturas. Entender que a sustentabilidade ajusta e adéqua o desenvolvimento, infundindo suas caraterísticas a este, é decisivo.

Estava confiante e segura de que as Cortes de Contas do Brasil se apresentavam atentas ao caráter estratégico da sustentabilidade, racionalização e consumo consciente de materiais e serviços. Era visível que algumas ações já integravam as atividades das Cortes com divulgação, implantação e manutenção de projetos voltados à gestão ambiental e às questões de cunho social, mas que a agenda continuava incompleta em vários sentidos. Aceitei como um grande e inestimável desafio.

Em termos de sustentabilidade, a meta na gestão pública é sair da lógica do consumo inconsciente, do automático e racionalizar as ações. Deve-se mudar o que sempre foi assim para a melhor opção dentre tantas escolhas. Há uma clara pretensão de que os Tribunais de Contas promovam uma revolução comportamental, com a internalização de novos conceitos, como forma de produzir uma mudança cultural. Os TCs têm o importante papel regulador e fiscalizador com o intuito de diminuir o impacto negativo da atividade econômica e social no meio ambiente.

O Decreto nº 7.746/2012 (sob a égide da Lei nº 8.666) foi o primeiro a mencionar um PLS como uma ferramenta de gestão administrativa, tendo como espelho a Agenda Ambiental da Administração Pública Federal (A3P).[5] Na época, não se tinha ideia de que se ia alcançar o protagonismo de hoje. Reconhecer que a base da sustentabilidade pode

---

[3] Lei Estadual nº 5.813, de 03.12.2008 (Piauí, 2008), que cria o ICMS Ecológico para beneficiar municípios que se destaquem na proteção ao meio ambiente e dá outras providencias de autoria da Deputada Estadual Lílian Martins.

[4] SMITH, Mark J. *Manual de Ecologismo* — Rumo à Cidadania Ecológica. Lisboa: Instituto Piaget, 1998.

[5] Agenda Ambiental na Administração Pública – A3P – Governo Federal – Departamento de Educação Ambiental e Cidadania.

ser empregada em várias situações, como instituições, produtos, modelos de gestão, política social etc., impulsionou o desenvolvimento do trabalho.

A provocação nos fez caminhar de forma mais célere. Primeiramente, mediante minha iniciativa, o Tribunal de Contas do Estado do Piauí, por meio do então presidente Cons. Olavo Rebelo, designou uma comissão de auditores sob minha coordenação, que, com o devido apoio institucional, foi sensibilizada e, como parte de uma força, dirigiu comportamentos iniciais. A comissão precisava conhecer e se autoconhecer para ser um elo importante do trabalho a ser desenvolvido. A revolução maior era a internalização, a paciência para os nãos e a disciplina.

A proposta de um manual para orientar a realização de um PLS exigia contemplar, além da dimensão ambiental, a inclusão indissociável das dimensões econômica e social. As interpretações e novas experiências já começavam a apontar, ainda de forma tímida, para a importância de se abraçar também as dimensões político-jurídica, ética e humana como opção deliberada pelo equilíbrio a favor da vida.

A ideia era, com engajamento, analisar no Direito a criação e a manutenção de um ambiente favorável aos tribunais, à sustentabilidade, ao desenvolvimento sustentável, insculpido constitucionalmente no Brasil, por meio de políticas voltadas à ciência, tecnologia e inovação.

Após amplo estudo, reuniões da comissão e troca de experiências, ficou formatada pelo Tribunal de Contas do Estado do Piauí (TCE-PI), junto ao Instituto Rui Barbosa (IRB), a proposta do manual para elaboração do PLS dos Tribunais de Contas, que inicialmente ficou disponível para consulta pública. A onda ESG (*Environmental, Social and Governance*) ou ASG (Ambiental, Social e Governança), princípio e objetivo da sustentabilidade, se instalava na nossa instituição. Conciliar ações sustentáveis de forma que promovessem o desenvolvimento, incorporando definitivamente essas atividades em suas rotinas administrativas, era o foco.

Em novembro de 2017 uma equipe do TCE-PI apresentou o manual[6] que contemplava uma metodologia para elaboração e implantação do PLS no âmbito dos Tribunais de Contas. Foi durante o VII Congresso Internacional de Direito e Sustentabilidade na sede do Tribunal de Contas do Estado do Ceará. Enquanto presidente do Comitê de Meio Ambiente do Instituto Rui Barbosa, coordenei esse trabalho de produção com proposta de ações e planos a serem adotados pelos TCs, objetivando aprimorar práticas sustentáveis.

O manual contempla uma metodologia para elaboração de um PLS no âmbito dos Tribunais de Contas, norteando os responsáveis para a realização de diversas etapas, desde os preparativos iniciais à elaboração propriamente dita de um plano de logística, abrangendo orientação sobre a necessidade do diagnóstico da instituição, a definição de temas, objetivos, indicadores, metas, ações, prazos de execução e responsáveis, bem como sua execução, monitoramento e avaliação.

São linhas mestras direcionando os caminhos a percorrer pelos órgãos de controle externo com o objetivo de aprimorar a gestão na busca pelo desenvolvimento sustentável da instituição e na sociedade.

---

[6] BARRENSE, Ênio Cezar Dias; MENESES, Hamifrancy Brito; SAMPAIO, Helano de Paulo Girão; BATISTA, Lucine de Moura Santos Pereira; COELHO, Marta Fernandes de Oliveira. *Manual para Elaboração e Implementação dos Planos de Logística Sustentável dos Tribunais de Contas*. Tribunal de Contas do Estado do Piauí (Brasil). Teresina, 2017. Publicado pelo IRB.

Com sua elaboração e posterior publicação pelo IRB, as instituições de Controle Externo passaram a ter uma providencial referência para as ações de sustentabilidade vinculadas aos ODS, não como subsídio de causa abstrata, mas como política institucional a se tornar realidade. O PLS é um suporte à administração do órgão desde a presidência até o operacional.

Enfrentar essa tarefa de maneira consciente pode representar um verdadeiro salto de qualidade no estabelecimento de uma nova política institucional. Novas interpretações ampliam e atualizam o conceito de eficiência e essa eficiência hoje passa definitivamente por esse olhar. Não é só fazer mais com menos.

O Tribunal, durante a preparação do manual, elegia também como valor institucional a sustentabilidade, tentando alinhar qualidade do gasto com eficiência, optando por algumas iniciativas mais efetivas. A sustentabilidade como tema estruturante sugeria um plano que pudesse ser inserido no planejamento estratégico do órgão. As ações de controle de uma instituição nessa área, para serem legítimas, passam antes pelo alinhamento de uma cultura organizacional sustentável, sendo referência de eficiência do uso dos recursos públicos nas suas próprias práticas. Não há como contornar ou se manter indiferente.

Nesse meio-tempo a ideia de inovação e sustentabilidade, como palavras semióticas que são, já permeava um pouco do que era visto como razoável para a elaboração do PLS do Tribunal, se revelando o caminho. Durante o processo, não se perdeu de vista a conexão integral entre ética, sustentabilidade e avanços tecnológicos de forma que pudesse ser um liame forte, não corrosivo. A Corte já fazia da tecnologia com inovação pilar de projetos desenhados para garantir uma gestão eficiente, responsável e inclusiva.

Na verdade, a sobrevivência de qualquer máquina pública hoje depende de soluções de impacto sustentáveis, sendo importante que haja capacitação em gestão pública inovadora. Inovar não é só ter uma solução tecnológica. Inovação, como se sabe, é propósito, é cultura e não mero arejamento de mentes. Ela almeja entendimento, mobilização, exigindo um verdadeiro mover-se.

O PLS concebido a partir do citado manual orientador não era só uma faculdade, pois seu maior valor é sua efetiva operacionalização, permitindo impactar positivamente o dia a dia da instituição. Essa nova forma de trabalhar é uma maneira de congregar dados e mapear antecipáveis efeitos colaterais e indiretos, evitando implicações desoladoras ao futuro.

Inspirado inicialmente nos Objetivos de Desenvolvimento Sustentável 16 (paz, justiça e instituições eficazes) e 17 (parcerias e meios de implementação), inevitavelmente o plano começou a ser uma realidade, tendo a base sido estendida para os demais ODS. Deveriam se conciliar ações sustentáveis nas suas variadas dimensões com ações que promovessem o desenvolvimento, incorporando assim atividades efetivas em suas rotinas administrativas.

O processo de tomada de decisões dos gestores públicos sempre se mostra mais assertivo quando está associado a um profundo conhecimento da sua organização. Assim, a proposta do PLS do TCE-PI foi um olhar requalificador do nosso órgão como espaço e não só como caminho para atingir seus objetivos. Os tribunais como organismos vivos, em contínuo processo de transformação para desenvolver seu mister, precisam se adaptar às novas realidades, a partir das necessidades e desejos dos cidadãos.

A implementação do PLS no Tribunal exigia ações de sensibilização e capacitação com mudança de cultura para a construção de uma estrutura organizacional voltada para a concretização da sustentabilidade, inicialmente na atividade interna do órgão. Como indiretamente os TCs são referência e espelho de gestão para os jurisdicionados, bem como estes são fortemente influenciados pelas determinações de controle externo dos tribunais, ampliar o alcance, em médio e longo prazo, das ações adotadas internamente para abranger também os seus jurisdicionados é objetivo a ser continuamente perseguido.

Para tanto, era preciso promover paralelamente a conscientização socioambiental com internalização, não somente como forma de demonstração de agregação de valor ao trabalho técnico dos órgãos jurisdicionados, mas, sobretudo, pelas perdas associadas que se continuaria a ter pelo não envolvimento com as ações de sustentabilidade previstas.

É fato que, para ser esse vetor orientador da sustentabilidade da gestão pública, a instituição precisa fazer o dever de casa, aperfeiçoando seus procedimentos administrativos, adotando com mais rigor práticas que contribuam para atingir os objetivos previstos na Agenda 2030.

A partir do plano, harmonizar o modelo de gestão dessa instituição com os Objetivos de Desenvolvimento Sustentável passou a ser uma obrigação. É urgente, inescapável e não se tem mais dúvidas quanto à relação causa/efeito entre o comportamento da instituição relativo a seus valores internos, assim como seu papel de fiscal e indutor do desenvolvimento sustentável, em especial através do controle da efetividade das políticas públicas.

Conforme o Prof. Juarez Freitas, é inadmissível a omissão que evita que as soluções pequem por incongruências e inefetividades. É fundamental o papel do sistema de controle externo na diminuição do fosso entre os comandos legais e constitucionais, protetivos dos bens e serviços ambientais, e o comportamento dos gestores públicos nos diversos níveis. Temos conhecimento, abrangência nacional com boa capilaridade e um potencial invejável. A agenda da sustentabilidade requer sempre mais do que fazemos agora.

A situação-problema que ensejou a elaboração do Plano de Logística do Tribunal foi a constatação de que a Corte de Contas, bem como seus jurisdicionados, possuía uma cultura organizacional falha ou até inexistente quanto ao reconhecimento da importância dos 17 ODS da Agenda 2030 nas suas entregas de valor. O desconhecimento da real importância de um desenvolvimento sustentável, que, apesar de muito discutido, é continuamente mal entendido ou mal interpretado.

A coletânea para realização do plano propriamente dito do tribunal de Contas apresentou dados desenvolvidos pelos técnicos ao longo de quase 3 anos, no intuito de promover a necessária interação entre necessidades, educação ambiental, novas tecnologias, inovação e sustentabilidade econômica e social, que viabiliza a promoção e construção de estilos de vida sustentáveis perante o próprio tribunal e no futuro, como já referido, dos jurisdicionados. O objetivo maior seria fazer a expectativa de metas, com os indicadores para um parâmetro sobre a redução ou ampliação baseado em um histórico de alguns anos. Verificar o que se quer reduzir ou ampliar com a implementação do plano. Não consta dentro do PLS, por motivos óbvios, o diagnóstico feito que ensejou os eixos trabalhados.

Foi um percurso razoavelmente longo, mas necessário, até o amadurecimento pleno, de forma que esse plano pudesse retratar de forma fidedigna a realidade, as necessidades e as possibilidades da instituição relativas ao tema.

Para se ter uma ideia, a linha do tempo e os normativos que deram suporte ao PLS são os que seguem:

QUADRO 2 – NORMATIVOS QUE DERAM SUPORTE
AO PLANO DE LOGÍSTICA SUSTENTÁVEL

(continua)

NORMATIVO	DESCRIÇÃO
Memorando nº 032/2017 Gabinete da Conselheira Lilian Martins	Indicação de nomes para compor Comissão para Estudo e Elaboração de Proposta do Plano de Logística Sustentável e do Manual de Aquisição Sustentável no âmbito dos Tribunais de Contas.
Portaria nº 587/2017	Designa servidores para comporem a Comissão para Estudo e Elaboração de Proposta do Plano de Logística Sustentável e do Manual de Aquisição Sustentável no âmbito dos Tribunais de Contas.
Portaria nº 202/2018	Designa servidores a Comissão Gestora permanente responsável pela elaboração, monitoramento, avaliação e revisão do Plano de Logística Sustentável (PLS) do TCE-PI, com apoio das unidades responsáveis nos moldes do Manual para Elaboração e Implementação dos Planos de Logística Sustentável dos Tribunais de Contas publicado pelo IRB.
Publicação do Manual para Elaboração e Implementação dos Planos de Logística Sustentável dos Tribunais de Contas	Em 4 de abril de 2018 Disponibilizado Manual para elaboração e Implementação dos Planos de Logística Sustentável dos Tribunais de Contas — Tribunal de Contas do Estado do Piauí.
Resolução nº 15/2018, 13 de setembro de 2018.	Dispõe sobre a forma e o prazo para elaboração do Plano de Logística Sustentável e o estabelecimento da Política socioambiental no Tribunal de Contas do Estado do Piauí – TCE-PI e dá outras providências.
Portaria nº 854/2018	Institui a Comissão para Estudos e Elaboração do Plano de Logística Sustentável do Tribunal de Contas do Estado do Piauí.
Portaria nº 194/2019	Altera a Portaria nº 854/2018, publicada no Diário Oficial Eletrônico do TCE-PI nº 175/2018, em 20 de setembro de 2018.
Portaria nº 267/2019	Altera a Portaria nº 194/2019, publicada no Diário Oficial Eletrônico do TCE-PI nº 054/2019, em 21 de março de 2019.
Portaria nº 360/2020	Altera a Portaria nº 267/2019, publicada no Diário Oficial Eletrônico do TCE-PI nº 084/2019, em 07 de maio de 2019, que nomeia a Comissão de Estudos e Elaboração do Plano de Logística Sustentável desta Corte de Contas, no sentido de incluir servidora. E renova o período de vigência da equipe de trabalho para o exercício 2020-2021.

(conclusão)

NORMATIVO	DESCRIÇÃO
Portaria nº 034/2021	Altera a Portaria nº 360/2020, publicada no Diário Oficial Eletrônico do TCE-PI nº 178/2020, em 23 de setembro de 2020, e a Portaria nº 267/2019, publicada no Diário Oficial Eletrônico do TCE-PI nº 084/2019, 07 de maio de 2019. Designa membros/servidores para estudos e elaboração do Plano de Logística Sustentável – PLS, a ser submetido à aprovação do Plenário, para que se dê efetividade à norma do art. 3º da Lei 8.666/93, bem como em cumprimento à Resolução nº 15, de 13 de setembro de 2018, no biênio 2021-2022.
Sessão Plenária Ordinária nº 037 de 21 de outubro de 2021 Expediente nº 101/21 e TC/016264/2021.	Aprova o Plano de Logística Sustentável do Tribunal de Contas do Estado do Piauí, nos termos em que foi apresentado.

 O nascimento do PLS[7] foi ao encontro da preocupação da alta gestão, com a necessidade da inserção de práticas sustentáveis nas rotinas administrativas, no intuito de transformar a cultura organizacional. As ações concebidas no âmbito do Plano envolvem os membros do Tribunal, bem como seus servidores e colaboradores, apresentando um olhar abrangente de atores.

 A inclusão do instrumento no planejamento estratégico do tribunal é o reconhecimento da importância de se estabelecer objetivos de longo prazo e estratégias para alcançá-los. Indica que a instituição está comprometida em avaliar e adaptar suas direções futuras com base em análises e metas claras, visando melhorar o desempenho relativo às ações de sustentabilidade. É um passo fulcral para garantir que a organização esteja preparada para enfrentar os desafios e aproveitar as oportunidades que possam surgir.

 Um bom PLS, para ser eficaz e efetivo, tem que ter realmente vínculo com a estratégia, trazendo como objetivo e valor a política de sustentabilidade. Deve haver da alta direção o comprometimento inequívoco. O papel da liderança como farol de uma organização é importante para fazer dar certo. Tem que ter alinhamento com o plano de capacitação do órgão, ser transparente, trazendo inteligência para a organização. No geral tem-se pouco treinamento, letramento. Hoje o PLS faz parte do Planejamento Estratégico deste Tribunal.

 Diagnosticado o problema relativo ao tema, constatou-se a ausência de uma cultura organizacional forte, amparada nos 17 ODS da Agenda 2030, tendo como consequência prática a dificuldade da vivência de rotinas administrativas alinhadas com práticas sustentáveis. De certa forma, isso inibi o órgão de um importante protagonismo da sustentabilidade na Administração Pública. Várias práticas sustentáveis foram delineadas em importantes eixos temáticos, com destaque para a capacitação e sensibilização para sedimentar essa mudança.

---

[7] CAVALCANTI, Bruno Camargo de Holanda *et al*. *Plano de Logística Sustentável* – Tribunal de Contas do Estado do Piauí. 2020/2023.

Como solução para a situação-problema era necessário vivenciar todo o ciclo de planejamento formalizado no Plano de Logística Sustentável, que abarca 70 planos de ação vinculados a oito temas principais, a saber: (i) uso racional de energia elétrica, (ii) uso racional da água e gestão sustentável do esgoto, (iii) transparência, (iv) consumo responsável de materiais, (v) gestão de resíduos sólidos, (vi) capacitação socioambiental e sensibilidade para a sustentabilidade, (vii) qualidade de vida no trabalho e (viii) compras e contratações sustentáveis.

A adoção das práticas sustentáveis, materializadas em planos de ação como escada para se atingir os vários objetivos, foi parcialmente implementada na Corte. Durante o curso, evidenciou-se um atraso e um contexto de dificuldade de priorização dos colaboradores frente à acumulação com outras rotinas de trabalho, culminando com a não realização de importantes etapas previstas.

A medição dos resultados esperados (acompanhamento) seria feita através de um sistema de medição de desempenho, concebido e baseado em indicadores para cada objetivo traçado (total de 24 objetivos) e metas a serem alcançadas. As métricas foram formuladas para um monitoramento com periodicidade semestral e possibilidade de avaliação anual, acompanhadas de uma ampla divulgação dos indicadores de desempenho alcançados.

Os resultados a serem alcançados podem ser resumidos na concretização, por exemplo, dos seguintes objetivos:

a) Redução no consumo de energia elétrica, adoção de fontes renováveis de energia, diminuição do consumo de água potável e produção de esgoto, garantia de índices elevados de transparência, racionalização do consumo de material de expediente, restrição do consumo de utensílios plásticos descartáveis, instituição e fomento à reciclagem de resíduos sólidos, aprimoramento da sistemática de reúso de bens inservíveis, desenvolvimento de programas e ações de promoção de saúde, promoção de atividades culturais, dentre outros;

b) Membros e servidores sensibilizados para internalizar os benefícios que as ações sustentáveis causam, promoção da qualificação técnica de membros, servidores e colaboradores para o exercício da sustentabilidade, otimização de esforços e recursos. A meta na gestão do órgão é sair da lógica do consumo inconsciente para se atingir um novo paradigma de desenvolvimento;

c) Os resultados em longo prazo que se espera alcançar são externos. Que a instituição seja exemplo em práticas sustentáveis para os demais jurisdicionados, servindo de estímulo às instituições públicas quanto à adoção dos Objetivos do Desenvolvimento Sustentável nas rotinas administrativas. Importante dizer que, embora não seja baseado em planos, o Tribunal faz o controle com a avaliação de algumas políticas públicas relativas à sustentabilidade dos seus jurisdicionados.

Todos os oito temas estruturantes já especificados de alguma forma foram trabalhados. Porém, não foi possível a finalização do conjunto de planos previstos com o cumprimento do cronograma idealizado. Espera-se que, com um maior engajamento para a execução plena dos planos de ação previstos, haja uma real quebra de paradigma na cultura organizacional, eliminando definitivamente a causa do problema.

Relativamente quanto a outras dimensões da sustentabilidade, é fundamental não perder de vista a integridade pública, constituindo uma série de instrumentos como forma de aumentar a confiança da população nas instituições públicas. A necessidade de incorporar princípios éticos, especialmente em contextos da novíssima inteligência artificial, para mitigar impactos sociais, econômicos e ambientais negativos tem sido uma preocupação.

A dimensão social, que implica não admitir um modelo de desenvolvimento excludente, e econômica, que evoca o *"trade-off"* entre eficiência e equidade dos beneficiários e dos custos diretos e indiretos (externalidades), também está presente no plano. A multidimensionalidade vinculante da sustentabilidade precisa ser rompida, sob pena de não se atingir a tão sonhada mudança.

Finalmente, verificando através dos sites a existência de PLS no âmbito dos TCs, pode-se observar que, dos 33 Tribunais de Contas do país, somente 6 deles disponibilizam seus planos existentes nos sites. Em parte dos seus sítios eletrônicos, mostram apenas produtos variados atinentes à sustentabilidade. A princípio, fica entendido que alguns deles trabalham com uma logística, mas sem a formalização do plano.

Comparando respostas dadas ao TCU, em uma parceria com a Rede Legislativo Sustentável no ano de 2023, para embasar o Índice de Acompanhamento da Sustentabilidade na Administração (IASA), dos 18 tribunais que responderam, 11 deles informaram a existência de PLS em seus órgãos.

De posse dessas informações e para se aferir uma abordagem, de forma sistemática e crítica, só se poderá fazê-lo comparando de forma mais eficaz situações sobre o mesmo tema, reconhecendo suas peculiaridades e avaliando suas contribuições individuais e globais para a compreensão da efetividade das iniciativas tomadas.

Na lição do Prof. Juarez, ilustre homenageado, "é urgente se instaurar o Estado-Sustentável, através, dentre outros, da instauração de instituições mais sustentáveis. Apesar dos avanços, em matéria de controle estratégico de danos pessoais e ambientais, permanece frágil e pouco efetivo em algumas áreas". "Erguer o Direito Administrativo da sustentabilidade é uma tarefa árdua que envolve gerações". É o momento que sugere a gestão pública participativa, transparente, redutora de assimetrias e eficaz densificadora do princípio da sustentabilidade no seu livro Sustentabilidade: Direito ao Futuro.

A história também tem mostrado que sustentabilidade não gera custo extra. As regras como valor e princípio constitucional da sustentabilidade estão postas. São várias as disposições, expressas ou implícitas, constitucionais e infraconstitucionais. Só precisa ser entendido que é um processo contínuo, aberto, e que exige pensamento prospectivo de longo prazo.

Em um PLS, a conjugação e integração dos pressupostos de um desenvolvimento constitucionalmente aceitável, a exemplo dos sociais, econômicos, ambientais, jurídico-políticos, éticos e humanos, são fundamentais. Com um bom plano, se tem uma visão geral do órgão, de como ele é e pra onde pretende ir. É real a possibilidade de aprimoramento do modo de enxergar e sindicar as políticas públicas.

O histórico mostra tempos ambientais, ética e humanamente, muito difíceis, assim, o processo de transformações estruturais e comportamentais em prol do bem-estar sustentável deve ser cada vez mais célere.

Os tempos de hoje são decididamente para os corajosos. Tempo para aqueles que estão dispostos a sair da zona de conforto e enfrentar aquilo que a sociedade precisa e espera. São tempos para pessoas de sabedoria, conhecimento e entusiasmo inspiradores, a exemplo do Professor aqui homenageado.

"Há pessoas que veem as coisas como elas são e que perguntam a si mesmas: 'por quê?'; e há pessoas que sonham as coisas como elas jamais foram e que perguntam a si mesmas: 'por que não?'"
Bernard Shaw

Referências

Agenda Ambiental na Administração Pública – A3P – Governo Federal – Departamento de Educação Ambiental e Cidadania.

BARRENSE, Ênio Cezar Dias et al. *Manual para Elaboração e Implementação dos Planos de Logística Sustentável dos Tribunais de Contas*. Tribunal de Contas do Estado do Piauí (Brasil). Teresina, 2017. Publicado pelo IRB.

BRASIL. *Constituição da República Federativa do Brasil*. Brasília: Congresso Nacional, 1988.

BRASIL. *Decreto nº 7.746, de 5 de junho de 2012*. Regulamenta o art. 3º da Lei nº 8.666, de 21 de junho de 1993, para estabelecer critérios e práticas para a promoção do desenvolvimento nacional sustentável nas contratações realizadas pela administração pública federal direta, autárquica e fundacional e pelas empresas estatais dependentes, e institui a Comissão Interministerial de Sustentabilidade na Administração Pública – CISAP.

BRASIL. *Lei nº 8.666*, de 21 de junho de 1993.

BRASIL. *Lei Estadual nº 5.813, de 03.12.2008 (Piauí, 2008)*, que cria o ICMS Ecológico para beneficiar municípios que se destaquem na proteção ao meio ambiente e dá outras providencias de autoria da Deputada Estadual Lílian Martins.

CAVALCANTI, Bruno Camargo de Holanda et al. *Plano de Logística Sustentável* – Tribunal de Contas do Estado do Piauí. 2020/2023.

FREITAS. Juarez. *Sustentabilidade*: direito ao futuro. 4. ed. Belo Horizonte: Fórum, 2019.

ONU BR – NAÇÕES UNIDAS NO BRASIL – ONU BR. A Agenda 2030, 2015.

SMITH, Mark J. *Manual de Ecologismo* – Rumo à Cidadania Ecológica. Lisboa: Instituto Piaget, 1998.

Informação bibliográfica deste livro, conforme a NBR 6023:2018 da Associação Brasileira de Normas Técnicas (ABNT):

MARTINS, Lilian de Almeida Veloso Nunes. Implementação do plano de logística sustentável nos Tribunais de Contas. In: PASQUALINI, Alexandre; CUNDA, Daniela Zago Gonçalves da; RAMOS, Rafael (coord.). *Direito, sustentabilidade e inovação*: estudos em homenagem ao professor Juarez Freitas. Belo Horizonte: Fórum, 2025. p. 369-382. ISBN 978-65-5518-957-5.

O CONTEÚDO MULTIDIMENSIONAL DA SUSTENTABILIDADE E AS CONTRATAÇÕES PÚBLICAS BRASILEIRAS

LUCIANA STOCCO BETIOL

TERESA VILLAC

1 Introdução

O objetivo deste capítulo é apresentar as contribuições do pensamento do Prof. Juarez Freitas para as contratações públicas sustentáveis no Brasil, a partir da multidimensionalidade da sustentabilidade, tema abordado pelo autor em publicações referenciadas a partir de 2011, como o texto "Licitações e Sustentabilidade: ponderação obrigatória dos custos e benefícios sociais, ambientais e econômicos"[1] e seu respeitado livro "Sustentabilidade: direito ao futuro", também publicado originalmente em 2011, e que se encontra hoje em sua 4ª edição.

Freitas é um renomado jurista brasileiro, cujas obras e pesquisas têm influenciado profundamente a doutrina jurídica administrativista e a prática da inserção da perspectiva da sustentabilidade como princípio constitucional cogente a se impor nas licitações e contratações públicas no país.[2]

Seu enfoque na sustentabilidade, como princípio ético-jurídico, e valor constitucional supremo, explicitado nos artigos 3º, 170, VI, e 225 da Constituição Federal, tem provocado reflexões acadêmicas e práticas quanto ao modelo de desenvolvimento

---

[1] FREITAS, Juarez. Licitações e Sustentabilidade: ponderação obrigatória dos custos e benefícios sociais, ambientais e econômicos. *Interesse Público*, v. 70, p. 15-35, 2011.

[2] FREITAS, Juarez. Licitações públicas sustentáveis: dever constitucional e legal, ano 2, n. 1, p. 339-366, 2013. Disponível em: http://www.idb-fdul.com/ ISSN: 2182-7567.

constitucionalmente pretendido, promovendo uma discussão que supera a integração entre aspectos ambientais, sociais e econômicos, o chamado tripé da sustentabilidade, introduzido por John Elkington em 1994,[3] que milita por uma interpretação de sustentabilidade fraca, com um olhar antropocêntrico para os sistemas ambiental, social e econômico, influenciado pela chamada economia clássica.

Segundo Freitas, o conceito de sustentabilidade deve avançar para novos olhares, incorporando mais duas dimensões: a jurídico-política e a ética, suportados pela ideia de que o desenvolvimento, para ser sustentável, deve buscar o bem-estar das gerações presentes e futuras, tanto global quanto local, e não se limitar a uma discussão de satisfação de necessidades,[4] caminhando para o conceito de sustentabilidade forte e abraçando a chamada economia ecológica.[5]

Essa nova perspectiva, no seu aspecto multidimensional,[6] ou pluridimensional como também aparece em sua obra,[7] compreende a insuficiência da tridimensionalidade,[8] encontrando-se mais aderente aos desafios a serem endereçados por uma sociedade global que caminha para ser composta por 10 bilhões de habitantes em 2050,[9] com recursos ambientais escassos, e já tendo ultrapassado 6 das 9 fronteiras planetárias que nos permitiriam viver num planeta seguro.[10]

O enquadramento do conceito de sustentabilidade, em sua multidimensionalidade, alcança o sistema de atos, procedimentos e contratos administrativos, dentre eles as licitações e contratações administrativas, devendo, nesta última, ir além dos critérios meramente econômicos em sua ponderação. Segundo o autor, o embasamento do tomador de decisão público deve caminhar para uma rediscussão do que seria uma proposta vantajosa,[11] [12] incorporando novas dimensões essenciais para a promoção do desenvolvimento sustentável via compras e contratações, ao caminhar para o melhor preço, que será aquele que levará em consideração custos diretos e indiretos da tomada de decisão.[13]

Possível identificar, também, um esforço de Freitas na construção de um conceito para compras públicas sustentáveis, amparado em princípios da sustentabilidade,[14] tendo contado, nesse mister, com o auxílio de uma das coautoras deste artigo.

---

[3] ELKINGTON, John. *Sustentabilidade*: canibais com garfo e faca. M. Books, 2020.
[4] GARCIA, Julio Cesar; FREITAS, Juarez. Evolução conceitual do princípio da sustentabilidade (The Conceptual Evolution of the Sustainability Principle). *In: Rivista Quadrimestrale di Diritto Dell'Ambiente,* 2016.
[5] MONZONI, Mario; CARREIRA, Fernanda. O Metaverso do ESG. GV Executivo. 2022.
[6] FREITAS, Juarez. Licitações sustentáveis e o fim inadiável da miopia temporal na avaliação das propostas. *Revista da Procuradoria-Geral do Estado do Espírito Santo*, Vitória, v. 12, n. 12, p. 51-70, 1º/2º sem. 2012 a.
[7] FREITAS, Juarez. *Sustentabilidade*: Direito ao Futuro. Belo Horizonte: Fórum, 2016, p. 48.
[8] GARCIA, Julio Cesar; FREITAS, Juarez. Ob. cit. 2016.
[9] United Nations Department of Economic and Social Affairs, Population Division (2022). World Population Prospects 2022: Summary of Results. UN DESA/POP/2022/TR/NO. 3.
[10] RICHARDSON, K. et al. Earth beyond six of nine planetary boundaries. *Science Advances*, 9(37), 1-16, 2023. https://doi.org/10.1126/sciadv.adh2458.
[11] FREITAS, Juarez. Princípio da Sustentabilidade: licitações e a redefinição da proposta mais vantajosa. *Revista do Direito*, Santa Cruz do Sul, v. 38, p. 74-94, 2012 b.
[12] FREITAS, Juarez. Ob. cit. 2012a.
[13] FREITAS, Juarez. Ob. cit. 2013.
[14] FREITAS, Juarez; VILLAC, Teresa. Sustainable Public Procurement: Concept and Principles. *In*: LEAL FILHO, Walter; ÖZUYAR, Pinar Gökçin et al. (org.). *Encyclopedia of the UN Sustainable Development Goals*. 1. ed. Springer International Publishing, 2019, p. 1-9.

Se o autor já tratava, em suas obras, da necessidade de se conferir atenção ao chamado ciclo de vida dos produtos,[15] [16] a partir da nova lei de licitações o autor avança para tratar da necessidade de se levar em conta o ciclo de vida do objeto para a tomada de decisão, determinação expressamente constante da Lei nº 14.133 de 2021, conforme se extrai do seu artigo "Nova Lei de Licitações e o ciclo de vida do objeto".[17]

Possível concluir que suas obras têm oferecido uma base teórica sólida e fomentado um legado de práticas inovadoras para a implementação da multidimensionalidade da sustentabilidade nas licitações públicas brasileiras, reconhecendo a relevância estratégica do Estado intergeracional e explicitando que prioridades sustentáveis não são meras faculdades para o administrador público.[18]

Diante disso, neste artigo, exploraremos essas contribuições partindo de 4 capítulos, iniciando com essa introdução ao tema. No capítulo 2 serão explorados em maior profundidade os conteúdos da multidimensionalidade da sustentabilidade. No capítulo 3 avançaremos em como o conteúdo multidimensional da sustentabilidade dá novos contornos às contratações públicas. O último capítulo traz uma visão geral da influência do autor nessa essencial política pública que são as compras públicas para o endereçamento da sustentabilidade.

2 O conteúdo multidimensional da sustentabilidade

A sustentabilidade como valor constitucional e intertemporal é uma inovação significativa na doutrina jurídica nacional. Uma leitura rasa da Constituição Federal de 1988 poderia não capturar que o seu texto já desenhava, em seus artigos 3º, 170, VI, e 225, princípios que endereçam a sustentabilidade, com eficácia direta e imediata.

A contribuição de juristas como o Prof. Juarez Freitas se faz essencial para consolidar a releitura do texto constitucional interpretando o princípio da sustentabilidade, em suas dimensões interconectadas, como um norteador das políticas públicas, inclusive nos atos e contratos administrativos, a ser aplicado de forma cogente e não como mera faculdade.[19]

A sustentabilidade é apresentada pelo autor como um conceito multidimensional e vinculante, com escalas múltiplas de tempo e espaço, abrangendo diversos princípios interconectados entre si.

Em sua vasta produção acadêmica, Freitas identifica e explora cinco dimensões principais da chamada sustentabilidade ecológica, ou em sentido forte. São elas: ambiental, social, econômica, ética e jurídico/política, não se limitando, portanto, ao aspecto tridimensional (ambiental, social e econômico), característico da sustentabilidade débil.

Ao incluir as dimensões jurídico-política e ética, a sustentabilidade passa a considerar a interação complexa e contínua entre o ser humano e o mundo ao seu

---

[15] FREITAS, Juarez. Ob. cit. 2013.
[16] FREITAS, Juarez. *Eficácia direta e imediata do princípio constitucional da sustentabilidade*. 2015. p. 96.
[17] FREITAS, Juarez. Nova Lei de Licitações e o ciclo de vida do objeto. *Revista de Direito Administrativo*, 281(2), 91-106, 2013. DOI: https://doi.org/10.12660/rda.v281.2022.86046.
[18] FREITAS, Juarez. Sustentabilidade: novo prisma hermenêutico. *Revista Novos Estudos Jurídicos - Eletrônica*, v. 24, n. 3, set./dez. 2018. DOI: 10.14210/nej.v24n3.p940-963.
[19] FREITAS, Juarez. Ob. cit. 2015. p. 90.

redor. Essa interação vai além da simples relação entre o homem e os recursos naturais, abrangendo também aspectos sociais e morais.[20]

A relevância de cada uma dessas dimensões e o entrelaçamento entre elas são cruciais para a construção de um modelo de desenvolvimento sustentável, esse também multidimensional, compatível com o mandamento constitucional, e que se espraia por todas as áreas do sistema jurídico. Esse mandamento constitucional visa o respeito ao bem-estar, individual e transindividual, intra e intergeracional, e com um olhar de direito ao futuro.[21]

Partindo da sua obra "Sustentabilidade: direito ao futuro", é possível explicitar cada uma das dimensões exploradas por Freitas.

A dimensão ambiental reconhece o direito ao meio ambiente como fundamental, considerando-o um pressuposto essencial à vida humana e não humana. Enfatiza a necessidade de qualidade e longevidade ambiental para garantir a sobrevivência de todas as formas de vida.[22]

Por sua vez, a dimensão social aborda a sustentabilidade sob a ótica da equidade intra e intergeracional, promovendo um modelo de convivência social inclusivo. Esta dimensão foca nos direitos fundamentais sociais, buscando maior desenvolvimento das potencialidades humanas.[23]

No que tange à dimensão econômica, a sustentabilidade é analisada considerando-se a proporcionalidade entre os custos e benefícios, tanto diretos quanto indiretos, de empreendimentos públicos e privados. A regulação do mercado é orientada pela eficácia, e não limitada a um olhar de eficiência.[24]

A dimensão ética, por sua vez, envolve a concretização da supremacia da dignidade intrínseca dos seres vivos, reconhecida numa escala intergeracional. Não se limita apenas à preocupação com a escassez de recursos ambientais, mas amplia-se para incluir a dignidade de todos os seres vivos.[25]

Finalmente, a dimensão jurídico-política enfatiza a "tutela jurídica do direito ao futuro", com o reconhecimento de novos titulares de direitos e a imposição de limitações à atuação do poder público. Isso inclui, por exemplo, contratações e acesso a recursos públicos pautados por determinações normativas voltadas à sustentabilidade, além da criação de mecanismos de participação política e jurídica social.[26]

Dessa forma, cada uma dessas dimensões contribui para uma compreensão mais ampla e integrada da sustentabilidade, reforçando a ideia de que o desenvolvimento deve ser moldado pelos princípios sustentáveis e não o contrário.

Apresentado o conceito da multidimensionalidade da sustentabilidade, é possível avançarmos para como esse conceito redesenha as contratações públicas brasileiras.

---

[20] GARCIA, Julio Cesar; FREITAS, Juarez. Ob. cit. 2016. p. 113.
[21] FREITAS, Juarez. Ob. cit. 2018. p. 957.
[22] FREITAS, Juarez. Ob. cit. 2016.
[23] FREITAS, Juarez. Ob. cit. 2016. p. 60.
[24] FREITAS, Juarez. Ob. cit. 2016, p. 65 e 67.
[25] FREITAS, Juarez. Ob. cit. 2016.
[26] FREITAS, Juarez. Ob. cit. 2016, p.67.

3 O conteúdo multidimensional da sustentabilidade nas contratações públicas brasileiras

As contribuições do pensamento do Prof. Juarez Freitas para as contratações públicas brasileiras são significativas e representam marco teórico relevante no Direito Administrativo nacional, em sua transição doutrinária para a interlocução do tema licitações com o Direito Ambiental.

De um histórico doutrinário pátrio predominantemente associando a contratação pública ao menor preço e a uma concepção estrita de eficiência, a multidimensionalidade de Freitas ressignificou as compras públicas para propugnar que a sustentabilidade é imperativo fundante e impositivo no consumo estatal.

A abordagem jus filosófica do autor eleva a dimensão ética a um patamar para além da ética pública, relacionando-a com um viver digno que atue com empática solidariedade[27] e que também se instrumentaliza por intermédio das contratações públicas, a partir de um novo Direito Administrativo que abarque o paradigma da sustentabilidade.[28] A densidade teórica de Freitas possibilita não apenas reflexões avançadas sobre interpretação jurídica em um Estado Sustentável,[29] mas desdobra-se em discurso-ação ao apresentar as contratações sustentáveis como um elemento indutor do novo Direito Administrativo.

Assim, a sustentabilidade como valor supremo e princípio constitucional apresenta, *per si*, condições no campo da normatividade para que o paradigma do menor preço não seja o dominante, devendo ser considerados os custos diretos e indiretos, sociais, ambientais e econômicos nas contratações.[30]

Os estudos teóricos de Freitas neste campo alinham-se com a legislação brasileira sobre contratações públicas, e o novo olhar multidimensional que a iluminou possibilita a identificação das dimensões da sustentabilidade propostas nas leis que, historicamente, disciplinam o tema das compras públicas.

Nesse sentido, levantamento e análise antecedente da legislação nacional e normas infralegais sobre contratações demonstram a configuração da dimensão ética da sustentabilidade nos marcos institucionais, a partir de 1998, conforme quadro a seguir:

---

[27] FREITAS, Juarez. *Sustentabilidade*: direito ao futuro. Belo Horizonte: Fórum, 2019, p. 68.
[28] FREITAS, Juarez. Ob. cit. 2019, p. 222.
[29] FREITAS, Juarez. Ob. cit. 2019, p. 293.
[30] FREITAS, Juarez. Ob. cit. 2019. p. 260.

QUADRO 1 – MARCOS INSTITUCIONAIS BRASILEIROS SOBRE CONTRATAÇÕES PÚBLICAS SUSTENTÁVEIS E DIMENSÕES DA SUSTENTABILIDADE

(continua)

Ano	Marco institucional	Síntese do conteúdo	Dimensão da sustentabilidade
1993	Lei nº 8.666	Lei de Licitações e Contratações Públicas Brasileiras. Impacto ambiental em obras e serviços de engenharia. Emprego de mão de obra, materiais, tecnologia e matérias-primas existentes no local para execução, conservação e operação. Três possibilidades de seleção das propostas: menor preço, melhor técnica e técnica conjugada com preço.	Ambiental Social Econômica
1998	Lei nº 9.605	Lei de Crimes Ambientais. Proibição de participar de licitações pelo prazo de cinco anos, no caso de crimes dolosos, e de três anos, no de crimes culposos.	Ambiental Ética
1998	Decreto nº 2.783	Proibição de aquisição de produtos ou equipamentos que contenham ou façam uso das substâncias que destroem a camada de ozônio - SDO - pelos órgãos e pelas entidades da Administração Pública Federal.	Ambiental
1999	Lei nº 9.854	Altera a Lei nº 8.666, 1993. Para a participação em contratações públicas, foi estabelecida a proibição de trabalho noturno, perigoso ou insalubre a menores de dezoito e de qualquer trabalho a menores de dezesseis anos, salvo na condição de aprendiz, a partir de quatorze anos.	Social Ética
2002	Lei nº 10.520	Institui nova modalidade de procedimento para contratação pública para bens e serviços comuns: Pregão. O julgamento das propostas será sempre pelo menor preço.	Econômica Essa lei teve grande repercussão nos anos seguintes em continuidade à ênfase econômica, considerando o elevado percentual de contratações de bens e serviços comuns.
2006	Lei Complementar nº 123	Estatuto Nacional da Microempresa e da Empresa de Pequeno Porte. Tratamento favorecido a microempresas, empresas de pequeno porte em contratações públicas.	Social
2006	Decreto nº 5940	Obrigatoriedade da destinação de resíduos recicláveis de órgãos públicos federais para cooperativas e associações de catadores.	Ambiental Social

(continua)

Ano	Marco institucional	Síntese do conteúdo	Dimensão da sustentabilidade
2007	Decreto nº 6.204	Regulamento da Lei Complementar nº 123, 2006. Foi revogado pelo Decreto nº 8.538, 2015. Tratamento favorecido, diferenciado e simplificado para as microempresas e empresas de pequeno porte nas contratações públicas de bens, serviços e obras no âmbito da administração pública federal.	Social
2009	Lei nº 12.187	Institui a Política Nacional de Mudanças Climáticas. Critérios de preferência para propostas que propiciem maior economia de energia, água e outros recursos naturais e redução da emissão de gases de efeito estufa e de resíduos.	Ambiental
2010	Lei nº 10.305	Institui a Política Nacional de Resíduos Sólidos. Prioridade nas aquisições e contratações governamentais para: a) produtos reciclados e recicláveis; b) bens, serviços e obras que considerem critérios compatíveis com padrões de consumo social e ambientalmente sustentáveis.	Ambiental Social
2010	Lei nº 12.349	Altera a Lei nº 8.666, 1993, para estabelecer como objetivo das licitações a promoção do desenvolvimento nacional sustentável.	Todas as dimensões
2010	Decreto nº 7.174	Regulamenta a contratação de bens e serviços de informática e automação pela administração pública federal. As aquisições devem conter: requisito referente ao consumo de energia. Preferência para bens e serviços com tecnologia desenvolvida no país.	Ambiental Social
2010	Instrução Normativa nº 1, Ministério do Planejamento	Dispõe sobre critérios de sustentabilidade ambiental para bens, serviços e obras.	Ambiental
2010	Portaria nº 2, Ministério do Planejamento	Contratação de tecnologia da informação (TI) Verde.	Ambiental
2011	Lei nº 12.440	Altera a Lei nº 8.666 e exige a comprovação de regularidade das obrigações trabalhistas para participação em contratações públicas.	Social Ética

(continua)

Ano	Marco institucional	Síntese do conteúdo	Dimensão da sustentabilidade
2011	Lei nº 12.462	Institui o Regime Diferenciado de Contratações Públicas. Adequado tratamento do impacto ambiental do empreendimento. Consideração dos custos e benefícios, diretos e indiretos, de natureza econômica, social ou ambiental, inclusive os relativos à manutenção, ao desfazimento de bens e resíduos, ao índice de depreciação econômica e a outros fatores de igual relevância. Disposição final ambientalmente adequada dos resíduos sólidos. Mitigação por condicionantes e compensação ambiental, que serão definidas no procedimento de licenciamento ambiental. Utilização de produtos, equipamentos e serviços que, comprovadamente, reduzam o consumo de energia e recursos naturais. Avaliação de impactos de vizinhança na forma da legislação urbanística. Proteção do patrimônio cultural, histórico, arqueológico e imaterial, inclusive por meio da avaliação do impacto direto ou indireto causado pelas obras contratadas. Acessibilidade para o uso por pessoas com deficiência ou com mobilidade reduzida.	Ambiental Social Econômico
2011	Decreto nº 7.546	Regulamenta a aplicação de margem de preferência para produtos manufaturados e serviços nacionais e de medidas de compensação comercial, industrial, tecnológica.	Social
2012	Decreto nº 7.746	Regulamenta o artigo 3º, da Lei nº 8.666. Estabelece critérios, práticas e diretrizes para a promoção do desenvolvimento nacional sustentável nas contratações realizadas pela administração pública federal. Menor impacto sobre recursos naturais como flora, fauna, ar, solo e água. Preferência para materiais, tecnologias e matérias-primas de origem local. Maior eficiência na utilização de recursos naturais como água e energia. Maior geração de empregos, preferencialmente com mão de obra local. Maior vida útil e menor custo de manutenção do bem e da obra. Uso de inovações que reduzam a pressão sobre recursos naturais. Origem ambientalmente regular dos recursos naturais utilizados em bens, serviços e obras.	Ambiental Social Com margem interpretativa para extensão às demais dimensões

(conclusão)

Ano	Marco institucional	Síntese do conteúdo	Dimensão da sustentabilidade
2012	Instrução Normativa nº 10	Estabelece regras para os Planos de Logística Sustentável da Administração Pública Federal. Contratações públicas sustentáveis. Coleta seletiva solidária.	Ambiental Social
2014	Portaria nº 86 Ministério do Planejamento	Revoga a Portaria 2, 2010. Dispõe sobre as orientações técnicas no que tange aos aspectos de: aderência a requisitos de sustentabilidade, posicionamento da tecnologia, ciclo de vida, uso da linguagem, usabilidade, entre outros.	Ambiental
2015	Decreto nº 8.538	Tratamento favorecido, diferenciado e simplificado para as microempresas, empresas de pequeno porte, agricultores familiares, produtores rurais pessoa física, microempreendedores individuais e sociedades cooperativas de consumo nas contratações públicas de bens, serviços e obras no âmbito da administração pública federal. Promover o desenvolvimento econômico e social no âmbito local e regional. Ampliar a eficiência das políticas públicas. Incentivar a inovação tecnológica.	Social Econômica
2015	Decreto nº 8.473	Estabelece, no âmbito da Administração Pública federal, o percentual mínimo destinado à aquisição de gêneros alimentícios de agricultores familiares e suas organizações, empreendedores familiares rurais, silvicultores, aquicultores, extrativistas pescadores, povos indígenas integrantes de comunidades remanescentes de quilombos rurais, desde que atendidas determinadas condições de cunho econômico, social e ambiental.	Econômica Ambiental Social Ética
2015	Decreto nº 8.540	Medidas de racionalização do gasto público nas contratações para aquisição de bens e prestação de serviços e na utilização de telefones celulares corporativos, contratos de energia elétrica e outros dispositivos.	Econômica Ambiental Ética
2015	Decreto nº 8.541	Estabelece, no âmbito da administração pública federal direta, autárquica e fundacional, medidas de racionalização do gasto público no uso de veículos oficiais e nas compras de passagens aéreas para viagens a serviço.	Econômica Ambiental Ética

Fonte: VILLAC et al.[31]

---

[31] VILLAC, Teresa; DIAS, Sylmara Lopes Francelino Gonçalves; FREITAS, Juarez; SANTOS, Maria Cecília Loschiavo dos. O papel do Direito em prol do desenvolvimento sustentável brasileiro: contratações públicas sustentáveis. Apresentação oral e trabalho completo no 1o Simpósio Luso-Brasileiro sobre Modelos e Práticas de Sustentabilidade. Instituto de Energia e Ambiente (IEE) da Universidade de São Paulo e Faculdade de Ciências e Tecnologia, Universidade Nova de Lisboa, Lisboa, Portugal, 11-12 de julho de 2016. International Sustainable Development Research Society (ISDRS). www.isdrs.org. Acesso para membros do ISDRS.

Ainda que predominantes as dimensões tradicionais do *triple bottom line*, a inserção ética já se configurava e constou de oito normas de um total de 24, tendo sido fortalecida no Regime Diferenciado de Contratações, como sintetizado a seguir, com a vedação de contratação de pessoas jurídicas que tenham sócios ou administradores com relação de parentesco, inclusive afinidade, com detentores de cargo ou função de confiança ou autoridade hierarquicamente superior:

QUADRO 2 – REGIME DIFERENCIADO DE CONTRATAÇÕES PÚBLICAS
E AS DIMENSÕES DA SUSTENTABILIDADE

Ano	Marco institucional	Síntese do conteúdo	Dimensão da sustentabilidade
2011	Lei nº 12.462	Institui o RDC. Desenvolvimento nacional sustentável é um princípio. Busca da maior vantagem para a administração pública, considerando custos e benefícios, diretos e indiretos, de natureza econômica, social ou ambiental, inclusive os relativos à manutenção, ao desfazimento de bens e resíduos, ao índice de depreciação econômica e a outros fatores. Disposição final ambientalmente adequada dos resíduos sólidos gerados pelas obras contratadas. Mitigação por condicionantes e compensação ambiental, que serão definidas no procedimento de licenciamento ambiental. Utilização de produtos, equipamentos e serviços que, comprovadamente, reduzam o consumo de energia e recursos naturais. Avaliação de impactos de vizinhança, na forma da legislação urbanística. Proteção do patrimônio cultural, histórico, arqueológico e imaterial, inclusive por meio da avaliação do impacto direto ou indireto causado pelas obras contratadas. Acessibilidade para o uso por pessoas com deficiência ou com mobilidade reduzida. Mão de obra, materiais, tecnologias e matérias-primas existentes no local da execução. Inovação tecnológica ou técnica na contratação integrada. Parâmetros de adequação ao interesse público, à economia na utilização, à facilidade na execução, aos impactos ambientais e à acessibilidade na contratação integrada. Remuneração variável vinculada ao desempenho da contratada com base em metas, padrões de qualidade, critérios de sustentabilidade ambiental. Os custos indiretos relacionados com as despesas de manutenção, utilização, reposição, depreciação e impacto ambiental, entre outros fatores, poderão ser considerados para a definição do menor dispêndio, sempre que objetivamente mensuráveis. É vedada a contratação direta, sem licitação, de pessoa jurídica na qual haja administrador ou sócio com poder de direção que mantenha relação de parentesco, inclusive por afinidade, até o terceiro grau civil com: I - detentor de cargo em comissão ou função de confiança que atue na área responsável pela demanda ou contratação; e II - autoridade hierarquicamente superior no âmbito de cada órgão ou entidade da administração pública.	Ambiental Social Econômica Ética

Fonte: VILLAC[32]

Além da dimensão ética referida, identificaram-se avanços na dimensão ambiental, com a consideração dos custos indiretos, remuneração variável vinculada ao desempenho da contratada, dentre outros. Destaca-se a dimensão cultural, referente à proteção do patrimônio cultural, histórico, arqueológico e imaterial.

Na posterior Lei das Estatais, os temas demonstraram estar sedimentados, mas ainda sem expressa previsão na Lei Geral de Licitações e Contratos:

QUADRO 3 – LEI DAS ESTATAIS E AS DIMENSÕES DA SUSTENTABILIDADE

(continua)

Ano	Marco institucional	Síntese do conteúdo	Dimensão da sustentabilidade
2016	Lei nº 13.303	Dispõe sobre o estatuto jurídico da empresa pública, da sociedade de economia mista e de suas subsidiárias, no âmbito da União, dos Estados, do Distrito Federal e dos Municípios. A empresa pública e a sociedade de economia mista deverão, nos termos da lei, adotar práticas de sustentabilidade ambiental e de responsabilidade social corporativa compatíveis com o mercado em que atuam. Licitações com consideração das normas de acessibilidade para pessoas com deficiência ou com mobilidade reduzida. Sem licitação na contratação de associação de pessoas com deficiência física, sem fins lucrativos e de comprovada idoneidade para a prestação de serviços ou fornecimento de mão de obra, desde que o preço contratado seja compatível com o praticado no mercado. Consideração do ciclo de vida do objeto. Princípio do desenvolvimento nacional sustentável. Custos e benefícios, diretos e indiretos, de natureza econômica, social ou ambiental, inclusive os relativos à manutenção, ao desfazimento de bens e resíduos, ao índice de depreciação econômica e a outros fatores de igual relevância. As licitações e os contratos disciplinados por esta Lei devem respeitar, especialmente, as normas relativas à: I - disposição final ambientalmente adequada dos resíduos sólidos gerados pelas obras contratadas; II - mitigação dos danos ambientais por meio de medidas condicionantes e de compensação ambiental, que serão definidas no procedimento de licenciamento ambiental; III - utilização de produtos, equipamentos e serviços que, comprovadamente, reduzam o consumo de energia e de recursos naturais;	Ambiental Social Econômica Ética

---

[32] VILLAC, Teresa. *Sustentabilidade e contratações públicas no Brasil*: Direito, Ética Ambiental e Desenvolvimento. Tese de Doutorado, Instituto de Energia e Ambiente, Universidade de São Paulo, São Paulo, 2017). DOI: 10.11606/T.106.2018.tde-08112017-141101. Recuperado em 2024.06.20, de www.teses.usp.

(conclusão)

Ano	Marco institucional	Síntese do conteúdo	Dimensão da sustentabilidade
2016	Lei nº 13.303	IV - avaliação de impactos de vizinhança, na forma da legislação urbanística; V - proteção do patrimônio cultural, histórico, arqueológico e imaterial, inclusive por meio da avaliação do impacto direto ou indireto causado por investimentos realizados por empresas públicas e sociedades de economia mista; VI - acessibilidade para pessoas com deficiência ou com mobilidade reduzida. Vedação de contratar em relações de parentesco: a quem tenha relação de parentesco, até o terceiro grau civil, com: a) dirigente de empresa pública ou sociedade de economia mista; b) empregado de empresa pública ou sociedade de economia mista cujas atribuições envolvam a atuação na área responsável pela licitação ou contratação; c) autoridade do ente público a que a empresa pública ou sociedade de economia mista esteja vinculada. Obras com adequado tratamento do impacto ambiental do empreendimento.	Ambiental Social Econômica Ética

Fonte: VILLAC[33]

A Nova Lei de Licitações, de 2021, apresenta conteúdo condizente com o crescente fortalecimento normativo do conteúdo multidimensional da sustentabilidade, conforme levantamento efetuado pelas autoras:

QUADRO 4 – NOVA LEI DE LICITAÇÕES E DIMENSÕES DA SUSTENTABILIDADE

(continua)

Ano	Marco institucional	Síntese do conteúdo	Dimensão da sustentabilidade
2021	Lei nº 14.133	Lei de Licitações e Contratos Administrativos. Desenvolvimento sustentável como princípio e objetivo. Descrição da solução como um todo, considerado todo o ciclo de vida do objeto. Economia na utilização, de facilidade na execução, de impacto ambiental e de acessibilidade no anteprojeto. Projeto básico com adequado tratamento do impacto ambiental do empreendimento e que possibilite a avaliação do custo da obra e com acessibilidade. Descrição, no estudo técnico preliminar, dos possíveis impactos ambientais e respectivas medidas mitigadoras, incluídos os requisitos de baixo consumo de energia e de outros recursos, bem como logística reversa para desfazimento e reciclagem de bens e refugos, quando aplicável.	Ambiental Social Econômica Ética

---

[33] VILLAC, Teresa. Obra citada.

(conclusão)

Ano	Marco institucional	Síntese do conteúdo	Dimensão da sustentabilidade
2021	Lei nº 14.133	Licenciamento ambiental. Percentual da mão de obra constituído por mulheres vítimas de violência doméstica e oriundos ou egressos do sistema prisional. Margem de preferência: bens manufaturados e serviços nacionais que atendam a normas técnicas brasileiras e bens reciclados, recicláveis ou biodegradáveis. Admissão de certificação, certificado, laudo laboratorial ou documento similar para aferição da qualidade e da conformidade do produto ou processo de fabricação, inclusive sob o aspecto ambiental. Obras e serviços de engenharia: respeito às normas relativas à disposição final ambientalmente adequada dos resíduos sólidos, mitigação por condicionantes e composição ambiental. Obras e serviços de engenharia: utilização de produtos, equipamentos e serviços que, comprovadamente, favoreçam a redução do consumo de energia e de recursos naturais; avaliação de impacto de vizinhança, na forma da legislação urbanística; proteção do patrimônio histórico, cultural, arqueológico e imaterial, meio de avaliação do impacto direto ou indireto causado pelas obras contratadas; acessibilidade para pessoas com deficiência ou com mobilidade reduzida. Integridade: implantação de programa; programa de integridade como desempate e implantação ou o aperfeiçoamento de programa de integridade como sanção.	Ambiental Social Econômica Ética

Fonte: elaborado pelas autoras

Verifica-se que houve a incorporação de previsões que constavam do Regime Diferenciado de Contratações e da Lei das Estatais, além de passar a constar na lei a exigência da consideração da sustentabilidade nos estudos técnicos preliminares, inclusão de mulheres vítimas de violência doméstica, margens de preferência, previsões quanto à integridade, além de detalhamentos que evidenciam o amadurecimento legislativo quanto à obrigatoriedade das contratações sustentáveis multidimensionais, com a ênfase à ética e ao ciclo de vida, enfatizados doutrinariamente por Freitas, além da dimensão cultural, relevantíssima para a viabilização ampla de políticas públicas pela via das contratações.

Além da identificação de que o percurso histórico da legislação nacional sobre contratações públicas é crescentemente aderente ao conteúdo multidimensional da sustentabilidade preconizado pelo autor, seu pensamento também foi contributivo à prática administrativa e de gestão pública no tema, como se pode verificar do Guia Nacional de Contratações Sustentáveis da Advocacia-Geral da União (AGU), cuja primeira edição data de 2016, estando atualmente na 7ª edição[34] (2024), e do recente Guia de Contratações Sustentáveis dos Correios,[35] de 2024.

---

[34] BRASIL. Advocacia-Geral da União (AGU). Consultoria-Geral da União. Guia Nacional de Contratações Sustentáveis. 7. ed. BARTH, Maria Leticia B.G. et al. Brasília: AGU, outubro 2024. Disponível em: https://www.gov.br/agu/pt-br/composicao/cgu/cgu/modelos/licitacoesecontratos/licitacoes-sustentaveis.

[35] Guia de Contratações Sustentáveis dos Correios. Correios, maio 2024. Disponível em: https://www.correios.com.br/acesso-a-informacao/transparencia-e-governanca/sustentabilidade/arquivo/guia-de-contratacoes-sustentaveis-dos-correios-compactado_3.pdf.

Assim é que tal material incorporou o conteúdo multidimensional da sustentabilidade desenvolvido por Freitas. O Guia da AGU desenvolve, com detalhamento, as cinco dimensões da sustentabilidade, referenciando o autor e possibilitando uma abordagem ampla do tema por parte dos gestores públicos que dele se utilizam na implementação de cláusulas e previsões de sustentabilidade nos contratos, termos de referência, projetos básicos e editais. Atualizado anualmente, a publicação é reconhecida pelo Tribunal de Contas da União como boa prática de gestão pública, com o "objetivo de oferecer segurança aos gestores públicos na implementação de práticas socioambientais" (Acórdão nº 1.056/2017 - Plenário),[36] sendo utilizado também por órgãos estaduais e municipais, do Legislativo e do Judiciário, além dos órgãos do Poder Executivo federal assessorados pela Advocacia-Geral da União.

A adoção por uma empresa como os Correios, territorialmente presente em todo o país, do conteúdo multidimensional da sustentabilidade de Freitas, com a elaboração de um Guia de Contratações Sustentáveis,[37] é registro inconteste da relevância da doutrina, ao mesmo tempo jusfilosófica e de aplicação prática, do i. pensador brasileiro.

4 Delineamentos finais

O pensamento do Prof. Juarez Freitas é precursor na incorporação da sustentabilidade como valor constitucional e princípio orientador das políticas públicas, especialmente nas contratações públicas. Suas contribuições têm sido fundamentais para a evolução da legislação e prática das licitações sustentáveis no Brasil, influenciando diretamente a governança e a administração pública no país. Sua visão multidimensional da sustentabilidade oferece um quadro robusto para a promoção do desenvolvimento sustentável, refletindo-se na legislação moderna e nas práticas administrativas que visam garantir um futuro sustentável para as próximas gerações.

Sua relevância para o Direito Administrativo pátrio é inconteste, tanto doutrinariamente como na prática de gestão pública nacional, representando a conjugação almejada dos *jus*filósofos, que é a associação dos ideais mais elevados para o bem-estar da coletividade com a sua efetivação e aplicação concretas.

Referências

BRASIL. Advocacia-Geral da União (AGU). Consultoria-Geral da União. *Guia Nacional de Contratações Sustentáveis*. 6. ed. BARTH, Maria Leticia B.G. et al. Brasília: AGU, setembro 2023. Disponível em: https://www.gov.br/agu/pt-br/composicao/cgu/cgu/modelos/licitacoesecontratos/licitacoes-sustentaveis.

BRASIL. Tribunal de Contas da União (TCU). *Acórdão nº 1.056/2017* – Plenário. Disponível em: https://pesquisa.apps.tcu.gov.br/documento/acordao-completo/*/NUMACORDAO%253A1056%2520ANOACORDAO%253A2017%2520COLEGIADO%253A%2522Plen%25C3%25A1rio%2522/DTRELEVANCIA%2520desc%252C%2520NUMACORDAOINT%2520desc/0.

---

[36] BRASIL. Tribunal de Contas da União (TCU). Acórdão nº 1.056/2017 – Plenário. Disponível em: https://pesquisa.apps.tcu.gov.br/documento/acordao-completo/*/NUMACORDAO%253A1056%2520ANOACORDAO%253A2017%2520COLEGIADO%253A%2522Plen%25C3%25A1rio%2522/DTRELEVANCIA%2520desc%252C%2520NUMACORDAOINT%2520desc/0.

[37] Guia de Contratações Sustentáveis dos Correios. Correios, maio 2024. Disponível em: https://www.correios.com.br/acesso-a-informacao/transparencia-e-governanca/sustentabilidade/arquivo/guia-de-contratacoes-sustentaveis-dos-correios-compactado_3.pdf.

CORREIOS. *Guia de Contratações Sustentáveis dos Correios*. Correios, maio 2024. Disponível em: https://www.correios.com.br/acesso-a-informacao/transparencia-e-governanca/sustentabilidade/arquivo/guia-de-contratacoes-sustentaveis-dos-correios-compactado_3.pdf.

ELKINGTON, John. *Sustentabilidade*: canibais com garfo e faca. M.Books, 2020.

FREITAS, Juarez. Licitações e Sustentabilidade: ponderação obrigatória dos custos e benefícios sociais, ambientais e econômicos. *Interesse Público*, v. 70, p. 15-35, 2011.

FREITAS, Juarez. Licitações sustentáveis e o fim inadiável da miopia temporal na avaliação das propostas. *Revista da Procuradoria-Geral do Estado do Espírito Santo*, Vitória, v. 12, n. 12, p. 51-70, 1º/2º sem. 2012. Disponível em: https://pge.es.gov.br/Media/pge/Publica%C3%A7%C3%B5es/Revista%20PGE/PGE_12_editado.pdf.

FREITAS, Juarez. *Licitações públicas sustentáveis*: dever constitucional e legal, ano 2, n. 1, p. 339-366, 2013. Disponível em: http://www.idb-fdul.com/ ISSN: 2182-7567 e https://www.cidp.pt/revistas/ridb/2013/01/2013_01_00339_00366.pdf.

FREITAS, Juarez. Eficácia direta e imediata do princípio constitucional da sustentabilidade. *Revista do Direito da UNISC*, Santa Cruz do Sul, v. 1, n. 45, p. 89-103, jan./abr. 2015.

FREITAS, Juarez. *Sustentabilidade:* direito ao futuro. Belo Horizonte: Fórum, 2016 e 2019.

FREITAS, Juarez. Sustentabilidade: novo prisma hermenêutico. *Revista Novos Estudos Jurídicos - Eletrônica*, v. 24, n. 3, set./dez. 2018. DOI: 10.14210/nej.v24n3.p940-963.

FREITAS, Juarez. Nova Lei de Licitações e o ciclo de vida do objeto. *Revista de Direito Administrativo*, 281(2), 91-106, 2022. DOI: https://doi.org/10.12660/rda.v281.2022.86046.

FREITAS, Juarez. VILLAC, Teresa. Sustainable Public Procurement: Concept and Principles. *In*: LEAL FILHO, Walter *et al*. (org.). *Encyclopedia of the UN Sustainable Development Goals*. 1. ed. Springer International Publishing, 2019, p. 1-9. Disponível em: https://link.springer.com/referenceworkentry/10.1007/978-3-319-71062-4_106-1.

GARCIA, Julio Cesar; FREITAS, Juarez. *Evolução conceitual do princípio da sustentabilidade* (The Conceptual Evolution of the Sustainability Principle) (March 10, 2016). *In*: *Rivista Quadrimestrale di Diritto Dell'Ambiente*, p. 99-118, 2016. Available at: SSRN: https://ssrn.com/abstract=3565582.

MONZONI, Mario; CARREIRA, Fernanda. O Metaverso do ESG. *GV Executivo*, v. 21, n. 1, 2022. Edição caminhos para a sustentabilidade. Disponível em: https://periodicos.fgv.br/gvexecutivo/article/view/85510.

RICHARDSON, K.; STEFFEN, W. *et al*. Earth beyond six of nine planetary boundaries. *Science Advances*, 9(37), 1-16, 2023. DOI: https://doi.org/10.1126/sciadv.adh2458.

UNITED NATIONS DEPARTMENT OF ECONOMIC AND SOCIAL AFFAIRS, Population Division (2022). *World Population Prospects 2022: Summary of Results*. UN DESA/POP/2022/TR/NO. 3. Disponível em: https://www.un.org/development/desa/pd/sites/www.un.org.development.desa.pd/files/wpp2022_summary_of_results.pdf.

VILLAC, Teresa. *Sustentabilidade e contratações públicas no Brasil*: Direito, Ética Ambiental e Desenvolvimento. Tese de Doutorado, Instituto de Energia e Ambiente, Universidade de São Paulo, São Paulo. 2017. DOI: 10.11606/T.106.2018.tde-08112017-141101. Recuperado em 2024.06.20, de www.teses.usp.

VILLAC, Teresa; DIAS, Sylmara Lopes Francelino Gonçalves; FREITAS, Juarez; SANTOS, Maria Cecília Loschiavo dos. O papel do Direito em prol do desenvolvimento sustentável brasileiro: contratações públicas sustentáveis. Apresentação oral e trabalho completo no *1º Simpósio Luso-Brasileiro sobre Modelos e Práticas de Sustentabilidade*. Instituto de Energia e Ambiente (IEE) da Universidade de São Paulo e Faculdade de Ciências e Tecnologia, Universidade Nova de Lisboa, Lisboa, Portugal, 11-12 de julho de 2016. International Sustainable Development Research Society (ISDRS). www.isdrs.org. Acesso para membros do ISDRS.

Informação bibliográfica deste livro, conforme a NBR 6023:2018 da Associação Brasileira de Normas Técnicas (ABNT):

BETIOL, Luciana Stocco; VILLAC, Teresa. O conteúdo multidimensional da sustentabilidade e as contratações públicas brasileiras. *In*: PASQUALINI, Alexandre; CUNDA, Daniela Zago Gonçalves da; RAMOS, Rafael (coord.). *Direito, sustentabilidade e inovação*: estudos em homenagem ao professor Juarez Freitas. Belo Horizonte: Fórum, 2025. p. 383-397. ISBN 978-65-5518-957-5.

SUSTENTABILIDADE PROATIVA

LUIZ ALBERTO BLANCHET

1 Sustentabilidade e proatividade humana

As inquietações que levaram ao presente estudo concernem especificamente à sustentabilidade em sua dimensão ambiental, tema tão proficientemente tratado pelo Professor Juarez Freitas, sobre o qual adverte que, sem a proteção da boa qualidade ambiental, a espécie humana não terá futuro,[1] o que justifica a utilização já nas primeiras linhas do termo *inquietações*, pois, sem respeito e observância dos condicionamentos ínsitos à sustentabilidade ambiental, extingue-se a humanidade e, com ela, inúmeras outras espécies. As espécies vivas integram uma rede cujo equilíbrio e resistência dependem da sustentabilidade; assim, o indelével estado de alerta que o espírito humano mantém em relação ao ambiente não se funda em seu autocentrismo, mas em sua responsabilidade por ser a única espécie apta a antever as duas opções: sob um enfoque, a de destruir e destruir-se, e sob outro, a de agir proativamente para assegurar o *direito ao futuro*, na feliz expressão do Professor Juarez já no título de sua obra.

Todas as espécies vivas e a própria natureza constituída apenas de matéria bruta estão em constante troca de energia e, por isso mesmo, perenemente propensas a desencadear a desarmonia ambiental. Ora com maior, ora com menor precisão, a espécie humana é a única que consegue antever e afastar tais riscos ou amenizar seus efeitos e assim procede mediante a *preservação* ou, no mínimo, a *conservação*. Mas não basta *preservar* em alguns lugares e *conservar* em outros lugares ou momentos. O fenômeno humano traz em si uma aptidão para conhecer a si e a tudo em tal riqueza de detalhes que consegue interferir conscientemente e transformar as coisas e seu próprio mundo.

---

[1] FREITAS, Juarez. *Sustentabilidade*: direito ao futuro. 4. ed. Belo Horizonte: Fórum, 2019. p. 74.

Essa habilidade o torna responsável pela *proatividade* em relação ao ambiente natural, além dos imprescindíveis cuidados com a *preservação* e a *conservação*.

Sem dúvida, o senso comum preocupa-se com a sustentabilidade, mas, no conhecimento popular, enquanto a palavra *desenvolvimento* inspira a ideia de algo a ser feito e trazido ao mundo para que ele se torne melhor do que está, a sustentabilidade é irrefletidamente associada à ideia de algo a não ser feito para que o ambiente seja mantido tal como está. A *sustentabilidade proativa* pressupõe uma humanidade como manifestação da natureza e, assim, dela participa ativa e proativamente, o que obviamente deve fazer em benefício do ambiente natural e não seu, pois não se confunde com a *conservação ambiental*, que, permitindo-se aqui, com a licença do leitor, o apelo à figuração, funciona como mero "curativo", já que o "ferimento" teria sido "inevitável".

Sustentabilidade proativa vai além da *preservação ambiental*. Quem promove a *conservação ambiental* respeita os condicionamentos e retribui; quem *preserva*, se abstém totalmente; quem se conduz *proativamente* participa dinamicamente, mas não explora, e sim protege o ambiente natural, solucionando problemas atuais e antecipando-se na solução de problemas futuros, além de incrementá-lo para entregar às futuras gerações não apenas o que recebera das anteriores, mas um ambiente ainda melhor.

Entre os problemas futuros objetos da prevenção a ser operada pela sustentabilidade proativa destacam-se os desastres naturais e os desastres ambientais, os quais, em sua maioria, ocorrem concomitantemente, potencializando mutuamente seus indesejáveis efeitos.

Claro que as três posturas — preservação, conservação e sustentabilidade proativa — são igualmente necessárias e devem ser adotadas nos locais e momentos oportunos e sempre coexistirão, mas a proatividade ambiental ainda é mantida no silêncio e na escuridão, embora já venha sendo promovida, em especial por obra da Ciência e das antigas e novas tecnologias, mas também pela sabedoria popular.

A ideia de uma natureza intocável sem a presença e participação do ser humano é puro sonho. A fria realidade é que a humanidade, e não apenas ela, mas todas as espécies vivas, materializa-se sob a forma de espécimes individuais que surgem, vivem e desaparecem, esse ciclo é inevitável. Na sequência desses ciclos, poucos espécimes se repetem exatamente como eram os que os antecederam, uns evoluem, outros involuem e muitas espécies desaparecem. Isso tudo ocorre sem intervenção humana e desde muito antes de surgir o *homo sapiens*. Se o homem já existisse à época, é possível que algumas das extinções de espécies fossem provocadas por ele, como ademais ocorre ainda no atual período. É, contudo, verdade, e não apenas provável, que a espécie humana é a única com habilidade para evitar extinções provocadas por fatores do próprio ambiente natural. A espécie humana é criação da natureza tanto quanto todas as outras formas de vida do planeta. O ambiente natural é o mundo onde todas essas formas até hoje conhecidas surgiram e vivem, algumas em estado mais natural (continuam sendo tais como sempre foram), outras menos. Para que se possa ter uma noção menos iníqua em relação ao ser humano, basta observar que, entre as outras espécies animais, seria muito improvável que se qualquer delas viesse a ser tão numerosa quanto as coletividades humanas, não tivesse igualmente que se preocupar com a sustentabilidade do ambiente natural, pois são todas apenas coletoras, apenas caçadoras ou caçadoras-coletoras como, aliás, o homem primitivo também já foi.

Além do ser humano, todas as formas de vida e a própria natureza sem vida podem ser nocivas ao ambiente natural, porém somente o homem tem livre-arbítrio, o que o torna potencialmente mais pernicioso se ele não tiver formação e empatia suficientes para conduzir proativamente suas atitudes perante o ambiente natural. Todavia, esse mesmo livre-arbítrio permite ao ser humano optar pela melhor escolha, pois a suposição de que ele representaria um fator danoso ao ambiente natural tem inspiração puramente ideológica e não científica, pois despreza dois relevantes fatores: primeiramente porque inúmeras outras manifestações da natureza, além da humana, podem provocar destruições, como sucede com erupções vulcânicas, tsunamis, terremotos, furacões e outras reações físicas naturais violentas; em segundo lugar, porque o homem é a única espécie que percebe os riscos ao ambiente e consegue corrigi-los, *preservando* ou *conservando*, conforme o caso, ou ainda agindo *proativamente*.

Ao conduzir-se com proatividade, o ser humano não apenas preserva ou conserva o ambiente natural. No exercício proativo, ele emprega sua capacidade cognitiva natural ou seus conhecimentos científicos mais complexos, mediante aplicação das técnicas correspondentes, com dois intuitos: <u>antecipar-se</u> a desastres naturais, evitando que ocorram, <u>ou amenizando</u> previamente seus efeitos.

A mente que se pretende sustentável deve enxergar à frente do seu tempo.

A mente proativamente sustentável, além de enxergar à frente do seu tempo, antecipa as soluções, potencializando a natureza ou evitando os problemas ou, ainda, quando isto não for possível, evitando seus indesejáveis efeitos.

Imagine-se uma floresta formada por espécie de conífera cuja resina (com elevado poder de ignição) é produzida com maior abundância em épocas quentes e de muito vento, o que provoca muito atrito entre os galhos e resulta em grandes e incontroláveis incêndios florestais. Ainda que tais incêndios se repitam indefectivelmente sempre nos mesmos previsíveis períodos, destruir a floresta seria irracional, complicado, caríssimo e absolutamente nada sustentável, pois espécies vegetais e animais nativas e exclusivas de tais regiões seriam extintas. Mas seria *proativamente* viável evitar os efeitos indesejáveis de tais eventos, proibindo edificações no local, por exemplo, abrindo corredores para evasão dos animais para áreas seguras etc. E muito mais *proativa* seria a sustentabilidade se o homem desenvolvesse meios para diminuir a frequência e intensidade de tais incêndios espontâneos ou, ainda, se possível, eliminar qualquer possibilidade de que eles continuassem indefinidamente se repetindo a cada troca de estação.

A imprescindível sustentabilidade proativa é suficiente para se entender que o homem não é mero corpo estranho e externo observador da natureza (que teria sido "criada para servi-lo") e que, por isso, deveria ser mantido a distância. Essa visão é cega para a realidade e suas raízes têm inspiração principalmente religiosa, quando não se limita apenas aos seus episódios de desvirtude e claudicância. Ocorre, consoante já afirmado há poucas linhas e por sua relevância nunca é demais lembrar, que o elemento humano não conta com o livre-arbítrio apenas para produzir efeitos danosos, mas também, e principalmente, para optar pelo melhor resultado, o qual será positivo para um aspecto da natureza sem que para isso outro sofra alguma perda. O emprego da expressão *elemento humano* não se faz aqui por simples preocupação em buscar expressões e termos ainda não utilizados no texto. Observe-se que as expressões até este momento foram: "espécie humana", "homem", "ser humano" e "elemento humano". A primeira, "espécie humana", alude à categoria; a segunda e a terceira, "homem" e "ser humano" referem-se ao indivíduo humano;² mas é para o sentido e amplitude da quarta expressão que se deve dedicar maior atenção, pois não concerne nem à *categoria*, nem ao *indivíduo*, mas sim ao *elemento* característico de um dos aspectos (o humano) do ambiente natural, razão pela qual as referências a esse fenômeno serão feitas mediante o emprego das expressões *fator humano, instinto humano, espírito humano, talento humano* ou mesmo *atividade humana* ou *função humana* da natureza. Trata-se, enfim, do aspecto apto a elevar ao patamar proativo a sustentabilidade, como linhas adiante será oportuno minudenciar.

Deve ser revista a noção de uma sustentabilidade em que cada geração apenas mantém intacto aquilo que recebeu das anteriores, entregando, portanto, às que se lhe seguem (futuras) não menos do que recebera. Esta seria uma concepção suficiente somente se as comunidades humanas da atualidade ainda fossem caçadoras-coletoras, que apenas consomem e nada produzem. Observados os parâmetros da sustentabilidade proativa, cada geração deve reservar para as futuras algo melhor do que recebera. O homem hoje já não se considera mais o centro do mundo, ele sabe que não é o "filho preferido da natureza", que não é nem o centro nem o destinatário das riquezas naturais. A humanidade atual já evoluiu e abandonou essa fase meramente animal (que somente consome) e passou há milênios para a fase da produção, pois primeiramente observa sementes e matrizes, seleciona as melhores, planta, cria, produz e multiplica para somente depois consumir. E isso não quer dizer que o homem *interfira* na natureza, absolutamente não. Em verdade, ele *participa*, pois não é um ser vivendo fora ou apenas admirando e consumindo as utilidades do mundo, ele é o *fator racional da natureza*, somente ele logra atuar proativamente em busca da sustentabilidade. Se antes do surgimento da humanidade, a natureza já era naturalmente sustentável, passou a ser proativamente sustentável com o aparecimento do ser humano, espécie que, em sentido figurado, "recebe" a aptidão para raciocinar, filtrar, refinar, aprimorar e *retribuir* à natureza com seu talento para potencializar seus atributos positivos, a fim de aprimorá-la.

Independentemente da estéril discussão sobre a existência ou não de um ser, essência ou fundamento primordial supremo ou divino (o adjetivo pouco importa, o que interessa é a fundamentalidade), a espécie humana é a única que tem livre-arbítrio para escolher consciente e objetivamente entre o certo e o errado. E, ao optar pelo certo, pela ordem e não pelo caos, consegue se reproduzir (ou repetir), copiar ou imitar essa essência fundamental e fazê-lo eficiente e eficazmente, não em interesse ou benefício próprio, mas sim da natureza. Oportuno atentar para um aspecto de alta relevância: essa aptidão da espécie humana vem desde seus primórdios, se tornando progressivamente maior e melhor. Notadamente há pouco mais de dois séculos, essa progressão vem se acelerando surpreendentemente; e não há motivo suficientemente fundado para se duvidar que tal evolução não tenha limites. Insere-se nesse processo diacrônico a sustentabilidade evolutiva, voltada para o futuro, mas consciente, objetiva, construtiva e proativamente.

---

² Sem dúvida, dentre as duas, a terceira — *"ser humano"* — seria atualmente mais aceitável do que a segunda — *"homem"* —, com o que concordamos, esta, porém, ainda é gramatical e sintaticamente correta no Português e em diversos outros idiomas, portanto pede-se licença e compreensão para a ela recorrer sempre que inevitável para evitar repetições no texto.

Sustentabilidade proativa é aquela em que a natureza e todas as suas manifestações (dentre as quais, emerge destacadamente a humana com suas aptidões para prevenir, corrigir e aprimorar) se conjugam para não apenas manter algo como é, mas para torná-lo melhor.

Nenhuma dentre as espécies vivas sempre foi como é hoje, tampouco os fatores e condições a elas circunstantes. Tudo, em ao menos uma ocasião, ou evoluiu, ou regrediu ou extinguiu-se. Para que se tenha segurança de que as virtudes do ambiente natural não regridam nem se extingam, mas também não permaneçam eternamente inertes como na imagem congelada de um filme, mas venham a evoluir, a natureza precisa contar com as funções de sua manifestação humana, especialmente com a proatividade. Sem dúvida, isso já ocorre sem a intervenção do homem, porém aleatória e não planejadamente. Eventos aleatórios podem surpreender negativamente e não há o que se possa fazer para evitar, ao passo que aspectos do ambiente natural que despertam atenção humana e, se estudados e tratados com a necessária objetividade objeto dos ensinamentos de Popper, a que se alude no item 2 do presente trabalho, produzirão os efeitos planejados. A sustentabilidade proativa insere-se no âmbito da racionalidade da espécie humana, propriedade que, além de impulsionar sua evolução, lhe confere potencialidades que se desenvolvem e expandem mediante trajetória cujo crescimento se opera em progressão geométrica.

A necessidade e urgência de postura proativa constante buscam e manutenção da sustentabilidade, deve-se ao caráter contingencial dos eventos geológicos e atmosféricos do planeta bruto, bem como à constante mutabilidade de sua massa viva. O ambiente natural de hoje é diferente daquele que existiu há milhões de anos, não apenas porque evoluiu, mas também porque muitas espécies animais e vegetais foram extintas; e nada tem suficiente respaldo lógico para sustentar que a extinção foi seletivamente perfeita e atingiu unicamente as espécies menos importantes ou eventualmente sem qualquer relevância. Afinal, essa importância seria mensurada em função de que ou dos interesses de quem? Se pudesse ser em função de algo ou de alguém, o juízo careceria da necessária objetividade, o que é incompatível com a ideia do ambiente natural como um sistema e, por isso mesmo, um conjunto de componentes diferentes, mas harmônicos.

Absolutamente não se quer, a partir dessas constatações, levar alguém a concluir e tampouco a crer que o ser humano teria capacidade para escolher quais espécies podem transformar-se ou mesmo extinguir-se naturalmente. Isso não seria proatividade, seria a mais desprezível das insanidades. O senso humano de pertencimento, empatia e desvelo em relação ao ambiente natural deve ser proativo, mediante o emprego das descobertas científicas e respectivas técnicas para não interferir na evolução espontânea do ambiente natural e atuar somente quando necessário para evitar que desastres ou vicissitudes naturais eliminem espécies, biomas ou toda a vida no planeta.

Uma questão poderia ser levantada, ou mesmo emergiria espontaneamente por sua relevância, no sentido de que se estaria assumindo posição favorável à natureza viva em desfavor da natureza bruta. Considerando-se que a manifestação da vida ocorreu no planeta somente depois que grandes instabilidades causadoras de desastres naturais foram arrefecendo, a questão suscitada em tais termos admite somente uma resposta, a qual obviamente só pode ser afirmativa, pois o posicionamento contrário seria simples e literalmente insustentável. E assim deve ser porque, até onde a capacidade de observação objetiva pode chegar, desastres naturais ocorrem a todo momento no universo, mas o fenômeno, prodígio ou verdadeiro milagre da vida se opera apenas na Terra.

A proatividade humana, afinal, no exercício de suas potencialidades, mediante o emprego dos avanços científicos e tecnológicos, é o fator que pode habilitar a atual geração a entregar às futuras um ambiente natural ainda melhor que aquele que recebeu das anteriores.

A sustentabilidade proativa legitima, por exemplo, a aplicação das habilidades humanas naturais, mas também das técnicas mais complexas oportunizadas por descobertas científicas, que assegurem a sobrevivência das espécies vivas, dos biomas e do ambiente natural em sua completitude, contra as doenças, as condutas predatórias impetradas pelo próprio homem e as ações destrutivas da natureza bruta.

2 O fator humano proativo — um elo entre o ser humano *preservador* e o *conservador* da natureza

Reitera-se, neste tópico, que a expressão "fator humano" não se refere ao ser humano, mas ao complexo de peculiaridades e aptidões da própria natureza, independentemente da existência da humanidade, para geração, manutenção e evolução da vida, que no ambiente natural hoje se materializam em cada pessoa como propriedades e habilidades humanas. Poder-se-ia argumentar que tal concepção tropeça no fato de somente o ser humano ter inteligência para copiar eficiente e eficazmente a natureza, À análise preliminar menos detida pode parecer que se pretende minimizar a importância da humanidade, contudo a intenção é a de buscar resposta, ou ao menos dela se aproximar, para a questão que envolve a imodesta suposição de que algo não seria natural se tiver sido criado pelo ser humano. Em termos jurídicos, é fundado assim considerar para fins de reconhecimento de méritos pessoais vinculados a direitos de cada ser humano individualmente ou como membro de uma coletividade e, também, para responsabilizá-lo por condutas conflitantes com comandos normativos. Esse enfoque jurídico pode ser representado pela equação que serve de suporte para o princípio da reciprocidade,[3] o qual, aliás, deve ser ponderado[4] frente à sustentabilidade em sua

---

[3] "A reciprocidade aponta para o fato de que ninguém obtém um direito patrimonial sem o esforço correspondente. Há, sem dúvida, direitos cuja obtenção não se condiciona à reciprocidade. É o que ocorre com os direitos resultantes de sucessão hereditária ou de aposta em jogos lícitos, por exemplo. Todavia, mesmo na hipótese da herança, se confirma o princípio da reciprocidade, pois a pessoa é incentivada a inovar, produzir utilidades ou comodidades, ainda que não haja expectativa de vida longa, porque a seus sucessores estará assegurado o direito ao produto de seu esforço. O tratamento normativo em muito contribui para o desenvolvimento, pois estimula a produção das mentes mais experientes que já passaram por longos anos de aprimoramento e, inexistisse esse incentivo, simplesmente cairiam em sua derradeira improdutividade esperando o fim chegar. (...) É inquestionável que somente esforços lícitos geram direitos. (...) Naturalmente inaplicável, todavia, o princípio da reciprocidade quando se trata de direitos não patrimoniais como o direito à vida, à saúde, à liberdade, ao voto e outros." BLANCHET, Luiz Alberto. Constituição, Economia e Desenvolvimento. *Revista da Academia Brasileira de Direito Constitucional*, Curitiba, vol. 2, n. 3, p. 267-268, ago./dez. 2010.

[4] "Reciprocidade e produtividade estão intimamente vinculadas: obtém o direito somente quem oferece em troca o bem ou trabalho correspondente. Quando, todavia, a pessoa, temporária ou definitivamente, não consegue manter atuação produtiva por motivos por ela não previsíveis, não provocados e inevitáveis, a sociedade (através do Estado, seu instrumento) não pode abandoná-la à sua própria sorte. Se a impossibilidade for permanente, a assistência do Estado deve também ser permanente. Não é senão por este motivo, que o art. 6º da Constituição, ao elevar o trabalho à categoria de direito social, o faz igualmente em relação à assistência aos desamparados. Afinal, qualquer modalidade de desenvolvimento egoístico seria insustentável." BLANCHET, Luiz Alberto. Constituição, Economia e Desenvolvimento. *Revista da Academia Brasileira de Direito Constitucional*, Curitiba, vol. 2, n. 3, p. 269, ago./dez. 2010.

dimensão social.⁵ Quando, entretanto, se trata de direitos cuja titularidade se distribui não apenas por toda a população mundial, mas também por suas descendências futuras, essa equação se aplica facilmente em relação às hipóteses citadas, mas é insuficiente para suportar a noção de sustentabilidade se considerar o homem como elemento externo ao ambiente. Uma das mais importantes propriedades alcançadas pelo ser humano, a inteligência, como se pode concluir, é fenômeno que tem existência própria e manifesta-se mais intensa e conscientemente nos seres humanos, mas repousa sobre uma logicidade que independe do cérebro humano, que lhe é externa e anterior. Se, por exemplo, desaparece a humanidade e um *software* de inteligência artificial permanece íntegro, ele pode ficar muito tempo sem ser acionado, mas, se alguma forma evoluída de vida o aciona, provavelmente vai funcionar porque padrões e *insights* da inteligência ficaram ali preservados, ainda que se tenha convencionado chamá-la de *artificial*. Daí por que a teoria do conhecimento objetivo de Popper, a que se aludiu no item 1, se robustece com os grandes avanços tecnológicos.

Imagine-se que uma pessoa, diante de um incêndio em área rural pouco habitada, percebe que a região na qual há espécies animais e vegetais nativas inexistentes em qualquer outra região do planeta está na iminência de ser atingida e consegue evitar que o fogo a alcance. A feliz ocorrência envolve um ser humano utilizando sua percepção e inteligência no exercício da sustentabilidade proativa. Nada, porém, impede que se conceba um sistema capaz de detectar incêndios em regiões desabitadas, identificar seu direcionamento, alertar as autoridades e, futuramente, ser incrementado para alterar o sentido em que o fogo avança.

Apesar do indiscutível acerto do cidadão que, no exemplo dado, agindo proativamente, desviou o incêndio, não é rara a imagem de um ser humano "encantado" que pode observar e admirar a natureza, mas não pode tocá-la e, se o fizer, seu objeto de adoração voltar-se-á contra ele, castigando-o pela ousadia, infligindo lhe, por exemplo, mudanças climáticas, o "castigo" da moda.⁶ Mas essa figuração é incoerente com a realidade! Como poderia algo que é parte de um todo existir fora dele e não poder sequer tocá-lo? Afinal, trata-se do ambiente em que ele existe e sem o qual obviamente não sobrevive! O *fenômeno da humanidade* é manifestação da natureza, resultou de processos naturais de evolução, e os indivíduos resultantes desse fenômeno obviamente não são artificiais.

É claro e indiscutível que a ideia que ora se defende é a da participação proativa do ser humano ao tocar no ambiente, mas ele não pode fazê-lo com o intuito de explorar seu valor econômico e utilitário. Ademais, ainda que ele o faça com todos os cuidados normativamente exigidos, não estará tratando de *sustentabilidade proativa*, mas sim e

---

⁵ "Dimensão social da sustentabilidade. *Dimensão social*, no sentido de que *não se admite o modelo do desenvolvimento excludente, insensível e iníquo*. De nada serve cogitar da sobrevivência enfastiada de poucos, encarcerados no estilo oligárquico, relapso e indiferente, que nega a conexão dos seres vivos, a ligação de tudo [*vide* BARABÁSI, Albert-Lázló, *linked*: How Everything is Connected to Everything Else and What It Means for Business, Science, and Every Day Life: New York Plume, 2003] e, mais grave, sabota a condição imaterial do desenvolvimento." FREITAS, Juarez. *Sustentabilidade*: direito ao futuro. 4. ed. Belo Horizonte: Fórum, 2019. p. 65.

⁶ A expressão pode soar pejorativa, mas não é esta a intenção. Mudanças climáticas devem ser levadas muito a sério, mas não como se fossem a fustigante punição por deveres que o homem não cumpriu ou por proibições que deixou de respeitar. Claro que o ser humano transgrediu muitas vezes, mas há também outros motivos concorrentes e não poucos são naturais, em relação aos quais os grandes setores da sociedade humana não se preocuparam com a sustentabilidade proativa, embora tenham sido remunerados também para isso.

apenas de *conservação ambiental*. A relação apenas unilateralmente benéfica ao homem lhe é vedada e, independentemente mesmo de qualquer norma jurídica, há a mais absoluta lógica nessa proibição. Ele pode, enfim, e deve, aproximar-se enquanto estabelece uma relação bilateralmente benéfica auxiliando o ambiente a se proteger das adversidades, potencializando seus mecanismos de defesa e incrementando sua recuperação. Claro que tudo isso o ambiente já pode fazer sozinho, mas somente o seu elemento humano consegue fazê-lo preventivamente.

É igualmente o fator humano do ambiente natural o único que consegue dele cuidar e tratar, recuperando-lhe a saúde com muito mais certeza da eficiência no processo e na eficácia do resultado do que aconteceria mediante as operações naturais espontâneas, pois o fará *consciente* e *racionalmente*, mediante o emprego de técnicas desenvolvidas por meios científicos e, pois, *proativamente*.

Quanto a ser unilateral ou bilateralmente benéfica a atuação humana, deve-se observar que em bases *objetivas* e, pois, isentas de qualquer propensão prévia para preferir ou afastar qualquer fator ainda não submetido objetivamente a prova, a classificação de algo como unilateral ou bilateralmente bom ou mau não é indistintamente aplicável a qualquer fenômeno. É necessário enfrentar cada problema como efetivamente é e não em função de quem deve solucioná-lo, pois o que interessa é a solução *do problema* e não a solução *para quem o enfrenta*. Objetivamente (e afinal a verdade tem bases objetivas), o ponto inicial é que o problema (fenômeno) existe e existiria independentemente do ser humano, o que não permite conjecturar que então a humanidade seria dispensável porquanto ela não o é, ela é a consciência e racionalidade dos processos que buscam a sustentabilidade.

Consciência e racionalidade são caracteres humanos, mas também são manifestações de algo maior que abrange, entre outras coisas, o ambiente natural, independentemente do nome que se lhe atribua, como, por exemplo, *universo*. Não se está aqui a tratar do antropocentrismo; a preocupação não é com os benefícios ou direitos do homem, mas sim com o seu espaço e papel no ambiente a ser mantido e, pois, na perene busca da sustentabilidade. Como o homem é uma das inúmeras manifestações do ambiente fora do qual ele nem existiria, o que se percebe, *objetivamente*,[7] é que se a atuação humana não for predadora do ambiente, sempre será bilateral, eis que aquilo que é benéfico ao ambiente sê-lo-á também a tudo o que nele e por causa dele se manifesta.

Na primeira hipótese, a da unilateralidade, esta manifesta-se em sua pureza somente quando o ser humano não percebe que é parte integrante do ambiente e dele se serve apenas em benefício próprio. Em tais situações, a pessoa se comporta como qualquer predador e consequentemente apenas uma parte se beneficia, enquanto a

---

[7] "Uma das principais razões para a errônea abordagem subjetiva do conhecimento é o sentimento de que um livro nada é sem um leitor: só se torna um livro se for realmente entendido; sem isto, é apenas papel com sinais pretos. (...) Além disso, um livro, ou até uma biblioteca, não precisa sequer ter sido escrito por qualquer pessoa: uma série de livros de logaritmos, por exemplo, pode ser produzida por um computador. Pode ser a melhor série de livro de logaritmos – pode conter, digamos, logaritmos até cinquenta lugares decimais. Pode ser enviada a bibliotecas, mas pode ser achada incômoda para o uso; de qualquer modo, anos podem fluir até que alguém a use; e muitos números dela (que representam teoremas matemáticos) podem nunca ser olhados enquanto viverem homens na terra. Contudo, cada um desses números contém o que chamo "conhecimento objetivo"; e a questão de estar eu capacitado ou não a dar-lhe esse nome não tem qualquer interesse." POPPER, Karl Raimund. *Conhecimento Objetivo*: uma abordagem evolucionária; tradução de Milton Amado. Belo Horizonte: Itatiaia. São Paulo, Ed. da Universidade de São Paulo, 1975. p. 116 e 117.

outra é lesada ou mesmo eliminada. Nem é necessário investigar o conteúdo e significado religioso, moral ou jurídico de tal conduta, para seguramente se concluir que ela rompe a ordem, gera o caos e obviamente, portanto, é totalmente indesejável, deve ser evitada, repelida. Não seria válido, todavia, supor-se que a índole predatória é ínsita e inevitável no instinto humano porque, simples e evidentemente, não é, e tampouco ser-lhe-ia exclusiva ou característica.

Enquanto essa *preservação* à qual foram dedicados os parágrafos precedentes não afasta a imprescindível participação humana proativa, a *conservação* ambiental também deve ser proativa, evitando o *uso* do ambiente e substituindo-o pela *utilização*; assim deve ser porque *se usa* aquilo que após o uso se extingue ou se transforma em outra coisa, como ocorre com o uso de um combustível, por exemplo. Enquanto a *utilização*, muito ao contrário, não altera a substância daquilo que está sendo utilizado, como sucede com uma ferramenta, por exemplo. Assim, o proprietário de uma grande área com diversas espécies vegetais nativas, que as corta para vender e obter receita, estará *usando* tais recursos. Se ele, todavia, mantiver a mata exatamente como está e cobrar ingressos para quem quiser visitar o local (respeitando as regras ambientais) e conhecer a diversidade da mata nativa da região, terá criado um imóvel por acessão intelectual, ou moral, e por isso mesmo estará apenas *utilizando* o ambiente, além do que terá uma receita financeira que, com o tempo, ultrapassará aquela da simples eliminação das árvores para fins de venda. Em síntese e mais objetivamente, o proprietário que cortou e vendeu as árvores as eliminou de seu patrimônio, entretanto aquele que criou o parque ambiental o terá para sempre, além de contribuir para a educação ambiental.

Como destarte se observa, a sustentabilidade ambiental proativa é uma terceira hipótese ou elo entre a *preservação* e a *conservação*, na qual há intervenção de um *fator* humano, e não o uso de recursos em benefício de um ou mais *seres* humanos, mas sim no interesse da atual e futuras gerações. Tal fator é a *proatividade*.

3 Sustentabilidade proativa, Ciência, tecnologia e inovação

Ainda que somente agora, neste último tópico e já se aproximando das conclusões finais, cabe observar-se que o título com o adjetivo "proativa" é pleonástico, pois o sistema normativo direta, indireta e reflexamente pertinente à sustentabilidade não admite outro comportamento sustentável que não seja realista e executado em bases objetivas.

A sustentabilidade proativa, enfim, requer do agente humano, entre outros pressupostos, principalmente, além de empatia, aptidão para avaliar com objetividade o mundo em que vive, a fim de antever a probabilidade de perigo e antecipar-se na solução que lhe seja possível levar a efeito. Avaliar com objetividade é um procedimento imprescindível nos processos de investigação científica. A habilidade para conhecer o mundo e suas peculiaridades, assim a inata como igualmente a adquirida, é imprescindível para o estudo científico, pois a verdade não está dentro da mente humana, mas fora e sempre disponível para ser conhecida tal como efetivamente é.

Exemplo concreto e atual de preocupação proativa com a sustentabilidade é o dos estudos das mudanças climáticas que vêm sendo feitos por profissionais de diversas áreas científicas. A alusão aqui, no entanto, é a "estudos" e, pois, desenvolvidos mediante método objetivo.

Os pressupostos da proatividade, notadamente a habilidade de avaliar objetivamente aquilo que é observado e estudado metódica e sistematicamente ou é apenas eventualmente percebido, eventualidade que, aliás, mesmo sendo tal, não lhe tira a relevância. Não apenas a objetividade, consoante já afirmado anteriormente, mas também o método e a visão sistemática são característicos de postura e preparo de natureza científica. Seria, todavia, equivocado, supor que somente cientistas estariam aptos a atuar proativamente em favor da sustentabilidade. Se alguém tem tal sabedoria, ainda que sem educação formal e tampouco titulações oficiais, é uma mente igualmente preparada para trazer ao mundo soluções proativamente sustentáveis. É o que se torna evidente no exemplo trazido ao segundo parágrafo do item 2 do presente trabalho, do incêndio em área rural pouco habitada que foi desviado por habitante rural para não atingir área cujas espécies vegetais e animais são únicas na natureza.

Exigem especial cautela as condutas individuais ou coletivas sem fundamentos objetivos, pois não têm qualquer conteúdo científico. Quando levadas a efeito mediante apelos à emoção, disseminando desinformação ou medo no intuito de induzir as pessoas a posicionamentos que jamais assumiriam se tivessem tempo para avaliar. Quando enfim, para definição deste último tópico, optou-se pela abordagem dos inovadores meios tecnológicos propiciados pelos avanços da Ciência, assim se procedeu para dar maior nitidez à inafastável necessidade de se manter a mais absoluta objetividade possível na identificação dos motivos, na escolha dos meios e na persecução dos fins, em qualquer procedimento de manutenção, busca ou recuperação da sustentabilidade. Assim deve ser simplesmente porque se trata de bem jurídico tão relevante que a titularidade para defendê-lo é difusa.

Manifestações e protestos públicos, individuais ou coletivos, por meios convencionais ou digitais, realizados por ativistas ambientais, alertam e despertam a preocupação coletiva, ainda que não solucionem diretamente os problemas que afligem a sensibilidade ambiental humana, têm sua relevância, mas não são abrangidas pela sustentabilidade proativa. Têm outra natureza, embora o fundamento seja objetivo, não exigem enfoque igualmente objetivo, impessoal, metódico e visão sistemática que levem a resultados que ulteriormente podem ser obtidos mediante repetição do mesmo procedimento e técnicas que possibilitaram a solução obtida com a experiência originária bem-sucedida. Igualmente necessário e oportuno lembrar que tais protestos e manifestações muitas vezes deixam de ser os alertas que seus executores esperam e acabam sendo interpretados como meros apelos à emoção. Além do que, ao contrário da sustentabilidade proativa, apresentam alta vulnerabilidade a ideologismos (posicionamentos ideológicos excludentes de quaisquer outros que com eles não concordem plenamente). Manifestações, enfim, desempenham o papel muito positivo e útil de alertar, enquanto a sustentabilidade proativa terá desempenhado seu papel positivo somente quando efetivamente produzir seus benéficos efeitos ao ambiente natural, daí por que exige o emprego de técnicas que, por serem tais, têm bases científicas, as quais podem ser levadas a efeito por profissionais formalmente preparados ou também — e não raramente — por quaisquer pessoas de grande sensibilidade social e ambiental portadoras de desenvolvida intuição e objetividade, o que, aliás, pode faltar a profissionais oficialmente formados ou a autoridades nomeadas ou eleitas para, entre outras competências, atuarem proativamente na defesa da sustentabilidade.

A sustentabilidade proativa, enfim, pressupõe espírito objetivo, imune a predisposições positivas ou negativas prévias para sumariamente admitir ou descartar de modo desconexo com as peculiaridades ambientalmente relevantes dos problemas concretos, atuais ou iminentes, que ameaçam a sustentabilidade.

Diligente, cioso, criativo e inovador por natureza, o espírito humano está sempre pronto a antever futuros problemas, mudanças ou aspirações e antecipar as correspondentes soluções, adaptações e resultados mais eficazes no atendimento a anseios a um só tempo coletivos e individuais.

Essa natural diligência, presteza e proatividade da índole humana manifestam-se instintivamente em todas as situações e condutas. Sem dúvida, há pessoas que não exercitam tais dotes, deixando essa nobre tarefa para os espíritos empreendedores, tal como aliás ocorre com qualquer outra potencialidade, pois o livre-arbítrio também é inerente à natureza humana.

Mas o espírito laborioso ou criativo predomina entre as pessoas. E assim sucede na busca pelo desenvolvimento, mas igualmente nos cuidados com a sustentabilidade, ambos devem ser proativos.

Os primeiros indivíduos que descobriram que poderiam replantar o que coletavam da natureza, e assim obter quantidades de alimentos maiores do que aquelas disponibilizadas pela natureza, sequer sonhavam que estavam dando enorme salto na evolução. Nessa primeira fase pós-natural, os grupos humanos conceberam algumas das primeiras e mais importantes, e até hoje indispensáveis, técnicas. Foi o rompimento de uma barreira que abriu caminho para um universo de oportunidades, descobertas e soluções sem limites. O ser humano tornava-se dia a dia mais proativo.

No setor agrícola, a índole empreendedora dos ancestrais humanos resultou nas técnicas de seleção prévia, preparação e fertilização do solo, tratamento da planta contra doenças e pragas, colheita e armazenamento adequados aos fins a que se destinam os frutos produzidos. Com a reprodução animal, aconteceu o mesmo.

A inestimável contribuição humana para a sustentabilidade não se resume apenas à substituição de bens disponibilizados pela natureza por bens produzidos pelo homem, o que por si só já seria sustentabilidade na acepção mais comum; muito mais que isso, o empreendedorismo humano passou a ser um fator a mais, sem o qual a quantidade de tais bens não se tornaria tão abundante ou talvez até diminuísse ou se esgotasse totalmente. Como se revela evidente, não pode remanescer nenhuma dúvida de que a intervenção humana para produzir e não para simplesmente coletar, que afinal também faz parte da natureza, potencializou o processo espontâneo da vida no planeta, porém não espontânea, aleatória e imprevisivelmente como vinha sendo, mas consciente, racional, planejada, previsível e eficientemente.

Imprescindível observar que a proatividade que o talento humano conferiu à sustentabilidade não se limita à simples quantidade, mas à qualidade, ao aprimoramento. O homem afastou desvios naturais e doenças, além de esmerar inúmeras espécies vegetais e animais. Aliás, a espécie humana é a única que desenvolveu uma Ciência e aplica as técnicas a ela correspondentes para cuidar da saúde, socorrer e mesmo evitar a extinção de diversas espécies animais ou vegetais e em muitos casos independentemente de sua utilidade para os seres humanos.

Se, enfim, já se superou o equivocado hábito de utilizar a palavra *'desenvolvimento'* desacompanhada do adjetivo *'sustentável'*, então chegou a hora de se reconhecer, sob um enfoque, substância à sustentabilidade e, sob outro, complementariedade ao desenvolvimento, passando-se ao hábito de se referir à *'sustentabilidade em desenvolvimento'* ou simplesmente *'sustentabilidade proativa'*, pois ela deve ser consciente, dinâmica, evolutiva, viva e diligente.

Não é a sustentabilidade em sua concepção tradicional que fará o mundo melhor, mas sim a sustentabilidade proativa, a *sustentabilidade em desenvolvimento*.

Tudo o que até aqui foi trazido à reflexão seria mero exercício lúdico, discurso ou simples devaneio se nos próximos parágrafos se passasse de imediato a montar ideias e conclusões pressupondo que aquilo que até aqui foi apenas afirmado seria fato, seria real e inquestionável.

Fatos que respaldam e comprovam as considerações sobre o caráter evolutivo da sustentabilidade até aqui levadas a efeito superam a própria imaginação. Se a sustentabilidade tivesse apenas o sentido de simples conservação, manutenção ou não interveniência, o mundo não seria o que é hoje.

Sustentabilidade não pode ser confundida, nem reduzida, a paralisação, como se a proatividade humana fosse um fenômeno externo invasor e nocivo à natureza.

A humanidade é um fenômeno natural e, como tudo o que é abrangido por essa categoria, pode ser benéfico ou nocivo, mas o elemento humano é o único que tem capacidade de avaliar cada situação específica, de antever seus potenciais resultados e ao final optar pelos mais sustentáveis. A própria energia irradiada pelo sol e a indispensável água, entre outras condições básicas para a vida, podem resultar em criação e evolução ou em destruição. E o fator humano é o único que consegue evitar ou ao menos amenizar os efeitos indesejáveis da natureza sempre que ela entra em suas "crises temperamentais".

A história do milho é um bom exemplo de êxito da intervenção proativa da habilidade humana no ambiente. Esse cereal tão comum na alimentação de quase todas as populações do mundo é uma gramínea, como a grama e o capim comum, e teria hoje a mesma aparência e as mesmas conformações básicas e despretensiosas que apresentava quando os primeiros humanos o encontraram no continente americano. O milho já vinha sendo cultivado com características superiores àquelas encontradas na natureza há aproximadamente 4.000 anos nos Andes Peruanos, segundo a pesquisadora americana Linda Perry, do Smithsonian National Museum of Natural History em artigo publicado na revista Nature.[8] Espíritos pessimistas podem alegar que esse aprimoramento do milho levou à sua popularização mundial e consequente ocupação de grandes áreas do ambiente natural para seu cultivo, mas essa crítica atinge um dos prováveis efeitos do aprimoramento da planta e se constrói sobre a hipótese de que todo plantio de milho seria feito em área com vegetação nativa que seria devastada.

Embora os métodos de controle de doenças em espécies vegetais mais conhecidos sejam o químico e o genético, reprováveis em diversos aspectos, há outros que, ao contrário destes dois, contribuem para a sustentabilidade proativa, pois envolvem técnicas naturais, muitas delas já ocorrentes de modo espontâneo na natureza, porém são investigadas por métodos científicos e aplicadas racional, planejada e controladamente.

É, portanto, o ser humano como parte integrante da natureza que, levando a efeito processos naturais que já ocorriam naturalmente, fazendo-o, porém, racional e conscientemente, transmuta o processo natural em *técnica* e, sendo tal, como toda técnica, materializa descobertas científicas em soluções concretas. É a sustentabilidade

---

[8] PERRY, Linda *Nature* 440, xiii (2006). Disponível em: https://doi.org/10.1038/7080xiiia.

proativa com sua alma científica. Tal sucede com o controle pelos métodos biológico,[9] cultural[10] e físico.[11]

Essa *alma científica*, entretanto, já se operava antes mesmo de terem sido criadas as ciências como hoje são conhecidas. Assim era com a seleção animal e vegetal que grupos primitivos já praticavam, separando as melhores sementes e os melhores reprodutores e matrizes animais e, mediante tal processo simples, aprimorando-os e multiplicando-os. Ainda não existiam ciências, mas aquelas pessoas obtinham enorme êxito e seus resultados beneficiam a humanidade até hoje. Esse êxito não era obtido por técnicas defluentes de estudos científicos, mas, se obtiveram sucesso, não foi porque fizeram danças, rituais ou orações para alguma força superior lhes assegurar tais resultados como dádivas divinas. Absolutamente não. Os resultados eram obtidos porque já haviam desenvolvido a habilidade de raciocinar objetivamente, tão objetivamente quanto o raciocínio científico é atualmente. As inovações tecnológicas que viriam a se desenvolver para seleção animal dirigida, por mais sofisticadas que algumas possam ser, advêm todas daquelas primeiras práticas pré-históricas.

Os seres humanos e seus mais remotos ancestrais, em sua longa evolução, foram se distinguindo dos demais vertebrados e, mais tarde, dos demais mamíferos e pode-se dizer que, mais recentemente, dos demais primatas, assumindo características que os tornaram aptos a manifestar o fenômeno da inteligência. E foi na continuidade de tal processo que os humanos foram disciplinando o uso de tal recurso mediante a máxima aproximação possível de seu mundo mental ao mundo real. Essa aproximação é a base do método objetivo de conhecimento e, pois, da consciência de sua responsabilidade pela capacidade de conhecerem e tratarem o mundo e a si próprios sem as amarras antropocêntricas excludentes e assim assumirem a conduta realmente sustentável.

A constante busca pela sustentabilidade não se funda em ideal romântico, anseio religioso ou lampejo ideológico, é um imperativo real, exige objetividade, e esta se manifesta especialmente por meio da Ciência, mediante as técnicas e tecnologias dela derivadas, aplicando-as, inovando e, principalmente, agindo proativamente.

Referências

BLANCHET, Luiz Alberto. Constituição, Economia e Desenvolvimento. *Revista da Academia Brasileira de Direito Constitucional*, Curitiba, vol. 2, n. 3, ago./dez. 2010.

FREITAS, Juarez. *Sustentabilidade*: direito ao futuro. 4. ed. Belo Horizonte: Fórum, 2019.

---

[9] "A maneira tradicional de definir controle biológico de doenças de plantas é considerá-lo como o controle de um microrganismo através de outro microrganismo. Entretanto, segundo COOK (1985), definições abrangentes são atualmente aceitas pelos fitopatologistas." BETTIOL, W. Controle biológico de doenças de plantas. Jaguariúna: EMBRAPA-CNPDA, 1991. xn +388 p. (EMBRAPA-CNPDA. Documentos, 15). Organizado por Wagner Bettiol. p. 1

[10] Controle Cultural - Algumas práticas culturais podem ser usadas para minimizar o efeito de doenças sobre cultivos - Preferencialmente combinadas - Objetivo: Atuar sobre hospedeiro e patógeno, favorecendo o primeiro e criando condições desfavoráveis ao segundo. Disponível em: https://agrofuturomil.wordpress.com/wp-content/uploads/2017/01/fitopatologia-aplicada-aula-5.pdf. p. 1, acesso em: 3 maio 2024.

[11] "Controle Físico - Princípio: utilização de fatores físicos para controlar doenças de plantas - Mais comuns: temperatura e radiação – ↓ T: redução de desenvolvimento do patógeno e senescência do hospedeiro – ↑ T: redução de inóculo – Eliminar comprimentos de onda que favorecem patógeno – Radiação ultravioleta – Radiação ionizante." Disponível em: https://agrofuturomil.wordpress.com/wp-content/uploads/2017/01/fitopatologia-aplicada-aula-5.pdf. p. 9, acesso em: 3 maio 2024.

POPPER, Karl Raimund. *Conhecimento Objetivo*: uma abordagem evolucionária. Tradução de Milton Amado. Belo Horizonte: Itatiaia. São Paulo, Ed. da Universidade de São Paulo, 1975.

PERRY, Linda *Nature* 440, xiii (2006). Disponível em: https://doi.org/10.1038/7080xiiia.

BETTIOL, W. Controle biológico de doenças de plantas. Jaguariúna: EMBRAPA-CNPDA, 1991. xn +388 p. (EMBRAPA-CNPDA. Documentos, 15). Organizado por Wagner Bettiol.

https://agrofuturomil.wordpress.com/wp-content/uploads/2017/01/fitopatologia-aplicada-aula-5.pdf. p. 1, acesso em: 3 maio 2024.

https://agrofuturomil.wordpress.com/wp-content/uploads/2017/01/fitopatologia-aplicada-aula-5.pdf. p. 9, acesso em: 3 maio 2024.

Informação bibliográfica deste livro, conforme a NBR 6023:2018 da Associação Brasileira de Normas Técnicas (ABNT):

BLANCHET, Luiz Alberto. Sustentabilidade proativa. *In*: PASQUALINI, Alexandre; CUNDA, Daniela Zago Gonçalves da; RAMOS, Rafael (coord.). *Direito, sustentabilidade e inovação*: estudos em homenagem ao professor Juarez Freitas. Belo Horizonte: Fórum, 2025. p. 399-412. ISBN 978-65-5518-957-5.

SOLICITAÇÃO DE SOLUÇÃO CONSENSUAL (SSC): ALGUMAS CONSIDERAÇÕES SOBRE A IN Nº 91/2022 DO TCU

MARÇAL JUSTEN FILHO
EDUARDO NADVORNY NASCIMENTO

Introdução

O Tribunal de Contas da União editou a Instrução Normativa nº 91/2022, disciplinando "procedimentos de solução consensual de controvérsias relevantes e prevenção de conflitos afetos a órgãos e entidades da Administração Pública Federal". Foi instituída a figura da Solicitação de Solução Consensual (SSC).

O presente artigo destina-se a examinar essa nova figura jurídica. Aborda não apenas o procedimento previsto na IN nº 91/2022, mas também aspectos gerais do fenômeno da consensualização da atividade administrativa.

A IN nº 91/2022 do TCU: procedimento de solução consensual de controvérsias

A IN nº 91/2022 institucionalizou o consensualismo no âmbito do TCU. Cabe examinar, de início, os principais aspectos do procedimento nela previsto.

A existência de competência do TCU

A solução consensual da IN nº 91/2022 depende da titularidade de competência do TCU, ainda que indireta e futura, sobre o objeto de controvérsia.

Podem ocorrer casos em que a questão já se encontre sob a análise do TCU. Mas isso não significa a necessidade de um processo em curso. Um pressuposto relevante é a controvérsia encontrar-se compreendida nas competências do TCU.[1]

A intervenção do TCU mediante solicitação de autoridade

O art. 2º da IN nº 91/2022 disciplina a legitimação ativa para pleitear a instauração da SSC. O inciso I do art. 2º dispõe que a SSC pode ser pleiteada pelas autoridades indicadas no art. 264 do Regimento Interno do TCU. Trata-se do rol de autoridades legitimadas para a formulação de consultas relacionadas à aplicação de dispositivos legais e regulamentares.[2]

O inciso II, por sua vez, prevê que a SSC também pode ser requerida pelos dirigentes máximos das agências reguladoras definidas no art. 2º da Lei nº 13.848/2019.

Já o inciso III dispõe que Ministros relatores de processos em trâmite no TCU também detêm legitimidade para tanto.

Portanto, não existe legitimação ativa específica para o agente privado apresentar requerimento para a SSC. Mas isso não impede que o sujeito privado pleiteie diretamente a Ministro do TCU o exercício da competência a ele reservada. Se presentes os requisitos pertinentes, não há vedação a que o Ministro do TCU desencadeie a SSC em virtude de provocação de um particular.

Os elementos mínimos necessários à instauração do processo

O art. 3º da IN nº 91/2022 estabelece os elementos mínimos da SSC.

Em primeiro lugar, exige-se a indicação do objeto da controvérsia. É preciso discriminar a materialidade, o risco e a relevância da questão. A manifestação deve ser instruída, ainda, com pareceres técnico e jurídico, com a identificação das dificuldades existentes.

Além disso, devem ser indicados todos os particulares, órgãos e entidades da Administração envolvidos no conflito, bem como a eventual existência de processo no TCU sobre o mesmo objeto.

Quando se tratar de SSC desencadeada por Ministro relator de processo já existente, deverá ser anexada manifestação de interesse na solução consensual dos órgãos e entidades da Administração envolvidos na controvérsia.

---

[1] Registre-se, no entanto, que a busca de solução consensual perante o TCU foi utilizada em situação peculiar, envolvendo divergências entre os Estados de Mato Grosso e da Bahia, assim como empresas privadas, no tocante à destinação de equipamentos rodantes e acessórios de Veículo Leve Sobre Trilhos (VLT). Rigorosamente, não estavam presentes os pressupostos para a instauração de uma SSC, mas as partes envolvidas dispuseram-se a submeter a questão à atuação mediadora do TCU. Isso demonstra a viabilidade de aplicação da SSC para outras hipóteses, não previstas formalmente na IN nº 91/2022, desde que o TCU repute presentes elementos concretos que justifiquem tal decisão.

[2] "I – presidentes da República, do Senado Federal, da Câmara dos Deputados e do Supremo Tribunal Federal; II – Procurador-Geral da República; III – Advogado-Geral da União; IV – presidente de comissão do Congresso Nacional ou de suas casas; V – presidentes de tribunais superiores; VI – ministros de Estado ou autoridades do Poder Executivo federal de nível hierárquico equivalente; VII – comandantes das Forças Armadas" (art. 264 do RI-TCU).

Análise prévia e admissibilidade

O processo de SSC será autuado e encaminhado à Secretaria de Controle Externo de Solução Consensual e Prevenção de Conflitos (SecexConsenso) para análise prévia de admissibilidade. Trata-se de secretaria criada com a finalidade específica de promover a solução consensual de controvérsias.

Depois, caberá ao Presidente do TCU "decidir sobre a conveniência e a oportunidade da admissibilidade" da SSC (art. 5º da IN nº 91/2022), tomando em vista as competências do Tribunal para tratar da matéria, a relevância e a urgência do caso, a quantidade de processos de SSC em andamento e a capacidade operacional do TCU para conduzi-los. Ao que se infere, a admissibilidade está condicionada inclusive a uma avaliação casuística da disponibilidade de força de trabalho no TCU.

Caso a SSC não seja admitida, o processo será arquivado.

Por outro lado, se houver exame positivo de admissibilidade da SSC, caberá à Secretaria-Geral de Controle Externo (Segecex) designar uma Comissão de Solução Consensual (CSC).

Na hipótese de a controvérsia já constituir o objeto de processo em andamento no TCU, caberá ao respectivo relator decidir se ratifica ou não a admissibilidade. Se houver a ratificação, a análise das questões abrangidas pela SSC será suspensa no processo originário. Tal processo só terá prosseguimento se existirem outros aspectos que possam ser apreciados de maneira autônoma.

Se o relator não ratificar a admissibilidade, o requerimento de SSC será arquivado, devendo ser retomada a análise da matéria no processo já existente.

A proibição de SSC sobre matéria já decidida pelo TCU

O art. 5º, §1º, da IN nº 91/2022 prevê que não será admitida SSC quando já existir processo com decisão de mérito no TCU envolvendo o mesmo objeto. Ao que se infere, o objetivo da vedação seria assegurar a autoridade das decisões previamente tomadas pelo Tribunal.

A regra deve ser interpretada em termos. Haverá situações em que, embora já tenha sido proferida decisão de mérito, poderá surgir a necessidade de solucionar questões adicionais e correlatas ao conflito. Ainda, poderá ser constatada a necessidade de aprimorar o modo de cumprimento de determinações prévias do TCU.

Essas determinações podem ter encontrado alguma justificativa no passado. Mas também é possível que se tornem obsoletas ou inadequadas para atingir os fins pretendidos, em vista das circunstâncias práticas. Logo, não se afigura razoável vedar a formulação de SSC em tais situações.

A Comissão de Solução Consensual (CSC)

A CSC deve ser composta, no mínimo, por: (i) um servidor da SecexConsenso, que atuará como coordenador; (ii) um representante da unidade de auditoria responsável pela matéria do processo; e (iii) um representante de cada órgão ou entidade da Administração envolvido na controvérsia.

Também poderão ser convidados especialistas na matéria para que atuem na qualidade de colaboradores, desde que não estejam diretamente envolvidos no conflito.

A necessidade da participação do particular

A IN nº 91/2022 condiciona a participação do agente privado na CSC à avaliação da Segecex. Nos termos do art. 7º, §2º, a referida Secretaria "poderá, avaliadas as circunstâncias da respectiva SSC, admitir a participação de representante de particulares envolvidos na controvérsia". Esse dispositivo deve ser interpretado em termos. É evidente o descabimento da participação de sujeitos privados quando a controvérsia envolver apenas entidades integrantes da Administração Pública. Se, no entanto, a solução a ser adotada envolver interesses de sujeitos privados, será indispensável a sua convocação para integrar a relação jurídica pertinente à CSC.

Seria ineficaz uma decisão do TCU que, sem a participação do particular, concebesse solução *amigável* para um litígio e pretendesse impor restrições a direitos subjetivos do referido sujeito.

A produção de uma solução consensual

Os trabalhos da comissão são orientados à construção de uma solução acatada por todos os sujeitos envolvidos, a ser produzida em até 90 dias a partir da constituição da CSC. A critério do Presidente do TCU, este prazo poderá ser prorrogado por até 30 dias.

Se não for possível obter no prazo referido a aprovação das partes para uma solução consensual, a SSC deve ser arquivada pelo Presidente do TCU (art. 7º, §§4º e 5º, da IN nº 91/2022).

A desnecessidade de concordância entre as unidades técnicas

Originalmente, o art. 8º da IN nº 91/2022 previa que a discordância das unidades técnicas do TCU quanto à solução cogitada pelas partes acarretaria a extinção do processo. A IN nº 97/2024, aprovada pelo Acórdão nº 506/2024 do Plenário, afastou a necessidade de concordância entre as unidades técnicas para o prosseguimento do processo.[3]

Com a alteração, passa a ser exigida apenas a unanimidade relativamente aos membros da CSC externos ao TCU – ou seja, os representantes dos órgãos ou entidades da Administração Pública, bem como os particulares envolvidos na controvérsia. Relativamente às unidades técnicas do TCU, basta que uma delas manifeste anuência para que o processo prossiga.

O TCU justificou essa alteração sob o fundamento de que seria necessário preservar a "governança decisória do Tribunal". Argumentou que as discordâncias muitas vezes surgidas em processos de SSC não devem "obstar a manifestação do Plenário, que é a instância decisória apta a dirimir as divergências técnicas entre as unidades do TCU".[4]

De todo modo, o parágrafo único do art. 8º delimitou os efeitos da alteração. Previu que a exigência de consenso entre todos os membros da CSC ainda se aplicaria

---

[3] A nova redação do art. 8º determina o seguinte: "Havendo concordância de todos os membros da CSC externos ao TCU e de ao menos uma das unidades representantes do TCU na CSC com a proposta de solução apresentada, o respectivo processo será encaminhado ao Ministério Público junto ao TCU para que, no prazo de até quinze dias, se manifeste sobre a referida proposta". Essa mudança decorreu da Questão de Ordem 1/2024, aprovada pelo Plenário em 13.03.2024.

[4] Acórdão nº 506/2024, Plenário, rel. Min. Vital do Rêgo, j. 27.03.2024.

às comissões cujo prazo tenha terminado antes da aprovação da Questão de Ordem 1/2024, do dia 13.03.2024. Para tais situações, a divergência entre as unidades técnicas ainda conduz ao arquivamento do processo, tal como determinava a redação original da IN nº 91/2022.

As manifestações exigidas das unidades técnicas

A IN nº 97/2024 também disciplinou um aspecto relevante da etapa instrutória, introduzindo um §6º no art. 7º da IN nº 91/2022. O dispositivo prevê que a manifestação das unidades técnicas integrantes da CSC contemplará a opinião do auditor, do diretor e do titular das respectivas unidades.

Segundo o TCU, a regra visa coordenar a IN nº 91/2022 com o art. 1º, §3º, da Lei nº 8.443/1992 (Lei Orgânica do TCU),[5] bem como permitir "que os dirigentes possam formalizar suas opiniões, trazendo ao relator e ao Plenário maiores fundamentos para a tomada de decisão final".[6]

A análise do Ministério Público e a submissão da proposta ao Plenário

Atingido o consenso sobre a solução a ser adotada, a proposta será submetida ao exame do Ministério Público junto ao TCU. O art. 8º da IN nº 91/2022 prevê um prazo de 15 dias para a emissão de parecer.

Na sequência, o relator submeterá a proposta à apreciação do Plenário no prazo de 30 dias (prorrogável por igual período). Seu voto deve contemplar análise da controvérsia e da adequação da solução cogitada. Depois, o Plenário proferirá acórdão, podendo sugerir alterações na proposta, acatá-la integralmente ou recusá-la (art. 11, *caput*, da IN nº 91/2022).

As eventuais sugestões do Plenário

O §1º do art. 11 prevê que "os membros da CSC a que se refere o inciso III do §1º do art. 7º desta IN" – isto é, os representantes dos órgãos ou entidades da Administração Pública federal – terão 15 dias para manifestação sobre as eventuais sugestões do Plenário. O §2º do mesmo art. 11 determina que, se houver discordância, haverá o arquivamento do processo de SSC.

Mas é necessário também garantir oportunidade de manifestação para os agentes privados eventualmente participantes do processo.

A formalização da solução

Segundo o art. 12 da IN nº 91/2022, a formalização da solução consensual será realizada por meio de termo de autocomposição a ser firmado pelo Presidente do TCU e pelo dirigente máximo dos órgãos e entidades da Administração que integraram o

---

[5] O referido art. 1º, §3º, estabelece os elementos essenciais das decisões do TCU, que devem abranger inclusive "as conclusões da instrução (do Relatório da equipe de auditoria ou do técnico responsável pela análise do processo, bem como do parecer das chefias imediatas, da Unidade Técnica), e do Ministério Público junto ao Tribunal" (inc. I).

[6] Acórdão nº 506/2024, Plenário, rel. Min. Vital do Rêgo, j. 27.03.2024.

processo. Evidentemente, o eventual agente privado envolvido também deverá figurar como signatário. Prevê-se um prazo de 30 dias para assinatura após a aprovação final da solução pelo Plenário.

O art. 13 determina, então, a instauração de incidente de monitoramento[7] para verificação do cumprimento das obrigações estabelecidas no termo de autocomposição.

A vedação à interposição de recurso

A IN nº 91/2022 prevê, por fim, que não caberá recurso em face das decisões proferidas em processos de SSC, tendo em vista a sua "natureza dialógica" (art. 15). Isso significa a irrecorribilidade não apenas da decisão do Plenário, mas também das decisões monocráticas atinentes à admissibilidade do processo.

Reputa-se que a previsão pode acabar inviabilizando soluções consensuais legítimas, eventualmente obstadas por algum equívoco no exame de admissibilidade. Suponha-se, por exemplo, uma solicitação que tenha sido inadmitida sob o fundamento de que inexistiria, na hipótese, competência do TCU para tratar da matéria. Um eventual recurso ao Plenário, destinado a demonstrar a improcedência do fundamento, não afastaria a natureza dialógica da SSC. Visaria justamente garantir a construção de uma solução consensual através do procedimento da IN nº 91/2022.

Por outro lado, cabe questionar se a regra do art. 15 é compatível com a garantia do devido processo legal e com o direito a recurso previsto na Lei nº 9.784/1999 (arts. 56 e 58). Não há fundamento que sustente vedar a interposição de recurso, por exemplo, por um sujeito cuja participação na CSC tenha sido negada e disso tenha resultado prejuízo concreto à sua esfera jurídica.

Síntese: o incentivo às soluções consensuais

Tais aspectos constituem o procedimento instituído pelo TCU para fortalecer, em seu próprio âmbito, as soluções consensuais de controvérsias. Trata-se de um incentivo à autocomposição, a fim de dirimir conflitos abrangidos pelas competências do TCU.

Mas são necessárias algumas considerações específicas sobre o fenômeno do consensualismo, ante a sua relevância para a compreensão da própria IN nº 91/2022.

O consensualismo na relação entre Estado e particulares

De modo genérico, o Estado é investido de competência para produzir, de modo unilateral, atos jurídicos que traduzem o desempenho da função administrativa. Mas isso não exclui o cabimento de soluções consensuais para o exercício das competências administrativas. Em muitos casos, admite-se que a disciplina de relações jurídicas, atribuída à titularidade da Administração, seja promovida por meio de atos jurídicos plurilaterais – ainda que, em teoria, fosse admissível a sua formalização por via de um ato administrativo unilateral.

---

[7] O art. 243 do RI-TCU prevê que "monitoramento é o instrumento de fiscalização utilizado pelo Tribunal para verificar o cumprimento de suas deliberações e os resultados delas advindos".

O consensualismo como alternativa ao unilateralismo

A concepção do consensualismo reflete a adoção de um modelo jurídico em que o Estado opta por soluções fundadas no acordo, em vez de recorrer à imposição de sua vontade unilateral. O viés autoritário da atuação administrativa cede espaço à solução consensual de controvérsias.

Juarez Freitas resume o fenômeno com precisão, nos seguintes termos:

> Numa frase, vencidos arroubos voluntaristas e o temor exagerado de fazer a coisa certa, afirma-se que, sob auspícios do publicismo esclarecido que bem modula a autonomia, doravante impõe-se que o unilateralismo autoritário e monológico ceda lugar ao ponderado exercício da construção de consensos desarmados, sem prejuízo de atentos controles preventivos, concomitantes e sucessivos.[8]

Em muitos casos, o consensualismo é uma imposição consagrada em normas jurídicas abstratas. Mas também pode resultar de uma escolha da Administração. Embora exista a previsão da competência para editar atos administrativos unilaterais, a Administração recorre a uma solução convencional para promover os valores fundamentais e atingir os fins pretendidos.[9] Surge, então, um acordo de vontades em vez de um ato administrativo unilateral.

O consensualismo e a legitimidade democrática das decisões administrativas

A atuação coordenada e harmônica entre as diversas instâncias administrativas e o particular propicia uma carga de legitimidade para as decisões administrativas que dificilmente é atingida por outras vias.

O consenso significa a participação de uma pluralidade de sujeitos públicos e privados na formação da vontade estatal, de modo a superar a distinção formal entre "autoridade" e "administrado".

Uma concepção democrática da atividade administrativa incorpora a proposta de que o "povo" é o titular último da soberania e de que lhe é assegurado participar da produção dos atos estatais.

Isso conduz não exatamente ao abandono das concepções hierárquicas sobre a organização administrativa, mas a um enfoque inclusivo e participativo.

O consensualismo e a questão da eficiência

Por outro lado, há uma significativa redução da litigiosidade nas hipóteses em que os diferentes sujeitos afetados pela solução participem do processo decisório. Assim, as finalidades são atingidas de modo mais simples e com menos incertezas.

Logo, o consensualismo na atividade administrativa apresenta vínculos diretos com a eficiência administrativa. O tema mereceu um tratamento amplo e sistêmico por

---

[8] FREITAS, Juarez. Direito administrativo não adversarial: a prioritária solução consensual de conflitos. *Revista de Direito Administrativo — RDA*, Rio de Janeiro, v. 276, p. 25-46, set./dez. 2017, p. 32.

[9] Sobre o tema, confira-se o estudo clássico de CORREIA, José Manuel Sérvulo. *Legalidade e autonomia contratual nos contratos administrativos*. Coimbra: Almedina, 1987.

parte de Juarez Freitas, a quem cabe a primazia no Brasil quanto à defesa da existência de um direito fundamental a uma atuação administrativa adequada.[10]

A eficiência não se reduz à vedação ao desperdício dos recursos econômicos. Mais do que isso, impõe ao Estado a identificação das diferentes alternativas de utilização vantajosa desses recursos e a opção por aquela que se evidencie como apta a produzir o maior retorno à coletividade.

A participação do agente econômico privado na produção de decisões estatais permite a redução da assimetria de informações. Em muitos casos, são fornecidas alternativas que nem eram cogitadas pela Administração. Em outros, existem sugestões para propiciar o aperfeiçoamento das decisões concebidas no âmbito público.

A autonomia no tocante à busca do consenso e à solução concreta

A atuação consensual envolve uma solução voluntariamente escolhida pelas partes. Opta-se pela promoção do diálogo em vez do unilateralismo.

Depois, o consensualismo se caracteriza pela ausência de disciplina normativa exaustiva quanto à solução concreta. As partes se dispõem a encontrar uma solução de interesse comum. Isso compreende uma pluralidade de alternativas, que não se encontram predeterminadas.

A ausência da rigidez procedimental

Indo além, o consensualismo não impõe — em princípio — uma rigidez procedimental a ser observada, ainda que não dispense a oportunidade para manifestação de todos os interessados. O atingimento do consenso pode envolver diligências de diversa natureza. Seria muito problemático reputar que o procedimento atingiria um resultado útil sem a fixação de regras formais, inclusive no tocante à preclusão (lógica). No entanto, esse procedimento pode ser estruturado em vista do caso concreto e tomando em conta as circunstâncias que lhe dão peculiaridade.

Por isso, é indispensável que as partes pactuem, de modo preliminar, regras procedimentais a serem observadas na sua atuação futura. Mas essa solução integra a própria concepção de consensualidade.

A questão dos limites quanto à autonomia em relação ao conteúdo das decisões

As circunstâncias inerentes à consensualização da atividade administrativa propiciaram o surgimento de uma multiplicidade de figuras orientadas a prevenir ou a extinguir litígios entre a Administração e os particulares.[11] A multiplicação de disputas,

---

[10] FREITAS, Juarez. *Discricionariedade administrativa e o direito fundamental à boa Administração Pública*. São Paulo: Malheiros, 2007.

[11] Ao longo do tempo, foram sendo editadas previsões legais autorizando esse tipo de solução em diferentes setores. Citam-se como exemplos: o art. 5º, §6º, da Lei nº 7.347/1985; o art. 11, §5º, da Lei nº 6.385/1973 (incluído pela Lei nº 9.457/1997); o art. 85 da Lei do Cade (Lei nº 12.529/2011); os arts. 16 e 17 da Lei Anticorrupção (Lei nº 12.846/2013), entre outros. Ainda, diversas agências reguladoras contemplaram normas sobre acordos destinados a encerrar controvérsias. Podem ser indicadas, por exemplo, a Resolução nº 199/2011 da Anac e a Resolução nº 629/2013 da Anatel.

associada ao grau crescente de complexidade das questões envolvidas, conduziu à difusão dos chamados "acordos substitutivos".[12]

Mas a pactuação de acordo entre a Administração e um particular, especialmente quando versando sobre a imputação de condutas ilícitas, despertou inúmeras controvérsias. A questão se relacionava à denegação da existência de competência discricionária da Administração Pública quanto à instauração de providências repressivas de potenciais ilicitudes.

A Lei de Mediação e sua aplicação à Administração Pública

A Lei nº 13.140/2015 disciplinou a mediação de modo formal, inclusive no relacionamento com a Administração Pública. Reconheceu a relevância do consensualismo para evitar ou extinguir litígios, inclusive para impedir a eternização administrativa ou judicial das controvérsias.

O art. 32 da Lei nº 13.140/2015 previu, de modo explícito, a aplicação da mediação para litígios de que participasse a Administração Pública. Além disso, o art. 40 buscou afastar o risco de sancionamento pessoal dos agentes públicos partícipes da atividade de mediação.

Essas normas reduziram as dúvidas quanto ao cabimento da autocomposição em litígios envolvendo a Administração Pública. Apesar disso, permanecia existindo incerteza quanto a hipóteses que não estivessem compreendidas no âmbito das previsões legais específicas.

O art. 26 da LINDB e a superação das incertezas

As incertezas foram superadas com a alteração promovida pela Lei nº 13.655/2018 no Decreto-lei nº 4.657/1942 (Lei de Introdução às Normas do Direito Brasileiro — LINDB).[13] O art. 26 consagrou autorização genérica, atribuindo a toda e qualquer autoridade administrativa a competência para entabular acordos com agentes privados.[14]

A regra eliminou o argumento da necessidade de uma autorização legislativa específica para a formalização de um acordo entre Administração e particular, destinado a promover a solução consensual de controvérsia. Em todos os setores da atividade administrativa, pode ser implementada uma composição para prevenir ou encerrar litígios. Assim se passa inclusive nas hipóteses em que exista a cogitação de ter o sujeito privado incorrido em falha, inadimplemento ou outra irregularidade.

---

[12] "Os acordos substitutivos caracterizam-se pelo efeito terminativo do processo administrativo no qual são celebrados. Quando firmados, estes acordos substituem a decisão unilateral e imperativa da Administração Pública ou findam o processo instaurado para conformação do provimento administrativo" (PALMA, Juliana Bonacorsi de. *Sanção e acordo na Administração Pública*. São Paulo: Malheiros, 2015, p. 252).

[13] Depois da edição da Lei nº 13.655/2018, diversos outros diplomas disciplinaram soluções de composição consensual de litígios. Assim, por exemplo, a Lei nº 14.230/2021 introduziu um art. 17-B na Lei de Improbidade Administrativa (Lei nº 8.429/1992), contemplando hipótese de acordo de não persecução civil.

[14] Para uma análise ampla do dispositivo, cf. GUERRA, Sérgio; PALMA, Juliana Bonacorsi de. Novo regime jurídico de negociação com a Administração Pública. *Revista de Direito Administrativo*, Edição Especial: Direito Público na Lei de Introdução às Normas de Direito Brasileiro – LINDB (Lei nº 13.655/2018), p. 135-169, nov. 2018.

O conteúdo do compromisso

O dispositivo não se valeu da expressão "ilicitude". Essa solução não foi casual, eis que a regra não pretendeu condicionar a pactuação do compromisso à prévia avaliação da conduta imputada ao particular. A alusão à eliminação de irregularidade destina-se a abranger todas as hipóteses de anomalias, tenham sido objeto de apuração ou não.

Também estão compreendidas situações em que a disciplina aplicável não é precisa ou exata. Isso envolve não apenas aquelas hipóteses de indeterminação normativa, mas também casos concretos em que inexista segurança quanto à disciplina a ser aplicada. Ainda além, a solução consensual é cabível em todos os casos de situações contenciosas.

A finalidade a ser atingida

Exige-se que a obrigação prevista seja compatível e satisfatória com os interesses perseguidos pela Administração Pública. A validade do ajuste depende do vínculo de adequação entre a solução adotada e o resultado pretendido.

Isso não significa, por exemplo, a necessidade de que a prestação assumida pelo particular seja exatamente equivalente àquela contemplada na penalidade. A utilidade do compromisso reside na eliminação da controvérsia e no atingimento de uma solução não litigiosa, que traduz um benefício concreto, imediato e inquestionável para a coletividade.

A incidência dos limites genéricos à atuação administrativa

Em qualquer caso, incidem os limites genéricos à atuação estatal. Não se admite uma solução que configure violação à isonomia, à moralidade, à satisfação dos interesses dos destinatários da ação administrativa e assim por diante. A lição de Juarez Freitas é exatamente nesse sentido:

> Claro, existe o inegociável. Desse modo, no sistema brasileiro, estão manifestamente vedadas: (a) soluções consensuais ímprobas; (b) soluções consensuais desproporcionais; (c) soluções consensuais opacas e refratárias aos procedimentos de controle e autocontrole; (d) soluções consensuais que sufocam conflitos sem resolvê-los; e (e) soluções consensuais que almejam contornar a reserva legal.[15]

Enfim, trata-se de limites genéricos cuja observância se impõe em qualquer compromisso que se pretenda firmar relativamente ao exercício de uma competência administrativa.

O limite específico: a vedação à desoneração

Há, no entanto, um limite específico. É vedada a solução que propicie a desoneração da parte que esteja sujeita a um dever jurídico ou a um condicionamento de direito subjetivo.

---

[15] FREITAS, Juarez. Direito administrativo não adversarial: a prioritária solução consensual de conflitos. *Revista de Direito Administrativo — RDA*, Rio de Janeiro, v. 276, p. 25-46, set./dez. 2017, p. 42.

Ou seja, não é válido o compromisso que implique um perdão incondicionado ao sujeito a quem é imputada a prática de uma irregularidade – excetuadas hipóteses em que exista uma justificativa satisfatória para isso.

A compatibilidade com os direitos fundamentais

Cabe afirmar, então, que a validade do compromisso depende da sua compatibilidade com a disciplina atinente aos direitos fundamentais, considerados de modo amplo e sistêmico.

Poder-se-ia aludir à satisfação do *interesse público*, para utilizar uma fórmula verbal mais difundida no Direito Administrativo.[16]

O consensualismo no âmbito interno da Administração Pública

A SSC adotada no âmbito do TCU ultrapassa a dimensão do consensualismo no relacionamento entre Administração e particulares. Envolve também outra tendência, consistente na atuação cooperativa interna da esfera administrativa propriamente dita.

A insuficiência da concepção hierárquica rígida na produção das soluções

A organização da Administração Pública ao longo do século XX refletiu as propostas napoleônicas de estruturação da atividade estatal. Isso envolveu um enfoque hierárquico, em que incumbia à autoridade de mais elevada hierarquia produzir as decisões estatais.

Ao longo do tempo, a experiência evidenciou a insuficiência desse enfoque. Em muitos casos, as peculiaridades e as complexidades da situação concreta exigem a atuação cooperativa das diversas autoridades estatais.

Essa exigência refletiu inclusive o reconhecimento da necessidade de separação de atribuições como instrumento de limitação do poder formal.

A tendência à partilha de competências

Tais circunstâncias conduziram a um movimento no sentido da partilha de competências administrativas entre sujeitos diversos.[17] Ou seja, a decisão final a ser adotada depende da atuação específica e distinta de agentes públicos diversos, titulares de competências próprias e autônomas.

---

[16] A utilização da expressão é muitas vezes problemática. Primeiro, porque inexiste um conteúdo específico e determinado para o conceito de "interesse público". Segundo, porque a sua invocação usualmente envolve um enfoque hierárquico intransigente, que submete o setor privado ao público de maneira não democrática. Terceiro, porque inexiste um interesse público "único", que contemple todos os valores a serem realizados pelo Estado. Por isso, defende-se que o núcleo do Direito Administrativo reside não no interesse público, mas na promoção dos direitos fundamentais. Sobre o tema, cf. JUSTEN FILHO, Marçal. *Curso de direito administrativo*. 15. ed. Rio de Janeiro: Forense, 2024, p. 38-48.

[17] Um exemplo marcante desse modelo se encontra na Lei nº 14.133/2021, que consagrou o princípio da segregação de funções como um dos pilares da disciplina licitatória e de gestão contratual.

A constatação da necessidade da atuação cooperativa

No entanto, a afirmação de um princípio de segregação de atribuições propiciou riscos de outra natureza. A multiplicidade de autoridades administrativas, investidas de competências diferenciadas, incrementa a dimensão burocrática da atividade administrativa. Dificulta a adoção de soluções e gera incerteza e ineficiência.

As alternativas concretas

Esse cenário conduziu ao surgimento de mecanismos formais de atuação cooperativa entre autoridades estatais. Uma solução institucional marcante foi adotada no âmbito federativo, com a redação adotada para o art. 241 da Constituição por meio da EC nº 19/1998.[18] Posteriormente, a Lei nº 11.107/2005 dispôs sobre os consórcios públicos.

Mesmo no âmbito interno das unidades federativas, as soluções cooperativas se desenvolveram de modo intenso por meio de convênios públicos.

A necessidade de soluções formais no âmbito interno das próprias unidades organizacionais do Estado conduziu à inovação adotada pela Lei nº 14.210/2021, que tratou da decisão coordenada. A figura foi introduzida na Lei de Processo Administrativo Federal (Lei nº 9.784/1999) e admitiu o exercício conjugado de competências distintas de três ou mais setores, órgãos ou entidades.

A difusão do consensualismo inclusive no TCU

Os fatores políticos, jurídicos e econômicos relacionados ao consensualismo vão produzindo a convicção de ser essa a alternativa mais satisfatória. A edição da IN nº 91/2022 pelo TCU apenas confirmou essa tendência.

Diferentes soluções consensuais já foram concebidas a partir da referida IN, em processos de SSC. Podem ser mencionados, por exemplo, importantes ajustes aprovados pelo TCU nos setores elétrico,[19] aeroportuário[20] e ferroviário.[21]

A IN nº 91/2022 e o compromisso do art. 26 da LINDB

Cabe registrar que inexiste vínculo direto e necessário entre o compromisso previsto no já referido art. 26 da LINDB e a figura instituída pela IN nº 91/2022 do TCU.

Não há dúvida de que a autorização prevista na LINDB, de caráter genérico, confere segurança jurídica ao mecanismo específico editado pelo TCU. No entanto, trata-se de figuras autônomas. A aplicação de uma delas não atrai, necessariamente, a incidência da outra. Mas isso não impede a conjugação das soluções.

---

[18] A redação do dispositivo passou a ser a seguinte: "A União, os Estados, o Distrito Federal e os Municípios disciplinarão por meio de lei os consórcios públicos e os convênios de cooperação entre os entes federados, autorizando a gestão associada de serviços públicos, bem como a transferência total ou parcial de encargos, serviços, pessoal e bens essenciais à continuidade dos serviços transferidos".

[19] Acórdão nº 1.130/2023, Plenário, rel. Min. Benjamin Zymler, j. 07.06.2023; Acórdão nº 1.797/2023, Plenário, rel. Min. Benjamin Zymler, j. 30.08.2023, Acórdão nº 2.508/2023, Plenário, rel. Min. Benjamin Zymler, j. 06.12.2023.

[20] Acórdão nº 51/2024, Plenário, rel. Min. Aroldo Cedraz, j. 24.01.2024.

[21] Acórdão nº 2.472/2023, Plenário, rel. Min. Vital do Rêgo, j. 29.11.2023; Acórdão nº 857/2024, Plenário, rel. Min. Jorge Oliveira, j. 30.04.2024.

A pactuação prévia do "compromisso"

Não há óbice a que o "compromisso"[22] do art. 26 da LINDB seja pactuado previamente à instauração de procedimento da IN nº 91/2022. Em tal hipótese, a atuação posterior do TCU será orientada a avaliar a presença dos requisitos de validade para o aperfeiçoamento do acordo.

Aliás, é até possível a inserção de condição subordinando o aperfeiçoamento do compromisso à manifestação favorável do TCU, com a observância do procedimento da IN nº 91/2022.

A pactuação posterior do compromisso

Mas também é viável que a pactuação do compromisso seja antecedida de um procedimento da IN nº 91/2022. Em tal hipótese, todos os dados da controvérsia serão avaliados no âmbito da SSC.

Atingido o consenso e produzida a aprovação do TCU, caberá às partes formalizar o acordo.

A solução consensual e a atividade de controle do TCU

Anote-se que a perfeita compreensão quanto à solução consensual contemplada na IN nº 91/2022 exige tomar em vista as competências de controle externo atribuídas ao TCU. A relevância significativa da inovação reside na participação do órgão titular da competência de controle externo no tocante à aproximação entre as partes e à produção de um acordo destinado a prevenir ou a extinguir litígios.

Em princípio, nada impediria que esse tipo de acordo fosse alcançado no relacionamento direto entre os órgãos administrativos, com a participação do sujeito privado quando fosse o caso. Essa alternativa já estava contemplada na referida Lei de Mediação (Lei nº 13.140/2015), sem que tivesse merecido utilização mais intensa.

A relevância da SSC consiste precisamente na participação do TCU como órgão de incentivo ao atingimento de um entendimento consensual entre partes distintas. Mais ainda, a participação do TCU induz o reconhecimento da legitimidade da solução adotada. Esse modelo reduz a incerteza das partes quanto à regularidade da própria conduta e afasta (ou, quando menos, reduz) o risco de posterior invalidação do ato e de responsabilização dos agentes públicos e privados envolvidos.

A necessidade de atuação consensual efetiva

A opção por submeter ao TCU a produção de uma solução consensual pode, muitas vezes, derivar apenas de um receio de responsabilização.[23] O agente deixa de exercer, por medo da sanção, uma competência que lhe é privativa. Opta, em vez disso,

---

[22] Deve-se ter cautela em vista da expressão "compromisso", utilizada pela Lei nº 13.655/2018 em acepção distinta daquela difundida no âmbito do direito processual. O "compromisso" da LINDB é um acordo entre diversos sujeitos, visando à obtenção de uma solução consensual.

[23] Sobre o tema, cf. PEREIRA, Cesar; ROCHA FILHO, Jolivê Alves da. *Soluções consensuais em tribunais de contas estaduais e municipais: fundamentos jurídicos e a experiência do TCU*. Portal Agência INFRA, 16 out. 2023. Disponível em: https://agenciainfra.com/blog/infradebate-solucoes-consensuais-em-tribunais-de-contas-estaduais-e-municipais-fundamentos-juridicos-e-a-experiencia-do-tcu/#_ftnref4. Acesso em: 29 abr. 2024.

por remeter ao controlador a própria definição dos contornos da decisão.

Tal cenário pode conduzir a uma solução que não necessariamente reflete a vontade das partes. Pode configurar-se até mesmo uma solução insatisfatória, precisamente porque não se verificou uma efetiva atuação consensual, com todas as virtudes que lhe são próprias.

Por isso, a IN nº 91/2022 deve refletir a criação de verdadeiros espaços de consenso. Não cabe reduzir a sua finalidade à mera obtenção de uma chancela de legalidade perante o TCU. Tampouco cabe utilizá-la para transferir ao controlador escolhas inerentes à atividade administrativa.[24]

A natureza peculiar da atuação do TCU prevista na IN nº 91/2022

Portanto, a atuação do TCU prevista na IN nº 91/2022 envolve atribuições que se inserem, de modo típico, no âmbito da mediação. Mas há também o exercício de competência distinta, que se relaciona com o controle da regularidade das soluções adotadas.

A atividade de "mediação técnica"

Por um lado, o TCU reconhece que não é parte nos processos de SSC, uma vez que "atua como 'mediador técnico' na construção do acordo e, em caso de aprovação pelo Plenário, subscreve o acordo como interveniente".[25]

Essa atuação não traduz o desempenho de uma função tipicamente estatal. A participação do TCU enquanto "mediador técnico" tem como objetivo incentivar as partes diretamente envolvidas na controvérsia a atingirem uma composição consensual, tal como se passaria se elas participassem de um procedimento de mediação alheio à disciplina da IN nº 91/2022.

No exercício dessa atividade de mediação, o TCU atua com imparcialidade reforçada. Se a controvérsia envolver um agente privado, será vedado estabelecer uma preferência apriorística em favor do interesse estatal. Os próprios sujeitos envolvidos na controvérsia devem atingir uma solução consensual, que pode ser resultante da tomada de consciência quanto às inconveniências da instauração ou prosseguimento de um processo formal (judicial ou administrativo).

A atividade de controle externo

Por outro lado, é evidente que o TCU exerce uma competência própria e privativa, de natureza eminentemente fiscalizatória. Mesmo no âmbito da IN nº 91/2022, verifica-se uma atividade de controle externo, atinente às previsões dos arts. 70 e 71 da Constituição.

---

[24] Nesse sentido, cf. VILELLA, Mariana; ROSILHO, André. Carimbo TCU de legalidade. *Portal Jota*, 23 ago. 2023. Disponível em https://www.jota.info/opiniao-e-analise/colunas/controle-publico/carimbo-tcu-de-legalidade-23082023?non-beta=1&amp. Acesso em: 29 abr. 2024; e DUQUE, Gabriela. *Soluções consensuais no TCU: entre comemorações e críticas*. Portal Jota, 7 fev. 2024. Disponível em https://www.jota.info/opiniao-e-analise/colunas/controle-publico/solucoes-consensuais-no-tcu-entre-comemoracoes-e-criticas-07022024?non-beta=1. Acesso em: 29 abr. 2024.

[25] Acórdão nº 506/2024, Plenário, rel. Min. Vital do Rêgo, j. 27.03.2024.

Ao examinar solução consensual construída pelo procedimento da IN nº 91/2022, o TCU exerce controle concomitante ao ato controlado. O acórdão do Plenário, em processos de SSC, constitui-se em um ato de natureza homologatória, por meio do qual o TCU avalia as circunstâncias que conduziram à autocomposição e a adequação da solução em vista do ordenamento jurídico.[26]

A natureza jurídica da competência homologatória

Conforme já se afirmou anteriormente, a homologação consiste no "ato administrativo unilateral, praticado no exercício de competência vinculada, em que a Administração Pública manifesta formal aprovação a ato jurídico pretérito (eventualmente praticado por ela própria), fundando-se no preenchimento dos requisitos exigidos".[27]

A homologação é um ato administrativo praticado no desempenho de função de controle, enunciando formalmente a compatibilidade entre um ato anterior e o ordenamento jurídico. Estando presentes os requisitos exigidos para a validade do ato, surge o dever de homologar. A denegação da homologação somente é cabível nas hipóteses em que estejam ausentes os requisitos de validade.

Portanto, a homologação de solução consensual não se relaciona com juízos de conveniência ou de oportunidade do TCU sobre a solução a ser adotada. O controle deve preservar o caráter autocompositivo do ato subjacente, oriundo de consenso entre as partes do litígio.

O controle da regularidade da solução

Ou seja, o exercício regular da competência administrativa não comporta substituição por uma decisão do TCU. A ele cabe verificar se a solução consensual proposta é compatível com os princípios norteadores da atividade administrativa.[28]

No âmbito da IN nº 91/2022, isso significa que o TCU pode manifestar-se (total ou parcialmente) contra a solução de consenso. Mas não se admite que ele se substitua às entidades administrativas envolvidas na composição. Não lhe cabe atuar como se fosse parte na controvérsia.

O dever de preservar as competências próprias da Administração

Em outras palavras, o TCU deve preservar o exercício pelos órgãos administrativos de suas competências próprias. Afinal, a Constituição não aludiu à fiscalização quanto

---

[26] "Trata-se, em verdade, de um controle concomitante excepcionalíssimo, *pari passu*, com o ato controlado (...). A participação do TCU nesses atos, assim, seria uma posição de 'interveniente anuente', porque não participa propriamente da transação, pois a eficácia do acordo não depende exatamente da participação do Tribunal. Existe, porém, um interesse direto da Corte como controladora e, apesar de não participar da formação de vontades propriamente dita, delibera amplificando exponencialmente a segurança jurídica do negócio, catalisando o apaziguamento da relação entre as partes" (Acórdão nº 1.130/2023, Plenário, rel. Min. Benjamin Zymler, j. 07.06.2023).

[27] JUSTEN FILHO, Marçal. *Curso de direito administrativo*. 15. ed. Rio de Janeiro: Forense, 2024, p. 208.

[28] Um exemplo concreto permite compreender a questão. No âmbito de SSC relacionada à devolução de trecho ferroviário, discutiu-se o cálculo da indenização a ser paga pela concessionária. O TCU condicionou a aprovação do acordo à inclusão da taxa de BDI no cálculo da indenização. Aduziu que não há "razões técnicas que corroborem a redução do valor do ativo a ser repassado para o poder público para que a indenização se dê apenas com base nos custos diretos" (Acórdão nº 2.514/2023, Plenário, rel. Min. Jorge Oliveira, j. 6.12.2023). Depois, com a aceitação da condição pelas partes integrantes da CSC, o TCU homologou o ajuste (Acórdão nº 857/2024, Plenário, rel. Min. Jorge Oliveira, j. 30.04.2024).

ao mérito, à conveniência ou, mesmo, à discricionariedade da atuação administrativa. Os órgãos de fiscalização não se substituem aos órgãos fiscalizados.

Podem existir concessões recíprocas entre a Administração e o particular, de modo a assegurar a prevenção ou a extinção de litígios. Não cabe ao TCU interferir sobre decisões realizadas de modo regular por parte do agente titular da competência administrativa específica.

A composição consensual não teria qualquer utilidade se o TCU condicionasse a sua aprovação, por exemplo, ao sacrifício integral das pretensões de titularidade do agente privado.

A conjugação de funções heterogêneas e a "internalização" do controle externo

Essas circunstâncias evidenciam que a atuação do TCU, no âmbito da IN nº 91/2022, envolve a conjugação de funções heterogêneas. A atividade de "mediação técnica" é acompanhada pela atividade controladora.

Ou seja, o consensualismo inerente ao procedimento versa também sobre o exercício pelo TCU de competências próprias. A solução da controvérsia é orientada a submeter o exercício de competências próprias do TCU — inerentes ao controle externo — a um processo caracterizado pela participação dos envolvidos.

Em última análise, o procedimento instituído pela IN nº 91/2022 implica a "internalização" do controle externo no âmbito da própria produção do ato administrativo. Pode-se aludir inclusive a uma ampliação (transversa) das competências controladoras, tendo em vista o espaço decisório que muitas vezes é adquirido pelo TCU com o consentimento das partes.[29]

A eficácia vinculante da solução consensual homologada sob o rito da IN nº 91/2022

Uma questão relevante diz respeito à eficácia vinculante da solução consensual produzida segundo a IN nº 91/2022, homologada pelo TCU e formalizada através de termo de autocomposição.

Cabe avaliar se haveria alguma competência das entidades e órgãos administrativos envolvidos (ou do próprio TCU) para promover, em momento posterior, o desfazimento do acordo de modo unilateral.

O desfazimento do ato administrativo

A Administração Pública tem o dever-poder de revisar os próprios atos.[30] O ato administrativo eivado de nulidade deve ser anulado. Também se admite a revogação dos atos administrativos que, embora válidos, sejam inconvenientes ou inoportunos.

---

[29] Nesse sentido, cf. PALMA, Juliana Bonacorsi de. O TCU e sua consensualidade controladora. *Portal Jota*, 26 jun. 2023. Disponível em https://www.jota.info/opiniao-e-analise/colunas/controle-publico/o-tcu-e-sua-consensualidade-controladora-28062023. Acesso em: 29 abr. 2024.

[30] O enunciado da Súmula 473 do STF prevê que "a administração pode anular seus próprios atos, quando eivados de vícios que os tornam ilegais, porque deles não se originam direitos; ou revogá-los, por motivo de conveniência ou oportunidade, respeitados os direitos adquiridos, e ressalvada, em todos os casos, a apreciação judicial".

Assim, em princípio, será possível que a Administração Pública promova a revisão de seus próprios atos, enquanto não tiver ocorrido a decadência. De modo genérico, incide o prazo quinquenal do art. 54 da Lei nº 9.784/1999.

Os limites específicos ao desfazimento de ato plurilateral

Mas existem limites específicos, cuja observância se impõe quando o exercício dessas competências envolver a pretensão de desfazimento de um ato plurilateral. Assim se passará inclusive quando houver a intenção de revisar um acórdão homologatório de solução consensual.

Não cabe analisar a questão sob o prisma da unilateralidade. Como já dito, o acórdão homologatório em processo de SSC não infirma a natureza consensual do ato subjacente, constituído a partir da manifestação de vontade das partes diretamente envolvidas na controvérsia.

Ainda a substituição do ato unilateral pela solução consensual

A opção pela solução consensual resulta do reconhecimento pelo gestor público, em vista das circunstâncias da realidade, de que o consenso será a via mais apta a atingir as finalidades de interesse coletivo. Ocorre, então, a substituição de uma decisão administrativa unilateral e imperativa por um compromisso consensualmente concebido junto ao particular.[31]

Em outras palavras, a opção pelo acordo implica o exaurimento da competência discricionária. Resulta em uma convenção, com o sujeito administrado, do próprio modo de exercício da competência administrativa. Há uma autolimitação da atuação estatal, do que decorrem consequências juridicamente relevantes.

A vinculação da Administração Pública à solução consensual

A principal consequência é o efeito vinculante produzido pela solução consensual. O compromisso firmado implica a vinculação da Administração Pública às condições pactuadas.

Isso decorre não apenas do plexo de obrigações e direitos especificamente contemplados no ajuste, mas também das previsões (constitucionais e legais) pertinentes à moralidade, à segurança jurídica, à boa-fé e à proteção da confiança legítima, do ato jurídico perfeito e do direito adquirido.

A vinculação do particular à solução consensual

De modo semelhante, o particular também se vincula à solução consensualmente concebida.

---

[31] Nesse sentido, cf. SCHIRATO, Vitor Rhein; PALMA, Juliana Bonacorsi de. Consenso e legalidade: vinculação da atividade administrativa consensual ao Direito. *Revista Brasileira de Direito Público — RBDP*, Belo Horizonte, ano 7, n. 27, out./dez. 2009). Para uma análise ampla e sistemática do tema, cf. LEFÈVRE, Mônica Bandeira de Mello. *A vinculatividade e o controle dos acordos substitutivos da decisão administrativa*. Dissertação (Mestrado) – Universidade de São Paulo, São Paulo, 2018.

Ao mesmo tempo em que adquire o poder de exigir da Administração o cumprimento do ajuste, o agente privado assume o dever jurídico de atender às condições pactuadas.

A vinculação do próprio TCU à solução consensual homologada

Quando se tratar de solução consensual concebida segundo o procedimento da IN nº 91/2022 e homologada pelo Plenário do TCU, ocorrerá a produção de um efeito ainda mais relevante. Haverá a vinculação do próprio TCU, controlador externo, às obrigações convencionadas pelas partes.

Ou seja, não apenas os sujeitos diretamente envolvidos se vinculam à solução, mas também o próprio TCU. Ao homologar a solução consensual e figurar como interveniente, o TCU igualmente convenciona o modo de exercício de suas próprias competências.

Em suma, consolida-se um compromisso vinculante para todos os partícipes da negociação.

A excepcionalidade do desfazimento da solução consensual

Por decorrência, o desfazimento da solução consensual homologada pelo TCU, segundo o rito da IN nº 91/2022, deve ser tido como uma situação excepcional.

De modo genérico, cabe observar as hipóteses de desconstituição estritamente previstas no próprio acordo. Isso pode envolver a aplicação de sanções e outras consequências eventualmente estipuladas no termo de autocomposição. Também será cabível que as próprias partes, consensualmente, reconheçam a inviabilidade de preservação da avença, com a exposição da justificativa pertinente e das consequências práticas.

Mas não é viável admitir a incidência do regime jurídico usualmente aplicável aos contratos administrativos (em sentido estrito). A invocação de "prerrogativas extraordinárias" é incompatível com a natureza consensual da solução concebida pelas partes. Se fosse admitida a modificação ou extinção unilateral do compromisso, a sua utilidade prática seria completamente destruída.[32]

O descabimento de juízos de conveniência e oportunidade

Por um lado, não há fundamento lógico ou jurídico que sustente a revogação ou a modificação unilateral de uma solução consensualmente concebida. Não seria válido que a entidade administrativa praticasse ato unilateral – em sentido diverso das condições do ajuste – com base em razões de conveniência e oportunidade.

Tampouco caberia à Administração, com base nessas mesmas razões de conveniência e oportunidade, submeter pleito ao TCU para desfazer ou modificar o acordo homologado. As limitações são idênticas, inclusive porque o próprio TCU figurou como interveniente. Ao atribuir a si próprio essa competência, o TCU também se vinculou às condições pactuadas.

---

[32] Sobre a inaplicabilidade do "regime de prerrogativas de ação autoexecutória unilateral" aos "módulos convencionais substitutivos de decisão administrativa unilateral", cf. MENEZES DE ALMEIDA, Fernando Dias. *Contrato Administrativo*. São Paulo: Quartier Latin, 2012, p. 369.

Ou seja, nem as partes envolvidas e nem o TCU podem lançar mão de poderes jurídicos em relação aos quais se comprometeram a deixar de exercer, diante do ajuste anteriormente pactuado.

Os limites à invalidação da solução consensual homologada

Por outro lado, nem mesmo a eventual presença de vícios na solução pactuada deve implicar, como consequência automática, a sua anulação.

Pode-se cogitar, por exemplo, da existência de vício relacionado à competência (ausência de legitimidade) do agente público partícipe da autocomposição. Na hipótese, a anulação da solução consensual não se afigura como consequência necessária. Poderão ser adotadas medidas para que, eventualmente, o agente efetivamente legitimado convalide as condições pactuadas.

A estabilidade e a vinculatividade inerentes à solução consensual reforçam o dever de o órgão controlador considerar os diferentes interesses envolvidos. Se for viável a convalidação da avença, tal será a medida necessária. Cabe preservar, em face das circunstâncias, as situações de fato e de direito já estabelecidas em decorrência da autocomposição.

Enfim, é preciso evitar o sacrifício de valores e interesses inerentes à esfera de terceiros de boa-fé.[33] Incidem, de modo especial, as regras dos arts. 20, 21 e 24 da LINDB.

A garantia do devido processo legal

Em qualquer caso, será necessário assegurar a oportunidade de prévia manifestação das partes diretamente envolvidas. Deve ser-lhes concedida a possibilidade de expor suas razões, inclusive para comprovar o cabimento da preservação da solução anteriormente produzida e homologada.

Não teria sentido argumentar que, na hipótese cogitada, a observância do devido processo legal seria desnecessária por se tratar do exercício, pelo TCU, de competência para desfazer os seus próprios atos. No desempenho de qualquer de suas competências, o TCU está subordinado à observância da referida garantia constitucional.[34]

A eventual inviabilidade de preservação da solução

É evidente que pode verificar-se situação em que a gravidade do defeito é tão elevada que não será cabível admitir a preservação da solução consensual.

Mas isso não exclui o cabimento (dever) de uma modulação de efeitos destinada a minimizar os impactos da anulação, em vista das circunstâncias. Pode ocorrer,

---

[33] Juarez Freitas propugna que "a própria afirmação da autonomia e da juridicidade do princípio da boa-fé ou da confiança do administrado na Administração Pública, e vice-versa, conduz, forçosa e logicamente, ao reconhecimento de limites – menos formais do que substanciais – para a decretação da nulidade de um ato administrativo, ou a anulação do mesmo" (FREITAS, Juarez. Repensando a natureza da relação jurídico-administrativa e os limites principiológicos à anulação dos atos administrativos. *In*: FREITAS, Juarez. *Estudos de direito administrativo*. 2. ed. rev. e atual. São Paulo: Malheiros, 1997, p. 23-24).

[34] A jurisprudência do STF consolidou-se no sentido da aplicação do art. 5º, LIV e LV, da CF/1988 no âmbito do TCU. Isso conduziu à edição da Súmula Vinculante 3: "Nos processos perante o Tribunal de Contas da União asseguram-se o contraditório e a ampla defesa quando da decisão puder resultar anulação ou revogação de ato administrativo que beneficie o interessado, excetuada a apreciação da legalidade do ato de concessão inicial de aposentadoria, reforma e pensão".

inclusive, uma anulação apenas parcial, de modo a afastar somente os efeitos jurídicos das cláusulas viciadas — desde que disso não decorra a eliminação do próprio núcleo da solução pactuada.[35]

Ainda a autonomia das partes quanto à solução a ser adotada

Caso se afigure inviável, sem margem a dúvida, preservar a solução homologada, não se admitirá que o próprio TCU conceba unilateralmente uma nova solução para a controvérsia. A revisão do acórdão homologatório não pode desvirtuar a natureza consensual do procedimento.

Como visto, existem diversos poderes jurídicos que são inerentes às partes diretamente envolvidas no conflito. Não se admite o exercício de tais poderes por outro sujeito.

Nem mesmo o TCU, enquanto interveniente da solução homologada, estaria autorizado a exercitá-los. Não lhe é facultado adotar decisões que, de maneira unilateral, imponham inovações no tocante às condições pactuadas consensualmente entre as partes.

A oportunidade de construção de nova solução consensual

Portanto, se for comprovada a efetiva inviabilidade de preservar a solução anterior, deverá ser concedida às partes a oportunidade de construir uma nova proposta de autocomposição.

Caberá empregar o mesmo método adotado por ocasião da construção da solução original. De modo genérico, isso envolverá a instauração de novo procedimento sob o rito da IN nº 91/2022, a fim de permitir que a comissão integrada pelas partes convencione os novos termos do ajuste.

A solução da IN nº 91/2022 em matéria de sancionamento administrativo por ilicitude

Outra questão relevante consiste em avaliar se seria possível entabular acordo, sob o rito da IN nº 91/2022, relativamente a conduta ilícita que seja (ou já tenha sido) objeto de processo administrativo no âmbito do órgão competente.

A resposta é positiva desde que atendidos alguns limites.

A existência de competência vinculada

É inquestionável a existência de competência vinculada da Administração relativamente à apuração de indícios de condutas irregulares ou de infrações administrativas.

Mas daí não se segue a ausência de competência discricionária para a determinação da solução a ser aplicada, especialmente no tocante a condutas de conteúdo econômico.

---

[35] LEFÈVRE, Mônica Bandeira de Mello. *A vinculatividade e o controle dos acordos substitutivos da decisão administrativa.* Dissertação (Mestrado) – Universidade de São Paulo, São Paulo, 2018, p. 244.

A competência discricionária para a solução alternativa

Não existe autonomia da autoridade competente para escolher entre "punir" ou "não punir". Estando presentes os indícios de irregularidade, existe o dever de instaurar o processo administrativo. Comprovada no processo administrativo a materialidade do ilícito, a autoria e os demais requisitos de punibilidade, existe o dever de sancionamento.

No entanto, admitem-se soluções alternativas, que não impliquem dispensar uma compensação do particular envolvido. A tipificação de um ilícito, com a cominação de sanções específicas, não exclui a competência discricionária para adotar soluções mais adequadas à satisfação de necessidades coletivas.

Ainda o art. 26 da LINDB e sua conjugação com a IN nº 91/2022

O art. 26 da LINDB, já referido, superou um equívoco relacionado à questão da competência sancionatória vinculada e dos limites da autonomia da Administração. O dispositivo não delimita, de modo restritivo, o conteúdo da matéria objeto do acordo. Refere-se à eliminação de *irregularidade, incerteza jurídica* ou *situação contenciosa*.

Não há óbice a que tal solução seja alcançada através do procedimento da IN nº 91/2022. A previsão abrange não somente as hipóteses em que ainda não houve a instauração de processo administrativo, mas também aquelas em que tal processo se encontre em curso. E não é cabível excluir nem mesmo os casos em que o processo já se encerrou com decisão contrária aos interesses do particular. Todas essas situações estão abarcadas pela regra.

Aliás, também é possível que o compromisso envolva situação jurídica passível de sancionamento pelo próprio TCU, conforme o disposto na Lei nº 8.443/1992.

A solução consensual em face da coisa julgada

Afigura-se que a solução consensual poderia ser adotada ainda que a questão já tivesse sido submetida ao exame do Poder Judiciário. Nem mesmo a coisa julgada seria um impedimento – entendida como a irretratabilidade total ou parcial, absoluta ou relativa, quanto ao julgamento final.

Suponha-se, por exemplo, que um agente privado tenha questionado judicialmente a imposição de uma sanção administrativa. Imagine-se que o referido particular não tenha obtido êxito na demanda e que, por fim, tenha se operado a coisa julgada em seu desfavor. Ainda assim, poderia ser firmado acordo destinado à adoção de solução alternativa àquela unilateral. Se a via consensual representar a melhor solução para o desempenho adequado das funções administrativas, a Administração poderá optar pela substituição do ato unilateral e imperativo.

A prevalência da eficácia preventiva

A adoção de solução consensual não significa negar o cabimento de punição por irregularidades. Tampouco significa ignorar a reprovabilidade da conduta infracional. O que se defende é que a atuação estatal – inclusive a controladora – deve ser orientada a dotar a sanção de efeito preventivo.[36]

---

[36] O art. 13, §1º, do Decreto nº 9.830/2019, que regulamenta os arts. 20 a 30 da LINDB, dispõe expressamente que "a atuação de órgãos de controle privilegiará ações de prevenção antes de processos sancionadores".

Penalidades dotadas de grau extremo de gravidade eliminam a eficácia preventiva da sanção. Assim se passa, por exemplo, quando o montante econômico da penalidade é tão elevado que implica redução da disponibilidade dos recursos necessários a eliminar os defeitos ocorridos no passado.

Em tais casos, pode configurar-se uma espécie de "círculo vicioso sancionatório". O sujeito é punido por ter praticado uma infração. O custo econômico da penalidade reduz a capacidade do sujeito de realizar as despesas necessárias à correção dos defeitos. Como decorrência, o sujeito incorre em novas infrações e sofre novas sanções. O resultado é a perda total da eficácia sancionatória.

O exemplo da conversão de multa administrativa

Um exemplo permite compreender a questão. Suponha-se que um particular tenha praticado condutas irregulares na execução de um contrato envolvendo serviço de grande interesse coletivo (geração de energia elétrica, por exemplo). Admita-se, ainda, que o referido contrato tenha previsto multa de valor elevado como sanção para tais condutas.

Não há, na hipótese, óbice à adoção de solução consensual para a controvérsia. Se a matéria estiver compreendida nas competências do TCU, é cabível que tal solução seja alcançada justamente sob o procedimento da IN nº 91/2022, mediante solicitação da autoridade competente.

A situação concreta pode conduzir ao reconhecimento de que a exigência do pagamento de multa, de valor vultoso, pode configurar violação à proporcionalidade. Isso porque o desembolso de tais valores pelo contratado não produz vantagem para os usuários dos serviços.

A solução mais compatível com a realização dos interesses coletivos pode consistir, então, na readequação de condições contratuais e na revisão do montante da penalidade, com a consequente reversão de valores em favor da modicidade tarifária. Assim se passará, de modo especial, quando o benefício tarifário auferido pelos consumidores ultrapassar, sem margem a dúvida, o montante que seria arrecadado pela Administração Pública por meio de multas pecuniárias.[37]

A elevação da qualidade dos serviços pela via consensual

Em suma, uma solução apropriada poderia consistir na eliminação consensual dos defeitos que conduziram à penalização. Ao invés de os recursos do particular serem destinados ao pagamento da penalidade pecuniária, serão eles investidos na elevação da qualidade do serviço.

Assim, a penalidade mantém a sua função punitiva, mas também é orientada a produzir benefícios em favor do próprio serviço de interesse coletivo.

---

[37] Uma solução consensual nesse sentido foi homologada pelo Acórdão nº 2.508/2023 (Plenário, rel. Min. Benjamin Zymler, j. 06.12.2023), relativamente a conflito envolvendo o Ministério de Minas e Energia, a Aneel e uma empresa privada responsável pela execução de Contratos de Energia de Reserva (CERs). O acordo abrangeu o abatimento parcial de multas por atraso, a revisão de condições contratuais e o encerramento definitivo de processos administrativos punitivos, arbitrais e judiciais. Segundo o TCU, o acordo trará ao Estado benefícios financeiros de aproximadamente R$ 2,9 bilhões, com redução significativa de custos para os consumidores.

Conclusão

A adoção de mecanismos de consenso tem se mostrado não apenas adequada, mas também necessária para a solução de controvérsias no relacionamento entre Estado e particulares.

A IN nº 91/2022 decorre desse contexto. O TCU não somente incorporou o fenômeno da consensualização da atividade administrativa, mas também o transformou — talvez até involuntariamente — em instrumento de ampliação de suas próprias competências controladoras.

Como visto, a atuação do TCU prevista na IN nº 91/2022 envolve atividades de mediação, destinadas a coordenar a negociação entre as partes conflitantes. Mas essa atuação é acompanhada de atividades fiscalizatórias típicas, atinentes ao controle da regularidade das soluções consensuais. Inevitavelmente, surge o risco de a função controladora imiscuir-se em espaços decisórios alheios, que muitas vezes são próprios e privativos da Administração ou dos sujeitos privados.

Essa ampliação de competências tem o efeito de elevar, na mesma proporção, a responsabilidade do próprio TCU. A sua participação — direta e decisiva — na formulação de soluções consensuais atrai deveres relacionados à preservação da eficácia desses compromissos. Há a vinculação do próprio TCU, controlador externo, aos atos controlados.

Enfim, a participação do TCU no âmbito da IN nº 91/2022 é muito mais relevante do que a simples coordenação de acordos envolvendo o Estado e particulares. Cabe à Administração Pública, ao setor privado e ao próprio TCU a tarefa de extrair dessa nova figura as suas melhores virtudes.

Referências

CORREIA, José Manuel Sérvulo. *Legalidade e autonomia contratual nos contratos administrativos*. Coimbra: Almedina, 1987.

DUQUE, Gabriela. Soluções consensuais no TCU: entre comemorações e críticas. *Portal Jota*, 7 fev. 2024. Disponível em: https://www.jota.info/opiniao-e-analise/colunas/controle-publico/solucoes-consensuais-no-tcu-entre-comemoracoes-e-criticas-07022024?non-beta=1. Acesso em: 29 abr. 2024.

FREITAS, Juarez. Direito administrativo não adversarial: a prioritária solução consensual de conflitos. *Revista de Direito Administrativo* — RDA, Rio de Janeiro, v. 276, p. 25-46, set./dez. 2017.

FREITAS, Juarez. *Discricionariedade administrativa e o direito fundamental à boa Administração Pública*. São Paulo: Malheiros, 2007.

FREITAS, Juarez. Repensando a natureza da relação jurídico-administrativa e os limites principiológicos à anulação dos atos administrativos. *In*: FREITAS, Juarez. *Estudos de Direito Administrativo*. 2. ed. rev. e atual. São Paulo: Malheiros, 1997.

GUERRA, Sérgio; PALMA, Juliana Bonacorsi de. Novo regime jurídico de negociação com a Administração Pública. *Revista de Direito Administrativo*, Edição Especial: Direito Público na Lei de Introdução às Normas de Direito Brasileiro – LINDB (Lei nº 13.655/2018), p. 135-169, nov. 2018.

JUSTEN FILHO, Marçal. *Curso de direito administrativo*. 15. ed. Rio de Janeiro: Forense, 2024.

LEFÈVRE, Mônica Bandeira de Mello. *A vinculatividade e o controle dos acordos substitutivos da decisão administrativa*. Dissertação (Mestrado) – Universidade de São Paulo, São Paulo, 2018.

MENEZES DE ALMEIDA, Fernando Dias. *Contrato Administrativo*. São Paulo: Quartier Latin, 2012.

PALMA, Juliana Bonacorsi de. O TCU e sua consensualidade controladora. *Portal Jota*, 26 jun. 2023. Disponível em https://www.jota.info/opiniao-e-analise/colunas/controle-publico/o-tcu-e-sua-consensualidade-controladora-28062023. Acesso em: 29 abr. 2024.

PALMA, Juliana Bonacorsi de. *Sanção e acordo na Administração Pública*. São Paulo: Malheiros, 2015.

PEREIRA, Cesar; ROCHA FILHO, Jolivê Alves da. Soluções consensuais em tribunais de contas estaduais e municipais: fundamentos jurídicos e a experiência do TCU. Portal Agência INFRA, 16 out. 2023. Disponível em: https://agenciainfra.com/blog/infradebate-solucoes-consensuais-em-tribunais-de-contas-estaduais-e-municipais-fundamentos-juridicos-e-a-experiencia-do-tcu/#ftnref4. Acesso em: 29 abr. 2024.

SCHIRATO, Vitor Rhein; PALMA, Juliana Bonacorsi de. Consenso e legalidade: vinculação da atividade administrativa consensual ao Direito. *Revista Brasileira de Direito Público — RBDP*, Belo Horizonte, ano 7, n. 27, out./dez. 2009.

VILELLA, Mariana; ROSILHO, André. Carimbo TCU de legalidade. *Portal Jota*, 23 ago. 2023. Disponível em: https://www.jota.info/opiniao-e-analise/colunas/controle-publico/carimbo-tcu-de-legalidade-23082023?non-beta=1&amp. Acesso em: 29 abr. 2024.

Informação bibliográfica deste livro, conforme a NBR 6023:2018 da Associação Brasileira de Normas Técnicas (ABNT):

JUSTEN FILHO, Marçal; NASCIMENTO, Eduardo Nadvorny. Solicitação de Solução Consensual (SSC): algumas considerações sobre a IN nº 91/2022 do TCU. In: PASQUALINI, Alexandre; CUNDA, Daniela Zago Gonçalves da; RAMOS, Rafael (coord.). *Direito, sustentabilidade e inovação*: estudos em homenagem ao professor Juarez Freitas. Belo Horizonte: Fórum, 2025. p. 413-436. ISBN 978-65-5518-957-5.

DECISÃO ALGORÍTMICA NO ÂMBITO DA PREVIDÊNCIA SOCIAL BRASILEIRA: O PROBLEMA DA INCORREÇÃO E DA FALTA DE TRANSPARÊNCIA DO CADASTRO NACIONAL DE INFORMAÇÕES SOCIAIS (CNIS)

MARCELO BOSS FÁBRIS

JOSÉ SÉRGIO DA SILVA CRISTÓVAM

1 Considerações iniciais

O presente trabalho insere-se na temática da implementação de ferramentas de inteligência artificial (IA) na tomada de decisão nos processos administrativos de análise e concessão de benefícios previdenciários, no âmbito do Instituto Nacional do Seguro Social (INSS).

Para tanto, de início, procura-se compreender como a forma de construção dos algoritmos e a constituição das bases de dados utilizadas como substrato influencia na correção e imparcialidade das predições e decisões proferidas pelas ferramentas de IA.

Em seguida, passa-se ao estudo da (pouco divulgada) implementação das aludidas ferramentas de inteligência artificial no âmbito da Previdência Social brasileira, em especial, a partir da utilização do robô "Isaac", criado pela Dataprev para analisar requerimentos administrativos previdenciários e, ainda, proferir tanto análises preditivas como decisões administrativas propriamente ditas.

Na sequência, aborda-se a base de dados utilizada pela aludida ferramenta de IA, qual seja, o Cadastro Nacional de Informações Sociais (CNIS), mantido pela Dataprev, cuja qualidade, correção e transparência das informações contidas no aludido banco de dados são assaz questionáveis e, inclusive, já foram objeto de diversos questionamentos no âmbito do Tribunal de Contas da União (TCU).

Por fim, uma vez compreendidas as incorreções e irregularidades atinentes à referida base de dados, discutir-se-á o processo de implementação de uma análise inteiramente automatizada no âmbito da Previdência Social, com ênfase nos problemas que tais incorreções na origem dos dados podem acarretar não só ao erário, mas principalmente à efetivação do direito fundamental à proteção previdenciária.

2 A correlação necessária entre a decisão algorítmica e base de dados

A temática da aplicação da inteligência artificial (IA) no âmbito da Administração Pública assenta-se cada vez mais como uma realidade inescapável.[1] Inclusive de forma a indicar a necessidade de uma maior preocupação do Poder Público com as questões relacionadas à inovação e ao experimentalismo.[2] Os exemplos de aplicação da IA na Administração Pública são cada vez mais diversificados e numerosos, muitos deles já a apresentar resultados realmente notáveis. Dentre os mais conhecidos, estão o "robô" Victor utilizado pelo Supremo Tribunal Federal (STF) para a análise da admissibilidade de recursos extraordinários,[3] bem como as inteligências artificiais denominadas Alice (para analisar automaticamente editais de licitações e atas de registros de preço), Sofia (para apontar erros nos textos dos auditores, sugere correlações de informações e indica outras fontes de referência) e Mônica (painel que mostra todas as compras públicas, incluindo as que a Alice deixa passar, como contratações diretas e aquelas feitas por meio de inexigibilidade de licitação), usadas pelo Tribunal de Contas da União (TCU).[4]

Para além dos citados "robôs", destacam-se outros exemplos, não tão conhecidos e divulgados, como a utilização de inteligência artificial para o processamento e análise dos pedidos de auxílio-emergencial,[5] bem como o ainda praticamente desconhecido "robô" Isaac, criado pela Dataprev para realizar a análise de requerimentos administrativos em matéria previdenciária,[6] objeto central do presente estudo.

Para a melhor compreensão do referido fenômeno, faz-se imperioso conceituar, ainda que de maneira simplificada e sem qualquer pretensão de completude ou esgotamento de uma temática assim tão complexa e atual, o que se entende por inteligência artificial (IA) e, consequentemente, por "decisão algorítmica", bem como compreender a sua necessária correlação com as bases de dados sobre as quais operam.

---

[1] Sobre a centralidade da dimensão da Administração Pública digital, ver: CRISTÓVAM, José Sérgio da Silva; MACHADO, Raquel Cavalcanti Ramos; SOUSA, Thanderson Pereira de. Constitucionalismo e Administração Pública digitais: inovação tecnológica e políticas públicas para o desenvolvimento no Brasil. *Revista Brasileira de Políticas Públicas*, Brasília, v. 12, n. 2, p. 178-196, 2022.

[2] Sobre o tema da inovação e do experimentalismo no âmbito da Administração Pública brasileira, ver: CRISTÓVAM, José Sérgio da Silva; SOUSA, Thanderson Pereira de. Direito administrativo da inovação e experimentalismo: o agir ousado entre riscos, controles e colaboratividade. *Revista Sequência*, Florianópolis, v. 43, n. 91, p. 1-50, 2022.

[3] Neste sentido, ver: SUPREMO TRIBUNAL FEDERAL. *STF inicia uso de inteligência artificial para identificar processos com repercussão geral*. Portal STF, Brasília, 11 mar. 2022. Disponível em: https://portal.stf.jus.br/noticias/verNoticiaDetalhe.asp?idConteudo=471331&ori. Acesso em: 2 jul. 2024.

[4] Neste sentido, ver: G1 ECONOMIA. *Como as robôs Alice, Sofia e Mônica ajudam o TCU a caçar irregularidades em licitações*. G1, São Paulo, 4 mar. 2022. Disponível em: https://g1.globo.com/economia/tecnologia/noticia/como-as-robos-alice-sofia-e-monica-ajudam-o-tcu-a-cacar-irregularidades-em-licitacoes.ghtml. Acesso em: 2 jul. 2024.

[5] Neste sentido, ver: https://www.dci.com.br/economia/o-que-a-dataprev-analisa-no-auxilio-emergencial-de-2021/113303/#:~:text=O%20processo%20ocorre%20a%20partir,de%20registros%20de%20diversos%20 %C3%B3rg%C3%A3os. Acesso em: 2 jul. 2024.

[6] Neste sentido, ver: https://portal3.dataprev.gov.br/5a-semana-de-inovacao-dataprev-apresenta-isaac-solucao-de-ia. Acesso em: 2 jul. 2024.

Nesse sentido, o professor Juarez Freitas conceitua a IA como um "[...] sistema cognitivo de máquina, adaptável e relativamente autônomo, emulatório da inteligência decisória humana".[7] Nessa perspectiva, para Vanice Lírio do Valle, o desenvolvimento da inteligência artificial está intrinsecamente relacionado à reprodução computacional cada vez mais apurada da operação cognitiva (aprendizado de máquina) e/ou decisória que se desenvolveria no cérebro humano.[8]

Portanto, pode-se conceituar, de maneira simplificada, a inteligência artificial como a emulação tanto do processo cognitivo de aprendizagem como do processo de tomada de decisão humanos, por meio de processos computacionais relativamente autônomos e adaptáveis.

E tal emulação dos processos cognitivos humanos faz-se pela via de algoritmos, isto é, um roteiro de comandos preordenados, expresso em uma linguagem matemática, que, uma vez munido de uma base de dados, exprime um resultado, alcançado por meio do processamento dessas informações.[9]

Com efeito, faz-se necessário ressalvar que o simples fato de a IA operar e aplicar de forma homogênea os algoritmos que lhe serviram de base não significa que tais operações são necessariamente objetivas ou mesmo que privilegiam a impessoalidade e igualdade.[10]

Isso ocorre porque, conforme exposto por Carla Regina Bortolaz de Figueiredo e Flavio Garcia Cabral, a IA é completamente condicionada à programação humana, porquanto se realiza a partir da inserção de dados e a definição de padrões escolhidos por seres humanos, razão pela qual determinado sistema pode ser programado de forma equivocada, da mesma forma que pode ser corrigido.[11]

Uma contaminação que pode se dar tanto a partir das bases de dados, que, uma vez enviesadas podem, de forma intencional ou não, manter invisíveis determinados extratos sociais ou situações fáticas específicas, ou mesmo na forma como estes dados são processados pelos algoritmos, isto é, nas inferências e padrões reconhecidos e aproveitados pelo sistema para a tomada de decisão ou construção do aprendizado de máquina.[12]

Denota-se, portanto, que a decisão algorítmica não pode ser tomada como objetiva e imparcial *per si*, visto que é necessariamente condicionada às entradas de informações (bancos de dados) e, também, às configurações realizadas por seres humanos,[13] os quais, conscientemente ou não, possuem vieses cognitivos e visões de mundo próprias.

---

[7] FREITAS, Juarez. Direito administrativo e inteligência artificial. *Revista Interesse Público*, Belo Horizonte, ano 21, n. 114, p. 15-29, 2019, p. 2.

[8] VALLE, Vanice Lírio do. Inteligência artificial incorporada à Administração Pública: mitos e desafios teóricos. *A&C – Revista de Direito Administrativo & Constitucional*, Belo Horizonte, ano 20, n. 81, p. 179-200, jul./set. 2020.

[9] ARAÚJO, Valter Shuenquener de; ZULLO, Bruno Almeida; TORRES, Maurílio. Big Data, algoritmos e inteligência artificial na Administração Pública: reflexões para a sua utilização em um ambiente democrático. *A&C – Revista de Direito Administrativo & Constitucional*, Belo Horizonte, ano 20, n. 80, p. 241-261, abr./jun. 2020. Disponível em: http://www.revistaaec.com/index.php/revistaaec/article/view/1219/855. Acesso em: 2 jun. 2024, p. 8.

[10] VALLE, Vanice Lírio do. Inteligência artificial incorporada à Administração Pública: mitos e desafios teóricos. *A&C – Revista de Direito Administrativo & Constitucional*, Belo Horizonte, ano 20, n. 81, p. 179-200, jul./set. 2020, p. 13.

[11] FIGUEIREDO, Carla Regina Bortolaz de; CABRAL, Flávio Garcia. Inteligência artificial: machine learning na Administração Pública. *International Journal of Digital Law*, Belo Horizonte, ano 1, n. 1, p. 79-95, jan./abr. 2020. p. 9.

[12] VALLE, Vanice Lírio do. Inteligência artificial incorporada à Administração Pública: mitos e desafios teóricos. *A&C – Revista de Direito Administrativo & Constitucional*, Belo Horizonte, ano 20, n. 81, p. 179-200, jul./set. 2020, p. 14.

[13] Sobre o tema, ver: FREITAS, Juarez; FREITAS, Thomas Bellini. *Direito e inteligência artificial:* em defesa do humano. Belo Horizonte: Fórum, 2020.

Em outras palavras, fica clara a existência de uma correlação umbilical entre os mecanismos de inteligência artificial e as bases de dados que lhes servem de alicerce, de forma que a correção e a qualidade da decisão algorítmica estão diretamente relacionadas à qualidade da base de dados que lhe serviu de substrato.

Bases de dados enviesadas conduzem a decisões enviesadas, da mesma forma que bases de dados incompletas, desatualizadas, eivadas de dados incorretos, podem conduzir a decisões algorítmicas igualmente equivocadas/incompletas/incorretas.

Em idêntico sentido, são os apontamentos de Bruna Magalhães, quando destaca que as decisões algorítmicas podem acabar por reproduzir os erros, vícios, desatualizações nas bases de dados utilizadas como substrato para a IA, incorreções estas que, inclusive, podem ser inseridas, de forma proposital ou não, por agentes administrativos ou pelo próprio cidadão.[14]

Em síntese, a correção das decisões proferidas por mecanismos de inteligência artificial está diretamente relacionada à correção das bases de dados utilizadas como substrato para a decisão, como às programações das inferências e padrões a serem buscados em tais bases pela IA, ambos diretamente definidos por seres humanos e, portanto, passíveis de vieses, erros, vícios e incorreções.

3 As decisões algorítmicas no âmbito da Previdência Social

Como um aprofundamento da política de implementação das TICs no âmbito da Previdência, em 2019 a Dataprev, empresa pública responsável tanto pela administração e processamento do banco de dados do INSS como por desenvolver soluções de TICs[15] no âmbito da Previdência e Assistência Social,[16] desenvolveu uma ferramenta de IA denominada Isaac, com o objetivo de agilizar a análise dos processos administrativos previdenciários pelo INSS.[17]

De plano, cumpre destacar que a aludida ferramenta foi pouco divulgada à época, sendo que sequer consta no site do INSS, razão pela qual faz-se necessário recorrer às escassas informações veiculadas quando do lançamento da ferramenta, em 2019, no canal oficial da própria Dataprev, a seguir transcritas:

> Para que o futuro traga facilidade e acessibilidade para os cidadãos, a Dataprev desenvolveu o Isaac, que utiliza algoritmos preditivos para tomada de decisão no reconhecimento de direitos previdenciários. Apelidado de Isaac em homenagem a Isaac Asimov, responsável por clássicos como Eu, Robô, a trilogia Fundação e As Cavernas de Aço, a solução desenvolvida pela Dataprev atende às demandas do INSS, mas pode ser usada em uma

---

[14] MAGALHÃES, Bárbara. Desafios da inteligência artificial nas garantias do direito e processo administrativo. *Liber Amicorum Benedita Mac Crorie*, Braga, v. I, [S.l.], p. 261-276, UMinho Editora, 2022.

[15] Sobre o tema do uso das TICs para a prestação de serviços públicos digitais, ver: CRISTÓVAM, José Sérgio da Silva; SAIKALI, Lucas Bossoni; SOUSA, Thanderson Pereira de. Governo digital na implementação de serviços públicos para a concretização de direitos sociais no Brasil. *Revista Sequência*, Florianópolis, n. 84, p. 209-242, abr. 2020.

[16] BRASIL. *Conheça a Dataprev*. 2023. Disponível em: https://portal.dataprev.gov.br/conheca-dataprev-quem-somos/empresa. Acesso em: 2 jul. 2024.

[17] LOBO, Ana Paula. Dataprev vai comprar Inteligência Artificial e exige uso da nuvem pública. *Convergência Digital*, [S.l.], 22 jun. 2020. Disponível em: https://www.convergenciadigital.com.br/cgi/cgilua.exe/sys/start.htm?UserActiveTemplate=site&UserActive-Template=mobile%252Csite&infoid=53987&sid=97. Acesso em: 2 jul. 2024.

série de outros casos. Com critérios de risco ajustáveis e apto a fazer análises do passado parar prever o futuro, o Isaac tem mais uma vantagem: realizar análises paralelas de milhares de processos. Ou seja, usando tecnologia de ponta para a integração de soluções, a Dataprev utiliza machine learnig para cruzar diversas bases de dados e oferecer uma resposta confiável, que pode ser assistida ou automática.[18]

No mesmo sentido, destacam-se as manifestações da aludida empresa pública, em matéria jornalística veiculada em maio de 2022 (3 anos após o lançamento da ferramenta) pela Folha de São Paulo:

> A Dataprev (empresa de tecnologia do governo federal) afirma que utiliza um sistema de inteligência artificial capaz de deferir ou indeferir benefícios. Em 2019, o órgão lançou a ferramenta Issac. A empresa diz que não são se trata especificamente de robôs, mas de uma ferramenta que, acoplada ao Meu INSS, faz concessão ou indeferimento de forma automática [...]
> A partir do número de CPF do cidadão, o sistema consulta toda a vida laboral do requerente e submete as informações à análise para concessão do benefício. São calculados, por exemplo, tempo de contribuição e qualidade de segurado. [...]
> Em nota, a Dataprev afirma que "o requerimento só é despachado automaticamente quando as informações disponíveis permitem concluir de forma inequívoca pelo deferimento ou indeferimento", dentro das normas legais do INSS, e diz ainda que a "inteligência artificial desenvolvida pela Dataprev não substitui a tomada de decisão de analistas do INSS; apenas faz a triagem dos casos simples".[19]

Destaca-se que, para além das singelas informações já citadas, simplesmente não há, nos canais oficiais da Dataprev e do INSS, quaisquer informações adicionais acerca do modo de funcionamento dos algoritmos empregados na referida IA, quais as bases de dados utilizadas ou mesmo os passos lógicos que orientam e conformaram as predições ou decisões da referida ferramenta de IA.

Soma-se a isso o fato de que o INSS não possui nenhuma norma regulamentadora acerca da utilização da inteligência artificial, tampouco há qualquer transparência na sua utilização, visto que sequer é possível saber quais benefícios são concedidos pela inteligência artificial e tampouco quais os critérios empregados.

Ainda assim, compulsando as parcas informações disponibilizadas pela aludida empresa pública, denota-se que a ferramenta tinha por objetivo inicial a diminuição do acúmulo de processos aguardando análise,[20] a partir da utilização de algoritmos preditivos para tomada de decisão no reconhecimento de direitos previdenciários, previsões estas que seriam, ao menos inicialmente, confirmadas por humanos.[21]

---

[18] BRASIL. 5ª Semana de Inovação: *Dataprev apresenta Isaac, solução de IA*. DATAPREV, Brasília: DF, 7 nov. 2019, atual. 17 mar. 2020, [2020]. Disponível em: https://portal.dataprev.gov.br/5a-semana-de-inovacao-dataprev-apresenta-isaac-solucao-de-ia. Acesso em: 2 jul. 2024.

[19] GERCINA, Cristiane. Fila da previdência tem 1,8 milhão de segurados à espera de atendimento. Jornal Folha de São Paulo, São Paulo, 28 de fevereiro de 2023. Disponível em: https://www1.folha.uol.com.br/mercado/2023/02/fila-da-previdencia-tem-18-milhao-de-segurados-espera-atendimento. Acesso em: 2 jul. 2024.

[20] GERCINA, Cristiane. Análise automática de benefícios do INSS por robô falha, diz sindicato: instituto não comenta e dataprev afirma que inteligência artificial "apenas faz a triagem dos casos simples". Jornal Folha de São Paulo, São Paulo, 4 de maio de 2022. Disponível em: https://www1.folha.uol.com.br/mercado/2022/05/inss-usa-robos-para-tentar-reduzir-fila-de-beneficios-diz-sindicato.shtml. Acesso em: 2 jul. 2024.

[21] BRASIL. 5ª Semana de Inovação: *Dataprev apresenta Isaac, solução de IA*. DATAPREV, Brasília: DF, 7 nov. 2019, atual. 17 mar. 2020, [2020]. Disponível em: encurtador.com.br/ FMP56. Acesso em: 2 jul. 2024.

Além disso, a apuração da questão leva à informação de que, na medida em que a ferramenta "[...] vai aprendendo e melhorando", a análise dos benefícios passará a ser realizada de forma automática, "[...] até que 100% das concessões de aposentadorias sejam feitas automaticamente", o que parece ser o objetivo final da ferramenta.[22]

Em síntese, a partir da leitura das respostas concedias pela Dataprev, fica evidenciado que, para além da atribuição inicial de "análise preditiva", a aludida ferramenta de IA "faz concessão ou indeferimento de forma automática", ou seja, está decidindo o mérito de requerimentos administrativos previdenciários.

Ainda, nota-se que a análise algorítmica é realizada por meio da análise automática dos dados disponíveis nos bancos de dados do INSS, para, com base nesses dados, calcular automaticamente o tempo de contribuição e os períodos de qualidade de segurado do requerente.

Com base nessas informações colhidas exclusivamente do banco de dados do INSS, a ferramenta concede ou indefere automaticamente os ditos "casos simples", isto é, os requerimentos que supostamente poderiam ser decididos através da análise das aludidas informações constantes no banco de dados do INSS.

Questão ainda mais complexa se apresenta quando da análise das bases de dados utilizadas pela aludida ferramenta de IA para realizar análises preditivas e decidir os processos administrativos. Apesar de não constar expressamente nas fontes oficiais, pode-se depreender que a base de dados utilizada é o Cadastro Nacional de Informações Sociais (CNIS), mantido pela Dataprev.

Ocorre que a qualidade, atualização e transparência das informações contidas no aludido banco de dados são assaz questionáveis,[23] sendo que já foram objeto de diversos questionamentos no âmbito do Tribunal de Contas da União (TCU), a colocar em xeque a confiabilidade e a acurácia de decisões algorítmicas produzidas a partir do processamento das informações constantes na referida base de dados, conforme será mais bem abordado na sequência.

4 Incorreção e falta de transparência do Cadastro Nacional de Informações Sociais (CNIS)

No que tange às bases de dados, insta destacar que, segundo Valter Shuenquener de Araújo, Bruno Almeida Zullo e Maurílio Torres, especialmente a partir do advento do Estado de Bem-estar Social, os Estados passaram a gerenciar uma quantidade cada vez maior de dados de seus cidadãos, com a formação de grandes bancos de dados públicos, indispensáveis à prestação de serviços públicos.[24]

---

[22] BRASIL. 5ª Semana de Inovação: *Dataprev apresenta Isaac, solução de IA*. DATAPREV, Brasília: DF, 7 nov. 2019, atual. 17 mar. 2020, [2020]. Disponível em: https://portal.dataprev.gov.br/5a-semana-de-inovacao-dataprev-apresenta-isaac-solucao-de-ia. Acesso em: 2 jul. 2024.

[23] Sobre a centralidade na dimensão da transparência na questão do tratamento de dados pela Administração Pública, ver: CRISTÓVAM, José Sérgio da Silva; HAHN, Tatiana Meinhart. A transparência no tratamento de dados pessoais pela Administração Pública: o lapidário e o diamante bruto. In: CRISTÓVAM, José Sérgio da Silva; GONZÁLEZ SANMIGUEL, Nancy Nelly; SOUSA, Thanderson Pereira de (coord.). *Direito administrativo contemporâneo*: diálogos Brasil e México. Florianópolis: Habitus, 2020, p. 14-35.

[24] ARAÚJO, Valter Shuenquener de; ZULLO, Bruno Almeida; TORRES, Maurílio. Big Data, algoritmos e inteligência artificial na Administração Pública: reflexões para a sua utilização em um ambiente democrático. *A&C – Revista de Direito Administrativo & Constitucional*, Belo Horizonte, ano 20, n. 80, p. 241-261, abr./jun. 2020. Disponível em: http://www.revistaaec.com/index.php/revistaaec/article/view/1219/855. Acesso em: 2 jul. 2024.

Nesse contexto, o termo Big Data passou a ser utilizado para designar a coleta e o armazenamento de uma imensa quantidade de informações e dados para análises e tratamento, cujas inúmeras potencialidades têm despertado cada vez mais interesse de grandes corporações, como também da própria Administração Pública.[25]

Portanto, à enormidade da abrangência e alcance das bases de dados mantidas pelo Poder Público corresponde, igualmente, um enorme potencial de tratamento de tais informações por ferramentas de IA para as mais diversas finalidades públicas.

É nesse contexto que se insere o Cadastro Nacional de Informações Sociais (CNIS), banco de dados, vinculado ao Ministério da Previdência Social (MPS), que contém informações dos segurados e dependentes do Regime Geral de Previdência Social (RGPS), referentes aos vínculos previdenciários, às remunerações e às contribuições.[26]

Tais informações são utilizadas pelo INSS para fins de concessão de benefícios previdenciários, conforme determina o art. 29-A da Lei nº 8.213, de 24 de julho de 1991, inserido pela Lei nº 10.403, de 8 de janeiro de 2002. Da mesma forma, o Regulamento da Previdência Social – Decreto nº 3.048, de 6 de maio de 1999, passou a prever que os dados constantes no CNIS valem, para todos os efeitos, como prova de filiação, tempo de serviço, contribuição e salários de contribuição, de forma que só se exige a apresentação de documentos pelo segurado nos casos de dúvida ou incorreção das informações constantes no referido cadastro.

Dessa forma, a legislação conferiu aos dados do CNIS um caráter de "prova plena", isto é, que basta por si só para a comprovação das informações previdenciárias (dispensando a apresentação concomitante de documentos), o que permitiu o reconhecimento automático de direitos de segurados do INSS e a celeridade na concessão dos benefícios nos casos em que o segurado já tivesse seus dados incluídos e validados no CNIS.[27]

Ainda, sobreleva destacar a importância crucial do CNIS na comprovação de vínculos previdenciários de longa data, dado que é bastante comum que documentos previdenciários referentes a períodos remotos sejam perdidos ou extraviados com o passar dos anos, de forma que, em muitos casos, o CNIS se torna a única forma viável de validar esses vínculos mais antigos, conferindo-lhe um papel fundamental nesses contextos.[28]

Esta importante ferramenta para a concretização e operação dos direitos previdenciários foi concebida na década de 1980, ainda chamada de Cadastro Nacional do Trabalhador (CNT), e tinha como finalidade reunir as informações de diversas bases de dados, que foram incorporadas ao longo do tempo, tais como RAIS, CAGED, GFIP, ESOCIAL, SISOBI, SIRC, entre outras.[29]

---

[25] ARAÚJO, Valter Shuenquener de; ZULLO, Bruno Almeida; TORRES, Maurílio. Big Data, algoritmos e inteligência artificial na Administração Pública: reflexões para a sua utilização em um ambiente democrático. *A&C – Revista de Direito Administrativo & Constitucional*, Belo Horizonte, ano 20, n. 80, p. 241-261, abr./jun. 2020. Disponível em: http://www.revistaaec.com/index.php/revistaaec/article/view/1219/855. Acesso em: 2 jul. 2024.

[26] RIBEIRO, Isabela Maria Vaz; RIBEIRO, Matias da Mota; LEITE, Matheus de Mendonça Gonçalves. A transformação do Cadastro Nacional de Informações Sociais (CNIS) em instrumento de exclusão do acesso à Previdência Social Rural. *Sinapse Múltipla*, v. 8, n. 2, p. 95-99, 2019.

[27] RIBEIRO, Isabela Maria Vaz; RIBEIRO, Matias da Mota; LEITE, Matheus de Mendonça Gonçalves. A transformação do Cadastro Nacional de Informações Sociais (CNIS) em instrumento de exclusão do acesso à Previdência Social Rural. *Sinapse Múltipla*, v. 8, n. 2, p. 95-99, 2019.

[28] BRASIL. Tribunal de Contas da União. *Acórdão nº 2.185/2022*, Plenário, Relator: Ministro José Jorge. Sessão de 24.08.2011. Diário Oficial da União. Brasília, DF, 19 nov. 2011. p. 9.

[29] BRASIL. Tribunal de Contas da União. *Acórdão nº 2.185/2022*, Plenário, Relator: Ministro Aroldo Cedraz. Sessão de 05.10.2022. Diário Oficial da União. Brasília, DF, 19 nov. 2023. p. 9.

Segundo o Relatório de Acompanhamento nº TC 016.332/2021-0, relatado pelo Ministro Aroldo Cedraz, atualmente o CNIS é composto por um "ecossistema" formado por diferentes bases de dados que se constituem como as "fontes de informação" do Cadastro, tais como:

> Relação Anual de Informações Sociais (Rais), o Cadastro Geral de Empregados e Desempregados (Caged), os cadastros Pis/Pasep, a Guia de Recolhimento do FGTS e Informações à Previdência Social (GFIP), e o Sistema Digital das Obrigações Fiscais, Previdenciárias e Trabalhistas (eSocial).[30]

Destaca-se que as "fontes de informação" do referido cadastro estão organizadas em uma complexa arquitetura que não só extrai os dados das diferentes bases, mas os classifica, integra e ordena, conforme depreende-se do infográfico apresentado pelo INSS ao Tribunal de Contas, por meio do Despacho CGAIS/INSS de 05.07.2021,[31] reproduzido parcialmente:

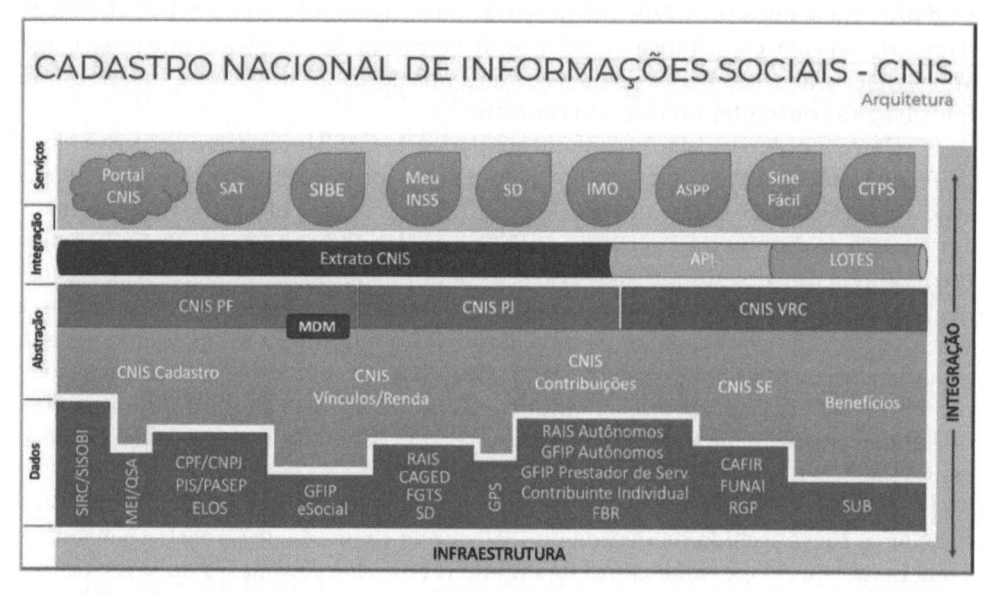

Portanto, cada informação constante no referido cadastro tem origem em um banco de dados específico, a exemplo das informações de vínculos e remunerações, que têm sua origem nos bancos de dados da GFIP e ESocial, bem como nos sistemas RAIS, CAGED, FGTS e SD. Da mesma forma, as informações cadastrais do segurado, que derivam dos cadastros CPF/CNPJ, PIS/PASEP, ELOS, MEI, QSA, SIC E SISOBI (sistema de registro unificado de óbitos).

Ocorre que, conforme já referido, a qualidade, atualização e transparência das informações contidas no aludido banco de dados são objeto de diversos questionamentos no âmbito do Tribunal de Contas da União (TCU).

---

[30] BRASIL. Tribunal de Contas da União. *Acórdão nº 2.185/2022*, Plenário, Relator: Ministro Aroldo Cedraz. Sessão de 05.10.2022. Diário Oficial da União. Brasília, DF, 19 nov. 2023. p. 3.

[31] BRASIL. Tribunal de Contas da União. *Acórdão nº 2.185/2022*, Plenário, Relator: Ministro Aroldo Cedraz. Sessão de 05.10.2022. Diário Oficial da União. Brasília, DF, 19 nov. 2023. p. 4.

Nesse sentido, destaca-se o Relatório de Acompanhamento nº TC 016.332/2021-0 e o Acórdão nº 2.185/2022, da relatoria do Ministro Aroldo Cedraz, nos quais são avaliados "[...] se os dados contidos no Cnis possuem qualidade suficiente para suportar a concessão de benefícios", bem como "[...] o grau de risco envolvido na concessão automática de benefícios previdenciários, trabalhistas e assistenciais ao se utilizarem os dados do CNIS".[32]

De início, constatou-se ainda a completa ausência de rastreabilidade dos dados do CNIS que fundamentaram as decisões manuais ou automatizadas, porquanto verificou-se que os dados que compõem o aludido cadastro podem ser alterados a qualquer tempo, sem que seja possível verificar o histórico de tais alterações,[33] o que vulnera sobremaneira a transparência e confiabilidade das decisões adotadas.

Isso ocorre porque o CNIS consolida os dados de diversas fontes de vínculos, remunerações e contribuições em tempo real, sem qualquer histórico para eventuais consultas e análises posteriores. Em outras palavras, se há uma alteração na base de dados de origem, esta é reproduzida instantaneamente no CNIS, sem que, no entanto, haja qualquer histórico ou documentação do estado pretérito.[34]

Portanto, ante a inexistência de histórico das modificações, bem como ante as múltiplas possibilidades de alteração das informações do cadastro, a qualquer tempo, simplesmente não há como determinar quais dados foram realmente utilizados no momento da análise e concessão do benefício,[35] o que dificulta sobremaneira a análise, *a posteriori*, da correção da concessão por órgãos de controle. Ainda, acarreta insegurança para os servidores encarregados do processo, que são levados a adotar expedientes como imprimir a tela do sistema para demonstrar quais eram os dados do extrato CNIS do segurado no instante da concessão.

Essa situação de completa ausência de rastreabilidade e de histórico de alterações dos dados constantes no CNIS por si só traz elevados riscos de concessão e pagamento indevido de benefícios, de difícil rastreamento (na medida em que as informações podem ser alteradas a qualquer momento, sem que haja qualquer registro da data e do responsável pela alteração), com efetiva insegurança para o servidor responsável pela análise, levado a adotar expedientes defensivos capazes de prejudicar a eficiência de todo o processo.

Da mesma forma, foi encontrado pela auditoria do TCU um expressivo número de irregularidades e incorreções nos dados contidos nos referidos cadastros, bem sintetizados na tabela constante do referido relatório de auditoria, adiante reproduzida:

---

[32] BRASIL. Tribunal de Contas da União. *Relatório de Acompanhamento nº TC 016.332/2021-0*. Relator: Aroldo Cedraz. Brasília, DF, 2022. *Diário Oficial da União*. Brasília: Diário Oficial da União, 5 out. 2022, p. 1.

[33] BRASIL. Tribunal de Contas da União. *Relatório de Acompanhamento nº TC 016.332/2021-0*. Relator: Aroldo Cedraz. Brasília, DF, 2022. *Diário Oficial da União*. Brasília: Diário Oficial da União, 5 out. 2022, p. 60.

[34] BRASIL. Tribunal de Contas da União. *Relatório de Acompanhamento nº TC 016.332/2021-0*. Relator: Aroldo Cedraz. Brasília, DF, 2022. *Diário Oficial da União*. Brasília: Diário Oficial da União, 5 out. 2022, p. 8.

[35] BRASIL. Tribunal de Contas da União. *Relatório de Acompanhamento nº TC 016.332/2021-0*. Relator: Aroldo Cedraz. Brasília, DF, 2022. *Diário Oficial da União*. Brasília: Diário Oficial da União, 5 out. 2022, p. 1.

Tabela 13: Consolidação dos resultados

Achado de auditoria	Descrição	Quantidade
5.2	Registros de Pessoas Físicas com dados incompletos, inválidos ou inconsistentes	24.306.894
5.3	Registros de Pessoas Jurídicas com dados incompletos ou inválidos	9.982.757
5.4	Problemas de acurácia no CPF registrado no Cnis-PF	3.553.317
5.4	Problemas de acurácia no título de eleitor registrado no Cnis-PF	12.601.166
5.5	Problemas de acurácia nos dados de CNPJ no Cnis-PJ	164.761
5.6	Elos com dados incompletos ou inconsistentes	14.743.394
5.7	Elos entre pessoas diferentes	38.086
5.7	NITs da mesma pessoa sem elo registrado	21.316.985
5.8	Óbitos em outras bases não registrados no Cnis	14.664.351
5.9	Relações previdenciárias com lançamentos vinculados a outra pessoa	55
5.10	Relações previdenciárias com lançamentos pós óbito	822
5.11	Concessão de benefício previdenciário a NIT indeterminado	2.506
5.12	Concessão de aposentadoria por idade com data de nascimento divergente entre o Cnis e a Macica	61.971
5.13	Exclusão de dados de óbito no Cnis sem reflexo em pensões já concedidas	18
5.14	Lançamento de relação previdenciária no Cnis cuja data de início da relação é anterior a abertura da empresa	484

Em suma, há realmente um número expressivo de irregularidades e incorreções apontado pela auditoria do TCU, desde inconsistências nos registros dos segurados e em documentos básicos como CPF, título de eleitor, números de identificação do trabalhador – NIT, até questões ainda mais graves, como lançamentos previdenciários vinculados a segurado diverso, óbitos não registrados no CNIS, inclusive com a ocorrência de lançamentos previdenciários após o óbito, além de concessões de aposentadoria por idade para pessoas com divergências na data de nascimento.

Os resultados da referida auditoria afiguram-se assaz preocupantes, principalmente quando se leva em consideração que boa parte das "[...] rotinas atuais de análise e concessão de benefícios previdenciários toma por base informações com problemas graves de qualidade e confiabilidade".[36]

Com efeito, conclui-se que a base de dados CNIS afigura-se repleta de incorreções, apresenta dados desatualizados e pouco transparentes, o que pode prejudicar efetivamente a qualidade das decisões algorítmicas que utilizem tal base de dados como único substrato para elaborar a predição ou decisão.

Isso porque, conforme dito anteriormente, existe uma correlação umbilical entre os mecanismos de IA e as bases de dados que lhes servem de alicerce, de forma que a correção e a qualidade da decisão algorítmica estão diretamente relacionadas à qualidade da base de dados que lhe serviu de substrato.

Nesse sentido, fica claro que a utilização do CNIS, por parte das ferramentas de IA, como substrato exclusivo para conceder ou indeferir requerimentos de benefícios previdenciários, afigura-se temerária, dada a baixa correção, atualização e transparência dos referidos dados.

Em outras palavras, há substancial risco de que "concessões automáticas" de benefícios previdenciários reproduzam as incorreções constantes na base de dados que

---

[36] BRASIL. Tribunal de Contas da União. *Relatório de Acompanhamento nº TC 016.332/2021-0*. Relator: Aroldo Cedraz. Brasília, DF, 2022. *Diário Oficial da União*. Brasília: Diário Oficial da União, 5 out. 2022, p. 59-60.

lhe serve de substrato, ocasionando não só indeferimentos indevidos, especialmente nos casos em que há lançamentos previdenciários vinculados a segurados diversos, como, também, de concessões igualmente indevidas, principalmente nos casos de óbitos não registrados no CNIS, além de concessões de aposentadoria por idade para pessoas com divergências na data de nascimento.

Em síntese, ante a qualidade questionável da base de dados CNIS, mostra-se prematura e até imprudente a implementação de uma análise inteiramente automatizada, no âmbito da Previdência Social, dado que incorreções e irregularidades na referida base de dados podem acarretar decisões que vulneram não somente o erário, mas, principalmente, a própria efetivação do direito fundamental à proteção previdenciária.

5 Considerações finais

Longe de representar o apogeu da impessoalidade e da objetividade, as decisões algorítmicas estão diretamente relacionadas e condicionadas à programação humana, como também à qualidade das bases utilizadas como substrato para o processamento de dados.

Nesse sentido, denota-se a existência de uma correlação intrínseca entre a inteligência artificial e as bases de dados que lhes servem de alicerce, de forma que a correção e a qualidade da decisão algorítmica estão diretamente relacionadas com a qualidade da base de dados que lhe serviu de substrato.

Em outras palavras, bases de dados enviesadas conduzem a decisões enviesadas, da mesma forma que bases de dados incompletas, desatualizadas e eivadas de dados incorretos podem conduzir a decisões algorítmicas igualmente equivocadas.

Por conta disso, causa preocupação que a implementação de ferramenta de IA no âmbito da Previdência Social, em especial na análise e decisão de requerimentos administrativos, paute-se na utilização do CNIS como principal base de dados.

Isso porque, conforme apurado por auditoria do TCU, há expressivo número de casos de pessoas físicas, empresas e vínculos empregatícios com informações incompletas, inválidas ou inconsistentes nas bases de dados que integram o CNIS.[37]

Da mesma forma, também conduz com elevada preocupação à ausência de rastreabilidade dos dados do CNIS que fundamentaram as decisões manuais ou automatizadas, visto que os dados que compõem o aludido cadastro podem ser alterados a qualquer tempo, sem que seja possível verificar o histórico de tais alterações,[38] o que vulnera sobremaneira a transparência e confiabilidade das decisões adotadas.

Em síntese, fica claro que a utilização do CNIS, por parte das ferramentas de IA, como substrato exclusivo para conceder ou indeferir requerimentos de benefícios previdenciários, mostra-se extremamente temerária, dada a baixa correção, atualização e transparência dos referidos dados.

Diante da qualidade questionável da base de dados CNIS, afigura-se assaz prematura e imprudente a implementação de uma análise inteiramente automatizada,

---

[37] BRASIL. Tribunal de Contas da União. *Relatório de Acompanhamento nº TC 016.332/2021-0*. Relator: Aroldo Cedraz. Brasília, DF, 2022. *Diário Oficial da União*. Brasília: Diário Oficial da União, 5 out. 2022, p. 59.

[38] BRASIL. Tribunal de Contas da União. *Relatório de Acompanhamento nº TC 016.332/2021-0*. Relator: Aroldo Cedraz. Brasília, DF, 2022. *Diário Oficial da União*. Brasília: Diário Oficial da União, 5 out. 2022, p. 60.

no âmbito da Previdência Social, dado que incorreções e irregularidades na referida base de dados podem acarretar decisões que vulneram não somente o erário, mas, principalmente, a própria efetivação do direito fundamental à proteção previdenciária.

Referências

ARAÚJO, Valter Shuenquener de; ZULLO, Bruno Almeida; TORRES, Maurílio. Big Data, algoritmos e inteligência artificial na Administração Pública: reflexões para a sua utilização em um ambiente democrático. *A&C – Revista de Direito Administrativo & Constitucional*, Belo Horizonte, ano 20, n. 80, p. 241-261, abr./jun. 2020. Disponível em: http://www.revistaaec.com/index.php/revistaaec/article/view/1219/855. Acesso em: 2 jul. 2024.

BRASIL. 5ª Semana de Inovação: *Dataprev apresenta Isaac, solução de IA*. DATAPREV, Brasília: DF, 7 nov. 2019, atual. 17 mar. 2020. Disponível em: https://portal.dataprev.gov.br/5a-semana-de-inovacao-dataprev-apresenta-isaac-solucao-de-ia. Acesso em: 2 jul. 2024.

BRASIL. *Conheça a Dataprev*. 2023. Disponível em: https://portal.dataprev.gov.br/conheca-dataprev-quem-somos/empresa. Acesso em: 2 jul. 2024.

BRASIL. Tribunal de Contas da União. *Relatório de Acompanhamento nº TC 016.332/2021-0*. Relator: Aroldo Cedraz. Brasília, DF, 2022. Diário Oficial da União. Brasília: Diário Oficial da União, 5 out. 2022.

BRASIL. Tribunal de Contas da União. *Acórdão nº 2.185/2022*, Plenário, Relator: Ministro Aroldo Cedraz. Sessão de 05.10.2022. Diário Oficial da União. Brasília, DF, 19 nov. 2023.

CRISTÓVAM, José Sérgio da Silva; SAIKALI, Lucas Bossoni; SOUSA, Thanderson Pereira de. Governo digital na implementação de serviços públicos para a concretização de direitos sociais no Brasil. *Revista Sequência*, Florianópolis, n. 84, p. 209-242, abr. 2020.

CRISTÓVAM, José Sérgio da Silva; HAHN, Tatiana Meinhart. A transparência no tratamento de dados pessoais pela Administração Pública: o lapidário e o diamante bruto. *In*: CRISTÓVAM, José Sérgio da Silva; GONZÁLEZ SANMIGUEL, Nancy Nelly; SOUSA, Thanderson Pereira de (coord.). *Direito administrativo contemporâneo*: diálogos Brasil e México. Florianópolis: Habitus, 2020, p. 14-35.

CRISTÓVAM, José Sérgio da Silva; MACHADO, Raquel Cavalcanti Ramos; SOUSA, Thanderson Pereira de. Constitucionalismo e Administração Pública digitais: inovação tecnológica e políticas públicas para o desenvolvimento no Brasil. *Revista Brasileira de Políticas Públicas*, Brasília, v. 12, n. 2, p. 178-196, 2022.

CRISTÓVAM, José Sérgio da Silva; SOUSA, Thanderson Pereira de. Direito administrativo da inovação e experimentalismo: o agir ousado entre riscos, controles e colaboratividade. *Revista Sequência*, Florianópolis, v. 43, n. 91, p. 1-50, 2022.

FIGUEIREDO, Carla Regina Bortolaz de; CABRAL, Flávio Garcia. Inteligência artificial: *machine learning* na Administração Pública. *International Journal of Digital Law*, Belo Horizonte, ano 1, n. 1, p. 79-95, jan./abr. 2020.

FREITAS, Juarez; FREITAS, Thomas Bellini. *Direito e inteligência artificial*: em defesa do humano. Belo Horizonte: Fórum, 2020.

FREITAS, Juarez. Direito administrativo e inteligência artificial. *Revista Interesse Público*, Belo Horizonte, ano 21, n. 114, p. 15-29, mar./abr. 2019.

G1 ECONOMIA. *Como as robôs Alice, Sofia e Mônica ajudam o TCU a caçar irregularidades em licitações*. G1, São Paulo, 4 mar. 2022. Disponível em: https://g1.globo.com/economia/tecnologia/noticia/como-as-robos-alice-sofia-e-monica-ajudam-o-tcu-a-cacar-irregularidades-em-licitacoes.ghtml. Acesso em: 2 jul. 2024.

GERCINA, Cristiane. Análise automática de benefícios do INSS por robô falha, diz sindicato: instituto não comenta e dataprev afirma que inteligência artificial "apenas faz a triagem dos casos simples". Jornal Folha de São Paulo, São Paulo, 4 de maio de 2022. Disponível em: https://www1.folha.uol.com.br/mercado/2022/05/inss-usa-robos-para-tentar-reduzir-fila-de-beneficios-diz-sindicato.shtml. Acesso em: 2 jul. 2024.

GERCINA, Cristiane. Fila da previdência tem 1,8 milhão de segurados à espera de atendimento. Jornal Folha de São Paulo, São Paulo, 28 de fevereiro de 2023. Disponível em: https://www1.folha.uol.com.br/mercado/2023/02/fila-da-previdencia-tem-18-milhao-de-segurados-espera-atendimento. Acesso em: 2 jul. 2024.

LOBO, Ana Paula. Dataprev vai comprar Inteligência Artificial e exige uso da nuvem pública. *Convergência Digital*, [S.l.], 22 jun. 2020. Disponível em: https://www.convergenciadigital.com.br/cgi/cgilua.exe/sys/start.htm?UserActiveTemplate=site&UserActive-Template=mobile%252Csite&infoid=53987&sid=97. Acesso em: 2 jul. 2024.

MAGALHÃES, Bárbara. Desafios da inteligência artificial nas garantias do direito e processo administrativo. *Liber Amicorum Benedita Mac Crorie*, Braga, v. I, [S.l.], p. 261-276, UMinho Editora, 2022.

RIBEIRO, Isabela Maria Vaz; RIBEIRO, Matias da Mota; LEITE, Matheus de Mendonça Gonçalves. A transformação do Cadastro Nacional de Informações Sociais (CNIS) em instrumento de exclusão do acesso à Previdência Social Rural. *Sinapse Múltipla*, v. 8, n. 2, p. 95-99, 2019.

SUPREMO TRIBUNAL FEDERAL. *STF inicia uso de inteligência artificial para identificar processos com repercussão geral*. Portal STF, Brasília, 11 mar. 2022. Disponível em: https://portal.stf.jus.br/noticias/verNoticiaDetalhe.asp?idConteudo=471331&ori. Acesso em: 2 jul. 2024.

VALLE, Vanice Lírio do. Inteligência artificial incorporada à Administração Pública: mitos e desafios teóricos. *A&C – Revista de Direito Administrativo & Constitucional*, Belo Horizonte, ano 20, n. 81, p. 179-200, jul./set. 2020.

Informação bibliográfica deste livro, conforme a NBR 6023:2018 da Associação Brasileira de Normas Técnicas (ABNT):

FÁBRIS, Marcelo Boss; CRISTÓVAM, José Sérgio da Silva. Decisão algorítmica no âmbito da Previdência Social brasileira: o problema da incorreção e da falta de transparência do Cadastro Nacional de Informações Sociais (CNIS). *In*: PASQUALINI, Alexandre; CUNDA, Daniela Zago Gonçalves da; RAMOS, Rafael (coord.). *Direito, sustentabilidade e inovação*: estudos em homenagem ao professor Juarez Freitas. Belo Horizonte: Fórum, 2025. p. 437-449. ISBN 978-65-5518-957-5.

O PROCESSO DE ESCOLHA DE ÁRBITROS PELA ADMINISTRAÇÃO PÚBLICA

MÁRCIA UGGERI
GEORGE MIGUEL RESTLE MARASCHIN

1 Introdução

A arbitragem como meio privado de solução de controvérsias é uma opção que vem ganhando cada vez mais adeptos, representando uma alternativa ágil e eficiente à justiça estatal. O processo arbitral constitui uma ferramenta heterocompositiva com características singulares, a qual propugna por um rito flexível, norteado pela autonomia da vontade das partes.

Não por acaso, o Novo Código de Processo Civil — Lei nº 13.105, de 2015, além de aprimorar várias regras do sistema até então vigente, trouxe numerosas referências ao processo arbitral, reforçando a importância desse mecanismo como meio alternativo de resolução de controvérsias.

A Administração Pública igualmente participa como parte em processos arbitrais, desde que a disputa verse sobre direitos patrimoniais disponíveis.[1] A presença do poder público em um dos polos do processo arbitral, sem embargo, exige um olhar mais atento do administrador público, considerando a necessidade de estrita observância das regras que orientam a atividade estatal e sua sujeição aos procedimentos de controle que sobre ela incidem.

---

[1] Embora já se admitisse a utilização da arbitragem envolvendo o poder público, foi somente com a edição da Lei nº 13.129, de 2015, que reformou a Lei de Arbitragem (Lei nº 9.307, de 1996), que a Administração Pública foi expressamente autorizada a utilizar-se da arbitragem para dirimir conflitos relativos a direitos patrimoniais disponíveis.

Na arbitragem, a indicação do juízo arbitral representa uma etapa crucial para o bom desenvolvimento do processo. O rito do processo arbitral ganha especial relevância quando se considera que as partes participam ativamente na escolha dos árbitros, indicando os profissionais que irão julgar a demanda. A escolha dos árbitros que virão compor o juízo arbitral é seguramente uma das fases mais relevantes para a parte, que valorará, no perfil do profissional a indicar como árbitro, critérios como eficiência, imparcialidade e tecnicismo.

Assim, ao dispor da prerrogativa de indicar os árbitros que farão parte do juízo arbitral, a Administração Pública se depara com algumas situações ainda não pacificadas, cujas lacunas, inclusive legais, devem ser consideradas com redobrada atenção.

Ao indicar um árbitro para compor um juízo arbitral, a Administração, além de garantir a regularidade do processo de escolha, precisa assegurar-se de que tal indicação recaia sobre um profissional que detenha a necessária *expertise* técnica e que goze da confiança do ente público.

O objetivo deste estudo, pois, é o de trazer a reflexão sobre a natureza da relação que se estabelece entre partes e árbitros em um procedimento arbitral, assim como ponderar sobre o procedimento a ser seguido na escolha dos árbitros no curso do processo, com destaque para aquelas situações em que o poder público ocupa um dos polos da disputa.

Nessa senda, resulta imprescindível, para a presente reflexão, ampliar o foco de análise dos ritos a serem seguidos na arbitragem, em especial na indicação de árbitros, sem descuidar dos aspectos de probidade, transparência e eficiência na ação estatal, além de preservar a necessária autonomia dos árbitros para que sigam exercendo suas funções com independência e imparcialidade.

2 Do sistema inerente ao processo arbitral

A arbitragem é um instrumento heterocompositivo de solução de litígios, no qual as partes convencionam adotar um procedimento privado para submeter controvérsias que envolvam direitos patrimoniais disponíveis. O processo arbitral perfaz-se de um sistema composto de atos que formam um todo particular, diferente e único.

Não por acaso, sustenta Carlos Alberto Carmona que *arbitration is different*. Explica o autor que "a arbitragem compõe uma estrutura diferente daquela oferecida pelo Estado para a solução de controvérsias. (...) Arbitragem e processo estatal não se repelem. Completam-se, amoldam-se, amalgamam-se. Mas são diferentes". Enfatiza Carmona que o processo arbitral é uma reunião ou combinação orgânica de proposições, princípios e métodos coordenados de modo a formarem um todo científico ou um corpo de doutrina, tudo voltado à produção de um certo resultado. Reconhece o autor que a arbitragem constitui um verdadeiro sistema, com características próprias, a distinguir este método de solução de litígios de outros meios heterocompositivos de solução de controvérsias, como o processo ordinário estatal ou como os juizados especiais, e que o processo arbitral encontra um ambiente aberto à flexibilidade, o que não acontece nas cortes estatais.[2]

---

[2] CARMONA, Calos Alberto. Em Torno do Árbitro. *Revista de Arbitragem e Mediação*, vol. 28, p. 47, jan. 2011.

A Lei de Arbitragem é expressa, em seu art. 18, ao determinar que a sentença arbitral não está sujeita a recurso ou homologação pelo Poder Judiciário. A convenção de arbitragem possui efeito vinculante entre as partes, afastando a possibilidade de apreciação do mérito da controvérsia pelo Judiciário. Isso não significa, entretanto, que a decisão esteja isenta do controle estatal. Situações de violação à ordem pública, que possam acarretar a nulidade da decisão, podem sim justificar a proposição de uma ação autônoma.[3]

Ainda sobre a decisão arbitral, o mesmo dispositivo da Lei de Arbitragem dispensa a homologação da sentença pelo Poder Judiciário.[4] E mais, a sentença proferida em sede arbitral põe fim ao processo, por meio do disposto no seu art. 29, além de equiparar a sentença arbitral à sentença judicial quanto aos seus efeitos, conforme estatui o art. 31 daquela norma legal.

Partido desse cenário, pode-se afirmar que o pilar da arbitragem é a autonomia da vontade das partes, configurando-se como elemento estrutural do todo do sistema arbitral. A vontade das partes guia a formação dos demais atos e fases da arbitragem, as quais se distinguem por deterem características particulares. Observa-se que a natureza jurídica da convenção arbitral — contratual — não se confunde com a natureza jurídica dos demais atos que compõem um processo arbitral, pois cada fase do processo mantém seu rito próprio. A escolha dos árbitros que vão julgar a demanda assim como a definição do procedimento a ser seguido no curso desta fase são delineados com as regras de um microssistema próprio que se une a um sistema singular que forma o todo, a arbitragem.

Em tais circunstâncias, emerge a definição de que o processo arbitral se caracteriza por uma pluralidade de relações jurídicas e etapas procedimentais. Neste sistema único, composto por microssistemas, os árbitros são escolhidos pelas partes, mas não estão subordinados àquelas. A relação entre árbitros e partes desenvolve-se de forma neutra e independente.

Selma Lemes, ao discorrer sobre o papel do árbitro no procedimento arbitral, enfatiza um brocardo mundialmente conhecido: *a arbitragem vale o que vale o árbitro*, sendo, este, um fato incontroverso. A autora destaca, na sequência, que o árbitro representa a *chave da abóbada da arbitragem* e ao seu redor gravitam todos os temas e conceitos afetos à arbitragem.[5]

Faz-se indiscutível a relevância da sentença proferida pelo juízo arbitral e, por conseguinte, a imprescindibilidade de se assegurar a formação de um juízo arbitral revestido de um processo regular de escolha de árbitros, pautado em critérios transparentes e objetivos, que propiciem a prolação de uma decisão, além de qualificada, válida.

---

[3] A impossibilidade do Poder Judiciário, em sede de ação anulatória, revisitar o mérito de sentença arbitral é questão reconhecida pelo Superior Tribunal de Justiça no julgamento do Recurso Especial nº 693.219/PR: "EMENTA: (...) Não é possível a análise do mérito da sentença arbitral pelo Poder Judiciário, sendo, contudo, viável a apreciação de eventual nulidade no procedimento arbitral" (REsp 693.219-PR, Rel. Min. Nancy Andrighi, julgado em 19.4.2005).

[4] No caso de sentenças arbitrais estrangeiras, caberá homologação pelo Superior Tribunal de Justiça, tal como o são as sentenças judiciais, seguindo-se o procedimento previsto nos artigos 960 e seguintes do Código de Processo Civil. No recente julgamento do AgInt na HDE 6347/EX, aquela Corte Superior detalhou a orientação predominante em casos de homologação de sentença estrangeira, quando apurou se os aspectos formais foram atendidos e se o devido processo legal foi observado no procedimento arbitral que gerou o título a ser executado internamente (AgInt na Homologação de Decisão Estrangeira nº 6347-EX (2022/0022530-6). Relator: Min. Benedito Gonçalves. DJe/STJ nº 3656 de 16.06.2023).

[5] LEMES, Selma Ferreira. *O Papel do Árbitro*. Disponível em www.selmalemes.com.br/storage/2022/11/artigo_juri11.pdf. Acesso em: 30 jun. 2024.

Dito isto, registra-se que o processo de escolha de árbitros ganha especiais contornos quando um dos polos da disputa é uma instituição pública, sujeita à rígida obediência às exigências impostas pelo Direito Público. Sem embargo, há que se ter em mente que a opção pela arbitragem, como meio de solução de controvérsias, implica a adesão integral a um modelo peculiar, cuja lógica deve ser preservada, inclusive no processo de escolha de árbitros, sob pena de desvirtuamento desse instituto.

3 O processo de indicação de árbitros pela Administração Pública

A arbitragem, como meio de solução de litígios, caracteriza-se pela celeridade do processo e tecnicismo do julgamento. É, tal qual a jurisdição estatal, espécie de método de heterocomposição de conflitos, fruto da autonomia das partes.

Os franceses Grandjean e Fouchard anotam que a diferença fundamental entre a arbitragem e a justiça estatal é a escolha, pelas partes, a quem confiarão a tarefa de julgar sua disputa. Quando os usuários da arbitragem são questionados por que escolhem essa chamada justiça privada, a escolha do juiz é uma das primeiras motivações. Destacam os autores, ainda, que uma vez que esta decisão é tomada, nada importa mais do que escolher um bom Tribunal Arbitral. A importância dessa escolha é ainda maior, uma vez que a decisão dos árbitros será, em princípio, sem recurso.[6]

A arbitragem decorre de um instrumento contratual que preza pela autonomia da vontade. A vontade das partes é tratada com primazia e se expressa a partir da escolha pelo método arbitral via convenção arbitral, instrumento pelo qual as partes definem as fases do rito a ser seguido, em especial no procedimento de escolha do juízo arbitral.

Nesse sentido, clara foi a lição do ministro do Supremo Tribunal Federal Mauricio Corrêa quando, do julgamento da Sentença Estrangeira Contestada — SEC 6753/UK, assim manifestou: "A convenção de arbitragem é a fonte ordinária do direito processual arbitral, espécie destinada à solução privada dos conflitos de interesses e que tem por fundamento maior a autonomia da vontade das partes".[7]

A natureza jurídica da convenção arbitral — contratual — não se confunde com a natureza jurídica dos demais atos que compõem um processo arbitral. Grande parte da doutrina, atualmente, tem entendido que a convenção arbitral constitui um negócio jurídico processual. Segundo Ricardo Aprigliano, a arbitragem se consubstancia em uma jurisdição privada "que se origina em uma convenção das partes, um negócio jurídico processual que tem fundamentalmente dois efeitos, o de impor a solução arbitral às partes contratantes e de excluir a jurisdição estatal acerca do mesmo objeto".[8] No mesmo sentido, André Junqueira afirma que "a convenção de arbitragem é um negócio jurídico processual feito em um contrato em que as partes se comprometem a levar os conflitos para serem apreciados por um árbitro".[9]

---

[6] GRANDJEAN, Jean-Pierre; FOUCHARD, Clément. Le choix de l'arbitre: de la théorie à la pratique. *Cahiers de Droit de L'Enterprise*, n. 4, jul./out. 2012. Les Qualités des Arbitres — Dossier 21. Disponível em: www.cliffordchance.com/content/dam/cliffordchance/PDFDocuments/Jean-PierreetClement.pdf. Acesso em: 30 jun. 2024.

[7] STF – Tribunal Pleno – Sentença Estrangeira Contestada nº 6.753-7 — Reino Unido da Grã-Bretanha e da Irlanda do Norte, Acórdão de 13.06.2002, DJe de 04.10.2002. Relator: Min. Maurício Correa.

[8] APRIGLIANO, Ricardo de Carvalho. *Normas processuais aplicáveis à arbitragem* – parâmetros para a aplicação das normas processuais gerais ao processo arbitral. Tese apresentada à Congregação da Faculdade de Direito da Universidade de São Paulo para Concurso de Livre-docência em Direito. São Paulo, 2022, p. 122 (não publicado).

[9] JUNQUEIRA, André Rodrigues. A experiência da administração pública brasileira na arbitragem. *Publicações da Escola da AGU*, Brasília, n. 31, p. 39-66, 2013.

Vale lembrar que o procedimento arbitral detém características singulares e apresenta um sistema formado pela combinação orgânica de proposições, princípios e ritos, que se detêm em sua essência natureza jurídica diversa.

O processo arbitral confere protagonismo ao rito de escolha dos árbitros. Ora, considerando as vantagens da livre nomeação dos árbitros, a indicação dos árbitros pelos oponentes enaltece a participação das partes na administração da Justiça. Sendo assim, quanto maior for a participação dos entes envolvidos nesse processo, maior legitimidade será reconhecida à sentença arbitral.[10]

Faz-se incontroverso que o processo de escolha de árbitros é de grande relevância para o bom andamento da arbitragem. A escolha de um árbitro que, além de deter o perfil adequado ao caso concreto, detenha imparcialidade e independência, propicia a prolação de uma sentença ilesa de vícios.[11]

O procedimento adotado na escolha dos árbitros é tema que desperta especial interesse aos gestores públicos. Não se pode olvidar que a escolha dos árbitros pelo ente estatal deve ser respaldada por um rito que se coadune às peculiaridades da Administração Pública e que, ademais de garantir segurança jurídica à atuação do gestor público, não desconsidere as peculiaridades inerentes ao processo arbitral.

Como bem afirma Carlos Alberto Carmona, a escolha de árbitros não é tarefa fácil para a entidade estatal que vier a participar de uma arbitragem, constituindo preocupação que precisa ser adequadamente sistematizada.[12]

Pois bem. A contratação com qualquer entidade da Administração pressupõe, em regra, a existência de um prévio processo licitatório, com rigorosa observância das normas aplicáveis às licitações e contratações públicas. Não por acaso, o art. 5º da Lei nº 14.133, de 2021, impõe ao gestor público a obrigação de observar os princípios e regras[13] de Direito Púbico nos processos de licitações e contratações.

Tomando-se as disposições da Lei de Arbitragem, seu art. 13 faculta às partes escolher como árbitro qualquer pessoa capaz que detenha a sua confiança. Logo, poderão ser árbitros quaisquer pessoas maiores de idade, no domínio de suas faculdades mentais e que apresentem, em seus atributos, como maior diferencial, a confiança das partes.

---

[10] CARMONA, Carlos Alberto. Arbitragem e Administração Pública – primeiras reflexões sobre a arbitragem envolvendo a Administração Pública. *Revista Brasileira de Arbitragem*, ano XIII, n. 51, p. 7-21, jul./ago./set. 2016.

[11] Philippe Fouchard, ao comentar sobre a jurisprudência francesa, destaca que todos os árbitros devem ser independentes de todas as partes no litígio, por ser esta uma situação objetiva que supõe a ausência de vínculos ou liames com as partes, em especial com aquela que o indicou. Adverte o autor que do árbitro se espera imparcialidade, mas como se trata de um estágio psíquico difícil de ser demonstrado e, em decorrência do comportamento parcial do árbitro ser raramente externado, se firmou o consagrado entendimento que a "independência do árbitro é da essência da função jurisdicional e as circunstâncias para contestar essa independência devem caracterizar-se pela existência de vínculos materiais ou intelectuais, uma situação de natureza a afetar o julgamento do árbitro, constituindo um risco certo de prevenção com respeito a uma das partes na arbitragem" (FOUCHARD, Philippe. Le statut de l'arbitre dans la jurisprudence française. *Revue de L'arbitrage*, 1996: p. 325-372).

[12] CARMONA, Carlos Alberto. Arbitragem e Administração Pública – primeiras reflexões sobre a arbitragem envolvendo a Administração Pública. *Revista Brasileira de Arbitragem*, ano XIII, n. 51, p. 7-21, jul./ago./set. 2016.

[13] Conforme leciona Carlos Ari Sundfeld, princípios são normas de hierarquia superior à das simples regras, sendo que determinam a interpretação adequada destas e colmatação de suas lacunas (ou seja, através dos princípios pode-se resolver problemas não previstos na legislação). As regras jurídicas devem ser interpretadas e aplicadas à luz dos princípios norteadores. Assim, em uma situação que possibilite a tomada de diversas soluções, deve-se escolher a que melhor atenda aos ditames dos princípios (SUNDFELD, Carlos Ari. *Licitações e Contrato Administrativo*. São Paulo: Malheiros, 1994, p. 19).

A relação de confiança entre árbitros e partes detém grande relevância para o regular andamento do processo arbitral. A confiança das partes no(s) árbitro(s) representa a garantia de probidade e de imparcialidade do juízo arbitral. No entendimento de Selma Lemes e Vera Cecília Monteiro de Barros, quando discorrem sobre o conceito de confiança, defendem:

> (...) o conceito de confiança da parte no árbitro, na dicção da lei, tem duas óticas de análise. A primeira, intrínseca, significa que o árbitro deve ser pessoa de bem, honesta e proba. É o que se denomina de probidade arbitral. A honorabilidade de uma pessoa para ser indicada como árbitro representa a sua idoneidade legal para o exercício da função. A segunda, extrínseca, representa a certeza [a incutir em terceiros que nele confiam] de ser pessoa capaz de exarar decisão, sem se deixar influenciar por elementos estranhos e que não tenha interesse no litígio. O árbitro deve ser independente e imparcial, antes e durante todo o procedimento arbitral, até ditar a sentença, quando põe fim ao seu mister de árbitro. A confiança da parte depositada na pessoa do árbitro representa a certeza de que este terá a independência para julgar com imparcialidade, posto que a independência é um pré-requisito da imparcialidade.[14]

Em paralelo, a Nova Lei de Licitações e Contratos Administrativos — Lei nº 14.133, de 2021 — traz previsão expressa, em seu art. 154, de que "o processo de escolha de árbitros observará critérios isonômicos, técnicos e transparentes". Tal dispositivo impõe a definição prévia e transparente de critérios técnicos e isonômicos a serem seguidos no procedimento de escolha de árbitros pelo ente estatal. A preocupação do legislador foi a de assegurar o respeito à especialização técnica dos profissionais que venham a julgar a demanda arbitral, bem como garantir um procedimento transparente e isonômico.

Para dar maior efetividade às determinações legais previstas no art. 154 Lei nº 14.133, de 2022, a Advocacia-Geral da União editou a Portaria Normativa AGU nº 42, de 7 de março de 2022, com a finalidade de definir os critérios a serem valorados pela União quando da escolha dos árbitros a compor um Juízo Arbitral. Atualmente tal matéria está disciplinada na Portaria Normativa AGU nº 75, de 23 de dezembro de 2022. A normatização do tema em questão teve por objetivo auxiliar o administrador público na tarefa de definir o perfil do árbitro a ser indicado, com base em um rol *não* exaustivo de critérios, de forma a garantir que o árbitro por ela indicado seja imparcial e tenha conhecimento técnico compatível com a natureza do litígio. De acordo com o Capítulo VI da Portaria Normativa AGU nº 75, de 2022, a União considerará não apenas o perfil desejado ao profissional a ser indicado para atuar no processo, como também observará requisitos que lhe assegurem uma atuação eficiente, independente e imparcial.

Anota-se, ainda, que quando da escolha dos árbitros pelo setor público, há que se considerar o espaço estratégico inerente a este processo — de caráter eminentemente discricionário — intimamente ligado às características de cada caso concreto. Logo, os critérios elencados na Portaria Normativa AGU nº 75, de 2022, visam a subsidiar o ente público na escolha de árbitros, registrando-se, porém, não ser aquele um rol

---

[14] LEMES, Selma Maria Ferreira; BARROS, Vera Cecília Monteiro de. Artigo 13. *In*: WEBER, Ana Carolina; LEITE, Fabiana de Cerqueira (coord.). *Lei de Arbitragem Comentada — Lei nº 9.307/1996*. São Paulo: Revista dos Tribunais, 2023.

exaustivo, tampouco vinculante, devendo a Administração, em prol da eficiência que norteia a atuação do gestor público, pautar-se nas peculiaridades do caso concreto para complementá-lo ou suprimi-lo quando se fizer necessário.

E mais: mesmo antes da vigência da Lei nº 14.133, de 2021, o Decreto nº 10.025, de 2019, já tratava sobre o tema em âmbito federal. O artigo 12 deste decreto relaciona os requisitos mínimos a serem observados pelo poder público na área de infraestrutura, em especial no que concerne à isenção dos árbitros.

Diante destas premissas, desvela-se o quão singular é um processo arbitral e, por conseguinte, o procedimento a ser seguido pelas instituições públicas quando da escolha e indicação de árbitros. Tais normativos, pautados por critérios subjetivos e objetivos, respaldam a atuação discricionária do gestor público ao definir-se por um ou outro profissional para exercer a função de árbitro, considerando, para tanto, ademais de sua imparcialidade, confiança e *expertise* técnica, a sua adequação ao caso concreto.

Feitas essas considerações, faz-se relevante abordar a natureza do vínculo jurídico que se estabelece entre as partes e os árbitros em um processo arbitral, sem olvidar da necessidade de se preservar, nesta relação, a autonomia e a independência dos árbitros, elementos imprescindíveis a uma decisão arbitral imparcial.

4 A relação que se estabelece entre partes e árbitros

A prerrogativa de indicação dos árbitros que venham a decidir sobre determinado litígio implica uma variedade de relações que se estabelecem entre uns e outros, sendo que o entendimento de tais relações é crucial para compreender a dinâmica da tomada de decisões em sede arbitral.

O processo arbitral tem em sua essência o respeito à vontade das partes e o tratamento isonômico entre elas. Com efeito, existe uma ação conjunta e consensual no processo de indicação de árbitros, onde as partes envolvidas na demanda atuam com igualdade de forças em prol da eficiência da prestação jurisdicional.

A Lei de Arbitragem estabelece, em seu artigo 13, que as partes nomearão um ou mais árbitros, podendo, de comum acordo, tanto estabelecer o processo de escolha desses profissionais como adotar as regras de um órgão arbitral ou entidade especializada. O referido dispositivo dispõe que o árbitro, no desempenho de sua função, deverá proceder com imparcialidade, independência, competência, diligência e discrição. A mesma lei assegura às partes, em seus artigos 14 e 15, a prerrogativa de recusa do árbitro, por motivo de suspeição, impedimento ou outra questão, não revelada oportunamente, que o coloque em situação de conflito de interesses. Por fim, o artigo 19 da Lei de Arbitragem determina que se considera instituída a arbitragem quando aceita a nomeação pelo árbitro, se for único, ou por todos, se forem vários.

Logo, consolida-se neste cenário legal que a relação que se estabelece entre árbitro e parte deriva de mandamento normativo[15] e se inicia quando da aceitação, pelo árbitro, da função para a qual foi indicado, seja por uma ou por ambas as partes em litígio.[16]

---

[15] No caso brasileiro, a Lei de Arbitragem.
[16] Previsão contida nos artigos 13 e 19 da Lei de Arbitragem.

O art. 18 da Lei de Arbitragem define que o árbitro — ou o Tribunal Arbitral — "é juiz de fato e de direito, e a sentença que proferir não fica sujeita a recurso ou a homologação pelo Poder Judiciário". Já o artigo 31 da mesma lei estabelece que "a sentença arbitral produz, entre as partes e seus sucessores, os mesmos efeitos da sentença proferida pelos órgãos do Poder Judiciário e, sendo condenatória, constitui título executivo". Finalmente, o teor do art. 17 equipara os árbitros — quando no exercício de suas funções ou em razão delas — aos funcionários públicos, para os efeitos da legislação penal.

Infere-se de tais dispositivos que a ação do árbitro é focada na solução de um litígio, em benefício de todas as partes, sem que haja uma prestação ou resultado específico devido a um ou a outro polo da contenda. Partindo-se desse raciocínio, não se formam vínculos contratuais entre árbitros e partes, tampouco há interesses recíprocos entre aqueles. Nessa condição, o vínculo que se estabelece entre árbitro e partes não configura uma relação contratual. Dito isto, é forçoso reconhecer que a *relação do árbitro com as partes é institucional e sua função reveste-se de natureza jurisdicional*.

O tema foi objeto de estudo de Selma Lemes, onde aponta a natureza jurisdicional da função arbitral, conceituando a vinculação entre os árbitros e partes como sendo jurisdicional no seu objeto. Em sua abordagem, aquela autora traça um paralelismo entre a figura do juiz e a do árbitro, ressaltando que o juiz tem sua investidura derivada do seu *status* e o árbitro tem seu *status* decorrente de sua investidura.[17]

Carlos Alberto Carmona, na mesma linha de argumentação, sustenta não haver diferença entre as funções do juiz e do árbitro ao afirmar que o árbitro decide a contenda vinculando as partes, dita a regra para o caso concreto e faz tudo isso mediante um procedimento em contraditório. Nessa linha de raciocínio, a distinção que aquele autor faz entre juiz e árbitro reside na forma de investidura, dado que os juízes são investidos de seus poderes pelo Estado, enquanto os árbitros são investidos de seus poderes diretamente pelas partes em litígio.[18]

Cândido Dinamarco corrobora esta posição ao afirmar que se, o poder estatal é exercido com o objetivo de pacificar pessoas e eliminar conflitos com a justiça, e se afinal a arbitragem também visa a esse objetivo, boa parte do caminho está vencida em direção ao reconhecimento do caráter jurisdicional da arbitragem.[19]

Alinhada à mesma lógica, Michele Pedrosa Paumgarten recorda que, apesar de nomeados pelas partes, o poder dos árbitros de julgar deriva da lei e, em decorrência da permissão estatal, esse método de resolução de conflitos é disponibilizado aos interessados, reforçando a ideia da atividade jurisdicional por eles exercida.[20]

Assim como a doutrina, a jurisprudência[21] tem destacado a função dos árbitros como de natureza jurisdicional, reconhecendo a autoridade do árbitro como juiz de fato

---

[17] LEMES, Selma Ferreira. *O Papel do Árbitro*. Disponível em https://www.selmalemes.com.br/storage/2022/11/artigo_juri11.pdf. Acesso em: 20 maio 2024.
[18] CARMONA, Carlos Alberto. Em Torno do Árbitro. *Revista de Arbitragem e Mediação*, vol. 28, p. 47, jan. 2011.
[19] DINAMARCO, Cândido Rangel. *Nova Era do Processo Civil*. 4. ed. São Paulo: Malheiros, 2013, p. 38-39.
[20] PAUMGARTEN, Michele Pedrosa. *Novo processo civil brasileiro*: métodos adequados de resolução de conflitos. Curitiba: Juruá, 2015, p. 314-315.
[21] Veja-se, para tanto, a decisão prolatada pela 2ª Seção do STJ no julgamento do CC nº 111.230-DF, relatora Min. Nancy Andrighi, j. em 8 de maio de 2013: "EMENTA: (...) A atividade desenvolvida no âmbito da arbitragem tem natureza jurisdicional, sendo possível a existência de conflito de competência entre juízo estatal e câmara arbitral".

e de direito e suscitando, inclusive, a possibilidade de conflito de competências entre o juízo estatal e a câmara arbitral.

Muito bem. Considerando que a escolha de árbitros traduz uma declaração de vontade, decorrente de um ato unilateral e autônomo, claro está que não se estabelece uma relação de natureza contratual, uma vez que na relação que se forma entre partes e árbitros não incidem interesses contrapostos e/ou obrigações recíprocas que caracterizam um negócio jurídico sinalagmático.

De outra parte, restando afastada a natureza contratual da relação estabelecida entre árbitro e parte, não se pode falar em aplicação da Lei de Licitações e Contratações Públicas na situação em pauta, conforme se observará na abordagem do tema do próximo tópico.

5 Da inaplicabilidade da Lei de Licitações e Contratações Públicas

A atuação da Administração Pública pauta-se em preceitos normativos que formam um microssistema legal. Tal microssistema opera como pressuposto formal da atuação dos agentes estatais, com vistas a respeitar os princípios constitucionais que orientam a ação administrativa, voltada a atender às necessidades da coletividade.

Nesse contexto, a Administração se subordina não apenas aos princípios básicos de Direito Administrativo instituídos no artigo 37, *caput*, da Constituição da República (legalidade, impessoalidade, moralidade, publicidade e eficiência), como também às determinações constantes em numerosas normas infraconstitucionais, a exemplo da previsão contida no art. 5º da Lei de Licitações e Contratos Administrativos, que enumera um extenso rol de princípios de observância obrigatória pelo poder público.[22]

Como sustentado no presente estudo, a escolha de árbitros não configura um ato de natureza contratual. Acolher a existência de um relacionamento contratual entre as partes e árbitros significaria retirar dos árbitros a isenção jurisdicional própria de sua atuação. Ora, faz-se inegável que os elementos intrínsecos à concepção de uma relação contratual são adversos aos pilares que sustentam a relação entre árbitros e partes, nitidamente estruturada na imparcialidade e autonomia.

Diante de tais constatações, mostra-se inequívoco que a relação do árbitro com as partes é meramente institucional, a qual decorre de uma prestação de natureza jurisdicional. Dito isto, faz-se imperativo reconhecer que a Lei de Licitações e Contratações Públicas não se aplica a processos de indicações de árbitros. Mas, ainda que assim não fosse, há também outras questões a serem consideradas, que afastam a aplicação da Lei em questão.

Registra-se que a Constituição Federal, em seu art. 37, XXI, estabelece que as contratações de obras, serviços, compras e alienações devem submeter-se a processo licitatório que assegure igualdade de condições a todos os interessados.[23] As mesmas

---

[22] "Art. 5º Na aplicação desta Lei, serão observados os princípios da legalidade, da impessoalidade, da moralidade, da publicidade, da eficiência, do interesse público, da probidade administrativa, da igualdade, do planejamento, da transparência, da eficácia, da segregação de funções, da motivação, da vinculação ao edital, do julgamento objetivo, da segurança jurídica, da razoabilidade, da competitividade, da proporcionalidade, da celeridade, da economicidade e do desenvolvimento nacional sustentável, assim como as disposições do Decreto-Lei nº 4.657, de 4 de setembro de 1942 (Lei de Introdução às Normas do Direito Brasileiro)."

[23] "Art. 37. A administração pública direta e indireta de qualquer dos Poderes da União, dos Estados, do Distrito Federal e dos Municípios obedecerá aos princípios de legalidade, impessoalidade, moralidade, publicidade e eficiência e, também, ao seguinte:

determinações da Carta Magna são reiteradas no art. 1º da Nova Lei de Licitações e Contratos Administrativos.[24]

Depreende-se de tais normativos que as regras aplicáveis às contratações públicas se destinam a regular as relações contratuais firmadas por instituição pública *com um particular*, não sendo compatível sua aplicação naquelas situações em que a Administração *e um particular atuem em conjunto*, como ocorre no caso da indicação de árbitros, procedimento sobre o qual não existe controle exclusivo da Administração.[25]

Nessa perspectiva, anota-se que a atuação dos árbitros não visa a atender ao interesse de uma das partes, com a intenção de proporcionar qualquer vantagem a quem o indicou. Seu ofício está voltado à prestação jurisdicional. De igual forma, a árbitro não exerce a atividade consultiva ou de mera avaliação. O árbitro, ao final do processo, *profere um julgamento vinculante e terminativo aos oponentes* — função genuinamente jurisdicional — que será substitutivo da vontade das partes, sem que haja possibilidade de recurso ou questionamento, quanto ao seu mérito, perante o Poder Judiciário.

A partir dessas definições, pode-se dizer que a relação entre as partes envolvidas na demanda é absolutamente simétrica, sendo vedado à Administração impor sua vontade à(s) outra(s) parte(s), devendo haver consenso tanto no processo de escolha dos árbitros com também nos demais procedimentos adotados no processo arbitral.

Há que se considerar que o árbitro que venha a ser indicado pela Administração não vai exercer sua função em benefício exclusivo do poder público. Como já afirmado, há uma relação simétrica — horizontal — na qual o particular figura, também, como parte interessada. A Administração não atua unilateralmente no processo arbitral, uma vez que a vontade do particular nesta relação possui a mesma força e importância que a vontade da Administração.[26]

Resta evidente, assim, que a relação entre árbitro e partes reveste-se de um desenho triangular, ou seja, parte (ente público) + árbitro e outra parte (particular) + árbitro,

---

(...)
XXI - ressalvados os casos especificados na legislação, as obras, serviços, compras e alienações serão contratados mediante processo de licitação pública que assegure igualdade de condições a todos os concorrentes, com cláusulas que estabeleçam obrigações de pagamento, mantidas as condições efetivas da proposta, nos termos da lei, o qual somente permitirá as exigências de qualificação técnica e econômica indispensáveis à garantia do cumprimento das obrigações."

[24] "Art. 1º Esta Lei estabelece normas gerais de licitação e contratação para as Administrações Públicas diretas, autárquicas e fundacionais da União, dos Estados, do Distrito Federal e dos Municípios, e abrange:
I - os órgãos dos Poderes Legislativo e Judiciário da União, dos Estados e do Distrito Federal e os órgãos do Poder Legislativo dos Municípios, quando no desempenho de função administrativa;
II - os fundos especiais e as demais entidades controladas direta ou indiretamente pela Administração Pública."

[25] A Procuradoria-Geral do Estado de São Paulo, no Parecer GPG 01/2015, ao definir a sistemática a ser adotada por aquela Unidade da Federação na indicação de árbitros, corrobora este entendimento, defendendo que o processo de indicação de árbitros para compor o Tribunal Arbitral não se coaduna com as relações submetidas ao regramento da Lei de Licitações e Contratos Administrativos. Em sua análise aquele órgão jurídico defende ser evidente que a atividade exercida pelos árbitros não possui qualquer correspondência com obra, compra ou alienação. Sustenta, ainda, não se vislumbrar correspondência entre a atividade exercida pelos árbitros e pelo Tribunal Arbitral com uma utilidade à Administração, exercida por meio de trabalho técnico-profissional. Isso porque o árbitro não é um prestador de serviços. Ele não trabalha em favor de uma das partes, com o intuito de trazer qualquer vantagem a quem o indica. Seu ofício é direcionado à boa prestação jurisdicional, com atuação independente e autônoma. Além disso, não se verifica a existência de um instrumento sinalagmático entre as partes do processo e os árbitros, para a prestação do "serviço jurisdicional. A própria forma de indicação dos profissionais julgadores afasta essa possibilidade.

[26] OLIVEIRA, Gustavo Justino de; ESTEFAN, Felipe Faiwichow. *Curso prático de Arbitragem e Administração Pública*. São Paulo: Revista dos Tribunais, 2019. p. 71.

não podendo a Administração impor regras de Direito Público à outra parte que obtém efeitos reflexos e benefícios da relação Administração-árbitro. Soma-se a isto o fato de que não existe poder de ação unilateral da Administração Pública sobre a relação que detém com os árbitros, pois tal relação — árbitros e partes — apresenta uma conjugação de interesses dos oponentes sobre a função a ser exercida pelos árbitros.

A doutrina, ao tratar da matéria, evidencia a natureza jurisdicional da função arbitral, rechaçando sua correlação com os elementos de um negócio sinalagmático e, por conseguinte, afastando a aplicação da Lei de Licitação e Contratações Públicas quando da indicação de árbitros pelos entes públicos.

Neste sentido Flávio Amaral Garcia reforça que a função do árbitro é jurisdicional, mesmo que não estatal, não se estabelecendo qualquer relação de comutatividade que sinalize para um contrato administrativo a ser celebrado com a Administração Púbica. Nas palavras do referido autor, não sendo contrato administrativo, não há que se cogitar de sujeição dessa relação à Lei de Licitações e Contratos Administrativos, ou mesmo de qualquer hipótese de contratação direta, já que este diploma legal regula as situações de contratação pública, o que, como visto, não é o caso da relação que se instaura com o árbitro.[27]

Os autores José Antônio Fichtner, Sérgio Nelson Mannheimer e André Luís Monteiro defendem, contundentemente, que não há necessidade de licitação para indicação do árbitro.[28] Afirmam os autores que a arbitragem possui natureza jurisdicional, não se tratando de contrato, mas de um mecanismo de exercício de jurisdição, sendo assim não há como submeter quaisquer dos aspectos da arbitragem à incidência da Lei de Licitações.

Marçal Justen Filho, ao discorrer sobre o tema, com muita propriedade, defende a absoluta incompatibilidade entre a indicação de árbitros e o procedimento licitatório, ressaltando ser impossível um potencial candidato a árbitro ser selecionado mediante um procedimento fundado em critérios objetivos, como o menor preço ou a maior qualidade técnica.[29]

A matéria foi também objeto da Apelação nº 1005577-98.2016.8.26.0286, do Tribunal de Justiça do Estado de São Paulo, quando aquele Juízo se posicionou no sentido de que o procedimento de escolha do árbitro e das respectivas Câmaras não possui natureza contratual, não se cogitando a necessidade de licitação prévia para regularizar tal contratação.[30]

Assim, faz-se incontroverso que a escolha de árbitros pelo ente público pauta-se em critérios objetivos e subjetivos e, em razão de sua singularidade, seja pela maneira

---

[27] GARCIA, Flávio Amaral. *A escolha dos árbitros e das Câmaras Arbitrais*: licitar o ou não? Disponível em: http://www.direitodoestado.com.br/colunistas/flavio-amaral-garcia/a-escolha-dos-arbitros-e-das-camaras-arbitrais-licitar-ou-nao. Acesso em: 30 jun. 2024.

[28] FICHTNER, José Antônio; MANNHEIMER, Sergio Nelson; MONTEIRO, André Luís. *Teoria Geral da Arbitragem*. Rio de Janeiro: Forense, 2018. p. 614.

[29] JUSTEN FILHO, Marçal. Administração Pública e arbitragem: o vínculo com a câmara de arbitragem e os árbitros. *Revista Brasileira da Advocacia*, São Paulo, v. 1, p. 103-150, 2016.

[30] Apelação nº 1005577-98.2016.8.26.0286 – TJSP: "Arbitragem. Existência de cláusula compromissória em contrato de concessão de serviço público. Ação movida com base no art. 7º da Lei nº 9.307/96, ante a resistência do poder concedente quanto à instituição da arbitragem. Declaração de validade e aproveitamento de todos os atos já praticados no procedimento arbitral, no qual o Município já apresentou 'pedido contraposto-reconvenção'. Nulidades inexistentes. Vedação de comportamento contraditório. Sentença de procedência. Recurso não provido".

como se dá sua formação — mediante indicação e aceitação —, seja pelo tipo de vínculo formado entre os seus partícipes, a Lei de Licitações e Contratações Públicas mostra-se incompatível com tal procedimento.

Dito isto, há que se afirmar que a escolha dos árbitros pela Administração ocorre por meio de um ato administrativo discricionário unilateral, onde, no curso de um procedimento probo e transparente, a autoridade competente, valendo-se de critérios previamente estabelecidos, decide de forma motivada pela escolha de um profissional para compor um juízo arbitral.

6 Conclusão

A utilização de meios adequados de resolução de conflitos vem ganhando cada vez mais adeptos, permitindo à sociedade obter soluções céleres e eficientes às suas demandas. O próprio Código de Processo Civil, promulgado em 2015, fomenta a adoção de tais métodos, fazendo várias referências a estas ferramentas de solução de controvérsias.

A arbitragem, como meio de resolução de conflitos, caracteriza-se como um método privado, por meio da qual as partes elegem um ou mais árbitros imparciais e com experiência na área da disputa, que, no exercício de sua função, irão julgar o litígio ao proferir uma sentença não sujeita a recurso ou homologação judicial.

Ao decidir pela arbitragem como forma de solução de suas controvérsias, as partes dispõem de liberdade para fixar as regras que vão conduzir o processo. A autonomia da vontade das partes é, pois, um dos princípios norteadores da arbitragem, conferindo-lhes a prerrogativa de modelar, por consenso, o processo arbitral, respeitando-se, sempre, os preceitos de ordem pública.

O processo de escolha de árbitros é essencial para o bom andamento da arbitragem. A escolha de um árbitro que atue com imparcialidade e independência permite a obtenção de uma sentença isenta de vícios. Nessa perspectiva, ganha destaque, como aspecto de distinção entre a arbitragem e a justiça estatal, a possibilidade de as próprias partes escolherem a quem confiarão a tarefa de julgar seu litígio. Não por outro motivo, a doutrina e a jurisprudência têm destacado o caráter jurisdicional da arbitragem, posto que, em relação ao resultado, não há distinção entre as funções do juiz e do árbitro.

No caso de a Administração Pública figurar como parte em processo arbitral, a escolha do árbitro exige do gestor público redobrada atenção, demandando um procedimento específico, orientado por critérios técnicos, isonômicos e transparentes.

De outro lado, a eleição do tribunal que venha a arbitrar a demanda necessita de uma atuação consensual pelas partes, em igualdade de forças, em prol da eficiência da prestação jurisdicional. Ainda, tomando-se em conta que o árbitro exerce legítima atividade jurisdicional, a escolha do profissional que venha a arbitrar a contenda detém caráter estratégico para a parte.

Daí a importância de bem entender a relação jurídica que se estabelece entre as partes e os árbitros por elas indicados, especialmente considerando as limitações impostas pela legislação aplicável à atuação pública.

Uma vez instalada a arbitragem, cabe ao juízo arbitral dirimir a controvérsia em benefício de todas as partes, e não apenas daquela que o indicou. Com efeito, a relação que se estabelece entre o árbitro e as partes tem natureza institucional, exercendo o árbitro função puramente jurisdicional. Nessa relação, não há interesses recíprocos, nem se formam vínculos contratuais.

Em tal cenário, sobressai o quão singular é um processo arbitral e, por conseguinte, o procedimento a ser seguido pelas instituições públicas quando da escolha e indicação de árbitros.

O ente público, pautado por critérios subjetivos e objetivos, atua de forma discricionária ao definir o profissional que irá exercer a função de árbitro, considerando, para tanto, sua imparcialidade, confiança e *expertise* técnica.

Em suma, a constatação que se faz é de que a escolha dos árbitros pelo poder público deve ser precedida de um procedimento probo e transparente, no qual a autoridade competente, por meio de um ato unilateral e valendo-se de critérios previamente estabelecidos, decidirá, de forma discricionária e motivada, pela escolha de um profissional a ser indicado para compor o juízo arbitral.

Referências

APRIGLIANO, Ricardo de Carvalho. *Normas processuais aplicáveis à arbitragem* — parâmetros para a aplicação das normas processuais gerais ao processo arbitral. Tese apresentada à USP para concurso de livre-docência em Direito. São Paulo, 2022 (não publicado).

CARMONA, Calos Alberto. Em Torno do Árbitro. *Revista de Arbitragem e Mediação*, vol. 28, p. 47, jan. 2011.

CARMONA, Carlos Alberto. Arbitragem e Administração Pública — primeiras reflexões sobre a arbitragem envolvendo a Administração Pública. *Revista Brasileira de Arbitragem*, ano XIII, n. 51, jul./ago./set. 2016.

DINAMARCO, Cândido Rangel. *Nova Era do Processo Civil*. 4. ed. São Paulo: Malheiros, 2013

FICHTNER, José Antônio; MANNHEIMER, Sergio Nelson; MONTEIRO, André Luís. *Teoria Geral da Arbitragem*. Rio de Janeiro: Forense, 2018.

FOUCHARD, Philippe. Le statut de l'arbitre dans la jurisprudence française. *Revue de L'arbitrage*, 1996.

GARCIA, Flávio Amaral. *A escolha dos árbitros e das Câmaras Arbitrais: licitar o ou não?* Disponível em: http://www.direitodoestado.com.br/colunistas/flavio-amaral-garcia/a-escolha-dos-arbitros-e-das-camaras-arbitrais-licitar-ou-nao.

GRANDJEAN, Jean-Pierre; FOUCHARD, Clément. Le choix de l'arbitre: de la théorie à la pratique. *Cahiers de Droit de L'Enterprise*, n. 4, jul./out. 2012. Les Qualités des Arbitres — Dossier 21. Disponível em: www.cliffordchance.com/content/dam/cliffordchance/PDFDocuments/Jean-PierreetClement.pdf.

JUNQUEIRA, André Rodrigues. A experiência da administração pública brasileira na arbitragem. *Publicações da Escola da AGU*, Brasília, n. 31, 2013.

JUSTEN FILHO, Marçal. Administração Pública e arbitragem: o vínculo com a câmara de arbitragem e os árbitros. *Revista Brasileira da Advocacia*, São Paulo, v. 1, 2016.

LEMES, Selma Ferreira. *O Papel do Árbitro*. Disponível em: www.selmalemes.com.br/storage/2022/11/artigo_juri11.pdf.

LEMES, Selma Maria Ferreira; BARROS, Vera Cecília Monteiro de. Artigo 13. In: WEBER, Ana Carolina; LEITE, Fabiana de Cerqueira (coord.). *Lei de Arbitragem Comentada* — Lei nº 9.307/1996. São Paulo: Revista dos Tribunais, 2023.

NANNI, Giovanni Ettore. Confiança na arbitragem: o seu papel no contrato *intuitu personae* de árbitro. *Revista dos Tribunais*. São Paulo, v. 1041, p. 19-53, jul. 2022.

OLIVEIRA, Gustavo Justino de; ESTEFAN, Felipe Faiwichow. *Curso prático de Arbitragem e Administração Pública*. São Paulo: Revista dos Tribunais, 2019.

PAUMGARTEN, Michele Pedrosa. *Novo processo civil brasileiro*: métodos adequados de resolução de conflitos. Curitiba: Juruá, 2015.

SUNDFELD, Carlos Ari. *Licitações e Contrato Administrativo*. São Paulo: Malheiros, 1994.

Informação bibliográfica deste livro, conforme a NBR 6023:2018 da Associação Brasileira de Normas Técnicas (ABNT):

UGGERI, Márcia; MARASCHIN, George Miguel Restle. O processo de escolha de árbitros pela Administração Pública. *In*: PASQUALINI, Alexandre; CUNDA, Daniela Zago Gonçalves da; RAMOS, Rafael (coord.). *Direito, sustentabilidade e inovação*: estudos em homenagem ao professor Juarez Freitas. Belo Horizonte: Fórum, 2025. p. 451-464. ISBN 978-65-5518-957-5.

INFERÊNCIA E COGNIÇÃO DO ENUNCIADO NORMATIVO: UM DIÁLOGO ENTRE WILFRID SELLLARS E ROBERT BRANDOM

MARCUS PAULO RYCEMBEL BOEIRA

Antes de expor o breve ensaio que aqui proponho, gostaria de tecer algumas considerações sobre o meu querido amigo, o professor Juarez Freitas, notável jurista e intelectual gaúcho. Docente por várias décadas de duas das mais tradicionais escolas de Direito de Porto Alegre, a saber, as Faculdades de Direito da UFRGS e da PUCRS, o estimado mestre tem deixado um rico legado para seus alunos, discípulos e futuras gerações de estudantes de Direito. Sua proeminente produção intelectual, marcante não apenas no Direito Público, senão também na Filosofia e na Teoria do Direito, são roteiros investigativos relevantes para qualquer pessoa que queira pervadir o mundo teórico das ciências jurídicas. Lembro sempre com muito carinho de todos os momentos em que estivemos juntos. Sempre tive na pessoa do professor Juarez um amigo e uma pessoa exemplar, por seus atos, sua sabedoria, além da experiência docente e sua sempre afetuosa postura para com todos. É uma imensa alegria e honra participar desta obra coletiva. Também estendo meu abraço à pessoa do Thomas, seu filho, com quem convivo há muitos anos, no meu grupo de pesquisa e fora da universidade, dada a grande amizade que nutrimos um pelo outro.

O professor Juarez possui uma vasta produção intelectual, que se amplia desde o Direito para temas como gestão, inovação e sustentabilidade, assuntos que constituem o título da presente obra coletiva. De minha parte, intento aproximar-me da obra filosófica do professor, em constante articulação com a teoria do Direito e a Hermenêutica Jurídica. Para tanto, tenho em vista ofertar aqui uma abordagem lógica sobre aquilo que demarca a dimensão sintática da norma jurídica: o enunciado normativo. Por vezes, conversei longamente com o professor Juarez sobre questões que envolvem a lógica jurídica, a teoria do ordenamento e a interpretação sistemática do Direito, assuntos que qualificam a sua vida intelectual e sua obra jusfilosófica.

No presente ensaio, proponho então uma análise lógico-epistêmica do objeto designativo do enunciado normativo: a ordem. Do ponto de vista lógico, a pergunta pela referência do enunciado normativo reclama a necessária delimitação semântica do conceito de ordem social. Um mapeamento das possibilidades de ação humana na sociedade lança o desafio de perscrutar formas de representação dentro de um terreno indeterminado. De acordo com isso, levanta-se a questão lógica fundamental: a ordem, tal como designada no campo de referência da proposição normativa, é uma questão de fato ou de imagem? Empírica ou de imaginação? Qual a fundamentação lógica necessária para este objeto designativo?

Para responder a tais questões, ofereço uma perspectiva de análise que coloca em diálogo dois autores da tradição filosófica analítica do século XX: de um lado, Wilfrid Sellars (1912-1989), filósofo americano conhecido por desafiar a conexão entre sentidos e crenças dentro de uma epistemologia *sui generis*; de outro, Robert Brandom (1950-....), também estadunidense, atualmente professor na Universidade de Pittsburgh, notório por sua produção em torno de temas como neopragmatismo, linguística e inferencialismo. Vamos abordar, aqui, a noção lógico-linguística de ordem que desponta como referência do enunciado normativo, contrastando os modelos apresentados pelos dois autores nos seus seguintes livros: *Empirismo e Filosofia da mente* de W. Sellars, e *Articulating Reasons: An Introduction to Inferentialism*, de R. Brandom. Não iremos aprofundar a investigação em curso sobre as teses filosóficas oferecidas por cada autor, mas apenas colher o que é relevante para a solução das questões anteriormente arguidas, seguindo o propósito de tecer um breve diagnóstico das condições lógico-semânticas do enunciado normativo.

A proposta do empirismo lógico por delimitar o campo válido de conhecimento abriu duas perspectivas epistemológicas no século XX: a primeira, tendente a identificar o conhecimento de *questões de fato* como um tipo de conhecimento não inferencial, ou seja, de que a única dação de sentido ao sujeito cognoscente vem dos sentidos mesmos, e que são eles a forjar o que é realmente dado ao intelecto. De acordo com isso, não precisaríamos recorrer a nada além dos próprios dados dos sentidos, de modo que não faríamos inferência de nenhuma estrutura anterior para conhecer os fatos. Tudo o que conhecêssemos viria da própria sensação. Nesse caso, cada situação seria única, resumindo em si própria toda a gama de significação. Os enunciados normativos não seriam capazes de ofertar qualquer sentido às ações humanas, já que só seria possível ao observador extrair qualquer conclusão desde a própria atividade prática enquanto tal. Cada fato é, aqui, tomado como absoluto em si mesmo. De acordo com Sellars, o conhecimento não inferencial de uma questão de fato particular deve logicamente implicar a existência de dados dos sentidos.[1] São "fatos" que são sentidos, não particulares, pois todo o horizonte de predicados estaria encarregado de expressar o acontecimento como tal no instante mesmo da ocorrência da situação, cuja existência seria sempre peremptória e circunstancial.

Por outro lado, há uma segunda perspectiva possível: a do conhecimento inferencial da imagem em contraposição ao fato. A *imagem do mundo* aparece como um atributo imaginativo e cognitivo, em que a mente forma um esquadro impreciso e aberto onde diversos particulares surgem como partes componíveis. A atribuição de sentido à imagem pressupõe um conjunto anterior de elementos semânticos, como também uma

---

[1] SELLARS, Wilfrid. *Empirismo e Filosofia da mente*. 1. ed. São Paulo: Vozes, 2008, p. 23 e ss.

estrutura condicionante de significado, composta de proposições, objetos, agentes, etc. Para possuir o conhecimento inferencial, teríamos de supor outros artifícios para além da mera experiência sensível de vivermos numa sociedade recheada com componentes dessa imagem. Em contraposição às questões de fato, o conhecimento inferencial da imagem de ordem social é persistente, dada a imprecisão imaginativa a que faz alusão.

Partindo destas duas perspectivas, notamos a dificuldade inerente a cada uma delas no que diz respeito à tensão fato-descrição, com a qual lidaram os teóricos do empirismo lógico quanto à conexão inferencial de questões de fato ou, no segundo caso, a possibilidade de um conhecimento não inferencial da imagem.

A ocupação árida com questões de linguagem conduziu a escola empirista a lidar com todo tipo de aporias. Porém, uma em particular aparece como um desafio para o Direito: como é possível estabelecer determinações de sentido tomando por base um conceito impreciso de ordem social a que o Direito deve perseguir? Ou para ser fiel às instâncias epistemológicas do neopositivismo lógico, o que seria exigível da lógica jurídica se passássemos a tratar a imagem da ordem como um tipo de conhecimento não inferencial, dentro do qual estivessem presentes todas as potencialidades de sua predicação?

Levando em conta a prefiguração de uma imagem de ordem social acessível por um tipo específico de raciocínio não inferencial, estaríamos encarcerados na ideia de que a imagem possui um caráter fundacional na ordem do conhecimento normativo. Sim, os *itens não linguísticos*[2] com os quais lidaríamos poderiam ser dimensionados dentro de um horizonte *estático*, em que fantasiaríamos um determinado modelo de ser, ou *dinâmico*, quando colocaríamos dois ou mais seres em relação, posicionando-os dentro de um marco definido. Em ambos os casos, a imagem de ordem apareceria de forma nebulosa e carente de significação. A sua configuração ficaria a cargo da proposição normativa e de uma escala de determinação, cujas metas centrar-se-iam em preencher o horizonte da referência normativa com sentidos.

De qualquer modo, a pressuposição de que algum conceito formal de ordem social anterior aos próprios acontecimentos é algo passível de um tipo de conhecimento não inferencial nos conduziria a dois postulados: a) o de que a imagem em si é capaz de predicabilidade; b) que os conhecimentos factuais adequáveis ao conceito de ordem em questão seriam conhecimentos inferenciais, cujos axiomas estariam potencialmente presentes na imagem.

Considerar a ação humana como predicado fático universalizável do conceito de ordem exige que tratemos o "sentir" como um tipo especial de conhecimento, pois na captação sensível da ação humana articulamos a imagem com a prática dos fatos observada. A ação não só é sensível como inteligível. Esta tese supõe um condicionamento epistemológico de acordo com o qual o conhecimento que podemos ter de fatos sociais, entendidos aqui como modos de predicação da ação humana, seja de tipo não inferencial.

Nesse caso, teríamos de assumir com Sellars que:

> O conhecer não-inferencial no qual está fundada nossa imagem do mundo é o conhecer que certos itens, por ex., conteúdos sensoriais de vermelho, são de um certo tipo, por ex., vermelho.

---

[2] STRAWSON, Peter. *Individuals*. 1. ed. London: Routledge, 2003, p. 98 e ss.

Quando tal fato acerca de um conteúdo sensorial é conhecido não-inferencialmente, eu direi que o conteúdo sensorial é sentido como sendo, por ex., vermelho. Eu então direi que um conteúdo sensorial é sentido (ponto final) se é sentido como sendo de um certo tipo, por ex., vermelho. Por último, eu direi de um conteúdo sensorial que ele é conhecido se for sentido (ponto final), para enfatizar que sentir é um fato cognitivo ou epistêmico. Repare que dadas essas estipulações, é logicamente necessário que, se um conteúdo sensorial for sentido, seja sentido como sendo de um certo tipo, e isso se for sentido como sendo de um certo tipo, o fato que seja desse tipo seja conhecido não-inferencialmente (...). Esse uso estipulado de conhecer, entretanto, receberia auxílio e conforto do fato de que há, no uso ordinário, um sentido de conhecer no qual ele é seguido por um nome ou uma oração descritiva que se refere a um particular (...).[3]

Analogicamente poderíamos relacionar a imagem do mundo de Sellars com a imagem de ordem suscitada na proposição normativa, e o conteúdo sensorial, com o predicado de ação humana. Nesses termos, seria logicamente necessário concluir que:
1. Se uma ação humana n_a for predicável da imagem de ordem Ω, seja predicada como sendo de um certo tipo X e de forma analógica:$[n_a \in X]$;
2. E se for predicada como sendo de um certo tipo X, o "fato" que tal ação humana n_a seja desse tipo seja conhecido não inferencialmente, já que a articulação com X ocorre de modo analógico;
3. De tal modo que a própria ação humana n_a carregue em si mesma o conjunto de particulares identificáveis e o componente de referência presente na imagem de ordem social Ω: $[n_a \in X / \Omega]$.

Se o predicado de ação é um dado sensível, resulta logicamente imprescindível admitir que a faculdade cognoscitiva só terá condições de dizer que o predicado de ação é predicado universalizável do conceito de ordem social *se e somente se* a ação humana constituinte do fato social for definida no contexto circunstancial em termos de conhecimento não inferencial desse mesmo fato da predicação, e articulado com a imagem de ordem apenas de modo analógico, já que a predicabilidade em questão não se dá diretamente na imaginação, mas advém da realidade empírica da ação humana.

Tal dilema pressuporia que levantássemos a seguinte aporia: o conhecimento da ação ocorre do mesmo modo que o conhecimento imaginativo da ordem social?

Dado que o estabelecimento analógico entre a imagem de ordem e o acesso do observador ao mundo da ação pelos dados dos sentidos implique correlações lógicas, é necessário dispor sobre as condições epistêmicas de formulação dos respectivos juízos.

Na concepção de ordem, há um pressuposto de que a sua formação seja não inferencial apenas artificialmente, dado que a conjunção de particulares componíveis da imagem não surge de modo imediato, senão mnemonicamente, o que supõe aspectos e dados cognitivos anteriores para a formatação da imagem. Por essa razão, o tratamento não inferencial do modo de conhecimento que encerramos aqui é apenas artificialmente conjeturado em sentido lógico, já que do ponto de vista epistemológico o processo cognitivo em questão se dá pela passagem do objeto designativo presente na imaginação como espécie inteligida impressa — *species intelligibilis* — para depois subir ao intelecto e, nele, articular-se com todo o orbe de possibilidades interpretativas.[4]

---

[3] SELLARS, Wilfrid. *Empirismo e Filosofia da mente. Op. cit.*, p. 27.
[4] AQUINO, Tomás de. *Suma de Teologia I-I*: q. 76, a. 2. 1. ed. Madrid: BAC, 1959, p. 206. *"Sed ipsum phantasma non est forma intellectus possibilis: sed species intelligibilis quae a phantasmatibus abstrahitur"*.

A espécie em questão é intencional e, por isso, dotada de possibilidades analógicas e pretensões de predicabilidade determinacional. Há potencialidade para dação de sentido a ela, tornando-a um *topos*, uma concepção identificável por referência – na definição escolástica de *suppositio*[5] – a ser preenchida por atributos de significado.

Na captação da ação, por outro lado, requer-se uma habilidade não artificial de conhecer pelos sentidos o que se processa não inferencialmente, ou dito de outro modo, a captação sensível é simultaneamente inteligível porque a ação humana tomada como constituinte de um fato social é princípio e não termo de extração de juízos de determinação. Por isso, a habilidade de sentir é pressuposta como condição para a formulação de juízos *a posteriori*, de modo que a analogia estabelecida entre a imagem de ordem e a observância da atividade humana é etapa posterior, a ser empreendida por juristas e intérpretes das proposições normativas.

Por outro lado, o conhecimento inferencial tem a vantagem de articular, por meio da expressão, o âmbito implícito e o âmbito explícito. Neste sentido, a passagem metodológica do enunciado normativo à proposição normativa pode ser vista aqui como um ato de "explicitação": o dizível normativo não é tomado como um mero ato de vontade que se transfigura em uma enunciação de caráter performativo, mas como exigência de uma inferência prática.

O que torna um discurso normativo inteligível do ponto de vista lógico é a exigência (no sentido externo) e o conteúdo proposicional (no sentido interno) da circunstância contingente. A produção inferencial de postulações é um recurso epistêmico que, a despeito do empirismo lógico anteriormente mencionado, permite o acesso a uma variedade mais ampla de juízos sobre os *futuros contingentes*, o que, do ângulo da incidência das normas, é um nó semântico altamente relevante, em especial para a atividade decisória.

Robert Brandom diz que *as práticas inferenciais de produção e consumo de razões constituem o centro gravitacional da região das práticas linguísticas.*[6] No caso das normas, a produção de proposições em atenção às exigências práticas advindas por ocasião da conexão semântica entre o significado do enunciado normativo e a conjuntura das ações humanas catalisa o preenchimento mais rico do âmbito de significação das normas.

O paradigma aqui é anti-representacionalista, focalizado na produção inferencial. Para melhor explicitar o que se quer dizer com isto, poderíamos comparar esta teoria inferencial a um trabalho artístico: a arte de decompor as expressões do conceito normativo e reagrupá-las no horizonte proposicional. O paradigma neste caso não é eminentemente designativo, pois a relação não está encerrada na faculdade cognoscitiva, senão na convergência entre os termos e o significado focal da proposição normativa.

O aperfeiçoamento do conceito, então, dependerá do jogo ínsito de inferências práticas, em que requerimentos e asserções se apresentem simultaneamente como partes

---

[5] Utilizamos a expressão *suppositio* com base na distinção estabelecida por Pedro Hispano entre *significatio* e *suppositio*, e em sintonia com a diferença estabelecida por G. Frege entre *sentido e referência*, pela correspondência indubitável entre ambos os autores nesse ponto. Ver COXITO, Amândio. *Lógica, semântica e conhecimento na escolástica peninsular pré-renascentista*. 1. ed. Coimbra: biblioteca geral da universidade, 1981, p. 201 e ss. Também: HISPANO, Petrus (Portugalensis). *Tractatus: Summulae Logicales*. 1. ed. Ciudad de México: Universidad autónoma, 1986. Também: FREGE, Gottlob. *Digressões sobre o sentido e a referência*, em *Lógica e Filosofia da Linguagem*. 1. ed. São Paulo: Edusp, 2009.

[6] BRANDOM, Robert. *Articulating Reasons*: An Introduction to Inferentialism. 1. ed. Cambridge: Harvard Press, 2000, p. 14.

processuais importantes para a formação sintática dos enunciados. O oferecimento e a requisição de razões constituem partes intestinas para a elaboração de sentenças normativas. Satisfazendo as exigências inferenciais de racionalidade e expressividade, a proposição normativa atinge um patamar de instanciação universal, uma estatura epistemológica *standard*, posição em que se torna capaz de justificar racionalmente qualquer exigência prático-inferencial, mesmo em outros mundos deônticos em que as circunstâncias dos atos humanos trarão novas exigências.

A aplicação do conceito normativo nos julgamentos e nas ações exige justificação, o que terá termo em um contexto mais ampliado de requerimentos e soluções racionais, o *background* das reminiscências expressivas e designativas dos gatilhos linguísticos que formam a tábua inferencial dos conceitos.

A semântica inferencial das normas jamais poderia ser cotejada nos moldes de uma linha filosófica atomística. Somente tem assento em um contexto em que o conceito normativo pressuponha outros conceitos anteriores para a sua formação e o sistema jurídico passe a ser pensado como *aberto e ordenável*, como mostra o professor Juarez em sua obra *A Interpretação Sistemática do Direito*.[7] Logo, é na cadeia inferencial e não no isolamento sintático o lugar em que os requerimentos epistemológicos encontram assento. Afirma Brandom: *"for the content of each concept is articulated by its inferential relations to other concepts"*.[8]

O processo de expressividade, através do qual a expressão transita do seu âmbito implícito para o seu mundo exterior, explícito, desponta como o mecanismo rigoroso de postulação, ao tornar visível o conteúdo proposicional implícito. O rigor analítico da explicitação dependerá do número de articulações anteriores que a expressão obteve ao longo do processo de expressividade. As articulações sucedidas no *background* têm o condão de enriquecer o padrão semântico do enunciado normativo: a ancestralidade sofisticada, a estima compartilhada que o enunciado terá na comunidade linguística dependerá da amplitude de articulações que terá com outros conceitos normativos e, assim, com outras propriedades linguísticas do sistema normativo no que Brandom chama de *constelação proposicional*. O significado desempenhará aqui a função de consequente na implicação inferencial que se inicia na expressão.

A articulação inferencial com outros conceitos requer, para sua consecução, algo que subsista entre os diversos predicados monádicos dos conceitos envolvidos na

---

[7] Diz o professor Juarez: "Como bem acentua Claus Wilhelm Canaris, discípulo e continuador de Karl Larenz, a totalidade de conceitos que não se mostram, de algum modo, capazes de exprimir adequação valorativa e dar unidade interna à ordem jurídica, tem-se revelado, virtualmente, sem utilidade. Destarte, resulta ultrapassada, numa compreensão evolutiva do sistema, uma série de concepções, a começar pelo chamado 'sistema externo'. Diz acertadamente Canaris: 'a este propósito não releva, em primeiro lugar, o chamado sistema externo no sentido da conhecida terminologia de Heck que, no essencial, se reporta aos conceitos de ordem da lei; pois esta não visa, ou não visa em primeira linha, a descobrir a unidade de sentido interior ao Direito, antes se destinando, na sua estrutura, a um agrupamento da matéria e à sua apresentação tão clara e abrangente quanto possível. É nítido que tal noção, ao se fazer exógena, cai num alheamento das necessidades constantes de coadunação do conceito de sistema jurídico com as ideias de escolha axiológica e de unidade não antinômica, no seio de uma ordem considerada. Ademais, a dicotomia 'interno' e 'externo' supõe um fechamento impossível de se admitir, eis que a ordenação dos conceitos e das categorias jurídicas não pode acontecer, apenas, desde o exterior, como se o conjunto de disposições fosse, em si mesmo, uma massa assistemática e caótica de prescrições. Em outras palavras, entende-se que a abertura supõe a preexistência latente de soluções admissíveis para as inevitáveis lacunas e antinomias. Certamente, não se está pensando aqui na abertura patrocinada pelas cláusulas gerais, senão que naquela abertura de natureza epistemológica, derivada da própria indeterminação, intencional ou não, dos enunciados semânticos em matéria jurídica". FREITAS, Juarez. *A Interpretação Sistemática do Direito*. 2. ed. São Paulo: Malheiros, 1998, p. 41 e 42.

[8] BRANDOM, Robert. *Articulating Reasons*: An Introduction to Inferentialism. *Op. cit.*, p. 15 e ss.

operação epistêmica. Assim, a expressão, tomada aqui como o ponto de articulação entre o implícito e o explícito, o lugar do processo de expressividade, terá como implicação lógico-referencial a referência, a saber, a instanciação universal dentro da qual repousa o miolo semântico, o objeto designativo sobre o qual recaem inúmeras propriedades em equilíbrio quando, sob a ação de forças ulteriores, resiste às mudanças e cambiamentos, preservando a referência conceitual em questão: *"mota quietare, quieta non movere"*.[9]

O estatuto semântico do conceito normativo está em sua capacidade para ser tanto premissa como conclusão em inferências conceituais diversas. Somente porque o conteúdo proposicional de um conceito é asserível, pode ser pensável e/ou crível quando dirigimos a atenção para o âmbito das atitudes proposicionais.

A simbiose entre inferências práticas e atitudes proposicionais nos coloca perante o mundo performativo dos conceitos normativos, das ações humanas selecionadas segundo um critério prático judicativo.

No esquema a seguir, temos:

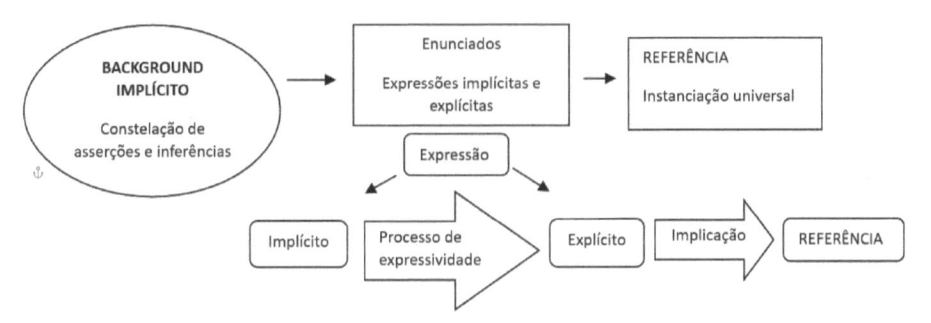

No caso dos enunciados normativos, o esquema mostra:

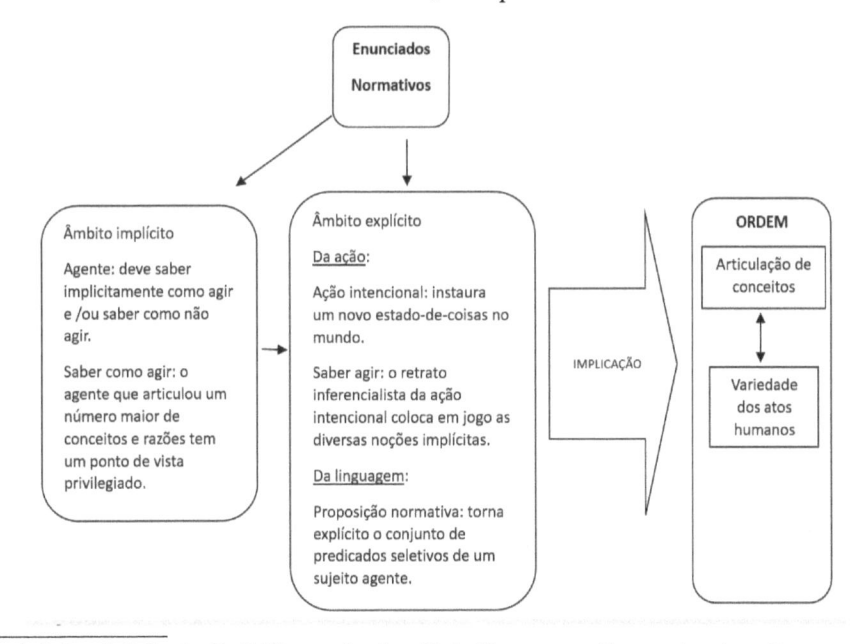

---

[9] Adagio latino de Sallustio, *De Catilinae coniuratione* 21, 1: *"Parar o que está em movimento, e não mover o que está parado"*.

A proposição normativa, após o jogo inferencial, torna explícito o conjunto predicativo das propriedades que formam os conceitos ulteriores atinentes à ação intencional. Da *constelação de inferências práticas* ao que é explicitado no âmbito proposicional, o agente opera com intenções e juízos que projetam a própria ação dentro de um contexto mais ampliado no qual a extensão dos enunciados performativos orbita entre probabilidades, hipóteses, crenças e certezas, modelos epistêmicos e modais que povoam os aspectos singulares dos conceitos e definições correspondentes à ação intencional.

A partir do exposto, notamos as diferenças de abordagem sobre o enunciado normativo nos dois modelos analisados. Sellars e Brandom postulam duas matrizes teóricas sofisticadas e aptas a sondar profundamente a referência normativa. Ambas seguem duas linhas paralelas, mas distintas, para atingir o mesmo ponto: o conceito de ordem.

Referências

AQUINO, Tomás de. *Suma de Teologia*. 1. ed. Madrid: BAC, 1959.

BRANDOM, Robert. *Articulating Reasons:* An Introduction to Inferentialism. 1. ed. Cambridge: Harvard Press, 2000.

COXITO, Amândio. *Lógica, semântica e conhecimento na escolástica peninsular pré-renascentista*. 1. ed. Coimbra: Biblioteca Geral da Universidade, 1981.

FREGE, Gottlob. *Digressões sobre o sentido e a referência,* em *Lógica e Filosofia da Linguagem*. 1. ed. São Paulo: Edusp, 2009.

FREITAS, Juarez. *A Interpretação Sistemática do Direito*. 2. ed. São Paulo: Malheiros, 1998.

HISPANO, Petrus (Portugalensis). *Tractatus*: Summulae Logicales. 1. ed. Ciudad de México: Universidad Autónoma, 1986.

SELLARS, Wilfrid. *Empirismo e Filosofia da mente*. 1. ed. São Paulo: Vozes, 2008.

STRAWSON, Peter. *Individuals*. 1. ed. London: Routledge, 2003.

Informação bibliográfica deste livro, conforme a NBR 6023:2018 da Associação Brasileira de Normas Técnicas (ABNT):

BOEIRA, Marcus Paulo Rycembel. Inferência e cognição do enunciado normativo: um diálogo entre Wilfrid Selllars e Robert Brandom. *In*: PASQUALINI, Alexandre; CUNDA, Daniela Zago Gonçalves da; RAMOS, Rafael (coord.). *Direito, sustentabilidade e inovação*: estudos em homenagem ao professor Juarez Freitas. Belo Horizonte: Fórum, 2025. p. 465-472. ISBN 978-65-5518-957-5.

SUSTENTABILIDADE DAS CIDADES INTELIGENTES: INOVAÇÃO, GOVERNANÇA E RISCOS NO USO DA INTELIGÊNCIA ARTIFICIAL NOS AMBIENTES URBANOS

MARIA CLÁUDIA DA SILVA ANTUNES DE SOUZA
AULUS EDUARDO TEIXEIRA DE SOUZA

Introdução

A sustentabilidade urbana representa um dos principais desafios enfrentados pelas sociedades contemporâneas, especialmente em um contexto de urbanização acelerada, governança precária e riscos mal ou não mensurados. Nesse cenário, a Inteligência Artificial (IA) emerge como um instrumento de elevada importância, com aptidão para promover avanços significativos em termos de eficiência energética, gestão de recursos e qualidade de vida nas cidades, cujos aspectos mostram-se essenciais ao bem-estar e à sustentabilidade global. A aplicação da IA em ambientes urbanos oportuniza a coleta e análise de grandes volumes de dados, viabilizando a otimização de sistemas mais complexos nas cidades, como transporte, gestão de resíduos e uso racional da água, além de promover maneiras de realizar a governança eficiente na gestão urbana e mensurar riscos de forma qualitativa e eficaz.

Nesse norte destacam-se as contribuições de Juarez Freitas, pois aborda a exploração do potencial inovador da IA, com ética e rigor científico, como um catalisador de cidades sustentáveis, enfatizando a importância de uma governança eficiente e participativa para a implementação dessas tecnologias. A IA, segundo as obras do autor, pode ser utilizada para monitorar e gerenciar o consumo de energia em tempo real, detectar vazamentos em redes de abastecimento de água, prever padrões de tráfego, auxiliar na criação de políticas públicas mais eficazes, promovendo o bem-estar da humanidade, pois a integração de tecnologias inteligentes na infraestrutura urbana é essencial para enfrentar os desafios ambientais e sociais que caracterizam o século XXI.

Em suas obras, o autor aborda a inovação e a governança em cidades sustentáveis como questões de extrema relevância para a dignidade da vida. Ele propõe que a inovação tecnológica, aliada a uma governança transparente, inclusiva e ética, é fundamental para a construção de cidades resilientes e adaptáveis. Destaca que a inovação não se limita apenas ao desenvolvimento de novas tecnologias, mas também abrange a criação de novos modelos de gestão e participação na vida social.

Isso porque a governança eficiente em cidades inteligentes requer a colaboração entre diferentes atores sociais, incluindo governos, empresas privadas, organizações não governamentais e a própria comunidade, destacando que a governança deve ser orientada por princípios objetivos éticos de sustentabilidade, equidade e justiça social, garantindo que os benefícios das inovações tecnológicas sejam distribuídos de maneira justa e que as necessidades das populações mais vulneráveis sejam atendidas.

Além disso, destaca que os desafios e soluções para a sustentabilidade em cidades inteligentes constituem pontos fundamentais, porquanto não se pode pensar em inovação e inteligência artificial, sem abordar e compreender a sustentabilidade. Ele identifica que, embora as cidades inteligentes ofereçam inúmeras oportunidades para melhorar a qualidade de vida urbana, elas também apresentam desafios significativos, dentre os quais estão a privacidade e a segurança dos dados, a inclusão digital, a acessibilidade às novas tecnologias e a necessidade de uma infraestrutura adequada para suportar essas inovações.

Não obstante, a solução para esses desafios reside na criação de políticas públicas robustas e na implementação de uma infraestrutura urbana resiliente e flexível, sugerindo, assim, que a adoção de padrões abertos e interoperáveis pode facilitar a integração de diferentes sistemas e tecnologias, promovendo a eficiência sustentável do planeta. Suas contribuições relacionadas à inteligência artificial, inovação e governança em cidades sustentáveis são notáveis, pois sua abordagem multidisciplinar e integradora e agrega aspectos essenciais para o equilíbrio e a sadia qualidade de vida, conferindo sustentabilidade ao sistema social, proporcionando uma visão abrangente dos desafios e oportunidades associados à urbanização sustentável, consolidando condições para a formulação de políticas e práticas inovadoras. O presente capítulo aborda a IA como importante ferramenta de governança e gestão das cidades inteligentes e como a inovação, a regulação normativa e o gerenciamento de riscos com inteligência podem tornar as cidades mais sustentáveis.

Essa pesquisa foi desenvolvida utilizando o *método dedutivo*, a partir da revisão bibliográfica da literatura correlata ao tema e buscando evidenciar as correlações existentes entre determinados conceitos e fatos-chave para essa investigação.

1 A Inteligência Artificial como ferramenta para a sustentabilidade urbana

A aplicação da Inteligência Artificial (IA) em diversas áreas da gestão urbana tem se mostrado uma providência eficaz para a melhoria da eficiência energética, otimização do uso de recursos e promoção da sustentabilidade ambiental. Isso porque a utilização de tecnologias avançadas, como a Internet das Coisas (IoT) e o *big data*, por exemplo, permitem a coleta e análise de grandes volumes de dados em tempo real, facilitando a tomada de decisões com maior precisão. Essa abordagem tem sido defendida por pesquisadores como Freitas e Freitas,[1] que argumentam que a integração de IA pode transformar as cidades em espaços mais eficientes e sustentáveis.

A esse respeito, trata-se de um dos principais benefícios proporcionados pela IA na gestão urbana. Sistemas inteligentes de gestão de energia, baseados em algoritmos de IA, podem monitorar e controlar o consumo de energia em tempo real, identificando padrões de uso e sugerindo medidas de economia. É o caso de cidades que implementaram redes elétricas inteligentes, mostrando que é possível reduzir significativamente o consumo de energia e as emissões de gases de efeito estufa através da otimização da distribuição e uso de energia elétrica.[2]

Além da eficiência energética, a IA também pode otimizar o uso de recursos urbanos, como a água e o transporte. Tecnologias de IA aplicadas ao gerenciamento de redes de abastecimento de água podem detectar vazamentos ou prever a demanda, reduzindo desperdícios e garantindo uma distribuição mais eficiente. No transporte, a utilização de algoritmos para a gestão do tráfego e a coordenação de sistemas de transporte público pode diminuir congestionamentos, reduzir o tempo de deslocamento e melhorar a qualidade do ar.

Freitas[3] destaca que a implementação de tecnologias de IA deve ser acompanhada por um *framework* regulatório robusto e ético. A transparência nos processos decisórios automatizados é fundamental para garantir a confiança dos cidadãos e a justiça nas decisões. A regulação deve assegurar que os dados utilizados sejam de alta qualidade e livres de vieses, além de incluir mecanismos de supervisão humana e avaliação de riscos para prevenir potenciais abusos. Este enfoque ético é essencial para que a IA seja utilizada de maneira responsável e benéfica para a sociedade.

Nesse norte, a colaboração entre diferentes atores é condição fundamental para o sucesso do relacionamento entre a Inteligência Artificial e a sustentabilidade no ambiente urbano inteligente. Todos os integrantes do sistema social[4] precisam trabalhar juntos para desenvolver e implementar soluções tecnológicas eficazes com ênfase nas parcerias público-privadas que podem facilitar o financiamento e o fomento de soluções inovadoras para assegurar que as necessidades e bem-estar da sociedade sejam amplamente consideradas, cujo modelo de colaboração é essencial para o desenvolvimento sustentável das cidades inteligentes.[5]

---

[1] FREITAS, Juarez; FREITAS, Thomas Bellini. *Direito e inteligência artificial:* em defesa do humano. 1. ed. Belo Horizonte: Fórum, 2020.

[2] LEMOS, André. *Cidades inteligentes*. GV Executivo, v. 12, n. 2, jul./dez. 2013. Disponível em: https://periodicos.fgv.br/gvexecutivo/article/view/20720/19454. Acesso em: 7 jul. 2024.

[3] FREITAS, Juarez. *Direito e Regulação da Inteligência Artificial*. Apresentado no Seminário de Neurofilosofia da PUCRS, 2020. Disponível em: https://www.youtube.com/live/jvCPD5QAOv0?si=7GUduHGX0yaqQAjr. Acesso em: 13 jul. 2024.

[4] LUHMANN, Niklas. *Sistemas Sociais*: Esboço de uma Teoria Geral. Título original em alemão: Soziale Systeme — Grundriss Einer Allgemeinen Theorie [1984]. Tradução Antonio C.
Luz Costa, Roberto Dutra Torres Junior, Marco Antônio dos Santos Casanova. Petrópolis: Vozes, 2016.

[5] FREITAS, Juarez. Mobilidade Urbana no Contexto das Cidades Inteligentes: uma análise. *Revista de Direito Administrativo e Constitucional*, Belo Horizonte, 2020.
Disponível em: https://pdfs.semanticscholar.org/cfbf/7ca0702066abcde3ac09ce6ea17b510da32c.pdf#:~:text=URL%3A%20https%3A%2F%2Fpdfs.semanticscholar.org%2Fcfbf%2F7ca0702066abcde3ac09ce6ea17b510da32c.pdf%0AVisible%3A%200%25%20. Acesso em: 7 jul. 2024.

É que a educação e a capacitação profissional são elementos chave para maximizar os potenciais benefícios da IA no ambiente urbano das cidades inteligentes. Isso porque os programas de formação e capacitação técnica são necessários para preparar profissionais capazes de desenvolver e aplicar novas tecnologias, cuja formação do pensamento crítico promove a efetiva conscientização pública sobre as nuances positivas e negativas, bem como, clarificação quanto aos desafios que as cidades inteligentes podem promover acerca de uma cultura de inovação e sustentabilidade, contribuindo, sobretudo, para a formação de uma cidadania digital engajada, capaz de influenciar positivamente a governança urbana.

Isso porque a acessibilidade digital do conhecimento e capacitação faz com que as pessoas sejam multiplicadoras da informação inteligente, aproximando-as ainda mais das atividades citadinas digitais e oportunizando um viés crítico razoável para proposições de soluções inovadoras e criativas, de modo a incentivar a ciência cognitiva inerente à aplicação da Inteligência Artificial no âmbito da sustentabilidade do ambiente urbano.[6]

No entanto, o ponto mais evidente no contexto de utilização da Inteligência Artificial como uma ferramenta para a sustentabilidade é que "quanto mais inteligentes e poderosas as máquinas se tornam, mais importante é que seus objetivos estejam alinhados com os nossos",[7] isto é, se a Inteligência Artificial ultrapassar o limite da assimilação de informação por imitação aos humanos, até que ponto essas máquinas poderão causar problemas à humanidade, antes de encontrarmos a solução?

Então, é fundamental que compreendamos o sentido de utilização da IA como ferramenta ou instrumento da sustentabilidade urbana, porquanto, a competência da Inteligência Artificial de alcançar objetivos é intrinsecamente ligada à capacidade humana de definir objetivos éticos e sustentáveis para que as máquinas possam copiar. Isso, no dizer de Freitas[8] depende de um novo aprendizado hermenêutico moderno.

A ruptura demanda a concatenação de diversos fatores, a começar pela atitude individual, que, assim como a computação ubíqua, depende da cooperação dos agentes humanos para funcionar adequadamente, passando pelas articulações adequadas das categorias ora evidenciadas nas pesquisas em Ciência Jurídica.[9]

Em que pese a utilização da IA apresentar potencial significativo de otimização da gestão de recursos eficientes nas cidades inteligentes, como a análise de grande volume de dados e previsão de demandas energéticas com eficiência, é essencial considerar que o desalinhamento de objetivos entre humanos e máquinas pode se transformar em um problema grave e concreto, especialmente, pela ausência de ferramentas e metodologias eficientes para mensurar riscos e impactos na gestão das cidades.

---

[6] LEMOS, André. *Cidades inteligentes*. GV Executivo, v. 12, n. 2, jul./dez. 2013. Disponível em: https://periodicos.fgv.br/gvexecutivo/article/view/20720/19454. Acesso em: 7 jul. 2024.

[7] TEGMARK, Max. *Vida 3.0*: o ser humano na era da inteligência artificial. [recurso eletrônico]. Tradução de Petê Rissatti. São Paulo: Benvirá, 2020, p. 419. Título original: *Life 3.0: Being Human in the age of artificial intelligence*.

[8] FREITAS, Juarez. *Direito e Regulação da Inteligência Artificial*. Apresentado no Seminário de Neurofilosofia da PUCRS, 2020. Disponível em: https://www.youtube.com/live/jvCPD5QAOv0?si=7GUduHGX0yaqQAjr. Acesso em: 13 jul. 2024.

[9] MENDES, Alexandre; ROSA, Alexandre Morais da; SOUZA, Maria Claudia da Silva Antunes de. *Sociedade 5.0, Smart Cities e a Indústria 4.0*: da Eficiência à Sustentabilidade. Coordenadores: Jerônimo Siqueira Tybusch; Josemar Sidinei Soares; Maria Claudia da Silva Antunes de Souza Florianópolis: CONPEDI, 2021. p. 252.

Basta observar, por exemplo, a falta de compromisso dos órgãos públicos brasileiros em dar efetivo cumprimento ao art. 48 da Lei nº 14.219/2022,[10] a qual estabelece no âmbito do governo digital, ou "estado digital" como se refere Freitas,[11] a obrigatoriedade de estabelecer, manter, monitorar e aprimorar sistemas de gestão de riscos e controle interno na prestação digital de serviços públicos.

Nesse sentido, se o objetivo da IA estiver desalinhado com os objetivos da consciência individual coletiva, pode levar a decisões que, muito embora eficientes, desconsiderem aspectos inerentes à consciência humana, negligenciando aspectos e direitos fundamentais, como por exemplo justiça social, inclusão, diversidade, bem-estar e qualidade de vida dos indivíduos, isso porque a Inteligência Artificial não possui consciência e, portanto, potencialmente não irá considerar as complexidades das necessidades humanas, aumentando ainda mais as desigualdades e impactos ambientais nas cidades.

Portanto, a implementação da IA em ambientes urbanos deve ser acompanhada de uma governança robusta e de um *framework* ético claro.[12] As políticas públicas devem assegurar que o desenvolvimento e a aplicação da IA para a sustentabilidade urbana considerem a equidade, a transparência e a responsabilidade, garantindo que os avanços tecnológicos sejam direcionados para o bem-estar de todos os cidadãos. Freitas[13] enfatiza a importância de regulamentos globais e colaborações internacionais para alinhar as capacidades da IA com os objetivos humanos, prevenindo assim possíveis consequências negativas para a sociedade.

Com efeito, para que a Inteligência Artificial sirva efetivamente de ferramenta de perenidade e equilíbrio no ambiente das cidades inteligentes, deve promover a justiça e eliminar potenciais desigualdades, isto é, a definição de objetivos que humanos e máquinas se propõem devem estar alinhada a um princípio de compartilhamento de bem-estar dos indivíduos, como justiça, equidade e solidariedade, mormente porque a crença na interligação da sociedade por redes digitais no ambiente urbano pode não resultar necessariamente na melhoria da qualidade de vida em grandes cidades. A criatividade e os esforços políticos devem ser direcionados para assegurar que a qualidade de vida seja sempre o aspecto mais relevante.[14]

Isso ocorre porque, sem um objetivo claramente definido, a aplicação da Inteligência Artificial pode não ser eficaz. Por exemplo, o incentivo ao uso de aplicativos, sensores e mapas pode auxiliar no trânsito, mas uma solução mais viável, equilibrada e sustentável seria promover o uso da bicicleta. Portanto, sem uma discussão inteligente,

---

[10] BRASIL. *Lei nº 14.129, de 29 de março de 2021*. Dispõe sobre princípios, regras e instrumentos para o Governo Digital e para o aumento da eficiência pública. Diário Oficial da União: seção 1, Brasília, DF, 30 mar. 2021. Disponível em: https://www.planalto.gov.br/ccivil_03/_ato2019-2022/2021/lei/l14129.htm. Acesso em: 13 jul. 2024.

[11] FREITAS, Juarez. *Direito e Regulação da Inteligência Artificial*. Apresentado no Seminário de Neurofilosofia da PUCRS, 2020. Disponível em: https://www.youtube.com/live/jvCPD5QAOv0?si=7GUduHGX0yaqQAjr. Acesso em: 13 jul. 2024.

[12] FLORIDI, Luciano; COWLS, Josh. A Unified Framework of Five Principles for AI in Society. *Harvard Data Science Review*, v. 1, n. 1, 2019. Tradução livre. Disponível em: https://hdsr.mitpress.mit.edu/pub/l0jsh9d1/release/8. Acesso em: 13 jul. 2024.

[13] FREITAS, Juarez. *Direito e Regulação da Inteligência Artificial*. Apresentado no Seminário de Neurofilosofia da PUCRS, 2020. Disponível em: https://www.youtube.com/live/jvCPD5QAOv0?si=7GUduHGX0yaqQAjr. Acesso em: 13 Jul. 2024.

[14] BLUM, Renato Opice. *Inteligência Artificial, Direito e Ética na Era da Tecnologia*. São Paulo: Revista dos Tribunais, 2018.

aprofundada, ética e científica acerca das novas ferramentas baseadas em Inteligência Artificial para cidades inteligentes, não há garantias de que teremos no futuro cidades de fato mais inteligentes.

A interligação digital, embora possa apresentar benefícios aparentes, requer uma abordagem crítica para garantir que as ferramentas tecnológicas sejam implementadas de maneira que realmente contribuam para a melhoria da qualidade de vida urbana. O planejamento urbano deve considerar não apenas a eficiência e a inovação tecnológica, mas também os impactos sociais e ambientais de suas decisões. A introdução de tecnologias avançadas, sem uma análise criteriosa dos seus efeitos a longo prazo, pode levar a soluções superficiais que não resolvem os problemas estruturais das cidades. Portanto, políticas públicas devem ser baseadas em evidências e envolver a participação multissetorial para garantir que as soluções sejam inclusivas e sustentáveis.[15]

Além disso, a dependência excessiva de soluções tecnológicas pode negligenciar a necessidade de abordagens mais humanizadas e participativas no planejamento urbano. A promoção de espaços públicos acessíveis e a valorização do transporte ativo, como a caminhada e o ciclismo, são essenciais para a construção de cidades mais saudáveis e inclusivas. A integração de tecnologias deve ser vista como um complemento e não como um substituto para estratégias urbanas que priorizem o bem-estar dos cidadãos. A Inteligência Artificial e outras inovações devem ser utilizadas de maneira a apoiar e não a substituir a interação humana e a coesão social nas cidades.

A implementação de tecnologias avançadas nas cidades deve ser acompanhada de um debate ético e científico que considere os diversos impactos dessas inovações. Questões como privacidade, segurança de dados e equidade no acesso às tecnologias precisam ser abordadas para evitar a ampliação das desigualdades sociais. É necessário assegurar que as soluções tecnológicas não comprometam a sustentabilidade ambiental das cidades. O desenvolvimento de cidades inteligentes deve ser orientado por princípios de justiça social e ambiental, garantindo que todos os cidadãos se beneficiem das inovações.[16]

A promoção do uso da bicicleta e de outros meios de transporte sustentável é um exemplo de como políticas inteligentes podem contribuir para a melhoria da qualidade de vida urbana, reduzindo o congestionamento e a poluição nas cidades e promovendo a saúde e o bem-estar dos cidadãos. No entanto, para que essas políticas sejam eficazes, é necessário um planejamento urbano integrado que considere a infraestrutura, a segurança e a educação dos usuários e tudo isso interconectado com objetivos comuns da máquina (inteligência artificial) e o homem (inteligência natural). A tecnologia pode apoiar essas iniciativas, mas é a visão holística e integrada do planejamento urbano que garantirá a eficácia da proposta.

Souza e Soares destacam que uma cidade que contemple o interesse de todos, não fragmentada, é pressuposto de sustentabilidade em seu sentido mais amplo e permite aos seus habitantes o exercício da cidadania. Notório, portanto, que não há

---

[15] FREITAS, Juarez. Mobilidade Urbana no Contexto das Cidades Inteligentes: uma análise. *Revista de Direito Administrativo e Constitucional*, Belo Horizonte, 2020. Disponível em: https://pdfs.semanticscholar.org/cfbf/7ca0702066abcde3ac09ce6ea17b510da32c.pdf#:~:text=URL%3A%20https%3A%2F%2Fpdfs.semanticscholar.org%2Fcfbf%2F7ca0702066abcde3ac09ce6ea17b510da32c.pdf%0AVisible%3A%200%25%20. Acesso em: 7 jul. 2024.

[16] FREITAS, Juarez; FREITAS, Thomas Bellini. *Direito e inteligência artificial*: em defesa do humano. Belo Horizonte: Fórum, 2020.

como enfrentar os desafios na concretização de espaços urbanos sustentáveis sem ligar as estratégias urbanas às políticas econômicas, sociais e ambientais.[17]

Dessa forma, a criação de cidades inteligentes requer uma abordagem equilibrada de inovação tecnológica com políticas públicas inclusivas e sustentáveis, de forma que seja possível à Inteligência Artificial e outras tecnologias operar como ferramentas valiosas para a gestão urbana, sendo fundamental que sua implementação esteja amparada em princípios éticos e juridicamente estruturados. Isso porque o sucesso das cidades inteligentes dependerá da capacidade de integrar essas inovações de maneira a promover a qualidade de vida, a justiça social e a sustentabilidade ambiental em conformidade com as políticas urbanas desenvolvidas com base em uma visão ampla e participativa, priorizando o bem-estar de todos os cidadãos.

2 Inovação, governança e regulação de riscos em cidades sustentáveis

É incontroverso que "a humanidade pode ser extinta, ou seriamente ameaçada, em função do aumento exagerado da poluição e da temperatura, fenômenos de inegável componente humana, mercê da miopia temporal e da quase nula solidariedade entre as gerações".[18] Nesse contexto, a inovação desempenha um papel fundamental na transformação das cidades em espaços sustentáveis e resilientes.

A adoção de tecnologias avançadas, como a Internet das Coisas (IoT) e a inteligência artificial, permite a otimização de recursos e a melhoria dos serviços públicos, facilitando a gestão eficiente de recursos como energia, água e resíduos, contribuindo para a redução do impacto ambiental nas cidades. Dessa forma, a implementação de tecnologias e o manejo adequado da inteligência artificial, utilizando a inovação digital a favor do bem comum, reduz significativamente os impactos prejudiciais à vida humana. Isso porque a integração entre tecnologia, inteligência natural e artificial, quando bem planejada, pode proporcionar uma urbanização mais equilibrada e sustentável.

Nesse pensar, a governança se mostra um instrumento regulatório interessante, pois sua essencialidade permite a implementação bem-sucedida de ferramentas tecnológicas diferenciadas em cidades aptas e sustentáveis. Não obstante, para o êxito das cidades inteligentes, os gestores públicos precisam desenvolver políticas que incentivem a adoção de práticas sustentáveis e promovam a participação cidadã nos debates sobre o tema.[19]

A transparência e a colaboração entre diferentes níveis de governo e setores da sociedade são fundamentais para a criação de um ambiente propício à inovação, pois a governança participativa e inclusiva melhora a eficácia das políticas urbanas valorizando a participação ativa da sociedade e contribuindo diretamente para o desenvolvimento sustentável das cidades.

---

[17] SOUZA, Maria Claudia da Silva Antunes de; SOARES, Josemar Sidnei. *Humanos Saudáveis e Cidades Sustentáveis:* a pedagogia social de base ontológica como possível resposta ao desafio da sustentabilidade urbana. Coordenadores: Fabio Fernandes Neves Benfatti; João Marcelo de Lima Assafim; Maria Rafaela Junqueira Bruno Rodrigues. Florianópolis; CONPEDI, 2023. p 341.

[18] FREITAS, Juarez. *Sustentabilidade:* direito ao futuro. 4. ed. Belo Horizonte: Fórum, 2019, p. 49.

[19] CARAGLIU, A.; DEL BO, C.; NIJKAMP, P. Smart cities in Europe. *Journal of Urban Technology*, [S.l.], v. 18, n. 2, p. 65-82, 2011. Disponível em: https://www.tandfonline.com/doi/abs/10.1080/10630732.2011.601117. Acesso em: 14 jul. 2024. Tradução livre do autor.

Com efeito, a integração entre inovação e governança requer uma abordagem multidisciplinar que considere aspectos tecnológicos, sociais e ambientais, estimulando a criação de parcerias entre governos, universidades e empresas para acelerar o desenvolvimento de soluções inovadoras para desafios urbanos, cujas colaborações possibilitam a troca de conhecimentos e a criação de tecnologias adaptadas às necessidades específicas de cada cidade, na qual a cooperação intersetorial seja uma das chaves para o sucesso de projetos de sustentabilidade urbana. Dessa forma, a articulação entre diversos atores é essencial para a implementação de inovações eficazes.[20]

Assim, o exercício da cidadania pelos indivíduos é um componente vital na governança de cidades sustentáveis, pois a inclusão destes no processo de tomada de decisão fortalece a legitimidade das políticas públicas e garante que as soluções propostas atendam às reais necessidades da população. Assim, ferramentas digitais, como plataformas de participação *on-line*, podem garantir uma participação ativa dos cidadãos nas decisões políticas e promover um maior senso de responsabilidade coletiva, consolidando a ideia de uma governança democrática e participativa no contexto da sustentabilidade urbana.[21]

A educação para a sustentabilidade é outro aspecto importante na integração de inovação e governança, por meio de programas educativos que promovam a conscientização da Inteligência Artificial no âmbito ambiental urbano, de modo que o uso responsável das tecnologias é necessário para a criação de uma cultura de sustentabilidade. Instituições de ensino, desde a educação básica até as universidades, têm um papel central na formação de cidadãos conscientes e engajados. A educação ambiental contribui para comportamentos mais sustentáveis e para a adoção de práticas inovadoras, pois o investimento na estrutura educacional citadina é uma estratégia indispensável para a construção de cidades sustentáveis.

Destacam Souza e Soares[22] que para efetivar a sustentabilidade é preciso despertar a consciência ecológica planetária, mas não há como preservar o ambiente externo quando não se cuida primeiro de si. É urgente, então, uma pedagogia contemporânea direcionada à sustentabilidade, capaz de estimular inclusive a política jurídica na produção de um direito mais sustentável, possível de preservar a qualidade de vida para as gerações atuais e futuras.

Assim, a avaliação contínua das políticas e práticas implementadas é necessária para garantir a efetividade das inovações em cidades sustentáveis, bem como os métodos de monitoramento e avaliação, os quais permitem identificar falhas e oportunidades de melhoria, ajustando as estratégias conforme necessário. Indicadores de sustentabilidade, como a pegada ecológica e os índices de qualidade de vida, são ferramentas úteis neste processo, vez que demonstram a importância de uma gestão adaptativa e baseada no respeito à vida, garantindo que a avaliação sistemática e o ajuste contínuo das políticas são essenciais para alcançar a sustentabilidade urbana.

---

[20] CARAGLIU, A.; DEL BO, C. Smartness and European urban performance: assessing the local impacts of smart urban attributes. *Innovation: The European Journal of Social Science Research*, 25(2), 97-113, 2012. Tradução livre.

[21] *Ibidem*.

[22] SOUZA, Maria Claudia da Silva Antunes de; SOARES, Josemar Sidnei. *Sociedade de Consumo e Barbárie: o Preço Humano e Ecológico de uma Crise Metafísica*. Direito ambiental, agrário e socioambientalismo I. Organização CONPEDI Coordenadores: José Fernando Vidal de Souza; Nivaldo dos Santos; Norma Sueli Padilha – Florianópolis: CONPEDI, 2022. p. 274.

Além disso, os desafios relacionados à Inteligência Artificial (IA) nos ambientes urbanos das cidades inteligentes são multifacetados e complexos. Primeiramente, a implementação da IA requer infraestrutura tecnológica avançada e robusta, o que pode representar um grande obstáculo para muitas cidades, especialmente aquelas em países em desenvolvimento. A falta de infraestrutura adequada pode limitar a eficácia das soluções de IA e aumentar a desigualdade urbana. Além disso, a necessidade de investimentos significativos para a construção dessa infraestrutura pode ser um impedimento substancial para a implementação.

Não fosse isso, ainda é preciso considerar a privacidade e a segurança dos dados. A coleta e o processamento de grandes volumes de dados pessoais pelas tecnologias de IA levantam preocupações significativas sobre a privacidade dos cidadãos. Isso porque a proteção dos dados deve ser garantida por meio de políticas e regulamentações rigorosas, evitando o uso indevido e a exposição de informações sensíveis, cuja exposição conduz à falta de confiança na segurança dos dados, podendo levar à resistência por parte dos cidadãos em adotar tecnologias baseadas em IA. Portanto, a gestão ética e segura dos dados é um desafio fundamental para as cidades inteligentes.[23]

A equidade no acesso às tecnologias de IA também representa um desafio significativo. Existe o risco de que a implementação de soluções de IA beneficie desproporcionalmente algumas áreas urbanas em detrimento de outras, exacerbando as desigualdades sociais e econômicas. A distribuição desigual de recursos e a falta de acesso às tecnologias podem marginalizar comunidades vulneráveis, criando um ambiente urbano mais segregado, invocando a relevância das políticas inclusivas e igualitárias para garantir que todos os cidadãos se beneficiem das inovações tecnológicas.

Desse modo, a integração da IA nas cidades inteligentes também enfrenta desafios técnicos e operacionais, cuja interoperabilidade entre diferentes sistemas é uma barreira crítica que deve ser superada para garantir a eficiência das soluções de IA, na qual a falta de padrões e protocolos comuns pode levar a problemas de compatibilidade, dificultando a implementação de soluções integradas. Destaca-se que a padronização e a cooperação são aspectos essenciais para superar esses desafios técnicos, de modo que a criação de um ecossistema tecnológico harmonizado é vital para o sucesso das cidades inteligentes.

Ademais, é fundamental que inovação, governança e Inteligência Artificial nas cidades sejam baseadas na ética de aplicabilidade da IA, pois as decisões tomadas por algoritmos de IA podem ter implicações significativas na vida dos cidadãos, e é essencial garantir que essas decisões sejam justas, transparentes e livres de vieses. Deste modo, a necessidade de desenvolver *frameworks* éticos que orientem a utilização da IA assegurando que os princípios de justiça, responsabilidade e transparência sejam respeitados, observando-se uma abordagem ética e cooperativa, faz com que as tecnologias de IA não se perpetuem indiscriminadamente ou até mesmo extrapolem seus objetivos promovendo a desigualdade e a injustiça social.

A adaptação e a aceitação cultural das tecnologias de IA representam um desafio considerável que pode encontrar resistência devido a fatores culturais e locais, como

---

[23] ZEQUIM, Eduarda Pagim; RIBEIRO, Douglas Francisco. O papel da inteligência artificial na segurança cibernética: o uso de sistemas inteligentes em benefício da segurança dos dados das empresas. *Revista Interface Tecnológica*, Taquaritinga, v. 19, n. 1, p. 21-32, 2022. ISSN: 2447-0864. Disponível em: https://revista.fatectq.edu.br/interfacetecnologica/article/download/1358/748. Acesso em: 14 jul. 2024.

desconfiança em relação à inovação e falta de compreensão sobre os benefícios potenciais da IA. No entanto, a educação e a sensibilização dos cidadãos são instrumentos eficientes para fomentar uma cultura de aceitação e utilização responsável das tecnologias de IA.

A implementação da IA nas cidades inteligentes requer uma abordagem integrada que considere a infraestrutura tecnológica, a segurança dos dados, a equidade no acesso, a interoperabilidade dos sistemas, a ética e a aceitação cultural. Os desafios são significativos, mas com políticas públicas bem fundamentadas e uma governança inclusiva, é possível superar essas barreiras e aproveitar o potencial transformador da IA para criar cidades mais inteligentes, sustentáveis e inclusivas, sendo essencial que as cidades aprendam com as melhores práticas e adaptem as soluções às suas realidades locais, promovendo um desenvolvimento urbano que seja realmente benéfico para todos os seus habitantes.[24]

Além disso, o uso da Inteligência Artificial como instrumento de sustentabilidade nas cidades inteligentes requer uma abordagem regulatória baseada em riscos, oferecendo uma estrutura hierarquizada para a gestão de sistemas e tecnologias de Inteligência Artificial (IA). Essa abordagem se fundamenta na premissa de que as restrições e exigências devem ser proporcionais aos riscos que os sistemas de IA apresentam aos direitos e garantias fundamentais dos indivíduos. Sistemas que apresentam maiores riscos à segurança e aos direitos fundamentais estão sujeitos a níveis mais elevados de regulação, enquanto sistemas com menores riscos enfrentam exigências menos severas. Essa hierarquização permite uma alocação eficiente de recursos regulatórios, concentrando esforços onde os riscos são mais significativos.[25]

A implementação de uma avaliação dessa natureza exige uma análise detalhada sobre os níveis apropriados de regulação, considerando diversos fatores, incluindo a natureza das aplicações de IA, o contexto de seu uso e os potenciais impactos sobre os direitos individuais e os valores sociais. De modo que a flexibilidade na regulação é essencial para acompanhar a rápida evolução tecnológica e garantir a proteção adequada dos indivíduos.[26]

Trata-se do caráter regulatório de proporcionalidade, garantindo que as restrições mais graves e as exigências mais onerosas sejam aplicadas somente a programas e aplicações que apresentem maiores riscos. Essa proporcionalidade é necessária para evitar sobrecarga regulatória do fomento à inovação tecnológica, garantindo que as empresas possam desenvolver e implementar soluções de IA sem enfrentar barreiras desnecessárias. O destaque recai sobre o princípio de proporcionalidade na regulação e contribui para um ambiente de negócios mais favorável, promovendo a competitividade e o crescimento econômico.

A abordagem regulatória baseada nos riscos também promove a transparência e a responsabilidade no desenvolvimento e uso de sistemas de IA, pois exige avaliações

---

[24] RIKER, Joabe Cota; FERREIRA, Márcio Antônio Couto. Convergências de governança e políticas públicas voltadas para o desenvolvimento de cidades inteligentes. *Revista Científica Semana Acadêmica*, Fortaleza, ed. 239, v. 11, 2023. Disponível em: http://dx.doi.org/10.35265/2236-6717-239-12796. Acesso em: 14 jul. 2024.

[25] VALLE, Vivian Cristina Lima López; GALLO, William Ivan. Inteligência artificial e capacidades regulatórias do Estado no ambiente da administração pública digital. *A&C — Revista de Direito Administrativo & Constitucional*, v. 20, n. 82, p. 67-86, 2020. Disponível em: https://web.p.ebscohost.com/ehost/detail/detail?vid=0&sid=9100e8ce-5c5e-434d-a937-bb8e57c83472%40redis&bdata=Jmxhbmc9cHQTYnImc2l0ZT1laG9zdC1saXZl#AN=151261989&db=lgs. Acesso em: 13 jul. 2024.

[26] *Ibidem*.

detalhadas e a implementação de medidas de mitigação apropriadas, a regulação incentiva as empresas a adotarem práticas de desenvolvimento ético e responsável. Assim, a transparência nos processos regulatórios e a divulgação das avaliações de risco são fundamentais para construir a confiança pública nas tecnologias de IA.[27]

Os desafios na implementação de uma abordagem regulatória baseada nos riscos incluem a necessidade de conhecimentos especializados e recursos suficientes para conduzir avaliações de risco precisas e elaborar diretrizes regulatórias eficazes, de modo a promover a cooperação internacional e a harmonização de padrões regulatórios, igualmente importantes para enfrentar os desafios globais associados ao uso de IA.[28]

Com efeito, a abordagem regulatória baseada nos riscos deve ser permanentemente monitorada para responder às mudanças tecnológicas e sociais, cuja evolução rápida das tecnologias de IA requer um processo regulatório ágil e adaptativo, capaz de incorporar novas informações e ajustar as restrições e exigências conforme necessário, amparado por uma abordagem colaborativa e inclusiva, sistemática e disciplinada, na formulação de políticas regulatórias para melhorar a qualidade e a aceitação das regulamentações, promovendo um uso seguro e benéfico das tecnologias de IA.[29]

Ainda assim, o debate sobre a categoria sustentabilidade se faz necessário por razões práticas de superação da eficiência (em geral alocativa), transformando a experiência do agente humano, mediante a incorporação de atributos deontológicos às práticas cotidianas, com o escopo de constranger a produção e o consumo nas sociedades complexas, por meio da conscientização dos agentes humanos e de políticas públicas capazes de impor as noções e parâmetros advindos da sustentabilidade. Os desafios e dilemas são amplos, dada a ausência de organismos capazes de implementar políticas globais de forma cogente, ao mesmo tempo em que impõem o esforço recorrente de repensar as práticas no contexto de ação micro, dos agentes humanos, conscientes do papel individual e comprometidos pelo futuro.[30]

Conclusão

A sustentabilidade nas cidades inteligentes revela a complexidade e a interconexão dos desafios e oportunidades associados à implementação da Inteligência Artificial (IA) em ambientes urbanos. Isso ocorre porque a IA emerge como uma ferramenta poderosa para promover a sustentabilidade urbana, oferecendo soluções inovadoras para a gestão de necessidades e recursos essenciais à sadia qualidade de vida. No entanto, a

---

[27] ALMEIDA, Maria Candida Carvalho Monteiro de. Regulação da inteligência artificial baseada em riscos e a sua responsividade. *Journal of Law and Regulation*, v. 9, n. 2, p. 44-72, 2023. Disponível em: https://periodicos.unb.br/index.php/rdsr/article/download/43251/38473. Acesso em: 13 jul. 2024.

[28] SICHMAN, Jaime Simão. Inteligência Artificial e sociedade: avanços e riscos. *Estudos Avançados*, v. 35, p. 37-50, 2021. Disponível em: https://www.scielo.br/j/ea/a/c4sqqrthGMS3ngdBhGWtKhh/?format=html. Acesso em 13 jul. 024.

[29] BRASIL.. *Lei nº 14.129, de 29 de março de 2021*. Dispõe sobre princípios, regras e instrumentos para o Governo Digital e para o aumento da eficiência pública. Diário Oficial da União: seção 1, Brasília, DF, 30 mar. 2021. Disponível em: https://www.planalto.gov.br/ccivil_03/_ato2019-2022/2021/lei/l14129.htm. Acesso em: 13 jul. 2024.

[30] MENDES, Alexandre; ROSA, Alexandre Morais da; SOUZA, Maria Claudia da Silva Antunes de. *Sociedade 5.0, Smart Cities e a Indústria 4.0*: da Eficiência à Sustentabilidade. Coordenadores: Jerônimo Siqueira Tybusch; Josemar Sidinei Soares; Maria Claudia da Silva Antunes De Souza Florianópolis: CONPEDI, 2021. p. 252.

eficácia dessas soluções depende de uma infraestrutura tecnológica robusta e de um *framework* regulatório adequado, capaz de garantir a segurança e a privacidade dos dados dos cidadãos.

A governança eficiente e inclusiva é fundamental para a implementação bem-sucedida de tecnologias de IA nas cidades inteligentes, pois a colaboração entre governos, empresas, universidades e a comunidade é essencial para desenvolver soluções tecnológicas adaptadas às necessidades locais e garantir que os benefícios da inovação sejam distribuídos de maneira equitativa. Isso porque a governança participativa fortalece a legitimidade das políticas públicas e promove a responsabilidade coletiva, essencial para a sustentabilidade urbana.

Os desafios técnicos e operacionais relacionados à interoperabilidade e ao equilíbrio intergeracional entre diferentes sistemas de IA são significativos. A falta de padrões e protocolos comuns pode dificultar a integração das tecnologias, comprometendo a eficiência das soluções, demonstrando que a padronização e a cooperação intersetorial são, portanto, essenciais para a superação dos desafios, além disso, é imperioso que haja um ecossistema tecnológico harmonizado que suporte a sustentabilidade das cidades inteligentes.

Além disso, há um risco real quanto à equidade no acesso às tecnologias de IA, pois a implementação de soluções dessa natureza pode aumentar as desigualdades sociais e econômicas se não forem adotadas de forma inteligente e metodológica por meio de políticas de inclusão, porquanto garantir que todos os cidadãos tenham acesso às inovações tecnológicas é essencial para construir cidades mais justas e inclusivas, em que os benefícios da IA sejam compartilhados por toda a população.

Por essa razão, Freitas[31] afirma que a importância da ética na aplicação da IA é um tema central no debate sobre cidades inteligentes. As decisões tomadas por algoritmos de IA podem ter implicações significativas para a vida dos cidadãos, cujas decisões devem ser amparadas em princípios de transparência, justiça e equidade. Por isso, é tão importante garantir que as tecnologias sejam utilizadas de maneira responsável e benéfica para a sociedade.

Desse modo, a abordagem regulatória baseada em riscos oferece potencial segurança na gestão de sistemas e tecnologias de IA utilizados nas cidades inteligentes. Ao ajustar as restrições e exigências conforme os riscos apresentados, essa abordagem permite uma alocação eficiente de recursos regulatórios e assegura a proteção adequada dos indivíduos.

Desta forma, a transparência nos processos regulatórios e a cooperação internacional são fundamentais para enfrentar os desafios globais associados ao uso da IA, a qual necessita da confiança pública nas tecnologias de IA para efetiva aceitação e implementação, e isso só pode ser alcançado através de processos regulatórios transparentes e com a avaliação dos riscos. A colaboração entre diferentes jurisdições facilita a troca de melhores práticas e a criação de um quadro regulatório robusto e coerente.[32]

---

[31] FREITAS, Juarez; FREITAS, Thomas Bellini. *Direito e inteligência artificial*. Belo Horizonte: Fórum, 2020.

[32] COMISSÃO EUROPEIA. Proposta de Regulamento do Parlamento Europeu e do Conselho que estabelece normas harmonizadas para a comercialização de bens. Bruxelas: Comissão Europeia, 2021. Disponível em: https://eur-lex.europa.eu/legal-content/PT/TXT/HTML/?uri=CELEX:52021PC0206. Acesso em: 14 jul. 2024.

Portanto, a implementação da IA em cidades inteligentes requer uma abordagem que considere infraestrutura tecnológica, segurança dos dados, equidade no acesso, interoperabilidade dos sistemas, ética e aceitação cultural. Além disso, políticas públicas bem fundamentadas e uma governança inclusiva são essenciais para superar as barreiras e aproveitar o potencial transformador dessa ferramenta tecnológica computacional tão importante. Pois, a integração de inovações tecnológicas, alinhada com princípios éticos e jurídicos, assegurará que os avanços beneficiem todos os cidadãos, promovendo a qualidade de vida, justiça social e sustentabilidade ambiental.

Referências

ALMEIDA, Maria Candida Carvalho Monteiro de. Regulação da Inteligência Artificial baseada em riscos e a sua responsividade. *Journal of Law and Regulation*, v. 9, n. 2, p. 44-72, 2023. Disponível em: https://periodicos.unb.br/index.php/rdsr/article/download/43251/38473. Acesso em: 13 jul. 2024.

BRASIL. *Lei nº 14.129, de 29 de março de 2021*. Dispõe sobre princípios, regras e instrumentos para o Governo Digital e para o aumento da eficiência pública. Diário Oficial da União: seção 1, Brasília, DF, 30 mar. 2021. Disponível em: https://www.planalto.gov.br/ccivil_03/_ato2019-2022/2021/lei/l14129.htm. Acesso em: 13 jul. 2024.

BLUM, Renato Opice. *Inteligência Artificial, Direito e Ética na Era da Tecnologia*. São Paulo: Revista dos Tribunais, 2018.

CARAGLIU, A.; DEL BO, C.; NIJKAMP, P. Smart cities in Europe. *Journal of Urban Technology*, [S.l.], v. 18, n. 2, p. 65-82, 2011. Disponível em: https://www.tandfonline.com/doi/abs/10.1080/10630732.2011.601117. Acesso em: 14 jul. 2024.

CARAGLIU, A.; DEL BO, C.; NIJKAMP, P. Smartness and European urban performance: assessing the local impacts of smart urban attributes. *Innovation: The European Journal of Social Science Research*, 25(2), 97-113. Tradução livre.

COMISSÃO EUROPEIA. *Proposta de Regulamento do Parlamento Europeu e do Conselho que estabelece normas harmonizadas para a comercialização de bens*. Bruxelas: Comissão Europeia, 2021. Disponível em: https://eur-lex.europa.eu/legal-content/PT/TXT/HTML/?uri=CELEX:52021PC0206. Acesso em: 14 jul. 2024.

FREITAS, Juarez; FREITAS, Thomas Bellini. *Direito e inteligência artificial*: em defesa do humano. 1. ed. Belo Horizonte: Fórum, 2020.

FREITAS, Juarez. *Direito e Regulação da Inteligência Artificial*. Apresentado no Seminário de Neurofilosofia da PUCRS, 2020. Disponível em: https://www.youtube.com/live/jvCPD5QAOv0?si=7GUduHGX0yaqQAjr. Acesso em: 13 jul. 2024.

FREITAS, Juarez. Mobilidade Urbana no Contexto das Cidades Inteligentes: uma análise. *Revista de Direito Administrativo e Constitucional*, Belo Horizonte, 2020. Disponível em: https://pdfs.semanticscholar.org/cfbf/7ca0702066abcde3ac09ce6ea17b510da32c.pdf#:~:text=URL%3A%20https%3A%2F%2Fpdfs.semanticscholar.org%2Fcfbf%2F7ca0702066abcde3ac09ce6ea17b510da32c.pdf%0AVisible%3A%20%25%20. Acesso em: 7 jul. 2024.

FREITAS, Juarez. *Sustentabilidade: direito ao futuro*. 4. ed. Belo Horizonte: Fórum, 2019, p. 49.

FLORIDI, Luciano; COWLS, Josh. A Unified Framework of Five Principles for AI in Society. *Harvard Data Science Review*, v. 1, n. 1, 2019. Disponível em: https://hdsr.mitpress.mit.edu/pub/l0jsh9d1/release/8. Acesso em: 13 Jul. 2024. Tradução livre.

KOBAYASHI, Andrea Regina Kaneko; KNIESS, Claudia Terezinha; SERRA, Fernando Antonio Ribeiro; FERRAZ, Renato Ribeiro Nogueira; RUIZ, Mauro Silva. Cidades inteligentes e sustentáveis: estudo bibliométrico e de informações patentárias. *International Journal of Innovation*, vol. 5, n. 1, 2017. Disponível em: https://www.redalyc.org/articulo.oa?id=499151081006. Acesso em: 13 jul. 2024.

LEMOS, André. Cidades inteligentes. *GV Executivo*, v. 12, n. 2, jul./dez. 2013. Disponível em: https://periodicos.fgv.br/gvexecutivo/article/view/20720/19454. Acesso em: 7 jul. 2024.

LUHMANN, Niklas. Sistemas sociais: esboço de uma teoria geral. *In*: COSTA, Luz TORRES JUNIOR, Roberto Dutra CASANOVA, Marco Antonio dos Santos. *Soziale Systeme — Grundriss einer allgemeinen Theorie*. Tradução de Antonio C. Petrópolis: Vozes, 2019.

MENDES, Alexandre; ROSA, Alexandre Morais da; SOUZA, Maria Claudia da Silva Antunes de. *Sociedade 5.0, Smart Cities e a Indústria 4.0*: da Eficiência à Sustentabilidade. Coordenadores: Jerônimo Siqueira Tybusch; Josemar Sidinei Soares; Maria Claudia da Silva Antunes de Souza Florianópolis: CONPEDI, 2021.

RIKER, Joabe Cota; FERREIRA, Márcio Antônio Couto. Convergências de governança e políticas públicas voltadas para o desenvolvimento de cidades inteligentes. *Revista Científica Semana Acadêmica*, Fortaleza, ed. 239, v. 11, 2023. Disponível em: http://dx.doi.org/10.35265/2236-6717-239-12796. Acesso em: 14 jul. 2024.

SICHMAN, Jaime Simão. *Inteligência Artificial e sociedade*: avanços e riscos. Estudos Avançados, v. 35, p. 37-50, 2021. Disponível em: https://www.scielo.br/j/ea/a/c4sqqrthGMS3ngdBhGWtKhh/?format=html. Acesso em: 13 jul. 2024.

SOUZA, Maria Claudia da Silva Antunes de; SOARES, Josemar Sidnei. *Sociedade de consumo e barbárie*: o preço humano e ecológico de uma crise metafísica. Direito ambiental, agrário e socioambientalismo I. Organização CONPEDI Coordenadores: José Fernando Vidal De Souza; Nivaldo Dos Santos; Norma Sueli Padilha – Florianópolis: CONPEDI, 2022. p. 274.

SOUZA, Maria Claudia da Silva Antunes de; SOARES, Josemar Sidnei. *Humanos Saudáveis e Cidades Sustentáveis*: a Pedagogia Social de Base Ontológica como possível resposta ao Desafio da Sustentabilidade Urbana. Coordenadores: Fabio Fernandes Neves Benfatti; João Marcelo de Lima Assafim; Maria Rafaela Junqueira Bruno Rodrigues. Florianópolis; CONPEDI, 2023.

TEGMARK, Max. *Vida 3.0*: o ser humano na era da inteligência artificial. [recurso eletrônico]. Tradução de Petê Rissatti. São Paulo: Benvirá, 2020, p. 419. Título original: *Life 3.0: Being Human in the age of artificial intelligence*.

VALLE, Vivian Cristina Lima López; GALLO, William Ivan. Inteligência artificial e capacidades regulatórias do Estado no ambiente da administração pública digital. *A&C — Revista de Direito Administrativo e Constitucional*, v. 20, n. 82, 2020. Disponível em: https://web.p.ebscohost.com/ehost/detail/detail?vid=0&sid=9100e8ce-5c5e-434d-a937-bb8e57c83472%40redis&bdata=Jmxhbmc9cHQtYnImc2l0ZT1laG9zdC1saXZl#AN=151261989&db=lgs. Acesso em: 13 jul. 2024.

ZEQUIM, Eduarda Pagim; RIBEIRO, Douglas Francisco. O papel da Inteligência Artificial na segurança cibernética: o uso de sistemas inteligentes em benefício da segurança dos dados das empresas. *Revista Interface Tecnológica*, Taquaritinga, v. 19, n. 1, p. 21-32, 2022. ISSN: 2447-0864. Disponível em: https://revista.fatectq.edu.br/interfacetecnologica/article/download/1358/748. Acesso em: 14 jul. 2024.

Informação bibliográfica deste livro, conforme a NBR 6023:2018 da Associação Brasileira de Normas Técnicas (ABNT):

SOUZA, Maria Cláudia da Silva Antunes de; SOUZA, Aulus Eduardo Teixeira de. Sustentabilidade das cidades inteligentes: inovação, governança e riscos no uso da Inteligência Artificial nos ambientes urbanos. *In*: PASQUALINI, Alexandre; CUNDA, Daniela Zago Gonçalves da; RAMOS, Rafael (coord.). *Direito, sustentabilidade e inovação*: estudos em homenagem ao professor Juarez Freitas. Belo Horizonte: Fórum, 2025. p. 473-486. ISBN 978-65-5518-957-5.

POLÍTICA FISCAL E SUSTENTABILIDADE: APONTAMENTOS DO PENSAMENTO JURÍDICO E ECONÔMICO SOBRE A EXTRAFISCALIDADE NA CONSTITUCIONALIZAÇÃO DE POLÍTICAS PÚBLICAS[1,]

MÁRTIN HAEBERLIN

FLAVIO VASCONCELLOS COMIM

1 Introdução

Em seu *Sistema de Ciência Positiva do Direito*, Pontes de Miranda, após lembrar que as relações jurídicas seriam o material da investigação científica do Direito, trata de dois tipos de relação jurídica: as retrospectivas, que servem para exprimir juridicamente adaptações já realizadas pela sociedade; e as prospectivas, que servem para realizar uma adaptação, projetando o Direito para um momento no futuro.[2] Tal distinção não é normalmente utilizada na economia, onde a principal divisão está entre a economia positiva (que descreve o que é) e a normativa (o que deveria ser).

Uma das grandes dificuldades na formulação das políticas públicas está no fato de que elas devem ser manejadas, concomitantemente, entre esses dois espaços, o

---

[1] Esse texto foi iniciado como um ensaio para a disciplina *"Transformações do Direito Administrativo, Políticas Públicas e Direito Fundamental à Boa Administração"*, ministrada pelo Prof. Dr. Juarez Freitas no Doutorado em Direito da PUCRS no segundo semestre de 2012, quando o professor propôs intersecções entre Economia e Direito. Revisitando e reescrevendo o ensaio para o capítulo deste livro, mais de uma década depois, mostrou-se notável: (i) a atualidade do tema; e (ii) o fato de que essa atualidade, infelizmente, existe na medida do seu menoscabo público.

[2] PONTES DE MIRANDA, Francisco Cavalcanti. *Sistema de Ciência Positiva do Direito*. 2. ed. Tomo IV – Investigação Científica e Intervenção na Matéria Social. Rio de Janeiro: Borsoi, 1972, p. 20.

retrospectivo e o prospectivo. É importante analisar, olhando para trás, as adaptações desejáveis que ainda não foram alcançadas, assim como projetar, olhando para frente, programas e resultados pretendidos. Trata-se, pois, de uma dupla avaliação, que circunscreve no presente o passado e o futuro.

Há, porém, ao menos dois problemas essenciais nessa constatação.

O *primeiro* é o fato de que essa dupla avaliação é objeto de preocupação apenas de quem busca verificar a efetividade do programa de governo proposto. Uma vez que, no terreno das evidências, um eventual insucesso pode ser demonstrado, avaliações desse tipo costumam ser evitadas por gestores públicos.

O *segundo* é o fato de que o processo avaliativo das políticas públicas não é uma área do domínio dos operadores do Direito, e são esses que costumam estar no núcleo da formulação das políticas públicas, por meio de leis. Comumente, nem quem produz, nem quem julga a política pública tem esse conhecimento, mais associado à Economia que ao Direito.

A fusão dessas expertises é crucial, especialmente em momentos de crise. Nesses, não raro aparece o discurso dos altos custos sociais e das limitações de orçamento. Ocorre que pensar economicamente não é apenas pensar em recursos orçamentários; fundamentalmente, é pensar no comportamento humano. E em alternativas. A consecução de políticas públicas bem-sucedidas não é dependente única e exclusivamente das receitas estatais, mas de escolhas sociais mais amplas.

O presente texto elabora linhas iniciais sobre a substituição do foco usual nas receitas do Estado pela implementação de políticas públicas que dirijam, no sentido do bem comum, o comportamento dos indivíduos. Para isso, utiliza-se, em pesquisa exploratória bibliográfica, o exemplo da política pública fiscal, primeiro analisando-a brevemente desde a dogmática jurídica e, em sequência, sugerindo alguns aportes específicos do pensamento econômico, relacionados a uma controvérsia entre Arthur Pigou e Ronald Coase, para refletir sobre os custos sociais e a postura estatal sobre eles. Os objetivos deste texto são: (i) pensar a constitucionalização das políticas públicas como práticas de sustentabilidade, a fim de torná-las práticas verdadeiramente de Estado, e não de governo;[3] e (ii) refletir sobre a efetividade da Constituição no contexto das políticas públicas.[4]

2 Extrafiscalidade na dogmática jurídica

2.1 As políticas públicas no Estado Constitucional

A temática das políticas públicas é ubíqua e transcende a órbita do Direito Administrativo, seu lugar de origem na disciplina jurídica, para ser lida e repetida nas mais diversas áreas do Direito e, cada vez mais, fora dele.

Espanta, porém, que essa ubiquidade não reflita uma maior reflexão sobre o conceito de "política pública" nos cursos de Direito Administrativo. Esse conceito parece

---

[3] Em reflexão convergente, vide trabalho de Juarez Freitas (O Tributo e o Desenvolvimento Sustentável. *In: Revista Novos Estudos Jurídicos*, vol. 21, n. 3, p. 825-45, set./dez. 2016, p. 825-845) sobre a necessidade de se repensar a política tributária se almejamos um desenvolvimento sustentável.

[4] Tal exercício possui inspiração em: BALKIN, Jack M.; SIEGEL, Reva B (ed.). *The Constitution in 2020*. Oxford: Oxford University Press, 2009.

pressuposto às discussões, por vezes como uma referência implícita no discurso sobre a atividade administrativa, uma vez que essa atividade se identifica com a gestão de bens e finalidades públicas.

Ocorre que diferentes entendimentos acerca do objeto geram diferentes conclusões sobre o atendimento das finalidades que uma política pública visa a fomentar. A instituição de um currículo básico ao ensino fundamental, por exemplo, é claramente uma política pública; mas a decisão de retirar determinadas disciplinas deste currículo é apenas parte dessa política pública, ou mera tentativa de diminuição de despesas públicas? Do mesmo modo, parece estar fora de dúvidas que a distribuição da renda é uma política pública; mas um incentivo à repatriação de recursos levados por nacionais ao estrangeiro, ou uma maior taxação de produtos do exterior, é também uma política pública ou mera forma de arrecadação estatal? Perseguem-se, para responder a essas perguntas, as características de uma "política pública", razão pela qual conceituar é preciso.

Assim o fazendo, pode-se dizer, citando um conceito bastante difundido, que "políticas públicas são programas de ação governamental visando coordenar os meios à disposição do Estado e as atividades privadas, para a realização de objetivos socialmente relevantes e politicamente determinados".[5] Ou, ainda, entender as políticas públicas como "autênticos programas de Estado (mais do que de governo), que intentam, por meio de articulação eficiente e eficaz dos atores governamentais e sociais, cumprir as prioridades vinculantes da Carta, de ordem a assegurar, com hierarquizações fundamentadas, a efetividade do plexo de direitos fundamentais das gerações presentes e futuras".[6]

Além da essencialidade de se trabalhar a partir de um conceito, o manejo das políticas públicas deve circundar o que se pode nominar um elemento jurídico e um elemento econômico.[7]

Entende-se por elemento jurídico a necessidade de atrelar as políticas públicas ao Estado Constitucional, o que significa chamar as políticas públicas às finalidades instituídas pelo texto que nos constitui como nação. Ao se falar em um "Estado das escolhas administrativas legítimas",[8] conectam-se as ações estatais a finalidades públicas, fugindo, assim, de comandos dos gestores que se revelem juridicamente espúrios. Uma escolha legítima é uma escolha que encontra abrigo na interpretação da Constituição, lida a partir de seus princípios fundamentais. Sabe-se que não há uma única leitura possível dessas finalidades. Mas há leituras espúrias. O trabalho da cidadania, em grande parte, é obstar essas leituras.

No que tange ao elemento econômico, trata-se de lembrar que muito do que chamamos "desenvolvimento" (humano, econômico ou social) depende da realização de políticas públicas. No entanto, frequentemente essas políticas refletem um balanço

---

[5] BUCCI, Maria Paula Dallari. O conceito de política pública em direito. In: BUCCI, Maria Paula Dallari et al. (org.). *Políticas Públicas*: reflexões sobre o conceito. São Paulo: Saraiva, 2006, p. 38.

[6] FREITAS, Juarez. As Políticas Públicas e o Direito Fundamental à Boa Administração. In: Revista do Programa de Pós-Graduação em Direito da UFC, v. 35.1, p. 195-217, jan./jun. 2015, p. 208.

[7] Esses elementos convergem com as noções que utilizamos para a conceituação de "interesse público" (HAEBERLIN, Mártin. *Uma Teoria do Interesse Público*: fundamentos do Estado Meritocrático de Direito. Porto Alegre: Livraria do Advogado, 2017, p. 227-41).

[8] FREITAS, Juarez. *Discricionariedade Administrativa e o Direito Fundamental à Boa Administração Pública*. 2. ed. São Paulo: Malheiros, 2009, p. 9.

social de força e poder que implementa interesses de grupos particulares na sociedade.[9] Deste modo, muitas políticas públicas são frequentemente concebidas e executadas de maneira "circunstancial", sem contemplar critérios retrospectivos ou prospectivos. Isso ocorre quando uma política pública: (i) reage a problemas pontuais; (ii) ignora o exercício de seu desenho dentro de um marco estratégico; (iii) trabalha com elementos definidos no momento do processo de tomada de decisão sem embasamento nas tendências estruturais ou de longo prazo; (iv) não separa a formulação da sua implementação; (v) oferece uma base justificatória de cunho consequencialista, frequentemente ignorando matrizes de direitos; (vi) não responde às necessidades da população, especialmente a mais vulnerável, por serem construídas para um "eleitor médio"; (vii) carecem de governança, em especial com falta de transparência e *accountability*. É também trabalho da cidadania combater essa visão de circunstância (curto prazo). Mais que isso, sempre que possível, o trabalho é transformar a política pública para lhe conceder alguma sustentabilidade (longo prazo), ainda que esse não pareça às vezes o desejo imediato da população, que tende a preferir o incremento de receita no curto prazo que a implementação de medidas duradouras.[10]

Vale, aqui, uma reflexão: tomando como base entendimentos internacionais sobre políticas públicas, tal como o consolidado no Índice de Desenvolvimento Humano (o indicador de desenvolvimento mais estabelecido no mundo), vemos que as políticas públicas podem atuar em esferas cujas intervenções raramente produzem resultados de curto prazo. O exemplo da educação é emblemático. Para que uma criança atinja o nível de educação formal oferecido por países mais desenvolvidos, é necessária mais de uma década de estudo. Mas, para que isso possa acontecer, como regra é preciso formar professores, e antes disso professores que formem os professores, um processo que usualmente se estende ao longo de três décadas. Do mesmo modo, para que a expectativa de vida dos cidadãos possa atingir patamares vistos nos países mais desenvolvidos, é fundamental a implementação e manutenção de uma estrutura completa de saúde pública que inclui a construção de hospitais e de uma rede de postos de saúde, a formação de médicos (que, como regra, dura entre 8 e 10 anos, considerando o período compreendido entre a formação básica, a residência e a especialização), a formação de faculdades de medicina, de enfermagem e de saúde pública e, não menos importante, a concomitante educação do público para que possa interagir com esse conhecimento de saúde pública.

A partir dessas afirmações, considerando que a sustentabilidade pode ser pensada em termos instrumentais (sentido fraco), quando ela é meio para o atingimento de fins, ou substanciais (sentido forte), quando possui um valor intrínseco, mostra-se imperativo entender que a sustentabilidade, enquanto regente de políticas públicas, é,

---

[9] BANCO MUNDIAL. *World Development Report 2014*: Risk and Opportunity — Managing Risk for Development. Washington, DC: World Bank, 2014.

[10] De acordo com Leonardo Bursztyn (BURSZTYN, Leonardo. Poverty and the Political Economy of Public Education Spending: Evidence from Brazil. In: *Journal of the European Economic Association*, 14(5), p. 1101-1128, 2016), o baixo investimento em educação estaria atrelado ao fato de a população, notadamente de baixa renda, preferir programas que aumentem sua receita no curto prazo (como de transferência de renda) a investimentos em educação, cujo resultado demanda observação em horizonte temporal extenso. Por outro lado, há autores (vide: BANERJEE, Abhijit V.; DUFLO, Esther. *Poor Economics*: A Radical Rethinking of the Way to Fight Global Poverty. New York: PublicAffairs, 2012) que sustentam uma melhor capacidade da população de baixa renda realizar escolhas econômicas, justamente por terem aprendido a lidar com a escassez.

fundamentalmente, substantiva. Inclusive, porque a sustentabilidade consagra o valor de protegermos o legado de um Estado Socioambiental de Direito para as gerações futuras. *Política pública é política pública sustentável* na medida em que se compreende esse valor intrínseco, considerando-a como princípio constitucional que determina a "universalização do respeito às condições multidimensionais da vida de qualidade".[11]

A análise que se segue busca tratar exatamente de políticas públicas do Estado Constitucional, o que significa inserir a questão da sustentabilidade nas políticas públicas. Faz-se isso com enfoque na política fiscal, em análise da constitucionalização das práticas fiscais e extrafiscais no Brasil.[12]

2.2 Fiscalidade, extrafiscalidade e políticas públicas

2.2.1 Atividade financeira do Estado

É lição usual que, para a consecução do bem comum, o Estado necessita de recursos financeiros, recursos esses que, em uma divisão tradicional, são obtidos por duas formas: originária e derivada. São consideradas receitas originárias (aproximando-se das "receitas de capital" da Lei nº 4.320/64) as oriundas da exploração do patrimônio do próprio Estado, em regime jurídico predominantemente de Direito Privado, como ocorre, por exemplo, com as receitas de empresas públicas e sociedades de economia mista e em chamados "contratos da Administração". Já as receitas derivadas (que se aproximam das "receitas correntes" da Lei nº 4.320/64) são aquelas originadas do patrimônio particular, em regime predominantemente de direito público, onde o Estado faz uso do "poder de império" e obriga o particular independentemente de sua vontade, como ocorre com os tributos.[13]

A questão da importância das receitas originárias e derivadas em um determinado país é relevante para pensar o seu modelo de Estado. Pensar as políticas públicas é, também, pensar quais as atividades do Estado devem ser priorizadas. No Brasil, se, por um lado, a importância das receitas derivadas é uma verdade do ponto de vista normativo-constitucional (uma vez que a Constituição adota, no art. 173, o princípio da subsidiariedade[14]), por outro lado é inegável que o Estado brasileiro, por um atavismo pré-constitucional — que se faz realidade independentemente da norma constitucional —,

---

[11] FREITAS, Juarez. *Sustentabilidade*: direito ao futuro. Belo Horizonte: Fórum, 2011, p. 68.

[12] Em 2007, o Instituto de Pesquisa Econômica Aplicada publicou um amplo estudo com um retrato da política fiscal brasileira no período de quase 20 anos (entre 1991 e 2007). Após analisar diversas transformações desse período em termos de políticas fiscais, é digno de nota o fato de o aumento do superávit estar combinado a um excessivo gasto primário do Governo Central, que crescia a uma taxa média anual de duas vezes o crescimento médio da economia. Alertava o estudo para a possibilidade de um colapso caso não houvesse uma expansão da economia na ordem de 4% ao ano. Uma vez agravados esses problemas de gestão fiscal brasileira nos quase 10 anos que se sucederam ao estudo (sem se parar para pensar a atividade financeira do Estado), a crise vivida pela economia brasileira demonstra a correção daquela "crônica da morte anunciada". Cf. GIAMBIAGI, Fabio. Dezessete Anos de Política Fiscal no Brasil: 1991-2007. In: *IPEA* — Instituto de Pesquisa Econômica Aplicada — Texto para discussão nº 1.309. Rio de Janeiro, novembro de 2007. Disponível em: https://portalantigo.ipea.gov.br/agencia/index.php?option=com_content&view=article&id=4549:td-1309-dezessete-anos-de-politica-fiscal-no-brasil-1991-2007&catid=307:2007&directory=1. Acesso em: 25 jun. 2024.

[13] Cf. PETTER, Lafayete Josué. *Direito Financeiro*. 4. ed. Porto Alegre: Verbo Jurídico, 2009, p. 37-66.

[14] Sobre a subsidiariedade, vide o conceito de "Estado essencial", um Estado cuja intervenção não pode ser nem mínima, nem máxima (FREITAS, Juarez. *O Controle dos Atos Administrativos e os princípios fundamentais*. 3. ed. São Paulo: Malheiros, 2004, p. 80-1).

comete excessos na interpretação do que sejam atividades econômicas necessárias aos imperativos da "segurança nacional" ou "relevante interesse coletivo". Por essas razões históricas, algumas das maiores empresas brasileiras em valor de mercado são estatais (Petrobras e Banco do Brasil) ou foram criadas como estatais (Vale e Eletrobras).

A ideia de arrecadação visando à consecução do bem comum era uma realidade em termos no chamado período clássico das finanças públicas (Estado liberal), quando o princípio vigente era o da neutralidade,[15] fundamentado na não intervenção, segundo o qual se buscavam recursos apenas para as atividades típicas (Estado Polícia) e não para a modificação da estrutura social.

Isso foi modificado, de fato, no final do século XIX, quando o liberalismo passou a dar lugar ao Estado de Bem-Estar Social e, com ele, uma economia de bem-estar social. Nessa perspectiva, o Estado busca intervir para a promoção de determinados bens, utilizando-se do tributo como um instrumento.[16]

Descobre-se, aqui, que nenhum tributo é neutro. Além da arrecadação e seus impactos distributivos, ele gera efeitos colaterais. Portanto, há ambas as funções (fiscal e extrafiscal) em todos.[17] Sobre a dupla finalidade, lê-se em Alfredo Becker: "[n]a construção de cada tributo, não mais será ignorado o finalismo extrafiscal, nem será esquecido o fiscal. Ambos coexistirão, agora de um modo consciente e desejado; apenas haverá maior ou menor prevalência deste ou daquele finalismo".[18] Em vez de entender *se* um tributo é de caráter fiscal ou extrafiscal, passa-se a perquirir *qual* a sua finalidade preponderante. Esses são conceitos-chave para a avaliação de sustentabilidade da atividade fiscal e, por consequência, das políticas públicas realizadas nesse universo.

2.2.2 Fiscalidade e políticas públicas

A chamada atividade fiscal (ou fiscalidade) ocorre quando o tributo tem a função precípua de arrecadar recursos para os cofres públicos, recursos esses que serão destinados para o custeio de suas despesas, com pessoal, serviços, obras etc.

No caso dos tributos preponderantemente fiscais, as políticas públicas não são resultado da própria instituição do tributo, mas são realizadas a partir da receita gerada por eles. No caso dos impostos, tem-se que a receita não se vincula a uma política pública específica. Isso ocorre, todavia, no caso das taxas (notadamente naquelas relacionadas à prestação de serviço público) e das contribuições de melhoria. Um exemplo clássico de tributo com finalidade preponderantemente fiscal é o imposto de renda (IR). Também são exemplos o imposto sobre serviços (ISS) e o imposto sobre circulação de mercadorias (ICMS), a serem substituídos, conforme leis complementares, pelo imposto sobre bens e serviços (IBS) a partir da recente Reforma Tributária (Emenda Constitucional nº 132/2023).

---

[15] CALIENDO, Paulo. *Direito Tributário e Análise Econômica do Direito*: uma visão crítica. Rio de Janeiro: Elsevier, 2009, p. 99-130.

[16] Cf. CARVALHO, Cristiano. Princípios e Conseqüências: A Teoria da Escolha Racional como critério de ponderação — introdução ao problema. *In:* SANTI, Eurico Marcos Diniz de (org.). *Tributação e Processo*. São Paulo: Noeses, 2007, e CARRAZZA, Roque Antônio. *Curso de Direito Constitucional Tributário*. 21. ed., revista, ampliada e atualizada até a Emenda Constitucional n. 48/2005. São Paulo: Malheiros, 2005, p. 106-7.

[17] Pode-se, falar, também, em parafiscalidade (finalidade arrecadatória a sujeito ativo diverso do que expediu).

[18] BECKER, Alfredo Augusto. *Teoria Geral do Direito Tributário*. 2. ed. São Paulo: Saraiva, 1972.

Quando o Estado arrecada receita de imposto de renda e utiliza essa receita para a construção de uma escola, ou quando arrecada valores de uma contribuição (como ocorria com a extinta contribuição provisória sobre movimentação financeira) para a construção de hospitais, está-se diante de um típico exemplo de utilização fiscal de tributos. A política pública, aqui, dá-se em dois momentos: o primeiro é o da arrecadação do valor necessário para a consecução daquela política pública; o segundo, necessariamente posterior, é o da utilização do dinheiro arrecadado para um fim pretendido da atividade estatal (como o da promoção de direitos fundamentais).

2.2.3 Extrafiscalidade e políticas públicas

Chama-se atividade extrafiscal (ou extrafiscalidade) a instituição ou cobrança de determinado tributo sem a função precípua de arrecadar recursos, de projetar uma determinada situação social ou econômica. Tradicionalmente, falava-se em finalidade imediata perseguida pelo tributo; modernamente, tende-se a falar nos efeitos causados pelo tributo, pois, quando se trata de "normas tributárias indutoras por sua finalidade, estuda-se o efeito indutor das normas tributárias".[19] O foco no resultado/efeito, no lugar da finalidade, parece mais adequado, seja pela dificuldade de isolar a finalidade de um tributo, seja porque algumas consequências da instituição de tributos podem ser imprevisíveis, como veremos mais adiante.

Pode-se assim explicar a extrafiscalidade e sua razão:

> A experiência jurídica nos mostra, porém, que vezes sem conta a compostura da legislação de um tributo vem pontilhada de inequívocas providências no sentido de prestigiar certas situações, tidas como social, política ou economicamente valiosas, às quais o legislador dispensa tratamento mais confortável ou menos gravoso. A essa forma de manejar elementos jurídicos usados na configuração dos tributos, perseguindo objetivos alheios aos meramente arrecadatórios, dá-se o nome de *extrafiscalidade*.[20]

Dito de outro modo: "[a] busca pela configuração de fins extrafiscais é configurada quando imposições ou exonerações são empregadas para incentivar ou coibir condutas que promovem a 'efetivação concreta de desidérios constitucionais'".[21] Ou, ainda: "[h]á extrafiscalidade quando o legislador, em nome do interesse coletivo, aumenta ou diminui as alíquotas e/ou bases de cálculo dos tributos com o objetivo de induzir os contribuintes a fazer ou deixar de fazer alguma coisa".[22]

A extrafiscalidade, vê-se, não está necessariamente na instituição dos tributos, podendo ser encontrada no manejo, pelo Estado, de alíquotas de tributos já instituídos.

Em termos de políticas públicas, pode-se dizer que elas são fomentadas pela própria instituição do tributo (e seus reflexos no domínio econômico), e não pela arrecadação advinda dele, no caso dos tributos preponderantemente extrafiscais. Dentre

---

[19] SHOUERI, Luis Eduardo. *Normas Tributárias Indutoras e Intervenção no Domínio Econômico*. Rio de Janeiro: Forense, 2005, p. 29.
[20] CARVALHO, Paulo de Barros. *Curso de Direito Tributário*. 13. ed., rev. e atual. São Paulo: Saraiva, 2000, p. 230-1.
[21] GOUVÊA, Marcus de Freitas. *A Extrafiscalidade no Direito Tributário*. Belo Horizonte: Del Rey, 2006.
[22] CARRAZZA, Roque Antônio. *Curso de Direito Constitucional Tributário*. 21. ed. São Paulo: Malheiros, 2005, p. 107-8.

os tributos cuja finalidade principal é a extrafiscalidade, costuma-se citar o imposto sobre operações financeiras (IOF), o imposto sobre exportação (IE) e o imposto sobre propriedade territorial rural (ITR).

Um exemplo de extrafiscalidade que se tornou comum no cenário brasileiro é o da diminuição das alíquotas de imposto sobre produção industrial (IPI) para o fomento da indústria automobilística, também se manejando, para a proteção da indústria nacional, as alíquotas sobre imposto de importação. Outro exemplo é o que diz com a discussão acerca da atividade desenvolvida para a caracterização de "serviço hospitalar" (Lei nº 9.249/95: art. 15, §1º, III, "a" e art. 20, *caput*), a fim de lhe dar tratamento diferenciado.[23]

Não se pode descuidar do fato de que alguns tributos cuja finalidade é precipuamente fiscal possuem efeitos extrafiscais relevantes. É o caso, por exemplo, do imposto de renda. Em tese, a capacidade contributiva deveria fazer com que a maior parte de sua receita adviesse de uma parcela mais aquinhoada da população e a maior parte de sua utilização — em saúde, escola, saneamento etc. — ocorresse pela parcela menos aquinhoada.

Diferente do que ocorre com a fiscalidade, na extrafiscalidade tem-se um instrumento de promoção direto — e não mediado — de políticas públicas, razão pela qual os incentivos fiscais, se bem manejados, podem ser interessantes instrumentos de realização de bens constitucionais. Isso não prescinde, porém, de certo cuidado. Por certo, a oposição aos "incentivos fiscais", cujo debate por vezes desloca-se do eixo jurídico e econômico para o eixo político-partidário, possui algumas críticas relevantes, como aquelas que lhe são dirigidas por Stanley Surrey, em artigo clássico no qual defende que os incentivos fiscais seriam inferiores aos subsídios diretos na promoção de metas sociais por dois motivos: primeiro, por serem menos equitativos, eis que tendem a beneficiar pessoas com poder aquisitivo elevado; segundo, porque eles seriam mais difíceis de administrar, pois atuam no âmbito da imprevisibilidade do comportamento humano.[24]

3 Pigou x Coase: aportes do pensamento econômico para a postura estatal

3.1 Arthur Pigou e a economia de bem-estar social

3.1.1 A economia de bem-estar social

A economia de bem-estar social, na sua versão *mainstream*, é uma doutrina econômica que busca a avaliação do bem-estar relacionando-o com a eficiência na distribuição de bens. Para essa avaliação, os indivíduos são considerados "unidades básicas" (*basic units*) do bem-estar social, interessando a referência de utilidade para essas unidades.

---

[23] Sobre o tema, vide: FRAGA JÚNIOR, John de Lima. *A abrangência do conceito de "serviço hospitalar" na Lei nº 9.249/95 e suas implicações tributárias*. Orientação de Cristiane Catarina Fagundes de Oliveira. Porto Alegre: UFRGS, 2006. Monografia (Especialização em Direito do Estado), Faculdade de Direito, Universidade Federal do Rio Grande do Sul, 2006.

[24] SURREY, Stanley S. Tax Incentives as a device for implementing government policy: a comparison with direct government expenditures. *In: Harvard Law Review*, n. 83, fev. 1970.

Mais exatamente, podemos distinguir duas abordagens da economia de bem-estar social: uma estritamente *mainstream* ou "neoclássica", que considera que a utilidade é "cardinal", ou seja, pode ser mensurada, e as preferências são, do ponto de vista exógeno, dadas e estáveis, de modo que é possível construir uma *"social welfare function"* apenas somando todas as funções de utilidade individuais; e outra "nova", segundo a qual devem ser reconhecidas as diferenças entre o aspecto da eficiência e o aspecto da distribuição, considerando-se a eficiência "não cardinal", portanto, não passível de mensuração. À economia, para essa abordagem, caberia apenas apresentar um rol de bens necessários.

A economia de bem-estar social, assim como a ideia de Estado de bem-estar social, começou a ser consolidada no início da década de 1920, tendo como motivo principal a necessidade de reestruturação social do pós-guerra. Enquanto o Estado de bem-estar social é uma criação advinda de um processo de entendimento da sociedade, pode-se dizer que a economia de bem-estar possui, como referência máxima e explícita, um autor: Arthur Cecil Pigou, que, cunhando a expressão em seu *The Economics of Welfare*,[25] mostrou-se um adepto do sentido neoclássico.

3.1.2 A teoria econômica de Arthur Pigou

Arthur Pigou, já no início de sua obra *The Economics of Welfare*, lembra uma frase de Leonardo da Vinci, segundo o qual: "A Teoria é o general; os experimentos são os soldados".[26] Segue, da sua frase, a exposição de que, diferente do que acontece com um cirurgião, que treina em animais e pessoas mortas para depois operar, e do mecânico, que faz um protótipo antes de colocar uma máquina em funcionamento, na economia isso não é possível, uma vez que o objeto de investigação é o homem livre, de modo que o experimento em condições controladas não é factível. Segundo ele, a economia possuiria seus generais bem treinados, mas seria difícil encontrar os seus soldados, de modo que as metas estariam em constante mutação e algumas soluções que parecem boas no presente podem não ser boas para o futuro. Seria possível, assim, um estudo cuidadoso para aprender algo sobre a elasticidade das demandas sociais e suprir um número elevado delas, mas não identificar a sua magnitude com algum grau de exatidão.[27]

Diante desse panorama, a meta que se deve buscar é tornar as métricas as mais exatas possíveis, as quais auxiliariam a produzir o bem-estar. Embora o bem-estar possua um espectro bastante abrangente, o autor utiliza duas proposições dogmáticas para explicá-lo: 1. "os elementos do bem-estar são estados de consciência e, talvez, suas relações";[28] 2. "o bem-estar pode ser pensado desde uma categoria de maior e menor".[29]

Para Pigou, uma investigação geral de todas as causas que afetam o bem-estar seria impossível, de modo que essa investigação deveria ficar limitada a algum campo no qual o método científico jogue a favor (ou seja, em algum campo em que se possa

---

[25] PIGOU, Arthur Cecil. *The Economics of Welfare*. Memphis: General Books (reprinted), 2010.
[26] PIGOU, *op. cit.*, p. 27, tradução livre.
[27] *Idem*, p. 28.
[28] *Idem, ibidem*, tradução livre.
[29] *Idem, ibidem*, tradução livre.

obter métricas mais seguras). E o instrumento de medidas mais óbvio na vida social é o dinheiro. Essa parte do bem-estar, na qual o livro se concentra, irá se chamar "economia do bem-estar". A métrica do dinheiro não é utilizada sem a referência de que não há uma linha divisória clara entre as satisfações econômicas e não econômicas. Não obstante, o "teste da acessibilidade a uma medida monetária" (*test of acessibility to a money measure*) poderia, segundo o autor, prover uma distinção aqui. O objetivo do livro é estudar um grupo de causas que afetam o bem-estar econômico nas sociedades atuais.[30]

A parte que nos interessa particularmente (à qual o teórico Ronald Coase irá endereçar suas objeções) é a Parte II, intitulada "O tamanho do produto interno[31] e a distribuição de recursos entre diferentes usos".[32] Em virtude da abrangência das análises (que compreendem a definição de produtos sociais marginais, igualdade de retorno, incremento de preços, regulação de preços, condições de monopólio, operação pública de indústrias, entre outros) iremos nos restringir, aqui, aos lugares referidos por Coase em suas objeções.

Na referida parte do livro, Pigou revela sua preocupação com causas que aumentam ou diminuem o tamanho do produto interno de um país e que serão nele distribuídos. Para o autor, alguns seguidores otimistas da economia clássica sugerem que o jogo livre das vontades próprias (*"free play of self interest"*), desde que o governo não interfira, irá produzir melhores resultados sozinho do que qualquer arranjo que não seja produzido de modo "natural". Ele, porém, parece concordar com o pensamento de Edwin Cannan, segundo o qual o interesse particular é normalmente benéfico não porque exista uma coincidência natural entre o interesse particular e o bem de todos, mas sim porque as instituições humanas são desenhadas de modo a compelir que os interesses particulares caminhem em direções que sejam benéficas a todos. Essas "coerções legais" são bem ilustradas por formas de limitação da propriedade privada. Pigou não se diz preocupado com os problemas de organização, mas sim com os obstáculos que fazem com que os recursos sejam distribuídos de modo mais eficiente. Assim, o seu estudo é endereçado nas formas que tornam possíveis aos governos controlar o jogo das forças econômicas de modo a produzir o bem-estar econômico e, por meio dele, o bem-estar total dos cidadãos como um todo.

A análise pigouviana endereça a divergência entre o produto social (*marginal social net product*), vale dizer, o valor obtido pela sociedade como um todo nas realocações de recursos de uma unidade econômica para outra, e o privado (*marginal private net product*), vale dizer, o valor obtido por uma porção pequena da sociedade. De modo geral, considera Pigou, industriais estão interessados apenas no produto privado de suas operações, e não no social, apenas havendo equilíbrio entre ambos quando eles forem idênticos. Havendo divergência, o interesse privado não fará do produto interno (público) uma máxima, de modo que algumas ações específicas do ponto de vista econômico devem ser esperadas para aumentar o produto social. Deve-se buscar um "equilíbrio geral", isso é, um estado de economia que cria o maior valor, onde as utilidades marginais de qualquer fator de produção são equalizadas.

---

[30] *Idem*, p. 29.
[31] Optou-se por traduzir *"national dividend"* por "produto interno"
[32] PIGOU, *op. cit.*, p. 90-245.

Pigou considera, ainda, o fato de que, quando uma pessoa A presta serviços remunerados a uma pessoa B, ela, incidentalmente, presta serviços ou desserviços a outras pessoas, para as quais nenhum pagamento pode ser exigido das partes beneficiadas, nenhuma compensação pode ser requisitada das partes prejudicadas. Seriam alguns exemplos disso: os danos causados às matas pelas quais passa um trem em razão das faíscas, com possíveis incêndios provenientes do trem; e o proprietário de um terreno em área residencial que constrói uma fábrica ali, eliminando parte do conforto dos vizinhos.

Conforme o autor, poder-se-iam distinguir casos nos quais um serviço é prestado sem remuneração (como o fabricante que coloca filtros em suas chaminés, situação que recomendaria que o Estado incentivasse os demais fabricantes a fazerem o mesmo, no lugar de tributar o fabricante) e casos nos quais um desserviço é prestado sem que as pessoas prejudicadas sejam indenizadas. É essa linha de problemas que irá interessar Ronald Coase — e que pode iluminar um pouco o entendimento sobre questões de extrafiscalidade e sustentabilidade.

3.2 Ronald Coase e o problema do custo social: uma crítica à nova postura econômica

3.2.1 A análise do problema do custo social

É clássica a crítica a Arthur Pigou realizada pelo economista Ronald Coase, em seu artigo *The Problem of Social Cost*.[33] O objeto do artigo, definido pelo próprio autor, foi investigar as ações das empresas que geram efeitos prejudiciais a terceiros, em situações que são analisadas, desde o ponto de vista econômico, na distinção entre produto privado e produto social, seguindo a proposta de Pigou. O exemplo clássico, fornecido por Pigou e retomado por Coase, é aquele da fábrica cuja fumaça atinge vizinhos. Para Coase, haveria três abordagens comuns para a solução do caso: 1. a responsabilização do dono da fábrica pelos prejuízos causados; 2. o pagamento de um tributo pelo dono da fábrica (cujo valor variaria de acordo com a quantidade de fumaça e, financeiramente, seria equivalente ao prejuízo causado); e 3. a remoção de lugar da fábrica. Propõe Coase, no entanto, que todas as abordagens seriam inapropriadas, uma vez que produzem resultados que nem sempre são desejáveis.[34]

A abordagem tradicional, segundo Coase, obscurece a escolha que deve ser feita. Nessa, pensa-se sempre em uma situação na qual A inflige um prejuízo a B, fazendo-nos pensar os modos de coibir a ação de A. Ocorre que esse tipo de problema possuiria sempre uma natureza recíproca, eis que, ao menos do ponto de vista econômico, evitar um prejuízo a B seria causar um prejuízo a A. Portanto, a verdadeira questão que se deveria colocar é: quem deve ser autorizado a causar um prejuízo a quem? O problema passa a ser, então, evitar o prejuízo mais grave.

---

[33] Para o presente trabalho, utilizou-se a versão original: COASE, Ronald H. The Problem of Social Cost. *In: Journal of Law and Economics*, vol. III, October, 1960. Disponível em: http://www2.econ.iastate.edu/classes/tsc220/hallam/Coase.pdf. Acesso em: 25 jun. 2024. Para eventuais dúvidas na tradução, lançou-se mão de uma tradução: COASE, Ronald H. O Problema do Custo Social. *In: The Latin American and Caribbean Journal of Legal Studies*. Traduzido por Francisco Kümmel F. Alves e Renato Vieira Caovilla. Disponível em: https://services.bepress.com/cgi/viewcontent.cgi?article=1035&context=lacjls. Acesso em: 25 jun. 2024. As referências de página aqui contidas, contudo, são sempre do original.

[34] COASE, *op. cit.*, p. 1.

Para explicitar sua tese, Coase trabalha com exemplos semelhantes, dentre os quais: o do confeiteiro que utiliza maquinário que perturba o trabalho de um médico (caso se obstasse a utilização do maquinário, isso causaria um prejuízo ao confeiteiro. A questão seria saber se o uso do maquinário acrescenta mais à renda do confeiteiro ou se diminui mais a renda do médico. No segundo caso, o médico estaria disposto a pagar ao confeiteiro para que parasse de utilizar o maquinário); o do gado que se desgarra destruindo uma plantação vizinha (considerando que algumas cabeças de gado irão se desgarrar, o aumento da oferta de carne irá implicar diminuição da oferta de produtos agrícolas, de modo que a questão passa a ser decidir entre a carne ou os produtos agrícolas); o da contaminação de córrego por uma atividade produtiva que causa mortandade de peixes (a questão seria saber se o valor dos peixes mortos seria maior ou menor que o valor obtido com o produto que contamina o córrego); o do edifício que, obstruindo correntes de ar, impedia o funcionamento de moinho (a questão seria saber se a produção do moinho seria suficiente para realocar os moradores); o do edifício que criava sombra em cabanas de hotel na Flórida (a questão seria saber se o preço da realocação de moradores seria maior ou menor do que o custo do hotel); o da casa que é reconstruída com uma parede ao lado da chaminé do vizinho, sendo que a fumaça começou a voltar para a casa desse vizinho (a questão seria perceber — diferente do juiz, que considerou que a produção da fumaça estava no âmbito da vontade do particular, eis que o problema só acontecia quando ele mesmo resolvia atear fogo na sua lareira — que não foi apenas uma das partes que causou a fumaça, mas ambas).[35]

As soluções pensadas para os problemas dos exemplos, como se pode perceber, acabam por tornar necessária a criação de um sistema de determinação de preços: um com responsabilização pelos prejuízos, caso no qual o causador do dano é considerado responsável pelos prejuízos que causa; outro sem responsabilização pelos prejuízos, caso no qual o causador do dano não é considerado responsável pelos prejuízos que causa. Feita essa análise, poder-se-ia concluir que, sem a delimitação inicial de direitos, não pode haver transferência de mercado para a recombinação dos direitos. Desse modo, a delimitação inicial de direitos exerce influência sobre a eficiência de preços, diferente do que ocorre em uma suposição de custo zero de transação.

3.2.2 A crítica de Ronald Coase endereçada a Arthur Pigou

Na leitura de Ronald Coase, o caminho para produzir melhorias no âmbito da utilização de recursos, para Pigou, seria o da ação estatal. Ocorre que, de acordo com o sustentando, não seria necessariamente desejável a ação estatal no sentido de responsabilizar o causador de um dano. No caso das locomotivas que soltam faísca, por exemplo, a responsabilização só seria desejável caso o custo de uma transação fosse muito alto.

Segundo Coase, ainda, a diferença entre o produto privado e o produto social não teria relevância. O que deveria interessar para um economista, na hora de comparar arranjos sociais alternativos (como o da responsabilização ou não por danos causados), é o produto social total produzido por cada um desses arranjos, e não a diferença entre social e privado. Em relação aos exemplos dados por Pigou, Coase refere que Pigou teria

---

[35] *Idem*, p. 1 e 2.

errado ao descrevê-los como antissociais. Diante da natureza recíproca, seria necessário comparar o prejuízo causado com o bem gerado. Para ele, o valor do produto social não teria qualquer significado social.

Por tais motivos, acredita que há defeitos básicos na abordagem da economia do bem-estar social, seja em razão de acreditar que toda a remoção de prejuízos é desejável, seja por fazer uma comparação entre o Estado liberal e uma espécie de mundo ideal. A todo exercício de direito corresponderia um custo em outro lugar relacionado a esse exercício. Diante desse fato, dever-se-ia buscar ações apenas nas quais o ganho gerado (no exercício de um direito) fosse superior à perda sofrida (por esse mesmo exercício).

Brian Simpson, analisando o texto de Ronald Coase, sustenta que haveria nele cinco ideias básicas: (i) profundo ceticismo quanto à "desejabilidade" do intervencionismo estatal; (ii) como a intervenção governamental é suspeita, as alternativas ao intervencionismo devem ser vistas de modo simpático; (iii) o problema do custo social é recíproco; (iv) o papel do direito consiste na necessidade de delimitação inicial dos direitos das pessoas envolvidas para que se permita a negociação ou barganha, sendo que essa delimitação afeta a eficiência na qual o sistema econômico opera; e (v) o melhor modo para decidir questões envolvendo o problema do custo social é perguntar se o ganho em prevenir um prejuízo é maior que a perda que será sofrida em algum lugar como resultado em se obstaculizar a ação que produz o dano.[36]

Destaca-se, dentre essas ideias, no contexto da sua perspectiva de interrogar a efetividade da intervenção estatal, a importância dos custos de transação em sua teoria. Daqui surge a tese que é intitulada de "teorema de Coase", segundo a qual na ausência de custos de transação, a alocação de recursos obtida por uma negociação ou barganha, pressupondo racionalidade econômica, não será afetada pelas regras de responsabilidade jurídica.[37]

4 Uma aproximação da dogmática jurídica e do pensamento econômico

4.1 Possíveis críticas à crítica de Coase e soluções alternativas

As teses de Arthur Pigou e as críticas a ele endereçadas por Ronald Coase serviram como pano de fundo para intensas discussões doutrinárias acerca da intervenção do Estado e de seu papel na consecução do bem comum. Isso reflete a importância da discussão para esse texto, que tem por objetivo refletir sobre a postura do Estado na adoção de políticas públicas sustentáveis.

Embora muitos economistas tenham se mostrado simpáticos à tese de Coase, outros não lhe pouparam severas críticas. O já citado Brian Simpson, revisitando a

---

[36] SIMPSON, A. W. Brian. "Coase v. Pigou" Reexamined. In: *The Journal of Legal Studies*, vol. 25, n. 1, p. 53-97, jan. 1996. Disponível em: https://www.journals.uchicago.edu/doi/abs/10.1086/467745. Acesso em: 25 jun. 2024.

[37] Outras formulações possíveis ao teorema são as seguintes: "Na ausência de custos de transação, os custos privados e os custos sociais serão equivalentes", eis que todas as externalidades são internalizadas; e "na ausência de custos de transação, a definição do direito de propriedade não tem consequências para o bem-estar social", eis que o resultado socialmente eficiente será obtido com a definição dos direitos de propriedade. Cf. COSTA, Simone S. Thomazi. Introdução à Economia do Meio Ambiente. In: *Análise*, Porto Alegre, v. 16, n. 2, p. 301-323, ago./dez. 2005.

polêmica, afirmou que as críticas de Coase estariam baseadas em três pressupostos equivocados: primeiro, Coase teria superdimensionado o "intervencionismo" de Pigou; segundo, ele teria entendido equivocadamente questões acerca da história da responsabilidade civil no Direito inglês, como demonstra sua análise do caso *Sturges v. Bridgman*; e, por fim, o teorema de Coase (especialmente quando relacionado a disputa de terras entre vizinhos) não seria capaz de gerar qualquer regra geral acerca da responsabilidade jurídica sobre o problema do custo social. Sem que sejam resolvidos alguns problemas no teorema, ele não se mostraria um guia válido para o Direito.

Herbert Hovenkamp, no texto *The Coase Theorem and Arthur Cecil Pigou*,[38] após concordar que Coase teria superdimensionado o intervencionismo, lembra que, embora Pigou seja mais simpático ao intervencionismo que Coase, deve ser considerado o fato de aquele ter vivido em uma época anterior, tendo, mesmo assim, antevisto questões como a dos custos de transação e das externalidades em um horizonte muito mais expandido que o de Coase. Hovenkamp assevera, ainda, que todo o trabalho de Coase é realizado a partir de um sistema criado por Pigou (modelo dos custos de transação, a que este denomina custos de movimentação), sendo o próprio teorema de Coase antecipado na obra de Pigou, embora Coase não dê o devido crédito a Pigou por isso.

Não obstante valha ressaltar a importância do trabalho de Coase, notadamente por trazer ao debate a questão dos custos sociais, além de concordar com as críticas de Simpson e Hovenkmap, poderíamos pontuar, ainda, cinco outras críticas.

A primeira está na visão excessivamente materialista (atuarial até) dos direitos, pois seu teorema importa em estabelecer preço a questões que se entendem, contemporaneamente, de valor inestimável (sem preço), como, por exemplo, o meio ambiente (caso da mortandade de peixes).

A segunda está na despreocupação de Coase com questões atinentes à justiça (em determinado momento, o autor chega a utilizar a seguinte frase: "tudo que importa, questões de justiça à parte"[39]). Porém, o problema do "custo social" é um problema também de justiça social, devendo ser examinado desde diversas perspectivas (jurídica, sociológica, política, axiológica) e não apenas de modo econômico.

A terceira, crítica essa relacionada com as anteriores, está no fato de sua tese ser absolutamente utilitarista, o que pode auxiliar na solução de alguns problemas, mas certamente não de todos. A tese faz lembrar, por vezes, alguns pontos de vista liberalistas que, atualmente, beiram ao anedótico, como algumas ideias que foram apresentadas por Milton Friedman em texto da década de 70 contrário à concepção de responsabilidade social das empresas, no qual sustenta que os empreendedores que pensam dessa maneira seriam fantoches de forças intelectuais comunistas.[40]

A quarta, o fato de que Coase, embora critique a tradição pigouviana por sua busca de um "mundo ideal", lança mão, em seu teorema, de uma suposição também ideal, qual seja, a existência de negociações sem custos de transação.

---

[38] HOVENKAMP, Herbert J. The Coase Theorem and Arthur Cecil Pigou. *In: Arizona Law Review*, vol. 51, 2009. Disponível em: http://papers.ssrn.com/sol3/papers.cfm?abstract_id=1275787. Acesso em: 26 jun. 2024.

[39] *Of course, if market transactions were costless, all that matters (questions of equity apart) is that the rights of the various parties should be well-defined and the results of legal actions easy to forecast.* COASE, *op. cit.*, p. 10.

[40] FRIEDMAN, Milton. The Social Responsibility of Business is to Increase its Profits. *In: The New York Times Magazine*, September 13, 1970. Disponível em: https://www.nytimes.com/1970/09/13/archives/a-friedman-doctrine-the-social-responsibility-of-business-is-to.html. Acesso em: 26 jun. 2024.

A quinta, o fato de seu teorema pressupor racionalidade econômica, o que alguns economistas modernos provaram ser uma premissa falaciosa.

A partir dessas críticas às críticas de Coase, parece ficar clara a necessidade de uma atuação estatal, contanto que essa atuação seja eficiente, inteligente e sustentável.

4.2 Questões intrínsecas aos modos de pensar o problema dos custos sociais

O teorema de Coase, assim como o da opção pela extrafiscalidade, pressupõe uma escolha racional. Desse modo, mostra-se importante entender alguns aspectos relevantes da chamada "teoria da escolha racional".

A análise econômica do Direito que Coase contribuiu para criar parte de duas premissas que envolvem essa teoria: (i) os indivíduos são racionais (efetuam escolhas para maximizar sua utilidade, isso é, seu interesse), reagindo, desse modo, a incentivos; e (ii) escolhas acarretam consequências.

Em relação à primeira premissa, considera-se racional, tradicionalmente,[41] a escolha que é, ao mesmo tempo, *completa* (deve elencar preferências conhecendo todas as alternativas) e *transitiva* (deve generalizar a relação entre diferentes alternativas, *v.g.*: se A = B e B = C, então A = C).[42]

Em relação à segunda premissa, deve-se considerar que as escolhas possuem externalidades, afetando terceiros tanto de maneiras *negativas* (exemplo da vida desregrada que afeta a família e o Estado) como *positivas* (exemplo das obras públicas que valorizam imóveis, podendo-se integralizar as externalidades, como na cobrança de contribuição de melhoria).

Deve-se entender que uma escolha — como aquela da administração de uma determinada política pública — implica uma renúncia (*trade off*), a qual revela um custo de oportunidade. Ter-se-ia, aqui, o exemplo de alguém que opta por estudar no exterior e se desvincula de seu emprego. Os ganhos do estudo no exterior, no exemplo, implicariam renúncia da remuneração do emprego.

Trabalhar com o efeito extrafiscal dos tributos exige operar com escolhas racionais, seja porque as escolhas feitas buscam maximização de utilidade, seja porque é necessário haver certo domínio das externalidades, o que importa dimensionar as consequências positivas e negativas de determinadas decisões. A extrafiscalidade é um instrumento que busca trabalhar o melhor possível com essas questões atinentes à racionalidade, de modo a conduzir as escolhas dos indivíduos na direção pretendida pelas políticas fiscais.

Há, porém, críticas que podem ser endereçadas à "teoria da escolha racional", ou, mais precisamente, à possibilidade de fazermos escolhas efetivamente racionais, como demonstram, dentre outras, as pesquisas de Daniel Kahneman e Amos Tversky, de Steven Levitt e Stephen Bubner, e de Joseph Stiglitz.

---

[41] É importante observar que esses pressupostos foram relaxados na literatura econômica contemporânea.
[42] O símbolo "" deve ser lido como relação de preferência.

Daniel Kahneman e Amos Tvsersky demonstram, em suas pesquisas, que os indivíduos, por diversas vezes, agem irracionalmente. Isso ocorre, por exemplo, quando tomam decisões baseadas em aversão à perda e por heurística das disponibilidades.[43]

Steven Levitt e Stephen Bubner atentam para aquilo que se pode chamar de fenômeno das consequências imprevisíveis, abordando o "lado escondido de todas as coisas". Em Freakonomics, sustentam que "os incentivos são a base da vida moderna", sendo necessário entendê-los.[44] A obra traz diversos exemplos, como o da relação entre a legalização do aborto e a diminuição da criminalidade e a instituição de multa para o atraso na busca de filhos na creche com o aumento desses atrasos. Pode-se, ainda, referir o interessante exemplo de consequências imprevisíveis dos atentados terroristas do 11 de setembro de 2009, tais como: o aumento da compra da casa própria (em razão dos incentivos para não acontecer uma catástrofe econômica); o fomento da indústria chinesa de talheres; e a criação de novos argumentos em favor da causa nudista.[45]

Especificamente sobre a questão da extrafiscalidade e dos problemas com a escolha racional, pode-se citar o exemplo do anúncio do aumento do imposto sobre a importação de veículos. O seu objetivo era o fomento da indústria nacional. As consequências foram bastante diferentes das pretendidas. Primeiro, testemunhou-se uma elevação drástica da compra de veículos importados, porque as pessoas resolveram aproveitar a oportunidade dos preços antigos. Depois, algumas empresas anunciaram que abdicariam de seus planos de possuir uma fábrica nacional, eis que as peças seriam estrangeiras e não compensaria a montagem do carro no Brasil.

Outro economista que critica as escolhas racionais é Joseph Stiglitz, para quem o mercado não é racional, porque "as pessoas não se comportam racionalmente". Stiglitz faz essa afirmação referindo outros economistas que sustentam a irracionalidade do mercado, dentre os quais Keynes, o qual teria comparado o mercado de ações a uma aposta em um concurso de beleza, sendo o vencedor aquele que soube melhor adivinhar o que se passava na cabeça dos jurados. Ressalta o autor que a boa ciência deve reconhecer suas limitações e que os profetas das expectativas racionais não possuem tal modéstia.[46]

4.3 A questão da sindicabilidade das políticas públicas por instrumentos extrafiscais

Em razão da separação dos poderes (e de uma ideia de discricionariedade), o Poder Judiciário, mais precisamente o Supremo Tribunal Federal (STF), tem entendido,

---

[43] KAHNEMAN, Daniel; TVESRKY, Amos. Prospect Theory: An Analysis of Decision under Risk. In: *Econometrica*, 47(2), p. 263-291, 1979. As pesquisas de Daniel Kahnemann são sintetizadas em texto de Cass Sunstein, onde o autor demonstra questões de escolha racional ligadas a políticas públicas e decisões sobre questões ambientais, tomadas com base no princípio da precaução. Cf. SUNSTEIN, Cass. Para Além do Princípio da Precaução. Traduzido por Marcelo Fensterseifer, Martin Haeberlin e Tiago Fensterseifer. In: *Interesse Público*, Porto Alegre, n. 37, ano 8, p. 119-171, maio/jun. 2006.

[44] LEVITT, Steven D.; DUBNER, Stephen J. *Freakonomics*: a rogue economist explores the hidden side of everything. New York: Harper, 2009.

[45] Exemplos colhidos da seguinte matéria: CORDEIRO, Tiago; GARATTONI, Bruno. 11 de Setembro 10 Anos Depois. In: *Revista Superinteressante*, São Paulo, n. 295, p. 68-73, set. 2011.

[46] STIGLITZ, Joseph. There is no invisible hand. In: *The Guardian*, December 20, 2002. Disponível em: http://www.guardian.co.uk/education/2002/dec/20/highereducation.uk1. Acesso em: 25 jun. 2024.

usualmente, não ser possível sindicar o emprego de instrumentos tributários para a perseguição de finalidades não arrecadatórias. A jurisprudência, porém, é titubeante.

De fato, em três diferentes ocasiões em que o Supremo Tribunal Federal julgou a matéria, pôde-se ver três respostas diferentes. Uma, ao julgar o RE nº 159.026, quando considerou as exonerações extrafiscais como modalidade de ato discricionário que escapavam, por isso, ao controle do Poder Judiciário; em outro momento, julgando o RE nº 94.001, acerca de lei municipal de São Paulo que dispunha sobre um acréscimo de 200% no imposto predial sobre imóveis irregulares, o STF considerou a inconstitucionalidade da lei, mas não em razão do exame do fim (extrafiscal), e sim em razão do meio (considerou-se que se tratava de instrumento sancionatório e, pois, não era adequado ao conceito de tributo); por fim, na ADI nº 1.655, julgando a constitucionalidade de lei do Amapá que concedia isenção de IPVA a veículos destinados a prestar serviço de transporte escolar quando vinculados a uma cooperativa local (as finalidades seriam o fomento do transporte e a promoção de associações dos motoristas na cooperativa), o Tribunal examinou a finalidade, entendendo que o tributo era inconstitucional, por ferir a liberdade de associação — eis que obrigava a associação à cooperativa — e por ferir a igualdade — eis que se tratava de uma determinada cooperativa.[47]

O último exemplo citado é sintomático no sentido do acerto da ideia de que o Judiciário deve estar atento a desvios de finalidade relacionados às políticas extrafiscais, em especial quando firam a igualdade e quando não passem pelo exame de proporcionalidade. Em outras palavras, mostra-se necessário, no mínimo, um "controle de demérito"[48] dos atos administrativos. Almeja-se, porém, algo maior que a sindicabilidade; quer-se promover uma constitucionalização das políticas públicas a partir de argumentos substancialistas, como aqueles que nos oferece — entendido em sua multifacetada forma e conteúdo — o princípio da sustentabilidade.

5 Considerações finais

A saúde de uma política pública depende de sua constitucionalização. Constitucionalizar uma política pública significa a *entender* e a *praticar* como resultado de uma escolha legitimada pela Constituição Federal e afinada com a sustentabilidade, "princípio-síntese" que ordena universalizar a qualidade de vida em todas as suas dimensões.

Grande parte das mazelas sociais, e isso pode ser ilustrado a partir da realidade brasileira, é fortemente vinculada à incapacidade das Administrações Públicas de pensar

---

[47] Exemplos jurisprudenciais citados em: PAPADOPOL, Marcel Davidman. *A Extrafiscalidade e os Controles de Proporcionalidade e de Igualdade*. Orientação de Humberto Bergmann Ávila. Porto Alegre: UFRGS, 2009. Dissertação (Mestrado em Direito), Faculdade de Direito, Universidade Federal do Rio Grande do Sul, 2009.

[48] "A par disso, a vedada inquirição quanto à oportunidade e à conveniência não se deve confundir com o inafastável exame da finalidade principiologicamente vinculante e com o irrenunciável *controle de demérito*. Neste sentido, controle judicial haverá de ser o do 'administrador negativo', em analogia com o de 'legislador negativo', exercido no controle de constitucionalidade das leis e dos atos normativos." FREITAS, Juarez. *O Controle dos Atos Administrativos*..., p. 225-6.

horizontes de trocas intertemporais mais amplos.[49] Tal incapacidade reflete na falta de metas de longo prazo e, sem elas, a ausência de crescimento econômico sustentável. Se é verdade que o Estado se vê, frequentemente, premido a tomar decisões emergentes — para as quais não faz planejamento estratégico —, de outro, pode-se dizer que isso é corolário da falta da análise multidimensional da sustentabilidade.

É imprescindível, nesses cenários, cuidar para que a atuação dos Estados, mormente por suas organizações, não subtraia a liberdade dos indivíduos de gerenciamento dos meios de produção. A sociedade civil, aliada às suas instituições, deve contar com alguma habilidade do Estado a inspirar os atores econômicos. A discussão entre Pigou e Coase analisada nesse texto ajuda a demonstrar que o equilíbrio sempre buscado entre o produto privado e o público não decorre nem de uma atuação estatal voluntariosa, nem de sua omissão, mas é resultado de uma atuação essencial.

Nessa atuação essencial, os incentivos pensados com acuidade — e a extrafiscalidade é um bom exemplo de incentivo — devem desempenhar um papel menos coadjuvante se quisermos pensar na constituição de um bom futuro. Um sustentável futuro. Essa consideração final, imodesta que seja, não almeja mais que levar a sério a Constituição do presente.

Referências

BALKIN, Jack M.; SIEGEL, Reva B (ed.). *The Constitution in 2020*. Oxford: Oxford University Press, 2009.

BURSZTYN, Leonardo. Poverty and the Political Economy of Public Education Spending: Evidence from Brazil. *In: Journal of the European Economic Association*, 14(5), p. 1101-1128, 2016.

BANCO MUNDIAL. *World Development Report 2014*: Risk and Opportunity — Managing Risk for Development. Washington, DC: World Bank, 2014.

BANERJEE, Abhijit V.; DUFLO, Esther. *Poor Economics*: A Radical Rethinking of the Way to Fight Global Poverty. New York: PublicAffairs, 2012.

BECKER, Alfredo Augusto. *Teoria Geral do Direito Tributário*. 2. ed. São Paulo: Saraiva, 1972.

BUCCI, Maria Paula Dallari. O conceito de política pública em direito. *In:* BUCCI, Maria Paula Dallari *et al.* (org.). *Políticas Públicas*: reflexões sobre o conceito. São Paulo: Saraiva, 2006.

BURSZTYN, Leonardo. Poverty and the Political Economy of Public Education Spending: Evidence from Brazil. *In: Journal of the European Economic Association*, vol. 14, issue 5, p. 1101-1128, 2016.

CALIENDO, Paulo. *Direito Tributário e Análise Econômica do Direito*: uma visão crítica. Rio de Janeiro: Elsevier, 2009.

CARRAZZA, Roque Antônio. *Curso de Direito Constitucional Tributário*. 21. ed. São Paulo: Malheiros, 2005.

CARVALHO, Cristiano. Princípios e Consequências: A Teoria da Escolha Racional como critério de ponderação — introdução ao problema. *In:* SANTI, Eurico Marcos Diniz de (org.). *Tributação e Processo*. São Paulo: Noeses, 2007.

CARVALHO, Paulo de Barros. *Curso de Direito Tributário*. 13. ed. rev. e atual. São Paulo: Saraiva, 2000.

COASE, Ronald H. The Problem of Social Cost. *In: Journal of Law and Economics*, vol. III, October, 1960. Disponível em: http://www2.econ.iastate.edu/classes/tsc220/hallam/Coase.pdf. Acesso em: 25 jun. 2024.

---

[49] Sobre o tema, vide: GIANETTI, Eduardo. *O valor do amanhã*: ensaio sobre a natureza dos juros. São Paulo: Companhia das Letras, 2005, p. 66-77.

COASE, Ronald H. O Problema do Custo Social. *In: The Latin American and Caribbean Journal of Legal Studies*. Traduzido por Francisco Kümmel F. Alves e Renato Vieira Caovilla. Disponível em: https://services.bepress.com/cgi/viewcontent.cgi?article=1035&context=lacjls. Acesso em: 25 jun. 2024.

CORDEIRO, Tiago; GARATTONI, Bruno. 11 de setembro 10 anos depois. *In: Revista Superinteressante*, São Paulo, n. 295, p. 68-73, set. 2011.

FRAGA JÚNIOR, John de Lima. *A Abrangência do Conceito de "Serviço Hospitalar" na Lei nº 9.249/95 e Suas Implicações Tributárias*. Orientação de Cristiane Catarina Fagundes de Oliveira. Porto Alegre: UFRGS, 2006. Monografia (Especialização em Direito do Estado), Faculdade de Direito, Universidade Federal do Rio Grande do Sul, 2006.

FREITAS, Juarez. *O Controle dos Atos Administrativos e os princípios fundamentais*. 3. ed. São Paulo: Malheiros, 2004.

FREITAS, Juarez. *Discricionariedade Administrativa e o Direito Fundamental à Boa Administração Pública*. 2. ed. São Paulo: Malheiros, 2009.

FREITAS, Juarez. *Sustentabilidade*: direito ao futuro. Belo Horizonte: Fórum, 2011.

FREITAS, Juarez. As Políticas Públicas e o Direito Fundamental à Boa Administração. *In: Revista do Programa de Pós-Graduação em Direito da UFC*, v. 35.1, p. 195-217, jan./jun. 2015.

FREITAS, Juarez. O Tributo e o Desenvolvimento Sustentável. *In: Revista Novos Estudos Jurídicos*, vol. 21, n. 3, p. 825-45, set./dez. 2016.

FRIEDMAN, Milton. The Social Responsibility of Business is to Increase its Profits. *In: The New York Times Magazine*, September 13, 1970. Disponível em: https://www.nytimes.com/1970/09/13/archives/a-friedman-doctrine-the-social-responsibility-of-business-is-to.html. Acesso em: 26 jun. 2024.

GIAMBIAGI, Fabio. Dezessete Anos de Política Fiscal no Brasil: 1991-2007. *In: IPEA* — Instituto de Pesquisa Econômica Aplicada — Texto para discussão nº 1.309. Rio de Janeiro, novembro de 2007. Disponível em: https://portalantigo.ipea.gov.br/agencia/index.php?option=com_content&view=article&id=4549:td-1309-dezessete-anos-de-politica-fiscal-no-brasil-1991-2007&catid=307:2007&directory=1. Acesso em: 25 jun. 2024.

GIANETTI, Eduardo. *O valor do amanhã*: ensaio sobre a natureza dos juros. São Paulo: Companhia das Letras, 2005.

GOUVÊA, Marcus de Freitas. *A Extrafiscalidade no Direito Tributário*. Belo Horizonte: Del Rey, 2006.

HAEBERLIN, Mártin. *Uma Teoria do Interesse Público*: fundamentos do Estado Meritocrático de Direito. Porto Alegre: Livraria do Advogado, 2017.

HOVENKAMP, Herbert J. The Coase Theorem and Arthur Cecil Pigou. *In: Arizona Law Review*, vol. 51, 2009.

KAHNEMAN, Daniel; TVESRKY, Amos. Prospect Theory: an analysis of decision under risk. *In: Econometrica*, 47(2), p. 263-291, 1979.

LEVITT, Steven D.; DUBNER, Stephen J. *Freakonomics*: a rogue economist explores the hidden side of everything. New York: Harper, 2009.

PAPADOPOL, Marcel Davidman. *A Extrafiscalidade e os Controles de Proporcionalidade e de Igualdade*. Orientação de Humberto Bergmann Ávila. Porto Alegre: UFRGS, 2009. Dissertação (Mestrado em Direito), Faculdade de Direito, Universidade Federal do Rio Grande do Sul, 2009.

PETTER, Lafayete Josué. *Direito Financeiro*. 4. ed. Porto Alegre: Verbo Jurídico, 2009.

PIGOU, Arthur Cecil. *The Economics of Welfare*. Memphis: General Books (reprinted), 2010.

PONTES DE MIRANDA, Francisco Cavalcanti. Sistema de Ciência Positiva do Direito. 2. ed. Tomo IV — Investigação Científica e Intervenção na Matéria Social. Rio de Janeiro: Borsoi, 1972.

SHOUERI, Luis Eduardo. *Normas Tributárias Indutoras e Intervenção no Domínio Econômico*. Rio de Janeiro: Forense, 2005.

SIMPSON, A. W. Brian. "Coase v. Pigou" Reexamined. *In: The Journal of Legal Studies*, Vol. 25, n. 1, p. 53-97, jan. 1996. Disponível em: https://www.journals.uchicago.edu/doi/abs/10.1086/467971. Acesso em: 25 jun. 2024.

STIGLITZ, Joseph. There is no invisible hand. *In: The Guardian*, December 20, 2002. Disponível em: http://www.guardian.co.uk/education/2002/dec/20/highereducation.uk1. Acesso em: 26 jun. 2024.

SUNSTEIN, Cass. Para Além do Princípio da Precaução. Traduzido por Marcelo Fensterseifer, Martin Haeberlin e Tiago Fensterseifer. *In: Interesse Público*, Porto Alegre, n. 37, ano 8, Notadez, maio/jun. 2006.

SURREY, Stanley S. Tax Incentives as a device for implementing government policy: a comparison with direct government expenditures. *In: Harvard Law Review*, n. 83, fev. 1970.

Informação bibliográfica deste livro, conforme a NBR 6023:2018 da Associação Brasileira de Normas Técnicas (ABNT):

HAEBERLIN, Mártin; COMIM, Flavio Vasconcellos. Política fiscal e sustentabilidade: apontamentos do pensamento jurídico e econômico sobre a extrafiscalidade na constitucionalização de políticas públicas. *In*: PASQUALINI, Alexandre; CUNDA, Daniela Zago Gonçalves da; RAMOS, Rafael (coord.). *Direito, sustentabilidade e inovação*: estudos em homenagem ao professor Juarez Freitas. Belo Horizonte: Fórum, 2025. p. 487-506. ISBN 978-65-5518-957-5.

A REGULAÇÃO ADMINISTRATIVA, A LEI DA LIBERDADE ECONÔMICA E O *LAW AND ECONOMICS* (À BRASILEIRA)

MAURÍCIO ZOCKUN

CAROLINA ZANCANER ZOCKUN

Introdução

Após a reforma do Estado, realizada nos anos 90, criaram-se as denominadas agências reguladoras, tendo a lei de criação de cada qual previsto em favor delas o denominado *poder normativo*.

Alguns afirmaram tratar-se de verdadeira *delegação legislativa* disfarçada e irremediavelmente inconstitucional. Outros advogaram a sua lisura, nisto não vislumbrando lesão à Separação de Poderes.

Animados com esta temática, procuramos edificar os confins constitucionais de denominada *regulação administrativa*, categoria na qual se insere parte das atividades levada a efeito pelas agências reguladoras com base em seu suposto *poder normativo*.

I Legalidade e regulação

1. A Constituição da República prevê a existência de umbilical relação entre os institutos da legalidade e da regulação.

Por um lado, a Carta Magna assinala que somente o ato normativo produzido após o exaurimento do processo legislativo pode inovar, de modo inaugural, o sistema normativo veiculando comandos que obriguem, permitam ou proíbam que uma pessoa possa ou não possa fazer algo em relação a outra. Eis a essência do denominado princípio da legalidade.

2. O princípio da legalidade é, pois, uma *garantia formal*, segundo a qual a modificação do ordenamento jurídico de modo inovador exige, como regra, a conclusão de prévio processo legislativo, assim entendido como o procedimento por meio do qual a vontade popular se exterioriza e materializa, dando concretude aos princípios republicano e democrático.

II Regulação e regulamentação

3. A Carta Magna prevê a existência (i) da atividade estatal de *regular*, e (ii) atividades estatais que lhe são derivadas, como: regulação e regulamentação.[1] Nestas ocasiões, o Texto Constitucional faz referência ao conteúdo normativo que obriga, permite ou proíbe o agir humano. Logo, tanto a *regulação* como a *regulamentação* não dizem respeito ao processo de inovação da ordem jurídica (tema objeto de *direito formal*), mas aos comandos normativos que são veiculados em norma jurídica (tema, pois, de *direito material*)[2]. Explica-se.

II.1 A regulação

4. Em algumas passagens constitucionais prescreve-se que a *regulação* consiste nos comandos normativos veiculados em lei formal (arts. 18, §2º, e 20, §2º, por exemplo) ou em ato infralegal (art. 84, IV, por exemplo). No mesmo sentido, *regulação* também se traduz na competência constitucionalmente atribuída a uma estrutura do Estado, impositiva do dever de produção de comandos normativos destinados a disciplinar o desempenho de serviços públicos (art. 21, XI) ou atividade econômica (art. 174).

Pela ótica constitucional, *regulação* é o conteúdo de norma jurídica produzida pelo Estado voltado a pretender disciplinar o comportamento humano (distinguindo-se, portanto, do processo de produção dessas normas e dos veículos utilizados para introduzi-las no direito positivo).

Neste contexto, valendo-nos na classificação das fontes normativas entre *primárias e secundárias*,[3] a *regulação* poderá ser *primária* ou *secundária*.[4] Aquela integrativa do comando normativo veiculado em lei (item III, adiante) e esta volvida à fiel execução da lei (item II.2).

---

[1] Vocábulos que têm a mesma etimologia, podendo ser considerados expressões sinônimas na linguagem comum.

[2] A essencial distinção entre *direito formal* e *direito material* reside no bem jurídico perseguido. O *direito material* veicula prescrições normativas acauteladoras do bem da vida assegurado pelo sistema normativo (é o direito em si mesmo considerado). Já o *direito formal* se ocupa dos meios normativamente prescritos para persecução do bem da vida a que se refere o *direito material*. Direito material (ou *direito substantivo*, como dizem alguns) é, pois, direito fim; *direito formal* (ou *direito adjetivo*, como preferem outros), é direito meio (instrumental, destarte, à persecução do direito fim). Confira-se, a esse propósito: DINIZ, Maria Helena. *Dicionário jurídico*. Vol. 2. São Paulo: Saraiva, 1998, p. 139 e 169.

[3] Sobre a distinção entre fonte primária e secundária: DINIZ, Maria Helena. Fontes do direito. Enciclopédia jurídica da PUC-SP. Celso Fernandes Campilongo, Alvaro de Azevedo Gonzaga e André Luiz Freire (coord.). Tomo: Teoria Geral e Filosofia do Direito. Celso Fernandes Campilongo, Alvaro de Azevedo Gonzaga, André Luiz Freire (coord. de tomo). 1. ed. São Paulo: Pontifícia Universidade Católica de São Paulo, 2017. Disponível em: https://enciclopediajuridica.pucsp.br/verbete/157/edicao-1/fontes-do-direito.

[4] Como já assinalamos [As Competências Normativas da Agência Nacional das Águas e Saneamento Básico (ANA) em Razão do Advento da Lei Federal 14.026/20. Modificativa do "Marco Legal" do Saneamento. *In:* DAL POZZO, Augusto Neves (org.). *O novo marco regulatório do saneamento básico*. São Paulo: Thomson Reuters Brasil, 2020].

Como se viu, a Constituição aglutina sob o rótulo de *regulação* tanto a *função normativa primária* como a *secundária*.[5] E justamente por esta razão, afirma-se a existência de *regulação normativa primária*[6] e *regulação normativa secundária*.[7]

5. E não vemos na *regulação normativa primária* uma hipótese de transferência de competência normativa parlamentar para inovar o ordenamento jurídico ou mesmo quebra do princípio da legalidade, como adiante esclarecemos.

II.2 A regulamentação

6. Já a *competência regulamentar* (ou *regulamentação*) consiste na prerrogativa de editar atos normativos secundários, volvidos à fiel execução da lei.[8] Neste contexto, o exercício da competência regulamentar impõe-se como um dever, sem o que não se viabiliza o desempenho da denominada *função regulamentar* ou *função regulamentadora*.

Percebe-se, pois, haver coincidência entre os conceitos de *regulação normativa secundária* e *competência regulamentar*: eles designam um mesmo objeto. Por esta razão, reserva-se o conceito de *regulação* aos casos de *regulação normativa primária*.

Examinemos, pois, a figura da *regulação normativa primária* e as hipóteses nas quais ela pode ser exercida no bojo da função administrativa, razão por que passamos a designá-la de *regulação administrativa*.

III Regulação administrativa e regulamentos delegados ou autorizados

7. Ao tratar do conteúdo dos *regulamentos delegados* ou *autorizados*, Oswaldo Aranha Bandeira de Mello enunciou a essência da legítima *regulação administrativa*. Disse ele:

> Os *regulamentos autorizados* ou *delegados* são aqueles emanados pelo Executivo em razão de habilitação legislativa que lhe é conferida pelo Legislativo, porém nos termos dessa determinação de competência, para desenvolver os preceitos constantes da lei de habilitação, que delimita seu âmbito a respeito.
> Alguns autores sustentam que eles se confundem com as ordenanças delegadas. Não obstante, diferenciam-se a delegação do poder de legislar e a autorização para completar os contornos da lei, desenvolvendo-a dentro da órbita circunscrita, e em matéria pertinente à atividade da Administração Pública. Uma coisa é delegar o poder de legislar sobre o direito educacional, e outra é habilitar o Executivo a regulamentar texto de lei em que se

---

[5] Art. 102, I, 'q'.
[6] Celso Antônio Bandeira de Mello, por exemplo, admite a regulação normativa primária a ser realizada pelas agências reguladoras, sob o manto da sujeição especial, tese de que comungamos [*Curso de Direito Administrativo*. 35. ed. São Paulo: Malheiros, 2021, p. 149 (Cap. IV, item 23). No mesmo sentido: CARDOSO, Henrique Ribeiro. *Controle da Legitimidade da Atividade Normativa das Agências Reguladoras*. Rio de Janeiro: Lumen Juris, 2010].
[7] Antes a multiplicidade de referências constitucionais à regulação, bastante variado é o conceito de regulação. Nesse sentido: MEDAUAR, Odete. Regulação e Autorregulação. *Revista de Direito Administrativo*, Rio de Janeiro, v. 228, p. 123-128, abr. 2002. ISSN 2238-5177. Disponível em: http://bibliotecadigital.fgv.br/ojs/index.php/rda/article/view/46658/44479. Acesso em: 23 ago. 2020. DOI: http://dx.doi.org/10.12660/rda.v228.2002.46658;
[8] MENEZES DE ALMEIDA, Fernando Dias. Teoria da Regulação. *In*: CARDOSO, José Eduardo Martins; QUEIROZ, João Eduardo Lopes; SANTOS, Márcia Walquíria Batista dos (org.). *Curso de direito administrativo econômico*. Vol. III. São Paulo: Malheiros Editores, 2006, p. 127 e 128). No mesmo sentido: SILVA, José Afonso da. *Curso de direito constitucional positivo*. 34. ed. São Paulo: Malheiros Editores, 2011, p. 426.

fixam as diretrizes a respeito. Ao levar a efeito essa delegação, o faz na conformidade da matéria de marcada no texto legal.

De certo modo, portanto, os dispositivos complementares, em desenvolvimento, estão virtualmente contidos na lei de habilitação, embora tenha uma força de alterar a ordem jurídica anterior.[9]

Logo, dá-se a <u>legítima</u> *regulação administrativa* quando o objeto ou matéria legislada já estão veiculados e plasmados em lei formal, circunstância em que incumbirá ao Estado, no exercício da função administrativa, desenvolver aquela matéria legislada, conferindo-lhe contornos técnicos e/ou objetivos, sem o que a norma edificada não terá aptidão para irradiar os seus efeitos.

7. Isso não significa dizer que *regulação administrativa* e *regulamento executivo* sejam institutos coincidentes, a despeito da existência de pontos em comum entre eles.

Com efeito, omitindo-se o Estado no exercício destas competências, ter-se-á o mesmo resultado prático e normativo: a norma jurídica veiculada em lei não terá a aptidão de irradiar os seus efeitos.

Sucede que essa inaptidão decorrerá de omissão estatal em distintos <u>planos normativos</u>: (i) a omissão na *regulação administrativa* inviabiliza aplicação da norma, pois os preceitos normativos primários ainda não terão sido plenamente desenvolvidos (como se daria, por exemplo, na omissão do exercício da *regulação administrativa* que acaba por não qualificar substância alguma como "droga", impedindo a materialização do crime tipificado no art. 33 da Lei nº Federal nº 11.343[10]); ao passo que (ii) a omissão na produção de *regulamento executivo* inviabiliza a aplicação da norma — já plenamente desenvolvida no plano normativo primário — pelo agente público no exercício da função administrativa (como se dá, presentemente, na falta de edição de *regulamento executivo* disciplinando a aplicação do registro de preços no âmbito das licitações públicas, após o advento da Lei nº Federal nº 14.133).

Vê-se, pois, que estamos diante de figuras jurídicas induvidosamente distintas.

IV Regulação administrativa e a norma penal em branco

8. Conhecido exemplo de *regulação administrativa* são as denominadas normas penais em branco, cujo preceito normativo primário não está suficientemente desenvolvido em lei formal.

Guilherme de Souza Nucci destaca a legitimidade de esta *regulação* (qual seja: *regulação administrativa*) complementar o *preceito normativo primário* sem que, com isto, sejam vulnerados os princípios da legalidade e da tipicidade. Confira-se o pensamento do autor:

---

[9] *Princípios gerais de direito administrativo.* Volume I: Introdução. 3. ed. São Paulo: Malheiros, 2007, p. 363 e 364 (item 39.3).

[10] "Art. 33. Importar, exportar, remeter, preparar, produzir, fabricar, adquirir, vender, expor à venda, oferecer, ter em depósito, transportar, trazer consigo, guardar, prescrever, ministrar, entregar a consumo ou fornecer drogas, ainda que gratuitamente, sem autorização ou em desacordo com determinação legal ou regulamentar:
Pena - reclusão de 5 (cinco) a 15 (quinze) anos e pagamento de 500 (quinhentos) a 1.500 (mil e quinhentos) dias-multa".

São normas penais em branco aquelas cujo preceito primário é indeterminado quanto a seu conteúdo, porém determinável, além de terem o preceito sancionador determinado (...) quando o complemento da lei penal em branco for a parte essencial da norma, vale dizer, é mais importante conhecê-lo do que a própria descrição da norma penal, não é possível aplicar o art. 3.º, mas sim o art. 2.º [para fins de ultratividade da lei penal] (...) Menciona o art. 268 do Código Penal: 'Infringir determinação do poder público, destinada a impedir introdução ou propagação de doença contagiosa'. A norma é considerada em branco, pois depende de complemento, que é a 'determinação do poder público' no cenário das doenças contagiosas. Caso exista a revogação da referida determinação, porque não se tratava de doença efetivamente contagiosa, é natural que haja a retroatividade benéfica para envolver todos aqueles que estiverem sendo processados — ou tiverem sido condenados — pelo delito, por terem infringido a determinação. Entretanto, caso ocorra a revogação da determinação do poder público, porque a doença contagiosa, que se propagava, cessou de fazê-lo, é certo que o complemento é ultrativo, isto é, aqueles que estiverem sendo processados por terem infringido a determinação devem continuar respondendo pela infração penal. Portanto, o complemento, quando é vago demais, necessitando-se analisar qual é a determinação do poder público e qual foi o motivo da sua revogação, dá margem a aplicações diversas (...) As normas penais em branco apenas conferem a órgão legislador extrapenal a possibilidade de precisar o seu conteúdo, fazendo-o, por inúmeras vezes, com maior rigor e mais detalhes do que os denominados tipos abertos, que dependem da imprecisa e subjetiva interpretação do juiz. Estes seriam, em tese, mais 'imperfeitos' do que as normas em branco.[11]

9. No campo penal, o desenvolvimento de um preceito normativo primário incompleto poderá se aperfeiçoar no mesmo plano normativo — caso em que se tem a denominada norma penal em branco homogênea — ou em plano normativo distinto — caso em que se tem a denominada norma penal em branco heterogênea.[12]

Estribado nesta teoria das normas e tipos penais — em tudo apropriável aos mais variados ramos do Direito —, pode-se afirmar que, no campo do Direito Público, o desenvolvimento do preceito normativo primário por meio da *regulação administrativa* — editada no exercício de função administrativa — é elemento integrante e indissociável daquele próprio preceito,[13] razão por que a norma objeto desta regulação qualifica-se como norma em branco heterogênea.

10. Essa complementação ou desenvolvimento do preceito normativo primário por meio da *regulação administrativa* não vulnera, em tese, o princípio da legalidade, pois o sistema normativo admite que os elementos integrantes da norma jurídica sejam descritos de maneira exaustiva (denominados de tipos fechados ou cerrados) ou de modo genérico (denominados tipos abertos).

Daí por que, ao tratar das normas penais em branco, Aníbal Bruno assentou que "(...) são normas de tipo incompleto, normas em que a descrição das circunstâncias elementares do fato tem de ser completada por outra disposição legal, já existente ou futura (...). Nessas leis existe sempre um comando ou uma proibição, mas enunciados, em geral de maneira genérica, a que só à disposição integradora dará a configuração

---

[11] *Curso de Direito Penal:* parte geral: arts. 1º a 120 do Código Penal. 5. ed. Rio de Janeiro: Forense, 2021, p. 156-159.
[12] Neste sentido: JESUS, Damásio de (atualização ESTEFAM, André). *Direito penal*, vol. 1. 37. ed. São Paulo: Saraiva Educação, 2020. p. 64.
[13] Neste sentido: HUNGRIA, Nélson. *Comentários ao Código Penal*, vol. 1, t. 1. 5. ed. Rio de Janeiro: Forense, 1977, p. 104, n. 7.

específica. A norma integradora estabelece, então, as condições ou circunstâncias que completam o enunciado do tipo da lei em branco".[14]

11. Deste modo, parece-nos induvidoso concluir que a *regulação administrativa* se legitima em nosso sistema normativo em relação às normas em branco, aplicando-se essa sistemática de desenvolvimento do tipo normativo não apenas no campo do Direito Administrativo ou Penal; aplica-se em todos os ramos do Direito.

Se, a pretexto de viabilizar a *regulação administrativa*, o legislador prever verdadeira delegação legislativa sob o disfarçado manto da norma em branco, ela (a delegação disfarçada) deverá ser prontamente fulminada pelo Poder Judiciário, por ofensa à separação e independência entre os poderes.[15]

Neste contexto, vejamos em que medida a *regulação* foi acolhida e disciplinada pela Lei da Liberdade Econômica.

V Regulação administrativa e a Lei da Liberdade Econômica

12. O art. 1º, §4º, da Lei Federal nº 13.874, de 2019, denominada de "Lei da Liberdade Econômica", prevê que as suas disposições — aí incluindo-se o rol da "declaração de direitos de liberdade econômica" — são normas gerais de *Direito Econômico*, passando a balizar a atuação do Estado como *agente normativo* e *regulador* (art. 1º, *caput*). Nessa toada, assinalou a sua observância, "(...) na aplicação e na interpretação do Direito Civil, Empresarial, Econômico, Urbanístico e do Trabalho nas relações jurídicas que se encontrem no seu âmbito de aplicação e na ordenação pública, inclusive sobre exercício das profissões, comércio, juntas comerciais, registros públicos, trânsito, transporte e proteção ao meio ambiente" (art. 1º, §1º).

Vê-se que algumas das matérias referidas não guardam pertinência alguma com o campo reservado à edição de normas gerais — caso, por exemplo, do Direito Civil, do Empresarial e do Trabalho; são, diversamente, da competência legislativa privativa da União (art. 22, I, da CF). Outras matérias arroladas no art. 1º, §1º, da Lei da Liberdade Econômica, reconheça-se, são típicas de normas gerais, caso do Direito Urbanístico e meio ambiente. Derradeiramente, algumas são de interesse eminentemente local, caso da ordenação pública nos Municípios. Sem embargo desta multiplicidade de competências, a Lei da Liberdade Econômica procurou aglutiná-las sob o rótulo de *Direito Econômico* para, assim, submetê-las à disciplina de uma norma geral.

13. A Lei da Liberdade Econômica pretende que suas disposições estribem o agir do Estado no exercício da sua função como agente normativo e *regulador* da ordem econômica. E quais são estas atribuições estatais nesse campo?

Parece-nos[16] que a Constituição da República utiliza o vocábulo *regulação* para designar a competência conferida ao Estado para produzir ato jurídico veiculador de comando normativo primário ou secundário, este último destinado a dar fiel execução

---

[14] *Direito penal*: parte geral, Tomo I. Rio de Janeiro: Editora Nacional de Direito, 1956, p. 198.
[15] Como observou Romeu Felipe Bacellar Filho (BACELLAR FILHO, R. F. Poder normativo de entes reguladores. *Revista de Direito Administrativo*, v. 230, p. 153-162, 2002. DOI: 10.12660/rda.v230.2002.46339. Disponível em: https://bibliotecadigital.fgv.br/ojs/index.php/rda/article/view/46339. Acesso em: 5 jun. 2022.
[16] ZOCKUN, Maurício. As competências normativas da Agência Nacional das Águas e Saneamento Básico (ANA) em razão do advento do advento da Lei federal 14.026, de 2020, modificativa do 'marco legal' do saneamento. *In*: ZOCKUN, Maurício (org.). *O Novo Marco Regulatório do Saneamento Básico*. São Paulo: RT, 2020, p. 307-322.

à lei. E, nos meandros da natural atecnia do poder constituído, em algumas passagens da Constituição da República adota-se essa expressão para se referir tanto à função normativa primária como à secundária. Emerge daí a conclusão no sentido da existência de *regulação* normativa primária e *regulação* normativa secundária. Desse modo, quando o Estado exerce essa competência, ele atua como agente normativo e regulador.

14. A função de agente regulador no seio da Lei da Liberdade Econômica ganha especial importância em relação a alguns temas como, por exemplo, a inovação de produtos e serviços e a normalização técnica.

15. Neste sentido, o art. 39, VIII, do Código de Defesa do Consumidor qualifica como prática abusiva a colocação no mercado de consumo de qualquer produto ou serviço em desacordo com as normas expedidas pelos órgãos oficiais competentes ou, se normas específicas não existirem, pela Associação Brasileira de Normas Técnicas/ABNT ou outra entidade credenciada pelo Conselho Nacional de Metrologia, Normalização e Qualidade Industrial — Conmetro.

A imperiosa observância das normas técnicas de qualidade na fabricação de produtos e prestação de serviços é referida, por exemplo, na Lei nº 8.666/1993 (arts. 3º, §5º, I, e 6º, X), na Lei nº 12.462/2011 (art. 2º, V), na Lei nº 13.303/2016 (art. 42, IX) e na Lei nº 14.133/2021 (arts. 26, 42, I, 46, §3º, 52, §6º, e 92, XIII).

Mas o gênio humano e as consequentes inovações antecedem a edição das normas técnicas que disciplinam a produção e a prestação de serviços. Em diversas situações, no entanto, prevê-se a necessidade de prévia autorização do Poder Público para que o produto ou o serviço seja colocado à disposição do público, a exemplo de medicamentos e vacinas (recordemo-nos do conturbado processo de aprovação do uso das vacinas para imunização da população levado a efeito pela ANVISA).

Fora das hipóteses de prévia aprovação estatal para comercialização de produtos e serviços, a Lei da Liberdade Econômica confere a possibilidade de o particular arguir a desatualização das normas técnicas nacionais para, assim, viabilizar sua colocação à disposição do mercado consumidor. Para tanto, o Decreto nº 10.229/2020 prevê que o particular deverá fundamentar seu pleito identificando a norma técnica nacional supostamente desatualizada, comparando-a com aquela utilizada internacionalmente, indicada em rol taxativo (art. 6º, parágrafo único).

Ao mesmo tempo em que esse decreto prevê que o referido pleito deverá ser apreciado em seis meses — prazo que poderá ser suspenso caso haja necessidade de instrução —, atribuiu-se ao particular a possibilidade de adotar a norma internacional (supostamente mais atualizada que a nacional), condicionada à declaração, em instrumento público, da sua responsabilidade objetiva e irrestrita em relação aos danos eventualmente causados a terceiros pela exploração de atividade econômica em desacordo com a norma técnica nacional (art. 8º, I). Além disso, uma vez exaurido o prazo para apreciação daquele pleito sem decisão final da Administração, defere-se ao particular a adoção da norma internacional em detrimento da nacional.

16. A Lei da Liberdade Econômica pretende evitar que a *regulação* seja utilizada para atingir finalidade distinta daquela para a qual foi concebida, no que a lei denominou de *abuso do poder regulatório*.

Deveras, essa lei proíbe o denominado *abuso do poder regulatório*, medida compreensiva da ilegítima produção normativa que (i) crie reserva de mercado, favorecendo grupo econômico, ou profissional, em prejuízo dos demais concorrentes, (ii) impeça a entrada de novos competidores nacionais ou estrangeiros no mercado, (iii) edifique especificação técnica desnecessária ao atingimento da finalidade pretendida, persecutora do bem comum, (iv) impeça ou retarde a inovação e a adoção de novas tecnologias, processos ou modelos de negócios, ressalvadas as situações consideradas em regulamento como de alto risco, (v) aumente os custos de transação sem demonstração de benefícios, (vi) crie artificial ou compulsoriamente demanda por produto, serviço ou atividade profissional, (vii) imponha limites à livre formação de sociedades empresariais ou de atividades econômicas e (viii) restrinja o uso e o exercício da publicidade e propaganda sobre um setor econômico, ressalvadas hipóteses vedadas na legislação. Apesar de bastante oportunas as limitações trazidas pelo art. 4º da Lei nº 13.874/2019, elas não podem ser interpretadas de modo absoluto. Basta recordar que, segundo o art. 219 da CF: "O mercado interno integra o patrimônio nacional e será incentivado de modo a viabilizar o desenvolvimento cultural e socioeconômico, o bem-estar da população e a autonomia tecnológica do país, nos termos de lei federal".

Assim, é possível impor condições ou limites à entrada de empresas com capital estrangeiro entre nós, caso seja revelado que esta medida é satisfativa do interesse público. Da mesma maneira pode-se impor restrição à publicidade, como já se fez em relação aos produtos nocivos à saúde.

A Lei nº 14.195, de 26.8.2021, incluiu, dentre as garantias de livre-iniciativa, o artigo 4º-A na Lei da Liberdade Econômica, estabelecendo à Administração Pública e às demais entidades, na aplicação da ordenação pública sobre atividades econômicas privadas, os seguintes deveres: I - dispensar tratamento justo, previsível e isonômico entre os agentes econômicos; II - proceder à lavratura de autos de infração ou aplicar sanções com base em termos subjetivos ou abstratos somente quando estes forem propriamente regulamentados por meio de critérios claros, objetivos e previsíveis; e III - observar o critério de dupla visita para lavratura de autos de infração decorrentes do exercício de atividade considerada de baixo ou médio risco. No caso da lavratura de autos de infração ou aplicação de sanções, os órgãos e as entidades competentes editarão, no prazo de 4 (quatro) anos — ou menos, a depender de regulamento do Poder Executivo — (§3º) atos normativos para definir a aplicação e a incidência de conceitos subjetivos ou abstratos por meio de critérios claros, objetivos e previsíveis, observado que: I - nos casos de imprescindibilidade de juízo subjetivo para a aplicação da sanção, o ato normativo determinará o procedimento para sua aferição, de forma a garantir a maior previsibilidade e impessoalidade possível; e II - a competência da edição dos atos normativos infralegais equivalentes poderá ser delegada pelo poder competente conforme sua autonomia, bem como pelo órgão ou pela entidade responsável pela lavratura do auto de infração (§1º).

Daí a feliz conclusão de Luiz Paulo Ferreira Segundo e Mariangela Ferreira Corrêa Tamaso, segundo os quais haveria *abuso do poder regulatório* quando a *regulação* resultar em indevida (i) restrição à concorrência; (ii) restrição à inovação; (iii) restrição à formação de empresas ou de atividades econômicas; (iv) majoração dos custos de transação; e (v) restrição a atividades econômicas de baixo risco.[17]

Eis, pois, uma primeira aproximação entre *regulação* e a Lei da Liberdade Econômica.

---

[17] O abuso do poder regulatório na Lei nº 13.874/2019 (Lei da Liberdade Econômica) – conceito e espécies. *In*: ZOCKUN, Maurício (org.). *Aspectos gerais da Lei de Liberdade Econômica*. Curitiba: Íthala, 2020, p. 45-68.

VI   Direito e economia: *Law and Economics*

a) O Direito não 'nasce' por geração espontânea

17. Aplicar o Direito é interpretá-lo. Isso porque o Direito não irradia automaticamente os seus efeitos sem que haja um ato de vontade tendente a aplicá-lo ou reconhecer a sua incidência em uma situação concreta. Até em relação aos denominados *atos administrativos produzidos sem vontade*, há necessidade de interpretar um comando normativo para, a partir dessa interpretação, instrumentalizar a produção dessa espécie de ato administrativo (o que se dá, por exemplo, com uma placa de trânsito, uma faixa de pedestre, um sinal luminoso etc.).

E não há nada de novo ou genial nessa constatação. Isso porque toda a comunicação humana formalizada por meio de signos demanda que o produtor e o destinatário desses comandos o interpretem. E como o Direito instrumentaliza os seus comandos por meio de signos, aplicar o Direito é interpretá-lo.

b) O "intérprete médio" do Direito

18. Como o Direito pretende proporcionar as condições necessárias para que os comportamentos sociais sejam previsíveis, os destinatários dos comandos legais são os seus intérpretes por excelência. Afinal, se eles não compreenderem o conteúdo, sentido e alcance do comportamento prescrito em vista da ocorrência de uma dada situação, o objetivo do Direito será frustrado.

E por esta razão que a hermenêutica clássica assinala que os primeiros métodos de interpretação são, precisamente, a interpretação gramatical dos comandos (no contexto em que esses comandos foram empregados) e a compreensão dos signos contidos na lei em seu sentido comum ou vulgar. Nada mais razoável. Afinal, como o Direito é construído para ser compreendido pela população em geral, esses dois métodos hermenêuticos proporcionam ao "intérprete médio" um papel de destaque na construção do conteúdo, sentido e alcance dos comandos legais. Isso significa dizer que a população em geral se qualifica como "intérprete médio" do Direito, sendo que o método de interpretação adotado por esses exegetas tem sua relevância jurídica e social.

Quer-se com isso dizer que a interpretação dos comandos normativos não está reservada a um grupo de iniciados (nós, os operadores do direito). Nós podemos interpretar — e é conveniente que façamos isto —, mas assumimos um papel de destaque nas "divididas de bola", campo no qual surgem as dúvidas interpretativas reais e, por força dessas dúvidas, podem emergir o litígio.

c) Quando o "intérprete médio" perde o seu protagonismo hermenêutico?

19. O uso da linguagem natural nas normas jurídica tem a virtude de permitir que um maior número de destinatários compreenda o seu significado. Essa linguagem, no entanto, é usualmente permeada de alta carga de ambiguidade e vagueza, o que se procura reduzir, mas não eliminar, pela utilização da linguagem técnica. Genaro Carriò[18] e Agustín Gordillo[19] já trataram com grande proficiência do tema.

---

[18] *Notas sobre derecho y Lenguaje*. 2. ed. Buenos Aires, 1979.
[19] *Introducción al Derecho*, disponível em: https://www.gordillo.com/pdf/int_der/int_der.pdf.

20. Quando a linguagem natural perde espaço nas normas jurídicas para a linguagem técnica, o "intérprete médio" cede o seu lugar de destaque para o "intérprete qualificado", ainda que estes últimos não raramente adotem critérios inadequados e incoerentes, como Lenio Streck[20] cansa de denunciar.

Como o "intérprete qualificado" entra em campo "na dividida de bola", há casos em que situações jurídicas contrárias à ordem jurídica acabam irradiando os seus efeitos, por muito tempo e para muitos destinatários, inclusive. E como o Direito trata esses casos?

O "intérprete médio", fiado na ideia de previsibilidade e segurança — que justificam a existência do próprio Direito —, poderia concluir que, em casos como esse, valeriam as máximas: "deixa como está", "se mexer, piora" ou, ainda, "pau que nasce torto morre torto". Mas são justamente nesses casos — de "dividida de bola" — que o "intérprete médio" cede espaço para o "intérprete qualificado".

E foram dois notáveis "intérprete qualificados" que deram um tratamento técnico à questão construindo os institutos (i) das "barreiras à invalidação", ideia defendida por Weida Zancaner,[21] e (ii) da "proteção da confiança", pensamento de Almiro do Couto e Silva.[22] Esses dois edificaram os alicerces do que, atualmente, afirma-se ser o "consequencialismo", introduzido em 2018 no art. 20 da LINDB.

VII Consequencialismo, Direito e Economia

a) Convalidação e barreiras à invalidação: as mães do consequencialismo

21. Há tempos se enfrenta no Direito questões relacionadas aos vícios dos atos jurídicos. Em seu "The General Principles of Constitutional Law in the United States of America",[23] Thomas Cooley afirmava que atos contrários à ordem jurídica eram inexistentes e não produziam efeito algum. Entre nós — e a exemplo do que se processou em outras Nações —, a nulidade absoluta dos atos normativos inválidos foi sendo relativizada, pois reconheceu-se a necessidade de estabilização dos efeitos dos atos inválidos pela existência das denominadas "barreiras à invalidação" ou, ainda, pela sua reprodução, desde que fosse possível suprimir o vício que contaminava o ato anterior.

Sucede que as hipóteses de "barreira à invalidação" não são definidas objetivamente na legislação, o que é compreensível, pois o legislador é incapaz de antever a situação nas quais esse tratamento deverá ser dispensado.

O art. 27 da Lei Federal nº 9.868, por exemplo, possibilita a modulação dos efeitos da declaração de inconstitucionalidade "... em vista de razões de segurança jurídica ou de excepcional interesse social...". Notem que os conceitos utilizados pela lei para viabilizar a adoção da "barreira à invalidação" são abertos. Afinal: Qual aspecto da segurança jurídica deve ser considerado para esse fim? Qual o excepcional interesse público em pauta?

---

[20] *Os 10 mandamentos do "Rei do Camarote" (do Direito)*, disponível em: https://www.conjur.com.br/2013-nov-21/senso-incomum-10-mandamentos-rei-camarote-direito/.

[21] *Da convalidação e da invalidação dos atos administrativos*. 3. ed. São Paulo: Malheiros, 2008.

[22] O princípio da segurança jurídica (proteção à confiança) no Direito Público brasileiro. *Revista de Direito Administrativo*, [S.l.], v. 237, p. 271-316, 2004. DOI: 10.12660/rda.v237.2004.44376. Disponível em: https://periodicos.fgv.br/rda/article/view/44376 . Acesso em: 1 jul. 2024.

[23] Disponível em: https://repository.law.umich.edu/cgi/viewcontent.cgi?article=1048&context=books.

Os conceitos adotados na LINDB são igualmente vagos, pois o art. 20 prevê que "nas esferas administrativa, controladora e judicial, não se decidirá com base em valores jurídicos abstratos sem que sejam consideradas as consequências práticas da decisão". Quais as consequências práticas relevantes para esse fim?

22. Pois bem, uma das réguas para a mensuração das consequências das decisões administrativas e judiciais passou a ser, precisamente, a econômica. Ou seja: a preservação ou supressão de atos inválidos (ou dos seus efeitos) poderá tomar como critério os efeitos econômicos virtuosos ou ruinosos que possam advir da decisão judicial a ser tomada. Assim, a Economia e o Direito também dialogam nesse campo, o que fez emergir o campo do *Law and Economics* (como dizem os fãs da adoção de rótulos estrangeiros).

b) O "intérprete qualificado" do Direito é o "intérprete médio" da Economia

23. Ideias relacionadas à Economia estão presentes em mais de 50 passagens na Constituição da República. A Constituição faz referência à "integração econômica", "aproveitamento econômico", "desenvolvimento econômico", "categoria econômica", "poder econômico", "abuso do poder econômico", "zona econômica", "direito econômico", "qualificação econômica", "economia de despesas", "complexo geoeconômico", "economicidade", "economia pública", "conhecimentos econômicos", "ordem econômica", "natureza econômica" e segue.

O "intérprete médio" é capaz de compreender parte desses conceitos, pois existe uma noção ordinária e comum a respeito de Economia. Assim, a primeira ideia que surge ao pensamento do "intérprete médio" a respeito de economia é a moderação de gastos, controle de despesas, uso eficiente dos recursos disponíveis e assim por diante. Se temos contas a pagar, queremos poupar ou saber quanto estamos endividados e como gerenciar essa dívida, temos noções rudimentares de economia. Mas essas noções nos tornam economistas e, portanto, "intérpretes qualificados" nesse campo? Evidentemente não!

Permita-nos dizer o óbvio: nós, operadores do Direito, sabemos tanto de economia quanto o gentil taxista que nos conduz a uma reunião ou tribunal. Melhor dizendo: acreditamos que o taxista possa saber um pouco mais de economia do que nós, pois no curso do dia ele tem que apurar quanto lhe falta para cumprir a meta em vista dos custos diários que incorre e da expectativa de prosseguir na atividade nos dias que virão. Cremos que o gentil taxista é maior conhecedor de economia do que a média dos operadores do Direito.

24. Economista é uma profissão regulamentada,[24] exigente da conclusão de um curso de bacharelado de quatro anos com diretrizes curriculares específicas.[25] Ao lado dos dicionários jurídicos, também existem os dicionários de economia,[26] por exemplo. Como no Direito, existem várias correntes econômicas (pois a Economia não é uma

---

[24] Disponível em: https://www.planalto.gov.br/ccivil_03/leis/1950-1969/l1411.htm.
[25] Disponível em: http://portal.mec.gov.br/cne/arquivos/pdf/2007/rces004_07.pdf.
[26] Disponível em: https://www2.fct.unesp.br/docentes/geo/magaldi/GEO_ECONOMICA_2019/dicionario-de-economia-sandroni.pdf; e https://citrat.fflch.usp.br/sites/citrat.fflch.usp.br/files/inline-files/Cad.%20Terminologia%203_0.pdf.

ciência exata, como esclarece Delfim Neto[27]). As correntes de pensamentos econômicos foram, por exemplo, reproduzidas em um mapa mental disponibilizado pela USP.[28] E isso sem falar dos economistas comportamentais, que procuram explicar a Economia em vista de elementos da Psicologia e, assim, valem-se de uma linguagem mais acessível e palpável ao "intérprete médio". E, por isso mesmo, ganham hordas de seguidores (fazemos referência, muito exemplificativamente, a Daniel Kahneman, Amos Tversky, Richard Thaler, Cass Sunstein, Dan Arielycass e outros).

Ou seja: como é inegável a relação entre Direito e Economia (*Law and Economics*), cada "intérprete qualificado" deveria atuar no seu campo. Assim, se a preservação ou supressão de atos inválidos (ou dos seus efeitos) pode tomar como critério os efeitos econômicos virtuosos ou ruinosos que possam advir da decisão judicial a ser tomada, é importante que um "intérprete qualificado" em Economia seja convocado por um operador do Direito para esclarecer esse ponto.

c) *O "intérprete qualificado" do Direito decidindo com base em resultados econômicos, mas sem ouvir o "intérprete qualificado" da Economia: Law and Economics à brasileira*

25. Recentemente o STF julgou constitucional o Regime Diferenciado de Contratação (RDC) previsto em lei federal.

O que chama atenção nesse julgado? A quantidade de passagens nas quais argumentos econômicos são lançados para justificar a validade da lei veiculadora do RDC. Até aí nenhuma surpresa, pois o Direito acolhe essa possibilidade, já que o julgador deve considerar as consequências práticas da decisão, aí se incluindo seus reflexos econômicos.

Nesse julgamento do STF, afirmou-se, por exemplo, que (i) o RDC é um instrumento de simplificação do processo e criação de incentivos econômicos mais racionais; (ii) que não se pode descuidar da dimensão econômica do RDC, sem os aportes próprios da *Law and Economics*, (iii) que as instituições importam no desenvolvimento econômico e que, portanto, o RDC se prestaria a isso (cita-se, por exemplo, duas publicações econômicas: *Journal of economic growth* e *Journal of Economic Perspectives*); (iv) que na teoria econômica do agente-principal pode-se dar a denominada seleção adversa (*adverse selection*), hipótese na qual o Estado, sem informações precisas sobre a qualidade do que está contratando, prioriza a redução do preço da contratação, em detrimento da qualidade do objeto licitado; (v) que o RDC cria um incentivo econômico ao contratado para que ele zele pela qualidade dos projetos; e (vi) que a remuneração variável representa mecanismo de incremento da racionalidade econômica do contrato administrativo. São considerações econômicas em um julgado da Suprema Corte.

26. Entretanto, só um "intérprete qualificado" em Economia estaria habilitado para afirmar (i) qual a racionalidade econômica buscada por meio do RDC e, ainda, se ela é atingida por meio desse instrumento; (ii) se o RDC efetivamente se presta ao atendimento da ideia segundo a qual "as instituições importam", sob uma ótica econômica, evidentemente; (iii) se a denominada "seleção adversa", pelo ângulo

---

[27] Disponível em: https://www.ipea.gov.br/desafios/index.php?option=com_content&view=article&id=1349:entrevistas-materias&Itemid=41.

[28] Disponível em: https://edisciplinas.usp.br/pluginfile.php/5234973/mod_resource/content/1/As%20Escolas%20de%20Pensamento%20Econ%C3%B4mico.pdf.

econômico, efetivamente ocorre (considerando, uma vez mais, que a Economia não é uma ciência exata); e, parando por aqui, (iv) se a remuneração variável, no caso da RDC, é um mecanismo de racionalidade econômica ou, pelo contrário, pode desaguar em resultado oposto.

Interessa ao questionamento em pauta o seguinte: quem lançou esses pensamentos e afirmou as supostas conclusões econômicas em abono ao RDC? Foi um "intérprete médio" ou um "intérprete qualificado" em Economia? Foi um operador do Direito, que geralmente envereda por esse campo escorado em elementos de "economia comportamental" — como afirmam Mariana Pargendler e Bruno Meyerhof Salama[29] —, cuja compreensão é mais fácil e leva o leitor a equivocadamente acreditar que passou a ser detentor de grande conhecimento no tema.

d) Levando o consequencialismo econômico a sério

27. Nós, operadores do Direito, somos acostumados com argumentos retóricos. Procuramos argumentos que justifiquem a nossa tomada de posição. Se em algumas ocasiões deve-se considerar os efeitos econômicos da decisão para manter ou suprimir um ato jurídico qualquer, temos que acalmar o rábula econômico que habita em nós — pois somos "intérpretes médios" nesse campo — e dar voz aos "intérpretes qualificados".

Afinal, as consequências econômicas das decisões judiciais não podem ser apenas argumentos retóricos. Como "intérpretes médios", temos que realizar a autocontenção e evitar avançarmos no campo das consequências econômicas da manutenção ou supressão dos atos normativos sem "ouvir os universitários", como se diz no jargão.

28. O nosso sistema normativo confere todos os meios para que os "intérpretes qualificados" em economia sejam ouvidos pelos operadores do Direito. É necessário, pois, lastro probatório fornecido por esses "intérpretes qualificados" para que, ao final, seja possível decidir em vista das possíveis consequências econômicas (e essas consequências são possíveis — e não certas —, pois a Economia não é uma ciência exata). Parece que os constitucionalistas-processualistas já se deram conta disto (leia-se Fredie Souza Didier e Rafael Alexandria Oliveira[30]).

29. E o Direito fornece os instrumentos necessários para isso, inclusive em sede de controle concentrado de constitucionalidade. Basta rememorar que o art. 9º da Lei da Ação Direta de Inconstitucionalidade, por exemplo, admite a realização de audiência pública para "... ouvir depoimentos de pessoas com experiência e autoridade na matéria".

Que tal, então, os "intérpretes qualificados" do Direito ouvirem os "intérpretes qualificados" da Economia antes de decidirem com base nos efeitos econômicos virtuosos ou ruinosos que podem advir de uma decisão? E mais: que tal ouvirmos outros "intérpretes qualificados" nos campos em que somos meros "intérpretes médios"?

---

[29] PARGENDLER, Mariana; SALAMA, Bruno Meyerhof. Direito e Consequência no Brasil: em busca de um discurso sobre o método. *Revista de Direito Administrativo*, [S. l.], v. 262, p. 95-144, 2013. DOI: 10.12660/rda.v262.2013.8901. Disponível em: https://periodicos.fgv.br/rda/article/view/8901. Acesso em: 1 jul. 2024.

[30] DIDIER, Fredie Souza; OLIVEIRA, Rafael Alexandria. Dever judicial de considerar as consequências práticas da decisão: interpretando o art. 20 da Lei de Introdução às Normas do Direito Brasileiro. *A&C – Revista de Direito Administrativo & Constitucional*, Belo Horizonte, ano 19, n. 75, p. 143-160, jan./mar. 2019.

Referências

BACELLAR FILHO, Romeu Felipe. Poder normativo de entes reguladores. *Revista de Direito Administrativo*, v. 230, 2002.

BANDEIRA DE MELLO, Celso Antônio. *Curso de Direito Administrativo*. 35. ed. São Paulo: Malheiros, 2021.

BANDEIRA DE MELLO, Oswaldo Aranha. *Princípios gerais de direito administrativo*, Volume I: Introdução. 3. ed. São Paulo: Malheiros, 2007.

BRUNO, Aníbal. *Direito penal*: parte geral. Tomo I. Rio de Janeiro: Editora Nacional de Direito, 1956.

CARDOSO, Henrique Ribeiro. *Controle da Legitimidade da Atividade Normativa das Agências Reguladoras*. Rio de Janeiro: Lumen Juris, 2010.

CARRIÒ, Genaro. *Notas sobre derecho y Lenguaje*. 2. ed. Buenos Aires, 1979.

COUTO E SILVA, Almiro. O princípio da segurança jurídica (proteção à confiança) no direito público brasileiro. *Revista de Direito Administrativo*, [S.l.], v. 237, p. 271-316, 2004. DOI: 10.12660/rda.v237.2004.44376. Disponível em: https://periodicos.fgv.br/rda/article/view/44376. Acesso em: 1 jul. 2024.

DIDIER, Fredie Souza; OLIVEIRA, Rafael Alexandria. Dever judicial de considerar as consequências práticas da decisão: interpretando o art. 20 da Lei de Introdução às Normas do Direito Brasileiro. *A&C — Revista de Direito Administrativo & Constitucional*, Belo Horizonte, ano 19, n. 75, p. 143-160, jan./mar. 2019.

DIDIER, Fredie Souza; Fontes do direito. *Enciclopédia jurídica da PUC-SP*. Celso Fernandes Campilongo, Alvaro de Azevedo Gonzaga e André Luiz Freire (coord.). Tomo: Teoria Geral e Filosofia do Direito. Celso Fernandes Campilongo, Alvaro de Azevedo Gonzaga, André Luiz Freire (coord. de tomo). 1. ed. São Paulo: Pontifícia Universidade Católica de São Paulo, 2017. Disponível em: https://enciclopediajuridica.pucsp.br/verbete/157/edicao-1/fontes-do-direito.

DINIZ, Maria Helena. *Dicionário jurídico*. Vol. 2. São Paulo: Saraiva, 1998.

FERREIRA SEGUNDO, Luiz Paulo; TAMASO, Mariangela Ferreira Corrêa. O abuso do poder regulatório na Lei nº 13.874/2019 (Lei da Liberdade Econômica) — conceito e espécies. *In*: ZOCKUN, Maurício (org.). *Aspectos gerais da Lei de Liberdade Econômica*. Curitiba: Íthala, 2022.

GORDILLO, Agustín. *Introducción al Derecho*. Disponível em: https://www.gordillo.com/pdf/int_der/int_der.pdf.

HUNGRIA, Nélson. *Comentários ao Código Penal*, Vol. 1, Tomo I. 5. ed. Rio de Janeiro: Forense, 1977.

Informação bibliográfica deste livro, conforme a NBR 6023:2018 da Associação Brasileira de Normas Técnicas (ABNT):

ZOCKUN, Maurício; ZOCKUN, Carolina Zancaner. A regulação administrativa, a Lei da Liberdade Econômica e o Law and Economics (à brasileira). *In*: PASQUALINI, Alexandre; CUNDA, Daniela Zago Gonçalves da; RAMOS, Rafael (coord.). *Direito, sustentabilidade e inovação*: estudos em homenagem ao professor Juarez Freitas. Belo Horizonte: Fórum, 2025. p. 507-520. ISBN 978-65-5518-957-5.

PROCESSO ADMINISTRATIVO: SUA RAZÃO DE SER, A CENTRALIDADE DAS LEIS NA DOGMÁTICA DO DIREITO ADMINISTRATIVO E OS MÉTODOS ALTERNATIVOS DE SOLUÇÃO DE CONTROVÉRSIAS

PEDRO ADAMY

A razão da homenagem

No dia 13 de julho de 2023, foi publicada no Diário Oficial da União a Portaria nº 4.313, da Universidade Federal do Rio Grande do Sul. A referida portaria continha minha nomeação como Professor Adjunto de Direito Administrativo na centenária Faculdade de Direito de Porto Alegre.

Uma informação constava da portaria e justifica esta breve introdução: a vaga que eu assumiria era decorrente da aposentadoria do Professor Juarez Freitas. Por essa razão, e tendo em vista a honra em assumir a vaga do tão respeitado Professor, publica-se o artigo elaborado como requisito parcial no concurso de provas e títulos, no qual fui aprovado em primeiro lugar, credenciando-me para a assunção da vaga deixada pelo Professor Juarez Freitas.

Este artigo, portanto, corresponde à primeira fase daquele concurso, que contava com 28 concorrentes inscritos. A primeira fase consistia em prova escrita, sobre um ponto sorteado dente os tópicos gerais do concurso. Após o sorteio, ficou definido o ponto que envolvia o processo administrativo, sua razão de ser, a centralidade da lei na dogmática que versa sobre o Direito Administrativo e os meios alternativos da solução de controvérsias.

Os candidatos tinham, ao todo, apenas quatro horas para a redação do texto, que deveria ser elaborado em forma de artigo científico, podendo realizar consultas à bibliografia tão somente na primeira hora da prova. Após esse período, não era permitida qualquer consulta bibliográfica ou a material externo, qualquer que fosse sua natureza. Importante mencionar que os professores da banca avaliadora fiscalizaram todos os livros e artigos trazidos pelos candidatos, para evitar quaisquer riscos de fraude, garantindo a lisura e seriedade do certame.

Para esta publicação, mantiveram-se a forma, o texto e as referências exatamente como publicadas naquele concurso. Eventuais equívocos e erros, pelos quais assumo inteira responsabilidade, decorrem, ainda que parcialmente, do pouco tempo para a elaboração do texto e da limitação temporal e física aos materiais de consulta.

Deixa-se, portanto, registrado como homenagem o texto elaborado que permitiu a posse na vaga então ocupada pelo Professor Juarez Freitas. Assim como gostaria de deixar registrado o meu mais profundo e sincero agradecimento ao Professor *Alexandre Pasqualini*, meu professor de Direito Administrativo na graduação, a quem, hoje, tenho a imensa honra e enorme alegria de chamar de amigo.

a) Introdução

Visconde do Uruguai inicia seu Ensaio sobre o Direito Administrativo, de 1854, com uma advertência:

> Convenci-me ainda mais de que se a liberdade política é essencial para a felicidade de uma nação, boas instituições administrativas apropriadas às suas circunstâncias e convenientemente desenvolvidas não o são menos. Aquela sem estas não pode produzir bons resultados.[1]

Para ele, que foi um dos primeiros sistematizadores do Direito Administrativo brasileiro, boas instituições administrativas são absolutamente essenciais para o adequado desenvolvimento de uma nação que pretende ser garantidora das liberdades políticas de seus cidadãos.

A advertência, que vem desde o final do século XIX no Direito Administrativo brasileiro, é plenamente aplicável à estruturação de um processo administrativo legítimo, que seja constitucional e legalmente adequado. E isso por algumas razões principais.

Em primeiro lugar, a existência de um processo administrativo atua como limitador dos poderes estatais, uma vez que coloca à disposição dos cidadãos instrumentos por meio dos quais podem contestar e impugnar a atuação administrativa.

Da mesma forma, o processo administrativo atua como um importante instrumento de garantia das liberdades individuais e coletivas, uma vez que pode ser usado sempre que a Administração restringir indevidamente ou violar garantias fundamentais do cidadão.

Ainda, o processo administrativo, entre outras funções que exerce, atua como elemento de fortalecimento da observância dos mandamentos e das formalidades previstas em lei.

Em segundo lugar, a obrigatoriedade de que os procedimentos e as formalidades sejam expressa e claramente definidos na legislação, colocando a lei como centro de

---

[1] SOARES DE SOUZA, Paulino José. *Ensaio Sobre o Direito Administrativo*. Organização José Murilo de Carvalho. São Paulo: Editora 34, 2002, p. 67.

análise do processo administrativo brasileiro, decorre do longo e tortuoso desenvolvimento da prática administrativa, que foi consolidada pela legislação do processo administrativo.

Em terceiro lugar, diante das deficiências do processo administrativo e de processos de controle do Poder Público como um todo — e aqui cabe perfeitamente a advertência de Visconde do Uruguai —, mostrou-se necessária a criação de meios alternativos para a solução de controvérsias no âmbito do Direito Público.

É o que se passa a demonstrar da forma mais objetiva possível.

b) A razão de ser dos processos administrativos: entre limitação e legitimidade

Dada a evolução histórica da relação entre o Estado e o cidadão, pode-se afirmar, com base em Otto Mayer, que os controles sobre a atuação estatal eram fracos ou, na maioria dos casos, inexistentes.[2]

De uma longa e tortuosa evolução, criaram-se mecanismos para a limitação do poder do Estado e de sua atuação, com vistas à proteção dos interesses dos particulares, ainda que pertencentes a uma nobreza com poderes políticos. A necessidade de limitação decorreu, também, do agravamento das relações entre o Estado e a população em virtude das limitações impostas à liberdade e à propriedade dos indivíduos, muitas vezes de maneira arbitrária e injustificada. No entanto, ainda que se possa defender que o processo — incluindo-se o processo administrativo — possui uma função meramente instrumental, não se nega que a existência de processos e procedimentos termina por criar transformações na própria concepção do direito material.

Diante desse cenário, mostrou-se relevante o desenvolvimento da ideia de que a relação entre o Estado e o cidadão não era mais apenas de mando e obediência (*Administração* e *súdito*), mas uma relação consistente em sujeitos que possuem direitos e obrigações recíprocos. Afasta-se a ideia de uma submissão plena do indivíduo ao Estado, e se aproxima da ideia de que ao Estado são conferidas competências e poderes, mas que seu exercício é condicionado ao respeito das previsões constitucionais e legais.

Em virtude dessa nova concepção da atuação do Estado e sua relação com os indivíduos, agora compreendidos como titulares de direitos e obrigações perante a Administração, é que surgem as primeiras práticas que envolvem processos e procedimentos de questionamento da atuação do Estado em face do indivíduo. Se antes o Estado era ilimitado e não poderia errar — como no famoso e excessivamente repetido adágio *The King can do no wrong* —, agora se mostrava obrigatório oferecer ao cidadão os meios para que ele pudesse se defender de uma atuação estatal que julgasse contrária à lei ou aos regramentos jurídicos aplicáveis, ainda que emanados da própria Administração.

É exatamente nesse sentido que vai a lição de Peter Badura, para quem o processo administrativo representa a "corporificação do princípio do Estado de Direito" (*verkörperung des Rechtstaatsprinzip*).[3] O autor alemão segue seu raciocínio, no sentido de que o processo administrativo representa uma forma, dentre tantas outras, pelas quais se manifestam os princípios, deveres e direitos que irradiam do princípio do Estado de Direito. Por essa razão, não se pode falar em verdadeiro e adequado Estado de Direito

---

[2] MAYER, Oto. *Deutsches Verwaltungsrecht*. Berlin, 1895, p. 46.
[3] BADURA, Peter. Verwaltungsverfahren. *In*: *Allgemeines Verwaltungsrecht*. Berlin: De Gruyter, 2022, p. 479.

sem que exista a previsão de um processo administrativo adequado para justificar, fundamentar, limitar e controlar o poder estatal.[4]

Da mesma forma, a legalidade impõe que exista um processo administrativo adequado. Quer isso dizer que a aplicação da legislação de maneira válida, legítima e de acordo com o Estado de Direito depende, em grande medida, da observância dos regramentos processuais aplicáveis à Administração Pública.[5] Em outras palavras, a aplicação da lei pela Administração Pública somente poderá ser considerada legítima e constitucionalmente adequada se houver a estrita observância dos ditames constitucionais e legais que regulam a sua atuação, incluindo as regras que regulam o processo administrativo.[6]

Novamente, para usar lição de um de nossos primeiros administrativistas, Visconde do Uruguai, o "processo ou instrução administrativa, isto é, o complexo das formalidades necessárias para pôr um negócio em estado de ser decidido, reunidos todos os esclarecimentos e provas necessárias para o descobrimento da verdade e da justiça".[7]

A lição, adequada para a época em que foi posta, mostra que, mesmo em seus primórdios, o processo administrativo era concebido como um elemento essencial para uma atuação legítima do Poder Público. Mais modernamente, muda-se o enfoque, mas se mantém o critério central. Atualmente pode-se afirmar, a "verdade e a justiça" são substituídas ao conceber o processo administrativo, em grande medida, como um importante instrumento de controle e limitação do poder do Estado.[8]

Uma famosa frase, falsamente atribuída a muitos autores, mas de autoria de Lord Acton, historiador britânico do século XX, afirma que "o poder corrompe. O poder absoluto corrompe absolutamente". Para que os titulares do poder político e administrativo não abusem ou façam uso indevido ou ilegítimo do poder que a constituição e a lei lhes conferem, pode-se encontrar na previsão do processo administrativo um importante instrumento de limitação do poder. Em outras palavras, o processo administrativo pode ser concebido como uma das mais relevantes formas de limitação da atuação do Estado.

O processo administrativo, portanto, serve como importante instrumento de limitação do poder estatal e de proteção de direitos fundamentais. Assim é que Detlef Horn fala de uma "função de garantia e proteção do processo administrativo" em face dos direitos fundamentais dos cidadãos.[9] O processo administrativo, portanto, pode ser usado pelos indivíduos para a proteção de seus interesses e de seus direitos sempre que entenderem que a atuação estatal fere garantias fundamentais previstas na legislação e na Constituição.

Não quer isso dizer que, em quaisquer casos, a Administração fará o controle da constitucionalidade de sua atuação, com base em previsões constitucionais e garantias fundamentais. No entanto, a sua atuação não é livre a ponto de, de maneira direta e clara, restringir demasiadamente garantias invioláveis, em função de um interesse público a

---

[4] SOBOTA, Katharina. *Das Prinzip Rechtsstaat*. Tübingen: Mohr Siebeck, p. 32.
[5] BADURA, Peter. Verwaltungsverfahren. In: *Allgemeines Verwaltungsrecht*. Berlin: De Gruyter, 2022, p. 478.
[6] BANDEIRA DE MELLO, Celso Antonio. *Curso de Direito Administrativo*. São Paulo: Malheiros, p. 505-506.
[7] SOARES DE SOUZA, Paulino José. *Ensaio sobre o Direito Administrativo*. Organização José Murilo de Carvalho. São Paulo: Editora 34, 2002, p. 67.
[8] JUSTEN FILHO, Marçal. Considerações sobre o processo administrativo fiscal. *Revista Dialética de Direito Tributário*, vol. 33, p. 109.
[9] HORN, Detlef. *Die Grundrechtsunmitelbare Verwaltung*. Tübingen: Mohr Siebeck, p. 107.

ser perseguido. Sempre que isso ocorrer, haverá a via do processo administrativo para a verificação e averiguação da legitimidade e da correção da atuação do Poder Público.

No mesmo sentido, o processo administrativo atua como importante instrumento de publicidade da atuação estatal, de neutralidade e de imparcialidade da atuação dos agentes públicos.[10] Com efeito, os agentes públicos, no uso de suas atribuições, estão permanentemente cientes de que sua atuação poderá ser impugnada, contestada, confrontada, por meio de um processo administrativo, nos termos da legislação aplicável. Por essa razão, ainda que possam existir abusos por parte de agentes públicos, ou quem os faça a vez, certamente a mera existência de instrumentos processuais administrativos ao dispor do cidadão, seja pessoa física, seja pessoa jurídica, implica uma exigência de observância dos ditames legais, sob pena de a própria Administração ser chamada, por meio de um processo administrativo, a revisar seus atos.

O processo administrativo, da mesma forma, pode levar à revisão, invalidação ou nulidade dos atos praticados pela própria Administração. Assim é que o processo administrativo tem o condão de exigir que os agentes púbicos atuem em conformidade com a legislação e com os mandamentos regulatórios, sob pena de verem seus atos julgados e eventualmente invalidados e anulados pela própria Administração de quem fazem parte. Nesse sentido, o processo administrativo atua como um elemento limitador e de controle da arbitrariedade dos agentes públicos. Apoiando-se novamente em um dos primeiros administrativistas brasileiros, "o processo ou instrução contenciosa é estabelecido por leis e regulamentos e exige a observância de certas formalidades cuja violação de importar a nulidade do procedimento havido".[11]

O controle, portanto, exercido por meio do processo administrativo atua tanto no plano dos agentes estatais quanto no plano dos indivíduos. Quer isso dizer que, impugnada ou contestada determinada medida administrativa, e sendo ela mantida pela Administração Pública após o devido processo administrativo, não haverá quaisquer dúvidas sobre a sua legitimidade, do ponto de vista da Administração. Certo é que o cidadão poderá levar a questão ao Poder Judiciário — em virtude do artigo 5º, inciso XXXV —, mas isso não faz com que se retire a competência de a própria Administração revisar a correção de seus atos.

Celso Antonio Bandeira de Mello enumera duas razões adicionais para a razão de ser do processo administrativo. Defende o autor que o processo administrativo atua como importante instrumento para que o cidadão tenha sua voz ouvida, ou seja, para que possa participar ativamente da atividade administrativa que lhe interessa,[12] bem assim, atua como elemento que facilita e favorece a formação de provas posterior à análise judicial da atuação administrativa.[13] Essas duas facetas levariam, de acordo com Bandeira de Mello, a que a Administração pudesse tomar uma decisão mais bem informada sobre o tema objeto do processo administrativo.

Ainda, o processo administrativo tem uma importante função na garantia e no reconhecimento da separação de poderes, prevista como um dos alicerces da organização

---

[10] FEHLING, Michael. *Verwaltung zwischen Unparteilichkeit und Gestaltungsaufgabe*. Tübingen: Mohr Siebeck, p. 93 e ss.
[11] SOARES DE SOUZA, Paulino José. *Ensaio Sobre o Direito Administrativo*. Organização José Murilo de Carvalho. São Paulo: Editora 34, 2002, p. 198.
[12] BANDEIRA DE MELLO, Celso Antonio. *Curso de Direito Administrativo*. São Paulo: Malheiros, 2016, p. 505.
[13] BANDEIRA DE MELLO, Celso Antonio. *Curso de Direito Administrativo*. São Paulo: Malheiros, 2016, p. 506.

constitucional brasileira. Com efeito, a Constituição brasileira determinou que nenhuma lesão ou ameaça de lesão a direito ficará fora da apreciação judicial. Esse ponto poderia levar, em um primeiro pensamento, à irrelevância do processo administrativo, tendo em vista que, ao fim e ao cabo, o Poder Judiciário sempre poderá ser chamado para averiguar a legitimidade e a legalidade da atuação da Administração Pública. No entanto, a análise detida da natureza e das funções do processo administrativo deixa claro que a inafastabilidade da apreciação judicial em nada macula ou retira a importância do processo administrativo. Pelo contrário. A separação de poderes é reforçada sempre que a Administração é impulsionada a decidir se revisa ou não seus próprios atos.

No entanto, deve-se notar que o processo administrativo não atua apenas como limitador do poder estatal. Ele também pode ser compreendido como um importante instrumento de legitimação da atuação da Administração Pública frente os indivíduos.

Com efeito, como afirma Bockmann Moreira, o "processo administrativo é uma relação de administração entre os sujeitos: ente público e outra pessoa física ou jurídica" por meio da qual se dá o "exercício do poder administrativo".[14] O exercício do poder administrativo, portanto, pode ter no processo administrativo um importante aliado na sua adequação e legitimidade.

O processo administrativo se desenvolve no tempo por meio de um conjunto de atos recíprocos entre administração e particular, de forma a permitir que o eventual ato impugnado possa ser examinado à luz de sua legalidade e legitimidade. O processo administrativo, portanto, pode reiterar que todos os dispositivos legais foram observados e que não há quaisquer problemas que poderiam macular a atuação administrativa. A legitimação da atuação do Estado é reforçada depois de uma decisão favorável após a análise de todos os elementos levados ao processo administrativo.[15]

Para Carlos Air Sundfeld as formalidades visam uma função semelhante ao processo judicial, isto é, "visa designar a somatória de trâmites necessários ao desenvolvimento da atividade administrativa".[16] Observados os trâmites, maiores são a legitimidade e as chances de adequação da atuação da administração. Por fim, essa é a lição de Peter Badura, ao defender que o processo administrativo leva ao "exercício dos direitos da administração de forma legítima".[17]

Como visto, o processo administrativo possui diversas razões para ser, exerce diversas e relevantes funções, e, acima de tudo, atua como um importante elemento de limitação do Poder Público e como instrumento de aumento da adequação e legitimidade da atuação administrativa.

c) *A centralidade das leis de processo administrativo na dogmática do Direito Administrativo: entre a vagueza e indeterminação constitucionais e os excessos legislativos*

Qualquer estudante que compulsar os manuais e livros de Direito Administrativo fará uma descoberta bastante simples: a análise do processo administrativo se dá, com

---

[14] MOREIRA, Egon Bockmann. *Processo Administrativo*. Curitiba: Fórum, 2023, p. 32.
[15] JUSTEN FILHO, Marçal. *Curso de Direito Administrativo*. Rio de Janeiro: Forense, 2023, p. 213.
[16] SUNDFELD, Carlos Ari. A importância do procedimento administrativo. *Revista de Direito Público*, vol. 84, p. 71.
[17] BADURA, Peter. Verwaltungsverfahren. In: *Allgemeines Verwaltungsrechts*. Berlin: De Gruyte, 2002, p. 480.

raríssimas exceções, sobre o direito posto, sobre a legislação que regula o processo administrativo.

Essa centralidade, que pode parecer exagerada, tem uma razão de ser. Ainda que existam estudos sobre a importância do processo administrativo, de seus princípios, de sua adequação constitucional, anteriores às atuais leis do processo administrativo, certo é que a prática administrativa não representava elemento importante o suficiente para que bastasse para o desenvolvimento de uma dogmática aprofundada sobre o processo administrativo sem a análise detida dos dispositivos legais.

Historicamente, afirma Badura, a distinção entre direito material e direito processual no âmbito do Direito Administrativo decorre do surgimento de previsões de natureza procedimental na legislação do Direito Público.[18]

Assim é que, com base quase que exclusivamente em dispositivos constitucionais e processuais anteriores à Constituição de 1988, José Frederico Marques, ainda na década de 1950, analisou a relevância do devido processo legal no âmbito da Administração Pública. Da mesma forma, anteriormente à Constituição de 1988, Ada Pellegrini Grinover se debruçou sobre as garantias processuais fundamentais no âmbito do processo administrativo. Da mesma forma, J. J. Calmon de Passos, analisando as Leis nºs 6.825 e 6.830, ambas de 1980, defendia o acesso ao duplo grau de jurisdição como corolário do devido processo no âmbito administrativo.

No entanto, como afirma Carlos Ari Sundfeld, cabe ao legislador exteriorizar e corporificar o devido processo administrativo, em virtude da indeterminação e vagueza dos mandamentos constitucionais do devido processo legal, da ampla defesa e do contraditório.[19] Essa dificuldade semântica, que traz consequências práticas bastante relevantes, leva à obrigação de o legislador prever, em detalhes, como se dará a concretização do devido processo e da ampla defesa e do contraditório, bem assim os demais princípios processuais constitucionais, no âmbito do processo administrativo. Quer isso dizer que o processo administrativo tem seu surgimento marcado menos pela prática administrativa do que pelo surgimento de diplomas legislativos que informam o seu funcionamento.

Exemplo disso é a Lei do Processo Administrativo Federal, que regula o processo administrativo no âmbito da União. Com efeito, a Lei nº 9.784/99 elenca, já em seu artigo 2º, os princípios aplicáveis. *Nota bene:* ainda que se possa reconstruir tais princípios dos dispositivos constitucionais aplicáveis ao processo administrativo, a legislação o faz de maneira expressa, quase que impondo ao estudioso do Direito Administrativo a sua reconstrução dogmática, não mais com base na Constituição, mas, sim, com base na legislação.

Assim é que a lei, logo em seu artigo 2º, prevê, em linguagem e formulação próprias, os seguintes princípios aplicáveis ao processo administrativo:

    a) legalidade;
    b) proteção do interesse público;
    c) impessoalidade;
    d) indisponibilidade do interesse público;

---

[18] BADURA, Peter. Verwaltungsverfahren. *In: Allgemeines Verwaltungsrecht.* Berlin: De Gruyter, 2002, p. 479.
[19] SUNDFELD; Carlos Ari. *Fundamentos do Direito Público.* 5. ed. São Paulo: Malheiros, p. 176.

e) impessoalidade;
f) publicidade e divulgação;
g) moralidade;
h) razoabilidade e proporcionalidade;
i) motivação;
j) segurança jurídica;
k) informalismo;
l) ampla defesa e contraditório;
m) gratuidade;
n) oficialidade;
o) vedação de aplicação retroativa.

A lista demonstra que, ao estudioso do processo administrativo, restam dois caminhos: manter-se no altiplano constitucional, reconstruindo os princípios aplicáveis ao processo administrativo a partir das previsões constitucionais, ou analisar detida e cuidadosamente a legislação, para que se possa reconstruir todas as consequências normativas das previsões existentes na legislação.

Assim, a construção da dogmática ocorre com base na lei por ser ela que estabelece, em grande medida, todos os elementos do processo administrativo. Ainda que o costume e a prática administrativa possam ter alguma relevância, como é o caso da previsão do artigo 100, inciso III, do Código Tributário Nacional, é a lei que determinará todos os elementos, relegando a prática administrativa a uma posição secundária.

Outro elemento que deve ser levado em consideração. A Administração Pública, salvo raras exceções, como mostram as discussões envolvendo o controle exercido pelo Tribunal de Contas da União, não faz controle de constitucionalidade. Dessa forma, ao estudioso do Direito Administrativo se mostra mais adequada a análise da legislação, que pode e deve ser interpretada e aplicada pela Administração Pública, do que eventuais reconstruções diretas do texto constitucional que não poderão ser objeto de análise em grande parcela dos processos administrativos.

Por fim, um exemplo é esclarecedor. O saudoso Professor Almiro do Couto e Silva publicara estudos seminais sobre a legalidade e a proteção da confiança no âmbito da Administração Pública. Foi, no entanto, com o surgimento da Lei do Processo Administrativo da União que ele novamente volta ao tema, para publicar um de seus mais importantes estudos: a análise dos fundamentos e das consequências normativas do artigo 54 da Lei nº 9.784/99.[20]

Esse exemplo demonstra que, ainda que não seja intencional, a positivação legal no âmbito do processo administrativo representa um ponto de inflexão, a partir do qual a análise deixa de ser meramente teórica ou com base em princípios vagos previstos na Constituição e passa a se debruçar sobre dispositivos legais que concretizam tais princípios.

---

[20] COUTO E SILVA, Almiro. O princípio da segurança jurídica no direito público brasileiro e o poder da Administração Pública de anular seus próprios atos administrativos: o prazo decadencial do artigo 54 da Lei do Processo Administrativo da União. In: *Conceitos Fundamentais do Direito no Estado Constitucional*. São Paulo: Malheiros, p. 43 e ss.

Essa reconstrução com base na lei em nada altera a relevância do estudo do Professor Almiro, ou a importância normativa do princípio da segurança jurídica. Apenas demonstra que a legislação ainda possui um papel central na dogmática do Direito Administrativo quando se trata de descrever, analisar, reconstruir, criticar ou sugerir mudanças no processo administrativo brasileiro.

d) Métodos alternativos de solução de conflitos: uma visão nada romântica do controle judicial

Em 2020, um juiz federal de Macapá afastou toda a Diretoria da Agência Nacional de Energia Elétrica — ANEEL e toda a diretoria do Operador Nacional do Sistema — NOS. Segundo a decisão, posteriormente revertida, o apagão elétrico ocorrido no Estado do Amapá era responsabilidade tanto da Agência quanto do Operador e, por essa razão, deveriam ser afastados para averiguação de suas responsabilidades pessoais e funcionais.

A decisão é simbólica de uma concepção de controle que não leva em consideração quaisquer consequências ou efeitos sobre um sistema tão complexo quanto intrincado, como é o setor elétrico.

A decisão demonstra que, em certos casos, mostra-se vantajoso, eficiente e adequado, tanto para a Administração Pública quanto para os indivíduos envolvidos, a previsão de soluções alternativas ao Poder Judiciário para eventuais conflitos ou controvérsias surgidas no âmbito das relações administrativas.

A utilização de meios alternativos para a solução de conflitos no âmbito administrativo também possui outros fundamentos. Em primeiro lugar, o Poder Judiciário é reconhecidamente lento para a solução de problemas. Independentemente das razoes para a sua morosidade, o fato é que parcela relevante das discussões em matéria de Direito Administrativo leva anos, quando não décadas, para serem decididas.

Em segundo lugar, parcela substancial da atuação administrativa é composta de matérias e assuntos técnicos, que exigem reconhecimento especializado. Por essa razão, em muitos casos, torna-se mais adequado ter suas controvérsias julgadas por técnicos com reconhecida capacidade, do que por juízes recém-aprovados em um concurso público.

E terceiro lugar, muitas controvérsias em matéria de Direito Administrativo surgem em virtude da complexidade dos temas envolvidos.[21] A mera compreensão do sistema elétrico brasileiro, ou do sistema de saneamento, ou mesmo da regulação de águas, exige anos, décadas de estudos. Por essa razão, em grande parcela dos casos, torna-se mais adequado que, uma vez mais, técnicos que conhecem a matéria sejam chamados a resolver problemas extremamente complexos, com consequências as mais diversas, muitas delas que podem ter efeitos sistêmicos no país.

Em quarto lugar, em uma lista que poderia se alongar, pode-se mencionar a existência de decisões absolutamente arbitrárias, sem fundamentos condizentes ou com fundamentação vaga ou insuficiente. As mudanças operadas na LINDB, com a inclusão de vedações de decisões com fundamentos vagos, ou que desconsiderem seus impactos e consequências, são demonstração dessa realidade.

---

[21] JORDÃO, Eduardo. *Controle de uma Administração Pública complexa* São Paulo: Malheiros, 2016, *passim*. JORDÃO, Eduardo. *Estudos antirromânticos do controle do Poder Público*. Salvador: Juspodivm, 2021, *passim*.

Por essas razões, é crescente no Brasil a utilização de meios alternativos para a solução de controvérsias no âmbito da Administração Pública. Ainda que exista a previsão da inafastabilidade da apreciação judicial, expressa no artigo 5º, inciso XXXV, do texto constitucional, o fato é que o Supremo Tribunal Federal já declarou a constitucionalidade da cláusula arbitral, de forma que não há violação ao referido dispositivo constitucional.

Nesse sentido foi que a Lei nº 11.196/2005 introduziu o artigo 23-A na Lei nº 9.887/95 para expressamente autorizar a arbitragem com a Administração Pública. Dessa forma, com a chancela legal autorizativa, não havia mais dúvidas sobre o cabimento da arbitragem com o Poder Público.

A Lei nº 13.448/2017 resolve outra objeção comum entre aqueles estudiosos que negam a arbitragem à Administração Pública. Com efeito, a referida lei vem definir que podem ser considerados direitos patrimoniais disponíveis no âmbito da Administração Pública.

Determinou a legislação que serão passíveis de inclusão em cláusula arbitral as matérias consideradas como disponíveis, dada sua natureza de direito meramente patrimonial, as discussões que envolvam a recomposição do equilíbrio econômico-financeiro dos contratos administrativos, as indenizações decorrentes da atuação de quaisquer partes envolvidas e, por fim, eventuais discussões sobre o inadimplemento de obrigações contratuais por quaisquer das partes envolvidas.

Da mesma forma, a Lei nº 14.133/21, regulando os contratos administrativos de colaboração, previu que são possíveis de serem utilizados meios alternativos para a solução de controvérsias que eventualmente advenham de tais contratos. O artigo 151 da referida lei elenca a mediação, o comitê de prevenção e resolução de conflitos e a arbitragem como instrumentos passíveis de serem utilizados para a solução de conflitos entre a Administração e o particular nos referidos contratos.

Ainda, o parágrafo único do artigo 151 prevê que são direitos patrimoniais disponíveis e, portanto, sujeitos à solução por meios alternativos de discussões sobre o equilíbrio econômico-financeiro, sobre o inadimplemento de obrigações de quaisquer das partes e sobre o cálculo das indenizações eventualmente devidas.

Uma importante limitação à utilização da arbitragem foi estipulada pela legislação. Para afastar eventuais riscos não desejáveis, a legislação definiu a obrigatoriedade de que a arbitragem seja realizada em língua portuguesa e em território brasileiro, perante a Câmara Arbitral que respeita a legislação brasileira.

Ainda, deve-se notar que a Súmula 485 do STJ prevê a possibilidade de que a arbitragem seja aplicada mesmo a contratos que contenham a cláusula arbitral, mesmo que tenham sido celebradas antes da edição da lei. Esse caminho possibilita que os atuais contratos sejam analisados ou, eventualmente, aditados para incluir a arbitragem como meio de solução de conflitos.

Por fim, deve-se mencionar a Lei nº 13.140/15, que prevê a mediação realizada por um terceiro imparcial, sem poder decisório, mas que estimula a desenvolver entre as partes soluções consensuais para a solução da controvérsia. O artigo 32 da referida lei prevê expressamente a possibilidade de utilização para a resolução de conflitos no âmbito do Direito Administrativo.

Ainda que não representem meios alternativos de solução de conflitos, é crescente a utilização de consultas e audiências públicas no âmbito da Administração Pública, com vistas a aprimorar a sua atuação. Tais instrumentos elevam a participação da população interessada e, como consequência, leva a uma menor rejeição da decisão administrativa.

e) Conclusão

Como demonstrado, o processo administrativo possui diversas razões de ser, ou seja, ele desempenha funções essenciais na limitação, no controle e na legitimação da atuação do Poder Público.

Da mesma forma, ficou demonstrado que no âmbito do processo administrativo a lei possui papel central, seja pela indeterminação dos direitos constitucionais, seja pela necessidade de aplicação da lei no âmbito da Administração Pública.

Por fim, demonstrou-se que a utilização de meios alternativos decorre de problemas existentes no controle efetuados pelo Poder Judiciário, bem como se analisou como a legislação permite à Administração a utilização de meios alternativos de solução de controvérsias, incluindo questões relevantes dentre os direitos patrimoniais disponíveis.

Informação bibliográfica deste livro, conforme a NBR 6023:2018 da Associação Brasileira de Normas Técnicas (ABNT):

ADAMY, Pedro. Processo administrativo: sua razão de ser, a centralidade das leis na dogmática do Direito Administrativo e os métodos alternativos de solução de controvérsias. *In*: PASQUALINI, Alexandre; CUNDA, Daniela Zago Gonçalves da; RAMOS, Rafael (coord.). *Direito, sustentabilidade e inovação*: estudos em homenagem ao professor Juarez Freitas. Belo Horizonte: Fórum, 2025. p. 521-531. ISBN 978-65-5518-957-5.

DESBUROCRATIZAÇÃO E SIMPLIFICAÇÃO DA LEGISLAÇÃO URBANÍSTICA COMO ELEMENTO INDUTOR DE SUSTENTABILIDADE

PEDRO NIEBUHR

RAQUEL IUNG SANTOS

PEDRO DUARTE

1 Introdução

Não há como falar em desenvolvimento sustentável, hoje, sem incluir o espaço urbano no centro dos debates. A Organização das Nações Unidas estima que a população urbana crescerá em até 2,2 bilhões de pessoas até o ano de 2050.[1] No Brasil, 85% de todos os habitantes já residem em espaços urbanos e estima-se que até 2030 esse índice alcançará 91% da população.[2]

Com a maior parte das pessoas residindo nas cidades, é natural ver nos espaços urbanos as manifestações mais claras e contundentes dos problemas sociais, econômicos e ecológicos que vêm surgindo nas últimas décadas. Esse crescimento urbano acelerado impõe desafios significativos às políticas públicas de sustentabilidade.

Um dos maiores e mais recorrentes problemas no desenvolvimento urbano desenfreado é o número de habitações irregulares, edificadas sem o aval do poder público. Estimativas apontam que cerca de 82% de todas as obras no país tenham sido

---

[1] Disponível em: https://news.un.org/pt/story/2022/06/1794212#:~:text=O%20Programa%20das%20Na%C3%A7%C3%B5es%20Unidas,bilh%C3%B5es%20de%20pessoas%20at%C3%A9%202050.

[2] Disponível em: https://news.un.org/pt/story/2016/10/1566241.

realizadas sem a devida aprovação dos órgãos competentes.[3] Esse fenômeno, apesar de bastante disseminado, afeta desproporcionalmente as populações de baixa renda, que costumam residir em regiões periféricas, de risco, desprovidas de infraestrutura urbana e serviços públicos básicos.

O grande número de edificações irregulares nas cidades se deve, em grande parte, à burocracia do procedimento necessário para executar uma obra nos termos da lei e aos parâmetros construtivos irracionais exigidos da população. A legislação urbanística vigente na grande maioria dos municípios brasileiros está desatualizada e não é capaz de atender as demandas socioeconômicas atuais.

Essas leis reproduzem um modelo antigo que não mais condiz com a realidade; são extremamente complexas e detalhistas e exigem dos cidadãos padrões de construção inadequados às verdadeiras necessidades urbanas. Processos administrativos extremamente burocráticos e parâmetros materiais irracionais são fatores que dificultam e encarecem o licenciamento urbanístico de obras.

Barreiras como essas não apenas desestimulam o crescimento urbano e inibem investimentos imobiliários, mas também impedem o acesso das populações de baixa renda à moradia regular. Os municípios gastam tempo e dinheiro analisando critérios que não interessam à dinâmica urbanística da cidade e com isso comprometem os esforços do Poder Público com o exame de exigências supérfluas e desnecessárias.

Para aqueles que conseguem adequar seus projetos às minúcias exigidas pelo Poder Público, a lei demanda ainda um longo e custoso processo administrativo para a concessão das licenças necessárias. Se por um lado essa burocracia é um obstáculo a ser vencido por grandes empreendedores, que dispõem da expertise técnica e dos meios financeiros para cumprir todas as exigências municipais a fim de aprovar e executar seus projetos, por outro, a população de baixa renda é desproporcionalmente excluída da regularidade por não possuir os meios para atender essas mesmas exigências.

Tais entraves administrativos desestimulam os indivíduos a seguirem o caminho da regularidade. Quando confrontados com leis extensas e complexas, exigências técnicas irracionais e inexequíveis, além de um longo, custoso e complicado procedimento administrativo, os cidadãos são induzidos à irregularidade.

Como sustentabilidade, em larga medida, pressupõe conformidade regulatória, torna-se imprescindível reverter o quadro ora exposto. É necessário simplificar as normas urbanísticas e desburocratizar os procedimentos administrativos de licenciamento para, com isso, estimular a adesão da população às exigências legais e trazer para a regularidade a população, especialmente a mais vulnerável.

Essa já é uma tendência a nível global. Países como Estados Unidos, Portugal, Espanha, Itália, Inglaterra e Alemanha, apenas para citar alguns, buscam simplificar normas, acelerar e racionalizar procedimentos, no intuito de promover uma atuação estatal mais útil e efetiva, reduzir práticas contraproducentes e, com isso, facilitar a relação dos cidadãos com a Administração Pública.[4]

A desburocratização das leis urbanísticas promove um ambiente regulatório mais transparente e acessível. Isso permite ao Estado acompanhar o acelerado

---

[3] Disponível em: https://www.caumg.gov.br/pesquisa-datafolha-cau-2022/.
[4] D'OLIVEIRA, Rafael Lima Daudt. *A simplificação no direito administrativo e ambiental*. Rio de Janeiro: Lumen Juris, 2020, p. 20.

desenvolvimento urbano e reduz custos associados a processos administrativos complexos, tornando inclusive a implementação de tecnologias sustentáveis mais viável economicamente. A simplificação da legislação e a desburocratização dos procedimentos de licenciamento são estratégias importantes para a promoção de um ambiente urbano sustentável e inclusivo, adequado às demandas atuais.

2 O papel da legislação urbanística no desenvolvimento sustentável das cidades

O conceito de sustentabilidade é bastante amplo. A doutrina concorda que se trata de um termo polissêmico, multidimensional, que contempla aspectos ambientais, sociais e econômicos da vida humana,[5] e propõe um modelo de desenvolvimento equilibrado, que concilie todas essas vertentes.

A sustentabilidade tem sido uma pauta central de discussões internacionais nas últimas décadas, em reflexo à crescente preocupação mundial com um modelo de desenvolvimento que garanta o bem-estar social e o crescimento econômico sem comprometer recursos naturais ou prejudicar o meio ambiente.[6]

No intuito de promover o desenvolvimento sustentável a nível global, a Organização das Nações Unidas criou uma série de pactos destinados à promoção de práticas sustentáveis concretas. O principal deles é a Agenda 2030, na qual foram instituídos os 17 Objetivos de Desenvolvimento Sustentável (ODSs), detalhados num total de 169 metas que devem orientar a atuação dos países signatários até 2030.

Além de figurar tangencialmente nos objetivos voltados ao fornecimento de água (ODS 6) e infraestrutura (ODS 9), o espaço urbano é o elemento central do ODS 11, que estabelece o compromisso dos países signatários para "Tornar as cidades e os assentos humanos inclusivos, seguros, resilientes e sustentáveis".

A concretização do Objetivo de Desenvolvimento Sustentável nº 11 depende, em grande parte, das políticas públicas e leis implementadas nos países signatários. É a legislação urbanística que define as condições de acesso ao solo, os parâmetros de infraestrutura, habitação e prestação de serviços básicos, e orienta o desenvolvimento urbano. Sem regulações efetivas e coerentes, o rápido crescimento da malha urbana pode agravar problemas socioeconômicos e ambientais já existentes.

Uma boa legislação urbanística garante previsibilidade e ordem no desenvolvimento urbano, cria uma estrutura estável e inclusiva, e concilia interesses públicos e privados.[7] A qualidade de uma lei é medida principalmente por sua capacidade de realizar os

---

[5] São as chamadas "três dimensões clássicas" da sustentabilidade (CANOTILHO, José Joaquim Gomes. O princípio da sustentabilidade como princípio estruturante do direito constitucional. *Revista de Estudos Politécnicos*, vol. VIII, n. 13, p. 8, 2010).

[6] "[...] o desenvolvimento sustentável refere-se às consequências que as relações entre a economia e o ambiente têm na qualidade de vida e no bem-estar da sociedade (presente e futura), de onde resulta que, a par de uma vertente econômica e de uma vertente ambiental, este princípio assume igualmente uma importante e incontornável dimensão (vertente) social, apresentando-se, assim, como o garante do justo equilíbrio entre o progresso económico, a coesão social e a sustentabilidade ambiental". (OLIVEIRA, Fernanda Paula. Planejamento Urbanístico e Sustentabilidade Social. *In*: Estudos em Homenagem ao Prof. Doutor José Joaquim Gomes Canotilho, sol. IV, Studia Iuridica 105, Universidade de Coimbra, Coimbra, 2012, p. 501).

[7] ONU. Rules of the game: urban legislation. United Nations Human Settlements Programme. 2016. Disponível em: https://unhabitat.org/rules-of-the-game-0. Acesso em: 27 maio 2024.

objetivos das políticas públicas que motivaram sua criação. Para isso, é preciso que as normas sejam desenvolvidas a partir de análises realistas das demandas do espaço urbano para o qual se destinam, e dos recursos disponíveis para supri-las.

Se por um lado a legislação urbanística tem o potencial para promover o desenvolvimento urbano sustentável, leis ultrapassadas podem ter um efeito inverso sobre o crescimento da cidade e perpetuar problemas existentes. Normas que não condizem com a realidade costumam ser inefetivas e, nessa medida, tendem a replicar práticas prejudiciais ao pleno desenvolvimento das cidades e comprometer a qualidade de vida de seus habitantes.

Se uma lei é muito complexa, se os parâmetros legais são inexequíveis, se o procedimento de controle é longo e custoso e se sua fiscalização é ineficiente, a tendência é que os cidadãos não sigam as normas impostas. As pessoas que residem em moradias irregulares, geralmente a população de baixa renda, não têm acesso a garantias legais de propriedade e muitas vezes não contam com infraestrutura e serviços públicos adequados. Negócios se desenvolvem à margem da lei. Investimentos são afugentados. Esse cenário tende a agravar as desigualdades sociais já existentes e, como um todo, compromete o desenvolvimento sustentável do espaço urbano.

O problema é que, como regra, a legislação urbanística foca muito em burocracia, em detalhes irrelevantes ao interesse público. Aquilo que é fundamental acaba se perdendo no meio de um emaranhado de regulação e se torna secundário.

Para ser efetiva, a legislação urbanística deve ser clara e adequada à realidade. Leis desatualizadas, rígidas, que não refletem as demandas dos cidadãos nem reconhecem as peculiaridades locais não são capazes de enfrentar desafios atuais ou futuros e levam a população e o mercado à informalidade.

O desenvolvimento urbano sustentável exige a revisão de exigências restritivas, excludentes e custosas e a criação de uma estrutura normativa inteligente, adequada à realidade e às práticas existentes nas cidades.

3 O movimento pela simplificação de normas urbanísticas

O Estatuto da Cidade (a Lei nº 10.257/2001) é o principal marco regulatório da política urbana no Brasil e é referência mundial no planejamento do uso do solo, ordenamento do desenvolvimento urbano e promoção da função social da propriedade.[8] Nele estão previstas as diretrizes gerais para a edição de leis urbanísticas e os instrumentos de planejamento e gestão à disposição dos municípios.

Entre os objetivos da política urbana, o artigo 2º do Estatuto elenca a "simplificação da legislação de parcelamento, uso e ocupação do solo e das normas edilícias, com vistas a permitir a redução dos custos e o aumento da oferta dos lotes e unidades habitacionais" (inciso XV).

A demanda por simplificação da legislação urbanística, portanto, não é novidade alguma. É uma diretriz de planejamento urbano prevista no Estatuto da Cidade há mais de 20 anos. O problema é que muito pouco se fez desde então.

---

[8] LIMA, Evandro Gonzalez et al. Smart and Sustainable Cities: The Main Guidelines of City Statute for Increasing the Intelligence of Brazilian Cities. Sustainability 2020, 12, 1025.

A legislação urbanística municipal é composta, tipicamente, pela lei do plano diretor, pelo código de edificações/obras e de posturas, normas sobre parcelamento e leis a respeito do zoneamento, uso e ocupação do solo. E a elas se agregam outras, como legislação ambiental, de saneamento básico, acessibilidade, mobilidade, desenvolvimento econômico, proteção do patrimônio histórico etc.

Tome-se, como exemplo do contexto pela simplificação, a legislação de controle edilício.

Boa parte dessa legislação, principalmente nos municípios de médio e grande porte, foi originalmente criada nas décadas de 1970 e 1980. Naquele momento, provavelmente fazia sentido, para muitos, reputar que competia ao Poder Público intervir de forma mais intensa na atividade edilícia privada. As cidades estavam crescendo exponencialmente e, sem uma orientação firme do legislador, a atividade edilícia poderia se tornar caótica. A percepção que parece ter vigorado assentava-se na premissa de que os particulares não saberiam, sem uma firme orientação do Poder Público municipal, projetar e executar adequadamente suas obras. Como os particulares provavelmente não saberiam fazê-lo, o Poder Público deveria assumir essa tarefa e assegurar, nessa ordem de ideias, o conforto e a funcionalidade das edificações, inclusive. Tudo isso através de um rigoroso processo de licenciamento e autorização.

A complexidade e estrutura burocrática da legislação de edificações e obras parecem não ter sido reputadas, originalmente, como um problema. As leis criadas nessa primeira geração de normas urbanísticas refletiam a percepção que se tinha sobre o papel do Estado na regulação das atividades privadas e respondiam a uma demanda daquele tempo.

Posteriormente, entre as décadas de 1990-2000 e 2000-2010, outras duas gerações de leis urbanísticas foram se consolidando. A tônica, entretanto, foi o ajuste na legislação vigente e a regulamentação de novos institutos urbanísticos, especialmente a partir do contexto de elaboração do Estatuto da Cidade, promulgado em 2001. A característica das gerações mais recentes de leis urbanísticas foi, essencialmente, a manutenção da estrutura e do padrão legislativo anterior, que, recorde-se, era complexa e extremamente burocratizada.

O ponto é que o mundo hoje é muito diferente do que era nos anos 1980. É muito diferente de 2010, para ser sincero.

Quando a primeira geração de legislação urbanística municipal se consolidou, a comunicação ainda era feita por telefone fixo. Os processos eram analógicos, físicos. Não se conhecia, a bem da verdade, forma distinta do controle de atividades privadas, senão pelo meio, *pro forma*. Mal se falava em controle por resultado. Confiava-se, quase que de forma irrefletida, no Poder Público como uma legítima fonte de regulação racional de atividades privadas.

O mundo hoje é muito diferente.

A comunicação é instantânea, por diversos meios. Os processos são todos digitais, sequer existem fisicamente. As atividades humanas se diversificaram muito, as demandas da sociedade e do setor econômico foram se tornando cada vez mais diversificadas e rápidas. Muito mais rápida do que a capacidade de o Poder Público as antecipar. Atualmente, almeja-se um controle de atividades privadas mais inteligente do que um simples *check list* de documentos e papéis. Em uma sociedade madura, esclarecida, a pressão é por mais liberdade, que o Estado preserve a autonomia das pessoas e a capacidade de fazer suas próprias escolhas, atribuindo-lhe os riscos e ônus de suas escolhas.

De modo geral, as demandas socioeconômicas atuais são quase que completamente diferentes daquelas observadas no contexto original de criação das leis municipais. As cidades de hoje são muito mais complexas do que as que existiam há 40 anos. As leis criadas nessas gerações anteriores de normas urbanísticas, primeiro nas décadas de 1970 e 1980, mais tarde em 1990 e 2000, e mais recentemente entre 2000 e 2010, embora relativamente adequadas para as demandas de suas épocas, não refletem mais as necessidades e as complexidades das cidades contemporâneas.

Como resultado, há uma crescente demanda para que o Poder Público reavalie essas normativas e implemente um controle mais inteligente da atividade edilícia, focando menos na burocracia e mais naquilo que é realmente útil e de interesse da coletividade.

4 O caso específico da legislação de controle edilício

A rigor, caberia à legislação de controle edilício tratar de parâmetros construtivos que têm interface relevante à dinâmica urbanística do município, a fim de garantir que as obras e novas edificações estejam em harmonia com a cidade. Os pormenores e opções arquitetônicas dos projetos não deveriam ser objeto de minuciosa análise pelo Município porque dizem respeito, como dito, às escolhas, possibilidades e preferências pessoais das pessoas e das empresas,

Os códigos de obras e edificações deveriam conceber mecanismos eficientes de controle prévio da atividade edilícia, também focando nas intervenções que, de fato, sejam importantes para a coletividade. O licenciamento urbanístico deveria ser simples, fácil e rápido, para que as pessoas não o viessem como mero entrave à satisfação de suas necessidades e fossem por isso estimuladas a aderir à conformidade.

A legislação de controle edilício também deveria prever ainda um adequado modelo de fiscalização de obras e intervenções para permitir uma adequada detecção da situação desconforme, a aplicação de medidas cautelares administrativas tendentes a assegurar a boa ordem urbanística e a responsabilizar, de fato e com rigor, o infrator. O controle sucessivo deveria ser estruturado para dissuadir o comportamento desconforme, pela relevância e exemplo.

Todavia, historicamente os códigos de obras e edificações têm falhado em praticamente todos os seus objetivos, ou, na melhor das hipóteses, não conseguem realizá-los para parcela significante da cidade e população.

Muitos municípios mantêm ou escolhem, aleatoriamente, parâmetros construtivos controvertidos que passam a ser impostos à população e ao mercado. Muitas leis municipais veiculam, por exemplo, regras sobre tamanho de portas e janelas, dimensionamento de compartimentos internos etc., que não guardam nenhuma relação com o interesse da coletividade. Essas estipulações alijam da conformidade parcela relevante da população que não as consegue atender. Também, com frequência, são dissociadas das demandas de mercado e acabam restringindo, sem critério legítimo de discriminação (a não ser preferências pessoais), a liberdade econômica e livre-iniciativa.

Os servidores responsáveis pela análise e aprovação dos projetos comprometem boa parte de seus esforços com a verificação de detalhes internos que não interessam à segurança da edificação ou à dinâmica urbanística da cidade. Leis edilícias defasadas não levam em consideração que exigências técnicas para projetos e execução das obras atualmente já são disciplinadas por normativas de outros órgãos e esferas competentes, como a Associação Brasileira de Normas Técnicas (ABNT), essas sim em condições muito melhores do que os municípios para estipular parâmetros mínimos a fim de garantir a solidez, segurança e salubridade da edificação.

Em outro passo, os procedimentos de fiscalização e medidas de sanção também costumam ser inoperantes. Não é incomum ver um embargo administrativo ser desrespeitado. As sanções pecuniárias não funcionam como real elemento dissuasório do comportamento desconforme. As regras de licenciamento prévio não são observadas por todos; um grande contingente de pessoas e empresas edifica, usa e ocupa o solo sem dispor de autorizações e licenças municipais.

Os trâmites internos costumam ser longos e mal organizados, envolvem um número desproporcional de setores e frequentemente ineficientes.

Manter esse padrão e formato de legislação é condenar as cidades ao fracasso. É necessário inovar, e inovação, nesse ponto, diz com simplificação e desburocratização.

5 Um possível quadro de atualização da legislação de controle edilício

A simplificação legislativa tem por objetivo tornar leis e regulamentos mais claros, acessíveis e eficientes, eliminando redundâncias e complexidades desnecessárias. A ideia é que a revogação de disposições obsoletas, a racionalização dos procedimentos e a simplificação do texto legal tornam a atividade estatal mais eficiente e compatível com os interesses privados.[9]

Essas premissas encontram respaldo nos princípios constitucionais de proporcionalidade, celeridade, eficiência, e segurança jurídica, que direcionam a escolha do Poder Público a meios adequados, necessários e proporcionais para a realização de seus objetivos.[10] O que se pretende, com isso, não é remover a regulação estatal sobre a atividade edilícia privada, mas torná-la mais inteligente, e direcionar o foco do Estado àquilo que é, efetivamente, de interesse público.

A proposta que se coloca, nessa linha de ideias, é que o controle do Poder Público seja proporcional ao risco e aos impactos associados a uma determinada atividade e que formalidades inúteis, que não servem à proteção dos bens jurídicos tutelados, sejam eliminadas.[11] Essa é uma tendência mundial, que vem influenciando a atuação do aparato

---

[9] Conforme explica Rafael Daudt D'Oliveira, "[...] em termos jurídicos, a simplificação pode ser compreendida, genericamente, como o conjunto de medidas adotadas pelo Estado para facilitar o desempenho de suas atividades, seja internamente ou nas suas relações com a sociedade, com o objetivo de diminuir a burocracia, reduzir custos e encargos, ter maior aceitação de suas normas, acelerar e racionalizar controles e procedimentos, enfim, tornar as coisas mais simples e fáceis em favor dos cidadãos e das empresas por eles constituídas" (D'OLIVEIRA, Rafael Lima Daudt. *A simplificação no direito administrativo e ambiental*. Rio de Janeiro: Lumen Juris, 2020, p. 20).

[10] "O postulado da proporcionalidade exige que o Poder Legislativo e o Poder Executivo escolham, para a realização de seus fins, meios adequados, necessários e proporcionais. Um meio é adequado se promove o fim. Um meio é necessário se, dentre todos aqueles meios igualmente adequados para promover um fim, for menos restritivo relativamente aos direitos fundamentais. E um meio é proporcional, em sentido estrito, se as vantagens que promove superam as desvantagens que provoca. A aplicação da proporcionalidade exige a relação de causalidade entre o meio e fim, de tal sorte que, adotando-se o meio, promove-se o fim." (ÁVILA, Humberto. *Teoria dos princípios*: da definição à aplicação dos princípios jurídicos. 6. ed. São Paulo: Malheiros, 2006).

[11] Ao tratar especificamente da tutela ambiental, Rafael Daudt D'Oliveira defende que "o controle estatal deve ser diretamente proporcional ao risco e aos impactos ambientais e sociais adversos envolvidos nas atividades ou empreendimentos públicos ou privados. Quanto maiores o risco e/ou os impactos, maior o controle estatal; por outro lado, quanto menor o risco e/ou impactos, menor o controle estatal" (*Op. cit.*, p. 24).

estatal em diversos países, fortemente defendida por organizações internacionais como a Organização para a Cooperação e o Desenvolvimento Econômico (OECD)[12] e a própria Organização das Nações Unidas (ONU).

A simplificação da legislação urbanística é uma ferramenta poderosa para promover a regularização de habitações e, com isso, a inclusão social. Ela facilita o acesso dos cidadãos de baixa renda aos direitos de propriedade e aos benefícios de viver em áreas regularizadas e integradas, contribuindo para a melhoria da qualidade de vida e para a redução das desigualdades urbanas.

A desburocratização de processos administrativos pode tornar mais fácil e rápido para os cidadãos de baixa renda obter as permissões necessárias para construir, reformar ou regularizar suas habitações. Regras mais claras e acessíveis permitem que os cidadãos compreendam melhor os requisitos legais, enquanto procedimentos menos complexos e custos reduzidos incentivam a formalização das moradias, promovendo a conformidade. A transparência nos processos e nos critérios de aprovação facilita a participação dos cidadãos e a defesa de seus direitos.

A simplificação e desburocratização da legislação urbanística também atende à demanda do mercado. O legislador, isso é fato, não costuma conseguir dar uma resposta rápida à inovação. Hoje, por exemplo, as pessoas trabalham em casa; muitos moram em estúdios, casas compartilhadas, estruturas que muitas vezes nem encontram previsão nas normas edilícias dos municípios. Novas necessidades e produtos, portanto, deixam de ser atendidas quando o controle é amplo e complexo.

O Programa das Nações Unidas para Assentamentos Urbanos (Habitat) periodicamente analisa dados sobre o desenvolvimento urbano e publica guias voltados à implementação de práticas sustentáveis nas cidades. O mais recente dos relatórios sobre legislação urbanística, publicado em 2016, destaca o papel das leis na promoção do desenvolvimento urbano sustentável e estabelece uma série de diretrizes para a edição de normas efetivas.[13] O relatório elenca, entre as estratégias para a implementação da Agenda Habitat, a revisão de leis, regulamentos e exigências restritivas e custosas e a criação de uma estrutura regulatória adequada à realidade local.

No Brasil, o Conselho de Arquitetura e Urbanismo e o Ministério da Economia também publicaram orientações destinadas à simplificação legislativa: o "Caderno Orientativo para Licenciamento Edilício e Urbanístico" e o "Guia Orientativo de Boas Práticas para Códigos de Obras e Edificações", respectivamente.

Ambos os guias ressaltam a importância da revisão de leis municipais que regulamentam a atividade edilícia, para direcionar o foco da análise do Poder Público aos parâmetros urbanísticos previstos no Plano Diretor. Essa revisão deve priorizar a flexibilidade e a adaptabilidade dos regulamentos, permitindo que os projetos atendam às necessidades específicas das comunidades locais. Isso envolve a eliminação de exigências excessivas e a promoção de um ambiente regulatório que favoreça a criatividade e a inovação na arquitetura e no urbanismo.

---

[12] Desde 2003, com a publicação do relatório "From red tape to smart tape: administrative simplification in OECD countries", a OECD tem colaborado com países membros para instituir medidas de simplificação administrativa.

[13] ONU. Rules of the game: urban legislation. United Nations Human Settlements Programme. 2016. Disponível em: https://unhabitat.org/rules-of-the-game-0. Acesso em: 27 maio 2024.

A orientação é clara: o Poder Público deve focar em parâmetros urbanísticos essenciais e deixar que os agentes privados assumam a responsabilidade por aspectos como conforto e funcionalidade, dentro dos parâmetros técnicos de segurança e acessibilidade. Isso implica, na prática, a exclusão de regras a respeito de dimensão mínima de portas, pé-direito, salas e corredores internos, e que se mantenha com o Poder Público a atribuição de verificar a observância de índices urbanísticos de interesse verdadeiramente coletivo, como recuos, afastamentos, alturas e gabaritos, taxas de ocupação e coeficientes de aproveitamento. Essa abordagem não apenas simplifica a legislação, mas também estimula um desenvolvimento urbano mais dinâmico e responsivo às demandas contemporâneas.

O Caderno Orientativo do Conselho de Arquitetura e Urbanismo também destaca a necessidade de simplificação dos processos de licenciamento, sugerindo práticas que reduzem a burocracia e agilizam a tramitação de projetos, como a criação de plataformas digitais para submissão e acompanhamento de pedidos de licenciamento, a fim de garantir maior transparência e eficiência aos processos. Essas plataformas podem permitir que arquitetos e urbanistas acompanhem em tempo real o andamento de suas solicitações, facilitando correções e ajustes necessários de maneira mais rápida e eficaz.

Seguindo essa tendência, alguns municípios brasileiros já adequaram seus códigos de obras no intuito de mitigar os efeitos negativos da burocracia excessiva. As reformas legislativas visam, essencialmente, proporcionar maior segurança jurídica e transparência ao processo de licenciamento de projetos e construções.

Hoje, o exemplo mais paradigmático desses esforços é a cidade de São Paulo. O município fez uma revisão profunda e sistemática de todas as suas normas urbanísticas. O atual código de obras e edificações (Lei nº 16.642/2017) diminuiu drasticamente o número de exigências já disciplinadas por normas técnicas, instituiu uma modalidade de licenciamento com base em projeto simplificado, definiu valores de taxas de análise de forma progressiva, em função da complexidade das edificações, e simplificou as etapas de aprovação dos projetos. Florianópolis e Rio de Janeiro fizeram mudanças semelhantes, mas em menor escala.

Outra tendência que vem se observando entre alguns dos municípios que já atualizaram suas leis urbanísticas é a criação de um modelo de licenciamento autodeclaratório, espécie automatizada que dispensa a análise pública de projetos simples, com menor potencial de impacto urbanístico. Nessa modalidade, o profissional responsável pela concepção e execução do projeto e o proprietário da obra assumem o compromisso de construir a edificação de acordo com os parâmetros técnicos e legais aplicáveis. Em contrapartida, a análise prévia da administração pública é dispensada, e os esforços do município passam a se concentrar no controle sucessivo das obras.

Recentemente, o município de Biguaçu, em Santa Catarina, revisou seus códigos de obras e de posturas a fim de implementar medidas de desburocratização e simplificação normativa. O município fez uma análise sistemática da legislação urbanística a fim de identificar disposições supérfluas ou inadequadas, com o objetivo de desburocratizar e dar maior celeridade ao licenciamento, racionalizar as exigências materiais sobre os parâmetros construtivos e trazer à legalidade edificações clandestinas.

Em 2023 foram publicados os novos Código de Obras (Lei Complementar nº 272/2023) e Código de Posturas (Lei Complementar nº 273/2023). Essas leis estruturam os procedimentos para aprovação e licenciamento das obras e para a atuação do

Município no exercício da fiscalização e autuação de irregularidades, mas as minúcias desses processos são regulamentadas por decreto (Decreto nº 14/2024).

Essa escolha decorre da necessidade de otimizar e dar maior eficiência aos processos administrativos correlatos. Nesse intuito, mantém-se na lei a estrutura essencial ao bom funcionamento do sistema, em termos de segurança jurídica, previsibilidade e legalidade no atuar administrativo. As minúcias necessárias para o funcionamento prático desse sistema são remetidas a atos regulamentares, a fim de propiciar maior dinamismo a eventuais correções e atualizações dessa estrutura, de acordo com a estratégia do Poder Público.

Os novos ditames legais são mais objetivos que os anteriores; fazem remissão à norma técnica naquilo que interessa à segurança e acessibilidade das edificações e direcionam a análise do Poder Público aos aspectos que repercutem na interface urbana da cidade. O procedimento de análise para o licenciamento de obras e edificações foi racionalizado com o estabelecimento claro das responsabilidades e formas de atuação do analista técnico competente, a fim de proporcionar maior segurança jurídica a todos os envolvidos e desburocratizar os trâmites administrativos.

Além do licenciamento por autodeclaração, Biguaçu instituiu uma modalidade de licenciamento urbanístico simplificado no intuito de priorizar a análise e o controle das intervenções que causam relevante impacto urbanístico e facilitar a aprovação de projetos relativamente simples.

Em contrapartida à simplificação dos processos de licenciamento, o Município estruturou o controle sucessivo da atividade edilícia, redirecionando os esforços dos técnicos responsáveis pela análise a uma etapa posterior, acelerando a aprovação das obras sem abrir mão do controle de qualidade das edificações.

O código de obras também criou uma espécie destinada às moradias unifamiliares da população de baixa renda (o "registro") no esforço de trazer à legalidade edificações historicamente clandestinas e garantir à população de baixa renda o acesso a serviços públicos e infraestrutura urbana básica. Nessa modalidade, o cidadão registra nos cadastros municipais a edificação, reforma ou reconstrução realizada em unidade unifamiliar, de forma sumária e simplificada, mediante a apresentação de informações bastante sintéticas da obra, tais quais a área total construída, o número de pavimentos, afastamentos e recuos da construção, e assume o compromisso de adotar solução de esgotamento sanitário.

6 Considerações finais

O que se vê, a partir do exemplo de algumas cidades brasileiras que realizaram reformas das suas legislações de controle edilício, é uma tendência à simplificação das exigências legais e dos procedimentos de licenciamento, em atenção às dinâmicas econômicas e sociais contemporâneas. Esses esforços proporcionam segurança jurídica aos cidadãos e promovem a inclusão social no processo de urbanização, garantindo condições mais favoráveis a moradias regulares e a um pujante ambiente de negócios.

Referências

ÁVILA, Humberto. *Teoria dos princípios*: da definição à aplicação dos princípios jurídicos. 6. ed. São Paulo: Malheiros, 2006.

BRASIL. Guia Orientativo de Boas Práticas para Códigos de Obras e Edificações. Ministério do Desenvolvimento, Indústria, Comércio e Serviços. 2. ed. Disponível em: chrome-extension://efaidnbmnnnibpcajpcglclefindmkaj/ https://www.gov.br/mdic/pt-br/assuntos/ambiente-de-negocios/competitividade-industrial/construa-brasil/2 209ConstruaBrasilGuiaOrientativodeBoasPraticasParaCodigosdeEdificacoes1.pdf. Acesso em: 27 maio 2024.

CANOTILHO, José Joaquim Gomes. O princípio da sustentabilidade como princípio estruturante do direito constitucional. *Revista de Estudos Politécnicos*, vol. VIII, n. 13, p. 7-18, 2010.

CAU. Caderno Orientativo para Licenciamento Edilício e Urbanístico. Conselho de Arquitetura e Urbanismo do Brasil. 2023. Disponível em: chrome-extension://efaidnbmnnnibpcajpcglclefindmkaj/https://caubr.gov.br/wp-content/uploads/2023/02/Caderno_LICENCIAMENTO-CAU-0503-.pdf. Acesso em: 27 maio 2024.

D'OLIVEIRA, Rafael Lima Daudt. A *simplificação no direito administrativo e ambiental*. Rio de Janeiro: Lumen Juris, 2020.

LIMA, Evandro Gonzalez *et al.* Smart and Sustainable Cities: The Main Guidelines of City Statute for Increasing the Intelligence of Brazilian Cities. Sustainability 2020, 12, 1025. Disponível em: https://doi.org/10.3390/su12031025. Acesso em: 27 maio 2024.

OLIVEIRA, Fernanda Paula. Planejamento Urbanístico e Sustentabilidade Social. *In*: Estudos em Homenagem ao Prof. Doutor José Joaquim Gomes Canotilho, sol. IV, Studia Iuridica 105, Universidade de Coimbra, Coimbra, p. 501-522, 2012.

ONU. Rules of the game: urban legislation. United Nations Human Settlements Programme. 2016. Disponível em: https://unhabitat.org/rules-of-the-game-0. Acesso em: 27 maio 2024.

SILVA, José Afonso da. *Direito urbanístico brasileiro*. 6. ed., rev. e atual. São Paulo: Malheiros, 2010.

Informação bibliográfica deste livro, conforme a NBR 6023:2018 da Associação Brasileira de Normas Técnicas (ABNT):

NIEBUHR, Pedro; SANTOS, Raquel Iung; DUARTE, Pedro. Desburocratização e simplificação da legislação urbanística como elemento indutor de sustentabilidade. *In*: PASQUALINI, Alexandre; CUNDA, Daniela Zago Gonçalves da; RAMOS, Rafael (coord.). *Direito, sustentabilidade e inovação*: estudos em homenagem ao professor Juarez Freitas. Belo Horizonte: Fórum, 2025. p. 533-543. ISBN 978-65-5518-957-5.

BREVES REFLEXÕES SOBRE DESENVOLVIMENTO SUSTENTÁVEL DO ESTADO E COMBATE À CORRUPÇÃO

PHILLIP GIL FRANÇA

O presente estudo destina-se a homenagear o Prof. Juarez Freitas. Trata-se de distinto pesquisador e dedicado professor que tive a satisfação de tê-lo como orientador no meu curso de mestrado em Direito na PUCRS.

Assim, ao lado de colegas coautores da presente obra, aplaudo o legado construído – de forma legítima e sustentável – pelo Professor Juarez Freitas.

Feito o registro, voltamos a atenção ao referido estudo.

Introdução

A preocupação com a gravidade dos problemas e com as ameaças decorrentes da corrupção, para a estabilidade e a segurança das sociedades, ao enfraquecer as instituições e os valores da democracia, da ética e da justiça e ao comprometer o desenvolvimento sustentável e o Estado de Direito, assim como com os vínculos entre a corrupção e outras formas de delinquência, em particular o crime organizado e a corrupção econômica, incluindo a lavagem de dinheiro, deu ensejo à elaboração de tratados internacionais sobre o tema.

A regulação da questão no cenário internacional se justifica ante o fato de que a corrupção afeta, de forma desproporcional, os indivíduos menos favorecidos, desviando consideráveis verbas para o desenvolvimento deste grupo de pessoas, comprometendo a habilidade governamental de prover serviços essenciais, alimentando a desigualdade e a injustiça e desencorajando investimentos e apoio externos.

É consequência lógica e nefasta do desvio de recursos públicos para fins privados a deterioração do Estado e suas políticas públicas e, por conseguinte, a falha na efetiva proteção de direitos essenciais dos indivíduos.

O quadro se agrava quando os atores da corrupção são os mesmos que disputam o poder, ensejando repudiável desequilíbrio na competição política, "uma vez que, privilegiados pelos recursos, competem em melhores condições do que políticos idôneos".[1]

O combate à corrupção é fundamental à proteção e manutenção dos modelos democráticos de governo, seja para garantir a proteção do patrimônio público, seja para impor meios de defesa do próprio regime.

Por conta dessa preocupação e dos indesejados e prejudiciais efeitos a direitos humanos de um sem-número de indivíduos, foram criados tratados internacionais que estabelecem medidas de combate e cooperação entre países contra a corrupção internacional, sendo o Brasil signatário de três deles.

A "Convenção sobre o Combate à Corrupção de Funcionários Públicos Estrangeiros em Transações Comerciais Internacionais", da Organização para a Cooperação e Desenvolvimento Econômico (OCDE), foi firmada pelo Brasil em Paris, em 17 de dezembro de 1997, ratificada por meio do Decreto Legislativo nº 125/00 e promulgada pelo Decreto nº 3.678/00.

Trata-se de tratado que veicula o compromisso dos Estados-Parte de buscar meios de possibilitar a instituição de medidas de ordem jurídica e administrativa que permitam a consecução dos objetivos traçados no instrumento, dentre eles, o de estabelecer formas de responsabilizar pessoas jurídicas que corrompam funcionários públicos estrangeiros; considerar a imposição de sanções cíveis ou administrativas a pessoas sobre as quais recaiam condenações por corrupção aos referidos funcionários; como também a prestação da assistência jurídica recíproca.

Em atendimento aos deveres assumidos nesta Convenção, o Brasil alterou a legislação criminal pátria por meio da Lei nº 10.467/02, que veicula os tipos penais de corrupção ativa em transação comercial internacional e tráfico de influência em transação comercial internacional, o que permite a imposição de sanção nos casos ali previstos.

Em 29 de março de 1996 foi aprovada pela Organização dos Estados Americanos a Convenção Interamericana contra a Corrupção, ratificada pelo Brasil e promulgada pelo Decreto nº 4.410/2002, que objetiva a luta contra os atos de corrupção.

Reputa-se ato de corrupção, para fins desta Convenção: a) a solicitação ou a aceitação, direta ou indireta, por um funcionário público ou pessoa que exerça funções públicas, de qualquer objeto de valor pecuniário ou de outros benefícios, como dádivas, favores, promessas ou vantagens para si mesmo ou para outra pessoa ou entidade em troca da realização ou omissão de qualquer ato no exercício de suas funções públicas; b) a oferta ou outorga, direta ou indireta, a um funcionário público ou pessoa que exerça funções públicas, de qualquer objeto de valor pecuniário ou de outros benefícios como dádivas, favores, promessas ou vantagens a esse funcionário público ou outra pessoa ou entidade em troca da realização ou omissão de qualquer ato no exercício de suas funções públicas; c) a realização, por parte de um funcionário público ou pessoa que exerça funções públicas, de qualquer ato ou omissão no exercício de suas funções, a fim de obter ilicitamente benefícios para si mesmo ou para um terceiro; d) o aproveitamento doloso ou a ocultação de bens provenientes de qualquer dos atos a que se refere este

---

[1] FILGUEIRAS, Fernando. Transparência e controle da corrupção no Brasil. *In*: AVRITZER, Leonardo; FILGUEIRAS, Fernando (org.). *Corrupção e Sistema Político no Brasil*. Rio de Janeiro: Civilização Brasileira, 2011.

artigo; e e) a participação, como autor, coautor, instigador, cúmplice, acobertador ou mediante qualquer outro modo na perpetração, na tentativa de perpetração ou na associação ou confabulação para perpetrar qualquer dos atos a que se refere este artigo.

Dentre as medidas preventivas de combate a tal forma de ilegalidade, a Convenção da OEA destaca a necessidade de:

1. Criação de normas de conduta para o desempenho correto, honrado e adequado das funções públicas. Estas normas deverão ter por finalidade prevenir conflitos de interesses, assegurar a guarda e o uso adequado dos recursos confiados aos funcionários públicos no desempenho de suas funções e estabelecer medidas e sistemas para exigir dos funcionários públicos que informem as autoridades competentes dos atos de corrupção nas funções públicas de que tenham conhecimento. Tais medidas ajudarão a preservar a confiança na integridade dos funcionários públicos e na gestão pública;
2. Mecanismos para tornar efetivo o cumprimento dessas normas de conduta;
3. Instruções ao pessoal dos órgãos públicos a fim de garantir o adequado entendimento de suas responsabilidades e das normas éticas que regem as suas atividades;
4. Sistemas para a declaração das receitas, ativos e passivos por parte das pessoas que desempenhem funções públicas em determinados cargos estabelecidos em lei e, quando for o caso, para a divulgação dessas declarações;
5. Sistemas de recrutamento de funcionários públicos e de aquisição de bens e serviços por parte do Estado de forma a assegurar sua transparência, equidade e eficiência;
6. Sistemas para arrecadação e controle da renda do Estado que impeçam a prática da corrupção;
7. Leis que vedem tratamento tributário favorável a qualquer pessoa física ou jurídica em relação a despesas efetuadas com violação dos dispositivos legais dos Estados-Parte contra a corrupção;
8. Sistemas para proteger funcionários públicos e cidadãos particulares que denunciarem de boa-fé atos de corrupção, inclusive a proteção de sua identidade, sem prejuízo da Constituição do Estado e dos princípios fundamentais de seu ordenamento jurídico interno;
9. Órgãos de controle superior, a fim de desenvolver mecanismos modernos para prevenir, detectar, punir e erradicar as práticas corruptas;
10. Medidas que impeçam o suborno de funcionários públicos nacionais e estrangeiros, tais como mecanismos para garantir que as sociedades mercantis e outros tipos de associações mantenham registros que, com razoável nível de detalhe, reflitam com exatidão a aquisição e alienação de ativos e mantenham controles contábeis internos que permitam aos funcionários da empresa detectarem a ocorrência de atos de corrupção;
11. Mecanismos para estimular a participação da sociedade civil e de organizações não governamentais nos esforços para prevenir a corrupção;
12. O estudo de novas medidas de prevenção, que levem em conta a relação entre uma remuneração equitativa e a probidade no serviço público.

Dentre as medidas arroladas na Convenção da OEA, destaca-se não só a necessidade de um aparato público de obtenção e armazenamento de informações sigilosas, de proteção aos funcionários públicos nacionais que a detenham, bem como medidas tributárias antievasivas, como especial destaque à imprescindível participação da sociedade civil neste importante mister de controle recíproco entre os particulares e de sindicabilidade do próprio Estado e suas estruturas.

Em relação à Convenção Interamericana, que vigora no Brasil desde 2002, verifica-se que já houve avaliação quanto à implementação de alguns de seus artigos, a partir de mecanismos de acompanhamento da OEA, em que se reconheceu a suficiência da legislação brasileira nessa matéria.

Seguindo a influência da preocupação internacional de controle e repressão dos atos de corrupção, como meios de atingimento de direitos humanos, em 31 de outubro de 2003, a Organização das Nações Unidas, por sua Assembleia-Geral, criou a Convenção contra a Corrupção, subscrita por 164 países, adotada e assinada pelo Brasil em 9 de dezembro de 2003. O Congresso Nacional aprovou seu texto por meio do Decreto Legislativo nº 348, de 18 de maio de 2005, e Decreto nº 5.687, de 31 de janeiro de 2006, sendo finalmente promulgada, passando a vigorar no Brasil, com força de lei.

Ao lado dos outros Estados signatários, a República Federativa do Brasil, que tem dentre suas missões (objetivos) constitucionais "garantir o desenvolvimento nacional" (cf. artigo 3º, inciso II da Constituição Federal), manifestou compromisso internacional em combater e apurar os casos de corrupção que penetram diversos setores da sociedade, que, de forma indireta, podem comprometer uma proporção importante dos recursos dos Estados e ameaçar a estabilidade política e o seu desenvolvimento sustentável.

A premissa é a de que a corrupção, a par de ser um mal aos interesses nacionais, deixa de ser um problema local para converter-se em um fenômeno transnacional que afeta todas as sociedades e economias, fazendo-se necessária a cooperação internacional para não só punir os corruptos, como adotar medidas severas e eficazes de evitá-la.

O Brasil, infelizmente, parece estar muito distante de um modelo eficiente de combate à corrupção, muito em virtude do fato de a malfadada corrupção estar institucionalizada em setores da vida pública e privada do país e suas práticas transbordam os limites do território pátrio.

Medidas de cooperação internacional visando à disponibilização mútua de assistência técnica entre os Estados, que estejam em melhores condições de prevenir e combater eficazmente tal prática, assim como a troca de informações acerca de transferências internacionais de ativos adquiridos ilicitamente, engrandece o poder preventivo e combativo em face da corrupção, sem prejuízo de medidas de recuperação do respectivo numerário.

É inegável que o enriquecimento ilícito de poucos fere de morte os pilares das instituições democráticas, com mais ofensividade quando importe em desvio de verbas públicas, dano ao erário ou ofensa aos fundamentos do Estado, o que culmina com as mais variadas formas de prejuízos às economias internas e ao próprio ideal de Estado de Direito.

Por outro lado, o Estado que falha em promover, eficazmente, políticas preventivas e repressivas de condutas manejadas com vistas à obtenção, pela via ilegal, de bens e privilégios, falha no dever internacional de responsabilidade, seja em relação aos interesses nacionais, seja em face de bens e interesses que venham a prejudicar outros Estados.

Consoante consta da Convenção da ONU contra a corrupção, a exigência de transparência como instrumento de sindicabilidade não é exclusividade do setor público, tanto que prevê que os Estados, a fim prevenir a corrupção, adotarão medidas em face das entidades privadas, relativas à manutenção de livros e registros, à divulgação de estados financeiros e às normas de contabilidade e auditoria, para proibir atos realizados com o fim de cometer delitos qualificados no referido instrumento, tais como:

a) O estabelecimento de contas não registradas em livros;
b) A realização de operações não registradas em livros ou mal especificadas;
c) O registro de gastos inexistentes;
d) O juízo de gastos nos livros de contabilidade com indicação incorreta de seu objetivo;
e) A utilização de documentos falsos; e
f) A destruição deliberada de documentos de contabilidade antes do prazo previsto em lei.

Com os olhos voltados à lavagem de capitais, como umas das principais manifestações de atos de corrupção, o Tratado estabelece orientações para sua prevenção, tais como a adoção, por cada Estado-Parte, de rígida regulamentação e supervisão dos bancos e das instituições financeiras não bancárias, incluídas as pessoas físicas ou jurídicas que prestem serviços oficiais ou oficiosos de transferência de dinheiro ou valores, dos quais se exigirá identificação do cliente e, quando proceder, do beneficiário final, ao estabelecimento de registros e à denúncia das transações suspeitas.

Há previsão de instituição de serviço de inteligência financeira, que funciona como centro nacional de análise e difusão de informação sobre possíveis atividades de lavagem de dinheiro, bem como a assunção do dever, pelos Estados-Parte, de detectar e vigiar o movimento transfronteiriço de efetivo e de títulos negociáveis pertinentes, sujeitos a salvaguardas que garantam a devida utilização da informação e sem restringir de modo algum a circulação de capitais lícitos, sem prejuízo do dever de exigir que os particulares e as entidades comerciais notifiquem as transferências transfronteiriças de quantidades elevadas de efetivos e de títulos negociáveis pertinentes.

Dentre as condutas tidas como corruptas, há preocupação transnacional de guerrear em face de malversação ou peculato, apropriação indébita ou outras formas de desvio de bens por um funcionário público; tráfico de influências; abuso de funções ou do cargo, ou seja, a realização ou omissão de um ato, em violação à lei, por parte de um funcionário público no exercício de suas funções, com o fim de obter um benefício indevido para si mesmo ou para outra pessoa ou entidade; enriquecimento ilícito, ou seja, o incremento significativo do patrimônio de um funcionário público relativos aos seus ingressos legítimos que não podem ser razoavelmente justificados por ele; suborno no setor privado; malversação ou peculato de bens no setor privado; lavagem de produto de delito, consistente na conversão ou a transferência de bens, sabendo-se que esses bens são produtos de delito, com o propósito de ocultar ou dissimular a origem ilícita dos bens e ajudar a qualquer pessoa envolvida na prática do delito com o objetivo de afastar as consequências jurídicas de seus atos ou na ocultação ou dissimulação da verdadeira natureza, origem, situação, disposição, movimentação ou da propriedade de bens o do legítimo direito a estes, sabendo-se que tais bens são produtos de delito; encobrimento ou a retenção contínua de bens sabendo-se que tais bens são produtos de quaisquer dos delitos qualificados de acordo com a Convenção; obstrução da justiça.

As medidas sancionatórias previstas na Convenção da ONU respeitam o princípio internacional de não intervenção, amparado no artigo 4º, inciso IV, da Constituição Federal.

Como se observa, as convenções internacionais contra a corrupção não são a primeira manifestação de esforço para combater esta realidade ilícita. Muitos países já se lançaram em face de ilicitudes desta natureza, como especial caraterística dos Estados Contemporâneos, sobre cujo mérito tem se lançado a Ciência Política, para quem o sucesso ou insucesso dos trabalhos parece não depender tanto da criação de novas leis ou instituições, mas, em grande medida, do desempenho destas instituições na aplicação dos mecanismos de repressão e controle de atividades ilícitas.

1 Regulação e Estado Sustentável

A regulação estatal, no Brasil pós Constituição de 1988, possui como um de seus pressupostos a necessária legitimação de suas escolhas públicas voltadas a cumprir sua missão maior de realizar os objetivos fundamentais da República expressos no art. 3º da CF/88.

Relata Carlos Alberto Molinaro que:

> o aforismo latino *ubi societas, ibi ius* bem revela o lugar do direito. É no espaço social que o direito tem lugar, como fenômeno jurídico que *é*, só existe na tessitura do social, tramado na história que se desenvolve neste campo, comprometido com o tempo social. O direito está ali, onde se faz a *divisão do trabalho* (em ambiência natural ou cultural) que é um fator fundamental da organização da sociedade; portanto, quanto mais complexa e diferenciada a *divisão do trabalho*, mais elevado o índice de progresso e civilização da sociedade dentro do primado da solidariedade orgânica, e mais bem-elaborado é o direito. E é nesse *cronotopos* social que o direito se revela, equilibrado, também como *permissão*, como atribuição de poder, *potencia moralis*, dizia Leibniz, que permite ao sujeito o uso de suas faculdades. Essa permissão, ou no plural, permissões, nos são atribuídas por meio *das* normas jurídicas, e não *pelas* normas jurídicas, e têm eficácia no seu particular espaço de juridicidade.[2]

Legitimidade do Estado advém do reconhecimento de sua autoridade superior frente a todas as demais regulações humanas submetidas ao poder que está sob a monopolizada gestão pública, realizada pelos governos estatais.

Assim, estabelece-se uma relação hierárquica de expressão de poder entre o Estado legitimado de uma força frente às demais expressões de força externas ao Estado não escolhidas como aquela juridicamente cogente, conforme valores, princípios e regras constitucionais que dão sentido e conferem objetivos para a referida legitimação estatal, quando verificada nos limites fronteiriços de seus termos e condições de eficácia e de efetividade.

Contudo, para a manutenção dessa legítima força capaz de regular todas as demais em um determinado Estado Democrático de Direito, faz-se necessário convencer, racionalmente, as demais forças sociais regulatórias que seguir a força do Estado ainda é o melhor, o necessário, o mais adequado e o razoável caminho para se alcançar o objetivo maior de desenvolvimento intersubjetivo de uma sociedade regulada, justamente, por forças estatais legítimas – pois atendem aos vetores constitucionais de aplicação do direito.

---

[2] MOLINARO, Carlos Alberto. *Direito ambiental:* proibição de retrocesso. Porto Alegre: Livraria do Advogado, 2007. p. 43.

É de se ponderar que, sem legitimidade, um possível destino de um Estado, estabelecido nos conhecidos valores democráticos e de direito, é o do esvaziamento de sua força em nome da busca de outras forças que consigam um mínimo de legitimidade, eventualmente, não sustentada pelo Estado – na condição de poder de convencimento regulatório entre a maior parte de um grupo de pessoas, socialmente organizadas, em dado momento e espaço – entre os destinatários dessa regulação maior a ser descoberta e definida como tal.

Logo, uma regulação que é elevada hierarquicamente frente às demais regulações de uma específica sociedade estabelece uma relação de submissão regulatória social tanto aos *standards* regulatórios por ela estabelecidos como aos comandos regulamentares diretos da realidade submetida ao seu poder regulatório.

Assim, em um Estado Democrático de Direito, como dito, a regulação estatal que pretende se perdurar no tempo e no espaço de sua abrangência territorial precisa racionalmente convencer a maioria da população que se encontra nesse mesmo espectro temporal e espacial que é aquela que fará com que aproveitem melhor esse mesmo tempo e espaço em comum para o alcance máximo possível de desenvolvimento pessoal e intersubjetivo.

O Estado precisa de *conexões* com as pessoas para que possa promover seu fim maior, ao realizar o interesse público de promover o sustentável e proporcional desenvolvimento das pessoas que se submetem ao seu poder. Não só isso, precisa estabelecer conexões a partir de padrões de qualidade mínimos que lhe impõem sujeições (princípios) de adequação legal (legalidade); sistemas objetivos de atuação (impessoalidade); atendimento à *standards* éticos e morais de exercício de seu poder (moralidade; transparência de sua atividade (publicidade)); e controle do que é feito, de forma correta e conforme padrões esperados, para que surta, pelo menos, os efeitos práticos predeterminados (eficiência).

Essas conexões regulatórias de vias, no mínimo, duplas (Estado – cidadã) são tecidas pelo Direito Administrativo e aplicadas com o auxílio de vários ramos do Direito e por outras ciências, como a política, a antropologia, a sociologia, etc.

Desse modo, atos administrativos representam o elo de expressão – e de compreensão – entre a atividade estatal e o cidadão e entre a atividade do cidadão frente ao Estado. Tal *link* entre o poder público aplicado nos limites da autonomia privada e entre o agir particular efetivado nos limites da legalidade normativa representa a construção de novos degraus no caminho evolutivo de todos e de cada um.

Fato que torna um domínio mínimo do Direito Administrativo indispensável para aquele que precisam interagir com o Estado de alguma forma – ou seja, qualquer cidadão, seja por interesse pessoal ou de outrem, ou de pessoa jurídica que presenta, seja por interesse comum dos demais cidadãos que procuram no Estado uma segurança e um impulsionamento de caminhos de amadurecimento humano perquiridos.

Dessa maneira, para que se exista uma força regulatória apta a determinar os destinos de uma sociedade contemporânea, estabelecida sob um regime democrático de Direito, é preciso aceitar que o Estado advém e expressa uma força superior e tal força precisa estar conectada com um fim maior, que é a realização do interesse público, porém, nem sempre o alcança, fato que justifica a criação de um sistema de poderes e sujeições da máquina estatal de realização do interesse público chamada de Administração Pública, que viabiliza, outrossim, a realização de controles internos e externos de sua atividade como modo de manter minimamente a legitimidade desse Estado e a comunicação com os titulares do Poder que gerencia, justamente para que consiga alcançar seus principais desideratos constitucionais.

Logo, Estado pressupõe regulação de atividades humanas, que demanda legitimidade do seu conteúdo a ser expressa, que, por sua vez, necessita de instrumentos conectores entre si e seus destinatários e apenas continuará a ser chancelado como tal mediante sistemas de controle interno e externo que demandarão novos ciclos regulatórios legítimos, conectados com os cidadãos e passíveis de análises revisionais do seu conteúdo.

Estado, destarte, é um modelo humano impositivo de não fazer para um almejado crescimento qualitativo, mediante a sua contenção de poder, justamente para que o esperado desenvolvimento, por meio da expressão de poder exagerado (ou insuficiente), nos leve à destruição.

Para Vital Moreira e Fernanda Maçãs,[3] etimologicamente, o conceito de regulação gira em torno de duas ideias fundamentais: o estabelecimento e implementação de regras, de normas, e a manutenção ou garantia de funcionamento equilibrado de um sistema. Afirmam que, não obstante este entendimento operacional de regulação econômica, o conceito está longe de congregar o consenso unânime dos autores especializados sobre o tema, coexistindo várias concepções de regulação, desde logo à sua amplitude.

Asseveram, ainda, que, em regra, a regulação compreende a capacidade para o estabelecimento de normas, garantir a sua aplicação e execução, bem como fiscalizar o cumprimento e efetivar a punição das infrações às referidas normas. Concluem, então, que a regulação compreende três poderes típicos do Estado: um poder normativo, um poder executivo e um poder *parajudicial*, que podem coexistir ou não numa única entidade.[4]

Segundo Burkard Eberlein, há inúmeras interpretações do termo *regulação*, sendo que o único território comum é a noção de regulação ligada às restrições de escolha privada pela imposição de regras públicas.[5] Para Tony Posner, a regulação é um conjunto de atos de controle e direção de acordo com uma regra, princípio ou sistema, que se desenvolve por meio de normas legais e outras medidas de comando e controle, caracterizadores da intervenção pública que afeta a operação de mercados e as decisões econômicas das empresas, normalmente pela restrição de mercados.[6]

A regulação — de forma geral — constitui a sobreposição proporcional da vontade do particular pela legítima vontade do Estado, com o fim de proteção e desenvolvimento do bem comum (bem-estar democraticamente usufruível) e a aplicação justa das regras previamente impostas no sentido de evitar abusos quando do exercício do seu livre (e legal) agir. Isto sem ultrapassar os limites de sua função executiva, pois deve conservar

---

[3] MOREIRA, Vital; Maçãs, Fernanda. *Autoridades reguladoras independentes*: estudo e projecto de lei-quadro. Faculdade de Direito de Coimbra. Coimbra: Coimbra Ed., 2003. p. 13-14.

[4] *Id*.

[5] Eberlein Burkard: "The only commom ground is that the notion of regulation suggests the restriction (private) choice by the imposition of (public) rules" (*apud* SILVA, Fernando Quadros da. *A independência das agências reguladoras e o princípio do Estado Democrático de Direito*. Dissertação (Mestrado) – Faculdade de Direito, Setor de Ciências Jurídicas. Curitiba: Universidade Federal do Paraná, 2001.

[6] POSNER, Tony. Law and the regulators. Oxford: Claredon Press, 1997. p. 3-7. *Apud* SOUTO, Marcos Juruena Villela. *Direito administrativo regulatório*. Rio de Janeiro: Lumen Juris, 2002. p. 38.

a característica de atividade não jurisdicional (não tem força de decisão final, não faz coisa julgada) e não legislativa (não pode inovar ou contrariar a lei). Como bem lembra Ruy Cirne Lima,[7] a regulação, aos moldes nacionais, em sentido amplo, manifesta-se no exercício de Poder de Polícia do Estado.

Segundo Calixto Salomão Filho, no sistema brasileiro houve tentativa de formulação de uma teoria geral da regulação. A razão para tanto é jurídica e simples. Trata-se da tradicional concepção do Estado como agente de duas funções diametralmente opostas: a ingerência direta na vida econômica e a mera fiscalização dos particulares. A prestação de serviços públicos, de um lado, e a vigilância do mercado, por meio do poder de polícia, de outro, sempre representaram para os administrativistas a totalidade das funções que o Estado poderia exercer. Em um mundo de dicotomia entre a esfera privada e a esfera estatal não havia razão para desacreditar da precisão de tal análise.[8]

Hartmut Maurer[9] afirma que a expressão regulação é *anfibológica*. Ela se relaciona, por um lado, à atividade, a promulgação do ato administrativo, por outro, ao produto dessa atividade, o ato administrativo promulgado e, com isso, o resultado jurídico produzido. Isto é, a atividade de regulação estatal deve ser vista – e controlada – desde como a Administração age quando da criação do ato, até na observação de quais são os efeitos (consequências) da atuação reguladora administrativa.

A regulação estatal estabelece seus limites entre o autoritarismo e a abertura democrática necessária para a promoção do desenvolvimento responsável de uma nação junto com o povo e, assim, com cada participante desse Estado. Dessa forma, a utilização de instrumentos regulatórios sofisticados, fruto de uma adequada estruturação do crescimento político-econômico nacional, é essencial para conceder ao Estado meios adequados para a promoção do cidadão, conforme seus valores básicos de ser humano digno e necessária interpretação constitucional de um sistema jurídico, em determinado tempo e lugar.

Essa busca está intimamente ligada à tutela da dignidade do indivíduo como ser humano; à priorização do cidadão ante eventuais interesses egoístas de alguns partícipes do ambiente estatal; ao respeito estatal na utilização de suas prerrogativas constitucionais conforme os limites que lá se impõe; à necessária flexibilidade jurídica e jurisdicional para compreensão – e absorção – das transformações sociais do sustentável Estado brasileiro e, finalmente, à preocupação de governo em criar, utilizar e efetivar *políticas de Estado* em que se refletem os interesses plurais, dialogados e passíveis de efetivação.

2 Corrupção

A institucionalização da corrupção no espaço público e de poder abala o equilíbrio inerente ao princípio da igualdade entre os cidadãos e, obviamente, o ideal de Estado de Direito.

---

[7] LIMA, Ruy Cirne. *Princípios do direito administrativo*. 3. ed. Porto Alegre: Sulina, p. 106.
[8] SALOMÃO FILHO, Calixto. *Regulação da atividade econômica* (princípios e fundamentos jurídicos). São Paulo: Malheiros, 2001. p. 13.
[9] MAURER, Hartmut. *Direito administrativo geral*. Trad. Luis Afonso Heck. Barueri: Manole, 2006. p. 208.

O produto deste desequilíbrio é também a descrença dos cidadãos frente às instituições públicas, que, se convertida em aceitação da corrupção, diminui a adesão ao regime, estimula a aceitação de escolhas autoritárias, influencia negativamente a submissão à lei e inibe tendências de participação política.[10]

Nos Estados que se pretendem democráticos, as funções de controle e fiscalização mútua e interna são bem distribuídas, tais quais as de realizar investigações criminais; promover a quebra de sigilos; julgar demandas judiciais; suspender direitos políticos ou cassar mandatos; aplicar sanções pecuniárias, entre outras.

A existência de órgãos de controle interno-administrativo e de controle externo é imprescindível ao controle da corrupção.

A instauração interna de processos de apuração de infrações funcionais (processo administrativo disciplinar) em face de agentes públicos é importante ferramenta de moralização e combate a ilegalidades.

No modelo brasileiro, somente com a articulação de todos os Poderes e sua atuação eficiente e comprometida é que haverá efetivo combate à corrupção. Sob a ótica da democracia, os sistemas de prestação de contas e responsabilização entre o Estado e os cidadãos são referenciados pelo conceito de *accountability* (termo sem tradução exata para o português).

É marcante nos Estados Contemporâneos o importante papel do Terceiro Setor no fomento de políticas de interesse público, na fiscalização e no auxílio das atividades e funções estatais.

A Ciência Política estuda o combate à corrupção sob a perspectiva democrática, pelas ações da sociedade civil, seja por meio de ONGs, da imprensa, mas especialmente pelo exercício dos direitos políticos dos cidadãos, nas eleições, ao que se denomina "*accountability* vertical".[11]

Contudo, a consciência política de voto responsável ainda é incipiente na realidade nacional, de um eleitorado marcado altamente permissivo à corrupção.

A atual ordem constitucional dispõe sobre meios de "*accountability*", em suas modalidades vertical e horizontal. Estabelece uma série de restrições ao exercício do Poder, formas de planejamento e de controle de gastos e prestações de contas, exigência de transparência e fiscalizações mútuas ("sistema de freios e contrapesos") e atribuição de poderes persecutório e investigativo ao Ministério Público para agir em proteção do interesse social, coletivo e difuso.[12]

De acordo com Spinelli,[13] a simples existência de tais atividades produz efeito preventivo, pois, ciente das verificações, potenciais corruptos veem-se ameaçados de serem descobertos.

Do ponto de vista do controle social, a transparência tem conotação instrumental, uma vez que sem tais dados os atores de controle popular (imprensa, ONGs, cientistas,

---

[10] MOISÉS, José Álvaro; CARNEIRO, G. P. Democracia, Desconfiança Política e Insatisfação com o Regime: o caso do Brasil. *Opinião Pública* (UNICAMP. Impresso), v. 14, p. 1-42, 2008.

[11] O'DONNELL, Guillermo. *Accountability* horizontal e novas poliarquias. *Lua Nova*, São Paulo, n. 44, 1998. Disponível em: http://www.scielo.br/scielo.php?script=sci_arttext&pid=S0102-64451998000200003&lng=en&nrm=iso. Acesso em: 3 jun. 2024.

[12] ARANTES, Rogério B. *Ministério Público na fronteira entre Justiça e Política*. São Paulo: Justia, 2007.

[13] SPINELLI, Mario. Controle interno. In: AVRITZER, Leonardo, BIGNOTTO, Newton, GUIMARÃES, Juarez, STARLING, Heloisa Maria Murgel (org.). *Corrupção*: ensaios e Críticas. Belo Horizonte: Editora UFMG, 2008.

cidadãos) não teriam informações mínimas para questionar sobre os gastos nas gestões públicas.

Na mesma linha, o Poder Judiciário, entre outros aspectos, ampliou o seu acesso em relação à sociedade e a estes mesmos direitos, bem como passou a ter certo protagonismo nas decisões políticas (quando provocado).

O desempenho do Estado-Juiz, cuja garantia de independência é imprescindível, é decisivo no combate à corrupção, a quem incumbe, devidamente instigado, apurar e responsabilizar os agentes públicos e os particulares pelas práticas corruptas, em todas as suas searas, sem prejuízo do dever de evitar, internamente, toda oportunidade de corrupção entre os seus próprios membros.

A eficiente atuação da Polícia Federal, em conjunto articulado com a atuação de outros órgãos do sistema que visam à integridade das bases da democracia e do Estado de Direito, é capaz de promover o aumento do número de operações especiais relacionadas ao combate à corrupção, em grande medida favorecido pelo crescimento de seu orçamento e quadro de funcionários.[14] Entretanto, infelizmente, a nefasta política de corte de verbas para atender interesses meramente de governo, algumas vezes ameaçados pelas ações de Estado dessas instituições públicas, ainda é uma ameaça ao trilho republicano que consolida e protege o Estado Constitucional em que se vive hodiernamente.

3 Conclusão

O conjunto de diplomas normativos de um Estado, que verse sobre os temas abordados nas convenções internacionais anticorrupção, de modo incisivo, é fator que auxilia, em muito, no êxito da missão de verdadeiro combate.

Infelizmente, o Brasil ainda não consolidou um verdadeiro sistema de integridade, faltando-lhe maior comprometimento de todos os órgãos, agentes e entes envolvidos, mormente por conta de ainda haver, dentro de suas próprias estruturas, focos de corrupção, além das possibilidades legalizadas de protelação das ações.

O sentimento coletivo de impunidade e descrédito das instituições de controle e o enfraquecimento da *accountability* podem ser grandes responsáveis pelo lento caminhar deste processo de moralização pública e privada contra a corrupção.

Nesse contexto, é necessário lembrar que o controle da atividade do Estado nacional demanda prestar contas a alguém e cobrar contas de alguém sobre o que se faz, como se faz e as consequências do que foi feito no ambiente do exercício do constitucional ônus público estatal. Ou seja, além da capacidade de limitar a atuação de outrem, e da submissão dessa limitação por alguém, faz-se necessário estabelecer o elemento confiança entre quem controla para com aquele que recebe a conta do controle exercido. Dessa forma, a atividade de controle do Estado ideal poderá, efetivamente, trazer o esperado desenvolvimento intersubjetivo propugnado pelo art. 3º da CF/88.

Entretanto, a lógica do atual controle do Estado, aparentemente, segue o caminho da desconfiança, tendo em vista a erupção contínua de atos de corrupção, escancarados e debatidos pela realidade de multi-informação vivida nos dias de hoje.

---

[14] ARANTES, Rogério B. Polícia Federal e Construção Institucional. *In*: AVRITZER, Leonardo; FILGUEIRAS, Fernando (org.). *Corrupção e Sistema Político no Brasil*. 1. ed. Rio de Janeiro: Civilização Brasileira, 2011, p. 99-132.

Vale lembrar que o controle do Estado é, de forma geral, exercício de poder decorrente do dever de proteção do cidadão, na condição de titular do poder originário que viabiliza a existência e a manutenção do Estado. Logo, controle do Estado é uma forma de se estabelecer a viabilidade sustentável da atividade estatal em prol do cidadão, sem a qual perderia sentido conceder-lhe poder para a realização das tarefas públicas.

Nesse mesmo trilho, vale lembrar que o controle do Estado precisa ser exercido mediante um determinando objetivo de verificação de adequação entre os meios empregados e os fins esperados, com a conclusão de concretização de um determinado interesse público. Nesse sentido, controla-se o Estado em nome do cidadão, inclusive, para a promoção do interesse público.

No entanto, em um ambiente de desconfiança da atividade estatal, pode-se imaginar o interesse público sempre presente nos planos dos governantes? Será que é possível visualizar nessa realidade as lições de Rui Barbosa: "nas almas dominadas pelo senso de responsabilidade, a consciência de um poder pesa como um fardo, e atua como freio"?

É certo que o aperfeiçoamento dos meios de controle do Estado representa, inclusive, uma importante ferramenta de combate à corrupção. Destarte, faz-se necessário o aprimoramento consistente dos mecanismos de contenção da atividade administrativa estatal para que atos de corrupção, que tantas atrocidades trazem consigo, sejam reduzidos e, até mesmo, extintos da prática executiva do Estado.

Assim, estudar o controle estatal é, antes de mais nada, contribuir para que o Estado se desenvolva sustentavelmente de modo a atender a todos e a cada um de forma necessária e proporcional. Para tanto, identificar e aprimorar habilidades para lutar contra a corrupção que atrasa esse esperado desenvolvimento é dever de todos os partícipes do Estado, em especial, o cidadão.

Referências

ARANTES, Rogério B. Polícia Federal e Construção Institucional. *In*: AVRITZER, Leonardo; FILGUEIRAS, Fernando (org.). *Corrupção e Sistema Político no Brasil*. 1. ed. Rio de Janeiro: Civilização Brasileira, 2011, p. 99-132.

ARANTES, Rogério B. *Ministério Público na fronteira entre Justiça e Política*. São Paulo: Justia, 2007.

BURKARD, Eberlein. The only commom ground is that the notion of regulation suggests the restriction (private) choice by the imposition of (public) rules (*apud* SILVA, Fernando Quadros da. *A independência das agências reguladoras e o princípio do Estado Democrático de Direito*. Dissertação (Mestrado) – Faculdade de Direito, Setor de Ciências Jurídicas. Curitiba: Universidade Federal do Paraná, 2001.

FILGUEIRAS, Fernando. Transparência e controle da corrupção no Brasil. *In*: AVRITZER, Leonardo; FILGUEIRAS, Fernando (org.). *Corrupção e Sistema Político no Brasil*. Rio de Janeiro: Civilização Brasileira, 2011.

LIMA, Ruy Cirne. *Princípios do direito administrativo*. 3. ed. Porto Alegre: Sulina.

SALOMÃO FILHO, Calixto. *Regulação da atividade econômica* (princípios e fundamentos jurídicos). São Paulo: Malheiros, 2001.

MAURER, Hartmut. *Direito administrativo geral*. Trad. Luis Afonso Heck. Barueri: Manole, 2006.

MOLINARO, Carlos Alberto. *Direito ambiental*: proibição de retrocesso. Porto Alegre: Livraria do Advogado, 2007.

MOREIRA, Vital; Maçãs, Fernanda. *Autoridades reguladoras independentes*: estudo e projeto de lei-quadro. Faculdade de Direito de Coimbra. Coimbra: Coimbra Ed., 2003.

O'DONNELL, Guillermo. *Accountability* horizontal e novas poliarquias. *Lua Nova*, São Paulo, n. 44, 1998. Disponível em: http://www.scielo.br/scielo.php?script=sci_arttext&pid=S0102-64451998000200003&lng=en&nrm=iso. Acesso em: 3 jun. 2024.

POSNER, Tony. Law and the regulators. Oxford: Claredon Press, 1997. p. 3-7. *Apud* SOUTO, Marcos Juruena Villela. *Direito administrativo regulatório*. Rio de Janeiro: Lumen Juris, 2002.

SPINELLI, Mario. Controle interno. *In*: AVRITZER, Leonardo; BIGNOTTO, Newton; GUIMARÃES, Juarez; STARLING, Heloisa Maria Murgel (org.). *Corrupção:* ensaios e Críticas. Belo Horizonte: Editora UFMG, 2008.

Informação bibliográfica deste livro, conforme a NBR 6023:2018 da Associação Brasileira de Normas Técnicas (ABNT):

FRANÇA, Phillip Gil. Breves reflexões sobre desenvolvimento sustentável do Estado e combate à corrupção. *In*: PASQUALINI, Alexandre; CUNDA, Daniela Zago Gonçalves da; RAMOS, Rafael (coord.). *Direito, sustabilidade e inovação*: estudos em homenagem ao professor Juarez Freitas. Belo Horizonte: Fórum, 2025. p. 545-557. ISBN 978-65-5518-957-5.

JURIDICIDADE DA AÇÃO ADMINISTRATIVA NOS ATOS DISCRICIONÁRIOS PRODUZIDOS SOB A INFLUÊNCIA DE INTELIGÊNCIA ARTIFICIAL EM SISTEMAS DE SUPORTE À DECISÃO DA ADMINISTRAÇÃO PÚBLICA

RAFAEL DA CÁS MAFFINI

ISADORA FORMENTON VARGAS

1 Introdução

Já reconhecia Almiro do Couto e Silva, quanto aos atos administrativos "mecânicos", que "as máquinas são programadas pelos agentes do Poder Público, de sorte que o elemento volitivo, indispensável ao ato administrativo, expressa-se nessa programação".[1] Com seu peculiar modo simples e, a um só tempo, profundo de abordar temas complexos, Almiro foi além ao referir que "dir-se-á que equívocos de programação podem ser cometidos, ou que a programação pode ser alterada, deliberada ou casualmente, por terceiros. São os riscos que têm de correr a Administração Pública ao modernizar-se".[2]

Então, ao invés de negar de antemão o futuro da Administração Pública, devemos nos preparar para prevenir[3] equívocos e irregularidades e, também, para rastreá-los

---

[1] COUTO E SILVA, Almiro do. *Conceitos Fundamentais do Direito no Estado Constitucional*. São Paulo: Malheiros, 2015, p. 156.

[2] COUTO E SILVA, Almiro do. *Conceitos Fundamentais do Direito no Estado Constitucional*. São Paulo: Malheiros, 2015, p. 156.

[3] A ideia de "equipes de prevenção", exame da "gravidade dos riscos" e "boas práticas de governança" faz parte da dogmática da prevenção de ilícitos no governo digital. *In:* VARGAS, Isadora Formenton. Elementos à compreensão do ilícito de violação à segurança no tratamento de dados pessoais pelo Poder Público à luz do governo digital (lei 14.129/2021). *Migalhas*, 15.04.2021.

e corrigi-los quando identificados, o que passa pela compreensão dos elementos da juridicidade da ação administrativa[4] neste contexto de transformação digital. E isso parece dialogar de forma pontual com outro importante alerta visionário de Almiro do Couto e Silva: às vezes, esses atos administrativos mecânicos — e agora substituiremos por atos administrativos sob influência algorítmica[5] — vão aparentar regularidade, podendo fazer presumir e supor que houve vontade onde ela inexistiu.[6] Considerando que isso pode tornar impossível a sua revogação, sua invalidação ou mesmo a declaração de sua inexistência, é preciso enfrentar tal possibilidade propondo diretrizes à sua prevenção.

Evidentemente, considerando o desenvolvimento tecnológico e as novas funcionalidades da inteligência artificial,[7] a noção de programação predeterminística de resultados convive também com o aprendizado de máquina e distintos níveis de automação e autonomia que merecem atenção e estudo no âmbito da aplicação no Direito como um todo[8] e, por conseguinte, também no Direito Administrativo, dada a relevância da sua incidência em sede de Administração Pública.

Em relação à produção de atos administrativos discricionários, não podemos admitir uma delegação imprópria da competência pelo agente público ao confiar "impensadamente" em um resultado algorítmico,[9] pois isso significaria a decisão da autoridade de abandonar sua competência legalmente atribuída para o julgamento da conveniência e oportunidade, o que foi denominado por Marion Oswald de "acorrentar a discricionariedade por algoritmos".[10]

---

[4] MAFFINI, Rafael. Discricionariedade administrativa: controle de exercício e controle de atribuição. *Revista Trimestral de Direito Público*, n. 55, p. 207-218, 2011.

[5] "Tomada de decisão algorítmica" ou "sistema de tomada de decisão algorítmica" significa um processo de tomada de decisão com o apoio de meios automatizados. Geralmente envolve o uso de raciocínio automatizado para auxiliar ou substituir um processo de tomada de decisão que, de outra forma, seria realizado por humanos. Não envolve necessariamente o uso de inteligência artificial, mas geralmente envolve a coleta e o processamento de dados. Essa definição se encontra em: CONSELHO DA EUROPA. *The Administration and You*: principles of administrative law concerning relations between individuals and public authorities. 3rd ed. May, 2024.

[6] COUTO E SILVA, Almiro do. *Conceitos Fundamentais do Direito no Estado Constitucional*. São Paulo: Malheiros, 2015, p. 156.

[7] Este texto utilizará o conceito de inteligência artificial (IA) proposta pela OCDE, segundo o qual ela consiste num "sistema baseado em máquina que pode, para um determinado conjunto de objetivos definidos pelo homem, fazer previsões, recomendações ou tomar decisões que influenciam ambientes reais ou virtuais. Os sistemas de IA são projetados para operar com vários níveis de autonomia" (OCDE. Artificial Intelligence in Society. Paris: OECD Publishing, 2019. Disponível em: https://www.oecd ilibrary.org/science-and-technology/artificial-intelligence-in-society_eedfee77-en. Acesso em: 30 mar. 2024). De outro lado, o Artificial Intelligence Act (IA Act), emanado da Comissão Europeia, estabelece que "uma característica-chave dos sistemas de IA é sua capacidade de inferência. Esta capacidade de inferência refere-se ao processo de obtenção de saídas, como previsões, conteúdo, recomendações ou decisões, que podem influenciar ambientes físicos e virtuais, e a uma capacidade dos sistemas de IA de derivar modelos ou algoritmos a partir de entradas ou dados". Destaque-se que o art. 4º, I, do PL nº 2.338/2023, a seguir analisado, define sistema de inteligência artificial como sendo o "sistema computacional, com graus diferentes de autonomia, desenhado para inferir como atingir um dado conjunto de objetivos, utilizando abordagens baseadas em aprendizagem de máquina e/ou lógica e representação do conhecimento, por meio de dados de entrada provenientes de máquinas ou humanos, com o objetivo de produzir previsões, recomendações ou decisões que possam influenciar o ambiente virtual ou real".

[8] Sobre o fenômeno da IA na ciência do Direito, em várias das suas repercussões, vide: FREITAS, Juarez; FREITAS, Thomas Bellini. *Direito e inteligência artificial* — em defesa do humano. Belo Horizonte: Fórum, 2020.

[9] OSWALD, Marion. Algorithm-Assisted Decision-Making in the Public Sector: Framing the Issues Using Administrative Law Rules Governing Discretionary Power. *Philosophical Transactions*: of the Royal Society Mathematical, Physical and Engineering Sciences, vol. 376, n. 2128, 2018, p. 14.

[10] OSWALD, Marion. Algorithm-Assisted Decision-Making in the Public Sector: Framing the Issues Using Administrative Law Rules Governing Discretionary Power. *Philosophical Transactions*: of the Royal Society Mathematical, Physical and Engineering Sciences, vol. 376, n. 2.128, p. 14, 2018.

Ainda, a lei poderá expressamente afastar a possibilidade de tomada de decisões automatizadas onde houver espaço para a discricionariedade,[11] como é o caso do *Verwaltungsverfahrensgesetz* (VwVfG) alemão. De acordo com o artigo 35a, uma decisão administrativa pode ser emitida inteiramente por meios automáticos desde que isso seja permitido por regulamento e não haja discricionariedade nem margem de avaliação.[12] Autores alemães, contudo, reconhecem que tal limitação não exclui categoricamente a automação em contextos discricionários, mas exige um esforço técnico maior.[13]

Não precisamos ir tão longe: a Agência Nacional de Telecomunicações publicou a Portaria nº 2.775, de 8 de fevereiro de 2024, que estabelece o uso ético e transparente da Inteligência Artificial (IA) e dispõe, no art. 6º, que as ferramentas de IA podem ser empregadas como recurso complementar às atividades realizadas no Gabinete, vedando, no parágrafo único, o emprego de ferramentas de IA para a tomada de decisões em processos distribuídos ao Gabinete.

De toda sorte não podemos negar que o algoritmo poderá ser utilizado como ferramenta de apoio às decisões discricionárias, isso nem mesmo é uma novidade. Portanto, a premissa da qual se parte é: técnicas alternativas, inclusive de IA, são possíveis em contextos discricionários,[14] não propriamente para a produção direta de atos, a exemplo dos contextos de competência vinculada, mas para suporte e influência, como uma espécie de "consultoria".[15]

Sabe-se que não será possível, contudo, a utilização de algoritmos condicionais "se, então" em contextos que envolvem algum grau de discricionariedade, pois a complexidade e a subjetividade inerentes a essas decisões podem dificultar a captura e a codificação do processo decisório em uma série de regras claras e interpretáveis por máquinas.[16] No entanto, algoritmos de aprendizado de máquina podem ser empregados para analisar dados históricos e identificar padrões ou tendências que possam *informar* os tomadores de decisão ao exercerem seus poderes discricionários, assim como técnicas de processamento de linguagem natural também podem ser usadas para minerar e analisar documentos relevantes ou jurisprudência, fornecendo *insights* e *contexto* que podem orientar os administradores em seu processo de tomada de decisão.[17]

---

[11] WOLSWINKEL, Johan. Comparative Study on Administrative Law and the use of Artificial Intelligence and other Algorithmic Systems in Administrative Decision-Making in The Member States of The Council of Europe. In: Council of Europe, *Artificial Intelligence and Administrative Law*, December 2022.

[12] Verwaltungsverfahrensgesetz (VwVfG): §35a Vollständig automatisierter Erlass eines Verwaltungsaktes. Ein Verwaltungsakt kann vollständig durch automatische Einrichtungen erlassen werden, sofern dies durch Rechtsvorschrift zugelassen ist und weder ein Ermessen noch ein Beurteilungsspielraum besteht.

[13] "Gleichzeitig schließt eine solche Eingrenzung eine Automatisierung, wenn auch unter erhöhtem technischem Aufwand, nicht kategorisch aus". ETSCHEID, Jan. Automatisierungspotenziale in der Verwaltung. In: MOHABBAT KAR, Resa; THAPA, Basanta; PARYCEK, Peter (Hrsg.). *(Un)berechenbar? Algorithmen und Automatisierung in Staat und Gesellschaft*. Berlln: Fraunhofer-Institut für Offene Kommunikationssysteme FOKUS, Kompetenzzentrum Öffentliche IT (ÖFIT), 2018, p. 128.

[14] Nesse sentido, por exemplo, autores referenciados: Marion Oswald, Giovanni Sartor, Johan Wolswinkel, Gherardo Carullo.

[15] FEJES, Erzsébet; FUTÓ, Iván. Artificial Intelligence in Public Administration – Supporting Administrative Decisions. *Public Finance Quarterly*, special edition 2021/1, p. 39.

[16] CARULLO, Gherardo. Large Language Models for Transparent and Intelligible AI-Assisted Public Decision-Making. CERIDAP. *Rivista Interdisciplinare Sul Diritto Delle Amministrazioni Pubbliche*. F. 3, p. 6, lugio/settembre, 2023.

[17] CARULLO, Gherardo. Large Language Models for Transparent and Intelligible AI-Assisted Public Decision-Making. CERIDAP. *Rivista Interdisciplinare Sul Diritto Delle Amministrazioni Pubbliche*. F. 3, p. 6, lugio/settembre, 2023.

Alguns autores também salientam que, mesmo para sistemas baseados em regras, decisões discricionárias podem ser "medidas" de maneira automatizada se, por exemplo, houver conhecimento empírico suficiente ou decisões de tribunais superiores das quais possam ser derivadas regras sobre a mapeação dos critérios de consideração,[18] de modo a formular regras de decisão para a ponderação em determinado caso sob análise. Basicamente, "a (não) adequação dos processos administrativos para automação não pode ser determinada apenas com base na discricionariedade concedida: nem todos os procedimentos que não requerem discricionariedade são adequados para o processamento automatizado",[19] em razão, por exemplo, da indisponibilidade ou qualidade insuficiente dos dados ou da própria complexidade da apuração dos fatos. E por isso também não se pode descartar a automação em contextos discricionários.

A pergunta relevante é: mesmo neste contexto de assistência, há risco de que os seres humanos sejam levados a decidir pelo algoritmo, pela brevidade e para evitar o julgamento pessoal, de modo que possam até falsamente alegar que foi a autoridade humana que tomou a decisão, quando, em realidade, foi a máquina que o fez.[20] Tal alerta parece se compatibilizar com o de Almiro do Couto e Silva, quando referiu que podemos imaginar que houve vontade onde ela, contudo, inexistiu.

Feita essa contextualização, o artigo propõe-se a examinar, a partir de uma perspectiva inicialmente histórica, a interação da Administração Pública com Sistemas de Suporte à Decisão (SSD),[21] considerando que é bastante importante que se compreenda não se tratar de uma novidade. Em um segundo momento, com uma pretensão prospectiva, mas levando-se em conta a experiência construída no passado, cabe propor encaminhamentos à juridicidade da ação administrativa nos atos discricionários produzidos sob influência de sistemas cada vez mais inteligentes (automatizados e autônomos).

2 Os sistemas de suporte à decisão (ssd) na administração pública: entre passado, presente e futuro

A *International Federation for Information Processing* (IFIP) foi fundada em 1960 sob os auspícios da UNESCO, destinada a reunir organismos nacionais de ponta em processamento e tecnologia de informação.[22] Em 1976, a IFIP estabeleceu o Comitê Técnico nº 8 para o estudo dos Sistemas de Informação, sendo relevante destacar dois Grupos de Trabalho: Suporte à Decisão (WG 8.3) e Sistemas da Informação na Administração Pública (WG 8.5).

Nessa época, os sistemas de apoio à decisão consolidavam-se como uma área recém-amadurecida de pesquisa em sistemas de informação, inteligência artificial,

---

[18] PARYCEK, Peter; SCHMID, Verena; NOVAK, Anna-Sophie. Artificial Intelligence (AI) and Automation in Administrative Procedures: Potentials, Limitations, and Framework Conditions. *Journal of the Knowledge Economy*, p. 13, Springer 2023.

[19] PARYCEK, Peter; SCHMID, Verena; NOVAK, Anna-Sophie. Artificial Intelligence (AI) and Automation in Administrative Procedures: Potentials, Limitations, and Framework Conditions. *Journal of the Knowledge Economy*, p. 13, Springer 2023.

[20] PANAGOPOULOU, Fereniki. Algorithmic Decision-Makin in Public Administration. *Journal of Public Administration*. vol. 6, issue 1, jan. 2024.

[21] A sigla em inglês é "DSS", por tratar-se de Decision Support Systems.

[22] IFIP. *About IFIP. Online.*

psicologia cognitiva, teoria da decisão, teorias organizacionais, pesquisa operacional e modelagem,[23] destinando-se ao "desenvolvimento de abordagens para a aplicação da tecnologia de sistemas de informação a fim de aumentar a eficácia da tomada de decisão em situações onde o sistema informático pode apoiar e melhorar os julgamentos humanos no desempenho de tarefas que possuem elementos que não podem ser especificados antecipadamente".[24]

O interessante do histórico dos sistemas de suporte à decisão é o fato de que justamente são definidos como sistemas de tomada de decisão humano-computador, que não se destinam à substituição do humano, e sim ao apoio à decisão, utilizando dados e modelos. Exatamente o que se pretende examinar no presente estudo, isto é, a influência dos sistemas de suporte à decisão em contextos discricionários e como garantir diretrizes à juridicidade da ação administrativa influenciada por sistemas de suporte à decisão.

Em 1993, os Grupos de Trabalho 8.3 e 8.5 da IFIP realizaram uma conferência conjunta para discutir problemas em governos nacionais e locais do ponto de vista da tomada de decisão e dos sistemas de informação. Objetivou-se melhorar a compreensão desses problemas para orientar os esforços na aplicação da tecnologia da informação, visando ao incremento de desempenho dos tomadores de decisão na administração pública, especialmente em contextos de vasto fluxo de informações e orçamentos restritos. A conferência destacou a importância de combinar o conhecimento especializado em sistemas de suporte à decisão com a experiência em problemas multifacetados e contextos em constante mudança na administração pública.[25]

Logo, a informatização da Administração Pública e os sistemas de suporte à decisão visavam à promoção da eficiência, à qualificação da tomada de decisão, a exemplo de decisões baseadas em evidências; objetivos que permanecem atuais. Desde os mais remotos sistemas da informação e da comunicação, exige-se da Administração Pública, para uma incorporação adequada de tais ferramentas em relação aos direitos fundamentais e aos princípios da Administração Pública, digitalização avançada, segurança da informação e da comunicação, qualidade dos dados e das informações, alfabetização digital e classificação dos riscos, por exemplo.

Na obra que compila os artigos da conferência de 1993, é interessante perceber que, já naquela época, nos estudos de casos de SSD na Administração Pública, havia o alerta de que as autoridades competentes precisavam adquirir conhecimento sobre o desenvolvimento dos sistemas, para acompanhar o ciclo de desenvolvimento desde o *design* até a introdução operacional. Caso contrário, haveria a delegação da responsabilidade pelos sistemas de suporte aos servidores da informática — ou às empresas desenvolvedoras —, o que levaria à exposição do sistema a ser manejado por pessoas que têm outros interesses (interesses computacionais e técnicos) e, sobretudo,

---

[23] CSÁKI, Csaba; MEREDITH, Rob; O'DONNELL, Peter; ADAM, Frederic. Understanding the scientific contribution of an international community of researchers: the case of the IFIP WG 8.3 Conferences on DSS (1982-2014). *Journal of Decision Systems*, 25(sup1), p. 198-215, 2016.

[24] IFIPTC8. WG 8.3 Decision Support. *Online*.

[25] BOTS, Pieter; SOL, Henk; TRAUNMÜLLER, Roland. *Decision Support in Public Administration*. Amsterdam: Elsevier Science Publishers B.V, 1993.

que não possuem a competência para realizar uma mudança administrativa.[26] Além disso, alertava-se que os sistemas de informação não seriam meras ferramentas para a "administração" das atividades dos cidadãos, mas também um meio para a promoção de governos democráticos,[27] com ênfase a sistemas que viabilizassem uma interface de participação social.

No Brasil, atualmente, em relação à tomada de decisão neste contexto de transformação digital, indica-se o Decreto nº 12.069/2024, publicado em 21 de junho, que institui a Estratégia Nacional de Governo Digital para o período de 2024 a 2027. Dentre as novidades, a exemplo da definição do conceito de Infraestrutura Pública Digital,[28] encontra-se o objetivo de "qualificar a tomada de decisões e a oferta de serviços nas organizações públicas com o reúso constante e ético dos dados disponíveis para análises, interoperabilidade e personalização", conforme estabelece o art. 9º, inciso V.

A meta de qualificar a tomada de decisões parece se compatibilizar com um dos princípios e diretrizes da Lei do Governo Digital (Lei nº 14.129/21), referente ao "uso da tecnologia para otimizar processos de trabalho da administração pública", de acordo com o art. 3º, inciso VIII, da referida lei, bem como com a competência atribuída às autoridades competentes dos órgãos de implementar práticas de governança, dentre as quais "instrumentos de promoção do processo decisório fundamentado em evidências", conforme prevê o art. 47, III, da Lei nº 14.129/21. Em relação à inteligência artificial, a par dos projetos legislativos em andamento,[29] é preciso destacar a Portaria nº 4.617/2021, do Ministério da Ciência, Tecnologia e Inovação,[30] na qual já se reconhecia, quanto à

---

[26] POMEROL, Jean-Charles; FUTTERSACK, Michel; LABAT, Jean-Marc Decision Support System in an administrative context: The case of the reinsertion of Long-Term Unemployed in France. *In*: BOTS, Pieter; SOL, Henk; TRAUNMÜLLER, Roland. *Decision Support in Public Administration*. Amsterdam: Elsevier Science Publishers B.V, 1993, p. 140.

[27] GRÖNLUND, Ake; GUOHUA, Bai. Participatory Information Systems – Supporting the decision process in public sector information systems. *In*: BOTS, Pieter; SOL, Henk; TRAUNMÜLLER, Roland. *Decision Support in Public Administration*. Amsterdam: Elsevier Science Publishers B.V, 1993, p. 181.

[28] O Art. 4º, III, do Decreto nº 12.069/2024, estabelece que infraestruturas públicas digitais – IPD, são soluções estruturantes de aplicação transversal, que adotam padrões de tecnologia em rede construídos para o interesse público, seguem os princípios da universalidade e da interoperabilidade, permitem o uso por diversas entidades dos setores público e privado e podem integrar serviços em canais físicos e digitais.

[29] A exemplo do Projeto de Lei nº 21, de 2020, do Deputado Federal Eduardo Bismarck, que estabelece fundamentos, princípios e diretrizes para o desenvolvimento e a aplicação da inteligência artificial no Brasil; e dá outras providências; do Projeto de Lei nº 5.051, de 2019, do Senador Styvenson Valentim, que estabelece os princípios para o uso da Inteligência Artificial no Brasil; do Projeto de Lei nº 5.691, de 2019, do Senador Styvenson Valentim, que institui a Política Nacional de Inteligência Artificial; do Projeto de Lei nº 872, de 2021, do Senador Veneziano Vital do Rêgo, que dispõe sobre os marcos éticos e as diretrizes que fundamentam o desenvolvimento e o uso da Inteligência Artificial no Brasil; do Projeto de Lei nº 2.338, de 2023, do Senador Rodrigo Pacheco, que dispõe sobre o uso da Inteligência Artificial; do Projeto de Lei nº 3.592, de 2023, do Senador Rodrigo Cunha, que estabelece diretrizes para o uso de imagens e áudios de pessoas falecidas por meio de inteligência artificial (IA), com o intuito de preservar a dignidade, a privacidade e os direitos dos indivíduos mesmo após sua morte; do Projeto de Lei nº 145, de 2024, do Senador Chico Rodrigues, que altera a Lei nº 8.078, de 11 de setembro de 1990 (Código de Defesa do Consumidor), para regular o uso de ferramentas de inteligência artificial para fins publicitários e coibir a publicidade enganosa com uso dessas ferramentas; do Projeto de Lei nº 146, de 2024, do Senador Chico Rodrigues, que altera o Decreto-Lei nº 2.848, de 7 de dezembro de 1940 (Código Penal), para estabelecer causa de aumento de pena para os crimes contra a honra e hipótese qualificada para o crime de falsa identidade, para quando houver a utilização de tecnologia de inteligência artificial para alterar a imagem de pessoa ou de som humano; do Projeto de Lei nº 210, de 2024, do Senador Marcos do Val, que dispõe sobre os princípios para uso da tecnologia de inteligência artificial no Brasil; e do Projeto de Lei nº 266, de 2024, que dispõe sobre o uso de sistemas de inteligência artificial para auxiliar a atuação de médicos, advogados e juízes.

[30] Em dezembro de 2023, iniciou-se o processo de revisão da Estratégia Brasileira de Inteligência Artificial. Nesse sentido: BRASIL. MCTI anuncia revisão da Estratégia Brasileira de Inteligência Artificial. 11.12.2023. *On-line*.

aplicação da inteligência artificial no Poder Público, que essas transformações "poderão modificar os processos de decisão, relativos a matérias com impacto crítico na vida dos cidadãos, e também melhorar processos operacionais, reduzindo prazos e obtendo respostas mais eficazes face às necessidades apresentadas".

Atualmente, com a intensificação e desenvolvimento das Tecnologias da Informação e Comunicação (TIC)[31] e com o avanço da conectividade, a exemplo da banda larga, os SSD são caracterizados pela capacidade de integrar um volume ainda maior de dados (*Big Data*), de forma compartilhada e interoperável. E isso em um contexto de tecnologias avançadas, como exemplo da inteligência artificial[32] — inclusive generativa, no sentido de criar conteúdos, na espécie de *Large Language Models* (LLMs) — aprendizado de máquina (*machine learning*)[33] e *deep learning* — com análises preditivas —, Internet das Coisas (IoT),[34] o que exige, por sua vez, formas escaláveis e flexíveis de armazenamento e processamento de dados a fim de garantir robustez e segurança nas operações e tratamentos de dados, a exemplo da computação em nuvem e levando-se em conta a *blockchain* e a possibilidade de *smart contracts*.

Diante disso, insere-se, também, a integração das infraestruturas físicas e digitais, com a promoção de serviços públicos digitais. Nesse contexto, o governo digital e o governo como plataforma. Além disso, é fundamental que se perceba que também os sistemas robóticos muito se desenvolveram, o que permitiu, por exemplo, a aplicação, pela Administração Pública, de sensores a equipamentos (drones, câmeras, postes de iluminação pública, satélites), viabilizando reconhecimento facial, captação de temperatura, previsão de eventos climáticos em um nível mais acurado, dentre outras tantas funcionalidades.

Percebe-se que os sistemas de suporte à decisão, na atualidade, geram tantas utilidades e funcionalidades quanto novos e complexos desafios à Administração Pública, éticos e legais, a exemplo de *black boxes*, opacidade, risco à efetividade da rastreabilidade das decisões, perigo de "despersonalização" do agir administrativo. Quanto aos riscos dos sistemas de inteligência artificial, por exemplo, são inúmeros e fundamentaram, por exemplo, o recente Regulamento Europeu sobre Inteligência Artificial.

Logo, exige-se cautela para que se possa examinar de que modo e com qual alcance se qualificam as competências decisórias legalmente atribuídas ao administrador público diante de tais mudanças, especialmente da ampliação dos poderes e atribuições computacionais de forma ampla.

---

[31] Propondo-se o exame de diversas das inovações mencionadas, recomenda-se a leitura: SARAI, Leandro; ZOCKUN, Carolina Z.; CABRAL, Flávio G.; ZOCKUN, Maurício. From Algorithms to Revolution 5.0: What Does Drive the Innovations? *Beijing Law Review*, 15, p. 945-969.

[32] Destaque-se que o art. 4º, I, do PL nº 2.338/2023, a seguir analisado, define sistema de inteligência artificial como sendo o "sistema computacional, com graus diferentes de autonomia, desenhado para inferir como atingir um dado conjunto de objetivos, utilizando abordagens baseadas em aprendizagem de máquina e/ou lógica e representação do conhecimento, por meio de dados de entrada provenientes de máquinas ou humanos, com o objetivo de produzir previsões, recomendações ou decisões que possam influenciar o ambiente virtual ou real".

[33] Os principais métodos de aprendizado de máquina são: aprendizagem supervisionada, aprendizagem não supervisionada, aprendizagem por reforço e aprendizagem profunda. Os algoritmos de aprendizagem de máquina mapeiam dados de entrada para dados de saída, mas não mostram o método de mapeamento, operando como caixas pretas. Ver: FEJES, Erzsébet; FUTÓ, Iván. Artificial Intelligence in Public Administration – Supporting Administrative Decisions. *Public Finance Quarterly*, special edition 2021/1, p. 28.

[34] De acordo com o Decreto nº 9.854/2019: Art. 2º Para fins do disposto neste Decreto, considera-se: I - Internet das Coisas - IoT - a infraestrutura que integra a prestação de serviços de valor adicionado com capacidades de conexão física ou virtual de coisas com dispositivos baseados em tecnologias da informação e comunicação existentes e nas suas evoluções, com interoperabilidade.

A importância de exame e compreensão dirige-se não só ao próprio administrador e aos que competem a fiscalização de seus atos, mas também aos cidadãos, aos servidores, às empresas, na medida em que são possíveis destinatários dos atos produzidos em um contexto de eventual suporte por sistemas dotados de distintos níveis de automação e autonomia, classificação que não encontra consenso global, e cuja compreensão mínima é extremamente fundamental para que se possa considerar, de forma objetiva, reflexos jurídicos e práticos sobre os direitos individuais e fundamentais, liberdades públicas e princípios fundamentais da Administração Pública. No caso específico, reflexos sobre a juridicidade da ação administrativa na produção de atos discricionários.

3 Elementos da juridicidade da ação administrativa na produção de atos administrativos discricionários

Para a adequada compreensão da juridicidade administrativa enquanto parâmetro de aferição da validade das condutas administrativas discricionárias, ainda que emergentes de inteligência artificial intrínsecas a SSD, afigura-se conveniente destacar que a discricionariedade consiste em métodos diversos através dos quais se concretiza a legalidade administrativa no seu sentido de "reserva legal". Em outras palavras, a lei atribui as competências administrativas, fazendo-o ou de modo vinculado ou de modo discricionário.

Ou seja, a discricionariedade administrativa, tanto quanto a vinculação, expressa um dos modos de concreção do princípio da legalidade. Explicando-se tal afirmação, há de ser pressuposto que a atuação da Administração Pública é adstrita à prévia definição legal de competência. Ou, como se extrai de passagem já celebrizada, "enquanto na administração particular é lícito fazer tudo que a lei não proíbe, na Administração Pública só é permitido fazer o que a lei autoriza". Tal frase, merecedora de elogios por trazer consigo perfeita síntese, costuma ser atribuída a Hely Lopes Meirelles.[35] Em verdade, seu conteúdo remonta ao início do século XX, em obra de João Barbalho Uchoa Cavalcanti, acerca da Constituição Federal de 1891.[36]

Com efeito, nas normas legais de atribuição de competência discricionária, a lei estabelecerá mais de uma solução juridicamente válida em caso de concretização de uma determinada hipótese legal. Assim, em princípio, todas as soluções legalmente previstas serão válidas, atribuindo-se ao administrador público competente o exercício de eleição da solução do caso concreto, num juízo costumeiramente denominado de mérito administrativo, o qual contempla o binômio "conveniência" e "oportunidade".

Importante questão diz com o cotejo do conceito de discricionariedade com o instituto dos "conceitos jurídicos indeterminados", que, segundo Eros Grau, são aqueles "cujos termos são ambíguos ou imprecisos — especialmente imprecisos —, razão pela

---

[35] MEIRELLES, Hely Lopes. *Direito Administrativo Brasileiro*. 24. ed. São Paulo: Malheiros, 1999, p. 82.
[36] "De modo que, ao indivíduo é reconhecido o direito de fazer tudo quanto a lei não tem prohibido, e não póde elle ser obrigado sinão ao que elle lhe impõe. ... Com a autoridade, porém com os funcionários públicos, dá-se justamente o contrario, — só podem fazer, nessa qualidade, o que a lei autoriza, como n'outra parte já expozemos. Suas attribuições são somente as que se acham definidas nas leis e nos regulamentos que com ellas se conformam". In: CAVALCANTI, João Barbalho Uchôa. *Constituição Federal Brasileiro*, 1891: comentada. Brasília: Ed. Senado Federal, 2002, p. 302.

qual necessitam ser completados por quem os aplique".[37] Muito se debateu — e ainda se debate — se a inserção de conceitos jurídicos indeterminados em regras de competência consistiria também em discricionariedade. Neste ensaio, pugna-se pela ideia de que são noções jurídicas distintas. Os conceitos jurídicos indeterminados possuem, tanto quanto na discricionariedade, uma certa margem decisória atribuída ao administrador público, mas tal margem tem índole interpretativa, e não volitiva, como é o caso da discricionariedade. Dito de outro modo: discricionariedade e conceitos jurídicos indeterminados são institutos jurídicos diversos, eis que aquela (a discricionariedade) permite ao administrador que produza um juízo de valor, ou seja, que pratique um ato de vontade (obviamente, tal vontade é funcional e deve ser orientada à satisfação do interesse público), escolhendo uma dentre várias formas de ação legalmente previstas; estes (os conceitos jurídicos indeterminados) ensejam que o administrador produza um juízo de interpretação, no sentido de que, na aplicação da regra, o administrador promoverá um ato de inteligência. Não se podendo confundir *escolha* com *interpretação*, também não se apresenta possível a confusão entre a discricionariedade e os conceitos jurídicos indeterminados. Esta, aliás, vem sendo a posição do STF.[38]

Neste trabalho, analisa-se o controle de juridicidade das decisões discricionárias decorrentes de inteligência artificial presentes nos SSD, deixando-se para outro momento a análise de eventuais particularidades da IA em relação aos conceitos jurídicos indeterminados.

Como se teve oportunidade de afirmar,[39] nas regras discricionárias, a lei outorga margem de decisão volitiva ao administrador, que deverá, por óbvio, exercê-la validamente, sob pena de ser possível o controle jurisdicional. Tal controle jurisdicional não será propriamente de mérito administrativo, mas da juridicidade da ação administrativa, noção essa que, em linhas gerais, impõe sejam as condutas administrativas consentâneas com a lei e com o Direito.[40]

Este é, estreme de dúvidas, uma das principais evoluções do Direito Administrativo nas últimas décadas. Trata-se de um novo paradigma no qual a validade das condutas administrativas, mesmo as discricionárias, passa a ser aferida a partir de uma noção de atuação conforme a lei e o Direito e não mais, como costumava ocorrer antes

---

[37] GRAU, Eros. *O direito posto e o direito pressuposto*. 5 ed. São Paulo: Malheiros, 2003, p. 200. Para aprofundamento sobre o tema: vide SOUSA, António Francisco de. *Conceitos indeterminados no Direito Administrativo*. Coimbra: Almedina, 1994 e MORENO, Fernando Sainz. *Conceptos jurídicos, interpretación y discrecionalidad administrativa*. Madrid: Civitas, 1976.

[38] Neste sentido, vide, por exemplo: Recurso em Mandado de Segurança 24.699, Rel. Min. Eros Grau, j. 30.11.2004. Do voto condutor do relator, extrai-se a seguinte passagem: "Em outros termos: a autoridade administrativa está autorizada a atuar discricionariamente apenas, única e exclusivamente, quando norma jurídica válida expressamente a ela atribuir essa livre atuação. Insisto em que a discricionariedade resulta de expressa atribuição normativa à autoridade administrativa, e não da circunstância de serem ambíguos, equívocos ou suscetíveis de receberem especificações diversas os vocábulos usados nos textos normativos, dos quais resultam, por obra da interpretação, as normas jurídicas. Comete erro quem confunde discricionariedade e interpretação do direito".

[39] MAFFINI, Rafael. Discricionariedade Administrativa: Controle de Exercício e Controle de Atribuição. *Revista do Instituto do Direito Brasileiro*, v. 5, p. 2827-2848, 2012.

[40] Tal noção de juridicidade administrativa pode ser aprofundada em OTERO, Paulo. *Legalidade e Administração Pública. O sentido da vinculação administrativa à juridicidade*. Coimbra: Almedina, 2003; MERKL, Adolf. *Teoría general del derecho administrativo*. México: Nacional, 1980. Na doutrina brasileira, vide ROCHA, Cármen Lúcia Antunes. *Princípios constitucionais da Administração Pública*. Belo Horizonte: Del Rey, 1994. Tal noção encontra positivação em solo pátrio no artigo 2º, parágrafo único, I, da Lei nº 9.784/99 ("nos processos administrativos serão observados, entre outros, os critérios de: ... I – atuação conforme a lei e o Direito"), o qual teve inegável inspiração no art. 20, III, da Lei Fundamental da República Federal da Alemanha, o qual prevê que "o Poder Legislativo está subordinado à ordem constitucional; os Poderes Executivo e Judicial obedecem à lei e ao Direito".

da Constituição de 1988, com os olhos voltados exclusivamente à estrita legalidade. Ou seja, com a evolução do Direito Administrativo, surge um novo paradigma de averiguação da higidez das condutas administrativas, e a Constituição Federal vigente é um verdadeiro marco simbólico disso, outros princípios, diretamente relacionados com aspectos substanciais das ações estatais (moralidade, razoabilidade, impessoalidade etc.), foram sendo reconhecidos como elementos de definição da validade dos atos administrativos. Diante de tal nova perspectiva, de legalidade ampla ou juridicidade, toda a principiologia, e não somente a legalidade estrita, passou a fundamentar o controle judicial das condutas discricionárias, com o que se ampliou significativamente o espectro de temas controláveis.

Assim, seria possível afirmar que o Poder Judiciário não pode promover o controle *do* mérito administrativo, no sentido de não poder se intrometer em questões administrativas de conveniência e oportunidade propriamente ditas; poderá, contudo, fazer o controle *no* mérito administrativo, no sentido de que está legitimado a realizar o controle da validade formal e substancial das decisões discricionárias, mesmo que para isso tenha de analisar a escolha que foi realizada pela Administração Pública.[41] O que há de estar suficientemente esclarecido é que não mais se pode tratar a discricionariedade ou o mérito administrativo como círculos de imunidade de poder.[42] Toda e qualquer atuação estatal, inclusive a discricionária, está sujeita à ordem jurídica e, assim, ao controle jurisdicional da observância a tal submissão.

A juridicidade ou legalidade *lato sensu*, enquanto postulado que transcende aos interesses ou direitos individuais dos administrados, corresponde a um direito público subjetivo a que se mostra correlato o dever de "legalidade objetiva" ou de "validade" a que está submetido o Estado, ou seja, "à necessidade da existência e da observância de um quadro normativo da acção administrativa por simples razão de interesse público, independentemente, portanto, de saber se as actuações administrativas poderão lesar direitos ou interesses legítimos".[43] Não se pode negar, pois, a existência de tal "direito subjetivo à legalidade objetiva", sob pena de se considerar que a inserção do princípio da legalidade administrativa no texto constitucional fora em vão.

A tal direito subjetivo corresponde, como já referido, um dever de juridicidade obrigatório à Administração Pública, no sentido de que esta fica adstrita a uma atuação não somente obediente das regras jurídicas aplicáveis, mas também de toda a principiologia norteadora do Direito Administrativo. Com isso, há de se considerar que sempre que a atividade administrativa do Estado se desgarrar da juridicidade administrativa, ou seja, das regras e princípios norteadores do Direito Administrativo, tal atividade — inválida, por óbvio — estará infringindo a um direito público subjetivo de um administrado ou de um grupo de administrados e, em última análise, de todo o corpo social sobre o qual a atividade estatal incide.[44]

---

[41] MAFFINI, Rafael. Discricionariedade Administrativa: Controle de Exercício e Controle de Atribuição. *Revista do Instituto do Direito Brasileiro*, v. 5, p. 2827-2848, 2012.

[42] Vide: GARCÍA ENTERRÍA, Eduardo. *La lucha contra las inmunidades del poder*. 3. ed. Madrid: Civitas, 1995.

[43] SÉRVULO CORREIA, José Manuel. *Legalidade e autonomia contratual nos contratos administrativos*. Coimbra: Almedina, 1987, p. 293. Também nesse sentido ALMEIDA, Mário Aroso. *Anulação de actos administrativos e relações jurídicas emergentes*. Coimbra: Almedina, 2002, p. 160-161.

[44] Tal possibilidade de controle de validade da atuação administrativa discricionária (controle de exercício) não pode ser considerada uma intromissão do Poder Judiciário no "mérito administrativo", mas sim um controle plenamente justificado na infração ao direito subjetivo que o destinatário da regra discricionária possui à

Tal cenário, segundo o qual as condutas administrativas terão sua validade escrutinada a partir de um parâmetro de atuação conforme a lei e o Direito, no que se costuma denominar juridicidade administrativa, também se mostra incidente sobre condutas administrativas discricionárias em razão de IA em SSD, o que se passa a analisar.

4 A juridicidade da ação administrativa na produção de atos administrativos discricionários sob influência de inteligência artificial em Sistemas de Suporte à Decisão (IA-SSD)

Após (i) confirmada a possibilidade de influência de sistemas de IA de suporte à decisão sobre a formação de atos administrativos discricionários; (ii) demonstrado o desenvolvimento dos SSD na Administração Pública, a expansão das funcionalidades e, consequentemente, dos desafios jurídicos, e (iv) estabelecidos os elementos à juridicidade da ação administrativa enquanto parâmetro de aferição da validade das condutas administrativas discricionárias, percebendo-se que as condutas administrativas terão sua validade escrutinada a partir de um parâmetro de atuação conforme a lei e o Direito, no que se costuma denominar juridicidade administrativa, parte-se, agora, à propositura de encaminhamentos à juridicidade da ação administrativa nos atos discricionários produzidos sob influência de sistemas cada vez mais inteligentes (automatizados e autônomos).

Em relação à noção de legitimidade das escolhas públicas e a partir da análise da "boa administração", o Professor Juarez Freitas refere: "as escolhas públicas serão legítimas se resultarem (a) sistematicamente eficazes; (b) sustentáveis; (c) motivadas; (d) proporcionais; (e) transparentes; (f) razoavelmente desenviesadas; (g) incentivadoras de participação social, (h) da moralidade pública; e (i) da devida responsabilização por ações e omissões".[45] Percebe-se que tais elementos de juridicidade apresentados por Juarez Freitas também são não só exigidos, como também *qualificados* em contextos de IA-SSD na Administração Pública.

Primeiramente, parece ser necessária a avaliação da juridicidade sob a perspectiva da legalidade em sentido de reserva legal. Neste aspecto, entende-se necessária a previsão do emprego de SSDs por meio de lei em sentido formal, deve-se atentar para que será inválida a transferência da prática de atos administrativos por meio de IA sem norma jurídico-legal que a legitime, sob pena de caracterização de renúncia de competência, a qual é vedada no ordenamento jurídico-administrativo brasileiro.[46]

---

validade da atuação administrativa. Ou seja, o fundamento da possibilidade de o Poder Judiciário invalidar atos administrativos discricionários inválidos — e tal possibilidade é indubitável — está também no artigo 5º, XXXV, da CF/88. Não se pode olvidar, pois, que o princípio da inafastabilidade do Poder Judiciário "surgiu, em última análise, do desejo de defender o indivíduo contra o Estado" (TESHEINER, José Maria Rosa. *Elementos para uma Teoria Geral do Processo*. São Paulo: Saraiva, 1993, p. 33). Ocorre que, como já referido, o parâmetro de controle de exercício da atuação discricionária vem se ampliando, em face do próprio redimensionamento da concepção de validade da atividade administrativa. Em efeito, sempre que uma conduta administrativa restar perpetrada à revelia da lei aplicável e do Direito como um todo, tal ação padecerá de um vício de invalidade e deverá ser, em princípio, desconstituída.

45 FREITAS, Juarez. Políticas Públicas, Avaliação de Impactos e o Direito Fundamental à Boa Administração. *Revista Sequência*, Florianópolis, n. 70, p. 120, jun. 2015.

46 Vide, v.g., o disposto no art. 11, da Lei nº 9.784/99, segundo o qual "a competência é irrenunciável e se exerce pelos órgãos administrativos a que foi atribuída como própria, salvo os casos de delegação e avocação legalmente admitidos".

Demais da questão da competência, tema tão caro ao Direito Administrativo, surgem outros aspectos igualmente relevantes. Os princípios da publicidade, motivação e da transparência administrativa impõe sejam tomados cuidados especiais com as situações de opacidade algorítmica, uma vez que alguns sistemas de IA carecem de explicações sobre os dados utilizados e as razões pelas quais são exaradas determinadas decisões.[47]

Assim, uma base de dados cujos critérios se mostrem inadequados, ou mesmo o regramento decisório estipulado para as tomadas de decisão sem compatibilidade com os demais princípios norteadores do Direito Administrativo acoimará as condutas administrativas de invalidade, cuja própria constatação inevitavelmente será mais complexa do que nos atos administrativos ortodoxamente praticados. Daí a razão pela qual restou aprovado, na I Jornada de Direito Administrativo do CJF, o enunciado 12, segundo o qual, "a decisão administrativa robótica deve ser suficientemente motivada, sendo a sua opacidade motivo de invalidação", de modo que o emprego dos sistemas de IA não prescinde do cuidado de se dar "forma à exposição satisfatória das razões de fato e de direito que guiaram o processo de tomada de decisão", para que seja possível a adequada compreensão das premissas sobre as quais são tomadas as decisões administrativas.

A exemplo da "dilatação do espectro eficacial da publicidade e da motivação"[48] em razão da exigência do direito à explicação, conforme se extrai do art. 20 da Lei Geral de Proteção de Dados,[49] combinado com a leitura do art. 50 da Lei nº 9.784/1999, quanto ao dever de motivação dos atos administrativos. No entanto, para que um determinado cidadão recorra ao direito à explicação no caso de decisões automatizadas ou influenciadas por IA, é necessário que compreenda ao menos minimamente os riscos e repercussões prejudiciais de decisões automatizadas, no final das contas, "o exercício do direito à boa administração não é possível sem soberania digital".[50] Nesse sentido, a compreensão reconstruída do direito à boa administração permite o uso de sistemas de IA na administração pública "desde que a qualidade apropriada desses sistemas e o nível de conhecimento e habilidades das partes e autoridades sejam assegurados".[51]

Nesse sentido, a juridicidade da ação administrativa neste contexto de influência dos sistemas de IA de suporte à decisão (IA-SSD) perpassa pela identificação do enquadramento do ato de influência produzido pela IA dentro do processo decisório. Isso porque, muito embora aqui não se aborde a produção de um ato autônomo de IA nos contextos discricionários, não considerar, objetiva e expressamente, o produto da influência IA-SSD na decisão administrativa seria incorrer em uma opacidade muito grave, além de resultar em assimetria informacional.

---

[47] Parte destas ideias encontram-se em MAFFINI, Rafael. Inteligência artificial (IA), Direito Administrativo e licitações e contratos. In: Caderno de Apoio Didático ao Curso Inteligência Artificial no desempenho das Funções Públicas, 2024.

[48] FREITAS, Juarez. Direito administrativo e inteligência artificial. Interesse Público, Belo Horizonte, v. 21, n.114, p. 20, mar./abr. 201.

[49] Lei nº 13.709/2018. Art. 20. O titular dos dados tem direito a solicitar a revisão de decisões tomadas unicamente com base em tratamento automatizado de dados pessoais que afetem seus interesses, incluídas as decisões destinadas a definir o seu perfil pessoal, profissional, de consumo e de crédito ou os aspectos de sua personalidade.

[50] WRÓBEL, Izabela. Artificial intelligence systems and the right to good administration. Review of European and Comparative Law, vol. 49, n. 2, 203-223, 2022.

[51] WRÓBEL, Izabela. Artificial intelligence systems and the right to good administration. Review of European and Comparative Law, vol. 49, n. 2, 203-223, 2022.

Portanto, é preciso dar nome à influência do IA-SSD, é preciso inseri-la na sequência de atos administrativos à produção do ato final: é preciso que este ato se exteriorize, então parece que este ato deve observar uma *forma*, no caso, de IA, que é o *meio de exteriorização do ato*.[52] E, no contexto dos atos administrativos discricionários, parece que o produto da influência do IA-SSD, além de um meio à exteriorização do ato — embora neste artigo não tenhamos enfrentado o ato produzido autonomamente pela IA —, logo, pressuposto que compõe a forma do ato administrativo, também se perceberá na motivação do ato, que é importante requisito de sua formalização.[53] É preciso que a autoridade competente, ao expedir um ato discricionário, informe que a decisão foi influenciada por IA-SSD.

Todavia, impõe-se uma advertência conceitual que nos parece relevante: o dever de motivação, transparência e publicidade das condutas administrativas impõe sejam considerados aspectos pertinentes a mecanismos de formalização dos atos administrativos, como antes referido. Considerando o fato de que a IA contempla programações humanas sobre máquinas a partir de determinadas bases de dados, visando a previsões, recomendações e, sobretudo, decisões, mostra-se evidente que a IA incide especialmente sobre a subsunção — e valoração — dos motivos dos atos administrativos e, também, sobre o objeto, ou resultado, de tais condutas estatais. E, como já consabido de há muito, é justamente nos elementos (ou pressupostos) motivo e objeto que incide a discricionariedade administrativa.

E, em relação a tais pressupostos, refletindo-se, também, no exame da juridicidade da ação administrativa influenciada por IA-SSD, mostra-se relevante que haja a exteriorização também para fins de rastreabilidade, garantindo-se não só a *transparência do resultado* — entendida pela explicabilidade da decisão —, mas também a *transparência do sistema*,[54] ou seja, manter o registro e a possibilidade de acesso a informações sobre o sistema de TI, os algoritmos usados e os dados utilizados — tanto os dados de treinamento, no caso de sistemas de aprendizado de máquina, quanto os dados processados para a respectiva decisão —, permitindo que se examine a qualidade dos dados, os eventuais *vieses* e outros pontos de atenção, a exemplo do risco de dependência tecnológica ou de questões de cibersegurança. Como defende Johan Wolswinkel, para que se possa examinar a legitimidade da ação administrativa no contexto de IA, "é imperativo que a administração, juntamente com os dados, também forneça as ferramentas necessárias para uma análise e revisão precisas e eficazes".[55]

Dos princípios da impessoalidade, isonomia e igualdade[56] defluem a necessidade de se combater as discriminações algorítmicas carentes de justificação racional.[57]

---

[52] MELLO, Celso Antônio Bandeira de. *Curso de Direito Administrativo*. 36. ed. Belo Horizonte: Fórum, 2022, p. 310.
[53] MELLO, Celso Antônio Bandeira de. *Curso de Direito Administrativo*. 36. ed. Belo Horizonte: Fórum, 2022, p. 322.
[54] As definições transparência de resultado e transparência de sistema foram apresentadas pelos autores PARYCEK *et al.*, *op. cit.*
[55] WOLSWINKEL, Johan. Comparative Study on Administrative Law and the use of Artificial Intelligence and other Algorithmic Systems in Administrative Decision-Making in The Member States of The Council of Europe. In: Council of Europe, Artificial Intelligence and Administrative Law, December 2022.
[56] MAFFINI, Rafael. Inteligência artificial (IA), Direito Administrativo e licitações e contratos. In: *Caderno de Apoio Didático ao Curso Inteligência Artificial no desempenho das Funções Públicas*, 2024.
[57] No texto do PL nº 2.338/2023, a não discriminação aparece tanto como fundamento (art. 2º, V) quanto como princípio (art. 3º, IV). Demais disso, em tal PL a discriminação é conceituada como "qualquer distinção, exclusão, restrição ou preferência, em qualquer área da vida pública ou privada, cujo propósito ou efeito seja anular ou

Concorda-se, neste sentido, com Vanice Lírio do Valle, no sentido de que o desafio "mais substancial é aquele relacionado à possibilidade de se admitir, no domínio dos sistemas fundados em IA, um desvio de finalidade — não no sentido de uma *voluntas* pessoal, direcionada para algo que não os reclamos do interesse geral, mas uma concepção equívoca dos parâmetros que direcionam a operação desse mesmo aparato informatizado".[58] Evidentemente, nem toda a IA pode causar discriminação algorítmica, mas aquelas que venham a incorrer neste risco haverão de ser devidamente controladas.

E isso se mostra imprescindível à juridicidade da ação administração como um modo de garantir uma adequada prestação de contas ao público, inclusive ao controle externo, como ferramenta de incremento da confiança nos sistemas e de exame da acurácia dos procedimentos, e, também, como mecanismo de controle interno, pelas próprias comissões multidisciplinares e plurais a serem instauradas em determinado órgão ou entidade para acompanhamento dos projetos de IA, para que se possa garantir um monitoramento contínuo em todas as fases do ciclo de vida dos sistemas de IA: desde a concepção (*design*), passando pelos estudos prévios à aplicação, durante o processo de implementação e, também, após, quando da execução e da plena produção de efeitos. O PL nº 2.338/2023 prevê, por exemplo, a Avaliação de Impacto Algorítmico (AIA), para situações em que o sistema seja considerado de alto risco em avaliação preliminar.

Nesta juridicidade *qualificada* da ação administrativa digital — e, ampla, na esteira da juridicidade dos atos administrativos discricionários —, verifica-se a importância do planejamento, da *accountability*, bem como da gestão e da governança de dados, considerando que os sistemas de IA se nutrem de dados. Além disso, é preciso garantir treinamento para todos os agentes envolvidos com os IA-SSD, a fim de prevenir a dependência excessiva e garantir o uso ético e adequado. Para evitar a limitação da discricionariedade, portanto, o agente público competente para decidir deve ter um entendimento bastante claro do papel do algoritmo no processo de tomada de decisão, evitando o acorrentamento da discricionariedade como já referido.

No mais, é preciso destacar que, a depender do *objeto* de exame, poderá se mostrar mais ou menos crítica a influência dos IA-SSD: ou seja, o ato administrativo influenciado por IA tem o condão de restringir o exercício de direitos e liberdades individuais ou públicas? Há tratamento de dados sensíveis? Envolve direitos e liberdades de grupos vulneráveis? São apenas alguns exemplos. Por isso, "quando uma previsão, recomendação ou outro resultado gerado algoritmicamente faz parte de um processo de tomada de decisão, deve-se considerar as circunstâncias em que razões para/uma explicação do resultado podem ser necessárias".[59]

---

restringir o reconhecimento, gozo ou exercício, em condições de igualdade, de um ou mais direitos ou liberdades previstos no ordenamento jurídico, em razão de características pessoais como origem geográfica, raça, cor ou etnia, gênero, orientação sexual, classe socioeconômica, idade, deficiência, religião ou opiniões políticas" (art. 4º, VI) e a discriminação indireta, por sua vez, é conceituada, no art. 4º, VII, como sendo a "discriminação que ocorre quando normativa, prática ou critério aparentemente neutro tem a capacidade de acarretar desvantagem para pessoas pertencentes a grupo específico, ou as coloquem em desvantagem, a menos que essa normativa, prática ou critério tenha algum objetivo ou justificativa razoável e legítima à luz do direito à igualdade e dos demais direitos fundamentais".

[58] VALLE, Vanice Lírio do. Inteligência artificial incorporada à Administração Pública: mitos e desafios teóricos. A&C – *Revista de Direito Administrativo & Constitucional*, Belo Horizonte, ano 20, n. 81, p. 190, jul./set. 2020.

[59] OSWALD, Marion. Algorithm-Assisted Decision-Making in the Public Sector: Framing the Issues Using Administrative Law Rules Governing Discretionary Power, *Philosophical Transactions*: of the Royal Society Mathematical, Physical and Engineering Sciences, vol. 376, n. 2128, p. 10-14.

Por fim, recomenda-se, para um exame empírico, a Diretiva Canadense sobre Tomada de Decisão Automatizada aplicável a departamentos que utilizam sistemas de decisão automatizados para automatizar total ou parcialmente a decisão administrativa, incluindo aqueles sistemas que dependem de IA e outras tecnologias.[60] O objetivo da Diretiva é o de auxiliar os departamentos na identificação, avaliação e mitigação dos riscos de sistemas de decisão automatizados, a fim de que se possa cumprir os princípios do Direito Administrativo. Além disso, a Diretiva também possui um guia ao Poder Público quanto à Inteligência Artificial Generativa. A análise é pertinente, pois se trata de um exemplo de como aplicar diretrizes à juridicidade ampla e qualificada da ação administrativa no contexto de IA-SSD.

5 Conclusão

O Direito Administrativo "é uma obra aberta e em formação, uma *work in progress*". O desafio para o futuro — e para o futuro da Administração Pública — é o de encontrar combinações sustentáveis de integração entre inteligência humana e artificial, garantindo-se a juridicidade *qualificada* da ação administrativa na produção de atos administrativos discricionários influenciados por IA-SSD. De um modo ou de outro, ratifica-se a juridicidade *ampla* já reconhecida.

Portanto, a influência do IA-SSD nos atos administrativos discricionários deve se sujeitar a compatibilidade ampla com a lei e com o Direito, mas tal discussão não pode se dar apenas de forma abstrata. Isso porque, como demonstrado, a juridicidade dos atos administrativos sob influência de IA-SSD exigem, por exemplo, uma interpretação dos princípios que norteiam o agir administrativo voltada à efetividade prática, qualificando-os aos desafios contemporâneos. Basta ver, por exemplo, em relação ao princípio da transparência: com a IA, migramos para uma transparência de rastreio de design, de códigos, de vieses, enfim, de algoritmos, exigindo-se um dever de cautela e de conformidade por parte dos agentes públicos.

Embora o trabalho não se destine ao ingresso no exame de eventuais particularidades do IA-SSD em relação aos conceitos jurídicos indeterminados, importa destacar o seguinte: não se pode afirmar que a IA não seja apta a ponderar princípios, pois isso já foi há muito superado. Basta que seja programada para tanto. Nesse sentido, por exemplo, o Professor Giovanni Sartor, que há anos estuda a IA no Direito, destaca que "os sistemas de IA demonstraram ser capazes de operar com sucesso mesmo em áreas onde faltam critérios precisos e unívocos, e, portanto, também em setores tradicionalmente confiados à intuição humana, treinada com a prática".[61] No entanto, reserva-se este exame a um trabalho futuro.

Referências

BOTS, Pieter; SOL, Henk; TRAUNMÜLLER, Roland. *Decision Support in Public Administration*. Amsterdam: Elsevier Science Publishers B.V, 1993.

---

[60] GOVERNMENT OF CANADA. *Directive on Automated Decision-Making*. 25.04.2023. *Online*.
[61] SARTOR, Giovanni. *L'intelligenza artificiale e il diritto*. Torino: G. Giappichelli Editore, 2022.

CARULLO, Gherardo. Large Language Models for Transparent and Intelligible AI-Assisted Public Decision-Making. CERIDAP. *Rivista Interdisciplinare Sul Diritto Delle Amministrazioni Pubbliche*, fascicolo 3, luglio/settembre 2023. Disponível em: https://ceridap.eu/large-language-models-for-transparent-and-intelligible-ai-assisted-public-decision-making/?lng=en. Acesso em: 28 jun. 2024.

COUNCIL OF EUROPE. *The Administration and You*: principles of administrative law concerning relations between individuals and public authorities. 3rd ed. May, 2024. Disponível em: https://rm.coe.int/handbook-the-administration-and-you-3rd-edition-005924-gbr-web/1680b04d3f. Acesso em: 28 jun. 2024.

COUTO E SILVA, Almiro do. *Conceitos Fundamentais do Direito no Estado Constitucional*. São Paulo: Malheiros, 2015.

CSÁKI, Csaba; MEREDITH, Rob; O'DONNELL, Peter; ADAM, Frederic. (Understanding the scientific contribution of an international community of researchers: the case of the IFIP WG 8.3 Conferences on DSS (1982–2014). *Journal of Decision Systems*, 25(sup1), p. 198-215, 2016. Disponível em: https://www.tandfonline.com/doi/citedby/10.1080/12460125.2016.1187426?scroll=top&needAccess=true.

ETSCHEID, Jan. Automatisierungspotenziale in der Verwaltung. In: MOHABBAT KAR, Resa; THAPA, Basanta; PARYCEK, Peter (Hrsg.). *(Un)berechenbar? Algorithmen und Automatisierung in Staat und Gesellschaft*. Berl*In*: Fraunhofer-Institut für Offene Kommunikationssysteme FOKUS, Kompetenzzentrum Öffentliche IT (ÖFIT), 2018, p. 128. Disponível em: https://www.ssoar.info/ssoar/handle/document/57538. Acesso em: 28 jun. 2024.

FEJES, Erzsébet; FUTÓ, Iván. Artificial Intelligence in Public Administration — Supporting Administrative Decisions. *Public Finance Quarterly*, special edition 1, p. 23-51, 2021.

FREITAS, Juarez. Direito Administrativo e inteligência artificial. *Interesse Público*, Belo Horizonte, ano 21, n. 114, p. 15-29, mar./abr. 2019.

FREITAS, Juarez. Políticas Públicas, Avaliação de Impactos e o Direito Fundamental à Boa Administração. *Revista Sequência*, Florianópolis, n. 70, p. 115-133, jun. 2015. Disponível em: https://www.scielo.br/j/seq/a/bJmp9HRG7ynPXHSzNJpbTZJ/?format=pdf&lang=pt. Acesso em: 28 jun. 2024.

FREITAS, Juarez; FREITAS, Thomas Bellini. *Direito e inteligência artificial* — em Defesa do Humano. Belo Horizonte: Fórum, 2020.

GOVERNMENT OF CANADA. *Directive on Automated Decision-Making*. 25/04/2023. Online. https://www.tbs-sct.canada.ca/pol/doc-eng.aspx?id=32592. Acesso em: 2 jul. 2024.

GRAU, Eros. *O direito posto e o direito pressuposto*. 5ª ed. São Paulo: Malheiros, 2003.

GRÖNLUND, Ake; GUOHUA, Bai. Participatory Information Systems — Supporting the decision process in public sector information systems. In: BOTS, Pieter; SOL, Henk; TRAUNMÜLLER, Roland. *Decision Support in Public Administratio*n. Amsterdam: Elsevier Science Publishers B.V, 1993, p. 181.

IFIP. *About IFIP*. Disponível em: https://ifip.org/index.php?option=com_content&task=view&id=124&Itemid=439. Acesso em: 28 jun. 2024.

MAFFINI, Rafael. Discricionariedade Administrativa: Controle de Exercício e Controle de Atribuição. *Revista do Instituto do Direito Brasileiro*, v. 5, p. 2827-2848, 2012.

MAFFINI, Rafael. Inteligência artificial (IA), Direito Administrativo e licitações e contratos. In: *Caderno de Apoio Didático ao Curso Inteligência Artificial no desempenho das Funções Públicas*, 2024.

MEIRELLES, Hely Lopes. *Direito Administrativo Brasileiro*. 24. ed. São Paulo: Malheiros, 1999.

OSWALD, Marion. Algorithm-Assisted Decision-Making in the Public Sector: Framing the Issues Using Administrative Law Rules Governing Discretionary Power, *Philosophical Transactions*: of the Royal Society Mathematical, Physical and Engineering Sciences, vol. 376, n. 2.128, p. 10-14. Disponível em: https://royalsocietypublishing.org/doi/full/10.1098/rsta.2017.0359. Acesso em: 28 jun. 2024.

PANAGOPOULOU, Fereniki. Algorithmic Decision-Makin in Public Administration. *Journal of Public Administration*. vol. 6, issue 1, jan. 2024. Disponível em: https://sryahwapublications.com/article/pdf/2642-8318.0601001. Acesso em: 28 jun. 2024.

PARYCEK, Peter; SCHMID, Verena; NOVAK, Anna-Sophie. Artificial Intelligence (AI) and Automation in Administrative Procedures: Potentials, Limitations, and Framework Conditions. *Journal of the Knowledge Economy*, Springer, 2023, p. 13.

POMEROL, Jean-Charles; FUTTERSACK, Michel; LABAT, Jean-Marc Decision Support System in an administrative context: The case of the reinsertion of Long-Term Unemployed in France. *In:* BOTS, Pieter; SOL, Henk; TRAUNMÜLLER, Roland. *Decision Support in Public Administration.* Amsterdam: Elsevier Science Publishers B.V, 1993.

SARAI, Leandro; ZOCKUN, Carolina Z.; CABRAL, Flávio G.; ZOCKUN, Maurício. From Algorithms to Revolution 5.0: What Does Drive the Innovations? *Beijing Law Review*, 15, p. 945-969.

SARTOR, Giovanni. *L'intelligenza artificiale e il diritto.* Torino: G. Giappichelli Editore, 2022. Disponível em: https://www.giappichelli.it/media/catalog/product/openaccess/9788892177475.pdf. Acesso em: 28 jun. 2024.

SÉRVULO CORREIA, José Manuel. *Legalidade e autonomia contratual nos contratos administrativos.* Coimbra: Almedina, 1987.

VALLE, Vanice Lírio do. Inteligência artificial incorporada à Administração Pública: mitos e desafios teóricos. *A&C — Revista de Direito Administrativo & Constitucional*, Belo Horizonte, ano 20, n. 81, p. 190, jul./set. 2020.

VARGAS, Isadora Formenton. Elementos à compreensão do ilícito de violação à segurança no tratamento de dados pessoais pelo Poder Público à luz do governo digital (lei 14.129/2021). *Migalhas*. 15.04.2021. Disponível em: https://www.migalhas.com.br/coluna/migalhas-de-responsabilidade-civil/343653/ilicito-de-violacao-a-seguranca-de-dados-pessoais-pelo-poder-publico. Acesso em: 28 jun. 2024.

WOLSWINKEL, Johan. Comparative Study on Administrative Law and the use of Artificial Intelligence and other Algorithmic Systems in Administrative Decision-Making in The Member States of The Council of Europe. *In:* Council of Europe, *Artificial Intelligence and Administrative Law*, December 2022. Disponível em: https://www.coe.int/documents/22298481/0/CDCJ%282022%2931E+-+FINAL+6.pdf/4cb20e4b-3da9-d4d4-2da0-65c11cd16116?t=1670943260563. Acesso em: 28 jun. 2024.

WRÓBEL, Izabela. Artificial intelligence systems and the right to good administration. *Review of European and Comparative Law*, vol. 49, n. 2, p. 203-223, 2022. Disponível em: https://czasopisma.kul.pl/index.php/recl/article/view/13616. Acesso em: 28 jun. 2024.

ZOCKUN, Maurício; ZOCKUN, Carolina Zancaner. Limites éticos e jurídicos à produção do ato jurídico estatal com base em Inteligência artificial: o ato jurídico produzido sem consciência ou vontade. *Cadernos de Direito Actual*, n. 20, número extraordinário, p. 40-57, 2023.

Informação bibliográfica deste livro, conforme a NBR 6023:2018 da Associação Brasileira de Normas Técnicas (ABNT):

MAFFINI, Rafael Da Cás; VARGAS, Isadora Formenton. Juridicidade da ação administrativa nos atos discricionários produzidos sob a influência de Inteligência Artificial em Sistemas de Suporte à Decisão da Administração Pública. *In:* PASQUALINI, Alexandre; CUNDA, Daniela Zago Gonçalves da; RAMOS, Rafael (coord.). *Direito, sustentabilidade e inovação*: estudos em homenagem ao professor Juarez Freitas. Belo Horizonte: Fórum, 2025. p. 559-575. ISBN 978-65-5518-957-5.

ACORDOS ADMINISTRATIVOS: A CONTRIBUIÇÃO DA LINDB

RAFAEL RAMOS

> *"A relação publicista tem sido, no contexto brasileiro, pautada pela dispendiosa contraposição adversarial dos jogos de soma zero. É vasto o leque de danos sistêmicos suscitados por essa postura: desde o iminente colapso do Poder Judiciário até a quebra de confiança legítima do cidadão no Estado-administração, e vice-versa. Logo, é imprescindível assumir premissas científicas do direito público não adversarial, aqui com o foco na negociação administrativa".*[1]
>
> Juarez Freitas

1 Considerações iniciais

O presente artigo é uma justa homenagem a um dos mais originais e criativos professores do Direito Público brasileiro, o qual tive a honra de ser meu orientador no mestrado da PUCRS: professor Juarez Freitas.

O Direito Administrativo brasileiro vem experimentando, nos últimos anos, um movimento de gradual relativização de verdadeiros dogmas que outrora impediam a negociação e celebração de acordos entre a Administração Pública e os particulares. O chamado princípio da indisponibilidade do interesse público, segundo muitos, seria um entrave intransponível à realização de qualquer acordo. Aliás, os poucos

---

[1] FREITAS, Juarez. Direito administrativo não adversarial: a prioritária solução consensual de conflito. *Revista de Direito Administrativo*, Rio de Janeiro, v. 276, p. 25-46, dez. 2017.

acordos celebrados, em muitas situações, ficavam sob a suspeita de atentarem contra a moralidade e a boa-fé.

Fato é que, pouco a pouco, seguindo os passos de um movimento de abertura à consensualidade administrativa, a realização de acordos tem ganhado espaço na teoria e prática da Administração Pública. Nessa ordem de ideias, o presente artigo tem por objetivo analisar o impacto da Lei nº 13.655/2018 para uma maior aproximação entre a Administração Pública e os particulares e, principalmente, a celebração de acordos.

2 Breve histórico do anteprojeto e do projeto da Nova LINDB (Lei nº 13.655/18)

Como se sabe, o controle da Administração Pública, em alguns casos, apresenta excessos e distorções. Diante desse quadro e de outras situações de insegurança e de ineficiência administrativa, os professores Carlos Ari Sundfeld (FGV Direito SP) e Floriano de Azevedo Marques Neto (Faculdade de Direito da USP), especialmente apoiados em pesquisas acadêmicas e na experiência prática,[2] formularam um anteprojeto de lei com o objetivo de "elevar os níveis de segurança jurídica e de eficiência na criação e aplicação do direito público", tendo como diretrizes:

> - (...) É possível combater a tendência à superficialidade na formação do juízo sobre questões jurídico-públicas pela adoção do paradigma de que as autoridades não podem tomar decisões desconectadas do mundo real; de que elas têm o dever de medir as consequências, de considerar alternativas, de analisar a necessidade e a adequação das soluções cogitadas, de pesar os obstáculos e circunstâncias da vida prática etc. Além disso, em nome da segurança jurídica, é preciso impedir que, por via de simples interpretação de normas totalmente indeterminadas, as autoridades instituam, sem um regime adequado de transição, deveres e proibições específicas para sujeitos certos, modificando situações jurídicas com efeitos em relação ao passado.
> - (...) É preciso impedir que pessoas sejam pessoalmente responsabilizadas apenas por não terem adivinhado, à época, a futura orientação das autoridades finais de controle. O risco de, em virtude de incertezas jurídicas ou mudanças de orientação, ocorrer responsabilização ou perda patrimonial para o gestor ou para os particulares paralisa e distorce a atividade decisória. É preciso melhorar a proteção das pessoas envolvidas nessas situações.
> - A outorga às autoridades de poderes para buscar soluções negociadas com particulares, em procedimentos passíveis de controle, é positiva para que se alcance um índice mais elevado de cumprimento de obrigações, para diminuir incertezas e para eliminar ou abreviar conflitos. (...)
> - Os regulamentos administrativos são, na atualidade, os maiores responsáveis pelo surgimento de novas normas, sendo imenso seu impacto na definição dos direitos, deveres e proibições. (...) A edição de regulamentos em qualquer matéria (...) deve envolver consulta pública, para que a autoridade responsável tenha conhecimento, de modo organizado e democrático, dos problemas, ponderações e sugestões dos interessados que quiserem participar.[3]

---

[2] SUNDFELD, Carlos Ari; MARQUES NETO, Floriano de Azevedo. Uma nova lei para aumentar a qualidade jurídica das decisões públicas e de seu controle. *In*: SUNDFELD, Carlos Ari (org.). *Contratações públicas e seu controle*. São Paulo: Malheiros, 2013, p. 279.

[3] SUNDFELD, Carlos Ari; MARQUES NETO, Floriano de Azevedo. *Uma nova lei para aumentar a qualidade jurídica das decisões públicas e de seu controle*, p. 279/280.

O anteprojeto dos professores Carlos Ari e Floriano, em 2015, recebeu, no Senado Federal, apoio decisivo do Senador Antonio Anastasia (também professor de Direito Administrativo), responsável por apresentar tal projeto nessa casa legislativa (PLS nº 349/2015), e posteriormente tramitou na Câmara dos Deputados (PL nº 7.448/2017).

O projeto acabou por ser aprovado nas duas casas do Congresso Nacional e sancionado pelo Presidente da República com veto parcial "por contrariedade ao interesse público e inconstitucionalidade" de alguns dispositivos, conforme Mensagem nº 212/2018.[4] Foi vetado, por exemplo, integralmente, o art. 25 do projeto, que criava "ação declaratória de validade de ato, contrato, ajuste, processo ou norma administrativa, cuja sentença fará coisa julgada com eficácia *erga omnes*".[5]

Assim, em 25 de abril de 2018, foi publicada a Lei nº 13.655, incluindo, no Decreto-lei nº 4.657, de 4 de setembro de 1942 (Lei de Introdução às Normas do Direito Brasileiro), disposições sobre segurança jurídica e eficiência na criação e na aplicação do Direito Público.

3 Reflexos da Lei nº 13.655/18 no Decreto-lei nº 4.657/1942 (LINDB)

A fim de acompanhar a evolução do Direito brasileiro, a antiga Lei de Introdução ao Código Civil (Decreto-lei nº 4.657, de 4 de setembro de 1942), a partir de 2010,[6] passou a ser denominada Lei de Introdução às Normas do Direito Brasileiro (doravante, LINDB). Como se sabe, a LINDB contém dispositivos de *sobredireito* que objetivam a "interpretação, a integração e a aplicação de outras leis no tempo e no espaço – e não reger diretamente" a conduta das pessoas. Dito de outro modo, "dirige-se àqueles que tenham a competência de aplicar outras leis",[7] como ocorre, por exemplo, com agentes públicos.

Assim, tendo em vista o conteúdo (dispositivos legais sobre criação, interpretação e aplicação do Direito Público), assim como sua abrangência nacional (e não apenas federal), os idealizadores da Lei nº 13.655/2018 entenderam adequada, para sua veiculação, a LINDB.[8] Segundo Carlos Ari,

> As novas normas são relativamente poucas e concisas, ao estilo da LINDB. Sua linguagem incorpora terminologia e concepções contemporâneas. Fala-se em gestão pública, em políticas públicas, em consequências práticas das decisões, em obstáculos e dificuldades reais do gestor, em circunstâncias práticas e em alternativas de decisão. Tudo a ver com

---

[4] Ver http://www.planalto.gov.br/ccivil_03/_Ato2015-2018/2018/Msg/VEP/VEP-212.htm.
[5] "Art. 25. Quando necessário por razões de segurança jurídica de interesse geral, o ente poderá propor ação declaratória de validade de ato, contrato, ajuste, processo ou norma administrativa, cuja sentença fará coisa julgada com eficácia *erga omnes*. §1º A ação de que trata o *caput* deste artigo será processada conforme o rito aplicável à ação civil pública. §2º O Ministério Público será citado para a ação, podendo abster-se, contestar ou aderir ao pedido. §3º A declaração de validade poderá abranger a adequação e a economicidade dos preços ou valores previstos no ato, contrato ou ajuste."
[6] Ver Lei nº 12.376, de 30 de dezembro de 2010.
[7] RAMOS, André de Carvalho; GRAMSTRUP, Erik Frederico. *Comentários à Lei de Introdução às Normas do Direito Brasileiro – LINDB*. São Paulo: Saraiva, 2016, p. 13.
[8] SUNDFELD, Carlos Ari; MARQUES NETO, Floriano de Azevedo. Uma nova lei para aumentar a qualidade jurídica das decisões públicas e de seu controle. In: SUNDFELD, Carlos Ari (org.). *Contratações públicas e seu controle*, p. 281. Como dizem os autores, "a Lei de Introdução às Normas do Direito Brasileiro (antiga Lei de Introdução ao Código Civil), que é uma lei surgida há várias décadas para criar normas gerais dessa espécie no campo do direito privado e que agora tem de ser ampliada, em função da evolução jurídica, para abranger também o direito público, nela ainda não tratada adequadamente" (p. 281).

uma visão mais atual e pragmática do direito público. Garantem-se direitos e mecanismos para a transição jurídica adequada em caso de mudanças, para a estabilização de relações jurídicas, para a eliminação de incertezas jurídicas, para a solução consensual de dificuldades ou conflitos e para a participação da sociedade na produção de normas administrativas. São ganhos significativos para o direito público.[9]

Dessa forma, por força da Lei nº 13.655/2018, foram incorporados 10 novos artigos à LINDB (arts. 20, 21, 22, 23, 24, 26, 27, 28, 29 e 30), "publicizando", por assim dizer, a referida lei. Ou seja, como constou expressamente da ementa da lei, incluíram-se na LINDB disposições sobre segurança jurídica e eficiência na criação e na aplicação do direito público.

4 Linhas gerais da alteração legislativa

Os temas tratados nos dispositivos inseridos pela lei não constituem, propriamente, uma inovação, pois, em maior ou menor medida, já são, há algum tempo, objeto de debate, seja no ambiente *doutrinário*, seja no *jurisprudencial*, assim como alguns encontram, até mesmo, positivação em leis de Direito Administrativo ou de Direito Público em geral. Explica-se.

O art. 20, por exemplo, considerado por muitos como o principal artigo do novo diploma legal, busca essencialmente tratar de três problemas, muito debatidos, mas ainda não resolvidos no Direito brasileiro: 1º) o uso abusivo de princípios jurídicos em nossa doutrina e prática; 2º) a (falta de) motivação adequada da atividade decisória e controladora; e 3º) o *consequencialismo* jurídico.

Os princípios, nas últimas décadas, conseguiram ultrapassar a "crença de que teriam uma dimensão puramente axiológica, ética, sem eficácia jurídica ou aplicabilidade direta e imediata"[10] para alcançar *status* normativo ao lado das regras. Vale lembrar, no entanto, que o próprio art. 4º da LINDB ainda prevê os princípios como fontes auxiliares para o suprimento de lacunas.[11]

Pois bem. O abuso dos princípios, ou seja, a invocação aos princípios para afastar regras claras e completas, na verdade, acaba, muitas vezes, por encobrir decisões orientadas à satisfação de interesses pessoais e, por conseguinte, avessas à legalidade e à constitucionalidade.[12] Como diz Marcelo Neves, "a tendência a superestimar os princípios em detrimento das regras torna altíssimo o grau de incerteza e pode descambar em insegurança incontrolável, relacionada à própria quebra da consistência do sistema jurídico".[13]

---

[9] SUNDFELD, Carlos Ari. Uma lei geral inovadora para o Direito Público. *Jota*, https://www.jota.info/opiniao-e-analise/colunas/controle-publico/uma-lei-geral-novadora-para-o-direito-publico-31102017. Acesso em: 30 nov. 2018.

[10] BARROSO, Luís Roberto; BARCELLOS, Ana Paula de. O começo da história. A nova interpretação constitucional e o papel dos princípios no direito brasileiro. *Revista de Direito Administrativo*, Rio de Janeiro, v. 232, p. 148, abr. 2003.

[11] Art. 4º, LINDB: "Quando a lei for omissa, o juiz decidirá o caso de acordo com a analogia, os costumes e os princípios gerais de direito".

[12] NEVES, Marcelo. *Entre Hidra e Hércules*: princípios e regras constitucionais. São Paulo: Martins Fontes, 2013, p. IX e X, 196.

[13] NEVES, Marcelo. *Entre Hidra e Hércules*: princípios e regras constitucionais, p. XX. Ver também, ÁVILA, Humberto. *Teoria dos princípios*: da definição à aplicação dos princípios jurídicos. 17. ed. São Paulo: Malheiros, 2016, p. 43.

Além da complexidade que acompanha a aplicação dos princípios, soma-se a isso a ampla aceitação na doutrina da distinção entre *texto* e *norma*.[14] Diferentemente do que se vinha entendendo até bem pouco tempo, a norma será o resultado da interpretação do texto. Portanto, não é algo dado, mas construído, respeitados, é claro, os limites semânticos do texto, pois os sentidos jurídicos não podem estar à disposição do intérprete/aplicador.[15]

Nessa ordem de ideias, o art. 20, sem proscrever o uso dos princípios, exige que toda e qualquer decisão proferida por autoridade pública, inclusive a controladora, seja fruto de atividade racional. Ou seja, o referido artigo tem por objetivo preponderante evitar o chamado *decisionismo*, sobretudo dando ênfase à necessidade de motivação e ao dever de levar em consideração "as consequências práticas da decisão". Em suma, a finalidade da lei é permitir um maior controle intersubjetivo da argumentação.[16]

A positivação da necessidade de motivação, da mesma forma, não é nenhuma novidade, como se pode verificar do texto constitucional (art. 93, IX, CF/1988), assim como da Lei nº 9.784/1999 (art. 2º, *caput*, VII, e art. 50). Recentemente, recebeu assento privilegiado no Código de Processo Civil (Lei nº 13.105/2015), no art. 489, § 1º, sendo que os processualistas extraíram daí o *dever de fundamentação analítica*.[17]

Bem especificamente, tal exigência vai significar um *reforço no ônus argumentativo*, seja do administrador público, seja do controlador. Os ônus argumentativos, como salienta Juliana de Palma, "não se confundem com vedações ou proibições. O controlador pode tomar a decisão que julgar ser a mais acertada, mas, para fazê-la validamente, terá que demonstrar" expressamente "os elementos do raciocínio empregado".[18]

Por fim, o art. 20 "promete ser expressão legislativa" do *consequencialismo* jurídico[19] ao postular que, "nas esferas administrativa, controladora e judicial, não se decidirá com base em valores jurídicos abstratos sem que sejam consideradas as *consequências práticas da decisão*".[20]

No entanto, como já dito, o chamado consequencialismo não é propriamente uma novidade, pois os tribunais brasileiros, ainda que de maneira velada, já trabalham em suas decisões com argumentos consequencialistas, principalmente, por exemplo, em

---

No âmbito da doutrina administrativista, Carlos Ari Sundfeld faz o seguinte alerta: "vive-se hoje um ambiente de 'geleia geral' no direito público brasileiro, em que princípios vagos podem justificar qualquer decisão". SUNDFELD, Carlos Ari. *Direito administrativo para céticos*. 2. ed. (2ª tiragem). São Paulo: Malheiros, 2017, p. 205.

[14] Ver, por todos, ÁVILA, Humberto. *Teoria dos princípios*: da definição à aplicação dos princípios jurídicos, 30.

[15] STRECK, Lenio. *Verdade e consenso*, p. 538.

[16] ÁVILA, Humberto. *Teoria dos princípios*: da definição à aplicação dos princípios jurídicos, p. 45.

[17] MARINONI, Luiz Guilherme; ARENHART, Sérgio Cruz; MITIDIERO, Daniel. *O novo processo civil*. São Paulo: RT, 2015, p. 182, 324 e seguintes. A respeito da possível aplicação do art. 489, §1º, CPC no âmbito dos processos administrativos, ver MAFFINI, Rafael. *Elementos de direito administrativo*. Porto Alegre: Livraria do Advogado, 2016, p. 56/57. Ver também art. 11, CPC/2015.

[18] PALMA, Juliana Bonacorsi de. A proposta de lei da segurança jurídica na gestão e do controle públicos e as pesquisas acadêmicas. Disponível em: http://www.sbdp.org.br/wp/wp-content/uploads/2018/04/PALMA-Juliana-A-proposta-de-lei-da-seguran%C3%A7a- jur%C3%ADdica.pdf. Acesso em: 30 nov. 2018.

[19] MENDONÇA, José Vicente Santos de. Dois futuros (e meio) para o projeto de lei do Carlos Ari. In: MENDONÇA, José Vicente Santos de; LEAL, Fernando (org.). *Transformações do direito administrativo*: consequencialismo e estratégias regulatórias. Rio de Janeiro: FGV Rio, 2016, p. 34.

[20] O art. 21 da LINDB também dá expressão legislativa ao consequencialismo: "Art. 21. A decisão que, nas esferas administrativa, controladora ou judicial, decretar a invalidação de ato, contrato, ajuste, processo ou norma administrativa deverá indicar de modo expresso suas *consequências jurídicas e administrativas*".

casos nos quais uma decisão judicial pode ter impacto significativo num determinado setor econômico a ponto de levar à quebra de empresas.[21]

Cabem aqui duas observações. Primeiro, deve-se evitar, a toda evidência, a utilização do consequencialismo como mero argumento retórico para o afastamento das amarras legais. Ao contrário, o princípio da legalidade (juridicidade) continua a ter assento constitucional (art. 37, *caput*, 1988) e, por óbvio, deve orientar toda e qualquer interpretação e aplicação da normativa infraconstitucional. O que a lei prevê é apenas que o tomador da decisão *leve em consideração* as consequências práticas da decisão. Portanto, o art. 20 não pode ser utilizado como autorização legal para o descumprimento da lei.

Segundo, levar a sério o art. 20 exige que a tomada de decisão seja apoiada em "dados ou juízos técnicos para sustentar as suas prognoses".[22] Em outras palavras, o art. 20 vai exigir do administrador público uma atividade devidamente planejada, e do controlador (notadamente, tribunais de contas e juízes em geral) um exercício responsável da fiscalização.

Nessa mesma linha, o art. 22 procura dar balizas interpretativas para a aplicação de enunciados normativos sobre gestão pública ao dizer que, "na interpretação de normas sobre gestão pública, serão considerados os obstáculos e as dificuldades reais do gestor e as exigências das políticas públicas a seu cargo, sem prejuízo dos direitos dos administrados".

Eis aqui evidente exortação de postura deferente por parte dos órgãos de controle e dos juízes em relação às decisões administrativas. Essa *deferência* vai exigir uma autocontenção no que diz respeito às escolhas administrativas "legítimas". Segundo Eduardo Jordão, há deferência quando os tribunais (incluindo aqui, também, os órgãos de controle) "se limitam a avaliar (por exemplo, na hipótese mais difundida) a *razoabilidade* da decisão realizada pela autoridade administrativa diante de uma questão substancial".[23] Dessa forma, o art. 22 exige (portanto, não é mera recomendação) que o controlador se coloque, nem que seja por um instante, no lugar do gestor e das suas reais dificuldades e, por conseguinte, as leve em consideração ao motivar a sua decisão.[24] Em suma, referido artigo criou um verdadeiro *dever* de contextualização.

Assim, o art. 22, ao que parece, será um poderoso antídoto contra toda e qualquer forma de invasão indevida de competência, sobretudo do Poder Judiciário, frente às escolhas administrativas "legítimas". Esse "ativismo judicial" sem limites, em muitos casos, é tão pernicioso quanto a omissão estatal, pois, enfatize-se, interfere, ao arrepio da Constituição, nas políticas públicas estabelecidas pelos Poderes Legislativo e Executivo.

O art. 26, por sua vez, é "permissivo genérico" à celebração de acordos pela Administração Pública.[25] A dita *consensualidade* no Direito Administrativo, como ensinava

---

[21] Vale lembrar o art. 5º da LINDB: "Na aplicação da lei, o juiz atenderá aos fins sociais a que ela se dirige e às exigências do bem comum".

[22] LEAL, Fernando. Inclinações pragmáticas no direito administrativo: nova agenda, novos problemas. O caso do PL 349/15. In: MENDONÇA, José Vicente Santos de; LEAL, Fernando (org.). *Transformações do direito administrativo: consequencialismo e estratégias regulatórias*. Rio de Janeiro: FGV Rio, 2016, p. 29.

[23] JORDÃO, Eduardo. *Controle judicial de uma administração pública complexa*: a experiência estrangeira na adaptação da intensidade do controle. São Paulo: Malheiros, 2016, p. 50.

[24] JORDÃO, Eduardo. Art. 22 da LINDB — Acabou o romance: reforço do pragmatismo no direito público brasileiro. *Revista de Direito Administrativo*. Edição Especial — Direito Público na Lei de Introdução às Normas de Direito Brasileiro — LINDB (Lei nº 13.655/2018), Rio de Janeiro: FGV, nov. 2018, p. 72.

[25] GUERRA, Sérgio; PALMA, Juliana Bonacorsi de. Art. 26 da LINDB — Novo regime jurídico de negociação com a Administração Pública. *Revista de Direito Administrativo*. Edição Especial — Direito Público na Lei de Introdução às Normas de Direito Brasileiro — LINDB (Lei nº 13.655/2018), Rio de Janeiro: FGV, nov. 2018, p. 146.

Diogo de Figueiredo Moreira Neto no seu clássico "Mutações do direito administrativo", conduz basicamente à "substituição, sempre que possível, da *imperatividade* pelo *consenso* nas relações Estado-sociedade e à criação de atrativos para que os entes da sociedade civil atuem em diversas formas de *parceria* com o Estado".[26]

Ao lado da consensualidade, outra tendência importante do Direito Administrativo está ligada à necessidade de maior *participação* do cidadão na atuação administrativa como requisito de legitimidade.[27] Em razão disso, o art. 29 da lei ora comentada prevê que a edição de atos normativos por autoridade administrativa poderá ser precedida de consulta pública para manifestação de interessados.[28]

Por fim, e como não poderia deixar de ser, até mesmo em razão da menção expressa na ementa, a Lei nº 13.655/2018 dá enorme atenção a dispositivos ligados à *segurança jurídica*: art. 23 (regime de transição quando houver o estabelecimento de interpretação ou orientação nova sobre norma de conteúdo indeterminado);[29] art. 24 (proibição de aplicação retroativa de novas interpretações);[30] art. 28 (segurança jurídica para balizar a eventual responsabilização do administrador público honesto)[31] e art. 30 (dever de respeito e promoção dos precedentes administrativos).[32]

Como se vê, em que pese a disciplina normativa trazida pela Lei nº 13.655/2018 não constituir propriamente inovação, assume relevante papel no sentido de consolidar tendências do Direito Administrativo (consequencialismo, consensualidade, participação, proteção da segurança jurídica etc.), assim como no intuito de ampliar os horizontes de soluções particularizadas.[33] Tendo isso em consideração, o êxito da nova LINDB depende, sobremaneira, da interdição de interpretações retrospectivas[34] e da busca de soluções constitucionalmente adequadas para a resolução de problemas concretos da atividade administrativa, controladora e judicial.

---

[26] MOREIRA NETO, Diogo de Figueiredo. *Mutações do direito administrativo*. 2. ed. Rio de janeiro: Renovar, 2001, p. 26. Ver também FREITAS, Juarez. Direito administrativo não adversarial: a prioritária solução consensual de conflito. *Revista de Direito Administrativo*, Rio de Janeiro, v. 276, p. 25-46, dez. 2017.

[27] Segundo Diogo de Figueiredo Moreira Neto, "o que se pretende nessa vertente de transformação da administração pública é aproximar o administrado de todas as discussões e, se possível, das decisões em que seus interesses estejam mais diretamente envolvidos, multiplicando, paulatinamente, os instrumentos de *participação administrativa*, com a necessária prudência, mas decididamente com vistas à *legitimação* das decisões que, como ensina a Ciência Política, serão por isso mais aceitáveis e facilmente cumpridas pelas pessoas". MOREIRA NETO, Diogo de Figueiredo. *Mutações do direito administrativo*, p. 22.

[28] No âmbito do processo administrativo, ver arts. 31-34 da Lei nº 9.784/1999.

[29] Ver art. 27, Lei nº 9.868/1999 (modulação dos efeitos temporais da decisão de inconstitucionalidade).

[30] Ver art. 2º, parágrafo único, XIII, Lei nº 9.784/1999.

[31] MARQUES NETO, Floriano Peixoto de Azevedo; FREITAS, Rafael Véras de. O artigo 28 da nova LINDB: um regime jurídico para o administrador honesto. *Consultor Jurídico*, São Paulo, 25 maio 2018. Ver, a propósito, art. 143, CPC/2015 (responsabilidade civil do juiz).

[32] Ver MARQUES NETO, Floriano Peixoto de Azevedo; FREITAS, Rafael Véras de. A nova LINDB e a incorporação da teoria dos precedentes administrativos ao país. *Consultor Jurídico*, São Paulo, 4 jun. 2018; OLIVEIRA, Rafael Carvalho Rezende de. *Precedentes no Direito Administrativo*. Rio de Janeiro: Forense, 2018. O CPC/2015 disciplina o tema dos precedentes nos arts. 926 e 927.

[33] No mesmo sentido: CÂMARA, Jacintho Arruda. Art. 24 da LINDB — Irretroatividade de nova orientação geral para anular deliberações administrativas. *Revista de Direito Administrativo*. *Edição Especial — Direito Público na Lei de Introdução às Normas de Direito Brasileiro — LINDB (Lei nº 13.655/2018)*, Rio de Janeiro: FGV, p. 122, nov. 2018.

[34] BAPTISTA, Patrícia; ACCIOLY, João Pedro. A administração pública na Constituição de 1988. Trinta anos depois: disputas, derrotas e conquistas. *Revista de Direito Administrativo*, Rio de Janeiro, v. 277, n. 2, ago. 2018, p. 59.

5 Direito Administrativo e consensualidade

O Direito Administrativo foi edificado e, em boa medida, esteve pautado pela utilização de mecanismos que colocam em evidência a face "autoridade", tendo em mente a bipolaridade desse ramo do Direito (autoridade e liberdade).[35] Basta lembrar que, segundo muitos, o conceito central do Direito Administrativo é o de ato administrativo que tem entre seus atributos a imperatividade e a autoexecutoriedade. Além disso, outros conceitos e figuras do Direito Administrativo também têm como características marcantes a preponderância da vontade estatal sobre a dos particulares: princípio da supremacia do interesse público, poder de polícia administrativa, cláusulas exorbitantes nos contratos administrativos etc.

Fato é que, sob a égide da Constituição de 1988, o Direito Administrativo brasileiro passa a ter como fundamento de legitimidade (validade) os direitos fundamentais e a democracia.[36] A partir desse novo fundamento de validade tem início um movimento gradual de alteração da legislação infraconstitucional e da atividade administrativa em busca da participação e do consenso do cidadão, tendo como exemplos a Lei nº 9.784/1999 (Lei de Processo Administrativo Federal) e a Lei nº 12.527/2011 (Lei de Acesso à Informação). Referidas leis e outras pós-1988 promovem um verdadeiro diálogo da Administração Pública com o cidadão.

A Lei de Processo Administrativo Federal, em perfeita sintonia com os direitos fundamentais processuais do texto constitucional de 1988, passa a exigir uma atividade administrativa que respeita e promove o contraditório e a ampla defesa, o direito de influência, o dever de fundamentação, a isonomia, a boa-fé e a proteção da confiança, assim como incentiva a participação do cidadão, através de consultas (art. 31) e audiências públicas (art. 32) e "outros meios de participação de administrados, diretamente ou por meio de organizações e associações legalmente reconhecidas" (art. 33).

A Lei nº 12.527/2011, por sua vez, marco normativo de concretização do direito fundamental de acesso à informação (art. 5º, XXXIII, CF), tem papel importante no aprofundamento da transparência administrativa, ativa e passiva, bem como por possibilitar um controle social devidamente informado.

A busca do consenso entre a Administração Pública e os particulares, por sua vez, tem ganhado cada vez mais prestígio e utilização nos últimos anos. A Lei nº 13.140/2015, por exemplo, prevê a possibilidade da União, Estados, Distrito Federal e Municípios criarem câmaras de prevenção e resolução administrativa de conflitos, no âmbito dos respectivos órgãos da Advocacia Pública, onde houver, com competência para (art. 32): "I - dirimir conflitos entre órgãos e entidades da administração pública; II - avaliar a admissibilidade dos pedidos de resolução de conflitos, por meio de composição, no caso de controvérsia entre particular e pessoa jurídica de direito público".[37]

---

[35] Para uma visão crítica da bipolaridade, ver MARQUES NETO, Floriano de Azevedo. A bipolaridade do direito administrativo e sua superação. *In*: SUNDFELD, Carlos Ari (org.). *Contratações públicas e seu controle*. São Paulo: Malheiros, 2013, p. 353-415.

[36] BINENBOJM, Gustavo. *Uma teoria do direito administrativo*: direitos fundamentais, democracia e constitucionalização. 2. ed. Rio de Janeiro: Renovar, 2008. Nessa mesma perspectiva, a obra do nosso homenageado: FREITAS, Juarez. *O controle dos atos administrativos e os princípios fundamentais*. 5. ed. São Paulo: Malheiros, 2013.

[37] Ver tb art. 174, CPC. A respeito do tema CRISTÓVAM, José Sérgio da Silva; EIDT, Elisa. O compromisso do art. 26 da LINDB e sua celebração no âmbito das câmaras administrativas de prevenção e solução de conflitos, RAMOS, Rafael; MAFFINI, Rafael (coord.). *Nova LINDB*: proteção da confiança, consensualidade, participação democrática e precedentes. Rio de Janeiro: Lumen Juris, 2021, p. 73-89.

Importante mencionar o uso crescente da mediação e da conciliação pela Fazenda Pública, ultrapassado, felizmente, o dogma da indisponibilidade do interesse público. Em muitos casos, a concretização do interesse público estará justamente na utilização dos meios consensuais de solução de controvérsias como forma de promover uma tutela adequada ao interesse público em jogo.[38] Da mesma forma, a Lei nº 13.129/2015, pondo fim a inúmeras controvérsias, prescreve que "a administração pública direta e indireta poderá utilizar-se da arbitragem para dirimir conflitos relativos a direitos patrimoniais disponíveis".[39]

Nessa mesma linha, a Nova Lei de Licitações e Contratações Públicas (Lei nº 14.133/2021) prevê que, "nas contratações regidas por esta Lei, poderão ser utilizados meios alternativos de prevenção e resolução de controvérsias, notadamente a conciliação, a mediação, o comitê de resolução de disputas e a arbitragem".[40]

A Lei nº 8.429/1992 (Lei de Improbidade Administrativa), por sua vez, "vedava expressamente a via consensual na improbidade, como era essa a convicção refletida da comunidade jurídica, por se entender, segundo a concepção da época, que celebrar um acordo como acusado ou condenado importaria necessariamente dispor do interesse público tutelado pelo ordenamento jurídico".[41] A partir da Lei nº 13.964/2019 (o chamado Pacote Anticrime), passou a permitir a celebração de acordo de não persecução cível nas ações de improbidade, de acordo com a nova redação do §1º do art. 17 da LIA.[42]

Mais recentemente essa vertente consensual das relações administrativas também passou a receber amplo incentivo no âmbito do controle da Administração Pública. O Tribunal de Contas da União, por exemplo, instituiu procedimentos de solução consensual de controvérsias relevantes e prevenção de conflitos afetos a órgãos e entidades da Administração Pública Federal, através da Instrução Normativa nº 91/22, depois atualizada pela Instrução Normativa nº 97/2024. "A SecexConsenso foi estruturada para coordenar as negociações entre os envolvidos em cada litígio, mediante processo estruturado e célere".[43]

---

[38] RODRIGUES, Marco Antônio. *A Fazenda Pública no processo civil*. 2. ed. Rio de Janeiro: Atlas, 2016, p. 376. Ver também TONIN, Mauricio Morais. Sistema multiportas de solução de conflitos envolvendo a Administração Pública. *In*: RAMOS, Rafael; EIDT, Elisa; GOULART, Juliana; SCHNEIDER, Patrícia (coord.). *Consensualidade na administração pública*. 2. ed. Belo Horizonte: Fórum, 2024.

[39] Ver FRANCO, Marcelo Veiga Franco. Arbitragem na Administração Pública: estudo comparativo entre o Brasil e países europeus. *In*: RAMOS, Rafael; EIDT, Elisa; GOULART, Juliana; SCHNEIDER, Patrícia (coord.). *Consensualidade na administração pública*. 2. ed. Belo Horizonte: Fórum, 2024.

[40] Ver OLIVEIRA, Gustavo Henrique Justino de. Legitimidade e controle dos meios adequados de solução de conflitos na nova lei de licitações. *In*: RAMOS, Rafael; EIDT, Elisa; GOULART, Juliana; SCHNEIDER, Patrícia. (coord.). *Consensualidade na administração pública*. 2. ed. Belo Horizonte: Fórum, 2024.

[41] VORONOFF, Alice; CANETTI, Rafaela. ANPC, acordo de leniência e TAC: a que servem tais instrumentos no atual espaço mais completo — mas também mais complexo — de consensualidade. *In*: RAMOS, Rafael; EIDT, Elisa; GOULART, Juliana; SCHNEIDER, Patrícia (coord.). *Consensualidade na administração pública*. 2. ed. Belo Horizonte: Fórum, 2024, p. 159.

[42] VORONOFF, Alice; CANETTI, Rafaela. ANPC, acordo de leniência e TAC: a que servem tais instrumentos no atual espaço mais completo — mas também mais complexo — de consensualidade. *In*: RAMOS, Rafael; EIDT, Elisa; GOULART, Juliana; SCHNEIDER, Patrícia (coord.). *Consensualidade na administração pública*. 2. ed. Belo Horizonte: Fórum, 2024, p. 163.

[43] FORTINI, Cristiana; PEREIRA, César Guimaraes. O TCU e o futuro do consenso: por um Direito Administrativo de soluções. Disponível em: https://www.migalhas.com.br/depeso/411102/o-tcu-e-o-futuro-do-consenso-por-um-direito-administrativo-de-solucao. Acesso em: 12 jul. 2024. CAVALLARI, Odilon. Consensualidade no Tribunal de Contas da União: evolução, inovações e perspectivas. *In*: RAMOS, Rafael; EIDT, Elisa Berton; GOULART, Juliana Ribeiro; SCHNEIDER, Patricia Dornelles (coord.). *Consensualidade na Administração Pública*. 2. ed. Belo Horizonte: Fórum, 2024. p. 295-313.

O Direito Administrativo do século XXI, sem desprezar os tradicionais meios unilaterais (a exemplo do poder de polícia administrativa, que teve papel relevante no enfrentamento da pandemia de covid-19), tem como uma das suas notas características a consensualidade. A busca do consenso entre a Administração Pública e o particular encontra na celebração de acordos instrumento extremamente útil para seu desenvolvimento (objeto do próximo tópico).

6 *Nudge*, Nova LINDB e acordos administrativos

A palavra da língua inglesa *"nudge"* ganhou muito destaque no meio jurídico (acadêmico) brasileiro, sobretudo a partir da publicação da obra "Nudge",[44] dos professores Cass Sunstein (professor na Faculdade de Direito de Harvard) e Ricard Thaler (Prêmio Nobel de economia em 2017), tendo como objetivo mostrar como acontece o processo decisório e como podemos aperfeiçoá-lo. Para a finalidade do artigo, no entanto, importante ter em mente o significado de *nudge*, que seria, traduzindo para o português, um empurrãozinho, uma cutucada.[45]

O art. 26 da LINDB, na redação dada pela Lei nº 13.655/2018, em harmonia com outros dispositivos legais de promoção da consensualidade administrativa, passa, sem dúvida alguma, a ter esse papel de uma cutucada ou, se preferir, um estímulo para a celebração de acordos pela Administração Pública.

> Art. 26. Para eliminar irregularidade, incerteza jurídica ou situação contenciosa na aplicação do direito público, inclusive no caso de expedição de licença, a autoridade administrativa poderá, após oitiva do órgão jurídico e, quando for o caso, após realização de consulta pública, e presentes razões de relevante interesse geral, celebrar compromisso com os interessados, observada a legislação aplicável, o qual só produzirá efeitos a partir de sua publicação oficial.
> §1º O compromisso referido no *caput* deste artigo:
> I - buscará solução jurídica proporcional, equânime, eficiente e compatível com os interesses gerais;
> II - (VETADO);
> III - não poderá conferir desoneração permanente de dever ou condicionamento de direito reconhecidos por orientação geral;
> IV - deverá prever com clareza as obrigações das partes, o prazo para seu cumprimento e as sanções aplicáveis em caso de descumprimento.
> §2º (VETADO).

No plano federal, o tema encontrou ainda regulamentação no Decreto nº 9.830/2019:

> Art. 10. Na hipótese de a autoridade entender conveniente para eliminar irregularidade, incerteza jurídica ou situações contenciosas na aplicação do direito público, poderá celebrar compromisso com os interessados, observada a legislação aplicável e as seguintes condições:

---

[44] THALER, Richard H.; SUNSTEIN, Cass R. *Nudge*: improving decisions about health, wealth and happiness. A obra inclusive ganhou uma tradução para o português: THALER, Richard H.; SUNSTEIN, Cass R. *Nudge*: como tomar melhores decisões sobre saúde, dinheiro e felicidade. Rio de Janeiro: Objetiva, 2019.

[45] Ver *Password*: English dictionary for speakers of portuguese. 2. ed. São Paulo: Martins Fontes, 1998, p. 354.

I - após oitiva do órgão jurídico;
II - após realização de consulta pública, caso seja cabível; e
III - presença de razões de relevante interesse geral.
§1º A decisão de celebrar o compromisso a que se refere o caput será motivada na forma do disposto no art. 2º.
§2º O compromisso:
I - buscará solução proporcional, equânime, eficiente e compatível com os interesses gerais;
II - não poderá conferir desoneração permanente de dever ou condicionamento de direito reconhecido por orientação geral; e
III - preverá:
a) as obrigações das partes;
b) o prazo e o modo para seu cumprimento;
c) a forma de fiscalização quanto a sua observância;
d) os fundamentos de fato e de direito;
e) a sua eficácia de título executivo extrajudicial; e
f) as sanções aplicáveis em caso de descumprimento.
§3º O compromisso firmado somente produzirá efeitos a partir de sua publicação.
§4º O processo que subsidiar a decisão de celebrar o compromisso será instruído com:
I - o parecer técnico conclusivo do órgão competente sobre a viabilidade técnica, operacional e, quando for o caso, sobre as obrigações orçamentário-financeiras a serem assumidas;
II - o parecer conclusivo do órgão jurídico sobre a viabilidade jurídica do compromisso, que conterá a análise da minuta proposta;
III - a minuta do compromisso, que conterá as alterações decorrentes das análises técnica e jurídica previstas nos incisos I e II; e
IV - a cópia de outros documentos que possam auxiliar na decisão de celebrar o compromisso.
§5º Na hipótese de o compromisso depender de autorização do Advogado-Geral da União e de Ministro de Estado, nos termos do disposto no §4º do art. 1º ou no art. 4º-A da Lei nº 9.469, de 10 de julho de 1997, ou ser firmado pela Advocacia-Geral da União, o processo de que trata o §3º será acompanhado de manifestação de interesse da autoridade máxima do órgão ou da entidade da administração pública na celebração do compromisso.
§6º Na hipótese de que trata o § 5º, a decisão final quanto à celebração do compromisso será do Advogado-Geral da União, nos termos do disposto no parágrafo único do art. 4º-A da Lei nº 9.469, de 1997.

Como referem Juliana Palma e Sérgio Guerra, a partir da Lei nº 13.655/2018, "qualquer órgão ou ente administrativo encontra-se imediatamente autorizado a celebrar compromisso, nos termos do art. 26 da Lei, não se fazendo necessária a edição de qualquer outra lei específica, decreto ou regulamento".[46]

O art. 5º, §6º, da Lei nº 7.347/1985 (Lei da Ação Civil Pública), com a redação dada pela Lei nº 8.078/1990, previa (e ainda prevê) desde a década de 1990 que "os órgãos públicos legitimados poderão tomar dos interessados compromisso de ajustamento de sua conduta às exigências legais, mediante cominações, que terá eficácia de título executivo extrajudicial". No entanto, nunca foi, de fato, encarado como uma cláusula

---
[46] PALMA, Juliana; GUERRA, Sérgio. Art. 26 da LINDB — Novo regime jurídico de negociação com a Administração Pública. *Revista de Direito Administrativo*. Edição Especial — Direito Público na Lei de Introdução às Normas de Direito Brasileiro — LINDB (Lei nº 13.655/2018), Rio de Janeiro, nov. 2018, p. 146.

de autorização genérica para a celebração de acordos. Como menciona Luzardo Faria, "seu âmbito de aplicação, muito claramente, restringia-se ao campo das ações civis públicas".[47]

Dessa forma, segundo Juliana Palma e Sérgio Guerra, "o grande mérito do compromisso do art. 26 da LINDB é superar a dúvida jurídica sobre o permissivo genérico para a Administração Pública transacionar", ou seja, celebrar acordos.[48]

Além disso, o referido art. 26, diferentemente da lacunosa regulamentação do art. 5º, §6º, da Lei da Ação Civil Pública, trouxe o "mínimo regulamentar desta figura, com os requisitos de validade imprescindíveis à efetividade e à garantia dos interesses gerais".[49] De fato, o art. 26 traz requisitos finalísticos, materiais e formais para a celebração do compromisso.[50]

Como requisitos finalísticos, o art. 26 permite o uso do compromisso para "eliminar *irregularidade, incerteza jurídica* ou *situação contenciosa* na aplicação do direito público, inclusive no caso de expedição de licença". A eliminação de irregularidades ou situação contenciosa de certa forma já estava abarcada pelo âmbito de aplicação do art. 5º, §6º, da Lei da Ação Civil Pública. A grande novidade trazida pela LINDB é uso do compromisso para eliminar incertezas jurídicas. Ou seja, como ensina Thiago Marrara, "a lei abre espaço para que a Administração os empregue com o objetivo de contratualizar a interpretação e a integração, técnicas necessárias para corrigir incoerências, ambiguidades e omissões do ordenamento jurídico".[51]

Consideram-se requisitos materiais do compromisso: i) observar a legislação aplicável ao caso; ii) da presença de razões de relevante interesse geral; iii) buscar solução jurídica proporcional, equânime, eficiente e compatível com os interesses gerais; iv) não poderá conferir desoneração permanente de dever ou condicionamento de direito reconhecido por orientação geral; e v) prever as obrigações das partes, o prazo para seu cumprimento e as sanções aplicáveis em caso de descumprimento.

Como requisitos formais, o compromisso necessitará: i) da prévia oitiva do órgão jurídico competente; ii) da *possibilidade* da realização de consulta pública; iii) da "clareza redacional"; e, por fim, iv) o compromisso só produzirá efeitos a partir de sua publicação oficial.[52]

Por fim, convém ressaltar que a Lei nº 13.655/2018 não estabelece um dever de celebração do compromisso. A redação do art. 26, ao utilizar o verbo "poderá", deixa claro que estamos diante de uma faculdade. Ou seja, há margem de discricionariedade.

---

[47] FARIA, Luzardo. O art. 26 da LINDB e a legalidade dos acordos firmados pela Administração Pública: uma análise a partir do princípio da indisponibilidade do interesse público. In: VALIATI, Thiago Priess. *A Lei de Introdução e o direito administrativo brasileiro*. Rio de Janeiro: Lumen Juris, 2019, p. 158.

[48] PALMA, Juliana; GUERRA, Sérgio. Art. 26 da LINDB — Novo regime jurídico de negociação com a Administração Pública, p. 147.

[49] PALMA, Juliana; GUERRA, Sérgio. Art. 26 da LINDB — Novo regime jurídico de negociação com a Administração Pública, p. 147.

[50] Ver MARRARA, Thiago. Compromissos como técnicas de administração consensual: breves comentários ao art. 26 da LINDB. In: RAMOS, Rafael (coord.). *Comentários à nova LINDB*: Lei 13.655/2018. Belo Horizonte: Fórum, 2023, p. 128 e seguintes.

[51] MARRARA, Thiago. *Compromissos como técnicas de administração consensual*: breves comentários ao art. 26 da LINDB, p. 130.

[52] MARRARA, Thiago. *Compromissos como técnicas de administração consensual*: breves comentários ao art. 26 da LINDB, p. 135-137.

Contudo, no Estado de Direito, a fim de que a discricionariedade não se converta em arbítrio, a decisão por celebrar ou não acordo não pode ficar ao livre alvedrio do agente público do momento.

Rafael Wallbach Schwind estabelece alguns parâmetros mínimos para a tomada de decisão pela Administração Pública. Primeiro, a decisão deve observar o princípio da isonomia. "Não é possível que situações idênticas tenham um tratamento diferenciado sem qualquer motivo, sob pena de ofensa grave ao princípio da isonomia". Segundo, a celebração do compromisso com os particulares deverá avaliar se a solução consensual é a mais adequada em face das "possíveis alternativas" (art. 20, parágrafo único, da LINDB). Terceiro, levar em consideração as consequências jurídicas e administrativas da eventual invalidação em contraposição à celebração do acordo. Quarto, a celebração de compromisso deve passar por uma avaliação de natureza econômica, por exemplo, se irá gerar uma economia de recursos públicos.[53]

A toda evidência, ultrapassada a discussão sobre a impossibilidade de a Administração Pública utilizar meios consensuais para a solução de controvérsias, sobretudo, em razão da indisponibilidade do interesse público. Fato é que pouco a pouco, está em plena marcha a sedimentação das bases de uma Administração Pública consensual. Afinal, os métodos não adversariais de resolução de conflitos, em muitos casos, atenuam custos diretos e indiretos de transação,[54] além de concretizar, em boa medida, os princípios constitucionais da eficiência, da razoável duração e do próprio interesse público.

Nessa ordem de ideias, a Nova LINDB constitui um poderoso *nudge* para a Administração Pública buscar soluções consensuais e a celebração de acordos. O art. 26 da LINDB deu, sem dúvida alguma, uma grande ferramenta para os agentes públicos celebrarem acordos com a necessária segurança jurídica e, por conseguinte, para a consolidação da consensualidade administrativa.

Referências

ÁVILA, Humberto. *Teoria dos princípios*: da definição à aplicação dos princípios jurídicos. 17. ed. São Paulo: Malheiros, 2016.

ÁVILA, Humberto. *Segurança Jurídica*: entre permanência, mudança e realização no Direito Tributário. São Paulo: Malheiros, 2011.

CÂMARA, Jacintho Arruda. Art. 24 da LINDB — Irretroatividade de nova orientação geral para anular deliberações administrativas. *Revista de Direito Administrativo*. Edição Especial — Direito Público na Lei de Introdução às Normas de Direito Brasileiro — LINDB (Lei nº 13.655/2018), Rio de Janeiro, p. 113-134, nov. 2018.

COUTO E SILVA, Almiro do. O princípio da segurança jurídica (proteção à confiança) no direito público brasileiro e o direito da administração pública de anular seus próprios atos administrativos: o prazo decadencial do art. 54 da lei do processo administrativo da união (Lei nº 9.784/99), *Revista de Direito Administrativo*, Rio de Janeiro, v. 237, p. 271-316, jul./set. 2004.

---

[53] SCHWIND, Rafael Wallbach. Acordos na Lei de Introdução às Normas do Direito Brasileiro — LINDB: Normas de Sobredireito sobre a celebração de compromissos pela Administração Pública. *In*: OLIVEIRA, Gustavo Justino de (coord.). *Acordos Administrativos no Brasil*: teoria e prática. São Paulo: Almedina, 2020, p. 165-168.

[54] MOREIRA, Egon Bockmann; AMARAL, Flávio; CUÉLLAR, Leila (coord.). *Direito administrativo e alternative dispute resolution*: arbitragem, *dispute board*, mediação e negociação. Belo Horizonte: Fórum, 2020, p. 75.

FORTINI, Cristiana; PEREIRA, César Guimaraes. O TCU e o futuro do consenso: por um Direito Administrativo de soluções. Disponível em: https://www.migalhas.com.br/depeso/411102/o-tcu-e-o-futuro-do-consenso-por-um-direito-administrativo-de-solucao. Acesso em: 12 jul. 2024.

FREITAS, Juarez. *O controle dos atos administrativos e os princípios fundamentais*. 5. ed. São Paulo: Malheiros, 2013.

FREITAS, Juarez. Direito administrativo não adversarial: a prioritária solução consensual de conflito. *Revista de Direito Administrativo*, Rio de Janeiro, v. 276, p. 25-46, dez. 2017.

JORDÃO, Eduardo. *Controle judicial de uma administração pública complexa*: a experiência estrangeira na adaptação da intensidade do controle. São Paulo: Malheiros, 2016.

JORDÃO, Eduardo. Art. 22 da LINDB — Acabou o romance: reforço do pragmatismo no direito público brasileiro. *Revista de Direito Administrativo*. Edição Especial — Direito Público na Lei de Introdução às Normas de Direito Brasileiro — LINDB (Lei nº 13.655/2018), Rio de Janeiro, p. 63-92, nov. 2018.

MARQUES NETO, Floriano Peixoto de Azevedo; FREITAS, Rafael Véras de. A nova LINDB e o consequencialismo jurídico como mínimo essencial. *Consultor Jurídico*, São Paulo, 18 maio 2018.

MARQUES NETO, Floriano Peixoto de Azevedo; FREITAS, Rafael Véras de. O artigo 28 da nova LINDB: um regime jurídico para o administrador honesto. *Consultor Jurídico*, São Paulo, 25 maio 2018.

MARQUES NETO, Floriano Peixoto de Azevedo; FREITAS, Rafael Véras de. A nova LINDB e a incorporação da teoria dos precedentes administrativos ao país. *Consultor Jurídico*, São Paulo, Estado de São Paulo, 4 jun. 2018.

MENDONÇA, José Vicente Santos de; LEAL, Fernando (org.). *Transformações do Direito Administrativo*: consequencialismo e estratégias regulatórias. 1. ed. Rio de Janeiro: 2016.

MOREIRA NETO, Diogo de Figueiredo. *Mutações do direito administrativo*. 2. ed. Rio de janeiro: Renovar, 2001.

MOREIRA, Egon Bockmann; AMARAL, Flávio; CUÉLLAR, Leila (coord.). *Direito administrativo e alternative dispute resolution*: arbitragem, *dispute board*, mediação e negociação. Belo Horizonte: Fórum, 2020.

NEVES, Marcelo. *Entre Hidra e Hércules*: princípios e regras constitucionais. São Paulo: Martins Fontes, 2013.

OLIVEIRA, Gustavo Justino de (coord.). *Acordos Administrativos no Brasil*: teoria e prática. São Paulo: Almedina, 2020.

PALMA, Juliana Bonacorsi de. *Sanção e acordo na administração pública*. São Paulo: Malheiros, 2015.

PALMA, Juliana Bonacorsi de. A proposta de lei da segurança jurídica na gestão e do controle públicos e as pesquisas acadêmicas. Disponível em: http://www.sbdp.org.br/wp/wp-content/uploads/2018/04/PALMA-Juliana-A-proposta-de-lei-da-segurança-juridica.pdf. Acesso em: 30 nov. 2018.

PALMA, Juliana Bonacorsi de; GUERRA, Sérgio. Art. 26 da LINDB — Novo regime jurídico de negociação com a Administração Pública. *Revista de Direito Administrativo*. Edição Especial — Direito Público na Lei de Introdução às Normas de Direito Brasileiro — LINDB (Lei nº 13.655/2018). Rio de Janeiro, p. 135-169, nov. 2018.

RAMOS, André de Carvalho; GRAMSTRUP, Erik Frederico. *Comentários à Lei de Introdução às Normas do Direito Brasileiro – LINDB*. São Paulo: Saraiva, 2016.

RAMOS, Rafael (coord.). *Comentários à nova LINDB*: Lei 13.655/2018. Belo Horizonte: Fórum, 2023.

RAMOS, Rafael; EIDT, Elisa; GOULART, Juliana; SCHNEIDER, Patrícia (coord.). Consensualidade na administração pública. Porto Alegre: Procuradoria-Geral do Município de Porto Alegre; Escola Superior de Direito Municipal, 2022.

RAMOS, Rafael, MAFFINI, Rafael (coord.). *Nova LINDB*: proteção da confiança, consensualidade, participação democrática e precedentes. Rio de Janeiro: Lumen Juris, 2021.

SUNDFELD, Carlos Ari. *Direito administrativo*: o novo olhar da LINDB. Belo Horizonte: Fórum, 2022.

SUNDFELD, Carlos Ari. *Direito administrativo para céticos*. 2. ed. (2ª tiragem) São Paulo: Malheiros, 2017.

SUNDFELD, Carlos Ari; MARQUES NETO, Floriano de Azevedo. Uma nova lei para aumentar a qualidade jurídica das decisões públicas e de seu controle. *In*: SUNDFELD, Carlos Ari (org.). *Contratações públicas e seu controle*. São Paulo: Malheiros, 2013, p. 277-285.

SUNSTEIN, Cass; THALER, Richard. *Nudge*: como tomar melhores decisões sobre saúde, dinheiro e felicidade. Rio de Janeiro: Objetiva, 2019.

VORONOFF, Alice; CANETTI, Rafaela. ANPC, acordo de leniência e TAC: a que servem tais instrumentos no atual espaço mais completo — mas também mais complexo — de consensualidade. *In*: RAMOS, Rafael; EIDT, Elisa; GOULART, Juliana; SCHNEIDER, Patrícia (coord.). *Consensualidade na administração pública*. 2. ed. Belo Horizonte: Fórum, 2024.

Informação bibliográfica deste livro, conforme a NBR 6023:2018 da Associação Brasileira de Normas Técnicas (ABNT):

RAMOS, Rafael. Acordos administrativos: a contribuição da LINDB. *In*: PASQUALINI, Alexandre; CUNDA, Daniela Zago Gonçalves da; RAMOS, Rafael (coord.). *Direito, sustentabilidade e inovação*: estudos em homenagem ao professor Juarez Freitas. Belo Horizonte: Fórum, 2025. p. 577-591 ISBN 978-65-5518-957-5.

AS PRÁTICAS DE ESG E A GOVERNANÇA: O (RE) PENSAR ACERCA DA PROTEÇÃO DE DADOS NO PODER PÚBLICO

REGINA LINDEN RUARO

BERNARDO FERREIRA

1 Os pilares do ESG e a aplicação na Administração Pública

O ESG (Environmental, Social and Governance)[1] pode ser compreendido como as políticas adotadas por uma organização em relação ao meio ambiente, sociedade e governança. Seu conceito foi introduzido no ano de 2004, por meio do documento produzido em conjunto pelo Pacto Global e Banco Mundial, denominado Who Care Wins.[2] A origem dessa ideia remonta a um desafio proposto por Kofi Annan, na época secretário-geral da ONU aos 50 CEOs de grandes instituições financeiras para que incorporassem aspectos sociais, ambientais e de governança no mercado financeiro.[3]

Vale ressaltar que o Pacto Global é uma ação voluntária que oferece orientações para promover o desenvolvimento sustentável e a responsabilidade social, por meio de líderes empresariais engajados e inovadores. Ao aderir ao Pacto Global, as empresas assumem o compromisso de contribuir para o cumprimento dos 17 Objetivos de Desenvolvimento Sustentável (ODS) da Agenda 2030, aprovada por consenso em 2015 pelo Brasil e outros 192 países membros das Nações Unidas (ONU). A agenda representa

---

[1] Ambiental, Social e Governança — tradução livre.
[2] Ganha Quem se Importa — tradução livre.
[3] COUTINHO, Leandro de Matos. O Pacto Global da ONU e o desenvolvimento sustentável. *Revista BNDES*, Rio de Janeiro: BNDES, ed. 56, p. 501-518, 1 dez. 2021. Disponível em: https://web.bndes.gov.br/bib/jspui/handle/1408/22023. Acesso em: 27 jun. 2024.

um plano de ação para o período de 2015 a 2030 abordando temas relacionados às pessoas, ao planeta e à prosperidade.

Acrescenta-se que no ano de 2015 o Acordo de Paris recebeu o aval dos 195 países participantes da Convenção-Quadro das Nações Unidas sobre Mudanças Climáticas (UNFCCC), para reduzir as emissões de gases de efeito estufa (GEE) dentro do enquadramento do desenvolvimento sustentável. Sob esse acordo, os países que assinaram devem apresentar suas Contribuições Nacionalmente Determinadas (NDCs), as quais são elaboradas com base nas capacidades que cada governo considera viáveis levando em conta seu contexto social e econômico específico.[4]

Em setembro de 2021, o Brasil submeteu às Nações Unidas o documento de ratificação do Acordo de Paris, após ser aprovado pelo Congresso Nacional. A meta da Contribuição Nacionalmente Determinada (NDC) do Brasil é reduzir as emissões de gases de efeito estufa em 37% em relação aos níveis de 2005 até 2025, e diminuir essas emissões ainda mais, em 43%, até 2030. Para alcançar esses objetivos, o Brasil comprometeu-se a aumentar a participação da bioenergia sustentável em sua matriz energética para cerca de 18% até 2030, além de recuperar e reflorestar 12 milhões de hectares de florestas. A meta do país até 2030 é que as energias renováveis correspondam a cerca de 45% de sua fonte de energia. Nesse sentido, os critérios ESG se conectam diretamente aos 17 Objetivos de Desenvolvimento Sustentável (ODS) e às Contribuições Nacionalmente Determinadas (NDCs) definidas no Acordo de Paris.[5]

Dessa forma, o ESG vai além de ações isoladas relacionadas à sustentabilidade ambiental ou a atividades sociais esporádicas. Sua estrutura pode ser incorporada na estratégia tanto de instituições públicas quanto privadas, de forma alinhada com a promoção de valores éticos, práticas ecologicamente responsáveis e impacto social positivo. Assim, esses princípios formam o arcabouço ideal para as empresas, em relação à busca por lucratividade, redução de despesas, propósito e transparência. Portanto, essa compreensão está claramente estabelecida nos três pilares fundamentais supramencionados, sendo estes intercalados com o comprometimento das organizações e suas respectivas dimensões.

Logo, ao analisarmos detalhadamente o escopo do termo "ESG", denota-se que uso da letra "E" caracteriza a temática ambiental, relacionada às consequências que uma organização acarreta ao meio ambiente. Isso envolve questões como poluição (liberação de dióxido de carbono, substâncias químicas e metais tóxicos, embalagens e outros resíduos), o consumo de recursos naturais (água, solo e árvores) e os impactos na biodiversidade (variedade da vida na Terra), além das medidas adotadas para diminuir nosso impacto ambiental (uso eficiente de energia, agricultura sustentável e construções ecologicamente corretas). Mesmo aquelas entidades cujas atividades não estão diretamente ligadas à emissão de poluentes podem se concentrar em outras áreas, como reciclagem ou descarte apropriado de resíduos prejudiciais ao meio ambiente.

Relativamente à responsabilidade social constante na letra "S", essa se refere aos elementos que impactam os indivíduos — sejam colaboradores, prestadores de serviços,

---

[4] UNITED NATIONS. Paris Agreement. 2015. Disponível em: https://unfccc.int/sites/default/files/english_paris_agreement.pdf. Acesso em: 26 jun. 2024.

[5] UNITED NATIONS. Paris Agreement. 2015. Disponível em: https://unfccc.int/sites/default/files/english_paris_agreement.pdf. Acesso em: 26 jun. 2024.

clientes ou a população em geral — no que tange à saúde, segurança e condições de trabalho. Trata da incumbência e compromisso com a superação das discrepâncias sociais e da discriminação, através do tratamento equitativo dos colaboradores, tanto nos processos de contratação quanto no cotidiano de trabalho, visando o bem-estar físico e mental, além de assegurar que nenhum grupo social seja excluído dos serviços prestados.

Os elementos de governança representados pela letra "G" estão associados à habilidade de uma organização gerenciar suas atividades de forma ética. Isso inclui requisitos como políticas contra corrupção, transparência fiscal, segurança de informações, gestão apropriada de conflitos de interesse, preocupação com a diversidade e independência das instâncias decisórias, qualidade das divulgações das atividades e capacidade de avaliação da gestão por meio de ferramentas transparentes.

Assim sendo, a capacidade de uma organização administrar suas atividades de forma responsável está diretamente ligada aos fatores de governança. Nesse contexto, são considerados os requisitos éticos para ser um bom cidadão corporativo, que incluem políticas anticorrupção, transparência tributária, segurança de dados, gestão apropriada de conflitos de interesse, atenção à diversidade e independência nas tomadas de decisão, além da qualidade das informações divulgadas sobre as atividades e a possibilidade de avaliação da gestão por meio das ferramentas de transparência.

Todavia, entendida a origem do termo, é importante esclarecer que ESG não é exatamente uma inovação, considerando que muitas das práticas sugeridas já são conhecidas e até mesmo adotadas por diversas instituições do poder público e privado em suas rotinas, mesmo que não denominadas com base na sigla. Assim, ao pensarmos a implementação deste tipo de gestão na administração pública com base nos conceitos mencionados, uma instituição deve, de forma bastante simplificada, identificar junto às suas partes interessadas quais são seus impactos negativos e positivos na sociedade e atuar sobre eles. É essencial reduzir os impactos negativos, aumentar os positivos e também resolver os prejuízos já causados.

Para o setor público, em razão da dispensabilidade de geração de lucro, a perspectiva precípua da Administração Pública, qual seja, a de zelar pelos interesses da sociedade e executar a melhor gestão do orçamento público, deverá estar fundada em práticas de desenvolvimento sustentável. A proficiência da inserção de medidas de ESG nos atos da gestão administrativa deve abarcar as proporções tanto de custos e benefícios quanto as implicações de curto, médio e longo prazo. Desse modo sua plausibilidade está vinculada à ideação de soluções para a diminuição da escalabilidade de custos e prejuízos subsequentes no futuro.

A governança sustentável por parte do poder público, por conseguinte, viabiliza a implementação de vasto plano de ações aos mais diversos órgãos, autarquias e fundações que, ajustadas as características e circunstâncias, podem ser adaptadas para a aplicação de uma gestão mais sofisticada no que tange à acessibilidade, bem como a utilização de recursos disponíveis. A exigência de ações de ESG sem a devida adequação à realidade organizacional pode gerar uma série de obstáculos para a sua plena efetividade.

Outro panorama a ser considerado diz respeito aos prazos de ESG e à fruição dos seus benefícios. A realização de uma política de ESG eficaz exige que sua execução ultrapasse os mandatos de gestão dos três poderes. Usualmente essas ações de exigem transformações de cultura institucional, algo que demanda tempo e recursos humanos, uma vez que gera interferência na modificação dos hábitos de funcionários públicos de carreira que constroem seus trabalhos com base na longevidade e trabalhabilidade sistemática, especialmente aqueles que estão habituados há anos com a mesma metodologia para a prática de afazeres.

Por esse ângulo, as ações de ESG devem levar em conta todos os envolvidos, sobretudo aqueles responsáveis pela promoção de impactos imediatos e futuros, tanto diretos quanto indiretos. Nesse sentido, a representação através da diversidade nas equipes de governança é fundamental para a criação de processos de inovação, uma vez que os contrastes oriundos de outras realidades desenvolvem novas interfaces no pensar das políticas públicas, que devem atender diversos segmentos sociais da sociedade civil.

Desse modo, torna-se indispensável pensar a diversidade como um fator de extrema relevância, que vai além da concentração de ações voltadas para grupos minoritários. As variabilidades informacionais oriundas de díspares fontes de conhecimento e experiências possibilitam que, nas minúcias dos atos da administração pública, seja priorizado o impacto social destas medidas com enfoque na criação de oportunidades e no estímulo à produção de novas concepções para soluções que afetam negativamente a sociedade brasileira. Por consequência sua abrangência reduz a incerteza e melhora os resultados objetivados pelo Poder Público.

> No contexto organizacional, a diversidade se reflete em diferentes grupos que fazem parte da sociedade dentro do espaço de trabalho, com efetiva participação nos processos decisórios e senso de pertencimento. Como conceito vivo, a diversidade é dinâmica e indissociável de aspectos históricos, bem como de atravessamentos sociais, econômicos, políticos e culturais. Entendida como um termo guarda-chuva, a diversidade abrange questões relativas a gênero, corpo, estética, deficiência, raça, cor, etnia, geração, sexualidade, orientação sexual, religião, formação, classe social, origem geográfica e cultural, entre outras.[6]

Se por um lado a diversidade é garantida pela política de ESG, por outro a sustentabilidade deve ser evidenciada na gestão pública, do qual sua força proeminente pode ser demonstrada através da Lei de Licitações nº 14.133, promulgada em 2021. Nela, são incorporados ao processo de contratação pública elementos basilares para o desenvolvimento sustentável, abrangendo aspectos como a diminuição de emissões de CO_2, a correta gestão de resíduos e a disposição final dos rejeitos de maneira ecologicamente responsável.

Dentro desse raciocínio, Juarez Freitas dispõe que é fundamental reconhecer de maneira definitiva que, em todo procedimento administrativo, é responsabilidade do Estado aplicar as políticas constitucionalizadas. Isso inclui a atuação como incentivador de boas práticas sustentáveis, ao mesmo tempo em que garante a igualdade formal e substancial de oportunidades. Para o doutrinador, nas contratações públicas, "o melhor preço é aquele que implica os menores impactos e externalidades negativas e os maiores benefícios globais".[7]

---

[6] FRAGA, A. M.; COLOMBY, R. K.; GEMELLI, C. E.; PRESTES, V. A. As diversidades da diversidade: revisão sistemática da produção científica brasileira sobre diversidade na administração (2001-2019). *Cadernos EBAPE. BR*, Rio de Janeiro, v. 20, n. 1, p. 1-19, 2022. DOI: 10.1590/1679-395120200155. Disponível em: https://periodicos.fgv.br/cadernosebape/article/view/85305. Acesso em: 21 jun. 2024.

[7] FREITAS, Juarez. *Sustentabilidade*: direito ao futuro. Belo Horizonte: Fórum, 2012, p. 234.

No contexto da Lei nº 14.133/21, com o intuito de incentivar a Administração Pública de forma imperativa, o artigo 45 da Lei de Licitações[8] estipula nos seus incisos I e II que as licitações de obras e serviços de engenharia devem seguir diversas diretrizes socioambientais. Essa determinação legal não é uma opção. Assim, ao realizar qualquer processo licitatório para obras e serviços de engenharia, é necessário que a Administração empregue materiais que reduzam a utilização de recursos naturais, garantam acessibilidade para pessoas com mobilidade reduzida, façam a destinação adequada dos resíduos sólidos gerados, entre outras medidas.

É essencial notar que as exigências mencionadas derivam de normas tanto constitucionais quanto infraconstitucionais. O legislador, no entanto, destacou tais políticas e diretrizes como forma de priorizar as políticas públicas socioambientais e incluí-las no texto da Lei de Licitações, em uma iniciativa proativa alinhada a valores significantes para a sociedade. A sustentabilidade ambiental também é contemplada nos critérios de remuneração variável para a contratação de obras, fornecimentos e serviços, inclusive os relacionados à engenharia. O propósito é estabelecer incentivos financeiros visando aprimorar o desempenho do contrato, vinculados a metas e padrões estabelecidos no edital e contrato.

A administração pública possui entre suas principais responsabilidades a adequação e convergência de seus contratos administrativos, que deverão em sua totalidade seguir critérios de qualidade, métricas de avaliação com metas cumpridas e outros elementos que vão além das responsabilidades estabelecidas no contrato. Assim, a presente legislação determinou de maneia expressa os deveres de cumprimento dos critérios de sustentabilidade ambiental para ocorrer qualquer remessa financeira significativa para as empresas contratadas.   Dessa maneira, a latência desses critérios pode trazer benefícios significativos para a própria atuação ambiental e cumprimento da agenda sustentável no país.

Um tópico relevante na Nova Lei de Licitações em relação à sustentabilidade está relacionado ao procedimento correto a ser adotado após a identificação de irregularidades durante a licitação ou execução do contrato. Conforme estabelecido no artigo 147,[9] incisos II e III, caso não seja viável a correção, a determinação sobre a interrupção

---

[8] Art. 45. As licitações de obras e serviços de engenharia devem respeitar, especialmente, as normas relativas a:
I - disposição final ambientalmente adequada dos resíduos sólidos gerados pelas obras contratadas;
II - mitigação por condicionantes e compensação ambiental, que serão definidas no procedimento de licenciamento ambiental;
III - utilização de produtos, de equipamentos e de serviços que, comprovadamente, favoreçam a redução do consumo de energia e de recursos naturais;
IV - avaliação de impacto de vizinhança, na forma da legislação urbanística;
V - proteção do patrimônio histórico, cultural, arqueológico e imaterial, inclusive por meio da avaliação do impacto direto ou indireto causado pelas obras contratadas;
VI - acessibilidade para pessoas com deficiência ou com mobilidade reduzida.

[9] Art. 147. Constatada irregularidade no procedimento licitatório ou na execução contratual, caso não seja possível o saneamento, a decisão sobre a suspensão da execução ou sobre a declaração de nulidade do contrato somente será adotada na hipótese em que se revelar medida de interesse público, com avaliação, entre outros, dos seguintes aspectos:
II - riscos sociais, ambientais e à segurança da população local decorrentes do atraso na fruição dos benefícios do objeto do contrato;
III - motivação social e ambiental do contrato;
Parágrafo único. Caso a paralisação ou anulação não se revele medida de interesse público, o poder público deverá optar pela continuidade do contrato e pela solução da irregularidade por meio de indenização por perdas e danos, sem prejuízo da apuração de responsabilidade e da aplicação de penalidades cabíveis.

da execução ou a declaração de invalidade do contrato somente será deliberada após a avaliação de certos aspectos, incluindo os perigos sociais, ambientais e para a segurança da comunidade local decorrentes do atraso na obtenção dos benefícios previstos no contrato, a motivação social e ambiental do contrato como se depreende da redação da lei.

A nova legislação estabelece ao gestor público que a análise dos impactos e efeitos práticos de suas decisões e a consideração de possíveis alternativas alinhadas com o interesse público serão relacionadas à medida que será adotada. Essa modificação confere maior segurança jurídica às determinações, visando assegurar a eficácia social, econômica e ambiental e equilibrando o princípio da razoabilidade na avaliação dos impactos da decisão a ser tomada.

Esse movimento não está apenas presente no sistema jurídico e nas tomadas de decisões políticas, mas também nos procedimentos adotados pelo Governo Federal na adoção da agenda ESG em suas ações. Um exemplo disso é a Política Nacional de Resíduos Sólidos promulgada em 2015, que já é uma realidade no cenário brasileiro e se propõe a trabalhar a partir de uma gestão integrada a prevenção e redução da produção de resíduos, estabelecendo a responsabilidade compartilhada entre os geradores para sua correta destinação. Outros critérios relevantes incluem a preferência por produtos de baixo impacto ambiental, a eficiência energética para redução de custos, o fomento da economia local através da geração de empregos, distribuição de riqueza e promoção da concorrência por meio de inovações tecnológicas sustentáveis.

Neste contexto, o Ministério do Desenvolvimento Regional (MDR), que lançou em 2021 a Estratégia Investimento Verde, inspirada em práticas europeias como NextGenerationEU e o Pacto Ecológico Europeu. A expectativa de demanda por investimentos em ativos brasileiros com propósito ambiental, social e de governança (ESG) entre investidores europeus deve aumentar em 15,9 trilhões de euros – equivalente a cerca de US$ 21 trilhões até 2026, segundo estimativa da Alfi, associação da indústria de fundos de Luxemburgo. No final de 2023, o total de recursos alocados por investidores institucionais europeus em ESG somava 3,7 trilhões de euros e a previsão é de que chegue a 19,6 trilhões de euros em 2026.[10]

Essa iniciativa visa oferecer aos governos locais uma série de indicadores para monitorar as metas ambientais estabelecidas em contratos que abrangem diferentes serviços, como infraestrutura, saneamento e segurança hídrica. Além disso, ocorreu a promulgação do Decreto Federal nº 11.454, de 24 de março de 2023, que estabelece o Conselho de Desenvolvimento Econômico Social Sustentável (CDESS) da Presidência da República.[11]

Ao final, em fevereiro de 2024, o Ministério da Fazenda, em parceria com o Ministério do Meio Ambiente e entidades internacionais, lançou o Eco Invest Brasil, parte do Plano de Transformação Ecológica do Brasil. O programa visa incentivar investimentos estrangeiros em projetos sustentáveis no país e oferecer proteção cambial para mitigar

---

[10] BRASIL, CNN. Com alta esperada de US$ 21 tri até 2026, investimento verde europeu mira Brasil, dizem especialistas. *CNN Brasil*, São Paulo, 10 mar. 2024. Disponível em: https://www.cnnbrasil.com.br/economia/macroeconomia/com-alta-esperada-de-us-21-tri-ate-2026-investimento-verde-europeu-mira-brasil-dizem-especialistas/. Acesso em: 25 jun. 2024.

[11] GOVERNO lança programa para impulsionar investimentos verdes no Brasil. *Governo Federal*, Brasília, 26 fev. 2024. Ministério da Fazenda, Disponível em: https://www.gov.br/fazenda/pt-br/assuntos/noticias/2024/fevereiro/governo-lanca-programa-para-impulsionar-investimentos-verdes-no-brasil. Acesso em: 25 jun. 2024.

riscos de volatilidade cambial. Isso facilitará operações no mercado de capitais para empresas brasileiras captarem recursos externos e promoverá a eficiência do mercado de proteção cambial no Brasil. O programa fornecerá linhas de crédito competitivas para financiar projetos ecológicos, integrando companhias brasileiras com investidores internacionais e impulsionando investimentos verdes no país. Esta iniciativa busca superar barreiras para investimentos estrangeiros de longo prazo, promovendo um futuro sustentável.[12]

Por isto, as ações supramencionadas compõem um novo conjunto de normas, fortemente influenciadas pelos princípios ESG, que estão sendo implementados na esfera federal para orientar a Administração Pública com o objetivo de ser uma iniciativa planejada e consistente, alinhada com a Agenda 2030 e os Objetivos de Desenvolvimento Sustentável da ONU, visando adaptar o Brasil a estes padrões internacionais.

2 A governança de dados e o compartilhamento de dados pelo poder público

A governança de dados na sustentabilidade deve ser abordada sob o prisma do controle social na gestão pública, destacando sempre a sua importância para ampliação dos meios de participação e comunicação em prol dos direitos e garantias da população. Isso diz respeito à maneira como as organizações e entidades públicas conduzem suas atividades dentro da administração pública.

Dentro desse contexto, são relevantes questões como a participação e controle exercidos perante a sociedade civil, a eficácia das políticas econômicas, programas de gestão de recursos e contratos públicos, bem como a transparência, eficiência e conformidade com as políticas e normas de integridade, *compliance* e ética. Além disso, inclui-se a responsabilidade e prestação de contas das entidades públicas, seus gestores e demais agentes e servidores envolvidos.

Nesse contexto, a governança está intimamente ligada às responsabilidades de controle interno e promoção da transparência na administração pública, atribuídas não apenas aos órgãos públicos, mas também a todas as entidades públicas em suas áreas de atuação específicas. Isso representa uma maneira de aprimorar e tornar mais eficaz a gestão e governança dessas instituições.

O objetivo desse esforço governamental é focar na melhoria da governança de dados e na colaboração para o compartilhamento de informações por parte do setor público vinculadas à execução de gestão de dados transmitidos perante os órgãos públicos. Por conseguinte, a gestão de dados está atrelada ao conjunto de diretrizes, procedimentos, indivíduos e ferramentas destinados a organizar e gerir as informações disponíveis, para melhorar a eficácia da administração e a precisão dos dados, buscando otimizar os processos operacionais e garantir a confiabilidade das informações essenciais para decisões estratégicas.

Outro fator fundamental é a integridade da informação que por consequência deve estar focada nas preservações das características originais dos dados, bem como na

---

[12] GOVERNO lança programa para impulsionar investimentos verdes no Brasil. *Governo Federal*, Brasília, 26 fev. 2024. Ministério da Fazenda, Disponível em: https://www.gov.br/fazenda/pt-br/assuntos/noticias/2024/fevereiro/governo-lanca-programa-para-impulsionar-investimentos-verdes-no-brasil. Acesso em: 25 jun. 2024.

garantia de sua precisão, confiabilidade e imutabilidade. É crucial que a administração pública assegure que o receptor receba a mensagem exatamente como foi enviada pelo emissor. Este comprometimento na integridade dos dados pode ocorrer tanto de forma deliberada quanto acidental, incluindo erros humanos, falhas em equipamentos, incompatibilidades de *software*, falhas técnicas, vírus, *malwares*, ataques de *hackers* e outras ameaças cibernéticas.

No entanto, somente administrar e controlar dados não é suficiente para assegurar a qualidade da informação e o êxito de uma organização. Assim, a integridade da informação deve estar regida pelos princípios da precisão, uniformidade, confiabilidade, eficácia, completude e segurança dos dados e informações. Indistinguível observar que a integridade é responsável por garantir a qualidade, visto que dados imprecisos, inconsistentes, incompletos, inválidos ou perigosos têm o potencial de conduzir a informações equivocadas e consequentemente a resultados indesejados.

Desta maneira, a interligação entre a governança de dados e as diretrizes das políticas públicas resultou na implementação da estratégia de governo digital pelo Estado brasileiro, iniciada em 2016 com o intuito de alcançar todos os cidadãos, independentemente de sua localidade ou contexto socioeconômico e cultural. Tal estratégia envolve a coordenação de ações de todos os órgãos federais com o propósito de disponibilizar serviços com mais qualidade, simplicidade, acessibilidade e menor custo para o cidadão por meio da tecnologia. Ao final de 2019, aproximadamente 53% dos serviços prestados pelo governo federal já estavam acessíveis digitalmente. Além disso, foram disponibilizados canais digitais para mais de 500 serviços públicos provenientes de 28 órgãos distintos.[13]

Recentemente, em 21 de junho de 2024 foi instituído o Decreto nº 12.069, o qual dispõe sobre a Estratégia Nacional de Governo Digital e a Rede Nacional de Governo Digital e institui a Estratégia Nacional de Governo Digital para o período de 2024 a 2027. Entre as suas disposições merecem especial destaque o artigo 3º,[14] que refere que a Estratégia Nacional de Governo Digital deverá contribuir para o alcance dos Objetivos de Desenvolvimento Sustentável — ODS da Agenda 2030 da Organização das Nações Unidas e incentivar os entes federativos a considerarem o alcance dos ODS nos objetivos de suas estratégias de governo digital segundo as políticas de ESG.

Nesse sentido, o artigo 8º versa que a Estratégia Nacional de Governo Digital para o período de 2024 a 2027 deverá ter como objetivo central a busca de um Estado mais inclusivo, eficaz, proativo, participativo e sustentável, em especial por meio da oferta de soluções que atendam às necessidades da sociedade e reconheçam as desigualdades sociais e as barreiras de acesso aos serviços públicos. Somado a isso será exigida a adaptação de seus processos às demandas atuais da sociedade, com inovação, uso adequado de tecnologias, reúso seguro de dados e melhor aplicação dos recursos públicos. Esta também deverá garantir a transparência, o acesso à informação, a participação social na formulação de políticas públicas e a promoção do desenvolvimento sustentável.[15]

---

[13] FEDERAL, Governo. *Estratégia de governo digital*. 2023. Disponível em: https://www.gov.br/governodigital/pt-br/estrategias-e-governanca-digital/EGD2020. Acesso em: 19 jun. 2024.

[14] Art. 3º A Estratégia Nacional de Governo Digital buscará contribuir para o alcance dos Objetivos de Desenvolvimento Sustentável — ODS da Agenda 2030 da Organização das Nações Unidas e incentivará os entes federativos a considerarem o alcance dos ODS nos objetivos de suas estratégias de governo digital.

[15] Art. 8º A Estratégia Nacional de Governo Digital para o período de 2024 a 2027 tem como objetivo geral a busca de um Estado mais inclusivo, eficaz, proativo, participativo e sustentável, em especial por meio: I - da oferta

No que se refere aos seus objetivos específicos, estes estão dispostos no seu art. 9º, o qual dou especial atenção ao seu inciso VI, que dispõe que será visada a elaboração infraestrutura moderna, segura, escalável e robusta, considerados os princípios de sustentabilidade, para a implantação e a evolução de soluções de governo digital, de modo a promover soluções estruturantes compartilhadas, o uso de padrões comuns e a integração entre os entes federativos.[16]

Portanto, a integração do desenvolvimento sustentável à estratégia de governo digital permite o predomínio do zelo econômico por parte do poder público, uma vez que os próprios serviços públicos estão cada vez mais sendo efetuados no âmbito digital. Não obstante estas vinculações geram menos danos ambientais severos à natureza, seja na produção de exacerbada de papéis ou até mesmo na emissão de gases poluentes na atmosfera em razão da necessidade de funcionamento dos órgãos públicos e recursos empregados.

A título exemplificativo podemos analisar a diminuição de R$ 345 milhões nos gastos anuais do governo viabilizando recursos suficientes para a construção de 156 novas Unidades de Pronto Atendimento (UPAs) na área da saúde ou 182 creches para a educação infantil. Por outro lado, ao disponibilizar esse acesso simplificado aos serviços governamentais em momentos de necessidade, foram eliminadas aproximadamente 146 milhões de horas que os cidadãos perdiam com deslocamentos, filas e burocracia todos os anos. Essa mudança resulta em ganhos de eficiência para a administração pública, possibilitando o remanejamento de servidores para áreas com demanda e tarefas mais complexas, uma vez que processos antes morosos foram agilizados pelo uso da tecnologia.[17]

Com as práticas mencionadas previamente, o Brasil conquistou a segunda colocação entre as nações mais avançadas em serviços públicos digitais, conforme o Banco Mundial. Embora a meta inicial estabelecida ao conceber o plano de implementação do governo eletrônico fosse disponibilizar cerca de 5 mil serviços federais digitalmente por meio da Plataforma GOV.BR até o final de 2023, apenas 89% dos projetos foram finalizados.[18]

Os reflexos dessa nova visão da administração pública estão solidificados, conforme podemos visualizar através da aprovação por parte do Banco Nacional de Desenvolvimento Econômico e Social (BNDES), o qual aprovou o financiamento no valor de R$ 117 milhões para ações de resposta a desastres, governo digital e gestão urbana inteligente com uso de inteligência artificial (IA) junto ao Município do Rio de Janeiro. O apoio do Banco corresponde a 90% do investimento total do projeto, de R$ 130 milhões.[19]

---

de soluções que atendam às necessidades da sociedade e reconheçam as desigualdades sociais e as barreiras de acesso aos serviços públicos; II - da adaptação de seus processos às demandas atuais da sociedade, com inovação, uso adequado de tecnologias, reuso seguro de dados e melhor aplicação dos recursos públicos; e III - da transparência, do acesso à informação, da participação social na formulação de políticas públicas e da promoção do desenvolvimento sustentável.

[16] Art. 9º São objetivos específicos da Estratégia Nacional de Governo Digital para o período de 2024 a 2027: VI - dispor de infraestrutura moderna, segura, escalável e robusta, considerados os princípios de sustentabilidade, para a implantação e a evolução de soluções de governo digital, de modo a promover soluções estruturantes compartilhadas, o uso de padrões comuns e a integração entre os entes federativos;

[17] FEDERAL, ref. 10.

[18] FEDERAL, Governo. *Brasil é reconhecido como segundo líder em governo digital do mundo*. 2023. Disponível em: https://www.gov.br/governodigital/pt-br/noticias/brasil-e-reconhecido-como-segundo-lider-em-governo-digital-no-mundo. Acesso em: 19 jun. 2024.

[19] NOTÍCIAS, Agência BNDES de. Ações de resposta a desastres climáticos, governo digital e IA do município do Rio têm R$ 117 mi do BNDES. *Agência BNDES de Notícias*, Brasília, 27 mai. 2024. Disponível em: https://

O projeto denominado Prática Recomendada ABNT PR 1021 — Centro de Operações de Cidade — Implementação, que estabelece diretrizes para a criação de centros de operações de cidades, possui como objetivo reduzir a complexidade da gestão, aumentar a eficiência e aprimorar a tomada de decisões pelos órgãos públicos em cenários que possam causar riscos ou danos às regiões. Dentre suas entregas previstas, estão o plano de transformação digital dos órgãos municipais; uma nova plataforma integrada de governo digital da cidade; um plano diretor de tecnologias da cidade inteligente; a otimização semafórica (tele gestão e sensores); o uso de ferramentas de Inteligência Artificial (IA) no Centro de Operações e Resiliência (COR Rio) com a criação do chamado "gêmeo digital" da cidade — uma representação virtual de cenários urbanos reais para o enfrentamento de crises e o desenvolvimento de políticas públicas em territórios de vulnerabilidade climática.[20]

Estas ações mencionadas acima reforçam o protagonismo brasileiro que está alicerçado em uma intensa rede de compartilhamento de dados pelo poder público e interconectadas com dados de mais de 203.062.512 de brasileiros,[21] sendo 84% com acesso frequente à Internet.[22] Assim, a troca excessiva de informações entre órgãos governamentais pode resultar na elaboração desmedida de perfilhação algorítmica dos cidadãos, ampliando a vulnerabilidade de dados pessoais a diferentes agentes interessados em influenciar comportamentos através dos dados disponíveis. O resultado imediato dessas práticas é a violação da capacidade de autodeterminação das pessoas e o comprometimento de seus direitos à liberdade e privacidade.

O alcance dessas metas está interligado ao intenso compartilhamento de dados pelo poder público, que possui a competência necessária para coleta, tratamento e armazenamento de dados pessoais e sensíveis em abundância. Este trabalho hercúleo guarda densas complexidades ao redor de sua proteção, tendo em vista que, na ocorrência de vazamento, os danos gerados são imensuráveis e seu alcance é nefasto. Esta compreensão fica demonstrada pela exposição de dados de mais 40 milhões de beneficiários do INSS (Instituto Nacional do Seguro Social) para agentes externos em razão de uma vulnerabilidade de segurança. Em resposta ao ocorrido, o instituto mudou a forma de acesso ao sistema SUIBE (Sistema Único de Informações de Benefícios) e apura se houve vazamento dos dados pela plataforma.[23]

---

agenciadenoticias.bndes.gov.br/detalhe/noticia/Acoes-de-resposta-a-desastres-climaticos-governo-digital-e-IA-do-municipio-do-Rio-tem-R$-117-mi-do-BNDES/ Acesso em: 27 jun. 2024.

[20] NOTÍCIAS, Agência BNDES de. Ações de resposta a desastres climáticos, governo digital e IA do município do Rio têm R$ 117 mi do BNDES. *Agência BNDES de Notícias*, Brasília, 27 mai. 2024. Disponível em: https://agenciadenoticias.bndes.gov.br/detalhe/noticia/Acoes-de-resposta-a-desastres-climaticos-governo-digital-e-IA-do-municipio-do-Rio-tem-R$-117-mi-do-BNDES/. Acesso em: 27 jun. 2024.

[21] SENADO. *IBGE divulga primeiros dados do Censo Demográfico de 2022*. 2022. Disponível em: https://www12.senado.leg.br/radio/1/noticia/2023/06/29/ibge-divulga-primeiros-dados-do-censo-demografico-de-2022#:~:text=O%20Instituto%20Brasileiro%20de%20Geografia,anterior%20da%20pesquisa%2C%20em%202010. Acesso em: 20 jun. 2024.

[22] SILVA, Victor Hugo; OTÁVIO, Murilo. *Acesso a internet cresce no Brasil e chega a 84% da população em 2023, diz pesquisa*. 2023. Disponível em: https://g1.globo.com/tecnologia/noticia/2023/11/16/acesso-a-internet-cresce-no-brasil-e-chega-a-84percent-da-populacao-em-2023-diz-pesquisa.ghtml. Acesso em: 20 jun. 2024.

[23] 360, Poder. INSS confirma possível vazamento de informações de beneficiários. Órgão suspende senhas e revisa os protocolos de segurança; número de reclamações na ouvidora caiu, indicando provável fraude. *Poder 360*, Brasília, 24 jun. 2024. Disponível em: https://www.poder360.com.br/economia/inss-confirma-possivel-vazamento-de-informacoes-de-beneficiarios/. Acesso em: 27 jun. 2024.

Atualmente, o uso de aplicativos faz parte da rotina das pessoas. E o governo, na tentativa de se equiparar ao setor privado, também tem buscado desenvolver aplicativos para facilitar a vida dos cidadãos. Porém, desde já se encontram alguns problemas em termos de privacidade no uso dos dados sob a guarda e gestão da Administração. Além do acesso a dados contidos nos aparelhos móveis, aplicativos podem "descobrir" padrões de uso, registrar mensagens de reclamação, denúncia ou solicitações dos usuários para composição de um registro histórico, ou elaboração de um futuro perfil do usuário, o que tem natureza pessoal e pode se tornar sensível.[24]

Desse modo, a construção do Governo Digital precisa estar atrelada a rígidos procedimentos de segurança da informação internos para atender as soluções esperadas para sua aplicação aos cidadãos e deve estar alinhada ao emprego da ética e boas práticas que atendam a princípios no tratamento de dados pessoais; o que é essencial para a garantia da proteção da privacidade e o estabelecimento da confiança no poder público de como estes dados serão utilizados.

3 O (re)pensar acerca da proteção de dados no poder público

A partir das informações colocadas ao longo deste texto, merece refletir sobre os modelos de governança e gestão de dados implementados no país, devido às possibilidades evidentes de aplicações econômicas advindas do mercado de capitais e de quais metodologias de planejamento efetivamente são capazes de trabalhar diante da heterogênea sociedade brasileira.

Esta metodologia precisará estar consubstanciada pela ótica de vislumbrar o cidadão como copartícipe do seu processo de gestão e não apenas como usuários de serviços públicos oriundos de processos meramente burocráticos. A compreensão desses preceitos consolida a cultura do *citizen-centered design*, que foca na perspectiva do cidadão para oferecer serviços públicos de excelência. Essa abordagem permanece aberta à participação cidadã, sendo possibilitado o controle social da gestão. No entanto, a gestão de dados pelos órgãos da Administração Pública não é uniforme em suas proposições. Nota-se que alguns órgãos optam por usar sua própria infraestrutura para hospedagem, desenvolvimento e tratamento dos dados.[25]

O cidadão, a natureza e a tecnologia não mais devem ser vistos como elementos distantes na construção das políticas públicas, mas como alicerces na construção do Brasil que queremos. Este modelo de gestão que visa interesses comuns em suas operações promove a interdependência dos atores e a transparência dos dados produzidos nos bancos de dados do poder público. O futuro possível depende fundamentalmente

---

[24] GONÇALVES, Tânia Carolina Nunes Machado. *Gestão de Dados Pessoais e Sensíveis pela Administração Pública Federal*: desafios, modelos e principais impactos com a nova lei. Orientador: Prof. Dr. Marcelo Dias Varella. 2019. 147 f. Dissertação (Mestrado) — Curso de Direito, Programa de Mestrado e Doutorado em Direito, Centro Universitário de Brasília (UniCEUB), Brasília, 2019. Disponível em: https://repositorio.uniceub.br/jspui/handle/prefix/14499. Acesso em: 28 jun. 2024. p. 73.

[25] GONÇALVES, Tânia Carolina Nunes Machado. *Gestão de Dados Pessoais e Sensíveis pela Administração Pública Federal*: desafios, modelos e principais impactos com a nova lei. Orientador: Prof. Dr. Marcelo Dias Varella. 2019. 147 f. Dissertação (Mestrado) — Curso de Direito, Programa de Mestrado e Doutorado em Direito, Centro Universitário de Brasília (UniCEUB), Brasília, 2019. Disponível em: https://repositorio.uniceub.br/jspui/handle/prefix/14499. Acesso em: 28 jun. 2024. p.78.

da intersecção da gestão de dados focados na otimização de serviços empregados sob procedimentos sustentáveis de garantia dos direitos fundamentais de seus cidadãos.

Essa operabilidade pública positiva de serviços deverá ser constituída em uma comunicação social desenvolvida com base no consentimento e disposta de informações suficientes para entendimento pleno sobre as implicações do uso de dados. A preferência pela minimização dos dados em oposição à coleta excessiva de dados é uma prática que garante a eticidade das medidas aplicadas. Portanto, o olhar substancial da gestão de dados deverá ser pelo ponto de vista da eficácia quanto à aplicação destas informações pelos sistemas utilizados pela administração pública e não pelo acúmulo de dados para utilização e sem identificação de seus devidos fins.

A retenção mínima de dados acrescentada de medidas de segurança robustas para proteção contra acessos não autorizados, perda, destruição ou alteração, tais como criptografia, firewalls, e sistemas de detecção de intrusão, além de políticas internas de segurança da informação garantirão a privacidade e segurança dos dados pessoais. Estas medidas atreladas à execução de políticas públicas com viés de ESG garantem a conformidade com as melhores práticas de sustentabilidade e responsabilidade social. Dessa forma, assegura-se que a gestão de dados seja feita de maneira ética e transparente, promovendo a confiança dos cidadãos.

Nesse sentido, o exercício da cidadania torna-se forte mediante o uso adequado do compartilhamento e cruzamento dos dados de cidadãos em respeito à privacidade e garantia da segurança. A contribuição significativa deste repensar implica novas perspectivas para a contraposição das dificuldades em decorrência de interpretações diversas, por vezes errôneas, dadas pelos gestores públicos às normas de conteúdo aberto. Logo, as ações precipitadas pela administração pública, apesar de muitas vezes bem-intencionadas no atendimento dos princípios da transparência e da publicidade, podem ferir os direitos da personalidade, uma vez que podem permitir o acesso a terceiros ou tornar públicos dados pessoais, ou tornados sensíveis pelo cruzamento entre diferentes bases de dados. Ao final, o entrelaçamento da proteção de dados junto ao poder público vinculado à lógica de pensamento de ESG garante a construção de métodos de governança mais seguros e centralizados na diversidade e na transformação da sociedade que queremos no futuro.

Referências

360, Poder. INSS confirma possível vazamento de informações de beneficiários.: Órgão suspende senhas e revisa os protocolos de segurança; número de reclamações na ouvidora caiu, indicando provável fraude. *Poder 360*, Brasília, 24 jun. 2024. Disponível em: https://www.poder360.com.br/economia/inss-confirma-possivel-vazamento-de-informacoes-de-beneficiarios/. Acesso em: 27 jun. 2024.

BRASIL, CNN. Com alta esperada de US$ 21 tri até 2026, investimento verde europeu mira Brasil, dizem especialistas. *CNN Brasil*, São Paulo, 10 mar. 2024. Disponível em: https://www.cnnbrasil.com.br/economia/macroeconomia/com-alta-esperada-de-us-21-tri-ate-2026-investimento-verde-europeu-mira-brasil-dizem-especialistas/. Acesso em: 25 jun. 2024.

BRASIL. Decreto nº 12.069, Dispõe sobre a Estratégia Nacional de Governo Digital e a Rede Nacional de Governo Digital — Rede Gov.br e institui a Estratégia Nacional de Governo Digital para o período de 2024 a 2027.. *Decreto nº 12.069*. Brasília, 21 jun. 2024. Disponível em: https://www.planalto.gov.br/ccivil_03/_ato2023-2026/2024/decreto/D12069.htm#:~:text=DECRETO%20N%C2%BA%2012.069%2C%20DE%2021,per%C3%ADodo%20de%202024%20a%202027. Acesso em: 27 jun. 2024.

BRASIL. *Lei nº 14.133, de 1º de abril de 2021*. Lei de Licitações e Contratos Administrativos. Brasília-DF, 01 de abr. 2021. Disponível em: https://www.planalto.gov.br/ccivil_03/_ato2019-2022/2021/lei/l14133.htm. Acesso em: 27 jun. 2024.

COUTINHO, Leandro de Matos. O Pacto Global da ONU e o desenvolvimento sustentável. *Revista BNDES*, Rio de Janeiro: BNDES, ed. 56, p. 501-518, 1 dez. 2021. Disponível em: https://web.bndes.gov.br/bib/jspui/handle/1408/22023. Acesso em: 27 jun. 2024.

ENADO. *IBGE divulga primeiros dados do Censo Demográfico de 2022*. 2022. Disponível em: https://www12.senado.leg.br/radio/1/noticia/2023/06/29/ibge-divulga-primeiros-dados-do-censo-demografico-de-2022#:~:text=O%20Instituto%20Brasileiro%20de%20Geografia,anterior%20da%20pesquisa%2C%20em%202010. Acesso em: 20 jun. 2024.

FEDERAL, Governo. *Brasil é reconhecido como segundo líder em governo digital do mundo*. 2023. Disponível em: https://www.gov.br/governodigital/pt-br/noticias/brasil-e-reconhecido-como-segundo-lider-em-governo-digital-no-mundo. Acesso em: 19 jun. 2024.

FEDERAL, Governo. *Estratégia de governo digital*. 2023. Disponível em: https://www.gov.br/governodigital/pt-br/estrategias-e-governanca-digital/EGD2020. Acesso em: 19 jun. 2024.

FRAGA, A. M.; COLOMBY, R. K.; GEMELLI, C. E.; PRESTES, V. A. As diversidades da diversidade: revisão sistemática da produção científica brasileira sobre diversidade na administração (2001-2019). *Cadernos EBAPE. BR*, Rio de Janeiro, RJ, v. 20, n. 1, p. 1-19, 2022. DOI: 10.1590/1679-395120200155. Disponível em: https://periodicos.fgv.br/cadernosebape/article/view/85305. Acesso em: 21 jun. 2024.

FREITAS, Juarez. *Sustentabilidade: direito ao futuro*. Belo Horizonte: Fórum, 2012, p. 234.

GONÇALVES, Tânia Carolina Nunes Machado. *Gestão de Dados Pessoais e Sensíveis pela Administração Pública Federal*: desafios, modelos e principais impactos com a nova lei. Orientador: Prof. Dr. Marcelo Dias Varella. 2019. 147 f. Dissertação (Mestrado) — Curso de Direito, Programa de Mestrado e Doutorado em Direito, Centro Universitário de Brasília (UniCEUB), Brasília, 2019. Disponível em: https://repositorio.uniceub.br/jspui/handle/prefix/14499. Acesso em: 28 jun. 2024.

GOVERNO lança programa para impulsionar investimentos verdes no Brasil. *Governo Federal*, Brasília, 26 fev. 2024. Ministério da Fazenda, Disponível em: https://www.gov.br/fazenda/pt-br/assuntos/noticias/2024/fevereiro/governo-lanca-programa-para-impulsionar-investimentos-verdes-no-brasil. Acesso em: 25 jun. 2024.

NOTÍCIAS, Agência BNDES de. Ações de resposta a desastres climáticos, governo digital e IA do município do Rio têm R$ 117 mi do BNDES. *Agência BNDES de Notícias*, Brasília, 27 maio 2024. Disponível em: https://agenciadenoticias.bndes.gov.br/detalhe/noticia/Acoes-de-resposta-a-desastres-climaticos-governo-digital-e-IA-do-municipio-do-Rio-tem-R$-117-mi-do-BNDES/ Acesso em: 27 jun. 2024.

SILVA, Victor Hugo; OTÁVIO, Murilo. *Acesso à internet cresce no Brasil e chega a 84% da população em 2023, diz pesquisa*. 2023. Disponível em: https://g1.globo.com/tecnologia/noticia/2023/11/16/acesso-a-internet-cresce-no-brasil-e-chega-a-84percent-da-populacao-em-2023-diz-pesquisa.ghtml. Acesso em: 20 jun. 2024.

UNITED NATIONS. *Paris Agreement*. 2015. Disponível em: https://unfccc.int/sites/default/files/english_paris_agreement.pdf. Acesso em: 26 jun. 2024.

Informação bibliográfica deste livro, conforme a NBR 6023:2018 da Associação Brasileira de Normas Técnicas (ABNT):

RUARO, Regina Linden; FERREIRA, Bernardo. As práticas de ESG e a governança: o (re)pensar acerca da proteção de dados no Poder Público. *In*: PASQUALINI, Alexandre; CUNDA, Daniela Zago Gonçalves da; RAMOS, Rafael (coord.). *Direito, sustentabilidade e inovação*: estudos em homenagem ao professor Juarez Freitas. Belo Horizonte: Fórum, 2025. p. 593-605. ISBN 978-65-5518-957-5.

OS TRIBUNAIS DE CONTAS E O FOMENTO À INOVAÇÃO E EFICIÊNCIA NA GESTÃO PÚBLICA: O CASO DO PROGRAMA CIENTISTA CHEFE NO ESTADO DO CEARÁ

RHOLDEN BOTELHO DE QUEIROZ

RAIMIR HOLANDA FILHO

FRANCISCO ALEXANDRE CORREIA ARRUDA

1 Introdução

No contexto da história humana, questões legais tiveram substancial importância para o crescimento econômico. Diferentes estudiosos se debruçaram para tentar explicar o papel das inovações no desenvolvimento das nações. O modelo teórico de desenvolvimento econômico do Prêmio Nobel de economia Paul Romer,[1] por exemplo, considera a inovação como motor do desenvolvimento dos Estados modernos. Ao introduzir novas ideias e incentivos ao lucro econômico em seu modelo, pôde comprovar o ganho social obtido. Outro renomado economista, Joseph Schumpeter,[2] pioneiro neste tema, define a inovação como a criação de um novo produto, de um novo método de produção, abertura de um novo mercado ou nova fonte de matéria-prima.

Para Schumpeter, existem duas formas de inovação: a radical, em que há quebra de paradigmas, rupturas na solução dos problemas, como, por exemplo, a criação do telefone celular, que quebrou paradigmas na forma de comunicação antes feita por

---

[1] ROMER, Paul. M. Endogenous Technological Change. *The Journal of Political Economy*, 1990.
[2] SCHUMPETER, J. *The Theory of Economic Development*. Harvard University Press, Cambridge Massachusetts, 1934.

telefone fixo; outra é a inovação incremental, que representa melhoramentos em produtos/processos já existentes, como, por exemplo, alterações e funcionalidades diferentes feitas nos telefones móveis.

Entretanto, para que surjam inovações, é condição *sine qua non* a promoção do conhecimento científico. A produção desse conhecimento não fica exclusiva aos criadores, mas colabora para toda uma rede que se beneficia de suas ações e resultados e, dessa maneira, é um bem de grande importância para a sociedade e que pode ser objeto de ações dos governantes.

Sendo assim, a produção de conhecimento científico envolve não apenas benefícios para seus criadores, mas também externalidades positivas que muitas vezes são produzidas em quantidade inferior à demanda do mercado. Devido a essa característica positiva, os governos devem atuar para expandir e melhorar a oferta desses bens, garantindo que os benefícios sejam maximizados para a sociedade como um todo. Da mesma forma, quando há externalidades negativas produzidas em excesso nos mercados, cabe a intervenção regulatória do governo para sua redução. A tragédia dos comuns é um bom exemplo disso: em uma situação de recursos compartilhados sem rivalidade, podem surgir incentivos perversos à exploração descontrolada, levando à degradação do ambiente e à impossibilidade de produção futura.[3]

Alguns autores destacam a importância do Estado como indutor das inovações e das parcerias. Há, portanto, a necessidade de se fazerem políticas de Estado que transcendam governos. Nesse sentido, torna-se evidente a importância dos Tribunais de Contas para a manutenção desse modelo e para a promoção da inovação nos Estados, uma vez que, dentro de seu plexo de atribuições, está a de avaliar as políticas públicas sob os mais variados aspectos. No presente estudo, será abordado um caso em que a atuação consistente do Tribunal de Contas do Estado do Ceará teve o condão de fortalecer políticas públicas de ciência, tecnologia e inovação e como, em um verdadeiro círculo virtuoso, esse incremento rendeu frutos inovadores para a própria atividade do Tribunal, a qual, por sua vez, contribui para o aprimoramento da gestão pública como um todo.

2 Arcabouço legal e institucional de inovação no Estado do Ceará

O Estado do Ceará possui, atualmente, um ambiente propício para a promoção da inovação, pesquisa científica e tecnológica, conforme estabelecido em sua Constituição e em diversas leis complementares. Esse contexto regulatório favorece o desenvolvimento de iniciativas voltadas para o avanço tecnológico e a produção de conhecimento, contribuindo para o crescimento e a diversificação da economia cearense. A Constituição do Estado, em seu artigo 253, estabelece que o Estado deve promover o desenvolvimento científico e tecnológico, incentivando a pesquisa básica e aplicada, a autonomia tecnológica e a difusão do conhecimento, visando ao bem-estar da população e ao progresso das ciências. Essa política deve estar em consonância com valores éticos, preservar o meio ambiente e valorizar as universidades e instituições de pesquisa como agentes primordiais nesse processo. Ainda, de acordo com os artigos 254 e 255, o Estado tam-

---

[3] HARDIN, G. *The Tragedy of the Commons*. American Association for the Advancement of Science, 1968.

bém possui competência para estabelecer uma política de desenvolvimento científico e tecnológico alinhada com as políticas regionais e nacionais. Essa política deve priorizar a pesquisa básica e aplicada para solucionar problemas regionais e fortalecer o sistema produtivo. Além disso, o Estado deve apoiar a formação de recursos humanos nessas áreas e oferecer condições especiais de trabalho aos profissionais envolvidos, incluindo a criação da carreira de pesquisador.

Para isso, foi criado o Conselho Estadual de Ciência, Tecnologia e Inovação (CECT&I) pela Lei nº 14.016/2007, que tem papel fundamental nesse cenário. Suas atribuições incluem estabelecer diretrizes para a formulação da Política Estadual de Ciência, Tecnologia e Inovação, avaliar o Plano Estadual nessa área, participar na elaboração do orçamento e manifestar-se sobre propostas relevantes para o desenvolvimento do Estado. Outra legislação importante é a Lei nº 14.220/2008, que dispõe sobre incentivos à inovação, pesquisa científica e tecnológica no Estado do Ceará. Essa lei busca introduzir a inovação no ambiente produtivo e nas políticas públicas, visando ao desenvolvimento social e econômico, conforme previsto na Constituição Estadual.

Ademais, institui o Sistema Cearense de Inovação (SCI), com o objetivo de incentivar o desenvolvimento sustentável do Estado, estimulando projetos e programas de inovação articulados entre o setor público e privado. Esse sistema engloba o Conselho Estadual de Ciência, Tecnologia e Inovação — CECTI, instituições de pesquisa, agências de fomento, empresas e órgãos da administração pública, visando à cooperação e ao desenvolvimento de produtos, processos e serviços inovadores. Ainda, estabelece o estímulo à participação das instituições científicas e tecnológicas (ICTs) do Estado no processo de inovação, prevendo que essas instituições podem compartilhar seus recursos com empresas privadas para o desenvolvimento de atividades de pesquisa, desde que não interfira em sua atividade principal.

Diante dos avanços tecnológicos das últimas décadas, que levaram o setor público nacional a aumentar consideravelmente os investimentos em tecnologia, ciência e inovação, surge como exemplo desse fenômeno financeiro-orçamentário a iniciativa do Estado do Ceará, que, nos primórdios da nova ordem inaugurada pela Constituição de 1988, concedeu envergadura constitucional às receitas públicas destinadas a fomentar esses importantes meios de conhecimento e desenvolvimento social. Com efeito, previu a Constituição Estadual de 1989, no art. 258, *caput*:

> Art. 258. O Estado do Ceará manterá uma fundação de amparo à pesquisa, para o fomento das atividades de pesquisa científica e tecnológica, atribuindo-lhe dotação mínima correspondente a dois por cento da receita tributária como renda de sua administração privada.

Estavam lançadas, então, as bases jurídica e financeira para a implantação do marco legal da tecnologia, da ciência e da inovação na terra alencarina. Contudo, apesar de vigente, a norma constitucional permaneceu alguns anos sem eficácia plena, em razão do descumprimento de sua segunda parte, por meio da qual se reservara à pesquisa científica e tecnológica determinado percentual da receita tributária estadual.

Diante dessa recalcitrância, de 2003 a 2017, por ocasião da emissão dos pareceres prévios sobre as prestações de contas do Governador, o Tribunal de Contas do Estado do Ceará (TCE/CE) apontou, recorrentemente, o não atendimento do dispositivo constitucional como falha a ser corrigida na elaboração e execução orçamentária do Estado.

A persistência da Corte de Contas deu resultado e, em 2018, o Poder Executivo deu início à implementação paulatina do mandamento da Constituição do Estado até então ineficaz. A partir daquele ano, a Fundação Cearense de Apoio ao Desenvolvimento Científico e Tecnológico – FUNCAP passou a contar com mais recursos em seu orçamento, o que lhe permitiu criar novos projetos, entre os quais, o *Programa Cientista-Chefe*, instituído pela Lei nº 17.378, de 4 de janeiro de 2021.

Neste contexto, o gráfico seguinte mostra a evolução da disposição dos recursos destinados à FUNCAP de acordo com a Lei Orçamentária Anual do Estado (LOA) e o Sistema Integrado de Planejamento e Administração Financeira do Estado do Ceará (Siafe-CE). Apresenta o orçamento disponibilizado à FUNCAP de 2015 a 2023 e evidencia as dotações nesse período. Apesar do aumento significativo em 2019, percebe-se que durante o período pandêmico (2020-2021) ocorreu uma redução dos aportes, com uma retomada a partir de 2022.

Observa-se ainda que, a partir de 2019, um ano após o Poder Executivo dar início à implementação do plano, a diferença entre a dotação inicial e final começou a diminuir, indicando um menor contingenciamento dos recursos. Isso mostra um esforço contínuo para cumprir o percentual estabelecido pela Constituição, embora os valores efetivamente empenhados ainda não tenham atingido o ideal de 2% da receita tributária.

GRÁFICO 1 – ORÇAMENTO FUNCAP DE 2015 A 2023

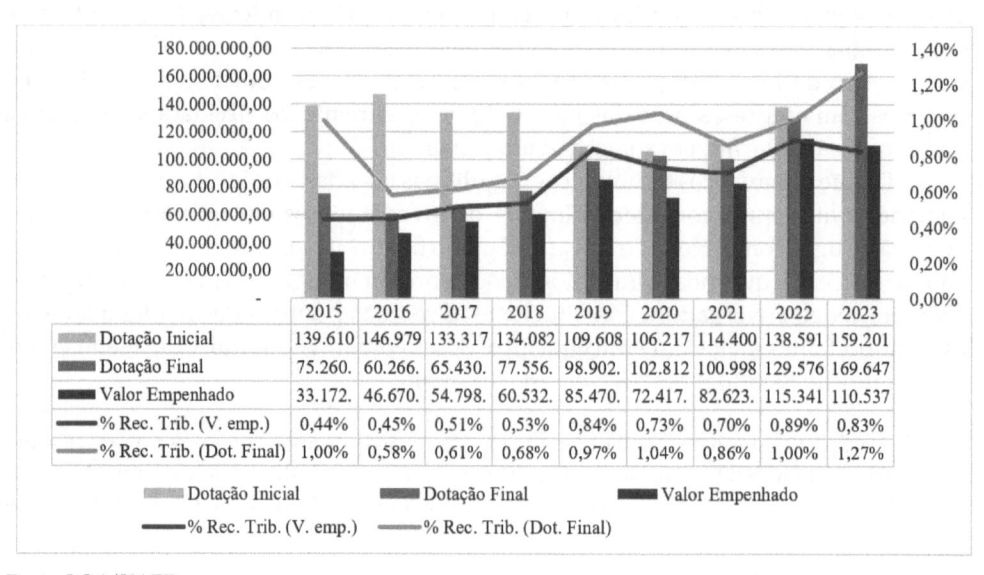

	2015	2016	2017	2018	2019	2020	2021	2022	2023
Dotação Inicial	139.610	146.979	133.317	134.082	109.608	106.217	114.400	138.591	159.201
Dotação Final	75.260.	60.266.	65.430.	77.556.	98.902.	102.812	100.998	129.576	169.647
Valor Empenhado	33.172.	46.670.	54.798.	60.532.	85.470.	72.417.	82.623.	115.341	110.537
% Rec. Trib. (V. emp.)	0,44%	0,45%	0,51%	0,53%	0,84%	0,73%	0,70%	0,89%	0,83%
% Rec. Trib. (Dot. Final)	1,00%	0,58%	0,61%	0,68%	0,97%	1,04%	0,86%	1,00%	1,27%

Fonte: LOA/SIAFE

TABELA 1: DOTAÇÕES FUNCAP DE 2015 A 2023

Ano	Previsão Receita Tributária Líquida	Dotação Inicial	Dotação Final	Receita tributária líquida	Valor Empenhado	Receita Líquida (valor empenhado) %	Receita Líquida (dotação final) %
2015	12.067.607.000,00	139.610.573,00	75.260.297,12	7.544.387.202,00	33.172.480,00	0,44%	1,00%
2016	11.284.839.000,00	146.979.614,00	60.266.962,00	10.458.890.270,27	46.670.150,52	0,45%	0,58%
2017	10.781.079.985,11	133.317.654,00	65.430.810,43	10.722.254.138,28	54.798.103,13	0,51%	0,61%
2018	11.315.801.951,81	134.082.244,00	77.556.261,01	11.421.978.581,00	60.532.277,98	0,53%	0,68%
2019	10.432.297.903,24	109.608.837,16	98.902.407,91	10.177.207.983,05	85.470.660,89	0,84%	0,97%
2020	9.045.670.540,00	106.217.762,00	102.812.290,52	9.880.623.977,65	72.417.161,51	0,73%	1,04%
2021	10.313.985.806,00	114.400.656,00	100.998.457,00	11.764.184.201,73	82.623.854,30	0,70%	0,86%
2022	10.475.133.198,00	138.591.245,00	129.576.683,60	12.933.086.980,94	115.341.834,24	0,89%	1,00%
2023	13.156.070.775,00	159.201.151,00	169.647.651,90	13.396.565.978,33	110.537.770,77	0,83%	1,27%

Fonte: LOA/SIAFE

Nota-se que houve um aumento significativo das dotações finais, que evoluíram 87% no período (2015-2023), uma tentativa de se alcançar o valor preconizado pelo art. 258 da Constituição do Estado do Ceará, que estabelece uma dotação mínima de 2% da receita tributária. Entretanto, verifica-se que o valor empenhado evoluiu 56,6% no mesmo período.

Contudo, em 2023 houve uma alteração significativa no art. 258, por meio da Emenda Constitucional nº 122, de 22 de junho de 2023. A nova redação do artigo ficou assim redigida:

> Art. 258. O Estado manterá uma fundação de amparo à pesquisa para o fomento das atividades de pesquisa científica e tecnológica, atribuindo-lhe a dotação mínima correspondente a 2% (dois por cento) da receita tributária.
> §1º A dotação prevista neste artigo será calculada sobre a renda obtida por meio de impostos e transferências em duodécimos, mediante a aprovação, pelo órgão central de planejamento e gestão do Estado, de projetos ou ações a serem executados com os recursos transferidos.
> §2º Caso a Funcap não execute a dotação mínima prevista no caput deste artigo, serão considerados, para sua implementação, os gastos com a função 'Ciência e Tecnologia' do Orçamento Geral do Estado.

Dessa forma, como destacado no §2º, caso a entidade não execute a dotação mínima, ou seja, caso o percentual do valor empenhado não cumpra o *caput* deste artigo, podem ser considerados gastos com a função Ciência e Tecnologia. Em 2023, na função Ciência e Tecnologia, o valor empenhado foi da ordem de R$ 192.276.778,27, equivalente a 1,44% da receita tributária líquida, ainda não atingindo os 2% exigidos pela Constituição.

Essas alterações na Constituição podem ter um impacto significativo nas contas da FUNCAP e prejudicar todo o aparato institucional e a inovação no Estado. Ao permitir que os gastos com a função 'Ciência e Tecnologia' do Orçamento Geral do Estado sejam considerados para o cumprimento da dotação mínima, há o risco de diluição dos recursos destinados especificamente à entidade. Em vez de um financiamento direto e exclusivo de 2% da receita tributária para a FUNCAP, os recursos podem ser dispersos entre diversos entes e projetos dentro da função 'Ciência e Tecnologia'.

Diante de todas as colocações, é evidente que o aparato regulatório, em consonância com as diferentes forças institucionais, cria um ambiente favorável para o surgimento de inovações no Estado. Esse ambiente inovativo é fomentado por boas práticas institucionais. Dessa maneira, Douglass North,[4] Prêmio Nobel de Economia em 1993, define as instituições como as regras do jogo em uma sociedade ou, mais formalmente, as restrições criadas pelo homem que moldam a interação humana. Diversos estudos encontraram diferenças substanciais em medidas de instituições econômicas e correlação significativa com vários indicadores de desempenho econômico.[5]

Acemoglu e Robson[6] argumentam que o principal determinante das diferenças na prosperidade entre os Estados são as diferenças nas instituições econômicas. Para esses autores, as instituições são a causa fundamental das disparidades de crescimento e desenvolvimento econômico entre países. As principais divergências na renda per capita entre países estão relacionadas às variações nas instituições econômicas. Essas diferenças institucionais, por sua vez, refletem escolhas políticas coletivas e diferentes distribuições de poder político. Portanto, a abordagem institucional oferece a promessa de que, mantendo um ambiente institucional e inovador, pode-se efetivamente planejar intervenções que tornem as sociedades mais prósperas.

Nesse contexto, o TCE/CE se apresenta como um ente crucial nesse processo. Ao continuar fazendo recomendações e monitorando atentamente a alocação de recursos e o cumprimento das normas constitucionais, assegura que as boas práticas institucionais sejam mantidas e fortalecidas. Sua atuação vigilante é essencial para preservar a capacidade de inovação e o desenvolvimento científico e tecnológico do Ceará.

3 Programa Cientista Chefe

Proporcionado pelo ambiente favorável, no cumprimento do exercício legal das diferentes frentes do Estado do Ceará, como as demandas das Secretarias de Estado, a competência científica instalada principalmente nas universidades, a colaboração do governo do Estado disponibilizando os recursos necessários por meio da FUNCAP e, principalmente, pela atuação fundamental do Tribunal de Contas do Estado nas suas atribuições de controlador externo, emerge o *Programa Cientista Chefe*.

Iniciado em fevereiro de 2018 o programa une o meio acadêmico e a gestão pública para promover a inovação. Por meio dele, equipes de pesquisadores colaboram com a Administração Pública para identificar soluções de ciência, tecnologia e inovação que podem ser implantadas a fim de melhorar os serviços públicos e, desta forma, dar mais

---

[4] NORTH, Douglass C. Institutions. *Journal of Economic Perspectives*, American Economic Association, 1991.
[5] KNACK, S.; KEEFER, P. Institutions and economic performance: Cross-country tests using alternative institutional measures, 1995; MAURO P., Corruption and Growth, *The Quarterly Journal of Economics*, 1995; DJANKOV S.; LA PORTA R.; LOPES-DE-SILANES F.; SHLEIFER A. The Regulation of Entry, *The Quarterly Journal of Economics*, 2002.
[6] ACEMOGLU, D.; ROBINSON, J. A. *Why Nations Fail*: The Origins of Power, Prosperity, and Poverty. Crown Business, 2012.

qualidade de vida à população. Os projetos e as equipes de pesquisadores são definidos a partir das demandas de órgãos do Governo do Estado. Cada equipe é coordenada por um cientista-chefe cuja escolha ou indicação segue critérios como produção científica, formação e ligação com núcleos de pesquisa de alto nível de instituições cearenses.[7]

O aumento do orçamento teve um impacto significativamente positivo no avanço científico e tecnológico do Ceará, refletido no desenvolvimento de pesquisas que tinham como propósito os problemas da gestão pública, maiores investimentos em bolsas de estudo, realização de eventos científicos e melhoria da infraestrutura de pesquisa. Essas iniciativas contribuíram diretamente para o aumento da produção científica do Estado, para a formação de novos talentos e atração de investimentos para o setor. Consequentemente, os recursos direcionados à pesquisa estreitaram a conexão entre a ciência e as necessidades da sociedade, promovendo um ambiente mais propício ao desenvolvimento tecnológico e à inovação.

Embora seja um programa de inovação pública, ele foi estruturado com base em princípios da inovação empresarial, como maior autonomia na gestão das equipes e adoção de metodologias centradas na validação de produtos, o que favorece a obtenção de resultados mais eficazes. Além disso, um requisito crucial é que a área científica em que o pesquisador atua esteja alinhada com as atividades do órgão estadual beneficiado pelo programa. Essa abordagem visa garantir uma sinergia entre a pesquisa científica e as necessidades práticas do setor público, potencializando os impactos positivos da inovação no desenvolvimento do estado.

Com isso, destacam-se quatro fatores principais que atraem os pesquisadores: em primeiro lugar, a demanda por soluções para problemas reais e locais, em contraposição a soluções abstratas; em seguida, a oportunidade de trabalhar com dados concretos; o acesso facilitado aos dados disponíveis no aparato governamental; e, por fim, a facilidade de colaborar na definição de estratégias para obter novos dados, o que contribui significativamente para a qualidade da pesquisa. Isso representa um jogo cooperativo do tipo ganha-ganha, beneficiando a todos os envolvidos com posições mais vantajosas.[8]

É verdade que existe uma desconexão entre os objetivos sociais e políticos e o meio científico acadêmico no país. Isso resulta em grande parte da pesquisa produzida permanecendo desconhecida pela sociedade e sem trazer benefícios práticos e visíveis para ela. O *Programa Cientista Chefe* surge como uma solução para essa lacuna, buscando aproximar a academia da sociedade por meio de parcerias com órgãos públicos do Estado. Dessa forma, a pesquisa se torna mais aplicada e relevante, contribuindo diretamente para a resolução de problemas reais e para o progresso social e econômico do Estado.

Esse contexto de cooperação entre diversos órgãos e instituições cearenses facilita o desenvolvimento de projetos que ocorrem de forma simultânea dentro das universidades e nos órgãos governamentais. Isso possibilita aos pesquisadores trabalharem diretamente no ambiente acadêmico sem a necessidade de se afastarem, enquanto ainda são remunerados pelas atividades dos projetos. Essa sinergia entre academia e órgãos governamentais não só promove a pesquisa aplicada, mas também fortalece o ecossiste-

---

[7] PEQUENO, Tarcisio; SOARES, Jorge (ed.). *Programa Cientista Chefe*: A experiência da inovação pública para o desenvolvimento do Estado do Ceará. Fortaleza, 2024.
[8] FIANI, R. *Teoria dos jogos*. Rio de Janeiro: Elsevier, 2004.

ma de inovação. Demonstrando uma clara evolução nesse sentido, Mankiw[9] argumenta que os indivíduos enfrentam *trade-offs* em suas escolhas, ou seja, estão constantemente avaliando os benefícios e os custos de suas ações, agindo conforme os incentivos que recebem. Nesse contexto, garantir que os cientistas não precisem sair de seu ambiente acadêmico e sejam remunerados por suas atividades nos projetos proporciona um maior engajamento por parte dos integrantes das equipes. Isso ocorre porque, ao receberem incentivos financeiros e continuarem no ambiente de pesquisa que já conhecem, os cientistas são motivados a dedicarem-se com mais afinco aos projetos, contribuindo assim para um melhor desempenho e resultados mais significativos.

Portanto, trata-se de uma inovação pública em que o cliente é a administração pública atuando em diversas áreas em busca de melhorias para a sociedade e com uma abordagem fortemente embasada em aspectos científicos, mas também regida pelos princípios e normas legais associados à inovação empresarial. Isso representa uma mudança de paradigma na relação entre a universidade e o poder público, resultando em um avanço significativo no papel desempenhado pela FUNCAP no ecossistema de ciência, tecnologia e inovação (CT&I) do Ceará.

Essa reorientação das ações da FUNCAP em direção à relação entre pesquisa científica e administração pública contribui para uma estrutura mais eficiente desse ecossistema. Além disso, serve de inspiração para outros Estados no Brasil e até mesmo para instituições internacionais, demonstrando um modelo bem-sucedido de colaboração entre academia e setor público em prol do desenvolvimento científico e tecnológico com impacto direto na sociedade.

Através da ciência e da inovação, a FUNCAP ampliou suas relações com outros órgãos do governo, abrindo novas oportunidades para o desenvolvimento de projetos que ofereçam soluções para os problemas relevantes da sociedade. Isso demonstra o compromisso do Estado em impulsionar o desenvolvimento socioeconômico por meio da pesquisa científica e da aplicação prática dos resultados obtidos, contribuindo assim para o progresso e o bem-estar da população.

4 Projetos de inovação

Em um movimento institucional do TCE-CE, por meio de reiteradas recomendações nos pareceres das Contas do Governador, para que se cumprisse o dispositivo constitucional que estabelece um percentual da receita tributária para a FUNCAP, permitiu-se a criação de um ciclo virtuoso, onde o próprio TCE-CE passou a ser beneficiário. A partir da implementação do *Programa Cientista Chefe* no TCE-CE alguns projetos vêm sendo desenvolvidos para o enfrentamento de problemas complexos do Tribunal. Este programa representa, portanto, uma iniciativa colaborativa entre a corte e a academia, com o objetivo de desenvolver soluções para os problemas pertinentes do Estado sob a perspectiva do Tribunal. A interação entre a academia e a estrutura pública, envolvendo os cientistas, evidencia um compromisso real com a produção científica para enfrentar os desafios da sociedade de forma efetiva e inovadora. Essa seção apresenta um resumo dos projetos vinculados ao TCE/CE.

---

[9] MANKIW, G. *Introdução à economia*. 6. ed. São Paulo: Cengage Learning, 2013.

4.1 Combate e prevenção de riscos e fraudes no setor público

O TCE/CE desempenha um papel crucial no julgamento das contas de administradores públicos e responsáveis por recursos públicos, além de investigar irregularidades que causem prejuízos ao erário estadual ou municipal no Ceará. A complexidade dessa atividade exige conhecimentos multidisciplinares e envolve um grande volume de dados, tornando-a dispendiosa. Este projeto, portanto, visou aprimorar os mecanismos de combate e prevenção de riscos e fraudes no TCE/CE, desenvolvendo novas ferramentas e sistematizando processos por meio de técnicas estatísticas descritivas, preditivas e de análise de redes sociais, incluindo o uso de inteligência artificial.

Em seu último ano, o projeto teve como foco as "Transferências Voluntárias". Estes são recursos financeiros repassados por um ente federado para outro ou para entidades privadas sem fins lucrativos, em decorrência da celebração de instrumento próprio, para a realização de obras e/ou serviços de interesse comum e que não se origine de determinação constitucional ou legal ou destine-se ao Sistema Único de Saúde (SUS). Como, na maioria dos casos, o repasse dos recursos acontece antes da execução do objeto, tal instrumento proporciona o surgimento de possíveis evidências de fraudes e aumenta as probabilidades de que os recursos não sejam destinados corretamente.

No TCE/CE, o processo de fiscalização da execução das parcerias que envolvem transferências voluntárias vem passando por um intenso processo de automação. É importante ressaltar que o TCE/CE tem obrigação constitucional e legal de fiscalizar qualquer transação que envolva recursos oriundos dos cofres públicos do Estado e dos 184 municípios cearenses. Ocorre que a Corte possui um efetivo de servidores aptos a realizar fiscalizações que é insuficiente para de fato realizar todas as transferências voluntárias feitas pelo Estado. Acrescenta-se a este quadro a questão da economicidade com um fator a ser considerado em qualquer atividade de controle: o custo para a realização das atividades de controle deve ser menor que os ganhos em potencial dessas mesmas atividades.

Diante do cenário apresentado, restou evidente a necessidade de racionalizar a utilização dos recursos do TCE-CE para a realização de fiscalizações das transferências voluntárias, *otimizando-se a escolha dos objetos a serem fiscalizados*, dada a impossibilidade de verificar todos os instrumentos, além de tal prática ser claramente antieconômica. Ademais, uma atuação concomitante e preventiva evitaria o surgimento da maior parte das tomadas de contas especiais, processo que caracteriza o fracasso da política pública que se tentou implementar com a transferência voluntária.

Nesse processo de escolha dos objetos a serem auditados, foram aplicados métodos MCDA (Multi-Criteria Decision Analysis). Os métodos MCDA buscam reduzir a parcela de subjetividade do processo decisório de um problema multicritério, não representando uma "decisão ótima" ou "decisão ideal", mas sim decisões que melhor atendem ao perfil do analista ou gestor a partir da escolha de um método, da elaboração de um conjunto de critérios e dos pesos a estes atribuídos.[10] Podem ser usados para resolver três tipos de problemas: escolha, priorização e classificação.[11] O resultado de

---

[10] DAUGAVIETIS, Janis Edmunds et al. A comparison of multi-criteria decision analysis methods for sustainability assessment of district heating systems. *Energies*, v. 15, n. 7, p. 2411, 2022.

[11] ZOPOUNIDIS, Constantin; DOUMPOS, Michael. Multicriteria classification and sorting methods: A literature review. *European Journal of Operational Research*, v. 138, n. 2, p. 229-246, 2002.

sua aplicação é a seleção de um subconjunto de alternativas mais adequadas a partir de um conjunto de alternativas candidatas, dados os vários níveis de incertezas.[12]

A aplicação deste método resolveu o problema de ordenação dos convênios em função do risco de fraude. Para tanto, foram analisados 1.200 convênios ativos por meio da aplicação dos métodos TOPSIS e VIKOR, tendo sido aplicados os critérios descritos no quadro 1.

QUADRO 1: CRITÉRIOS E SUBCRITÉRIOS ELABORADOS
PARA A APLICAÇÃO DOS MÉTODOS MCDA

Critério	Subcritério	Descrição
Convênio	SC3	Empresas que recebem de forma integral, em apenas uma OBT, o valor do recurso do convênio
	SC4	Fornecedor parceiro que recebeu sozinho, em um único convênio estadual, percentual maior ou igual a 50% dos recursos
	SC7	Somatório das OBTs menor que o valor total do recurso do convênio
	SC9	Valor atualizado total de inadimplência do convênio
	SC13	Período (em dias) de ausência de OBT após recebimento dos recursos pelo convenente
Convenente	SC1	Convenente inadimplente está com convênio vigente
	SC5	Somatório do histórico de reprovação da prestação de contas das entidades parceiras no e-Parcerias
	SC10	Quantidade de vezes que determinada entidade atuou como convenente
	SC11	Quantidade de reprovações ocorridas por convenente
	SC12	Convenente está em situação de irregularidade
	SC14	Convenente contrata fornecedor que tem como sócio dirigente do próprio convenente
Fornecedor	SC2	Entidades que atuaram como fornecedor parceiro no e-Parcerias com maior quantidade de convênios estaduais diferentes
	SC6	Fornecedor parceiro dos convênios estaduais possui algum sócio eleito em 2016 e/ou 2018
	SC8	Ex-parceiro/convenente inadimplente, recebendo repasse indevidamente como fornecedor parceiro

O resultado desse conjunto de estudos e iniciativas foi o lançamento do livro intitulado "Riscos e Fraudes no Setor Público: ensaios e estudos de casos para o Estado do Ceará". Esta obra, que já está na sua terceira edição, foi produzida pelo Núcleo de Pesquisa (Nupesq) do TCE/CE e inclui uma série de estudos de caso focados no Estado do Ceará.

---

[12] OPABOLA, Eyitayo A.; GALASSO, Carmine. Multicriteria decision making for selecting an optimal survey approach for large building portfolios. *International Journal of Disaster Risk Reduction*, v. 76, 102985, 15 jun. 2022.

4.2 Inovação na infraestrutura viária do Ceará

O projeto de inovação na infraestrutura viária do Ceará é uma iniciativa colaborativa que busca reunir conhecimentos do governo, da academia e do setor produtivo para enfrentar desafios históricos na área de pavimentação e infraestrutura rodoviária do Estado. Com o apoio da Secretaria de Obras Públicas e TCE/CE, o projeto visa trazer avanços significativos por meio da ciência e da inovação. Destacam-se a realização de laudos estruturais de rodovias, a criação de programas computacionais para análise de pavimentos e um *software* para detecção automática de defeitos, utilizando inteligência artificial baseada em Redes Neurais Convolucionais (RNCs). Essas entregas representam um salto qualitativo no monitoramento e na gestão das estradas cearenses.

O grupo de trabalho contribuiu, ainda, para a produção de normas adotadas pelo Departamento Nacional de Infraestrutura de Transportes (DNIT), além de desenvolver ferramentas digitais avançadas para a avaliação de pavimentos, proporcionando uma visão mais clara e objetiva para as tomadas de decisão. Destacam-se também os subprojetos específicos: o primeiro concentra-se na implementação de atividades periciais em obras rodoviárias, visando um controle de qualidade mais eficiente. Já o segundo subprojeto trabalha no desenvolvimento e implementação de tecnologias para qualidade das rodovias do Estado do Ceará, com vistas à transparência no serviço público e à eficiência governamental. Esses avanços não só melhoram a infraestrutura viária, mas também impulsionam o desenvolvimento tecnológico e a eficiência na gestão pública, colocando o Ceará em destaque como referência em inovação na área.

4.2.1 Tecnologia para implementação de atividades de perícia em obras rodoviárias do Ceará visando controle de qualidade

Este subprojeto é composto pela equipe de professores e pesquisadores do Instituto Federal de Educação, Ciência e Tecnologia do Ceará (IFCE) e do Centro de Tecnologia em Asfalto da Universidade Federal do Ceará (CT-Asfalto/UFC), com apoio e acompanhamento dos analistas de controle externo da Diretoria de Fiscalização de Obras, Serviços de Engenharia e Meio Ambiente do TCE/CE.

Os investimentos em obras públicas rodoviárias envolvem elevado volume de recursos do Estado. Para inspecionar obras públicas estaduais, é essencial que o órgão de controle externo esteja devidamente atualizado com relação ao conhecimento técnico acerca do objeto a ser auditado. Nesse sentido, o presente subprojeto foi elaborado com base em uma cooperação técnica entre o TCE-CE e a FUNCAP, por meio do seu *Programa Cientista Chefe*, visando um diagnóstico seguro em termos da qualidade dos materiais e/ou serviços, indicando o nível de comprometimento da funcionalidade, segurança e tempo de vida do pavimento. Isso deve auxiliar no curto prazo o TCE-CE na tarefa de fiscalizar os pavimentos cearenses, contribuindo com tecnologia para análise de projeto, indicação de erros que levem ao aumento de custos ou mesmo soluções inviáveis. Adiante tem-se na figura 1 uma imagem representativa da ação conjunta dessas tarefas.

Dessa forma, são extraídos corpos de prova para análise do revestimento asfáltico com relatórios gerados a partir de ensaios feitos em laboratório, os resultados são encaminhados à equipe da Diretoria de Fiscalização de Obras, Serviços de Engenharia e

Meio Ambiente do TCE-CE. Ainda, com o intuito de avaliar estruturalmente as camadas dos pavimentos de forma não destrutiva, são realizados levantamentos deflectométricos com um aparelho chamado FWD (*Falling Weight Deflectometer*), conforme pode-se visualizar na figura 2. Ele funciona deixando cair uma carga em uma placa circular de 30 cm de diâmetro. Mesmo que o pavimento tenha uma parte viscoelástica (que se deforma e depois volta ao normal), como essa deformação é pequena, consideramos que é completamente reversível. O equipamento tem 7 geofones para medir a velocidade da deflexão e, somando esses dados, podemos saber a própria deflexão causada pela carga. Além disso, sensores no pavimento coletam informações sobre a temperatura do ar e da superfície durante o teste. Posteriormente é feita retroanálise através de métodos matemáticos usados para encontrar as propriedades das camadas de pavimento a partir das deflexões medidas nos testes de campo. É um procedimento usado para estimar as propriedades de rigidez das camadas do pavimento asfáltico por meio de testes não destrutivos.

Figura 1: Avaliação e perícia feita presencialmente pelos pesquisadores do projeto e técnicos do TCE-CE

Fonte: Tribunal de Contas do Estado do Ceará

Em suma esses levantamentos de campo com uso do FWD visam avaliar a deformabilidade da estrutura e inferir se a rigidez das camadas é adequada em função dos critérios de projeto e/ou da variação de comportamento ao longo do tempo. Dessa forma, o último relatório do projeto apresentou os levantamentos deflectométricos efetuados durante a construção do pavimento para a rodovia CE-155 (19.09.2022) e, após a construção, com a rodovia em serviço, para as rodovias CE-060, CE-350 e CE-417 (14 e 15/12/2022), CE-085 e CE-240 (16/08/2023), CE-155-2, CE-448 e CE-596 (16/11/2023).

O uso do FWD revelou problemas estruturais em quatro dos nove trechos avaliados, indicando inadequações mesmo para o tráfego leve em alguns casos. Para examinar o estado da superfície do pavimento e o seu conforto ao rolamento, considerou-se a avaliação funcional do pavimento obtendo-se o *Índice de Irregularidade Internacional (IRI)*.

Figura 2: Levantamento deflectométrico da rodovia CE-060

Fonte: Tribunal de Contas do Estado do Ceará

Dos nove trechos analisados, apenas cinco estão em conformidade com o método do DNER (Departamento Nacional de Estradas de Rodagem), sugerindo potencial de falha nos demais. Inconformidades nas misturas asfálticas e alta variabilidade nas características das obras foram identificadas, destacando a necessidade de controle de qualidade rigoroso.

4.2.2 Ferramentas de avaliação da qualidade de rodovias do estado do Ceará, com vistas à transparência no serviço público e à eficiência governamental

O sistema de avaliação da qualidade de pavimentos busca reduzir a necessidade de recursos como mão de obra e tempo requerido para executar as avaliações em pavimentos e em materiais empregados na sua construção. Para o estudo em pavimentos, foram desenvolvidos dois aplicativos: (i) um que é executado por *smartphone* e terá a função de captação de dados de imagens da rodovia, de acelerometria, de georreferenciamento (MIDR — Medidor de Irregularidades e Defeitos em Rodovias) conforme apresentado na Figura 3; e (ii) outro que processará os dados captados pelo *smartphone* em um servidor com o objetivo de desenvolver informações que descrevem o desempenho funcional da malha rodoviária avaliada pelo programa Horus (sistema de classificação e visualização de dados de defeitos em rodovias com utilização de inteligência artificial).

A contribuição esperada é de proporcionar uma ferramenta prática de avaliação de pavimentos rodoviários que auxilie órgãos públicos, como o TCE/CE, em suas atividades de fiscalização e investigação de obras públicas, estimulando a geração descentralizada de dados sobre as infraestruturas com maior transparência da ação governamental (a ferramenta é funcional em *smartphones*, podendo ser disponibilizada para uso por cidadãos), facilitando a escolha de projetos a serem auditados e gerando evidências de deterioração precoce e necessidade de auditoria de contratos públicos.

Figura 3: Imagem ilustrativa do aplicativo MIDR no *Smartphone*

Fonte: Tribunal de Contas do Estado do Ceará

Durante o desenvolvimento do aplicativo MIDR, uma série de funcionalidades foi gradualmente incorporada, em resposta às necessidades identificadas nos testes práticos. Essas adições resultaram em soluções específicas que melhoraram significativamente a usabilidade e eficácia do aplicativo.

O Horus conta com uma tecnologia de Detecção de Defeitos em Pavimentos utilizando Redes Neurais Convolucionais (Yolov4). Esse sistema foi desenvolvido para identificar trincas, remendos ou panelas em rodovias por meio de imagens. Com base em um amplo banco de dados, o algoritmo consegue não apenas detectar, mas também quantificar e classificar os defeitos encontrados. Um dos maiores desafios dessa parte do projeto é lidar com os falsos positivos, ou seja, capturas de imagens que se assemelham a defeitos no pavimento, mas que na verdade não são. Atualmente, cerca de 50% das imagens apresentam esse problema na versão do aplicativo em uso. Apesar disso, esse percentual é considerado tolerável para a aplicação proposta, que visa identificar áreas críticas para futuras ações de auditoria.

Apesar de alguns defeitos ainda não serem detectados pelo Horus, é essencial notar que, a nível de rede, essa precisão é suficiente para disparar inspeções mais detalhadas. Isso também permite descentralizar a geração dos dados sobre a qualidade das rodovias, facilitando o trabalho do TCE, desde que disponibilize aos cidadãos a ferramenta para geração de reclamações consubstanciadas pelo resultado da ferramenta, que funciona em segundo plano enquanto o *smartphone* estiver no suporte veicular fixado ao para-brisas do veículo. Na Figura 4, vê-se uma imagem gerada no aplicativo utilizando marcadores traçados a partir de um teste realizado na rodovia CE-417.

No futuro, espera-se que os dados obtidos com o aplicativo, que também incluem acelerometria, possam ser avaliados com a finalidade de observar a sua efetividade em medir a irregularidade longitudinal de forma coerente.

Figura 4: Exemplo de mapeamento com marcadores para CE 417
a partir do software Horus

Fonte: Tribunal de Contas do Estado do Ceará

Além dos marcadores, outra funcionalidade é o mapa de calor que mostra maior intensidade de defeitos em determinadas regiões. Cada marcador gera uma ocorrência de defeito e conforme tenha muitas ocorrências tende da cor verde para a cor vermelha, passando pelo amarelo como mostrado na Figura 5, onde podemos ver regiões verdes e amareladas na CE-417.

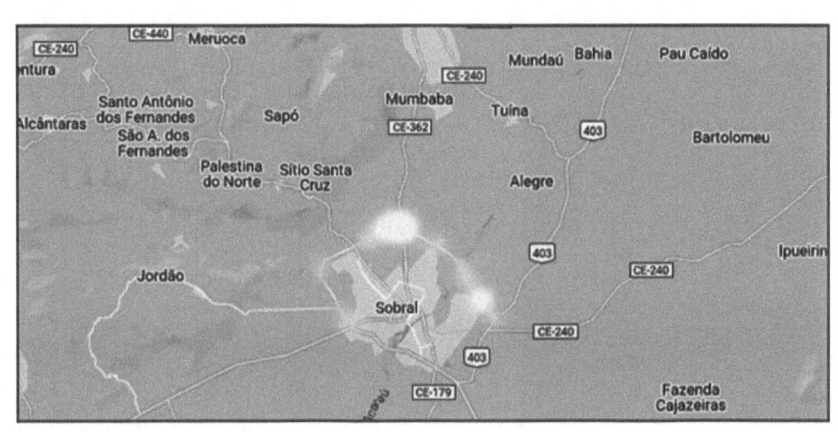

Figura 5: Exemplo de mapa de calor para a CE-417 a partir do *software* Horus

Fonte: Tribunal de Contas do Estado do Ceará

O uso desta ferramenta encontra-se em fase de operacionalização no TCE-CE. Para evitar custos adicionais, *smartphones* foram instalados nos carros do Tribunal que circulam pelas rodovias estaduais para coletar as imagens. O objetivo é que as informações coletadas e processadas sejam úteis para a área de fiscalização de obras públicas.

Os mapas de calor podem ser utilizados em combinação com a consideração do tempo de entrega das obras ou a vigência dos contratos de manutenção de determinada rodovia, com o objetivo de disparar gatilhos de inspeção mais detalhada, o que poderá ser iniciado com técnicas tradicionais.

Além das características mencionadas anteriormente, o aplicativo apresenta uma tabela de defeitos na qual resume a quantidade de defeitos encontrados em cada rodovia analisada, fornecendo a visualização e compreensão das condições das rodovias, auxiliando na tomada de decisões informadas e na priorização de ações corretivas necessárias.

As ferramentas citadas têm o potencial de apoiar o processo de auditoria de obras públicas, por meio da redução do espaço amostral de rodovias a serem avaliadas com o uso dos equipamentos de medição desenvolvidos. O MIDR e o Horus possuem a finalidade de observar e mostrar defeitos em pavimentos de forma automatizada e deve-se observar que o MIDR foi desenvolvido no espírito de que o TCE pudesse disponibilizar a ferramenta para uso do cidadão. Isso tem por um lado o potencial de publicizar ações de avaliações de defeitos obtidos de maneira verificável, ao passo que aproxima o cidadão das ações do TCE, descentralizando a geração de dados, mesmo sem que sejam gerados por pessoal técnico especializado e desde que haja suficiente quantidade.

4.3 Monitor fiscal

O Projeto Monitor Fiscal TCE/CE foi desenvolvido para aprimorar o papel institucional do Tribunal, permitindo uma atuação mais preventiva por meio da emissão de alertas pedagógicos. Além disso, visa auxiliar Estados e Municípios em seus planejamentos e execuções, por meio de *dashboards*, conforme apresentado nas Figuras 6 e 7, e ferramentas de gestão pública, não apenas para o Ceará, mas também para todo o país, em parceria com o Instituto Rui Barbosa (IRB), que tem comunicação com todos os Tribunais de Contas do Brasil.

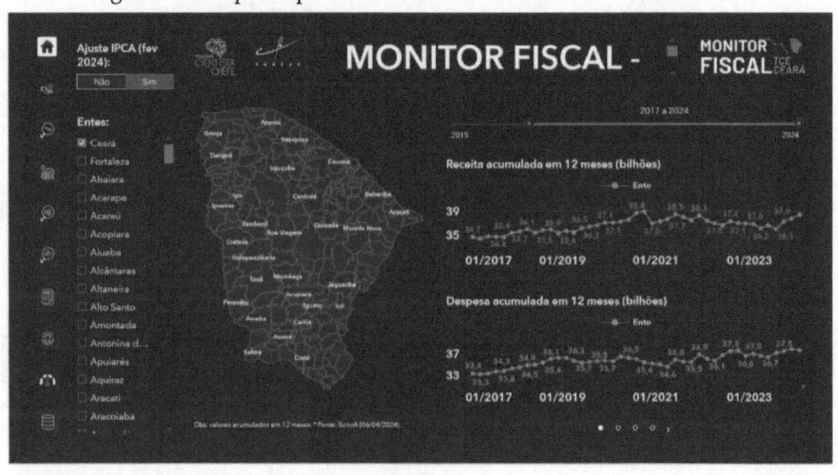

Figura 6: Tela principal do *dashboard* do Monitor Fiscal do Ceará

Fonte: Tribunal de Contas do Estado do Ceará

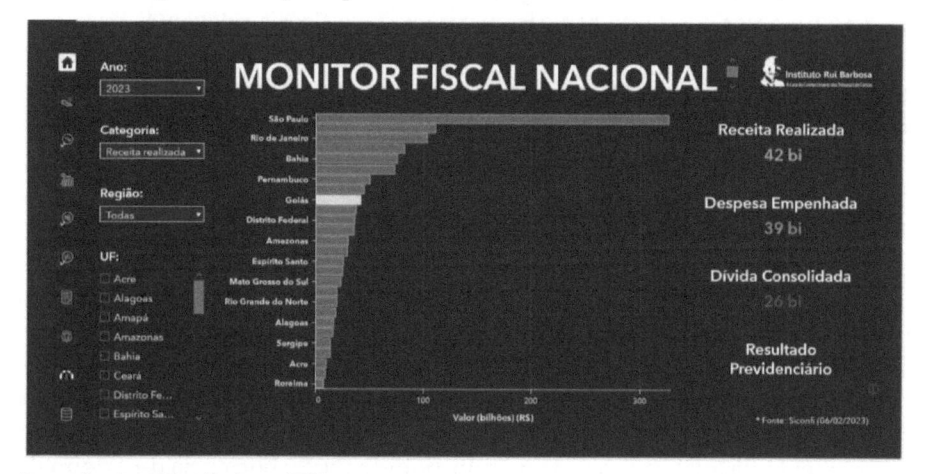

Figura 7: Tela principal do *dashboard* do Monitor Fiscal Nacional

Fonte: Instituto Rui Barbosa (IRB)

O projeto é uma iniciativa oriunda do TCE/CE, desenvolvido com a parceria da FUNCAP, por meio do *Programa Cientista Chefe,* que visa aprimorar os mecanismos e a capacidade de análise e projeção de dados das contas públicas estaduais e municipais já existentes nesta Corte de Contas, mediante a publicação de materiais escritos e visuais, o desenvolvimento de novas ferramentas de sistematização e a disponibilização de dados das contas públicas estaduais e municipais. A partir de técnicas de análise e integração de dados, em bases públicas e/ou custodiadas, utilizam-se modelos computacionais descritivos/preditivos para tentar antecipar possíveis deteriorações nas contas públicas estaduais e municipais, possibilitando ao TCE/CE emitir alertas pedagógicos aos seus jurisdicionados com maior frequência e antecedência.

Dessa forma, o Projeto colabora para aperfeiçoar o papel institucional do Tribunal de Contas, com maior respaldo para atuar preventivamente, auxiliando Estados e Municípios a detectarem possíveis inconsistências nos gastos públicos e sinalizações sobre o endividamento, especialmente quanto ao alcance dos limites fiscais e, assim, aprimorar a gestão das suas contas, em concomitância com as diretrizes da Lei de Responsabilidade Fiscal, resultando, por fim, na melhoria do controle macro fiscal e no reforço do controle preventivo das finanças públicas do Estado.

Cabe informar que bimestralmente são desenvolvidos os Boletins de Monitoramento MacroFiscal e, quadrimestralmente, os Relatórios de Monitoramento Fiscal. O projeto ainda desenvolve, como observado, *dashboards* com os principais dados fiscais do Estado e dos Municípios nas áreas de receita, despesa, dívida e previdência. No início de cada ano, o projeto desenvolve o Relatório de Retrospectiva do ano recém-encerrado, tendo como *benchmark* temporal a evolução do histórico dos últimos cinco anos e como *benchmark* transversal o comportamento dos demais 26 Governos Estaduais no último ano.

Desde 2021 apresenta relatórios bimestrais em que apresenta e analisa os números mais atuais das finanças públicas estaduais. As principais séries de receita, despesa, dívida e previdência são apresentadas e monitoradas, e suas respectivas variações são discutidas. Até a presente data apresenta 18 cartas de conjuntura macrofiscal que abrangem uma variedade de aspectos econômicos e fiscais relevantes para o Estado do Ceará e seu governo, desde o endividamento até o impacto de políticas e reformas na arrecadação e nos investimentos públicos e podem ser encontrados no site da corte de contas.

5 Novos projetos de inovação

Além dos projetos já em curso, novas iniciativas de inovação pública estão surgindo no Tribunal. Um desses projetos é o "Uso da Inteligência Artificial na transparência da gestão pública e na sistematização da análise das prestações de contas de gestão municipais". A inteligência artificial pode facilitar o acesso da sociedade às informações de gestão (receitas, despesas, licitações etc.) muitas vezes presentes nos portais de transparência, mas de difícil acesso. Outra contribuição deste projeto é no aprimoramento da análise das contas, contribuindo para a eficiência do Tribunal, além de identificar possíveis inconsistências nos processos. Para este projeto está previsto o desenvolvimento de modelos de IA generativa baseados em processamento de linguagem natural para a criação de uma plataforma interativa com o cidadão.

O Monitor Fiscal vem avançando e continua no desenvolvimento de produtos técnicos e científicos, com foco na escalabilidade e na adição de quatro novas ferramentas de gestão pública. Estas incluem o "TricIA", um assistente inteligente para análise de dados; o "Sismorec", que acompanha a receita fiscal e orçamentária; o "IPOF", índice de performance orçamentária e fiscal; e o "AudSel", um mecanismo de seleção de municípios para auditoria, visando melhorar a eficiência na alocação de recursos. A parceria com o Instituto Rui Barbosa e outros Tribunais de Contas busca disponibilizar essas ferramentas para governos estaduais em todo o país.

Além disso, está em andamento o projeto intitulado "Fortalecimento das Políticas Públicas para a Primeira Infância no Estado do Ceará", que visa fortalecer políticas públicas para crianças de zero a seis anos, garantindo seus direitos e avaliando o uso eficiente dos recursos públicos. Ações conjuntas estão sendo planejadas para integrar essas políticas em nível familiar e territorial, transformando o Tribunal de Contas em um agente não apenas fiscalizador, mas também indutor e integrador de políticas para a primeira infância. Todas essas iniciativas têm potencial para impactar positivamente a sociedade e a gestão pública do Estado, contribuindo para o alcance das metas de desenvolvimento sustentável e do plano plurianual do Estado do Ceará.

6 Considerações finais

A inovação é uma ferramenta crucial para impulsionar o desenvolvimento econômico dos Estados. O *Programa Cientista Chefe*, em conjunto com o TCE/CE, destaca-se como um elemento crucial nesse contexto, conectando o conhecimento científico à gestão pública e gerando soluções para problemas sociais nos quais a corte de contas pode intervir. A colaboração entre universidades e órgãos públicos fortalece o desenvolvimento científico e tecnológico do Ceará. Essa sinergia permite a aplicação de conhecimentos técnicos e científicos em áreas estratégicas, como o combate à fraude e à corrupção, a transparência fiscal, a melhoria da infraestrutura viária e o aprimoramento das políticas públicas para a primeira infância.

Essas iniciativas demonstram o compromisso do TCE/CE com a inovação e a busca por soluções eficazes para os desafios da gestão pública. A atuação do Tribunal como indutor e integrador de políticas públicas, além de sua função fiscalizadora tradicional, contribui para a construção de um Estado mais eficiente, transparente e justo. Os resultados obtidos até o momento comprovam o sucesso do programa, que se configura como um modelo exemplar de inovação pública a ser seguido por outros Estados e instituições. A experiência do Ceará demonstra que a união entre o conhecimento científico e a gestão pública pode gerar benefícios concretos para a sociedade, impulsionando o desenvolvimento social, econômico e tecnológico do país.

É fundamental ressaltar que o sucesso do *Programa Cientista Chefe* depende da manutenção de um ambiente institucional favorável à inovação. Isso inclui a garantia de recursos financeiros adequados, a autonomia das instituições de pesquisa e a colaboração entre diferentes setores da sociedade. Em suma, o *Programa Cientista Chefe* em conjunto com o TCE/CE representa um marco na história da gestão pública cearense, demonstrando o potencial da ciência e da tecnologia para solucionar problemas reais da sociedade e contribuir para o bem-estar da população. A experiência do Ceará serve de inspiração para outras instituições e governos que buscam aprimorar a gestão pública e construir um futuro mais próspero para todos.

Referências

ACEMOGLU, D.; ROBINSON, J. A. *Why Nations Fail*: The Origins of Power, Prosperity, and Poverty. Crown Business, 2012.

DAUGAVIETIS, Janis Edmunds *et al*. A comparison of multi-criteria decision analysis methods for sustainability assessment of district heating systems. *Energies*, v. 15, n. 7, p. 2411, 2022.

DJANKOV S.; LA PORTA R.; LOPES-DE-SILANES F.; SHLEIFER A. The Regulation of Entry. *The Quarterly Journal of Economics*, 2002.

FIANI, R. *Teoria dos Jogos*. Rio de Janeiro: Elsevier, 2004

HARDIN, G. The Tragedy of the Commons. American Association for the Advancement of Science, 1968.

KNACK, S.; KEEFER, P. *Institutions and economic performance*: Cross-country tests using alternative institutional measures, 1995;

MANKIW, G. *Introdução à economia*. 6. ed. São Paulo: Cengage Learning, 2013.

MAURO P. Corruption and Growth. *The Quarterly Journal of Economics*, 1995.

NORTH, Douglass C. Institutions. *Journal of Economic Perspectives, American Economic Association*, 1991.

OPABOLA, Eyitayo A.; GALASSO, Carmine. Multicriteria decision making for selecting an optimal survey approach for large building portfolios. *International Journal of Disaster Risk Reduction*, v. 76, 102985, 15 jun. 2022.

PEQUENO, Tarcisio; SOARES, Jorge (ed.). *Programa Cientista Chefe*: a experiência da inovação pública para o desenvolvimento do Estado do Ceará. Fortaleza, 2024.

ROMER, Paul. M. Endogenous Technological Change. *The Journal of Political Economy*, 1990.

SCHUMPETER, J. *The Theory of Economic Development*. Harvard University Press, Cambridge Massachusetts, 1934.

ZOPOUNIDIS, Constantin; DOUMPOS, Michael. Multicriteria classification and sorting methods: A literature review. *European Journal of Operational Research*, v. 138, n. 2, p. 229-246, 2002.

Informação bibliográfica deste livro, conforme a NBR 6023:2018 da Associação Brasileira de Normas Técnicas (ABNT):

QUEIROZ, Rholden Botelho de; HOLANDA FILHO, Raimir; ARRUDA, Francisco Alexandre Correia. Os Tribunais de Contas e o fomento à inovação e eficiência na gestão pública: o caso do Programa Cientista Chefe no Estado do Ceará. *In*: PASQUALINI, Alexandre; CUNDA, Daniela Zago Gonçalves da; RAMOS, Rafael (coord.). *Direito, sustentabilidade e inovação*: estudos em homenagem ao professor Juarez Freitas. Belo Horizonte: Fórum, 2025. p. 607-626. ISBN 978-65-5518-957-5.

INOVAÇÃO E SUSTENTABILIDADE NA ADMINISTRAÇÃO PÚBLICA: O PAPEL DOS TRIBUNAIS DE CONTAS NA NOVA LEI DE LICITAÇÕES E CONTRATOS ADMINISTRATIVOS

RICARDO SCHNEIDER RODRIGUES

1 Introdução

A par do papel do Estado como indutor do uso das novas tecnologias e da inovação, há uma preocupação cada vez maior com a sustentabilidade do desenvolvimento nacional, que é um dos objetivos fundamentais da República Federativa do Brasil (art. 3º, inc. II, CR), ao lado da erradicação da pobreza e da marginalização, e da redução das desigualdades sociais e regionais (art. 3º, inc. III, CR).

Eventos recentes demonstram a necessidade de o Poder Público assumir sua responsabilidade por assegurar o direito ao meio ambiente ecologicamente equilibrado, bem de uso comum do povo e essencial à sadia qualidade de vida. A Constituição da República de 1988 (CR) impôs ao Poder Público e à coletividade o dever de defendê-lo e preservá-lo para as presentes e futuras gerações (art. 225, *caput*, CR). Os casos de Brumadinho (MG), do Pinheiro (AL) e do Rio Grande do Sul corroboram a imprescindibilidade da atuação do Poder Público em defesa do desenvolvimento sustentável.[1]

---

[1] Os recentes desastres ambientais no Brasil, incluindo o rompimento da barragem em Brumadinho, o afundamento do solo em Maceió – no bairro do Pinheiro e em outros adjacentes – e as enchentes no Rio Grande do Sul, destacam a vulnerabilidade do país em face de eventos catastróficos e da omissão estatal como um fator agravante significativo. Em 25 de janeiro de 2019, o rompimento da barragem de rejeitos da Mina Córrego do Feijão, operada pela Vale, em Brumadinho, Minas Gerais, causou a morte de 270 pessoas e uma devastação

Em outros termos, alcançar o desenvolvimento por meio da inovação sustentável, aplicando as novas tecnologias de modo a assegurar o bem-estar de toda a sociedade, é um desafio que deve condicionar a atuação estatal integralmente, inclusive os órgãos de controle, responsáveis pela fiscalização da função administrativa, especialmente por uma atuação condizente com os postulados constitucionais. Com efeito, é preciso reconhecer que a avaliação da juridicidade dos atos administrativos é papel constitucionalmente atribuído aos Tribunais de Contas, vinculados aos mesmos parâmetros constitucionais que norteiam o agir estatal em geral.

Nesse contexto, este trabalho busca avaliar como a nova Lei de Licitações de Contratações Públicas (Lei nº 14.1333/2021 – NLLC) disciplinou o exercício do controle, em especial pelos Tribunais de Contas, e se esse novo regramento contribui para a inovação sustentável nas contratações públicas. A partir de pesquisa bibliográfica e documental, baseada em revisão narrativa, à luz do método dedutivo, será analisada, numa primeira etapa, a relação entre a inovação e o controle da Administração Pública, para em seguida incursionar no exame da sustentabilidade como parâmetro de fiscalização a ser seguido pelos Tribunais de Contas, com ênfase na proteção ao meio ambiente. Ao final, a nova Lei de Licitações e Contratos Administrativos será investigada com o propósito de identificar se suas disposições viabilizam o desempenho de uma atuação indutora do desenvolvimento inovador e sustentável por parte dos Tribunais de Contas.

2 A inovação e o controle da Administração Pública pelos Tribunais de Contas[2]

Conforme asseverado em outra oportunidade, o ordenamento jurídico contempla diversos mecanismos voltados ao incentivo da inovação pelo setor público.[3] A Emenda Constitucional (EC) nº 85, de 26 de fevereiro de 2015, atribui ao Estado o dever de promover e incentivar o desenvolvimento científico, a pesquisa, a capacitação científica e tecnológica e a inovação. Estabelece que a pesquisa científica básica e tecnológica deve receber tratamento prioritário do Estado, em prol do bem público e do progresso da ciência, da tecnologia e da inovação. Além disso, a referida EC facilita o direcionamento dos recursos necessários ao desenvolvimento de atividades de ciência, tecnologia e

---

ambiental massiva, expondo falhas críticas na fiscalização e gestão de riscos por parte das autoridades reguladoras. Desde 2018, a extração de sal-gema pela Braskem levou ao afundamento do solo em vários bairros de Maceió, Alagoas, afetando cerca de 64 mil pessoas e resultando na condenação de 14 mil imóveis, ilustrando a falta de supervisão eficaz das atividades mineradoras. Entre abril e maio de 2024, chuvas intensas no Rio Grande do Sul causaram severas enchentes, destruindo áreas urbanas e rurais e deslocando milhares de pessoas, suscitando questionamentos acerca da autorização estatal para a ocupação territorial às margens de rios e lagoas, bem como sobre a omissão na prevenção desses acontecimentos, exacerbando seus impactos. Esses eventos evidenciam a necessidade urgente de aprimoramento na gestão de riscos ambientais e na implementação de políticas preventivas para mitigar futuros desastres.

[2] Este capítulo reproduz, em parte, as ideias desenvolvidas neste trabalho: RODRIGUES, Ricardo Schneider; FRANÇA NETTO, Milton Pereira de. As Novas Tecnologias e o Controle Externo: os Tribunais de Contas como indutores da inovação na Administração Pública. In: CARVALHO, Fábio Lins Lessa de et al. *Direito Administrativo e Novas Tecnologias*. Curitiba: Juruá, 2023. p. 181-198.

[3] RODRIGUES, Ricardo Schneider; FRANÇA NETTO, Milton Pereira de. As Novas Tecnologias e o Controle Externo: os Tribunais de Contas como indutores da inovação na Administração Pública. In: CARVALHO, Fábio Lins Lessa de et al. *Direito Administrativo e Novas Tecnologias*. Curitiba: Juruá, 2023. p. 181-198.

inovação, ao admitir a transposição, o remanejamento ou a transferência de uma categoria de programação para outra, sem a necessidade de prévia autorização legislativa.

A Lei nº 10.973, de 2 de dezembro de 2004, que dispõe sobre incentivos à inovação e à pesquisa científica e tecnológica, prevê diversos instrumentos relevantes, como as agências de fomento, as incubadoras de empresas, os núcleos de inovação tecnológica (NITs), os parques e os polos tecnológicos, as instituições científicas, tecnológicas e de inovação (ICTs), como também delimita o papel das fundações de apoio.

A Lei das *Startups* (Lei Complementar nº 182, de 1º de junho de 2021) apresenta medidas de fomento ao ambiente de negócios e ao aumento da oferta de capital para investimento em empreendedorismo inovador e disciplina a licitação e a contratação de soluções inovadoras pela Administração Pública.

Merece destaque a previsão do ambiente regulatório experimental (*sandbox* regulatório), por meio do qual pessoas jurídicas recebem autorização temporária dos órgãos ou das entidades com competência de regulamentação setorial para desenvolver modelos de negócios inovadores e testar técnicas e tecnologias experimentais. A lei permite que órgãos e entidades da Administração Pública possam afastar a incidência de normas sob sua competência em relação à entidade regulada ou aos grupos de entidades reguladas.

De igual modo, a Lei das *Startups* regulamenta a contratação de soluções inovadoras pelo Estado, sobremodo para promover a inovação no setor produtivo por meio do uso do poder de compra do Estado. A lei autoriza a Administração Pública a contratar pessoas físicas ou jurídicas para testar soluções inovadoras por elas desenvolvidas ou a serem desenvolvidas, com ou sem risco tecnológico, por meio de uma modalidade especial de licitação prevista na LC nº 182/2021.

Nesse caso, o escopo da licitação poderá ser restrito à indicação do problema a ser resolvido e dos resultados esperados pela Administração Pública, incluídos os desafios tecnológicos a serem superados. A lei dispensa a necessidade de descrição de eventual solução técnica previamente mapeada e suas especificações, cabendo aos licitantes propor diferentes meios para a resolução do problema.

A Lei do Governo Digital – LGD (Lei nº 14.129, de 29 de março de 2021) também traz importantes mecanismos voltados à implementação das novas tecnologias para a prestação de serviços públicos. A LGD tem como princípio e diretriz a promoção do desenvolvimento tecnológico e da inovação no setor público. Além da previsão da prestação digital dos serviços públicos por meio de tecnologias de amplo acesso pela população, permite ao Poder Executivo federal criar redes de conhecimento, com o objetivo de gerar, compartilhar e disseminar informações e experiências, bem como prospectar novas tecnologias para facilitar a prestação de serviços públicos disponibilizados em meio digital, o fornecimento de informações e a participação social.

A LDG institui e disciplina as plataformas de governo digital para a oferta e a prestação digital dos serviços públicos de cada ente federativo, e os laboratórios de inovação, que deverão ser abertos à participação e à colaboração da sociedade para o desenvolvimento e a experimentação de conceitos, de ferramentas e de métodos inovadores para a gestão pública, a prestação de serviços públicos, o tratamento de dados produzidos pelo Poder Público e a participação do cidadão no controle da Administração Pública. Entre várias diretrizes, os laboratórios deverão promover e experimentar tecnologias abertas e livres, incentivar a inovação, apoiar o empreendedorismo inovador, fomentar o ecossistema de inovação tecnológica direcionado ao setor público e difundir o conhecimento no âmbito da Administração Pública.

Certamente, o uso das novas tecnologias e a busca pela inovação deverão estar pautados pela minimização dos riscos decorrentes do tratamento de dados pessoais dos cidadãos. A estrita observância da Lei Geral de Proteção de Dados – LGPD (Lei nº 13.709, de 14 de agosto de 2018) pelo Poder Público é indispensável para assegurar a proteção do direito fundamental à proteção dos dados pessoais (art. 5º, inc. LXXIX, CR). Além da indução à inovação, os Tribunais de Contas também devem atuar para fomentar a observância da LGPD pelo Poder Público, a exemplo da auditoria realizada pelo TCU, anteriormente mencionada.

Neste contexto, é preciso reconhecer a possibilidade de os Tribunais de Contas contribuírem para o fomento da inovação pela Administração Pública. De um lado, avaliando e recomendando o aperfeiçoamento de políticas públicas, programas e ações governamentais; por outro, permitindo aos agentes públicos "arriscar" ao aplicarem a norma a situações ainda pouco exploradas, a exemplo de contratações voltadas à criação de novas tecnologias ou ao uso de tecnologias já existentes para novas finalidades.

Além de considerar o respeito à legalidade como condição necessária à regularidade da função administrativa, compete aos Tribunais de Contas apreciar o agir administrativo a partir dos critérios da legitimidade e da economicidade. Nesse espírito, o Constituinte optou por adicionar aos tradicionais escopos do controle de contas – orçamentário, financeiro, patrimonial e contábil – o viés operacional.[4] O reconhecimento, em nível constitucional, das auditorias operacionais como instrumentos de controle, assinala, de modo insofismável, o propósito de superar o legalismo insosso por uma atuação mais abrangente, colaborativa e indutora das Cortes de Contas.

Em especial quanto ao controle de políticas públicas, as auditorias operacionais permitem a avaliação da Administração Pública de modo a identificar oportunidades de melhoria e aperfeiçoamento, sem focar diretamente na busca por irregularidades ou ilegalidades, que caracterizam, em grande medida, as auditorias de conformidade ou de legalidade.

Como exemplo, é possível citar a auditoria operacional promovida pelo Tribunal de Contas da União, com foco no cumprimento da Lei Geral de Proteção de Dados (LGPD) pela Administração Pública Federal.[5] O propósito dessa atuação consistiu em avaliar as ações governamentais e os riscos à proteção de dados pessoais por meio da elaboração de diagnóstico acerca dos controles implementados por 382 organizações públicas federais para adequação à LGPD.[6]

---

[4] ARAÚJO, Inaldo da Paixão Santos. *Introdução à Auditoria Operacional*. 4. ed. Rio de Janeiro: FGV, 2008. p. 31-32.

[5] BRASIL. Tribunal de Contas da União (Plenário). *Acórdão nº 1.384/2022*. Processo nº TC 039.606/2020-1. Auditoria. Diagnóstico do grau de implementação da Lei Geral de Proteção de Dados na Administração Pública federal. 382 organizações avaliadas. Nove dimensões: preparação, contexto organizacional, liderança, capacitação, conformidade do tratamento, direitos do titular, compartilhamento de dados pessoais, violação de dados pessoais e medidas de proteção. Maior parte das organizações em estágio inicial. Estrutura da autoridade nacional de proteção de dados. Recomendações. Relator: Min. Augusto Nardes, 15 de junho de 2022. Brasília, DF, Ata nº 22/2022, Plenário. Disponível em: https://portal.tcu.gov.br/imprensa/noticias/tcu-verifica-risco-alto-a-privacidade-de-dados-pessoais-coletados-pelo-governo.htm. Acesso em: 5 jan. 2023.

[6] Iniciativa semelhante foi adotada pelo Ministério Público de Contas do Estado de Alagoas, que instaurou procedimentos para fiscalizar todos os 22 municípios que compõem seus grupos de fiscalização, com o objetivo de apurar a adequada implementação da Lei Geral de Proteção de Dados (LGPD). MP de Contas fiscaliza o cumprimento da LGPD pelos municípios alagoanos. *Ministério Público de Contas do Estado de Alagoas*, Maceió, AL, 27 out. 2022. Disponível em: https://mpc.al.gov.br/mp-de-contas-fiscaliza-o-cumprimento-da-lgpd-pelos-municipios-alagoanos/. Acesso em: 5 jan. 2023.

As recomendações expedidas pelos Tribunais de Contas são um importante instrumento de indução a boas práticas. Diferentemente das determinações, voltadas ao cumprimento da lei, ao recomendar não se busca impor ao agente público uma determinada conduta, que não seja obrigatória por força de lei, mas sim, a partir de critérios técnicos e objetivos, contribuir para o aprimoramento da função administrativa.

A recomendação é uma deliberação de natureza colaborativa que apresenta ao destinatário oportunidades de melhoria, visando contribuir para o aperfeiçoamento da gestão ou dos programas e ações de governo (art. 2º, inc. III, da Resolução-TCU 315, de 22 de abril de 2020).

Outro exemplo importante, caracterizador do papel indutor dos Tribunais de Contas, consiste no Observatório de Políticas Públicas do Tribunal de Contas do Município de São Paulo. Trata-se de iniciativa direcionada ao fortalecimento do papel do Tribunal na avaliação da efetividade das políticas públicas no referido município. O observatório tem publicações e atividades nas áreas da educação, igualdade de gênero, saúde, urbanismo e regionalização do orçamento.[7]

Há, destarte, um leque de possibilidades ao alcance das Cortas de Contas, a permitir uma atuação direcionada ao incentivo da inovação no ambiente público, por meio de auditorias operacionais e recomendações com o escopo de induzir a aplicação e o aperfeiçoamento de práticas previstas nas referidas normas. Não obstante, na quadra atual, após diversas ocorrências que impõem uma necessária reflexão quanto aos moldes do desenvolvimento que se busca, diante das indesejáveis consequências que a intervenção do homem no meio ambiente produz, de resultados por vezes catastróficos, é preciso pautar a atuação do controle externo, em igual medida, em prol da sustentabilidade do desenvolvimento de nosso país. Desse modo, não basta promover o uso de novas tecnologias e a inovação, é necessário que tais objetivos sejam alcançados de forma sustentável. É sobre esta temática que se discorrerá a seguir.

3 A sustentabilidade ambiental como parâmetro de fiscalização pelos Tribunais de Contas[8]

Tratar de sustentabilidade no contexto brasileiro impõe, necessariamente, invocar as lições do Professor Juarez Freitas, para quem:

> Trata-se do princípio constitucional que determina, com eficácia direta e imediata, a responsabilidade do Estado e da sociedade pela concretização solidária do desenvolvimento material e imaterial, socialmente inclusivo, durável e equânime, ambientalmente limpo, inovador, ético e eficiente, no intuito de assegurar preferencialmente, de modo preventivo e precavido, no presente e no futuro, o direito ao bem-estar.[9]

---

[7] TRIBUNAL DE CONTAS DO MUNICÍPIO (São Paulo). Observatório de Políticas Públicas – TCMSP. Disponível em: Acesso em: https://observatorio.tcm.sp.gov.br/ObservatorioItem/156399. Acesso em: 5 jan. 2023.

[8] Este capítulo reproduz, em parte, as ideias desenvolvidas neste trabalho: RODRIGUES, Ricardo Schneider; ALVES, Rayana Lins. A fiscalização ambiental pelos Tribunais de Contas e as lições do caso Pinheiro para o aperfeiçoamento do controle externo. In: CARVALHO, Fábio Lins de Lessa; GOMES, Filipe Lôbo; EHRHARDT JÚNIOR, Marcos. *O caso do Pinheiro*: diálogos jurídicos, sociais e econômicos. Maceió: Edufal, 2023. p. 165-193.

[9] FREITAS, Juarez. *Sustentabilidade*: direito ao futuro. Belo Horizonte: Fórum, 2012. p. 41.

O desenvolvimento a ser promovido pelo Estado e pela sociedade deve ser, portanto, "socialmente inclusivo, durável e equânime, *ambientalmente limpo, inovador*, ético e eficiente" (destaque nosso). Com efeito, embora não a esgote, a definição de sustentabilidade contempla, em grande medida, além da inovação, a proteção ao meio ambiente. Sem a proteção ambiental adequada, à luz dos princípios da prevenção e da precaução, não há sustentabilidade.

Noutra oportunidade, sustentou-se que a Constituição de 1988 foi a primeira no Brasil que abordou expressamente a problemática da importância de se proteger e assegurar o meio ambiente sadio, tanto que criou um capítulo específico para tratar deste direito fundamental, de forma que a diversidade e a integridade do patrimônio genético do país sejam preservadas durante a realização de quaisquer atividades econômicas, ou seja, que estas sejam desenvolvidas utilizando ferramentas adequadas para o menor dano ambiental possível e, assim, o país possa alcançar um desenvolvimento sustentável.[10]

Para garantir a efetividade desse direito, a CR estabeleceu responsabilidades à Administração Pública, de competência comum a todos os entes federativos, como a exigência de um estudo prévio de impacto ambiental para a instalação de qualquer atividade que cause degradação ambiental, bem como o controle da produção e comercialização de produtos e substâncias que comportem risco para a vida e para o meio ambiente, conforme as disposições dos incisos IV e V do §1º do art. 225 da CR.

Ainda, o art. 225, §2º, determinou que o explorador de recursos minerais é obrigado a recuperar o ambiente degradado, de acordo com solução técnica exigida pelo órgão público competente, na forma da lei. A exploração de recursos minerais (como a extração de sal-gema) pode ser tão prejudicial ao meio ambiente sadio, que a Lei Maior fixou norma específica para aplicar o princípio da reparação a quem provocar danos ambientais.

Diante da importância da atuação conjunta do Poder Público para a proteção ao meio ambiente equilibrado, principalmente em atividades econômicas tão degradantes como a exploração de recursos minerais, destacam-se as ações fiscalizatórias ao meio ambiente realizadas pelos Tribunais de Contas nas gestões dos seus jurisdicionados. O direito fundamental ao meio ambiente se encontra inserido no conceito amplo de patrimônio público por ser um bem de uso comum do povo, interligado ao conceito de cidadania e de dignidade da pessoa humana, os quais devem ser defendidos pelo controle externo nas fiscalizações dos gastos públicos, inclusive nos que se referem à gestão ambiental.[11]

---

[10] RODRIGUES, Ricardo Schneider; ALVES, Rayana Lins. A fiscalização ambiental pelos Tribunais de Contas e as lições do caso Pinheiro para o aperfeiçoamento do controle externo. *In:* CARVALHO, Fábio Lins de Lessa; GOMES, Filipe Lôbo; EHRHARDT JÚNIOR, Marcos. *O caso do Pinheiro*: diálogos jurídicos, sociais e econômicos. Maceió: Edufal, 2023. p. 165-193.

[11] LIMA, Luiz Henrique Moraes de. *O Tribunal de Contas da União e o controle externo da gestão ambiental*. Tese (Doutorado em Planejamento Ambiental) – Pós-graduação e Pesquisa de Engenharia, Universidade Federal do Rio de Janeiro. Rio de Janeiro: 2009. p. 104; QUEIROZ, Marlon Rolin. O Papel dos Tribunais de Contas no Controle da Gestão Ambiental. *Revista Controle – Doutrina e Artigos*, Fortaleza: TCE-CE, v. 9, n. 1, jan./jun. 2011, p. 249; SILVA, Alanna Maria Lima da. *O Judiciário e os Tribunais de Contas no controle da inexistência dos planos de manejo*: uma análise das áreas de proteção ambiental estaduais (APAs) alagoanas que não os possuem. Dissertação (Mestrado em Direito) – Programa de Pós-Graduação em Direito, Universidade Federal de Alagoas. Maceió, 2016. p. 178.

Entre os critérios de controle estabelecidos pelo art. 70 da CR, a fiscalização patrimonial, a fiscalização operacional, a legitimidade e a economicidade são os que concedem a competência ao Tribunal de Contas da União (TCU) para exercer a fiscalização na seara ambiental, de forma que se verifique a integração entre os atos de gestão ambiental do Poder Público e os resultados alcançados para o escopo constitucional de um modelo de desenvolvimento sustentável para o país.[12]

Acerca da função do TCU no controle da gestão ambiental, imprescindível trazer à baila a Portaria TCU nº 214, de 28 de junho de 2001, que aprovou o Manual de Auditoria Ambiental da Corte. Nela o TCU reconhece a autorização para exercer suas funções e prerrogativas em matéria de controle da gestão ambiental a partir dos arts. 70 e 71 da CR. Para a Corte, tais dispositivos obrigam o TCU a "controlar não apenas a boa e regular aplicação dos recursos públicos federais na área ambiental, mas também os resultados da gestão do meio ambiente, o qual integra o patrimônio público na qualidade de bem de uso comum do povo".[13]

Nos termos da referida Portaria, o Manual de Auditoria Ambiental do TCU tem como objetivo "fornecer subsídios à tomada de decisões pelas Unidades Técnicas que desempenham a função de controle de gestão ambiental", como também "orientar a execução de auditorias, por meio da descrição das modalidades de auditoria ambiental, dos manuais aplicáveis e de roteiros gerais para a coleta e a análise de dados durante cada trabalho".[14]

A Portaria TCU nº 214/2001 dividiu em dois tipos as ações governamentais que pertencem à gestão ambiental. O primeiro se refere às ações para a proteção ambiental, com as quais a Administração Pública direciona e controla o uso dos recursos naturais mediante regulamentação e normalização, investimentos públicos, financiamentos, fiscalização, concessão de licenças etc. Já o segundo tipo são as ações para a prevenção, mitigação ou restauração de danos ambientais, em que o Poder Público deve buscar a melhor utilização do meio ambiente para determinadas atividades, em observância às previsões constitucionais e legais do ordenamento jurídico brasileiro, de forma que se tenham medidas para a redução dos impactos ambientais.

Com essa diferenciação das ações governamentais, o TCU delimitou os critérios de controle para a execução das fiscalizações ambientais. Enquanto as ações governamentais para a proteção ambiental têm como foco de investigação a consecução dos objetivos perseguidos e a forma de utilização de recursos e instrumentos necessários, as ações governamentais para a prevenção de danos ambientais têm como foco a forma de utilização dos recursos e dos instrumentos disponíveis para a consecução dos objetivos ambientais.[15]

Ainda, a Portaria nº 214/2001 apresentou o conceito de auditoria ambiental realizada pelo TCU como "o conjunto de procedimentos aplicados ao exame e avaliação

---

[12] QUEIROZ, Marlon Rolin. O Papel dos Tribunais de Contas no Controle da Gestão Ambiental. *Revista Controle – Doutrina e Artigos*, Fortaleza: TCE-CE, v. 9, n. 1, p. 255, jan./jun. 2011.
[13] Capítulo 2, seção 2.1 do Manual de Auditoria Ambiental do Tribunal de Contas da União, aprovado pela Portaria TCU nº 214, de 28 de junho de 2001. p. 4.
[14] Introdução do Manual de Auditoria Ambiental do Tribunal de Contas da União, aprovado pela Portaria TCU nº 214, de 28 de junho de 2001. p. 5.
[15] Capítulo 3, seções 3.1 e 3.2 do Manual de Auditoria Ambiental do Tribunal de Contas da União, aprovado pela Portaria TCU nº 214, de 28 de junho de 2001. p. 7-8.

dos aspectos ambientais envolvidos em políticas, programas, projetos e atividades desenvolvidas pelos órgãos e entidades sujeitos ao seu controle".[16] Desse modo, essas auditorias são distintas daquelas realizadas pelo Poder Público, pois o seu objetivo é o exercício do controle externo na gestão ambiental das pessoas jurídicas que se encontram submetidas à jurisdição do Tribunal.

A auditoria ambiental tem as mesmas características das auditorias convencionais do TCU, sendo uma espécie do gênero auditoria, pois a especificidade decorrente do seu objeto de análise de controle é a gestão ambiental de seus jurisdicionados. Tais auditorias ambientais podem ser classificadas como: (i) auditoria de conformidade (AC), que "é a análise do cumprimento de políticas, diretrizes, regras, procedimentos etc., estabelecidos por normas, instituídas ou não pelo órgão ou entidade responsável pela ação investigada",[17] e (ii) auditoria de natureza operacional (AO), que fiscaliza os resultados alcançados pela gestão ambiental do respectivo órgão ou entidade, isto é, avalia a eficiência das ações governamentais para verificar a maior efetividade das normas constitucionais e legais referentes à prevenção da degradação ambiental ou à reparação de danos ambientais.[18]

A auditoria ambiental operacional do TCU executa a fiscalização do patrimônio ambiental mediante uma análise de mérito sobre a qualidade e a eficiência das ações governamentais para resolver questões de impactos ambientais. Com o relatório final, tem competência para indicar alterações nas políticas ambientais a fim de alcançar a eficiência, a eficácia e/ou a economicidade e, assim, direcionar ações preventivas ou repressivas contra danos ambientais.[19]

Toda essa atuação do Tribunal de Contas da União na fiscalização do patrimônio ambiental pode ser acompanhada pelos Tribunais de Contas dos Estados, do Distrito Federal e dos Municípios, em decorrência do princípio da simetria, previsto no art. 75 da CR, ao prever que se aplicam àqueles, no que couber, as normas constitucionais relativas à organização, à composição e à fiscalização do TCU.

Constatada a relevância da atuação dos Tribunais de Contas como indutores da inovação na Administração Pública, assim como o seu dever de proteção ao meio ambiente, indissociável da noção de sustentabilidade, que deve nortear todo o agir do

---

[16] Capítulo 5, seção 5.1 do Manual de Auditoria Ambiental do Tribunal de Contas da União, aprovado pela Portaria TCU nº 214, de 28 de junho de 2001. p. 13.

[17] Capítulo 5, seção 5.1 do Manual de Auditoria Ambiental do Tribunal de Contas da União, aprovado pela Portaria TCU nº 214, de 28 de junho de 2001. p. 13.

[18] De acordo com a Portaria TCU nº 214/2001, a auditoria ambiental de natureza operacional compreende duas modalidades: (i) auditoria ambiental de desempenho operacional, que tem por finalidade examinar a ação governamental quanto à economicidade, à eficiência e à eficácia; a análise deve levar em conta não só o uso dos recursos ambientais, como também a gestão dos recursos, humanos, materiais, financeiros etc. utilizados na realização da gestão ambiental; e (ii) avaliação ambiental de programa, que tem como objetivo examinar o impacto (efetividade) das funções, programas, atividades e projetos governamentais; devem-se incluir na análise elementos que permitam concluir se os resultados da atuação do Governo são coerentes com o objetivo de proteger o meio ambiente e zelar para que não sejam comprometidas a qualidade ambiental e a capacidade de as gerações presentes e futuras usufruírem dos bens ambientais.

[19] LIMA, Luiz Henrique Moraes de. *O Tribunal de Contas da União e o controle externo da gestão ambiental*. Tese (Doutorado em Planejamento Ambiental) – Pós-graduação e Pesquisa de Engenharia, Universidade Federal do Rio de Janeiro. Rio de Janeiro: 2009. p. 139; SILVA, Alanna Maria Lima da. *O Judiciário e os Tribunais de Contas no controle da inexistência dos planos de manejo: uma análise das áreas de proteção ambiental estaduais (APAs) alagoanas que não os possuem*. Dissertação (Mestrado em Direito) – Programa de Pós-Graduação em Direito, Universidade Federal de Alagoas. Maceió, 2016. p. 184.

Poder Público na atualidade, resta avaliar como a nova disciplina dos Tribunais de Contas, estabelecida pela nova Lei de Licitações, repercute sobre a atuação dos TCs nessas duas temáticas.

4 Os Tribunais de Contas na nova lei de licitações: mecanismos para a indução da inovação sustentável

A nova Lei de Licitações trouxe diversas disposições relacionadas à atuação dos Tribunais de Contas no controle das licitações e contratações administrativas, dedicando um capítulo próprio a essa temática. De plano, o aumento do número de enunciados dedicados ao controle já indica o claro objetivo de conferir um tratamento mais minucioso, quando comparado com o que dispõe a Lei nº 8.666/1993, que restringia o tratamento dessa matéria basicamente ao disposto em seu art. 113.[20]

Inicialmente, constata-se que a nova lei incorporou, com algumas diferenciações, a ideia das três linhas de defesa, oriunda das orientações sobre a 8ª Diretriz de Direito Empresarial Europeu (Diretriz 2006/43/EC – art. 41-2b). Esta trata do monitoramento da efetividade do controle interno, da auditoria interna e dos sistemas de gestão de risco",[21] aprovados pela *Federation of European Risk Management Associations (Ferma)* e pela *European Confederation of Institutes of Internal Auditing (ECIIA)*.[22] Esse modelo seria uma forma simples e eficaz, capaz de propiciar uma melhoria na comunicação do gerenciamento de riscos e controle, ao esclarecer as principais atribuições e responsabilidades dos envolvidos por essas atividades em uma organização.[23]

Na visão do *Institute of Internal Auditors (IIA)*, a primeira linha de defesa deve atuar de forma mais incisiva na entrega de produtos ou serviços aos clientes da organização, enquanto a segunda linha fornece assistência no gerenciamento de riscos. A terceira linha corresponde à auditoria interna, que atua na avaliação e assessoria independentes e objetivas, acerca da adequação e eficácia da governança e do gerenciamento de riscos. Embora possa sugerir o contrário, o *IAA* destaca que a numeração das linhas não corresponde a operações sequenciais, mas tão só diferencia as respectivas funções, pois todos exercem seus papéis de forma simultânea. Além dessas três linhas de defesa, há a figura dos prestadores externos de avaliação.[24]

---

[20] RODRIGUES, Ricardo Schneider. A lei n.º 14.133/2021 e os novos limites do controle externo: a necessária deferência dos Tribunais de Contas em prol da Administração Pública. *Revista Brasileira de Políticas Públicas*, Brasília, v. 11, n. 3. p. 161-181, 2021.

[21] Traduzido pelo autor. No original: "*Monitoring the effectiveness of internal control, internal audit and risk management systems*".

[22] FEDERATION OF EUROPEAN RISK MANAGEMENT ASSOCIATIONS (FERMA); EUROPEAN CONFEDERATION OF INSTITUTES OF INTERNAL AUDITING (ECIIA). *Guidance on the 8th EU Company Law Directive*: article 41. Bruxelas: FERMA / ECIIA, 21 set. 2010. Disponível em: https://www.iia.nl/SiteFiles/ECIIA%20FERMA.pdf. Acesso em: 6 jul. 2021.

[23] THE INSTITUTE OF INTERNAL AUDITORS (IIA). *Declaração de Posicionamento do IIA*: as três linhas de defesa no gerenciamento eficaz de riscos e controles. Tradução Instituto dos Auditores Internos do Brasil (IAA Brasil). São Paulo: IAA Brasil, jan. 2013. Disponível em: https://www.controladoria.go.gov.br/images/noticias/As-3-linhas-de-defesa---IIA.pdf. Acesso em: 6 jul. 2021. p. 2.

[24] THE INSTITUTE OF INTERNAL AUDITORS (IIA). *Modelo das três linhas do IAA 2020*: uma atualização das três linhas de defesa. Tradução Instituto dos Auditores Internos do Brasil (IAA Brasil). São Paulo: IAA Brasil, jun. 2020. Disponível em: https://iiabrasil.org.br/korbilload/upl/editorHTML/uploadDireto/20200758glob-th-editorHTML-00000013-20072020131817.pdf. Acesso em: 6 jul. 2021.

Na versão do modelo de linhas de defesa adotado pela NLLC, a mudança mais perceptível está na terceira linha, integrada não apenas pelo órgão responsável pela função de auditoria interna – no caso, o órgão central de controle interno –, mas também pelo Tribunal de Contas, órgão não integrante da "organização" e que, segundo a visão tradicional do modelo, seria mais assemelhado aos "prestadores externos de avaliação". Em termos gerais, a NLLC adota o entendimento de que o controle é mais eficaz quando exercido por vários atores, com papéis claramente definidos e de forma coordenada.[25]

Em comparação com a Lei nº 8.666/1993, verifica-se na NLLC uma clara modificação da compreensão acerca de quem deve exercer o controle em sede de licitações e contratos administrativos. Na legislação anterior, esse papel recaía primordialmente sobre os Tribunais de Contas e os órgãos integrantes do sistema de controle interno (art. 113 da Lei nº 8.666/1993), embora também houvesse a menção expressa da imprescindibilidade da atuação da assessoria jurídica para examinar e aprovar previamente as minutas de editais de licitação, bem como as dos contratos, acordos, convênios ou ajustes (art. 38, parágrafo único).

Além de dedicar um capítulo próprio ao controle das contratações, com diversas disposições que não guardam relação alguma com a normatização anterior, a NLLC incorporou a noção de que o controle deve ocorrer de forma compartilhada entre diversos atores, inclusive aqueles que praticam diretamente os atos imprescindíveis à consecução das contratações, como os servidores e empregados públicos, agentes de licitação, autoridades e os responsáveis pelo assessoramento jurídico.

Como visto, muito embora a inserção dos TCs na terceira linha de defesa não signifique, por si só, uma redução ou limitação das atribuições dessas Cortes, até porque são de índole constitucional, é inegável a conclusão de que o protagonismo do controle, anteriormente conferido a elas pela Lei nº 8.666/93, passa a ceder em prol do reforço ao tradicional princípio da autotutela.

Em outros termos, a ênfase da atividade de controle das contratações não recai mais apenas sobre os órgãos integrantes do sistema de controle interno e do controle externo, como deixava transparecer a lei anterior. O papel do controle exercido diretamente a partir do exercício da função administrativa é valorizado e passa a seguir as mesmas normas gerais destinadas aos demais controladores.

Como uma das várias decorrências do princípio da supremacia do interesse público sobre o privado, o princípio da autotutela é uma característica própria da função administrativa, a quem se reconhece o dever de exercer o controle de seus próprios atos, seja para anular, quando eivados de vício de legalidade, seja para revogá-los, por razões de conveniência e oportunidade.[26] Embora não seja algo novo no âmbito do

---

[25] "Não basta que diferentes atividades de risco e controle existam – o desafio é determinar funções específicas e coordenar com eficácia e eficiência esses grupos, de forma que não haja 'lacunas' em controles, nem duplicações desnecessárias na cobertura. Responsabilidades claras devem ser definidas para que cada grupo de profissionais de riscos e controle entenda os limites de suas responsabilidades e como seus cargos se encaixam na estrutura geral de riscos e controle da organização [...]. Independentemente de como o modelo de Três Linhas de Defesa é implementado, a alta administração e os órgãos de governança devem comunicar claramente a expectativa de que as informações sejam compartilhadas e as atividades coordenadas entre cada um dos grupos responsáveis por gerenciar os riscos e controles da organização". THE INSTITUTE OF INTERNAL AUDITORS (IIA). *Declaração de Posicionamento do IIA*: as três linhas de defesa no gerenciamento eficaz de riscos e controles. Tradução Instituto dos Auditores Internos do Brasil (IAA Brasil). São Paulo: IAA Brasil, jan. 2013. Disponível em: https://www.controladoria.go.gov.br/images/noticias/As-3-linhas-de-defesa---IIA.pdf. Acesso em: 6 jul. 2021. p. 1-7.

[26] MELLO, Celso Antônio Bandeira de. *Curso de Direito Administrativo*. 15. ed. São Paulo: Malheiros, 2003. p. 87.

Direito Administrativo, é inescapável o reconhecimento dessa significativa mudança de concepção no tratamento conferido pelo legislador às licitações e aos contratos administrativos.

Certamente, essa nova perspectiva sugere uma maior integração entre todas as linhas de defesa, responsáveis pelo controle das contratações. A atuação preventiva, a uniformização dialógica da interpretação da NLLC, a consensualidade, a união de esforços, em sinergia e de forma colaborativa, passam a ganhar força em detrimento da visão unilateral, imperativa e de viés punitivista, muitas vezes adotada pelos órgãos de controle externo.

Esse tratamento uniforme para todas as linhas de defesa corrobora a constatação de que a NLLC buscou delimitar o papel do controle das contratações de modo a evidenciar que os Tribunais de Contas integram uma rede voltada ao controle dos atos e contratos administrativos, submetendo-se a diretrizes gerais de observância cogente.

Essa conclusão é coerente com as diretrizes que a NLLC estabelece, de forma idêntica, para os integrantes das três linhas de defesa. A nova lei atribuiu a *todos* o dever de dar preferência à adoção de medidas de saneamento e de mitigação de riscos contra sua nova ocorrência, em especial pela adoção de controle preventivo e pela capacitação dos agentes públicos, nos casos de simples impropriedade formal (art. 169, §3º, inc. I). Sem embargo, nas hipóteses de irregularidades que gerem dano ao erário, além das diretrizes anteriores, exige-se a adoção das providências necessárias à apuração das infrações (art. 169, §3º, inc. II, primeira parte).

Ainda assim, nesses casos mais graves, a NLLC impõe a todas as linhas de defesa que observem a segregação de funções e a necessidade de individualização das condutas (art. 169, §3º, inc. II, segunda parte), como forma de assegurar uma responsabilização adequada e compatível com os princípios do Direito Administrativo Sancionador.[27] Na perspectiva da responsabilização do agente público por eventuais falhas, a ideia é preservar um espaço maior para a atuação experimental, reservando a aplicação de penalidades às situações de maior gravidade.

Desta forma, a nova Lei das Licitações abre caminho para que os órgãos de controle, em especial os Tribunais de Contas, possam atuar como indutores da inovação no âmbito da Administração Pública, conferindo um espaço maior de liberdade para a experimentação necessária ao desenvolvimento de novos produtos, serviços ou processos, resultando em melhorias e ganhos de qualidade e desempenho (art. 2º, inc. IV, Lei nº 10.973, de 2 de dezembro de 2004).

Com efeito, a NLLC previu o incentivo à inovação como um dos objetivos do processo licitatório, ao lado do desenvolvimento nacional sustentável (art. 5º, inc. IV); estabeleceu uma margem de preferência de até 20% para os bens manufaturados nacionais e serviços nacionais resultantes de desenvolvimento e inovação tecnológica no País (art. 26, §2º); permitiu a alteração do projeto básico, na contratação semi-integrada, se demonstrada a superioridade das inovações propostas pelo contratado em termos de

---

[27] Como bem destaca Osório, embora o Direito Penal e o Direito Administrativo Sancionador não sigam rigorosamente as mesmas técnicas nem se submetam ao mesmo regime jurídico, compartilham a submissão às cláusulas do devido processo legal e do Estado de Direito, na perspectiva dos núcleos estruturantes dos direitos fundamentais dos acusados em geral. Para o autor, há conteúdos mínimos obrigatórios comuns ao Direito Penal e ao Direito Administrativo Punitivo, que vinculam garantias constitucionais básicas dos acusados em geral. (OSÓRIO, Fábio Medina. *Direito Administrativo Sancionador*. 4. ed. São Paulo: Revista dos Tribunais, 2011. p. 137).

redução de custos, de aumento da qualidade, de redução do prazo de execução ou de facilidade de manutenção ou operação (art. 46, §5º); e previu o uso do procedimento de manifestação de interesse, por meio do qual a Administração poderá solicitar à iniciativa privada, mediante chamamento público, a propositura e a realização de estudos, investigações, levantamentos e projetos de soluções inovadoras que contribuam com questões de relevância pública, que poderá ser restrito a *startups* (art. 81, *caput* e §4º).

Além disso, o novo regime de nulidades nela consagrado privilegia a superação das falhas de índole meramente formal, dando preferência, nesses casos, aos controles preventivos e à capacitação dos agentes públicos. A "mera" ilegalidade, por si só, não é suficiente para ensejar a declaração da nulidade da licitação ou do contrato, sem que essa medida seja considerada a que melhor atenda ao interesse público. Para essa análise, a Lei previu critérios expressos e diversificados, tais como a avaliação dos impactos econômicos e financeiros decorrentes do atraso na contratação; os riscos sociais, ambientais e à segurança da população local; as despesas atinentes à preservação das instalações e à desmobilização; o fechamento de postos de trabalho; entre vários outros aspectos (art. 147). Ainda que estejam presentes razões de interesse público que justifiquem a declaração de nulidade, será possível a modulação de seus efeitos pelo prazo de até seis meses, prorrogável por uma vez, a fim de permitir a realização de uma nova contratação.

Todos esses aspectos voltados à inovação, previstos na NLLC, passam a ser parâmetros de fiscalização para a atuação dos Tribunais de Contas, que passam a ter o dever de induzir o Poder Público a concretizar os ditames da nova legislação, por meio dos diversos instrumentos que estão ao seu alcance, anteriormente citados.

Quanto à sustentabilidade, esta, assim como a inovação, também encontra amparo direto no texto constitucional, vinculando em maior grau o Poder Público. Conforme destaca Juarez Freitas, a sustentabilidade é um "valor supremo", princípio de envergadura constitucional, que possui condições normativas suficientes para aplicação imediata, com prioridade. Assinala o autor tratar-se de norma vinculante a impor que "todos os atos e contratos administrativos passem a ser sindicados à base do princípio deontológico da sustentabilidade, que não é simples declaração programática". Por tal razão, Freitas sustenta que, em matéria de licitações e contratações públicas, "o melhor preço é aquele que implica menores impactos e externalidades negativas e os maiores benefícios globais".[28]

Freitas sustenta que o Estado "tem de implementar políticas constitucionalizadas, com o desempenho de função indutora de boas práticas sustentáveis, ao lado da função isonômica de oferecer igualação formal e substancial de oportunidades". Neste sentido, é preciso compreender que não apenas a função administrativa tem esse papel indutor, mas igualmente a função controladora deve utilizar os instrumentos de que dispõe para impulsionar a atuação estatal no sentido da promoção de um desenvolvimento inovador e sustentável.

É indispensável, no âmbito da função administrativa, que as decisões adotadas contenham a devida motivação necessária a demonstrar o acerto da escolha. Freitas, com razão, ressalta essa necessidade ao afirmar que "toda a discricionariedade precisa estar vinculada aos motivos que obrigatoriamente haverão de ser expostos, de maneira

---

[28] FREITAS, Juarez. *Sustentabilidade:* direito ao futuro. Belo Horizonte: Fórum, 2012. p. 233-235.

consistente e elucidativa, sempre que afetados direitos".[29] Mais especificamente, destaca o autor, "toda discricionariedade administrativa encontra-se plenamente vinculada à sustentabilidade".[30]

Isso ganha especial força no âmbito das contratações públicas sustentáveis, porquanto "a proposta mais vantajosa será sempre a que se apresentar mais apta a gerar, direta ou indiretamente, o menor impacto negativo e, simultaneamente, os maiores benefícios econômicos, sociais e ambientais".[31]

No âmbito da nova Lei de Licitações e Contratos Administrativos, conforme já mencionado, o legislador consagrou como princípio o desenvolvimento nacional sustentável, no art. 5º da NLLC, fazendo coro ao que dispõe o texto constitucional, que elevou a objetivo fundamental da República à garantia do desenvolvimento nacional (art. 3º, inc. II, CR), estabeleceu a defesa do meio ambiente como princípio geral da atividade econômica (art. 170, inc. VI, CR) e assegurou o direito ao meio ambiente ecologicamente equilibrado, bem de uso comum do povo e essencial à sadia qualidade de vida, impondo ao Poder Público e à sociedade o dever de defendê-lo e preservá-lo, para as presentes e futuras gerações (art. 225).

Além disso, a nova Lei de Licitações e Contratos Administrativos estabeleceu como objetivos do processo licitatório "incentivar a inovação e o desenvolvimento nacional sustentável", ao lado da proposta mais vantajosa, do tratamento isonômico entre os licitantes e da vedação a contratações com sobrepreço, inexequíveis ou superfaturadas na fase de execução (art. 11).

Noutros termos, cumpre ao órgão ou entidade responsável pela contratação considerar como norte não apenas a obtenção dos melhores preços em condições de justa competição entre os interessados, afastando os mencionados vícios, como também promover, por meio de licitações e contratos administrativos, a inovação e o desenvolvimento nacional sustentável. As lições da doutrina, extraídas do texto constitucional, encontraram no Parlamento um solo fértil para a produção de normas legais imbuídas do propósito de fomentar a inovação sustentável.

Os custos indiretos relacionados com o impacto ambiental do objeto licitado, entre outros fatores vinculados ao seu ciclo de vida, podem ser considerados na definição de menor dispêndio, para fins de julgamento das propostas por menor preço ou maior desconto ou, quando couber, por técnica e preço (art. 34, *caput*, §1º, NLLC).

As licitações de obras e serviços de engenharia devem respeitar, especialmente, as normas relativas à disposição final ambientalmente adequada dos resíduos sólidos gerados pelas obras contratadas; e a mitigação por condicionantes e compensação ambiental, que serão definidas no procedimento de licenciamento ambiental (art. 45, NLLC).

A NLLC passou a admitir, também, como forma de pagamento, na contratação de obras, fornecimentos e serviços, inclusive de engenharia, a remuneração variável vinculada ao desempenho do contratado, com base em metas, padrões de qualidade e critérios que podem incluir a sustentabilidade ambiental (art. 144).

Os riscos ambientais decorrentes do atraso na fruição dos benefícios do objeto do contrato, além da motivação ambiental do contrato, passam a ser critérios obrigatórios

---

[29] FREITAS, Juarez. *O Controle dos Atos Administrativos e os princípios fundamentais*. 4. ed. São Paulo: Malheiros, 2009. p. 104.
[30] FREITAS, Juarez. *Sustentabilidade:* direito ao futuro. Belo Horizonte: Fórum, 2012. p. 237.
[31] FREITAS, Juarez. *Sustentabilidade:* direito ao futuro. Belo Horizonte: Fórum, 2012. p. 238.

para a avaliação do interesse público hábil a justificar a suspensão da execução ou a declaração de nulidade do contrato (art. 147, inc. I e II, NLLC). Admite-se, portanto, relevar irregularidades caso o interesse público de atendimento de tais questões ambientais se sobreponha a eventuais falhas detectadas pelos órgãos de controle.

Os novos contornos do controle sobre licitações e contratações públicas, estabelecidos pela NLLC, trouxeram limites mais claros para a atuação dos Tribunais de Contas, ao tempo que também inseriram, como parâmetros para a avaliação da juridicidade da função administrativa nessa seara, os critérios da inovação e do desenvolvimento sustentável. A conclusão inevitável conduz à constatação de que aos Tribunais de Contas caberá, igualmente, o papel indutor da inovação sustentável no âmbito público.

Os instrumentos constitucionalmente atribuídos aos Tribunais de Contas, como as auditorias, inspeções, determinações e recomendações, ao lado das novas disposições trazidas pela NLLC, que estabelecem critérios mais claros para o exercício dessa fiscalização, tendem, a um só tempo, a estimular boas práticas e a conferir maior segurança aos responsáveis pela gestão pública.

5 Considerações finais

Os Tribunais de Contas desempenham um papel fundamental no controle da Administração Pública, indo além da mera observância da legalidade, para incluir critérios de legitimidade e economicidade. As auditorias operacionais são instrumentos cruciais que permitem aos Tribunais de Contas avaliar a eficácia das políticas públicas, identificando oportunidades de melhoria sem focar exclusivamente em irregularidades. Exemplos como a auditoria sobre a conformidade com a Lei Geral de Proteção de Dados (LGPD) demonstram a importância dessas avaliações para o aperfeiçoamento da função administrativa e a proteção dos direitos dos cidadãos.

Além das auditorias, as recomendações emitidas pelos Tribunais de Contas são ferramentas essenciais para induzir boas práticas na Administração Pública. Essas recomendações, baseadas em critérios técnicos e objetivos, visam aprimorar a gestão pública de maneira colaborativa e não punitiva. O reconhecimento de instrumentos como a Lei das *Startups* e a Lei do Governo Digital também indica um movimento crescente em direção à inovação no setor público, facilitando a criação de novas tecnologias e a implementação de soluções inovadoras.

A sustentabilidade ambiental é um princípio constitucional que deve guiar a atuação do Estado e da sociedade, com o objetivo de assegurar um desenvolvimento durável, inclusivo e ambientalmente equilibrado. A Constituição de 1988 impôs ao Poder Público e à coletividade o dever de proteger o meio ambiente, integrando este objetivo à noção de patrimônio público. Auditorias ambientais realizadas pelos Tribunais de Contas são fundamentais para garantir que as atividades econômicas sejam desenvolvidas de forma a minimizar o impacto ambiental e promover a sustentabilidade.

A atuação dos Tribunais de Contas na fiscalização ambiental se dá por meio de auditorias que verificam a eficácia das políticas públicas e a gestão dos recursos naturais. Regulamentos específicos, como a Portaria TCU nº 214/2001, estabelecem diretrizes claras para a execução dessas auditorias, assegurando que as ações governamentais para a proteção ambiental sejam efetivas.

Neste cenário, a nova Lei de Licitações e Contratos Administrativos (Lei nº 14.133/2021) não destoa ao introduzir mecanismos importantes para incentivar a inovação e a sustentabilidade nas contratações públicas. Essa lei prevê incentivos à inovação, como a margem de preferência para bens e serviços resultantes de desenvolvimento tecnológico nacional e a possibilidade de alterações em projetos básicos para incluir inovações propostas pelos contratados. Essas disposições visam criar um ambiente propício para a implementação de soluções inovadoras e sustentáveis.

Ademais, a nova lei fortalece o papel dos Tribunais de Contas na fiscalização das contratações públicas, adotando uma abordagem preventiva e colaborativa. A inclusão do conceito das três linhas de defesa no controle das contratações sugere uma maior integração entre todos os atores envolvidos no processo, promovendo a uniformização das interpretações e a adoção de medidas de mitigação de riscos. A ênfase em critérios de sustentabilidade e a possibilidade de modulação dos efeitos da nulidade das contratações são inovações que contribuem para a segurança jurídica e a efetividade das políticas públicas.

A nova Lei de Licitações e Contratos Administrativos estabelece um marco normativo que reforça a atuação dos Tribunais de Contas como agentes indutores de inovação sustentável na Administração Pública. Ao criar um ambiente favorável à inovação e à sustentabilidade, a lei não apenas fomenta o uso de novas tecnologias, mas também assegura que o desenvolvimento seja conduzido de maneira responsável e equilibrada. Dessa forma, os Tribunais de Contas têm a responsabilidade e a oportunidade de promover práticas administrativas que conciliem eficiência, inovação e sustentabilidade, contribuindo para o bem-estar da sociedade e a proteção do meio ambiente.

Referências

ARAÚJO, Inaldo da Paixão Santos. *Introdução à Auditoria Operacional*. 4. ed. Rio de Janeiro: FGV, 2008.

BRASIL. Tribunal de Contas da União (Plenário). *Acórdão nº 1.384/2022*. Processo nº TC 039.606/2020-1. Auditoria. Diagnóstico do grau de implementação da Lei Geral de Proteção de Dados na Administração Pública federal. 382 organizações avaliadas. Nove dimensões: preparação, contexto organizacional, liderança, capacitação, conformidade do tratamento, direitos do titular, compartilhamento de dados pessoais, violação de dados pessoais e medidas de proteção. Maior parte das organizações em estágio inicial. Estrutura da autoridade nacional de proteção de dados. Recomendações. Relator: Min. Augusto Nardes, 15 de junho de 2022. Brasília, DF, Ata nº 22/2022, Plenário. Disponível em: https://portal.tcu.gov.br/imprensa/noticias/tcu-verifica-risco-alto-a-privacidade-de-dados-pessoais-coletados-pelo-governo.htm. Acesso em: 5 jan. 2023.

FEDERATION OF EUROPEAN RISK MANAGEMENT ASSOCIATIONS (FERMA); EUROPEAN CONFEDERATION OF INSTITUTES OF INTERNAL AUDITING (ECIIA). *Guidance on the 8th EU Company Law Directive*: article 41. Bruxelas: FERMA / ECIIA, 21 set. 2010. Disponível em: https://www.iia.nl/SiteFiles/ECIIA%20FERMA.pdf. Acesso em: 6 jul. 2021.

FREITAS, Juarez. *Sustentabilidade:* direito ao futuro. Belo Horizonte: Fórum, 2012.

FREITAS, Juarez. *O Controle dos Atos Administrativos e os princípios fundamentais*. 4. ed. São Paulo: Malheiros, 2009.

LIMA, Luiz Henrique Moraes de. *O Tribunal de Contas da União e o controle externo da gestão ambiental*. Tese (Doutorado em Planejamento Ambiental) – Pós-graduação e Pesquisa de Engenharia, Universidade Federal do Rio de Janeiro. Rio de Janeiro: 2009.

MAIA, Renata C. Vieira. As tutelas provisórias de urgência no CPC/2015 e sua repercussão no âmbito dos Tribunais de Contas. *In*: MAIA, Renata C. Vieira; FERREIRA, Diogo Ribeiro (coord.). *Processo Civil aplicado aos Tribunais de Contas:* novas tendências a partir do CPC de 2015. Belo Horizonte: Fórum, 2017.

MELLO, Celso Antônio Bandeira de. *Curso de Direito Administrativo*. 15. ed. São Paulo: Malheiros, 2003.

MP de Contas fiscaliza o cumprimento da LGPD pelos municípios alagoanos. *Ministério Público de Contas do Estado de Alagoas*, Maceió, AL, 27 out. 2022. Disponível em: https://mpc.al.gov.br/mp-de-contas-fiscaliza-o-cumprimento-da-lgpd-pelos-municipios-alagoanos/. Acesso em: 5 jan. 2023.

OSÓRIO, Fábio Medina. *Direito Administrativo Sancionador*. 4. ed. São Paulo: Revista dos Tribunais, 2011.

QUEIROZ, Marlon Rolin. O Papel dos Tribunais de Contas no Controle da Gestão Ambiental. *Revista Controle – Doutrina e Artigos*, Fortaleza: TCE-CE, v. 9, n. 1, jan./jun. 2011.

RODRIGUES, Ricardo Schneider; ALVES, Rayana Lins. A fiscalização ambiental pelos Tribunais de Contas e as lições do caso Pinheiro para o aperfeiçoamento do controle externo. In: CARVALHO, Fábio Lins de Lessa; GOMES, Filipe Lôbo; EHRHARDT JÚNIOR, Marcos. *O caso do Pinheiro*: diálogos jurídicos, sociais e econômicos. Maceió: Edufal, 2023. p. 165-193.

RODRIGUES, Ricardo Schneider; FRANÇA NETTO, Milton Pereira de. As Novas Tecnologias e o Controle Externo: os Tribunais de Contas como indutores da inovação na Administração Pública. In: CARVALHO, Fábio Lins Lessa de et al. *Direito Administrativo e Novas Tecnologias*. Curitiba: Juruá, 2023. p. 181-198.

RODRIGUES, Ricardo Schneider. A lei nº 14.133/2021 e os novos limites do controle externo: a necessária deferência dos Tribunais de Contas em prol da Administração Pública. *Revista Brasileira de Políticas Públicas*, Brasília, v. 11, n. 3. p. 161-181, 2021.

SILVA, Alanna Maria Lima da. *O Judiciário e os Tribunais de Contas no controle da inexistência dos planos de manejo*: uma análise das áreas de proteção ambiental estaduais (APAs) alagoanas que não os possuem. Dissertação (Mestrado em Direito) – Programa de Pós-Graduação em Direito, Universidade Federal de Alagoas. Maceió, 2016.

SUNDFELD, Carlos Ari; CÂMARA, Jacintho Arruda. Competências de Controle dos Tribunais de Contas – possibilidades e limites. In: SUNDFELD, Carlos Ari (Org.). *Contratações Públicas e seu controle*. São Paulo: Malheiros, 2013.

THE INSTITUTE OF INTERNAL AUDITORS (IIA). *Declaração de Posicionamento do IIA*: as três linhas de defesa no gerenciamento eficaz de riscos e controles. Tradução Instituto dos Auditores Internos do Brasil (IAA Brasil). São Paulo: IAA Brasil, jan. 2013. Disponível em: https://www.controladoria.go.gov.br/images/noticias/As-3-linhas-de-defesa---IIA.pdf. Acesso em: 6 jul. 2021.

THE INSTITUTE OF INTERNAL AUDITORS (IIA). *Modelo das três linhas do IAA 2020*: uma atualização das três linhas de defesa. Tradução Instituto dos Auditores Internos do Brasil (IAA Brasil). São Paulo: IAA Brasil, jun. 2020. Disponível em: https://iiabrasil.org.br/korbilload/upl/editorHTML/uploadDireto/20200758glob-th-editorHTML-00000013-20072020131817.pdf. Acesso em: 6 jul. 2021.

THE INSTITUTE OF INTERNAL AUDITORS (IIA). *Declaração de Posicionamento do IIA*: as três linhas de defesa no gerenciamento eficaz de riscos e controles. Tradução Instituto dos Auditores Internos do Brasil (IAA Brasil). São Paulo: IAA Brasil, jan. 2013. Disponível em: https://www.controladoria.go.gov.br/images/noticias/As-3-linhas-de-defesa---IIA.pdf. Acesso em: 6 jul. 2021.

TRIBUNAL DE CONTAS DO MUNICÍPIO (São Paulo). Observatório de Políticas Públicas – TCMSP. Disponível em: https://observatorio.tcm.sp.gov.br/ObservatorioItem/156399. Acesso em: 5 jan. 2023.

TRIBUNAL DE CONTAS DA UNIÃO (TCU). *Manual de Auditoria Ambiental do Tribunal de Contas da União*. Portaria TCU nº 214. Brasília, 28 jun. 2001.

Informação bibliográfica deste livro, conforme a NBR 6023:2018 da Associação Brasileira de Normas Técnicas (ABNT):

RODRIGUES, Ricardo Schneider. Inovação e sustentabilidade na Administração Pública: o papel dos Tribunais de Contas na nova Lei de Licitações e Contratos Administrativos. In: PASQUALINI, Alexandre; CUNDA, Daniela Zago Gonçalves da; RAMOS, Rafael (coord.). *Direito, sustentabilidade e inovação*: estudos em homenagem ao professor Juarez Freitas. Belo Horizonte: Fórum, 2025. p. 627-642. ISBN 978-65-5518-957-5.

PRESCRIÇÃO NOS TRIBUNAIS DE CONTAS: ACERTOS, DESACERTOS E DESAFIOS

RODRIGO VALGAS

Prólogo: a justa homenagem

Existem muitos tipos de homenagem. Há aquelas que são meramente formais, decorrentes dos cargos ou funções já ocupadas pelo agraciado. Outras são feitas pela mera conveniência de se laudar alguém que esteja em posição de poder. Porém, as mais raras e relevantes são as que reconhecem no homenageado seu contributo para o gênero humano; àqueles que elevam a realidade vivente; as que fazem seu reconhecimento aos que mudaram a vida das pessoas em seu entorno e que plantam ideias que frutificam para além de si. Estas homenagens são imediatamente percebidas quando com elas nos deparamos, pois percebemos serem verdadeiras, justas e necessárias.

Nesse espírito, reuniram-se os Professores Doutores: Rafael Ramos, Alexandre Pasqualini e Daniela Zago, para elegerem o nome do Professor Doutor Juarez Freitas como digno de receber todos os encômios dessa distinção. Na linha dos *mélanges en l'honneur*, os coordenadores deste livro congregaram dezenas de notáveis juristas para expressarem seu preito, carinho e gratidão a esse Mestre de todos nós.

Não foi diferente comigo. De há muito sou admirador de Juarez Freitas e minha vida foi por ele entrelaçada em diversos momentos. Ao longo de mais de 20 anos nos encontramos em muitos congressos; tivemos longas conversas sobre relevantes temas jurídicos e, principalmente, muitas charlas sobre as coisas simples e prazerosas da vida. Para meu gáudio, já o recebi em meu lar com sua querida família para juntos confraternizarmos e celebrarmos nosso convívio. Gostaria de registrar neste livro minha eterna admiração pessoal e amizade incondicional.

Introdução ao tema

O Supremo Tribunal Federal impôs aos Tribunais de Contas uma das mudanças mais relevantes do Direito Administrativo Sancionador — DAS dos últimos tempos: o reconhecimento da prescrição quinquenal *punitiva* e *ressarcitória* nos processos que imputem débito, multa e demais sanções. Esse tardio acerto de contas produz significativo impacto. Isso decorre do fato que há milhares de processos em trâmite onde ainda não foi aduzida a incidência da prescrição pelos respectivos advogados; ou mesmo ainda não foi reconhecida de ofício a ocorrência da prescrição.

Apesar de iniciativas como a do Tribunal de Contas da União (TCU) com a edição da Resolução nº 344/2022-TCU e do advento de resoluções ou leis dos demais Tribunais de Contas regulamentando a prescrição dúplice,[1] ainda há muitos problemas a serem resolvidos, especialmente diante da insegurança jurídica decorrente da fixação dos marcos prescricionais iniciais e interruptivos em algumas destas normas, o que pode frustrar seriamente o entendimento do STF no tema.

O mais preocupante é que ainda há Tribunais de Contas que simplesmente ignoram as decisões do STF, numa curiosa afronta à Corte Constitucional. Uma possível e provisória explicação é que as cortes de contas estão muito apegadas aos seus entendimentos e não querem desistir de executar suas decisões em nome de um bem maior: a alegada *tutela do erário a qualquer preço* e impulsionados pelo *ativismo de contas*,[2] mesmo que à custa do Direito, do entendimento do guardião da Constituição e ainda que essa relutância possa obliquamente produzir dano ao erário, como veremos mais adiante.

A prescritibilidade das ações de ressarcimento ao erário

A alegada "imprescritibilidade do dano ao erário" sempre foi tema controverso. Por muito tempo o assunto dividiu opiniões na doutrina nacional. Particularmente, os órgãos de controle — até mesmo por uma perspectiva própria de "visão de mundo"[3] — sempre partiram da premissa que o dano ao erário seria imprescritível.[4] Não é. No atual estado da arte no Direito brasileiro a regra é a prescritibilidade. Nas raras vezes que a Constituição desejou a imprescritibilidade, o fez expressamente no art. 5º, XLII (prática do racismo como crime inafiançável e imprescritível) e XLIV (crime inafiançável e imprescritível a ação de grupos armados, civis ou militares, contra a ordem constitucional e o Estado Democrático).[5]

---

[1] Um bom exemplo foi o Tribunal de Contas do Estado de Santa Catarina com a edição da Lei Complementar Estadual nº 819/2023, que inclusive regulamentou a prescrição punitiva e ressarcitória de modo superior ao feito pelo Tribunal de Contas da União.

[2] Para compreensão do tema do "ativismo de contas", fazemos remissão a Flávio Garcia Cabral no seu: Como o Tribunal de Contas da União tem se comportado ao longo da Constituição de 1988? Disponível em: http://www.revistaaec.com/index.php/revistaaec/article/view/1579/915. Acesso em: 6 jul. 2024.

[3] Aqui utilizamos a expressão: "visão de mundo" no sentido atribuído por Larry Laudan, onde não apenas incompatibilidades entre ciência e filosofia podem levar a discrepâncias epistemológicas, mas também os conflitos com ideologias morais ou sociais, de modo que questões "extracientíficas" podem influenciar a produção científica quando demais arraigada a certas crenças e visão de mundo. No caso em análise, os órgãos de controle se veem na missão de defesa ao erário — o que é deveras positivo — mas essa perspectiva tolda ou direciona a interpretação e aplicação do Direito. LAUDAN, Larry. *O progresso e seus problemas*: rumo a uma teoria do crescimento científico. Tradução: Roberto Leal Ferreira. São Paulo: Editora Unesp, 2011, p. 86-91.

[4] Enunciado da Súmula 282 do TCU: "As ações de ressarcimento movidas pelo Estado contra os agentes causadores de danos ao erário são imprescritíveis" (aprovada pelo Acórdão nº 2166 - TCU - Plenário, 15 de agosto de 2012).

[5] Lembremos que a imprescritibilidade do dano ao erário foi afastada pelo Constituinte, sendo extirpada do texto constitucional (art. 43, §4º, do Segundo Substitutivo ao Projeto). Na redação do art. 43, §4º, do Segundo

Mas convenhamos que o art. 37, §5º, da CR sempre foi um tanto machadiano, deixando dúvidas se Capitu traiu ou não Bentinho. Quem queria ler "imprescritível" lia; quem desejava ler "prescritível" também, pois o art. 37, §5º, da CR ressalva as respectivas "ações de ressarcimento", que naturalmente têm seus próprios prazos prescricionais, além do que o dispositivo exige interpretação tópico-sistemática[6] de todo o texto constitucional.

A evolução da jurisprudência do STF pela prescritibilidade das ações de ressarcimento

Essas discordâncias doutrinárias e jurisprudenciais sobre a questão demoram a ser decantadas pelo Supremo Tribunal Federal, que inclusive chegou a assentar a *imprescritibilidade* do dano ao erário no MS 26.2010[7] no ano de 2008. Contudo, desde 2013 o STF começou a revisitar a matéria em precedentes emblemáticos e com repercussão geral: RE 669.069,[8] julgado em 03.02.2016 (Tema 666); RE 852.475,[9] julgado em 08.08.2018 (Tema 897) e RE 636886 (Tema 899)[10] julgado em 20.04.2020.

A partir desses entendimentos podemos afirmar categoricamente: toda ação de ressarcimento ao erário é prescritível, à exceção daquela tipificada como ato doloso de improbidade administrativa.

No tema Tema 666, assentou-se: "É prescritível a ação de reparação de danos à Fazenda Pública decorrente de ilícito civil". Já no Tema 897 definiu-se: "São imprescritíveis as ações de ressarcimento ao erário fundadas na prática de ato doloso tipificado na Lei de Improbidade Administrativa". O Tema 899 asseverou: "É prescritível a pretensão de ressarcimento ao erário fundada em decisão de Tribunal de Contas".[11]

Importante destacar que, embora o Tema 899 do STF faça alusão ao prazo prescricional para o início da ação de execução de título já formado por decisão do

---

[^] Substitutivo, constava: "A lei estabelecerá os prazos de prescrição para ilícitos praticados por qualquer agente, servidor ou não, que causem prejuízos ao erário, ressalvadas as respectivas ações de ressarcimento, que serão imprescritíveis". Sobre o tema, faz-se remissão aos estudos de Emerson Gabardo e Rodrigo Pavan Valões: "Inicialmente, desejou-se o regime da imprescritibilidade. Esta aspiração — que era evidente no texto constitucional — ia ainda mais longe, uma vez que se estendia a todas as sanções aplicáveis aos casos de improbidade. Com as mudanças do texto, continuava expressa a intenção do constituinte em estabelecer a imprescritibilidade das ações de ressarcimento. Contudo, não foi este o resultado final do dispositivo, uma vez que foi eliminada a previsão da imprescritibilidade." Disponível em: https://pdfs.semanticscholar.org/c6da/300 e8f324270e6dc559a4e83e7e39c33c163.pdf. Acesso em: 6 jul. 2024.

[6] Acerca da interpretação tópico-sistemática, destaca Juarez Freitas: "Em outras palavras, *não se deve considerar a interpretação tópico-sistemática como simples elemento da interpretação jurídica. É a interpretação tópico-sistemática, entendida em profundidade, o processo hermenêutico por excelência, de tal maneira que ou se compreendem os enunciados prescritivos no plexo dos demais enunciados, ou não se logra compreendê-los sem perdas substanciais. Nessa medida, mister afirmar, com os devidos temperamentos, que a interpretação jurídica é sistemática ou não é interpretação*". FREITAS, Juarez. *A interpretação sistemática do direito.* 5. ed. São Paulo: Malheiros, 2010, p. 75-76.

[7] MS 26210, Relator (a): Min. Ricardo Lewandowski, Tribunal Pleno, julgado em 04.09.2008, DJe-192 DIVULG 09.10.2008 PUBLIC 10.10.2008.

[8] STF - RE: 669069 MG, Relator: Min. Teori Zavascki, data de julgamento: 03.02.2016, Tribunal Pleno, Data de Publicação: 28.04.2016.

[9] STF - RE: 852475 SP, Relator: Min. Alexandre de Moraes, data de julgamento: 08.08.2018, Tribunal Pleno, Data de Publicação: 25.03.2019, Relator para o acórdão Ministro Edson Fachin.

[10] STF - RE: 636886 AL, Relator: Alexandre de Moraes, data de julgamento: 20.04.2020, Tribunal Pleno, data de publicação: 24.06.2020.

[11] *Ibidem.*

Tribunal de Contas, a *ratio decidendi* do acórdão também se aplica à fase administrativa anterior do processo de contas, isto é, aquela destinada à *constituição* do título.

É bem verdade que quando do julgamento dos Embargos de Declaração no RE nº 636.886 (Tema 899), o Min. Alexandre de Moraes asseverou que "nenhuma consideração houve acerca do prazo para constituição do título executivo" porque não era objeto da repercussão geral. Mas, com a devida vênia, houve profundas reflexões do próprio Min. Alexandre de Moraes sobre a prescritibilidade nos Tribunais de Contas, independentemente de a fase ser constitutiva ou executória do título. A saber:

> O reconhecimento da imprescritibilidade da pretensão de ressarcimento ao erário fundada em decisão de Tribunal de Contas significa grave ferimento ao Estado de Direito, que exige, tanto no campo penal, como também na responsabilidade civil, a existência de um prazo legal para o Poder Público exercer sua pretensão punitiva, não podendo, em regra, manter indefinidamente essa possibilidade, sob pena de desrespeito ao devido processo legal. As exceções à prescritibilidade estão única e exclusivamente previstas na Constituição Federal, no campo punitivo penal, nos incisos XLII e XLIV do artigo 5º (...) O ordenamento jurídico adota o princípio da prescritibilidade como essencial à segurança jurídica das relações em sociedade. (Tema 899).

Portanto, da conjugação de todos esses precedentes do STF (Temas 666, 897 e 899) se deflui que o prazo prescricional dos títulos executivos decorrentes das decisões das Cortes de Contas, tanto para sua *constituição* como para sua respectiva *execução*, é quinquenal. O Decreto-Lei nº 20.910/1932, a Lei nº 6.830/1980 e a Lei nº 9.873/1999, que estabelecem o prazo prescricional de cinco anos, são constantemente invocados nos precedentes e votos que levaram a essa alteração de entendimento. Essa mudança, na linha do Min. Gilmar Mendes (com referência a Peter Häberle) em seu voto no Tema 899, decorre do fato de que "... o texto, confrontado com novas experiências, transforma-se necessariamente em um outro".

A nova exegese da Constituição pelo Supremo naturalmente não agradou a todos. É muito cômodo e conveniente ao Estado, a qualquer tempo, mover uma ação de ressarcimento contra um agente público, seu espólio ou contra seus futuros herdeiros, seja daqui a 10, 20 ou 100 anos. A sociedade não tem a real percepção do que seja algo realmente *imprescritível* e das dificuldades em obter-se prova[12] para demonstrar o acerto ou desacerto de certas condutas após significativo espaço de tempo. Apenas quando o braço forte do Estado se volta contra os cidadãos é que se dão conta do quão absurdo é uma ação de ressarcimento imprescritível, com absoluta subversão da segurança jurídica.[13]

---

[12] Celso Antônio Bandeira de Mello foi fundamental para o reconhecimento da prescrição quinquenal do dano ao erário no Direito brasileiro, especialmente em face do prejuízo ao direito de defesa a quem seja increpado o dano depois de incontáveis anos. O autor faz menção a sua mudança de entendimento à conferência proferida por Emerson Gabardo no Congresso Mineiro de Direito Administrativo, onde também tive a feliz ventura de estar presente no auditório e assistir a uma das mais brilhantes exposições do conferencista paranaense. BANDEIRA DE MELLO, Celso Antônio. *Curso de direito administrativo*. 36. ed. Belo Horizonte: Fórum, 2023, p. 936-937.

[13] ÁVILA, Humberto. *Segurança jurídica*: entre permanência, mudança e realização no direito tributário. 2. ed. São Paulo: Malheiros, 2012, p. 41 e 42.

O regime de repercussão geral no Código de Processo Civil

A razão de fazermos breves considerações sobre o regime da repercussão geral dos citados precedentes do STF, decorre do fato que alguns artigos doutrinários[14] ou mesmo atos normativos de Tribunais de Contas[15] estão afirmando que como as decisões do Supremo que reconheceram a prescrição nos Temas 666, 897 e 899, o foram no âmbito de recurso extraordinário *inter partes*, que tais entendimentos não seriam aplicáveis ou extensíveis aos Tribunais de Contas. O argumento não se justifica e está centrado numa falácia. Ademais, esse entendimento esquece que o enfrentamento da questão no STF também deu-se em controle concentrado (ex.: ADI nº 5.509/CE e ADI nº 5.384/MG), como veremos noutro tópico.

De fato, a mudança na jurisprudência do STF sobre a prescrição punitiva e ressarcitória deu-se em recursos extraordinários em temas de repercussão geral. A repercussão geral é requisito de admissibilidade do Recurso Extraordinário — RE (art. 1.035 do CPC e art. 323 do RI do STF). A razão dessa exigência é que as relevantes questões enfrentadas pelo STF que têm repercussão econômica, política, social ou jurídica (art. 1.035, §1º, CPC) não ficam necessariamente adstritas às partes (exceto no caso de restrição da eficácia ao caso concreto, cf. art. 326, §1º e §2º, do RI do STF). Por isso, mesmo em caso de desistência do recurso, o STF pode examinar o tema de repercussão geral já reconhecida (art. 998, parágrafo único, do CPC).

Nesse sentido, não mais é cabível a vetusta ideia de que a decisão em RE estaria limitada ao caso concreto. A *vinculatividade* no regime do Código de Processo Civil é no sentido de que o julgador enfrente em sua fundamentação a *ratio decidendi* do julgado pela Corte Constitucional (ou explicar por que não o está fazendo), conforme se deflui do art. 927 e art. 489 do CPC.[16] Esse regime não se confunde com o *efeito vinculante* (limitação da autonomia funcional de magistrados e da Administração) e *erga omnes* (alcance da decisão do STF) nas decisões do Supremo em sede de controle abstrato ou da *eficácia* da súmula vinculante, que vinculam tanto o Judiciário como os órgãos da Administração Pública.

No entanto, a despeito das decisões em sede de repercussão geral serem vinculantes ao Poder Judiciário, não é lógica nem juridicamente aceitável que os Tribunais de Contas possam simplesmente ignorá-las. Cabe às cortes de contas *cumprirem* o Direito. Lembremos que *norma jurídica* não se confunde com *texto normativo*; norma é fruto da busca do sentido e alcance do texto normativo e os tribunais têm papel primordial nessa tarefa. Por essa razão, os precedentes judiciais, além de criarem norma, também têm força persuasiva para os Tribunais de Contas. Com efeito, se pacificamente afirmada pelo STF a regra da prescritibilidade, não podem os Tribunais de Contas "fazerem de

---

[14] RAMALHO, Dimas. *A prescrição nos tribunais de contas*. Disponível em: https://www.tce.sp.gov.br/6524-artigo-prescricao-tribunais-contas-dimas-ramalho. Acesso em: 6 jul. 2024.

[15] Cf. Deliberação SEI nº 18068/2021-88 do Tribunal de Contas do Estado de São Paulo, que assevera: "(...) *Considerando* que os precedentes do E. Supremo Tribunal Federal que reconheceram a prescrição da pretensão punitiva e ressarcitória do Tribunal de Contas da União produzem efeitos somente em relação às partes e possuem eficácia limitada aos casos concretos apreciados; (...) RESOLVE editar a seguinte DELIBERAÇÃO: Artigo 1º - No âmbito do controle externo, o Tribunal de Contas do Estado de São Paulo continuará atuando de acordo com o regime constitucional e legal vigente, que não estabelece prazos prescricionais para o exercício da pretensão punitiva e ressarcitória".

[16] Sobre o tema fazemos remissão ao livro de Luís Felipe Gouvêa: *Precedentes vinculantes e meios de impugnação no CPC/15*. Rio de Janeiro: Lumen Juris, 2018.

conta" que o art. 37, §5º, da CR ainda deve ser interpretado como antes da viragem jurisprudencial inaugurada pela Corte Constitucional.

A prescrição nos Tribunais de Contas no controle concentrado de constitucionalidade

Mas não foi apenas em sede de repercussão geral que o STF analisou o tema da prescrição. Também o fez em controle abstrato, com efeito *erga omnes* e vinculante (art. 102, §2º, da CR). Trata-se da análise feita na ADI nº 5.509 do Ceará e ainda na ADI nº 5.384 de Minas Gerais.

Na ADI nº 5.509/CE, da Relatoria do Min. Edson Fachin, o STF textualmente se afirmou na Ementa: "(...) 2. O Plenário deste Tribunal consolidou a interpretação do alcance da cláusula constitucional da imprescritibilidade no modelo federal como limitada aos "atos dolosos de improbidade administrativa". É prescritível a pretensão de ressarcimento ao erário fundada em decisão de Tribunal de Contas: RE 636.886, Rel. Min. Alexandre de Moraes, Tribunal Pleno, DJe 24.06.2020, Tema nº 899 da Repercussão Geral. Inocorrência de violação à simetria". STF - ADI: 5.509 CE 4000218-12.2016.1.00.0000, Relator: Edson Fachin, data de julgamento: 11.11.2021, Tribunal Pleno, Data de Publicação: 23.02.2022.

Por sua vez, a ADI nº 5.384/MG, da Relatoria do Min. Alexandre de Moraes, onde fixou-se: "(...) 3. O princípio da simetria não pode ser invocado desarrazoadamente, em afronta à sistemática constitucional de repartição de competências e à própria configuração do sistema federativo. Nessa perspectiva, é constitucional a instituição da prescrição e da decadência no âmbito dos respectivos Tribunais de Contas nas diversas unidades federativas, em linha com interpretação mais consentânea à Constituição Federal".

O importante a destacar nos julgamentos das ADIs nºs 5.509/CE e 5.384/MG foi o reconhecimento da prescrição nos Tribunais de Contas. Portanto, há efeito vinculante e *erga omnes* a todos os Tribunais de Contas do Brasil inclusive para a fase constitutiva do título executivo extrajudicial.

Destaca-se que, no caso da ADI nº 5.509/CE, o voto do Min. Fachin aplicou o modelo quinquenal da Lei nº 9.873/1999, "descabendo a aplicação do prazo decenal previsto na legislação civil (art. 205 do Código Civil); reconheceu a aplicação das causas interruptivas da Lei nº 9.873/1999; equiparou a atividade de controle externo para fins de contagem do prazo prescricional, ao poder de polícia do Estado".

Na ADI nº 5.509/CE o voto do Min. Edson Fachin não declarou a inconstitucionalidade do artigo 1º da Lei nº 9.873/1999, que conta o início do lapso prescricional da prática do ato ou sua cessação, mas sim a inconstitucionalidade do art. 35-C, parágrafo único, II, da Lei nº 12.160, do Estado do Ceará, que estabelecera da data da ocorrência do fato para o cômputo da prescrição. Também considerou as peculiaridades do processo de contas da Lei nº 8.443/1992 (Lei Orgânica do TCU), diferenciando diversas situações que estabeleceriam marcos temporais bem definidos em seu voto, a exemplo: i) da omissão no dever de prestar contas; ii) da realização de auditoria e inspeções feitas pelos próprios Tribunais de Contas ou ainda iii) do recebimento de informações pelas cortes de contas.

Em nossa percepção, ao julgar a ADI nº 5.509/CE, o STF procurou menos *negar* a aplicação do art. 1º da Lei nº 9.873/1999 nos processos de contas (que continua em pleno vigor no ordenamento jurídico brasileiro, pois não foi declarado inconstitucional) e mais *afirmar* a necessidade de se compatibilizar as causas interruptivas da prescrição nos processos de contas (Lei nº 8.443/1992), para demonstrar a efetiva ciência do tribunal.

Como veremos mais adiante, ao tratarmos dos problemas a serem equacionados no trato da prescrição nos Tribunais de Contas, o STF distanciou-se do entendimento da ADI nº 5.509/CE, privilegiando a data da prática do ato ou sua cessação (art. 1º da Lei nº 9.873/1999). Porém, para compatibilizar essa norma com as peculiaridades do processo de contas, o STF reconheceu concretamente a incidência de causas interruptivas da prescrição justamente para preservar a atividade de controle externo para apuração do dano ao erário pelos Tribunais de Contas (ex.: MS nº 32.201, Rel. Min. Luís Roberto Barroso, MS 38.138-AgR, Rel. Min. Alexandre de Moraes, MS 37.913-AgR-ED, Relª. Minª. Rosa Weber, MS 38.783/DF da relatoria do Min. Luís Roberto Barroso).

Destaca-se que a ADI nº 5.384/MG (DJe 10.08.2022) expressou entendimento mais recente da Corte porque julgada após a ADI nº 5.509/CE (DJe 22.02.2022). Na ADI nº 5.384/MG o STF entendeu ser constitucional a contagem da prescrição da data do fato para prescrição punitiva, nos termos da Lei Complementar Estadual mº 102/2008. Mas atente-se que também a "data do fato" previsto na lei mineira admitiu diversas causas interruptivas, a exemplo da instauração de tomada de contas especial (art. 110-C, IV, da LCE nº 102/2008) ou da decisão de mérito recorrível (art. 110-C, VII, da LCE nº 102/2008).

Outro aspecto relevante é que, a despeito da Lei Complementar Estadual Mineira nº 102/2008 tratar apenas da *prescrição punitiva* no art. 110-E,[17] o voto vencedor do Min. Alexandre de Moraes na ADI nº 5.384 concluiu pela *ampla prescritibilidade*, o que em nosso entender abrange tanto a punitiva quanto a ressarcitória.

Mais recentemente, tramita no Supremo Tribunal Federal a ADI nº 7.452/SC, que questiona a constitucionalidade dos marcos temporais contados a partir da ciência dos fatos previstos na Lei Complementar Estadual nº 819/2023 do Estado de Santa Catarina, que alterou os arts. 83, V, 83-A e 83-B, III, da Lei Complementar nº 202, de 15.12.2000. O argumento é que a contagem do prazo prescricional a partir da data da ocorrência do fato não seria compatível com o modelo federal de controle externo. A Procuradoria-Geral da República aduziu em sua inicial que na ADI nº 5.384/MG cingiu-se a constitucionalidade da contagem da prescrição da ocorrência do fato apenas na *prescrição punitiva*, não na *prescrição ressarcitória*. Como já dito, não foi esse o entendimento vencedor.

Olvida a Procuradoria-Geral da República que o voto do Min. Alexandre de Moraes, ao julgar a ADI nº 5.384/MG, aplicou prescritibilidade de modo amplo. Lembremos que esse posicionamento teve divergências, a exemplo dos votos vencidos dos Ministros Roberto Barroso, Edson Fachin, Dias Toffoli, Rosa Weber e Nunes Marques, que julgavam parcialmente procedente o pedido. Vejamos as considerações do Min. Alexandre de Morais em seu voto:

> Verifica-se, portanto, que este SUPREMO TRIBUNAL FEDERAL vem construindo entendimento segundo o qual a prescrição é a regra no sistema constitucional brasileiro,

---

[17] Art. 110-E. Prescreve em cinco anos a pretensão punitiva do Tribunal de Contas, considerando-se como termo inicial para contagem do prazo a data da ocorrência do fato.

decorrente da própria sistemática da Constituição Federal. Nessa medida, as regras de imprescritibilidade estabelecidas constitucionalmente devem ser interpretadas de modo restritivo, em razão da incidência de valores constitucionais de elevada estatura jurídico-política, mormente a segurança jurídica.

Assim, ao instituir a prescrição e a decadência no âmbito da atuação da Corte de Contas mineira, a Assembleia Legislativa do Estado de Minas Gerais foi ao encontro dessa linha interpretativa, não havendo que se falar em violação ao art. 37, §5º, da Constituição Federal, ou ao princípio da simetria.

Por certo o STF irá se debruçar novamente sobre o tema por ocasião do julgamento da ADI nº 7.452/SC. De toda sorte, o mais relevante dos precedentes tratados nesse tópico é afastar, vez por todas, o argumento ainda reinante em alguns Tribunais de Contas de que as decisões do STF sobre a prescrição para constituição e execução do título executivo extrajudicial a eles não se aplicariam. Se aplica, há efeito vinculante e *erga omnes*, e seu descumprimento pelos Tribunais de Contas autoriza o uso da reclamação constitucional para fazer prevalecer a autoridade da Suprema Corte em suas decisões no controle concentrado.

Os Tribunais de Contas e a forçada mudança de rumo no trato da prescrição

O descompasso entre STF e os Tribunais de Contas sobre a prescrição começou a ficar insustentável. Diversas ações judiciais que visam desconstituir os títulos executivos extrajudiciais decorrentes de processos de contas passaram a lograr êxito pela ocorrência do prazo prescricional, forte no entendimento do STF.[18]

Em um primeiro momento, os Tribunais de Contas passaram a *driblar*[19] a decisão do STF, ora limitando o entendimento à fase executória da decisão ou simplesmente pretendendo aferir o elemento subjetivo "dolo" em supostas condutas ímprobas, para escaparem do entendimento fixado nos Temas de Repercussão Geral 666, 897 e 899. Tal proceder, além de contrariar a própria dicção do Tema 899 no sentido de que "o TCU não julga pessoas, não perquirindo a existência de dolo decorrente de improbidade administrativa", viola a própria competência da jurisdição civil, a única que pode pronunciar-se sobre atos de improbidade administrativa no Brasil.

Esse modo de proceder parece caminhar na linha do "movimento de fuga" do TCU da jurisprudência do STF, bem trabalhado por André Rosilho e Eduardo Jordão, que indicam três comportamentos distintos do TCU: i) "ainda não ouvi", onde ignora-se a decisão cuja *ratio decidendi* se aplica ao TCU; ii) "ouvi, mas à minha maneira", onde reconhece a decisão do STF, mas confere-se interpretação restritiva e, finalmente,

---

[18] A exemplo do que decidiu o Tribunal de Justiça de Santa Catarina nos autos da Apelação Cível nº 037432-22.2015.8.24.0023, da relatoria do Desembargador Hélio do Valle Pereira, julgada em 07.07.2020 pela sua 5ª Câmara de Direito Público, oportunidade em que fixou ser aplicável o prazo prescricional quinquenal do art. 1º do Decreto nº 20.910/32 aos procedimentos do Tribunal de Contas de Santa Catarina. No mesmo sentido: TJSC, Apelação Cível nº 0312609-39.2014.8.24.0023, Rel. Desembargador Odson Cardoso Filho, 4ª Câmara de Direito Público, julgada em 03.03.22.

[19] José Sérgio Cristóvam. 'Pode isso, Arnaldo?': O TCU e a tentativa de 'drible da vaca' no Tema 899 do STF. Disponível em: https://www.conjur.com.br/2020-out-03/opiniao-tcu-tenta-aplicar-drible-tema-899-stf. Acesso em: 6 jul. 2024.

iii) "ouvi, mas não concordo", onde se opta por uma situação de enfrentamento do TCU ao STF.[20]

Porém, diante de tantos obstáculos jurídicos para continuarem a sustentar a imprescritibilidade, os Tribunais de Contas começaram a ceder.[21] Destacamos três razões. A primeira, pelo fato das suas decisões estarem sendo objeto de ações judiciais que estão declarando a prescrição punitiva e ressarcitória; isso estava (e está) constrangendo por demais as cortes de contas. A segunda, porque muitos tribunais passaram a se fixar de modo objetivo e pragmático naquilo que vale a pena. É muito mais eficiente e produtivo direcionar esforço material e humano dos Tribunais de Contas na busca do que pode efetivamente ingressar no erário, em vez de se perder tempo com processos que serão declarados prescritos. Mas a terceira razão que nos parece persuadir, ou ao menos *deveria* persuadir as cortes de contas a mudarem seu entendimento, é o risco de produzirem dano ao erário. Explica-se.

Quando os Tribunais de Contas ignoram a regra da prescrição *contra constitutionem* e contra o STF (ex.: TCE/SP),[22] talvez não percebam que haverá condenação em honorários de sucumbência contra a respectiva fazenda pública ao mover a ação de execução do título executivo extrajudicial. Desse modo, ainda que de maneira indesejada (*unintended consequences*), induzem a ocorrência de dano ao erário quando insistem em manter no mundo jurídico um título prescrito, a induzir as respectivas fazendas públicas a procederem sua execução, com a condenação em honorários de sucumbência. Aqui, com o devido respeito, falta aos Tribunais de Contas ainda obstinados com a tese da imprescritibilidade, melhor avaliarem seu posicionamento.

Desde a viragem jurisprudencial operada pelo STF, diversos Tribunais de Contas passaram a disciplinar a prescrição nas cortes de contas. Dentre os atos normativos, destacamos: a Resolução nº 344/2022 do TCU; a Lei Complementar Estadual nº 819/2023 do Estado de Santa Catarina; o Código de Processo Administrativo de Controle Externo do Mato Grosso (LCE nº 752/2022); a Decisão Normativa nº 05/2021 do TC-DF, a Resolução Administrativa nº 03/2023 do TCE-CE, a Resolução TCM-SP/2023 do Tribunal de Contas do Município de São Paulo e ainda a IN (Instrução Normativa) nº 00007/2023 Técnico-Administrativa do Tribunal de Contas dos Municípios de Goiás.

Com efeito, outras cortes de contas já passaram a aplicar a prescrição da pretensão punitiva e ressarcitória em seus acórdãos. Dentre eles, o TCE-AC no Acórdão

---

[20] ROSILHO, André; JORDÃO, Eduardo. TCU e a jurisprudência do STF: controle de contas em fuga? *Revista de Estudos Institucionais*, v. 10, n. 2, p. 326-341, maio/ago. 2024. Disponível em: https://www.estudosinstitucionais.com/REI/article/view/827/934. Acesso em: 6 jul. 2024.

[21] A Nota Recomendatória ATRICON-IRB-CNPTC-ABRACOM nº 02/2023 é muito salutar no sentido de incentivar aos Tribunais de Contas a reconhecerem a prescrição punitiva e ressarcitória. Porém, a Proposta Normativa contida na referida Nota para orientar os demais Tribunais de Contas, a exemplo da Res. TCU 344/2022, também pode gerar algumas perplexidades. Alguns dos marcos iniciais e interruptivos da prescrição sugeridos na Nota, implicam verdadeira imprescritibilidade, a exemplo do art. 3º, IV e V, da Proposta Normativa. Disponível em: https://atricon.org.br/wp-content/uploads/2023/04/Nota-Recomendatoria-Conjunta-n-022023.pdf. Acesso em: 6 jul. 2024.

[22] Há uma certa dificuldade em obtermos a posição oficial de certos Tribunais de Contas quanto à prescrição punitiva e ressarcitória. A expressiva maioria ainda não editou atos normativos ou mesmo propôs projetos de lei para as Assembleias Legislativas Estaduais no intuito de regulamentar o tema. Da pesquisa que fizemos muitas cortes de contas parecem já estar adotando os precedentes do STF em suas próprias decisões. O caso do TCE/SP é muito peculiar porque há flagrante negativa com a edição da Deliberação SEI nº 18068/2021-88. Também o Tribunal de Contas do Rio Grande do Sul, ao menos no momento em que escrevemos este artigo, parece manter seu entendimento pela imprescritibilidade.

nº 13.345/2022, o TCE-ES no Acórdão TC-243/2022, o TCE-GO no Acórdão nº 3689/2022, o TCE/PR no Acórdão nº 525/2022 e Acórdão 1.919/2023, o TCE-RJ no Acórdão nº 136225/2022-PLENV, o TCE-RN no Acórdão nº 300/2022 e o TCE-RO no Processo nº 00413/15-TCE-RO.[23]

No entanto, há importantes tribunais da federação que não editaram seus respectivos atos normativos ou mesmo não estão aplicando a prescrição dúplice nos moldes fixados pelo STF. O Tribunal de Contas do Estado de São Paulo (TCE/SP) editou a Deliberação SEI nº 18068/2021-88 justamente para dizer que não irá aplicar a incidência dos prazos prescricionais. O Tribunal de Contas do Rio Grande do Sul TCE/RS está oscilante na aplicação da prescrição ressarcitória em seus processos de contas.

Depois de tanto tempo relutando em admitir a prescrição, é natural que seu reconhecimento produza impactos, com a significativa redução das condenações punitivas e ressarcitórias. Pois bastou detectar-se a queda nas condenações que se começou a aduzir novamente a insurgência, centrada no tradicional argumento *ad terrorem*[24] do prejuízo ao erário. Conforme divulgado pelo TCU, como consequência da aplicação da prescrição houve a queda das condenações de débitos e multas de 2,3 bilhões no primeiro trimestre de 2022 para R$ 268 milhões nesse ano em relação ao mesmo período, o menor valor dos últimos 15 anos. O levantamento do TCU compreendeu o período de 12.10.2022 a abril de 2023.[25]

O argumento não procede. Por mais sedutora e compreensível que seja a ideia de ressarcimento ao erário, esta deve ocorrer dentro do ordenamento jurídico e de acordo com a interpretação que os tribunais conferem ao texto constitucional, ademais, se esquece que 1) há baixo percentual de ressarcimento ao erário decorrente dos títulos das decisões dos Tribunais de Contas, sem exata correspondência entre a queda nas condenações e a perda ao erário; 2) não é producente aos Tribunais de Contas gastarem tempo em processos que serão declarados prescritos pelo Judiciário, com sérias consequências para as respectivas fazendas públicas e com desperdício de recursos públicos para apuração de dano que não poderá ser executado e 3) mesmo que os processos nos Tribunais de Contas estejam prescritos, caso configure possível ato doloso de improbidade, nada impedirá que o dano ao erário seja apurado no Judiciário, pois o STF manteve a imprescritibilidade nesse caso. Ademais, é evidente que reconhecer a prescrição importa reflexos nos processos ainda em trâmite, ainda mais quando ignorada por tantos anos desde a viragem jurisprudencial do STF.

Apenas para registrarmos nossa posição quando à imprescritibilidade dos atos dolosos de improbidade administrativa (Tema 897), pensamos que o STF se equivocou.

---

[23] Alguns desses precedentes foram colhidos do excepcional Parecer DRR 268/2022 do TCE/SC, produzido a partir da provocação do escritório de advocacia Espíndola & Valgas, que permitiu à Corte de Contas Catarinense evoluir no tema e editar a Lei Complementar Estadual nº 819/2023.

[24] Aqui dizemos *ad terrorem* não para desmerecer as preocupações dos Tribunais de Contas com adequado e necessário ressarcimento ao erário. Mas no sentido de dizer que a reparação de danos causados à fazenda pública, por mais sedutora que seja, se move no mundo do *ordenamento jurídico* (integrado à teoria da norma jurídica), onde os mais apetecíveis e justificados desejos têm de ser refreados.

[25] Os dados foram trazidos pela Folha de São Paulo no dia 16 de julho de 2023. Disponível em: https://www1.folha.uol.com.br/poder/2023/07/condenacoes-de-gestores-publicos-despencam-apos-regra-de-prescricao.shtml?fbclid=PAAaahgmhlEjjEeXQ_7bswmxqZlZKLgUxtgcACmGpMl-vX8D5EDQuU9B-OMnw. Acesso em: 6 jul. 2024.

A questão foi bem analisada por Emerson Gabardo e Rodrigo Pavan de Galões,[26] isso porque: i) atrelou a prescrição à subjetividade do agente; ii) postergou a análise da prescrição para momento processual posterior à instrução e, finalmente, iii) vinculou o instituto da prescrição a um futuro juízo de mérito. Mas, gostemos ou não, essa é a atual compreensão do STF sobre o assunto e mesmo os processos prescritos nos Tribunais de Contas poderão, se configurarem ato doloso de improbidade, ser discutidos no Judiciário.

De toda sorte, o reconhecimento da prescrição punitiva e ressarcitória nas cortes de contas colocou um freio de arrumação em uma situação absolutamente disfuncional,[27] que de há muito deveria ter sido equacionada. As regras de prescrição em processos punitivos e ressarcitórios são um impositivo constitucional. O Judiciário as tem. Quem responde a um processo por crime está sujeito à prescrição, inclusive os crimes praticados contra a Administração Pública. Não só. As ações de improbidade passaram a ter prescrição intercorrente de quatro anos, pois também levavam décadas para serem julgadas. Os processos disciplinares também têm seu lapso prescricional. Se não for apurado a tempo, um servidor público que tenha cometido alguma grave falta funcional, por mais que isso nos desagrade, permanecerá no serviço público pela ocorrência da prescrição.

Alguns problemas a serem equacionados no trato da prescrição nos Tribunais de Contas

Como vimos anteriormente, o reconhecimento da prescrição quinquenal pelo STF ocorre tanto em repercussão geral como em sede de controle concentrado. Igualmente a Corte Constitucional tem fixado a prescrição da ação punitiva pela Administração Pública Federal em cinco anos, contados da prática do ato, ou no caso de infração continuada, do dia que tiver cessado (art. 1º da Lei nº 9.873/1999).

Porém, diante das peculiaridades dos processos de contas e fiscalização, se tem procurado conciliar o marco inicial da Lei nº 9.873/1999, "com lapso temporal que não esteja sob responsabilidade ou atribuição da própria Corte de Contas" (ADI nº 5.509/CE). Nesse sentido que o STF estabeleceu na referida ADI nº 5.509/CE alguns marcos temporais específicos, a exemplo da omissão de prestar contas; do conhecimento da irregularidade por iniciativa própria dos Tribunais de Contas nos casos de auditorias e inspeções ou mesmo quando são levadas informações para a instauração de tomada de contas especial.

Pensamos ser mais acertado o entendimento do STF em julgado aplicável como marco inicial a data da prática do ato ou da sua cessação (art. 1º da Lei nº 9.873/1999)

---

[26] Em alentado estudo sobre os paradoxos da decisão do STF sobre a imprescritibilidade dos atos de improbidade administrativa dolosos, Emerson Gabardo e Rodrigo Pavan de Valões bem demonstram os equívocos processuais da solução encontrada pelo Supremo que violam o devido processo legal, bem como a desnaturação do próprio instituto da prescrição, que visa conferir segurança jurídica, pois subordina a ocorrência da prescrição a um futuro juízo de mérito quanto à ocorrência ou não de ato doloso. Disponível em: https://pdfs.semanticscholar.org/c6da/300e8f324270e6dc559a4e83e7e39c33c163.pdf. Acesso em: 6 jul. 2024.

[27] Sobre c conceito de disfunção do controle externo, fazemos remissão ao nosso texto: SANTOS, Rodrigo Valgas dos. *Direito administrativo do medo*: risco e fuga da responsabilização dos agentes públicos. 3. ed. São Paulo: Thomson Reuters Brasil, 2023.

em diversos dos seus precedentes, distanciando-se da ADI nº 5.509/CE (que declarou inconstitucional o art. 35-C, parágrafo único, II, da Lei nº 12.160 do Ceará, que previa a contagem da prescrição da data do fato). Com efeito, o STF tem afirmado constitucional o critério estabelecido no art. 1º da Lei nº 9.873/1999, mas está atento à incidência de eventuais causas interruptivas da prescrição. Vejamos alguns desses precedentes que corretamente realinham o decidido na ADI nº 5.509/CE e os aproximam da ADI nº 5.384/MG.

No MS nº 32.201, Rel. Min. Luís Roberto Barroso (DJe 04.08.2017) se aplicou como marco inicial do lapso prescricional a prática do ato (art. 1º da Lei nº 9.873/1999). Como se tratava de conduta omissiva, considerou-se permanente a infração e com a exoneração passou a incidir a prescrição, mas detectou-se causa interruptiva.

No MS 38.545/DF da relatoria do Min. Dias Toffoli (DJe 04.07.2022) também se entendeu pela incidência do art. 1º da Lei nº 9.873/1999 (data da prática do ato ou sua cessação), mas reconheceu-se que a prescrição não tinha se consumado diante da presença de causas interruptivas. O MS 38.783/DF da relatoria do Min. Luís Roberto Barroso (DJe 27.02.2023) também reconheceu a prescrição a partir da prática do ato da sua cessação, mas também a necessidade de se levar em conta os atos interruptivos da prescrição. Nessa linha caminharam o MS 38.138-AgR, Rel. Min. Alexandre de Moraes (DJe 21.09.2021), e o MS 37.913-AgR-ED, Relª. Minª. Rosa Weber (DJe 13.03.2022).

Já no MS 38.978/DF, Rel. Min. Luiz Fux, entendeu-se pela aplicação da Lei nº 9.873/1999 com aplicação das suas causas interruptivas da prescrição. Porém, a despeito de os fatos objeto de apuração terem ocorrido entre 26.09.2008 e 03.11.2011, entendeu-se que o TCU tomou conhecimento dos fatos com a instauração da tomada de contas em 22.10.2021. Tudo indica que o Plenário do STF ainda há de sedimentar melhor os entendimentos exarados nas ADIs nºs 5.509/CE e 5.384/MG e ainda teremos o tema revisitado, a exemplo da ADI nº 7.452/SC.

Uma vez postas essas premissas legais e jurisprudenciais, cabe avaliarmos como os Tribunais de Contas vêm regulamentando a prescrição nos processos de contas através de leis ou atos normativos e se estes atos estão, uma vez mais, frustrando a incidência da prescrição nos moldes fixados pelo STF. Aqui nos interessa analisar as cortes de contas que estão regulamentando o tema e reconhecendo a dúplice prescrição, pois já vimos que muitas ainda não pretendem fazê-lo.

Comecemos pelo TCU. A Corte de Contas editou sua Resolução TCU nº 344/2022 (com as modificações feitas pela Res. TCU nº 367/2024) adotando a incidência da prescrição punitiva e ressarcitória quinquenal, além da prescrição intercorrente trienal. Todavia, a despeito do evidente avanço em se reconhecer a prescrição, o regramento do tema na Res. TCU nº 344/20222 tem alguns problemas que certamente hão de bater à porta do Judiciário. Algumas das regras adotadas pelo TCU contrastam tanto com a jurisprudência do STF como com a própria Lei nº 9.873/1999. Atente-se que a Res. nº 344/2022 é norma infralegal, o que traz um problema adicional porquanto não pode criar regras substancialmente distintas de matéria objeto de lei formal.

Alguns dos dispositivos da Res. TCU nº 344/2022 ampliam *ad aeternum* a incidência do prazo prescricional, e, com isso, driblando uma vez mais o posicionamento do STF sobre a questão. Aliás, o ato normativo do TCU menciona já no seu art. 1º a ADI nº 5.509/CE, mas nada diz da ADI nº 5.384/MG. É dizer: escolhe um precedente sem mencionar outros mais recentes, deixando a entrever que continua com a firme posição institucional de apenas *tolerar* a prescrição dúplice, contornando-a sempre que possível, como de fato o fez.

Isso não passou despercebido ao Supremo Tribunal Federal. No MS nº 37941 (Segunda Turma, Sessão Virtual de 31.03.2023 a 12.04.2023), Redator para o Acórdão Min. Gilmar Mendes:

> Entendo, no entanto, que essa diretriz jurisprudencial — potencializada ao extremo pela Corte de Contas com a Resolução nº 344/2022 — muito embora tenha logrado êxito em solucionar de maneira eficaz a problemática relativa à falta de previsão legal específica do lapso prescricional a ser observado pelo TCU, *ensejou, em alguns casos, o retorno, por vias transversas, da inaceitável (e já refutada) tese da imprescritibilidade das ações de ressarcimento.* Explico.
>
> Isso porque prevalece o entendimento de que o prazo prescricional *pode ser interrompido por uma quantidade indefinida de vezes*, bastando que para isso se esteja diante, por exemplo, de "qualquer ato inequívoco, que importe apuração do fato", na dicção do art. 2º, II, da Lei nº 9.873/1999.
>
> Ora, conforme afirmado por esta Corte, *a prescritibilidade é a regra no direito brasileiro*. Admitir-se que o prazo prescricional possa ser interrompido por um número indeterminado de vezes, bastando que para isso se verifique a ocorrência de uma das causas previstas no art. 2º da Lei nº 9.873/1999, seria o mesmo que, na prática, *chancelar a tese da imprescritibilidade das apurações levadas a efeito pelo TCU*, o que, como já observado, não encontra ressonância no ordenamento jurídico brasileiro.

Vejamos algumas perplexidades que indicam que o TCU, bem como os demais Tribunais de Contas que se inspirarem nesse modelo de resolução, continuarão a aplicar um regime imprescritibilidade punitiva, especialmente a ressarcitória.

A Resolução TCU nº 344/2022, em vez de observar o disposto na Lei nº 9.873/1999 — a qual entendeu o STF submete-se o TCU —, a descumpriu exponencialmente. Não seria difícil contemplar o art. 1º da Lei nº 9.873/1999 com as peculiaridades do processo de contas. O início do prazo prescricional previsto na Res. nº 344/2022 em seu art. 4º, incisos I (data em que as contas deveriam ser prestadas ou da sua omissão); II (data da apresentação da prestação de contas) e V (dia que tiver cessado a irregularidade permanente ou continuada); parece adequado e consentâneo ao já decidido pelo STF.

Porém o art. 4º, III (termo inicial da data da denúncia ou representação) e IV (da data do conhecimento da irregularidade pelo TCU ou dos órgãos de controle) da Res. TCU nº 344/2022, simplesmente leva à imprescritibilidade da pretensão punitiva e ressarcitória. Vejamos um pouco melhor esses dois dispositivos,

O artigo 4º, III, da Res. nº 344/2022 determina que o termo inicial será contado: "Art. 4º III - do recebimento da denúncia ou da representação pelo Tribunal ou pelos órgãos de controle interno, quanto às apurações decorrentes de processos dessas naturezas;". Vamos supor que alguém faça uma denúncia ao TCU de um fato possivelmente ilícito ocorrido há 10, 20 ou 30 anos. O recebimento da denúncia ou da representação nos termos da Res. nº 344/2023 como marco inicial da prescrição implica verdadeira imprescritibilidade. Afinal, descarta todo o tempo decorrido antes da prática do ato ou da sua cessação, para afirmar que jamais haverá prescrição de um fato cuja denúncia chega ao TCU a qualquer tempo. Isso viola os precedentes do STF no tema.

A outra hipótese de contagem do prazo inicial da prescrição na forma da Res. TCU nº 344, e que na prática leva à imprescritibilidade, é a seguinte: "art. 4º (...) IV - da data do conhecimento da irregularidade ou do dano, quando constatados em fiscalização realizada pelo Tribunal, pelos órgãos de controle interno ou pelo próprio órgão ou entidade da Administração Pública onde ocorrer a irregularidade;".

Nem precisamos argumentar muito, constatar que o marco prescricional inicial da data do conhecimento da irregularidade quando constatado pelo próprio TCU ou pelos demais órgãos de controle interno ou pela própria Administração pode frustrar completamente a incidência dos prazos prescricionais. Por essa lógica, se daqui a 20 anos for detectada pelo Tribunal uma irregularidade ou dano, nada impedirá que se inicie o cômputo do prazo prescricional. Aliás, essa redação é um retrocesso[28] da própria Instrução Normativa nº 71/2012, que estabelecia o prazo decenal de prescrição da *ocorrência do dano* e a primeira notificação dos responsáveis. Faltou compatibilizar o conhecimento de irregularidades e denúncias pelo TCU com a referência temporal objetiva da ocorrência da prática do ato ou fato ilícito.

Exatamente isso que procurou resolver o Código de Processo Administrativo de Controle Externo do Estado do Mato Grosso — LCE nº 752/2022. A data inicial da prescrição, quando da constatação da fiscalização do próprio tribunal ou denúncia, ficou bem melhor equacionada na LCE nº 752/2022, cujo art. 83, III, prevê: "Art. 83 As pretensões punitiva e de ressarcimento decorrentes do exercício de controle externo pelo Tribunal de Contas prescrevem em 5 (cinco) anos, contados a partir da data: (...) III - do protocolo do processo, quando a irregularidade ou o dano forem constatados em fiscalização realizada pelo Tribunal de Contas, ou mediante denúncia ou representação de natureza externa, *desde que, da data do fato ou ato ilícito ou irregular, não se tenham ultrapassado 5 (cinco) anos;*" (grifo nosso).

Perceba-se que, dada a natural importância do TCU para os demais Tribunais de Contas, esse modelo — que ignora a data da prática do ato ou da irregularidade — tende a ser replicado em todo o país e, certamente, trará muitos problemas para a efetiva adoção da prescritibilidade do dano ao erário no Brasil. Há atos normativos muito melhores em outros Tribunais de Contas pelo Brasil e que podem melhor regulamentar o tema da prescrição.

Um dos bons exemplos a servir de inspiração para a contagem do marco inicial da prescrição aos demais Tribunais de Contas do País é o do Tribunal de Contas do Estado de Santa Catarina, modelo bem superior ao previsto na Res. nº 344/TCU. A Lei Complementar Estadual catarinense nº 819/2023 (o TCE/SC já começa acertando em utilizar-se de lei e não de resolução como ato infralegal) prevê as seguintes hipóteses:

> Art. 83-B. O prazo de prescrição é contado:
> I - da data em que as contas deveriam ter sido prestadas, no caso de omissão no dever de prestação de contas;
> II - da data legal para a apresentação da prestação de contas ao órgão competente para a sua análise inicial; ou
> III - da data da ocorrência do fato ou, no caso de irregularidade permanente ou continuada, do dia em que tiver cessado a permanência ou a continuidade.

---

[28] Como bem asseverado por Andrei Aguiar. A nova regulamentação da prescrição no TCU. Disponível em: https://www.migalhas.com.br/depeso/376405/a-nova-regulamentacao-da-prescricao-no-tcu. Acesso em: 6 jul. 2024.

A LCE nº 819/2023 de Santa Catarina foi mais fidedigna ao modelo proposto na Lei Federal nº 9.873/1999, considerando a data do fato como marco inicial da prescrição, mas, para que a Corte de Contas catarinense pudesse ter tempo hábil para apreciar eventuais danos ao erário, considerou-se a incidência de causas interruptivas da prescrição.

Atente-se que tramita no STF a ADI nº 7.452, que discute a constitucionalidade da LCE nº 819/2023, mas, como já vimos anteriormente, não nos parece existir qualquer violação ao modelo de controle externo no âmbito federal, tampouco violação ao princípio da simetria, como bem externado no voto vencedor do Min. Alexandre de Moraes, que aplicou a prescritibilidade punitiva e ressarcitória na ADI nº 5.384.

Igualmente, a citada LCE nº 752/2022 do Mato Grosso considera como marco inicial a data do fato ou do ilícito quando prevê no art. 83, IV, na LCE nº 752/2022, que a contagem inicial da prescrição pode dar-se: "IV - da cessação do estado de permanência ou de continuação no caso de irregularidade permanente ou continuada" e, como visto, sua conjugação com o art. 83, III, da LCE nº 752/2022 reforça ainda mais esse aspecto, pois limita que as fiscalizações ou denúncias atentem à *data do fato* ou do *ato ilícito*.

Já quanto à interrupção da prescrição um dos principais problemas do art. 5º, §1º, da Res. TCU nº 344/2022, é a interrupção da prescrição por uma mesma causa, não apenas por causas distintas, a saber: "Art. 5º A prescrição se interrompe: (...) §1º A prescrição pode se interromper mais de uma vez por causas distintas ou por uma mesma causa desde que, por sua natureza, essa causa seja repetível no curso do processo".

Tal regramento confronta diretamente com a Lei nº 9.873/1999 que não prevê a possibilidade de infindas interrupções. Ora, diante do reconhecimento da nulidade da primeira decisão condenatória recorrível, se abriria novo marco temporal entre a primeira decisão recorrível e a segunda? Pensamos que não. Essa ausência de limites da ocorrência de interrupção da prescrição por uma mesma causa poderá frustrar completamente o instituto da prescrição nos moldes já reconhecidos no STF.

Já a interrupção *por qualquer ato inequívoco de apuração do fato* prevista no art. 5º, II, da Res. TCU nº 344/2022 precisa ser corretamente interpretada, sob pena de constituir verdadeira imprescritibilidade ou violação ao prazo quinquenal. Desse modo, quando deflagrada uma tomada de contas especiais, é inequívoco para o órgão de controle que deve apurar aquele fato, ainda que genérico, sob o risco de que com a descoberta de cada "novo fato" se postergue indefinidamente a prescrição.[29] Ora se o TCU já tem acesso a certas apurações de irregularidades porque deflagrou a TCE com objeto definido, é certo que não poderá indefinidamente alegar que descobriu alguma "novidade" para deixar de cumprir seu dever de apurar irregularidades dentro do prazo quinquenal.

Ainda relevante que no MS 38.615 o Min. Nunes Marques tenha asseverado que "(...) a afirmativa segundo a qual, a interrupção da prescrição se dá por qualquer ato inequívoco, que importe apuração do fato, somente me parece válida quando o interessado tem conhecimento de que a Administração deu início ou praticou algum ato vocacionado a apurar fatos a ele ligados". Destacando em seu voto: "Ora, o gestor ou a pessoa responsável por bens públicos não pode ficar *ad aeternum* sujeito ao poder fiscalizatório e punitivo da Administração".

---

[29] Sobre o problema dos riscos de se abrir uma tomada de contas genérica, com futuros desdobramentos que possam protelar a prescrição: OLIVEIRA, Gustavo Justino; SCHIEFLER, Gustavo. A aplicação da prescrição aos processos em trâmite no TCU. Disponível em: https://www.conjur.com.br/2021-out-31/aplicacao-prescricao--aos-processos-tramite-tcu. Acesso em: 6 jul. 2024.

Portanto, o conceito de *ato inequívoco* para fins de interrupção da prescrição pressupõe a efetiva comunicação ao interessado para que possa exercer a garantia do contraditório e da ampla defesa, concretizando a publicidade à apuração. Como bem asseveram Gustavo Justino de Oliveira e Gustavo Schiefler: "Enquanto os potenciais responsáveis não forem sequer identificados e não houver publicidade de que determinados fatos estão sob apuração, o prazo prescricional deve seguir em curso, pois a apuração ainda não é inequívoca, sobretudo para aqueles que precisam conhecê-la para poderem se acautelar e exercer, mesmo que futuramente, o contraditório e a ampla defesa".[30]

No MS 36.810/DF da relatoria do Min. Dias Toffoli (DJe 19.05.2022), apesar de ter desconsiderado a prévia intimação como suficiente para interrupção da prescrição para fins de ato inequívoco, há diversos outros precedentes do STF, que vão em sentido oposto, entendendo que o prazo prescricional não se interrompe sem prévia intimação, a exemplo do citado MS 38.615, Rel. Min. Nunes Marques (DJe 13.10.2022), onde apenas após 20 anos deu-se a citação do interessado; ou qualquer que seja o prazo superior ao quinquenal como no MS 38.223/DF, Rel. Min. Nunes Marques (DJe 02.12.2021); MS 38.288/DF da Rel. Min. Cármen Lúcia (DJe 23.11.2021) ou ainda no recente MS 37.902/DF, Rel. Min. Nunes Marques (DJe 17.03.2023).

Igualmente o art. 6º da Res. TCU 344/2022 pode criar problemas para interrupção da prescrição. A norma estabelece: "Art. 6º Aproveitam-se as causas interruptivas ocorridas em processo diverso, quando se tratar de fato coincidente ou que esteja na linha de desdobramento causal da irregularidade ou do dano em apuração." Tratando-se de fato coincidente em processo diverso, até poder-se-ia cogitar da interrupção, mas há dificuldades em se fazer a respectiva correlação entre os processos, até para que o investigado noutro processo possa estar ciente do marco interruptivo e tenha acesso e integral ciência de processo diverso do seu. Mas a ideia de que "esteja na linha de desdobramento causal da irregularidade" ou do "dano em apuração" também poderá levar para as calendas gregas os marcos interruptivos e certamente irá gerar atritos.

Essa interrupção do prazo prescricional por processos diversos e sem que tenha havido a notificação do responsável, como bem relatam Vitória Damasceno e Mariana Carvalho, contrasta com decisões do STF, a exemplo do MS. 38.614, Rel. Min. Luís Roberto Barroso (DJe 20.03.2023), onde exigiu-se que para interrupção da prescrição por ato inequívoco é necessária a identidade entre as irregularidades investigadas e aquelas que futuramente venham a justificar o exercício da pretensão punitiva.[31]

Não objetivamos nesse texto tratar de todas as causas interruptivas da prescrição previstas na Res. TCU nº 344/2022 c/c Res. 376/2024 e suas implicações para o efetivo reconhecimento da prescritibilidade da pretensão punitiva e ressarcitória, mas apenas destacar que muitas delas certamente trarão problemas quanto à segurança jurídica e ao instituto da prescrição, o que certamente implicará novas judicializações.

Por fim, necessário o tratamento da prescrição intercorrente, inclusive para fins de planejamento do controle externo e duração razoável do processo (art. 5º, LXXVII da CR), a Res. TCU nº 344/2022 fixou no seu art. 8º em três anos a prescrição

---

[30] Ibidem.
[31] DAMASCENO, Vitória e CARVALHO, Mariana. Prescrição no controle de contas: fim das divergências entre TCU e STF? Disponível em: https://www.jota.info/opiniao-e-analise/colunas/controle-publico/prescricao-no-controle-de-contas-fim-das-divergencias-entre-tcu-e-stf-23112022. Acesso em: 6 jul. 2024.

intercorrente quando o processo ficar paralisado por mais de três anos, pendente de julgamento ou despacho, excetuados atos como pedido de vista, certidões ou juntada de substabelecimento, que não interfiram de modo relevante no curso das apurações. Além disso, a ocorrência de causas impeditivas, suspensivas e interruptivas também tem reflexo na prescrição intercorrente (art. 8º, §2º).

Conclusões

A partir dos entendimentos do STF nos Temas 666, 897 e 899, além do decidido nas ADIs nºs 5.509/CE e 5.384/MG, podemos afirmar categoricamente: toda ação de ressarcimento ao erário é prescritível, à exceção daquela tipificada como ato doloso de improbidade administrativa.

Esse entendimento é cogente para todos os Tribunais de Contas do Brasil, tanto porque decorre de tema de repercussão geral, que são vinculantes pelo CPC/2015 no sentido de expressarem o entendimento do STF sobre a norma jurídica que rechaçou a imprescritibilidade. Norma é texto legal decorrente da interpretação dos tribunais e as cortes de contas não podem desconsiderá-la.

Além disso, também foi reconhecida a prescritibilidade constitutiva e executória das decisões nos processos de contas. O entendimento na ADI nº 5.509/CE e nº 5.384/MG que reconheceu a prescrição quinquenal é vinculante e *erga omnes* para todas as cortes de contas. Destaca-se que, no último julgamento no STF quanto ao início do marco prescricional em controle concentrado (ADI nº 5.384/MG), entendeu-se que a prescrição deve contar da ocorrência do fato (cf. Lei nº 9.873/1999), posicionamento que vem sendo seguido em outros recentes precedentes do STF, a despeito do tema ainda não estar de todo sedimentado em sede de mandados de segurança. Isso certamente levará a uma nova revisitação do tema, a exemplo da ADI nº 7.452/SC.

Os Tribunais de Contas no Brasil, apesar de muita resistência ao entendimento do STF, vêm gradativamente reformulando seu entendimento pela prescrição dúplice (*punitiva* e *ressarcitória*). Isso decorre do fato de suas decisões: i) estarem sendo objeto de ações judiciais que estão declarando a prescrição; ii) começam a visar uma perspectiva mais pragmática, fixando-se naquilo que vale a pena investir esforço material e humano na busca do ressarcimento ao erário; iii) correrem o risco de produzirem dano ao erário em insistirem em constituir títulos executivos extrajudiciais, cuja execução pela respectiva fazenda pública irá implicar condenação em honorários de sucumbência do título executado.

Contudo, ainda há cortes de contas que não editaram seus respectivos atos normativos ou mesmo estão se recusando expressamente a aplicar a prescrição dúplice nos moldes fixados pelo STF. O Tribunal de Contas do Estado de São Paulo (TCE/SP) editou a Deliberação SEI nº 18068/2021-88 justamente para dizer que não irá aplicar a incidência dos prazos prescricionais. O Tribunal de Contas do Rio Grande do Sul TCE/RS está oscilante na aplicação da prescrição ressarcitória em seus processos de contas. Também o Tribunal de Contas dos Municípios de Goiás, através da Resolução Administrativa RA nº 00016/2022, não tem aplicado a prescrição da pretensão ressarcitória, apenas a punitiva.

Ainda carecemos de uma sistematização de quais Tribunais de Contas estão efetivamente cumprindo, recusando-se a cumprir ou mesmo contornando normativamente a prescrição nos processos de contas no Brasil. Neste texto, apontamos um quadro bastante considerável em todos os níveis de Tribunais de Contas (26 nos estados; 3 dos municípios: BA, GO e PA; 2 dos municípios de SP e RJ, TCDF e TCU), mas sem exaustiva análise de todos os 33 Tribunais de Contas.

Começa a ganhar terreno uma nova insurgência baseada no argumento *ad terrorem* do prejuízo ao erário. Conforme divulgado pelo TCU, como consequência da aplicação da prescrição houve a queda das condenações de débitos e multas de 2,3 bilhões no primeiro trimestre de 2022 para R$ 268 milhões nesse ano em relação ao mesmo período, o menor valor dos últimos 15 anos. O levantamento do TCU compreendeu o período de 12.10.2022 a abril de 2023.

O argumento não procede. Por mais sedutora e compreensível que seja a ideia de ressarcimento ao erário, esta deve ocorrer dentro do ordenamento jurídico e de acordo com a interpretação que os tribunais conferem ao texto constitucional, ademais, se esquece que i) há baixo percentual de ressarcimento ao erário decorrente dos títulos das decisões dos Tribunais de Contas, sem exata correspondência entre a queda nas condenações e a perda ao erário; ii) não é producente aos Tribunais de Contas gastarem tempo em processos que serão declarados prescritos pelo Judiciário, com sérias consequências para as respectivas fazendas públicas e com desperdício de recursos públicos para apuração de dano que não poderá ser executado e iii) mesmo que os processos nos Tribunais de Contas estejam prescritos, caso configure possível ato doloso de improbidade, nada impedirá que o dano ao erário seja apurado no Judiciário, pois o STF manteve a imprescritibilidade nesse caso.

Alguns dos dispositivos da Res. TCU nº 344/2022 ampliam eternamente a incidência do prazo prescricional, e, com isso, driblando uma vez mais o posicionamento do STF sobre a questão. Esse é um sério indicativo de que o Tribunal de Contas da União e outras cortes de contas que se inspirarem nesse modelo apenas *toleram* a prescrição dúplice, contornando-a sempre que possível.

Há Tribunais de Contas que vêm resolvendo de modo muito mais adequado que o TCU, na Res. nº 344/2022, o tema da prescrição, como o Tribunal de Contas do Estado de Santa Catarina (LCE nº 819/2023) e o Tribunal de Contas do Mato Grosso (LCE nº 752/2022).

Apesar do inegável avanço pelo TCU na edição da Resolução TCU nº 344/2022 e do advento de resoluções ou leis dos demais Tribunais de Contas regulamentando a prescrição punitiva e ressarcitória, ainda há muitos problemas a serem resolvidos, especialmente diante da insegurança jurídica decorrente da fixação dos marcos prescricionais iniciais e interruptivos em algumas destas normas, o que pode frustrar completamente o entendimento do STF no tema. O que parecia o fim da novela certamente terá cenas dos próximos capítulos.

Referências

AGUIAR, Andrei. A nova regulamentação da prescrição no TCU. Disponível em: https://www.migalhas.com.br/depeso/376405/a-nova-regulamentacao-da-prescricao-no-tcu Acesso em: 6 jul. 2024.

ÁVILA, Humberto. *Segurança jurídica*: entre permanência, mudança e realização no Direito Tributário. 2. ed. São Paulo: Malheiros, 2012.

BANDEIRA DE MELLO. Celso Antônio. *Curso de direito administrativo*. 36. ed. Belo Horizonte: Fórum, 2023.

CABRAL, Flávio Garcia no seu: Como o Tribunal de Contas da União tem se comportado ao longo da Constituição de 1988? Disponível em: http://www.revistaaec.coCm/index.php/revistaaec/article/view/1579/915. Acesso em: 6 jul. 2024.

CRISTÓVAM, José Sérgio. O TCU e a tentativa de 'drible da vaca' no Tema 899 do STF. Disponível em: https://www.conjur.com.br/2020-out-03/opiniao-tcu-tenta-aplicar-drible-tema-899-stf. Acesso em: 6 jul. 2024.

DAMASCENO, Vitória; CARVALHO, Mariana. Prescrição no controle de contas: fim das divergências entre TCU e STF? Disponível em: https://www.jota.info/opiniao-e-analise/colunas/controle-publico/prescricao-no-controle-de-contas-fim-das-divergencias-entre-tcu-e-stf-23112022. Acesso em: 6 jul. 2024.

FREITAS, Juarez. *A interpretação sistemática do direito.* 5. ed. São Paulo: Malheiros, 2010.

GABARDO, Emerson; VALÕES, Rodrigo Pavan. Ação de ressarcimento ao erário por ato doloso de improbidade e o condicionamento da prescrição à subjetividade do agente. *Revista do Direito*, Santa Cruz do Sul, n. 64, p. 112-137, maio/ago. 2021. Disponível em: https://pdfs.semanticscholar.org/c6da/300e8f324270e6dc559a4e83e7e39c33c163.pdf. Acesso em: 6 jul. 2024.

GOUVÊA, Luís Felipe. *Precedentes vinculantes e meios de impugnação no CPC/15.* Rio de Janeiro: Lumen Juris, 2018.

LAUDAN, Larry. *O progresso e seus problemas*: rumo a uma teoria do crescimento científico. Tradução: Roberto Leal Ferreira. São Paulo: Editora Unesp, 2011, p. 86-91.

OLIVEIRA, Gustavo Justino; SCHIEFLER, Gustavo. A aplicação da prescrição aos processos em trâmite no TCU. Disponível em: https://www.conjur.com.br/2021-out-31/aplicacao-prescricao-aos-processos-tramite-tcu. Acesso em: 6 jul. 2024.

RAMALHO, Dimas. *A prescrição nos tribunais de contas.* Disponível em: https://www.tce.sp.gov.br/6524-artigo-prescricao-tribunais-contas-dimas-ramalho. Acesso em: 6 jul. 2024.

ROSILHO, André; JORDÃO, Eduardo. TCU e a jurisprudência do STF: controle de contas em fuga? *Revista de Estudos Institucionais*, v. 10, n. 2, p. 326-341, maio/ago. 2024. Disponível em: https://www.estudosinstitucionais.com/REI/article/view/827/934. Acesso em: 6 jul. 2024.

Folha de São Paulo no dia 16 de julho de 2023. Disponível em: https://www1.folha.uol.com.br/poder/2023/07/condenacoes-de-gestores-publicos-despencam-apos-regra-de-prescricao.shtml?fbclid=PAAaahgmhlEjjEeXQ_7bswmxqZlZKLgUxtgcACmGpMl-vX8D5EDQuU9B-OMnw. Acesso em: 6 jul. 2024.

SANTOS, Rodrigo Valgas dos. *Direito administrativo do medo*: risco e fuga da responsabilização dos agentes públicos. 3. ed. São Paulo: Thomson Reuters Brasil, 2023.

Informação bibliográfica deste livro, conforme a NBR 6023:2018 da Associação Brasileira de Normas Técnicas (ABNT):

VALGAS, Rodrigo. Prescrição nos Tribunais de Contas: acertos, desacertos e desafios. *In*: PASQUALINI, Alexandre; CUNDA, Daniela Zago Gonçalves da; RAMOS, Rafael (coord.). *Direito, sustentabilidade e inovação*: estudos em homenagem ao professor Juarez Freitas. Belo Horizonte: Fórum, 2025. p. 643-661. ISBN 978-65-5518-957-5.

O DEVER DE FUNDAMENTAÇÃO DA DECISÃO JUDICIAL E INTELIGÊNCIA ARTIFICIAL: DESAFIOS AO PODER JUDICIÁRIO

ROGÉRIO GESTA LEAL

I Notas introdutórias

O objeto deste artigo é avaliar em que medida o uso de IA em atos jurisdicionais decisionais deve e pode observar os ditames normativos vinculantes (constitucionais e infraconstitucionais) existentes no país à realização destes, e de que modo é possível e necessário controlar tais procedimentos.

Em face disto, a hipótese que vamos defender é que o Poder Judiciário brasileiro precisa regulamentar de forma mais adequada o uso da IA no âmbito de suas atribuições, nomeadamente no que tange a decisões judiciais que impactam direitos e garantias fundamentais, propondo algumas sugestões pragmáticas para tanto.

Elegemos desenvolver este texto a partir dos seguintes objetivos tópicos: (i) demarcar os fundamentos do dever de motivação das decisões judiciais no sistema jurídico brasileiro; (ii) avaliar alguns riscos da IA na motivação e fundamentação da decisão judicial; (iii) propor, a título de conclusão, algumas medidas de maior controle do uso da IA nas decisões judiciais.

Pretendemos utilizar na pesquisa o método dedutivo, testando nossas hipóteses com os fundamentos gerais a serem declinados. Utilizaremos para tanto técnica de pesquisa com documentação indireta, nomeadamente bibliográfica.

II O que significa o dever de motivação e fundamentação das decisões judiciais?

Desde há muito, e pelos termos do art. 93, IX, da Constituição Federal de 1988, resta consolidada no sistema jurídico brasileiro a obrigatoriedade de toda e qualquer decisão judicial ser adequadamente motivada e fundamentada, o que se dá no devido processo legal. A ausência dessa condição pode determinar que ela seja declarada nula por falta de elemento essencial para poder ser reconhecida como ato jurisdicional válido e eficaz.

O significado atribuído ao comando constitucional de motivação e fundamentação das decisões judiciais está inserido no sistema de garantias que as constituições democráticas criam para a proteção dos indivíduos contra o poder estatal abusivo e, em particular, contra as manifestações desse poder através da jurisdição. A motivação/fundamentação configura-se como critério diferenciador entre racionalidade e arbitrariedade, eis que um raciocínio será arbitrário quando carece de fundamento e motivação.[1]

Em termos conceituais sabemos das ambiguidades existentes entre as categorias da motivação e fundamentação, entretanto, para o presente trabalho, vamos entendê-las como sendo a primeira relacionada ao processo de cognição arrazoada das causas, razões, elementos constitutivos de compreensão dos fatos analisados em sua extensão máxima pelo decisor; enquanto que a segunda remete às relações igualmente complexas de associações daqueles fatos, motivadamente demarcados, com parâmetros normativos (regras e princípios) do sistema jurídico aplicados a eles.[2]

Portanto, o objetivo de salvaguardar a devida motivação/fundamentação, do ponto de vista racional, é garantir ao arguido que a decisão que obteve (favorável ou não aos seus interesses) é produto de fundamentação correta, na qual se levou em consideração os valores e princípios que regem a vida em sociedade contemplados no sistema jurídico vigente, dando origem a decisão socialmente aceitável e objetivamente justa, decorrente de devido processo legal.

Por isso se diz que a motivação/fundamentação das decisões judiciais constitui verdadeiro direito fundamental à proteção jurisdicional efetiva, o que implica o direito de o usuário do sistema de justiça conhecer os motivos daquelas, e de obter resolução baseada na lei.[3]

Para além disso, a motivação/fundamentação das resoluções judiciais supõe a externalização do raciocínio que conduz em face dos fatos provados e das correspondentes considerações jurídicas à decisão, em termos adequados à natureza e às circunstâncias concomitantes, revelando-se como importante aqui a publicização da ponderação efetiva feita pelo Juiz em relação aos valores e bens jurídicos em jogo em cada caso.[4]

---

[1] Como nos diz NIETO GARCIA, Alejandro. *Teoría de la Resolución Judicial*. Madrid: Universidad Complutense, 1998, p. 185. No Brasil ver o texto de NOJIRI, Sérgio. *O dever de fundamentar as decisões judiciais*. São Paulo: Revista dos Tribunais, 1999.

[2] Antonio Magalhães, neste ponto, refere que, sem uma acurada indicação dos motivos, seria impossível identificar a *ratio decidendi*, ou seja, o principio jurídico em que se baseia o pronunciamento judicial. GOMES FILHO, Antonio Magalhães. *A motivação das decisões penais*. São Paulo: Revista dos Tribunais, 2001, p. 73.

[3] Como insiste CORDÒN MORENO, Faustino. *Las Garantías Constitucionales del Derecho Penal*. Navarra: Arazandi, 2009, p. 178.

[4] Neste sentido, ESPINOZA-SALDAÑA BARRERA, Eloy. *Jurisdicción Constitucional, impartición de justicia y debido proceso*. Lima: Ara Editores, 2013, p. 426, adverte que: *Una sentencia que no logra expandir su fuerza de convicción*

Entendemos que num Estado de Direito onde o juiz está sujeito à Constituição e à lei, o mínimo que lhe pode ser exigido é que seja transparente no exercício do seu poder, o que implica tornar públicas as razões de decidir, elemento transcendental do sistema jurídico. A simples previsão da motivação/fundamentação obrigatória no texto constitucional acarreta um freio muito grande à discricionariedade do juiz, o que permite o controle da atividade jurisdicional tanto por violação de lei, ou vícios de interpretação, bem como por defeito ou insuficiência de provas, tudo a exigir exercícios de reflexões multifacetadas.[5]

Podemos afirmar, em face do referido, que a motivação/fundamentação das decisões judiciais cumpre, no mínimo, três finalidades: (i) prevenir erros, na medida em que o juiz deve dar conta do raciocínio — subjetivo e objetivo — pelo qual chegou a sua decisão, e fazendo isto poderia inclusive perceber eventuais equívocos cometidos, podendo corrigi-los; (ii) função endoprocessual, ou de garantia de defesa para as partes, haja vista que aquela obrigação permite conhecer o *iter* formativo da resolução e, como tal, detectar erros que poderiam permanecer ocultos se não fossem explicitados; e (iii) função extraprocessual, ou democrática, de garantia de publicidade (e como tal, exclusão de arbitrariedade), no exercício do poder pelo juiz.[6]

O ponto de partida epistêmico de que partimos é o de que toda a motivação/ fundamentação das resoluções judiciais, direta ou indiretamente, é também um problema da Teoria Geral do Direito, ou seja, sobre onde e como devem ser obtidas, ou são obtidas, as *premissas do raciocínio jurídico conducente do decisor*, e isto porque: *Lo que exigimos de los órganos que toman decisiones públicas es que justifiquen sus decisiones; el razonamiento jurídico es un tipo de razonamiento práctico, no dirigido a explicar, sino a justificar decisiones*.[7]

Mas mesmo no plano dogmático temos diretrizes vinculantes de elementos negativos da fundamentação de qualquer decisão judicial, dadas pelo art. 489 do Código de Processo Civil brasileiro (CPC), a saber:

> §1º Não se considera fundamentada qualquer decisão judicial, seja ela interlocutória, sentença ou acórdão, que: I - se limitar à indicação, à reprodução ou à paráfrase de ato normativo, sem explicar sua relação com a causa ou a questão decidida; II - empregar conceitos jurídicos indeterminados, sem explicar o motivo concreto de sua incidência no caso;

---

a terceros y que, en forma similar a algunos casos recientes, produce repulsa social, engendra la desconfianza y hasta el desprecio del ciudadano hacia la "justicia" que le ofrece el Estado.

[5] Neste ponto vale o excelente trabalho de GRINOVER, Ada Pellegrini. *O controle do raciocínio judicial pelos Tribunais Superiores brasileiros*. In: Revista Ajuris, Porto Alegre, v. 17, n. 50, p. 5-20, nov. 1990. E sob o ponto de vista filosófico desta preocupação ver o texto de REALE, Miguel. *A motivação, requisito essencial da sentença*. In: Questões de direito público. São Paulo: Saraiva, 1997.

[6] Como nos diz ROLDÁN, Santiago. Justificación y motivación de las resoluciones judiciales. Hacia la elaboración de criterios de fundamentación. In: Revista de Derecho Penal y Procesal Penal, n. 9, sept. 2010. Buenos Aires: Abelelo-Perrot, 2010, p. 151: *exigir que los jueces fundamenten sus decisiones tiene un valor agregado ya que constituye uno de los medios con los que se cuenta para intentar evitar que los funcionarios judiciales actúen arbitrariamente. El tener que dar a conocer a terceros la fundamentación de una resolución, ya sea que se lo haga verbalmente o por escrito, exige la elaboración de argumentos y esto no es igual a pronunciar o escribir en un papel una suma de oraciones y párrafos (mucho menos relatar o detallar el contenido de las distintas hojas -o fojas, como las llaman en tribunales- con los que se forman los expedientes). El tener que responder frente a otros por nuestros argumentos nos impulsa a pensar con mayor detenimiento y no resultará nada extraño que, en tal empresa, encontremos errores o inconvenientes en los primeros razonamientos que hacemos (por ej., falacias formales e informales).*

[7] ATIENZA, Manuel. *El sentido del Derecho*. Barcelona: Ariel, 2007, p. 254.

III - invocar motivos que se prestariam a justificar qualquer outra decisão; IV - não enfrentar todos os argumentos deduzidos no processo capazes de, em tese, infirmar a conclusão adotada pelo julgador; V - se limitar a invocar precedente ou enunciado de súmula, sem identificar seus fundamentos determinantes nem demonstrar que o caso sob julgamento se ajusta àqueles fundamentos; VI - deixar de seguir enunciado de súmula, jurisprudência ou precedente invocado pela parte, sem demonstrar a existência de distinção no caso em julgamento ou a superação do entendimento.

E mais, o §2º do mesmo art. 489 impõe ao decisor judicial que *justifique* o objeto e os *critérios gerais da ponderação* efetuada, *enunciando as razões* que autorizam a interferência na norma afastada e as premissas fáticas que fundamentam a conclusão, sendo que, sempre, a decisão judicial deve ser interpretada a partir da conjugação de todos os seus elementos e em conformidade com o princípio da boa-fé (§3º do mesmo dispositivo).[8]

Ou seja, justificar critérios de ponderação que formatam as razões e as premissas que dão causa às conclusões alcançadas pelo julgador implica operar não somente com categorias sintáticas e combinatórias de disposições gramaticais normativas (as quais até podem ser realizadas por algoritmos e robôs treinados/programados), mas reclama também, no mínimo, juízos de naturezas sociais e culturais contextualizadores das pessoas humanas envolvidas — e dos fatos complexos e multifacetados que as envolvem no caso julgado.

Da mesma forma, no Código de Processo Penal brasileiro (CPP), vamos encontrar diversos dispositivos tratando desta matéria, e todos eles fazendo referência àquela necessidade de explicitar a motivação/fundamentação da decisão, de modo que reste claro, dentre outras coisas: (i) a indicação dos motivos de fato e de direito que fundam a escolha sentencial;[9] (ii) o sopesamento das circunstâncias agravantes e atenuantes que reconhece presente na conduta criminosa;[10] (iii) o sopesamento da culpabilidade, dos antecedentes, da conduta social, da personalidade do agente, dos motivos, das circunstâncias e consequências do crime, bem como do comportamento da vítima, para os fins de estabelecer, conforme seja necessário e suficiente para reprovação e prevenção do crime, a pena a ser aplicada ao réu;[11] (iv) as razões pelas quais impõem ou mantêm a prisão preventiva, ou mesmo instituem medidas cautelares restritivas de direitos — ou até medida de segurança.[12]

É evidente que as ações cognitivas e valorativas que demandam estas questões, por conta dos sopesamentos exigidos pela norma, perpassam, em verdade, inúmeros âmbitos do devido processo legal, e até antes dele (envolvendo a vida pregressa dos denunciados, e as circunstâncias exoprocessuais dos fatos criminosos), reclamando do julgador motivações e fundamentações constantes, sob pena de gerar nulidades insanáveis. Como nos informa Carlos Souza:

---

[8] Art. 489: §2º No caso de colisão entre normas, *o juiz deve justificar o objeto e os critérios gerais da ponderação efetuada*, enunciando as razões que autorizam a interferência na norma afastada e as premissas fáticas que fundamentam a conclusão (grifos nossos).

[9] Art. 381, III, CPP.

[10] Art. 387, I, CPP.

[11] Art. 387, II, CPP.

[12] Arts. 375, 378 e 387, §1º, todos do CPP.

Os processos intelectivos, pelos quais o juiz resolve as questões de fato e de direito, são concomitantes: a) ao longo da instrução, o juiz irá apreciando e valorando as provas que estarão sendo produzidas; b) simultaneamente, através dos métodos lógicos, procede à adequação entre as questões suscitadas e as normas que haverá de aplicar. As questões de fato serão apreciadas e valoradas em concomitância com as questões de direito, não se afastando o juiz do objeto da causa... Nesta fase de compreensão das questões, de formação de convencimento, as inúmeras razões ou motivos presentes nos autos se interagem, orientando o juiz a formular uma escala de valoração; são os fatos e circunstâncias, sobretudo, que motivam o convencimento do juiz.[13]

Por tais argumentos é que se revela imprescindível o controle das motivações e dos fundamentos das decisões judiciais, que são inúmeras ao longo do devido processo legal, sempre dinâmico, até chegar a sua conclusão final (trânsito em julgado material).

A partir do exposto, devemos nos perguntar em que medida a motivação/fundamentação da decisão judicial pode ser afetada pelo uso de IA? É o que passamos a tratar.

III Impactos da IA na motivação e fundamentação da decisão judicial

O Supremo Tribunal Federal brasileiro (STF), na gestão do Ministro Luís Roberto Barroso, tem anunciado sua intenção de contar cada vez mais com ferramentas de Inteligência Artificial (IA) para, dentre outras possibilidades, facilitar o trabalho dos magistrados.[14] Mas o que isto significa e como pode alcançar atos jurisdicionais decisórios?

O termo IA encontra inúmeras fontes constitutivas, dentre as quais a expressão cunhada por John McCarthy, em 1956, durante a Conferência de Dartmouth, evento histórico que reuniu vários cientistas importantes da época para discutir a possibilidade de criar uma máquina que pudesse pensar como ser humano, definindo-o mais tarde como a ciência e a engenharia de fabricação de máquinas inteligentes, especialmente programas de computador inteligentes.[15]

Estas IAs utilizam algoritmos e modelos matemáticos para processar grandes quantidades de dados e tomar decisões baseadas em padrões e regras estabelecidas por quem as programa (para alguns autores, é possível isto se dar através do aprendizado da própria máquina, que é a capacidade de aprender de forma autônoma a partir de dados, sem ser especificamente programada para isso[16]), sendo que, hodiernamente, a literatura identifica, modo geral, existirem dois tipos mais hegemônicos de IA:

---

[13] SOUZA, Carlos Aurélio Motta de. Motivação e fundamentação das decisões judiciais e o princípio da segurança jurídica. In: *Revista Brasileira de Direito Constitucional*, vol. 2. n. 7, jan./jun. 2006. São Paulo: Revista dos Tribunais, 2006, p. 362. Tratamos disto também em nossos livros: LEAL, Rogério Gesta. *A decisão judicial*: elementos teórico-constitutivos à efetivação pragmática dos Direitos Fundamentais. Joaçaba: Unoesc, 2012. *Hermenêutica e Direito* — considerações sobre a teoria do direito e os operadores jurídicos. Santa Cruz do Sul: Edunisc, 2002.

[14] Conforme informação disposta no site do STF: https://portal.stf.jus.br/noticias/verNoticiaDetalhe.asp?id Conteudo=522767&ori=1, publicado em 18.12.2023. Acesso em: 29 dez. 2023. Diz ainda a matéria que: *o que se vislumbra é a possibilidade de utilizar o olhar da máquina para sintetizar informações que levariam horas de trabalho.*

[15] Conforme registra COPPIN, Bem. *Artificial Intelligence Illuminated*. London: Jones and Bartlett Publishers, 2014, p. 87. No Brasil ver o didático texto de TEIXEIRA, João de Fernandes. *O que é a IA*. Brasília: Brasiliense, 1990.

[16] Como nos demonstra NILSSON, Nils J. (ed.) *Introduction to machine learning* — an early draft of a proposed textbook. Stanford: Stanford University Press, 1996.

(i) *software*: assistentes virtuais, de análise de imagens, motores de busca ou sistemas de reconhecimento de voz e rosto; (ii) IA integrada: robôs, drones, veículos autônomos ou Internet das Coisas — IC.[17] De qualquer sorte há imensos campos de pouca visibilidade e compreensão destes fenômenos, assim como vantagens e riscos decorrentes de suas aplicações.

A despeito disto, cada vez mais se implementam e aprimoram recursos de tecnologias de informação — TI e IA em diversos setores da vida pública e privada.

Nomeadamente no âmbito do Poder Judiciário temos tido, nos últimos tempos, inúmeras iniciativas neste sentido, dentre as quais podemos nominar, para fins de aprimorar nossa reflexão crítica no âmbito deste trabalho, o programa de IA chamado Victor, adquirido pelo STF já em 2017, cujo escopo seria o de auxiliar o Tribunal na análise dos recursos extraordinários recebidos de todo o país, especialmente quanto a sua classificação em temas de repercussão geral de maior incidência. Sob o aspecto operacional do programa, o site da Corte informa que: *o Victor é uma IA voltada para apoiar a atividade de análise de admissibilidade recursal, mediante sinalização de que um dado tema de repercussão geral, ou mais de um, se aplica ao caso dos autos. Trata-se, portanto, de um indicativo que sempre é validado ou confirmado durante a efetiva apreciação do caso concreto pelos ministros*.[18]

Já em 2023 novo programa foi desenvolvido, chamado de VitórIA, com a finalidade de ampliar o conhecimento sobre o *perfil dos processos recebidos no STF e permitir o tratamento conjunto de temas repetidos ou similares*.[19]

O site de notícias *Poder 360* informa que o STF tem avançado na questão da utilização da IA em suas atividades jurisdicionais e que o Min. Luís Roberto Barroso, Presidente da Corte, durante o 17º Encontro Nacional do Poder Judiciário, realizado pelo Conselho Nacional de Justiça, em Salvador, no dia 04.12.2023, revelou ter encomendado três programas de IA a empresas de tecnologia, a saber: (i) um primeiro programa, cujo escopo é resumir o processo judicial: o *fato relevante*, sentenças de 1º e 2º grau, e as razões do recurso apresentado, oportunizando que o juiz receba o processo completo, com todos os volumes, mas também as *informações resumidas pelo sistema*; (ii) um segundo programa seria similar ao ChatGPT, a ser alimentado com as jurisprudências do STF e STJ, bem como dos demais tribunais do país. A ideia é que o desenvolvedor seja capaz *diante do caso de oferecer uma proposta de solução* com base nas informações disponibilizadas.[20]

O problema que se coloca aqui é que, como se dessume da própria descrição destes programas de IA já operantes junto ao Poder Judiciário Brasileiro — e os novos que virão —,

---

[17] Conforme o já clássico livro de RUSSELL, Stuart; NORVIG, Peter. *IA*. Rio de Janeiro: Elsevier, 2013.

[18] Disponível em: https://portal.stf.jus.br/noticias/verNoticiaDetalhe.asp?idConteudo=471331&ori=1, publicado em 19.08.2021. Acesso em: 3 jan. 2024. O Min. Barroso citou o Programa Victor como prestador de serviço valioso, especialmente nos recursos extraordinários, *separando o que é repetitivo, o que se encaixa em teses firmadas de repercussão geral, com a capacidade de verificar as principais peças do processo*. Disponível em: https://portal.stf.jus.br/noticias/verNoticiaDetalhe.asp?idConteudo=461359&ori=1, publicado em 01.03.2021, acesso em: 3 jan. 2024 (grifos nossos).

[19] Disponível em: https://portal.stf.jus.br/noticias/verNoticiaDetalhe.asp?idConteudo=507120&ori=1, publicada em 11.05.2023, acesso em: 3 jan. 2024. Soma-se a estes programas outro, nominado de RAFA 2030, desenvolvido para integrar a Agenda 2030 da ONU ao STF, que visa a classificação dos processos de acordo com os Objetivos de Desenvolvimento Sustentável (ODS) definidos pelas Nações Unidas.

[20] Conforme informações divulgadas no site do Poder 360: https://www.poder360.com.br/justica/barroso-quer-implementar-uso-de-ia-dentro-do-judiciario/, publicado em 04.12.2023, 22h56min. Acesso em: 29 dez. 2023. O terceiro produto encomendado tem como finalidade criar um sistema de base de dados comum para todo o Judiciário do país, gerando interface única, independentemente do sistema que esteja operando.

eles versam, direta ou indiretamente, sobre decisões judiciais tocantes a: (i) sinalização de que um dado tema de repercussão geral, ou mais de um, se aplica (ou não) ao caso dos autos, o que precisa ser validado ou confirmado durante a efetiva apreciação da matéria pelo magistrado (Victor); (ii) definição de perfil dos processos recebidos no STF, permitindo (ou não) o tratamento conjunto de temas repetidos ou similares (VitórIA); (iii) definição de fato relevante na formatação de resumos processuais; (iv) demarcação de critérios à oferta de proposta de solução de caso concreto (similar ao ChatGPT).

O mesmo se dá no Superior Tribunal de Justiça — STJ, em especial com o projeto/plataforma chamado Athos, *software* que visa analisar processos que possam ser submetidos à afetação para julgamento sob o rito dos recursos repetitivos. No site do Conselho Nacional de Justiça — CNJ, consta a informação de que o *Athos foi desenvolvido a partir de junho de 2019, como forma de intensificar a formação de precedentes qualificados. Nos anos de 2020 e 2021, o sistema teve 40% de participação na formação de controvérsias. Somente 16% dos temas foram cancelados. No período, houve um incremento de 211% no número de requisições das funcionalidades disponíveis no sistema.*[21] Esta plataforma agrega processos por critérios semânticos (palavras próximas) para identificação de matérias comuns judicializadas e, a partir disto, a criação de temas repetitivos da controvérsia. Ocorre que é um ser humano que elege aqueles critérios, os quais, por serem semânticos, implicam elementos com alta carga de subjetividade, a partir dos quais outras regras serão constituídas — as de semelhanças das matérias comuns —, questões que devem ser transparentes e públicas para o controle de eventuais equívocos hermenêuticos ou abuso de autoridade.[22]

Neste ponto é curioso atentarmos, propositalmente, pela definição de critérios semânticos que o ChatGPT apresenta, a saber:

> Um critério semântico refere-se a um padrão ou princípio utilizado para avaliar ou compreender o significado de algo, especialmente no contexto da linguagem e da semântica. A semântica é a área da linguística que estuda o significado das palavras, frases, símbolos e suas relações. Assim, um critério semântico pode ser um conjunto de regras ou diretrizes que são aplicadas para interpretar o significado de expressões linguísticas. Esses critérios podem levar em consideração o contexto, a estrutura gramatical, a intenção do falante/escritor, e outros fatores relevantes para a compreensão do sentido das palavras ou das sentenças. Por exemplo, ao analisar o significado de uma palavra em um determinado contexto, pode-se usar critérios semânticos que considerem sinônimos, antônimos, associações culturais, entre outros aspectos. Esses critérios ajudam a atribuir um significado mais preciso e a compreender as nuances semânticas envolvidas.[23]

---

[21] Disponível em: https://www.cnj.jus.br/solucoes-de-inteligencia-artificial-promovem-celeridade-para-o-poder-judiciario/, publicado em 03.11.2022, acesso em: 9 jan. 2024.

[22] E isto toma relevo na medida em que, de acordo com informe do próprio STJ, a plataforma Athos pretende *tornar, mais rápida e efetiva a triagem e a identificação de processos que tratem matérias comuns. Assim, espera-se o aumento do número de afetações, a redução de processos recebidos no STJ, o aumento de Recursos Representativos da Controvérsia (RRC) e de Incidentes de Resolução de Demandas Repetitivas (IRDR) advindos de tribunais parceiros e a uniformização da jurisprudência com a utilização dos precedentes qualificados* (grifos nossos). Disponível em: https://transparencia.stj.jus.br/wp-content/uploads/ProjetosProgramasEstrategicos-DEZ_2020.pdf. Acesso em: 9 jan. 2024.

[23] Conceito disponível em: https://chat.openai.com/c/61e9000c-eaf8-4844-9827-3370a982e7e5. Acesso em: 15 jan. 2024.

Instrumentos de resolução de demandas repetitivas, como Recursos Representativos da Controvérsia, Incidentes de Resolução de Demandas Repetitivas,[24] e as súmulas vinculantes e impeditivas de recursos que decorrem daí, gerando precedentes, deveriam, em tese: (i) descrever de forma muito detalhada a circunstância fática do caso concreto; (ii) o que tal circunstância se assemelha ao precedente utilizado; (iii) o exame dos argumentos debatidos no voto de cada julgador do órgão colegiado; (iv) o que prevaleceu e o porquê deste argumento ou tese jurídica se aplicar ao caso em julgamento, o que raramente ocorre nas decisões humanas recorrentes do Poder Judiciário hoje.[25] Agora imaginemos tais tarefas sendo gestadas por IA![26]

Todas estas demandas, pois, englobam escolhas levadas a efeito com alguma carga de subjetividade e valoração, as quais, salvo melhor juízo, não podem depender substancialmente de algoritmos programados ou autônomos (*learners*) que motorizam os robôs dos *softwares*. Os próprios algoritmos, por sua vez em sede de auxiliares de decisões judiciais, precisariam ter sua configuração constitutiva aberta, evidenciando as razões de justificação e fundamentação dos critérios utilizados para formatar o conjunto de instruções que utilizam na execução mecânica daquelas atividades.[27] E quando não possuem esta transparência, algoritmos, robôs e *softwares* operam com opacidade e mesmo segredo nas escolhas preliminares e finais que fazem, podendo levar o magistrado/judiciário a decidir em condições deficitárias de cognição e valoração.[28]

A gravidade destes cenários se agudiza na medida em que algoritmos não são neutros e absolutamente imunes a contaminações subjetivas, pela simples razão de serem constituídos de complexas instruções à realização de tarefas específicas em sistemas de dados, fornecidas por programadores, os quais fazem escolhas a partir também de suas condições institucionais, sociais, culturais, intelectuais, ideológicas, políticas — dentre outras, podendo gerar o que se tem chamado de vieses algorítmicos.[29]

---

[24] Art. 928 do CPC.
[25] Neste sentido o interessante artigo de GARCIA, Allinne Rizzie Coelho Oliveira. *Os mecanismos de uniformização da jurisprudência como meios de aumentar a segurança jurídica e diminuir a judicialização de conflitos*. Publicado em 20.08.202, no site Migalhas: https://www.migalhas.com.br/depeso/332225/os-mecanismos-de-uniformizacao-da-jurisprudencia-como-meios-de-aumentar-a-seguranca-juridica-e-diminuir-a-judicializacao-de-conflitos. Acesso em: 18 jan. 2024.
[26] Vale aqui a sempre lembrada advertência de STRECK, Lenio Luiz. *Ainda e sempre o ponto fulcral do direito hoje: o que é um precedente?* Publicado em 02.03.2023, no site do Conjur: https://www.conjur.com.br/2023-mar-02/senso-incomum-ainda-ponto-fulcral-direito-hoje-precedente/. Acesso em: 18 jan. 2024: "um precedente é uma decisão paradigmática, que é reconhecida como tal pelo próprio tribunal e pelos tribunais subsequentes, a partir dos fatos que a engendraram e dos princípios que embasaram uma *holding, ratio, a 'razão de decidir'*. O ponto é: razão de decidir".
[27] Como bem adverte MATA, Federico Bueno de. La necesidad de regular la inteligencia artificial y su impacto como tecnologia disruptiva en el processo: de desafio utópico a cuestión de urgente necesidad. In: MATA, Federico Bueno de. *El impacto de las tecnologías disruptivas en el derecho procesal*. Pamplona: Thonsom Reuters, 2022.
[28] Neste sentido ver o interessante artigo de LORDELO, João Paulo. Algoritmos e direitos fundamentais: riscos, transparência e accountability no uso de técnicas de automação decisória. In: *Revista Brasileira de Ciências Criminais*, São Paulo, vol. 6, p. 205-236, 2021. O autor lembra que o dever de transparência neste âmbito implica acesso e explicação, sendo insuficiente a mera disponibilização dos códigos-fonte do algoritmo, eis que persiste a dificuldade de compreensão a respeito de como estes operam.
[29] O viés algorítmico se dá quando os conjuntos de dados usados para treinar os modelos de IA contem informações enviesadas ou desequilibradas, levando os sistemas a tomar decisões discriminatórias ou injustas com base em padrões incorretos ou incompletos. Além disso, o viés também pode surgir da configuração dos parâmetros do algoritmo, já que uma configuração inadequada ou desatualizada pode levar a resultados incoerentes, ou até prejudiciais, como nos informa BADIA, Antonio. *The information manifold: why computers can't solve algorithmic bias and fake news*. Boston: MIT Press, 2019.

Lembremos o caso de viés algorítmico ocorrido em sistema utilizado para avaliar a probabilidade de reincidência de presos nos EUA pelo chamado COMPAS (sigla de *Correctional Offender Management Profiling for Alternative Sanctions*), o qual se vale de dados coletados através de questionário respondido pelos réus, visando determinar, a partir de um sistema de pontos de 1 a 10, o quanto esta pessoa poderia ser capaz de voltar a cometer um crime futuramente. A matéria refere que:

> ... as perguntas procuram saber, por exemplo, "se alguém na família foi preso, se a pessoa vive numa área com alto índice de criminalidade, se tem amigos que fazem parte de gangues, assim como o seu histórico profissional e escolar." "Por último, são feitas perguntas sobre o que chamam de pensamentos criminosos. Por exemplo, se a pessoa concorda ou não com a afirmação: é aceitável que alguém que passa fome roube", diz Julia. A avaliação pode ser usada então para decidir se a pessoa vai ser solta com pagamento de fiança, se deve ser mandada para a prisão ou receber outro tipo de sentença e — se já estiver na cadeia — se tem direito a liberdade condicional. *Mas uma informação importante é mantida em segredo: como o algoritmo matemático transforma as respostas em pontos de um a 10.* "Não sabemos como a classificação é criada a partir das respostas porque o algoritmo é propriedade de uma empresa e esse é um segredo comercial", continua Julia Angwin. E isso torna mais difícil para o réu questionar o resultado. "Como você vai dizer que na verdade sua pontuação é oito ou sete quando não sabe como isso foi calculado?"[30]

Este argumento está presente na reflexão de Zuboff, no sentido de que o universo de dados e informações coletadas por *softwares*, robôs e algoritmos — sejam quais forem — recolhe experiências (que, afinal, são humanas) para: (i) melhorar produtos e serviços; mas também com o intento de (ii) tomar posse do que chama de excedente comportamental (não utilizado à primeira tarefa), desenvolvendo com isto processos avançados de produção, por IA automática (*machine intelligence*), de produtos preditivos, vendidos em novo mercado de previsão de comportamentos (mercados de futuros comportamentais).[31]

Os resultados da aplicação daquele programa COMPAS, nesta perspectiva, podem gerar políticas públicas de policiamento preditivo, em face dos mapas/cartografias de potencial perigo e riscos que os dados coletados pelo *software* apresentam, contaminados por verdadeiras estigmatizações raciais, étnicas e socioeconômicas de determinados indivíduos investigados e suas regiões de convivência. Tais informações também podem constituir produtos monetizáveis de interesse de mercados econômicos específicos (imobiliário, comércio, indústria, etc.), para justamente evitar riscos potenciais para investimentos.

Neste sentido, John Giannandrea, atualmente vice-presidente sênior de aprendizado de máquina e estratégia de IA da Apple, chegou a referir (quando trabalhava no mesmo setor da Google) que, se forem atribuídos dados tendenciosos na formatação dos algoritmos de determinado *software*, as operações que desenvolverem poderão

---

[30] Matéria publicada na BBC News, no dia 31.10.2016, da autoria de Simon Maybin, disponível em: https://www.bbc.com/portuguese/brasil-37677421#:~:text=O%20questionário%20é%20conhecido%20como,a%20cometer%20um%20crime%20futuramente.%22. Acesso em: 4 jan. 2024 (grifos nossos). Este tema foi muito debatido na decisão da Supreme Court of Wisconsin, no caso *State of WisconsIn: v. Eric L. Loomis*. Case nº 2015AP157-CR. Disponível em: https://caselaw.findlaw.com/court/wi-supreme-court/1742124.html. Acesso em: 9 jan. 2024.

[31] ZUBOFF, Shoshana. *A era do capitalismo da vigilância*. Lisboa: Relógio D'Água, 2019, p. 22.

apresentar resultados tendenciosos, justamente fazendo referência aos vieses da IA aprendidos com as pessoas que programam estas ferramentas, afigurando-se como imprescindíveis níveis amplos de transparência sobre os dados de treinamento e códigos-fonte utilizados por elas, sob pena do sistema operante ser enviesado.[32]

Em verdade, como nos mostra Karen Hoa, os riscos tendenciosos dos vieses algorítmicos podem surgir muito antes de os dados serem coletados, em inúmeros outros estágios do seu processo de aprendizagem profunda, a saber: (i) no enquadramento do problema eleito a enfrentar, pois o programador define o que o programa fará especificamente, e se houver desvio de sua finalidade poderá ocorrer (como no caso do COMPAS) algum tipo de discriminação; (ii) no momento da coleta de dados, no qual o algoritmo poderá ser treinado com elementos tendenciosos, mesmo que inconscientemente; (iii) na preparação dos dados, já que o viés pode ser incorporado durante a elaboração destes, utilizando, por exemplo, elementos sensíveis, como raça, cor, gênero ou outros fatores.[33]

Por estas razões é que a União Europeia acaba de aprovar seu Regulamento de Inteligência Artificial, reconhecendo expressamente que:

> As ações das autoridades policiais que implicam certas utilizações dos sistemas de IA são caracterizadas por um grau substancial de desequilíbrio de poder e podem conduzir à vigilância, detenção ou privação da liberdade de uma pessoa singular, bem como ter outros impactos adversos nos direitos fundamentais garantidos pela Carta. Em particular, se não for treinado com dados de alta qualidade, não cumprir os requisitos adequados em termos de exatidão ou solidez ou não tiver sido devidamente concebido e testado antes de ser colocado no mercado ou em serviço, o sistema de IA pode destacar pessoas de uma forma discriminatória ou incorreta e injusta. Além disso, o exercício de importantes direitos fundamentais processuais, como o direito à ação e a um tribunal imparcial, a presunção de inocência e o direito de defesa, pode ser prejudicado, em particular, se esses sistemas de IA não forem suficientemente transparentes, explicáveis e documentados. Como tal, é apropriado classificar como de risco elevado um conjunto de sistemas de IA concebidos para serem utilizados no contexto da manutenção da ordem pública, no qual a exatidão, a fiabilidade e a transparência são particularmente importantes para evitar impactos adversos, reter a confiança do público e assegurar a responsabilidade e vias de recurso eficazes. Tendo em conta a natureza das atividades em causa e os riscos associados às mesmas, *esses sistemas de IA de risco elevado devem incluir, em particular, sistemas de IA concebidos para serem utilizados pelas autoridades policiais em* avaliações individuais de riscos, em polígrafos e em instrumentos semelhantes ou para detetar o estado emocional de uma pessoa singular, para detetar «falsificações profundas», para avaliar a fiabilidade dos elementos de prova em processos penais, para prever a ocorrência ou a recorrência de uma infração penal real ou potencial com base na definição de perfis de pessoas singulares ou

---

[32] Ainda é preciso ter em conta que, nos programas com *machine learning*, são mais difíceis de serem corrigidos eventuais vieses algorítmicos, vez que — em tese — podemos não saber de onde surgem. Ver matéria publicada no site: https://www.technologyreview.com/2017/10/03/241956/forget-killer-robotsbias-is-the-real-ai-danger/, na data de 03.10.2017, intulada *Forget Killer Robots — bias is the real AI danger*, por Will Knight. Acesso em: 5 jan. 2024.

[33] Ver a matéria escrita por Karen Hao, intitulada *This is how AI bias really happens — and why it's so hard to fix*, publicada no site:https://www.technologyreview.com/2019/02/04/137602/this-is-how-ai-bias-really-happensand-why-its-so-hard-to-fix/ . Acesso em: 5 jan. 2024. A matéria ainda adverte que: *The introduction of bias isn't always obvious during a model's construction because you may not realize the downstream impacts of your data and choices until much later. Once you do, it's hard to retroactively identify where that bias came from and then figure out how to get rid of it.*

para avaliar os traços de personalidade e as características ou o comportamento criminal passado de pessoas singulares ou grupos, para a definição de perfis no decurso da deteção, investigação ou repressão de infrações penais, bem como para o estudo analítico de crimes relativos a pessoas singulares.[34]

Daí por que Jordi Fenoll sugere a necessidade de que, no âmbito dos sistemas de justiça, tais programadores tenham de fazer provas psicotécnicas com monitoramento permanente de atividades em face dos modelos e normas de organização e regulação do sistema de justiça, viabilizando auditorias especializadas para verificar o funcionamento dos algoritmos e seus riscos de desvirtuamento.[35]

IV   Notas conclusivas

No intento de contribuir para estes temas, o CNJ resolveu instituir a Resolução nº 332/2020, formatando regras acerca do uso da IA pelos Tribunais, e neste sentido estabeleceu, em seu art. 7º, §§1º, 2º e 3º, que: (i) antes de ser colocado em produção, o modelo de IA deverá ser homologado de forma a identificar se preconceitos ou generalizações influenciaram seu desenvolvimento, acarretando tendências discriminatórias no seu funcionamento; (II) verificado viés discriminatório de qualquer natureza ou incompatibilidade do modelo de IA com os princípios previstos nesta Resolução, deverão ser adotadas medidas corretivas; (iii) a impossibilidade de eliminação do viés discriminatório do modelo de IA implicará a descontinuidade de sua utilização.

Em seguida, pelos termos da Resolução nº 363/2021,[36] o CNJ estabeleceu medidas para o processo de adequação dos Tribunais à Lei Geral de Proteção de Dados — LGPD (Lei nº 13.709/2018), prevendo, dentre outras providências: (i) incluir em contratos, convênios e instrumentos congêneres cláusulas de eliminação de dados pessoais em face das necessidades e finalidades demandadas;[37] (ii) realizar relatório de impacto de proteção de dados previamente ao contrato ou convênio, com observância do princípio da transparência.[38]

O problema é que o CNJ não regulamentou adequadamente a possibilidade de o Poder Judiciário brasileiro utilizar modelos de IA que operem com *software* de código fechado, geralmente comercializados pela iniciativa privada, que tem resistências inúmeras em fornecer informações viabilizadoras de níveis de transparência e controle das razões de justificação e fundamentação dos critérios utilizados para formatar o

---

[34] COMISSÃO EUROPEIA. *Regulamento do Parlamento Europeu e do Conselho que estabelece regras harmonizadas em matéria de inteligência artificial (regulamento inteligência artificial) e altera determinados atos legislativos da União* (grifos nossos). Disponível em: https://eur-lex.europa.eu/legal-content/PT/TXT/?uri=CELEX%3A52021PC0206. Acesso em: 16 jan. 2024, p. 31. Ao longo deste texto vários artigos vão se ocupar de tais preocupações (art. 5º), e de outras importantíssimas, como políticas de controle e avaliação permanentes — nos sistemas de IA de risco elevado — técnicas que envolvem o treino de modelos de mineração, captação e gestão de dados (art. 10º); a necessidade de supervisão humana dos sistemas de IA (art. 14º); a possibilidade de acesso a códigos-fonte de sistemas de IA quando necessária a avaliação de riscos das autoridades competentes (art. 64º), assegurando a confidencialidade regulada (art. 70º).

[35] FENOLL, Jordi Nieva. *Inteligencia Artificial y Proceso Judicial*. Madrid: Marcial Pons, 2018, p. 123.

[36] Disponível em: https://atos.cnj.jus.br/files/original181204202101196007 20f42c02e.pdf, acesso em: 9 jan. 2024.

[37] Art. 1º, X, "c", da Resolução.

[38] Art. 1º, X, "d", da Resolução.

conjunto de instruções que utilizam na execução mecânica de seus algoritmos e robôs.[39] Em face disto, se de alguma forma pretender buscar no mercado privado produtos e serviços para alavancar quaisquer modelos institucionais de IA (algoritmos, robôs, *softwares*, plataformas), o Poder Judiciário deverá encontrar meios de fazer valer os parâmetros normativos sob comento, sob pena de inviabilizar a aferição destes riscos e perigos apontados, nomeadamente em sede preventiva, inclusive no que tange à segurança das fontes de dados utilizados nos processos de treinamento daqueles modelos.[40]

De igual sorte, uma vez implementados os mecanismos de IA nas ações do Poder Judiciário, dentre as quais nas processuais e de tomada de decisão, estas em especial deverão ser informadas aos usuários do sistema de justiça, destacando-se o caráter não vinculante da proposta de solução apresentada pela IA.[41] Mas para que tal previsão tenha mínima efetividade, mister é que o decisor judicante explicite quando se vale de proposta de solução advinda de IA, e em que medida/extensão, caso contrário inviabiliza o direito do usuário previsto na norma.

Tampouco o Projeto de Lei (PL) nº 21/2020,[42] que tramita no Congresso Nacional e se ocupa de estabelecer princípios, direitos e deveres para o uso de IA no país, avança suficientemente nestas preocupações, com exceção de algumas previsões tímidas e genéricas, como: (i) a proteção da igualdade, não discriminação, privacidade e proteção de dados;[43] (ii) garantia de acesso a informações claras e completas sobre o uso, pelos sistemas, de seus dados sensíveis, conforme disposto no art. 5º, II, da LGPD;[44] (iii) colocando como dever dos agentes de IA implantar seus sistemas somente após avaliação adequada dos objetivos, benefícios e riscos relacionados a cada fase que os constituem e, caso seja responsável pelo estabelecimento do sistema, encerrá-lo se seu controle humano não for mais possível;[45] (iv) estabelecendo como diretriz a adoção preferencial de tecnologias, padrões e formatos abertos e livres, no setor público e privado.[46]

Ocorre que, se de um lado a norma busca resguardar os direitos enunciados, por outro, paradoxalmente, os fragiliza, na medida em que protege eventuais interesses de segredo comercial e industrial daqueles proprietários dos modelos de IA sob comento para os efeitos de: (i) condicionar, em face dos interesses de segredo comercial e industrial, a transparência e explicabilidade sobre o uso e funcionamento dos sistemas de

---

[39] Nos termos do art. 24, da Resolução nº 332/2020/CNJ. A despeito disto, recentemente a Fundação Getúlio Vargas, através dos seus centros de pesquisas, informou que 91% das de ferramentas de IA que já operam no Poder Judiciário brasileiro foram desenvolvidas pelos próprios setores de Tecnologia da Informação dos tribunais, e não pela iniciativa privada. Conforme site: https://rededepesquisa.fgv.br/noticia/projeto-mapeia-sistemas-de-inteligencia-artificial-utilizados-pelo-judiciario-brasileiro, publicado em 20.09.2023. Acesso em: 9 jan. 2024.

[40] Consoante os termos do art. 13 da Resolução nº 332/2020/CNJ.

[41] Art. 18 da Resolução nº 332/2020/CNJ. Ainda acresce o art. 19, do mesmo estatuto, que: *os sistemas computacionais que utilizem modelos de Inteligência Artificial como ferramenta auxiliar para a elaboração de decisão judicial observarão, como critério preponderante para definir a técnica utilizada, a explicação dos passos que conduziram ao resultado.* Grifos nossos.

[42] Em 9 de janeiro de 2024, este PL está no Senado Federal, com a relatoria, conforme último movimento parlamentar em 01.11.2023, publicado no site: https://www25.senado.leg.br/web/atividade/materias/-/materia/151547. Acesso em: 9 jan. 2024.

[43] Arts. 4º e 6º, do PL.

[44] Arts. 7º, III, e 9º, III, do PL.

[45] Art. 9º, IV, do PL.

[46] Art. 10, do PL.

IA e de divulgação responsável do conhecimento que operam;[47] (ii) condicionar direitos das partes interessadas, em face dos interesses de segredo comercial e industrial, ao acesso a informações claras e adequadas a respeito dos critérios e dos procedimentos utilizados pelo sistema de IA.[48]

No campo penal, entendeu por bem a Resolução não fomentar a utilização de IA, sobretudo em relação à sugestão de modelos de decisões preditivas, salvo *quando se tratar de utilização de soluções computacionais destinadas à automação e ao oferecimento de subsídios destinados ao cálculo de penas, prescrição, verificação de reincidência, mapeamentos, classificações e triagem dos autos para fins de gerenciamento de acervo.*[49] Mas aqui também temos problemas, porque a atividade sentencial da dosimetria das penas no Brasil envolve inúmeros fatores subjetivos de composição, demarcados, dentre outros dispositivos, pelo art. 59, do Código Penal brasileiro, como a avaliação sobre culpabilidade, antecedentes criminais, conduta social, personalidade do agente, motivos, circunstâncias do crime, razão pela qual mecanismos de IA não poderão realizar estas operações a partir de elementos meramente normativos, carentes de aferições sociais e conjunturais.[50]

Referências

ATIENZA, Manuel. *El sentido del Derecho.* Barcelona: Ariel, 2007.

BADIA, Antonio. *The information manifold:* why computers can't solve algorithmic bias and fake news. Boston: MIT Press, 2019.

COMISSÃO EUROPEIA. *Regulamento do Parlamento Europeu e do Conselho que estabelece regras harmonizadas em matéria de inteligência artificial (regulamento inteligência artificial) e altera determinados atos legislativos da União.* Disponível em: https://eur-lex.europa.eu/legal-content/PT/TXT/?uri=CELEX%3A52021PC0206. Acesso em: 16 jan. 2024.

COPPIN, Bem. *Artificial Intelligence Illuminated.* London: Jones and Bartlett Publishers, 2014.

CORDÒN MORENO, Faustino. *Las Garantías Constitucionales del Derecho Penal.* Navarra: Arazandi, 2009.

ESPINOZA-SALDAÑA BARRERA, Eloy. *Jurisdicción Constitucional, impartición de justicia y debido proceso.* Lima: Ara Editores, 2013.

FENOLL, Jordi Nieva. *Inteligencia Artificial y Proceso Judicial.* Madrid: Marcial Pons, 2018.

GARCIA, Allinne Rizzie Coelho Oliveira. *Os mecanismos de uniformização da jurisprudência como meios de aumentar a segurança jurídica e diminuir a judicialização de conflitos.* Publicado em 20.08.2020, no site Migalhas: https://www.migalhas.com.br/depeso/332225/os-mecanismos-de-uniformizacao-da-jurisprudencia-como-meios-de-aumentar-a-seguranca-juridica-e-diminuir-a-judicializacao-de-conflitos. Acesso em: 18 jan. 2024.

GOMES FILHO, Antonio Magalhães. *A motivação das decisões penais.* São Paulo: Revista dos Tribunais, 2001.

GRINOVER, Ada Pellegrini. O controle do raciocínio judicial pelos Tribunais Superiores brasileiros. In: *Revista Ajuris*, Porto Alegre, v. 17, n. 50, p. 5-20, nov. 1990.

---

[47] Art. 6º, IV, do PL.
[48] Arts. 7º, II, e 9º, II, do PL.
[49] Nos termos do art. 23, e seu §1º, da Resolução nº 332/2020/CNJ.
[50] Veja-se que a própria jurisprudência tem chamado a atenção para estes aspectos: "No tocante à culpabilidade, para fins de individualização da pena, tal vetorial deve ser compreendida como o *juízo de reprovabilidade da conduta, ou seja, o menor ou maior grau de censura do comportamento do réu*, não se tratando de verificação da ocorrência dos elementos da culpabilidade, para que se possa concluir pela prática ou não de delito. No caso, a mera ciência da ilicitude do comportamento e a possibilidade de agir de forma diversa não justificam a valoração negativa de tal vetor" (HC 606.078/RS, Rel. Ministro Ribeiro Dantas, Quinta Turma, julgado em 15.09.2020, DJe 21.09.2020).

https://atos.cnj.jus.br/files/original18120420210119600720f42c02e.pdf. Acesso em: 9 jan. 2024.

https://caselaw.findlaw.com/court/wi-supreme-court/1742124.html. Acesso em: 9 jan. 2024.

https://chat.openai.com/c/61e9000c-eaf8-4844-9827-3370a982e7e5. Acesso em: 15 jan. 2024.

https://portal.stf.jus.br/noticias/verNoticiaDetalhe.asp?idConteudo=522767&ori=1, publicado em 18.12.2023. Acesso em: 29 dez. 2023.

https://portal.stf.jus.br/noticias/verNoticiaDetalhe.asp?idConteudo=471331&ori=1, publicado em 19.08.2021. Acesso em: 3 jan. 2024.

https://portal.stf.jus.br/noticias/verNoticiaDetalhe.asp?idConteudo=461359&ori=1, publicado em 01.03.2021. Acesso em: 3 jan. 2024.

https://portal.stf.jus.br/noticias/verNoticiaDetalhe.asp?idConteudo=507120&ori=1, publicada em 11.05.2023. Acesso em: 3 jan. 2024.

https://rededepesquisa.fgv.br/noticia/projeto-mapeia-sistemas-de-inteligencia-artificial-utilizados-pelo-judiciario-brasileiro, publicado em 20.09.2023. Acesso em: 9 jan. 2024.

https://transparencia.stj.jus.br/wp-content/uploads/ProjetosProgramasEstrategicos-DEZ_2020.pdf. Acesso em: 9 jan. 2024.

https://www.bbc.com/portuguese/brasil-37677421#:~:text=O%20questionário%20é%20conhecido%20como,a%20cometer%20um%20crime%20futuramente.%22. Acesso em: 4 jan. 2024.

https://www.cnj.jus.br/solucoes-de-inteligencia-artificial-promovem-celeridade-para-o-poder-judiciario/, publicado em 03/11/2022. Acesso em: 9 jan. 2024.

https://www.poder360.com.br/justica/barroso-quer-implementar-uso-de-ia-dentro-do-judiciario/, publicado em 04/12/2023. Acesso em: 29 dez. 2023.

https://www.technologyreview.com/2017/10/03/241956/forget-killer-robotsbias-is-the-real-ai-danger/, na data de 03.10.2017.

https://www.technologyreview.com/2019/02/04/137602/this-is-how-ai-bias-really-happensand-why-its-so-hard-to-fix/. Acesso em: 5 jan. 2024.

https://www25.senado.leg.br/web/atividade/materias/-/materia/151547. Acesso em: 9 jan. 2024.

LEAL, Rogério Gesta. *A decisão judicial:* elementos teórico-constitutivos à efetivação pragmática dos Direitos Fundamentais. Joaçaba: Unoesc, 2012.

LEAL, Rogério Gesta. *Hermenêutica e Direito* — considerações sobre a teoria do direito e os operadores jurídicos. Santa Cruz do Sul: Edunisc, 2002.

LORDELO, João Paulo. Algoritmos e direitos fundamentais: riscos, transparência e *accountability* no uso de técnicas de automação decisória. *In: Revista Brasileira de Ciências Criminais*, São Paulo, vol. 6, p. 205-236, 2021.

MATA, Federico Bueno de. La necesidad de regular la inteligencia artificial y su impacto como tecnología disruptiva en el proceso: de desafio utópico a cuestión de urgente necesidad. *In:* MATA, Federico Bueno de. *El impacto de las tecnologías disruptivas en el derecho procesal*. Pamplona: Thomson Reuters, 2022.

NIETO GARCIA, Alejandro. *Teoría de la Resolución Judicial*. Madrid: Universidad Complutense, 1998.

NILSSON, Nils J. (ed.) *Introduction to machine learning* — an early draft of a proposed textbook. Stanford: Stanford University Press, 1996.

NOJIRI, Sérgio. *O dever de fundamentar as decisões judiciais*. São Paulo: Revista dos Tribunais, 1999.

REALE, Miguel. *A motivação, requisito essencial da sentença. In:* Questões de direito público. São Paulo: Saraiva, 1997.

ROLDÁN, Santiago. Justificación y motivación de las resoluciones judiciales. Hacia la elaboración de criterios de fundamentación. *In: Revista de Derecho Penal y Procesal Penal*, Buenos Aires, n. 9, sept. 2010.

RUSSELL, Stuart; NORVIG, Peter. *IA*. Rio de Janeiro: Elsevier, 2013.

SOUZA, Carlos Aurélio Motta de. Motivação e fundamentação das decisões judiciais e o princípio da segurança jurídica. *In: Revista Brasileira de Direito Constitucional*, São Paulo, n. 7, vol. 2, jan./jun. 2006.

TEIXEIRA, João de Fernandes. *O que é a IA*. Brasília: Brasiliense, 1990.

ZUBOFF, Shoshana. *A era do capitalismo da vigilância*. Lisboa: Relógio D'Água, 2019.

Informação bibliográfica deste livro, conforme a NBR 6023:2018 da Associação Brasileira de Normas Técnicas (ABNT):

LEAL, Rogério Gesta. O dever de fundamentação da decisão judicial e Inteligência Artificial: desafios ao Poder Judiciário. *In*: PASQUALINI, Alexandre; CUNDA, Daniela Zago Gonçalves da; RAMOS, Rafael (coord.). *Direito, sustentabilidade e inovação*: estudos em homenagem ao professor Juarez Freitas. Belo Horizonte: Fórum, 2025. p. 663-677. ISBN 978-65-5518-957-5.

AGROECOLOGIA E TRIBUNAIS DE CONTAS: O PAPEL INDUTOR DO CONTROLE EXTERNO NAS POLÍTICAS PÚBLICAS DOS SISTEMAS ALIMENTARES SUSTENTÁVEIS

SABRINA NUNES IOCKEN
LUCIANE BEIRO DE SOUZA MACHADO

1 Introdução

Como as grandes transformações acontecem? A partir desse questionamento, o prof. Damon Centola, da faculdade da Pensilvânia, apresenta seus estudos sobre a ciência das redes e os gatilhos para a mudança do comportamento humano.[1] Quando se pensa em melhorar a produção do sistema alimentar, a qualidade nutricional dos alimentos, o meio ambiente e a qualidade de vida, estamos falando em mudanças transformadoras e estruturais a níveis global, regional e nacional.[2] É nesse sentido que diferentes organismos e instituições públicas e privadas estão direcionando seus esforços.[3] Produção, distribuição e consumo conscientes vão muito além de práticas de manejo do solo, como a produção orgânica. O processo de transição para um sistema agroecológico

---

[1] CENTOLA, Damon. *Mudança*: como as grandes transformações acontecem? São Paulo: Melhoramentos, 2022.
[2] O marco estratégico para 2022-2031, aprovado na 42ª Conferência, encontra-se disponível em: https://openknowledge.fao.org/server/api/core/bitstreams/45f12eb4-4625-4a59-af29-8305379fc710/content. Acesso em: 25 jun. 2024.
[3] A 38ª Conferência Regional da FAO para a América Latina e o Caribe ocorreu em abril de 2024, com o apoio unânime dos 33 Estados Membros ao Quadro Estratégico da FAO 2022-31 e às quatro prioridades que orientarão o trabalho da Organização durante o próximo biênio. O Brasil irá sediar a 39ª Conferência Regional da FAO, em 2026.

é complexo e envolve mudanças multidimensionais (cognitivas, normativas, políticas, culturais, de mercado e técnicas) adjetivadas por valores socioeconômicos.[4]

A eliminação da fome e da desnutrição, bem como a promoção de uma agricultura sustentável, encontra-se entre os Objetivos de Desenvolvimento Sustentável (ODS) da Agenda 2030 da Organização das Nações Unidas (ONU). Em consonância com esses objetivos, a Organização das Nações Unidas para a Alimentação e a Agricultura (FAO), agência que atua no combate à fome e à pobreza por meio da segurança alimentar e do desenvolvimento agrícola, empenha-se para a implementação dos sistemas agroalimentares através de ações programáticas voltadas justamente para a produção, a nutrição, o meio ambiente e a qualidade de vida. Tais ações estratégicas contam com o que é denominado de "aceleradores", os quais se destinam não só a impulsionar o impacto da atuação, mas também a reduzir ao mínimo as compensações (*trade-offs*).

Assim, o presente capítulo se debruça sobre o contexto em que a agroecologia foi inserida na agenda global, sobre as suas dimensões conceituais e sobre a sua institucionalização no cenário brasileiro, evidenciando lacunas e contradições. A partir daí, correlaciona-se a política pública com o papel dos Tribunais de Contas, descrevendo como o sistema de controle externo tem acompanhado a transição agroecológica e como pode contribuir nesse processo. Busca-se, portanto, trazer para o debate acadêmico jurídico a discussão sobre a agroecologia e o papel indutor do controle externo, o qual pode atuar como catalisador de políticas públicas que promovam a transição para um sistema de produção sustentável, apresentando um panorama dessa atuação.

A interface entre Direito e sustentabilidade, em seu aspecto multidimensional, foi de modo inovador trazida pelo prof. Juarez Freitas,[5] que conceitua sustentabilidade como um princípio constitucional determinante da "concretização solidária do desenvolvimento material e imaterial, socialmente inclusivo, durável e equânime, ambientalmente limpo, inovador, ético e eficiente, no intuito de assegurar, preferencialmente de modo preventivo e precavido, no presente e no futuro, o direito ao bem-estar".

A pesquisa bibliográfica foi realizada nas plataformas *Web of Science*, *Science Direct* e *Scopus* e, ainda de forma complementar, no Google Scholar, sendo identificados 677 documentos, com a utilização do string *"agroecology" AND ("public policy" OR "public budget"*), dos quais foram selecionados 58 artigos de acordo com a relevância e pertinência com o objeto da pesquisa. Foi realizada ainda uma pesquisa sobre a publicação de leis estaduais e federais específicas, voltadas para a agroecologia, e em relação à atuação do Tribunal de Contas da União (TCU) e do Tribunal de Contas do Estado de Santa Catarina (TCE/SC) na avaliação de programas governamentais na seara agroecológica.

2 Agroecologia: contexto histórico e elementos conceituais

Desde o seu surgimento, a agricultura se desenvolveu com base no manejo do solo com matéria orgânica e em cultivos que priorizavam a diversidade e as condições de cada local. O modo de produção rudimentar, sem a utilização de equipamentos e agentes químicos sintéticos, como fertilizantes e agrotóxicos, era característico. A partir

---

[4] CÔTE, F.-X. et al. *La transition agroécologique des agricultures du Sud*. França: QUAE, 2019.
[5] FREITAS, Juarez. *Sustentabilidade*: direito ao futuro. 4. ed. Belo Horizonte: Fórum, 2019, p. 41.

de 1750 foram introduzidas novas técnicas que alteraram de modo tão significativo esse modo de produzir, que se começa a ouvir falar em "Primeira Revolução Agrícola", marcada pelo uso da tração animal e por alterações no manejo do solo para intensificar o seu uso. Já na "Segunda Revolução Agrícola", ocorrida a partir de 1850, passou-se a identificar a separação entre agricultura e pecuária, a priorização da monocultura e o uso mais intensivo de máquinas e agentes químicos sintéticos.[6]

Mas o grande salto aconteceu a partir da década de 1950, com a conhecida "Revolução Verde", que prioriza a monocultura de grãos, com vistas à exportação, à alimentação de animais ou à conversão em biocombustíveis. Esse modelo é resultado de uma série de pesquisas, de desenvolvimento e de transferência de tecnologias que associaram o melhoramento genético de espécies vegetais com o uso de agroquímicos (fertilizantes e pesticidas), a irrigação controlada e o cultivo mecanizado, levando a um aumento expressivo na produção de grãos, como o trigo e o arroz.[7]

Pesquisas destacam que, a despeito da sua contribuição para o combate a fome, esse modelo produtivo vem sendo questionado em diversas frentes. Em relação à dieta da população, a desnutrição, como a falta de ferro e de vitamina A, ainda é responsável por quase 60% das mortes de crianças menores de cinco anos nos países em desenvolvimento. Em termos socioeconômicos, o agravamento das disparidades regionais e inter-regionais prejudica os pequenos agricultores, que enfrentam maiores obstáculos para o acesso ao crédito e à terra. Impulsionado pela globalização e por grandes corporações, o modelo se desenvolve sob a lógica da constituição de novos mercados para o comércio de sementes geneticamente modificadas, fertilizantes e pesticidas. Em decorrência da sua adoção, são descritos impactos sobre a saúde humana, como o relacionamento entre o aumento de casos de câncer em comunidades rurais e a exposição de longo prazo a alguns pesticidas. Com relação ao meio ambiente, destaca-se a redução da biodiversidade, bem como o uso intensivo de pesticidas e de água.[8]

Segundo a FAO, "[...] a Revolução Verde, com suas abordagens de curto prazo, unidimensionais e pesadas, em face de ainda mais de 800 milhões de pessoas famintas e crescentes problemas ambientais, fracassou em combater a fome e um caminho sustentável para o futuro deve ser diferente".[9] Sobre o aumento do estresse hídrico no mundo, o Relatório Mundial das Nações Unidas sobre Desenvolvimento dos Recursos Hídricos, de 2021, asseverou que a agricultura é responsável por 69% das retiradas de água em âmbito mundial.[10] No Brasil, o índice já chegou a 72%, segundo dados da Agência Nacional de Águas (ANA), que analisou a conjuntura dos recursos hídricos no país em 2014.[11] Outra consequência relatada é que o Brasil se tornou o maior consumidor

---

[6] CANDIOTTO, L. Agroecologia: Conceitos, princípios e sua multidimensionalidade. *Ambientes: Revista de Geografia e Ecologia Política*, [S.l.], v. 2, n. 2, p. 25, 2020.

[7] AMEEN, Ayesha; RAZA, Shahid. Green Revolution: A Review. *International Journal of Advances in Scientific Research*, v. 3, p. 129, 2018.

[8] AMEEN; RAZA, 2018.

[9] Sobre o II Simpósio Internacional realizado pela FAO sobre Agroecologia, v. https://agroecoculturas.org/fao-reconhece-agroecologia/.

[10] UNESCO. *Relatório mundial das Nações Unidas sobre desenvolvimento dos recursos hídricos 2021*: o valor da água; fatos e dados. Disponível em: https://unesdoc.unesco.org/ark:/48223/pf0000375751_por. Acesso em: 9 jun. 2024.

[11] O Sistema Nacional de Informações sobre Recursos Hídricos (SNIRH) está disponível em: informes2014.pdf (snirh.gov.br).

de agrotóxicos do mundo e possui a segunda maior área cultivada a partir de sementes transgênicas.[12]

Em nosso país, ainda na década de 1970, surgiram críticas a esse processo de modernização agrícola, destacando os seus impactos ambientais na devastação das florestas para o estabelecimento de novas áreas produtivas, a degradação de recursos hídricos, o uso indiscriminado bem como a intoxicação de agricultores por agroquímicos e ainda a contaminação de alimentos, com impactos na saúde da população.[13]

O primeiro Simpósio Internacional sobre Agroecologia para Segurança Alimentar e Nutricional, realizado pela FAO no ano de 2014, em Roma, discutiu como as abordagens subjacentes à agroecologia podem contribuir para superar os desafios existentes e buscou estabelecer bases para um diálogo futuro, abrindo uma janela sobre esse tema. O relatório que resultou do simpósio abordou a importância de ecossistemas saudáveis para garantir a base para a produção de alimentos, com respeito ao capital natural, além de considerações às alterações climáticas, ao crescimento urbano e à preservação da biodiversidade. Entre outros, foi destacado o compromisso do Brasil com a agricultura familiar para o alívio da pobreza e com a transição agroecológica para a produção de alimentos mais saudáveis e de forma sustentável.[14]

Já no Segundo Simpósio Internacional sobre Agroecologia, realizado em 2018, também em Roma, as práticas integradas da agroecologia foram reconhecidas como elementos-chave para a implementação dos Objetivos de Desenvolvimento Sustentável (ODS) da Agenda 2030 da ONU, em especial dos objetivos nutricionais, de saúde e ambientais.[15] Além disso, a FAO reconheceu a importância da transição agroecológica como uma oportunidade para mitigar as mudanças climáticas, contribuindo para a concretização dos objetivos do Acordo Climático de Paris. Esse também seria um caminho para estimular trabalho decente, atendendo às aspirações da juventude rural, e para promover a melhoria na saúde pública, ao oferecer alimentação com nutrientes diversificados.[16]

Sem a pretensão de formular neste capítulo um conceito para a agroecologia, constata-se que de maneira geral as abordagens a seu respeito a reconhecem como um movimento de transição, o qual, muito mais do que apenas um simples modelo produtivo, estabelece um novo e complexo paradigma multidimensional, incorporando as dimensões socioeconômica e ecológica.

O caráter multidimensional da agroecologia é ressaltado por diversos autores, como Migliorini e Wezel, que a conceituam como uma alternativa para o modelo

---

[12] SCHMITT, C. et al. La experiencia brasileña de construcción de políticas públicas en favor de la Agroecología. In: FAO; RED PP-AL (ed.). *Políticas públicas a favor de la agroecología en América Latina y El Caribe*. Brasília: FAO, 2017. p. 44-69.

[13] BAPTISTA DA COSTA, M. B.; SOUZA, M.; JÚNIOR, V. M.; COMIN, J. J.; LOVATO, P. E. Agroecologia no Brasil – 1970 a 2015. *Agroecología*, 10(2), 63-75, 2017.

[14] FAO. *Final report for the International Symposium on Agroecology for food security and nutrition*, 2015. Disponível em: https://openknowledge.fao.org/server/api/core/bitstreams/35028cbc-6980-4ce3-b155-2f5044170a4f/content. Acesso em: 20 jun. 2024.

[15] AGROECOCULTURAS. *FAO reconhece agroecologia*, 2018. Disponível em: https://agroecoculturas.org/fao-reconhece-agroecologia/. Acesso em: 22 jun. 2024.

[16] FAO. *FAO's work on agroecology*: A pathway to achieving the SDGs, 2018. Disponível em: https://openknowledge.fao.org/server/api/core/bitstreams/9ebe6217-1bdb-4b25-b9ae-4c93a73aab21/content. Acesso em: 15 jun. 2024.

tradicional de produção, baseada em princípios ecológicos e socioeconômicos.[17] De acordo com Dumont *et al.*, os mesmos princípios são adotados na definição de Altieri, Conway e Tripp, que consideram esses dois conjuntos de dimensões e enfatizam "[...] a visão da agroecologia como uma crítica política do sistema produtivista, e não como simplesmente um conjunto de práticas técnicas".[18] A interdependência social e ecológica foi considerada na definição de Caporal e Costabeber, segundo os quais a agroecologia é "uma base epistemológica que reconhece a existência de uma relação estrutural de interdependência entre o sistema social e o sistema ecológico (a cultura dos homens em coevolução com o meio ambiente)".[19] Para além de um modelo alternativo de produção, Gonzales *et al.* a consideram como um novo paradigma em direção à agricultura sustentável, por acrescentar à dimensão científica outras dimensões, como a política e a pedagógica.[20] Candiotto destaca ainda a complexidade desse conceito, pois, além da preocupação ambiental, a agroecologia:

> [...] considera e valoriza a dimensão social da agricultura, a soberania alimentar e territorial, relações de mercados justas, a autonomia camponesa, o uso de insumos obtidos nos próprios estabelecimentos rurais familiares, a oferta de alimentos de qualidade para os consumidores, entre outros, buscando resistir frente à expansão de grandes empresas agrícolas, sejam elas convencionais ou orgânicas.[21]

Do mesmo modo, ao tratar do conceito de agroecologia no Guia de Transição para Sistemas Alimentares e de Agricultura Sustentáveis, editado em 2018, a FAO ressalta o caráter integrativo de princípios ecológicos e sociais para o estabelecimento de um sistema alimentar sustentável e justo.[22] Reinjtes *et al.* apontam que o processo de transição para a agroecologia busca alcançar, de forma integrada, a baixa dependência de *inputs* externos e a reciclagem interna; o uso de recursos naturais renováveis localmente; o mínimo de impacto adverso ao meio ambiente; a manutenção em longo prazo da capacidade produtiva; a preservação das diversidades biológica e cultural; a utilização do conhecimento e da cultura da população local; e a satisfação das necessidades humanas de alimentos e renda.[23] Segundo Côte *et al.*, o caráter multidimensional faz com que o processo de transição do modelo produzido pela "Revolução Verde" para uma agroecologia sustentável necessite de mudanças também multidimensionais nos campos do conhecimento normativo, político, cultural, de mercado e técnico, com processos acontecendo em diversos espaços e níveis organizacionais.[24] Em linhas gerais, destaca-se a respeito da transição agroecológica que:

---

[17] MIGLIORINI, Paola; WEZEL, Alexander. Converging and diverging principles and practices of organic agriculture regulations and agroecology: A review. *Agronomy for Sustainable Development*, v. 37, p. 63, 2017.
[18] DUMONT; GASSELIN; BARET, 2020, p. 100.
[19] CAPORAL, Francisco Roberto; COSTABEBER, José Antonio. *Agroecologia*: conceitos e princípios. Porto Alegre: UFRGS, 2004, p. 16.
[20] GONZALEZ, R. A.; THOMAS, J.; CHANG, M. Translating Agroecology into Policy: The Case of France and the United Kingdom. *Sustentabilidade*, v. 10, Art. 2.930, 2018.
[21] CANDIOTTO, Luciano Zanetti Pessôa. Política de produtos orgânicos no Brasil. Política de Uso da Terra, *Elsevier*, v. 71(C), p. 422-430, 2018.
[22] FAO, 2018b.
[23] REIJNTJES, C.; HAVERKORT, B.; WATERS-BAYER, A. *Farming for the future*: an introduction to low-external-input and sustainable agriculture. London: Macmillan Press, 1992.
[24] CÔTE, F.-X. et al. *La transition agroécologique des agricultures du Sud*. França: QUAE, 2019.

Num sentido mais amplo, ela se concretiza quando, simultaneamente, cumpre com os ditames da sustentabilidade econômica (potencial de renda e trabalho, acesso ao mercado), ecológica (manutenção ou melhoria da qualidade dos recursos naturais e das relações ecológicas de cada ecossistema), social (inclusão das populações mais pobres e segurança alimentar), cultural (respeito às culturas tradicionais), política (organização para a mudança e participação nas decisões) e ética (valores morais transcendentes).[25]

Para fins de consolidação do entendimento sobre o que é agroecologia, é preciso atentar para as diferenças entre o seu conceito e o que se compreende por agricultura orgânica. Abreu *et al.* ressaltam que esta tem suas raízes na ciência do solo, enquanto aquela sustenta seus princípios na ecologia.[26] Nesse sentido, Candiotto conclui que "nem todo produto orgânico, apesar de geralmente ser produzido de forma ambientalmente mais adequada, é um produto socialmente justo, ou seja, produzido e comercializado de forma justa, contribuindo para a redução das desigualdades sociais e para o fortalecimento da autonomia de camponeses".[27] É imperioso, pois, compreender que nem sempre a agricultura orgânica considera essa dimensão socioeconômica, distinguindo-se nesse ponto do modelo agroecológico.

3 A Agenda 2030 da ONU e as diretrizes estratégicas da FAO para a transição agroecológica

O ODS 2 da Agenda 2030 da ONU propõe como diretriz acabar com a fome, alcançar a segurança alimentar e melhoria da nutrição e promover a agricultura sustentável, demonstrando como o modelo agroecológico de produção alia-se às metas relativas ao combate à fome e à desnutrição. Segundo a agenda internacional, o caminho passa por metas estabelecidas para a melhoria na produção junto à agricultura familiar; para a produção sustentável de alimentos; e ainda para a garantia da diversidade genética. A Meta 2.3, por exemplo, volta-se para a necessidade de incremento na produtividade agrícola e a renda dos pequenos produtores de alimentos. Já a 2.4 visa garantir sistemas sustentáveis de produção de alimentos e a implementação de práticas agrícolas resilientes. E a Meta 2.5 se preocupa em manter a diversidade genética de sementes, plantas cultivadas, animais de criação e domesticados e suas respectivas espécies selvagens.

O acompanhamento dos indicadores relativos às metas da Agenda 2030 no Brasil tem sido realizado de forma sistemática pelo Instituto de Pesquisas Econômicas Aplicadas (Ipea). No caderno do ODS 2 publicado pelo Instituto[28] constam indicadores que demandam o monitoramento das instituições e, sobretudo, dos órgãos de controle.

---

[25] EMPRESA BRASILEIRA DE PESQUISA AGROPECUÁRIA. *Marco referencial em agroecologia*. Brasília, DF: Embrapa Informação Tecnológica, 2006.

[26] ABREU, Lucimar Santiago *et al*. Relações entre agricultura orgânica e agroecologia: desafios atuais em torno dos princípios da agroecologia. *Desenvolvimento e Meio Ambiente*, Curitiba, Editora UFPR, v. 26, p. 143-160, jul./dez. 2012.

[27] CANDIOTTO, L. Z. P. Refletindo sobre o conceito de agricultura orgânica. *Geografia em Questão*, [S.l.], v. 16, n. 2, 2023.

[28] IPEA (2019). *Cadernos ODS*: ODS 2: Fome zero e agricultura sustentável. Disponível em: https://www.ipea.gov.br/portal/images/stories/PDFs/livros/livros/190625_cadernos_ODS_objetivo_2.pdf. Acesso em: 28 jun. 2024.

Em que pese tais diretrizes, verifica-se que no Brasil há ainda muitas "invisibilidades", seja pela falta de dados disponíveis, seja pela existência de dados incompletos ou desatualizados, o que dificulta o monitoramento real das metas e dos objetivos da Agenda 2030 no país. Tem-se, portanto, que a baixa qualidade dos dados ou mesmo a sua inexistência são barreiras que comprometem a melhoria da qualidade e da precisão das projeções em relação às políticas públicas.

Ainda com relação ao ODS 2 da Agenda 2030, observa-se que a FAO adotou como estratégia de apoio o que foi denominado dos "4 melhores" princípios organizadores da sua contribuição para a transição agroecológica, interligando as dimensões econômica, social e ambiental dos sistemas agroalimentares para a obtenção de: 1) melhor produção, através de cadeias de abastecimento alimentar e agrícola eficientes e inclusivos aos níveis local, regional e global, garantindo a resiliência e a sustentabilidade dos sistemas agroalimentares sob condições climáticas e ambientais em mudança; 2) melhor nutrição, através da promoção de alimentos nutritivos e do aumento do acesso a dietas saudáveis; 3) melhor meio ambiente, através de sistemas agroalimentares mais eficientes, inclusivos, resilientes e sustentáveis; e 4) melhor qualidade de vida, por meio da promoção do crescimento econômico inclusivo e da redução das desigualdades.[29]

4 A institucionalização da política agroecológica no Brasil

A Política Nacional de Agroecologia e Produção Orgânica (PNAPO) foi instituída no Brasil por meio do Decreto Federal nº 7.794/2012, com o objetivo de "integrar, articular e adequar políticas, programas e ações indutoras da transição agroecológica e da produção orgânica e de base agroecológica, contribuindo para o desenvolvimento sustentável e a qualidade de vida da população, por meio do uso sustentável dos recursos naturais e da oferta e consumo de alimentos saudáveis", conforme previsto em seu artigo 1º.

Ao definir os elementos que compõem a base da regulamentação, o artigo 2º, inciso I, desse decreto federal conceituou os produtos da sociobiodiversidade como "bens e serviços gerados a partir de recursos da biodiversidade, destinados à formação de cadeias produtivas de interesse dos beneficiários da Lei nº 11.326, de 24 de julho de 2006, que promovam a manutenção e valorização de suas práticas e saberes, e assegurem os direitos decorrentes, para gerar renda e melhorar sua qualidade de vida e de seu ambiente". Estabelecendo elos com outras legislações, a regulamentação iniciou destacando a intersetorialidade na nova política instituída com outras políticas públicas. Tem-se, já no inciso I do artigo 2º do decreto federal, quando trata dos produtos da sociobiodiversidade, uma referência direta à Política Nacional da Agricultura Familiar e Empreendimentos Familiares Rurais, instituída pela Lei Federal nº 11.326/2006, que se volta a pequenos agricultores familiares e a silvicultores, aquicultores, extrativistas, pescadores, povos indígenas, quilombolas e demais povos e comunidades tradicionais que preencham requisitos estabelecidos em lei.

Ainda considerando a intersetorialidade da PNAPO, o decreto que regulamentou a política agroecológica no âmbito federal remeteu, em seu inciso II do artigo 2º, o

---

[29] FAO. *Programas no Brasil*. Disponível em: https://www.fao.org/brasil/programas-e-projetos/es/. Acesso em: 22 jun. 2024.

conceito de sistema orgânico de produção para o que dispõe o artigo 1º da Lei Federal nº 10.831/2003, segundo o qual:

> Art. 1º Considera-se sistema orgânico de produção agropecuária todo aquele em que se adotam técnicas específicas, mediante a otimização do uso dos recursos naturais e socioeconômicos disponíveis e o respeito à integridade cultural das comunidades rurais, tendo por objetivo a sustentabilidade econômica e ecológica, a maximização dos benefícios sociais, a minimização da dependência de energia não renovável, empregando, sempre que possível, métodos culturais, biológicos e mecânicos, em contraposição ao uso de materiais sintéticos, a eliminação do uso de organismos geneticamente modificados e radiações ionizantes, em qualquer fase do processo de produção, processamento, armazenamento, distribuição e comercialização, e a proteção do meio ambiente.

Já a definição de produção de base agroecológica foi a novidade, com o inciso III do artigo 2º do decreto federal conceituando-a como sendo "aquela que busca otimizar a integração entre capacidade produtiva, uso e conservação da biodiversidade e dos demais recursos naturais, equilíbrio ecológico, eficiência econômica e justiça social, abrangida ou não pelos mecanismos de controle de que trata a Lei nº 10.831, de 2003, e sua regulamentação". Note-se que muitos dos princípios discutidos na seção anterior foram adotados no regulamento federal, que considera o caráter ambiental e socioeconômico da política pública e distingue a produção de base agroecológica do sistema orgânico de produção, o qual possui características próprias. Foi estabelecido inclusive que os mecanismos de fiscalização e controle deste podem ou não abranger a produção de base agroecológica.

Assim, o decreto que instituiu a PNAPO iniciou com referências às legislações anteriores, que tratavam da agricultura familiar e da produção orgânica de alimentos, demonstrando que a transição para um modelo cada vez mais sustentável consiste num processo permanente. Destaca-se que essa intersetorialidade já se revelava na própria Lei da Produção Orgânica Brasileira, Lei nº 10.831/2003, a qual foi formulada com base em alguns elementos que integram a agroecologia, como a integridade cultural das comunidades rurais, a equidade social, a valorização econômica das produções familiares e o respeito aos recursos naturais.

O Decreto Federal nº 7.794/2012 considerou ainda, em seu artigo 2º, inciso IV, a agroecologia como um movimento de transição, definido como um "processo gradual de mudança de práticas e de manejo de agroecossistemas, tradicionais ou convencionais, por meio da transformação das bases produtivas e sociais do uso da terra e dos recursos naturais, que levem a sistemas de agricultura que incorporem princípios e tecnologias de base ecológica".

As diretrizes da PNAPO foram delineadas no artigo 3º do decreto federal, referindo-se à soberania e segurança alimentar e nutricional; à conservação e recomposição de ecossistemas; à promoção de sistemas justos e sustentáveis de produção, distribuição e consumo de alimentos; à valorização da agrobiodiversidade; à ampliação da participação da juventude rural; e à contribuição para a redução das desigualdades de gênero.

Importante destacar os 11 instrumentos elencados pelo artigo 4º do decreto federal para dar concretude às diretrizes da política nacional. Em primeiro lugar é necessário um Plano Nacional de Agroecologia e Produção Orgânica (PLANAPO), no qual devem constar o diagnóstico; as estratégias e os objetivos; os programas, os projetos, as ações; os indicadores, as metas e os prazos; e o modelo de gestão do Plano. Entre os instrumentos, foram previstos mecanismos de financiamento como o crédito rural; bem como o seguro agrícola e de renda. No campo das ações governamentais, as compras públicas e as medidas fiscais e tributárias integram as ações direcionadas para a agroecologia. A dotação de receitas para a pesquisa e inovação científica e tecnológica, para a assistência técnica e extensão rural, além da formação profissional e educação constituem medidas estratégicas. É preciso também sistemas de monitoramento e avaliação da produção orgânica e de base agroecológica, além de mecanismos de controle da transição agroecológica, da produção orgânica e de base agroecológica.

A gestão da Política Nacional foi atribuída à Comissão Nacional de Agroecologia e Produção Orgânica (CNAPO) e à Câmara Interministerial de Agroecologia e Produção Orgânica (CIAPO). Observa-se que a composição da CNAPO, ao incluir representantes de Ministérios e da sociedade civil, buscou promover a integração intersetorial das políticas públicas, a qual se concretizou no ano de 2013, quando a PNAPO foi instrumentalizada por meio do Primeiro Plano Nacional de Agroecologia e Produção Orgânica (PLANAPO I), elaborado pelo governo e pela sociedade civil. Naquela oportunidade, foram previstas 125 ações, com a subdivisão das iniciativas em quatro eixos: produção, uso e conservação de recursos naturais, conhecimento e ainda comercialização e consumo. Segundo Schmitt *et al.*, o plano foi implantado num momento em que as ações do Plano Plurianual (PPA) 2012-2015 já haviam sido programadas. Assim, a despeito do grande volume de recursos inicialmente previstos, o primeiro PLANAPO atuou principalmente na coordenação de programas que já existiam em vários ministérios (como o MDA e o MAPA), sendo a estruturação de uma nova governança composta pela CNAPO e pela CIAPO a principal inovação.[30]

Lançado em 2016, o PLANAPO II ampliou a quantidade de ações voltadas à transição agroecológica, estabelecendo 194 iniciativas e incorporando um eixo sobre sociobiodiversidade, que visava apoiar a estruturação do extrativismo, e outro sobre terra e território, com a regularização da assistência técnica a assentamentos voltada para a agroecologia. Schmitt *et al.* destacam que naquele momento houve um melhor ajuste em relação ao PPA 2016-2019, porém várias propostas não foram implementadas, como a criação de um Fundo Nacional de Fomento e Apoio à Agroecologia e produção Orgânica ou a concretização de um Programa Nacional de Redução de Agrotóxicos (PRONARA). E, após um hiato na instrumentalização, desde 2023 o governo federal tem articulado a discussão sobre o PLANAPO III como uma nova etapa na construção de políticas públicas relacionadas à agroecologia e produção orgânica.

Nos Estados brasileiros, a institucionalização da política agroecológica não ocorreu de forma uniforme. Foram identificadas leis e decretos que instituíram a Política Estadual de Agroecologia e Produção Orgânica ao longo da última década no Rio Grande do Sul (2014); Rondônia (2015); Alagoas, Amazonas, Espírito Santo, São Paulo e Mato Grosso do Sul (2018); Rio de Janeiro (2019); Mato Grosso (2020); Goiás, Pernambuco e Santa Catarina (2021); Bahia, Maranhão, Rio Grande do Norte e Amapá (2023); e Piauí (2024).[31] No Distrito Federal a política foi institucionalizada em 2017. Apesar de alguns

---

[30] SCHMITT *et al.*, 2017.
[31] Rio Grande do Sul, Lei (estadual) nº 14.486/2014; Rondônia, Decreto (estadual) nº 19.895/2015; Alagoas, Lei (estadual) nº 8.041/2018; Amazonas, Lei (estadual) nº 4.581/2018; Espírito Santo, Lei (estadual) nº 10.951/2018;

possuírem legislação que incentiva a produção agroecológica, não se identificou a institucionalização dessa política em leis específicas nos seguintes estados: Acre, Ceará, Minas Gerais, Pará, Paraíba, Paraná, Roraima, Sergipe e Tocantins.

5 Políticas públicas direcionadas à agroecologia: lógica ou incoerência?

Políticas públicas[32] podem ser compreendidas como o "conjunto de intervenções e diretrizes emanadas de atores governamentais, que visam tratar, ou não, problemas públicos e que requerem, utilizam ou afetam recursos públicos". Essa definição, adotada pelo Referencial de Avaliação de Governança em Políticas Públicas do TCU, considera políticas públicas não apenas os atos normativos, mas igualmente ações concretas e diretrizes que orientam a ação ou inação pública ou privada.[33]

As políticas públicas destinadas a incentivar sistemas de produção mais sustentáveis, de base agroecológica têm sido adotadas sob uma perspectiva não vinculativa, cuja intervenção se dá sobretudo a partir de incentivos para apoiar engajamentos voluntários em práticas agroecológicas.[34]

De acordo com Sabourin *et al.*, as políticas públicas são essenciais para desenvolver a agroecologia em dois níveis distintos. O primeiro decorre da necessidade de sistemas de formação e de gestão de conhecimento para facilitar a criação de técnicas locais e a sua posterior divulgação, o que se torna fundamental em razão da complexidade dos sistemas produtivos e da diversidade das condições locais. O segundo ponto relevante em termos de formulação de políticas públicas decorre da necessidade de compensar rendimentos mais baixos e custos de produção adicionais. Assim, cabe às políticas darem suporte à comercialização de alimentos. Os autores alertam ainda quanto ao baixo incentivo e à precariedade na divulgação dos sistemas agroecológicos, sendo necessário um reforço para ampliar a garantia de produção e comercialização[35] de alimentos saudáveis e ecológicos.[36]

No Brasil, a transição agroecológica também vem sendo estabelecida por meio do desenvolvimento de programas específicos voltados, por exemplo, ao fortalecimento da agricultura familiar, à segurança alimentar e nutricional, à alimentação escolar e à

São Paulo, Lei (estadual) nº 16.684/2018; Mato Grosso do Sul, Lei (estadual) nº 5.279/2018; Rio de Janeiro, Lei (estadual) nº 8.625/2019; Mato Grosso, Lei (estadual) nº 11.242/2020; Goiás, Lei (estadual) nº 21.115/2021; Pernambuco, Lei (estadual) nº 17.158/2021; Santa Catarina, Lei (estadual) nº 18.200/2021; Bahia, Lei (estadual) nº 24.730/2023; Maranhão, Lei (estadual) nº 12.004/2023; Rio Grande do Norte, Lei (estadual) nº 11.362/2023; Amapá, Lei (estadual) nº 2.964/2023; Piauí, Lei (estadual) nº 8.288/2024; Distrito Federal, Lei (distrital) nº 5.801/2017.

[32] O tema do controle das políticas públicas foi tratado com mais profundidade em IOCKEN, Sabrina. *Controle Compartilhado das Políticas Públicas*. 1. ed. Belo Horizonte: Fórum, 2018.

[33] BRASIL. Tribunal de Contas da União. *Referencial para avaliação de governança em políticas públicas*. Brasília: TCU, 2020. p. 25.

[34] Uma perspectiva sobre os princípios operacionais da política agroecológica francesa v. GONZALEZ; THOMAS; CHANG, 2018.

[35] Sobre os circuitos de comercialização v. ROVER, Oscar José; DAROLT, Moacir Roberto. Circuitos curtos de comercialização como inovação social que valoriza a agricultura familiar agroecológica. *In*: DAROLT, Moacir Roberto; ROVER, Oscar José (org.). *Circuitos curtos de comercialização, agroecologia e inovação social*. Florianópolis: EstúdioSemprelo, 2021. p. 19-43.

[36] SABOURIN, E. *et al*. Public policies to support agroecology in Latin America and the Caribbean. CIRADMontpellier, *Perspective*, n. 45, 2018.

agropecuária sustentável, considerando a transversalidade da política pública, a qual se desenvolve em múltiplos setores.

No Programa Nacional de Fortalecimento da Agricultura Familiar (PRONAF), criado em 1995, foram previstas políticas de incentivo financeiro ao setor. Em 2003 (mesmo ano da publicação do marco normativo sobre produção orgânica), após algumas alterações em sua regulamentação, foram criadas linhas de crédito, denominadas de Pronaf Verde (Pronaf Floresta, Pronaf Agroecologia, Pronaf Semiárido e Pronaf ECO), específicas para acelerar o processo de transição da agricultura convencional para a sustentável. Atualmente, o Pronaf ABC+ Agroecologia, por exemplo, direciona o financiamento a agricultores e produtores rurais (pessoas físicas) para investimento em sistemas de produção agroecológicos ou orgânicos, incluindo-se os custos relativos à implantação e manutenção do empreendimento.

De acordo com o Cadastro Nacional de Produtores Orgânicos (CNPO), o Brasil possuía, em junho de 2024, 25.651 produtores registrados. Aumento significativo em relação a exercícios anteriores, mas muito aquém do potencial de produtores do país. No entanto, após o envio de um questionário eletrônico, via aplicativo *WhatsApp*, a 2.325 produtores constantes do Cadastro Nacional de Produtores Orgânicos, para identificar os motivos que levam produtores orgânicos a não acessarem, em especial, as linhas de crédito do Pronaf denominadas "Linhas Verde", Gomes, Soares e Pantoja[37] constatou-se que o acesso a linhas de crédito para produção orgânica pelos produtores familiares ainda é baixo e encontra muitas barreiras; que a maior parte dos produtores desenvolve suas atividades com recursos próprios; e que os motivos mais destacados para a não contratação estão ligados ao próprio sistema de concessão.

A Política Nacional de Segurança Alimentar e Nutricional (PNSAN) foi estabelecida por meio do Decreto Federal nº 7.272/2010, regulamentando a Lei Federal nº 11.346/2006, que criou o Sistema Nacional de Segurança Alimentar e Nutricional (SISAN). O objetivo geral da política pública foi o de promover a segurança alimentar e nutricional, bem como assegurar o direito humano à alimentação adequada em todo o território nacional. Entre seus objetivos específicos, destaca-se a promoção de "sistemas sustentáveis de base agroecológica, de produção e distribuição de alimentos que respeitem a biodiversidade e fortaleçam a agricultura familiar, os povos indígenas e as comunidades tradicionais e que assegurem o consumo e o acesso à alimentação adequada e saudável, respeitada a diversidade da cultura alimentar nacional", prevista no inciso III do artigo 4º do referido decreto federal. Além disso, dentre as diretrizes da PNSAN, se destacam a conservação da biodiversidade, a utilização sustentável dos recursos na produção de alimentos, a garantia da qualidade biológica, sanitária, nutricional e tecnológica dos alimentos.

Verifica-se que a Política de Segurança Alimentar e Nutricional tem se estabelecido, ainda que de forma gradativa, nos âmbitos federal, estadual e municipal, com a estruturação dos respectivos planos. Contudo, observa-se que, em 2024, apenas 600 municípios (além dos Estados e do DF) teriam aderido ao SISAN, mesmo com benefícios previstos, como a viabilização de programas e ações de segurança alimentar

---

[37] GOMES, Ariel Luiz de Sales; SOARES, João Paulo Guimarães; PANTOJA, Maria Júlia. Concessão de crédito na produção familiar orgânica. *In*: Anais do 61º Congresso da Sociedade Brasileira de Economia Administração e Sociologia Rural (SOBER). Piracicaba (SP): ESALQ/USP, 2023.

e nutricional de forma integrada e intersetorial em nível local, o apoio técnico e político para a execução e o aperfeiçoamento da gestão, a maior participação da sociedade civil na formulação e implementação de políticas, o acompanhamento e o monitoramento de programas e orçamento, a promoção de ações de educação permanente, entre outros.

O Programa Nacional de Alimentação Escolar (PNAE), instituído pela Lei Federal nº 11.947/2009, conjuga o direito à alimentação saudável à promoção da agricultura familiar e das práticas agroecológicas, estabelecendo entre as suas diretrizes, no inciso V do artigo 2º, "o apoio ao desenvolvimento sustentável, com incentivos para a aquisição de gêneros alimentícios diversificados, produzidos em âmbito local e preferencialmente pela agricultura familiar e pelos empreendedores familiares rurais, priorizando as comunidades tradicionais indígenas e de remanescentes de quilombos". Assim, de acordo com o artigo 14 da lei, no mínimo 30% (trinta por cento) do total dos recursos financeiros repassados pelo Fundo Nacional do Desenvolvimento da Educação (FNDE), no âmbito do PNAE, deverão ser utilizados na aquisição de gêneros alimentícios diretamente desses grupos. Observa-se que, apesar de não fazer referência direta, o programa atua em dimensões que se coadunam com os princípios da agroecologia.

Ainda no âmbito federal, pode-se citar o Programa Agropecuária Sustentável, incluído no PPA 2020-2023 do governo federal (programa finalístico 1031), cujo objetivo é promover o desenvolvimento da agropecuária sustentável, da pesca artesanal e da aquicultura familiar. Foram estabelecidas metas cujo cumprimento é aferido por meio do Índice de Sustentabilidade da Agropecuária (ISA), composto por subindicadores formatados sob o tripé da sustentabilidade (ambiental, social e econômica), quais sejam: crescimento da produtividade; adequação ambiental; e sistemas de produção e acesso a mercados. O maior desafio desse programa é propor a sustentabilidade como ponto central de interferência nas cadeias produtivas do agronegócio, ao apoiar o produtor rural na implementação de boas práticas de produção da agricultura, como forma de manter a capacidade produtiva dos ecossistemas e obter a preservação da qualidade ambiental, do solo, da água e da biodiversidade da flora e fauna, no sentido de construir maior resiliência dos sistemas de produção e atender às necessidades das gerações futuras.

Constata-se, portanto, um conjunto de programas direcionados a incentivar uma transição agroecológica no sistema de produção alimentar do país. No entanto, de maneira contrária, verifica-se que tais políticas públicas, além de restritas e com baixa disponibilidade orçamentária, ainda convivem com incentivos e com a permissibilidade da utilização de produtos nocivos à saúde humana. Não se pode olvidar que a implementação eficaz da ação pública exige a redução, tanto quanto possível, de incentivos a ações contraditórias.

Conforme visto anteriormente, após a "Revolução Verde", o Brasil se tornou o maior consumidor de agrotóxicos do mundo.[38] O artigo 41 do Decreto Federal nº 4.074/2002 determinou que as empresas com produtos que contenham agrotóxicos, componentes e afins, registrados no Brasil apresentassem anualmente aos órgãos federais competentes pelo controle e fiscalização dessas substâncias relatórios sobre as

---

[38] SCHMITT, C. et al. La experiencia brasileña de construcción de políticas públicas en favor de la Agroecología. In: FAO; RED PP-AL (ed.). *Políticas públicas a favor de la agroecología en América Latina y El Caribe*. Brasília: FAO, 2017. p. 44-69.

quantidades produzidas, importadas, exportadas e comercializadas desses produtos. Em 2022, para os produtos classificados como "químicos e bioquímicos", as vendas foram de 800.652 toneladas de ingredientes ativos, ou seja, 11% a mais em relação ao ano anterior (2021), cujas vendas foram de 720.870 toneladas.[39] O aumento torna-se mais expressivo se comparado ao início do monitoramento em 2009, quando o volume de vendas era de 306.785 toneladas.

Da mesma maneira, tem sido crescente o total de notificações por intoxicação exógena por agrotóxicos, excetuando os anos da pandemia. Em 2023 foram 17,1 mil notificações, maior número da série histórica, com coeficiente de incidência de 8 para cada 100 mil habitantes. Destaca-se que tais questões são objeto de atenção do Programa Vigilância em Saúde de Populações Expostas a Contaminantes Químicos (Vigipeq), cujo propósito é implementar ações integradas, voltadas para a adoção de medidas de prevenção dos fatores de risco, promoção e vigilância em saúde das populações expostas ou potencialmente expostas a agrotóxicos. Os referidos dados constam do Painel Vigilância em Saúde das Populações Expostas a Agrotóxicos (VSPEA), implementado pelo Ministério da Saúde,[40] sendo que no âmbito municipal apenas 265 municípios brasileiros implementaram o VSPEA.[41]

Nesse contexto, constata-se que políticas públicas voltadas à agroecologia estão, atualmente, em construção, pautadas por incentivos e apoios a ações voluntárias. Além disso, tais políticas ainda esbarram em outros estímulos que caminham em sentido oposto, como se observa com o número crescente de comercialização de produtos nocivos à saúde humana.

6 O papel indutor do debate público no âmbito dos Tribunais de Contas

O modelo da jurisdição de contas tem avançado em relação à avaliação das políticas públicas. No caso da França, por exemplo, desde 2008 a Constituição previu no art. 47-2, que trata das competências do Tribunal de Contas, a função de controle da ação governamental, notadamente através da missão de avaliação das políticas públicas. A recente modificação no artigo L. 143-8 do Código das Jurisdições Financeiras da França estabeleceu ainda que o Relatório Público Anual (RPA) do Tribunal de Contas inclua análise com recomendações de questões para as quais se deseja chamar a atenção das

---

[39] De acordo com o Relatório de Comercialização de Agrotóxicos informado pelo IBAMA, os dez ingredientes ativos mais comercializados no país, em toneladas, foram: glifosato e seus sais; 2,4-D; atrazina, mancozebe; acefato; clorotalonil, dibrometo de diquat, glufosinato – sal de amônio, clorpirifós e metomil. O painel encontra-se disponível em: https://www.gov.br/ibama/pt-br/assuntos/quimicos-e-biologicos/agrotoxicos/paineis-de-informacoes-de-agrotoxicos/paineis-de-informacoes-de-agrotoxicos#Painel-comercializacao. Acesso em: 23 jun. 2024.

[40] O painel da Vigilância em Saúde de Populações Expostas a Agrotóxicos (VSPEA) está disponível em: https://www.gov.br/saude/pt-br/composicao/svsa/saude-do-trabalhador/renast/vspea.

[41] Requisitos para a implementação: criação de um grupo de trabalho (GT); plano de ação das atividades; notificação de intoxicação exógena por agrotóxicos (agrotóxicos de uso agrícola, saúde pública, doméstico, raticida e produtos veterinários) a partir do ano de 2021. V. Brasil. Ministério da Saúde. Secretaria de Vigilância em Saúde. Departamento de Saúde Ambiental, do trabalhador e Vigilância das emergências em Saúde Pública. Coordenação - Geral de Vigilância em Saúde Ambiental. *Nota Informativa nº 6/2021-CGVAM/DSAST/SVS/MS*. Estratégias para a implantação e operacionalização da vigilância em saúde de populações expostas a agrotóxicos (VSPEA) no âmbito municipal. Ministério da Saúde, 2021.

autoridades públicas e contribuir para informar os cidadãos.[42] Tal inovação, em vigor a partir de janeiro de 2023, ainda que desprovida de caráter coercitivo, tem por objetivo induzir a agenda pública e a percepção dos atores sociais sobre os problemas coletivos.

Observa-se que todo o RPA francês de 2024[43] foi direcionado para o tema das mudanças climáticas e as projeções financeiras, técnicas e operacionais para o Estado, enfatizando a necessidade de as administrações públicas se prepararem para financiar os custos da transição ecológica. De acordo com o referido documento, a complexidade da adaptação em relação às mudanças climáticas conduz ao questionamento do cidadão em como conceber, financiar e implementar soluções que sejam ao mesmo tempo adaptadas e sustentáveis. Ou seja, o que pode ser feito efetivamente ao menor custo? Isso demonstra a percepção em relação à importância que é dada à qualidade da despesa pública e o papel das jurisdições financeiras nesse processo de diagnóstico e implementação de políticas públicas para que essas sejam cada vez mais transparentes, coerentes e eficientes.

Nesse contexto, a recente alteração promovida na Corte de Contas francesa reafirma não só a competência institucional para a apreciação das políticas públicas, mas avança na medida em que confere aos Tribunais de Contas a competência para a inserção na agenda política de temas de alta relevância para os quais entenda ser pertinente dar maior prioridade.

No Brasil também tem se evoluído para que as políticas públicas sejam avaliadas dentro do processo da prestação de contas governamental. Esse é o recente direcionamento proposto pela Resolução nº 1/2021 da Associação dos Membros dos Tribunais de Contas do Brasil (Atricon) recomendando para a emissão do Parecer Prévio que o Tribunal de Contas respectivo examine as políticas públicas. Trata-se de uma orientação relevante, para que sejam avaliados tanto os aspectos financeiro e orçamentário dos programas de governo que estão sendo desenvolvidos quanto os aspectos relacionados ao desempenho, à eficiência, à eficácia e à efetividade.

A estreita relação do sistema de controle externo brasileiro com as políticas públicas decorre não apenas da expertise multidisciplinar para a realização de auditorias como as operacionais, mas sobretudo pelo exame das contas governamentais e de seus programas de governo, o que ocorre anualmente em relação às contas do chefe do Poder Executivo, seja no plano municipal (5.570 Municípios), seja no plano estadual (26 Estados e o DF), seja no federal. Trata-se de uma ferramenta valiosa para o diagnóstico e a apreciação dos programas governamentais, a partir de indicadores que possibilitem a avaliação da realidade local dentro de parâmetros globais, ou seja, possibilita atrelar as políticas públicas que se desenvolvem no âmbito do Município, do Estado ou mesmo da União com os indicadores globais de desenvolvimento sustentável.

O Programa Agropecuária Sustentável, por exemplo, já foi objeto de análise em processos específicos de fiscalização pelo TCU e foi avaliado na apreciação das contas governamentais do Presidente da República de 2023.[44] Foram identificados riscos e falhas

---

[42] Modificação introduzida em 23 de mar. de 2023. Disponível em: https://www.legifrance.gouv.fr/codes/id/LEGIARTI000045404569/2023-01-01. Acesso em: 8 jun. 2024.

[43] COUR DES COMPTES. *Rapport Public Annuel 2024*. Disponível em: https://www.ccomptes.fr/fr/publications/le-rapport-public-annuel-2024. Acesso em: 8 jun. 2024.

[44] Sobre o tema, v. TCU. *Acórdão nº 1.290/2021-TCU-Plenário*. Relator: Ministro-substituto Marcos Bemquerer; TC 004.944/2023-2. Relator: Ministro Jorge Oliveira.

estruturantes no setor, como a alta vulnerabilidade do sistema de produção agropecuária à mudança do clima, baixa ou pouca organização social dos atores da agropecuária, falta de agregação de valor da produção e acesso aos mercados, estrutura precária para armazenamento e escoamento dos produtos agropecuários, desarticulação das políticas públicas voltadas ao desenvolvimento sustentável agropecuário, insuficiência de créditos para o agricultor familiar e falta de adequação do setor produtivo pesqueiro às exigências internacionais. O TCU inferiu, ainda, a baixa confiabilidade do indicador ISA, em razão de problemas na ponderação dos seus subindicadores, cujo cálculo é desproporcional quando comparado aos efetivos resultados da política pública. De acordo com o Relatório do TCU, "É imprescindível que a atuação governamental seja apoiada por informações de desempenho confiáveis, do contrário, todas as etapas do ciclo de políticas públicas restam prejudicadas, desde o diagnóstico dos problemas até o monitoramento e a avaliação para verificar eventual impacto das ações sobre a realidade".[45]

Vê-se, portanto, a relevância do sistema da jurisdição financeira para o aprimoramento dos programas governamentais, avaliando, inclusive a confiabilidade dos indicadores utilizados para a mensuração das metas e dos objetivos pretendidos. Cabe refletir, no entanto, em que momento os órgãos de controle poderiam/deveriam atuar. Apenas quando as políticas públicas e os seus respectivos programas já estivessem sendo desenvolvidos? Ou caberia também uma atuação sobre condutas omissivas em relação a ações e programas governamentais? Entende-se que um segundo passo importante pode ocorrer nas hipóteses em que a política pública ainda não está na agenda política, ou quando há uma execução em percentual muito inferior ao previsto. Além disso, nas avaliações realizadas pelos Tribunais de Contas deve ser considerado que a multiplicidade de questões que envolvem as políticas públicas demanda a necessidade de conciliação entre os objetivos de diversos programas, que podem até mesmo se apresentar de modo contraditório.

Esse é justamente o caso das políticas públicas relacionadas à agroecologia. A falta de normativos e de regulamentação, a ausência de programas governamentais ou mesmo a baixa destinação de recursos públicos poderiam/deveriam ensejar a atuação dos Tribunais de Contas como mecanismo indutor da ação governamental?

Ainda em termos práticos, observa-se que, desde 2021, no âmbito do Tribunal de Contas do Estado de Santa Catarina (TCE/SC), foi inserida no Parecer Prévio das Contas Governamentais de 33 Municípios, dos 295 que integram o estado, uma análise prévia sobre as políticas públicas de incentivo ao desenvolvimento da agroecologia e dos sistemas orgânicos de produção realizados nos municípios. Tal estudo está sendo ampliado e alcançará todos os municípios em 2024, através da Relatoria Temática de Agroecologia criada em 2023 no âmbito da Corte de Contas catarinense.

Dos municípios analisados em 2023, observou-se nenhum possui lei instituindo a Política Municipal de Agroecologia e Produção Orgânica (PMAPO). Apenas um deles possui lei municipal relacionada à agroecologia. Garopaba, através da Lei Municipal nº 2.338/2021, regulada pelo Decreto Municipal nº 317/2021, instituiu o Programa Municipal Horta da Gente de Agricultura Urbana e Periurbana, mediante o

---

[45] BRASIL. Tribunal de Contas da União. *Contas do Presidente da República*: exercício de 2023. Brasília, DF: TCU, 2024.

aproveitamento de terrenos dominiais ociosos do município e de terrenos particulares ociosos, com o objetivo de garantir que os beneficiários, ou seja, os agricultores, não utilizem agrotóxicos em suas práticas agrícolas. Quanto à análise do Plano Plurianual (PPA), da Lei de Diretrizes Orçamentárias (LDO) e da Lei Orçamentária Anual (LOA), somente o município de Anitápolis estabeleceu programas ou ações específicas que contemplem o incentivo à agroecologia e à produção orgânica. Diante desse cenário, a Corte de Contas catarinense recomendou que observem a necessidade de instituir no âmbito dos municípios a Política Municipal de Agroecologia e Produção Orgânica em atenção ao Decreto Federal nº 7.794/2012 e à Lei Estadual nº 18.200/2021.[46]

A iniciativa do Tribunal de Contas catarinense contribui para o alcance do ODS 2 da Agenda 2030 e demonstra como o sistema de controle externo e a respectiva jurisdição financeira podem/devem oferecer aos seus jurisdicionados, e sobretudo ao Poder Executivo, contribuições para o aperfeiçoamento das políticas públicas através dos seus processos de avaliação e controle. Tais resultados institucionais destinam-se, sobretudo, ao cidadão, a quem deve ser dirigida a "decodificação" das escolhas e das não escolhas orçamentárias em informações claras e legíveis.

7 Conclusão

Neste capítulo, buscou-se contribuir para a discussão sobre a agroecologia no campo acadêmico jurídico, sob o fundamento de que a compreensão envolve uma abordagem integrada, de base ecológica e socioeconômica, para o desenvolvimento de um sistema alimentar sustentável e justo. Foi apresentado um panorama da Política Nacional de Agroecologia e Produção Orgânica (PNAPO), instituída no Brasil por meio do Decreto Federal nº 7.794/2012, bem como a existência de políticas estaduais no mesmo sentido. Por certo que programas específicos de fortalecimento da agricultura familiar, de segurança alimentar e nutricional, de alimentação escolar e de agropecuária sustentável, que consideram a transversalidade das políticas públicas, direcionam e estimulam a política agroecológica brasileira e caminham na direção estabelecida pelas metas do ODS 2 da Agenda 2030. No entanto, a pesquisa identificou também situações contraditórias, como o aumento no consumo de agrotóxicos no Brasil e a baixa adesão municipal a políticas como a da Vigilância em Saúde de Populações Expostas a Agrotóxicos (VSPEA).

Nesse cenário, a atuação das instituições de controle torna-se fundamental. A recente alteração no Código das Jurisdições Financeiras da França ilumina a atuação dos Tribunais de Contas na formação da agenda pública, na construção de um quadro de sentido para a ação governamental, atuando como um acelerador institucional de políticas públicas.

No Brasil, verificou-se que os Tribunais de Contas têm evoluído para inserir as políticas públicas na apreciação da prestação de contas governamental. Como exemplo, o próprio TCU tem incluído na prestação de contas do Presidente da República a avaliação de programas federais. Em 2023 consta inclusive a análise de programas

---

[46] SANTA CATARINA. TCE. *Prestação de Contas do Prefeito referente ao exercício de 2022*: Chapecó. Florianópolis, Diário oficial n. 3756, de 10 jan. 2024, p. 15. Disponível em: https://consulta.tce.sc.gov.br/Diario/dotc-e2024-01-10.pdf. Acesso em: 28 jun. 2024.

relacionados à agropecuária sustentável, cuja fiscalização permitiu identificar riscos e falhas estruturais no setor, bem como a baixa confiabilidade do indicador ISA. Em Santa Catarina, a partir de uma amostra, o Tribunal de Contas verificou que ainda é baixa a adesão dos municípios na formulação da Política Municipal de Agroecologia e de Produção Orgânica e estabeleceu recomendação no sentido de que essa política seja institucionalizada. Observa-se, assim, a importância do sistema de jurisdição financeira como indutor de políticas públicas e para o aprimoramento dos programas governamentais, inclusive de seus indicadores.

Nesse sentido, cabe aos órgãos de controle externo no desempenho da respectiva jurisdição financeira oferecer aos seus jurisdicionados, e sobretudo ao Poder Executivo, contribuições para o aperfeiçoamento das políticas públicas através de seus processos de avaliação e fiscalização. Esses resultados institucionais possibilitam igualmente o exercício ativo da cidadania.

A agroecologia é uma mudança urgente e necessária. Segundo Centola,[47] há um poder invisível que pode ser melhor utilizado nas decisões estratégicas, na modelagem das políticas públicas e em seus incentivos. A existência de uma rede global é, na verdade, um reforço, uma redundância em seu sentido positivo, para que as redes locais possam se orientar na mesma direção, ou seja, são indutores do comportamento humano para que possamos, nas lições do Prof. Juarez Freitas, ser uma sociedade sustentável, mais inclusiva, mais pacífica e mais protetora do nosso planeta.

Referências

AGROECOCULTURAS. *FAO reconhece agroecologia*, 2018. Disponível em: https://agroecoculturas.org/fao-reconhece-agroecologia/. Acesso em: 22 jun. 2024.

ABREU, Lucimar Santiago *et al*. Relações entre agricultura orgânica e agroecologia: desafios atuais em torno dos princípios da agroecologia. *Desenvolvimento e Meio Ambiente*, Curitiba, v. 26, p. 143-160, jul./dez. 2012. Disponível em: file:///C:/Users/46273/Downloads/Rela%C3%A7%C3%B5es%20entre%20agricultura%20org%C3%A2nica%20e%20agroecologia.pdf. Acesso em: 25 jun. 2024.

ALTIERI, M. A. Breve reseña sobre los orígenes y evolución de la agroecología en América Latina. *Agroecología*, v. 10, n. 2, p. 7-8, 2015. Disponível em: www.socla.co/revista/. Acesso em: 10 jun. 2024.

AMEEN, Ayesha; RAZA, Shahid. Green Revolution: A Review. *International Journal of Advances in Scientific Research*, v. 3, p. 129, 2018. DOI: https://doi.org/10.7439/ijasr.v3i12.4410. Disponível em: https://doi.org/10.7439/ijasr. Acesso em: 22 jun. 2024

BAPTISTA DA COSTA, M. B.; SOUZA, M.; JÚNIOR, V. M.; COMIN, J. J.; LOVATO, P. E. Agroecologia no Brasil – 1970 a 2015. *Agroecología*, 10(2), 63-75, 2017. Disponível em: https://digitum.um.es/digitum/bitstream/10201/53898/1/300831-1030731-1-SM.pdf. Acesso em 20 jun. 2024.

BRASIL. Tribunal de Contas da União. *Referencial para avaliação de governança em políticas públicas*. Brasília: TCU, 2020.

BRASIL. Ministério da Saúde. Secretaria de Vigilância em Saúde. Departamento de Saúde Ambiental, do trabalhador e Vigilância das emergências em Saúde Pública. Coordenação - Geral de Vigilância em Saúde Ambiental. *Nota Informativa nº 6/2021-CGVAM/DSAST/SVS/MS*. Estratégias para a implantação e operacionalização da vigilância em saúde de populações expostas a agrotóxicos (VSPEA) no âmbito municipal. Ministério da Saúde, 2021.

---

[47] CENTOLA, 2022.

BRASIL. Tribunal de Contas da União. *Contas do Presidente da República*: exercício de 2023. Brasília, DF: TCU, 2024. Disponível em: https://sites.tcu.gov.br/contas-do-presidente/1%20Relat%C3%B3rio%20CG2023.pdf. Acesso em: 28 jun. 2024.

CANDIOTTO, L. Agroecologia: Conceitos, princípios e sua multidimensionalidade. Ambientes: *Revista de Geografia e Ecologia Política*, [S. l.], v. 2, n. 2, p. 25, 2020. DOI: 10.48075/amb.v2i2.26583. Disponível em: https://e-revista.unioeste.br/index.php/ambientes/article/view/26583. Acesso em: 22 jun. 2024.

CANDIOTTO, L. Z. P. Refletindo sobre o conceito de agricultura orgânica. *Geografia em Questão*, [S. l.], v. 16, n. 2, 2023. DOI: 10.48075/geoq.v16i02.30679. Disponível em: https://saber.unioeste.br/index.php/geoemquestao/article/view/30679. Acesso em: 10 jun. 2024.

CANDIOTTO, Luciano Zanetti Pessôa. Política de produtos orgânicos no Brasil. Política de Uso da Terra, *Elsevier*, v. 71(C), p. 422-430, 2018. Disponível em: https://www.sciencedirect.com/science/article/abs/pii/S026483771730176X?via%3Dihub. Acesso em: 21 jun. 2024.

CAPORAL, Francisco Roberto; COSTABEBER, José Antonio. *Agroecologia*: **conceitos e princípios.** Porto Alegre: UFRGS, 2004.

CENTOLA, Damon. *Mudança*: como as grandes transformações acontecem? São Paulo: Melhoramentos, 2022.

CÔTE, F.-X. et al. *La transition agroécologique des agricultures du Sud*. França: QUAE, 2019.

COUR DES COMPTES. *Rapport public annuel 2024*. Disponível em: https://www.ccomptes.fr/fr/publications/le-rapport-public-annuel-2024. Acesso em: 8 jun. 2024.

DUMONT, Antoinette M.; GASSELIN, Pierre; BARET, Philippe V. Transitions in agriculture: Three frameworks highlighting coexistence between a new agroecological configuration and an old organic and conventional configuration of vegetable production in Wallonia (Belgium). *Geoforum*, v. 108, p. 98-109, 2020. Disponível em: https://www.sciencedirect.com/science/article/pii/S0016718519303367. Acesso em: 22 jun. 2024.

EMPRESA BRASILEIRA DE PESQUISA AGROPECUÁRIA. *Marco referencial em agroecologia*. Brasília, DF: Embrapa Informação Tecnológica, 2006.

FAO. *Final report for the International Symposium on Agroecology for food security and nutrition*, 2015. Acesso em: 20 jun. 2024.

FAO. *FAO's work on agroecology*: A pathway to achieving the SDGs. 2018. Disponível em: https://openknowledge.fao.org/server/api/core/bitstreams/9ebe6217-1bdb-4b25-b9ae-4c93a73aab21/content. Acesso em: 15 jun. 2024.

FAO. *The 10 elements of agroecology*: guiding the transition to sustainable food and agricultural systems. Guiding the transition to sustainable food and agricultural systems, 2018. Disponível em: https://openknowledge.fao.org/server/api/core/bitstreams/3d7778b3-8fba-4a32-8d13-f21dd5ef31cf/content. Acesso em: 22 jun. 2024.

FAO. *Programas e Projetos no Brasil*. Disponível em: https://www.fao.org/brasil/programas-e-projetos/es/. Acesso em: 22 jun. 2024.

FREITAS, Juarez. *Sustentabilidade*: direito ao futuro. 4. ed. Belo Horizonte: Fórum, 2019.

GOMES, Ariel Luiz de Sales; SOARES, João Paulo Guimarães; PANTOJA, Maria Júlia. Concessão de crédito na produção familiar orgânica. In: *Anais do 61º Congresso da Sociedade Brasileira de Economia Administração e Sociologia Rural (SOBER)*. Piracicaba (SP): ESALQ/USP, 2023. Disponível em: https://www.even3.com.br/anais/sober2023/625962-CONCESSAO-DE-CREDITO-NA-PRODUCAO-FAMILIAR-ORGANICA. Acesso em: 18 jun. 2024.

GONZALEZ, R. A.; THOMAS, J.; CHANG, M. Translating Agroecology into Policy: The Case of France and the United Kingdom. *Sustentabilidade*, v. 10, art. 2.930, 2018. DOI: https://doi.org/10.3390/su10082930. Disponível em: https://doi.org/10.3390/su10082930. Acesso em: 20 jun. 2024.

IOCKEN, Sabrina. *Controle Compartilhado das Políticas Públicas*. 1. ed. Belo Horizonte: Fórum, 2018.

IPEA. *Cadernos ODS*: ODS 2: Fome zero e agricultura sustentável, 2019. Disponível em: https://www.ipea.gov.br/portal/images/stories/PDFs/livros/livros/190625_cadernos_ODS_objetivo_2.pdf. Acesso em: 28 jun. 2024.

MIGLIORINI, Paola; WEZEL, Alexander. Converging and diverging principles and practices of organic agriculture regulations and agroecology: A review. *Agronomy for Sustainable Development*, v. 37, p. 63, 2017. Disponível em: https://link.springer.com/article/10.1007/s13593-017-0459-9. Acesso em: 30 jun. 2024.

PREISS, Potira V.; SCHNEIDER, Sergio (Org.). *Sistemas alimentares no século 21*: debates contemporâneos. Porto Alegre: UFRGS, 2020.

ROVER, Oscar José; DAROLT, Moacir Roberto. Circuitos curtos de comercialização como inovação social que valoriza a agricultura familiar agroecológica. *In*: ROVER, Oscar José (org.). *Circuitos curtos de comercialização, agroecologia e inovação social*. Florianópolis, SC: Estúdio Semprelo, 2021. p. 19-43. Disponível em: https://www.agricultura.pr.gov.br/sites/default/arquivos_restritos/files/documento/2021-10/circuitos_curtos_2.pdf. Acesso em: 23 jun. 2024.

SABOURIN, E.; LE COQ, J.-F.; FRÉGUIN-GRESH, S.; MARZIN, J.; BONIN, M.; PATROUILLEAU, M. M.; VÁZQUEZ, L.; NIEDERLE, P. Public policies to support agroecology in Latin America and the Caribbean. CIRADMontpellier, *Perspective*, n. 45, 2018. Disponível em: https://doi.org/10.19182/agritrop/00020. Acesso em: 21 jun. 2024.

SCHMITT, C. *et al*. La experiencia brasileña de construcción de políticas públicas en favor de la Agroecología. *In*: FAO; RED PP-AL (Ed.). *Políticas públicas a favor de la agroecología en América Latina y El Caribe*. Brasília: FAO, 2017. p. 44-69.

SANTA CATARINA. TCE. *Prestação de Contas do Prefeito referente ao exercício de 2022*: Chapecó. Diário oficial de 10 jan. 2024. Disponível em: https://consulta.tce.sc.gov.br/Diario/dotc-e2024-01-10.pdf. Acesso em: 28 jun. 2024.

UNESCO. *Relatório mundial das Nações Unidas sobre desenvolvimento dos recursos hídricos 2021*: o valor da água; fatos e dados. Disponível em: https://unesdoc.unesco.org/ark:/48223/pf0000375751_por. Acesso em: 9 jun. 2024.

Informação bibliográfica deste livro, conforme a NBR 6023:2018 da Associação Brasileira de Normas Técnicas (ABNT):

IOCKEN, Sabrina Nunes; MACHADO, Luciane Beiro de Souza. Agroecologia e Tribunais de Contas: o papel indutor do controle externo nas políticas públicas dos sistemas alimentares sustentáveis. *In*: PASQUALINI, Alexandre; CUNDA, Daniela Zago Gonçalves da; RAMOS, Rafael (coord.). *Direito, sustentabilidade e inovação*: estudos em homenagem ao professor Juarez Freitas. Belo Horizonte: Fórum, 2025. p. 679-697. ISBN 978-65-5518-957-5.

REGULAÇÃO E LIMITAÇÃO OBJETIVA EM ARBITRAGEM

SÉRGIO GUERRA

Com muita justiça, a presente obra é publicada em homenagem ao Professor Juarez Freitas, por toda a sua vasta contribuição ao ensino, pesquisa e doutrina no Direito Público nacional – notadamente o Direito Administrativo, valendo ressaltar nesta obra o seu pioneirismo no tema Direito e sustentabilidade, no qual teorizou sobre a sustentabilidade regulatória com impactos no estudo da arbitragem nos contratos administrativos.[1]

Com ampla disciplina geral e especial (setorial), foram superados os impedimentos normativos e as resistências advindas do controle de contas acerca da arbitrabilidade subjetiva em relação à administração pública direta e indireta. Assim, não há dúvidas quanto à juridicidade de as agências reguladoras participarem de arbitragens comerciais em casos que surgirem controvérsias com relação aos interesses dos agentes regulados.[2]

---

[1] FREITAS, Juarez. *Sustentabilidade*: direito ao futuro. Belo Horizonte: Fórum, 2011. p. 261 et seq. Este artigo foi estruturado a partir das pesquisas e aulas realizadas no PPGD em Direito da Regulação, da FGV Direito Rio, e fez parte, com ajustes, da obra *Teoria do Estado Regulador* publicada em 2023 (Juruá).

[2] São consideradas vantagens da arbitragem: a) celeridade e flexibilidade procedimental: prazos reduzidos, limitação de recursos e possibilidade de fixação das regras procedimentais pelas partes (arts. 21, 23 e 30 da Lei de Arbitragem); e b) tecnicidade, especialização e confiabilidade: a decisão arbitral possui maior potencial de aceitabilidade pelas partes, que indicaram os árbitros de sua confiança, com elevado conhecimento técnico (jurídico e/ou extrajurídico) sobre o assunto objeto do julgamento (art. 13 da Lei de Arbitragem). OLIVEIRA, Rafael Carvalho Rezende. A arbitragem nos contratos da administração pública e a Lei nº 13.129/2015: novos desafios. *Revista Brasileira de Direito Público – RBDP*, Belo Horizonte, ano 13, n. 51, p. 59-79, out./dez. 2015. No mesmo sentido, Fichtner *et al.* apontam para a vantajosidade do processo arbitral: "(i) a celeridade da arbitragem; (ii) a possibilidade de escolha de um julgador especialista na matéria; (iv) a imparcialidade dos árbitros no âmbito internacional; (v) a eficácia transnacional da sentença arbitral; e (v) a flexibilidade do procedimento arbitral". FICHTNER, Jose Antonio; MANNHEIMER, Sergio Nelson; ANDRÉ, Luís Monteiro. *Teoria geral da arbitragem*. Rio de Janeiro: Forense, 2019. p. 49.

Se, de um lado, é jurídico inferir pela atual ausência de questionamento sobre a juridicidade da arbitragem comercial envolvendo as agências reguladoras, de outro, remanesce uma questão complexa envolvendo as funções destes entes autárquicos quanto ao uso da arbitragem comercial disciplinada pela Lei nº 9.307/1996. Trata-se da limitação objetiva da arbitrabilidade; isto é, o que pode ou não ser objeto de arbitragem comercial em que uma das partes é uma agência reguladora. Isto porque, considerando as prerrogativas legais da entidade autárquica no exercício da competência regulatória, poderá haver, em certos casos, zonas cinzentas quanto ao que é e o que não é arbitrável em um conflito contratual entre reguladora e regulado.

Com efeito, a regulação por contrato[3] pressupõe uma atuação estatal autárquica especializada, por meio do exercício de função regulatória dotada de certas peculiaridades inerentes ao regime jurídico de Direito Público diferenciado que leva à "autoridade interpretativa e regulatória privativas"[4] das agências reguladoras. Neste, apresentam-se competências técnicas agrupadas detidas por autoridade dotada de autonomia reforçada e infensa ao controle hierárquico, visando manter o equilíbrio do sistema regulado (funções executivas, normativas e judicantes).

Essa questão é de superlativa importância para a higidez tanto do sistema regulado quanto do sistema arbitral,[5] haja vista que, pelo princípio da competência-competência, cabe aos próprios árbitros dizer se toda ou parte das questões a eles submetidas pelos litigantes se enquadram no conceito de direito disponível e, portanto, são objetivamente arbitráveis, e o que é competência inerente à função regulatória excluída da competência do tribunal arbitral.

Diante dessas questões, este artigo chega ao seguinte problema a ser investigado: quando a agência reguladora estiver exercendo sua função reguladora por contrato e for demandada pelo contratante privado, em que situações haverá limitação objetiva da arbitragem comercial? O que os árbitros devem se abster de apreciar, julgando-se incompetentes, considerando as prerrogativas, peculiaridades e competências legais decorrentes do poder extroverso da administração autárquica regulatória?

A hipótese, a ser testada neste artigo, é de que o tribunal arbitral não deve perscrutar a juridicidade das escolhas regulatórias,[6] de competência exclusiva da agência reguladora, em matérias relacionadas a políticas públicas do setor regulado que possuam natureza sistêmica e caráter prospectivo.

---

[3] "A regulação por contrato é naturalmente incompleta, inacabada e dotada de lacunas que deverão ser objeto de uma atuação integrativa da agência capaz de manter o equilíbrio sistêmico entre os interesses juridicamente protegidos de todas as partes." GARCIA, Flávio Amaral. A mutabilidade e incompletude na regulação por contrato e a função integrativa das agências. *Revista de Contratos Públicos – RCP*, Belo Horizonte, ano 3, n. 5, p. 59-83, mar./ago. 2014. p. 76.

[4] BAPTISTA, Patrícia Ferreira. A inarbitrabilidade objetiva do conflito entre Petrobras e a ANP. *Revista de Direito Administrativo – RDA*, v. 275, 2017.

[5] PARENTE, Eduardo de Albuquerque. *Processo arbitral e sistema*. São Paulo: Atlas, 2012. p. 57.

[6] Escolha regulatória é "uma espécie de escolha administrativa que viabiliza o exercício de uma função de intervenção estatal, indireta, exercida por autoridade pública descentralizada dotada de independência técnica, voltada à implementação de políticas públicas e à realização dos direitos sociais na execução de serviços públicos e realização de atividades econômicas de utilidade pública em setores complexos. A escolha regulatória, de forma transparente, deve perseguir o equilíbrio sistêmico, adotando os mecanismos que permitam, sempre que necessário, a efetiva participação popular. Nas questões complexas, a regulação deve ser precedida e motivada com base em estudos prévios que apontem os custos e benefícios da escolha, demonstrando os seus efeitos prospectivos". GUERRA, Sérgio. *Discricionariedade, regulação e reflexividade*: uma nova teoria sobre as escolhas administrativas. 6. ed. Belo Horizonte: Fórum, 2021. p. 153.

Para analisar a questão, serão examinados, inicialmente, o modelo regulatório nacional e as peculiaridades e prerrogativas inerentes às funções regulatórias exercidas por agências reguladoras. Na sequência, a investigação alcançará os limites da arbitrabilidade objetiva em procedimento instaurado para a solução de conflitos contratuais perante tribunal arbitral, entre os agentes regulados e as agências reguladoras, seguida da conclusão.

1 Características das agências reguladoras

O Brasil passou, na década de 1990, por uma reforma administrativa. Sob a forma de administração gerencial,[7] com foco na eficiência e voltada a resultados,[8] o governo federal criou algumas agências reguladoras.[9] Essa forma de governança pública provocou uma série de questionamentos no âmbito político e doutrinário, haja vista que algumas autarquias passaram a concentrar funções administrativas executivas, normativas e judicantes, sendo dotadas de autonomia diferenciada (não subordinada) em relação à administração central.

Seguindo influxos britânicos do *New Public Management* e as características organizacionais (funções) próximas ao sistema de agencificação estadunidense,[10] as agências reguladoras brasileiras foram criadas sob um regime especial comparativamente às autarquias tradicionais.[11] Com prerrogativas e peculiaridades diferenciadas, a governança das agências reguladoras possui um modelo próprio contendo, quanto à parte decisória, uma organização colegiada. Desse modo, no formato da segunda instância de um tribunal judicial, a entidade sempre profere uma decisão coletiva, evitando-se decisões individuais, com possíveis vieses, no exercício da competência técnica.

Outro aspecto de aguda relevância para a compreensão das peculiaridades do modelo regulatório nacional é a impossibilidade de exoneração *ad nutum* de seus dirigentes. Os diretores das agências reguladoras não perdem seus cargos por, simplesmente, desagradar ou mesmo contrariar decisão do Chefe do Poder Executivo,

---

[7] O desenvolvimento do modelo de agências, estruturado pela equipe chefiada pelo então ministro Bresser-Pereira, do governo Fernando Henrique Cardoso, pode ser conferido em suas obras BRESSER-PEREIRA, Luiz Carlos. Da administração pública burocrática à gerencial. *In*: BRESSER-PEREIRA, Luiz Carlos; SPINK, Peter Kevin (org.). *Reforma do estado e administração pública gerencial*. Rio de Janeiro: FGV, 1998 e BRESSER-PEREIRA, Luiz Carlos. *Construindo o estado republicano*. Rio de Janeiro: FGV, 2009.

[8] MEDAUAR, Odete. *O direito administrativo em evolução*. 3. ed. Brasília: Gazeta Jurídica, 2017. p. 315: "A eficiência tornou-se uma das ideias-força das reformas administrativas realizadas em inúmeros países a partir da década de 1990 do século XX. O vocábulo eficiência liga-se à ideia de ação que leve à ocorrência de resultados de modo rápido e preciso; significa obter o máximo de resultado de um programa a ser realizado, como expressão de produtividade no exercício de suas atribuições. Eficiência opõe-se a lentidão, ao descaso, a negligência, a omissão. Como princípio da Administração Pública, determina que esta deve atuar de modo ágil e preciso, para produzir resultados que atendam às necessidades da população".

[9] Essas agências representam forte modificação da estrutura clássica e hierarquizada da administração pública brasileira, em vista da autonomia funcional reforçada e sob a ótica de rede. Sobre a estrutura em rede, ver CASTELLS, Manuel. *Sociedade em rede*. 8. ed. Trad. de Roneide Venancio Majer e Klauss Brandini Gerhardt. São Paulo: Paz e Terra, 2005. Sobre a análise da estrutura brasileira em rede, ver GUERRA, Sérgio. *Agências reguladoras*: da organização administrativa piramidal à governança em rede. 2. ed. Belo Horizonte: Fórum, 2021.

[10] Os influxos estrangeiros para a criação de agências e entidades reguladoras podem ser conferidos em GUERRA, Sérgio. *Agências reguladoras*: da organização administrativa piramidal à governança em rede. 2. ed. Belo Horizonte: Fórum, 2021. Cap. I.

[11] Sobre o regime especial, ver: MEIRELLES, Hely Lopes. *Direito administrativo brasileiro*. 18. ed. São Paulo: Malheiros, 1993. p. 315.

como nas autarquias comuns.[12] Isso fortalece a competência técnica regulatória, como ocorreu nas escolhas técnico-regulatórias adotadas pela Agência Nacional de Vigilância Sanitária (Anvisa) durante a pandemia decorrente da covid-19. As agências reguladoras também são dotadas de autonomia financeira[13] e orçamentária, independência decisória e função para a solução de litígios entre agentes regulados.

Foram criadas 11 agências reguladoras federais, cada uma com suas especificidades para regular serviços públicos, atividades privadas e setores sensíveis à coletividade. A relação das entidades consideradas agências reguladoras consta da lei geral (Lei nº 13.848, de 25 de junho de 2019), de modo que só são consideradas agências reguladoras as entidades expressamente indicadas na norma legal: Agência Nacional de Energia Elétrica (ANEEL); Agência Nacional de Petróleo, Gás Natural e Biocombustíveis (ANP); Agência Nacional de Telecomunicações (Anatel); Agência Nacional de Vigilância Sanitária (Anvisa); Agência Nacional de Saúde Suplementar (ANS); Agência Nacional de Águas e Saneamento Básico (ANA); Agência Nacional do Cinema (Ancine); Agência Nacional de Transportes Aquaviários (Antaq); Agência Nacional de Transportes Terrestres (ANTT); Agência Nacional de Aviação (Anac); Agência Nacional de Mineração (ANM).

2 Vantagens da participação das agências reguladoras em arbitragens comerciais

Pela própria natureza das atividades reguladas, notadamente aquelas exploradas por particulares por meio de contratos de delegação de serviços públicos e de exploração de atividades econômicas, de longo prazo e incompletos, algumas dessas agências reguladoras participam de arbitragens comerciais, na modalidade institucional.[14]

Dentre as vantagens na adoção do modelo de solução alternativa de conflitos, as arbitragens comerciais em ambientes regulados permitem uma redução dos custos de transação, a exemplo do tempo excessivo dos trâmites dos litígios envolvendo a administração pública perante o Poder Judiciário, bem como um ambiente de simetria de informações entre as partes e os árbitros.[15]

---

[12] Na ADI nº 1.949-0-RS, que examinou a constitucionalidade de dispositivos da legislação gaúcha que criou a agência reguladora de Serviços Públicos Delegados do Rio Grande do Sul (AGERGS), o STF fez interpretação sobre o termo "mandato" dos dirigentes das agências reguladoras. O Supremo Tribunal Federal (STF) decidiu pela constitucionalidade da modalidade de cargo em comissão com prazo definido, durante o qual o seu detentor não pode ser demitido *ad nutum*. Decisão de 17.09.2014, relator: ministro Dias Toffoli. Requerente: governador do estado do Rio Grande do Sul. Intimados: Assembleia Legislativa do Estado do Rio Grande do Sul e governador do estado do Rio Grande do Sul.

[13] Cf. GUERRA, Sérgio. Teoria da captura de agência reguladora em sede pretoriana. *Revista de Direito Administrativo – RDA*, v. 244, p. 330-347, jan./abr. 2007. Luís Roberto Barroso resume bem a questão ao denotar que "é desnecessário, com efeito, enfatizar que as agências reguladoras somente terão condições de desempenhar adequadamente seu papel se ficarem preservadas de ingerências externas inadequadas, especialmente por parte do Poder Público, tanto no que diz respeito a suas decisões político-administrativas quanto a sua capacidade financeira. Constatada a evidência, o ordenamento jurídico cuidou de estruturá-las como autarquias especiais, dotadas de autonomia político-administrativa e autonomia econômico-financeira". BARROSO, Luís Roberto. Apontamentos sobre as agências reguladoras. *In*: MORAES, Alexandre de (org.). *Agências reguladoras*. São Paulo: Atlas, 2002. p. 121.

[14] A arbitragem "ad hoc" teria algumas vantagens, a exemplo da redução de custos. Mas os eventuais impasses na definição de questões procedimentais justificam o uso da arbitragem institucional. Ver, nesse sentido, OLIVEIRA, Rafael Carvalho Rezende. A arbitragem nos contratos da administração pública e a Lei nº 13.129/2015: novos desafios. *Revista Brasileira de Direito Público – RBDP*, Belo Horizonte, ano 13, n. 51, p. 59- 79, out./dez. 2015, p. 74/75.

[15] "A arbitragem consiste, ademais, em fator de redução dos riscos e dos custos de transação. Ao se avaliar as alternativas disponíveis para a solução dos litígios que poderão decorrer dos contratos, a possibilidade de se recorrer à arbitragem sinaliza que as controvérsias poderão ser resolvidas com menores custos de transação.

Ademais, considerando que os temas submetidos à arbitragem comercial envolvem contratos de concessão de longo prazo de duração, com questões jurídicas setoriais altamente complexas, a possibilidade de escolha dos julgadores e a flexibilidade do rito arbitral permitem o aprimoramento da análise dos fatos, a apresentação de amplo material probatório e o estudo do direito material.

Os árbitros, em tese, possuem mais tempo do que membros da jurisdição estatal para se dedicarem ao exame dos pleitos e teses apresentadas pelas partes, inclusive propiciando um alargado espectro de instrução probatória muitas vezes mediante a realização de audiências com a participação de dezenas de testemunhas em vários dias de duração.

Observadas as vantagens do sistema arbitral na solução de conflitos nos contratos regulados, releva destacar que há determinadas peculiaridades das funções regulatórias que devem ser observadas e compreendidas pelas partes e seus patronos, pelo tribunal arbitral e pelas câmaras de arbitragem no curso dos procedimentos arbitrais.

3 Peculiaridades das funções regulatórias

As agências reguladoras têm características diferentes das autarquias comuns, disciplinadas, regra geral, pelo Decreto-Lei nº 200/1969. As entidades regulatórias congregam diversas funções administrativas, motivo de muitos questionamentos acerca da juridicidade de suas funções no contexto jurídico-constitucional advindo com a promulgação da Constituição Federal de 1988. Essas funções podem ser denominadas de executivas, normativas e adjudicatórias.

Em uma única entidade autárquica concentram-se, portanto, atribuições com grande relevância e amplitude em setores complexos, competindo às agências reguladoras dentre outras funções: (i) criar normas regulatórias, de natureza preponderantemente técnica; (ii) licitar, licenciar, contratar e autorizar atividades de natureza econômica e social; e (iii) decidir administrativamente sobre questões e pleitos a ela submetidos pelo contratado privado, aplicando-lhes sanções, além de decidir sobre os conflitos entre agentes regulados ("arbitramento de conflitos, arbitragem administrativa e arbitragem regulatória").[16]

Com base nessas peculiaridades, decisões do STF vêm consolidando entendimento de que as funções regulatórias que materializam juízos técnicos devem ser, em tese, respeitadas pelo Poder Judiciário (princípio da deferência) e pelo Poder Legislativo (reserva do regulador).

Nesse sentido, merecem destaque as Ações Diretas de Inconstitucionalidade nº 5.501 e nº 5.779, nas quais decidiu-se que determinadas escolhas regulatórias não devem ser substituídas nem mesmo por lei editada pelo Congresso Nacional, por afronta ao princípio da separação de poderes. A primeira ação, julgada, no mérito, em

---

A solução arbitral propicia também a simetria de informações entre as partes e os julgadores. Ao se possibilitar a escolha de árbitros especializados, tanto estes quanto as partes podem ter o mesmo grau ou graus de aproximados de informação quanto à matéria objeto do litígio." KLEIN, Aline Lícia. A arbitragem nas concessões de serviço público. In: PEREIRA, Cesar Augusto Guimarães; TALAMINI, Eduardo (coord.). Arbitragem e poder público. São Paulo: Saraiva, 2010. p. 64.

[16] GUERRA, Sérgio. Agências reguladoras: da organização administrativa piramidal à governança em rede. 2. ed. Belo Horizonte: Fórum, 2021. p. 302.

outubro de 2020, examinou a constitucionalidade da Lei nº 13.269/2016, que autorizou o uso da substância fosfoetanolamina sintética (conhecida como pílula do câncer) por pacientes diagnosticados com neoplasia maligna. A segunda ação foi julgada um ano depois, em outubro de 2021, e decidiu sobre a constitucionalidade da Lei nº 13.454/2017, que autorizava a produção, a comercialização e o consumo, sob prescrição médica, dos anorexígenos sibutramina, anfepramona, femproporex e mazindol (substâncias utilizadas para o tratamento do emagrecimento).

Além do juízo técnico, outro aspecto da função regulatória que a torna singular no âmbito da administração pública indireta é a missão de perseguir o equilíbrio sistêmico do setor regulado. Por suas características, a função de regulação é fortemente impactada por influxos da ciência econômica e tem, como fundamento jurídico, o princípio constitucional da eficiência, devendo buscar soluções reflexivas[17] que apontem para o menor sacrifício possível dos interesses constitucionalmente protegidos e, secundariamente, com o menor dispêndio de recursos públicos.[18] Por isso, para a concretização de suas escolhas, as agências reguladoras devem adotar mecanismos que permitam o respeito ao amplo e devido processo regulatório, e, sempre que necessário, a efetiva participação e respaldo popular na edição de normas por meio de processos de consultas públicas e audiências públicas.

Ademais, diante das peculiaridades do modelo regulatório nacional, há previsão normativa determinando que, nas questões complexas, a escolha regulatória deve ser precedida e motivada com base em estudos de impacto regulatório que apontem os custos e benefícios da escolha e demonstrem de forma objetiva seus efeitos prospectivos e benéficos à harmonia do setor regulado.

Completando esse quadro de prerrogativas e peculiaridades da função regulatória, registre-se que a base de suas escolhas deve ser a preponderância técnica idealmente neutra (e não a preponderância política, afetada por ciclos partidários). Os reguladores têm competência para a normatização técnica dos setores baseando-se nos *standards* e princípios inteligíveis previstos nas normas legais propositadamente editadas pelo Congresso Nacional com maleabilidade.[19] Essa abertura normativa permite sua materialização no caso concreto, reduzindo-se o espaço para as escolhas absolutamente vinculadas e relativamente vinculadas, além de limitar escolhas discricionárias, em sua maioria adotadas com baixa motivação fundamentada em oportunidade e conveniência.[20]

Pode-se resumir as prerrogativas e peculiaridades da função de regulação como sendo uma função de Estado e não de um determinado governo.[21] O governo central é

---

[17] GUERRA, Sérgio. *Discricionariedade, regulação e reflexividade*: uma nova teoria sobre as escolhas administrativas. 6. ed. Belo Horizonte: Fórum, 2021. Capítulo 2.

[18] MOREIRA NETO, Diogo de Figueiredo. *Direito regulatório*: a alternativa participativa e flexível para a administração pública de relações setoriais complexas no Estado democrático. Rio de Janeiro: Renovar, 2003. p. 93.

[19] GUERRA, Sérgio. *Discricionariedade, regulação e reflexividade*: uma nova teoria sobre as escolhas administrativas. 6. ed. Belo Horizonte: Fórum, 2021. p. 188.

[20] *Idem*.

[21] "Ser ministro de Estado e secretário de Estado não deixa de ser em alguma medida uma atuação político-partidária. Em alguma medida, o papel de um ministro de Estado, além de sua subordinação à vontade do presidente da República, é fazer valer o programa de governo do partido, seja da administração, que tem uma dimensão essencialmente política. [...] Quem exerce função de Estado, como é o caso do membro do Ministério Público, não deve poder exercer função de governo. Função de Estado exige distanciamento crítico e imparcialidade. Função de governo exige lealdade e engajamento." Min. Luís Roberto Barroso, em seu voto proferido na ADPF nº 388, em 09.03.2016.

fortemente impactado por aspectos econômicos e sociais conjunturais, em grande parte com reflexos diretos no ciclo eleitoral e nas urnas.[22] Com outras características, num ambiente pluricêntrico e em rede, típico do Estado Regulador, a administração regulatória – muitas vezes gozando "de mais poder e discrição que outros administradores"[23] – está incumbida de atuar em setores cujos impactos de suas escolhas e seus juízos técnicos alcançam riscos, incertezas e efeitos sistêmicos com impacto prospectivo.

Neste contexto é que se discute a limitação objetiva, em arbitragem comercial, quando a agência estiver exercendo sua função reguladora por contrato e for demandada pelo contratante privado.

4 Arbitrabilidade objetiva nos conflitos entre os agentes regulados e as agências reguladoras

A Lei de Arbitragem dispõe que a administração pública direta e indireta poderá adotar o processo arbitral para dirimir conflitos relativos a direitos patrimoniais disponíveis. Em que pese o disposto em diversas leis, geral e setoriais, encerrar dúvidas e questionamentos sobre a arbitrabilidade subjetiva envolvendo ente estatal, o tema ainda comporta questionamentos quanto à limitação objetiva em casos em que uma das partes é uma agência reguladora.

Um desses casos, submetido à arbitragem comercial, chegou ao Poder Judiciário para examinar os limites da arbitrabilidade objetiva envolvendo a função reguladora da ANP. O Parque das Baleias alcançava as áreas da Baleia Anã, Baleia Azul, Baleia Franca, Cachalote, Caxaréu, Mangangá, Pirambu e o Campo de Jubarte, originadas do bloco BC-60, na Bacia de Campos. Por meio da Resolução ANP nº 69/2014, a ANP determinou a unificação das áreas ao Campo de Jubarte, excetuando-se o Campo de Mangangá, gerando um conflito com a Petrobras. O procedimento arbitral foi encerrado por meio de acordo.[24]

O caso envolvendo a ANP e a Petrobras comprova a tese de que a participação de agência reguladora em um procedimento arbitral pode levar o tribunal arbitral a ter que decidir sobre sua competência, diante de zonas cinzentas surgidas quando da interpretação do conceito jurídico indeterminado "direito patrimonial disponível".

São disponíveis, em setores regulados, questões tais como as relacionadas à recomposição do equilíbrio econômico-financeiro dos contratos; o cálculo de indenizações decorrentes de extinção ou de transferência do contrato de parceria; e o inadimplemento de obrigações contratuais por quaisquer das partes, incluídas a incidência das suas penalidades e o seu cálculo. Deste modo, as questões envolvendo a aplicação de sanções

---

[22] Funções de Estado podem ser indicadas como sendo aquelas dispostas na Constituição e nas leis, as quais devem necessariamente ser observadas e executadas pela Administração Pública, independentemente de quem seja o partido ou governante na chefia do Poder Executivo. De outro lado, as funções de governo consistem nas prioridades concretas do governante democraticamente eleito para a implementação durante o seu governo e dizem respeito à orientação política e governamental que se pretende imprimir a um setor, sempre e em qualquer caso submetidas às políticas de Estado. MARQUES NETO, Floriano Peixoto de Azevedo. *Agências reguladoras independentes*: fundamentos e seu regime jurídico. Belo Horizonte: Fórum, 2005, p. 84 *et seq*.

[23] MAJONE, Giandomenico. Do estado positivo ao estado regulador. *In*: MATTOS, Paulo Todescan Lessa (coord.). *Regulação econômica e democracia*: o debate europeu. 2. ed. São Paulo: RT, 2017, p. 73.

[24] Disponível em https://agenciabrasil.ebc.com.br/economia/noticia/2019-04/acordo-entre-anp-e-petrobras-da-novo-contorno-ao-campo-de-jubarte. Acesso em: 13 jun. 2024.

contratuais, decretação de caducidade, reequilíbrio econômico e financeiro e outras da mesma natureza jurídica e contratual, sujeitas à regulação, são passíveis de arbitragem comercial, cobertas pelo princípio da competência-competência.

Malgrado a indicação dessas questões nitidamente contratuais, por normatização legal e regulamentar, retirar incertezas acerca do que é objetivamente arbitrável, a dificuldade em se estabelecer limites claros sobre o que é arbitrável ou não, em casos em que a agência reguladora é parte, está diretamente relacionada a dois fatores. O primeiro está relacionado às políticas públicas e a peculiaridades do regime jurídico de direito público ao qual as agências reguladoras estão vinculadas, envolvendo princípios constitucionais, regras legais, regulamentos e prerrogativas públicas que consubstanciam as funções administrativas.[25] Em segundo lugar, some-se o fato de que as agências reguladoras devem atuar em estruturas sistêmicas e autopoiéticas dos ordenamentos setoriais regulados.[26] Com relação às normas positivadas, isso quer dizer que as agências reguladoras devem exercer suas funções administrativas em meio a regras flexíveis, dúcteis e reflexivas[27] em sistemas altamente complexos.

Conclusão

No Brasil foram criadas 11 agências reguladoras federais com competência para regular setores complexos. Essas entidades foram criadas sob a forma de autarquias especiais detentoras de competências, atribuídas por lei, para a edição de normas, adoção de atos de natureza executiva – em que se inclui a contratação, fiscalização e aplicações se sanções – e função judicante. Nesta última, há previsão legal que permite a estruturação e a implantação de sistemas para a solução de conflitos entre agentes regulados (arbitragem regulatória).

No exercício da regulação setorial, se houver algum conflito entre as partes contratantes, de um lado a agência reguladora e, do outro, o agente regulado, em que não haja consenso sobre a interpretação de dispositivo contratual envolvendo direito disponível, as partes podem submeter os pontos controvertidos à arbitragem comercial nos termos da Lei nº 9.307/1996, com a alteração advinda da Lei nº 13.129/2015 e das leis especiais e setoriais.

Esse mecanismo de solução alternativa de conflitos, fora do sistema jurisdicional estatal, tem grandes vantagens para as partes, a exemplo da escolha dos julgadores, flexibilidade das regras procedimentais, instrução probatória alargada e tempo reduzido comparativamente ao Poder Judiciário para a obtenção de sentença final e definitiva.

Durante a execução de contratos administrativo de longo prazo e incompletos, podem surgir questões que não estejam totalmente disciplinadas no contrato, levando o tribunal arbitral, eventualmente, a zonas cinzentas quanto ao enquadramento ou não

---

[25] Egon Bockmann Moreira e Elisa Cruz preconizam que "a arbitragem envolvendo a Administração Pública trata de assuntos de sensibilidade diversa, com características peculiares e fontes normativas distintas daquelas até o presente manejadas pelos Tribunais Arbitrais". MOREIRA, Egon Bockmann; CRUZ, Elisa Schmidlin. Novos parâmetros da arbitragem frente à administração pública brasileira: o caso "Petrobras-ANP". *Revista de Direito Público da Economia – RDPE*, Belo Horizonte, ano 16, n. 62, p. 225-235, abr./jun. 2018. p. 226.

[26] Sobre as características da teoria dos ordenamentos setorais, ver: ROMANO, Santi. *O ordenamento jurídico*. Trad. de Arno Dal Ri Júnior. Florianópolis: Fundação Boiteux, 2008.

[27] FARIA, José Eduardo. *O direito na economia globalizada*. 1. ed. 4. tir. São Paulo: Malheiros, 2004. p. 195-196.

do conflito a espaços reservados às escolhas regulatórias atreladas a políticas públicas, com efeitos sistêmicos e prospectivos. Caso o tribunal arbitral, após o profundo exame dos fatos, do contrato e do direito material invocado pelas partes, identifique que determinadas questões se relacionam à esfera da função regulatória, com repercussão direta na execução do contrato, deve proceder de modo a manter íntegra a escolha regulatória por ser matéria indisponível, sendo defesa sua submissão à arbitragem comercial.

Não se trata, no caso, de ausência de isonomia ou de quebra de paridade de armas num contrato de parceria, haja vista que a função regulatória não faz parte do negócio contratado sujeito à arbitragem comercial. Há matérias e escolhas regulatórias que não são alcançadas pela norma pactual; só questões contratualizáveis podem se sujeitar ao escrutínio arbitral.

Diante do exposto, confirmando-se a hipótese de pesquisa, é justo inferir que eventuais questões decorrentes de matérias advindas de cláusulas de contratos administrativos, firmados entre o Poder Concedente/agência reguladora e agentes regulados, podem não ser objetivamente arbitráveis. Estarão excluídas, da competência arbitral, questões que envolvam escolhas regulatórias de natureza sistêmica e com caráter prospectivo por constituírem direitos não patrimoniais e, portanto, indisponíveis ao juízo arbitral.[28]

Registre-se, para clareza da presente pesquisa, que a confirmação da hipótese quanto à possibilidade de haver questões não alcançadas pela competência arbitral se apresenta em tese, só podendo ser confirmada no caso concreto,[29] em que o tribunal arbitral apreciará as matérias submetidas pelas partes e concluirá se são ou não reservadas e privativas, por força de lei, à competência regulatória do ente autárquico para a manutenção do equilíbrio sistêmico.

Assim, em situações especiais decorrentes de zonas cinzentas, o tribunal arbitral deverá proceder a uma profunda avaliação do contrato, dos fatos e do direito material invocado pelas partes, para decidir se as questões controvertidas pelas partes são indisponíveis por se subsumirem a questões típicas e exclusivas da função regulatória de caráter sistêmico.

Referências

BAPTISTA, Patrícia Ferreira. A inarbitrabilidade objetiva do conflito entre Petrobras e a ANP. *Revista de Direito Administrativo – RDA*, v. 275, 2017.

BARROSO, Luís Roberto. Apontamentos sobre as agências reguladoras. *In*: MORAES, Alexandre de (org.). *Agências reguladoras*. São Paulo: Atlas, 2002.

BINENBOJM, Gustavo. Arbitragem em ambientes regulados e sua relação com as competências das agências reguladoras. *Revista de Direito da Associação dos Procuradores do Estado do Rio de Janeiro*, Rio de Janeiro, v. XXVI – Arbitragem e administração Pública, p. 26, 2016.

---

[28] MENEZELLO, Maria D'Assunção Costa. *Agências reguladoras e o direito brasileiro*. São Paulo: Atlas, 2002. p. 181: "Assim, não há como realizar arbitragem de obrigações legais atribuídas à agência e que, por força de lei, são indisponíveis. O árbitro, diz a lei de arbitragem, decide sobre negócio jurídico disponível; assim, em nenhum momento, pode substituir os dirigentes da agência, porque não é competente para tanto".

[29] Como o exemplo sobre a fixação de tarifas pela agência reguladora no caso relatado por BINENBOJM, Gustavo. Arbitragem em ambientes regulados e sua relação com as competências das agências reguladoras. *Revista de Direito da Associação dos Procuradores do Estado do Rio de Janeiro*, Rio de Janeiro, v. XXVI – Arbitragem e administração Pública, p. 26, 2016.

BRESSER-PEREIRA, Luiz Carlos. Da administração pública burocrática à gerencial. *In*: BRESSER-PEREIRA, Luiz Carlos; SPINK, Peter Kevin (org.). *Reforma do estado e administração pública gerencial*. Rio de Janeiro: FGV, 1998.

FARIA, José Eduardo. *O direito na economia globalizada*. 1. ed. 4. tir. São Paulo: Malheiros, 2004.

FICHTNER, Jose Antonio; MANNHEIMER, Sergio Nelson; ANDRÉ, Luís Monteiro. *Teoria geral da arbitragem*. Rio de Janeiro: Forense, 2019.

FREITAS, Juarez. *Sustentabilidade*: direito ao futuro. Belo Horizonte: Fórum, 2011.

GARCIA, Flávio Amaral. A mutabilidade e incompletude na regulação por contrato e a função integrativa das Agências. *Revista de Contratos Públicos – RCP*, Belo Horizonte, ano 3, n. 5, p. 59-83, mar./ago. 2014.

GUERRA, Sérgio. *Agências reguladoras*: da organização administrativa piramidal à governança em rede. 2. ed. Belo Horizonte: Fórum, 2021.

GUERRA, Sérgio. *Discricionariedade, regulação e reflexividade*: uma nova teoria sobre as escolhas administrativas. 6. ed. Belo Horizonte: Fórum, 2021.

GUERRA, Sérgio. Teoria da captura de agência reguladora em sede pretoriana. *Revista de Direito Administrativo – RDA*, v. 244, p. 330-347, jan./abr. 2007.

KLEIN, Aline Lícia. A arbitragem nas concessões de serviço público. *In*: PEREIRA, Cesar Augusto Guimarães; TALAMINI, Eduardo (coord.). *Arbitragem e poder público*. São Paulo: Saraiva, 2010.

MAJONE, Giandomenico. Do estado positivo ao estado regulador. *In*: MATTOS, Paulo Todescan Lessa (coord.). *Regulação econômica e democracia*: o debate europeu. 2. ed. São Paulo: RT, 2017.

MARQUES NETO, Floriano Peixoto de Azevedo. *Agências reguladoras independentes*: fundamentos e seu regime jurídico. Belo Horizonte: Fórum, 2005.

MEDAUAR, Odete. *O direito administrativo em evolução*. 3. ed. Brasília: Gazeta Jurídica, 2017.

MENEZELLO, Maria D'Assunção Costa. *Agências reguladoras e o direito brasileiro*. São Paulo: Atlas, 2002.

MEIRELLES, Hely Lopes. *Direito administrativo brasileiro*. 18. ed. São Paulo: Malheiros, 1993.

MOREIRA, Egon Bockmann; CRUZ, Elisa Schmidlin. Novos parâmetros da arbitragem frente à administração pública brasileira: o caso "Petrobras-ANP". *Revista de Direito Público da Economia – RDPE*, Belo Horizonte, ano 16, n. 62, p. 225-235, abr./jun. 2018.

MOREIRA NETO, Diogo de Figueiredo. *Direito regulatório*: a alternativa participativa e flexível para a administração pública de relações setoriais complexas no Estado democrático. Rio de Janeiro: Renovar, 2003.

OLIVEIRA, Rafael Carvalho Rezende. A arbitragem nos contratos da administração pública e a Lei nº 13.129/2015: novos desafios. *Revista Brasileira de Direito Público – RBDP*, Belo Horizonte, ano 13, n. 51, p. 59-79, out./dez. 2015.

PARENTE, Eduardo de Albuquerque. *Processo arbitral e sistema*. São Paulo: Atlas, 2012.

ROMANO, Santi. *O ordenamento jurídico*. Trad. de Arno Dal Ri Júnior. Florianópolis: Fundação Boiteux, 2008.

Informação bibliográfica deste livro, conforme a NBR 6023:2018 da Associação Brasileira de Normas Técnicas (ABNT):

GUERRA, Sérgio. Regulação e limitação objetiva em arbitragem. *In*: PASQUALINI, Alexandre; CUNDA, Daniela Zago Gonçalves da; RAMOS, Rafael (coord.). *Direito, sustentabilidade e inovação*: estudos em homenagem ao professor Juarez Freitas. Belo Horizonte: Fórum, 2025. p. 699-708. ISBN 978-65-5518-957-5.

SUSTENTABILIDADE, INTELIGÊNCIA ARTIFICIAL E SISTEMA DE JUSTIÇA: UM DEBATE URGENTE

TÊMIS LIMBERGER
DEMÉTRIO BECK DA SILVA GIANNAKOS

Introdução

Ao escrever este artigo que visa homenagear o prof. Juarez Freitas — que dentre suas obras escreveu: *Sustentabilidade: direito ao futuro* —, a vivência do desastre ambiental no Estado do Rio Grande do Sul torna ainda mais urgente[1] a reflexão sobre o tema.

Juarez foi contemporâneo no Casarão de André da Rocha, denominação carinhosa concedida pelos alunos que estudaram na Faculdade de Direito da UFRGS[2] — que completou seu primeiro século na virada deste milênio —, contribuindo à formação do pensamento e carreiras jurídicas no Brasil. Desde aqueles tempos, era uma figura singular, pois usava ternos e guarda-chuva, quando a gurizada vestia calça de brim. Talvez, estas demonstrações exteriores insinuassem, deste então, a relação com os princípios da precaução e da prevenção, que seriam objeto de suas pesquisas acadêmicas no futuro. Predições bem-humoradas à parte, estudava Filosofia, o que já denotava a sua preocupação com assuntos profundos da natureza humana.

A sua formação interdisciplinar aportou ao Direito algumas obras, das quais, além da referência inicial, agrega-se (numa escolha subjetiva): *Direito Fundamental à*

---

[1] O Rio Grande do Sul viveu o pior desastre climático da história do Brasil, devido à enchente do mês de maio de 2024 que afetou mais de 90% dos municípios do Estado de forma avassaladora. Ver: SARLET, Ingo; Fensterseifer. Direitos fundamentos e o desastre climático no RS. *Conjur*. Disponível em: https://www.conjur.com.br/2024-mai-20/direitos-fundamentais-e-desastre-climatico-no-rs/. Acesso em: 27 maio 2024.

[2] A referência à contemporaneidade no Casarão de André da Rocha é da coautora Têmis.

Boa Administração, que foi incorporada ao livro *O Controle dos atos administrativos e os princípios constitucionais* e a *Interpretação Sistemática do Direito*, dentre outras.

O talento se renova e segue de forma intergeracional, pois publicou com seu filho, Thomas Bellini Freitas, *Direito e Inteligência Artificial: em defesa do humano*, tema atual do século XXI. A família é voltada às letras jurídicas, pois Márcia Bellini, mãe de Thomas, é procuradora da Assembleia Legislativa do RS (jubilada).

Juarez Freitas foi professor na UFRGS e na PUCRS, além de atuar como convidado em diversas outras universidades. Vale mencionar, também, a criação da *Revista Interesse Público*, em parceria com Alexandre Pasqualini, que se destaca há muitas décadas no cenário jurídico brasileiro.

Prestada a homenagem inicial, passa-se à abordagem do tema.

Este estudo[3] se propõe a analisar e demonstrar ao leitor de que forma a Inteligência Artificial (IA) pode reduzir custos no processo civil no Brasil, com a implementação da sustentabilidade dos recursos utilizados, em sentido amplo — multidimensional.

A hipótese assumida no presente estudo é de que a IA irá trazer maior sustentabilidade ao processo civil e à sociedade como um todo, com uma redução gradativa nas despesas, no tempo, no uso de matéria-prima (como, por exemplo, o papel) e, inclusive, com a redução na emissão de gases poluentes, em decorrência de um menor deslocamento de pessoas. Ademais, a partir da implementação gradativa da IA, as atividades meramente repetitivas tenderão a diminuir (se não houver até mesmo a extinção).

O presente trabalho irá apresentar ao leitor, primeiro, o panorama do Poder Judiciário brasileiro; em segundo, trará uma concepção inicial sobre a IA; em terceiro, de que forma a IA possui relação direta com a sustentabilidade, seja da sociedade como um todo, seja o sistema judiciário civil brasileiro.

Diante desse cenário, o artigo finalizará com uma análise a partir de uma perspectiva sustentável, visando justificar de que forma essa nova tecnologia impactará positivamente.

1 O panorama do Poder Judiciário brasileiro

Em setembro de 2023, foi publicado o Relatório do Conselho Nacional de Justiça (CNJ), denominado de Justiça em Números.[4] A despesa total do Poder Judiciário totaliza R$ 116 bilhões, o que representou um aumento de 5,5% em relação ao ano anterior. A Justiça Estadual, por sua vez, continua sendo a mais cara, custando mais de setenta bilhões de reais (representando 61,1 da despesa total). A Justiça do Trabalho é a segunda mais cara, custando mais de vinte e um bilhões de reais. Os valores apontam os dispêndios com o Poder Judiciário, sem levar em conta outros atores do sistema de Justiça como: Ministério Público, Defensoria Pública e Procuradores Públicos (nas distintas searas federativas), que a toda evidência elevariam ainda mais os números.

---

[3] Atualizando pesquisa realizada pelos autores. Ver: LIMBERGER, Têmis; GIANNAKOS, Demétrio Beck da Silva. A inteligência artificial aplicada ao sistema judicial brasileiro e sustentabilidade. *In: Direito e inteligência artificial:* perspectivas para um futuro ecologicamente sustentável. São Leopoldo: Casa Leiria, 2024, p. 275-300.

[4] Disponível em: https://www.cnj.jus.br/wp-content/uploads/2023/08/justica-em-numeros-2023.pdf. Acesso em: 27 maio 2024.

Para se ter uma noção da representatividade das verbas dispendidas no Poder Judiciário, a verba prevista no orçamento da União para o sistema de saúde, em 2023, foi de R$ 162,9 bilhões. Para a educação, o investimento foi de R$ 100,8 bilhões. Isto significa dizer que o investimento realizado para o sistema judiciário é superior ao da educação.

Importante fazer menção ao Relatório do ano de 2021 (referente ao ano de 2020), em que o Programa Justiça 4.0 possibilitou o que foi chamado de "reinvenção dos fluxos de trabalho no âmbito do Poder Judiciário, em que se empregaram diversas medidas inovadoras e tecnológicas para a continuidade da prestação jurisdicional".[5]

Por mais que seja possível vislumbrar uma economia nos custos totais, tem-se uma Justiça assoberbada de litígios, em que não raro é termos varas cíveis com milhares de processos sob a responsabilidade de um único magistrado. Mas qual é a origem desses números alarmantes?

Duas causas para esse assoberbamento do Poder Judiciário são muito elencadas pela doutrina responsável por realizar pesquisas empíricas[6] neste meio, quais são: 1) o número insuficiente de mão de obra para atender a grande demanda de processos; e 2) o grande número de recursos que permitem a discussão da matéria em questão por anos.[7] Para Luciano Timm, Manoel Gustavo Trindade e Rafael Bicca Machado, a Economia pode muito bem servir para melhor compreender a limitação orçamentária e de recursos a qual o Poder Judiciário está adstrito, evidenciando, por exemplo, as estratégias dos agentes que, por vezes, utilizam de forma abusiva o sistema judicial, em nítido detrimento do bem comum. Assim, se a verificação da existência de uma violação a um direito material depende de um processo judicial, o qual é subsidiado pela sociedade, o Poder Judiciário, como parte do Estado brasileiro, deve possuir a exata compreensão dos riscos de surgimento de comportamentos oportunistas por parte de indivíduos que buscam a Justiça (Poder Judiciário) para outros fins que não a realização da própria Justiça.[8]

---

[5] Disponível em: https://www.cnj.jus.br/pesquisas-judiciarias/justica-em-numeros/. Acesso em: 6 maio 2023.

[6] Para melhor compreender de que forma é possível fazer pesquisas empíricas no Direito ver: YEUNG, Luciana. Jurimetria ou Análise Quantitativa de Decisões Judiciais. *In*: MACHADO, Maíra Rocha (org.). *Pesquisar empiricamente o direito*. São Paulo: Rede de Estudos Empíricos em Direito, 2017, p. 249-274.

[7] Os Professores Luciana Yeung e Paulo Furquim, em outro texto escrito sobre este assunto, dissertam o seguinte: "Judiciary staff members usually credit inefficiency to the lack of resources. Judges and judicial employees argue that human and material resources at all levels are not sufficient to deal with the large number of cases. In recent years, the greatest concern is the continued underutilization of modern electronic procedures. However, legal experts, who are not involved in the daily operations of the courts, point to different explanations. In their view, knowing how to wisely manage available resources is more important than demanding for more. Some high-rank judges also agree with this argument. Another traditional explanation for court inefficiency is the very bureaucratic procedural law that Brazil inherited from the Portuguese and the civil law traditions. This is unanimously agreed as one of the primary reasons of inefficiency. Slackness, a complex system of procedural rules, and an overemphasis on format are traces still present in the law today. In addition to that, criticisms are often directed to the ease of appealing to judicial decisions. Some lawyers consider the large number of appeals unavoidable because, they say, it minimizes trial errors. Yet, this conclusion is not supported by the data. Rosenn (1998) shows that 90% of all decisions made in first instance courts is maintained by judges in the appellate courts. In other words, the high level of appeals simply means more useless work, more slackness, and more waste of resources". YEUNG, Luciana Luk-Tai; AZEVEDO, Paulo Furquim de. Measuring the Efficiency of Brazilian Courts form 2006 to 2008: What do the Numbers tells us? *In*: *Insper Working Paper*. São Paulo: Inper, 2011. Disponível em: https://www.insper.edu.br/wp-content/uploads/2012/10/2011_wpe251.pdf.

[8] TIMM, Luciano Benetti; TRINDADE, Manoel Gustavo Neubarth; MACHADO, Rafael Bicca. O problema da morosidade e do congestionamento judicial no âmbito do processo civil brasileiro: uma abordagem de *law and economics*. *Revista de Processo*, vol. 290, p. 441-469, abr. 2019.

A situação do sistema judiciário corresponde ao esgotamento do aparato jurisdicional, trazendo dificuldades de prestar tutela justa, efetiva, em tempo razoável, dentro de um processo legal devido.[9]

O quadro é composto pelo número excessivo de processos; manejo excessivo de recursos; esgotamento das cortes superiores; baixa taxa de autocomposição; inefetividade da execução; litigância habitual; ausência da uniformização da jurisprudência.[10] Tais componentes representam custos de transação[11] ao processo.

Papel importante é conferido à fiscalização numa perspectiva construtiva e colaborativa que pode contribuir para a diminuição da atual situação de sobrecarga e conferir sustentabilidade em sentido amplo, apresenta-se pela integração dos controles horizontais e verticais do Estado. É importante buscar a sintonia entre os controles de sustentabilidade externo, interno e social da Administração Pública, que deverá ser equivalente à parceria de Dom Quixote e Sancho Pança,[12] abordada por Miguel de Cervantes no célebre romance — O Engenhoso Fidalgo Dom Quixote de La Mancha.

Para solucionar este diagnóstico do Poder Judiciário, a doutrina tradicional, com base na Teoria do Direito e Filosofia do Direito, infelizmente, não é suficiente, por mais que consiga, por muitas vezes, apontar alguns dos problemas encontrados.[13] Assim, a *interdisciplinaridade* surge como meio extremamente importante para enfrentar os problemas práticos do sistema judiciário brasileiro, como: a inteligência artificial, o Direito, a tecnologia da informação e a economia (por meio da Análise Econômica do Direito).

No presente estudo, será demonstrado ao leitor de que forma a IA poderá contribuir, a partir do atual cenário vivido pelo sistema judicial brasileiro, na perspectiva da sustentabilidade, em seu aspecto multidimensional.

---

[9] WOLKART, Erik Navarro. *Análise econômica do processo civil*: como a economia, o direito e a psicologia podem vencer a tragédia da justiça. São Paulo: Thomson Reuters Brasil, 2019, p. 231.

[10] WOLKART, Erik Navarro. *Análise econômica do processo civil*: como a economia, o direito e a psicologia podem vencer a tragédia da justiça. São Paulo: Thomson Reuters Brasil, 2019, p. 231.

[11] Nas palavras de Oliver E. Williamson, custos de transação podem ser: *"Transaction cost analysis supplants the usual preoccupation with technology and steady-state production (or distribution) expenses with na examination of the comparative cost of planning, adapting, and monitoring task completion under alternative governance structure"* (WILLIAMSON, Oliver E. *The economic institutions of capitalism*: firms, markets, relational contracting. The Free Pass, 1985, p. 2). Carl Dahlman, ao trazer o seu conceito de custos de transação, conceituou como sendo "custos de busca e informação, custos de barganha e decisão, custos de monitoramento e cumprimento" (DAHLMAN, Carl J. The problem of externality. *The Journal of Law and Economics*, [S.l.]. n. 1, p. 148, April 1979).

[12] ZAGO, Daniela. Controle de Sustentabilidade (T)ec(n)ológico pelos Tribunais de Contas do Brasil e da Espanha e um breve diálogo com Cervantes. *In*: Álvaro Sánchez Bravo (dir.) y Geraldo Costa da Camino (coord.). *Intellegentiae Artificialis, Imperium et Civitatem*. Madrid: Editorial Alma Mater, 2022.

[13] Por exemplo, a Crítica Hermenêutica do Direito, ao discorrer sobre a uniformização da jurisprudência exigida no art. 926, do CPC, é um caso elucidativo de como a teoria do direito e filosofia do direito apontam formas de combater a discricionariedade/arbitrariedade. Ver: STRECK, Lenio Luiz. *Constituição, sistemas sociais e hermenêutica*: anuário do programa de pós-graduação em Direito da UNISINOS. Porto Alegre: Livraria do Advogado; São Leopoldo: UNISINOS, 2014; STRECK, Lenio Luiz. *Dicionário de hermenêutica*: quarenta temas fundamentais da teoria do direito à luz da crítica hermenêutica do direito. Belo Horizonte: Letramento: Casa do Direito, 2017; STRECK, Lenio Luiz. *Hermenêutica e jurisdição*: diálogos com Lenio Streck. Porto Alegre: Livraria do Advogado, 2017; STRECK, Lenio Luiz. *Hermenêutica jurídica e(m) crise*: uma exploração hermenêutica da construção do direito. 11. ed. Porto Alegre: Livraria do Advogado, 2014; STRECK, Lenio Luiz. *Verdade e consenso*. 6. ed. São Paulo: Saraiva, 2017. STRECK, Lenio Luiz. *O que é isso: decido conforme a minha consciência?* 4. ed. Porto Alegre: Livraria do Advogado, 2013.

2 A inteligência artificial: a busca por um conceito

A crescente de investimento e pesquisa em inovação e tecnologia a partir da chamada terceira revolução industrial (revolução digital ou do computador) trouxe, da virada do século até os dias de hoje, uma realidade de avanços tecnológicos caracterizada por uma internet mais ubíqua e móvel, por sensores menores, mais baratos e poderosos e pela Inteligência Artificial e aprendizagem de máquina.[14]

Como bem mencionado por Álvaro Sánchez Bravo, a cada três anos são disponibilizadas mais informações do que a quantidade criada em toda a história da humanidade. O único meio hábil a gerir essa informação é mediante o uso das tecnologias digitais.[15]

O que é inteligência artificial? Essa resposta poderá depender de quem faz a pergunta. Se tal questionamento for feito para um cidadão que esteja caminhando pela rua, talvez ele responda que a IA seja a Siri, da Apple, ou o sistema de nuvem da Amazon. Por outro lado, se essa pergunta for feita para um técnico especializado da área da computação, ele talvez responda algo extremamente técnico e profundo sobre o tema.[16]

Para Kate Crawford, a IA não é nem artificial nem inteligente. Pelo contrário, a Inteligência Artificial é tanto corporificada e material, feita de recursos naturais, combustível, trabalho humano, infraestruturas, logística, histórias e classificações. Os sistemas de IA não são autônomos, racionais ou capazes de discernir qualquer coisa sem treinamento com grandes conjuntos de dados ou regras e recompensas predefinidas. De fato, a IA como a conhecemos depende inteiramente de um conjunto muito mais amplo de estruturas políticas e sociais. Para a autora, a Inteligência Artificial é um registro de poder.[17]

A IA não acontece ou existe por acaso. Ela é pensada, desenhada e produzida de forma intencional, por uma ou mais pessoas.[18] A produção de uma IA requer decisões relativas, no mínimo, à entrada de informações e saída do sistema, onde e como a computação necessária para transformar essas informações será executada. Essas decisões envolvem, também, considerações de consumo de energia e tempo, que pode ser gasto na produção de um sistema tão bom quanto possível. Finalmente, qualquer sistema desse tipo pode e deve ser defendido com níveis de segurança adequados ao valor dos dados transmitidos ou retidos.[19]

Não existe, ainda, uma definição exata e precisa do que seja um sistema de inteligência artificial. O mais complexo em criar um conceito de IA não é definir um

---

[14] ANDRADE, Matheus de Lima; MACHADO, Carlos Augusto Alcântara; REBOUÇAS, Gabriela Maia. Desenvolvimento Sustentável e Inteligência Artificial no Poder Judiciário: Avanços e Desafios à Luz da Agenda 2030. *RDP*, Brasília, vol. 20, n. 105, p. 478-500, jan./mar. 2023.

[15] Como bem menciona Álvaro Sánchez Bravo: "*Cada tres años se dispone de más información nueva que la creada en toda la historia de la humanidad. El único modo de gestionar esa información es mediante el uso de tecnologías digitales*" (SÁNCHEZ BRAVO, Álvaro. Marco Europeo para una inteligencia artificial basada en las personas. *In*: *Derecho, inteligencia artificial y nuevos entornos digitales*. Asociación Andaluza de Derecho, Medio Ambiente y Desarrollo Sostenible, 2020, p. 75).

[16] CRAWFORD, Kate. *Atlas of IA*: Power, Politics, and the Planetary Costs of Artificial Intelligence. Yale University: New Haven and London, 2021, p. 07.

[17] CRAWFORD, Kate. *Atlas of IA*: Power, Politics, and the Planetary Costs of Artificial Intelligence. Yale University: New Haven and London, 2021, p. 07.

[18] BRYSON, Joanna J. The Artificial Intelligence of the Ethics of Artificial Intelligence. *In*: *The Oxford Handbook of Ethics of AI*. Oxford University Press, 2020, p. 06.

[19] BRYSON, Joanna J. The Artificial Intelligence of the Ethics of Artificial Intelligence. *In*: *The Oxford Handbook of Ethics of AI*. Oxford University Press, 2020, p. 06.

conceito de artificial, mas sim de inteligência. Para Matthew Scherer, a dificuldade de definir o que é Inteligência Artificial não está no conceito de artificial, mas sim de inteligência.[20] Esse problema se apresenta porque os humanos são os únicos universalmente reconhecidos como inteligentes. Consequentemente, a definição de inteligência trazida pela doutrina tende a comparar a máquina sempre com o humano.[21]

Já é possível dizer que a Inteligência Artificial já superou a *performance* humana em diversos setores. Consequentemente, tornou-se indispensável em nosso cotidiano, como as existentes em nossos celulares (nas câmeras que reconhecem os rostos das pessoas); as on-line, que traduzem textos.[22]

Do ponto de vista computacional e de forma preliminar, pode-se conceituar a Inteligência Artificial como sendo a ciência e a engenharia de fazer máquinas inteligentes, especialmente programas computacionais.[23]

Formular o conceito preciso da IA representa um dos maiores desafios para quem transita no mundo das inovações tecnológicas.[24] De plano, pode-se afirmar que a IA afasta-se da automação e da operação simbólica. A automação envolve máquinas operadas sem qualquer autonomia, como, por exemplo, os braços robóticos que montam produtos numa fábrica.[25] Sendo assim, a automação não inclui a capacidade de aprendizagem, uma das características nucleares da IA. Trata-se de um processo estritamente mecânico, ao passo que a IA alberga aspectos que a aproximam da inteligência humana.[26]

No entanto, tanto a linguagem, a atividade do juiz e a dos robôs estarão sujeitas a imprecisões da linguagem natural (vagueza e ambiguidade),[27] abrindo-se espaço para casos em que há margem para interpretação.[28] Dessa forma, o texto jurídico estabelecido de modo geral e abstrato não consegue, por definição, dar conta de todas as hipóteses do mundo, exigindo-se sempre a discussão das condições necessárias e suficientes.

---

[20] Nas palavras de Matthew Scherer: *"The difficulty in defining artificial intelligence lies not in the concept of artificiality but rather in the conceptual ambiguity of intelligence"*. SCHERER, Matthew. Regulating Artificial Intelligence Systems: Risks, Challenges, Competences, and Strategies. *Harvard Journal of Law & Technology*, vol. 29, n. 2, p. 353-400, Spring 2016.

[21] SCHERER, Matthew. Regulating Artificial Intelligence Systems: Risks, Challenges, Competences, and Strategies. *Harvard Journal of Law & Technology*, vol. 29, n. 2, p. 353-400, Spring 2016.

[22] SAMEK, Wojciech; MONTAVON, Grégoire; VEDALDI, Andrea; HANSEN, Lars Kai; MÜLLER, Klaus-Robert. *Explainable AI*: Interpreting, Explaining and Visualizing Deep Learning, Springer Nature, 2019, p. 05.

[23] Para John McCarthy: *"It is related to the similar task of using computers to understand human intelligence, but AI does not have to confine itself to methods that are biologically observable"* (MCCARTHY, John. *What tis Artificial Intelligence*. Stanford University, 2007, p. 02).

[24] FREITAS, Juarez; FREITAS, Thomas Bellini. *Direito e inteligência artificial*: em defesa do humano. Belo Horizonte: Fórum, 2020, p. 27.

[25] FREITAS, Juarez; FREITAS, Thomas Bellini. *Direito e inteligência artificial*: em defesa do humano. Belo Horizonte: Fórum, 2020, p. 27.

[26] FREITAS, Juarez; FREITAS, Thomas Bellini. *Direito e inteligência artificial*: em defesa do humano. Belo Horizonte: Fórum, 2020, p. 27.

[27] WARAT, Luis Alberto. *O Direito e sua linguagem*. Porto Alegre: Sérgio Fabris, 1984, p. 76-79. Para o autor, a vagueza se refere à inexistência de uma regra definida quanto à sua aplicação, na qual existe uma zona de luminosidade, uma de luminosidade negativa e uma zona de incerteza, situada no meio dessas duas, como no caso dos calvos. A ambiguidade refere-se à dúvida sobre qual classe o rótulo recairá, havendo necessidade do recurso contextual (manga pode ser fruta, manga pode ser camiseta etc.).

[28] BOERING, Daniel Henrique Arruda; ROSA, Alexandre Morais da. *Ensinando um robô a julgar*: pragmática, discricionariedade, heurísticas e vieses no uso de aprendizado da máquina no judiciário. 1. ed. Florianópolis: Emais Academia, 2020, p. 37.

Surgem, entretanto, situações excepcionais. Embora se possa excepcionar a aplicação ao caso, não deixa, necessariamente, de se manter como válida no ordenamento jurídico, apenas não opera no caso singularizado, dada a sua derrota para outra norma jurídica.[29] Diante disso, não parece crível que a IA pudesse atuar em casos de direito de família, em que a subjetividade e o sentimento das partes podem influenciar o Juízo.

De forma sintética, a Inteligência Artificial é possível de ser entendida como o desenvolvimento de ferramentas informáticas que emulem a inteligência humana ou que executem funções a ela relacionadas, tais como raciocínio, aprendizagem, adaptabilidade, percepção e interação com o meio físico etc. Nesse conceito estão abrangidas variadas técnicas que, diferentemente da rigidez da programação computacional clássica, visam a dotar os sistemas computacionais de capacidade de criatividade, adaptabilidade e comportamento autônomo, tais como *machine learning* (aprendizagem de máquina) e *deep learning*[30] (aprendizagem profunda), por meio de redes neurais artificiais, processamento da linguagem natural (*natural language processing*) e análise de grandes conjuntos de dados (*big data*).[31]

A Inteligência Artificial funciona a partir dos algoritmos, que são sistemas de dados programados para darem respostas, nos termos da base de dados disponível. Com efeito, quando da concepção do sistema, há a programação de respostas possíveis, tomando por base os dados fornecidos na entrada, que são alimentados pelo agente responsável pela criação ou manutenção da ferramenta de IA. Observa-se a importância dos dados utilizados nesse sistema, uma vez que a resposta automática dos algoritmos depende dessa base de dados escolhida.[32]

Fica claro que a IA interessa ao Direito em diversos níveis e aspectos. Desde a preocupação com os dados daqueles que a utilizam, sua transparência, até a preocupação com a substituição do trabalho humano e de que forma essa realidade pode impactar o mercado de trabalho mundial.[33]

Em nosso estudo, a problemática central será de que forma essa IA poderá afetar a realidade Sistema judicial? Já, de pronto, é possível adiantar ao leitor uma breve divisão: num primeiro momento, a IA poderá (e, em alguns casos concretos, já vem atuando nesse sentido) realizar atos procedimentais dentro do processo, como a operacionalização de bloqueios judiciais, citações e etc.; em um segundo momento, a possibilidade (ou não) da tomada de decisão poderá se dar pela própria IA.

---

[29] BOERING, Daniel Henrique Arruda; ROSA, Alexandre Morais da. *Ensinando um robô a julgar*: pragmática, discricionariedade, heurísticas e vieses no uso de aprendizado da máquina no judiciário. 1. ed. Florianópolis: Emais Academia, 2020, p. 41.

[30] Destarte, o traço mais singular da inovação tecnológica em IA é a capacidade de o sistema inteligente aprender por si só, de modo a ensejar à máquina ultrapassar o originalmente programado. Trata-se do *machine learning* em que o sistema de IA extrai informações dos dados inseridos e faz seu aprendizado automático, interagindo com o meio em que se encontra. Há várias formas de aprendizado da máquina, destacando-se uma modalidade avançada denominada de *deep learning*, em que a máquina aprende representações de dados em múltiplos níveis de abstração, assemelhando-se a redes neurais humanas (CASTRO JÚNIOR, Marco Aurélio de. *Personalidade jurídica do robô e sua efetividade no Direito*. Tese de Doutorado em Direito, 2009, p. 22-23).

[31] MEDINA, José Miguel Garcia. A era da inteligência artificial: as máquinas poderão tomar decisões judiciais? *Revista dos Tribunais*, vol. 1020, p. 2, out. 2020.

[32] VALENTIN, Rômulo Soares. *Julgamento por computadores?* As novas possibilidades da juscibernética no Direito e do trabalho dos juristas. Tese de Doutorado em Direito, 2018, p. 42-43.

[33] MELO, Bricio Luis da Anunciação; CARDOSO, Henrique Ribeiro. Sistemas de Inteligência Artificial e Responsabilidade Civil: uma análise da proposita europeia acerca da atribuição de responsabilidade civil. *Direitos Fundamentais & Justiça*, Belo Horizonte, ano 16, p. 89-114, out. 2022.

Nesta pesquisa, o debate sobre a possibilidade da IA participar do ato decisório não será abordado como objeto central.

Vejamos um exemplo simples: quando uma das partes, no decorrer de um processo judicial, protocola uma manifestação (petição) e, após a juntada desta, o processo permanece algum tempo para apreciação judicial, as partes (especialmente o credor) estão tendo um custo. Peguemos outro exemplo de fácil compreensão: João ajuíza ação de indenização por danos morais e materiais contra Carlos. A sentença somente se manifesta quanto aos danos morais, ignorando que João também havia pedido danos materiais. O custo com o advogado e o tempo para apreciação dos embargos de declaração (art. 1.022 do CPC) por parte do Poder Judiciário são, da mesma forma, um custo a ser considerado.

Passemos a outro caso prático exemplificativo. A IA, neste caso, utilizando os algoritmos que a compõem, identifica que a referida petição inicial possui dois pedidos e que a decisão judicial só se manifesta sobre um. Assim, identificada essa omissão, poderia informar ao magistrado esse equívoco. Com isso, haveria uma economia de tempo, retrabalho e custos com o advogado.

Ou seja, a IA pode fazer a diferença. O processo atual (seja ele físico ou eletrônico) é carecedor de monitoramento por parte de um cartório (servidores e magistrados) e de mão de obra para analisar e proferir as decisões judiciais em tempo hábil, além de possui os custos no retrabalho (considerando que as decisões são tomadas por humanos, as falhas são inevitáveis). Ou seja, de pronto, a IA poderia reduzir esses custos. Para isso, estudos propositivos e que indicam melhorias ao sistema que possuímos são válidos.

O primeiro reflexo da aplicação da IA ao processo tende a ser o tempo de sua duração. O tempo é um fardo necessário que deverá ser suportado por algum dos sujeitos para que se atinjam os resultados esperados em um processo judicial.[34] O tempo é um custo que deve ser incorporado pelo sujeito que busca a via jurisdicional para a satisfação de um direito.[35] Na perspectiva econômica, este tempo pode ser considerado como custo de transação a ser levado em consideração para os agentes litigantes. Dentro do processo brasileiro, temos um outro agravante a ser considerado: a possibilidade de o devedor (no caso das ações de natureza civil patrimonial) e até mesmo os acusados (em matéria penal) utilizarem o grande e moroso aparato judicial em benefício próprio.

A expectativa é que as formas de procrastinação anteriormente utilizadas pelos jurisdicionados agora, com o implemento da IA, sofram grande abalo, diante da grande velocidade e eficiência que serão implementadas à análise dos processos judiciais. Do ponto de vista econômico, a velocidade e a eficiência, para o devedor, resultaram em um acréscimo em seu custo de transação, aumentando os incentivos para a solução do conflito.

Para o atendimento dos propósitos e das metas do ODS (Objetivos de Desenvolvimento Sustentável) 16, o compromisso firmado para o atendimento da Agenda 2030 implica um Poder Judiciário atuante, proativo e que, sobretudo, denote eficácia,

---

[34] ABREU, Rafael Sirangelo de. *Incentivos processuais:* economia comportamental e *nudges* no processo civil. 1. ed. São Paulo: Thomson Reuters Brasil, 2020, p. 102.

[35] ABREU, Rafael Sirangelo de. *Incentivos processuais:* economia comportamental e *nudges* no processo civil. 1. ed. São Paulo: Thomson Reuters Brasil, 2020, p. 103.

responsabilidade, acessibilidade, transparência com a gestão da justiça.[36] Para que isso ocorra, é fundamental a adoção de novas tecnologias e, especialmente, de aplicações da IA.[37]

Hoje, os computadores podem lidar com tarefas tão complexas que requerem inteligência quando resolvidas por humanos. Os computadores, por assim dizer, tornam-se um instrumento técnico "pensante" que pode trabalhar em problemas de forma independente e — em sistemas de aprendizagem — desenvolver ainda mais os programas aplicados de forma independente.[38]

Em atos procedimentais do processo, a doutrina já vem indicando diversas vantagens, como leitura de imagens, vídeos, textos, além da realização de atos secundários e burocráticos dentro do processo, como a intimação e/ou citação das partes e a realização de bloqueios judiciais.[39]

Para demonstrar ao leitor essa afirmação, é importante trazer ao estudo os resultados obtidos na aplicação da IA nas execuções fiscais na cidade do Rio de Janeiro. A maior parte dos processos de execução é composta pelas execuções fiscais, que representam 75% do estoque. Esses processos são os principais responsáveis pela alta taxa de congestionamento do Poder Judiciário, tendo em vista que representam aproximadamente 38% do total de casos pendentes, apresentando um congestionamento de 91% no Relatório "Justiça em Números" do ano de 2016 — a maior taxa entre os tipos de processos constantes no Relatório.[40]

O executivo fiscal chega a Juízo depois que as tentativas de recuperação do crédito tributário se frustraram na via administrativa, provocando sua inscrição na dívida ativa. Dessa forma, o processo judicial acaba por repetir etapas e providências de localização do devedor ou patrimônio capaz de satisfazer o crédito tributário já adotadas, sem sucesso, pela administração fazendária ou pelo conselho de fiscalização profissional. Acabam chegando ao Judiciário títulos cujas dívidas já são antigas e, por consequência, mais difíceis de serem recuperadas. Com média de recuperação historicamente baixa, o crescente volume de cobranças judiciais de dívidas ativas não corresponde ao aumento no ingresso de receitas fiscais, em razão dos entraves encontrados, principalmente, na localização do devedor e de bens penhoráveis suficientes para responder pela dívida.[41]

De forma resumida, o panorama das execuções fiscais é a demonstração prática da ineficiência judiciária, em que a mão de obra existente não possui condições físicas para administrar o grande número de ações existentes.

---

[36] ANDRADE, Matheus de Lima; MACHADO, Carlos Augusto Alcântara; REBOUÇAS, Gabriela Maia. Desenvolvimento Sustentável e Inteligência Artificial no Poder Judiciário: Avanços e Desafios à Luz da Agenda 2030. *RDP*, Brasília, vol. 20, n. 105, p. 478-500, jan./mar. 2023.

[37] ANDRADE, Matheus de Lima; MACHADO, Carlos Augusto Alcântara; REBOUÇAS, Gabriela Maia. Desenvolvimento Sustentável e Inteligência Artificial no Poder Judiciário: Avanços e Desafios à Luz da Agenda 2030. *RDP*, Brasília, vol. 20, n. 105, p. 478-500, jan./mar. 2023.

[38] HOFFMANN-RIEM, Wolfgang. Big Data e Inteligência Artificial. *Revista de Estudos Institucionais*, v. 6, n. 2, p. 431-506, maio/ago. 2020. p. 434.

[39] FENOL, Jordi Nieva. *Inteligencia artificial y proceso judicial*. Madrid: Marcial Pons, 2018, p. 25.

[40] PORTO, Fábio Ribeiro. O impacto da utilização da inteligência artificial no executivo fiscal. *Direito em Movimento*, v. 17, n. 1, p. 142-199, 2019.

[41] PORTO, Fábio Ribeiro. O impacto da utilização da inteligência artificial no executivo fiscal. *Direito em Movimento*, v. 17, n. 1, p. 142-199, 2019.

Para isso, o autor sugere que a IA *fraca* (em que busca emular a realização de tarefas específicas e predeterminadas[42]) seja utilizada para substituir o trabalho simples do humano, que consome tempo e pode, sem dúvidas, agilizar a rotina de trabalho, gerando grandes resultados com pouco tempo de treinamento da máquina.[43] Por exemplo, o preço médio de uma execução fiscal tramitando na Justiça Federal gira em torno de R$ 6.738,36. Porém, apenas cerca de três quintos dos processos de execução fiscal vencem a etapa de citação. Destes, a penhora de bens ocorre em apenas um quarto dos casos (ou seja, 15% do total), mas somente uma sexta parte das penhoras resulta em leilão.[44]

No caso, foi aplicado sistema de IA na 12ª Vara da Fazenda Pública da Cidade do Rio de Janeiro. O sistema de IA deu cabo de 6.619 processos, em pouco mais de três dias. A serventia levaria dois anos e cinco meses para fazer o mesmo com um servidor dedicado exclusivamente a esta atividade. O sistema de IA levou 25 segundos para realizar todos os seguintes atos: a) identificar os processos com citação positiva; b) buscar no banco de dados do Município o valor atualizado da dívida; c) com essa informação, deveria identificar a natureza do tributo, vez que, a depender da natureza do tributo, o fluxo de prosseguimento é distinto; d) realizar a penhora no sistema BacenJud; e) aguardar o prazo do resultado da penhora; f) ler o resultado e prosseguir no fluxo, a depender deste: f.1) sendo integral o valor da penhora, isto é, sendo penhorada a totalidade do débito, deveria realizar a transferência do valor para a conta judicial e desbloquear eventual excedente, sugerindo a minuta da decisão judicial respectiva; f.2) sendo negativa ou parcial, seguir no fluxo; (g) seguindo no fluxo, deveria realizar a restrição de bens disponíveis no RenaJud e realizar a consulta no InfoJud, informando se há ou não bens passíveis de penhora e sugerindo a minuta da respectiva decisão.[45]

A conclusão do teste não pode ser desconsiderada: a acurácia da IA alcançou o patamar de 99,95% (noventa e nove inteiros e noventa e cinco centésimos por cento). Dito de modo diverso, a máquina "errou" em apenas 0,05% (cinco centésimos por cento) dos casos (somente em 3 processos), enquanto o percentual de erro do servidor humano é de 15% (quinze por cento).[46]

Outro estudo que merece ser enaltecido é o Relatório coordenado pelo Ministro Luis Felipe Salomão e pela Fundação Getúlio Vargas (FGV), que elencou todas as iniciativas de IA em andamento nos Tribunais.[47] Por exemplo, no que diz respeito ao Tribunal de Justiça do Estado do Rio Grande do Sul, o relatório demonstra que o protótipo foi implementado em 2019 e, atualmente, ainda está em fase de aperfeiçoamento.[48]

---

[42] LÓPEZ DE MÁNTARAS BADIA, Ramon; MESEGUER GONZÁLEZ, Pedro. *Inteligencia artificial*. Madrid: CSIC/Catarata, 2017.

[43] PORTO, Fábio Ribeiro. O impacto da utilização da inteligência artificial no executivo fiscal. *Direito em Movimento*, v. 17, n. 1, p. 142-199, 2019.

[44] PORTO, Fábio Ribeiro. O impacto da utilização da inteligência artificial no executivo fiscal. *Direito em Movimento*, v. 17, n. 1, p. 142-199, 2019.

[45] PORTO, Fábio Ribeiro. O impacto da utilização da inteligência artificial no executivo fiscal. *Direito em Movimento*, v. 17, n. 1, p. 142-199, 2019.

[46] PORTO, Fábio Ribeiro. O impacto da utilização da inteligência artificial no executivo fiscal. *Direito em Movimento*, v. 17, n. 1, p. 142-199, 2019.

[47] SALOMÃO, Luis Felipe. *Artificial Inteligence*: technology Applied to conflict resolution in the Brazilian Judiciary. Disponível em: https://ciapj.fgv.br/sites/ciapj.fgv.br/files/report_ai_ciapj.pdf, acesso em: 6 maio 2023.

[48] Segundo o Relatório, a ideia será a seguinte: *"The Project System is implanted in the District of Tramandaí and in the 14th of the Public Finance. There is an expansion plan for the Caxias, Santa Maria and Passo Fundo counties"* (SALOMÃO,

Quanto aos Tribunais Superiores, ambos possuem seus protótipos também em fase de aperfeiçoamento, quais sejam, o Victor e o Athos.[49]

Dito de forma diversa, fica comprovado que os resultados trazidos e obtidos pela IA são surpreendentes e, consequentemente, não podem ser ignorados pela comunidade jurídica. Porém, a IA traz dificuldades e desafios, como, por exemplo, a transparência. De que forma as partes e seus advogados conseguirão ter acesso à informação de qual base de dados é utilizada? São questionamentos dessa natureza que permeiam o debate.

Na sequência, será trabalhado o conceito de sustentabilidade em sentido amplo e algumas normativas a propósito do tema.

3 Sustentabilidade no sentido multidimensional e algumas normativas sobre o tema

O artigo 225, *caput*, da CF dispõe a respeito do direito ao meio ambiente ecologicamente equilibrado, impondo-se ao Poder Público e à coletividade o dever de defendê-lo e preservá-lo para as presentes e futuras gerações,[50] trazendo aí uma missão constitucional. Agregando-se o §3º do art. 225 e o art. 170, VI, da CF, dentre outros, que vão esculpir o sistema constitucional ambiental, que articulará os compromissos ambientais para os setores público e privado.

Parte-se do conceito de sustentabilidade na perspectiva multidimensional, na ótica de Juarez Freitas,[51] quando estatui que esta deve moldar o desenvolvimento (e não o contrário). E, ainda, assevera que as dimensões da sustentabilidade incluem os aspectos: social, ético, jurídico-político, econômico e ambiental. Deste modo, a sustentabilidade na sua dimensão social reclama: o incremento da equidade intergeracional, condições propícias ao florescimento das potencialidades humanas, com ênfase na educação de qualidade para o convívio e o engajamento na causa do desenvolvimento que perdura e faz a sociedade mais apta a sobreviver. A dimensão ética da sustentabilidade reclama uma ética universal concretizável com o pleno reconhecimento dos seres vivos em geral. A sustentabilidade como princípio jurídico altera a visão global do direito, ao incorporar a condição normativa de um tipo de desenvolvimento, para o qual todos os esforços devem convergência obrigatória e vinculante. A dimensão econômica evoca o sopesamento fundamentado, em todos os empreendimentos (públicos e privados), dos benefícios e dos custos diretos e indiretos (externalidades), isto implica um novo estilo de vida na sociedade. A dimensão ambiental significa que o ser humano não pode se esquecer de sua condição natural, que, com suas características singulares, deveria fazê-lo mais responsável sistemicamente. Deste modo, não pode haver qualidade de vida e longevidade digna em ambiente degradado, não pode haver vida humana sem o resguardo da sustentabilidade ambiental, isto é, ou se protege a qualidade ambiental ou simplesmente não haverá futuro para nossa espécie.

Luis Felipe. *Artificial Inteligence*: technology Applied to conflict resolution in the Brazilian Judiciary. Disponível em: https://ciapj.fgv.br/sites/ciapj.fgv.br/files/report_ai_ciapj.pdf, acesso em: 6 maio 2023, p. 55).

[49] SALOMÃO, Luis Felipe. *Artificial Inteligence*: technology Applied to conflict resolution in the Brazilian Judiciary. Disponível em: https://ciapj.fgv.br/sites/ciapj.fgv.br/files/report_ai_ciapj.pdf, acesso em: 6 maio 2023, p. 27.
[50] A respeito do entendimento das futuras gerações, veja-se a decisão proferida no Caso Neubauer *et al.* v. Alemanha. Ver: VI Conferência CDEA 2021, link: https://youtu.be/IZlbQ4JVmBQ.
[51] FREITAS, Juarez. *Sustentabilidade*: direito ao futuro. 2. ed. Belo Horizonte, Fórum, 2012, p. 55/73.

As dimensões (social, ético, jurídico-político, econômico e ambiental) se entrelaçam e se constituem mutuamente, numa dialética da sustentabilidade. Em síntese, a sustentabilidade é princípio-síntese que determina a proteção do direito ao futuro; partindo-se da assertiva de Beck que a modernidade produz riscos que fogem da percepção humana.[52]

O primeiro grande debate global para a compreensão do desafio do desenvolvimento sustentável e para a discussão acerca dos problemas ambientais no mundo, a expressão "desenvolvimento sustentável" só passou a ser assimilada e popularizada a partir da sua utilização no relatório "Nosso Futuro Comum", publicado em 1987 pela Comissão Mundial sobre Meio Ambiente e Desenvolvimento (CMMAD) das Nações Unidas, conhecida como Comissão Brundtland.[53] Nele, foi apresentado o conceito clássico de desenvolvimento sustentável: o desenvolvimento sustentável é aquele que atende às necessidades do presente sem comprometer a possibilidade de as gerações futuras atenderem às suas próprias necessidades.

Ele contém dois conceitos-chave: o conceito de "necessidades", sobretudo as necessidades essenciais dos pobres do mundo, que devem receber a máxima prioridade; a noção das limitações que o estágio da tecnologia e da organização social impõe ao meio ambiente, impedindo-o de atender às necessidades presentes e futuras. (...) Em essência, o desenvolvimento sustentável é um processo de transformação no qual a exploração dos recursos, a direção dos investimentos, a orientação do desenvolvimento tecnológico e a mudança institucional se harmonizam e reforçam o potencial presente e futuro, a fim de atender às necessidades e aspirações humanas (CMMAD, 1991, p. 46-49). Por esse conceito, compreende-se o desenvolvimento sustentável como um desafio intergeracional e harmônico, que reconhece a limitação ambiental, mas que se compromete com as necessidades das gerações futuras, sobretudo das pessoas mais empobrecidas. O seu viés conciliatório e sustentável se mostrou bem assimilado na inauguração do Relatório de Desenvolvimento Humano (RDH), de 1990. A partir de então, passou-se a definir e medir o desenvolvimento humano, compreendendo-se que, apesar do crescimento econômico ser essencial para o desenvolvimento humano, não há um vínculo automático entre esses dois elementos[54] e que, "portanto, o desenvolvimento deve abranger mais do que a expansão da riqueza e da renda. Seu objetivo central deve ser o ser humano" (PNUD, 1990, p. 34, tradução nossa).

O desenvolvimento deve abranger mais do que a expansão da riqueza e da renda (PNUD 1990). Seu objetivo deve ser o humano. Essa noção de desenvolvimento do RDH reflete sobremaneira os preceitos de um dos seus idealizadores, o economista indiano Amartya Sen, que prestou substanciais aportes para a compreensão do desenvolvimento sustentável a partir do seu pensamento norteado pela expansão das liberdades.

Uma concepção adequada de desenvolvimento deve ir muito além da acumulação de riqueza e do crescimento do produto nacional bruto e de outras variáveis relacionadas à renda. (...) o desenvolvimento tem de estar relacionado sobretudo com a melhora

---

[52] BECK, Ulrich. *Sociedade do Risco*: rumo a outra modernidade. São Paulo: Ed. 34, 2011.
[53] FEIL, Alexandre André; SCHREIBER, Dusan. Sustentabilidade e desenvolvimento sustentável: desvendando as sobreposições e alcances de seus significados. *Cad. EBAPE.BR*, Rio de Janeiro, v. 14, n. 3, Artigo 7, jul./set. 2017.
[54] REZENDE, M. J. de. Os Relatórios do Desenvolvimento Humano (RDHS/PNUD/ONU) da Década de 1990 e as Propostas para Enfrentar as Múltiplas Formas de Desigualdades. *Revista de Ciências Sociais*, 45(1), 121-147, 2016. Disponível em: http://www.periodicos.ufc.br/revcienso/article/view/2431.

da vida que levamos e das liberdades que desfrutamos. Expandir as liberdades que temos razão para valorizar não só torna nossa vida mais rica e mais desimpedida, mas também permitir que sejamos seres sociais mais completos, pondo em prática nossas volições, interagindo com o mundo em que vivemos e influenciando esse mundo (SEN, 2010, p. 28-29).

Por isso, é importante que a IA de maneira sustentável seja utilizada de forma conjugada com a elaboração de políticas públicas. Significa dizer que postos de trabalho para humanos são diminuídos, então, é importante que estes profissionais sejam realocados em outras funções ou profissões, mediante treinamento adequado.

Para Jeffrey Sachs, o modelo normativo tridimensional abrange o desenvolvimento econômico, a inclusão social e a sustentabilidade ambiental. A partir dessa perspectiva, importantes avanços foram alcançados nos anos 1990 e 2000. Um deles foi a realização da Conferência das Nações Unidas sobre o Meio Ambiente e Desenvolvimento (ECO-92), que reuniu lideranças globais para avaliar os eventos pós-Conferência de Estocolmo, resultando na publicação de importantes documentos — como a Declaração do Rio sobre Meio Ambiente e Desenvolvimento, a Agenda 21, os Princípios para a Administração Sustentável das Florestas, a Convenção da Biodiversidade Biológica e a Convenção sobre Mudança do Clima — que enfatizaram o aspecto intergeracional do desenvolvimento sustentável (MARCO; MEZZAROBA, 2017, p. 330). Outro importante progresso veio com a produção do relatório de metas sugeridas pela Organização para a Cooperação e Desenvolvimento Econômico (OCDE), que se transformou, com a Declaração do Milênio, de 2000, nos Objetivos de Desenvolvimento do Milênio (ODM). Por meio desse paradigmático compromisso global, pela primeira vez a humanidade se viu orientada por um programa de objetivos e metas, com foco voltado para a erradicação da pobreza e da fome nos países em desenvolvimento, tornando, definitivamente, desenvolvimento e sustentabilidade preocupações inseparáveis (MARCO; MEZZAROBA, 2017, p. 330). Observa-se através desse contexto que, com o tempo, a definição de desenvolvimento sustentável foi evoluindo e ganhando uma abordagem ainda mais prática e sistemática, passando a apresentar-se, segundo Jeffrey Sachs, como um modelo normativo tridimensional que abrange o desenvolvimento econômico, a inclusão social e a sustentabilidade ambiental (SACHS, J., 2017, p. 16).

Vale referir o desenvolvimento sustentável proposto na Rio + 20 (2012). Essa foi a abordagem adotada na Conferência das Nações Unidas sobre Desenvolvimento Sustentável, a Rio+20, realizada no ano de 2012. Através do seu relatório final, intitulado "O Futuro que Queremos", chefes dos 193 Estados-membros da ONU renovaram o compromisso com o desenvolvimento sustentável, enfatizando suas três dimensões, que vão a seguir nominadas.

Afirma-se, portanto, a necessidade de uma melhor integração dos aspectos econômicos, sociais e ambientais do desenvolvimento sustentável em todos os níveis, e reconhecemos as relações existentes entre esses diversos aspectos para se alcançar o desenvolvimento sustentável em todas as suas dimensões (...) Reconhece-se que a erradicação da pobreza, a mudança dos modos de consumo e produção não viáveis para modos sustentáveis, bem como a proteção e gestão dos recursos naturais, que estruturam o desenvolvimento econômico e social, são objetivos fundamentais e requisitos essenciais para o desenvolvimento sustentável. Reafirma-se também que, para a realização do desenvolvimento sustentável, é necessário: promover o crescimento econômico sustentável, equitativo e inclusivo; criar maiores oportunidades para todos; reduzir as desigualdades; melhorar as condições básicas de vida; promover o desenvolvimento social equitativo para todos; e promover a gestão integrada e sustentável dos recursos naturais e dos ecossistemas, o que contribui notadamente com o desenvolvimento social e humano, sem negligenciar a proteção, a regeneração, a reconstituição e a resiliência dos ecossistemas diante dos desafios, sejam eles novos ou já existentes (NAÇÕES UNIDAS, 2012, p. 03). Dentre os ODS (ODS nº 12 e meta 7)[55] da Agenda 2030 da ONU, está o compromisso do setor público em buscar a sustentabilidade em suas atuações.

Vive-se, atualmente, a 4ª Revolução Industrial, mencionada na doutrina de Klaus Schwab, quando discorre a respeito da crescente aplicação de investimentos e pesquisas em inovação e tecnologia a partir da chamada 3ª Revolução Industrial (revolução digital ou do computador), que trouxe, da virada do século até os dias de hoje, uma realidade de avanços tecnológicos caracterizada por uma internet mais ubíqua e móvel, por sensores menores, mais baratos e poderosos e pela Inteligência Artificial e aprendizagem de máquinas cada vez mais avançadas, configurando, segundo o engenheiro e economista alemão Klaus Schwab, uma espécie de "4ª Revolução Industrial" (2016, p. 05-06). Para o autor, entretanto, da mesma forma que na primeira revolução industrial, "um dos grandes determinantes do progresso consiste na extensão que a inovação tecnológica é adotada pela sociedade" (2016, p. 07). A 4ª revolução não é somente a que vem após a 3ª. Caracteriza-se pelo maior impacto sistêmico em todos os setores da comunidade global. Nunca a comunicação expandiu-se com tamanha velocidade, devido à tecnologia da informação.

Oportuno, referir, também, devido ao enfoque deste estudo, que o campo da Inteligência Artificial, dentre as áreas do avanço tecnológico que caracterizam a 4ª Revolução Industrial, é o que mais vem se expandindo nos últimos anos, tornando-se cada vez mais presente em todos os âmbitos da vida humana. De alguns anos atrás — quando a IA ainda se resumia às pesquisas acadêmicas e aos de filmes de ficção — para a atualidade — quando a IA alimenta muitos dos aplicativos e sites acessados, diariamente, no mundo todo —, tornou-se possível dizer que esse tema passou a estar no centro dos discursos públicos (LEE, 2019, p. 10-11), impactando também no processo de desenvolvimento sustentável.

Importante mencionar também um relatório encomendado pela Microsoft, desenvolvido pela PwC, que aponta que a adoção de IA em ações ambientais tem o potencial para impulsionar o PIB global em até 4,4%, enquanto também pode reduzir as emissões globais de gases de efeito estufa em cerca de até 4,0%, uma quantidade equivalente às emissões totais de Austrália, Canadá e Japão, até 2030 (HERWEIJER; COMBES; GILLHAM, 2020, p. 08). Isso, por si só, já sintetiza o potencial de contribuição da IA para o desenvolvimento sustentável, possibilitando crescimento econômico e atenuando os problemas ambientais.

Deste modo, considerando as dimensões de aplicabilidade da IA no sistema de justiça cível, no tocante aos aspectos multidimensionais da sustentabilidade, em seu aspecto ambiental, estrito senso, tem-se a redução do custo do papel (processo eletrônico combinado com a IA).

---

[55] Disponível em: https://www.ipea.gov.br/ods/ods12.html. Acesso em: 27 maio 2024.

Aspecto jurídico-político, a IA deve ser pautada nos direitos humanos e princípios, especialmente, no tocante à dignidade da pessoa humana (centralidade no humano[56] e não na máquina, ao acesso à justiça (fazer com que as pessoas singulares e coletivas possam recorrer de maneira facilitada, em caso de decisões automatizadas que as afetem negativamente), à igualdade (não discriminação das pessoas pelos algoritmos), proteção de dados (a IA aumenta os riscos de analisar os hábitos das pessoas) e à transparência[57] (que permita auditar a composição dos algoritmos, tanto para tomada de decisões, guarda e prestação de informações, como também a informação de que o cidadão interage com o sistema de IA e não humano). E, ainda, garantir que das decisões automatizadas caiba recurso a ser analisado por uma pessoa humana e não pela máquina, tal como existe no ordenamento jurídico europeu, art. 22 do GDPR.[58] No Brasil, tal revisão por humano não é prevista expressamente pelo art. 20 da LGPD. Porém, atualmente, o Projeto de Lei nº 2338, que pretende regular a IA, no art. 8º, V, e no art. 11, demonstra acenar para a intervenção humana. Espera-se que a legislação brasileira incorpore a possibilidade de tomadas de decisão pela IA e revisão pelo humano.

Importante documento produzido foi o denominado Livro Branco[59] sobre a IA, onde são colocados os objetivos voltados para a excelência e confiança. A Comissão está empenhada em facilitar os progressos científicos, preservar a liderança tecnológica da EU e assegurar que as novas tecnologias estão a serviço de todos os cidadãos europeus, melhorando as suas vidas e respeitando simultaneamente os seus direitos. Para que se alcance tal propósito, a Comissão apontou sete requisitos essenciais para que se opere a IA: iniciativa e controle por humanos, robustez e segurança, privacidade e governança de dados, transparência, diversidade, não discriminação e equidade, bem-estar social e ambiental, responsabilização. Os Estados-Membros indicaram que, atualmente, não há um quadro europeu comum. A Comissão de Ética dos Dados da Alemanha apontou a criação de um sistema de regulamentação de cinco níveis baseado no risco, que iria desde a ausência de regulamentação para os sistemas de IA mais inofensivos até a proibição total no caso de sistemas mais perigosos. A Dinamarca acaba de lançar um selo de ética dos dados. Malta introduziu um sistema de certificação voluntária para a IA. Caso não sejam adotadas diretrizes comuns no âmbito da EU, existe uma séria possibilidade de fragmentação no mercado interno, o que comprometeria os objetivos de confiança, segurança jurídica e aceitação pelo mercado, além de deixar desprotegidos os cidadãos europeus.

Do ponto de vista social e econômico poderá diminuir o custo financeiro do sistema de justiça e o tempo ocioso dos processos, o que imprime maior celeridade aos feitos, reduzindo os custos financeiros com o sistema de justiça (operadores jurídicos e estrutura organizacional) e fazendo com que setores prioritários dos direitos sociais (educação, saúde, moradia, etc.) possam ser atendidos com incremento de recursos.

---

[56] FREITAS, Juarez; FREITAS, Thomas Bellini. *Direito e inteligência artificial*: em defesa do humano. Belo Horizonte: Fórum, 2020.

[57] LIMBERGER, Têmis. *Cibertransparência*: informação pública em rede. Porto Alegre: Livraria do Advogado Editora, 2017.

[58] Disponível em: https://lgpd-brasil.info/capitulo_03/artigo_22#:~:text=A%20defesa%20dos%20interesses%20 e,de%20tutela%20individual%20e%20coletiva. Acesso em: 27 maio 2024.

[59] LIVRO BRANCO sobre a inteligência artificial — Uma abordagem europeia virada para a excelência e a confiança, produzido pela Comissão Europeia, em Bruxelas, em 19/2/2020. Disponível em: https://op.europa.eu/pt/publication-detail/-/publication/ac957f13-53c6-11ea-aece-01aa75ed71a1, acesso em: 27 out. 2023.

Do ponto de vista ético, tem-se a necessária centralidade do ser humano e não da máquina, os ganhos tidos com a IA deverão ser revertidos em melhor qualidade de vida para os seres humanos.

A respeito do advento do pós-humanismo, em virtude da expansão da IA, Pérez-Luño[60] resgata, primeiramente, tal conceito na doutrina de James Barrat,[61] que sustenta o fim da era humana e o início de uma nova era presidida pela onipresença da IA. Trata-se de posição que invoca a ciência e a tecnologia como marcos de referência para o desenvolvimento da vida individual e coletiva. Esta concepção se propõe a transcender os limites naturais, biológicos ou sociais que, atualmente, condicionam o pleno desenvolvimento da existência. Assim, haveria a substituição do paradigma humano e uma nova forma de existência: a pós-humanidade, fundamentada no crescimento ilimitado da IA.

O pós-humano traz o contraponto à concepção ontológica de humanismo proposta por Friedrich Nietzsche, o mais célebre representante do irracionalismo do século XIX, que se opõs à tradição humanista e, particularmente, na versão ilustrada, pois considera o conhecimento humano como "humano, demasiado humano".[62] E, ainda, estatui que a humanidade não constitui uma meta, senão somente uma trajetória em direção à super-humanidade. Adquiriu o seu "leitmotiv" presente na obra "Assim falava Zaratustra",[63] quando afirma que "o homem é a corda estendida entre a besta e o super-homem". Esta visão é semelhante no tocante à necessidade de superar as limitações da realidade ontológica humana, pois pretende rechaçar toda concessão ao irracionalismo e situar-se no plano tecnocientífico, sendo o que hoje postulam os ideólogos pós-humanistas.

O pós-humanismo assume que não implica a melhora, o aperfeiçoamento ou atualização do legado humanista, senão que supõe sua negação, abolição ou suplantação do humanismo. Constituindo-se, por isso, anti-humanismo, visto que rechaça uma das principais conquistas da tradição humanista, que foram os direitos humanos, nas palavras de Antonio Enrique Pérez-Luño.[64]

Faz alguns anos que Habermas[65] foi visionário ao vislumbrar a pretensão tecnocrática de imputar a determinado tipo de conhecimento e propostas como postulados tecnocientíficos, quando na realidade ocultam opções práticas e interesses. A ideologia tecnocrática trata de subtrair ao debate científico e político questões que interessam à generalidade dos cidadãos e que, portanto, deveriam ser livremente discutidas. Os tecnocratas incorrem na manipulação ideológica consistente em ocultar seus interesses particulares, para revesti-los como teorias tecnocientíficas, quando na realidade são meras propostas ideológicas. Habermas reflete ao final: ao desafio da técnica, não se pode responder somente com a técnica.

---

[60] PÉREZ-LUÑO, Antonio Enrique. Inteligencia Artificial y posthumanismo. *In:* SÁNCHEZ BRAVO, Álvaro (ed.). *Derecho, inteligencia artificial y nuevos entornos digitales.* España: Elialva, 2020, p. 9-21.

[61] BARRAT, James. *Nuestra invención final:* la inteligencia artificial y el fin de la era humana, trad. Cast., de S. Rodríguez. México: Paidós, 2017.

[62] NIETZSCHE, Friedrich Wilhelm. *Humano, demasiado humano.* Buenos Aires: Prestigio, 1970.

[63] NIETZSCHE, Friedrich Wilhelm. *Assim falava Zaratustra.* São Paulo: Hemus, 1985.

[64] PÉREZ-LUÑO, Antonio Enrique. Inteligencia Artificial y posthumanismo. *In:* SÁNCHEZ BRAVO, Álvaro (ed.). *Derecho, inteligencia artificial y nuevos entornos digitales.* España: Elialva, 2020, p. 18.

[65] HABERMAS, Jürgen. *O futuro da natureza humana:* a caminho de uma eugenia liberal? São Paulo: Martins Fontes, 2004.

Os poderes que apoiam e financiam a investigação técnico-científica não são anônimos ou neutros, trata-se de pessoas e corporações reais e concretas com interesses e ideologias facilmente comprováveis, que devem ter sua responsabilidade social e política.

A IA não é uma "varinha mágica"[66] para o combate aos problemas sociais, econômicos e ambientais, mas uma ferramenta que pode ser utilizada para a construção de um futuro mais resiliente e que propicie uma adequada qualidade de vida para os seres humanos e não humanos. Portanto, a IA deve melhorar e apoiar a capacidade das pessoas, porém não as substituir, permitindo uma melhoria na qualidade de vida dos seres vivos.

4 Conclusão

Por fim, o presente estudo nos forneceu, em um primeiro momento, o panorama do Poder Judiciário, considerando o alto nível de litigiosidade e congestionamento processual; em um segundo momento, tratou de conceituar o termo Inteligência Artificial e elencar as circunstâncias em que pode ser aplicável aos casos concretos. Posteriormente, foi debatida a sustentabilidade, relacionada diretamente à IA.

Considerando-se as dimensões de aplicabilidade da IA no sistema de justiça cível, no tocante aos aspectos multidimensionais da sustentabilidade, sob o ângulo ambiental, estrito senso, tem-se a redução do custo do papel, advindo do processo eletrônico combinado com a IA (no sentido ambiental e financeiro), além da diminuição do tempo do processo (aspecto social).

No tocante ao aspecto jurídico-político, a IA deve ser pautada nos direitos humanos e princípios, especialmente no tocante à dignidade da pessoa humana (centralidade no humano e não na máquina, ao acesso à justiça (fazer com que as pessoas singulares e coletivas possam recorrer de maneira facilitada, em caso de decisões automatizadas que as afetem negativamente), à igualdade (a não discriminação das pessoas pelos algoritmos), proteção de dados (a IA aumenta os riscos de analisar os hábitos das pessoas) e à transparência (que permita auditar a composição dos algoritmos, tanto para a tomada de decisões, guarda e prestação de informações, como também para a informação de que o cidadão interage com o sistema de IA e não humano). E, ainda, garantir que das decisões automatizadas caiba recurso a ser analisado por uma pessoa humana e não pela máquina, tal como existe no ordenamento jurídico europeu, art. 22 do GDPR.[67] No Brasil, tal revisão por humano não é prevista expressamente pelo art. 20 da LGPD. Porém, atualmente, o Projeto de Lei nº 2.338[68] pretende regular a IA, no art. 8º, V,[69] e

---

[66] WEDY, Gabriel; IGLECIAS, Patrícia. IA e aquecimento global. In: WEDY, Gabriel et al. (org.). Direito e IA: perspectivas para um futuro ecologicamente sustentável [recurso eletrônico]. São Leopoldo: Casa Leiria, 2024, p. 23.

[67] Disponível em: https://lgpd-Brasil.info/capitulo_03/artigo_22#:~:text=A%20defesa%20dos%20interesses%20 e,de%20tutela%20individual%20e%20coletiva. Acesso em: 27 maio 2024.

[68] Disponível em: chrome-extension://efaidnbmnnnibpcajpcglclefindmkaj/https://legis.senado.leg.br/sdleg-getter/documento?dm=9347622&ts=1698248944548&disposition=inline&_gl=1*15p7ozh*_ga*MTc2NzYzNTkuMTY4 OTYyMDc4MQ..*_ga_CW3ZH25XMK*MTY5ODQzMTk2MS4zLjAuMTY5ODQzMTk2MS4wLjAuMA. Acesso em: 27 out. 2023.

[69] Art. 8º A pessoa afetada por sistema de inteligência artificial poderá solicitar explicação sobre a decisão, previsão ou recomendação, com informações a respeito dos critérios e dos procedimentos utilizados, assim como sobre os

no art. 11[70] (demonstra acenar para a intervenção humana). Espera-se que a legislação brasileira incorpore a possibilidade de tomadas de decisão pela IA e revisão humana.

Do ponto de vista ético, não se pode perder a dimensão da centralidade do humano, vale o alerta de Häbermas no sentido da pretensão tecnocrática de imputar determinado tipo de conhecimento e propostas como postulados tecnocientíficos, quando na realidade ocultam-se opções práticas e interesses.

Nesta fase em que se discute IA e os direitos humanos não pode haver o pós-humanismo com abandono das conquistas dos direitos humanos, sob pena de se constituir em anti-humanismo, como bem alerta Antonio Enrique Pérez-Luño. Deve haver, também, a preocupação e o compromisso com a realocação das pessoas que perderem seu ofício em razão da IA, em outros postos de trabalho, a partir de políticas públicas e das empresas privadas. Propugna-se que a IA deve buscar uma melhor qualidade de vida aos seres vivos e colaborar com a sustentabilidade (em sentido pleno) no planeta, tal é o legado a ser incorporado, também, no microssistema de justiça cível.

Referências

ABREU, Rafael Sirangelo de. *Incentivos processuais*: economia comportamental e *nudges* no processo civil. 1. ed. São Paulo: Thomson Reuters Brasil, 2020.

ANDRADE, Matheus de Lima; MACHADO, Carlos Augusto Alcântara; REBOUÇAS, Gabriela Maia. Desenvolvimento Sustentável e Inteligência Artificial no Poder Judiciário: Avanços e Desafios à Luz da Agenda 2030. *RDP*, Brasília, vol. 20, n. 105, p. 478-500, jan./mar. 2023.

BARRAT, James. *Nuestra invención final*: la inteligencia artificial y el fin de la era humana, trad. Cast., de S. Rodríguez. México: Paidós, 2017.

BECK, Ulrich. *Sociedade do Risco*: rumo a outra modernidade. São Paulo: Ed. 34, 2011.

BRYSON, Joanna J. The artificial intelligence of the ethics of artificial intelligence. *In*: *The Oxford Handbook of Ethics of AI*. Oxford University Press, 2020.

CASTRO JÚNIOR, Marco Aurélio de. *Personalidade jurídica do robô e sua efetividade no Direito*. Tese de doutorado em Direito, 2009.

CRAWFORD, Kate. *Atlas of IA*: Power, Politics, and the Planetary Costs of Artificial Intelligence. Yale University: New Haven and London, 2021.

DAHLMAN, Carl J. The problem of externality. *The Journal of Law and Economics*, [S.l.]. n. 1, p. 148, Apr. 1979.

FEIL, Alexandre André; SCHREIBER, Dusan. Sustentabilidade e desenvolvimento sustentável: desvendando as sobreposições e alcances de seus significados. *Cad. EBAPE.BR*, Rio de Janeiro, v. 14, n. 3, Artigo 7, jul./set. 2017.

---

principais fatores que afetam tal previsão ou decisão específica, incluindo informações sobre: I - a racionalidade e a lógica do sistema, o significado e as consequências previstas de tal decisão para a pessoa afetada; II - o grau e o nível de contribuição do sistema de inteligência artificial para a tomada de decisões; III - os dados processados e a sua fonte, os critérios para a tomada de decisão e, quando apropriado, a sua ponderação, aplicados à situação da pessoa afetada; IV - os mecanismos por meio dos quais a pessoa pode contestar a decisão; e V - a possibilidade de solicitar intervenção humana, nos termos desta Lei. Parágrafo único. As informações mencionadas no caput serão fornecidas por procedimento gratuito e facilitado, em linguagem que permita que a pessoa compreenda o resultado da decisão ou previsão em questão, no prazo de até quinze dias a contar da solicitação, permitida a prorrogação, uma vez, por igual período, a depender da complexidade do caso.

[70] Art. 11. Em cenários nos quais as decisões, previsões ou recomendações geradas por sistemas de inteligência artificial tenham um impacto irreversível ou de difícil reversão ou envolvam decisões que possam gerar riscos à vida ou à integridade física de indivíduos, haverá envolvimento humano significativo no processo decisório e determinação humana final.

FENOL, Jordi Nieva. *Inteligencia artificial y proceso judicial*. Madrid: Marcial Pons, 2018.

FREITAS, Juarez; FREITAS, Thomas Bellini. *Direito e inteligência artificial*: em defesa do humano. Belo Horizonte: Fórum, 2020.

FREITAS, Juarez. *Sustentabilidade*: direito ao futuro. 2. ed. Belo Horizonte, Fórum, 2012.

HABERMAS, Jürgen. *O futuro da natureza humana*: a caminho de uma eugenia liberal? São Paulo: Martins Fontes, 2004.

HOFFMANN-RIEM, Wolfgang. Big Data e Inteligência Artificial. *Revista de Estudos Institucionais*, v. 6, n. 2, p. 431-506, maio/ago. 2020. p. 434.

LIMBERGER, Têmis; GIANNAKOS, Demétrio Beck da Silva. A inteligência artificial aplicada ao sistema judicial brasileiro e sustentabilidade. In: *Direito e inteligência artificial*: perspectivas para um futuro ecologicamente sustentável. São Leopoldo: Casa Leiria, 2024, p. 275-300.

LIMBERGER, Têmis. *Cibertransparência*: informação pública em rede. Porto Alegre: Livraria do Advogado Editora, 2017.

LÓPEZ DE MÁNTARAS BADIA, Ramon; MESEGUER GONZÁLEZ, Pedro. *Inteligencia artificial*. Madrid: CSIC/Catarata, 2017.

MACHADO, Maíra Rocha (org.). *Pesquisar empiricamente o direito*. São Paulo: Rede de Estudos Empíricos em Direito, 2017.

MCCARTHY, John. *What is Artificial Intelligence*. Stanford University, 2007.

MEDINA, José Miguel Garcia. A era da inteligência artificial: as máquinas poderão tomar decisões judiciais? *Revista dos Tribunais*, p. 02, vol. 1020, out. 2020.

MELO, Bricio Luis da Anunciação; CARDOSO, Henrique Ribeiro. Sistemas de Inteligência Artificial e Responsabilidade Civil: uma análise da propositura europeia acerca da atribuição de responsabilidade civil. *Direitos Fundamentais & Justiça*, Belo Horizonte, ano 16, p. 89-114, out. 2022.

NIETZSCHE, Friedrich Wilhelm. *Assim falava Zaratustra*. São Paulo: Hemus, 1985.

NIETZSCHE, Friedrich Wilhelm. *Humano, demasiado humano*. Buenos Aires: Prestigio, 1970.

PÉREZ-LUÑO, Antonio Enrique. Inteligencia Artificial y posthumanismo. In: SÁNCHEZ BRAVO, Álvaro (ed.). *Derecho, inteligencia artificial y nuevos entornos digitales*. España: Elialva, 2020.

PORTO, Fábio Ribeiro. O impacto da utilização da inteligência artificial no executivo fiscal. *Direito em Movimento*, v. 17, n. 1, p. 142-199, 2019.

REZENDE, M. J. de. Os Relatórios do Desenvolvimento Humano (RDHS/PNUD/ONU) da Década de 1990 e as Propostas para Enfrentar as Múltiplas Formas de Desigualdades. *Revista de Ciências Sociais*, 45(1), 121-147, 2016. Disponível em: http://www.periodicos.ufc.br/revcienso/article/view/2431.

SALOMÃO, Luis Felipe. *Artificial Intelligence*: technology Applied to conflict resolution in the Brazilian Judiciary. Disponível em: https://ciapj.fgv.br/sites/ciapj.fgv.br/files/report_ai_ciapj.pdf, acesso em: 6 maio 2023.

SAMEK, Wojciech; MONTAVON, Grégoire; VEDALDI, Andrea; HANSEN, Lars Kai; MÜLLER, Klaus-Robert. *Explainable AI*: interpreting, explaining and visualizing deep learning, Springer Nature, 2019.

SÁNCHEZ BRAVO, Álvaro. Marco europeo para uma inteligencia artificial baseada en las personas. In: *Derecho, inteligencia artificial y nuevos entornos digitales*. Associación Andaluza de Derecho, Meio Ambiente y Desarollo Sostenible, 2020.

SARLET, Ingo; Fensterseifer, Tiago. Direitos fundamentos e o desastre climático no RS. *Conjur*. Disponível em: https://www.conjur.com.br/2024-mai-20/direitos-fundamentais-e-desastre-climatico-no-rs/. Acesso em: 27 maio 2024.

SCHERER, Matthew. Regulating Artificial Intelligence Systems: Risks, Challenges, Competences, and Strategies. *Harvard Journal of Law & Technology*, vol. 29, n. 2, p. 353-400, Spring 2016.

STRECK, Lenio Luiz. *Constituição, sistemas sociais e hermenêutica*: anuário do programa de pós-graduação em Direito da UNISINOS. Porto Alegre: Livraria do Advogado; São Leopoldo: UNISINOS, 2014.

STRECK, Lenio Luiz. *Dicionário de hermenêutica:* quarenta temas fundamentais da teoria do direito à luz da crítica hermenêutica do direito. Belo Horizonte: Letramento: Casa do Direito, 2017.

STRECK, Lenio Luiz. *Hermenêutica e jurisdição:* diálogos com Lenio Streck. Porto Alegre: Livraria do Advogado, 2017.

TIMM, Luciano Benetti; TRINDADE, Manoel Gustavo Neubarth; MACHADO, Rafael Bicca. O problema da morosidade e do congestionamento judicial no âmbito do processo civil brasileiro: uma abordagem de *law and economics*. Revista de Processo, vol. 290, p. 441-469, abr. 2019.

VALENTIN, Rômulo Soares. *Julgamento por computadores*? As novas possibilidades da juscibernética no Direito e do trabalho dos juristas. Tese de Doutorado em Direito, 2018.

WEDY, Gabriel; IGLECIAS, Patrícia. IA e aquecimento global. *In*: WEDY, Gabriel et al. (org.). *Direito e IA:* perspectivas para um futuro ecologicamente sustentável [recurso eletrônico]. São Leopoldo: Casa Leiria, 2024.

WILLIAMSON, Oliver E. *The economic institutions of capitalism*: firms, markets, relational contracting. The Free Pass, 1985.

WOLKART, Erik Navarro. *Análise econômica do processo civil:* como a economia, o direito e a psicologia podem vencer a tragédia da justiça. São Paulo: Thomson Reuters Brasil, 2019.

YEUNG, Luciana Luk-Tai; AZEVEDO, Paulo Furquim de. Measuring the Efficiency of Brazilian Courts form 2006 to 2008: What do the Numbers tells us? *In: Insper Working Paper*. São Paulo: Inper. 2011. Disponível em: https://www.insper.edu.br/wp-content/uploads/2012/10/2011_wpe251.pdf.

ZAGO, Daniela. Controle de Sustentabilidade (T)ec(n)ológico pelos Tribunais de Contas do Brasil e da Espanha e um breve diálogo com Cervantes. *In*: Álvaro Sánchez Bravo (dir.) y Geraldo Costa da Camino (coord.). *Intellegentiae Artificialis, Imperium et Civitatem*. Madrid: Editorial Alma Mater, 2022.

Informação bibliográfica deste livro, conforme a NBR 6023:2018 da Associação Brasileira de Normas Técnicas (ABNT):

LIMBERGER, Têmis; GIANNAKOS, Demétrio Beck da Silva. Sustentabilidade, Inteligência Artificial e sistema de justiça: um debate urgente. *In*: PASQUALINI, Alexandre; CUNDA, Daniela Zago Gonçalves da; RAMOS, Rafael (coord.). *Direito, sustentabilidade e inovação*: estudos em homenagem ao professor Juarez Freitas. Belo Horizonte: Fórum, 2025. p. 709-728. ISBN 978-65-5518-957-5.

PASSOS DECISIVOS DO DESENVOLVIMENTO SUSTENTÁVEL

THOMAS BELLINI FREITAS

Introdução

A noção de desenvolvimento sustentável, ou de sustentabilidade, evolui em laborioso processo, não exatamente linear. Revela-se o produto histórico de intensas controvérsias e, não raro, árduas negociações internacionais.

Afigura-se, pois, crucial examinar os passos decisivos da marcha conceitual em andamento, na certeza de que o desenvolvimento social e econômico pressupõe, de modo harmonioso, o direito ao ambiente sustentável.

O presente artigo explora os mais expressivos tratados internacionais conformadores do desenvolvimento sustentável como pauta normativa. Tais acordos tencionam não somente limitar as emissões de gases de efeito estufa (como ilustra o Acordo de Paris), mas preservar a diversidade biológica (tome-se, por exemplo, o Marco Global de Biodiversidade de Kunming-Montreal).

Ao mesmo tempo, almeja-se prestar homenagem ao Professor Juarez Freitas, cuja vasta contribuição intelectual desponta como referência sobre o tema. Considera-se, sem favor, a sua principal obra sobre a matéria, "Sustentabilidade: direito ao futuro", como marco e divisor de águas. Tamanha a qualidade da obra que culminou por receber a Medalha Pontes de Miranda, da Academia Brasileira de Letras Jurídicas, no ano de 2011, além de obter impressionante respeitabilidade acadêmica.

1 O nascimento do conceito de desenvolvimento sustentável

De acordo com o Professor Juarez Freitas, o conceito de desenvolvimento sustentável, ou de sustentabilidade, pode ser desdobrado nas seguintes dimensões:

social, ética, ambiental, econômica e jurídico-política.[1] Esses aspectos impactam multifacetados âmbitos da vida, tendo em conta que as dimensões "se entrelaçam e se constituem mutuamente, na dialética da sustentabilidade, que não pode, sob o risco de irremediável prejuízo ecossistêmico, ser rompida ou bloqueada".[2]

Consequentemente, a sociedade precisa construir o "Estado Sustentável",[3] que assegure a sustentabilidade multidimensional, primando pela "confiança intergeracional, nas esferas públicas e privadas".[4] Por certo, nessa ótica, as categorias jurídicas de responsabilidade do Estado, prevenção e precaução devem ser revisitadas.[5] Como princípio fundamental, a sustentabilidade "altera a visão global do Direito",[6] motivo para que a interpretação jurídica seja concretizada sob esse prisma.[7]

Assim, na rica conceituação do Professor Juarez Freitas, a sustentabilidade pode ser entendida como o "princípio constitucional que determina, com eficácia direta e imediata, a responsabilidade do Estado e da sociedade pela concretização solidária do desenvolvimento material e imaterial, socialmente inclusivo, durável e equânime, ambientalmente limpo, inovador, ético e eficiente, no intuito de assegurar, preferencialmente de modo preventivo e precavido, no presente e no futuro, o direito ao bem-estar".[8]

Pois bem. A Declaração de Estocolmo (oficialmente a Declaração do Rio sobre Meio Ambiente e Desenvolvimento),[9] veiculada em 1972, pode parecer singela no cotejo com parâmetros supervenientes de proteção ambiental.[10] Todavia, abriu caminho à edição de vários tratados marcantes. Curioso notar que o conceito de desenvolvimento sustentável ainda não apareceu, eis que só viria à tona após mais de uma década (mais precisamente, no Relatório Brundtland, de 1987).

Um avanço da Declaração de Estocolmo é o realce dado aos recursos renováveis. Com efeito, o Princípio 3 afirma a relevância de manter a capacidade da Terra de produzir recursos renováveis,[11] ao mesmo tempo em que o Princípio 5 ressalta que os recursos não renováveis devem ser empregados de maneira que impeça o futuro esgotamento.[12]

Tal abordagem foi influenciada pelo relatório intitulado "Os Limites do Crescimento",[13] elaborado pelo Clube de Roma e publicado em março de 1972, o qual reconhece que o esgotamento dos recursos limitaria o crescimento econômico. Embora o

---

[1] FREITAS, Juarez. *Sustentabilidade*: direito ao futuro. 4. ed. Belo Horizonte: Fórum, 2019, p. 61-84.
[2] *Ibid.*, p. 82.
[3] *Ibid.*, p. 293-299.
[4] *Ibid.*, p. 297.
[5] *Ibid.*, p. 299-322.
[6] *Ibid.*, p. 81.
[7] *Ibid.*, p. 322-336.
[8] *Ibid.*, p. 45.
[9] Declaration of the United Nations Conference on the Human Environment. *Report of the United Nations Conference on the Human Environment*, 1972. Disponível em: https://documents.un.org/doc/undoc/gen/nl7/300/05/pdf/nl730005.pdf?token=5HIGDXNuR5LqYEPvBT&fe=true.
[10] SOHN, Louis B. The Stockholm Declaration on the Human Environment. *Harvard International Law Journal*, v. 14, n. 3, p. 423-515, 1973.
[11] Declaration of the United Nations Conference on the Human Environment. *Report of the United Nations Conference on the Human Environment*, 1972. "The capacity of the earth to produce vital renewable resources must be maintained and, wherever practicable, restored or improved".
[12] *Ibid.*, "The non-renewable resources of the earth must be employed in such a way as to guard against the danger of their future exhaustion and to ensure that benefits from such employment are shared by all mankind".
[13] MEADOWS, Donella H. *et al. The limits to growth*. New York: Universe Books, 1972.

relatório possua falhas evidentes, pois não levou em conta o aumento da produtividade decorrente do desenvolvimento tecnológico e da inovação, teve o mérito de colocar em discussão a finitude de recursos.

Como assinalado, a primeira vez que o conceito de desenvolvimento sustentável veio à tona[14] foi no Relatório Brundtland[15] (*Our Common Future*) em 1987. O documento alude ao desenvolvimento que garanta as necessidades do presente sem comprometer a capacidade das gerações futuras de atender às suas próprias necessidades.[16]

Em 1992, sobreveio a Conferência das Nações Unidas sobre Meio Ambiente e Desenvolvimento (conhecida como Eco-92). Tal Conferência produziu acordos históricos, como a Declaração do Rio sobre Meio Ambiente e Desenvolvimento,[17] em que o desenvolvimento sustentável desempenha papel-chave. Em comparação com o Relatório Brundtland, o conceito ressurge agora com ligeira variação de palavras, no Princípio 3, conforme o qual o direito ao desenvolvimento deve ser alcançado de maneira a equitativamente satisfazer as necessidades das presentes e futuras gerações.[18]

De sua vez, o Princípio 15 encarta o princípio da precaução,[19] de acordo com o qual, em casos de ameaça de dano sério ou irreversível, a falta de pleno conhecimento científico não deve ser usada como razão para adiar medidas preventivas contra a degradação ambiental.[20] Tal princípio pode ser verificado no Protocolo de Cartagena à Convenção de Diversidade Biológica[21] (igualmente assinada na Conferência do Rio), que possibilita o banimento de organismos geneticamente modificados, mesmo em situações de insuficiente certeza científica.[22]

Também vale mencionar o Princípio 13, que versa sobre o princípio do poluidor-pagador. A premissa, nesse ponto, é que à parte responsável pela poluição incumbe arcar com o ônus da responsabilidade e da compensação.[23]

---

[14] KEEBLE, Brian R. The Brundtland report: 'Our common future'. *Medicine and War*, v. 4, n. 1, 1988, p. 17-25.

[15] Report of the World Commission on Environment and Development Our Common Future. *United Nations*, 1987. Disponível em: https://www.are.admin.ch/are/en/home/media/publications/sustainable-development/brundtland-report.html.

[16] *Ibid.*, "Humanity has the ability to make development sustainable to ensure that it meets the needs of the present without compromising the ability of future generations to meet their own needs".

[17] Rio Declaration on Environment and Development. *United Nations*, 1992. Disponível em: https://www.un.org/en/development/desa/population/migration/generalassembly/docs/globalcompact/A_CONF.151_26_Vol.I_DECLARATION.PDF.

[18] *Ibid.*, "The right to development must be fulfilled so as to equitably meet developmental and environmental needs of present and future generations".

[19] KRIEBEL, David et al. The Precautionary Principle in Environmental Science. *Environmental Health Perspectives*, v. 109, Issue 9, p. 871-876.

[20] Rio Declaration on Environment and Development. *United Nations*, 1992. "In order to protect the environment, the precautionary approach shall be widely applied by States according to their capabilities. Where there are threats of serious or irreversible damage, lack of full scientific certainty shall not be used as a reason for postponing cost-effective measures to prevent environmental degradation".

[21] The Cartagena Protocol on Biosafety to the Convention on Biological Diversity. *Secretariat of the Convention on Biological Diversity*, 2000. Disponível em: https://www.cbd.int/doc/legal/cartagena-protocol-en.pdf.

[22] *Ibid.*, "Lack of scientific certainty due to insufficient relevant scientific information and knowledge regarding the extent of the potential adverse effects of a living modified organism on the conservation and sustainable use of biological diversity in the Party of import, taking also into account risks to human health, shall not prevent that Party from taking a decision, as appropriate, with regard to the import of the living modified organism in question as referred to in paragraph 3 above, in order to avoid or minimize such potential adverse effects".

[23] Rio Declaration on Environment and Development. *United Nations*, 1992. "States shall develop national law regarding liability and compensation for the victims of pollution and other environmental damage. States shall also cooperate in an expeditious and more determined manner to develop further international law regarding liability and compensation for adverse effects of environmental damage caused by activities within their jurisdiction or control to areas beyond their jurisdiction".

Outro importante documento oriundo da Conferência do Rio foi a Convenção-Quadro das Nações Unidas sobre a Mudança do Clima (na sigla comumente conhecida, UNFCCC, oriunda de *United Nations Framework Convention on Climate Change*). Um dos aspectos fulcrais é a noção de "responsabilidades comuns mas diferenciadas". Cuida de fixar o compromisso entre Estados de características diferenciadas, haja vista a clivagem entre o Norte e o Sul Global, ou as distinções situacionais entre países desenvolvidos e em desenvolvimento.[24] Nesse enfoque, de acordo com o Princípio 4, as partes devem levar em consideração as suas "responsabilidades comuns mas diferenciadas", prestando atenção às prioridades e circunstâncias específicas, em termos nacionais e regionais.[25]

Outro notável resultado da Convenção-Quadro consiste no estabelecimento de sistema de Conferência das Partes (COP), que tem sido estratégico para amadurecer o debate sobre a matéria. Espera-se, a propósito, que a COP 30, em Belém, seja outro marco de crescente reafirmação do desenvolvimento sustentável.

2 O Acordo de Paris como paradigma

O Protocolo de Kyoto,[26] assinado em 1997 e em vigor em 2005, consistiu no primeiro tratado a estipular metas mais tangíveis para a redução de emissões de gases de efeito estufa, além de acenar para o mercado de carbono.[27] Todavia, a estrutura rígida e a diferenciação entre os países desenvolvidos e os em desenvolvimento atrasaram a implementação, algo agravado pela circunstância de não haver sido ratificado por uma potência global, os Estados Unidos.[28] Por sua vez, o Acordo de Copenhagen,[29] assinado em 2009, não possuía caráter vinculativo, e, nessa medida, não redundou em ações efetivas.

A grande guinada normativa ocorreu com o Acordo de Paris,[30] assinado em 2015, que intentou corrigir as falhas do Protocolo de Kyoto, adotando postura flexível, de ordem a permitir a cada país a adoção de suas próprias metas.[31] Ademais, consagrou

---

[24] BODANSKY, Daniel. The United Nations Framework Convention on Climate Change: A Commentary. *Yale Journal of International Law*, v. 18, n. 2, 1993, p. 463, 467-468, 479-481.

[25] United Nations Framework Convention on Climate Change. *United Nations*, 1992. Disponível em: https://unfccc.int/files/essential_background/background_publications_htmlpdf/application/pdf/conveng.pdf. "All Parties, taking into account their common but differentiated responsibilities and their specific national and regional development priorities, objectives and circumstances".

[26] Kyoto Protocol to the United Nations Framework Convention on Climate Change. *United Nations*, 1998. Disponível em: https://unfccc.int/resource/docs/convkp/kpeng.pdf.

[27] HE, Rong et al. Corporate carbon accounting: a literature review of carbon accounting research from the Kyoto Protocol to the Paris Agreement. *Accounting & Finance*, v. 62, Issue 1, p. 261-298, 2022; NEWELL, Richard G. et al. Carbon Markets 15 Years after Kyoto: Lessons Learned, New Challenges. *Journal of Economic Perspectives*, v. 27, n. 1, p. 123-146, 2013; LAKHANI, Nina. Revealed: top carbon offset projects may not cut planet-heating emissions. *The Guardian*, 19 de setembro de 2023. Disponível em: https://www.theguardian.com/environment/2023/sep/19/do-carbon-credit-reduce-emissions-greenhouse-gases.

[28] MOR, Surender et al. Kyoto Protocol and Paris Agreement: Transition from Bindings to Pledges - A Review. *Millennial Asia*, 2023. DOI: https://doi.org/10.1177/09763996221141546. p. 1-22.

[29] Report of the Conference of the Parties on its fifteenth session, held in Copenhagen from 7 to 19 December 2009. Addendum. Part Two: Action taken by the Conference of the Parties at its fifteenth session. *UNFCCC*, 2009. Disponível em: https://unfccc.int/documents/6103#beg.

[30] Paris Agreement. *United Nations*, 2015. Disponível em: https://unfccc.int/files/meetings/paris_nov_2015/application/pdf/paris_agreement_english_.pdf?gad_source=1&gclid=Cj0KCQjwjLGyBhCYARIsAPqTz1-SuEpK7oSDhFmDM7LnCPVOBaMaGAAWIQgHsThnKknKf3Ue3-Rsaf8aAnmgEALw_wcB.

[31] BODANSKY, Daniel. The Paris Climate Change Agreement: a New Hope? *American Journal of International Law*, v. 110, Issue 2, p. 288-291, 2016.

ambicioso objetivo no artigo 2.1(a),[32] qual seja, o de limitar o aumento da temperatura média global em menos de 2ºC acima do nível pré-industrial e intensificar esforços para impedir que exceda os 1,5ºC.[33]

Outro audacioso objetivo, constante no artigo 4.1,[34] é o de garantir a neutralidade de carbono na segunda metade do século, de modo que a "captura de carbono"[35] se faça maior que as emissões de carbono.

Para que seus desideratos se transformem em realidade, o Acordo de Paris criou o mecanismo de Contribuições Nacionalmente Determinadas (*Nationally Determined Contributions* — NDC), utilizadas pelos países para fixarem suas metas. Nesse sentido, prevê a realização do *Global Stocktake* (GST), nos termos do art. 14, que deve acontecer a cada cinco anos para avaliar o progresso em relação aos NDCs. O primeiro GST ocorreu em 2023, em antecipação à COP 28 em Doha.[36]

É nesse contexto que a noção de "responsabilidades comuns mas diferenciadas" restou catapultada ao primeiro plano. Como enuncia o art. 4.3,[37] cada país deve fixar sucessivas Contribuições Nacionalmente Determinadas de modo a refletir a ambição mais elevada, à luz das circunstâncias nacionais peculiares.

O Acordo de Paris sublinha, no art. 8º, a necessidade de indenizações por perdas e danos em relação às consequências danosas das mudanças climáticas. O art. 9º propõe que os países desenvolvidos forneçam ajuda aos países em desenvolvimento, com aportes financeiros. Desde 2015, percebe-se algum progresso no atinente às perdas e danos, embora muito aquém do ideal, como acentuado mais adiante.

A despeito de merecer ressalvas, inegável que o Acordo de Paris representou passo decisivo, dado que alterou o panorama conceitual do desenvolvimento sustentável. Não somente ousou progredir em relação aos passos anteriores, como fez ascender as aspirações de desenvolvimento sustentável a patamares sem precedente.

3 A implementação dos tratados: sonho ou realidade?

As mudanças climáticas constituem inequívoco desafio coletivo, não sendo exagerado assinalar que o mundo se encontra numa encruzilhada dramática. O legítimo sonho por uma vida melhor e inclusiva colide com as duras condições dos eventos extremos. Para que se transforme a sustentabilidade em prática, impõe-se ação estratégica e urgente, a um só tempo.

---

[32] Paris Agreement. *United Nations*, 2015. "Holding the increase in the global average temperature to well below 2ºC above pre-industrial levels and pursuing efforts to limit the temperature increase to 1.5ºC above pre-industrial levels, recognizing that this would significantly reduce the risks and impacts of climate change".

[33] BODANSKY, Daniel. The Paris Climate Change Agreement: a New Hope? *American Journal of International Law*, v. 110, Issue 2, 2016, p. 288-291.

[34] Paris Agreement. *United Nations*, 2015. "… so as to achieve a balance between anthropogenic emissions by sources and removals by sinks of greenhouse gases in the second half of this century".

[35] KEENAN, T. F.; WILLIAMS, C.A. The Terrestrial Carbon Sink. *Annual Review of Environment and Resources*, v. 43, p. 219-243, 2018.

[36] Report of the Conference of the Parties serving as the meeting of the Parties to the Paris Agreement on its fifth session, held in the United Arab Emirates from 30 November to 13 December 2023. *United Nations*, 2023. Disponível em: https://unfccc.int/sites/default/files/resource/cma2023_16a01E.pdf.

[37] Paris Agreement. *United Nations*, 2015. "Each Party's successive nationally determined contribution will represent a progression beyond the Party's then current nationally determined contribution and reflect its highest possible ambition, reflecting its common but differentiated responsibilities and respective capabilities, in the light of different national circumstances".

A propósito, o Painel Intergovernamental sobre Mudanças Climáticas (*Intergovernmental Panel on Climate Change* — IPCC), introduzido em 1988, publica relatórios amplamente reconhecidos pela comunidade científica. Em recente análise, o Sexto Relatório de Avaliação[38] evidencia o quão grave se encontra o quadro.

Primeiramente, demonstra o muito que a temperatura da superfície global já aumentou (por volta de 1,1ºC), na comparação com medidas pré-industriais. Logo, se a humanidade pretender alcançar os objetivos e as metas do Acordo de Paris, adicional e robusto empenho precisa ocorrer, sem procrastinação.

O relatório assinala que por volta de 3,3 a 3,6 bilhões de pessoas serão afetadas, em razão da alta vulnerabilidade às mudanças climáticas, provocando índices massivos de morbidade e perecimento. Um dos tópicos mais aflitivos diz respeito à insegurança hídrica e energética, que pode suscitar penosos sofrimentos, além de fragmentação social e econômica. Não por acaso, o desafio dos refugiados climáticos se torna, a cada dia, mais agudo.

Outro perigo envolve o fato de que as opções adaptativas hoje viáveis, talvez não o sejam no futuro. Em outras palavras, as ferramentas válidas atualmente poderão ser ineficazes à medida que as consequências danosas das mudanças climáticas se avolumarem.[39]

No que se refere ao Acordo de Paris, embora vários países o cumpram, muitos outros estão longe de fazê-lo. Em termos normativos, todos os países são instados a atualizar suas NDCs de acordo com os resultados do GST para que as metas do Acordo de Paris sejam tempestivamente cumpridas. Digno de registro que, felizmente, o Brasil submeterá sua segunda NDC em 2025,[40] incrementando os parâmetros da neutralidade climática em 2050.

A COP 26, realizada em Glasgow,[41] em que pese alguma timidez, deu mais um passo decisivo, ao consignar a promessa de 100 bilhões de dólares para o financiamento climático. Outra decisão apreciável da COP 26 consistiu na previsão de *phase down* do carvão, uma legítima conquista. Não obstante, vale registrar que a *phase-out* do carvão foi afastada por oposição de países dependentes de fósseis, nas respectivas matrizes energéticas.

Já a COP 27 transcorreu na cidade egípcia de Sharm el-Sheikh, onde foi oficialmente anunciada a criação de fundo de perdas e danos. Tal fundo providenciaria as compensações para perdas econômicas e não econômicas,[42] e seria voltado para os países em desenvolvimento.[43]

---

[38] Climate Change 2023: Synthesis Report - Summary for Policymakers. *Intergovernmental Panel on Climate Change*, 2023. Disponível em: https://www.ipcc.ch/report/ar6/syr/downloads/report/IPCC_AR6_SYR_SPM.pdf.

[39] *Ibid.*, "Adaptation options that are feasible and effective today will become constrained and less effective with increasing global warming."

[40] Federative Republic of Brazil Nationally Determined Contribution (NDC) to the Paris Agreement under the UNFCCC. 2023. Disponível em: https://unfccc.int/sites/default/files/NDC/2023-11/Brazil%20First%20NDC%202023%20adjustment.pdf.

[41] The Glasgow Climate Pact. *United Nations*, 2022. Disponível em: https://unfccc.int/sites/default/files/resource/cma2021_10_add1_adv.pdf.

[42] Sharm el-Sheikh Implementation Plan. *UNFCCC*, 20 de novembro 2022. Disponível em: https://unfccc.int/documents/624444.

[43] COP27 Reaches Breakthrough Agreement on New "Loss and Damage" Fund for Vulnerable Countries. *UNFCCC*, 20 de novembro de 2022. Disponível em: https://unfccc.int/news/cop27-reaches-breakthrough-agreement-on-new-loss-and-damage-fund-for-vulnerable-countries.

Em 2023, a COP 28, em Dubai[44] reforçou a premência da transição das poluentes energias fósseis para as energias renováveis. Entretanto, a reivindicada *phase out* ou *phase down* dos combustíveis fósseis restou à margem do acordo.[45] No que se refere ao fundo de perdas e danos, mencione-se que foi adotado no primeiro dia da Conferência, convertendo o Banco Mundial em anfitrião pelo período inicial de quatro anos.

Como se observa, a tensão entre o sonho do mundo sustentável e a realidade insustentável persiste, em tons desafiadores. De fato, por mais que os tratados internacionais almejem densificar o princípio do desenvolvimento sustentável, remanescem pendências flagrantes. Por exemplo, a Alemanha, em situação de grave crise energética, reabriu várias de suas usinas de carvão.[46] De outra parte, prossegue a contingência de países pobres e em desenvolvimento[47] dependerem excessivamente de combustíveis fósseis, sem a suficiente "ajuda" cooperativa dos países ricos na transição energética. Imperativo, por conseguinte, que o princípio das "responsabilidades comuns mas diferenciadas" seja, de maneira determinante, colocado em prática.

4 Biodiversidade como elemento do desenvolvimento sustentável

O ano de 1992 se revelou fecundo para a causa ambiental, ao dar ensejo à Declaração do Rio e à Convenção-Quadro das Nações Unidas sobre a Mudança do Clima. No entanto, não foram essas as únicas grandes contribuições históricas, uma vez que a citada Conferência do Rio deu a lume a Convenção sobre Diversidade Biológica (CDB).

A Plataforma Intergovernamental sobre Biodiversidade e Serviços Ecossistêmicos (IPBES), equivalente ao IPCC no que tange à biodiversidade, visa a proteger os ecossistemas a fim de evitar os danos à coexistência sustentável da espécie humana com outras espécies.[48]

A CDB estipula como juridicamente vinculante a proteção da biodiversidade global, criando arcabouço normativo para que as múltiplas COPs se processem regularmente (o que não deve ser confundido com as COPs da UNFCCC). Dois protocolos se destinam a regular a implementação. O primeiro é o Protocolo de Cartagena,[49] assinado em 2000, que introduziu regras sobre a biossegurança dos Organismos Geneticamente Modificados (OGM), como os organismos transgênicos.[50] Outro é o Protocolo de

---

[44] The UAE Consensus Negotiations Outcome. *COP 28 UAE*. Disponível em: https://www.cop28.com/en/the-uae-consensus-negotiations-outcome.

[45] COP28 ends with call to 'transition away' from fossil fuels; UN Chief says phaseout is inevitable. *UN Sustainable Development Group*, 13 de dezembro de 2023. Disponível em: https://unsdg.un.org/latest/stories/cop28-ends-call-%E2%80%98transition-away%E2%80%99-fossil-fuels-un-chief-says-phaseout-inevitable.

[46] KINKART, Sabine. Germany's energy U-turn: Coal instead of gas. *DW*, 8 de abril de 2022. Disponível em: https://www.dw.com/en/germanys-energy-u-turn-coal-instead-of-gas/a-62709160.

[47] TONGIA, Rahul. It is unfair to push poor countries to reach zero carbon emissions too early. *Brookings*, 26 de outubro de 2022. Disponível em: https://www.brookings.edu/articles/it-is-unfair-to-push-poor-countries-to-reach-zero-carbon-emissions-too-early/; CHEMNICK, Jean. Climate Aid Is Lacking for Poor Countries That Burn Few Fossil Fuels. *Scientific American*, 16 de novembro de 2022. Disponível em: https://www.scientificamerican.com/article/climate-aid-is-lacking-for-poor-countries-that-burn-few-fossil-fuels/.

[48] The Global Assessment Report on Biodiversity and Ecosystem Services - Summary for Policymakers. *Intergovernmental Science-Policy Platform on Biodiversity and Ecosystem Services*, 2019. Disponível em: https://zenodo.org/records/3553579.

[49] The Cartagena Protocol on Biosafety to the Convention on Biological Diversity. *Secretariat of the Convention on Biological Diversity*, 2000. Disponível em: https://www.cbd.int/doc/legal/cartagena-protocol-en.pdf.

[50] MACKENZIE, Ruth et al. *An Explanatory Guide to the Cartagena Protocol on Biosafety*. Cambridge: The World Conservation Union, 2003.

Nagoia,[51] assinado em 2010, tendo como fulcro a garantia da repartição dos benefícios decorrentes da utilização dos recursos genéticos, ou seja, o compartilhamento equitativo dos benefícios oriundos desse material.[52] Tal regra se mostra vantajosa para os países com grande riqueza genética, como o Brasil, que, diga-se de passagem, deve ser compensado quando terceiro fizer uso de seus recursos genéticos.

Este último Protocolo foi reforçado pelo Tratado sobre Propriedade Intelectual, Recursos Genéticos e Conhecimentos Tradicionais,[53] assinado em 2024, no âmbito da Organização Mundial da Propriedade Intelectual (OMPI), que almeja disciplinar a aplicação de patentes concernentes a recursos genéticos, assim como proteger conhecimentos dos povos indígenas e das comunidades tradicionais.[54]

Outras metas relacionadas à biodiversidade despontaram na COP 10, denominadas Metas de Aichi,[55] ainda sem jurídica vinculação, algo que apenas adviria com a COP 15, em 2022, quando assinado o Marco Global de Biodiversidade de Kunming-Montreal,[56] uma referência para a proteção da biodiversidade. A proposta[57] intenta proteger pelo menos 30% da biodiversidade até 2030, na terra e na água, em áreas continentais, costeiras e marítimas. Por isso, conhecida como a Meta 30 x 30.[58]

O ano de 2023 viu adicional passo decisivo, o tratado de Alto-Mar, conhecido como BBNJ (*Biodiversity of Areas Beyond National Jurisdiction Treaty*).[59] Seu princípio norteador é o de que as áreas marítimas que se classifiquem como águas internacionais também devem ter a biodiversidade protegida. Ou seja, áreas que não pertencem a nenhum Estado demandam proteção, mediante, por exemplo, o compartilhamento equitativo de benefícios e a criação de áreas marinhas protegidas.[60]

Assim, o conceito de desenvolvimento sustentável se modula e amplia a cada passo, englobando a biodiversidade, que não deve ser compreendida como elemento

---

[51] Nagoya Protocol on Access to Genetic Resources and the Fair and Equitable Sharing of Benefits Arising from their Utilization to the Convention on Biological Diversity. *United Nations*, 2011. Disponível em: https://www.cbd.int/abs/doc/protocol/nagoya-protocol-en.pdf.

[52] SHERMAN, Brad; HENRY, Robert James Henry. The Nagoya Protocol and historical collections of plants. *Nature Plants*, v. 6, p. 430-432, 2020.

[53] WIPO Member States Adopt Historic New Treaty on Intellectual Property, Genetic Resources and Associated Traditional Knowledge. *WIPO*, 24 de maio de 2024. Disponível em: https://www.wipo.int/pressroom/en/articles/2024/article_0007.html.

[54] Assinatura de Tratado sobre Propriedade Intelectual, Recursos Genéticos e Conhecimentos Tradicionais – nota conjunta MRE-MMA-MPI. *Gov.br*, 24 de maio de 2024. Disponível em: https://www.gov.br/mre/pt-br/canais_atendimento/imprensa/notas-a-imprensa/assinatura-de-tratado-sobre-propriedade-intelectual-recursos-geneticos-e-conhecimentos-tradicionais-2013-nota-conjunta-mre-mma-mpi; Brasil assina tratado histórico sobre propriedade intelectual de recursos genéticos e conhecimentos tradicionais. *Gov.br*, 27 de maio de 2024. Disponível em: https://www.gov.br/secom/pt-br/assuntos/noticias/2024/05/brasil-assina-tratado-historico-sobre-propriedade-intelectual-de-recursos-geneticos-e-conhecimentos-tradicionais.

[55] Aichi Biodiversity Targets. *CDB*, 18 de setembro de 2020. Disponível em: https://www.cbd.int/sp/targets.

[56] WATSON, James E. M. et al. Priorities for protected area expansion so nations can meet their Kunming-Montreal Global Biodiversity Framework commitments. *Integrative Conservation*, v. 2, Issue 3, p. 109-164, 2023.

[57] SHEN, Xiaoli. Countries' differentiated responsibilities to fulfill area-based conservation targets of the Kunming-Montreal Global Biodiversity Framework. *One Earth*, v. 6, p. 548-559, 2023.

[58] Brasil destaca compromisso com a Meta 30 x 30 e defende proteção das florestas. *Gov.br*, 2023. Disponível em: https://www.gov.br/planalto/pt-br/acompanhe-o-planalto/noticias/2023/12/brasil-destaca-compromisso-com-a-meta-30-x-30-e-defende-protecao-das-florestas.

[59] Agreement under the United Nations Convention on the Law of the Sea on the Conservation and Sustainable Use of Marine Biological Diversity of Areas beyond National Jurisdiction. *United Nations*, 2023. Disponível em: https://treaties.un.org/doc/Treaties/2023/06/20230620%2004-28%20PM/Ch_XXI_10.pdf.

[60] O tratado, apesar de já assinado, ainda precisa da ratificação de 60 países signatários, de 90 no total.

dissociável da sustentabilidade. A biodiversidade, além de essencial para a economia, é fundamental para evitar desequilíbrios ecológicos que colocam em risco as gerações presentes e futuras. Sua proteção, para ilustrar, revela-se imperativa para a regulação do clima e para conter a disseminação de doenças e pestes. É impossível, portanto, o desenvolvimento sustentável sem a enérgica e vigorosa proteção da biodiversidade.

5 Outros passos relevantes

Cortes internacionais e nacionais desempenham papel relevante em alcançar objetivos climáticos. Em importante decisão de 2024, o Tribunal Europeu de Direitos Humanos entendeu que a Suíça violou suas obrigações climáticas.[61] A parte autora era formada por mulheres idosas,[62] que argumentaram que os eventos extremos relacionados às mudanças climáticas, como as ondas de calor, prejudicavam-nas.[63] Mencione-se que, infelizmente, o parlamento suíço rejeitou o cumprimento da decisão, pondo em risco a sua efetividade.[64] Como quer que seja, o Tribunal de Estrasburgo soergueu precedente histórico, ao entender que a Suíça violou direitos humanos em decorrência da inação climática.[65]

Ainda em 2024, em outro caso precursor, o Tribunal Internacional do Direito do Mar considerou, na Opinião Consultiva 31,[66] que a emissão de gases de efeito estufa constitui modalidade de poluição marinha.[67] Desse modo, entendeu que os Estados possuem obrigações específicas de prevenir, reduzir e controlar a emissão de gases de efeito estufa a fim de evitá-la.[68] Adicionalmente, os Estados devem proteger o ambiente marinho de impactos de mudanças climáticas e a acidificação do oceano.[69]

Citem-se, ademais, decisões da Corte Interamericana de Direitos Humanos,[70] como a Opinião Consultiva 23/17,[71] que reconheceu o direito a um ambiente saudável

---

[61] Case of Verein Klimaseniorinnen Schweiz and Others v. Switzerland. *European Court of Human Rights*, 2024. Disponível em: https://hudoc.echr.coe.int/eng#{%22appno%22:[%2253600/20%22],%22itemid%22:[%22001-233206%22]}.

[62] FROST, Rosie; LIMB, Lottie. 'Historic' European Court of Human Rights ruling backs Swiss women in climate change case. *Euronews*, 9 de abril de 2024. Disponível em: https://www.euronews.com/green/2024/04/09/top-european-human-rights-court-could-rule-that-governments-have-to-protect-people-from-cl.

[63] NIRANJAN, Ajit. Human rights violated by Swiss inaction on climate, ECHR rules in landmark case. *The Guardian*, 9 de abril de 2024. Disponível em: https://www.theguardian.com/environment/2024/apr/09/human-rights-violated-inaction-climate-echr-rules-landmark-case.

[64] FOULKES, Imogen. Swiss parliament defies ECHR on climate women's case. *BBC*, 12 de junho de 2024. Disponível em: https://www.bbc.com/news/articles/cl55ggjqvx7o.

[65] RANNARD, Georgina. European court rules human rights violated by climate inaction. *BBC*, 9 de abril de 2024. Disponível em: https://www.bbc.com/news/science-environment-68768598.

[66] Unanimous Advisory Opinion in Case no. 31. *International Tribunal for the Law of the Sea*, 2024. Disponível em: https://www.itlos.org/fileadmin/itlos/documents/press_releases_english/PR_350_EN.pdf.

[67] *Ibid.*, "Anthropogenic GHG emissions into the atmosphere constitute pollution of the marine environment (...)".

[68] *Ibid.*, "(...) States Parties to the Convention have the specific obligations to take all necessary measures to prevent, reduce and control marine pollution from anthropogenic GHG emissions (...)".

[69] *Ibid.*, "(...) States Parties have the specific obligation to protect and preserve the marine environment from climate change impacts and ocean acidification (...)".

[70] LIMA, Lucas Carlos. The Protection of the Environment before the Inter-American Court of Human Rights. *Revista do Instituto Brasileiro de Direitos Humanos*, v, 21, 2022, p. 133-148.

[71] Advisory Opinion 23/17. *Inter-american Court of Human Rights*, 2017. Disponível em: https://www.corteidh.or.cr/docs/opiniones/seriea_23_ing.pdf.

como direito humano. Posteriormente, no caso de Lhaka Honhat,[72] julgado em fevereiro de 2020, a Corte decidiu que a Argentina violou direitos de propriedade de populações indígenas, e, no caso de La Oroya,[73] de 2023, proferiu condenação do Peru por causa de violações sociais e ambientais.

Já em relação aos tribunais nacionais, pioneiro litígio climático[74] surge no caso Urgenda,[75] decidido em 2019 pela Suprema Corte dos Países Baixos, que condenou o governo neerlandês por não ter cumprido com as metas de redução de gases de efeito estufa previstas legalmente, determinando que o aludido governo reduzisse as emissões.

No caso paradigmático de Neubauer v. Alemanha de 2021,[76] a *Bundesverfassungsgericht* decidiu que uma lei de proteção ambiental possuía partes inconstitucionais, dado que não protegia devidamente as pessoas contra a ameaça das mudanças climáticas.[77] Em razão disso, condenou o Estado por inação climática.

Adicionalmente, o *Conseil d'État* determinou, em 2021 e em 2023, que o governo francês tomasse medidas concretas para a redução de gases, a fim de evitar o efeito estufa. Na última decisão, prescreveu que fossem tomadas as providências necessárias até 2024, de modo a ensejar a redução de 40% dos gases de efeito estufa até 2030.[78]

Em 2022, o Supremo Tribunal Federal brasileiro reconheceu os tratados de Direito Ambiental como de direitos humanos.[79] Isso representa passo decisivo, porque tratados internacionais que versam sobre os direitos humanos, se aprovados no Congresso com uma maioria de 3/5 e em dois turnos, possuem "status" de emenda constitucional, consoante o art. 5º, LXXIX, §3º, da Carta Magna.[80]

Finalmente, mencionem-se os 17 Objetivos de Desenvolvimento Sustentável da Agenda 2030,[81] aprovados unanimemente durante a Assembleia Geral da ONU

---

[72] Case of the Indigenous Communities of the Lhaka Honhat (Our Land) Association v. Argentina. *Inter-american Court of Human Rights*, 2020. Disponível em: https://www.corteidh.or.cr/docs/casos/articulos/seriec_400_ing.pdf.

[73] Caso habitantes de La Oroya vs. Perú. *Corte Interamericana de Derechos Humanos*, 2023. Disponível em: https://www.corteidh.or.cr/docs/casos/articulos/seriec_511_esp.pdf.

[74] Para mais detalhes sobre casos envolvendo litígio climático, ver *Climate Change Litigation Databases*, organizado pela Columbia Law School. Disponível em: https://climatecasechart.com/.

[75] MAYER, Benoit. The Contribution of Urgenda to the Mitigation of Climate Change. *Journal of Environmental Law*, v. 35, p. 167-184, 2023.

[76] Leitsätze zum Beschluss des Ersten Senats vom 24. März 2021. *Bundesverfassungsgericht*, 24 de março de 2021. https://www.bundesverfassungsgericht.de/SharedDocs/Entscheidungen/DE/2021/03/rs20210324_1bvr265618.html.

[77] CONNOLLY, Kate. 'Historic' German ruling says climate goals not tough enough. *The Guardian*, 29 de abril de 2021. Disponível em: https://www.theguardian.com/world/2021/apr/29/historic-german-ruling-says-climate-goals-not-tough-enough.

[78] Emissions de gaz à effet de serre: le Gouvernement doit prendre de nouvelles mesures et transmettre un premier bilan dès cette fin d'année. *Conseil d'État*, 10 de maio de 2023. Disponível em: https://www.conseil-etat.fr/actualites/emissions-de-gaz-a-effet-de-serre-le-gouvernement-doit-prendre-de-nouvelles-mesures-et-transmettre-un-premier-bilan-des-cette-fin-d-annee.

[79] Arguição de Descumprimento de Preceito Fundamental 708. *Supremo Tribunal Federal*, 2022. Disponível em: https://redir.stf.jus.br/paginadorpub/paginador.jsp?docTP=TP&docID=763392091. p. 10. "Tratados sobre direito ambiental constituem espécie do gênero tratados de direitos humanos e desfrutam, por essa razão, de status supranacional".

[80] Art. 5º, LXXIX, §3º, da Constituição Federal: "Os tratados e convenções internacionais sobre direitos humanos que forem aprovados, em cada Casa do Congresso Nacional, em dois turnos, por três quintos dos votos dos respectivos membros, serão equivalentes às emendas constitucionais".

[81] Resolution adopted by the General Assembly on 25 September 2015. *United Nations*, 2015. Disponível em: https://documents.un.org/doc/undoc/gen/n15/291/89/pdf/n1529189.pdf?token=QQm3tKpvusQTHdpF8n&fe=true.

em 2015, a despeito de recalcitrâncias pontuais, que têm servido como guia a nortear países e sociedades nos últimos anos (conforme demonstra relatório de junho de 2024 da ONU),[82] assim como a Agenda 21 da Conferência do Rio o fizera precedentemente. Como o ano de 2030 está cada vez mais próximo, afigura-se inadiável elaborar nova e promissora Agenda para as décadas seguintes.

6 Conclusão

O princípio constitucional do desenvolvimento sustentável, ou da sustentabilidade, bem compreendido, altera o modo pelo qual a sociedade interage com a natureza, deixando de considerá-la apartada do ser humano. A partir daí, plausível conciliar o florescimento da economia com a proteção ecossistêmica. Desenvolvimento e ambiente não se mostram incompatíveis. Em outras palavras, o direito ao desenvolvimento e o direito ao ambiente sustentável devem ser assimilados como objetivos interdependentes.

Em síntese, o princípio do desenvolvimento sustentável deve ser a chave para a humanidade se adaptar não só às mudanças climáticas, mas à pacífica coexistência ecossistêmica. Trata-se, nas palavras do Professor Juarez Freitas, da opção que melhor salvaguarda o "direito ao futuro".

Informação bibliográfica deste livro, conforme a NBR 6023:2018 da Associação Brasileira de Normas Técnicas (ABNT):

FREITAS, Thomas Bellini. Passos decisivos do desenvolvimento sustentável. *In*: PASQUALINI, Alexandre; CUNDA, Daniela Zago Gonçalves da; RAMOS, Rafael (coord.). *Direito, sustentabilidade e inovação*: estudos em homenagem ao professor Juarez Freitas. Belo Horizonte: Fórum, 2025. p. 729-739. ISBN 978-65-5518-957-5.

---

[82] The Sustainable Development Goals Report 2024. *United Nations Statistics Division*, 28 de junho de 2024. Disponível em: https://unstats-un-org.translate.goog/sdgs/report/2024/?_x_tr_sl=en&_x_tr_tl=pt&_x_tr_hl=pt-BR&_x_tr_pto=sc.

DO URBANO-AMBIENTAL ÀS SOLUÇÕES BASEADAS NA NATUREZA (SBN) E INFRAESTRUTURA VERDE: OS "ACORDOS SEMÂNTICOS" NECESSÁRIOS PARA A COMPREENSÃO DOS CAMINHOS DO DIREITO NAS CIDADES SUSTENTÁVEIS

VANÊSCA BUZELATO PRESTES

Introdução

  As aulas, lições e aprendizado com o Professor Doutor Juarez Freitas remontam à minha graduação, em meados dos anos 80, na Universidade de Caxias do Sul. As aulas de Filosofia do Direito, na 6ª feira à noite, tinham um sabor de desafio. No grupo de estudos que se formou a partir da sua liderança, conheci a *Legitimação pelo Procedimento*, de Niklas Luhmann, Jean Jacques Chevallier e As Grandes Obras Políticas de Maquiavel a nossos dias. As lições de hermenêutica do Prof. Juarez seguiram para a vida. Dono de expressões dotadas de sentido que falam por si só, desde que as compreendamos, dada a sutileza e sagacidade do emprego do vernáculo, sempre foi uma das suas características. A propósito, compreender que os acordos semânticos são necessários, sobretudo quando se trata de atuação interdisciplinar, é aprendizado que levo para a vida, tanto acadêmica quanto pessoal, especialmente na atuação na área ambiental, *locus* em que os sentidos dos conceitos estão diretamente vinculados com a área de atuação. Exemplifico. Certa feita em uma aula de especialização, propus um seminário sobre áreas de preservação permanente. A turma era de biólogos, geógrafos, arquitetos, engenheiros e advogados. A divisão proposta foi por formação, assim cada grupo de profissionais apresentou e debateu o conceito e a função deste, a partir das respectivas áreas de formação. Incrível como apareceram pontos cegos, emergiram as diferenças e, a partir dali, pudemos debater os consensos possíveis estabelecidos pela lei. Aliás, dentro das próprias áreas profissionais há divergências na função exercida pelos *apps*, engenheiros ambientais e florestais que o digam!

Na vida profissional, a revisitação do Direito Administrativo, a partir da Constituição, trazendo a motivação e a proporcionalidade dos atos administrativos no Estado Democrático de Direito, foi a tônica dos anos 90. No mestrado, a incursão foi desde *O tempo do Direit*, de Ost, ao contato com a doutrina do Ricardo Guastini.

Sustentabilidade e Direito ao Futuro representou um grande marco para tratar o tema a partir de suas dimensões, como princípio constitucional e de caráter vinculante para interpretação do sistema normativo infraconstitucional. Compreender a articulação e nascedouro comum das várias dimensões da sustentabilidade, a mudança de paradigma que isto representa para o Direito Administrativo, sobretudo para compras e obras públicas, concertação e regulação, é um legado que repercute naqueles que têm por função o atuar na advocacia pública. Para além do Direito Ambiental, a sustentabilidade é o fio condutor para interpretação constitucional dos institutos trabalhados.

A agenda de práticas inovadoras a partir desta visão da sustentabilidade rendeu muitos frutos e segue em permanente construção.

Este ensaio visa dialogar com os ensinamentos do Prof. Juarez, demonstrando a necessária quebra da fragmentação de conceitos estanques, a evolução destes, a partir do reconhecimento da complexidade e da sustentabilidade na atuação de políticas públicas na cidade sustentável.

1 O conceito urbano-ambiental

Até o final dos anos 80, a legislação ambiental brasileira tratava da questão ambiental de forma esparsa e diluída, versando sobre itens ambientais na "exata medida de atender sua exploração pelo homem".[1] O conceito predominante de propriedade privada e a utilização desta, desconsiderando a vocação ambiental respectiva, aliada à inexistência da incorporação da noção de esgotamento dos bens ambientais naturais,[2] possibilitaram a exploração dos bens de modo nefasto, contribuindo para a situação de degradação em que hoje nos encontramos. A noção de responsabilidade pelo dano ambiental também é historicamente recente no Brasil, sendo que, até meados dos anos 1980, a irresponsabilidade era a regra, justamente baseada na máxima de que o proprietário podia dispor sobre seus bens da maneira que melhor entendesse, e, se o Estado quisesse que a sua propriedade tivesse função pública, cabia a respectiva desapropriação. Não houve o reconhecimento da função social e ambiental das propriedades públicas e privadas, permitindo a exploração irrestrita dos bens ambientais.

O conceito de meio ambiente esteve ligado ao ambiente natural (ar, água, solo, fauna e flora). No período, a gestão ambiental se restringiu à definição de áreas verdes e de parques e ao plantio de espécies vegetais, não obstante as cidades serem espaços construídos e modificados pelo homem por excelência, nos quais a análise dos problemas decorrentes da urbanização é mais complexa e precisa analisar variáveis de

---

[1] Neste sentido MILARÉ, Edis. *Direito do Ambiente*: doutrina, prática, jurisprudência, glossário. São Paulo: Revista dos Tribunais, 2000.
[2] Ar, água, flora, fauna e solo.

diversas ordens. Por isso, os problemas urbanos não foram historicamente tratados como problemas ambientais. As ocupações irregulares, por exemplo, eram problema dos setores responsáveis por habitação popular, não obstante produzirem esgoto a céu aberto, estarem situados invariavelmente em área de preservação permanente, entre outros aspectos.

Em função de a legislação ambiental tratar de itens esparsos e não de políticas públicas, as questões inerentes às cidades não eram tratadas pelas leis existentes. A lei que criou o Sistema Nacional do Meio Ambiente é de 1980. De lá para cá, por inspiração da Conferência de Estocolmo e, posteriormente, pela Conferência do Rio de Janeiro, muito foi produzido. Temos uma Constituição Federal inovadora, democrática e com cláusulas pétreas que resguardam os direitos fundamentais, entre os quais está o direito ao meio ambiente. Na legislação infraconstitucional produzimos muitas leis, em especial definindo a responsabilidade pelo dano ambiental, bem como o funcionamento dos sistemas nacionais das políticas públicas e a construção de uma legislação infraconstitucional que paulatinamente incorporou desafios da contemporaneidade, passando a tratar o ecossistema cidades. A jurisprudência também evoluiu, refletindo estes novos conceitos legislativos. O Estatuto da Cidade, Lei Federal nº 10.257/01, incorporou o conceito de cidades sustentáveis, "garantia do direito a cidades sustentáveis, entendido como o direito à terra urbana, à moradia, ao saneamento ambiental, à infraestrutura urbana, ao transporte e aos serviços públicos, ao trabalho e ao lazer, para as presentes e futuras gerações".[3]

De outro lado, a legislação urbanística historicamente teve por característica tratar do construído, da expansão urbana, da ordenação físico-territorial das cidades, privilegiando a exigência da circulação. O âmbito de análise dos projetos se circunscrevia às matrículas dos imóveis, verificadas as limitações administrativas incidentes (recuo viário, recuo de jardim, áreas não edificáveis etc.), todos elementos externos ao direito de propriedade que estabeleciam limites ao exercício deste. Não havia um diálogo com as questões ambientais. A esgotabilidade dos recursos naturais não era fonte de avaliação no processo de aprovação municipal. Disso decorre que grande parte de nossas cidades formais e regularmente construídas foi erigida em áreas ambientalmente sensíveis e muitas vezes com projetos de expansão financiados por organismo internacionais. No processo de planejamento das cidades, a escassez dos recursos ambientais naturais não foi elemento presente e decisório para a aprovação de obras e empreendimentos e mesmo para o processo de planejamento municipal.[4]

O Direito Urbano-Ambiental, que emergiu deste contexto que aponta para a necessidade inderrogável de tratar a cidade e o direito a ela em todas as suas dimensões, tem por base o direito à cidade que decorre da Constituição Federal.[5] Contempla a necessidade de "ordenar o pleno desenvolvimento das funções sociais da cidade e garantir o bem-estar de seus habitantes".[6]

---

[3] Art. 2º, inc. I, Lei Federal nº 10.257/01.
[4] São exemplos desta constatação os prédios públicos com vidros que estão presentes em todas as cidades, exigindo uso permanente de ar-condicionado e luz, significando um gasto de energia incomensurável, os projetos de ampliação de cidades, que implicaram o aterro de extensas áreas de mangue para a construção de luxuosos hotéis e área residencial nobre, a utilização incondicional de asfalto, que é impermeável, mesmo nos locais sujeitos a inundações frequentes, entre outros exemplos.
[5] Direito fundamental fora do catálogo. Ver art. 182 da CF.
[6] Art. 182 da CF.

A cidade, a partir da Constituição de 1988, passa a ter uma dimensão constitucional e o direito a ela, a partir da ordem urbanística, foi guindado à condição de direito fundamental. O reconhecimento constitucional se expressa no Capítulo II (Da Política Urbana) do Título VII da Constituição Federal (Ordem Econômica e Financeira), além de outros princípios esparsos na Constituição Federal, dentre os quais, para efeito do aqui proposto, destacam-se a democracia participativa, em face da gestão democrática que é exigível no Estado Democrático de Direito, e o direito ao meio ambiente ecologicamente equilibrado, que necessariamente integra o ambiente nas cidades, com todas as interações decorrentes de um ambiente que é majoritariamente modificado pelo homem (art. 225 da CF).

Além disso, o direito à cidade pode ser entendido como expressão do direito à dignidade da pessoa humana, constituindo o núcleo de um sistema composto por um conjunto de direitos, incluindo o direito à moradia — implícita a regularização fundiária —, à educação, ao trabalho, à saúde, aos serviços públicos — implícito o saneamento —, ao lazer, à segurança, ao transporte público, à preservação do patrimônio cultural, histórico e paisagístico, ao meio ambiente natural e construído equilibradamente — implícita a garantia do direito a cidades sustentáveis, bem como o direito à gestão democrática, entre outros.

A natureza do conjunto de direitos que estrutura o direito à cidade, a exemplo dos direitos do consumidor, ao meio ambiente, à paz, à comunicação e ao patrimônio comum da humanidade, é a sua titularidade indefinida, vez que se desloca da clássica prerrogativa da titularidade individual, de matiz liberal, para alcançar o conjunto da sociedade segundo a perspectiva solidária da justiça distributiva (direitos fundamentais de terceira geração).

No âmbito infraconstitucional o direito à cidade está concretizado no Estatuto da Cidade, notadamente no que se depreende dos arts. 1º e 2º, e, no âmbito do Direito Ambiental, nas legislações estaduais e locais que manejam a perspectiva da sustentabilidade urbano-ambiental. Concretiza-se aliando o clássico conceito dos elementos do ambiente natural (ar, água, flora, fauna e solo) com o conceito de ambiente construído inerente às cidades (aspectos relativos a: infraestrutura urbana, social, econômico, patrimônio histórico-cultural, cultura local, etc.).

O Estatuto da Cidade é um marco regulatório fundamental, que densifica este direito. Possui instrumentos capazes de enfrentar a problemática urbana com sistematicidade e eficácia. Essa Lei criou um sistema de normas e institutos que têm em seu cerne a ordem urbanística, fazendo nascer um direito urbano-ambiental dotado de institutos e características peculiares, enraizado e fundamentado no texto constitucional, que possibilita a construção do conceito de cidade sustentável, com suas contradições, dicotomias, perplexidades, antagonismos e pluralidade. A perspectiva da sustentabilidade aparece de modo objetivo nas diretrizes do art. 2º: VIII – adoção de padrões de produção e consumo de bens e serviços e de expansão urbana compatíveis com os limites da sustentabilidade ambiental, social e econômica do Município e do território sob sua área de influência;

Há uma mudança de paradigma caracterizada pela análise da cidade e dos empreendimentos pontualmente considerados, a partir do Direito Urbano-Ambiental. Este novo direito separa o direito de propriedade do direito de construir, não reconhece a propriedade, se esta não cumprir com a função social, tem no Plano Diretor o instrumento principal da política urbana e o definidor da função social da propriedade na cidade, bem como reforça a gestão e os instrumentos para a atuação municipal.

No Brasil, o Direito Urbano-Ambiental está presente no Estatuto da Cidade e, no âmbito do Direito Ambiental, a Conferência das Nações Unidas sobre Meio Ambiente e Desenvolvimento – A Cúpula da Terra – Agenda 21 – Rio de Janeiro/1992, da qual o Brasil é signatário, também se referiu ao tema ao dedicar um capítulo aos assentamentos humanos.

Está presente, também, no Capítulo 7 (Promoção do Desenvolvimento Sustentável dos Assentamentos Humanos) que "na virada do século metade da população mundial, mais de três bilhões de pessoas, estará vivendo e trabalhando em áreas urbanas. O objetivo geral dos assentamentos humanos é melhorar sua qualidade social, econômica e ambiental e as condições de vida e de trabalho de todas as pessoas".

É, portanto, da pauta mundial, a promoção regular de assentamentos humanos sustentáveis. O Direito Ambiental contemporâneo exige uma postura proativa, que se antecipe aos problemas, que não trate apenas do dano, do problema ou do resultado, mas sim que intervenha na causa, na raiz e que, sobretudo, auxilie no apontamento das soluções. A quebra de paradigma exigida implica romper com a compartimentalização das análises, propiciando a geração de uma nova síntese que necessariamente resulte em melhor qualidade de vida. Por isso, a compreensão da necessidade ambiental do envolvimento com as cidades e com projetos urbano-ambientais que tenham estes pressupostos, é um enorme desafio dos gestores públicos e da cidade sustentável, exigindo maturidade institucional, ousadia e, sobretudo, capacidade de partilhar saberes, reconhecendo, na pluralidade, a fonte de inspiração e o norte para atuação prática que implique efetivamente cidades mais justas, mais humanas, mais saudáveis, mais felizes, para todos os que nelas vivem. As estratégias antecipatórias para termos a sustentabilidade como valor constitucional, na forma lecionada pelo Prof. Juarez, são fundamentais para compreendermos o que significa este valor constitucional.[7]

A dimensão constitucional do direito à cidade, a ordem urbanística que visualiza toda a pluralidade que nelas coexistem são elementos novos que integram o urbano-ambiental. A compreensão deste fenômeno, dos instrumentos que estão à disposição do gestor e a capacidade de gerar a ruptura de modelos que já demonstraram não ter eficácia, é fundamental para a construção do conceito e da prática da cidade sustentável.

Neste contexto, é imprescindível que os municípios desempenhem efetiva gestão urbano-ambiental. Para tanto, precisam ser tensionados a se envolverem com o tema, a se comprometerem com o desenvolvimento de políticas públicas que expressem a reflexão sobre os pressupostos de uma gestão urbano-ambiental preocupada com a pluralidade que coexiste nas cidades, com as funções sociais que necessitam ser desempenhadas, com a democratização do processo de gestão, com o esgotamento dos recursos ambientais naturais e que apontem caminhos para evitar, minimizar e reconstituir danos produzidos. Contemporaneamente o fazer burocrático não é mais suficiente. Exigem-se ações e decisões que tenham efetividade, dimensão da norma jurídica que anda adormecida e que precisa urgentemente ser resgatada.

---

[7] FREITAS, Juarez. *Sustentabilidade*: direito ao futuro. 2. ed. Belo Horizonte: Fórum, 2012.

Esta situação tem complexidade agregada com as mudanças climáticas. Isto porque um dos efeitos extremos são os alagamentos e as secas que se expressam nos territórios, com isso os municípios passam a planejar o seu território considerando esta variável e tendo como fio condutor a sustentabilidade.

Assim, se nos anos 90 e 2000 o desafio para os municípios foi afirmar o conceito urbano-ambiental, atuar a partir deste e incorporando as dimensões da sustentabilidade, os anos 2020 exigem uma evolução, compreendendo, incorporando em seu processo de planejamento e atuando para a mitigação e adaptação climática.

2 Mudanças climáticas, efeitos nas cidades

As alterações climáticas decorrentes do aumento da temperatura média do Planeta vêm sendo apontadas como um dos problemas mais críticos deste século XXI. Os relatórios do IPCC – Painel Intergovernamental para as alterações climáticas – são os estudos que subsidiam as decisões das Nações Unidas que se expressam por meio dos protocolos e das convenções.

O Acordo de Paris (2015) apontou metas ambiciosas para a redução de emissões. Para o cumprimento destas os países signatários têm investido em estratégias locais para a redução das emissões, destacando-se a mobilidade, o ordenamento do solo, as redes inteligentes, o setor agroalimentar e a transição energética.

No âmbito das cidades, observa-se e concretiza-se um dos efeitos mais perversos do aquecimento global: os extremos. Inundações e alagamentos convivem com longas secas, modificando o regime das chuvas e afetando diretamente o modo de viver. Os fenômenos climáticos vividos no Rio Grande do Sul em 2023 e, especialmente em maio de 2024, são expressão deste contexto e não foram isolados, tendem a se repetir. Desse modo, a convivência com ciclones e secas deixou de ser uma exceção ou fenômeno que acontecia de forma esporádica. A recomposição natural do ecossistema impactado pelos fenômenos climáticos fica prejudicada em função da recorrência contínua, não dando tempo da natureza se recuperar. Assim, a recorrência e a intensidade destes fenômenos têm gerado a necessidade de repensar o modo de viver e produzir.

Aliado aos fatores climáticos irrefutáveis, os anos 2000 trouxeram os debates intensos sobre a pós-modernidade e a necessidade de compreender os fenômenos característicos desta sociedade complexa. Os estudos sobre complexidade, ecossistema, conceitos urbano-ambientais, agendas estratégicas, moradia, regularização fundiária, mudanças climáticas e desastres possibilitaram enxergar que o processo de planejamento que culmina com os planos diretores das cidades brasileiras precisa considerar este universo e tratar sobre ele. Isto porque nas cidades os temas de meio ambiente, urbanismo, moradia, patrimônio histórico e cultural, mobilidade, desastres, regularização fundiária e mudanças climáticas, apesar de terem regras em sistemas nacionais de políticas públicas distintos, se expressam de modo concreto, muitas vezes colidindo ou não fazendo parte da normativa, que resulta das regras municipais.

Um dos pontos aprofundados no Acordo de Paris refere-se aos efeitos extremos que já estamos vivenciando, em especial as intensas inundações convivendo com secas. O relatório aponta que áreas que atualmente são raramente inundáveis terão a tendência de serem frequentemente inundáveis.

Desta constatação científica resultam consequências imediatas para as cidades: faz-se necessário o diagnóstico do regime das inundações, cheias e deslizamento de terras e, sobretudo, medidas para minimizar, absorver, as chuvas intensas.

A partir do diagnóstico, podem ser desenvolvidas estratégias de infraestrutura urbana que minimizem estes efeitos e isto é feito a partir das avaliações de risco. As avaliações de risco são essenciais para incorporar o conceito de adaptação, isto é, para que, além de minimizar os efeitos, as cidades possam se adaptar a estes, tendo em vista que são inevitáveis. Adaptação é a palavra-chave em se tratando de mudanças climáticas; conhecer e compreender seus efeitos para possibilitar a adaptação, nos casos em que isto é possível.

Neste particular, o controle de erosão, estudos que incorporem infraestrutura que absorva o excesso das chuvas, que tratem a drenagem como infraestrutura pública e que tenham em seu processo de planejamento a incorporação desta variável são fundamentais.

A incorporação desta infraestrutura de drenagem nos empreendimentos e obras é medida mitigadora dos impactos. Precisam ser calculadas e exigidas de quem constrói a cidade, isto é, empreendedores e Poder Público, respectivamente, dependendo de quem é o titular, o responsável pela obra ou atividade. Como medidas mitigadoras estão dentre aquelas que precisam ser exigidas no licenciamento da atividade ou obra. Bacias de contenção, de detenção, jardins de chuva, parques lineares, renaturalização de cursos d'água são estratégias técnicas que dialogam diretamente com estes conceitos e que devem ser incorporadas ao processo de planejamento macro das cidades brasileiras.

3 Das medidas de adaptação às mudanças climáticas a serem adotadas nas cidades. A infraestrutura verde como evolução do conceito de monofuncionalidade dos equipamentos públicos e comunitários e da forma de planejar a cidade

Faz parte das estratégias de adaptação das cidades às mudanças climáticas a criação da denominada infraestrutura verde. Consiste nas soluções sistêmicas baseadas na natureza (SBN) para adaptação das cidades às mudanças do clima, gerando benefícios à economia, ao ambiente e às pessoas.

A União Europeia[8] já tem diretrizes e desenvolveu conceitos para incorporação da infraestrutura verde ao processo de planejamento. Define a infraestrutura verde como uma rede de zonas naturais e seminaturais que incorpora espaços verdes e presta serviços ecossistêmicos, baseados no bem-estar e na qualidade de vida humanos.

As infraestruturas verdes podem assegurar múltiplas funções e benefícios num mesmo espaço. Caracterizam-se por desempenhar múltiplas funções, tratando da complexidade de exigências das cidades contemporâneas. As funções podem ser (a) ambientais, a exemplo da conservação da biodiversidade ou adaptação às alterações climáticas, (b) sociais, a exemplo da drenagem de água e espaços verdes, e (c) econômicas, a exemplo da criação de empregos e valorização dos imóveis.

---

[8] Ver Agência Ambiental Europeia: https://www.eea.europa.eu/pt/articles.

Já as soluções baseadas nas infraestruturas cinzentas geralmente desempenham uma única função, como a drenagem ou o transporte, não dialogam com a complexidade dos problemas contemporâneos das cidades, sendo, deste modo, insustentáveis. Por isso, a característica das infraestruturas verdes é terem potencial para resolver vários problemas de modo simultâneo. Podem ser utilizadas para reduzir a quantidade de águas pluviais que entram nas redes de esgotos e, em última instância, nos lagos e cursos d'água, graças à capacidade natural de retenção e absorção que têm a vegetação e o solo.

Os benefícios das infraestruturas verdes são múltiplos e dependem dos casos concretos. Podem incluir um maior sequestro de carbono, a melhoria da qualidade do ar, a atenuação do efeito de ilha térmica urbana e a criação de mais espaço para acolher habitats de flora e fauna selvagens e atividades de lazer. Os espaços verdes também enriquecem a paisagem cultural e histórica, conferindo identidade aos lugares e cenários das zonas urbanas e periurbanas onde as pessoas vivem e trabalham. Um parque deixar de ser somente para lazer incorpora soluções sistêmicas e assim passa a ser visto. Em consequência, seu uso, as intervenções a serem feitas precisam observar este conceito.

Os estudos europeus também mostram que as soluções de infraestrutura verde são menos onerosas do que as de infraestrutura cinzenta e proporcionam múltiplos benefícios às economias locais, ao tecido social e ao ambiente em geral.

O ponto crucial é compreender que com a infraestrutura verde temos em um mesmo equipamento o exercício de várias funções públicas concomitantes. A pista de skate, o parque linear, por exemplo, também são a forma de contenção da água da chuva. As praças podem ter em seu subsolo bacias de contenção das águas das chuvas. Os jardins de chuva e os telhados verdes integram uma rede de funções e não são isolados.

Desta mudança de paradigma, de reconhecimento das funções múltiplas dos equipamentos públicos e comunitários e dos próprios bens públicos municipais decorre a necessidade de compreender que o planejamento das cidades pode e deve incorporar os conceitos de multifuncionalidades. Isto porque, há evolução das necessidades públicas, um rompimento da compreensão da monofuncionalidade dos equipamentos públicos.

A perspectiva da sustentabilidade permite superar as falácias argumentativas que não reconhecem as armadilhas da acomodação a padrões existentes, mas que não dialogam com as necessidades e evolução do tempo presente.

Conclusões

A compreensão dos desafios do tempo presente e a necessária evolução dos conceitos e da interpretação dos institutos com os quais trabalhamos é um exercício que possibilita ao intérprete da lei um atuar que contemple as diversas variáveis que se apresentam, a partir do tema trabalhado. Se nos anos 2000 a evolução da atuação passou por afirmar o conceito urbano-ambiental, atualmente compreender, incorporar e atuar na compreensão dos efeitos das mudanças climáticas em nossas cidades, incorporar estratégias e instrumentos na perspectiva da infraestrutura verde como infraestruturas públicas é o desafio.

As lições do Professor Juarez Freitas desde sempre foram luzes para a compreensão dos fios condutores que nos guiam, a partir de uma Constituição dirigente e de um direito que tem na sustentabilidade, no compromisso com as presentes e novas gerações, com o valor dos seres vivos, da cidadania ambiental, os alicerces para a atuação do Estado e a condução das políticas públicas. Sigamos com a mesma inspiração e compromisso!

Informação bibliográfica deste livro, conforme a NBR 6023:2018 da Associação Brasileira de Normas Técnicas (ABNT):

PRESTES, Vanêsca Buzelato. Do urbano-ambiental às Soluções Baseadas na Natureza (SBN) e infraestrutura verde: os "acordos semânticos" necessários para a compreensão dos caminhos do Direito nas cidades sustentáveis. *In*: PASQUALINI, Alexandre; CUNDA, Daniela Zago Gonçalves da; RAMOS, Rafael (coord.). *Direito, sustentabilidade e inovação*: estudos em homenagem ao professor Juarez Freitas. Belo Horizonte: Fórum, 2025. p. 741-749. ISBN 978-65-5518-957-5.

SOBRE OS AUTORES

Adriana da Costa Ricardo Schier
Professora na graduação e no PPGD do Centro Universitário do Brasil (UniBrasil). Pós-doutora pela Pontifícia Universidade Católica do Paraná. Doutora e mestra em Direito do Estado pela Universidade Federal do Paraná. Presidente do Instituto Paranaense de Direito Administrativo. Pesquisadora do NUPECONST. Advogada do escritório Bacellar & Andrade – Advogados Associados.

Alfredo de J. Flores
Professor Permanente PPGDir./UFRGS.

Angela Cassia Costaldello
Professora titular de Direito Administrativo e Urbanístico da Faculdade de Direito da UFPR. Procuradora aposentada do Ministério Público de Contas do Paraná. Advogada.

Ângelo Roberto Ilha da Silva
Desembargador Federal (TRF4), pós-doutor em neurociências (UFMG), doutor em Direito (USP), professor universitário (UFRGS).

Annelise Monteiro Steigleder
Promotora de Justiça. Mestra em Direito/UFPR e doutora em Planejamento Urbano e Regional/UFRGS.

Aulus Eduardo Teixeira de Souza
Doutorando em Ciência Jurídica pela UNIVALI e *Derecho de la Sostenibilidad pela Universidad* de Alicante (Espanha). E-mail: aulus@edsadv.com.br.

Bernardo Ferreira
Mestrando do programa de pós-graduação em Direito da Pontifícia Universidade Católica do Rio Grande do Sul (PUCRS) pelo Programa de Excelência Acadêmica (Proex) da Coordenação de Aperfeiçoamento de Pessoal de Nível Superior (CAPES).

Carolina Zancaner Zockun
Professora de Direito Administrativo na PUC-SP (São Paulo-SP, Brasil). Pós-doutora em Democracia e Direitos Humanos pelo *Ius Gentium Conimbrigae* – Centro de Direitos Humanos da Universidade de Coimbra, em Portugal. Mestre e doutora em Direito Administrativo pela PUC-SP. Procuradora da Fazenda Nacional. *E-mail*: czockun@pucsp.br.

Caroline Muller Bitencourt
Professora permanente do PPGD em Direito-Mestrado e Doutorado-UNISC. Estágio pós-doutoral pela PUC Paraná. Doutora e mestra em Direito. Especialista em Direito Público. Chefe do Departamento de Direito da Universidade de Santa Cruz do Sul. Membra da Rede de Direito Administrativo Social, da Rede de Direito e Políticas Públicas, da Rede Internacional de Direito Administrativo. Presidente do Comitê de Direitos Humanos da Universidade de Santa Cruz do Sul. Coordenadora do Grupo de Pesquisa Controle Social e Administrativo de Políticas Públicas e Serviço Público, vinculado ao CNPq. Advogada.

Cinara de Araújo Vila
Procuradora do Município de Novo Hamburgo. Mestra em Indústria Criativa pela FEEVALE. Especialista em Direito Tributário. Especialista em Administração Pública e gerência de cidades (UNINTER). Graduada em Direito (PUCRS). Presidente da Comissão de Direito Público da OAB/NH, membra da Comissão de Direito Ambiental e de Advocacia e Inovação. Integra a Diretoria da ANPM, vice-presidente da Associação dos Procuradores do Município de Novo Hamburgo. Membra do Concidade de NH, da Comissão do Plano Diretor. Presidente do Plano de Turismo de Novo Hamburgo. Apreciadora de música e demais artes.

Cristiana Fortini
Advogada. Doutora em Direito Administrativo pela Universidade Federal de Minas Gerais (UFMG). Professora da graduação, mestrado e doutorado da Universidade Federal de Minas Gerais (UFMG). Professora do mestrado da Faculdade Milton Campos. Professora visitante da Università di Pisa. Presidente do Instituto Brasileiro de Direito Administrativo (IBDA).

Daniel Piñeiro Rodriguez
Doutor e mestre em Direito pela Escola de Direito da Pontifícia Universidade Católica do Rio Grande do Sul (PUCRS). Foi aluno de doutorado visitante na Goethe Universität Frankfurt durante o semestre de inverno de 2023, tendo frequentando o Colóquio de Teoria Política liderado pelo Prof. Dr. Rainer Forst. Procurador Federal (PGF/AGU). Currículo Lattes: http://lattes.cnpq.br/4176485226937857. *E-mail*: pineiro.rodriguez@gmail.com.

Daniela Zago G. da Cunda
Conselheira substituta do Tribunal de Contas do Estado do Rio Grande do Sul (TCE/RS). Pós-doutoranda e professora visitante na USP junto ao Grupo de Pesquisa SmartcitiesBr na Escola de Artes, Ciências e Humanidades. Doutora e mestra em Direito (PUCRS). Pós-graduada em Direito Público (UFRGS) e graduada em Direito (UFSM). Presidente da Comissão Permanente de Sustentabilidade do TCE/RS. Membra das Comissões sobre Sustentabilidade e Estudos sobre a LINDB, do Instituto Brasileiro de Direito Administrativo (IBDA) e do Comitê de Sustentabilidade do Instituto Rui Barbosa (IRB). Pianista.

Demétrio Beck da Silva Giannakos
Doutor em Direito, mestre em Direito pela UNISINOS, especialista em Direito Internacional pela UFRGS, professor da Faculdade de Direito da UNIRITTER, advogado.

Denise Schmitt Siqueira Garcia
Pós-doutoranda com bolsa do CNPq em parceria com a Universidade do Vale do Itajaí e a Universidade de Alicante, Espanha. Doutora em *Derecho* e mestre em *Derecho Ambiental y de la Sostenibilidad* pela Universidade de Alicante, Espanha. Mestra em Ciência Jurídica pela Universidade do Vale do Itajaí. Professora do Programa de pós-graduação *stricto sensu* em Ciência Jurídica da Univali. CAPES 6. *E-mail*: denisessg@hotmail.com.

Edgar Guimarães
Advogado. Pós-doutor em Direito pela Università del Salento (Itália). Doutor e mestre em Direito Administrativo pela PUC-SP. Bacharel em Ciências Econômicas pela FESP/PR. Professor no curso de pós-graduação da PUCPR e da Escola Paranaense de Direito, consultor jurídico (aposentado) do Tribunal de Contas do Estado do Paraná, 2º vice-presidente do Instituto Brasileiro de Direito Administrativo. Membro do Instituto dos Advogados do Paraná. Árbitro da Câmara de Arbitragem e Mediação da FIEP/PR. Autor de livros e artigos jurídicos.

Edilson Pereira Nobre Júnior
Professor titular da Faculdade de Direito do Recife (UFPE). Membro do Instituto Internacional de Derecho Administrativo (IIDA) e do Instituto de Direito Administrativo Sancionador (IDASAN). Desembargador Federal do TRF da 5ª Região. http://orcid.org/0000-0003-1808-0275.

Eduardo Luiz Soletti Pscheidt
Doutorando e mestre em Ciência Jurídica pelo programa de pós-graduação *stricto sensu* em Ciência Jurídica da Univali. CAPES 6. E-mail: eduardo@solettipscheidt.com.

Eduardo Nadvorny Nascimento
Especialista em Licitações e Contratos Administrativos pela PUC-PR. Graduado em Direito pela UFPR. Advogado.

Élida Graziane Pinto
Doutora em Direito Administrativo pela Faculdade de Direito da Universidade Federal de Minas Gerais (FD/UFMG). Procuradora do Ministério Público de Contas do Estado de São Paulo e professora de Finanças Públicas da Fundação Getúlio Vargas (FGV-SP). Livre-docente em Direito Financeiro pela Universidade de São Paulo (USP), com estudos pós-doutorais em Administração pela Escola Brasileira de Administração Pública e de Empresas da Fundação Getúlio Vargas (EBAPE/FGV).

Estéfano E. Risso
Doutorando em Filosofia pela PUCRS.

Eugênio Facchini Neto
Professor titular do PPGD/PUCRS. Desembargador no TJ/RS.

Flavio Vasconcellos Comim
Doutor em Economia (Universidade de Cambridge). Professor titular na School of Management da Universitat Ramon Llull e professor afiliado na Universidade de Cambridge. Economista.

Francisco Alexandre Correia Arruda
Mestre, Tribunal de Contas do Estado do Ceará.

Gabriel Wedy
Juiz Federal. Professor no PPGDireito e na Escola de Direito na Unisinos e na Esmafe. Membro da IUCN-WCEL.

George Miguel Restle Maraschin
Membro da carreira de especialista em Políticas Públicas e Gestão Governamental. Mestre em Administração e Gerência Pública pelo Instituto Nacional de Administración Pública – Espanha. Pós-graduado em Advocacia Pública e Direito do Estado pela Universidade Federal do Rio Grande do Sul.

Giulia De Rossi Andrade
Advogada do escritório Bacellar & Andrade – Advogados Associados. Doutoranda e mestra em Direito Econômico e Desenvolvimento pela Pontifícia Universidade Católica do Paraná. Diretora acadêmica adjunta do Instituto Paranaense de Direito Administrativo. Editora da Global Review of Constitutional Law.

Gustavo Henrique de Faria
Analista de Controle Externo TCE/GO. Mestre em Administração Pública pelo Profiap/UFG. Bacharel em Ciências Contábeis pela Universidade Federal de Uberlândia.

Helen Lentz Ribeiro Bernasiuk
Doutoranda em Direito pela PUCRS. Mestre em Direito pela PUCRS. Especialista em Direito Civil pela UFRGS. Especialista em Direito Público pela Uniderp, Diritto Costituzionale Comparato e Cultura Giuridica Europea pela Sapienza, Università di Roma. Bolsista Capes/ Proex PPGD/PUCRS. Advogada. Currículo Lattes: http://lattes.cnpq.br/4798723812833494. *E-mail*: helenbernasiuk@gmail.com.

Heloísa Helena Antonacio Monteiro Godinho
Conselheira substituta TCE/GO. Mestra em Administração Pública pelo IDP/DF. Bacharel em Direito pela Universidade Federal de Goiás.

Heloise Siqueira Garcia
Pós-doutoranda com bolsa CAPES vinculada ao programa de pós-graduação *stricto sensu* em Ciência Jurídica da Univali, além de professora colaboradora do mesmo programa. Doutora e mestra em Ciência Jurídica pelo PPCJ – UNIVALI. Doutora em *Derecho* e mestra em *Derecho Ambiental y de la Sostenibilidad* pela Universidade de Alicante – Espanha. CAPES 6. *E-mail*: heloise. sg@gmail.com.

Ingo Wolfgang Sarlet
Doutor e pós-doutor em Direito pela Universidade de Munique. Professor titular e coordenador do mestrado e doutorado em Direito - PPGD, da Escola de Direito da PUCRS. Desembargador aposentado do TJRS. Advogado e parecerista.

Isadora Formenton Vargas
Mestra em Direito pela Universidade Federal do Rio Grande do Sul, professora de Direito Administrativo nas Faculdades João Paulo II (POA/RS) e advogada no escritório Rossi, Maffini, Milman & Grando Advogados.

José Sérgio da Silva Cristóvam
Professor da graduação, mestrado e doutorado (PPGD/UFSC). Mestre e doutor em Direito pelo PPGD/UFSC. Coordenador do GEDIP/PPGD/UFSC. Advogado.

Júlio César Linck
Advogado, mestre em Direito pela PUCRS, especialista em Direito Tributário e em Direito Civil (Economia de Mercado) pela UFRGS e graduado pela ULBRA.

Karin Kässmayer
Professora do IDP Brasília. Consultora Legislativa do Senado Federal. Advogada.

Letícia Ayres Ramos
Graduada em Direito (UFRGS) e Química (ULBRA). Conselheira substituta do Tribunal de Contas do Estado do Rio Grande do Sul (TCE/RS), mestra em Direito pela UFRGS, especialista em Direito Ambiental Nacional e Internacional pela UFRGS e em Química Ambiental pela PUCRS. Atualmente é membra da Comissão Permanente de Sustentabilidade do TCE/RS.

Letícia Marques Padilha
Doutoranda em Direito pela UFRGS. Professora de Direito. Advogada. Conselheira Estadual da OABRS. Presidente da Comissão da Igualdade Racial da OABRS. Integrante do Núcleo de Pesquisa Antirracismo da Faculdade de Direito da UFRGS. Currículo lattes: http://lattes.cnpq. br/9216979644162233.

Ligia Maria Melo de Casimiro
Professora de graduação e pós-graduação em Direito da UFC/CE. Doutora em Direito Econômico e Sustentabilidade pela PUCPR. Vice-presidente do IBDA. Presidente do ICDA. Coordenadora de Ensino e Pesquisa do IBDU.

Lilian de Almeida Veloso Nunes Martins
Conselheira do Tribunal de Contas do Estado do Piauí TCE – PI, mestra em Direito Tributário e coordenadora da Comissão Permanente de Logística Sustentável do TCE– PI.

Lucas Saraiva de Alencar Sousa
Mestrando em Direito pela UFC. Bolsista CAPES.

Luciana Stocco Betiol
Doutora em Direito das Relações Sociais pela PUC-SP. Professora da Escola de Administração de Empresas de São Paulo da Fundação Getulio Vargas (FGV-EAESP). Consultora em sustentabilidade.

Luciane Beiro de Souza Machado
Mestre em Administração pela UDESC. Graduada em Administração e Direito. Auditora de Controle Externo do TCE/SC.

Luiz Alberto Blanchet
Professor titular do programa de pós-graduação em Direito – mestrado e doutorado – da Pontifícia Universidade Católica do Paraná.

Marçal Justen Filho
Doutor em Direito pela PUC-SP. Professor titular da UFPR de 1986 a 2006. Advogado e parecerista em Direito Público.

Marcelo Boss Fábris
Mestrando em Direito (PPGD/UFSC). Membro do GEDIP/PPGD/UFSC. Advogado.

Márcia Uggeri
Advogada da União, mestra em Direito Internacional e Relações Internacionais pela Universidade Complutense de Madrid, em exercício no Núcleo Especializado em Arbitragem da Advocacia-Geral da União.

Marcus Paulo Rycembel Boeira
Professor adjunto e pesquisador vinculado ao Departamento de Direito Público e Filosofia do Direito da Faculdade de Direito da UFRGS. Pós-doutorado na Pontificia Università Gregoriana, Roma. Doutor e mestre pela USP. Membro da *Société Internationale pour l'Étude de la Philosophie Médiévale* (SIEPM) e da Sociedade Brasileira para o Estudo da Filosofia Medieval (SBEFM). *Visiting Scholar* na Facoltà di Filosofia della Pontificia Università Gregoriana.

Maria Cláudia da Silva Antunes de Souza
Doutora e mestra em *Derecho Ambiental y de la Sostenibilidad* pela Universidade de Alicante (Espanha). Mestre em Ciência Jurídica pela Universidade do Vale do Itajaí – Brasil. *E-mail*: mclaudia@univali.br.

Mariana Bueno Resende
Mestra em Direito e Administração Pública pela Universidade Federal de Minas Gerais (UFMG). Assessora no Tribunal de Contas do Estado de Minas Gerais (TCEMG). Professora.

Mártin Haeberlin
Doutor em Direito (PUCRS). Professor da graduação e do mestrado em Direito da UniRitter. Advogado.

Maurício Zockun
Livre-docente e doutor em Direito Administrativo pela PUC-SP. Mestre Em Direito Tributário pela PUC-SP. Vice-presidente do Instituto Brasileiro de Direito Administrativo. Advogado. *E-mail*: mzockun@pucsp.br.

Mayumi Saraiva Tanikado Miguel
Bolsista de IC modalidade PUIC do projeto de pesquisa Administração Pública digital e políticas públicas coordenado pela Professora Caroline Müller Bitencourt. Acadêmica do curso de Direito da Universidade de Santa Cruz do Sul.

Pedro Adamy
Professor adjunto de Direito Administrativo da Faculdade de Direito da Universidade Federal do Rio Grande do Sul (UFRGS). Diretor do Instituto de Estudos Tributários (IET). Advogado.

Pedro Duarte
Pós-graduando em Direito Administrativo pela Pontifícia Universidade Católica do Paraná (PUCPR). Graduado em Direito pela Universidade Federal de Santa Catarina. Advogado.

Pedro Niebuhr
Professor das disciplinas de Direito Administrativo, Ambiental e Urbanístico na Universidade Federal de Santa Catarina. Doutor em Direito pela Pontifícia Universidade Católica do Rio Grande do Sul, com doutorado sanduíche (CAPES) na Universidade de Lisboa.

Phillip Gil França
Pós-doutor (CAPES_PNPD), doutor e mestre em Direito do Estado pela PUCRS, com pesquisas em doutorado sanduíche-CAPES na Faculdade de Direito da Universidade de Lisboa. Professor do mestrado em Direito da UNIVEL.

Rafael Da Cás Maffini
Mestre e doutor em Direito pela Universidade Federal do Rio Grande do Sul, professor adjunto de Direito Administrativo na UFRGS e sócio do escritório Rossi, Maffini, Milman & Grando Advogados.

Rafael Martins Costa Moreira
Juiz Federal. Mestre e doutor em Direito (PUCRS). *Visiting Research* na Ruprecht-Karls-Universität Heidelberg (2019).

Rafael Ramos
Mestre em Direito Público pela PUCRS. Especialista em Direito do Estado pela UFRGS. Presidente da Comissão de Estudos sobre a Lei de Introdução às Normas do Direito Brasileiro do Instituto Brasileiro de Direito Administrativo (IBDA). Procurador Municipal de Porto Alegre.

Raimir Holanda Filho
Doutor, Tribunal de Contas do Estado do Ceará.

Raquel Iung Santos
Pós-graduanda em Direito Ambiental e Urbanístico pela Faculdade CESUSC. Graduada em Direito pela Universidade Federal de Santa Catarina. Advogada.

Regina Linden Ruaro
Pós-doutora pela Universidad de San Pablo – CEU de Madrid (2016). Doutora em Direito pela Universidad Complutense de Madrid (1993). Professora titular da Pontifícia Universidade Católica do Rio Grande do Sul (PUCRS). Membro do Grupo Internacional de Pesquisa em Proteção de Dados Pessoais – Privacidad y Acceso.

Rholden Botelho de Queiroz
Doutor, Tribunal de Contas do Estado do Ceará.

Ricardo Schneider Rodrigues
Pós-doutorando em Controle Externo e Novas Tecnologias (USP). Doutor em Direito (PUCRS). Professor do Centro Universitário Cesmac (AL). Procurador do Ministério Público de Contas (AL).

Rodrigo Valgas
Doutor em Direito, Estado e Sociedade pela UFSC, professor de Direito Administrativo do Complexo de Ensino Superior de Santa Catarina, presidente da Comissão de Moralidade Pública do Conselho Seccional de Santa Catarina (OAB-SC), 1º vice-presidente do Instituto Brasileiro de Direito Administrativo (IBDA), Advogado.

Rogério Gesta Leal
Doutor em Direito. Desembargador do Tribunal de Justiça do RS. Professor universitário na UNISC e FMP.

Sabrina Nunes Iocken
Pós-doutora em Direito pela USP. Graduanda em Biomedicina. Conselheira substituta do TCE/SC.

Sérgio Guerra
Professor titular de Direito Administrativo (FGV Direito Rio).

Têmis Limberger
Doutora em Direito pela Universidade Pompeu Fabra (Barcelona), com estudos pós-doutorais pela Universidade de Sevilha, mestra e graduada pela UFRGS, professora no PPGD UNISINOS, advogada, Procuradora de Justiça aposentada.

Teresa Villac
Doutora em Ciência Ambiental (USP). Filósofa (USP). Advogada da União, coordenadora da Câmara Nacional de Sustentabilidade da Consultoria-Geral da União — Advocacia-Geral da União.

Thomas Bellini Freitas
Mestre e doutorando em Direito na Universidade Federal do Rio Grande do Sul (UFRGS).

Tiago Fensterseifer
Doutor em Direito Público pela PUCRS, com estudos em nível de pós-doutorado junto ao Instituto Max-Planck de Direito Social e Política Social de Munique, na Alemanha (2018-2019) e a UFSC (2023-2024). Professor visitante (2021-2022) do mestrado e doutorado do PPGD da Universidade de Fortaleza (UNIFOR). Defensor Público Estadual (SP). Autor, entre outras, das obras em coautoria com Ingo W. Sarlet: Direito constitucional ecológico. 7. ed. São Paulo: Revista dos Tribunais/Thomson Reuters, 2021; e Curso de direito ambiental. 4. ed. Rio de Janeiro: GEN/Forense, 2023.

Vanêsca Buzelato Prestes
Doutora pela Università del Salento. Mestra pela PUCRS, especialista em Direito Municipal pela ESDM/Ritter dos Reis, professora de Direito Municipal, Urbanístico e Ambiental, procuradora do município de Porto Alegre aposentada, diretora da Escola Superior de Direito Municipal (ESDM), advogada e consultora.

Esta obra foi composta em fonte Palatino Linotype, corpo 10
e impressa em papel Offset 75g (miolo) e Supremo 250g (capa)
pela Gráfica Forma Certa.